헌법정치의 이상과 현실

지은이 **김철수**(金哲洙, Tscholsu Kim)는 서울대학교에서 41년간 헌법학을 강의하였다. 서울대학교 법과대학을 졸업한 후 독일과 미국, 일본 등지에서 공부하여 헌법학에 새로운 지평을 열었다. 한국헌법학에서 헌법해석뿐만 아니라 헌법철학, 헌법정책학 등 문호를 넓혔으며, 입헌주의와 법치주의의 신장에 기여하였다. 그 공로로 국민훈장 모란장을 받았다. 오랫동안 헌법재판소자문위원을 지냈으며 현재 대한민국학술원 회원이다.

그동안 한국 공법학회 회장, 한국 법학교수회 회장, 국제 헌법학회 한국학회 회장, 국제 헌법학회 세계학회 부회장 등을 역임하여 공법학 발전에 기여했다.

저서로는 1963년 『헌법질서론』을 시작으로 1971년 『헌법학(상·하)』, 1973년 이후 『헌법학개론』, 『헌법학신론』 등의 교과서를 출판하였고, 『학설·판례 헌법학(상·하)』과 『법과 정치』, 『현대헌법론』, 『위헌법률심사제도론』 등 많은 저술을 하였고 400편이 넘는 논문과 시론을 발표하였다.

헌법정치의 이상과 현실

초판 인쇄 2012년 10월 1일 **초판 발행** 2012년 10월 10일
지은이 김철수 **펴낸이** 박성모 **펴낸곳** 소명출판 **출판등록** 제13-522호
주소 서울시 서초구 서초동 1621-18 란빌딩 1층
전화 02-585-7840 **팩스** 02-585-7848 **전자우편** somyong@korea.com **홈페이지** www.somyong.co.kr

값 80,000원
ⓒ 김철수, 2012
ISBN 978-89-5626-754-8 93360

헌법정치의
이상과 현실

The Constitutional Politics in Ideal and Reality

김철수

머리말

　서울대학교 법과대학을 정년퇴직하고 계속하여 서울대학교 대학원에서 41년간 헌법학을 강의하던 것을 그만 둔 지가 어느덧 9년이나 되었다. 그 뒤 명지대학에서 헌법을 강의했었는데 후진에게 물려준 지도 2년이 지났다. 그 동안에도 헌법학에 관련되는 여러 전문서적을 비롯하여 일반 독자를 위한 계몽적인 책자들도 몇 가지 발간하였고 각종 일간지의 요청으로 시사평론에 관한 글들을 써오고 있다.

　올해 저자는 팔순을 맞이하게 된다. 이를 계기로 제자들은 기념논문집을 내자고도 하며 또 지금까지 발표한 논설들을 모아서 책자로 엮어 내자고도 한다. 그동안 회갑에서부터 정년퇴직 그리고 고희에 이르기까지 여러 차례 기념논문집을 내었기에 이번에는 조용히 지나가려고 하였으나 제자들과 주위의 권유에 못 이겨 또다시 기념논문집과 문집을 만들게 되었다.

　이 문집에 수록한 글들은 저자가 1950년대부터 최근에 이르기까지 거의 60년에 걸쳐 집필한 것이며 내용적으로는 전문적인 학술 논문에서부터 신변잡기에 이르는 것까지 포함하고 있다. 좀 더 구체적으로 보면 전체 9장으로 구성되어 있다.

　제1장에서는 헌법정치의 이상이란 제목 아래 우리 헌정의 나아가야 할 방향을 제시한 과거의 논설을 모은 것으로 정치개혁, 정부형태의 변경, 선거제도의 개혁, 인권보장의 극대화 등에 초점을 맞추어 쓰여진 것이다. 제2장은 헌법재판의 활성화, 제3장에서는 통일헌법의 제정문제, 제4장에서는 풍토적 자연법론 비판을 비롯한 법철학 논설, 제5장 법학교육에서는 미국식 로스쿨과 사법제도의 소개, 제6장에서는 한국공법학회와 대한민국학술원을 비롯한 각종 학회활동, 제7장 시론과 에세이에서는 일반 시민들에게 알리기 위하여 쓴 비전문적인 그때그때의 시론이 중심이 되고 있다. 또한 제8장에서는 인터뷰, 서평 그리고 연설문 등을 수록하고 있다.

　지금에 와서 다시 읽어 보니 우리의 헌정은 숱한 우여곡절과 시행착오 속에서도 의원내각제로의 개헌, 독일식 비례대표제 채택, 통일헌법 제정을 제외하고는, 저자의 주장대로 헌법재판제의 도입, 인권보장의 신장이라든가 선거제도의 개정, 법학교육 개혁 등 헌법정치의 이상에 상당히 가까이 가고 있다고 보아 보람으로 생각한다. 군사독재 치하의 암울했던 시절이었지만 젊은 날의 고뇌와 용기와 기개를 아름다운 추억 속에서 회상하게 된 것도 모두 하늘의 뜻이라고 생각한다. 그 동안 학술활동에 전념할 수 있었고 건강을 유지할 수 있었던 것은 선배, 동료, 제자, 친지들의 은덕이라고 생각하여 감사하고 있다.

　이 책의 기획단계에서부터 편집과 제작에 이르기까지 전적으로 김효전 교수가 맡아서 수고하여 주었다. 저자도 알지 못하고 잊어버린 옛 날의 글들을 찾아서 이렇게 정리해주니 미안하기도 하고 고맙기도 하다. 김 교수는 7년 전에도 『헌법정치 60년과 김철수 헌법학』이라는 책을 발간하여 저자의 글과 저자의 학문에 대한 평가를 모아 출판해 주었다. 김 교수는 외국 공법학자의 대표작을 번역하고 학술사를 정립하는 공을 세웠을 뿐 아니라 한국공법학의 기원과 학문발전사를 정리해 오고 있다. 많은 연구를 진행 중임에도 불구하고 저자의 글을 모아 헌법학 연구의 자료로 자리매김 해 주어 감사해 마지않는다.

이 책의 서문도 편자인 김 교수가 의당 써야 했음에도 불구하고 저자의 머리말이 필요하다고 하여 여러 차례 사양하였으나 그의 간청에 못 이겨 여기 몇 자 머리말에 대신하고자 한다. 이처럼 방대한 책자의 출판을 쾌락해주신 소명출판의 박성모 사장과 공홍 편집부장께 진심으로 감사한다. 수지타산을 하지 않고 양서출판이라는 사명감에서 출판해 주시어 감사하는 바이다.

아울러 이 문집이 우리의 헌법정치의 발전에 깊은 관심을 가진 공직자와 일반 독자들에게 읽혀져 우리나라의 입헌정치와 법치주의의 발전에 일조가 되었으면 다행이겠다.

2012. 9. 23.

김철수

제8부_ 인터뷰, 서평, 연설문, 기타

① 인터뷰

②-1. 서평(타인의 저서)

제1부

헌법정치의 이상

1. 한국 미래 정치체제의 발전방향[*]

한국 미래 정책의 선택

1. 서설 : 몇 가지 전제

1) 미래의 시점정립

한국의 미래정치체제를 논함에 있어 미래의 시점을 언제로 잡아야 할 것인가가 문제가 된다. 21세기위원회에서는 미래의 기점을 2020년으로 잡고 있는데 여기서 편의상 근미래인 2001년을 기점으로 생각해 보기로 한다. 2001년은 앞으로 10년이면 닥쳐올 장래요 먼 미래는 아니다.

미래를 2001년으로 잡는 경우에도 그 동안 한국의 정치체제가 어떻게 변화될 지 예측을 하기가 힘들다. 광역선거의 결과 의원내각제 개헌론이 대두될 것인지, 대통령직선제가 계속될 것인지, 세대교체론이 득세할 것인지, 지역적 대립이 완화될 것인지 아무도 예측할 수 없다.

---

[*] 대통령자문 21세기위원회 주최, 1991년 7월 31일 경주 코오롱 호텔에서 발표.

미확실한 전제에 입각하여 정치체제의 방향을 제시한다는 것은 사상 누각을 짓는 것과 같아 위험하기 짝이 없다.

2) 통일의 전후와 통일과정상의 정치체제

특히 그 동안에 통일이 될 것이냐가 가장 중요한 변수이다. 통일을 대비한 정치체제와 통일 후의 정치체제는 다를 것으로 생각한다. 통일이 흡수통일이 되느냐 연방제로 통일이 되느냐 전쟁에 의하여 무력통일이 될 것이냐에 따라서 미래정치체제는 그 모습을 달리하게 될 것이다.

이 논문에서는 2001년까지는 통일이 완성되지 않는 시기요 통일을 지향하는 정치체제로 가정하고 다루어나가기로 한다. 이는 평화통일이 달성된다면 통일 후의 정치체제로도 그대로 적용될 것이기 때문이다. 현재의 경향대로라면 흡수통일이 가능할지 모른다. 대한민국에 의하여 흡수통일이 된다면 자본주의·자유민주주의체제가 계속될 것이다. 그렇게 되는 경우에는 현재의 통일독일과 같이 흡수되는 지역주민들의 상대적 박탈감이 실질적 통일에의 장애요소로 등장할 것이기 때문에 대한민국의 현 체제를 그대로 지속하는 것은 바람직하지 않을 것이다.

혹자는 통일을 위해서는 북한의 권위주의·독재체제와 대결하기 위하여 강력한 권위주의체제를 유지하여야 한다고 주장한다. 이는 유신헌법 제정의 논리였다. 그러나 통일을 위하여서는 쌍방 주민의 동의가 필요하다. 강제적 통일보다는 합의에 의한 통일이 요청된다. 주민합의에 의한 통일을 달성하기 위해서는 민주적인 정치체제가 요망된다. 여기서는 민주적인 정부형태의 발전방향에 대하여 중점적으로 생각해보기로 한다.

2. 바람직한 정부형태

근미래의 정부형태로서 바람직한 것은 무엇이냐에 대해서는 견해가 대립되고 있다. 어떤 사람은 우리의 지정학적 지위로 보아 강력한 정부형태가 필요하다고 하고, 어떤 사람은 국민의 권리를 보장하기 위하여 약한 정부형태가 필요하다고 한다.

강력한 정부를 원하는 사람은 대통령제 정부형태를 선호한다. 우리나라 국민은 아직도 신민(臣民)문화적이기에 강력한 왕에 대치되는 대통령이 필요하다고 한다. 이들은 대통령이 일사불란하게 지시·명령하여 경제건설이나 조국통일을 달성해야 한다고 주장한다. 이들은 박대통령을 숭배하고 그의 업적을 찬양하고 있다.

약한 정부를 원하는 사람은 의원내각제를 선호한다. 그들은 대통령제가 독재에 흐른다고 보고 국회의원 다수에게 권력이 분산되는 정부가 국회에 대하여 책임지는 의원내각제가 좋다고 한다. 그러나 정부형태만을 가지고 강한 정부다 약한 정부다를 가릴 수는 없다. 미국의 카터 대통령이라든가 아이젠하워 대통령이 미국 전토를 강력하게 장악하지 못하였고, 소련의 고르바쵸프 대통령이나 필리핀의 아키노 대통령을 강력한 정부의 대표자라고 할 수 없다. 의원내각제인 영국의 처칠 수상이나 대처 수상이 약한 정부를 이끈 것은 아니다. 서독의 코올 수상은 독일을 통일하기까지 했다.

이렇게 본다면 강한 정부·약한 정부, 통일을 가능하게 하는 정부, 통일을 불가능하게 하는 정부라는 구분은 허구임을 알 수 있다. 다만 일인이 정책을 결정하고 책임을 지지 않느냐 다수가 정책을 결정하고 국민에 대하여 책임을 지느냐 여부에 따라 결정해야 할 것이다.

혹자는 의원내각제는 장기집권을 결과하고 평화적 정권교체를 보장할 수 없기 때문에 대통령직선제를 하여야 한다고 주장한다. 그러나 대통령제야 말로 장기집권을 가능하게 했으며 독재에 흘렀던 것은 우리의 역사적인 경험이다. 대통령의 단임제가 지켜졌던 5공에서도 전 대통령은 8년을 재임했고 박 대통령은 18년, 이 대통령은 12년을 집권했었다. 이때에 과연 평화적 정권교체가 이루어졌는가를 재검토하여야 하겠다.

의원내각제의 경우에야말로 평화적 정권교체가 가능하다. 13대국회의 원선거 결과 국회에서 수상을 선출했다면 여소야대의 당시 상황에서는 당연히 야당정치인이 선출되었을 것이다. 또 서독에서는 기민당 정권에서 사민당 정권으로, 사민당 정권에서 기민당 정권으로 평화적 정권교체가 행해지고 있으며, 영국에서도 보수당정부에서 노동당정부, 노동당정부에서 보수당정부로 정권의 평화적 교체가 잘 이루어지고 있는 것이다.

대통령직선제는 국민의 뜻에 따라 행정부수반을 선출하는 점에서 내 손으로 대통령을 선출하겠다는 국민의 소박한 심정에는 적합할 수 있으나 제로섬게임이어서 승자는 전부를 갖고 패자는 모든 것을 잃는 결과가 되고 만다. 이 결과 승자는 정권을 전리품으로 생각하여 논공행상하고 패자는 정권에 대하여 결사 투쟁하는 양극대결현상을 가져온다. 지난 30년간의 직선제의 경험은 좁은 국토의 분할점거현상을 나타내게 되어 한 지역에 대한 타 지역의 대항전현상을 나타내왔고 국민의 분열상을 가중시켰다. 남북으로 분단된 것만도 비극인데 남이 동서분단으로 치닫는 것은 큰 문제라고 하겠다.

의원내각제의 경우 정치인 사이의 야합으로 정국이 혼미를 거듭할 것이라 하며 정치비용이 과다하게 들 것이라 한다. 장면정권의 악몽 속에 사는 사람들이 하는 이야기이다. 그러나 직업공무원제가 어느 정도 확립되어 있는 현실 하에서는 사정은 다르다. 국민의 정치의식이 향상되고 정당제도가 정착되는 경우 정치인이 금전 때문에 이합집산하는 일은 없을 것이다. 정당제도가 확립되어 있는 경우 정권교체는 국민의 뜻에 의하며 차기선거에서의 승리를 위한 연립정당의 향배에 따라 결정되고 있는 것이다.

대통령제와 의원내각제는 각기의 장단점을 가지고 있기 때문에 그 장점만을 취한 절충형을 선호하는 사람도 있다. 대통령을 직선으로 뽑되, 외교·안보의 권한을 주고 내치는 의원내각제적으로 하자는 구상이다. 정국의 불안정을 우려한 사람들이 선호하는 제도이다. 오스트리아의 제도가 그 전형적인 것이며 동서대결의 완충지대에서 살아남은 좋은 제도이기는 하다. 우리의 경우에도 국민들의 위구감을 없애기 위하여 과도적으로 고려될 수도 있다.

어떤 정부제도이건 지선한 것은 없다. 그 제도의 장단점을 잘 살핀 다음 단점을 보완하면 된다. 의원내각제의 불안정을 경험한 독일헌법이 건설적 불신임투표제도, 국회해산권제한 등을 규정한 것은 많은 참고가 될 것이다.

3. 바람직한 정치제도

이상적인 정치제도도 건전한 정당제도 없이는 기능하기 어렵다. 정당을 파당이라 하여 거부하는 사람이 없는 것은 아니나 민주정치에 있어 정당의 존재는 불가피하다. 정당은 국민의 정치적 의사를 국회에 전달하는 선거준비기구요 정부를 밑받침하는 국민조직이다. 정당의 경우 인물 위주의 붕당이 있는가 하면 정책위주의 정책정당이 있을 수 있고 이데올로기적인 결합인 이념정당이 있을 수 있다. 국민의 정치적 의사를 형성하고 이를 대변하기 위하여서는 정책정당이어야 하며 정치인의 이익정당이어서는 안 된다.

정당정치에 있어 정당의 수가 얼마가 좋은가에도 논쟁은 있다. 양대정당제도냐 다당제도냐 하는 문제다. 보수정당끼리라면 양당제도가 바람직하다. 그러나 오늘날의 다양한 국민의 의사나 욕구를 반영하기 위해서는 다당제도로 될 수밖에 없다. 한국이 산업사회로 발전한 이상 근로자의 이익과 의사를 대변하는 정당이 필요하다. 이들의 이익을 대변하는 정당이 없는 경우 이들 세력은 구심점을 찾지 못하고 제도권에서 뛰쳐나와 극한투쟁을 벌일 가능성이 많다. 이제까지의 한국의 재야세력이 정당을 결성하지 않고 거리에서 투쟁을 벌여온 현실을 볼 때 이들 재야세력의 정당화는 필연적인 요청이다.

다양한 국민의 의사를 대변하고 국민의 특수이익을 대표하기 위하여 다당제도는 필연적인 추세이다. 이들 군소정당들에게 국회진출의 기회를 제공하기 위해서는 비례대표제선거방법을 도입해야 한다. 소선거구 다수대표제는 인위적인 양당제도의 발전을 가져왔다. 그 결과 국민의 40%의 지지를 받는 정당이 의회의 절대다수를 차지하는 경우가 허다하였다. 13대국회의원선거는 망국적인 지역감정으로 일로삼김(一盧三金) 체제에 따른 사당체제를 가져왔으나 14대국회의원선거에서는 지방의회선거에서와 같은 양대 정당제도로 될 공산이 크다.

소선거구 다수대표제하에서는 사표(死票)가 많이 발생할 가능성이 있다. 60%가 대표되고 40%가 사표로 될 때 40%의 국민은 국회를 지지하지 않게 될 것이다. 국회는 국민의사의 정확한 거울이 되어야 한다. 국민 중 소수자의 의사와 이익을 대표하는 정당이 의회에 진출하여 주장을 펼 수 있도록 되어야 한다. 대선거구 비례대표제는 선거가 인물중심이 아닌 정당중심이 되게 된다. 정당이 꼭 필요로 하는 후보들은 후보명단의 선순위에 오름으로써 당선이 거의 기정사실화되므로 선거의 과열을 예방할 수 있고 돈 안 드는 깨끗한 선거의 가능성이 커진다.

비례대표제선거를 도입하는 경우에는 군소정당의 난립이 우려된다. 군소정당의 난립을 막기 위하여서는 일정한 득표율을 얻지 못한 정당에게는 의석을 배분해 주지 않는 서독식 봉쇄조항이 요청된다. 서독의 경우 주선거구에서 5%를 얻지 못한 정당에게는 의석을 배정해 주지 않음으로써 군소정당의 난립을 방지하고 있다.

비례대표제를 하는 경우 신진인사의 정계진출이 어렵다는 말도 들린다. 이는 후보공천의 민주화를 통하여 시정할 수 있다. 정당은 간부들에 의하여 과두화되고 있는데 이들 중앙당에게 후보공천권을 일임하는 경우, 당간부에 의한 매관매직이 될 가능성이 있다. 이를 없애기 위하여 후보자 명부는 도 단위로 도당에서 정당인투표에 의하여 결정할 수도 있을 것이며 서독식으로 명부 순위를 변경하게 할 수도 있다. 선거기계 등의 사용으로 앞으로는 모든 선거인이 후보자에게 누적투표를 하거나 후보자를 추가시키는 등 비구속명부식 비례대표제도 도입할 수 있을 것이다.

현재와 같이 지방의회선거에서 소선거구제를 실시하는 경우 국회에서는 이와 다른 선거 방법을 채택해야 할 것은 의문의 여지가 없다. 특히 특정 지역에서 특정 정당만이 대표되는 현실에서는 비례대표제를 실시하여 그들 반대당에게도 의석을 배분하는 것이 필요할 것이다.

4. 바람직한 국회제도

국회를 단원제로 할 것이냐 양원제로 할 것이냐도 고려의 대상이 된다. 통일 후의 국회는 양원제가 되는 것이 바람직하나 통일과정상에는 단원제가 좋다는 의견이 많다. 현재도 국회는 단원제인데 국회의사당은 양원제를 대비하여 참의원 회의실까지 준비해 두고 있다. 단원제를 하는 것은 신속한 국회의 수행과 경비절약을 위한 것이다.

양원제는 연방제도에서 잘 운영되고 있다. 하원은 국민의 대표들로 구성하고 상원은 지방(支邦)의 대표들로 구성된다. 상원의 구성방법에는 여러 가지가 있으나 하원과 같은 선거방법으로 구성되는 민주적인 양원제도는 채택할 필요가 없을 것이다. 앞으로 지방자치제도를 더욱 발전시켜 연방제로 옮아가는 경우에는 지방(地方)·지방(支邦)의 이익을 대표하는 상원제는 필요할 것이다.

대한민국에서도 영남주, 호남주, 기호주, 서울주로 독립시키고 북한에서도 평안주, 함경주, 강원주 등을 독립시켜 통일한국에서의 연방제를 도입할 수도 있다. 이 경우 각주를 대표하는 사람으로서 상원을 구성할 수 있다. 연방제 상원의 경우에는 주를 평등하게 대표시킬 것이냐 인구에 따라 차등하게 대표시킬 것인가도 문제이다. 미국은 평등제를 독일은 차등제를 실시하고 있다.

통일 이전에라도 지방자치단체인 서울특별시, 직할시, 도의 이익을 대표하기 위한 상원의 구성을 주장하는 사람도 있을 것이다. 선거제도가 도단위 비례대표제로 되는 경우에는 도를 대표하는 상원의 존재는 필요 없을 것이나 현재와 같은 소선거구 다수대표제를 채택하는 경우에는 도의회를 대표하는 상원의 구성도 생각할 수 있을 것이다. 상·하양원제의 경우 경비가 많이 들고 시간도 많이 걸리는 마이너스 요인도 있으나 날치기·졸속입법의 예방이라는 긍정적 측면도 있는 것이다. 특히 남북통일 후에는 이(異)체제 간에 형성되었던 여러 난문을 해결하기 위하여 상·하양원제도가 필요할 것이다.

국회의 운영에는 본회의중심주의와 위원회중심주의가 있다. 우리나라는 미국식을 모방하여 의원회중심주의를 채택하고 있는데 본의회중심제로 환원하는 문제는 연구·검토해야 하겠다. 위원회중심주의의 경우 위원들이 이익단체나 정부소관부처의 대변인 역할을 하게 되며 국민들의 이익을 외면하게 된다. 또 대부분 언론에 보도되지 않는 회의로 인하여 비밀리에 중요사안이 결정될 수 있기 때문에 보다 공개적인 토론이 가능한 본회의에서 삼독회를 하는 것이 바람직하다. 중요안건이 위원회에서 강행통과 된 뒤에 본회의에서 날치기통과 되는 구태는 없어져야 하겠다.

국회는 중요사안에 관해서는 반드시 공청회를 거치도록 하고 국정감
사권을 적절히 행사하여야 하며 청문회도 자주 열어야 하겠다. 국무총리
임명동의나 대법관임명동의 등 동의권절차에 있어서도 반드시 청문회
를 거치도록 하여야 하겠다. 국회에서는 국민의 민원을 해결하고 이를
보고할 민원담당관(옴부즈만)을 두도록 하며 청원위원회를 설치하여야 하
겠다.

의원내각제를 채택하는 경우 국회는 명실공히 국정의 중심기관이 된
다. 국회에서는 대통령을 선임하고 또 국무총리를 선임하게 되며 국무원
을 불신임할 수 있게 된다. 이와 같은 막강한 권한을 가진 국회의 경솔을
막기 위하여 국회가 정부불신임을 의결한 경우에는 대통령에게 국회해
산권을 주어 국회의 전횡을 견제하도록 하여야 하겠다.

국회의원이 정부의 장관이나 정무차관을 겸직하게 될 것이며 국회의
원으로는 자연히 행정부의 유능한 엘리트 공무원이 진출할 것이다. 국회
와 정부의 유기적인 공동은 정책의 원활한 결정과 강력한 집행을 보장할
수 있을 것이다. 국회가 전횡에 빠지지 않도록 국회에 대한 견제장치가
마련되어야 할 것이다.

5. 바람직한 사법제도

국회 입법에 대한 견제기구로는 헌법재판소가 가장 중요하다. 국회가
당리당략에 흘러 위헌법률을 제정한 경우 헌법재판소는 이를 무효로 선
언해야 한다. 헌법재판소는 헌법의 보장기관으로서 헌법수호를 위한 책
임을 다하여야 하겠다. 헌법재판소는 현행 헌법에도 규정되어 있으나 추
상적 규범통제를 할 수 없게 되어 있어 그 기능 발휘가 어렵게 되어 있다.

국회 입법에 대하여 견제를 하기 위하여서는 국회의원 4분의 1 이상이라든가 지방의회라든가 정부에게 추상적으로 위헌심사를 제청할 권리를 부여해야 한다. 민주정치는 소수자의 보호도 그 목적으로 하고 있다. 소수자의 의견이 국회에서 무시되어 법률이 제정되었을 때 과연 그 법률이 헌법에 합치되는가를 심사 청구할 수 있도록 하는 것은, 국회에서의 의사방해를 예방할 수 있는 것이요 힘에 의한 해결에서 사법에 의한 해결을 가능하게 하는 것으로 중요한 의의를 가진다.

헌법재판소의 권한은 확대 강화되어야 한다. 행정권의 명령·규칙·처분에 대한 위헌심사와 국회의 규칙·처분에 대한 위헌심사, 법원의 재판·규칙·처분에 대한 위헌심사도 할 수 있도록 해야 한다. 현행 헌법은 행정소송에 관한 권한과 아울러 명령·규칙·처분에 대한 위헌법률심사권을 법원에 주고 있는데 명령·규칙·처분에 대한 위헌심사권은 헌법재판소에 주어야 할 것이다.

법원의 구성을 집중주의로 할 것이냐 분산주의로 할 것이냐에 대해서도 의견이 갈린다. 미국과 영국은 집중주의를 채택하고 법원에 사법권을 집중시키고 있다. 독일과 오스트리아에서는 분산주의를 채택하여 헌법재판소, 재정재판소, 사법재판소 등으로 특수법원을 많이 두고 있다. 독일은 이 밖에도 노동법원, 사회법원, 특허법원, 재정법원 등까지 두어 전문화를 꾀하고 있다. 우리나라는 현재 헌법재판소, 사법법원, 군사법원, 가정법원 등으로 나누고 있으나 행정재판소는 독립시키지 않고 있다. 행정재판소, 노동재판소, 조세재판소 등 특수전문법원을 두어 공정한 재판을 해 주도록 하여야 할 것이다. 헌법재판소나 법원이 입법부나 행정부의 견제를 해야 하는데 법관들의 전문성이 없어 문제가 되고 있다. 법관들의 전문성을 확보하기 위하여 법관들의 권위주의를 없애기 위해서도 법조일원화를 해야 한다. 이것은 판사를 변호사·검사 경력자 중에서 선임 임명해야 한다는 것을 뜻한다. 판사의 연령이 일정 이상이어야 국민의 신뢰를 받을 수 있으며 사회적 정당성 있는 재판을 할 수 있을 것이다.

소액사건을 위해서는 간이법원을 많이 만들어 야간에도 개정(開廷)하는 등 국민의 편익을 보호해 주어야 하겠다. 법원의 불친절이나 소송의 지연 등은 국민의 불신을 쌓은 요인이 된다. 사법부는 군림하는 기관이 아니라 국민에게 봉사하는 기관으로 정착되어야 할 것이다.

입헌주의와 법치주의를 실천하고 그 방향으로 사회를 지도할 계층은 법조인이다. 법조인은 사회의 방부제요 범죄를 예방하고 분쟁을 해결하여 평화를 확보하는 사회의 의사이다. 법조인이 사회 구석구석에서 그 직분을 다하여야 사회가 안정될 수 있다는 것이다. 이를 위하여 많은 수의 법조인이 필요하다. 미국에는 변호사만도 80만 3천 명이나 된다. 그런데 우리나라의 경우 전법조인을 합하여도 4천 명 정도 밖에 안 된다. 이 수의 법조인으로서는 국민에게 서비스할 수 없을 것은 명백하다. 우수한 양식 있는 법조인의 양성은 시급한 과제이다. 현재의 사법시험제도는 법조인의 선발로서는 부적합하기 때문에 새로운 제도가 도입되어야 한다. 법조인 양성을 위한 교육제도도 대폭 개선되어야 한다.

6. 결론

위에서 통일을 대비한 정치체제에 대해서 보아 왔는데 정치제도는 누가 어떻게 운영하는가에 따라 달라진다. 아무리 민주화를 부르짖어 봤자 정권담당자가 권위주의적이고 비합리주의적인 사람인 경우에는 민주화를 달성할 수 없다. 이점에서 비정상적인 교육을 받은 사람이라든가 데마고그에 젖어 있는 사람의 집권은 막아야 한다. 다행히 미래의 정치인은 현재와 같은 권위주의적인 정치인은 아닐 것이며 정상적인 교육을 받은 사람이 될 것이다. 정상적인 정치인의 양성이라는 점에서 지방자치제도가 중요성을 가지게 되었다.

지역감정이 아닌 이념이나 정책이 정치판단의 기준이 되어야 한다. 정당정책이나 이념정당의 육성이 필요한 것이다.

우리의 경우 자유민주주의 이념정당이나 사회민주주의이념정당은 육성되어야 한다. 공산주의정당을 허용해야 할 것인가는 문제이다. 현재는 공산주의정당은 민주적 기본질서에 위배되기 때문에 설립을 허용할 수 없다. 남·북 대화 과정에서 북에 대한 남의 자유민주주의정당의 지부설립이 허용되는 경우 남에서도 북한노동당의 지부설립이 상호적으로 허용될 수는 있다.

그러나 북에는 남의 자유민주주의정당의 설립이 허용되지 않은 채 남에만 공산주의정당의 설립을 허용할 수는 없는 것이다. 남북대결 하에서 북이 남반도 해방을 위하여 공산주의정당의 창설과 자유 활동을 원하더라도 이는 허용할 수 없다. 민주주의의 적에 대해서는 투쟁할 수밖에 없는 것이다. 국내에서 자생적인 공산주의 활동이 허용될 수 있을 것인가도 문제이다. 이탈리아나 프랑스의 공산당과 같이 사회민주주의를 신봉(信奉)하는 공산당인 경우 미래의 정치체제에서는 허용될 수도 있을 것이다.

통일단계에서는 정치체제에서는 반의회주의적인 정치활동은 금지되어야 한다. 민주적으로 성립된 합법적인 정부에 대한 전복 행위를 용인하는 나라는 없다. 민주적 기본질서의 수호는 국가의 책무이다. 통일을 달성하기 위하여서는 체제경쟁에 승리해야 한다. 경제체제에 있어서 자유자본주의가 우위를 확보했지만 사회분배체제에는 문제가 있다. 사회분배체제와 사회보장체제에서도 북에 우월하는 체제를 구축해야 한다.

북한주민이 대한민국의 실상을 동경하고 스스로 통일을 원하는 경우에도 사회·경제통합과정에는 많은 문제가 있음을 독일통일이 가르쳐 주었다. 우리는 자유민주주의 이념정당과 사회민주주의정당이 정책대결을 통하여 북의 권위주의적인 일당체제보다도 우수한 정치·사회·경제체제를 가졌다는 것을 보여주어야 한다. 이 경우 국민의 민주적인 의사가 자유롭게 발표될 수 있는 언론·출판·집회·결사의 자유가 보장되어야 하고 여론정치가 행해져야 한다.

통일 후의 자유선거에 의해서도 민주주의 정부가 수립될 수 있도록 대한민국의 정치체제가 확립되어야 한다. 통일 후의 정부형태도 다양한 사회각계각층의 의견을 반영할 수 있도록 비례대표제선거에 의한 의원내각제를 채택해야 할 것이다. 북한의 권위주의적 일인독재체제는 국민의 지탄의 대상이 되어 있으며 대한민국의 군사정부 일인독재도 그 역사적 과업을 다했기 때문이다.

2. 미래의 한국 정부형태론[*]

1. 현행 한국의 정부형태

제6공화국의 정부형태는 엄밀한 의미에서의 미국식 대통령제와도 다르며 프랑스식 대통령제와도 다르다. 대통령제에 의원내각제 요소를 어느 정도 가미하고는 있으나 이원정부제에서와 같은 강력한 의원내각제의 요소(국회해산권과 정부불신임권)는 찾아볼 수 없다. 엄밀히 말하면 이 정부형태는 「대통령제에 의원내각제적 요소를 다소 가미한 절충제」라고 할 수 있다.[1] 그러나 우리나라에서는 관용적으로 「대통령제」라고 부르고 있다.

---

[*] 2009년 12월 9일, 하버드 연경학회 발제자료.
[1] 절충제 정부형태에 관하여는 법제처, 『헌법연구반보고서』, 222면 이하 참조 이 보고서에서는 절충형을 ⅰ) 제1 절충형(내각책임제에 대통령제적 요소가 가미된 정부형태), ⅱ) 제2 절충형(대통령제에 내각책임제적 요소가 강하게 가미된 정부형태), ⅲ) 제3 절충형(대통령제에 내각책임제적 요소가 다소 가미된 정부형태)으로 나누어 그 채택 여부를 검토하고 있었다.

제6공화국 헌법의 정부형태는 기본적으로 제3공화국과는 달리 헌법재판소가 위헌법률심사권 등을 가지고 있으며, 정당국가적 경향을 보다 완화하고 있는 점에서 구별된다고 하겠다.

한국의 정부형태는 현재 대통령제를 원칙으로 하고 있으나 의원내각제적 요소가 가미되고 있다. 대통령은 5년 단임제로 되어 있고 국회의원 선거는 따로 4년마다 하고 있어 분점정부가 생기기 때문에 대통령의 강력한 권한행사를 위하여 4년 중임제로 하고 의원내각제적 요소를 없애자고 한다. 이에 반하여 현재의 대통령제는 대통령이 독주하여 제왕적 대통령제로 되는 경향이 있기에 이를 약화시키기 위하여 국회가 중심이 되는 의원내각제로 개헌하자는 주장도 있다. 또 일부에서는 이원정부제 내지는 분권형 대통령제도를 도입하여야 한다고도 하고 있다.

이들이 공통적으로 주장하는 것은 현재의 정부형태는 수명을 다하였기에 새로운 정부형태를 도입해야 한다는 것이다.[2]

우리나라의 현 대통령제는 문제가 많다.[3] 우리의 대통령은 권한은 많

---

2 황우여(黃祐呂) 의원은 우리 대통령제는 다음과 같은 이유로 종언을 고해야 한다고 했다. ① 민주적 정당성을 가진 대통령과 국회가 정통성을 가지고 다툼. ② 대통령의 국정수행이 어려워지고 대통령이 강력한 리더십을 발휘할 수 없음. ③ 대통령은 임기가 있기 때문에 재임 중 성과를 올리려고 총리나 정부를 자주 갈아, 정국의 안정을 가져오기 어려움. ④ 대통령은 책임을 지지 않아 국민의 지지가 없는 정부라도 임기 중 연명이 가능하다. ⑤ 대통령은 승자독식으로 선거참모들이나 관료집단에 의존하고, 지나치게 권력이 집중됨. ⑥ 대통령은 반정당, 반의회주의로 나가서 독선으로 정치문화를 후퇴시킴. ⑦ 협의민주주의의 가능성이나 연립정부형성이 불가능하여 갈등해소가 어려움. ⑧ 엄청난 대선자금이 듦. ⑨ 이제까지의 대통령이 전부 불행하였고, 대통령 동상 하나 없음. 국회의원 개헌토론회 발제문, 미래헌법연구회, 2009.7.10.

3 정상천(鄭相千) 의원도 현재의 대통령제가 제왕적 대통령제가 되었다고 하여 개선을 주장하고 있다. 대통령이 집권당의 당수가 되어 사실상 입법권까지도 장악하고 있다고 하면서 ① 대통령의 제왕적 권력은 필연적으로 권력형 부정부패를 생산하고, ② 대통령의 제왕적 권력을 차지하기 위한 집권경쟁은 무제한 투쟁이 될 수밖에 없어 국민을 분열시키는 정부행태가 나오며, ③ 국회 또한 여야격돌을 피할 수 없고 정치안정은 어렵게 됨, ④ 대통령이 국가원수와 행정수반을 겸하고 있기 때문에 부패문제, 국민갈등, 정치 불안에 대한 무한책임에 가까운 책임 추궁으로 도덕성, 신뢰성에 상처를 입어 국가위기상황에서 국민적 에너지를 결집시키는 리더십을 발휘하게 어렵게 되며, ⑤ 5년 단임제는 레임덕 현상의 조기 가시화(早期可視化)라는 폐단을 낳고 있다고 한다.

으나 국민적 기대도 크기 때문에 많은 문제를 안고 있다.

우리나라의 대통령은 미국의 대통령과 같이 집행권을 행사하면서 동시에 독일 대통령과 같이 정치적 중재자로서 정치적 중립이 요구되고 있다. 이것은 우리나라가 절대적·제왕적 대통령제를 겪었기에 대통령의 독주를 막기 위하여 5년 단임제로 하여, 정당을 떠나 국민을 위한 정치를 하게 하기 위한 것이다. 그러나 현실은 정당의 당수처럼 되어 정당과 국회를 통제하고 있다.

대통령과 국회의원은 둘 다 민주적 정당성을 가지므로 대통령과 국회 간에 알력이 생길 수 있다. 대통령의 여당이 국회의 다수를 얻지 못하는 경우 대통령과 국회가 분리되어 분점정부가 되어 국정이 마비될 수 있다.

이러한 여러 모순은 우리 헌법이 대통령제를 원칙으로 하면서 의원내각제를 도입하고 있기 때문이다. 대통령의 독주를 막기 위하여 국무총리제도와 국무회의제도를 두어 국정을 논의 결정하게 하고 있으나 대통령이 이를 경시하고 대통령 비서실의 결정에 따르는 경우가 많고, 국회의 해임건의권행사도 잘 기능하지 않고 국회나 국민에 대하여 실정을 해도 책임을 지지 않는 것이 다반사였다. 국민의 지지가 20%에 미달하여도 면직시킬 수 없다.

우리나라는 1948년에 헌법을 제정한 뒤 9차의 개정을 통하여 세계에서 행해지고 있는 거의 모든 정부형태를 실험해 보았으나 어느 하나 완전한 것은 없었다.

20년 전에 만들어진 현행 헌법이 가장 좋은 것으로 생각되었으나, 노무현 대통령이 이 제도의 모순을 표출시켰다. 그는 실세총리제, 4년 중임제, 여야연립정부제 등을 주장하였으나 모두 실패하였다. 청와대 비서실을 키우고 인터넷을 통하여 국민과 직접대화를 하려고 하였다. 그러나 부패행위를 척결하지 못했으며 코드인사로서 국론분열을 가져 왔다.

Cronin은 이를 Presidential Paradox라고 지적하고 있다. Cronin / Genovese, *The Paradoxes of the American Presidency*, 3rd ed., 2009.

여소야대국회에서 국무총리 임명동의도 받지 못한 경우도 있었고 원하는 법률을 통과시키지 못한 경우가 많았으며, 특정 지역과 특정 파벌만을 등용하여 국론을 분열시킨 경우도 많았다. 인(人)의 장막에 갇혀 국정을 잘 못했는가 하면 측근 비리로 일찍 레임덕이 된 대통령도 있었다.

대통령을 직선으로 하기 때문에 국론분열이 심해지며 선거비용도 많이 든다. 또 zero sum game이라 승자독식을 하는 경우가 많다. 대통령의 인사도 독선적이 될 수 있고 조지아 마피아와 같이 가까운 사람만이 모여 행정을 하게 되는 폐단이 있다. 지역주의, 학벌주의의 병폐가 심하다.

이러한 폐단은 남미의 대통령제와 후진국, 동구 등의 대통령제에도 나타나고 있다. 푸틴은 대통령 3선 금지 규정을 회피하기 위하여 심복을 대통령으로 당선시키고 자기는 국무총리를 하고 있다. 이것도 장기집권, 독재화로 발전할 가능성이 있다. 외국에서의 성공 예로 꼽히는 한국의 대통령제도 결코 성공한 것만은 아니다. 이승만(李承晩) 전 대통령이나 박정희(朴正熙) 전 대통령이 장기 집권하여 독재화했으며, 현행 헌법 하에서는 대통령의 독선·무능·파벌·연고주의가 성행하였다. 특히 국민에게 책임을 지지 않으며 국회의 의사를 무시하고 국론을 분열시킨 대통령도 많았다.

이러한 정국에 대한 예측불가능성과 국력낭비를 막기 위하여 대통령의 권한을 강화하자는 의견과 대통령의 권한을 약화하여 미국식 순수대통령제로 하자는 의견, 분권형 대통령제로 하자는 의견과 대통령제를 부정하고 의원내각제로 하자는 등 개헌론이 등장했다.

2. 새 헌법상의 정부형태론

1) 현행 대통령제의 강화론

(1) 강화론

현재의 대통령 권한이 약하여 장기적 정책을 실천할 수 없다고 하여 대통령의 임기를 연장하고 대통령의 권한을 강화해야 한다는 주장이 있다. 이들은 8년 중임제를 주장하거나 4년 중임제와 대통령·국회의원 동시선거를 해야 한다고 주장한다.

노무현(盧武鉉) 전 대통령은 현재의 대통령제는 대통령선거와 국회의원선거를 동시에 하면 여대국회가 되어 대통령이 정치를 옳게 할 수 있으나 대통령선거 후에 국회의원선거를 하게 되면 견제심리가 작동하여 여소야대국회가 되어 국회가 발목을 잡아 대통령이 정치를 할 수 없게 된다고 하여 국회의원과 대통령임기를 4년으로 하고 중임제로 하여야 한다고 하였다.[4] 이것을 소위 one point 개헌이라 하여 임기 말에 추진하였으나 국민과 국회의원의 무관심 속에서 퇴출되고 말았다.[5]

현재의 대통령제를 유지하면서 대통령단임제를 폐지하고 대통령을 4년 중임이나 8년 중임으로 하여 대통령권한을 강화하여야 한다는 주장은 우리 국가가 대통령제를 60년간 해 왔기 때문에 이에 익숙하다는 것을 이유로 들고 있다. 대통령의 단임제는 대통령에 대한 국민의 신임을 물을 수 없어 독주할 가능성이 있기에 중임제로 하여 4년 후에 중간평가를 해야 한다는 주장을 하기도 한다.

또 현재의 대통령제를 유지하면서 국무총리의 권한을 약화하고, 대통

4　노무현 정권 시의 정권파학자(政權派學者)들과 정치인이 주장하였다. 박찬욱, 「정부형태와 개헌과제」, 미래헌법연구회 발제논문.

5　상세한 것은 김철수, 『헌법 개정』, 과거와 미래, 2008 참조.

령 4년 중임제로 하는 등 최소한의 개정만하면 된다는 주장도 있다.[6]

(2) 반대론

이에 대하여 대통령의 8년 중임이나 4년 중임제론은 과거 제왕적 대통령제도의 폐단을 무시한 것이고 재선허용규정이 3선 또는 4선을 가능하게 하기 위하여 헌정을 파괴했던 경험을 무시한 것이라고 반대한다. 대통령 단임제는 제5공화국과 제6공화국에서 이루어진 민주주의의 승리였는데 8년 중임이나 4년 중임을 허용하는 경우 독재화를 가져올 것이라고 본다. 또 정권교체가 되지 않아 부정부패가 창궐하고 승자독식이 계속되어 사회갈등이 심화된다고 한다. 대통령의 독재를 막기 위하여 남미 여러 나라에서 단임제를 채택하고 있는 의의를 망각했다고 한다.

또 5년 단임제 때문에 lame duck 현상이 생긴다고 하는데, 4년 중임제의 경우 2차 임기 시에는 lame duck 현상이 더 심화된다고 한다. 중임을 허용하는 경우 당·정분리원칙은 깨질 수밖에 없고, 대통령이 정치에 관여하게 되어 권력분립에 문제가 생기며, 대통령이 재선을 위하여 인기정책을 쓸 가능성이 많아 정치가 중우정치(衆愚政治)로 될 가능성이 많다고 한다.

제6공화국에서 단임제를 했기 때문에 평화적 정권교체가 가능했으며, 국회의원선거가 중간평가로 되어 대통령의 독주를 막을 수 있었다고 한다.

반대론자는 우리나라의 헌정사가 독재와 부정부패로 얼룩졌던 경험을 그 증거로 들고 있다. 이승만 대통령이나 박정희 대통령, 전두환(全斗煥) 대통령뿐만 아니라 민주화 이후의 여러 대통령이 불행했던 것을 보더라도 강력한 대통령제는 부정되어야 한다고 한다.

특히 대통령이 되기 위하여 정당을 만들고 대통령이 퇴임하면 정당이

---

6 정만희, 『헌법과 권력구조』, 법문사, 2003, 269면 이하. 그는 국무총리제도는 유지되어야 한다고 한다. 「현행 헌법상 정부형태의 의원내각제적 요소에 대한 검토」, 미래헌법연구회 발제논문.

사라져 정당정치가 발전할 수 없기 때문에 정당발전을 위해서도 강력한 대통령제는 안 된다고 한다.

2) 미국식 대통령제 도입론

(1) 찬성론

우리나라의 대통령제는 의원내각제적 요소를 도입하고 있기 때문에 대통령의 권한행사가 제약되고 있다고 한다. 미국식 대통령제에는 없는 국무총리제와 국무회의제도를 두고 있으며, 국회에게 국무총리와 국무위원의 해임건의권을 주고 있기 때문에 대통령이 일원적 권한행사를 못하고 있으며, 국회가 발목을 잡아 통치를 못해 먹겠다고 한다. 따라서 국무총리제도나 국무회의제도를 없애고 국회의 국무총리나 국무위원의 해임건의제도를 없애자고 주장한다. 국무총리 대신에 부통령을 두면 지역안배, 이념분열의 완충을 할 수 있다고도 한다.[7]

이들이 주장하는 미국식 대통령제의 장점은 일반적으로 대통령의 임기동안 행정부가 안정되어 국가정책을 강력하게 수행할 수 있으며, 국회의 견제 없이 강력한 행정을 할 수 있다고 한다. 또 국회 내의 정당정치에 초연하여 흔들림 없이 국정을 수행할 수 있다고 한다. 대통령이 법률안거부권을 가져 국회의 당리당략적인 법률안의 성립을 예방할 수 있고, 전쟁

---

7 권형둔, 전게논문 참조 정만희,「현행 헌법상 정부형태의 의원내각제적 요소에 대한 검토」, 미래 헌법연구회, 발제논문, 2008; 윤대규,「정부형태 − 순수한 대통령제도로의 개헌」, 미래헌법연구회 발제논문, 2008; 이헌환,「한국의 대통령제 포기? 혹은 개선?」, 미래헌법연구회 발제논문, 2008; 이상민, 미래헌법연구회 발제논문.
  정준표,「정당・선거제도와 권력구조의 선택」, 정진민 편,『한국 권력구조의 이해』, 255면 이하; 정진민,「한국 대통령제의 문제점과 극복방안」, 상게서, 225면 이하; 조정관,「대통령제 민주주의의 원형과 변형」, 상게서, 65면 이하; 박찬욱,「대통령제의 정상적 작동을 위한 개헌론」, 상게서, 171면.

시나 국가위기 시에 신속하고 통일적인 국권행사가 가능하다고 한다.

이들은 대통령의 독주를 막기 위하여 부통령을 두며 대통령에게는 법률안제안권, 예산제출권, 회계검사권 등을 주지 않아야 한다고 한다.

(2) 반대론

대통령제의 모국인 미국에서도 대통령제의 모순을 지적하는 사람이 있다. Loewenstein은 대통령제는 외국에 수출되면 죽음의 키스가 된다고 했고,[8] Linz는 미국식 대통령제를 수입한 남미가 독재화되어 대통령제가 실패했다는 것을 실증적으로 연구했다.[9]

미국의 경우 현직 대통령이 정치활동을 하고 국회의원후보자나 대통령후보자의 지지연설 등을 하여 정당정치에 기울고 국민을 분열시킨다고 한다. 또 재선되려고 1기에는 인기영합정책을 쓰고 2기에는 레임덕이 되어 국정수행을 잘 못한다고 한다.

예일대학의 Ackerman 교수는 미국대통령은 무책임하기 때문에 국민에게 책임을 지는 정치가 필요하다고 주장한다.[10]

또 야당이 의회다수당이 되면 대통령과 의회와의 교착상태가 되어 정치가 dead lock화한다. 그리하여 Linz는 대통령제보다는 의원내각제가 더 안정하다는 것을 실증적으로 입증했고, Ackerman 교수도 독일식 의원내각제의 도입을 주장한다.

우리나라에서도 제1공화국시 대통령제를 취하면서 부통령제를 두었으나 부통령의 할 일이 없어 양자의 불화로 정국불안만 야기했다고 한다. 또 사사오입(四捨五入)으로 미국식 순수대통령제를 도입하였으나 독재로 되어 4.19혁명을 유발했다고 하여 반대하고 있다.[11]

---

8   Loewenstein, *Verfassungslehre*, 4. Aufl., 2000.
9   Linz / Valenzuela, *The Failure of Presidential Democracy*, 1994, p.3 이하.
10   Ackerman, *The New Separation of Powers*, 113 Harv. L. Rev, 2000, p.633~729.

3) 의원내각제 도입론

(1) 찬성론

외국교수들 뿐만 아니라 우리나라에서도 원로정치가·학자들이 대통령제에 부정적인 입장에서 의원내각제로의 개헌을 주장해 왔다. 이승만 박사의 장기집권에 시달리던 국민들은 4.19 이후에 의원내각제개헌을 단행했다. 제2공화국헌법은 전형적인 의원내각제였다. 민주당이 선거에 압승했으나 신·구파로 분열되어 원내 안정의석을 확보하지 못한 것이 장면(張勉) 내각의 실패의 원인이었다. 구파의 윤보선(尹潽善) 대통령과 신파의 장면 총리간의 알력이 민심을 이반하게 했다. 당시 자유에 굶주렸던 시민들의 방종도 문제가 되었고, 북한과의 교류주장도 문제가 되었다. 그러나 미국의 지지를 얻었고 박정희 장군 휘하 부대가 5.16쿠데타를 일으키지 않았다면, 장면 정권은 허무하게 무너지지 않았을 것이다.

5.16쿠데타세력이 내각책임제를 매도한 것은 혁명의 정당성을 강조하기 위한 것이었다. 그 후계 정권에서 의원내각제로 개헌하겠다고 87년에 개헌안을 냈던 것은 너무나 아이러니하다. 대통령을 내손으로 뽑아야 하겠다는 열망 때문에 제6공화국 헌법의 대통령제가 탄생하였다.

여소야대국회에서 대통령제로 운영할 수 없었던 당시 정권은 의원내각제개헌을 전제로 3당합 당하였다. 그러나 대통령을 꿈꾸는 당수가 반대하여 개헌은 무산되고 문민정부가 탄생하였다. 문민정부에 반대하여 집권하기 위하여 DJP는 의원내각제개헌을 조건으로 연립하여 정권을 탈취하였다. 국민의 정부에서는 개헌선 미달이라는 이유로 개헌을 하지 않았다.

노무현 대통령후보는 당선되면 의원내각제나 이원정부제로 개헌할

---

11 황태연은 미국식 대통령제 도입을 반대하면서 치명적 제도적 결함을 3개 들고 있다. ① 대통령과 의회의 대립으로 교착상태에 빠져 국정마비의 가능성이 있다. ② 극단적 제로섬 게임에 빠진다. ③ 대통령과 총리와의 충돌가능성이 높다.

것을 공약하였다. 노무현 대통령은 개헌공약을 파기하고 대통령제에 안주했으며 대통령재선금지 때문에 레임덕이 된다며 4년 중임제개헌안을 제안하였다. 그는 제18대 국회 때에 헌법 개정을 하는 것을 약속받고 개헌논의를 철회하였다. 의원내각제개헌은 꺼지지 않는 불씨로 지금도 주장하는 사람이 많다.[12] [13]

(2) 반대론

그러나 시민들의 불안의식과 후보자의 강력한 대통령제 욕구를 이유로 반대하는 사람이 있다. 의원내각제에 대한 단점으로는 다수 정당이 난립하는 경우에는 내각불신임을 자주하여 정국이 불안정하며, 여당이 지나치게 다수인 경우에는 정당의 당리당략에 휩쓸리게 되며 당의 독주로 국론분열을 가져올 가능성이 많다는 것이다. 그 예로 프랑스 제3공화국과 제4공화국, 이탈리아를 들고 있다. 그러나 오늘날에는 내각불신임제도의 남용을 막고 정국의 안정을 기하는 제도가 발달되어 있다.

독일에서는 건국 후 60년간 내각불신임결의가 통과된 것은 세 번 정도이다. 그것은 후임수상을 과반수로 선출하는데 합의하지 못하면 현 수상을 불신임할 수 없게 한 소위 건설적 불신임제 때문이다. 독일에서도 과거에는 다수당이 난립해 있었다. 그럼에도 불구하고 내각이 잘 교체되

---

12 학자 중에서는 주로 독일유학파가 주장하고 있다. 김철수, 『헌법 개정』, 과거와 미래, 2008; 허경, 「내각제 개헌의 당위성」, 『공법연구』 제27집 제3호, 1999.6. 13면; 정종섭, 「헌법학원론」; 이준일, 「한국에서의 의원내각제」, 미래헌법연구회 발제논문; 장영수, 「독일적 의원내각제의 한국적 적용」, 『헌법학연구』 제5집 제1호, 37면 이하; 명재진, 「의원내각제에 관한 연구」, 『충남대 법학연구』, 1999. 210면; 김도협, 「의원내각제, 그 예단적 효과에 관한 소고」, 『헌법학연구』 제11권 제1호, 2005.3, 463면. 정치인 중에서는 황우여, 미래헌법연구회 발제문; 이낙연 제헌 61주년기념대회, 토론문, 2009.7; 김창수, 「대통령제 폐해와 의원내각제도입 필요성」, 미래헌법연구회 토론문, 언론인 중에서는 김창혁, 「국민성과 지역성」, 그리고 의원내각제, 토론문; 이규영, 「한국의 권력구조 개편 2」, 의원내각제의 대안가능성, 『한국의 권력구조논쟁 III』, 2002.

13 외국학자 중에는 Bagehot, Wilson, Linz, Riggs, Dahl, Stepan, Lijphart, Ackerman 등이 있다.

지 않고 10년씩 안정을 찾은 이유는 이 제도가 중요한 역할을 했기 때문이다. 아데나워, 콜, 슈뢰더 총리가 10년 정도 집권하며 독일의 경제기적을 일으켰고, 동서독의 통일을 가능하게 했다.

정당이 난립하면 의원내각제는 성공 불가능하다는 주장이 있다.[14] 그러나 독일에서나 일본에서 보는 것처럼 다수의 정당이 있더라도 정권을 담당하기 위해서는 연립정권을 형성하기 때문에 문제가 없다. 독일의 경우에는 과거 자유민주당이 소수당이면서 연정 파트너를 바꿔가며 오랫동안 정부에 참여했고, 유사시에는 양대 정당이 대연정을 하고 있다. 독일의 기독교민주당, 자유민주당이나 녹색당 등은 건국과정에서 성립한 정당이다. 120년의 전통을 가진 사회민주당은 녹색당 등과 연정(聯政)을 이루어 집권하거나 대연정에 참여하여 집권하였다. 기독교민주당도 항상 연립정부를 형성해 왔다.

우리나라는 정당정치가 발전하지 않아 의원내각제가 실패할 것이라는 주장이 있다. 그러나 우리나라에서도 양대 정당제도의 확립이 가능하다. 다당제의 경우에도 보수정당끼리, 또는 진보정당끼리의 연립정부의 수립도 가능하고 대연정도 가능하다. 노무현 전 대통령이 한나라당에게 대연정을 주문했으나 한나라당이 응하지 않은 것은 대통령제하에서는 총리의 권한이 제한되어 있었기 때문이다. 한나라당이 야당생활을 10년간이나 참고 견딘 것이라든가, 상상조차하기 힘들었던 통합민주당이 탄생한 것을 보면 앞으로 정당정치도 많이 발전할 것으로 전망된다. 제18대 국회에서의 민주당의 반의회주의적 투쟁 때문에 많은 사람들이 우리

---

14 혹자는 의원내각제의 성공요건으로서 ① 안정된 복수정당제, ② 국민간의 동질성과 화합의 정신, ③ 언론의 자유와 정치적 자유보장, ④ 문민통치의 전통, ⑤ 직업공무원제의 확립, ⑥ 정치인의 투철한 공직의식 등을 들고 있으나(권영성, 『헌법학원론』, 755면), 이것은 민주정치 성립과 존립의 근본요소이지 의원내각제에만 요구되는 것은 아니다. 대통령제의 경우에도 이러한 요소가 없는 경우에는 신대통령제, 총통제로 기능하게 되는 것이다. 이승만 박사는 의원내각제의 성공요인으로 군주를 들었는데 오늘날 상징적·조정적 기능을 가진 대통령이 이를 대체하고 있다.

나라에서의 의원내각제개헌은 시기상조라고 보고 있다. 그러나 조문정국(弔問政局)의 이용이 세력 확장에 도움이 되지 않는다는 것을 곧 깨닫게 될 것이고, 그렇게 되면 국회의원이 정치중심이 되는 의원내각제 도입에도 찬성할 가능성이 있다.[15][16]

4) 이원정부제 도입론

(1) 찬성론

우리나라에서는 이원정부제 또는 분권형대통령제가 현실적합성이 있기 때문에 이를 도입해야 한다는 주장이 있다.[17][18] 대통령제의 독재경향을 방지하기 위해서는 의원내각제로 가야 할 것이나 대통령이 있는 현실에서는 의원내각제로의 개헌은 불가능하고 중간단계로 이원정부제를 채택하게 된다는 견해[19]도 있다.

---

15 야당 내부에서도 중진의원들이 의원내각제나 이원정부제를 주장하고 있는 것을 보아도 알 수 있을 것이다.

16 이준일, 「한국에서의 의원내각제」, 미래한국헌법연구회 발제논문, 2008; 명재진, 「의원내각제개헌의 필요성」, 미래한국헌법연구회 발제논문, 2008.8.

17 박상천(朴相千)은 분권형 대통령제 개헌의 이념적합성에 대하여 ① 국가 위기상황에서도 대통령이 외교, 통일, 국방, 안보 문제 등에 전념할 수 있어 안정적이다. ② 내각불신임제를 통하여 책임정치를 펼 수 있다. ③ 국회에서 과반수 정당 또는 대연정이 가능하며 국민통합에 기여한다. ④ 대통령을 국민이 직접 뽑기 때문에 국민의 상실감을 완화할 수 있다. ⑤ 내정에 초연한 대통령이 정치적 조정자 역할을 할 수 있다. 박상천, 「분권형 대통령제의 현실적합성」, 국회미래헌법연구회 발표논문, 2008.

18 황태연도 우리나라에서의 분권형 대통령제의 적합성에 관하여 다음과 같이 말하고 있다. 우리나라는 ① 계속적 민주화의 흐름을 타고 있는 중소규모의 공화국이자, ② 휴전 중에 있는 분단국가이고 따라서 남북교류와 통일외교의 특수과업을 가진 나라이자, ③ 지정학적 위치상 외교안보가 국가의 존망을 결정하는 나라요, ④ 분단과 주변사정상 국방업무와 군사부문이 방대할 수밖에 없는 군사국가이다. 그는 이 사활적 욕구를 충족시키는 것은 분권적 대통령 밖에 없다고 한다.

19 Linz, *The Failure of Presidential Democracy*, 1994. Vol. 1, pp.59~60.

의원내각제는 불안정하고 대통령제는 전제정치로 될 가능성이 있다고 하여 의원내각제에 대통령제를 접목시키거나 대통령제에 의원내각제를 가미하여야 한다는 주장이 있다. 정부가 대통령과 수상의 two top제도로 운영되는 양두정치를 뜻하는 이원정부제가 바람직하다고 한다. 이 정부형태는 이원집정부제, 반(半)대통령제, 준대통령제라고 불리고 있다. 이 제도의 현대적 형태로서는 프랑스 제5공화국헌법을 들 수 있다.[20]

프랑스에서는 대통령은 국민의 직접선거로 5년 임기로 선출되며 일차 중임이 허용된다. 이에 대하여 수상은 국회에서 선출된다. 수상은 국회다수당에서 선출되기 때문에 국회의 신임이 있는 경우, 대통령의 의사에 반하더라도 내각을 형성·유지할 수 있다. 대통령과 정부 간에는 그 권한이 명확히 구분되어 있다. 대통령은 외교·국방 등을 책임지고 국무총리는 내치를 담당한다. 과거에는 대통령은 좌파였고 국회는 우파가 다수였기 때문에 수상은 우파가 차지했다. 그리하여 좌우파 동거정부(cohabitation)를 이루어 세계정상회담에서도 두 사람이 다 참여하는 경향이 있었다. 이러한 상태에서는 국정의 책임이 모호해질 수밖에 없었다. 이에 프랑스에서는 헌법을 개정하여 대통령의 임기를 5년으로 단축하여 대통령 선거와 국회의원선거를 거의 동시에 실시하여 대통령과 국회의 다수파가 같도록 하였다. 이에 현재는 내각수상은 같은 당의 대통령의 의중에 따르고 있기 때문에 사실상 대통령제적으로 운영되고 있다. 대통령의 독선을 견제하기 위하여 의회의 권한을 강화했으나 수상의 지위는 약화되어 수상제 폐지론까지 등장하고 있다(Lang).

---

20 전학선, 「분권형 대통령제 도입을 위한 제언」, 국회미래헌법연구회 발표논문, 이원정부제의 도입가능성에 관한 연구, 성낙인, 「이원정부제(반대통령제)의 구체화를 통한 권력분점의 균형」, 국제학술대회 발표논문, 성낙인, 「헌정 50년과 정치제도의 변용—불안정성의 안정」, 『공법연구』 37-2, 2008.
전학선은 ① 대통령 권력의 제한 필요성, ② 대통령을 직접 선출하는 국민들의 욕구충족, ③ 의원내각제와 같은 책임정치 실현가능성, ④ 대통령과 총리의 권한배분으로 효율성 증가를 들고 있다.

우리나라에서는 이를 분권형 대통령제라고 하여 도입을 주장하는 사람들이 있다.[21] 그 이유는 우리 국민의 대통령에 대한 직선욕구가 높기 때문에 대통령직선제는 불가피한 것으로 보고 있다. 직선제대통령이 권한을 많이 가지면 과거의 대통령제와 같이 독재화할 우려가 있기 때문에 가능한 한 그 권한을 나누어 수상·내각에게 주자는 것이다. 이 경우에 대통령과 수상·내각의 권한을 어떻게 배분할 것인가의 문제가 있다. 직선제대통령에게는 국가원수로서 외교·통일·국방 등의 권한만을 인정하고 내치는 수상·내각에게 맡기고 수상·내각은 국회에 대하여 내치책임(內治責任)을 져야 한다는 것이다.

이 제도는 분단국가인 한국에서 통일 등을 위해서는 국론을 통합할 수 있는 지도자가 필요하며 정부·내각은 국회와 국민에게 책임을 져야 한다는 점에서 중요한 의의를 찾을 수 있다고 한다.[22]

(2) 반대론과 그 검토

반대론자는 대통령과 수상·내각의 권한을 어떻게 배분할 것인가? 대통령과 수상 간에 권한쟁의가 발생한 경우 어떻게 해결할 것인가 등의 문제를 들어 반대하고 있다. 이것은 헌법에 권한관계를 명시하면 된다.

특히 다당제가 예상되는 한국의 경우 대선에서 결선투표제를 도입할 것인가, 다당제 하에서 일당독식을 막고, 연립정부를 구성할 수 있을 것

---

[21] 정치인으로는 이만섭(李萬燮) 전 국회의장, 박상천, 홍준표(洪俊杓) 의원 등이 있고, 학자 중에는 대부분의 프랑스 유학파 등이 주장하고 있다. 이 밖에도 황태연, 강원택, 장성호 교수 등이 주장하고 있다.
황태연, 「유럽의 분권형 대통령제와 4년 중임 분권형 대통령제 개헌방안」, 2008; 장성호, 「통일시대의 대한민국 헌법 권력구조 모색 – 분권형 대통령제」, 2008; 장성호는 ① 남북 분단현실, ② 권위주의 정치문화의 극복, ③ 지역주의 타파를 위하여 현실적합성이 있다고 한다.

[22] 이 제도는 1980년 서울의 봄 때 개헌안으로 발표되어 많은 공감을 얻었으나 잘 이해하지 못한 사람들의 반대로 무산된 바 있다. 크리스천 아카데미, 『바람직한 헌법 개정의 내용』, 1980.1.

인가 등이 문제가 되고 있다. 이 경우 많은 정파가 참여하는 연립정부를 구성할 수 있다고 봐야 한다. 이원정부제를 악의적으로 비판하는 사람은 대통령이 국가긴급권을 가지고 있으므로 대통령이 국가긴급권과 국회 해산권을 행사하여 대통령이 독재화할 것이라고 주장한다. 이러한 위험은 1인집행부인 대통령제의 경우에 더 가능성이 많고, 양두(兩頭) 집행부인 이원정부제에서는 수상과 의회가 건재하기 때문에 그 가능성은 거의 없다고 보아야 한다.

대통령과 총리가 소속정당이 다른 경우 갈등이 생긴다는 비판이 있다. 이러한 경우에는 동거정부(cohabitation)가 성립되고 대연정과 유사한 형태로 내각이 구성되어 오히려 무책임한 정치공세가 없어질 수도 있다. 반대로 대통령과 수상이 동일정당에 속하는 경우 대통령의 독재를 예방할 수 없다고 한다. 그러나 대통령 1인정부 보다는 양두정치를 하면 상호견제가 되어 독재가능성이 약화된다고 한다.

분권형 대통령은 그 권한이 축소되어 있어서 국가위기상황에 대처하기 어렵다는 비판이 있다. 그러나 헌법에 대통령에게 국가긴급권을 인정하면 대통령이 정당에 초연한 자세에서 국가의 존립을 구할 수 있다고 한다.

대통령이 국회해산권을 가지기 때문에 국회활동이 위축된다고 한다. 그러나 대통령의 국회해산권은 국회의 국무총리불신임결이나 정부해산결의 시 그 대항수단으로 행사하는 경우에는 양자의 균형을 가져올 수 있다.

이원정부제는 정국이 불안정하여 대통령제로 되거나 의원내각제로 이행(移行)하게 된다는 비판이 있으나 이원정부제를 채택한 다수국가가 상당히 오랫동안 민주정부를 유지하고 있다.[23]

---

23 자료 : Robert Elgie, "The Politics of Semi-Presidentialism", in Robert Elgie, *Semi-Presidentialism outside Europe : A Comparative Study*, 2007, 14.

5) 정부형태에 관한 헌법연구자문위원회보고

2008년 9월 들어 국회의장직속으로 헌법연구자문위원회를 구성하여 1년 동안 연구한 뒤 그 결과를 발표하였다. 이 보고서에서는 유럽 현지조사를 거쳐 세계 각국의 정부 제도를 연구한 뒤 현행 대통령제에 대해서는 부정적이며 ① 이원정부제안과 ② 순수미국식 대통령 제안을 택일할 것을 권고하고 있다.

(1) 이원정부제

이원정부제 안은 분권형 대통령제 안이라고도 할 수 있으며 집행권을 대통령과 총리로 나눈 뒤 대통령은 직선하고 총리는 국회에서 선출하며, 대통령에게는 선전포고, 강화권, 외국군대의 국내주류허용권, 조약비준권, 사면권, 계엄선포권, 긴급명령제정권을 주며 대법원장, 대법관, 헌법재판소 소장, 재판관들의 형식적 임명권과 국가공무원, 군인들에 대한 형식적 임명권을 가진다.

국무총리는 행정수반으로서 내각에 대한 통할권을 행사하고, 내정에 대한 최고책임자이며 내각회의를 주재하고 치안·경제정책·국방 등 행정 일반에 대한 최고책임자로서 군통수권까지 행사한다. 법률안제출권, 법규명령제정권, 조약비준제청권, 신임요구동의안 부결 시 하원해산제청권, 내각구성권, 국가공무원임명제청권, 외교사절임명제청권, 위헌정당해산제소권 등을 가진다.

프랑스식 이원정부제의 경우 외교·국방·긴급권 등이 대통령에게 있는데 이 안에서는 대통령의 권한을 약화하고 총리의 권한이 확대된 것을 알 수 있다.[24]

---

24 「헌법연구자문위원회 결과 보고서(요약본)」, 2009.8, 50면 이하.

(2) 순수 미국식 대통령제

순수 미국식 대통령제 안은 현행의 대통령제와 의원내각제의 혼합형을 지양하여 총리를 없애고 부통령을 두며 내각을 없애고 대통령이 일원적으로 집행권을 행사하려고 하는 것이다. 여기에서는 현행 헌법이 가지고 있는 대통령의 권한 중 법률안제출권, 예산안제출권, 회계검사권 등을 국회에 이관하여 대통령의 권한을 약화하고 국회의 권한을 강화하려고 하고 있는 것이 특색이다.

3. 합의제 민주정치로

정부의 존립목적은 국민의 인간다운 생활을 영위할 수 있도록 기본권을 보장하고, 국가의 안전을 외국에 대하여 보전하고, 국민이 안심하게 살 수 있도록 질서를 유지하는 것이다.

앞에서 보아 온 것과 같이 정부형태는 여러 가지가 있으나 어느 하나도 지선인 것은 없다. 우리나라의 정부형태를 선택하는 경우에도 이상적인 정부형태를 채택할 것이 아니라 현실적합적인 제도를 선택해야 한다.

Lijphart는 Patterns of Democracy에서 36개국의 민주정치를 비교분석하면서 민주정치에 있어서 Westminster형 민주정치(다수결민주정치, Majoritarian Democracy)와 합의제민주정치(Consensus Democracy)로 나누고 있다.[25] 다수결민주정치는 영국을 비롯한 New Zealand, Barbados에서 행해지고 있는데 총선에서 다수를 얻은 한 정당이 단독으로 정부를 형성하고 다수결원칙에 따라 정책을 결정하고 입법하는 것을 말한다. 이에 대하여 합의제민주정

---

25 Lijphart, *Patterns of Democracy*, 1999.

부는 스위스, 벨기에, 유럽연합 등이 채택하고 있는 제도로 집행권을 독점하지 않고 서로 나누어 가지며 정부와 의회 간에 견제와 균형을 하고 있으며 다당제로 연립정부를 형성하고 있다고 보았다. 그는 견제균형의 원칙에 따라 또 의원내각제와 대통령제를 구분하고 있다. 의원내각제의 수장은 입법부에 대해서 책임을 지는데 대하여 대통령제에 있어서의 수장은 입법부와 독립해 있으며 책임을 물을 수 없고 직선되는 것이 관례로 보았다. 그는 ① 통치주체 ② 선거형태 ③ 개인적 통치냐 합의제통치냐에 따라 의원내각제와 대통령제로 비교하고 있다.

도표를 보면 다음과 같다.

	의원내각제	대통령제
통치권의 首長	그의 이름이 수상, 총리 등을 불문하고 그와 내각은 입법부에 대하여 책임을 진다. 즉 수상은 의회의 신임에 의존하며 불신임결의에 의하여 해임된다.	그의 이름이 대통령이며 헌법상 특정임기를 가지고 선출된다. 평상적인 입법으로서는 해임될 수 없고 비상적으로 탄핵에 의하여 해임된다. 그는 일반적으로 법률안거부권을 가진다.
선거형태(정당성)	입법부에 의하여 여러 형태로 선출된다. 의회의 중요정당 간의 협상에 따라 하원에서 선출되나 때에 따라서는 왕이나 대통령에 의하여 지명된다.	직선되거나 직선된 대통령선거인단에 의하여 선출된다.
독재냐 합의제냐	합의제 집행부. 수상의 지위는 관계에 우월할 수도 있다. 그러나 대다수의 중요 결정은 내각제 전체로서 합의제에서 결정한다.	개인적 집행부. 대통령은 내각구성원을 임명한다(특별한 경우에는 의회가 참여하는 경우도 있다). 그러나 그들은 자문기관에 불과하고 정책결정권은 대통령 개인에게 있으며 관료는 정책결정과정에 참여하지 않는다.

Lijphart는 대통령제는 다수당에 의한 정권독식이기 때문에 권력을 나누어가지는 정부형태(power sharing)인 합의제정부(consensus democracy)를 해야 한다고 주장해 왔다. 그는 특히 분열된 사회에서는 민주정치가 파괴될 염려가 있기 때문에 이를 막기 위하여 다수결민주주의체제가 아닌 합의제민주주의체제를 선택해야 한다고 주장했다.[26] 왜냐하면 다수결민주정치는 거의 반수의 국민을 정치참여에서 배제하고 있기 때문에 이데올로

---

26 Lijphart, *Constitutional design for divided societies, Thinking about Democracy*, 2008, p.75 이하.

기적, 지역적, 인종적, 언어적 갈등이 심한 사회에서는 소수파의 배제는 불안과 폭력을 유발한다고 한다.

우리나라는 이념적·지역적 대결이 심하기 때문에 소수자를 배려하고 권력을 나누어 가지는 합의제 정부가 필요하다고 하겠다. 우리나라도 이념대립이나 지역감정대립이나 빈부격차가 크기 때문에 veto group이 헌정파괴적 행위를 일삼아 정국을 불안하게 하고 있다. 이를 막기 위하여 다수당에 의한 정권독식체제(政權獨食體制, majoritarian regime)를 버리고 합의제정부(consensus democracy)를 성립하여야 할 것이다.[27]

그는 합의제정부(consociational Democracy)의 요소로 ① 대연정, ② 쌍방적 Veto, ③ 내각형성의 비례성, ④ 지방분권주의와 연방제를 들고 있다. 이것이 정치적 안정과 사회적 안정을 가져온다고 하였다.[28]

우리나라에서는 국론분열을 막고 통일을 지향하는 정부형태를 찾는 것이 급선무이기 때문이다.

실증적 연구에 의하면 민주정치의 성공여부는 법치주의와 관계가 깊다고 한다. 법치주의가 행해지는 국가는 정국이 안정되고 그렇지 않는 나라에서는 민주정치가 위기에 처하는 경우가 많다고 한다.[29] 우리나라에서도 법치주의확립을 위한 헌법재판소 제도의 강화가 필요할 것이다.

---

27 Lijphart는 합의제 정부형태로는 스위스, 벨기에, 독일, 유럽연합 등을 들고 있다.

28 Lijphart, *Democracy in Plural Societies, A comparative exploration*, 1977.

29 Cameron / Blanaru / Burns, *Constitutional Frameworks and the Rule of Law*, University of British Colombia, 2004 October.

3. 입헌주의와 헌법보장[*]

1. 입헌주의의 의의

1) 입헌주의와 헌법

입헌주의(constitutionalism, Konstitutionalismus, constitutionnalisme)란 국민의 자유와 권리가 국가권력으로부터 침해당하지 않도록 보호하기 위하여 국가권력의 목적과 조직을 헌법에 규정하고, 국가가 국민에 대하여 행하는 권력작용을 헌법에 구속되도록 하는 "헌법에 의한 통치" 원리를 말한다. 이러한 내용을 규정한 헌법을 입헌주의적 헌법이라고 하며, 입헌주의적 헌법에 따라 운용되는 국가정치형태를 헌법국가(Verfassungsstaat), 또는 입헌정치(constitutional government)라고 한다.[1]

---

* 이것은 2005년 9월 22일 서울에서 개최된 국제학술대회 '아세아 헌법학자 대회'에서 「입헌주의와 헌법재판소」라는 제목으로 행한 기조연설의 일부이다.

1 입헌주의의 개념에 대해서는 K. Loewenstein, *Verfassungslehre*, 4. Aufl., 2000, S. 103; W. Kägi,

헌법(Verfassung)이라는 개념은 국가보다도 오래되었다고 말하여진다.[2] 그러나 헌법이 국가를 구성하는 규범으로서 인정되게 된 것은 200여 년 전의 일이라고 하겠다. 그 이전에는 근본법(lex fundamentalis)이라고도 불렀다. 이러한 기본법, 자연법, 근본법 등의 개념은 중세에 있어서는 구분되지 않고 사용되었다.

오늘날의 입헌국가의 원형은 아테네에서 솔론의 헌법에서 찾는 경향이 있다.[3] 그러나 근대적인 입헌정치의 역사는 성문헌법의 제정과 같이 한다고 하겠다.

이와 같은 헌법에 의한 통치의 원리는 Thomas Paine이 "헌법은 정부의 결의가 아니라 정부를 구성하는 인민의 결의이며, 헌법 없는 정부는 권리 없는 권력이다. 헌법은 정부에 선행하는 것이며 정부는 헌법의 소산일 뿐이다"라고 한 것에서 잘 나타나고 있다.[4]

영국의 경우에는 『인민협약(Agreement of People)』(1647)과 『정체서(Instrument of Government)』(1653)에서 성문헌법의 형태로 나타났으나 그 뒤 이것이 폐지되고, 현재와 같은 많은 성문 법률과 관습법에 의하여 입헌주의가 시행되고 있다.

Die Verfassung als rechtliche Grundordnung des Staates, 1945; D. Grimm, Verfassung I., Verfassung II. Geschichtliche Grundbegriffe, Bd. 6. SS. 831-899; K. Stern, Das Staatsrecht des Bundesrepublik Deutschland, Bd. I, 2. Aufl., 1984. §§ 3 f.; M. Kriele, Einführung in die Staatslehre, 4. Aufl, 1990; P. Häberle, Die Verfassung als Öffentliches Prozeß, 1978 등 참조.

2 Aristoteles는 헌법을 철학적으로 고찰하여 polis에 성립되는 모든 질서로서 politeia를 의미한다고 하였고, Hegel은 이를 구조적으로 파악하여 총체(總體)의 법질서를 의미한다고 하였다. Rousseau나 Locke에 이르러 법적인 헌법개념이 발달하였는데 이들은 헌법을 국민의 합의에 의한 계약으로 보았으며, Bryce에 이르러 성문으로 된 문서로서의 헌법을 중요시하게 되었다. 특히 오늘날의 헌법은 개정이 곤란한 경성헌법을 말하게 되었다. 상세한 내용은 김철수, 『비교헌법론(상)』, 33면; 김철수, 『제17판 헌법학개론』, 2005, 5~26면; 김철수, 「입헌주의 서설」, 『화정 서주실박사화갑기념논문집; 현대 공법의 제과제』, 1992; 김철수, 『법과 정치』, 1995 등 참조.

3 Loewenstein은 그리스 시대의 2세기 간을 완전한 입헌주의국가로 본다. Loewenstein, a.a.O., S. 133.

4 Rights of Man, in The Complete Works of Thomas Paine, London, pp.302~303. 한편 Bolingbroke도 동일한 입장을 취하는데, 다만 토마스 페인은 헌법에 위반되는 정부행위는 정부가 좋지 않다고 말하는 것을 정당화할 뿐이라고 본다.

입헌주의라는 개념은 다의적으로 사용되는데, 협의로는 헌법에 의하여 정치를 규율하는 것을 말하며, 광의로는 영국, 미국, 프랑스의 통설에 따라 자유민주주의 내지 입헌민주주의와 동일한 것으로 사용되기도 한다.[5]

2) 입헌주의의 본질

입헌주의는 헌법에 규정된 모든 규정과 제한, 그리고 헌법이 전제하는 기본원칙들은 모든 국가작용의 근원과 정당성의 근거를 이루며, 따라서 헌법은 국가작용의 범위와 한계를 규정하게 되며 헌법에 따라 통치하여야 한다는 것이다.[6] 입헌주의의 목적은 첫째, 국가권력의 통제로부터 국민을 해방시키고, 둘째, 국민에게 정당하게 권력과정에 참가하는 것을 인정하는 것이라고 할 것이다.[7] 이러한 목적을 달성하기 위하여서는 국가권력보유자도 구속하는 일정한 규칙과 절차에 따라서 정치권력이 행사되어야 하며, 국가권력을 독점하지 않고 다수에게 권력을 분배하여 상호 협동과 견제와 균형의 원리에 따라 국가권력을 행사할 것을 요구하게 되었다. 그러므로 입헌주의는 본질적으로 자유주의적 이데올로기의 산물이며, 대의제에 의한 피치자의 정치과정에의 참여를 보장하고 있다.

입헌주의는 미국이나 프랑스에 있어서는 근대시민혁명과 함께 정치생활의 원리로 등장하였다. 1789년 프랑스 인권선언이 제16조에서 "권리

---

[5] 고유의 의미의 헌법국가란 국가가 헌법의 척도와 범위 내에서만 국가권력을 행사할 수 있는 국가라고 본다(K. Stern, "Die Verbindung von Verfassungsidee und Grundrechtsidee zur modernen Verfassung", *Festschrift für Kurt Eichenberger*, S. 205).

[6] 입헌주의는 단순히 헌법에 의한 정치를 의미하는 것이 아니고, 국민의 기본적 인권이 보장되고 권력분립제도가 확보된 헌법에 의한 정치원리를 말한다고 하여 입헌주의와 헌법주의를 구별하는 견해도 있다(문홍주, 『한국헌법』, 해암사, 1987, 34면).

[7] 입헌국가를 특수한 국가유형으로 보고 기본권, 권력분립과 민주정치가 결부된 것이라고 보는 견해가 있다(M. Kriele, *Einführung in die Staatslehre*, 1975; R. Dreier, "Konstitutionalismus und Legalismus", *Festschrift für W. Maihofer zum 70. Geburtstag*, 1988, S. 87 ff.).

의 보장이 확보되지 않고 권력분립이 규정되어 있지 않은 사회는 헌법을 가진 것이라고 할 수 없다"고 규정한 것은 입헌주의의 본질을 잘 나타내고 있다.[8]

입헌주의 헌법에 관하여 K. C. Wheare는 진정한 의미에서의 헌법은 다음 같은 최소한의 본질적인 구성요건을 갖출 것을 요구하고 있다. 첫째, 국가권력이 단일의 독재적 권력담당자에게 집중되는 것을 방지하기 위하여 국가의 모든 기능을 분리시키고, 이들을 각각 상이한 국가기관 또는 권력 담당자에게 위탁해야 한다. 둘째, 이러한 여러 권력담당자들 간의 견제와 균형의 원리가 필요하다. 셋째, 여러 자율적인 권력담당자들의 협력이 달성되지 못한 경우에 혼란과 독재의 발생을 억제할 수 있는 계획적인 기구도 필요한데, 결국은 권력자로서의 국민이 최고의 조정자로 선거에 의하여 문제를 해결한다. 넷째, 비합법적인 폭력이나 혁명을 방지하기 위하여 국가의 기본적 질서를 평화적으로 변화하는 사회적 · 정치적 조건들에 적응시키는 합리적인 방법이 미리 확정되어있어야 한다. 이것이 헌법 개정의 합리성의 문제이다. 다섯째, 헌법은 개인의 권리와 기본적 자유를 명확하게 승인하고 국가권력의 침해로부터 보호되어야 한다.[9]

---

8 원문은 다음과 같다. "Toute société dans laquelle la garantie des droits n'est pas assurée, ni la séparation des pouvoirs déterminée, n'a point de constitution."
9 K. C. Wheare, *Modern Constitutions*, London, 1951, p.46 이하.

2. 근대 입헌주의의 기본원리

1) 근대 입헌주의의 원리

입헌주의는 국가권력에 대한 헌법의 우위로서 다음과 같은 것들을 그 전제로 하고 있다. 첫째, 입법, 사법, 행정을 포함한 모든 국가권력은 그 행사의 근거로서의 헌법에 기본적으로 구속되며, 둘째, 헌법은 국가권력에 선행하는 것이며, 셋째, 헌법이란 주권자로서의 국민이 국가권력의 근원이라는 권위로서의 의미를 가지기 때문에 국가권력이 그 권한행사에 있어서 헌법이 제한하는 한계를 넘어서서는 안 되며, 넷째, 만약 국가권력이 헌법이 규정하는 근거와 한계를 무시하고 헌법이 인정하지 아니한 권력을 행사하거나 그 제한을 넘어서 권한을 행사한다면 이를 규제할 수 있는 강제력과 실질적인 제도장치가 마련되어야 하며, 다섯째, 헌법과 국가권력이 실제에 있어서 구별되지 아니한 모든 국가에서는 국가권력의 의지에 대한 견제가 없이 사실상 전제국가를 의미하기 때문에 실질적으로 헌법이 존재하지 않는다고 하겠다.[10]

근대입헌주의는 기본권보장주의, 국민주권주의, 권력분립주의, 성문헌법주의, 경성헌법주의를 내포하고 있다. 근대입헌주의는 인권의 목적성을 인정하고 국가권력의 수단성을 긍정한다. 권력과 그 담당자는 인권을 보장하기 위하여 존재한다. 이러한 수단으로서의 권력은 국민주권주의와 권력분립주의에 입각해야 한다. 또 헌법은 성문헌법이어야 하며 국민이 제정한 헌법은 그 개정이 곤란하여야 한다.

---

10 근대입헌주의 헌법의 특색에 관해서는 阿部照哉, 『近代憲法, 社會科學大辭典』 참조. 그는 근대헌법의 원리를 1. 기본권보장, 2. 권력분립, 3. 국민참정으로 나누고 있다.

2) 근대입헌주의의 기본요소

(1) 기본권보장주의

기본권보장주의는 원래 영국 스튜어트왕조의 전제정치에 대한 청교도 혁명에서 출발하여 J. Locke, J. J. Rousseau 등 자연법학자들에 의하여 체계화되었고, 미국의 독립전쟁, 프랑스 혁명을 거치면서 확립되었는데, 이는 전제주의적 절대제에 반항하는 개인주의사상을 기초로 하고 있었다.

즉, 인간은 각각의 개인이 독립해서 자기의 요구를 충족시킬 수 있으며, 국가는 개인을 위하여 존재하며 개인의 자유를 확보하고 실현하는데 존재의 의가 있는 것이다. 이때 개인의 자유는 천부의 것으로서 절대로 침범할 수 없는 인권으로서 인간의 발달을 촉진시키는 것은 개인의 자유뿐이며, 국가 등 외부로부터의 간섭이나 자유의 제한은 그 발달을 저해한다는 것이다.

이러한 자유주의에 따르면 국가는 개인의 자유 활동을 보장하기 위한 공리적 입장에서 인정되는 수단에 불과하며, 국가의 임무는 소극적으로 사회의 안정과 평화를 유지하여 개인의 생명과 자유, 재산을 보호하는 것에 국한되며, 적극적으로 국민의 물질적·경제적 생활의 향상을 위하여 간섭할 수 없다고 한다. 소극적 국가주의나 자유방임주의 국가이론, 야경국가이론은 이러한 국가관을 기초로 하고 있는 것이다.

이와 같이 입헌주의는 이론적으로 천부인권설을 기초로 자유와 평등의 원리를 중심사상으로 하여 이러한 자연권은 국가권력의 어떠한 기관도 침해할 수가 없다고 한다. 영국에서는 이미 대헌장(Magna Carta)과 인신보호법(habeas corpus act)에서 이를 명시하였으며, 미국의 수정헌법 제1조에서 제10조에 이르기까지 이를 확인하고 있다. 이러한 자유와 평등을 보장하기 위하여 권력분립주의, 법치주의, 평등의 원리 등을 제도적으로 보장하게 되었다. 이러한 자유는 국가에서의 자유로서 자유방임주의에 입각한 것이었다.

(2) 국민주권의 원칙

입헌주의는 국민주권주의와 결부되어 있다. 국가권력을 국민이 소유하는 것에 의하여 그것이 국민의 이익을 위한 것임을 확인하고 권력담당자의 것이 아님을 명확히 하여야 한다. Sieyès는 프랑스혁명의 전야(1789년 1월)에 『제3신분이란 무엇인가』에서 이렇게 말하고 있다. "국민대표가 권력을 행사하고 있는 경우에 있어서도 국민은 주권을 포기하지는 않는다. 그것은 국민의 불가양의 재산이며 국민은 그 행사를 위임하고 있는데 불과하다. 대표는 자기에게 고유한 권리로서 이를 행사하는 것은 아니다. 그것은 타인의 권리이다. 대표는 헌법을 통하여 국민에게서 위임받은 한도에서 통치권을 행사할 수 있음에 불과하다."[11]

권력적인 국가작용으로부터 국민을 보호하기 위하여서는 전제적 독재권력을 저지하고 국민 자신이 직접적으로, 혹은 간접적으로 그 대표기관을 통하여 국정 운영을 관장할 필요가 있는데, 이에 따라 국민이 주권자로서 국정에 능동적으로 참여할 수 있도록 국민참여권과 그 제도적 장치가 마련되어야 하며,[12] 국민생활을 규율하는 모든 법은 국민의 대표자에 의해서 구성된 국회에서 제정되어야 한다. 이러한 의미에서 대의제민주주의원리는 입헌정치의 실천에 의하여 국민의 권리와 자유를 보장하는 것을 그 목표로 하고 있다고 하겠다.

따라서 입헌주의에 있어서는 국민의 권리와 의무에 관련된 법률사항은 반드시 국민의 대표로 구성된 의회의 의결을 거쳐서 입법하여야 하며, 이때에는 반드시 국민의 의사를 반영시켜야 한다. 이와 같이 국민의 직접선거에 의하여 선출된 국민의 대표로 의회가 구성되고 국가의사결정에 의회가 참가한다는 것은 입헌주의의 본질적 요소가 된다고 하겠다.

---

11 E. J. Sieyès, *Qu'est-ce que le tiers-état*, 1789(박인수 옮김, 『제3신분이란 무엇인가』, 2003); 杉原泰雄, 『憲法』, 岩波書店, 1990 참조.

12 이러한 것으로는 국회제도, 국민의 선거권 및 피선거권, 공무담임권, 복수정당제도, 지방자치제도와 국민투표에 의한 직접민주정치 등을 들 수 있다.

(3) 권력분립의 원칙

근대적 의미의 권력분립론은 근대 시민혁명을 거치면서 완성되었다. 국가권력의 작용을 분립하여 각각 별개의 기관에 나누어 맡김으로써 개인의 자유를 확보하려는 사상은 이미 영국의 청교도혁명 당시에도 있었으나 이것을 이론적으로 완성한 것은 입법권과 집행권의 2권분립을 주장한 J. Locke와 입법권, 사법권, 행정권의 3권분립을 주장한 Montesquieu였으며, 미국의 독립과 프랑스혁명을 거치면서 제도적으로 실현되었다.

즉, 권력을 가진 자는 이를 남용하기 쉬운데 이러한 국가권력의 남용을 방지하기 위한 제도적 장치로서 국가권력을 분리하여 이를 각각 별개의 기관으로 하여금 행사하게 하며, 이러한 권력을 상호 견제와 형평의 원칙(checks and balances)에 따라 국가권력을 제한하여 국민의 자유와 권리를 확보하자는 것이다. 즉, 입법은 국민의 대표로서 구성된 의회에 전속시키며, 국민의 권리와 의무에 관련되는 사항에 관하여는 반드시 국민의 의사를 반영시키고, 행정과 사법은 의회가 제정한 입법에 의하여 행사하게 하여 국가권력의 자의로부터 국민의 자유와 권리를 보호한다는 것이다.

그러나 권력분립에 관하여는 특히 행정권의 법률에 의한 제한이 요구되는데, 주의할 것은 행정권의 제한이 반드시 행정권의 약화를 의미하는 것이 아니라 이는 상호 견제와 균형의 원리에 따른 협동을 의미하는 것이라는 점이다.

(4) 성문헌법의 원칙

입헌주의는 국민의 기본적 인권 보장을 명문으로 규정하여 이를 확인하고 안정성 있게 보장할 것을 요구하는데 이에 따라 국가의 구성, 조직, 작용 및 국민의 기본권적 인권에 관한 기본적 사항을 체계적으로 단일법전으로 제정하는 것을 성문헌법의 원칙이라고 한다.

사회규범을 성문법전으로 규범화하는 것은 영국의 청교도혁명에서 절대권력에 대한 항의로서 처음 시도되었으며, 17 · 18세기에 와서 사회계약론자에 의해서 비로소 헌법은 단일의 법전을 의미하게 되었고, 그후 미국의 독립과 프랑스혁명을 거치면서 이러한 경향은 보편화되어 성문헌법은 민주주의적 입헌주의의 중요한 요소가 되었다.

영국과 같은 성문의 헌법전을 가지지 아니한 불문헌법국가의 경우에도 전술한 바와 같이 이를 일률적으로 성문헌법을 가지지 않는다고 해서 입헌주의가 적용되지 않는 것이 아니라 각국의 역사적 전통이나 헌법현실을 종합적으로 고려하여 그 실질적인 내용에 따라 이를 결정하여야 할 것이다.

(5) 경성헌법의 원칙

성문헌법의 원칙에 따라 헌법전을 마련한 경우에도 국민의 권리와 생활을 안정적으로 보호하고, 근본규범으로서의 헌법의 안정적인 보장을 위하여 성문헌법의 개정은 보통의 법률의 개정절차보다 엄격하게 하는 것을 원칙으로 하고 있다. 이를 경성헌법의 원칙이라고 한다. 오늘날의 성문헌법은 대부분 경성헌법의 원리를 채택하여 헌법의 개정을 법률의 개정보다는 어렵게 하고 있으며 필수적인 국민투표에 의한 승인제도를 도입하고 있는 나라도 많다.

3. 현대적 입헌주의

1) 입헌주의의 변용

근대의 자유민주주의국가에 있어서의 입헌주의는 개인의 자유와 권리를 보장하기 위하여 개인의 자유롭고 자율적인 활동을 보장하고 국가는 최소한의 안전과 질서유지에 국한하여 활동하는 소극국가의 원리를 기초로 하고 있다.

그러나 자본주의의 발달과 함께 격심한 빈부의 차이, 경제공황과 실업, 제국주의전쟁 등 각종의 모순과 사회적 갈등이 초래되었다. 이와 함께 국가작용도 확대·강화되어 단순한 질서유지자로서의 지위에서 국민의 실질적 권리향상을 위한 적극국가의 기능이 강조되었으며, 인간의 자유와 권리의 실질화와 실질적 평등의 보장, 생존권의 보장 등이 중요시되고[13] 정당제도의 발달, 헌법보장제도의 발달, 국제적 평화주의의 확대에 따라 근대 입헌주의는 현대에 와서 근본적인 변화를 겪게 되었다.

독일 바이마르헌법은 현대적 입헌주의의 효시였다. 그러나 나치스에 의하여 입헌주의가 유린된 후 제2차 세계대전 후에 현대적 입헌주의가 복권되었다고 하겠다. 현대적 입헌주의는 근대적 입헌주의를 다양하게 변용하고 있는데, 그 주된 내용은 소극국가에서 적극국가로의 전향, 헌법의 규범성확보강화, 직접민주적 요소의 가미, 자유권적 기본권보장에서 생존권적 기본권보장으로의 전환, 국가주권의 절대성에서 국제헌법의 우월성이라고도 하겠다.[14]

---

13 입헌주의 사상과 기본권 사상의 결부에 대해서는 Klaus Stern, "Die Verbindung von Verfassungsidee und Grundrechtsidee zur modernen Verfassung", *Festschrift für Kurt Eichenberger zum 60, Geburtstag*, 1982, SS. 197-207; 김철수, 「평등권에 관한 연구」, 『학술원논문집』 제44집, 2005; 김철수, 「생존권적 기본권에 관한 연구」, 『학술원논문집』 제39집, 2000 참조.

14 樋口陽一, 『比較憲法』, 419면 이하 참조. 또 浦部法穗, 『近代憲法と現代憲法』, 市民憲法史,

2) 현대적 입헌주의의 요소

(1) 국민주권주의의 실질화

국민주권주의는 전술한 바와 같이, 전제군주에 대한 항의로서 발달하였으나 20세기 들어서 선거권이 확대되어 국민은 보통·평등·직접·비밀·자유선거제를 통하여 평등하게 참정권과 공무담임권을 가지게 되었다. 또한 대의제를 원칙으로 하면서도 의회민주주의의 결함을 시정하고 이를 보완하기 위하여 국민투표 등 직접민주제를 부분적으로 도입하고 있으며, 국민의 정치적 의사결정을 조직화하는 정당 등 이익단체의 발달로 인하여 현대는 대중민주주의로 변모하게 되었다.

이와 같이 현대 입헌주의에서의 국민주권주의는 국민의 주권적 권리를 실질적으로 보장하여 국민주권주의를 실질화하고 있다.

(2) 기본권보장의 실질화

전술한 바와 같이 기본권보장은 법치주의와 함께 입헌주의의 중심 되는 내용이다. 근대 민주국가에서의 입헌주의에서는 소극국가를 전제로 하여 국가권력의 침해에 대한 소극적인 방어권으로서 자유권적 기본권이 중심이 되었다. 그러나 자본주의가 발달하고 이에 따른 사회적 불안이 증대하고, 기본권의 자유권성이 강조되는 현대적 입헌주의에서는 경제적 약자 등 국민의 자유와 평등을 실질화하여 인간다운 생활을 보장하기 위하여 자유권적 기본권 이외에 생존권적 기본권이 새로운 기본권으로 헌법상 인정되게 되었다.

또한 국민 개개인의 기본권보장 뿐만 아니라 사회 전체의 행복과 안전, 공공복리를 보장하기 위하여 경제에 관하여 소극적 방임주의에서 탈피하

117~150면.

여 헌법에 의하여 합리적인 범위 내에서 이를 통제·간섭할 수 있게 하여 사회경제적 민주주의의 발달과 함께 20세기의 「경제헌법」이 성립하게 되었다. 이러한 경향을 최초로 체계적으로 표현한 헌법은 1919년 독일의 Weimar 헌법인데, 이 헌법이 "소유권은 의무를 수반한다. 그 행사는 동시에 공공복지에 이바지하여야 한다"라고 규정한 이래 제2차 세계대전 후 각국의 헌법은 이를 규정하였다. 즉, 1949년 독일기본법도 사회적 법치국가를 기본원리로 규정하고 있으며, 미국의 경우에도 판례를 통하여 실질적 평등권의 보장이나 근로권 등을 보장하고 있다.

현대헌법의 특색은 자유권 보장에서 생존권보장으로 옮겨가고 있으며 이것이 국가의 적극적 배려에 의해서 행해질 것이 기대된다는 점에 특색이 있다.[15]

그러나 이러한 생존권적 기본권의 보장이라고 하여 자유권적 기본권이나 법치주의, 권력분립의 원칙을 대체하는 것이 아니라 상호 조화와 균형을 통하여야 할 것이며, 여기에 현대 입헌주의의 의의가 있는 것이다.

(3) 적극국가와 권력분립주의의 변용

현대적 입헌주의에 있어서 국가의 기능은 보다 확대되어 국민의 사회·경제생활에 적극 개입하여 국민의 기본권을 보다 널리 보장하고 사회 전체의 공공의 복리와 행복을 추구하게 되었다. 현대에 있어서 국가는 국민의 권리와 자유를 침해하는 대상일 뿐만 아니라 적극적으로 국민생활에 개입하여 국민의 기본권을 실효성 있게 보장하고 국민 전체의 안정과 행복을 가능하게 하는 주체로서의 지위가 강조되고 있다.

이에 따라 정부의 행정작용의 기능이 확대되고 국민의 행정에의 의존도가 높아지게 되어 행정국가화를 수반하게 되었는데, 이러한 현상은 전

---

15 현대 헌법에 있어서의 기본권의 사회화 경향에 대해서는 김철수, 『비교헌법론』, 371면; 樋口陽一, 『比較憲法』, 516면 이하 참조

통적인 권력분립론에 중대한 변화를 초래하는 것으로서 입법, 사법에 비하여 상대적으로 행정작용이 우월한 지위를 갖게 되었다. 이와 함께 강화된 행정권을 합리적으로 통제하고 사후에 책임을 물을 수 있는 제도적 장치가 마련될 것이 현대적 입헌주의의 원리에서 필요하게 되었다. 이에 따라 각종의 행정위원회가 발생하고, 행정과정에서 국민에게 알 권리를 보장하고 이해관계인의 참여와 정보공개의 보장 등 행정절차의 규제, 행정에 대한 사법심사의 확대와 사법통제의 강화가 요구되고 있다.

(4) 법치주의의 실질화·사회화

근대 민주국가의 입헌주의는 국민의 권리와 자유를 제한하는 경우에는 의회가 제정한 형식적인 법률에 의하여 규정되어야 하며, 국가의 기능도 소극적인 질서유지에 국한된다는 것을 전제로 하고 있었다. 입헌주의의 중요 요소로서 법치국가와 기본권보장을 드는 것이 일반적이다.[16] 그러나 현대 입헌주의에서는 국민의 복리증진을 위한 복지국가화와 이에 따른 국가기능의 확대, 위임입법의 증대, 국가비상사태의 대비 등으로 사회적·실질적 법치주의 보장을 기본원칙으로 하게 되었다.

이에 따라 현대의 법치주의는 국민의 자유와 평등뿐만 아니라 법적 안정성의 요청과 함께 정의의 실현을 목적으로 하며, 국가작용의 형식과 내용이 모두 입헌주의에 따를 것을 요구하게 되었다. 국민의 권리를 제한하는 경우에는 형식적인 의미에서 의회가 제정한 법률에 의할 뿐만 아니라 그 법률의 내용도 입헌주의에 합당할 것을 요구하고 있다. 즉, 현대 입헌주의에서의 법치주의는 합법성과 정당성을 동시에 보장하는

---

16 입헌주의와 법치주의의 관계에 대해서는 R. Dreier, a.a.O.; J. Schwarze, "Rechtsstaatlichkeit und Grundrechtsschutz als Ordnungspostulate der Europäischen Gemeinschaft", *Festschrift für Maihofer*, S. 529 ff. 불법국가와의 통일 후의 법치주의에 관해서는 C. Starck, *Der Rechtsstaat und die Aufarbeitung der vorrechtsstaatlichen Vergangenheit*, VVDStRL Bd. 51. SS. 9-45 참조.

실질적 법치주의를 의미하게 되었다.

(5) 정당국가화 경향

근대 민주국가의 입헌주의에서는 의회주의의 원칙에 따라서 국민에 의하여 직접 선출된 국민의 대표기관인 의회가 국정의 중심이 되어 국민 대표의 관념에 따라 선거민으로부터 자유로이 국민의 권리와 자유를 보장하여 왔다. 그러나 선거권의 확대와 평등보장에 따라 대중민주주의가 발달됨으로 인하여 정치의 민주화를 요구하게 되었고, 국민의 진정한 의사를 국정에 반영할 것을 요구하게 되었다. 이에 따라 국민의 정치적 의사를 형성하는 중개적 기관으로서 정당이 중요한 기능을 담당하게 되었다.

현대 입헌주의에서 정당제도가 발달함에 따라 의회주의는 그 본래적 성격이 변질되어 의회에서의 의사형성은 정당간의 타협에 의하여 결정되고 국민의 대표인 국회의원도 그 소속정당의 당규에 의하여 엄격히 규율되며, 국민의 대표를 구성하는 선거의 성격도 대표자 선출의 기능에서 국민투표적인 성격을 갖게 되었다. 따라서 국회의 운영이 다수당에 의하여 결정되며, 권력의 분립도 변질되어 다수당이 국회와 행정부를 장악하여 권력 통합적 성격을 띠게 되었다.[17]

이와 같이 현대 의회주의의 위기와 모순을 극복하기 위하여 의회 내부의 개혁이 요구되고 있으며 부분적으로는 국민투표 등 직접민주제를 도입하고 있다. 또한 현대 입헌주의에서 차지하는 정당의 기능을 고려하여 정당제도도 입헌주의 원리 아래 엄격히 규제되어 민주적 기본질서를 존중해야 할 뿐만 아니라 당내 민주주의도 확립하도록 법적 규제를 하게 되었다.

또한 현대 입헌주의에서는 국민과 법에 대한 엄격한 책임정치를 요구

---

17 정당국가에 관해서는 김철수, 『비교헌법론』, 189면 이하; 동인, 『헌법학개론』, 1995, 140면 이하; G. Leibholz, *Strukturprobleme der modernen Demokratie*, 1958 등 참조.

하게 되는데, 국가작용의 책임의 귀속과 이를 실현할 수 있는 강제력이 필수적이라 하겠다. 만약 엄격한 강제력에 의한 통제가 수반되지 아니한 국가는 곧 전제정치가 행해지는 결과를 초래하게 된다. 따라서 국민의 기본권을 보호할 수 있는 독립된 법원의 보호 하에 있는 사법제도가 있어야 한다. 또 모든 기본적 의무를 수행할 수 있고 전국민에 대하여 전적으로 책임을 질 수 있는 행정부가 필요한 것이다.

(6) 헌법재판소 제도에 의한 헌법의 규범력 확보

입헌주의란 국가작용에 대한 헌법의 우위를 의미하는 바, 헌법에 위배되는 국가작용에 대하여는 이에 대한 엄격한 책임을 부과하고 이를 시정할 수 있는 강제력과 헌법이 보장하는 기본권을 보호할 수 있는 제도적 장치가 반드시 마련되어야 한다.[18] 이와 같은 헌법보호기관을 통한 헌법의 규범력 강화는 제2차 세계대전을 거치면서 입헌주의에 대한 반성과 자연권사상의 부활, 그리고 국제적 평화주의의 발달에 따라 현대 입헌주의의 중요한 과제가 되었다.

이와 같이 헌법의 실효성과 안전성을 보장하는 방법은 사법적 보장, 정치적 보장, 사회적 보장 등 여러 가지가 있지만 특히 중요한 것은 사법적 보장방법이라고 할 것이다. 이에 따라 헌법에 위배되는 국가작용에 대하여는 행정재판제도 등 사법적 통제와 특히 최고의 헌법보장기관으로서의 헌법재판소가 행하는 탄핵심판제도, 위헌법률심사제도, 위헌정당해산제도 등을 통하여 헌법의 규범력을 확보할 수 있는데, 그 구체적인 제도적 방법은 각국의 헌법적 전통과 헌법현실에 따라 다르게 나타난다. Fleiner는 스위스 연방법원에 의한 헌법재판을 말하여 "스위스 법치국가의 기초"라고 보고 있고,[19] Stern은 헌법재판소는 헌법국가이념의 완성

---

18 헌법국가의 핵심문제는 헌법의 최종구속적인 해석의 문제로 보고 헌법 보장기관인 사법부의 헌법 해석을 중시하고 있는 사람으로는 Stern을 들 수 있다. K. Stern, a.a.O., S. 207 참조.

으로 보고 있다.[20]

오늘날의 입헌국가는 헌법재판국가라고 하여도 과언이 아닐 것이다.[21]

(7) 국제적 평화주의

현대에 있어서 전쟁은 총력전으로서 인간의 기본적 인권을 말살시키는 입헌주의의 가장 위협적인 존재가 되었으며, 이러한 전쟁에 대한 국제적인 평화가 보장되지 아니하고는 입헌주의는 달성될 수가 없게 되었다. 특히 제1차, 제2차 대전을 치르면서 국제적 평화주의가 현저히 발달하여 1946년 프랑스 헌법에서는 그 전문에서 정복을 목적으로 하는 전쟁을 금지하고 있으며, 1946년 일본헌법도 전쟁을 부정하고 있으며 군대를 가질 수 없게 하였다(제9조). 1949년 독일 기본법도 국제평화를 위하여 주권을 국제기관에 이양할 수 있을 뿐만 아니라 주권의 제한과 양심적인 반전주의자의 보호를 인정하고 있다.

국제평화주의는 유럽에 있어서는 유럽통합의 방향으로 나아가고 있으며 유럽 사법재판소에 의한 조약강행으로 발전하고 있다. 유럽 통일헌법에 의한 국가연합제도 검토되고 있다.

이외에도 세계인권선언, 국제인권규약, UNESCO의 제3세대 인권론 등을 통하여 기본권을 국제적인 차원에서 보호하고 있으며, 국제사법재판소라든가 유럽인권재판소 등에 의한 국제인권규정의 사법적 보장이 행해지고 있다.

---

19 Fleiner / Giacometti, *Schweizerisches Bundesstaatsrecht*, Tübingen, 1949, S. 809.

20 K. Stern, a.a.O., S. 207.

21 헌법재판제도에 관해서 상세한 것은 K. Schlaich / S. Korioth, *Bundesverfassungsgericht*, 8. Aufl., 2010; Pestalozza, *Verfassungsprozeßrecht*, 3. Aufl., 1991; C. Starck(Hrsg.), *Bundesverfassungsgericht und Grundgesetz*, 1976; Umbach-Clemens, *Bundesverfassungsgerichtsgesetz* 2 Bde., 1992 등 참조.

3) 입헌주의의 한계

(1) 사회·경제적 한계

아무리 헌법규정이 이상적으로 규정되어 있더라도 사회·경제적 여건이 마련되어있지 않는 경우에는 성문헌법도 표류하게 되고 명목적 헌법으로 전락하게 된다. 현대적인 복지조항을 두었던 바이마르 헌법도 제1차 세계대전 패전 후의 독일에서는 구체화될 수 없어서 Programm 규정으로 해석되게 되었다. 인도헌법이나 멕시코헌법들이 이상적인 경제조항을 두고 있으나 경제사정상 실현되지 못하고 있다. 또 인도헌법의 평등조항도 카스트체제 때문에 무의미한 것이 되고 말았다. 우리나라 제헌헌법에서 규정되었던 근로자 이익배분균점권 규정도 입법을 하지 않음으로서 사문화(死文化)된 것은 잘 아는 바이다.

헌법재판소에 의한 헌법효력의 보장도 헌법재판관의 의식이 낙후한 경우에는 실현되기 어렵다. 헌법재판소의 재판관들이 헌법의 사회국가조항을 무시하거나 자본가들의 기득권을 옹호하는 구시대적 사고방식을 가진 경우에는 헌법규범의 실효성 확보가 어려워지게 된다.[22]

(2) 민족주의적 한계

입헌주의 헌법에 의한 통치인 면에서 다민족국가에서는 민족 간의 합의와 타협에 의하여 헌법이 제정되게 된다. 그러나 이 다민족간의 합의는 깨어질 가능성이 많으며 또 민족적·문화적 갈등을 야기한다. 소련헌법이 민족주의 때문에 파괴되고 그 후신(後身)으로 여러 공화국 헌법이 등장한 것은 이를 잘 설명하고 있다.

또 탈식민지국가의 헌법들이 식민모국의 헌법을 계수한 경우 그 헌법

---

22 상세한 것은 McWhinney, *Constitution-making*, p.176 이하 참조.

이 너무 선진적이어서 후진국가의 현실에 부적합하며 민족적·종교적 차이 때문에 분할되는 경우가 많다. 영국 식민지 하의 인도가 독립국 인도와 파키스탄으로 분할된 경우 등을 들 수 있다. 남아연방에 있어서의 입헌주의도 아파르트헤이트(Apartheid) 등의 민족·인종분할정책에 의해 시련을 받았었다. 이러한 점을 감안할 때 입헌정치도 인종적·민족적 한계가 있음을 알 수 있다.

(3) 정치적 한계

입헌주의헌법이 제정된 경우에도 그것이 가능하기 위해서는 정치적 리더십이 필요해진다. 후진국가의 경우 정치인의 자질이 문제되며 정당제도의 발전, 엘리트 충원 등 많은 정치적 요건이 입헌정치의 성공여부를 좌우하게 된다.

정치적 엘리트가 사회·경제적 긴장문제를 적시에 인식하고 헌법제도에 대한 계속적인 정치적 합의를 도출하고 유지하는 것은 입헌주의 성공을 위한 중요한 요소라고 하겠다. 정치적 지도층이 사회분쟁을 바로 인지하고 헌법변화를 만드는 능력이 결여된 경우 입헌주의는 타락하고 독재적으로 변천할 가능성이 큰 것이다.

4. 아시아에서의 입헌주의

1) 한국에 있어서의 입헌주의

한국의 경우에도 제헌헌법이래 성문헌법과 경성헌법의 원칙 아래 입헌주의를 규정하였다. 그러나 현실적으로 헌법은 명목화 하였고, 어떤 경우에는 독재주의를 입헌주의로 가장한 사이비입헌주의를 채택한 적도 있었다.[23]

그러나 제6공화국 헌법은 과거의 비입헌주의적 요소를 배제하고 현대적 입헌주의를 규정하고 있다. 제2장에서 인간의 존엄과 가치·행복추구권을 주기본권으로 하여 평등권, 자유권적 기본권뿐만 아니라 생존권적 기본권 등 국민의 기본적 인권을 보장하고 있으며, 제1조에서 「대한민국의 주권은 국민에게 있고, 모든 권력은 국민으로부터 나온다」라고 하여 국민의 공무담임권 등을 보장하고, 국민투표제도(제72조, 제130조)를 통하여 부분적으로 직접민주제를 채택하며, 정당제도를 헌법상 인정하여(제8조) 실질적 국민주권주의를 채택하고 있다. 또한 국민의 기본적 인권, 특히 생존권적 기본권(제34조 이하)을 보장하고 법원과 헌법재판소에 의한 국가작용의 사법적 심사를 통하여 기본권을 보장하며, 행정의 예측가능성 보장, 포괄적 위임입법의 금지, 책임행정의 원칙, 사회적 시장경제질서에 입각한 경제의 민주화 등을 규정하여(제9장) 사회적 법치국가의 이념을 추구하는 실질적 법치주의에 입각하고 있다. 원칙적으로 입법권은 국회에서 행하고(제40조), 행정권은 대통령을 수반으로 하는 정부에 속하며(제66조 4항), 사법권은 법원에 속하게 하여(제101조), 국가작용을 분리하여 각각 다른 국가기관에서 행사하게 하며, 이들 이외에도 주권행사기관으로서의 국민과 헌법재판소를 설치하여 이들 기관으로 하여금 상호견제와 균형을 하도록 권력분립주의를 채택하고 있다.[24]

그리고 헌법의 최고규범성을 인정하여 대통령의 헌법수호의무를 규정하고(제69조) 권력분립제도, 국가긴급권제도, 공무원의 정치적 중립, 국무총리·국무위원의 해임건의권 등 정치적 방법과 위헌법률심사제, 위

---

23 한국헌법의 비입헌주의적 요소에 대해서는 한상범, 「한국헌법과 외견적 입헌주의」, 월간고시, 1991.7, 73면 참조.
24 상세한 것은 김철수, 『헌법학개론』, 2005 참조.

헌명령·규칙심사제, 탄핵제도, 위헌정당해산제도 등 법원과 헌법재판소에 의한 사법적 방법을 통한 헌법보장제도를 채택하고 있으며, 헌법전문과 제5조 1항에서 "대한민국은 국제평화의 유지에 노력하고 침략적 전쟁을 부인한다"고 하여 평화주의의 대원칙을 선언하고 있다. 헌법 전문과 제4조에서 "대한민국은 통일을 지향하며, 자유민주적 기본질서에 입각한 평화적 통일정책을 수립하고 이를 추진한다"고 하여 평화통일의 원칙을 천명하고, 제6조 1항에서 "헌법에 의하여 체결·공포된 조약과 일반적으로 승인된 국제법규는 국내법과 같은 효력을 가진다"고 하여 국제법을 존중하며, 제6조 2항에서 "외국인은 국제법과 조약이 정하는 바에 의하여 그 지위가 보장된다"고 하여 외국인의 법적 지위를 보장하고 있다.

이와 같이 볼 때, 우리나라 헌법은 기본적으로 현대적 의미의 입헌주의에 입각하고 있다고 할 수 있다. 이 입헌주의 헌법이 규범력을 발휘하여 국가권력을 규율하며 헌법재판소가 헌법재판권을 통하여 입헌주의를 실효화하고 있는 것은 주권자인 국민의 헌법의식 때문이라고 하겠다. 국가공무원이나 엘리트가 입헌주의를 짓밟을 때 주권자인 국민이 이에 제동을 가할 장치나 국민의식의 표현이 추가적으로 필요하다고 하겠다.

2) 기타 아시아 국가의 입헌주의

다른 아시아 국가들도 19세기 이후 입헌주의를 도입해 오고 있다. 물론 선주(先秦)시대의 법가(法家)로부터 법치주의의 근원을 찾을 수 있을 것이나 근대적 입헌주의가 도입된 것은 19세기 말에 서양과 미국 문물이 도입된 이후였다. 특히 20세기에 와서 식민제국들이 철수함으로써 아시아는 해방을 맞이하였고 근대적 입헌주의 내지 현대적 입헌주의가 확립되었다고 하겠다.[25]

이러한 아시아 입헌주의에 대한 비교연구가 이번 포럼(Forum)에서 행해져 아시아 헌법체계에 대한 비교연구가 성행하게 되는 계기가 되었으면한다.

5. 헌법보장의 의의와 방법

1) 헌법보장의 의의

헌법도 다른 법과 마찬가지로 자체의 안정성과 항구성이 요청되고 있으나 그중에서도 헌법의 안정성, 특히 실효성(Wirksamkeit)의 보장이 문제되고 있다. 그러나 헌법은 일반적인 다른 법률과는 달리 국가권력 자체를 규제하는 법이고 헌법질서를 확보하는 것은 헌법의 규제대상인 국가권력이며, 헌법질서는 여러 정치적 세력의 상호관계에 의하여 항상 동적으로 전개되기 때문에 헌법의 실효성이 동요되기 쉬운 것이다. 따라서이와 같이 헌법질서는 규범과 사실의 긴장관계 중에서 전개되는 것이원칙이며, 규범과 사실의 괴리현상을 부인할 수 없을 것이다. 이러한 현상으로부터 헌법의 존속을 확보하는 것이 헌법보장이다.[26] 그런데 헌법

---

25 상세한 것은 Lawrence W. Beer, "Constitutionalism in Asia and the United States", in : Beer(ed.), *Constitutionalism in Asia: Asian Views of the American Influence*, Berkeley, University of California Press, 1979, pp.1~19. 중국 입헌사와 일본 헌법사를 참작할 것이다. 한국에서는 김효전, 『근대한국의 국가사상』, 2000; 名古屋大學, 「體制移行國における憲法適合性審査機關の役割」, 2005; 山下健二編 『アジア憲法集』, 2005; 名古屋大學, 『憲法裁判所等に關する法律(資料集)』, 2005; 樋口陽一, 『解說世界憲法集』 등 참조

26 헌법보장에 관한 문헌은 매우 많다. E. Denninger, *Verfassungstreue und Schutz der Verfassung*, VVDStRL, 37, 1979, 26 ff.; 김철수, 『헌법의 보장』, 무애 서돈각 박사 회갑기념논문집, 1982; 김효전 역, 『헌법의 수호자 논쟁』, 1991; 小林直樹, 「憲法の變動と保障」 ; 石村修, 「憲法國

보장의 문제는 극히 광범한 문제이고 어려운 문제를 내포하고 있다. 즉 헌법의 보장은 우선 문화영역과 개별국가에 따라 다르며, 따라서 헌법보장의 문제는 단순한 제도론·기구론에 그치는 것이 아니고, 동시에 정치학적 문제이며 또한 법철학적 문제이기도 하다.

(1) 협의의 헌법보장

협의의 헌법보장은 국가의 최고규범으로서의 헌법 자체의 효력의 보장을 말한다. 바꾸어 말하면 새로운 '정치적·사회적 이념과의 타협의 산물'인 헌법에 강력한 영속성을 부여하고, 헌법이 '정치·사회상황의 변화에 대해서도 탄력성'을 가지도록 함으로써 헌법규범의 실효성을 확보하려는 것이 헌법보장제도(Verfassungssicherung)의 의의라고 하겠다.

(2) 광의의 헌법보장

광의의 헌법보장은 헌법 자체의 보장에 그치는 것이 아니라 나아가 국가보장(Staatsschutz)을 말한다. 이는 헌법의 규범력 뿐만 아니라 이를 포함하는 특정한 국가의 법적·사실적 존재 그 자체를 내외로부터의 침해에서 보호하는 것을 말한다.

2) 헌법보장의 보호법익

오늘날 헌법보장은 국가보장과 밀접한 관계를 가지고 있다. 헌법보장의 보호법익(Schutzgüter des Verfassungsschutzes)은 '헌법질서의 기초, 특히 국가형태, 국가조직, 인간의 존엄성, 평등권, 정치적 생활의 자유, 자유권과

家の實現: 保障·安全·共生」, 2006; 同人, 「憲法の保障」, 1987 등 참조.

다른 기본권의 존립'이라고 할 것이다.

헌법의 파괴는 '아래로부터' 올 수 있을 뿐만 아니라 '위로부터'도 올 수 있는 것이므로 헌법보장 내지 헌법수호는 모든 종류의 헌법침해 그리고 모든 자들로 부터의 헌법침해에서 이를 수호하려는 것이다. 즉 예컨대 형법 등에서의 반란이나 내란, 국헌문란의 범죄를 구성하는 자는 비단 국민만이 아니라 국가공무원들도 될 수 있는 것처럼 모든 자로부터의 침해를 생각할 수 있고, 이에 대해 헌법을 수호해야 하는 것이다. 오늘날 대부분의 민주국가에서는 헌법보장을 위하여 헌법수호기관(Verfassungsschutzamt)이 구성되고 있으며, 헌법 자체 내에서 그 보장방법을 규정하는 것이 일반적이다.

3) 헌법보장의 수단 · 방법

일반적으로 인정할 수 있는 헌법보장의 수단 · 방법들을 다음과 같이 i) 정치적 보장방법, ii) 사법적 보장방법, iii) 선언적 보장방법, iv) 미조직적 보장방법으로 나누어 볼 수 있다.

(1) 정치적 보장방법

정치적 보장의 방법으로서는 ① 권력분립제도, ② 양원제, ③ 의원내각제, ④ 정부불신임제, ⑤ 공무원의 정치적 중립성 보장, ⑥ 법치행정의 원칙, ⑦ 헌법 개정의 국민투표, ⑧ 비상사태에 있어서의 헌법보장 등 여러 가지가 있다.

① 권력분립제도

시민적 법치국가의 조직원리로서의 권력분립은 국가권력의 남용 내지 자의적 행사를 방지하여 국민의 자유를 보장하기 위한 소극적인 정치기술로서 간주되는데, 이러한 소극적인 원리가 헌법보장의 적극적인 원리로 될 수 있는가가 문제된다. 권력의 억제·균형이 헌법의 보장에 유용하다는 것은 각 국가기관의 위헌적인 권력행사를 상호간 견제함으로써 위헌행위를 방지하여 소극적으로 헌법이 보장되는 것을 말한다고 하겠다. 따라서 억제·균형이 광범하게 또 강력히 인정되면 될 수록 헌법보장에는 효과적이라고 말할 수 있을 것이다.

Löwenstein도 헌법의 특색은 정치권력의 제한과 통제를 위한 모든 수단의 연결에 있다고 보고, 헌법의 최소한의 내포의 하나로서 i) 국가작용의 구분과 권력집중의 금지, ii) 정치권력행사의 배분과 그 제한을 위한 억제·균형을 들고, 이러한 억제·균형의 제도로서 기관내부의 통제(Intraorgan Kontrol)와 기관 상호간의 통제(Interorgan Kontrol)를 들고 있다.

(2) 권력의 통제제도

기관 상호간의 통제에 대해서 Löwenstein은 i) 정부에 대한 의회의 통제 ii) 의회에 대한 정부의 통제, iii) 정부 및 의회에 대한 사법부의 통제, iv) 정부 및 의회에 대한 선거민의 통제가 요구되고 있다. 기관내부의 통제로는 i) 합의제(입법부에 있어서는 양원제, 내각에 있어서는 회의제, 법원에 있어서는 합의제 등), ii) 이원정부제, iii) 스위스의 집정부제, iv) 구소련의 집단지도체제 등을 들고 있다.

이러한 여러 통제수단 이외에도 국가권력의 지역적 분산, 지방분권제, 연방제 등이 요구되며, 직업공무원의 정치적 중립성의 보장 등이 요구되고 있다.

2) 사법적 보장방법

사법적(司法的) 절차에 따라서 헌법을 보장하는 방법으로는 i) 위헌법률심사제, ii) 탄핵심판제, iii) 위헌정당해산제, iv) 위헌행위를 한 인물의 기본권상실제, v) 위헌명령·규칙·처분심사제 등 여러 가지가 있다.

(1) 위헌법률심사제

사법적 헌법보장기능은 국가작용으로서의 사법에 포함되기 때문에 이를 행하는 국가기관은 원칙적으로는 법원이나, 법원 이외의 기관에서 행하는 경우도 있다.

그리하여 위헌법률심사제에 의한 사법적 보장의 경우에는 세 가지 유형을 생각할 수 있다. 즉 특별히 헌법재판소를 설치하는 경우(독일·오스트리아형), 일반 법원 내에 특별한 조직을 설정하는 경우(Switz형) 및 일반 법원에 의한 경우(미국형) 등이 그것이다. 이 기관별에 의한 3유형은 각각의 특징을 가지고 있는데, 일반 법원에 의하여 행하여지는 헌법보장기능은 일반의 사법적 절차, 즉 민사·형사·행정사건 등에 관한 재판과정에서 거기에 적용되는 법령이나 국가행위에 관하여 위헌·합헌의 판단을 행하나(구체적 규범통제), 헌법재판소에 의한 경우는 쟁송의 범위를 확대하고 또 통상의 재판과 다른 절차에 의하여 행하여지는 경우가 많으며, 구체적 규범통제뿐 아니라 추상적 규범통제가 행하여진다.

전자의 경우 헌법보장 그 자체가 직접의 목적이 아니고 오히려 통상의 재판을 진행하기 위한 전제로서 헌법판단이 행하여지는 것(부수적 위헌심사)인데 대하여, 후자의 경우는 법령이나 국가행위의 위헌·합헌의 판단 그 자체를 직접적 목적으로서 행하는 것이다(독립적 위헌심사라고도 말하여진다).

사법적 헌법보장제도는 그 효과가 일반적이고 보다 조속한 해결이 기대될 수 있는 방법이기 때문에 헌법재판소 제도가 적합하다고 생각된다.

그와 함께 헌법재판은 단순한 헌법질서의 유지뿐만 아니라 널리 인권의 보장을 포함하지 않으면 안 된다(헌법소원). 비록 한계가 있다고 하더라도 법원에 의한 헌법재판도 헌법의 실효성을 보장하는 수단으로서 중요시되고 있다.

(2) 위헌명령·규칙·처분심사제도

대부분의 국가에서는 법치행정의 확보를 위하여 명령·규칙·처분의 심사제도를 인정하고 있는데, 그 심사를 일반 법원이 담당하게 하는 국가도 있고 또는 독립된 별개의 행정재판소가 담당하게 하는 국가도 있다.

(3) 형사적 절차에 의한 보장방법

법원이나 헌법재판소에 공무원의 위헌행위의 여부를 판단하여 탄핵을 결정하여 파면하고, 위헌행위를 한 자의 기본권상실결정을 내리며, 국헌문란자를 단죄하고 위헌정당을 해산하는 등 헌법위반행위를 금지하고 이를 판단하여 처벌하는 기능을 부여하는 국가도 있다.

3) 선언적 보장방법

헌법에서 i) 헌법의 최고규범성을 선언하고, ii) 헌법준수의무를 선언하며, iii) 헌법 개정을 어렵게 하고, iv) 헌법정지나 헌법파괴 등을 금지하는 등의 선언적 방법에 의하여 헌법을 보장하는 경우도 있다. 세계 각국의 실정헌법들은 이를 헌법에서 미리 규정하고 있다.

4) 미조직적 보장방법

헌법에 제도화되지 않은 것으로는 자연법적이고 초헌법적인 방법으로서 i) 국가수호권의 행사라든가, ii) 저항권의 행사를 들 수 있다. 그러나 이에 대하여는 법적인 규제가 확보되지 않기 때문에 그 남용으로 인한 헌법파괴를 방지하기 위하여 보다 엄격하고 신중한 발동이 요구된다.

6. 한국 현행 헌법상의 헌법보장제도

1) 헌법보장에 관한 헌법규정

제6공화국헌법은 구헌법들과 마찬가지로 여러 가지 헌법보장수단을 규정하고 있다. 이를 유형화해 보면, (가) 정치적 보장방법으로서, ① 권력분립제도, ② 국무총리와 국무위원해임건의제도, ③ 공무원의 정치적 중립성보장, ④ 헌법 개정에 대한 국민투표, ⑤ 국가긴급권제도 등을 규정하였고, (나) 법원에 의한 보장방법으로서 ① 위헌명령 심사제도, ② 국헌문란자 처벌제도가 있고, (다) 헌법재판소에 의한 보장방법으로서 ① 탄핵제도, ② 위헌정당해산제도, ③ 위헌법률심사제도, (라) 선언적 보장방법으로서 ① 헌법준수의무 선서제도, ② 경성헌법제도 등이 규정되고 있다. 헌법보장제도로서 특징적인 것만을 들면 위헌법률심사제 · 탄핵제도 · 위헌정당해산제도 · 국가긴급권제도 등이 있다.

2) 헌법재판소에 의한 헌법보장

헌법재판소는 사법적인 헌법보장기능을 담당하고 있다. 헌법재판소는 입법부의 위헌입법행위에 대해서는 위헌법률심사권을 가지고 이를 무효로 함으로써 입법부의 위헌입법으로부터 헌법을 보장하고, 정당활동의 위헌성 여부를 판단하여 정당을 해산시킴으로써 정당의 위헌행위로부터 헌법을 보장하고 또한 탄핵을 결정함으로써 공무원의 위헌행위로부터 헌법을 보장한다. 이와 같이 헌법재판소는 우리 헌법에 있어서의 헌법보장기관으로서 중요한 의의를 가지고 있다.

3) 대통령에 의한 헌법보장

대통령은 헌법준수를 선언함으로서 헌법을 수호하는 의무를 지고 있으며, 헌법을 보장하기 위하여 국회의 위헌입법에 대하여 거부권을 행사하여 헌법을 보장하고, 정당이 위헌행위를 하는 경우 헌법재판소에 정당의 해산제소를 할 수 있다. 또한 대통령은 교전상태와 그에 준하는 중대한 비상사태에서 긴급명령권과 계엄권을 발동하여 국가위기에서 헌법을 수호하고, 외적의 침입에 대해서는 선전포고권과 군통수권을 가지고 국가를 수호할 수 있다. 이밖에도 대통령은 행정부의 수반으로서 기타 행정적인 헌법보장권을 가지고 있다.

4) 국회에 의한 헌법보장

국회는 대통령을 비롯한 국가공무원이 헌법이나 법률을 위반했을 때에는 헌법재판소에 탄핵을 소추할 수 있으며, 국무총리와 국무위원의 위헌행위에 대하여는 해임건의권을 행사하여 정부의 위헌행위를 견제할 수 있다. 또 대통령이 위헌적으로 국가긴급권을 남용한 경우에는 그 승인을 거부하거나 해제를 요구할 수 있다.

5) 법원에 의한 헌법보장

법원은 국회의 위헌입법에 대해서는 위헌법률심사 제청을 하여 헌법보장에 기여할 수 있으며, 정부의 위헌행정명령과 위헌처분에 관해서는 이를 무효로 판단하여 적용을 거부하거나 처분의 변경을 명할 수 있다. 또 국헌문란사범에 대해 재판을 함으로서 헌법을 보장할 수 있다(형법 제87조, 국가보안법 제1조).

6) 국민에 의한 헌법보장

국민은 헌법 개정에 대한 국민투표권을 통하여 헌법을 보장할 수 있으며, 미조직적 보장방법으로서 초헌법적인 저항권을 가짐으로써 최후의 수호자로서 헌법을 보장할 수 있다.

4. 입헌주의의 정착을 위한 헌법교육과 인권교육[*]

1. 한국에서의 입헌주의의 현황과 장애요인

1) 한국에 있어서의 입헌주의의 현황

한국헌법은 입헌주의를 규정하여 헌법의 보장을 위한 여러 가지 제도를 두고 있다. 예를 들면 ① 기본권보장주의를 규정했고 ② 국민주권의 원칙을 선언했으며 ③ 권력분립제도를 도입했고 ④ 성문헌법의 원칙과 ⑤ 경성헌법의 원칙을 도입하고 있다. 현행 헌법의 기본권조항은 새로이 만들어진 스위스 헌법과 같이 상세한 규정을 두고 있지는 않으나 그 내용에서 세계에 으뜸가는 기본권장전이라고 하겠다. 미국헌법이나 독일헌법이나 일본헌법과는 비교할 수 없을 만큼 많은 새로운 기본권을 규정하고 있다. 또 실질적 법치주의를 규정하고 권력분립주의를 도입하고 있

---

 *   2008년 9월 6일, 한국법과인권교육학회 창립총회 기조강연.

다. 특히 현행 헌법은 헌법보장을 위하여 ① 위헌법률을 무효화하고 ② 위헌공무원을 탄핵하고 ③ 위헌정당을 해산할 수 있으며 ④ 헌법소원제도를 도입하여 국민의 기본권을 최대한으로 보장하고 있다.

2) 위정자의 헌법의식과 법률의식

이러한 모범적인 헌법을 가지고 있으면서도 우리나라의 입헌주의는 낙제수준에 머물고 있다. 특히 위정자의 헌법과 법률준수의식이 땅에 떨어지고 있다. 전직 대통령이 '그 놈의 헌법'이라고 폄하하는가 하면 법률을 준수하지 않아도 된다는 발언을 서슴지 않았었다. 또 범법자도 특별사면이라는 명목으로 몇 백 만 명씩 사면하고 있다. 위정자의 헌법의식이 일반 국민에게 미치는 영향은 막대하다.

입법권자인 국회의원조차 자기들이 만든 국회법을 위반하여 3개월 가까이 장외투쟁을 벌이며 국회를 보이콧해 왔다. 입법자가 집회와 시위에 관한 법률을 위반하면서 시가에서 범법행위를 자행하고 있었다. 이러한 지도자들의 헌법 무시태도나 법 경시 현상이 시민들, 특히 젊은 세대에게 끼치는 영향은 막대하다.

3) 시민들의 법의식

시민들도 자기들의 권리를 지키기 위해서는 법절차에 따라 권리보호를 요구해야 하는데도 법을 무시하고 길거리에서 불법시위를 일삼는가 하면, 노동자도 노동법규정을 무시하고 정치적 파업을 일삼고 무노동무임금원칙까지 어기고 있다. 일부 교원들조차 수업을 팽개치고 거리에서 정치적 구호를 외치고 있다. 이들은 법질서를 유지하려는 공권력을 폭도로 규탄하고 경찰서장이나 검찰관을 면직하려고 하며, 국민이 주권자라고 하면서 국민의 이름으로 대통령의 하야를 명령하는 사태로 까지 이르렀다. 이것은 좌파정권 10년간의 무규범상태가 불식되지 못한 탓이라고 하겠다. 법률을 엄격히 집행하여야 할 공무원들도 데모시민들의 눈치를 보면서 야간 불법집회나 공용물 파괴까지 눈감고 있다. 최근 6개월간은 무규범상태라고 하지 않을 수 없다.

2. 입헌주의의 정착을 위한 방안

1) 국가권력의 기능회복

국가는 국가안전보장·질서유지와 공공복리의 증진을 위한 의무를 지고 있다. 또 국민의 불가침의 기본적 인권을 확인하고 보장할 의무를 지고 있다. 지난 10년간 국가는 누란의 위기에 처했다고 하겠다. 간첩이 대로를 활보하면서 국가비밀과 군사비밀을 수집하여 북한 당국에 제공해왔는데 이들 간첩은 거의 잡지 않았다. 민주노동당의 간부였던 사람이 간첩협의로 체포되자 신공안당국을 조성한다고 하여 국가정보원장을 파면하고 불법시위진압 중 불상사로 데모한 사람이 사망하였다 하여 경찰서장을 면직하는 나라에서 국가안보보장과 질서유지를 기대하는 것은 무리였다.

대한민국을 수호해 주었던 미국을 침략자로 낙인찍고 6.25전쟁을 일으킨 원흉들을 영웅화하고 북한 지령에 따라 대중운동을 하는 것까지 용인하고 있었으니 국가의 안전이 위태로웠다.

새 정부에서 할 일은 공권력이 최소한도 권위를 회복하고 최소한의 민생질서만이라도 유지해야 하겠다. 불법집회와 시위 때문에 다수국민의 생계가 위협받아 데모한 사람에 손해배상을 청구하게 하는 것은 국가공권력의 불행사에 의한 불법행위의 조장 때문이라고 하겠다.

정부는 법질서의 회복 후에야 민생을 말할 수 있다는 평범한 사실을 인정해야 할 것이다. 여간첩이 오랫동안 군사비밀까지 탐지해서 북에 전달했는데도 이제야 체포하였으니 한심할 따름이다.

2) 헌법교육과 인권교육을 통한 시민의식 함양

그 동안 헌법교육과 인권교육을 올바르게 하지 않았기 때문에 학생이나 시민들까지 헌법이나 인권을 착각하고 있는 경우가 많다. "주권은 국민에게 있다"는 헌법 제1조는 알고 있으면서 마치 시위군중이 곧 주권자로 행세하려고 하는 것은 개인이 주권자인 것처럼 착각하고 있기 때문이다. 여기서의 국민은 유권자 대다수를 말하는 것이지 일부 시민에게 주권이 있다는 것은 아니다. "모든 권력은 국민으로부터 나온다"고 한 것은 국가권력의 정당성이 유권자 대다수 국민에게 있다는 것이지 일부 시민이 국가권력을 행사한다는 것은 아니다. 주권의 행사는 헌법과 법률에 따라서 행사되는 것이지 개인이 행사할 수는 없다.

만약에 개개인에게 주권이 있다고 한다면 5천 만 개의 주권이 있게 되어 국가적 통합은 불가능할 것이다. 우리 헌법은 주권의 행사를 국가기관에게 위임하고 있으며, 국민투표의 경우에만 국민이 결정할 수 있는 것이다.

그럼에도 불구하고 직접민주주의를 주장하면서 전자민주주의를 주장하는 사람이 있다. 인터넷을 통한 시민의 주장이 곧 민의를 대변하는 것으로 착각하고 댓글로 타인을 모욕하고 권리를 침해하는 것은 기본적 인권교육의 잘못 때문이라고 하겠다. 불법집회가 횡행하는 것도 언론에서 명예를 훼손하고 국가안보를 침해하는 것도 모두가 헌법상 인권이 권리인 동시에 의무를 수반한 것을 깨닫지 못한 탓이다.

헌법은 개인의 자유와 권리도 국가안전보장·질서유지·공공복리를 위하여 필요한 경우에는 법률로 제한할 수 있게 규정하고 있다. 이에 따라 제정된 법률이 집회와 시위에 관한 법률이요, 도로교통법이다. 비록 집회와 시위에 관한 법률이 표현의 자유를 침해한다고 생각하면 헌법재판소에 헌법소원을 제기하여 효력을 상실하게 하거나 국회에 청원하여 법률을 개폐하도록 하여야 할 것이다. 이러한 민주적 절차를 무시하고 대중의 위력에 호소하는 것은 민주주의의 침해이다.

헌법이 표현의 자유를 보장하고 있으나 그것은 절대적인 것이 아니다. 헌법은 명백히 "언론·출판은 타인의 명예나 권리 또는 공중도덕이나 사회윤리를 침해하여서는 안 된다"고 규정하고, 형법이 이를 위반하는 사람을 처벌하고 민법이나 언론중재법 등이 시정조치를 요구할 수 있으며 손해배상청구도 할 수 있는 것이다.

일부 네티즌 등은 실명제를 반대하고 있는데 이는 언론의 사회적 책임을 무시한 것이요, 무기명으로 남을 비방하거나 사회질서를 문란하게 하는 것은 비겁한 파렴치행위라는 것을 알아야 한다. 이러한 단순한 논리조차 모르고 있는 것은 헌법교육이나 인권교육의 잘못 때문이다.

3) 헌법교육과 인권교육의 필요성

외국에서는 헌법교육과 인권교육의 필요성을 절감하여 이를 제도적으로 실천하고 있다.

(1) 독일의 Politische Bildung

독일에서는 정치교육이라는 이름으로 헌법교육과 인권교육이 행하고 있다. Berlin에는 Bundeszentrale가 있고 Land마다 Landeszentrale가 있다. Bundeszentrale에서는 개별적인 정치교육보다는 교재개발에 중점을 두고 있다. 거기서 개발된 교재들은 대학교재로도 손색이 없는 것이 많다. 예를 들면 Hasselberger의 GG Kommentar이라든가 독일헌법집, 국제인권법집, 정당제도, 의회제도, 사법제도에 관한 서적들이 많이 출판되었고, 독일의 역사, 유럽의 역사, 유럽 통합역사, 유럽공동체제도에 관한 책들이 관심을 끌고 있다. 나는 Berlin에 갈 때마다 이 Zentrale를 찾아가 많은 책을 얻어 오는데 요사이는 한 번에 너댓권 밖에 안 주고 있는 것 같다. 이 교재들은 무료이며 독일 시민은 누구나 무료로 우편주문을 할 수 있다. Land마다 Landeszentrale가 있어서 주로 정치교육을 실시하고 있다.

이 밖에도 정당에 보조금을 주어 정당마다 재단을 만들게 하여 시민의 정치교육에 힘쓰게 하고 있다. 이 재단들은 국내에서 뿐만 아니라 외국에서까지 진출하여 그 나라의 민주화교육에 힘쓰고 있다. Adenauer재단, Friedrich Ebert재단, Naumann 재단 등이 한국에도 와 있으며 공법학회, 각 대학과 제휴하여 연구·교육을 하고 있으며 장학금, 연구비도 지급하고 있다. 독일의 정당들도 정치연구소와 훈련원을 두어 시민들의 정치교육을 하고 있다. 잘 알다시피 독일인들은 이러한 사회교육을 통하여 국가질서와 법질서 수호에 모범적인 시민이 되고 있다.

(2) 미국 등에서의 인권교육과 정치교육

미국에서는 많은 시민단체들이 정치교육을 담당하고 있다. 예를 들면 Common Cause라는 단체는 각 State마다 지부를 두어 자기 State의 대표인 상원의원뿐만 아니라 연방하원의원, 주의원들의 정치활동상황을 낱낱이

monitor하여 유권자에게 알려 주고 있으며 선거에서의 투표 자료로 이용하게 하고 있다.

미국의 Freedom House라든가 여러 단체가 인권교육에 노력하고 있다. UN도 인권교육에 적극적이며 인권침해국가를 공표하여 인권신장을 하도록 노력하고 있다.

UNESCO는 인권교육을 한 중요업무로 하고 있으며 인권교육잡지도 발행하고 있으며 학자들에게 연구비를 지원하고 있다.

3. 한국에서의 헌법교육과 인권교육의 방향

한국에서는 그 동안 헌법교육과 인권교육이 잘 시행되지 않았다. 독재시대에는 헌법교육과 인권교육을 받은 시민들이 권리주장을 하여 국가권력에 도전할 것을 우려한 때문에 시행하지 않은 것이 아닌가 생각된다. 학교교육에서도 헌법교육과 인권교육은 등한시되었다. 고등학교의 경우 정치·사회 과목에서 헌법교육이 행해졌으나 피상적인 교육에 그쳤고 O X식 교육이 헌법지식은 전달했을지 모르나 헌법정신, 인권이념, 법사상 등을 교육하기는 태부족이었다. 내가 중·고등학교 사회과 선생님들의 재교육에 참여했을 때도 교사들의 헌법이해는 피상적이었다. 대학에서도 헌법교육은 기피되어 과거 필수과목이었던 헌법들이 정치학과, 행정학과, 경제학과 등에서 조차 개설되지 못하는 형상이었다. 헌법교육이 경시된 것은 고시과목에서 주관식 출제가 빠졌기 때문이다.

한국 UNESCO 위원회에서도 인권교육에는 소극적이었다. 그리하여 한국은 인권후진국가로 낙인찍히기도 하였다.

정부의 정통성이 확립된 이후에도 이 현상은 크게 달라지지 않았다.

다만, 김대중 정부 때는 국가인권위원회를 설치하여 국제인권의 홍보와 차별철폐, 자유권신장 등을 위한 노력을 하였다. 그러나 일부 위원들의 편향된 활동 때문에 국민 전체의 지지를 받지 못하였다.

　노무현 정권 말기에 와서 법무부에서 법교육의 필요성을 인정하여 「법교육위원회」를 설치하였다. 이명박 정부 들어 법교육의 필요성을 절감하여 2008.3.28 법교육지원법을 제정하여 2008.6.28부터 효력을 발생하게 되었다. 이 법의 목적은 "법교육을 체계적으로 지원하고 수행하는데 필요한 사항을 정함으로써 국민들로 하여금 자율과 조화에 바탕을 둔 합리적인 법의식을 함양하고 자유민주적 기본질서를 이해하는 건전한 민주시민을 육성하여 법치주의 구현에 이바지" 하는 것이다. 여기에서는 시민의 준법의식 함양을 목적으로 한 듯한 감이 짙으며 인권교육에는 소홀한 것 같다.

　그러나 이제까지 근거가 없었던 법무부 법교육위원회의 법적 근거를 마련하고 법교육을 위한 정책방향의 설정, 법교육에 관한 기본계획과 연도별 시행계획의 수립, 법교육 업무의 협력·조정에 관한 사항 등을 심의하게 한 점에서 그 의의를 발견할 수 있다. 특히 국가 및 지방자치단체는 질 높은 학교법교육을 위하여 지원할 수 있게 하고 사회법교육을 지원하게 한 것은 큰 장점이라고 하겠다.

　법교육은 헌법교육에 치중해야 하며 인권교육을 포함하여야 한다. 앞으로 법문화진흥센터를 지정하고 법교육연구개발을 위한 지원육성이 기대된다. 그런데 법시행 후 2개월이 넘은 현재까지 시행령이 만들어지지 않고 예산이 확보되지 않는 것은 문제라고 하겠다.

　국가는 시민교육의 핵심인 헌법교육을 장려하고, 공무원의 헌법준수 의무를 다할 수 있도록, 행정고시과목 등에도 주관식 헌법시험을 부활하여야 할 것이다.

5. 개헌과 정치[*]

1. 서

정치(政治)는 정치(正治)요 치국평천하(治國平天下)하는 것이다. 경제(經濟)는 경세제민(經世濟民)을 줄인 말이다. 이러한 정치경제는 과거에는 통치자가 마음대로 할 수 있는 것으로 생각하였다.

특히 봉건군주국가에서는 인치(人治)가 주장되었고 군주의 전제정치가 행해졌다. 그러나 군주는 민심을 천심(天心)으로 알았고 국민을 위한 덕(德)에 의한 통치를 하였다. 당시의 정치는 사족(士族)에 의하여 행해졌으며 이들의 철학도 수신제가치국평천하(修身齊家治國平天下)라 하여 덕에 의한 감화를 중시하였다. 만약에 군주나 제후가 민심을 존중하지 않고 폭정을 하는 경우 폭군을 교체하여 역성혁명(易姓革命)을 하였다.

그런데 이러한 인치주의(人治主義), 덕치주의(德治主義)는 군주와 관료

---

*   2006년 7월 24일 한양 로터리에서 강연.

에 의한 선심에 의지하였는데 군주와 관료가 민심을 반하여 폭정을 일삼는 경우 역성혁명까지 가지 않더라도 이러한 폭정을 종식시키는 여러 가지 방책이 고려되었다. 그중에서도 사간원(司諫院)을 두었고 의정원(議政院)을 두어 위정자의 독주를 견제하였다. 이러한 유교적 인치주의에서의 순(順)기능이 작용하지 않아 거대한 제국도 멸망하게 되었다.

Platon도 처음에는 철인정치를 주장하였다. 그러나 본인이 직접 통치에 참여해 본 뒤에는 인치주의가 아닌 법치주의를 주장하게 되었다. 인치주의를 실현하기 위해서는 인물을 교육하여 치자·철학자로 양성하여야 하는데 그 철인도 일정한 규범이 없이 통치하는 경우에는 정의를 실현할 수 없다고 보았다. 그리하여 그는 철학에 의한 통치를 주장하게 되었다. Aristoteles도 이 법률에 의한 통치를 정당한 통치로 보고 법률에 의하지 않는 통치를 부당한 통치로 보았다. 인치주의에서 법치주의로의 전환은 이성의 요구였다고 하겠다.

서양에서는 법치주의가 계속되었는데 법률은 국민의 총의의 표현이라고 하였다.

프랑스혁명 시에 헌법관념이 중시되었고 헌법은 국민의 기본권을 보장하고 국가권력을 분립하는 최고규범으로 인정되게 되었다. 이 헌법은 국민의 총의의 표현으로 보며 헌법에 의한 통치를 강조하였다. 이를 입헌주의라고 하며 법치주의는 그 한 내용이 되었다.

근대 입헌주의의 실질적 요소로서는 (1) 국민주권주의 (2) 기본권보장주의 (3) 권력분립주의를 들겠으며, 형식적으로는 (4) 성문헌법의 원칙 (5) 경성헌법의 원칙을 들 수 있다. 입헌주의하의 국가는 국민을 위한 것이며 국민이 주권자로서 주권을 형성하며 이 주권도 국민의 기본권을 보장하기 위하여 국가권력을 입법권, 행정권, 사법권으로 나누어 서로 견제·균형하게 하고 있다.

이러한 입헌주의는 미국과 유럽을 경유하여 일본에 수입되었고 우리나라에서는 국권이 상실된 후 상해 임시정부에서 주장되게 되어 상해

임시정부헌법이 만들어지게 되었다. 그러나 이 헌법은 한국 영토에서는 효력을 가지지 않았다.

2. 한국에서의 입헌주의 정착

1) 한국에서 헌법이 시행된 것은 1948년 제헌헌법이 제정된 후이다. 이 헌법은 ① 국민주권주의 ② 기본권보장주의 ③ 권력분립주의 ④ 성문헌법주의 ⑤ 경성헌법주의를 규정하고 있었다. 이 헌법은 여러 차례 개정되었으며 1988년부터 현행 제6공화국헌법이 시행되고 있다.

2) 이 헌법은 첫째로 국민주권주의를 규정하고 있다. 주권은 국민에게 있고 모든 권력은 국민으로부터 나온다. 공무원은 국민 전체에 대한 봉사자로서 정치적 중립성을 지켜야 한다. 대통령도 예외는 아니다. 노무현 대통령은 정치적 중립을 지키지 않았다고 하여 국회에서 탄핵소추되었고, 헌법재판소에서는 위헌위법성을 확인하였으나 파면은 하지 않았다. 정당도 국민의 정치적 의사형성에 참여하며 그 한도 내에서 존립이 보장된다. 야당에 대한 자의적인 탄압을 막기 위하여 정당의 해산은 헌법재판소에서만 하게 하고 있다.

3) 둘째로, 국가는 개인이 가지는 불가침의 기본적 인권을 확인하고 보장할 의무를 지고 있다. 개인은 불가양·불가침의 천부인권을 가지고 있으며, 국가안전보장·질서유지·공공복리를 위하여 필요불가결한 경우에 법률로써 제한될 수 있다. 국민의 기본권은 국가나 헌법에 의하여 보장되는 것이 아니고 천부의 자연권으로서 헌법에 열거되지 아니한 기본권도 보장된다. 따라서 헌법에 규정되지 아니한 새로운 기본권도 해석에 의하여 얼마든지 보장할 수 있다. 헌법상 보장된 기본권으로는 ① 인

간의 존엄과 가치, 행복추구권 ② 평등권 ③ 자유권 ④ 생존권 ⑤ 청구권 ⑥ 참정권 등이 보장되고 있다. 그동안 기본권은 신장되어 왔으며 신체의 자유 등은 잘 보장되고 있다. 헌법에 열거되지 아니한 자유권으로는 일반적 행동자유권이 있는데 이는 행복추구권에서 보장되고 있다고 보는 것이 헌법재판소의 판례이다.

국민의 기본권이 침해된 경우에는 국가에 대하여 구제해 달라는 청구권이 있다. 그 중 중요한 것은 재판청구권, 헌법소원청구권, 국가배상청구권, 청원권 등이 있다.

4) 셋째로 국민의 기본권을 보장하기 위하여 국가권력행사를 제한하고 있다. 이것이 권력분립의 원칙이다. 우리 헌법도 권력을 분립시켜 입법권, 행정권, 사법권으로 나누어 서로 견제와 균형을 하게 하고 있다.

이중 입법권은 국회에 속한다. 국회는 국민의 대표기관으로서 입법권을 가지며 국정통제권을 가지고 있다. 대통령에 대한 탄핵소추, 정부에 대한 국정감사권, 국무총리와 국무위원들에 대한 해임건의권, 임명동의권, 국정조사권 등을 가져 행정부를 견제할 수 있다. 우리나라에서는 국민의 대표기관인 국회가 제대로의 정부통제권을 발휘하지 않아 문제이다. 이는 여야의 원내정당인 교섭단체가 여는 대통령·정부를 비호하기만 하고, 야는 반대를 주로 하고 있기 때문이다. 국회는 원래 토론하고 타협해야 하는 장(場)임에도 불구하고 당리당략에만 따르는 경향이 있다.

국회입법권의 남용을 막기 위해서는 대통령의 법률안거부권, 헌법재판소의 위헌법률심사권이 있다.

행정권은 대통령·정부에 있다. 그러나 대통령이라고 하더라도 헌법과 법률에 위반되는 행위를 할 수 없다. 그런데도 대통령은 국민에게서 직접 선출된 권력이라 하여 독주를 일삼고 있어 문제이다. 현 대통령은 변호사출신임에도 불구하고 헌법과 법률을 왜곡 해석하여 국리민복을 해치고 있다. 국군통수권자로서 국토방위의 의무를 지고 있지만 적에게 아첨하고 혈맹을 배격하는 정책을 쓰고 있다. 이러한 대통령에 대한 견제는 국회가 해야 하나 여당위원이 거수기 노릇하여 그 의무를 다하지 못하고 있다.

5) 넷째로, 국민의 권리가 침해된 경우의 구제와 국가권력의 남용을 견제하기 위하여 사법부가 있다. 사법부로는 헌법재판소와 대법원, 각급 법원이 있다. 입법권이 헌법을 침해하는 경우 헌법재판소가 위헌법률심사를 하고 있다. 또, 대통령이 위헌행위를 하는 경우 결정으로서 무력화시킬 수 있고 국회의 탄핵소추가 있는 경우 파면할 수도 있다. 행정부가 위헌위법행위를 한 경우 법원이 행정재판을 통하여 취소하거나 변경할 수 있다.

법원은 재판을 통하여 국민의 기본권을 보장해 준다. 우리나라에서는 헌법재판소가 행정수도이전법 등의 위헌무효를 선언한 바 있으며 많은 행정명령을 무효화시켰다.

문제는 대통령이 헌법재판관이라든가 대법관에 대한 임명권을 가지고 있으며 코드인사를 하여 장래에 암영을 던져주고 있는 것이다.

3. 헌법 개정논의와 그 문제점

한번 만들어진 헌법이라고 하여 지선지미한 것은 아니다. 그리하여 헌법을 만든 국민이 원한다면 이것을 개정할 수 있게 하고 있다. 이때에도 헌법을 함부로 개정할 수 없도록 경성헌법의 원칙을 채택하고 있다. 그런데도 최근에 헌법 개정논의가 성행하고 있다. 이하에서는 헌법 개정논의의 문제점을 알아보기로 한다.

1) one point 개헌론의 주장과 문제점

대통령의 단임제 때문에 대통령에 대한 중간평가를 할 수 없으므로 4년 중임제로 해야 한다고 한다. 그러나 이 주장은 대한민국 헌정사의 교훈을 무시한 것이다. 과거 대통령의 임기를 4년으로 하고 중임할 수 있게 했을 때 2기 때의 대통령은 3선 개헌을 하여 영구집권을 행하였다. 이승만 대통령과 박정희 대통령이 그 대표적인 인물이다.

4년 중임제의 경우 처음 4년은 대통령 수습기인 동시에 다음 선거를 위한 준비기간으로 대중영합적 정책을 펴게 될 것이다. 만약에 재선되었다고 하면 그 때부터 lame duck이 되어 차기후보를 위한 경쟁자와의 긴 투쟁이 전개될 것이다. 5년 단임제 때문에 대통령은 강력한 리더십을 발휘할 수 없다고 한다. 그러나 단임제라고 하여 강력한 행정력을 발휘하지 못하는 것이 아니라 대통령의 인물에 따라 여당의 국회의석에 따라 대통령의 리더십은 발휘되는 것이다. 비근한 예로 전두환 대통령은 단임제하의 대통령이었으나 lame duck 현상은 별로 없었다.

단임제 대통령제하에서도 우리는 제왕적 대통령제를 두려워하여 헌법에 많은 장치를 두고 있다. 대통령에 대한 중간평가는 국회의원선거에서나 지방자치단체선거에 따라 가능하다. 문제는 선거에서 red card를 받은 대통령이 오기로 정치를 하여 국론을 분열시키고 정국을 혼란하게 하는 것이다.

우리 헌법은 대통령의 독재를 막기 위하여 권력분립주의를 채택하고 대통령의 입법권이나 사법권에 대한 간섭을 배제하고 있다. 비록 대통령이 헌법재판소장, 헌법재판관, 대법원장, 대법관을 임명할 수는 있으나 그 임기를 6년으로 하여 대통령에 의한 재임명을 막고 있다. 그래야만 사법권이 독립되기 때문이다. 만약에 대통령의 임기가 4년 연임으로 되는 경우 이들 법관들도 재임명을 위하여 대통령의 눈치를 보게 될 것이다. 과거 사법권의 독립이 침해되었던 것은 대통령이 대법관들을 재임명할 수 있었기 때문이라고 하겠다.

국회는 정부와 독립하여 있을 뿐만 아니라 국정감사권, 국무위원해임 건의권, 탄핵소추권을 가져 대통령·정부에 우월하게 되어 있다. 대통령 은 여당의 당원이기는 하나 평당원이기 때문에 공천권이나 국회직에 대 한 임명권은 없는 것이다.

현재에는 정당의 대표나 원내대표는 정당에서 자유롭게 선출하게 되 어 있는 것이다. 대통령이 5년 단임제이기 때문에 대통령은 여당에서 초 연하여 국정을 운영할 수 있는 것이다. 만약에 4년 중임제로 되는 경우 대통령은 재선을 위하여 여당에 대한 사실상의 지배권을 행사하게 될 것이다. 대통령단임제는 대통령이 정치와 초연하여 국정을 운영할 수 있 는 기회를 주려는 것임에도 임기 말에 가까운 현직 대통령이 아직도 여 당과 국회에 대한 막강한 권한을 행사하고 있는 것이다.

대통령의 독재를 막고 정치적 행위는 정당 출신인 국무총리에게 맡기 고 국가적 통치행위를 하도록 하기 위해서도 대통령단임제는 필요한 것 이다.

대통령의 임기와 국무총리의 임기가 맞지 않아 선거가 자주 있는 것 은 단점이라고 보기 보다는 장점이라고 볼 수도 있다. 대통령이 국회의 원선거나 지방의원선거에서 중간평가를 받게 하는 것은 꼭 필요한 것이 다. 이 중간평가 때문에 국회가 여소야대가 된다는 주장도 긍정할 수 없 다. 노무현 대통령은 별반 좋지 않은 성적에도 불구하고 재임 중 국회의 원선거에서 압승을 거두어 여소야대 국회를 실현시켰던 것이다. 그것은 언론기관을 장악했기 때문에 여당이 선거에서 대승할 수 있었던 것이다. 중간평가에서 여당이 꼭 패배하는 것도 기우에 불과하다.

대통령 중임제를 주장하는 사람은 미국식 대통령제를 염두에 두고 있 으나 프랑스식 대통령제도 있으며 핀란드식 대통령제도 있기 때문에 미 국이 한다고 하여 4년 중임제로 해야 할 필요는 없는 것이다.

2) 자유시장경제로의 개헌주장과 문제점

재계에서는 현재의 경제헌법이 친기업적이 아니라고 하여 이를 개정하여 재산권의 보장을 강화하려고 하고 있다. 이들이 문제로 삼고 있는 것은 "국가는 균형 있는 국민경제의 성장 및 안정과 적정한 소득의 분배를 유지하고, 시장의 지배와 경제력의 남용을 방지하며, 경제주체간의 조화를 통한 경제의 민주화를 위하여 경제에 관한 규제와 조정을 할 수 있다"는 규정이다. 이 규정 때문에 정부가 시장에 대한 간섭을 하고 있으며 소득분배정책을 쓰고 있다고 보는 것 같다.

이 밖에도 "모든 국민의 재산권은 보장된다. 그 내용과 한계는 법률로 정한다" "재산권의 행사는 공공복리에 적합하도록 하여야 한다"는 규정이 재산권을 침해할 우려가 있다고 보아 이의 삭제 내지는 '모든 국민의 재산권은 최대한으로 보장된다'와 같이 개정하자는 것이다. 또 노동3권에 관한 규정과 사회보장에 관한 규정들의 삭제 또는 개정을 원하고 있는 것 같다.

그러나 이러한 주장은 공산주의와 대결하고 있는 현시점에서의 개정은 어려울 것으로 보인다. 경제의 민주화에 관한 규정은 어디까지나 예외이고 "대한민국의 경제질서는 개인과 기업의 경제상의 자유와 창의를 존중함을 기본으로 한다"고 하여 개인과 기업의 경제적 자유를 원칙으로 하고 있는 것이다. 이 정부가 경제에 대한 규제를 하고 있는 것은 이 자유시장 경제원칙에 반하는 것이 많기에 규제완화운동을 벌여야 할 것이요 법적 투쟁으로 이를 쟁취하여야 할 것이다.

재산권 규정도 "공공필요에 의한 재산권의 수용·사용 또는 제한 및 그에 대한 보상은 법률로써 하되 정당한 보상을 지급하여야 한다"고 하고 있다. 정당한 보상이란 완전한 보상을 뜻하기 때문에 정당한 보상을 규정하지 아니한 법률에 대한 위헌심사를 통하여 재산권을 보호해야 할 것이다. 부부소득합산과세의 위헌결정이나 토초세법의 위헌결정이 좋은 예이다.

과격노조의 불법투쟁은 좌파정권하에서 그 극에 달했으며 이에 대한
염증으로 국민의 신뢰를 잃게 되어 자동으로 순화될 것이다. 정부가 법
과 질서를 지켜 불법과격노동운동을 근절할 수 있도록 정부에 압력을
가해야 할 것이다. 재계에서 이번 기회에 반노조적인 개헌을 강행하려는
경우 전투적인 노동단체들의 역공을 받을 염려조차 없지 않다.

3) 친북좌파들의 개헌주장의 문제점

　　친북좌파들은 헌법을 개정하여 연방제통일에 대비하려고 하고 있다.
우선 대한민국의 영토조항을 없애어 한반도 북반부와 남반부의 정권을
법적 주권국가로 인정하려고 한다. 이로써 국가보안법의 근거가 소실되
며 자유민주주의에 입각한 통일은 무망하게 된다. 영토조항을 없애는 경
우 북한에 정변이라도 생겨 친중정권이 들어서 동북 제4성이 되는 경우
우리는 영토주권과 통일을 주장할 수 없게 된다. 좌파들은 자유민주적
기본질서에 입각한 통일정책은 흡수통일만을 염두에 둔 것이라고 하여
이의 삭제를 강력히 요구하고 있다.
　　또 경제조항에 있어서도 경제계획을 강조하고 사회주의경제체제의
도입을 추구할 것으로 보인다. 중요 기업의 국유화와 노동자의 사기업경
영참가, 생존권적 기본권규정의 확장 등을 요구할 것으로 보인다. 사기
업에 대한 강력한 통제와 그 동안의 부의 환수, 분배를 규정하고 과거사
정리를 위한 규정을 만들려고 할지 모른다. 빈번한 헌법소원을 막기 위
하여 사유재산제도를 제한하고 부자의 소유세 등을 강화하여 세금폭탄
으로 사회의 평균화를 시도할 지도 모른다.
　　이들은 노동자·농민의 나라라고 주장하는 북한 헌법에 따라 무산대
중을 정치역군으로 양성하고 홍위병제도와 같은 것을 도입하려고 할 것
이고 눈속임용으로 무료의료제, 역소득세, 무산계층에 대한 무료주택 등

을 규정하려고 할지 모른다.

이러한 기도는 대한민국의 건국이념을 부정하는 것이요, 대한민국의 정통성을 부정하는 결과로 되어 대한민국은 멸망하게 될 것이다.

4. 전망

1) 좌파개헌추진세력의 활동

지난 제헌절 날 임채정(林采正) 국회의장은 개헌을 위한 헌법조사위원회의 구성을 제안했다. 이것은 그동안 일반 헌법학자나 일부 정치학자와 시민단체들의 주장을 받아들인 것으로 보인다. 일부 학자들은 국회에서의 조사위원회에 참여하여 연구비도 받을 수 있고 해외시찰도 할 수 있다고 하여 찬성하고 있다. 과거에는 일부 학자들은 정부나 여당의 뜻에 따라 어용학회를 만들고, 개헌 분위기를 주도한 적이 있었다. 이때 소위 진보학파라고 주장하는 세력들이 대세를 잡아 개헌 붐 조성에 앞장설 것으로 보인다.

이들 세력들은 현재의 반(反)386, 반정부, 반여당정서가 강하기 때문에 현 체제로 대통령선거를 한다면 패배가 예상되기 때문에 새판을 짤 필요성을 느끼고 있다. 지난 2002년의 대선 때나 2004년의 국회의원선거 때처럼 386세력을 집결하기 위하여서는 좌파적 개헌운동이 필요하다고 보고 있다. 일부에서는 기사회생을 위해서는 북과 손을 잡아 연방제를 조기 실시하여 2007년 대선을 없애려는 음모도 있다고 보고 있다. 국제고립 하에 있는 북한 정권도 존립을 위해서는 어떤 획기적 조치가 필요한 것이고 노정권 이외에는 퍼주는 곳이 없기 때문에 노정권 살리기에 고심하고 있을 것이다. 그들은 이미 한나라당이 승리하면 불바다가 될 것이라고 공갈협박하고 있다.

이렇게 진행될 경우 국론은 분열되고 대한민국은 멸망하고 말 것이다.

2) one point 개헌세력의 활동

이러한 과격한 좌파개혁운동으로는 성공할 수 없다고 생각하는 세력들이 우선 1단계로서 one point개헌론을 주장하고 있다. 이들은 우선 대통령임기를 4년으로 하여 국회의원임기와 같게 하여 선거의 중복을 막고 4년 중임제로 하여 대통령의 권한을 강화하려고 하고 있다. 이것은 여권의 대통령예비주자들이 주장하고 있다. 민간에서도 이홍구(李洪九) 전 국무총리들이 이에 동조하고 있다.

대통령 4년 단임제를 주장하는 것은 여권의 전략이라고도 할 수 있다. 대통령 4년 중임제에 대해서는 야당 일부도 동조하고 있고 차기 대권후보자에게도 솔깃한 이야기가 될 것이다. 여당은 개헌논의를 통하여 야권의 분열을 초래하여 정계개편을 하여 새판을 짜겠다는 생각을 가지고 있는 것 같다. 마땅한 대권주자를 갖지 못한 여당에서는 재야세력과도 규합하여 새로운 대권후보자를 옹립하여 재집권하려고 하는 것 같다.

3) 자유시장경제로의 개헌세력의 활동

우파와 재계에 의한 자유시장경제로의 개헌세력의 활동은 활발하지 않는 것 같다. 이들은 개헌의 시기가 무르익어 개헌초안을 만들 때에 편승하려는 것이 아닌가 생각된다.

좌파와 달리 우파에게는 행동대원이 없다. 우파의 개헌론에 대해서는 언론에서 무시하고 있고 학계에서도 침묵하고 있다. 그 이유는 우파가 언론계를 끌어들이지 못하고 있고 학계가 반진보보수라는 낙인을 찍히는 것을 두려워하고 있기 때문이다. 우파와 재계에서는 이러한 분위기가 없어지도록 계몽운동과 정치운동을 벌여야 한다. 보수신문을 키우고 정권의 좌경화를 막는 노력을 해야 한다.

또 교원·지성인에게도 연구비와 홍보비를 주어 자유시장경제를 지지하는 국민들의 목소리를 높여야 할 것이다.

또 개헌론에 편승할 것이 아니라 좌파정권 10주년간의 경제실적을 공개비판하여야 하고 새로운 자유시장경제의 비전을 제시하여야 할 것이다. 그리하여 적극적·능동적으로 개헌운동을 벌여야 할 것이다.

5. 결론

1) 호헌세력의 활동

이러한 개헌움직임에 대하여 야당은 정략적 개헌운동이라고 하여 반대하고 있다. 야당대표나 차기 대권후보도 노정권 임기하의 개헌을 반대하고 개헌의 필요성이 있으면 차기 정부에서 하자고 하고 있다. 이것은 현행 헌법에 만족해서라기보다는 현재의 개헌논의가 차기 대권에서의 한나라당의 우위를 허물기 위한 작업으로 보고 있기 때문이다.

한나라당의 차차기 대권후보들은 4년 중임제를 선호하고 그 방향으로의 개헌을 원하고 있는 것 같다. 만약에 국회에서 3분의 1 이상의 의석을 차지하고 있는 한나라당이 일치하여 반대한다면 개헌은 논의가 무성하더라도 성공할 수 없을 것이다. 헌법 개정은 국회의원 재적 3분의 2 이상의 찬성이 중요하기 때문에 좌파연합만으로는 국회통과가 어려운 것이다.

그러나 문제는 한나라당의 적전(敵前)분열의 가능성이다. 소위 개혁파들이 보수노선에 불만을 가지고 탈당하여 범좌파 공동전선을 펼 위험성조차 없지 않다. 그러나 이러한 움직임을 지난 대표경선에서 미래모임 등이 완패한 것을 볼 때 큰 가능성은 없다고 하겠다. 국민들은 한나라당의 개혁파도 386과 같이 믿지 못하고 있는 것이다.

2) 개헌보다 시급한 민생해결을

현행 헌법은 1987년 민정당의 의원내각제 개헌안에 대한 반대로 대통령을 자기 손으로 선출하겠다는 국민의 열의에 따라 여야합의로 개정된 것이다. 이 현행 헌법은 이제까지의 헌법 중 가장 모범적이고 선구적인 헌법이다.

이 헌법에 따라 민주화가 이루어졌으며 좌파에의 정권교체도 행하여졌다. 제6공화국헌법시행 18기에 경제가 획기적으로 도약하지 못한 것은 사실이다. 그러나 이것은 헌법 때문이 아니라 위정자 때문이었다. 위정자들이 민선되었다고 하여 주권을 이양받을 양 독선과 아집으로 통치하였기 때문이다. 이들이 국회의 대정부 견제권을 무력화시켰고 여당을 마음대로 운영하였기 때문에 대통령독주를 막을 수는 없었다. 또 국민의 반수 가량의 지지를 얻은 야당을 국정파트너로 생각하지 않고 투쟁과 섬멸의 대상으로 대하였기 때문에 정치가 실종되었던 것이다.

이러한 현상은 현행 헌법이 대통령제를 채택하고 있기 때문이다. 36%나 40%를 얻은 대통령이 승자독식으로 코드 인사를 하여 모든 국권과 이권을 독점하고 있는 것은 민주주의에 역행하는 것이다. 대선에서 반대표를 던진 국민의 뜻은 여지없이 짓밟혔기 때문에 국론이 분열되고 갈등이 심화되는 것이다. 국회의원 선거에서나 지방의회의원 선거에서 대통령·정부에게 red card를 주었건만 이것을 외면하고 멸시하는 것은 반민주의적인 통치다.

국민이 선거한 국회의원의 권한을 강화하여 국회에서 대통령을 간접선거케 하는 방법도 강구해야 한다. 대통령의 독재의 역사적 경험에서 우리는 배워야 할 것이다. 독일이 의원내각제를 채택하였기 때문에 통일이 되었고 여야 대연정으로 국민통합을 하고 있는 것을 우리도 배워야 하겠다.

이러한 통치구조를 개편하는 개헌은 쉽게 될 수는 없을 것이다. 노태우(盧泰愚), 김영삼(金泳三), 김대중(金大中), 노무현(盧武鉉) 대통령이 공약했던 의원내각제 개헌은 다음 정권에서나 가능할 것이다. 현재는 개헌논의는 하되 무리한 개헌을 할 때는 아니다. 지금은 헌법을 준수하여 대한민국의 국토와 국민을 반국가단체에서 지키는 것이 급선무이며 시장경제를 살려 경제건설로 민생을 해결하여야 할 때이다.(2006.7.21)

6. 공법학자의 입장에서 본 헌법[*]

    제헌헌법이 제정된 지 20년, 이제 한국 헌정은 성년을 맞게 되었다. 그러나 제헌헌법 그 자체는 이미 4.19와 5.16을 겪어 폐지되고 현행 헌법은 그 계승 헌법으로 1963년 12월 17일에 효력을 발생한 것이다. 따라서 제헌절은 한국의 성문헌법이 처음으로 공포·시행되었다는 역사적인 의의를 가질 뿐이다

    제헌헌법이 겪은 운명은 곧 한국헌정의 비극의 상징이라고 할 수 있을 것이다. 이 박사 개인의 강력한 의지에 의하여 윤색된 제헌헌법이 그의 의사에 따라 두 번이나 위헌적으로 개정되었다는 사실은 위정자의 헌법경시 사상에서 나온 것이며 오늘날까지도 이 폐단은 꼬리를 물고 있는 것 같다. 조금만 헌법이 당시의 정정과 적합하지 않을 때에는 개헌

---

* 『매일신문』, 1968년 7월 17일자. 「고뇌 헌정 20년」 시리즈.

을 해야 하겠다고 생각했던 악습은 헌법의 권위를 실추시키는 나쁜 선례가 되어 버렸다.

이 박사는 집권연장을 위하여 두 번이나 위헌적인 헌법 개정을 단행했으니 이것도 쿠데타로 간주될 수 있을 것이다. 집권자가 쿠데타적인 수법으로 헌법 개정을 통하여 정권을 연장한 것은 드디어 4.19의 학생혁명을 유발했던 것이다. 4.19의 혁명은 그것이 독재정권을 타도한 공헌은 컸으나 평화적인 정권교체가 불가능하다는 선례가 되었고, 5.16군에 의한 헌정중단이란 쓰라린 상처를 안겨주었다. 1961년 6월 6일의 비상조치법은 제헌헌법을 폐지한 권력통합적인 기본법이었다.

군정은 국민의 여망과 압력에 따라 1962년 12월 26일에 제3공화국 헌법을 제정 · 공포하였으나 시행도 해보기 전에 헌법의 시행을 4년간 연기하기 위한 헌법 개정안이 나왔다.

다행이 이 개헌안은 국민투표에 회부되기 전에 최고회의에 의해 철회되었었다. 그런데 신민당에서는 개헌을 공약하였고 기회 있을 때마다 공화당 정부에 대하여 3선 개헌을 할 것인가 질문을 퍼붓고 있다. 정부와 여당은 한결같이 헌법 개정의 의도가 현 단계에서는 없고 앞으로도 없을 것이라고 확언하고 있다. 헌법의 개정 · 폐지가 이와 같이 자주 거론되는 것은 헌법은 생성하는 질서임을 너무 경시하고 있는 까닭이다.

칼 뢰벤슈타인 교수는 헌법이 규범력을 발휘하고 있느냐 있지 않느냐에 따라서 규범적 헌법과 명목적 헌법과 가식적 헌법으로 구분하고 있는데, 우리 헌법은 명목적 헌법의 범주에 넣을 수 있다. 명목적 헌법이란 이념만이 앞서 있고 현실적으로는 실천되고 있지 않은 장래의 국가정책을 선언한 것이다. 이에 반하여 규범적 헌법은 헌법규범이 헌법현실로 되는 헌법을 말하는 것으로 입헌국가의 헌법은 이에 속한다.

우리 헌법이 입헌주의, 법치주의를 그 이념으로 하면서 현실에는 헌법과 법률에 위반하는 기정사실을 만들어 놓고 사후에야 헌법과 법률을 이에 맞게 뜯어 고치고 있는 것은 우리 헌법의 규범력이 약하다는 것을 실증하고 있는 것이다. 규범적인 헌법은 국가권력을 제한하는데 목적이 있으며 국민의 기본권보장에 그 주목적이 있다. 우리 헌법도 명백히 기본권의 자연권성을 구가하고 있고, 국가권력의 분산과 견제·균형을 규정하고 있지만 사실에 있어서는 행정부의 독주를 가져왔고 여당 총재의 의사가 헌법에 선행되었던 것이다.

헌정 20년의 많은 파란과 우여곡절이 한마디로 헌법이 준수되지 않고 헌법을 경시한 까닭이라고 하겠다. 헌법의 수호자도 대통령을 비롯한 공무원과 국민인데 이박사와 같이 헌법의 수호자여야 할 대통령이 헌법을 파괴하는 데 앞장을 선 것은 법치주의가 아닌 인치주의가 그의 정치철학이었음을 단적으로 표현하는 것이고, 힘이 법에 앞선다는 권력우월적인 사고방식 때문이다. 한국의 비극은 위정자가 민주주의적인 헌법정치의 훈련을 받지 못하고 카리스마적인 권모술수 정치에만 시종하고 있다는 사실이다.

위정자의 헌법파괴적인 부정선거가 4.19의 헌법수호적인 저항권행사로 나타났던 것은 국민만은 그래도 헌법의 수호자로 건재하다는 것을 나타내었다. 헌정의 위기에 항상 국민의 감시의 눈이 번쩍일 때에만 헌법은 수호될 수 있는 것이다.

제20회 제헌절을 맞으면서 새삼 느끼는 것은 어떻게 하면 평화적인 정권계승이나 정권교체가 이루어지느냐? 어떻게 하면 위정자에게 헌법의 존엄성을 인식시킬 수 있느냐? 또 국민의 기본권이 국가목적에 우월한다는 것을 각성하게 할 수 있는가 하는 것이다.

호헌정신과 헌법정신이 땅에 떨어지고 국민의 기본권이 어떤 목적을 위하여서든 유린될 때에는 이미 제헌절 행사는 자기 모독의 아이러니밖에 될 수 없을 것이며, 법의 생활화가 국민에게만 법을 준수할 것을 요구하고 이에 반하여 위정자는 헌법과 법을 경시한다고 하면 이는 입헌정치의 종말이라고 밖에 할 수 없을 것이다.

헌법이 규범력을 발휘하여 국민의 기본권이 국가의 입법권, 행정권,

사법권을 규제할 때에만 진정한 입헌정치가 결실될 것이다. 한국의 입헌정치는 아직도 미성년의 후진시대에서 벗어나지 못한 것 같다. 헌법과 법에 의한 합리적인 정치가 실현될 때에야 비로소 진정한 복지국가, 진정한 민주국가를 건설할 수 있음을 다시 강조해 본다.

7. 헌법 속의 4.19[*]

4.19혁명 후에 제2공화국 헌법이 탄생했고 5.16쿠데타 후에 제3공화국 헌법이 제정되었다. 제2공화국 헌법은 제헌헌법의 민주적 개헌인 점에 특색이 있고, 제3공화국 헌법은 비상조치법에 근거한 새 헌법의 제정이란 점에 특색이 있다. 제3공화국 헌법에 4.19가 어느 정도 구현되어 있는가? 라는 편집자의 요청에 따라 헌법에 구현되어 있는 4.19를 살펴보기로 한다.

제3공화국 헌법은 전문에서 "유구한 역사와 전통에 빛나는 우리 대한 국민은 3.1운동의 숭고한 독립정신을 계승하고 4.19의거와 5.16혁명의 이념에 입각하여 새로운 민주공화국을 건설"한다고 엄숙히 선언함으로써 4.19의 이념이 헌법의 근본원리인 점을 명백히 하고 있다. 이 점에서 제3

---

[*] 『매일신문』 제6375호, 1965년 4월 21일자. 「4월은 흐른다. 4.19 다섯 돌에 붙여」 시리즈

공화국 헌법은 4.19의 계승헌법임을 명언하고 있으나, 4.19를 5.16'혁명'에 대해 '의거'라고 하고 있는 것에서 제3공화국헌법은 4.19의 계승헌법이기보다 5.16혁명의 헌법임을 나타내고 있다.

5.16혁명은 엄격한 의미에 있어서의 혁명이 아니고 '쿠데타'이며 이에 대해 4.19는 협의에 있어서의 혁명임에도 불구하고 이를 전문에서 전도시키고 있는 점에서 제3공화국헌법의 가치관을 파악할 수 있을 것이다.

4.19혁명의 의의는 무엇인가? 4.19는 단순한 의거나 정권교체가 아니고 우리의 역사상 처음 있는 국민주권주의 민권수호 혁명인 점에 그 의의를 발견할 수 있을 것이다. 4.19혁명은 신대통령제의 전제군주와 봉건적 통치관계이며 기본권 천시(賤視)주의를 무찌르고 민주정치의 달성, 기본권수호, 민의에 의한 통치를 결과한 점에서 진정한 혁명을 가져온 민족 역사상의 금자탑이다. 4.19혁명정신에 근거한 제2공화국 헌법은 신대통령제 독재정치를 배격하고 새로운 민의에 의한 책임정치를 도입했으며 기본권보장에 있어서도 '법률유보조항의 남용'을 두려워한 나머지 개별적 법률유보조항을 삭제하여 국민의 기본권을 최대한 보장하도록 하였으며, 공무원의 정치적 중립과 경찰의 중립, 선거관리의 공정, 위헌입법의 무효를 선언할 수 있는 헌법재판소의 설치, 대법관의 선거제, 지방자치단체장의 직선 등을 규정하였다.

제3공화국 헌법은 이에서 상당한 후퇴를 하고 있다. 첫째로 기본권보장에 있어서 민주주의적 정치적 자유가 가장 중요한 핵심인 언론·출판·집회·결사의 자유를 제한하고 있으며, 둘째로 부패와 부정과 빈곤에서의 해방을 위한다는 명목 아래 강력한 집행부를 위한 국가정권의 행사책을 규정하여 신대통령제에의 후퇴를 어느 정도 가능하게 한 점, 셋째로 경찰의 중립, 대법관선거제, 지방자치단체장의 직선규정, 헌법재판소 설치 조항 등을 폐지함으로써 민주주의 제제도에서 후퇴한 점, 넷째로 부칙 제4조와 제5조를 두어 혁명과업 수행에 따른 제 위헌법률, 재판, 처분 등을 헌법과 동일한 형식적 효력을 부여하고 있는 사실을 들 수 있다.

제3공화국헌법에서도 4.19의 이념은 어느 정도 계승되고 있다고 하겠다. 그 중요한 것으로서는 기본권보장을 위한 헌법 제8조의 신설, 신체의 자유의 헌법보장, 생활권보장 등과 군법회의의 관할권제한, 헌법 개정의 국민투표, 법원의 위헌입법심사권 등이 있다. 헌법 제8조는 "모든 국민은 인간으로서의 존엄과 가치를 가지며 이를 위하여 국가는 국민의 기본적 인권을 최대한으로 보장할 의무를 진다"고 규정하고, 제30조는 "모든 국민은 인간다운 생활을 할 권리를 가진다. 국가는 사회보장의 증진에 노력하여야 한다. 생활능력이 없는 국민은 법률이 정하는 바에 의하여 국가의 보호를 받는다"고 하고 있다.

문제는 헌법규정이 아니고 헌법운용이다. 헌법상 명문으로 집회와 시위의 자유가 인정되어 있는데도 불구하고 신고를 접수하지 않음으로써 금지하거나 장소사용을 허가하지 않음으로써 사실상 금지하는 것 같은 것은 헌법의 위헌적 적용이며 구속적부심사의 기회마저 주지 않는 전격기소나 무영장구속예비검속 등의 인권유린이며 부당한 계엄선포 등 위헌적 처사가 행해지지 않아야 할 것이다.

4.19혁명의 이념은 국가권력의 부정 불법한 행사에 대한 국민의 저항권의 행사인 만큼 헌법위반적인 국가권력행사에 대하여 국민의 '반항할 수 있는 권리'는 현 헌법상에도 인정되어 있다고 할 것이다.

4.19이념이 구현되어 있는 헌법규범을 현실화시키는 힘은 국민의 '헌법에의 의지'에 근거하고 있다. 국민은 정부의 헌법운용을 부단히 감시하며, 정부의 위헌적 처사에는 적법한 절차로써 이를 규탄하고, 불법부정이 적법수단으로 구제될 수 없는 부득이한 경우에만 혁명에 호소해야 할 것이다. 4.19혁명은 정권의 평화적 교체를 배격하는 것이 아니고 헌법규범의 준수를 국민이 감시함으로써 4.19이념의 완수를 요청하는 것이다.

8. 법과 인권[*]

1789년의 프랑스 인권선언은 "인권의 보장이 확립되지 않고 권력이 분립되어 있지 않는 사회는 헌법을 가진 사회가 아니다"라고 함으로써 헌법의 목적이 인권보장에 있음을 명시하고 있다. 이때의 인권은 일반적으로 자유권을 의미하는 것이었으며 자유권의 침해에서 구제하기 위한 것이 그 목적이었다.

영국의 마그나 카르타나 권리청원, 권리장전이며 미국독립선언도 인간의 생명, 자유와 재산권의 보장을 규정한 것이었다. 이 경제적 자유의 절대화와 재산권의 신성불가침 때문에 빈부의 격차가 발생하고 소득분배의 불공정으로 인한 사회불안이 조성되었다

프랑스의 1793년 혁명헌법은 이를 불행한 시민에게 공적 구제를 해주고 근로능력이 없는 사람들에게 생존의 수단을 확보하는 것에 의하여 사람들의 생계를 보장하도록 규정하고 있었다.

이러한 생존권의 보장은 현대 헌법에서야 실현되게 되었다. 1919년의

---

* 『대학신문』 제1024호, 1978년 5월 1일자.

바이마르 헌법은 생존권 규정을 두면서 소유권 절대사상에 대한 반발로 소유권 행사의 의무화를 규정하기에 이르렀다. 경제적 공황과 실업의 위기에서 나치스는 복지를 구실로 한 전체국가를 형성하였으나 영토팽창을 위한 전쟁 때문에 전세계 국민의 안전을 위협했었다. 제2차 대전 후의 연합국의 승리로 세계 각국은 자연권사상에 입각한 기본권보장규정을 헌법에 두기에 이르렀다. 현대 세계는 가히 자연권사상의 팽배기라고도 할 수 있겠다.

그러나 현대에 있어서도 북반구에서는 전쟁의 위협과 공해의 폐해 때문에 국민들이 전전긍긍하고 있으며 남반구에 있어서는 빈곤 때문에 인간다운 생활이 보장되고 있지 못하다.

세계법조위원회나 앰네스티 인터내셔널의 보고에 의하면 세계의 인권보장 상황은 낙관적이지만은 않다. 이미 완전히 보장된 것으로 생각했던 신체의 자유가 남아연방이나 필리핀에서는 보장되지 않으며 고문과 체형이 횡행하고 있다고 한다. 또 유엔인권위원회에서도 각국의 인권상황을 조사보고 하고 있는데 많은 침해사례들이 나타나고 있다. 각 국가들은 인권문제가 국내 문제라고 하면서 자연권은 그 나라의 법률로 제한할 수 있다고 주장하고 있다. 프랑스 인권선언도 "자유권의 제한은 법률에 의하지 않고는 행할 수 없다"고 하고 있다. 이때의 법률은 국민의 일반의사의 표현으로 인정되고 있다. 법률은 국민이 제정한 것이므로 자기구속의 원리에 따라 자유를 제한할 수 있다고 생각해 왔다.

그리하여 자유권을 법률의 유보 하에 두는 경향이 많다. 그러나 법률이라고 하여 만능인 것은 아니며 법률은 공공복리의 증진과 질서유지를 위해서만 존재하는 것이다. 또 국가의 긴급권이나 계엄선포권 등에 의하여 기본권을 함부로 제한하는 일이 바이마르 시대의 독일이나 나치스 독일에서 행해졌기 때문에 현대 헌법에서는 원칙적으로 금지되고 있다.

우리 헌법에도 자유권에 대해서는 법률유보가 규정되어 있다. 그러나 기본권을 "제한하는 법률의 제정은 국가안전보장 · 질서유지 · 공공복리를 위하여 필요한 경우에 한한다." 또 이 법률로써 기본권을 제한하는 경우에도 그 제한은 최소한에 그쳐야 한다. 왜냐하면 "국가는 국민의 기본적 인권을 최대한으로 보장을 의무를 지고" 있기 때문이다.

자유권 중에서 가장 중요한 것이 신체의 자유이기 때문에 세계 각국 헌법은 신체의 자유에 대한 절차적 보장을 규정하고 있다. 미국에서의 적법절차의 보장은 패전국인 서독, 일본, 이탈리아 등에 계수되어 이들 헌법에 상세하게 규정되고 있으며 우리 헌법에서도 어느 정도 규정되고 있다. 생명에의 권리는 신체의 자유 못지않게 중요한 것이다. 법률에 의한 침해는 드물다.

현대에 와서 등장한 것이 인간다운 생활을 할 권리이다. 경제적 자유가 보장되자 빈곤에서의 자유가 부르짖어지게 되었다. 경제적 빈곤 때문에 굶주리고 있는 사람의 수는 세계적으로 볼 때 상당수에 달하고 있다. 이들의 인간다운 생활을 보장하기 위하여 경제대국들이 원조를 하고 있으나 이로써도 충분하지 못하다. 이에 부의 세계적인 배분문제가 국제적으로 논의되고 있다.

부의 편재는 국내문제로서도 중요한 의의를 가지고 있다. 루소는 그의 『인간불평등기원론』에서 "굶주린 대중이 필수품까지도 없어서 아쉬워하고 있는 때에 한줌의 인간들이 필요 없는 것이 과잉하다는 것은 명백히 자연권에 위반한다"고 하고 있다.

부의 국제적 분배와 국내적 분배를 통하여 모든 국민의 최저한의 인간다운 생활의 보장이 행해져야 할 것이다.

우리 헌법은 국내적인 생존권의 보장을 위하여 경제에 대한 규제와 조정을 명하고 있다. "국가는 모든 국민에게 생활의 기본적 수요를 충족시키는 사회정의의 실현과 균형 있는 국민경제의 발전을 위하여 필요한 범위 안에서 경제에 관한 규제와 조정을 한다"는 규정이 이것이다.

인간다운 생활을 할 권리는 최저한도의 물질적 생활을 보장하는 것이 아니고 최저한도의 문화적 생활을 보장하는 것이므로 의식주 해결뿐만 아니라 교육을 받을 권리, 주택에의 권리, 인간다운 환경 속에서 살 수 있는 권리가 또한 보장되어야 할 것이다.

남반구에 있어서의 빈곤의 추방, 문화생활의 보장 등은 세계의 당면과제라고 할 것이다. 경제대국들의 에고이즘이라든가 다국적 기업들의 수탈행태 등이 지양되어야만 국제적인 보장이 가능할 것이다. 사회적 정의의 실현은 그 나라가 부강해졌다고 하여 곧 달성되는 것은 아니다. 부의 균등분배라든가 생존권보장, 인간존엄성의 존중이 보장되어야 달성할 수 있는 것이다.

유엔에서는 세계 각국에 있어서의 인권보장에 관심을 가져 1948년에 인권선언을 채택했을 뿐만 아니라 1966년에는 인권규약을 제정하여 전 세계적인 실시를 기도하고 있다. 이 인권규약은 ① 경제적 및 문화적 권리에 관한 국제규약, ② 시민적·정치적 권리에 관한 국제규약, ③ 시민적·정치적 권리에 관한 국제적 규약에 대한 선택의정서로 되어 있다. 이 규약은 1976년에 필요한 비준을 마쳐 효력을 발생하고 있다. 1977년에는 인권보장을 위한 인권위원회가 구성되었는데 이 위원회는 세계 각국의 인권상황을 유엔에 보고하게 되어 있다.

인권의 국내법적 보장에서 인권의 국제법적 보장에의 추세는 인권문제가 이미 국내문제만이 아님을 나타내고 있다. 유럽 인권법원의 설치운영을 본받아 세계 인권재판소를 만들어야 한다는 주장도 나오고 있다. 인권의 보장이 선언적 규정만으로 되는 것이 아니고 법원을 통한 실현이 중요하다는 것을 인식한 결과라 할 것이다.

우리나라에 있어서도 인권보장은 헌법의 선언에만 그칠 것이 아니라 사전적·사후적 구제조치를 완벽히 하여야만 보장될 수 있음을 명심하여야 하겠다.

9. 국가인권위원회의 지위와 역할[*]

비교법학적 고찰

1. 국가인권위원회 창립 10주년을 축하하며

국가인권위원회가 활동을 개시한지 10주년을 맞았다. 축하한다.

그 동안 많은 성과를 거두었으며 그 동안의 성과를 담은 10년사를 편집하는 것이 좋을 것 같다.[1]

국가인권위원회 창립 5주년을 맞아 "국가인권위원회에의 기대"를 발표한지 5년 만에 다시 10주년기념연설을 하게 되어 감개가 무량하다.

한국에서는 1993년경부터 NGO가 국가인권위원회 설치를 요청하였고

---

[*] 2012년 4월 20일 국가인권위원회, 한국헌법학회 주최, '위원회 설립 10년 기념 공동 심포지엄' 「국가인권위원회의 성과, 그리고 도전과 전망」에서의 기조연설.

[1] 상세한 것은 국가인권위원회, 연간보고서, 2002, 2003, 2004, 2005, 2006, 2007, 2008, 2009, 2010년 참조. 간단한 통계는 이발래, 「국가인권위에 의한 인권보장과 과제」, 『파리원칙과 인권보호기관에 의한 인권보장』, 2011.4.8, 7~22면, 국가인권위원회, 참조. 일본어로 된 소개로는 金東勳, 「動きはじめた韓國人權委員會」, 『國際人權ひろば』 43호(2002년 5월호), 7면.

1997년 김대중 후보가 대선공약으로 설치를 발표하였다. 김 당선자는 취임 전에 정부조직개편심의회를 만들어 정부조직개편과 관련하여 국가인권위원회의 설치를 논의하였다. 김대중 당선자의 뜻에 따라 인권위원회설치를 의결하지 않고 설치시기는 대통령에게 일임하기로 하였다.

김대중 대통령은 노벨평화상 수상을 전후하여 국가인권위원회를 구성하기로 하고 2001.5.24 국가인권위원회법을 제정·공포하였다.

이는 1993년 국제연합인권센터의 '국가인권제도설치에 관한 권고(Paris 원칙)'에 따른 것이다. 우리나라에서도 1998년경 처음에는 법무부 산하에 국가인권기구를 둘 것이 논의되었으나 민간단체의 반대에 따라 설치가 지연되었던 것이다. 2001.11.25의 국가인권위원회법의 시행으로 인권위원회가 출발하게 된 것이다.

2. 세계 각국의 인권위원회

국제연합은 제2차 세계대전 이후 세계인권선언을 선포한 뒤 많은 국제규약과 조약을 체결하였다. 이들 국제규약에는 국제인권의 국내실천을 위한 인권기구를 구성할 것을 권고하였다. 1991년 10월 Paris의 국제인권의 촉진과 보장에 관한 전문가회의에서 인권기관에 관한 원칙에 합의하였다.

국제연합총회는 1993년 국내의 인권기관의 지위에 관한 원칙(Paris 원칙)을 채택하였다.

그 내용은 다음과 같다.[2]

---

2 상세한 것은 Aichele, Valentin, *Die Nationale Menschenrechtsinstitution, Eine Einführung*, 2. Aufl., 2009. S. 17 ff. 이발래, 「국가인권위에 의한 인권보장과 과제」, 『파리원칙과 인권보호기관

① 국가인권위원회는 그 창립문서가 법률이나 헌법에 근거해야 한다. 정부는 국가인권위원회의 존재, 구성이나 권한 행사에 대한 결정권을 가져서는 안 된다(Legal basis).

② 인권의 신장과 보호의 권한을 부여받아 가능한 한 광범위한 직무가 인정되어야 한다. 특히 유엔이 채택한 국제규약에 대한 실천조치가 포함되어야 한다(Mandate).

③ 국가인권위원회는 정부권력을 가져야 한다. 그러나 이 권한은 입법·행정·사법에 의한 강제력 있는 권한이 아니고, 이들에 대한 권고적 효력을 가진다(Powers).

④ 인권기구의 구성원에 관한 다양성이 확보되고 활동과 재원 등에 있어 독립성이 보장되어야 한다(Composition).

⑤ 권한에 속하는 모든 사인을 독자적인 판단에 따라 자유롭게 심사하고 필요한 조사를 할 수 있어야 하고 전체회의와 실무회의의 구성 등 운영방식을 자유로이 정할 수 있어야 한다(Independence).

이 원칙에 따라 많은 국가에서 국가인권기구(National Human Rights Institutions)가 설립되었다.[3] 그러나 그 내용은 천차만별이다.[4] 국제연합인권위원회는 이들 국가인권기구의 결합체의 사무국을 두고 있다.

세계 각국의 국가인권기구의 유형은 다양하다. 분류해 보면 ① the committee type ② the institute type ③ the ombuds type ④ the commission type가 있다.

the committee type는 주로 정부나 정부지도자에게 인권에 관한 조언을 하는 것을 특징으로 하고 있고, the institute type는 연구중심의 인권연구와 교육을 중시하는 연구소형이고, the ombuds type는 진정에 대한 개인의 법적 보장을 중시하는 옴부즈만적 성격인 것이고, the commission type는 그 권한이 광범하고 실제 조사기능과 구제기능, 교육기능, 권고기능 등 많은

에 의한 인권보장』, 국가인권위원회, 2011.4.8 참조.

3 각국에 설치되어 있는 인권기구에 대해서는 Wikipedia, Human rights commission. http://en.wikipedia.org/w/index.php.

4 United Nations Human Rights, *Survey on National Human Rights Institutions*, July 2009. Geneva 참조.

범위의 관할권을 가지고 있다.[5] committee type를 채택한 나라는 유럽의 프랑스, 그리스, 룩셈부르크 등이다. 이에 대하여 institute type는 덴마크, 오스트리아, 독일, 노르웨이 등이 채택하고 있다. ombuds type를 채택하고 있는 나라는 아르메니아, 폴란드, 포르투갈, 스웨덴, 스페인이 있다. commission 제도는 영국과 아일랜드 등이 채택하고 있다. 아시아 등에서는 이 commission 제도를 따르고 있다.

이 밖에도 설립주체에 따라 헌법기관이냐 국가기관이냐 사립기관이냐 하는 구별도 있다.[6] 이들 인권기구들은 헌법이나 법률에 근거하여 설립된 것이나 그 구성원이 공무원이냐 소속기관이 정부냐, 재원이 정부냐 개인이냐 등에 따라 달라진다.

미연방정부의 인권기구로는 United States Commission on Civil Rights가 구성되어 있다. 대통령이 4명, 상원의장이 2명, 하원의장이 지명하는 2명 등 총 8명의 위원으로 구성되어 있다. 이것은 commission type이다. 주정부의 Commissionar는 ombudsman적 역할을 하고 있다.[7] 대개 주지사의 옴부즈만으로서 기능하고 있다. 또 city에도 commission이 있다.

이러한 인권기구 중 제일 좋은 것은 the commission type이나 각국에 따라서 그 명칭이 다르다. Wikipedia, the free encyclopedia에 의하면 각국마다 국가인권기구를 두고 있으나,[8] 국제연합에서 공인하고 있는 것은 많지 않다. 유엔인권위원회 ICC는 이 국가인권위원회를 선별하여 공인하고

---

5   상세한 것은 Aichele, a.a.O. S. 16.
6   사립기관의 형식으로는 독일의 Grundsrechtskomitee 등이 있다.
7   미국의 New York State와 New York City의 경우 State Human Rights Laws와 City Human Rights Laws에 의해 설치되어 있다.
8   Human rights commission, From Wikipedia, the free encyclopedia, http://en.wikipedia.org/wiki/Human_Rights_Commission. Africa 30개국, Asia Pacific 21개국, 유럽 11개국, 미주 5개국.

있는데 Africa 19개국, 미주 9개국, 아시아 태평양 12개국, 유럽 21개국이 있다. 이들 공인기관도 A, B, C급으로 분류되고 있다.

A급 commission의 하나로는 인도의 인권위원회를 들 수 있다. 인도의 National Human Rights Commission은 1993년 10월 12일, 1993년 인권보장법(TPHRA)에 의하여 설립되었다. 위원장은 전직 대법원장이며, 대법원판사, 고등법원판사들로 구성되어 있다. 이들은 수상과 국회의장, 내무부장관, 하원의 야당대표, 상원의 야당대표, 상원부의장 등으로 구성되는 지명위원회의 추천을 받아 인도대통령이 임명한다. 그 권한도 광범위하고 활동도 활발하다.[9]

영국의 Equality and Human Rights Commission은 2006년 평등법에 의해서 창설된 기관으로서 행정각부가 아닌 독립된 공법인이다. 이 기구는 영국 내무성과 계약관계에 있으며 정부의 재원을 쓰며 의회에 대하여 책임을 진다. 이 기구는 정부의 재정적 지원을 받으며 광범한 권한을 가지고 있다.[10]

국제연합의 종용에도 불구하고 일본에서는 아직도 국가인권위원회가 구성되지 않고 있다. 그 이유는, 법무성은 산하에 국가인권위원회를 두려고 하고 변호사회 등 시민단체는 이를 독립기구로 하여야 한다고 주장하여 타협이 되지 않기 때문이다. 일본 정부는 그 동안 인권옹호법안을 제출하였으나 국회에서 폐안이 되었었다. 지금도 여당에서 인권침해구제법안의 제출이 논의되고 있으며 여기에 대한 민간대안도 나오고 있다.[11]

---

9 National Human Rights Commission Office Website(http://nhrc.nic.in/).

10 상세한 것은 Equality and Human Rights Commission, Equality Act 2006에 의하여 만들어진 것이나, Home Office의 재정지원계약관계에서 기능하고 있는 독립기관이다. 상세한 것은 Home Office and Equality and Human Rights Commission Framework Document, 2nd, April, 2012 참조.

11 상세한 것은 Wikipedia, 人權擁護法案, 民主黨, 人權擁護法案, 國內人權機關設置檢討會編, 『人權委員會設置法』: 法案要綱解說, 障害保健福祉研究情報システム.

3. 한국 국가인권위원회의 지위

한국 인권위원회는 Paris 원칙에 따른 국가인권위원회이다(A급). 국가인권위원회(National Human Rights Commission of Korea)는 영어 명칭이 의미하는 바와 같은 commission type로 국가인권위원회로서 광범한 권한을 가진 국가기관이다. 이를 국가인권위원회법에 따라 그 지위를 보면 다음과 같다.

1) 인권옹호기관

국가인권위원회는 "모든 개인이 가지는 불가침의 기본적 인권을 보호하고 그 수준을 향상시킴으로써 인간으로서의 존엄과 가치를 실현"하는 목적을 가진 기관이다(제1조).[12] 여기에서의 인권이란 '대한민국헌법' 및 법률에서 보장하거나 대한민국이 가입, 비준한 국제인권조약 및 국제관습법에서 인정하는 인간으로서의 존엄과 가치 및 자유와 권리를 말한다(제2조 1항 1호). 따라서 국가인권위원회는 국제조약이나 국제관습법에 의한 인권뿐만 아니라 국내 헌법과 국내 법률이 보장하는 모든 자유와 권리의 보장기관이다.

이러한 인권보장기관으로는 법원과 헌법재판소 등이 있으나 이는 사법기관이고, 법무부인권국이라든가 국민권익위원회 등은 행정기관인 점에서 정부에서 독립한 포괄적인 인권보장기관인 점이 특색이다. 자유권이나 평등권의 보장기관일 뿐만 아니라 인간의 존엄과 가치와 같은 자연권과 생존권, 청구권 등 실정권도 보장한다. 국제기구의 인권조약 등에 관해서는 인권위원회가 이를 번역하여 6권으로 편집 발행한 것이 있다.

---

[12] 상세한 것은 국가인권위원회 편, 『국가인권위원회법해설』 참조.

2) 독립한 국가기관

국가인권위원회는 민주적 기본질서의 확립기관(제1조)으로서 국가기관이기는 하나 입법·행정·사법부에서 독립한 국가기관이다. 위원회는 그 권한에 속하는 업무를 독립해서 수행한다(제3조 2항). 국가인권위원회는 단순한 민간기관이 아니라 인권옹호를 사명으로 하는 국가기관으로 국가의 재정적 지원을 받을 뿐만 아니라 국가과업인 인권보장을 담당하는 기관이다.

따라서 입법부와 행정부, 사법부는 인권위원 선임에 관여하며 이들은 대통령이 임명한다. 그러나 대통령 소속기관은 아니며 독립된 행정위원회의 형식을 가진다고 하겠다. 법률구조공단과 같은 기관은 국가권력을 행사하는 국가기관이 아니고 민간기구로 공법인의 성격을 띠고 있다. 인권위원과 직원은 공무원의 신분을 가지고 겸직이 금지되어 있다(제10조).

3) 준사법기관

국가인권위원회는 법원이나 헌법재판소와 같은 사법기관은 아니다. 불법행위에 대한 조사권(제35조, 제36조), 질문검사권(제37조), 진정처리(제32조), 합의권고(제40조), 조정(제41조, 제42조), 구제조치의 권고(제44조) 등 준 사법권을 가지고 있다.

사법기관의 행위는 구속력이 있으나 국가인권위원회의 권고 등은 구속력이 약한 것이 특색이다.

4) 인권교육 · 홍보 · 조사 · 연구기관

국가인권위원회는 인권교육과 홍보를 담당하는 기관이다. 위원회는 모든 사람의 인권의식을 깨우치고 향상시키기 위하여 필요한 인권교육과 홍보를 하여야 한다(제26조 1항).

또 인권침해상황을 조사하고 그 시정을 연구하며 권고하며 도서관 운영 등을 할 수 있다. 유럽의 국가인권기구는 연구소형태를 채택하고 있는데 우리나라의 국가인권위원회도 연구기능을 가지고 있다고 하겠다. 국가인권위원회는 청문회를 열수 있고 연구회 등도 가질 수 있다.

5) 준외교기관

국가인권위원회는 국제인권조약가입 및 그 조약의 이행에 관한 연구와 권고 또는 의견을 표명하고 인권과 관련된 국제기구 및 외국인권기구와 교류 협력해야 하는 국가기관이다(제19조 7호 9호).

이를 위하여 국제연합인권이사회(UN Human Rights Council)와 협력해야 하며, ICC연례회의, APF연례회의, 각종 workshop에 참가할 뿐 아니라 한국 인권위원회의 활동 경험을 후진 인권국가에도 전파하는 의무를 가진 기관이다.

4. 국가인권위원회의 역할

국가인권위원회는 인권옹호와 신장을 위한 광범한 업무와 권한을 가지고 있다(제19조). 이들 업무와 권한은 국제연합의 Paris 원칙을 충실하게 반영하고 있다. 이를 간단히 보면 다음과 같다. 모든 기능을 통합한 commission형이다.

1) 인권에 관한 제도·정책 관행의 조사·연구 및 그 개선이 필요한 사항에 관한 권고와 의견의 표명 인권실태조사

국가인권위원회는 우선 한국의 인권제도, 인권정책, 관행의 조사연구를 그 업무의 하나로 하고 있다. 이것은 독·오식 인권연구소 기능을 강조한 것이다. 오스트리아인권연구소(Österreichisches-Institut für Menschenrechte)는 1987년에 개소되었는데 이는 유럽연합가맹국에 국내적 인권중심기구의 설치를 권고한 유럽이사회의 장관회의의 권고에 의한 것이었다. 이 연구소는 정회원으로는 오스트리아공화국, 잘츠부르크주정부와 가톨릭대학연합이 있으며 그 이사는 연방문교부장관, 잘츠부르크주지사, 가톨릭대학연합회 회장 등이 있으며 이밖에도 국제적 연구소 소장 등이 있다. 사법상의 공익법인으로 여러 재단의 후원을 받아 활동하고 있다.[13] 이 연구소는 유럽인권연감(European Yearbook on Human Rights)을 매년 발간하고 있다. 2011년 연감은 592페이지에 이른다. 또 인권연구소 연구논문집을 내고 있다.

독일인권연구소(Deutsches Institut für Menschenrechte)[14]는 독일연방의회의 만장일치 결의에 따라 2001년 3월 8일에 설립되었으며 국제연합의 Paris 원칙에 근거하고 있다. 재원은 국고예산에 의하고 있으며 법무부, 경제협력부, 외교부와 노동사회부의 예산중에 포함되어 있다. 그러나 이들 장관은 표결권을 가지지 않으며 연구소의 독립이 보장되어 있다. 이 연구소는 공익법인이다.[15] 직원수는 30명이다. 독일인권연구소는 많은 연구

---

13 상세한 것은 http://www.menschenrechte.ac.at/ 참조.
14 상세한 것은 http://www.institut-fuer-menschenrechte.de/.
15 정관은 Satzung des eingetragenen Vereins Deutsches Institut für Menschenrechte(geänderte Fassung vom 25. 02. 2009).

서를 출판하고 있으며 큰 도서관을 운영하고 있다. 또 인권개선을 위한 많은 의견개진도 하고 있다.

한국의 인권위원회는 그 동안 이들 연구소보다는 많은 직원과 예산으로 활발한 연구활동을 하고 있으며, 연간보고서, 결정례집, 실태조사보고서, 자료집, 일반단행본을 발간하였고 인권도서관을 운영하고 있다.[16] 또 그 동안 각종 정책건의서 등을 발표하여 인권신장에 노력하고 있다. 이 밖에도 한국인권위원회는 인권상황에 대한 실태조사를 하여 인권개선정책의 자료를 제공하고 있다.

2) 인권침해행위에 대한 조사와 구제

각국의 국가인권위원회의 업무 중 하나는 인권침해행위에 대한 조사와 침해의 구제이며 이것이 가장 중요한 기능으로 인정되기도 한다. 일종의 옴부즈맨(ombudsmann) 기능이다.

우리나라에서는 인권침해행위에 대한 조사와 구제와 함께 차별행위에 대한 조사와 구제도 업무로 규정하고 있다. 이것은 인권침해행위가 자유권과 평등권의 침해인 것처럼 오해될 수 있으나 인권침해행위의 범위는 법 제2조에서 용어정의를 하고 있는 바와 같이, 인권이란 모든 기본권을 말하는 것으로 국제인권법침해 뿐만 아니라 국내인권법침해행위에 대한 조사와 구제를 하여야 하는 것이다. 영국의 평등·인권위원회는 평등법에 의하여 설치된 것이기는 하나 평등법위반뿐만 아니라 모든 인권침해에 대한 구제를 하고 있는 것이다.[17]

---

16 통계나 실적에 대해서는『국가인권위원회연간보고서』(2002년 이후 2010년까지)를 참조할 것.

17 The EHRC is charged with the promotion and protection of human rights, providing institutional support for the Human Rights Act. The EHRC was set up by the Equality Act 2006 to bring a new, inclusive approach to promoting equality and human rights. 영국의 2010년 평등법은 기존의 116개 개별규정을 한 법률로 통합하였다. 이로써 기존의 9개 법률은 통합되었다. 이 법은

한국인권위원회는 침해조사와 구제에 대한 많은 권한을 가지고 있다. 그 수단도 구금·보호시설조사, 교육기관 등 민간기관조사, 자료제출요구, 사실조회요구, 청문회, 진정내용조사, 질문검사권, 합의권고, 조정, 구제조치권고, 고발 및 징계권고, 긴급구제조치의 권고를 할 수 있다.

이 밖에도 인권침해의 유형, 판단기준 및 그 예방조치 등에 관한 지침의 제시 및 권고를 할 수 있다(제19조 6호).

3) 인권교육과 홍보

인권에 대한 국민의 의식발전은 인권침해를 예방하고 인권구제를 위한 기초과업이기 때문에 각 국가의 인권위원회가 인권교육과 홍보에 노력하고 있다. 특히 인권후진국인 아세아 태평양 국가의 인권위원회는 91.6%가 인권교육을 하고 있다.[18] 방법은 직접 교육이 있으며 또 초·중·고·대학 등의 교과과정에 반영하는 것이 있다. 국가인권위원회법은 "위원회는 모든 사람의 인권의식을 깨우치고 향상시키기 위하여 필요한 인권교육과 홍보를 해야 한다"고 의무화 하고 있다(제26조 1항).

또 국제연합에서도 세계인권교육 프로그램을 발표하여 제1차 프로그램(2005~2009)에 이어 제2차 인권교육 프로그램 행동계획(2010~2014)을 통해 고등교육기관 및 공무원, 군대 등에서 인권교육을 실시할 것을 권고하고, 각 국가는 인권교육에 관한 최종보고서를 2015년까지 국제연합인권이사회에 제출하도록 하고 있다.

우리나라에서도 인권교육의 필요성이 강조되어 국가인권위원회는 인

2010.10.1부터 효력을 발생했다. 2011.6.15까지 정부는 이 EHRC의 개선을 위하여 정부와 협의하였다. Government Consultation : Building a fairer Britain : Reform of the Equality and Human Rights Commission.

18 *UN Human Rights, Survey on National Human Rights Institutions*, July 2009. p.34.

권교육센터를 마련하여 인권교육을 담당하고 있으며, 사이버교육 오프라인교육 등을 실시하고 있다. 또 공무원에 대한 인권교육을 실시하고 있다.[19] 위원회는 초·중등교육법에 따른 학교교과과정에 인권에 관한 내용을 포함시키기 위하여 교육과학기술부장관과 협의할 수 있다. 또 공무원의 채용시험, 승진시험, 연수 및 교육훈련과정에 인권에 관한 내용을 포함시키기 위하여 국가기관 및 지방자치단체와 협의할 수 있다(제26조 3항, 4항).

국가인권위원회는 그 동안 인권교육교재와 인권홍보잡지『인권』등을 발간하여 인권홍보 교육에도 기여하고 있다.

4) 국제인권기관과의 협력

국가인권위원회는 국제연합의 인권이사회(UNHRC)와 긴밀한 연락을 취하며 협조해야 한다. 특히 국제연합인권위원회에서 한국인권문제를 다루는 경우 국가인권위원회의 인권인식을 발표해야 할 것이다. NGO들이 한국을 인권후진국, 독재국가로 악선전하는데 대하여는 국가인권위원회가 한국을 대표하여 발표하여야 할 것이다. 또 다른 나라의 국가인권위원회와도 밀접한 교섭을 하여야 할 것이다.

국가인권위원회법 제19조에서 국제인권조약가입 및 그 조약의 이행에 관한 연구와 권고 또는 의견의 표명(제7호), 인권과 관련된 국제기구 및 외국인권기구와의 교류·협력(제9호)을 규정하고 있으므로 국제연합을 비롯한 세계 각국의 인권기구와 밀접한 관계를 구축하고 긴밀한 협조관계를 유지해야 한다.

---

19 국가인권위원회,『국가인권위원회교육훈련지침』, 2010.9.17 전부개정.

5) 국내인권기구와의 협력

각 국가에는 인권에 관한 정부기구가 많아 국가인권위원회와의 권한 문제가 논의될 수 있다. 외국의 경우 국가인권위원회는 독립기구이기는 하나 정부예산에 의하여 운영되는 경우가 많기 때문에 이들 정부기관과의 관계가 문제되고 있다.

우리나라에도 많은 인권기구가 있다. 법무부의 인권국, 경찰청의 인권보호센터, 국방부 인권과, 국민권익위원회, 외교부 외국인출입국, 국회법사위원회 등과도 업무가 경합될 가능성이 있기 때문에 밀접한 협력과 상호간 견제균형이 요청된다.

5. 국가인권위원회의 앞으로의 과제

1) 국가인권위원회의 위상향상

한국의 국가인권위원회는 국제연합이 인정하는 한국인권위원회이다. 국제연합인권이사회에서 한국인권위원회는 A급기관으로 인정되고 있다. 그러나 국가기관으로서는 독립행정위원회적 성격을 띠고 있기 때문에 인권문제에 대한 최중요 부서라고 하기는 어렵다. 지난 3월에 국가인권위원회법을 개정하여 위원장임명에는 국회의 청문회를 거치도록 하였다. 앞으로 이를 개정하여 국가인권위원장은 국무위원급(대법관급)으로 격상하는 것이 필요할 것이다. 위원의 경우에도 전원 상임위원으로 하여 국가인권위원회의 효율성을 제고하여야 할 것이다. 직원의 전문성을 높이기 위하여 직급을 상향해야 할 것이다.

2) 국가인권위원회의 독립성 강화

국가인권위원회와의 협력업무는 정부에서는 법무부 인권국에서 담당하고 있다. 또 예산은 정부예산에 계정되어 국회의 의결을 요구하고 있으며 직원 수는 정원령에 따라 감경되고 있다. 예산은 2012년도에 약간 증액하여 약 230억 5천 5백만 원으로 되었으나 이는 인권증진계획('12~'16)의 실천을 위한 것으로 보인다. 국가인권위원회는 제1차 국가인권정책기본계획권고안을 2006년 2월에 정부에 제출하였으나 이번 2차 계획에는 2012년 1월에 권고안을 정부에 제출 권고하였다. 그러나 제2차 계획안은 정부의 국가인권정책협의회의 의결로 확정 발표하였다. 국가인권위원회는 앞으로는 국가인권정책기본계획수립에 주도적인 역할을 하여야 할 것이다. 국가인권위원회는 이러한 기본계획이 정부부처에 의하여 잘 집행되었는지 감시기능을 다해야 할 것이다.

위원회는 단기적으로는 대한민국국가인권위원회 인권증진행동계획[20]을 계속 작성하여 활동의 지침으로 삼아야 할 것이다.

3) 인권관계법령의 정비

인권정책기본계획에 맞추어 인권보장을 위한 법제를 정비할 것이 필요하다. 불문법국가에서도 인권에 관해서는 많은 법률을 만들고, 이를 개정 정비하고 있는 것이 현실이다. 영국에서까지 Equality Act를 만들어 산재해 있던 차별법규를 단일화하였는데 우리도 배워야 할 것이다.

당면해서는 인권교육법 등이 새로이 제정될 것이 요구되며[21] 북한인

---

20 국가인권위원회, 「대한민국 국가인권위원회 인권증진행동계획」(2006년~2008년)이 발표된 바 있다.
21 일본의 인권교육 및 인권개발에 관한 법률은 법무부, 『2010 일본의 인권교육 · 개발현황』 참조

권법이 조속히 통과되어야 할 것이다. 국가인권위원회가 북한 인권에 대하여 많은 성명과 연구를 하였는데 현재 운영하고 있는 북한인권침해신고센터[22]의 법적 근거 등이 마련되지 않아 정부부처와 중복될 우려가 있기 때문이다.

또 국제연합인권이사회 등의 권고를 국내법적으로 실현하기 위한 법률을 제정해야 할 것이다. 국제연합은 인권교육을 위한 국제적 노력을 요청했다. 작년에는 유엔인권위원회에서 인권교육 및 훈련에 관한 선언이 채택되었다.[23] 우리나라에는 '법교육진흥법'이 2008년에 제정된 바 있으나 인권교육법은 포함되지 않았다. 단행법으로 인권교육법이 하루속히 제정되고 그에 따르는 재원이 마련되어야 하겠다.

4) 보다 활발한 의견개진

인권보장을 위한 국가인권위원회의 의견개진 등에 대해서는 5년 전에 발포한 것을 참작해 주기 바라며, 헌법재판소, 법원, 정부, 국회에 대한 활발한 의견개진이 요구된다. 국회에 대한 입법개혁의견이 활발히 개진되어야 하겠다. 공무원임용시험 등에 인권과목이 추가되도록 행정부에도 적극 권고하여야 하겠다.

---

22 국가인권위원회, 「북한인권침해신고센터 1주년보고회」, 2012.3.15.
23 법무부, 「인권교육에 관한 구체적 동향」, 2011.

10. 국가인권위원회에의 기대[*]

1. 발전과 활동에 관한 평가

1) 발전

(1) 성립

김대중 대통령 취임 전에 정부조직개편심의위원회에서 논의.

정부조직개편심의위원회에서 설치하도록 권고.

김대중 대통령 평화상 수상을 전후하여 설치.

행정부기관으로 하느냐 독립기관으로 하느냐의 논쟁으로 설립 3년간 지연.

---

[*] 국가인권위원회 인권위원 워크숍 초청강연, 2007년 5월 30일.

(2) 성과

민간기구로 구성된 독립기관인 국가인권위원회의 그 동안의 업적이
컸었다.

예를 들어 정책분야에서 "인권관련 법령·정책관행의 조사·연구 및
개선권고·의견표명, 국제인권조약가입 및 조약의 이행에 관한 권고·
의견표명"을 하였다.

또 국가기관, 지자체 및 구금·보호시설의 인권침해조사·구제, 법인,
단체, 사인에 의한 평등권 침해 행위 조사 구제 등 광범한 활동을 해 왔다.

국가인권기구로서 굳건한 자리매김하였다.

(3) 비판

① 국민들의 일반 감정보다는 너무 진보적이라는 비판이 있었다. 그
방향 제시는 옳았다고 하더라도 여당과 특정 진보지향단체의 견해와 너
무 가까웠기 때문에 편파성의 우려가 없지 않았다.

② 북한에서의 인권침해상황에 대한 대처가 미흡했다. 내부적으로는
많은 연구와 토론회를 하였음에도 외부적으로는 활동을 거의 안한 것으
로 비쳤다.

③ 이러한 우려가 법무부 인권국을 확대하여 정부의 권능을 강화한
계기가 되지 않았나 반성해야 할 것이다. 법무부의 NAP도 국가인권위원
회의 권고를 경시하고 있지 않나 생각된다.

2. 향후 기대

주마가편 격으로 향후 과제를 나열해보기로 한다.

1) 입법감시, 의견제출, 권고

◎ (사전감시)
① 법제처의 입법예고, 국회의 입법예고에 대한 의견 제출을 게을리 하지 말아야 할 것이다. 기왕에 제정된 형사소송법 등 개정에 얼마나 적극적으로 의견을 제출했는지, 또 얼마나 반영되었는지 궁금하다.
② 행정소송법 등 공청회에도 적극 참여하여 의견발표를 했어야 하며 앞으로 인권보장입법에 보다 적극적으로 대처해야 할 것이다.
◎ (사후감시)
① 앞으로 법령의 인권적합성을 심사하여 의견제시, 개정권고, 적용상 문제점 등 연구·검토하여 의견을 제시해야 할 것이다.
② 헌법재판소에서 위헌 결정된 법률개정의 지연문제 등 법률개정을 위한 의견 제출을 강화해야 할 것이다.

2) 행정감시

① 국가인권위원회가 국가인권정책 2007~2011에 대해서 권고안을 제출한 것은 잘한 일이다.
법무부의 NAP 제정은 국가인권위원회의 권고안이 많이 반영되었으나 성격상 권고적 효력밖에 없는 것이 문제이다.

특색 — 북한인권문제 등이 추가되었다.

② 권고기능만으로는 행정감시의 한계가 있다.

㉠ 국가인권위원회 법령을 개정해서라도 약간의 집행성이 가미되도록 노력해야 한다. 위원회의 조사대상이 헌법 제10조 내지 22조에 보장된 인권을 침해당하거나 차별행위를 당한 경우라고 하여 평등권과 자유권에 한정하고 있어 문제이다(30조).

㉡ 법률을 개정하여서라도 사회권침해에 대한 구제를 해 주어야 한다.

㉢ 법무부 인권국과의 관계를 잘 설정해야 한다.

　　○ 인권위원회설립당시부터 독립기관으로 하느냐 국가기관으로 하느냐가 문제되었다. 법무부에 집행기관으로서의 인권국이 확장되었다.

　　○ 대통령이 인권위원회를 옴부즈만 인권권고기관으로 저평가하고 법무부를 인간옹호기관으로 자리매김하고 있어 문제이다.

3) 사법감시

(1) 헌법재판소에 대한 의견제출

① 국가인권위원회법 제28조에 의하면 "인권위원회는 인권의 보호와 향상에 중대한 영향을 미치는 재판이 계속 중인 경우 법원 또는 헌법재판소의 요청이 있거나 필요하다고 인정하는 때에는 법원의 담당재판부 또는 헌법재판소에 법률상의 사항에 관하여 의견을 제출할 수 있다"고 하여 의견제출권을 인정하고 있다.

② 또 "제4장의 규정에 의하여 위원회가 조사 또는 처리한 내용에 관하여 재판이 계속 중인 경우, 위원회는 법원 또는 헌법재판소의 요청이 있거나

필요하다고 인정하는 때에는 법원의 담당재판부 또는 헌법재판소에 사실상 또는 법률상의 사항에 관하여 의견을 제출할 수 있다"고 규정하고 있다.

(2) 헌법재판소

◎ 법규정

제44조 당해 소송사건의 당사자 및 법무부장관은 헌법재판소에 법률의 위헌여부에 대한 의견서를 제출할 수 있다.

제74조

① 헌법소원의 심판에 이해관계가 있는 국가기관 또는 공공단체와 법무부장관은 헌법재판소에의 심판에 관한 의견서를 제출할 수 있다.

② 제68조 2항의 규정에 의한 헌법소원이 재판부에 심판회부된 때에는 제27조 2항 및 제44조의 규정을 준용한다.

(3) 현실

① 이제까지 헌법재판소에서는 국가인권위원회에 대하여 의견조회를 하지 않은 것으로 알려져 있다. 그러나 인권위원회는 그 동안 헌법재판소에 계류 중인 중요한 사건에 대하여 공개적으로 의견을 발표해왔다. 예를 들면 호주제폐지, 양심적 병역기피자 처벌금지, 국가보안법 폐지, NEIS 문제, 집회시위문제 등 주요사안에 대해 공개건의를 해왔기에 판결문에는 직접 인용되지 않았으나 의견이 반영되었다.

② 바람직하기는 헌법재판소법을 개정하여 인권에 관련된 재판에서는 국가인권위원회의 의견을 반드시 조회하도록 하는 것이 필요하다. 현재 법무부장관에게는 "의견을 제출하도록 하고 있는 것"으로 알고 있다. 의견제출은 공개형식이 아닌 당해 재판에 대한 의견서제출형식이 타당하며 지나치게 광범위하게 의견을 제출하는 경우 오히려 권위가 실추될 수도 있다.

(4) 법원

◎ 법원에 대한 의견제출

① 선거소송

선거소송에 있어 국가인권위원회는 당사자가 될 수 없다. 따라서 선거소송이나 당선소송을 제기할 수 없기 때문에 소송이유서 제출은 허용되지 않는다. 다만 원고의 소송에 참가하여 의견을 낼 수 있을 것인지는 문제이다.

인권위원회법 제28조에 따라 이 경우에도 법원에 의견서를 제출할 수는 있을 것이나 법원이 이를 심리대상으로 할 것인지는 명확하지 않다.

② 형사소송

인권위원회는 법 제34조에 따라 검찰총장 또는 관할 수사기관의 장에게 수사의 개시와 필요한 조치를 요청할 수 있다. 의뢰를 받은 검찰총장 또는 관할 수사기관의 장은 지체 없이 그 조치결과를 위원회에 통보하도록 하고 있다. 형사재판을 담당하는 재판부에도 인권위원회법 제28조에 따라 의견을 제출할 수 있다. 또 범죄행위에 대해서는 고발을 할 수 있다(제45조).

③ 민사소송

위원회는 합의의 권고를 할 수 있으며 조정절차를 시작할 수 있다. 조정위원회는 준사법기관으로서 조정과 조정에 갈음하는 결정을 할 수 있다. 조정과 조정에 갈음하는 결정은 재판상의 화해와 같은 효력이 있다(제43조). 재판에 회부된 민사소송에 대해서는 재판부에 의견제시를 할 수 있다.

④ 공익소송 · 민중소송

소비자의 권익이나 주주의 권익 등을 구제받기 위하여 집단소송이나 공익소송의 당사자가 될 수 있는가는 확실하지 않다. 공익소송이 허용되는 경우에도 당사자로서 참가할 수 있을 것인가는 명확하지 않다. 공익소송 · 민중소송과 같은 경우 다수인의 인권이 걸려있기 때문에 적극적으로 의견개진을 할 수 있어야 할 것이다.

(5) 재판부에 대한 의견제출의 자제

재판절차에 관한 의견 제시는 바람직하나 재판결과에 영향을 미치는 것은 삼가하여야 할 것이다. 국가인권위원회법도 법원의 재판에 대하여는 관여할 수 없게 규정하고 있기 때문에(법 제30조) 사법관여는 제한적으로 행사되어야 할 것이다.

3. 인권교육과 인권조사기능의 강화

1) 인권교육자 양성

인권교육은 UN의 중요과제 중 하나이며 Internship도 운영되고 있다. 유럽인권재판소가 있는 Strassbourg의 Strassbourg 대학에서는 Summer School 과정으로서 인권교육을 하고 있는데 세계 각국 학생들과 교육자들이 참가하고 있다. 미국의 Santa Clara 대학 등이 많은 학생을 보내고 있다. 여기서는 세계인권선언 등 UN인권장정의 강의뿐만 아니라 유럽, 미주, 아프리카 등의 인권장정 등이 강의되고 있다. 또 Rene Cassin Institute라는 인권연구소도 있는데 단기연수과정에라도 참가시켜 인권교육자를 양성해야 할 것이다.

인권교육원의 설립과 운영에도 참고가 될 것이다. 또 인권교육에 관한 법률이 제정되는 경우 보다 실효적으로 집행하여야 하겠다.

2) 국제인권자료실의 확충

국내외 인권자료를 총망라한 인권도서관이 될 수 있도록 국제적인 도서·비디오·영화·연극 등까지 수록해야 할 것이다.

3) 북한인권조사기능의 강화와 인권정책협조요청

북한도 유엔인권규약 A, B 조약에 가입했으므로 인권을 준수할 의무가 있다. 북한의 경우 시민적·정치적 권리가 극히 잘 보장되고 있지 않으며 경제적·사회적 규약도 잘 보장되지 않아 굶주리는 인민들이 많다. 이들의 인권보장을 북한당국에게 요구하는 것은 내정간섭이 아니다. 인권문제는 이미 국내문제가 아닌 것이다.

북한정부에 대한 조사나 권고가 어렵다면 중국에 불법체류 중인 북한 이탈주민에 대한 보호라도 강력히 요청해야 한다. 외교통상부의 북한주민정책에 대해서도 강력한 권고를 해야 한다. 서독일의 경우 동독 이탈인이 서독 영사관에 출두하여 서독 여권발급을 신청하면 즉시 서독여권을 발급하여 서독에 입국하게 하였고, 과거 공산국가에서 서독으로 탈주하는 것을 방해했을 때 강력 항의하여 특별열차로 수송한 일이 있었다. 동서독의 통일은 동독노동력의 서독 탈출로 산업공동화된 때문이라고 할 수 있다. 우리 정부도 북한 이탈주민의 여권을 즉각 발부하여 한국입국의 자유를 보장해 주어야 한다. 또 중국이나 버마, 태국 등 북한 탈출주민들의 보호를 국제인권규약에 따라 특히 보호하도록 권고하여야 할 것이다. 난민보호규정의 준수도 촉구하여야 한다.

4. 인권보장입법의 개선방향

1) 국가인권위원회법의 개정

국가인권위원회법은 한차례 일부 개정되어(2005.7.29) 인권위원회의 권한강화를 위하여 많은 도움을 준 것은 사실이나 아직도 불비한 점이 있어 새로운 법개정이 요망된다. 그 중 중요한 것만 들면 다음과 같다.

(1) 법률구조기능의 추가

인권위원회가 직접 법률구조를 할 수는 없고 대한법률구조공단이나 또는 그 밖의 기관에 법률구조를 요청할 수 있게 하고 있다(제47조 1항).

앞으로 집단적 인권침해사태에서 구조를 하기 위해서는 직접 법률구조를 하는 것도 필요할 것이다. 직접 법률구조를 하기 위해서는 이 조항은 개정되어야 할 것이다.

법률구조요청의 절차·내용 및 방법에 대하여 필요한 사항은 위원회의 규칙으로 정할 수 있게 하고 있다(제47조 3항).

인권위원회는 이 규정에 따라 법률구조에 관한 위원회의 규칙을 제정하여야 할 것이다.

(2) 사회권 침해 시 구제조항 추가

현재는 인권침해나 차별행위를 당한 사람이라고 하더라도 인격권, 생명권, 행복추구권, 평등권과 자유권을 침해받는 사람만이 진정할 수 있고 위원회는 이에 한하여 조사할 수 있으며 직권으로도 조사할 수 있다. 헌법 제10조 내지 제22조 이외의 인권을 침해당한 사람은 진정할 수도 없고 직권조사도 불가능하다.

세계인권규약의 사회적·경제적·문화적 권리를 보장하기 위하여서는 생존권과 청구권, 참정권의 침해를 조사·구제할 수 있어야 한다.

따라서 사회권과 참정권, 청구권침해 시에도 국가인권위원회가 조사할 수 있도록 법을 개정하고 직권구제를 할 수 있도록 하는 법조항을 추가하여야 할 것이다.

(3) 독립성 효율성을 위한 권고의 효력 강화

국가인권위원회는 단순한 권고기관이 아니고 집행기관의 성격도 가질 것이 요망된다. 국가인권위원회법 제25조는 정책과 관행의 개선 또는 시정을 권고하거나 의견을 표명할 수 있게 하고, 권고를 받은 기관의 장은 그 권고사항을 존중하고 이행하기 위하여 노력하여야 하며, 그 기관의 장이 그 권고내용을 이행하지 않을 경우 그 이유를 위원회에 문서로 설명하도록 하고 있다.

그러나 이것만으로는 강제집행할 수 없다.

인권위원회는 법시행령 제19조에 규정되어 있는 인권정책협의회의 의장기관으로서 그 권한을 강화하는 것이 요청된다(시행령 제20조). 협의회의 구성 및 운영 등에 관하여 필요한 사항은 위원회규칙으로 정할 수 있다(시행령 제21조). 인권위원회위원장은 법시행령의 개정안을 국무총리에게 제출을 건의할 수 있고 직권으로 규칙을 제정할 수 있다.

5. 결어

국가인권위원회는 그 동안 법률의 제약 하에서도 국민의 인권옹호에 큰 공헌을 하여왔다. 특히 아동·청소년, 시설생활인, 장애인, 새터민, 국제결혼자 및 이주노동자의 인권신장을 위하여 큰 기여를 했다. 또 기초생활취약계층의 생존권강화에도 노력하여 국제인권규약 A조항의 실천에도 노력하고 있다.

물론 인권에서 소외되어 온 이들 약자에 대한 인권도 중요하나 국가인권위원회의 업무가 모든 국민의 인권신장에 있는 만큼 보다 광범한 국민층을 위한 인권보장 노력을 경주하여야 할 것이다.

국가인권위원회가 보다 활성화하여 선도적 국가인권기구로서 활약해주기를 기대해 마지않는다.

11. 한국헌법에서 본 사회복지정책[*]

1. 서

선거 때마다 한국의 복지정책에 대한 논란이 뜨겁다. 지난번에는 초·중학생에 대한 무상급식이 주민투표의 대상이 되었으며 10.26보선에서도 복지정책의 향방에 대하여 큰 논쟁이 될 것 같다. 정치권에서는 선거를 의식하여 복지증진에 대한 공약이 만발하고 있다. 이 논쟁은 이번 보선에 그칠 것이 아니고 내년 총선과 대선에서도 극심한 대결이 예상되고 있다.

정치권의 주장을 보면 ① 보편적 복지냐 선택적 복지냐, ② 이상적 최대한의 복지냐, 실현가능한 복지냐, ③ 급진적 복지냐, 점진적 복지냐의 대립으로 나눠볼 수 있다. 보편적 복지론자는 시민의 소득과는 관계없이 모든 사람에게 평등하게 복지혜택을 주자는 것이고, 선택적 복지는 부자에게는 복지혜택을 주지 않고 가난한 사람, 병자, 노인, 아동, 장애인 등

---

[*] 『고시계』 통권 656호, 2011년 11월호, 2~10면.

에게만 복지혜택을 주자는 것이다. 이상적 최대한의 복지를 주장하는 측은 모든 국민에게 최대한의 인간다운 생활을 보장하자고 하고, 현실주의자들은 필요한 사람에게 최소한의 생존을 보장하자고 한다. 급진적 복지론자는 일시에 모든 국민에게 평등하게 최대의 복지서비스를 하자는 입장이고, 점진적 복지론자는 재정형편에 따라 생활무능력자부터 최소한의 복지서비스를 제공하자는 입장이다.

2. 한국헌법이 요청하는 복지정책

1) 사회보장수급권

우리 헌법은 전문에서 "정치 · 경제 · 사회 · 문화의 모든 영역에 있어 각인의 기회를 균등히 하고, 능력을 최고도로 발휘하게 하며, 자유와 권리에 따르는 책임과 의무를 완수하게 하여, 안으로는 국민생활의 균등한 향상을 기하고, …… 우리들과 우리들의 자손의 안전과 자유와 행복을 영원히 확보할 것을 다짐하고" 있다. 또 헌법 제10조는 "모든 국민은 인간으로서의 존엄과 가치를 가지며, 행복을 추구할 권리를 가진다"고 하고, 헌법 제34조는 "모든 국민은 인간다운 생활을 할 권리를 가진다"고 규정하여 모든 국민에게 '행복추구권과 인간다운 생활을 할 권리'를 규정하고 있다.

이 생존권 · 행복추구권의 권리적 성격에 관해서는 입법방침규정설과 추상적 권리설, 구체적 권리설의 대립이 있다. 우리 헌법은 이 생존권 실현의 의무에 대하여, "국가는 개인이 가지는 불가침의 기본적 인권을 확인하고 이를 보호할 의무를 진다"(제10조 후문), "국가는 사회보장 · 사회복지의 증진에 노력할 의무를 진다"(제34조 2항)고만 규정하고 있어 이 것이 입법방침규정인지, 추상적 권리규정인지, 구체적 권리규정인지 확실하지 않다. 이러한 사회복지·사회보장권이 구체적 권리라고 보는 경우에도 "국민의 모든 자유와 권리는 국가안전보장·질서유지·공공복리를 위하여 필요한 경우에 한하여 법률로써 제한할 수 있으며, 제한하는 경우에도 자유와 권리의 본질적인 내용은 침해할 수 없다"(제37조 2항). 추상적 권리로 보거나 입법방침규정이라고 보는 경우에도 사회보장기본법이 "사회보장은 모든 국민이 인간다운 생활을 할 수 있도록 최저생활을 보장하고, 국민 개개인이 생활수준을 향상시킬 수 있도록 제도와 여건을 조성하여, 그 시행에 있어 형평과 효율의 조화를 도모함으로써 복지사회를 실현하는 것을 기본이념으로 한다"(기본법 제2조)고 규정하고 있으므로 국가에 의무가 있다고 보겠다.

뿐만 아니라 "모든 국민은 사회보장에 관한 법령에서 정하는 바에 따라 사회보장급여를 받을 권리를 가진다"고 규정하고(기본법 제9조) 있다. 사회보장기본법에 따라 여러 사회보장법률이 제정되어 있다. 이들 법률은 "사회보장기본법에 부합되어야 하며 부합되고 있다"(기본법 제4조).

2) 사회보장수급권의 내용

우리 헌법은 사회보장권의 내용으로서 ① 여자의 복지와 권익의 향상(제34조 3항), ② 노인과 청소년의 복지(제34조 4항), ③ 신체장애자 및 질병, 노령 기타의 사유로 생활능력이 없는 국민의 보호(제34조 5항), ④ 재해예방(제34조 6항), ⑤ 건강하고 쾌적한 환경에서 생활할 권리(제35조 1항), ⑥ 쾌적한 주거생활을 할 수 있는 권리(제35조 3항), ⑦ 혼인과 가족생활의 보장(제36조 1항), ⑧ 모성보호를 받을 권리(제36조 2항), ⑨ 보건에 관한 권리(제36조 3항) 등을 규정하고 있다.

사회보장기본법은 "사회보장이란 질병·장애·노령·실업·사망 등의 사회적 위험으로부터 모든 국민을 보호하고, 빈곤을 해소하며 국민생활의 질을 향상시키기 위하여 제공되는 사회보험·공공부조·사회복지서비스 및 관련 복지제도를 말한다"(기본법 제3조 1호)고 하여 이를 예시하고 있다. 사회보험은 국민에게 발생하는 사회적 위험을 보험의 방식으로 대처함으로써 국민의 건강과 소득을 보장하는 제도를 말한다(기본법 제3조 3호). '공공부조'란 국가와 지방자치단체의 책임 하에 생활유지능력이 없거나 생활이 어려운 국민의 최저생활을 보장하고 자립을 지원하는 제도를 말한다(기본법 제3조 3항). '관련 복지제도'란 보건·주거·교육·고용 등의 분야에서 인간다운 생활이 보장될 수 있도록 지원하는 각종 복지제도를 말한다(기본법 제3조 5호). '사회복지서비스'란 지방자치단체 및 민간부분의 도움이 필요한 모든 국민에게 상담·재활·직업의 소개 및 지도, 사회복지시설의 이용 등을 제공하여 정상적인 사회생활이 가능하도록 지원하는 제도를 말한다(기본법 제3조 4호).

이 헌법과 사회보장기본법의 위임에 따라 많은 사회복지법이 제정되어 있다. 헌법에 따르면 사회보장권이 모든 권리임을 알 수 있으나 법률에 따르면 그 수급권자가 한정되어 있음을 알 수 있다. 특히 공공부조의 경우에는 생활유지능력이 없거나 생활이 어려운 국민의 최저생활을 보장하는 점에서 일반적 복지가 아니라 선택적 복지임을 알 수 있다.

3) 사회보장수급권의 수준

그런데 문제는 사회보장수급권이 최대한의 보장을 하고 있는가이다. "국가는 모든 국민이 건강하고 문화적인 생활을 유지할 수 있도록 사회보장급여의 수준향상을 위하여 노력하여야 한다. 국가는 최저생계비와 최저임금법에 따른 최저임금을 고려하여 사회보장급여의 수준을 결정하여야 한다"(기본법 제10조)고 규정하고 있다. 또 공공부조는 생활유지능력이 없거나 생활이 어려운 국민의 최저생활을 보장하도록 하고 있다.

이에서 보는 바와 같이 우리나라의 사회보장은 이상적인 완전보장이 아니고 현실적인 최저생활의 보장을 기하고 있는 것을 알 수 있다. 공공부조는 보편적 복지제도가 아니고 선별적 복지제도임을 알 수 있다. 이 최저보장의 기준에 대해서는 많은 논쟁이 있으나 최저생계비와 최저임금을 고려하여 결정하여야 한다. 노동능력이 없거나 노동하지 않는 사람에게 최저임금보다 많은 사회보장수당을 주는 것은 정의에 반한다고 하겠다.

4) 사회보장의무의 주체

헌법은 사회보장의 의무를 주로 국가에게 부과하고 있다. 헌법은 국가의 기본법이기 때문에 국가가 복지향상을 위한 책임을 지도록 규정하고 있다(제34조). 그러나 사회보장은 국가만이 담당할 수 없다. 공산주의국가에서는 일하지 않는 자는 먹지 말라, 모든 인민은 국가의 지시에 따라 직장이 강제 배정되며 최저한의 생계비를 받게 되어 빈곤의 순환이 행해지고 있다. 이에 대하여 자유민주주의국가에서는 개인의 직업선택의 자유가 보장되며 강제노역이 금지되고 노동의 대가인 적정임금을 받아 생활하게 된다.

자유민주주의국가에서는 개인의 자유와 창의가 존중되고 개인의 능력에 따라 최고수준의 생활도 누릴 수 있다. 사회보험제도는 강제보험과 자율보험이 있어 강제보험은 전국민이 가입하고 그 이상의 서비스를 받고자 하는 사람은 사보험에 가입하거나 저축생활을 통하여 자체 해결할 수 있다. 사회보장은 국가뿐만 아니라 지방자치단체, 사회, 가족, 국민이 협력하여 완성하여야 한다.

사회보장기본법은 사회보장의 의무를 국가에만 지우지 않고 지방자치단체와 가정·국민에게도 지우고 있다. "국가와 지방자치단체는 국가발전의 수준에 부응하는 사회보장제도를 확립하고 매년 이에 필요한 재원을 확보하여야 한다"(기본법 제5조). "국가와 지방자치단체는 사회보장제도를 시행할 때에 가정과 지역공동체의 자발적인 복지활동을 촉진하여야 한다"(기본법 제6조). 또 "모든 국민은 자신의 능력을 최대한 발휘하여 자립·자활할 수 있도록 노력하고 국가의 사회보장정책에 협력하여야 한다"(기본법 제7조).

전통적 복지제도는 사회공동체, 가정에 의하여 수행되어 왔다. 그런데 서구문명의 개인주의가 도입됨으로써 사회공동체와 가정은 해체되고 모든 것을 국가나 지방자치단체의 공적 복지에 의존하게 되었다. 우리 헌법은 가족제도의 보호를 통하여 전통적 복지에 기여하도록 하고 있다. 그러나 대가족의 해체로 인해 공적 복지에만 의존하는 경향이 늘어나고 있다.

여기에서의 국민은 기업가·노동자·자영업자·인텔리 등을 전부 포함하기 때문에 기업·노동단체·사회공동체의 사회복지향상을 위한 노력을 요구하지 않을 수 없다.

3. 한국에 있어서의 정부의 복지정책

1) 보편적 복지와 선택적 복지의 융합

한국정치계에서는 보편적 복지냐 선택적 복지냐가 논쟁거리다. 보편적 복지론자는 평등한 복지혜택을 강조한다. 부자나 빈자나 모두가 똑같은 혜택을 받아야 한다고 주장한다. 심지어 부자들은 세금을 많이 내기 때문에 혜택을 똑같이 받아야 한다고 주장한다.

사실 고령화·소자화 시대에 있어 노인이나 육아에게는 보편적 복지가 요구되기도 한다. 우리나라에서도 여·야당이 출산율을 높이기 위하여 아동의 보육을 국가나 지방자치단체가 책임져야 한다고 하고 있다. 노인의 경우 전철의 무임이용은 보편적 복지에 의존하고 있지만 기초노령연금은 선택적 복지주의에 입각하고 있다. 그 이유는 국가재정에 한계가 있기 때문에 저소득층에게는 최대의 연금액을 지급하되 소득수준에 따라 연금액을 감액하고 고소득층은 제외하고 있다. 학교급식의 보편적 무상급식이 의무교육의 내용인 것처럼 주장되고 있으나 현재 대다수 지방자치단체는 저소득층 자녀에게만 선택적으로 무상급식을 하고 있다.

보편적 복지의 이상은 좋으나 이는 부유세를 도입하고 국민에게 증세를 해야 가능하기 때문에 아직은 시기상조이다. 우리나라의 재정형편을 생각하면 보편적 복지와 선택적 복지를 병행할 수밖에 없다.

2) 이상적 최대한의 복지냐 현실적 최저한의 복지냐

헌법은 모든 국민에게 행복한 인간다운 생활을 보장하고 있다. 이론적으로는 이상적 최대한의 복지가 요구된다. 그러나 최대한의 사회복지는 우리나라 현실적으로는 불가능하다. 우리나라의 법률은 최대한의 보장이 아니라 공적 부조에서 최소한의 보장을 규정하고 있다. 사회보장기본법도 사회보장급여의 수준을 최저생계비와 최저임금을 고려하여 결정하도록 하고 있다. 이상적으로는 최대한의 보장이 바람직하나 재정형편상 이상에 불과하고 현실은 재정의 부족으로 인하여 최저한의 보장을 해줄 수밖에 없다.

물론, 국가는 모든 국민이 건강하고 문화적인 생활을 유지할 수 있도록 사회보장급여의 수준향상을 위하여 노력하여야 한다. 여기서의 최저한의 보장은 생물학적인 최저한의 생활보장이어서는 안 되며 문화적 최저한도의 생활보장이어야 한다.

3) 급진적 복지냐, 점진적 복지냐

야당에서는 질병·빈곤·보육·교육·주거에 대한 급진적 복지를 주장하고 있다. 무상진료·무상교육·기초생활보장·무상보육을 즉시 시행해야 한다고 주장하고 있다. 그러나 이것은 이상적일 수는 있으나 현실적으로는 일거에 이를 실시할 수는 없다.

급진적 복지구현을 위하여서는 국가재정을 대폭 확대해야 하며 조세와 준조세, 사회보험비용을 일시에 증가시켜야 한다. 국가의 SOC사업이나 국방·교육·인건비 등 고정비용을 제외한 뒤 살 수 있는 복지예산은 한정되어 있다. 지금도 중산층은 과중한 세금과 사회보험비용 때문에 허리가 휘고 있다. 중산층이나 자영업자, 중소기업들은 이들 부담가중으로 영세민으로 몰리고 있다. 기업이나 자영업자들이 정규직고용을 늘리지 않고 비정규직을 고용하는 것은 사회보험(4대 보험)에 대한 부담 때문이기도 하다.

우리나라는 수출위주의 경제구조와 국제적 위기에 취약하다. 국내자원이 없어 대부분을 수입에 의존하는 우리나라에서 급진적 복지정책의 실현은 위기를 초래할지 모른다. 국민소득 2만 달러의 한국이 5만 달러 이상의 부국에 따라갈 수는 없다. 뱁새가 황새처럼 날려다가는 나래가 찢어질 수 있다. 우리의 경제 형편과 국가재정을 생각할 때 선진국제도만을 모방할 수는 없다. 유럽의 북구 4개국의 인구는 적고 자원이 풍부하여 재정이 넉넉하다.

이들 나라에서도 청년들은 세금과 사회보험료가 많다고 하여 사회보험료가 거의 없는 미국으로 이민가고 있어 고령화에 시달리고 있다. 국가재정의 파탄이나 국가채무의 과다는 현재주민의 복지를 위하여 미래세대에게 큰 부담을 주는 것이기에 재정건전성을 지켜야 할 것이다.

4. 한국에 있어서의 민간복지정책

1) 대기업과 부자들의 복지참여

우리나라의 대기업이나 부자들은 외국에서는 성공적인 발전유형으로 인정되고 있으나 한국에서는 공공의 적으로 낙인되고 있다는 외국신문보도가 있다. 이것은 대기업이나 부자들이 법을 지키지 않고 탈세하거나 문어발식 기업확장으로 중소기업의 영역까지 침범하고 있기 때문이다. 최근에 정부는 대기업과 중소기업의 공생을 강조하고 있고 대기업들의 사회복지재단 등을 만들어 적극적으로 활동하고 있어 다행이다.

대기업과 부자들은 노블리스 오블리주의 기업가 정신을 알려 일반인의 모범이 되어야 할 것이다. 요사이 대기업은 고용창출에 소홀하다고 하여 많은 비판을 받고 있다. 대기업들은 사내 복지제도는 잘 운영하고 있으나 이는 조직노동자에 한정되어 있고 비정규직에는 해당되지 않고 있다. 대기업은 정규직의 노동시간을 법정인 8시간 주 40시간 노동으로 줄이고 그 이상의 초과근무수당을 비정규직의 정규적 고용으로 사용해야 한다.

부자들은 그들이 미치는 국민교육적 영향력을 생각하여 근검 · 질소한 생활을 운영하여야 할 것이다. 세계의 명품이 한국에서 제일 많이 팔리고 있다는 현실은 이들 부자들의 과시욕 때문이 아닌가 생각된다. 사촌이 논을 사면 배 아파하는 한국인의 정서를 생각하여 청교도적 윤리를 유지해야 하겠다.

2) 조직근로자들의 사회복지참여

우리나라 대기업의 조직근로자들은 대기업에 대한 임금투쟁으로 세계의 다른 나라 노동자보다도 많은 임금과 혜택을 받고 있다. 이들은 조직근로자들의 이익을 위하여 근무시간을 연장하면서 고수익을 노리고 있다. 조직근로자들은 기득권을 포기하고 법정근무시간을 준수하고, 초과 임금분은 비정규직 근로자의 고용촉진에 사용해야 할 것이다. 몇 대기업의 경우 평균연봉이 5천 만 원을 넘고 있으며 여기에 자녀대학학비 지원까지 받아 세계유수의 복지혜택을 누리고 있다.

조직근로자는 비조직 근로자와의 차별을 없애는 데 앞장을 서야 한다. 고도복지를 구가하는 북구에서는 Job Share, Work Share가 유행하고 있으며 30시간의 노동시간을 준수하고 그에 따른 나머지 시간은 다른 근로자에게 양보하고 있다. 격일제근무가 대세를 이루는 나라도 있다.

고연봉 근로자들도 자기들은 임금노동자이기 때문에 중산층이 아니라고 생각하는 경향이 있다. 5천 만 원 이상의 연봉을 받는 사람이 하층계급일 수는 없다. 이들도 다른 노동자들과 함께 사회복지혜택을 나누어 가져야 한다. 또 근검한 생활을 하여 생계비의 낭비를 줄여야 하며 자식을 위하여 희생하여 서민층으로 하락하는 일은 막아야 한다.

대기업들을 적대시하는 경우, 대기업들이 해외에 공장을 이전하거나, 조세피난처로 도피하는 경우 한국경제는 몰락할 것이요, 근로자의 직장보장도 불가능할 것이다.

3) 국민의 사회복지참여

국민도 사회복지혜택을 공짜로 생각해서는 안 된다. 정치인과 정당들이 선거 때만 되면 앞 다투어 실현불가능한 복지혜택을 공약하는데 이러한 포퓰리즘에 속지 말아야 한다. 국가재정능력을 초과하는 복지정책을 펴 국가부도의 위기에 몰려 있는 그리스와 이탈리아, 포르투갈, 스페인, 과거의 아르헨티나 등의 전철을 밟지 않기 위하여 국민의 선심정책을 비판적으로 수용하여야 하겠다.

우리나라는 1인당 국민소득이 일본의 반 밖에 되지 않으나 소비수준은 일본보다 훨씬 높다. 일본은 장·차관들도 15평·20평짜리 아파트에 살고 있고 수상조차 1만 원짜리 이발소를 찾는 등 근검절약하고 있는데 우리는 과소비를 하고 있다. 이러한 과소비·과교육 등이 빈곤층을 양산하고 있는 것이 아닌지 반성해야 하겠다.

모든 국민은 자신의 능력을 최대한 발휘하여 자립·자활할 수 있도록 노력하여야 하고, 근면과 절약정신으로 사회보장급여 대상자로 하락하지 말아야 되겠다. 그래야만 노동 능력 없는 사회적 약자에게 최대한의 사회복지를 제공할 수 있을 것이다.

12. 인간의 존엄과 사회복지[*]

1.

인간은 불가침·불가양의 천부인권을 가진 것으로 인정되고 이러한 천부인권을 보다 잘 보장하기 위하여 사회계약을 체결한 것이 곧 헌법이라고 말하여진다. 근세 헌법은 인간의 자유와 평등만을 전(前) 국가적인 것으로 인정하고 이를 보장하기 위하여 많은 규정을 두고 있었다. 그러나 20세기에 들어와 국가권력이 인간의 본성을 침해하고 시민을 곤궁 속에 몰아넣는 것을 체험하였기에 제2차 세계대전 후의 헌법은 인간의 존엄권에 관하여 특별히 규정하기에 이르렀다.

1949년의 서독 헌법 제1조는 "인간의 존엄은 불가침이다"고 했고, 일본 헌법도 "모든 국민은 개인으로서 존중된다. 생명, 자유 및 행복추구에 대한 국민의 권리에 대해서는 공공의 복지에 반하지 않는 한 이법 기타

---

[*] 『이대학보』 제519호, 1974년 9월 13일자.

의 국정 상에서 최대의 존중을 필요로 한다"고 하고 있다. 우리 헌법도 이러한 헌법규정을 모방하여 1963년 헌법 제8조에서 "모든 국민은 인간으로서의 존엄과 가치를 가지며, 이를 위하여 국가는 국민의 기본적 인권을 최대한으로 보장할 의무를 진다"고 규정하고 있다.

이와 같이 인간의 존엄에 관하여 헌법에서 명문으로 규정하기 시작한 것은 극히 최근의 일이다. 과거에는 기본권이라고 하면 자유와 평등이라고만 생각되었고 이 자유와 평등이야말로 자유민주주의의 근간이라고 생각되었던 것이다. 그러나 경제적·사회적 자유방임은 오히려 빈부의 격차를 심화시켰고 빈자에게는 생활의 기본적 수요도 충족시킬 수 없게 되었다. 또 평등도 형식적·정치적 평등만을 추구한 나머지 비록 기계적 평등은 보장되었다고 하나 경제적 불평등은 보다 심화하게 되었다.

20세기에 들어와서는 이러한 경제적 불평등을 시정하고 모든 사람에게 인간다운 생활을 보장하기 위한 생존권적 기본권이 각국 헌법에 규정되기 시작하였다. 그 이유는 자본주의에 내재하는 분배체계의 모순을 제거하여 부(富)의 편재를 막고 국민 각자에게 최저한도의 문화생활을 보장해 주기 위한 것이었다. 바이마르 헌법은 제151조에서 "경제생활의 질서는 각인으로 하여금 인간다운 생활을 보장하는 것을 목적으로 하는 정의의 원칙에 적합하여야 한다"고 규정함으로써 인간다운 생활 보장을 위한 국가의 의무를 규정하였다.

우리 헌법도 제116조에서 "국가는 모든 국민에게 생활의 기본적 수요를 충족시키는 사회정의의 실현과 균형 있는 국민경제의 발전을 위하여 필요한 범위 안에서 경제에 관한 규제와 조정을 한다"고 규정하여, 사회정의에 입각한 경제제도를 확립하여 국민들에게 문화생활을 하도록 국가에 의무화하고 있는 것이다.

뿐만 아니라 우리 헌법은 제30조 1항에서 "모든 국민은 인간다운 생활을 할 권리를 가진다"고 하여 생존권적 기본권을 보장하고, 제2항에서 "국가는 사회보장의 증진에 노력하여야 한다"고 규정하고 있다. 이와 같이 인간의 존엄의 내포로서 자유와 평등 이외에 복지를 규정한 것은 우리 헌법의 복지주의적 성격을 명확히 한 것이라고 하겠다.

과거의 자유민주주의는 자유와 평등만을 그 내용으로 하였는데 대하여, 우리 헌법은 모든 국민에게 평등과 자유, 안전과 행복을 보장해 주고 있기 때문에 실질적 민주주의 내지는 사회적 법치주의를 지향하고 있다고 하겠다.

2.

모든 국민에게 인간으로서의 존엄과 가치를 보장하고 평등, 자유, 안전, 행복을 확보하여 인간다운 생활을 보장하기 위해서는 국가가 적극적인 활동을 하여야 할 것이다. 우리 헌법은 모든 국민에게 인간다운 생활을 보장하게 하기 위하여 교육, 문화 사업을 벌이도록 의무화하고 있으며, 나아가 근로자의 완전고용을 실시하고 근로자의 권익옹호를 위하여 노동3권을 보장하고 생활무능력자에 대하여는 생활보호를 하도록 규정하고 있다.

또 가족의 보건과 혼인의 순결을 보호하도록 의무화하고 있는 것이다. 이러한 여러 권리는 생존권으로서 현대 각국 헌법에서 규정되고 있다. 생존권의 헌법적 성격에 대해서는 이를 직접적 효력규정이라고 보는 학설과 입법방침규정으로 보는 학설이 있다. 직접적 효력규정설은 생존권이 국민들에게 구체적·현실적 권리로서 보장되며 국가의 입법권, 행정권, 사법권이 이에 구속된다고 본다. 이에 반하여 입법방침규정설은 생존권은 구체적 현실적 권리가 아니며 국가의 입법지침만 규정한 것으로 입법권만을 구속하고 구체적인 법률이 있어야만 국민들이 향유하게 된다고 본다.

이 입법방침규정설에도 (1) 국가는 국민의 생존권을 보장하는 의무에 대하여 완전히 임의, 자유로운 입장에 있는 것이 아니고 법률상에 구체화 된 것은 그 권리적 성격을 무시할 수 없다는 설이 있으며, (2) 또 문자그대로 입법자에 대한 정치적·도의적 의무만을 명백히 한 것에 불과하다는 설이 있다.

바이마르 헌법 제151조 1항의 규정이나 우리 헌법 제16조의 규정은 입법방침 규정이다. 그러나 우리 헌법 제30조 1항은 "모든 국민이 인간다운 생활을 할 권리를 가진다"는 것을 선언한 점에서 명확히 권리로서 선언하고 있는 것이다. 그러므로 이것은 직접적 효력 규정이라고 볼 수도 있겠다. 다만, 이 권리의 보장은 국가의 입법 및 행정에 의한 적극적 활동에 크게 의존하고 있기 때문에 입법방침 규정적인 요소를 부인할 수는 없을 것이다. 입법방침규정으로 보는 경우 생존권 규정은 입법권에 작위의무(作爲義務)를 부과하고 있다고 보아야 할 것이다. 오늘날 권리설의 입장에서도 생존권이 곧 직접적·구체적 재판규범의 성격을 갖는다고는 할 수 없을 것이다.

우리 헌법은 생존권적 기본권의 보장에 있어서 ① 교육의 권리·의무에 관하여 규정하고 교육제도와 그 운영에 관한 기본적인 사항을 법률로 정하도록 강제하고 있다.

또 ② 국민들의 근로권을 보장하기 위하여 국가는 사회적·경제적 방법으로 근로자의 고용의 증진에 노력하여야 하며, 근로조건의 기준을 법률로 제정하도록 하고 있다. 나아가 ③ 근로자의 단결권을 보장하고 이를 제한하는 입법에 관한 규정을 두고 있다. ④ 또 국민의 생존권의 보장을 위하여 국가에게 사회보장의 증진에 노력하도록 의무화하고 생활능력이 없는 국민에게는 생활보호를 하도록 입법의무를 부과하고 있으며, ⑤ 끝으로 국가는 국민의 혼인의 순결과 보건에 관하여 보호할 의무를 지고 이를 위한 입법을 하도록 명시하고 있다.

이와 같이 우리 헌법은 생존권적 기본권에 관하여 많은 규정을 두고 있을 뿐만 아니라 국가에 대하여 이를 구체화하고 보다 잘 보장하도록 의무화하고 있는 것이 특색이다. 우리나라에서도 이러한 입법규정에 따라 많은 입법이 행해지고 있으나 아직도 그 완전한 실시에는 거리가 멀다고 하겠다.

3.

오늘날 생존권적 기본권 보장의 의무화와 함께 국가의 성격도 점차 변화되고 있다. 국가의 목적도 질서유지라는 소극적인 면에서 사회복지 향상이라는 적극적인 방향으로 변천되고 있다. 이미 국가는 과거와 같은 자유방임적 야경국가가 아니고 적극적 복지국가로 변천하고 있다. 복지국가(Welfare State, Wohlfahrtsstaat)란 국가가 국민의 사회복지의 증진을 위하여 적극적인 행정을 편 것을 그 내용으로 하고 있다.

복지국가의 목적은 첫째로 일할 의사와 능력이 있는 사람에 대하여 완전고용을 달성하고 유지하는 것(실업의 해결), 둘째로 소득의 증대와 재배분정책에 의한 생활의 일반적 안정(빈곤의 해소), 셋째로 심신장애자 등의 사회적 약자나 빈곤자에 대한 사회적 부조(사회보장), 넷째로 각종의 공공서비스에 의한 문화적 생활의 편리 제공, 다섯째 질병과 고통에서 해방하기 위한 의료시설과 가정·주택제도의 확충 등을 들 수 있을 것이다.

복지국가의 이러한 제요소를 충족시키기 위하여 국가는 ① 보호자(protector)로서의 기능, ② 급부자(給付者, provider)로서의 기능, ③ 사업경영자(entrepreneur)로서의 기능, ④ 경제규제자(economic controller)로서의 기능, ⑥ 중재자(arbitrator)로서의 기능을 갖게 된다.

국가는 생존권의 보장을 위하여 다방면적인 노력을 행하고 있다. 국가는 급부행정의 주체로서 사회보장의 증진에 노력하여야 한다. 국가는 공급행정(Vorsorgungsverwaltung), 사회보장행정(soziale Sicherungsverwaltung), 조성행정(Förderungsverwaltung) 등으로 국민 개개인의 이익증진에 노력하여야 할 것이다.

공급행정에는 공급의 생활관계에 있어서 일반적으로 수요되는 물건을 유지·관리함으로써 공적인 이용에 제공한다든가 공익사업을 시행한다든가 공공시설을 설치·관리하는 것도 포함된다. 양로원, 학교, 도서관 시설 등이 이에 해당된다.

사회보장행정은 개인의 최저한도의 인간적인 생활을 보장하기 위하여 개인의 생활관계에 적극적으로 관여하여 일정한 보호를 제공하는 것을 말한다. 이에는 사회보험제도의 도입, 복리사업, 자조근로사업의 시행, 생활보호의 실시 등이 포함된다. 조성(助成)행정은 사회복리의 증진을 위하여 개인의 사회·경제활동에 적극적으로 관여하여 자금의 교부 및 기술의 제공 등을 하는 것을 말한다.

사회보장은 근대 입헌국가의 초기에는 시혜(施惠)적인 것으로 인정되었으나 오늘날에는 국민에게 보장된 생존권을 확보해 주기 위한 국가의 적극적인 급부행정인 점이 특색이다. 사회보장의 구체적인 내용은 각 국가에 따라 다르나 사회보장의 주축을 이루는 것은 공적 부조(扶助), 사회보험 및 복리사업 들이라 할 수 있다.

공적 부조는 생활이 궁핍한 국민에 대하여 최저한도의 인간다운 생활을 보장하고 그 자립을 조성하기 위하여 공적 부담으로 수행되는 생활부조 작용을 말하며, 사회보험은 경제적인 약자에 대하여 그 생활을 위협할 정도의 질병, 상해, 사망 기타의 재산상의 부담을 가져올 사고가 있는 때에 국가적인 보험 기술을 통하여 그 생활상·경제상의 위협을 대량적으로 분산함으로써 구제를 도모하려는 것이다.

현재 우리나라에서 행해지고 있는 것으로서는 공적 부조 제도로서 생활보호·재해보호·아동보호·군경원호·국가유공자의 원호 및 갱생보호 등을 들 수 있다. 사회보험제도로는 산업재해보상보험·의료보험·특수직 보험·연금보험·사회복지 연금제도 등이 있다.

국가는 또 경제규제자로서 국민생활의 향상발전을 위하고 국민경제의 균형 있는 발전을 도모하기 위하여 개인의 경제활동을 규제하게 된다. 경제규제란 국가 또는 공공단체가 균형 있는 국민경제의 발전을 도모하기 위하여 경제정책을 실현하며, 적극적으로 생산·유통·분배·소비과정에 관여하는 것을 말하며 이에는 소득정책, 분배정책 등이 포함된다.

국가는 모든 국민에게 최저한도의 문화적인 생활을 확보하게 하기 위하여 재산을 소유할 수 있도록 재산조성행정을 펴야하고 균등한 생활향상을 위하여 분배체계에 관여하게 된다.

노동법 분야에서는 완전고용정책을 실현하고 근로조건의 기준을 정함으로써 근로자의 기본적 생활을 보장하고 향상시키며 균형 있는 국민경제의 발전을 기하고 있다. 근로기준법은 헌법이 요청한 근로기준의 최저기준이므로 이를 준수할 것은 물론 단체협약 등으로 기준의 상향조정이 요망된다.

근로자의 대 고용주에 대한 협약지위를 향상하기 위하여 근로자의 자주적인 단결권, 단체교섭권과 단체행동권을 보장하며 근로자의 근로조건을 유지·개선함으로써 그 경제적·사회적 지위의 향상과 국민경제의 발전에 기여하려고 하고 있다. 노동조합법은 단체협약과 부당노동행위 등을 규제하고 있다. 노동자의 보호를 위하여 최저임금법의 제정이 예정되어 있으며 여자와 소년의 근로는 특별한 보호를 받게 되어 있다.

교육법 분야에서는 모든 국민에게 인격을 완성하고 자주적 생활능력과 공민으로서의 자질을 구유하게 하며 민주국가발전에 봉사하며 인류공영의 이상실현에 기여하도록 하고 있다. 교육은 국민의 권리이며 의무이다. 헌법은 교육의 권리와 의무를 규정하고 있는데 적어도 초등교육은 무상으로 하게 되어 있다. 무상 의무교육의 원칙은 문맹을 퇴치하여 모든 국민에게 문화적인 생활을 영위하게 하기 위한 것이다.

이와 같이 우리 헌법은 인간의 존엄을 확보하기 위하여 생존권적 기본권을 보장하고 복지행정의 대원칙을 제시하고 있으나 이것은 이상이요 현실은 아직도 멀다. 완전고용의 실현, 생활보호의 철저, 무상 의무교육의 실현, 건강보험의 확충, 양로원 등 구호시설의 확장 등은 시급한 과제이기는 하나 우리나라의 경제 여건은 이를 하루아침에 달성할 수 있을 만큼 성숙되어 있지 않다.

그렇다고 하여 최저임금법조차 제정하지 않고 기성회비 등을 의무교육에서까지 부담시키며 생활보호를 등한히 하는 것을 정당화할 수는 없을 것이다.

인간의 존엄권 보장을 위해서 국가는 생존권을 최대한으로 보장하고 생활환경을 개선해 주어야 할 것이다. 언젠가는 우리나라에서도 '요람에서 무덤까지'의 사회보장이 완성되어야 할 것이며 그날이 하루속히 다가올 것을 바라마지 않는다.

13. 정보화사회와 기본권보장[*]

1. 정보화사회의 의의

정보화사회란 무엇인가에 대한 개념정립도 쉬운 것은 아니다. 그것은 보는 각도에 따라 다르기 때문이다. 어떤 사람은 물질 에너지와 함께 정보의 역할이 중시되는 사회를 정보화사회라고 하고 이에 이르는 과정을 정보화(情報化, Information 또는 Informationization)라고 부르고 있다. 이 개념은 일본에서 발생하여 오늘날 고도 정보화사회라는 용어로 사용되고 있다. 이러한 정보화사회는 정보혁명(Information Revolution) 또는 Computer혁명에 의하여 도래된다고 한다.

바꿔 말하면 정보화사회는 기존의 언론매체의 확대에 추가하여 컴퓨터를 중심으로 한 정보처리 및 통신기술의 비약적인 진보에 따라 데이터의 이용가치가 높아가고 사회에 유통되는 데이터가 거대한 분량에 이르

---

[*]   계간 『사상과 정책』, 1989년 가을호(Vol. 6, No.3), 57~67면.

게 됨에 따라 일련의 사회구조의 변혁을 일으키는 상황을 말한다.[1]

정보화 현상의 진전에 따라 최근에는 산업정보의 육성이라는 차원보다는 원하는 정보를 언제 어디서라도 얻을 수 있고 자유롭게 정보를 교환할 수 있는 사회를 정보화사회라고 보는 견해가 대두되고 있다. 오늘날의 정보화사회는 정보의 공개 등을 통하여 국민들에게 알 권리를 충족시켜 주는 사회라고 하겠다.

정보화사회를 실현하기 위해서는 정보처리의 고도한 발전과정을 가능하게 하는 과학기술이 필요하다. 제6공화국 헌법은 "국가는 …… 정보 및 인력의 개발을 통하여 국민경제의 발전에 노력하여야 한다"(제127조 1항)고 하여 정보개발을 통한 국민경제의 발전을 기약하고 있다.

프랑스에서는 사회의 정보화에 대응하여 국력의 쇠퇴를 막기 위해서는 무엇이 필요한가라는 긴급과제에 대한 보고(노라 망크 리포트=사회의 정보화)에 근거하여 전기통신과 정보처리의 융합영역의 개발이 요구되고 있다. 이 Telematique(Telecomunication과 Informatique의 합성어)는 미테랑(Mitterand) 시대에도 계승되어 새로운 정보화사회 건설의 추진력이 되고 있다.

우리나라에서도 1983년을 '정보산업의 해'로 정한 이래 정보화사회로의 발전을 거듭하고 있다. 우리나라에서는 1986년 '전산망보급확장과 이용촉진에 관한 법률'이 제정되어 1987년 1월 1일부터 시행되고 있다. 이 법은 전산망의 개발보급과 이용 등을 촉진하여 정보화사회의 기반을 조성함으로써 국민생활의 향상과 공공복리의 증진에 이바지함을 목적으로 하고 있다(법 제1조).

과학기술처는 정보화사회촉진법안을 만들어 입법예고하고 있는데 이 법은 사회 각 분야의 정보화를 촉진하여 그 기반을 조성함으로써 정보화

---

1 우리나라의 법률용어로는 정보화사회로 정착되고 있다. 체신부에 의하면 "정보화사회란 정보 자체가 어떤 물질이나 에너지 이상의 유력한 자원이 되며 정보가치의 생산을 중심으로 경제 및 사회구조가 변화·발전되어 가는 사회를 말한다"고 한다(체신부, 『통신부분계획 1987~1991』, 95면).

사회의 균형 있는 발전을 도모하고 국민생활의 향상과 국민경제의 발전에 기여함을 목적으로 하고 있다.[2]

이와 같이 정보화사회의 과제는 국민생활의 향상과 공공복리의 증진에 있다고 하겠으며 정보화사회는 국민이 정보의 주체가 되는 사회가 되어야 하며, 정보의 자유로운 유통으로써 국민의 알 권리가 보호되어 행복한 생활이 유지되어야 한다.

2. 정보화사회에 있어서의 기본권 보장

정보화사회로서의 발전과 함께 기본권이 침해될 우려가 많아진다. 정보화사회가 고도화되면서 기술이 인간사회에 미치는 영향이 증대되고 있다. 그 중요한 것은 ① 정보의 양의 거대화 ② 정보의 독점화 ③ 정보의 유통의 불균형 ④ 정보유통에 수반되는 인권침해의 문제 등이다.

오늘날 Computer를 이용한 Data Base의 구축에 따라 개인에 관한 모든 기록이 집중될 뿐만 아니라 상품정보, 정치적 정보, 경제적 정보, 과학적 정보가 광범위하게 수록되게 된다. 이러한 Data가 정부나 대기업체에 의하여 구축되어 일반인이나 사기업체(私企業體)가 이용하지 못하는 경우 정보부족에 의하여 입는 피해는 막심할 것이 예상된다.

Data Base의 구축에 따라 자기가 원하지 않는 Data가 입력되어 비치될 수 있으며 또 잘못된 Data도 비치될 수 있다. Data Base의 공개로 인하여 개인의 사생활이 공개될 수 있으며 Data Base의 비공개로 인하여 국민의

---

2 이 법안에 의하면 "정보화사회라 함은 정보와 지식이 사회적 · 경제적 교환수단으로서 중요한 역할을 함으로써 사회의 능률성과 합리성이 제고되어 사회복지가 이룩되고 사회구조가 지식집약화 된 고도의 창조적 사회를 말한다"고 하고 있다(법안 제2조 3호).

알 권리가 침해될 수 있으며, 또 Data Base에서 출력할 수 있는 기구를 가지지 못하거나 출력기술이 없는 경우에는 소외감을 가지게 된다.

이러한 현상은 국민의 행복추구권을 침해하는 것이다. 우리 헌법은 제10조에서 "모든 국민은 인간으로서의 존엄과 가치를 가지며, 행복을 추구할 권리를 가진다. 국가는 개인이 가지는 불가침의 기본적 인권을 확인하고 이를 보장할 의무를 진다"고 규정하고 있다. 정보화사회에 있어서의 국가도 개인이 가지는 불가침의 기본적 인권을 확인하고 최대한으로 보장할 의무를 지고 있다.

이 기본적 인권에는 인간의 존엄권, 행복추구권, 평등권, 자유권, 생존권, 청구권, 참정권 등이 있다. 정보화사회에서 가장 문제가 되는 권리는 정보에 대한 자기결정권, 인격권이라든가 행복추구권, 사생활의 비밀에 관한 권리, 통신의 비밀에 관한 권리, 유체재산권, 무체재산권 등이라고 하겠다.[3]

이중 정보화사회에서 특히 중시되어야 하는 것은 정보를 국민들이 알 수 있어야 하며 정보의 독점을 방지하고 공정한 균형배분이 이루어지도록 하고, 또 그 정보가 모든 사람에게 균등하게 이용가능하게 되어야 하며, 국민이 자유롭게 입수하고 활용할 수 있도록 하여야 한다. 국민생활의 균등한 향상에 기여하여야 하며, 정보에 대한 민주적 관리를 통하여 민주화의 촉진에 기여하여야 하며, 국민의 사생활의 폭로 등이 예방되어야 한다.[4]

이를 위하여 정부는 국민생활의 향상을 위하여 통신시스템을 조속히 개발하고, 통신기기(器機)를 염가로 공급해야 하며, 정보를 민주적으로 관리함으로써 인간소외를 극복해야 하고, 알 권리를 확보하기 위하여 정

---

3 이들 권리에 대하여 상세한 것은 김철수, 『헌법학개론』, 1989 참조.
4 정보화사회의 법적 문제에 대해서는 「情報化時代の法律問題」, ジュリスト No. 707 新年增大號; 「高度情報化社會の法的問題」, 『ジュリスト』 1984.4.9; 增刊號; 淸水英夫, 『情報公開と知る權利』, 1980; Vitalis, Informatique, Pouvoir Libertés, 1988 등 참조.

보공개법을 제정하고 사생활의 비밀보장을 위한 제반입법을 추진하여야 할 것이다. 정부는 그 동안 정보화촉진을 위한 전산망보급 등에 관한 법률을 제정하고는 있으나 아직까지는 정보공개법이나 사생활비밀보장법을 제정하지 않고 있다.

3. 정보화사회에 있어서의 알 권리

정보화사회에 있어서 가장 중요한 권리는 알 권리이다. 이는 정보에의 Access권(權)이라고 하겠다. 국민이 정보에 접근하지 못하여 알지 못하는 경우에는 소외감을 느끼게 될 것이며 행복한 생활을 할 수 없게 된다. 또 정치활동이나 경제활동을 할 때 정보를 알 수 없는 경우 행동은 맹목적이 될 것은 틀림없다. 정보에 대한 알 권리는 정보수령권, 정보수집권, 정보공개청구권 등으로 구성되어 있다.

인간은 인격의 형성을 위해서도 정보를 접할 수 있고 방해됨이 없이 정보를 수령할 수 있어야 한다. 오늘날의 정보사회에 있어 국정이나 사회문제에 대하여 알지 못하는 경우에는 인격적으로도 낙후되게 된다. 인격의 형성을 위하여 정보를 흡수하기 위하여는 정보기기에 대한 학습권도 보장되어야 한다.

알 권리에 대해서는 헌법상 근거가 있느냐 논란이 되어왔다. 알 권리는 인격형성권의 근거요 행동자유권의 근거가 된다. 국민이 알아야만 행복한 생활을 할 수 있고 무지한 경우에는 행복한 생활을 할 수 없다. 이 점에서 알 권리는 행복추구권의 내용을 이루고 있다. 우리 헌법은 제10조에서 알 권리를 보장하고 있다고 보아야 한다.[5]

어떤 사람은 알 권리를 언론의 자유의 내용으로 보아 일반적으로 입수할 수 있는 정보원에서 방해됨이 없이 정보를 얻을 수 있는 자유로 보려고 한다. 그러나 국민이 언론매체뿐만 아니라 서적을 읽고 Tape을 듣고 Teletext를 보는 자유와 권리에 관해서는 정보의 자유측면에서만 접근할 수는 없을 것이다. 인격형성을 위한 독서의 권리, 학습의 권리 등은 자유권으로서 보다는 인간존엄권 내지는 행복추구권으로 보아야 할 것이다.

인간의 존엄과 가치·행복추구권의 내용으로서 알 권리, 읽을 권리, 들을 권리, 학습권리 등 인격형성권이 보장되고 있다. 알 권리는 포괄적 권리로서의 인간존엄과 가치·행복추구권의 개별화된 권리이다. 알 권리는 소극적인 측면에서는 국가나 사인(私人)에 의하여 방해됨이 없이 일반적으로 입수할 수 있는 정보원에서 정보를 얻는 정보의 자유로 나타나며, 적극적인 측면에서는 국가나 사회에 대하여 정보를 공개해 달라고 요청할 수 있는 정보공개청구권으로 나타난다. 나아가 자기정보에 대한 Control권으로서[6] 자기정보에 대한 File에 대하여 열람·복사할 수 있는 권리와 그 File의 정정을 요구할 수 있는 권리를 포함하며, Data Base에의 Access권과 New media에의 Access권 등을 포함한다.

국민의 알 권리의 보장은 과거에는 언론·출판에 의하여 가능했으나 오늘날에는 방송·텔레비전을 통하여 진보되고 있는 Teletext 등에 의하여

5　알 권리에 대해 상세한 것은 김철수, 『알 권리와 프라이버시와의 관계(상·하)』, 법정 1975; 김철수, 「알 권리와 Media에의 Access권」, 「미래정보화사회에 대한 공법적 대응」, 1987. 12; 淸水英夫, 「情報公開と知る權利」, 1980.4; 淸水英夫, 「情報公開」, 1981; 八木敏行, 「情報公開 現狀と課題」, 1986; 平松毅, 「情報公開」, 平松毅譯, 「實踐情報公開法: 諸外國からの提言」, 1985.
　　Birkinschaw, *Freedom of Information, The Law the Practice and the Ideal*, 1988; Riley and Reyyea, *Freedom of Information Trends in the Information Age; Trudelbouchez-Piotte-Brisson, Le Droit á l'information, emergence reconnaissance, mise en Oeuvre*, 1981; Vitalis, *Informatique, Pouvoir et Libertés 1978-1988*, 1988.

6　이것은 광의의 Privacy권이라고도 말하여진다. 다른 말로 하면 자기정보에 대한 '자기결정권(Selbstbestimmungsrecht)'이라고도 할 수 있다. 이를 자기정보결정권이라 부르는 사람도 있다.

고도화되고 있다. 이러한 정보매체에 의하여 국민의 알 권리를 보장하기 위하여서는 방송·방영·신문·통신 등의 편성에 참여할 권리가 보장되어야 한다. 언론은 오늘날 거대기업화 되고 독점화되고 있다. Mass media는 독점기업으로 정보기관이 국민이 알아서는 안 될 것까지 보도하며 국민이 알아야 할 것은 은폐하여 보도하지 않는 일이 있다. 이에 Mass media에 대한 국민의 참가권이 요구되고 있다. 이를 Mass Media에 대한 Access권이라고 한다.

언론에 대한 Access권은 일반 국민이 신문이나 방송국 등 언론사에 자유로이 접근해서 자신의 의견이나 사상 등을 발표하기 위하여 언론사를 이용하는 권리라고 하겠다. 언론에 대한 Access가 필요한 것은 일방적인 홍보에 대응하여 그 표현을 반박하거나 시정할 것을 요구하여 공정한 보도를 가능하게 하는 점에 중요성이 있다. 언론에 대한 Access권을 최광의(最廣義)로 해석하는 경우에는 언론으로부터 소외당한 국민이 자신의 의견을 발표하는 광장을 언론사에게 구하고, 또한 그것을 이용하는 권리라고 하겠다. 최협의(最狹義)로는 언론에 공표된 것에 의하여 명예를 훼손당한 자가 그 언론사에 반론·변명 등을 공표할 수 있는 권리를 말한다. 그 중간에는 여러 가지 의미의 이용접근권이 존재한다고 하겠다.

우리 헌법은 최협의의 Access권에 관해서 규정하고 있다. 즉 헌법 제21조 4항은 "언론·출판은 타인의 명예나 권리를 침해할 때에는 피해자는 이에 대한 피해의 보상을 요구할 수 있다"고 규정하고 있다. 정기간행물 등의 등록 등에 관한 법률은 제3장에서 침해에 대한 구제를 규정하고 있다. 이밖에도 범죄보도에 대해서는 추후보도청구권이 인정되고 있다. 방송법도 제6장에서 침해에 대한 구제에 대하여 규정하고 있다.[7]

이와 같이 신문·잡지·방송에 대한 반론권과 추후보도청구권 등은 법률로 비교적 잘 보장되고 있다. 방송법이나 정기간행물 등 등록에 관

---

7 언론에 관하여 상세한 것은 박용상, 『방송법제론』, 1988; 김철수, 『헌법학개론』, 1989 참조.

한 법률이 편성이나 편집의 공정성, 주식독점의 금지 등을 규정하고는 있으나 이것으로는 부족하고 국민이 진정 언론·보도·편성에 참여할 수 있는 법률적 장치가 마련되어야 하겠다.

국민의 알 권리를 보장하기 위해서는 국회 회의의 중계방송제한규정 등이 철폐되어야 할 것이며 유선방송관리법 등의 송신금지사항 등이 개정되어야 하겠다. 국민이 정치에 참가하고 대표기관인 국회를 통하여 정부를 규제하고 그 책임을 효과적으로 추궁하기 위하여서는 정부 내부에서 일어나고 있는 일이나 정부 내에 비축되어 있는 정보에 정통하여 있지 않으면 안 된다. 알 권리는 국민주권에 내재하는 정치적 권리의 측면도 가지고 있다. 국민은 정부의 정보에 대하여 접근할 수 있는 권리가 있다. 정치적 권리로서의 알 권리는 정부가 주장하는 정보를 비닉(秘匿)하려는 특권과 관련하여 문제가 된다.

국민의 알 권리를 확보하기 위하여서는 정보공개법이 제정되어야 한다.[8] 정보공개법에서 공개할 정보와 비닉할 정보를 구분하여야 할 것이다. 알 권리도 절대적인 것이 아니기 때문에 국가기밀이라든가 영업상의 비밀, 의료비밀 등은 비공개로 할 수도 있을 것이다. 세계 각국의 정보공개법의 경우 알 권리를 국가기밀이나 개인의 Privacy의 보호를 위하여 상당히 제한하고 있다. 알 권리가 민주주의 근본원리에 근거하는 이상에는 행정이 갖는 모든 정보를 공개하는 것이 원칙이다. 그러나 전부 공개함으로써 국가의 정치나 행정에 파탄을 가져오거나 개인이나 기업이 손상을 입어서는 안 될 것은 당연하기 때문에 어느 정도의 공개적용제한이 있을 것은 인정된다. 각국의 공개제외문서는 다음과 같다.

① 국가기밀 : 미국의 정보공개법에서도 그렇고 세계 각국이 국가기밀에 관해서는 이를 비공개로 하고 있다. 제2차 세계대전 이후 냉전체제의

---

8 정보 공개 제도에 대해서는 「情報公開とプライバシー」, 『ジュリスト』臨時増刊 1981년 6월 5일자 참조.

구축과 현대식 무기에 관한 기술적 정보의 중요성 때문에 국제외교상의 비밀이 증가되고 이러한 사항은 비밀로 지정되어 있어 공개가 금지되고 있다. 그러나 이러한 비밀지정에 대해서도 사법부에 의한 통제가능성이 인정되고 있다. 법령에 의하여 공개가 금지되어 있는 기밀들이 인정되고 있다.

② 행정기관의 정보 : 행정관계의 정보로서 비공개로 되는 것에는 범죄의 예방, 수사정보, 국가나 다른 지방자치단체의 정보로서 공개로 인하여 협력관계나 신뢰관계에 금이 가는 경우, 감사·검사 등에 관한 정보로서 공개로 인하여 행정사무의 공정·원활한 운영에 현저한 지장을 줄 것이 명백한 사항, 행정기관 내부의 인사규칙 및 관행 등이 있다.

③ 기업비밀 : 오늘날 행정기관은 많은 기업의 정보를 가지고 있는데 이러한 정보를 경쟁회사의 산업스파이의 목적으로 탐지하고자 하는 경우에는 그 비공개가 요망된다. 미국의 정보공개법은 기업비밀 및 사인(私人)으로부터 취득하고 비닉(秘匿)특권 또는 비밀에 속하는 상업 또는 재정상의 정보를 공개제외사항으로 하고 있다. 그러나 이러한 기업비밀이라고 하더라도 (a) 사람의 생명·신체·건강유지상 (b) 위법 또는 부당한 기업활동에서의 사람의 생활에의 침해를 방지하기 위하여 (c) 기타 공익상 개방할 것이 필요로 인정되는 경우에는 공개하여야 할 것이다.

④ 개인비밀 : 개인의 사생활의 비밀에 관해서는 공개해서는 안 될 것이다. 그러나 정치인이라든가 유명인의 경우에는 국민의 알 권리가 우선한다고 하겠다. 미국의 경우에는 정치윤리법(Ethics in Government Act)이 제정되어 정치가, 고급공무원, 법관 등 연방정부 고관의 재산보고의무 등을 부과하고 있다.

그러나 이러한 비밀들은 최소한이어야 하며 국민의 알 권리가 최대한으로 보장되는 방향으로 나아가야 할 것이다.

4. 정보화사회에서의 사생활비밀의 권리

오늘날 각종 정보를 집적시키는 Data Bank가 많이 만들어지고 있다. 정부에도 여러 가지 전산망이 있어 각종 데이터를 수집·보관·저장하고 있다. 또 회사나 기타 개인 기업체의 전산망에도 개인정보가 많이 수록되어 있다.[9] Credit Card 회사의 전산망에는 개인에 관한 기본 정보 이외에도 Card 이용정보가 다 기록됨으로써 여행·외식·쇼핑 등 많은 사생활기록이 입력되게 된다. 은행 전산망에도 입금·출금 기록이 파일될 것이고 소유 현금액이나 신용상태가 완전히 기록될 것이며, 증권전산망을 통하여서는 증권거래 상황이 일목요연하게 입력된다. 회사나 기업체의 전산망에도 거래관계자의 신용이라든가 기타 거래가 완전히 입력될 것이다.

이와 같이 입력된 정보가 타인에게 유출되는 것은 개인의 사생활의 비밀을 침해하는 것이 된다. 개인의 사생활은 신성한 것이요, 함부로 침해되어서는 안 되겠다. 우리 헌법은 제17조에서 "모든 국민은 사생활의 비밀과 자유를 침해받지 아니한다"고 규정하고 있다. 이 사생활의 비밀은 협의의 Privacy의 권리를 말하는 것이다. 개인의 사생활의 비밀은 보장되어야 하기 때문에 Data Bank에 축적되어 있는 개인자료를 함부로 공개하는 것은 사생활의 비밀의 침해가 될 것이다. 이밖에도 자기가 원하지 않는 기록이 집적되거나 이것이 잘못 입력되어 있는 경우에는 구제나 정정을 요구할 수 있는 권리가 보장되어야 한다.

사생활의 비밀을 보장하기 위하여 각국에서는 Privacy법이 제정되어 있는데 우리나라에서는 아직도 이 법률이 제정되지 않고 있다. 정보화사회에 있어서의 Privacy의 권리를 보호하기 위해서는 새로이 개인정보시스템

9　상세한 것은 김철수, 「전산화와 개인생활」, 『정보사회와 프라이버시』, 통신개발연구원, 1989 수록 참조 또 전산망조정위원회, 『국가기간전산망 기본계획』, 1989년 1월호 참조

을 설치할 때 여러 가지 원칙이 준수되어야 한다. 즉 ① 일정한 종류의 기록 금지 ② 개인정보 수집방법의 규제 ③ 개인의 의사에 반하여 입력의 금지 ④ 개인정보의 무기한 축적의 금지 ⑤ 자기 File에의 Access권 ⑥ 개인정보의 정정권 등으로 이를 개별적으로 보면 다음과 같다.[10]

① 자기정보기록에 관한 콘트롤권 : 개인정보를 컴퓨터에 입력시키는 경우에는 컴퓨터정보 입력의 특정권을 정보의 주체인 개인이 가져야 한다. 그러나 정보의 주체에게 컴퓨터화의 결정권을 부여하는 것은 정보의 관리자로 하여금 개인정보를 입력할 때마다 그 승인을 얻어야 한다는 점에서 번잡과 비능률이 따르게 된다. 이에 소극적으로 일정한 종류의 정보에 대해서는 입력을 금지시킴으로써 프라이버시 보호의 목적에도 도달할 수 있을 것이다.

② 일정한 정보의 입력의 금지 : 개인정보 가운데에는 사생활의 비밀과 직결되는 것으로 이의 기록은 금지시키는 것이 바람직한 것이 있다. 예를 들면 인종·본적·정치적 신조·종교·사상 또는 노동조합이나 정당에의 가입여부, 민사 및 형사사건에 계류된 정보 등은 사생활의 비밀과 직결되어 있기 때문에 이에 대한 기입은 금지되는 것이 바람직하다. 외국의 입법례로는 그러한 것이 많이 있다.

③ 개인정보 시스템 설치의 허가제 : 사생활의 비밀의 보호를 철저히 하기 위하여서는 개인정보 시스템을 설치할 때에는 일정한 기관이 허가제로 하는 것도 한 방법일 수 있다. 그러나 허가제가 번거로운 경우 등록제를 함으로써 이에 대하여 철저하게 감독하는 방법도 생각할 수 있을 것이다.

---

10 외국의 사생활비밀보호법으로는 법제처,『각국의 개인정보보호관계법』, 1989; 통신정책연구소, 『세계의 프라이버시법』, 1987; 堀部政男, 「プライバシーと高度情報化社會」, 1988; 逐條解說,『個人情報保護法』, 1989.
Hixon, *Privacy in a Public Society : Human Rights in Conflict*, 1987; Tinnefeld Tubies, *Datenschutzrecht*, 1988; Dohrpolliser Weiss, *Datenschutz-gesetz, Kommentar*, 1988; Kaysez, *La Protection de la vie Privee*, 1984 등 참조

④ 기록 시스템의 존재와 성격의 공시 : 정보의 주체인 개인은 사회 속에서 어떠한 기록 시스템이 존재하고 있으며 그 성격이 어떠한가를 알아야 한다. 이를 위하여 법률로써 기록시스템의 설치자에게 그 존재와 성격을 공포해야 할 의무를 부과해야 한다. 특히 정부보유의 정보를 공개하도록 강제하는 입법례가 많다.

⑤ 자기기록에 대한 Access권 : 개인이 정보주체로서 자기에 대한 정보가 기록 시스템에게 입력되어 있는가를 알 권리, 즉 자기정보에의 Access권을 가지고 있으며, 또 그 정보가 잘못되어 있는 경우 정정청구권을 가지고 있다. 정보기록의 오류를 제거하기 위하여서도 정보에 대한 열람·복사권이 인정되어야 한다. 이러한 열람청구권을 행사하여 자기의 정보에 관하여 정정·삭제·추가청구권이 인정되어야 한다. 우리나라에서는 아직도 사생활비밀보호법이 제정되지 않아 사생활의 비밀보장에 소홀한 점이 많다. 현행법으로서 '전산보급 확장과 이용촉진에 관한 법률' 제25조는 "누구든지 전산망에 의하여 처리·보관·전송하거나 타인의 비밀을 침해하거나 누설하여서는 안 된다"고 하고, 이에 위반한 자는 3년 이하의 징역 또는 300만 원 이하의 벌금에 처하도록 하며, 전산망사업자가 이를 위반한 경우에는 5년 이하의 징역 또는 500만 원 이하의 벌금에 처하도록 하고 있다. 정보화사회촉진법안도 "정부가 개인의 의사에 반하는 개인정보의 수집·보관·제공 및 전송 등의 행위를 방지하기 위하여 필요한 조치를 강구하여야 한다"고 정하고 있다.

사생활의 비밀보호와 관련하여 통신의 비밀이 헌법 제18조에서 보장되고 있다. 이를 받아 우편법도 "우편업무에 종사하는 자 또는 조사하였던 자는 재직 중 우편에 관하여 지득한 타인의 비밀을 누설하여서는 아니 된다"(제3조)고 하고, 비밀을 누설한 자는 5년 이하의 징역 또는 500만 원 이하의 벌금에 처하도록 하고 있다(제51조 2항)(동 취지 제51조). 공중전기통신사업법도 전보 불법개파 등의 죄와 비밀침해죄를 구정하고 있다(제99조, 제100조).

5. 정보화사회에서의 기본권보장 입법의 방향

정보화사회는 필수적인 발전경향이다. 정보화사회는 일면에서는 국민의 복리향상에 기여할 것이나 일면에서는 국민의 기본권을 보장하는 법률의 제정이 필수적으로 요망된다.[11]

첫째로는 국민의 알 권리를 보호하기 위하여 정보공개법이 제정되어야 하겠다. 정보공개법은 세계 각국에서 제정되어 있는데 스웨덴에서는 이미 200년 전에 제정되었고, 이어 스칸디나비아 제국과 유럽 제국에서도 제정되었고, 일본에서도 지방자치단체가 정보공개조례를 제정하고 있다.[12]

정보공개법의 골자는 국민이 행정기관이 보유하는 공문서 등의 정보를 청구할 수 있는 권리를 규정해야 할 것이다. 다음에는 이 정보를 청구할 수 있는 절차를 규정하여야 할 것이요, 나아가 정보공개의 한계로서 국가기밀이나 사생활의 비밀 등을 규정하여야 할 것이다. 이 정보공개법의 기능은 한편에서는 주권자로서의 알 권리에 기초하여 행정을 감시한다는 기능도 있으나, 다른 한편에서는 주민참가의 요구도 만족시킬 수 있을 것이다. 정보공개의 대상은 가능한 한 넓혀야 할 것이다. 따라서 정보공개의 한계인 예외에 대해서는 이를 가능한 한 축소해야 할 것이다.[13]

둘째로는 국민의 사생활의 비밀을 보장하기 위하여 '사생활비밀보호' 내지는 '개인정보의 보호법'이 제정되어야 하겠다. 앞으로 컴퓨터에 수록되어 있는 개인에 대한 데이터나 산업정보의 누설 등을 막기 위한 프라이버시보호법이 제정되어야 할 것이다.[14] 이러한 법률도 세계 각국에서 제

---

11 상세한 것은 김철수, 「전산화와 개인생활」, 전게서 참조.
12 Tom Riley and Harold C. Reylea (ed.), *Freedom of Information Trends in the Information Age*, 1983. 「日譯 實踐情報公開法」, 1985; 今橋監時・高寄昇三 編著, 『自治體の情報公開』, 1986; 東京第二辯護士會, 『情報公開ハンドブック』, 1988 등 참조.
13 우리나라에서의 사안(私案)에 대해서는 강경근, 「정보공개제도에 관한 연구」, 고려대 박사논문, 1983; 한국공법학회, 『정보공개법안』, 1989.

정되어 있다. 사생활비밀보호법의 내용은 대개 ① 개인정보수집의 제한 ② 개인정보의 제2차 이용의 제한 ③ 개인정보의 정확성·국제성·최신성 및 완전성의 유지 ④ 기록 시스템의 공시 ⑤ 정보에 대한 열람권·정정요구권·추가요구권·삭제요구권 등이다.

이 법에는 사생활보호위원회나 개인자료보호 수임관(受任官) 제도를 설치하는 것도 필요할 것이다. 공사(公私) 어느 섹터를 불문하고 개인 데이터에 관한 기록의 취급실태를 조사하고 사생활비밀보호법의 원칙이나 요건이 어느 정도까지 적용되어 있는가를 조정하고 그 시정을 건의하는 기능을 가져야 할 것이다.

미국의 경우 연방공정신용보고법(聯邦公正信用報告法)이 제정되어 있어 소비자의 프라이버시 보호에 힘쓰고 있다. 이 FCRA는 ① 소비자보호기관의 밀행성활동(密行性活動)을 억지(抑止)하고 소비자가 그것을 알 수 있도록 했고, ② 신용정보의 잘못을 정정할 권리를 소비자에게 주어 소비자가 입을지도 모를 피해를 감소시켰으며, ③ 신용정보의 정확성을 높이는 것을 주된 입법목적으로 하고 있다. 우리나라에서도 신용보고에 관한 공정법이 제정되지 않아 소비자의 프라이버시 등이 많이 침해되어 있으므로 이러한 종류의 법의 제정이 필요하다.

끝으로 정보공개법과 사생활보호법 등의 근본원칙을 포함하는 정보화사회촉진법 등의 제정이 필요한 것인가도 검토되어야 하겠다. 정보화사회촉진법은 컴퓨터와 통신회선의 정보생산·유통 등의 정보화를 국민적 입장에서 유효하게 활용하기 위하여 제정되는 것이 바람직하겠다.[15] 이 법에서는 ① 정보의 평화적 이용과 국민생활의 향상에 기여하고, ② 정보의 사회성을 유지·확대하고, 민주적 관리로서 민주화를 촉진하며 인간소외를 극복할 것, ③ 사생활비밀의 보호 등 기본적 인권을

---

14 우리나라에서의 사안에 대해서는 이경호, 「정보화사회에 있어서 프라이버시권의 보호」, 동국대 박사논문, 1986; 한국공법학회, 『사생활비밀법안』, 1989.

15 정보화사회촉진법안은 지금 입법예고 중에 있다.

완전히 보장할 것이 요망된다.

미국의 경우 연방보건·교육·복지부의 장관자문위원회(Secretary's Advisory Committee on Automated Personal Data Systems, U.S.Department of Health, Education & Welfare)의 자문을 받아 그 Report(Records, Computers and the Rights of Citizens)[16]에 따라 Privacy법을 만든 것처럼, 세계 각국의 예를 따라 정부와 국회, 민간학자를 망라한 연구위원회를 만들어 법안을 기초하는 것이 바람직할 것이다. 가까운 일본에서도 총무청(總務廳)이 행정기관의 개인정보보호에 관한 연구회를 만들어 1년 반 동안에 30여 차례의 회의를 갖고 보고서를 작성하였고, 이에 따라 「행정기관이 보유하는 전자계산기처리에 따른 개인정보의 보호에 관한 법률」이 제안된 것이다.

정부는 1989년에 정보화에 관한 관계법 제정에 박차를 가할 것이라고 한다. 정부는 이를 위하여 특정 담당부처를 결정하고 이 부처에 정보화입법에 관한 법률기초위원회를 만들어야 한다.

정보공개법의 제정에 있어서도 미국이라든가 여러 나라의 입법을 비교·검토하여야 할 것이다. 미국에서는 연방정보공개법이 제정·시행된 뒤에도 1977년 공청회를 열어 법의 시행과 개정 방향 등에 대해 연구·검토하고 있다.[17]

우리도 세계 각국의 정보화관계법을 연구·검토하여 법안을 기초하고, 이를 공청회에 회부하여 국민의 여론을 들어 법률을 제정하여야 할 것이다.

한국공법학회는 1989년 5월 26일 국제학술대회를 개최하였고 세계 각국의 정보공개법과 사생활비밀보호법을 검토하고 우리나라 정보공개법과 사생활비밀보호법의 제정방향에 관한 검토를 한 바 있다.[18]

---

16 Records, *Computers and the Rights of Citizens*, 1973.

17 Hearings before the Subcommittee on Administrative Practice and Procedures on Administrative Practices and Procedure of the Committee on the Judiciary U.S. Senate, 95th Congress, 1st Session on Oversight of the Freedom of Information Act, 1977.

18 한국공법학회, 『국제학술대회논문집 정보화사회의 공법적 대응』, 1989 참조

6. 정보화사회에서의 기본권보장을 위한 사법기관의 역할강화

　정보화사회에 있어서 정보공개법이나 사생활비밀보호법이 제정되지 않는 경우에는 사법기관에 의한 기본권보장기능이 강화되어야 한다. 입법기관이 법률을 제정하지 않는 경우 행정기관이 독자적으로 국민의 기본권을 적극적으로 보호하지 않는 것이 이제까지의 관례였다. 구(舊) 언론기본법 하에서 언론기관이 정부에 대하여 정보청구권을 행사할 수 있게 한 경우에도 정부는 그에 관한 적극적 조치를 취하지는 않았다.

　행정부는 행정능률의 향상을 도모하기 위하여 사무처리규정을 두고 있다. 그 중요한 것을 보면 첫째, 정부 공문서 규정의 대상이 되는 '공문서'에 관한 규정으로는 ① 공문서의 작성·정리 및 문서통제를 규정하는 「정부공문서규정」과 하부규정인 「정부공문서처리규칙」, 「정부공문서분류번호의 지정에 관한 규칙」, ② 정부공문서규정에 의해 처리된 문서의 편철 및 보관·보존의 방법과 절차를 정하는 공문서보관·보존규정 및 그 하부규정인 「공문서보존기간종별책정기준 등에 관한 규칙」이 있고,

　둘째, 정부공문서규정(規程)의 대상이 되지 않는 자료에 관한 규정으로는 ① 각급행정기관이 다른 행정기관이나 공공단체, 사기업체 기타 단체로부터 받은 각종의 보고, 통보에 관한 사항과 각급 행정기관이 생산·수집한 중요 자료의 처리에 관하여 필요한 사항을 규정하는 「보고통제규정」 및 하부 규정인 「보고통제규정시행세칙」, ② 국가정보정책의 수립과 시행의 효율적 관리 및 공동활용체제의 확립에 관한 사항을 규정하는 「국가정보자료관리규정」이 있으며,

　셋째, 공문서이든 자료이든 비밀정보에 관한 「보안업무규정」 및 하부규정인 「보안업무규정시행규칙」이 있다.

　이들 공문서에 관한 규정도 원칙으로는 법률이나 명령의 형식으로 규정되는 것이 바람직하다. 이에 관련하여 국정감사나 국정조사시 제출된

공문서나 자료의 공개여부도 앞으로 큰 논란이 될 것 같다.

　법원에서는 1988년 들어 정보공개청구권을 인정하는 판결을 하고 있다. 서울고등법원은 서류복사신청거부처분을 위법하다고 하여 취소하면서 일반적으로 국민은 국가기관에 대하여 기밀에 관한 사항 등 특별한 경우 이외에는 국가기관이 보유하고 있는 문서의 열람 및 복사를 청구할 수 있다고 할 것인 바, 정부공문서규정 제36조 제2항도 "행정기관은 일반인이 당해 행정기관에서 보관 또는 보존하고 있는 문서를 열람 또는 복사하고자 할 때에는 특별한 사유가 없는 한 이를 허가할 수 있다. 다만, 비밀 또는 대외비로 분류된 문서의 경우에는 그러하지 아니하다"고 규정하여, 행정기관으로 하여금 일반 국민의 문서열람 및 복사신청에 대하여 기밀 등의 특별한 사유가 없는 한 이에 응하도록 하고 있다(그밖에 1983년 11월 7일 법률 제3659호로 개정된 국회법 제111조 1항, 제3항 참조)고 판시하였다.[19]

　이 판결은 국민의 행정부에 대한 정보공개청구권을 일반적으로 인정한 점에서 획기적이지만, 그 논거로 들고 있는 것이 정부공문서규정인 점에서 불비하다고 하겠다. 이 판결이 국민의 권리를 규정한 헌법 제10조에 근거한 국민의 정보공개청구권을 이끌어 내었으면 좋았을 것이다.

　헌법재판소는 1989년 9월 4일 이해관계인의 정보자료개시요구권을 인정하는 결정을 내렸다. 헌법재판소는 "국민이 국가기관이 갖고 있는 정보자료의 공개를 요구할 경우 타인의 사생활이나 공익을 침해하는 사항이 아닌 한 이를 공개하여야 한다"고 판시하였다.[20] 이 판결은 국민의 알 권리를 인정한 점에서 획기적인 판결이라고 하겠다. 그러나 알 권리를 헌법 제21조의 언론·출판·집회·결사의 자유의 전제로 보아 헌법 제21조에서 이끌어낸 것은 잘못이라고 하겠다. 알 권리는 인격형성의 원천이 되는 것으로 인간의 존엄과 가치·행복추구권을 보장하는 제10조에서 나온 것이라고 하여야 하겠다.

19　서울고법 1988년 7월 6일 선고 88수 1334. 『법률신문』, 1988년 7월 25일자 제1769호 8면 참조
20　상세한 것은 『법률신문』, 1989년 9월 7일자 참조

서독에서는 연방헌법재판소가 서독기본법 제1조와 연결하여 제2조 1항의 일반적인 인격권으로부터 정보에 대한 자기결정권(Informationelles Selbstbestimmungsrecht)을 도출해 내고 있는 것을 볼 때,[21] 우리나라의 사법부도 헌법의 해석에 의하여 알 권리를 도출해 내어야 할 것이다.

우리나라의 경우 국가기밀의 권한을 확대해석하고 있는 것이 법원의 판결태도인데 이러한 것도 지양되어야 할 것이다. 법원은 헌법상 명문의 권리인 「사생활 비밀」의 보호에도 일층 노력하여야 할 것이다. 이 경우 국민의 알 권리와 사생활의 비밀의 균형이 더욱 깊이 검토되어야 할 것이다.

7. 결어

오늘날 정보화사회의 고도화는 필연적인 현상이다. 정보화사회는 국민들의 생활을 풍부하고 편리하게 하는 면과 함께 국민의 기본권을 침해하는 면을 아울러 가지고 있다. 정보량의 팽창에 따라 정보에 접근할 수 있는 사람과 없는 사람간의 평등권의 문제, 인격형성의 문제가 제기되며 컴퓨터이용가능자와 불가능자간의 행복추구권의 문제라든가 명예와 프라이버시침해의 문제 등이 일어난다.

이러한 기본권 침해는 비단 국가권력에 의한 침해에 그치지 아니하고 TV, Radio와 같은 대중매체에 의해서, 또 정보산업체에 의해서 야기되며 그 침해도 과거의 구두에 의하거나 출판에 의한 것과는 비교가 될 수 없을 정도로 대량화되고 있다. 정보화사회에 있어서의 이러한 기본권의

---

[21] BVerfGE 65, 1(41 ff.).

대량적 침해에 어떻게 대처할 것인가가 앞으로의 법학의 과제라 할 것이다.

민주사회의 존속과 발전에 있어서 하루 빨리 실현되어야 할 것은 국민의 알 권리의 실현이라고 하겠다. 국가·공공단체의 정보를 공개할 뿐만 아니라 국회 회의나 재판절차의 공개에 그치지 아니하고 정부의 회의 등도 공개되어야 한다. 국가기밀이나 행정부의 비밀을 이유로 한 공개제외는 극히 한정적이어야 할 것이며,[22] 개인과 기업의 비밀 등은 국민의 알 권리와의 조화를 기하여야 하겠다.

사생활의 비밀보호도 중요한 바, Mass Media에 의한 사생활의 비밀보도는 적정한 절차에 따라 견제되어야 할 것이다. 국가전산망의 개인 기록의 공개문제도 개인의 정보에 대한 자기결정권을 존중하는 측면에서 가능하도록 할 것이다.

국민의 알 권리의 충족 등은 개인의 정보공개청구로도 달성될 수 있으나 가장 중요한 것은 Mass Media에 의한 보도라고 하겠다. 이점에서 Mass Media의 보도의 자유, 취재의 자유, 보도청구권이 문제된다. 국정에의 국민 참가와 마찬가지로 Mass Media에의 국민 참가도 필수적인 것이라고 하겠다.

고도 정보화사회에서의 기본권보호를 위하여서는 국민과 정부, 국회, 법원, 헌법재판소 등의 각별한 노력이 요망되고 있다. 정부, 법원, 국회, 헌법재판소 등 국가기관의 활동이나 기업체의 활동에 대해서 국민의 끊임없는 감시가 요청된다.

---

22 이자크 갈누르 저, 정성호 역, 『국가기밀과 알 권리』, 1986 참조.

14. 국회의원 선거구 획정과 선거구 인구의 평등*

Gerrymandering의 법적 규제

1. 국회의원 선거구 획정의 평등요청

국회의원 선거에 있어서 지역구 인구의 불평등은 헌법이 구가하는 평등선거의 원칙을 위배하는 것이며, 또 헌법 제9조의 평등의 원칙에도 위반되는 것이다.

그럼에도 불구하고 소선거구 다수대표제의 국회의원 선거구의 획정에는 Gerrymandering이 유행하고 있기 때문에 우리 헌법은 제36조 1항에서 "국회는 국민의 보통·평등·직접·비밀선거에 의하여 선출된 의원으로 구성한다"고 하여 평등선거의 원칙을 규정하고 있다.[1]

---

*　*Fides* (서울법대), Vol. XIV, No.2 (1968.2), 9~14, 69면.

1　평등선거의 원칙에 관해서는 졸고, 「평등직접선거와 비례대표제 의석배분」, 『고시계』 1963년 3월호 및 『헌법총람』, 455면 ff. 참조. 그리고 국회의원선거법에 관해서는 졸편, 『헌법총람』, 1964 및 『헌법질서론』, 1963 참조. 선거구의 인구의 불평등에 관한 논문으로서는 문홍주, 「기본적 인권연구」, 64면; 芦部信喜, 『議員定數の不均衡と法の下の平等, 憲法の判例』, p.20~24; Karl Loewenstein, *Baker v. Carr : Policy Decision und der Supreme Court, in Festgabe*

국회의원선거법도 제14조에서 "① 지역구는 인구 20만인을 기준으로 행정구역·지세·교통 기타의 조건을 고려하여 각 지역구의 인구가 비등하도록 이를 획정하여야 한다", "② 제1항의 지역구는 별표와 같이 한다"고 하여 별표에서 131개의 지역구를 규정하고 있다. 따라서 지역구의 변경은 법률개정에 의해서만 가능하다. 또 행정구역의 변경 또는 인구의 증감에 따라 별표의 개정이 있더라도 다음 총선거를 실시할 때까지는 증감된 지역구의 선거는 이를 하지 않도록 국회의원선거법 제16조는 규정하고 있다.

2. 국회의원 선거구 인구불균형의 현황

그런데 7대 국회의원 선거에 있어서 선거구의 인구의 분포를 각 도별로 보면 다음 표와 같다.[2]

◎ 서울특별시(14개 선거구, 선거구인구 평균 약 27만)

35만 이상	1
30만 이상 35만 이하	5
25만 이상 30만 이하	3
20만 이상 25만 이하	4
15만 이상 20만 이하	1

---

für Ernst Fraenkel, SS. 237-272 등 참조.

2 중앙선거관리위원회, 『역대 국회의원 선거 상황』, 726~743면의 통계에 의하여 분석한 것이다. 따라서 이것은 7대 국회의원 선거 당시의 인구수이며 금년도의 인구통계에 의한 것은 아니다.

◎ 부산직할시(7개 선거구, 선거구인구 평균 약 20만)

25만 이상 30만 이하	1
20만 이상 25만 이하	3
15만 이상 20만 이하	2
10만 이상 15만 이하	1

◎ 경기도(13개 선거구, 선거구인구 평균 약 24만)

30만 이상 35만 이하	1
25만 이상 30만 이하	5
20만 이상 25만 이하	4
15만 이상 20만 이하	2
10만 이상 15만 이하	1

◎ 강원도(9개 선거구, 선거구인구 평균 약 21만)

20만 이상 25만 이하	4
15만 이상 20만 이하	5

◎ 충청북도(8개 선거구, 선거구인구 평균 약 19만)

20만 이상 25만 이하	5
15만 이상 20만 이하	1
10만 이상 15만 이하	2

◎ 충청남도(13개 선거구, 선거구인구 평균 약 22만)

30만 이상 35만 이하	1
25만 이상 30만 이하	3
20만 이상 25만 이하	2
15만 이상 20만 이하	6
10만 이상 15만 이하	1

◎ 전라북도(11개 선거구, 선거구인구 평균 약 23만)

25만 이상 30만 이하	5
20만 이상 25만 이하	2

15만 이상 20만 이하	4

◎ 전라남도(19개 선거구, 선거구인구 평균 약 21만)

30만 이상 35만 이하	1
25만 이상 30만 이하	5
20만 이상 25만 이하	5
15만 이상 20만 이하	4
10만 이상 15만 이하	4

◎ 경상북도(20개 선거구, 선거구인구 평균 약 22만)

25만 이상 30만 이하	7
20만 이상 25만 이하	6
15만 이상 20만 이하	7

◎ 경상남도(15개 선거구, 선거구인구 평균 약 21만)

30만 이상 35만 이하	1
25만 이상 30만 이하	5
20만 이상 25만 이하	3
15만 이상 20만 이하	3
10만 이상 15만 이하	3

◎ 제주도(2개 선거구, 선거구인구 평균 약 17만)

20만 이상 25만 이하	1
10만 이상 15만 이하	1

이를 전국적으로 집계해 보면 다음과 같이 된다(131개 선거구 인구 평균 약 22만)

35만 이상	1
30만 이상 35만 이하	9
25만 이상 30만 이하	34
20만 이상 25만 이하	39

15만 이상 20만 이하	35
10만 이상 15만 이하	13

　평균 인구수가 가장 많은 시도는 서울특별시의 27만 명이고 가장 적은 곳은 제주도를 제외하면 충청북도의 19만 명이다.

　서울특별시의 최대 선거구는 전술한 영등포 갑구의 368,040명이며 최소 선거구는 중구의 156,853명으로 그 차는 무려 211,187명이다. 부산시의 최대 선거구는 서구로 289,621명이고 최소 선거구는 중구의 126,776명으로 그 차는 162,845명이다. 경기도의 최대 선거구는 의정부 양주군으로 300,625명이며 최소선거구는 수원시로서 127,752명으로 그 차는 172,873명이다. 강원도의 최대 선거구는 삼척의 250,078명이며 최소선거구는 춘천시로서 191,695명으로 그 차는 58,383명으로 그 편차(偏差)는 적다. 이에 반하여 충북의 경우는 최대 선거구는 제천・단양의 244,378명이고 최소 선거구는 영동・청주의 123,584명으로 그 차는 120,894명으로 그 차는 120,894명으로 그 배율(倍率)은 2배이다. 충남은 대전이 최대 선거구로서 315,904명이며 금산은 최소 선거구로서 124,964명으로 그 차는 190,940명으로 충북보다 배율이 높다. 전북의 최대 선거구는 이리・익산으로서 289,697명이며 최소 선거구는 부안으로 175,044명이며 그 차는 114,659명이다. 전남의 최대 선거구는 무안으로 318,405명이고 최소 선거구는 진도로 107,737명으로 그 차는 무려 210,668명에 달하여 그 배율은 3배 이상이다. 경북의 최대 선거구는 포항・영일의 295,800명이며 최소 선거구는 문경으로 159,484명으로 그 차는 136,416명으로 2배 미달이다. 경남의 최대 선거구는 합천・산청의 305,259명이며 최소 선거구는 양산・동래의 113,475명으로 그 차는 191,784명으로서 최대 선거구의 인구수는 최소 선거구의 3배에 거의 달한다. 제주도는 2개 선거구밖에 없는데 북제주・제주시는 204,993명이며 남제주는 131,408명으로서 그 차는

73,585명에 달한다.

　전국에서 최대의 인구를 가진 선거구는 서울 영등포 갑구로서 368,040 이며, 전국 최소선거구는 진도구로서 107,737명이다. 이 최대 선거구의 인구수는 무려 최소 선거구의 3.42배에 달한다. 따라서 서울 영등포 갑구의 선거민은 진도의 선거민의 표수의 약 3분의 1 가치 밖에 발휘할 수 없다고 하겠다.

　인구 30만 이상의 선거구를 인구가 많은 순대로 열거해 보면 영등포 갑구, 서대문구, 전남 무안구, 대전구, 성북 을구, 영등포 을구, 경남 합천·산청구, 마포구, 용산구, 의정부·양주구로서 대도시가 많은 것이 현저하다. 이에 반하여 15만 이하의 선거구를 인구가 적은 순으로 적어보면 전남 진도구, 양산·동래구, 거제구, 영동구, 청주구, 금산구, 부산중구, 수원구, 전남 광산구, 남제주구, 남해구, 전남 완도구, 전남 장흥구 등 산간도서 지방이 많다. 이것은 도시민에게는 산간 농어민의 표의 가치보다도 적게 배당하고 있음을 단적으로 나타내고 있다고 하겠다.

　국회의원선거법 제14조는 지역구는 인구 20만인을 기준으로 하고 있으므로 일반적으로 인정되고 있는 최대편차를 상하 17%로 보면 16만 6,000명에서 23만 4,000명까지가 적정선이고, 그 이외는 불평등구라고 하겠다. 우리나라 선거구 중 적정선 내에 있는 선거구는 전체 지역선거구의 43.5%인 57개구밖에 안되고 나머지는 부적정구이다.[3] 적정구는 서울이 3, 부산이 4, 경기가 5, 강원이 7, 충북이 4, 충남이 7, 전북이 6, 전남이 6, 경북이 10, 경남이 4, 제주 1이다. 부적정구는 서울이 11개구로 그 중 10개구가 과대구이다. 경기도 8개구가 부적정구이며 전남은 13개구가 부적정구이고 경북은 10개구, 경남은 11개구이다.

　이에 반하여 부산은 3개구만이 부적정구이고 강원은 2개구만이고 충북은

3　인구편차를 ±25%(±5만명)까지 인정하면 인구 15만 이상 25만까지를 적정구로 볼 수 있을 것이다. 이 경우 적정구의 수는 74개구이고 과대구는 44개구, 과소구는 13개구로 된다.

4개구, 충남은 6개구, 전북은 5개구, 제주는 1개구만이 부적정구이다. 이들을 종합해 볼 때 부산과 강원, 전북, 제주, 경북, 경남 등이 비교적 적정구가 많은데 대하여, 서울, 경기, 전남, 충남 등지는 과대선거구가 많다.

각시도의 인구에 따라 20만 명 단위로 지역구를 나눌 것 같으면, 서울은 19개구로 현재보다 5개구가 늘어야 하고, 경기는 16개구로 3개구가 늘어야 하며 충남은 15개구로 2개구가 늘어야 하며, 전북은 13개구로 2개구가 늘어야 하고 전남은 20개구로 1개구가 늘어야 하며, 경북은 22개구로 2개구가 늘어야 하고 경남은 16개구로 1개구가 늘어야 한다. 도합 16개구가 늘어야 하는 셈으로 7대 국회의원선거 당시의 인구에 근거하면 지역구의 총수는 147개여야 한다. 전국구 의원의 정수는 49명이 되어 국회의원의 정수는 196명이 되게 된다.

이에 관하여 신민당에서는 지난 1월 18일 「부정선거재발방지를 위한 보장입법」 시안을 마련했다는데, 이 안에 의하면 선거구를 재조정 인구 15만 명을 단위로 지역구를 180개구로 하고, 전국구는 지역구의 10%인 18명으로 해서 국회의원 정원을 198명으로 할 것을 고려하고 있다고 한다. 여야협조가 잘되어 입법에 의하여 선거구의 불평등이 시정되면 다행이나 만약에 입법에 의하여 불평등이 광정(匡正)되지 않는 경우에 선거구 획정에 관한 사법심사가 가능할 것인가가 문제된다. 여기에 관해서 미국과 기타 국가의 판례의 태도를 보고 우리나라의 문제에 언급해 보기로 한다.

3. 외국국회의원선거구의 인구불평등과 사법심사
─미국 최고법원의 판례와 각국 입법례를 중심으로─

　미국에서는 각주에 할당된 국회의원의 선거구 배정과 주의회의원의 선거구배정은 주법률로 정하기로 되어 있어서 각주는 각각 선거구획정에 관한 주법률을 가지고 있다. 주법에 의한 선거구획정은 여러 가지 이유로 선거구인구의 불균형을 가져오게 된다. 각 선거구의 불균형은 따라서 어떤 선거구주민의 선거권의 가치를 저락하게 된다. 이 경우에 선거권의 불평등을 이유로 선거구획정법의 무효를 제소하는 경우가 많았다. 이 경우 연방최고재판소는 1946년 Colegrove v. Green(328 U.S. 549)에서와 같이, 선거구의 책정은 소위 '정치문제(political question)'이라고 하여 사법심사의 대상에서 제외되어야 한다고 선언해 왔다.[4] 그러나 16년이 경과된 뒤 Baker v. Carr (369 U.S. 186, 82 S.Ct. 691)에서 최고재판소는 종래의 태도를 변경하고 사법심사의 대상으로 취급하였다.[5] 그리하여 부당하게 불평등한 인구비례의 선거구 획정은 수정헌법 제14조의 평등 보호원칙에 위배된다고 선언하였다. 이 Baker 사건을 계기로 최고재판소는 용감하게도 하급법원과 주법원으로부터 상고를 접수하여 수많은 위헌판결을 내리기 시작하였다.[6] 그 중에서도 중요한 것은 1964년 2월 17일에 있

4　Lewis, *Legislative Apportionment and Federal Courts*, 71 Harv. L Rev. 107(1958), Baker, *State Constitutions: Reapportionment*(1960), *National Municipal League, Compendium on Legislative Apportionment* (2nd ed. 1962) 등 참조.

5　*The Problem of Malapportionment : A Symposium on Baker v. Carr*, 72 Yale L. J. 7(1962); Loewenstein, Baker v. Varr, a.a.O. S. 237 ff. 기타 제서 참조. 久保田きぬ子, 政治的問題と選擧區劃, 英米判例百選, p.54 / 55.

6　상세한 발전에 관해서는 McKay, *Reapportionment: The Law and Politics of Equal Representation* (1965), Note, *Reapportionment*, 79 Harv. L. Rev. 1226(1966); Dixon, *Reapportionment Perspectives: What is Fair Representation?* 51 ABAJ 319(1965) 등 참조 이에 관한 판례집으로는 *Court Decisions on Legislative Apportionment*, Vol. I-XXV (National Municipal League)이 있다.

었던 Wesberry v. Sanders(376 U.S. 1 (1964))를 들 수 있을 것이며, 또 같은 날에 선고된 여러 판결을 들 수 있다. 이들 판결에서 Alabama, Colorado, Maryland, Georgia 등의 선거구획정의 위헌성을 판결하였다. 그 뒤에 연방지방법원도 최고재판소의 1인1표(one man one vote) 원칙에 따라 주법률에 의한 불평등한 선거구획정을 위헌이라고 판결하고 있다. 1967년 1월 9일 미국 최고재판소는 Florida주의 선거구획정에서 상원의원선거구의 인구가 87,595명에서 114,053명의 범위 내이며 15.09% 과잉 대표되었거나 10.56% 과소 대표되었으며 최대 선거구의 인구가 최소 선거구의 인구의 1.30 : 1인 것을 Reynold v. Sim에서 판결한 1인1표 원칙에 적합하지 못하다고 하여 위헌 선언하였다.[7] Massachusetts주 선거구획정에 대해서도 Boston에 있는 연방지방재판소는 위헌선언을 하였다. 판시를 보면 ① 국회의원의 의석은 인구에 기하여 배분되어야 하나 수학적 정확성은 요청되지 않는다. ② 그러나 인구수의 편차는 최소한에 그쳐야 하며 1인1표 원칙에 위반되지 않는 한에서 실천 가능한 한 최소한이어야 한다. ③ 선거구구획법이 최대 선거구와 최소선거구의 편차가 이상(理想) 선거구의 1/4 이상인 경우는 위헌이다. ④ 시간적인 여유가 있는 경우에도 입법부가 선거민의 재획정을 하지 않는 경우에는 법원이 가처분으로서 획정할 수 있다.[8] New York주 선거구획정도 위헌으로 판결되었다.[9] [10]

---

[7] Swann et. al. v. Adams, 383 US 210(1966).
[8] 참고로 위헌 선언된 Massachusetts주의 선거구의 인구분포를 보면 다음과 같다.

지역구	인구수	차이	%
1	376,336	−52,712	−12.4
2	388,578	−40,470	−9.3
3	441,558	+12,510	+3.
4	444,069	+15,021	+3.5
5	450,716	+21,668	+5.1
6	452,956	+23,908	+5.6
7	392,350	−36,698	−8.6
8	420,596	−8,452	−1.9
9	478,962	+49,914	+11.7

그런데 연방최고재판소는 어느 정도의 선거구의 인구의 편차가 합헌적이냐에 대한 일률적인 기준을 확립하지 않았기 때문에 많은 혼란이 일어나고 있다.

학자 중에서도 Loewenstein 교수와 같은 사람은 법원이 너무나 수학적 정확성에 치우쳐 있다고 말하고 최대비율은 2 : 1이 되어도 된다고 보고 있으며 10%냐, 20%냐의 문제는 재량문제이고 40%를 넘으면 위헌이라고 하고 있다.[11]

미국 국회는 입법으로서 이들 선거구의 편차를 확정하려고 하였다. 그래서 하원은 1967년 4월 27일 289 대 63의 투표로서 최대선거구와 최소선거구의 차이를 30%까지는 인정하는 법안을 통과시켰다.[12] 그러나 상원은 1967년 7월 8일 57 대 25로 최대선거구와 최소선거구의 차를 10%까지만을 허용하는 법안을 통과시켰다.[13] 그러나 양원합동회의에서는 35%로 되었는데, 이것은 New York주의 선거구를 재구획하지 않기 위한 방편이었다. 그러나 상원에서 이 협의회안이 부결되었고, 다시 재협의하였는데 이 협의안도 상원에서 1967년 11월 8일에 55 대 22 기권 23으로 부결되었

10	456,308	+27,260	+6.3
11	441,180	+12,132	+2.8
12	404,969	−24,079	−5.6
합계	5,148,578		
이상수(1/12)		429,048	
최대 선거구와 최소 선거구의 차 102,626			
최대 선거구와 최소 선거구의 비율		1 : 1.27	

9 1961년의 New York 주 선거구획정이 위헌선언을 받은 것은 1967년 5월 10일 New York시 연방지방재판소 3인 합의부에서였다. New York 주의 1961년 법은 최대 선거구의 인구가 471,000명으로 최소 선거구의 인구보다 120,000명이 많았다. 41개구 중에서 13개 주가 평균보다 10% 이상의 차이가 있었으며 평균차이는 7%였다.

10 *New York Times* 1967년 5월 11일자에 의하면 1964년 2월 17일 이후 30개 주가 선거구획을 재편했다고 한다.

11 Loewenstein, a.a.O. S. 237-272.

12 H. R. 2508. 90th Congress, 113 Congressional Record H. 4772.

13 Congressional Record S. 7873.

다. 이로써 선거구의 재구획은 사법심사에 의하여 계속되게 되었다.[14]

이와 같이 미국에서는 많은 혼란이 있었으나 서독에서는 국회의원선거법에서 최대편차를 33 1/3%로 법정하고 있다.

독일 국회 하원의원선거법 제3조는 선거구의 획정에 관한 규정을 두고 있다. 그중에서도 3항은 Gerrymandering과 인구불평등을 막기 위하여 각 선거구는 연관된 전체를 형성하여야 한다. 소선거구의 구분에 있어서 주경계는 반드시 엄수되어야 하며 시와 도의 구획은 가능한 한 준수되어야 한다. 소선거구의 평균인구수에 대한 편차는 33 1/3%를 초과할 수 없다고 규정하고 있다. 이 ±33 1/3%는 너무 차가 많으나 비례대표제를 채택하고 있기 때문에 허용된다고 하며 원칙적으로는 ±25% 이하이다. 또 1항과 2항은 소선거구획정위원회에 관하여 규정하고 있는데 이 상설소선거구위원회는 선거실시구역 내의 인구수의 변동을 조사하고, 또 연방민의원의 집회 후 최초년도 중에 소선거구분할의 변경에 관한 제의와 함께 보고를 연방정부에 제출할 임무를 지도록 규정하고 있다. 연방정부는 지체 없이 이 보고를 연방민의원에 이송하고 이를 연방관보에 공고하여야 한다. 독일연방헌법재판소는 기본법 제38조에 근거하여 선거민인구의 평등이 실현되어야 한다고 강조하고 법정한 33 1/3%의 편차가 넘은 경우에는 의회에서 선거법 부표(附表)를 개정해야만 한다고 판시하였다.[15]

---

14 이 선거구 구획연기 법안(H.R. 2508)의 운명에 대해서는 113 Congressional Record, H. 2850. H. 4174. H. 4746. H. 4753. H. 4772. S. 6025. S. 7633. S. 7749. S. 7753. S. 7758. S. 7769. S. 7863. S. 7865. S. 7873. H. 7197. H. 8041. H. 8043. H. 8150 H. 13679. H. 14068. S. 16107 등 참조. 이 법안이 제안된 것은 사법부에 의한 선거구 구획의 위헌심사를 막기 위한데 주목적이 있었다. 양원 협의회의 결의는 선거구 구획의 획정을 1972년까지 연기하려는 의도로 행해진 것이었기 때문에 Massachusetts 출신인 E. Kennedy 상원의원에 의해 최고재판소의 권한을 침해하는 법률이라는 이유로 반대되었고 따라서 폐기된 것이라고 보겠다. 이 H. R. 2508(To require the establishment, on the basis of the 18th and subsequent decennial censuses, of congressional districts composed of contiguous and compact territory for the election of representatives and for other purposes)의 의도는 입법부와 사법부의 일종의 대결이란 점에서 도그 의의를 발견할 수 있을 것이다.

15 BVerfG, Beschluß v. 22. 5. 1963, BVerfGE 16, 140 ff., JZ 1963. S. 640.

이에 대하여 일본 최고재판소는 참의원의원선거에 있어서 인구수의 불균형이 현저하더라도 선거구의 대소, 역사적 연혁, 행정구획별 의원수의 배당 등의 제요소도 고려하여야 할 것으로 이를 고려하여 의원수를 배정하는 것도 불합리하다고는 할 수 없다. 전술과 같이 의원정수, 선거구 및 각 선거구에 대한 의원수의 배분의 결정에 관하여 입법부인 국회가 재량적 권한을 가지는 이상, 선거구의 의원수에 관하여 선거인의 선거권의 향유에 극단한 불평등을 생하게 하는 경우는 각별로 하고, 각 선거구에 어떠한 비율로 의원수를 배정하는가는 입법부인 국회의 권한에 속하는 입법정책의 문제이며 의원수의 배분이 선거인의 인구에 비례하지 않는다는 사실 하나만으로서 평등의 원칙에 반하여 무효라고 논란할 수는 없다[16][17]고 하여 미국의 Baker v. Carr 이전에 머무르고 있다. 일본의 이 판결은 법 앞에서의 평등을 잘못 이해한 판결이라고 하겠다.

영국에서는 최대선거구는 77,298명 최소선거구는 39,980명으로 1.9 : 1이다. 그러나 편차가 20%내가 선거구의 약 80%를 차지한다. Australia에서는 최대비율은 15 : 1로서 최대선거구의 인구는 46,549명이고 최소선거구는 30,570명이다. 다수의석을 차지하기 위하여서는 48.3%의 선거구의 득표를 얻으면 된다.

---

16 最高裁判所 昭和 39年 2月 5日 大法廷判決, 『民集』 18卷 2號 270頁.

17 일본 참의원선거법의 별표 2가 처음에는 인구비례에 흡사했으나 시일이 경과함에 따라 최대 선거구와 최소 선거구의 배율이 4.1이 되었다. 참의원 의원을 선출할 수 있는 최대 선거구의 인구는 1,210,475 최소 선거구의 인구는 299,568명이었다.

4. 선거구획에서의 인구평등의 실현

위에서 본 바와 같이 아직까지도 허용될 수 있는 인구의 최대편차에 관해서는 공통된 기준이 없다. 미국에서는 확립된 원칙은 없으나 구체적으로 선거의 실태를 분석하여 ⓐ 가장 유리한 선거구의 1표와 가장 불리한 선거구의 1표와의 비교, ⓑ 당해 선거구에 있어서의 1표의 가치가 이론상 적정한 1표의 가치의 상하 1/3의 틀을 넘어서는 선거구의 수, 그 당시 선출 의원수, 선거인원수와 백분율 ⓒ 선출의원의 과반수를 선출함에 요하는 최소선거인수의 전국선거인 총수와의 백분율을 수리적으로 산출하는 것 등에 의하여 결정할 수 있는 것으로 믿고 있다.[18]

이 기준에 따라 우리 7대 국회의원선거를 분석해 보면 ⓐ의 비율은 3.42배이고 ⓑ는 20만을 상하 3분의 1씩 초과한다면 133,000명에서 26만 7,000명까지로 볼 수 있는데 그 외의 과대선거구가 많으며 ⓒ에 의하더라도 불평등한 선거구획임을 알 수 있다.

Gerrymandering과 선거구인구의 불균형은 사회적·지리적·역사적·경제적·행정적 이유 외에 정략적 요소도 가미되므로 선거구의 구획은 입후보할 당사자인 국회의원에게 맡길 것이 아니고 중립적 기구에 맡겨야만 한다고 생각한다. 서독은 상설선거구획위원회를 설치하고 있는데 이 위원회는 연방통계국의 장과 1명의 연방행정재판소 법관과 기타 5명의 위원으로서 구성된다. 이들은 대통령에 의해서 임명된다.

우리나라에도 선거관리의 공정을 기하기 위하여 선거관리위원회가 있으니 선거관리위원회에서 선거구의 획정을 하는 것이 타당하리라고 생각한다. 이것은 중립적 기구인 선거관리위원회에서 하게 되므로 정치적 견지에서 떠난 진정한 평등을 실현할 수 있지 않을까 생각한다. 미국

---

18 Loewenstein, a.a.O. S. 232-272.

에서는 선거구획위원회가 주에 따라 설치되어 많은 공헌을 하고 있으니 우리나라에서도 재고하여야 할 것이다.

선거구의 획정이 인구가 불균형한 경우는 Reynold v. Sim에서와 같이 법원은 사법심사를 할 수 있다고 하겠다. 선거구의 구획은 일본 최고재판소가 말하는 바와 같이 의회의 자유재량이 아니고 기속재량이며 평등의 원칙에 위배되어서는 안 된다. 평등의 원칙에 불합리하게 위배되는 선거구의 획정은 대법원에서 무효로 판정하여야 할 것이다.

또 선거구획에서의 인구의 평등을 기하기 위해서는 국회의원선거법을 개정하여 읍면이나 시군의 경계를 어느 정도 허물어 선거구획의 평등이 이루어져야 할 것이다. 신민당이 기초한 인구 15만 단위의 소선거구제도는 Gerrymandering의 요소가 더 많아질 수 있다. 대한민국의 휴전선 이남 인구가 현재 3000만을 넘었기 때문에 헌법이 명시한 정원수를 초과하게 될 우려가 있다. 신민당은 전국구를 소선거구의 10%로 할 것을 건의한다고 한다. 본인의 생각으로서는 전국구를 줄이는 것보다는 비례대표제를 철저히 하는 것이 Gerrymadering을 없애는 좋은 방법이 될 것이다. 인구 30만을 단위로 하여 지역구를 재조정하면 100명의 지역구출신의원이 있을 것이고 이와 동수의 대선거구출신의원을 선출하되 200명 전원을 비례대표제에 의하여 선출하는 것이 타당할 것 같다.[19]

---

19 상세한 것은 졸고, 「선거법 개정의 방향」, 『대학신문』, 1967년 10월 10일자 참조.

15. 선거법 개정 논의[*]

　국민투표 이후 등원을 거부해 오던 신민당은 등원의 조건으로 48개 항목에 달하는 선거법 개정안을 만들고 이의 통과를 보장받아야만 등원한다고 주장하고 있다고 하며, 여당에서도 이 안을 국회에 공동제안할 것을 검토 중이라고 한다. 신민당은 민주공화당이 이 공동제안을 무조건 통과시킬 것을 요구한데 대하여 공화당은 통과여부는 원의(院議)로 결정할 방침이라고 한다.

　우리는 신민당이 주장한 48개 항목의 내용은 잘 알 수 없으나 신문지상에 보도된 것을 보면 ① 선관위의 선거전담(選擧專擔) 문제, ② 투표통지표의 일련 번호 신설, ③ 선거인명부의 상설화, ④ 부재자 투표제 개선, ⑤ 선거 간여 공무원의 가중 처벌, ⑥ 선거소송 처리 기간의 단축, ⑦ 선거사범

---

*　『대학신문』 제770호, 1970년 3월 23일자.

처리 기간의 단축, ⑧ 선거사범의 공소시효의 10간 연장, ⑨ 선거사범으로 기소된 공무원의 직위해제, ⑩ 투·개표 및 투표통지표 배부의 여야 공동 관리 등이라고 한다.

신민당이 선거법개정을 주장한 것은 6.8선거 직후이며, 6.8선거의 결과 신민당이 참패한 원인은 공무원의 선거관여, 선거부정 부패행위 때문이라고 분석, 당시의 선거법으로써는 도저히 선거의 부정부패를 근절할 수 없다고 하여 선거법이 개정될 때까지는 등원하지 않기로 결정하였었다. 민주공화당은 단독 국회를 열었으나 그 뒤 협상에 나서 1967년 11월에 여야 합의의정서를 통과시켜 선거법을 1년간 끌어 개정한 바 있었다.

1969년에 법률 제2088호로 개정된 국회의원선거법은 ① 국회의원의 정수를 175명에서 195명으로 늘렸고, ② 선관위의 기능을 약간 강화했고, ③ 선거인명부 작성에 대한 선관위의 감독권을 강화하고, ④ 선거운동에서 사업공약을 못하도록 하고, ⑤ 투표용지의 정당순위를 규정하고, ⑥ 투개표과정에서 부정행위를 예방하고, ⑦ 선거소송의 처리기간을 1년으로 단축하고, ⑧ 선거범죄자의 벌칙을 엄하게 하고 있다.

이 선거법개정으로 공명선거가 보장되리라던 기대는 그 후에 있은 보궐선거의 결과 공허한 소망이었다는 게 실증되었고, 국민투표 운동 과정과 투표과정에서 나타난 여러 가지 불미스러운 행동 때문에 선거의 부정과 부패를 근절하기 위한 제도적 보장을 다시금 요청하게 된 것이 아닌가 생각된다. 후진국가에 있어서는 선거부정과 부패는 일반적인 현상으로 말하여지고 있으며 선거부정과 부패를 근절시키는 것은 국민의 감시기능이 강화될 때에만 기대할 수 있을 것이다.

법률이 아무리 좋은 조항을 두고 있더라도 이의 실현은 국민과 공무원의 각성 없이는 불가능할 것이다. 그러나 선거부정을 없애기 위한 제도적 장치도 어느 정도는 필요할 것이라고 생각한다. 선거인명부의 작성과 투표통지서의 교부 등을 행정관청인 시읍면동이 담당하지 않고 선거관리위원회에서 담당하는 것은 행정부의 선거관여를 방지하는 좋은 방법이라고 생각된다. 그러나 선거관리위원회에 수많은 상임 직원을 두는 경우 약 5억 원의 인건비가 늘 것이라고 하는 바 공무원의 정치적 중립이 확보된다면 내무부에서 선거를 관장해도 좋을 것이나, 그것이 어려운 경우에 선거관리위원회에서 선거를 관장하는 것이 좋지 않을까 생각한다. 이는 헌법기관으로 중앙선거관리위원회를 두고 있는 입법취지에도 부합하지 않을까 생각된다.

다음에 선거 관여 공무원의 가중처벌법의 제정은 공무원의 정치적 중립성을 보장하기 위하여 필요할 것이라고도 생각된다. 그러나 현행법상도 공무원의 선거간여행위는 엄벌하고 직위해제할 수 있을 것임에도 불구하고 징계권이나 검찰권의 행사가 없기 때문에 대부분의 선거 간여 공무원이 무사할 수 있지 않은가 생각된다. 이 점에서 선거사범에 대해서는 정당에서 준기소(準起訴)하는 방향으로 입법하는 것도 좋지 않을까 생각한다.

현재에도 재정신청이 행해지고는 있으나 이에 관한 특별 규정을 두어 선거사범에 대해서는 가차 없는 기소와 준기소가 가능하도록 되어야 할 것이다. 또 선거사범의 공소시효는 현행 3월로 되어 있는 바 이는 너무나 짧다고 할 것이나 10년은 너무 길지 않을까 생각된다. 또 선거사범의 소송의 처리에 시한을 두는 것은 사법권의 독립을 침해한다는 우려가 없지 않으나, 1년 내에 처리하도록 법으로 규정하는 것은 무방하지 않을까 생각한다.

선거소송의 처리기간은 현행법에서도 1년으로 되어 있으나 사법부에서 이를 지키지 않고 있어 이를 강행하기 위하여 선소특조법안(選訴特措法案)을 구상하고 있다고 하는 바 사법부에 대한 지나친 간여는 피해야 할 것으로 생각한다. 다만 대법원을 선거소송의 전담기관으로 할 것이냐 고법에서도 선거소송을 처리할 수 있게 할 것이냐는 신중히 고려하여야 할 것이라고 생각한다. 대법원이 증거조사나 사실심리까지 하도록 하고 있는 현제도는 대법원의 업무량 과다 때문에 신속한 처리를 기대할 수 없으니 신속한 처리를 위하여 고법이 1심으로서 선거소송을 심리하고 이에 불복한 경우에 대법원에서 심리하도록 하는 것이 옳지 않을까 생각한다. 이 경우 고법과 대법원의 심리절차를 통산하여 1년을 초과할 수 없도록 하면 신속한 재판이 가능할 것이 아닌가 생각된다.

여야가 막후협상의 주 의제로 삼고 있으나 대외적으로 발표하지 않고 있는 것으로 선거구의 증설문제가 있다. 선거구의 증설은 인구의 자연증가로 선거구의 인구가 불평등하여 인구 9만의 선거구에서 인구 30만의 선거구까지 있기 때문에 부분적인 조정은 불가피할 것으로 생각된다.

또 개정 헌법은 국회의원의 정수의 상한을 250석으로 하고 있기 때문에 여야 당원들이 증설을 희망하고 있으리라고 생각된다. 그러나 과연 국회의원의 수의 증가가 국리민복을 위한 것인가 생각해 볼 필요가 있으리라고 생각한다. 선거부정과 부패가 극심한 것은 지역구 선거 때문이라고 하겠다. 인구 10만에서 30만 정도의 소선거구에서의 선거이기에 입후보자는 지연·혈연을 최대한 동원하여 금전공세를 펴고 사력(死力)을 다하여 싸우기 때문에 부정·부패행위가 극에 달하고 있는 것이다. 선거의 부정부패를 근절시키기 위해서는 소선거구 다수선거제를 지양하고 대선거구제도를 채택하여야 할 것이요 완전한 전국 비례대표제의 채택도 고려해야 할 것이다. 현재 국회가 71년 선거에서 지역구를 감소하거나 선거제도개혁을 단행하는 것은 상상할 수 없는 것이므로 1975년도를 위한 선거구 조정이나 선거제도개혁을 금번 국회에서 단행해야할 것이라고 생각한다. 국회의원을 지역구 주민들의 대표자로 전락시키지 않기 위하여, 또 선거구에서의 이전투구격인 부정부패행위를 근절하기 위하여서는 정부·여당·야당의 일대 영단이 있어야 할 것이다. 정부, 여야당은 선거제도를 소선거구제에서 대선거구 비례대표제로 이행하여 진정한 민의를 대표하는 국회를 만들어 새로운 민주정치 터전을 굳건히 해주기를 바라마지 않는다.

16. 선거법 개정의 방향[*]

6.8선거를 계기로 선거법개정에의 여망이 높아져 정부·여당이며 야당 등에서 선거법개정안이 성안단계에 있다고 한다. 아직 구체안을 접할 수 없어서 자세히 알기는 힘드나 들리는 바에 의하면 선거제도의 개혁보다는 부정부패선거의 방지를 위한 선거인명부작성권의 타 기관 이관, 선거운동의 제한 완화, 투표과정의 개선, 공무원 선거운동의 규제 등 선거절차에 관련된 개선을 주로 하고 있는 것 같다. 그러나 선거절차의 개정에 앞서는 것이 선거제도의 개선이기 때문에 여기서는 현행 선거제도의 개혁을 중심으로 몇 자 적어보기로 한다.

주지하는 하는 바와 같이 현행 국회의원선거법은 잘못 이해된 소위 서독식 비례대표제이다. 현 국회는 소선거구 상대적 다수대표제에 의하

---

* 『대학신문』 제688호, 1967년 10월 10일자.

여 선출된 131명의 직선의원과 전국 비례대표제에 의하여 선출된 44명의 간선의원으로 구성되어 있다.

따라서 현행 선거법은 소선거구 상대다수대표제의 폐단과 간접 불평등선거라는 위헌이 결부된 선거제도인 만치 이번 국회에서 선거제도가 개정되어야만 할 것이라고 생각한다. 이상적인 선거법개정을 운위하는 것은 현 국회에서의 개정을 전제로 하는 한 불가능한 것이기 때문에 현실과 타협한 절충안으로서 진정한 서독식 비례대표제를 채택할 것을 제의한다.

현 국회의원선거법은 전국구 비례대표제를 채택하고 있는데 이 비례대표제는 운영면에서 매직적(賣職的)인 선거자금 조달원으로 화함으로써 전국구폐지론이 높으며, 또 헌법의 직접·평등 선거의 원칙에 위배하기 때문에 폐지해야 한다는 논의가 많다.

현행 비례대표제는 정당이 작성한 합동명부에 투표함이 없이 그 소속 정당의 지역구 후보자에게 던져진 표수를 합계해서 그 득표순위에 따라 제1당과 제2당에 우선적으로 의석을 배정하는 것이기 때문에 간접선거인 동시에 불평등선거이다. 그런 면에서 전국구폐지론은 정치적인 면에서 뿐만 아니라 법적인 면에서도 일리가 있다고 하겠다.

그렇다고 하여 자유당시대와 같은 전면적 소선거구제로 돌아가야 할 것인가는 문제이다. 여러 번의 국회의원선거에서 본 바와 같이, 소선거구제는 우리나라에서는 부정선거, 부패선거의 온상이 되어 왔다. 선거매수, 선거간섭에 최적합한 소선거구제는 그 외에도 소지역적 인물의 대량 의회진출이며, 사표(死票)의 율이 높기 때문에 전면적인 소선거구제의 채택에는 찬성할 수 없다.

소선거구제의 폐단을 광정하고 사표를 없애기 위하여서는 대선거구 비례대표제를 채택해야 할 것이다. 그러나 지역구 출신 국회의원이 맹활약하고 있고 각 지역구의 낙선자들이 호시탐탐 국회의석을 노리고 있는 현실에서 지역구의 전면적 폐지는 사실상 불가능하다.

현재로 가장 가능성이 있고 또 비례대표제와 소선거구제의 장점을 살릴 수 있는 방법이 서독식 비례대표제이다. 서독식 비례대표제는 1인이 2표를 가져 제1표는 지역구 출신 인물에게, 제2표는 대선거구 정당 합동 명단에 투표케 하며 의석의 배분은 제2표의 정당에 던져진 비율에 따라 평등하게 비례 배분하는 방법이다. 이렇게 함으로써만 사표를 없애고 국민의 의사를 정확하게 국회에 반영시킬 수 있으며 인물선거도 겸하여 선거인과의 유대도 어느 정도 유지되며 필요한 정당간부며 전국적 인물도 선출할 수 있을 것이다.

혹자는 서독식 비례대표제를 택하면 군소정당이 난립할 것이라고 하나 대선거구에서 5%나 10% 이하를 얻은 정당에게 의석배분을 하지 않으면 군소정당의 진출을 막을 수 있을 것이다.

또 비례대표제를 채택하면 강력한 여당 세력을 보장할 수 없다는 이론이 있으나 정권담당자인 대통령을 직접선거하고 3분의 1 이상의 의석만 확보하면 국회통과 법률을 다 거부할 수 있는 현행 대통령제 하에서는 강력한 여당보다도 국민의 의사를 정확히 반영하고 정부의 시책을 비판할 수 있는 강력한 국회가 필요한 것이다. 대통령제 하의 국회는 행정부의 러버 스탬프(Rubber Stamp)여서는 안 된다.

서독식 비례대표제를 채택하기 위하여서는 현행 선거법을 다음과 같이 개정하여야 할 것이다. 1인1표주의를 개정하여 1인2표주의로 하고, 제1표는 지역구 후보자에게 투표하게 하고 제2표는 정당에게 투표하도록 하며 전의석의 배분은 정당에 투표되어진 제2표에 따라서 비례 배분하여야 할 것이다(제125조 개정). 현행의 전국구를 없애고(제15조 삭제), 특별시 도단위의 대선거구로 하고 대선거구 합동명단 입후보자도 지역구에서 입후보할 수 있도록 이중입후보금지조항(제26조)을 삭제하고, 지역구는 인구 30만인을 기준으로 할 것이며 지역구의 인구의 최대편차를 30% 정도로·법정하고, 지역구의 구획은 Gerrymandering을 방지하기 위하여 중앙선거관리위원회에서 하되 사법심사의 대상이 되도록 할 것이다(제14조

개정 부표 삭제). 그리고 각 특별시 도단위의 대선거구에 지역구 출신 의원과 동수의 의원을 배정하고 대선거구 입후보자의 당선결정은 그 대선거구의 제2표 득표수에 따라 상순위부터 결정하되 사전에 지역구 당선자의 수를 빼면 될 것이다.

그렇게 되면 지역구는 약 100개가 되며 국회의원의 정수는 200명이 되어 법개정 당사자의 기득권을 별로 침해하지 않게 되므로 개정가능성이 많게 될 것이다.

무소속 출마를 허용하여야 한다는 설이 있으나 이는 헌법을 개정해야 하며 헌법 개정이 가능하다고 하더라도 무소속 국회의원을 배제한 헌법정신과 정당정치의 원리에 위배하는 것으로 찬성할 수 없다. 헌법 제정의도가 절대적인 무소속의 배제에 있었고 제명에 의한 국회의원의 직위유지의 예외를 규정한 것은 타의에 의한 제명의 경우에 한해서 인정한 것이니 자의(自意)에 의해서 제명을 자청하고 제명된 사람은 이것을 형식은 제명이라 할지라도 실질적인 당적의 이탈인 만큼 국회의원의 직을 상실했다고 해석하여야 할 것이다.

더욱이 간접 선거된 전국구 의원의 경우 의원직 유지의 근거를 찾기 힘들 것이다. 정당의 합동명단의 작성이나 후보자 추천절차를 민주주의적으로 하도록 정당법 제3조를 구체적으로 개정하여야 할 것이며, 미국에 있어서와 같은 예선제도의 도입을 법으로 강요하는 것도 좋을 것이다. 이로써 정당의 민주화, 지방분권화를 가져올 수도 있을 것이다.

이 외에도 선거관리와 선거운동 면에서 상당한 개정이 필요할 것이다. 예를 들면 선거인 명단작성의 감독권을 선거관리위원회에 부여하며 선거운동의 지나친 제한을 완화하던가, 선거비용을 국고에서 보조하던가, 투표에서 자서(自署)주의를 채택하는 등 문제가 있으나 지면의 초과로 생략하기로 한다.

17. 국민투표제의 제양상[*]

구미각국의 예를 중심으로

루소가 말한 바와 같이 민주정치의 이상형은 국민이 직접으로 입법 기타의 통치작용에 참여하는 직접민주제일 것이다. 그러나 오늘날과 같은 복잡다단한 국정처리에는 또 광범한 대영역 국가에서는 국민의 직접 참정이 사실상 불가능하므로 부득이 대표민주정치를 택하게 된 것이라고 할 것이다. 대표제 민주정치의 전제 하에서 정책의 기본결단과 정책의 통제를 위하여 새로이 국민투표적인 기술이 부흥하기 시작하였다. 이러한 절충적 제도를 반직접 민주제 또는 반대표제 민주정치라고 할 수 있을 것이다.

국민투표제의 기원은 법사상사적으로 본다면 루소에, 제도사적으로 본다면 미국, 프랑스, 스위스 등에서 찾아볼 수 있을 것이다. 주지하는 바와 같이 프랑스 인권선언 제6조는 직접입법을 구가하였고, 또 미국의 제주 권리선언도 국민의 입법에 대한 직접참여를 인정하고 있었다. 특히 프랑스에 있어서는 나폴레옹에 의해서 수차의 국민투표가 행하여졌으

---

[*] 『대학신문』 제468호, 1963년 4월 15일자. 특집 「외국의 국민투표제와 우리의 현실」.

며 스위스에 있어서도 헌법채택을 위한 국민투표가 행하여졌었다.

무어니 하더라도 국민투표제도가 성행한 것은 제1차 세계대전 이후의 일이라고 하겠다. 의회주의에 대한 불신과 회의가 1차 대전 후의 국민투표의 유행을 가져온 도화점이라고 하겠다. 특히 독일에 있어서는 국민투표와 국민발안이 가장 광범하게 활용되기에 이르렀고, 바이마르 헌법의 기초자인 프로이스 교수는 직접입법제도를 민주주의의 필수요건이라고 생각하였다. 뢰벤슈타인 교수는 1921년에 이미 대의제민주정치가 유일한 국민의 참정제도라고 생각했던 시대는 이미 지나갔다고 단언하고 있었다. 따라서 1차 대전 후의 헌법들은 국민투표제에 관하여 상세한 규정을 두게 되었다. 2차 대전 후에는 이러한 국민투표제도는 2차 대전 전의 남용에 비추어 어느 정도 후퇴하는 경향이 보인다. 물론 헌법의 채택과 개정에 대해서는 국민투표를 행하는 헌법들이 있다. 예를 들면 3차의 프랑스 헌법에 대한 국민투표와 푸에르토리코(1952년), 베트남(1956년), 이집트(1956년) 헌법에 대한 국민투표 등이 있었다.

국민투표제를 광의로 이해한다면 국민발안, 국민표결, 국민解免(Plebiszit)을 들 수 있을 것이다. 국민표결만을 협의의 국민투표(referendum)이라고도 할 수 있다. 이에 대해서 우리나라의 관례에 따른다면 Referendum과 Plebiszit만을 국민투표라고 하고 있다. 그러나 Referendum과 Plebiszit는 명확히 구별되어야할 이질적인 것이라고 하겠다. Referendum은 새로운 질서에 대한 국민의 광범한 공동형성권이 인정되며 또 자유로운 선택의 여지가 광범하게 개방되어 있는 것이 특색이다. 이에 대하여 Plebiszit는 일반적인 신임투표라고도 할 수 있을 것인데 Referendum과는 달리 국민의 자유로운 선택의 여지가 없고 다만 기성질서에 대한 신임을 묻게 되는 것이며, 대부분의 경우 국민참정의 길이 폐쇄되고 국민의 주권을 일개인에게 백지위임하게 되는 결과를 가져온다.

Referendum은 그 대상에 따라서 헌법에 대한 Referendum과 법률에 대한 Referendum으로 구별할 수 있다. 헌법에 대한 국민투표는 헌법을 제정하거나 또는 개정함에 있어서 국민투표에 의하여 인준을 받는 제도이다. 이에는 또 국가형태나 정부형태에 관한 국민투표도 포함된다. 정부형태에 관한 국민투표로서는 1946년 6월 2일의 이탈리아와 1946년 9월 8일의 불가리아의 예를 들 수 있다. 이 양 예에서 국민투표의 결과 왕제를 폐지하고 국민주권국가를 채택하게 되었다.

헌법제정회의에서 성립된 헌법 초안에 대한 국민투표는 프랑스에서 행해졌다. 1946년 6월 2일 프랑스는 헌법 초안을 국민투표에서 부결하였고, 1946년 10월 27일의 국민투표에서는 프랑스 제4공화국 헌법을 채택하였다. 그 전에는 1925년 칠레, 1942년 우루과이, 1935년 필리핀 헌법 등이 국민투표에 의하여 채택되었다.

헌법 개정에 대한 국민투표를 규정한 헌법도 많이 있다. 예를 들면 프랑스 헌법(V) 제89조, 이탈리아 헌법 제138조, 필리핀 헌법 제15조, 일본 헌법 제96조, 스위스헌법 제123조 등이 있다. 최근의 예로서는 드골 헌법에서 대통령직선을 위한 헌법 개정에 대한 국민투표를 들 수가 있다.

입법에 대한 국민투표는 대의기관이 의결한 법률안에 대한 인준을 말하는 것으로서 이에도 여러 가지 변용이 있다. 여기에는 의무적인 국민투표와 선택적인, 임의적인 국민투표 등으로 구분할 수도 있다. 입법에 대한 국민투표와 결부하여 국민발안을 생각할 수 있다. 국민발안은 국민이 입법안을 제출하는 것을 말하며, 바이마르 헌법 제73조, 오스트리아 헌법 제41조, 제46조에 규정하고 있었다. 이 경우 국민의 직접입법은 국민발안에 의하여 입법과정이 성립하고 국민투표에 의하여 방법이 종결하게 된다.

기술한 바와 같이, 플레비지트는 레퍼렌덤과는 달리 어떻게 해서든지 성공한 헌법안이나 법안이나 또는 어떻게든지 성립한 신질서에 대한 국민의 투표라고 말할 수 있다. 대부분의 경우 투표자는 신질서의 수락이냐 미지의 혼란이냐의 택일의 가능성밖에 가지지 않으며 따라서 투표자는 신질서를 승인하기에 이른다. 프랑스 혁명기와 나폴레옹 정부시의 국민투표(Plebiszit)의 결과는 이를 단적으로 입증하고 있다(도표 참조).

이 예 외에도 히틀러의 국민투표며 현대적인 신대통령제 제국에서의 국민투표는 대부분이 이 플레비지트에 속한다고 하겠다. 후진국가 및 전제국가와 권위국가 등에서 이러한 국민투표가 자주 시행되고 있는 이유는 선전과 압력에 의하여 국민을 더 잘 마음대로 조종할 수 있기 때문이라고 하겠다. 이 경우에는 대체로 집권자가 국민에 영향을 끼쳐 거의 100% 가까운 찬표가 나오고 있다.

국민투표의 일종으로서 국민해면(Recall)이 있으며 이 제도는 국민 일반의 의사에 따라 임기만료 전에 공직에 있는 자를 파면 또는 소환하는 제도이다. 바이마르 헌법에서는 대통령과 국회를 소환하는 국민해면제도가 있었으나 이것은 오류 교수의 말과 같이 대의제도를 파괴하는 유해무익한 제도라고 할 것이다.

〔표〕 **프랑스 혁명기와 나폴레옹 정부시의 국민투표 결과표**

연도	건 명	찬	부
1793년	자코뱅 헌법	1,801,918	11,610
1795년	집정 신헌법	916,334	41,892
1799년	통령제헌법	3,009,445	1,562
1802년	나폴레옹 종신통령	3,568,885	8,365
1804년	나폴레옹 프랑스황제	3,574,898	2,569
1815년	백일천하의 추가법	1,532,327	4,802
1851년	루이 나폴레옹의 쿠데타 승인	7,439,216	640,757
1852년	루이 나폴레옹의 프랑스인의 황제	7,824,189	153,145

18. 국회구성과 선거제도[*]

헌법공청회에서의 여론을 중심으로

 새로운 국가법질서의 기초를 이룰 새 헌법을 마련하기 위한 지난번의 헌법공청회는 이제까지의 어떤 헌법공청회에서보다도 광범하고도 수적으로 많은 연사진이 참여하여 대성황을 이루었다.

 국회에 관한 공청사항으로서는 ① 단원제로 할 것인가 양원제로 할 것인가? ② 선거제도는 어떻게 할 것인가? ③ 국회의원의 부정부패 방지와 국회운영의 능률화를 위하여 어떠한 방법을 취할 것인가 등 열 항목에 걸친 것이었다.

 신문 발표를 보면 단원제 국회 82.6% 양원제 14% ① 단원제 국회의원 정수 121~150 각 47% 100~120, 151~200 각각 12.1% ② 견제기관 불요 22.8% 필요 8.7% ③ 선거제도=중선거구제 45.7% 소선거구제 20% 대선거구제 12.7% 대표제도=비례제 49.7% 다수제 28.8% 소수제 7.4%라고 한다. 물론 이러한 의견은 연사들이 대부분 '사견'이라는 전제 하의 발언이었던 만치 곧 국민의 여론이라고 할 수는 없을 것이다. 더욱이 8.12성명

---

[*] 『대학신문』 제426호, 1962년 9월 10일자 및 제428호, 9월 17일자.

이라는 기존 제약 하의 발언이었고, 또 직전의 양원제 실패의 영향 하의 의견인 만큼 정확한 국민의 여론이라고 속단하기는 힘들지 않을까 생각한다. 만약에 그것이 정확한 여론의 반영이라고 하더라도 서울서 공법학계 대표 전원이 양원제를 주장했다는 사실은 주목되어져야 할 것이다.

이미 헌법심의위 분과위원회에서는 공청회의 여론에 따라 단원제에 기한 헌법요강을 작성하고 있다고 보도하고 있다.

민주정치란 국민에게 참정의 기회를 주며 국민의 일반의사에 의하여 국정을 처리하는 것을 의미한다. 그런 의미에서는 직접민주정치가 가장 적합하다. 그러나 오늘날과 같은 복잡한 정치상황 하에서는 직접민주정치는 불가능하며 루소가 말한 바와 같이, 부득이 대표제 민주정치를 채택하지 않으면 안 될 입장에 놓여 있는 것이다. 그러나 대표제 민주정치는 어디까지나 대표기관인 의회가 국민적 교양과 이성을 구현하고 거기서 국민의 전 지성이 결합되는 한에 있어서만, 또 공개적인 토론에 의하여서만 일반의사로서의 참다운 국민의 전체의사를 발현시키는 것이 가능하다.

그렇게 함으로써만 의회는 일체성으로서의 국민이 다양성으로서의 국민을 지배하고 통일체인 주권의 주체로 만드는 대표적 기능을 성취할 수 있을 것이다.

그러한 의미에서 국민대표기관인 의회의 구성문제는 국민의 부분의사를 어떻게 일반의사로 승화할 것인가 하는 민주정치 존립의 근본문제를 나타내고 있다. 의회의 구성문제에 들어가기 전에 우리나라 국민의 사회실정을 보면 대부분이 정치에 관심을 가질만한 정신적·시간적 여유를 가지지 못하고 수차의 위헌적인 선거와 격동하는 공세(攻勢) 때문에 정치적으로 무관심하게 되어 있다. 이러한 국민을 정치적으로 능동화 하려면 정당의 매개 없이는 불가능하며, 또 대중민주정치는 필연적으로 정당제 민주정치가 되지 않을 수 없다. G. Leibholz가 적절히 지적하는 바와 같이, 현대적 대중민주정치는 국민투표적 민주정치로 나아가지 않을 수 없는 것이다. 대중민주정치에 있어서는 정당만이 국민의 의사형성에 참여할 권리와 의무가 있기 때문에 과거의 명망가 선거에서 나아가 정강정책의 선택과 정권을 담당할 수 있는 다수파를 형성할 수 있는 정당선거에로 이행하여야만 할 것이다.

따라서 지연이나 혈연이나 금연(金緣)에 의한 폐해를 방지하고 몇 만명의 대표가 아닌 국민의 대표를 선출하기 위해서는 비례대표제가 적합하다. 비례대표제는 사표(死票)가 거의 없으며 따라서 정치적 평등을 실질화 할 수 있으며, 또 정당 육성이라는 장점이 있기에 하원선거는 정당중심의 비례대표제를 택하는 것이 좋다고 생각된다. 그러나 비례대표제하에서는 소수 정당의 난립을 가져오며 정당 간부의 횡포를 가져올 것이기에 인물선거의 장점도 아울러 채택하여야 할 것이다.

서독의 선거법위원회는 소선거구제의 장점과 비례대표제의 장점을 아울러 살피는 절충제도를 취하는데 합의를 보았음을 우리도 본받아야 할 것이다. 그러나 서독식 비례대표제도 의석의 배분은 어디까지나 득표수의 비례에 의한다는 것을 알아야 한다.

물론 5%나 10%의 득표를 얻지 못한 정당은 정당난립의 방지를 위하여 의석배분에서 제외하여야만 할 것이다. 하원의원의 정수는 적어도 150명 이상이어야 할 것이다. 임기는 가능한 한 3년 정도로 단축하는 것이 적합하리라고 생각한다. 정당이 이익단체가 아니고 공익을 대표하기 위한 국민의사형성기관으로서 기능하게 하기 위하여서는 압력단체에서의 해방이 이루어져야 한다. 오늘날과 같은 대중사회의 다집단적 구조에 있어서는 전통적인 권력에서의 자유의 옹호와 직접민주정치의 현실적 실현이라는 두 요청은 직능대표제에 의한 상원구성으로서 이루어진다.

Cole은 말하기를 참다운 대표는 항상 특정적 직능이어야 하며 일반적·총괄적이 아니요 대표되어지는 것은 사람이 아니고 목적이라고 하여 직능대표제의 필요성을 강조하고 있다.

Duguit도 국민의회와 병립적인 직능의회의 필요성을 역설하였고 프랑스의 산업조합주의, 영국의 길드 사회주의는 순수한 경제적인 이익대표제를 기도하였고, 정당정치에의 혐오 또한 직능대표제 실현에 박차를 가하였다. 직능대표제의 결함은 국민의 복잡한 직역의 합리적 분할 및 이에 대한 대표자 수의 합리적 할당의 곤란성에 있다. 그럼에도 불구하고 직능대표제의 장점은 단점을 보정하고도 남음이 있다. 헌법공청회에서도 직능대표제 상원 채택을 주장한 사람도 있었고, 또 경제심의위원회를 두자는 설이 많았다. 경제의회는 바이마르 헌법에서 채택되었거니와(헌 165조) 의원은 ① 농업·임업 ② 원예 및 어업 ③ 공업 ④ 상업·은행업 및 보험업 ⑤ 교통업 및 공익기업 ⑥ 수공업 ⑦ 소비자 ⑧ 공무원 및 자유업 ⑨ 지방경제계의 유력자 ⑩ 정부의 자유 추천에 의한 지명이 일정한 비율로써 직능대표제법에 의하여 선발되었다.

그러나 이와 같은 일반 헌법 외에 경제헌법을 두는 것보다는 1946년 바이에른 헌법에 있어서와 마찬가지로 직능대표제 상원을 두는 것이 옳지 않을까 생각한다. "상원은 사회적·경제적·문화적·지방자치화적 조직체의 대표이다"(34조). "상원은 각기의 조직체에서 비중적 기본원칙에 따라 선거된다"(35조, 36조). 농업과 임업대표자 11명, 노동조합 대표자 11명, 시읍면 지방자치체 대표자 6명, 상공업계 대표자 5명, 수공업계 대표자 5명, 중소기업 대표자 5명, 종교단체 대표자 5명, 복지사업조직체 대표자 5명, 자유업 대표자 4명, 대학대표자 3명 합계 60명으로서 구성된다. 우리 상원에서는 물론 이러한 구성을 그대로 따를 필요는 없으나 60명 정도의 직능대표제 상원을 두는 것이 좋으리라고 생각한다. 상원의원의 임기는 6년 매 2년마다 3분의 1 개선(改選)하게 할 것이고, 상원의 권한은 그리 크지 않는 것이 좋으며 하원의 우월이 인정되어야만 할 것이다.

혹자들은 정당의 활동이 허용되는 기간이 너무 짧고 정당의 정상적인 조직 활동이 기대되기 어렵기 때문에 비례대표제를 반대하고 있다. 그러나 혁명과업의 목적이 진정한 민주정치의 재건에 있는 만큼 정당 활동은 앞당겨질 수도 있을 것이고 그렇게 되면 또 정당의 정상적인 조직 활동이 보장될 것을 기대할 수 있지 않을까 생각된다. 한국의 직능대표제 상원에 대해서도 많은 반론이 있으나 그러한 상원 구성이 기우가 되기를 빌며 합리적이고도 모범적인 직능 상원이 구성되어져야 할 것이다.

민주정치는 선량에 의한 정치가 아니고 평균인 대중에 의한 정치임을 거울삼아 선민(選民)의식이나 엘리트의식에서 탈피하고 대중과 함께 호흡할 때에만 성공할 수 있다는 역사의 교훈을 국민 각자가 명심하여야만 할 것이다.

19. 제3공화국 헌법과 대통령[*]

1. 대통령의 헌법상 지위

해방 후의 한국헌법의 발전은 대통령의 지위를 중심으로 한 것이라고 할 수 있겠다. 제헌국회의 헌법기초자들이 이승만(李承晩)의 공갈에 굴하여 하루 저녁에 내각책임제를 대통령제로 변경한 뒤부터 대통령의 지위를 중심으로 한 헌법논쟁은 끊임없이 계속되었고 급기야는 이승만의 영구집권을 위한 개헌이 계속되었던 것이다. 제1공화국 헌법상의 대통령의 직위는 제1차 개헌에서 헌법상 좀 약화되었으나 실질상으로 헌법규정은 무시되었고, 강력한 대통령 개인에 의한 1당1인 정치가 계속되었던 것이다. 제2차 개헌은 이 위헌적 사실을 헌법 개정으로서 합헌화 하고 이승만의 영구집권을 위하여 3선금지의 헌법 조항을 어기는 부칙 개헌을 했었다. 그런 면에서 제1공화국 헌법은 실질상 이박사 1인의 독재정

---

[*] 『해군』(해군본부 정훈감실), 1963년 11월호, 58~63면.

치를 합법화시켜 준 허식적(虛飾的) 헌법이었고 또 제1공화국의 대통령은 다른 모든 헌법기관에 우월하는 독재자로서의 지위를 가진 신대통령제의 대통령이었다. 이러한 개헌－선거－재집권의 악순환이 계속된 제1공화국의 1인 독재 대통령 전제는 4.19의 학생의거에 의하여 몰락하고 이 박사 개인과 함께 망명의 길을 밟은 것이었다.

제2공화국 헌법은 이러한 제1공화국의 대통령 전제의 전철을 밟지 않기 위하여 내각책임제를 채택하고 대통령에게는 다만 국가의 원수로서 형식적이며 의례적인 권한만 부여하였다. 의원내각제 하의 대통령은 대체로 국정에서부터 초연한 지위에 서게 마련이며 국가의 원수로서 국가를 대표하며 그의 권한은 의례적이고 형식적인 것이 원칙이었다. 따라서 제2공화국 헌법상의 대통령은 정치적 책임추궁의 대상에서 제외되며, 중립적인 중재역할을 담당하게 되었다. 따라서 대통령은 정당에 가입할 수 없으며, 대통령직 외의 공직, 또는 사직에 취임하거나 영업에 종사할 수는 없었다. 이에 반하여 그가 제청하여 국회의 인준을 받는 국무총리는 정당의 지도자로서 국정을 담당하며 행정권의 수반으로서 실질적 권한을 가지고 의회에 대하여 연대책임을 지게 되었었다.

이에 반하여 5.16군사정권은 강력한 혁명수행을 위하여 권력통합적인 의회정부제를 채택하였다. 비상조치법은 국가재건최고회의에 입법권과 행정권 및 사법행정권을 귀일시켰고 대통령에게는 제2공화국 헌법에서처럼 형식적·의례적 권한만을 부여하고 있었다. 그러한 면에서 최고회의 의장의 실질적인 권한은 비록 국가의 원수는 아니나 최고통치기관의 장으로서 최고회의의 질서를 유지하며 의사를 정리하고 사무를 감독하여 최고회의를 대표하는 직책을 가진 최고통치자였다. 물론 비상조치법에 의하면 최고회의는 집단으로서의 합의기관이었으나 사실상에서는 상임위원회나 의장단에 의하여 지배되어지는 과도적 경향을 가졌다.

새로운 사태의 돌발에 따라 자의로 비상조치법을 개정하여 통치를 해온 군정을 우리는 입헌정치라고는 할 수 없었고, 어디까지나 하나의 위기정부로 규정하여야만 할 것이다. 혁명의 종료와 입헌정치의 재현을 위한 것이 곧 비상조치법의 개정에 의한 헌법 전면개정의 착수였고, 이 신헌법은 1962년 12월 17일의 국민투표에 의하여 확정되었으며, 이로써 제3공화국의 기본법이 제정되기에 이른 것이다. 이 제3공화국 헌법은 부칙에서 이 헌법에 의한 국회가 처음으로 집회한 날로부터 시행한다고 하고 있기 때문에 최초의 국회의 집회까지는 효력이 발생하지 않는다. 이 헌법에 의한 대통령, 국회의원의 선거나 기타 준비는 이 헌법 시행 전에 할 수 있기 때문에 금년 10월 15일의 대통령선거와 11월 26일의 국회의원선거로서 연내 시행이 확정되게 되었다. 이로써 제3공화국은 탄생을 보게 되는 셈이다.

제3공화국 헌법은 주지하는 바와 같이, 신대통령제의 정부형태를 채택하고 있다. 이 신대통령제 정부형태는 제1공화국의 대통령제의 복귀라고 하기보다 비상조치법 하의 대통령과 최고회의 의장을 일체화한 신대통령제의 대통령이라고 보는 것이 타당할 것이다. 다만 대통령이 임기 4년으로 재선만이 허용된다는 점과 소속 정당의 추천을 받은 자로서 국민의 보통·평등·직접·비밀선거에 의하여 선거되거나 또는 국회에서 선출되어야만 하는 점 등이 다르나, 그 실질적 권한에 있어서는 거의 절대적이고 국가의 원수일 뿐만 아니라 행정권의 수반으로서 행정권을 행사하고 법률안거부권, 긴급명령권, 대통령령제정권 등 입법권과 사면권과 같은 사법상 권한 등을 가진 점에서 현 최고회의 의장과 비슷한 권력지위에 있다고 하겠다. 물론 신대통령도 어느 정도의 권력분립의 원칙에 의하여 현 최고회의 의장처럼 절대적인 권한을 행사할 수는 없을 것이나, 미국식 권력분립 국가의 대통령보다는 강력한 권한을 행사하게 된다. 대통령은 이러한 권력행사에 있어서 독자적으로 하는 것이 아니고 심의기관인 국무회의의 심의를 거쳐 국회의 동의나 승인을 얻어서 하는 경우가 있다. 또 대통령의 행위는 문서로써 하여야 하며, 국무총리와 관계 국무위원의 부서가 있어야 하나 이것은 대통령의 행위를 견제하는 역할을 하는 것은 아니라고 할 것이다.

2. 대통령의 권한

제3공화국 헌법상 대통령은 국가의 원수인 동시에 행정권의 수반으로서 실질적 권한과 형식적 권한을 모두 가지게 된다. 신헌법상의 대통령의 권한은 제2공화국 헌법의 대통령의 형식적 권한과는 달리 거의 전부가 실질적 권한인 점에서 다르다. 신헌법상의 대통령의 권한을 행정에 관한 권한과 입법에 관한 권한과 사법에 관한 권한으로 나누어 보면 대략 다음과 같다.

1) 행정에 관한 대통령의 권한

① 대통령은 행정권의 주체인 정부의 수반으로서 국가정책의 최고결정권과 그 집행권을 가진다. 뿐만 아니라 법률의 집행권을 가지며 정책집행에 필요한 집행명령과 위임명령을 발포할 수 있으며, 정책집행을 통제·감독하는 권한을 가진다. ② 대통령은 외국에 대하여 국가를 대표하며 외국을 승인할 수 있다. 대통령은 조약을 체결·비준하고 외교사절을 신임·접수 또는 파견하며, 선전포고와 강화를 하는 권한을 가진다. 그러나 외교에 관한 권한 중에서도 특수 조약의 체결이나 비준에 대해서는 국회의 동의를 얻어야 한다. 선전포고, 국군의 해외파병, 기타도 같다. ③ 대통령은 헌법과 법률이 정하는 바에 의하여 국군을 통수한다. 그는 국군통수 상 필요한 명령을 발하여 국방장관을 통하여 군정을 장리케 하고 군령(軍令)에 관한 직무를 대리시킬 수 있다. 대통령은 합동참모본부 의장, 부의장, 육군참모총장, 해군참모총장, 사단장 기타 부대장, 함대사령관 기타 부대장, 공군참모총장, 기타 대통령령이 정하는 군인을 임면한다. ④ 대통령은 헌법과 법률의 정하는 바에 의하여 공무원을 임명

한다. 헌법상에서 대통령이 임명할 수 있는 것으로서는 국무총리와 국무위원, 행정각부 장관을 비롯하여 감사원 원장, 감사위원, 대법원장 및 대법원판사, 중앙선거관리위원 중 2명 등이며, 법관추천회의 구성원 중 법률학 교수 1명을 지명할 수 있다. ⑤ 또 대통령은 국무회의의 의장이 되고 국가안전보장회의를 주재하며 경제과학심의회를 주재한다. ⑥ 대통령은 법률의 정하는 바에 의하여 훈장 기타 특전을 수여할 권리가 있다. ⑦ 대통령은 전시·사변 또는 이에 준하는 국가비상사태에 있어서 병력으로써 군사상의 필요 또는 공공의 안녕질서를 유지할 필요가 있을 때에는 법률의 정하는 바에 의하여 계엄을 선포할 수 있다. ⑧ 대통령은 정부의 수반으로서 정당의 해산을 대법원에 제소할 수 있다. ⑨ 대통령은 정부의 수반으로서 예산안을 편성·제출할 권리의무가 있으며, 또 추가경정예산안을 편성할 권리의무가 있다. ⑩ 내우·외환·천재·지변 또는 중대한 재정경제상의 위기에 있어서 공공의 안녕질서를 유지하기 위하여 긴급한 조치가 필요하고 국회의 집회를 기다릴 여유가 없을 때에 한하여 대통령은 최소한으로 필요한 재정경제상의 처분을 할 수 있다.

2) 입법에 관한 대통령의 권한

① 대통령은 정부의 수반으로서 법률안을 제출할 권리가 있으며 법률공포권을 가진다. ② 대통령은 법률안에 이의가 있을 때에는 법률안에 이의를 붙여서 국회로 환부하고 그 재의(再議)를 요구할 수 있다. 이것은 대통령의 거부권이라고 하며, 대통령의 법률안거부에 대해서는 국회는 재의에 붙이고 재적의원 과반수의 출석과 출석의원 3분의 2 이상의 찬성으로서 전과 같은 의결을 하면 그 법률안은 법률로서 확정된다. 대통령은 확정된 법률을 지체 없이 공포하여야 한다. ③ 국가안위에 관계되는 중대한 교전상태에 있어서 국가를 방위하기 위하여 긴급한 조치가 필요

하고, 또 국회의 집회가 불가능한 때에 한하여 대통령은 법률의 효력을 가지는 긴급명령을 발할 수 있다. 또 긴급재정처분을 하기 위하여 필요한 경우에는 법률의 효력을 가지는 긴급재정경제명령을 할 권리를 가진다. ④ 뿐만 아니라 대통령은 법률에서 구체적으로 범위를 정하여 위임받은 사항에 대한 위임명령과 법률을 집행하기 위하여 필요한 사항에 관하여 집행명령을 발할 수 있다. ⑤ 대통령은 제안된 헌법 개정안을 30일 이상의 기간 공고하여야 하며 헌법 개정안이 확정된 경우 대통령은 즉시 이를 공포하여야 한다. ⑥ 그 외에도 긴급한 필요가 있는 경우에는 국회임시회의 집회를 요구할 수 있다. 또 대통령은 국회에 출석하여 발언하거나 서한으로 의견을 표시할 수 있다.

3) 사법에 관한 권한

대통령은 법률이 정하는 바에 의하여 사면·감형 또는 복권을 명할 수 있다. 일반사면을 명하려면 국회의 동의를 얻어야 한다.

3. 대통령의 권한행사방법

이상의 대통령의 권한들은 대통령이 독자적으로 행사할 수 있는 것과 다른 기관의 자문 내지는 승인을 얻어서 행사할 수 있는 것이 있다.

1) 국가안전보장회의의 자문

국가안전보장에 관련되는 대외정책, 군사정책과 국내정책의 수립에 관하여 국무회의의 심의에 앞서 대통령은 국가안전보장회의의 자문을 받아야 한다.

2) 경제과학심의회의의 자문

국민경제의 발전과 이를 위한 과학진흥에 관련되는 중요한 정책수립에 관하여 국무회의의 심의에 앞서 대통령은 경제과학심의회의에 자문하여야 한다.

3) 국무회의의 심의

국무회의는 정부의 권한에 속하는 중요한 정책을 심의하는 기관으로서 대통령, 국무총리와 10인 이상 20인 이하의 국무위원으로 구성된다. 대통령은 자기의 권한 중 ① 국정의 기본적 계획과 정부의 일반 정책 ② 선전·강화 기타 중요한 대외정책 ③ 조약안·법률안과 대통령령안 ④ 예산안·결산·국유재산처분의 기본계획·국가의 부담이 될 계약 기타 재정에 관한 중요 사항 ⑤ 계엄과 해엄 ⑥ 군사에 관한 중요 사항 ⑦ 국회의 임시회 집회의 요구 ⑧ 영전수여, 사면·감형과 복권 ⑨ 정당해산의 제소 등에 대하여 국무회의의 심의에 부하여야 한다. 국무회의의 성격에 관해서는 이론(異論)이 많으나 그것은 필요적 심의기관이다. 국무회의의 심의가 대통령을 구속하는 것은 아니다. 따라서 단순한 평의기관이요 의결기관은 아니다.

4) 국무총리 및 관계 국무위원의 부서

대통령의 국법상의 행위는 문서로써 하며 이 문서에는 국무총리와 관계 국무위원의 부서(副署)가 있어야 한다. 군사에 관한 것도 또한 같다. 대통령제 하에 있어서의 부서의 의의는 정치적 책임을 지지 않는 대통령에게 조언과 보좌를 한 국무총리와 관계 국무위원의 확인행위라고 볼 수 있을 것이다.

5) 국회의 동의 또는 승인

대통령의 권한행사에 있어서 약간의 것은 국회의 동의 또는 승인을 얻어야 한다. 약간의 예를 들면, 외교에 관한 권한 중에서도 상호원조 또는 안전보장에 관한 조약, 국제조직에 관한 조약, 통상조약, 어업조약, 강화조약, 국가나 국민에게 재정적 부담을 지우는 조약, 외국군대의 지위에 관한 조약 또는 입법사항에 관한 조약의 체결·비준에 대해서는 국회의 동의를 얻어야 한다. 그리고 선전포고, 국군의 외국에의 파견, 또는 외국군대의 대한민국 영역 안에서의 주류에 대해서도 국회의 동의를 얻어야 한다. 또 감사원장의 임명, 대법원장의 임명 등은 국회의 동의를 얻어야 한다. 그리고 긴급재정처분, 긴급재정명령, 긴급명령 등은 국회의 승인을 얻어야 한다. 또 일반사면의 경우에 있어서도 같다.

4. 제3공화국 헌법의 신대통령제의 특색과 가치

　상술한 바와 같이, 신 헌법상의 대통령은 국가의 원수일 뿐만 아니라 정부의 수반으로서 행정권을 행사하고 법률제정의 권리며 재정에 관한 권리 등을 가진다. 그 중에서도 법률안거부권이며 긴급권을 가지는 점에 있어서 그 권력의 비대성을 짐작할 수 있다. 물론 이러한 비대한 권력은 타 기관에 의하여 어느 정도의 견제를 받고 있다. 그 중요한 것은 국회의 법률결의권, 국정조사권, 예산심의결정권, 탄핵권, 국무총리・국무위원의 해임건의권과 법원의 법령심사제도를 들 수 있다.

　이에 반해서 대통령은 정당을 통하여 국회를 조정할 수 있으며 대법원의 구성 등에 영향을 미치는 등 타 권력기관에 대하여 우월적인 권력을 가지고 있다. 특히 대통령은 법률안거부권이며 긴급권에 의하여 합법적으로도 국회를 견제할 수 있으며, 당수인 대통령의 원내 정당강제나 정당기율을 통하여 국회 자체를 실질적으로 대통령이 견제할 수도 있을 것이다. 또 국정감사기관인 국회의 회기를 단축하고 국회의원 활동에 많은 제약을 가하고 있는 신 헌법상의 대통령은 최고기관인 국회에까지 우월할 가능성이 많다.

　신 헌법상의 대통령은 이와 같이 강대한 권력을 가지고 있다. 이것은 정부의 안정과 집행의 과감성을 초래하기 위한 제도라고 보겠다.

20. 유진오의 헌법 초안에 나타난 국가형태와 정부형태[*]

1. 유진오 헌법 초안의 성립과정

한국이 일제에서 해방되자 모든 정치사회단체들이 새로운 헌법의 제정을 위한 초안 작성에 바빴다. 유진오 선생(이하 경칭생략)의 회고록에 의하면,[1] 당시 한국에서 헌법에 관하여 강의하고 있었던 분은 유진오(당시 경성대와 보성전문 교수)밖에 없었기에 1947년에는 법전편찬위원회의 위촉을 받아 초안을 작성했고, 다음 한민당의 위촉을 받아서 독자안을 작성하였다고 한다.[2] 그런데 이 독자안을 중심으로 최하영(崔夏永) 씨 처가댁에서 심의해서 국회헌법기초위원회의 원안으로 삼았다 한다. 또 법전편찬위원회에 준 안을 윤길중·황동준 두 분하고 심의해서 만든 초안이 나중에 법전편찬위원회안으로 국회에 상정되었다고 한다. "이로써 유진

---

[*] 『한국사 시민강좌』 제17집(1995), 94~114면.
[1] 유진오, 『헌법기초회고록』(이하 『회고록』이라 약한다), 10면 이하 참조 유진오, 『헌법해의』, 1949.
[2] 「헌법기초 당시의 회고담, 유진오 씨와의 대화」, 『국회보』 제20호(4291.7.15), 30면.

오 씨가 기초한 안을 가지고 한편으로는 법전편찬위원회에서 토의하게 되고, 한편으로는 같은 안을 가지고 최하영 씨 댁에서 동지들끼리 토의하게 된 것"이라고 한다.[3]

이로써 보면 국회에서 심의되었던 원안이나 대안이 모두 유진오안이었음을 알 수 있다.

> "헌법기초위원회에서는 내가 준비한 안을 내놓으라고 하여 내놓았는데 권승렬씨가 또 하나 안을 내놓아서 안이 둘이 된 셈입니다. 하나는 여태 이야기한 최하영씨 댁에서 여러 사람이 토의한 안이고, 하나는 법전편찬위원회에 내가 제출한초안을 가지고 주로 권승렬씨가 외국법전도 참고해서 가감한 것이지요."[4]

이 점에서 국회에서 헌법기초를 주도했던 것은 유진오 전문위원이었다고 하겠다. "이 안은 헌법기초위원회에서 거의 90% 이상이 대개 그대로 채택이 되어서 제1독회에서는 물론이고…… 대체토론이 지나가고 제2독회…… 조문을 정리 중에 아시다시피 내각책임제로 헌법안이 되어 있던 것이에요. 그런데 그 제도로는 안 되겠다……"고 국회의장인 이승만 박사가 반대해서 급기야는 대통령제로 되고 말았다.[5] 이 돌변적 사태에 유진오는 반대해서 국회심의를 보이콧했는데, 나중에는 부득이 국회 본회의에서 제안이유를 설명했다고 한다.[6] 이 초안의 작성·심의과정에서 유진오가 참고자료로 한 문헌은 다음과 같다.[7]

「조선임시약헌」(1947년, 입법의원에서 통과된 것)
「조선인민의 권리에 관한 포고」(1948년 4월 7일, 하지 중장 포고)

---

3 유진오, 『회고록』, 17면 이하; 상게 대담, 31면; 위 『회고록』, 32면 이하 참조.
4 상게 대담, 32면; 『회고록』, 48면.
5 상세한 것은 후술, 또 『회고록』, 52면 이하 참조.
6 『회고록』, 56면 이하.
7 유진오, 『헌법해의』, 26면; 『회고록』, 22면.

「대한민국건국강령」(민국 23년 11월 28일, 임시정부 국무위원회에서 공포한 것)

"The Constitution of Korea"(과도정부 사법부 미인 고문 우드월안)

「조선민주공화국임시약법」(시안)(1946년 제1회 미소공위에 제출차 준비되었던 민주주의민족전선측 시안)

「대한민국임시헌법」(민주의원안)

「한국헌법」(1946년, 행정연구회안)

1947년, 제2회 미소공위에 제출된 자문 5·6호에 대한 각 정당, 사회단체의 답신

「조선민주주의인민공화국헌법」(괴뢰정권안)

각 정당의 강령과 정책

2. 유진오의 국가형태론

1) 유진오 헌법 초안에 담긴 국가형태

유진오 헌법 초안은 이를 대별하면 1) 헌법 초안원안, 2) 국회헌법기초위원회기준안, 3) 법전편찬위원회안의 셋으로 나눌 수 있다.[8]

(1) 헌법 초안원안에 나타난 국가형태

이 안은 유진오가 법전편찬위원회에 제출한 안이다. 원안은 제1장에서 총강을 규정하고 있는데 국가형태에 관한 조항으로는 다음과 같은 것이 있다.[9]

---

8 출처는 『국회보』 제20호, 64면 이하, 유진오, 『회고록』.
9 위의 대담과 책.

제1장 총강

제1조 조선은 민주공화국이다.

제2조 국가의 주권은 인민에게 있고 모든 권력은 인민으로부터 발한다.

제3조 조선국민의 요건은 법률로써 정한다.

제4조 조선민주공화국의 영토는 조선반도와 울릉도, 제주도 기타의 부속도서로 한다.

제5조 조선민주공화국은 정치·경제·사회·문화의 모든 영역에 있어서 개인의 자유·평등과 창의를 존중하고 보장하며 공공복리의 향상을 위하여 此를 보호하고 조정하는 의무를 진다.

이 원안의 국가형태는 민주공화국으로 되어 있으며 그 뒤에도 그대로 유지되고 있다.

(2) 국회헌법기초위원회기준안에 나타난 국가형태[10]

〔전문〕

유구한 역사와 전통에 빛나는 우리 한국인민은 삼일혁명의 위대한 발자취와 거룩한 희생을 추억하며 불굴의 독립정신을 계승하여 지금 자주독립의 조국을 재건함에 있어서 우리들과 우리들의 자손을 위하여 정의와 인도의 旗발 밑에 민족의 단결을 공고히 하며 모든 봉건적 인습을 타파하고 세계진운에 뒤지지 않도록 진취적인 민주주의제제도를 수립하여 정치, 경제, 사회, 문화의 모든 영역에 있어서 각인의 기회를 균등히 하고 각인의 능력을 최고도로 발휘케 하며 근로역행하여 각인의 책임과 의무를 완수케 하여서 안으로는 인민의 복지를 향상케 하고 밖으로는 항구적인 국제평화의 유지에 노력하며 모든 침략과 전제와 빈곤을 배제

---

10 『회고록』, 70~71면.

하고 우리들의 자손의 안전과 자유와 행복을 영원히 확보할 것을 결의하고 1948년 월 일 우리들의 자유로이 선거된 대표로써 구성된 국회에서 이 헌법을 채택한다.

제1장 총강

제1조 한국은 민주공화국이다.

제2조 한국의 주권은 인민에게 있고 모든 권력은 인민으로부터 발한다.

제3조 한국국민의 요건은 법률로써 정한다.

제4조 한국의 영토는 조선반도와 울릉도 및 기타의 부속도서로 한다.

제5조 한국은 정치, 경제, 사회, 문화의 모든 영역에 있어서 개인의 자유, 평등과 창의를 존중하고 보장하며 공공복리의 향상을 위하여 此를 보호하고 조정하는 의무를 진다.

이 안에서는 전문을 추가하였는바 전문에서 진취적인 민주주의제제도를 수립하고 평등과 복지·평화에 입각한 국가제도의 구축을 구가하고 있다. 이 단계에서 국호를 한국이라고 변경하고 있다.

(3) 법전편찬위원회안에 나타난 국가형태[11]

제1장 총강

제1조 대한민국은 민주공화국이다.

제2조 대한민국의 주권은 국민에 있고 모든 권력은 국민으로부터 발한다.

제3조 대한민국의 국민이 되는 요건은 법률로써 정한다.

제4조 대한민국의 영토는 경기도·충청북도·충청남도·전라북도·전라남도·경상북도·경상남도·황해도·평안남도·평안북도·강원도·함경남도

---

11 위의 책, 80~81면.

・함경북도이다.

　제5조 대한민국은 道義의 창명(彰明)을 건국의 정신으로 하고 침략적 전쟁을 부인한다.

　제6조 대한민국은 정치・경제・사회 급 문화의 모든 방면에 있어 국민의 자유・평등과 창의를 존중하며 공공의 복리를 위하여 이를 보호・조정한다.

이 안은 국호를 대한민국으로 하고 영토 규정을 명확히 하였으며, 제5조에 도의의 창명을 건국의 정신으로 하고 있는 것이 다르다.

(4) 유진오안의 국가형태 조항의 특색

유진오안에 있어서는 일관되게 국가형태를 민주공화국으로 규정하고 있다. 이는 국호가 조선・한국・대한민국으로 바뀌면서도 계속 국가형태로 민주공화국을 고집한 것은 인민공화국에 대립되는 국가형태로 보았기 때문이다.

유진오초안에서 특기할 것은 국가의 목적 조항을 둔 것이다. 헌법 초안원안에서는 "조선민주공화국은 정치・경제・사회・문화의 모든 영역에 있어서 개인의 자유・평등과 창의를 존중하고 보장하며 공공복리의 향상을 위하여 차(此)를 보호하고 조정하는 의무를 진다"(제5조)고 하였다. 그것이 국회헌법기초위원회기준안에서도 그대로 유지되었으며(제5조) 법전편찬위원회안에서도 그대로 유지되고 있다(제6조).

2) 유진오의 국가형태에 관한 견해

그러면 유진오는 국가와 국가형태에 관하여 어떤 견해를 가지고 있었던가 알아보기로 하자.

(1) 국가관

유진오는 국가에 관해서 많은 논문을 발표하고 있어 그의 국가관을 아는데 도움이 된다. 그의 국가에 관한 대표적 논문은 1948년 『법정』 제3권 3・4・6호에 실린 「국가의 사회적 기능」이란 논문이다.[12] 그는 "미국식 민주주의의 이름으로 알려져 있는 정치적 자유의 이념과, 소련식 민주주의의 이름으로 알려져 있는 경제적・사회적 균등의 이념을 둘 다 비판적 태도로써 섭취하는 방향으로 집중되었다."[13] 이 시기에 나온 논문이기에 중요한 의미를 가진다. 이 밖에도 「권력분립제도의 검토」가 있다.[14]

그러나 계몽적으로 국가를 논한 것으로는 『헌법입문』이 있다.[15] 그는 제1장에서 나라란 무엇인가, 제2장에서 나라의 종류, 제3장에서 자유와 평등, 제4장에서 나라의 조직, 제5장에서 국회와 선거, 제6장에서 정부, 제7장에서 법원, 제8장에서 지방행정을 다루고 있다. 이 책자가 그의 국가관을 잘 정리해 놓고 있어 여기에 따라 그의 국가론을 보기로 한다.

그는 우선 나라란 무엇인가를 묻고 있다. 그는 나라를 3요소로 성립한다고 보고, 첫째 요소가 국민이고, 둘째 요소가 영토이며, 셋째 요소가 주권이라고 하고 있다. 국가의 세 가지 요소인 국민과 영토와 주권을 종합해 말한다면 "나라라는 것은 일정한 영토 위에 정착해 사는 사람들이 명령・복종의 통치관계로써 맺어진 단체로서 외국에 대하여 독립의 지위를 가진 것을 말한다"고 하고 있다.[16]

그는 이 삼요소설에 따라 제2조에서 주권을 규정하고, 제3조에서 국민을 규정하고, 제4조에서 영토를 규정하고 있다. 이러한 규정방식은 외국에서도 인정되고 있는 것으로 정통성 있는 헌법 초안 작성태도라고 하겠다.

---

12 유진오, 『헌법의 기초이론』, 1949, 13면 이하 수록.
13 위의 책, 5면.
14 위의 책, 62면(『법정』 제2권 제4호, 1947).
15 유진오, 『헌법입문』, 조문사, 1952.
16 『헌법입문』, 17면.

(2) 국가형태구분

"다 같이 나라라 하여도 나라에는 여러 가지 종류가 있다. 가령 군주 국과 민주국, 전제국과 입헌국, 종주국과 부용국, 보호국과 피보호국 등이 그것이며 그 이외에도 분류하는 표준을 달리하면 또 몇 가지로 더 분류할 수 있으나 그 중에서 지금 우리들이 불가불 알아두어야 할 것은, 첫째는 나라를 다스리는 사람이 누구인가를 따라 구별하는 나라의 종류요, 둘째는 나라를 어떻게 다스리는가 하는 방법을 따라 구별하는 나라의 종류다"라고 하면서,[17] 첫째 분류는 나라의 주권을 누가 가지고 있는가를 표준으로 해서 분류하는 군주국·귀족국·민주국의 국체로 나누고 있고,[18] 둘째 분류는 나라를 어떻게 다스리는가 하는 방법에 따라 나라를 분류한다면 전제국 또는 독재국과 입헌국 또는 법치국의 두 가지로 나눌 수 있다고 하고 있다.[19] 그는, 국체의 구별은 주권의 소재를 기본으로 하는데 학자는 그를 군주국가와 공화국가의 2로 대별한다. 또 정체의 구별은 주권의 행사형태를 기본으로 하는데 그의 구별은 학자마다 다르나 통설은 다음과 같다.

군주국가 $\begin{cases} \text{전제군주국가} \\ \text{제한군주국가(입헌군주국가)} \end{cases}$

공화국가 $\begin{cases} \text{귀족국가} \\ \text{과두국가(독재국가)} \\ \text{민주국가} \\ \text{쏘베트국가} \end{cases}$

고 하면서,[20]

---

17 위의 책, 18면.
18 위의 책, 18면.
19 위의 책, 23면.

본조는 대한민국의 국호와 국체와 정체를 규정한 것인데, 보통 공화국이라 하면 세습 군주를 가지고 있지 않은 국가를 말하고, 또 20세기 초기에 이르기까지에는 공화국과 민주국은 동의어로 사용하였으며 각 민주국가는 '공화국'(Republic)의 명칭만을 사용하는 것이 보통이었다. 그러나 근시에 이르러서는 공화국 중에도 권력분립을 기본으로 하는 민주정체를 채택하는 국가도 있고(예, 미·불 등), 의회제도와 사법권의 독립을 폐지 혹은 유명무실하게 하는 독재정체를 채택하는 국가도 있고(예, 나치스독일, 파시스트 이태리), 또 소련과 같이 삼권통합을 기본으로 한 쏘베트제도를 채택하고 있는 국가도 있어 공화국의 정치형태가 동일하지 않으므로, 본조에 있어서 우리나라는 공화국이라는 명칭만을 사용하지 않고 권력분립을 기본으로 하는 공화국임을 명시하기 위하여 특히 '민주공화국'이라는 명칭을 사용한 것이다. 제2차 세계대전 이후에 제정한 불란서 신헌법과 이태리 신헌법도 '공화국'이라는 명칭만을 사용하지 않고 '민주공화국'이라는 명칭을 사용하고 있다(佛憲 제1조, 伊憲 제1조). 이상을 요언하면 대한민국의 국체는 '공화국'이며 정체는 '민주국'인데 그를 합하여 '민주공화국'이라 한 것이다.

고 해설하고 있다.[21]

그는 이러한 국가 중에서 민주국만이 합리적이며 우리나라가 지향하여야 할 목적도 민주국이어야 함을 역설하고 있다.

군주국·귀족국·민주국의 세 가지 종류를 비교한다면 오로지 민주국만이 합리적이며 옳은 정치를 하는 나라라 하겠는데, 그러면 우리나라 즉 대한민국은 어떠한 나라냐 하면 민주국이다. 대한민국헌법 제1조에는 "대한민국은 민주공화국이다"라고 뚜렷이 밝혀 있으며, 제2조에는 "대한민국의 주권은 국민에게 있고 모든 권력은 국민으로부터 나온다"고 명백히 표시되어 있다. 우리나라의 주

---

20 유진오, 『헌법해의』, 46면.
21 위의 책, 45면.

인은 대통령도 아니오, 국회의장도 아니오, 국무총리도 아니오, 국민 자신인 것이다. 우리나라는 국민 자신이 주인이 되어 스스로를 다스리는 민주국인 것이다.

그러나 이곳에서 한마디 주의해 둘 말이 있다. 그것은 우리나라가 민주국이 될 것은 우리들 자신이 민주국을 건설하기 위해 투쟁한 결과라느니 보다도 우리나라가 독립되기 전에 벌써 연합국 사이에 결정되어 있었던 일이기 때문에 우리나라 사람들은 민주국이 어째서 좋은 것인지 민주국을 건설하기가 얼마나 힘드는 것인지 일반적으로 아직 잘 모르는 폐단이 있다는 것이다. 이것은 별로 큰 의미가 없는 일 같을는지는 모르나 그렇지 않다. 만일 우리들이 민주국가의 의미와 가치를 충분히 깨닫지 못하는 경우에는 모처럼 세워 논 우리 대한민국을 정말 민주주의적으로 키워 나가기가 어려울 것이다. 자수성가한 사람이라야 재산의 가치와 고마움을 잘 아는 격으로 민주주의도 자기 자신의 힘과 노력으로 세운 사람이라야 그 가치와 고마움을 잘 아는 것이다.[22]

그러나 그는 민주국에도 독재제가 있고 법치국이 있다고 하면서, 다음과 같이 말하고 있다.[23]

군주국에는 전제군주국과 입헌군주국이 있고 민주국에는 독재국과 법치국이 있다 하겠는데 이 네 가지 나라 중에서 가장 좋은 것은 법치국인 민주국임을 말할 것도 없다. 군주국 중에도 입헌군주국은 형식은 어찌되었든 실제에 있어서는 과히 나쁜 것이라 할 수 없으나, 이왕이면 형식마저 낡은 형태를 벗어나 깨끗하게 대통령을 모시는 것이 좋음은 말할 것도 없다.

우리나라가 민주국인 것은 이미 명백해졌으나 그러면 우리나라는 정말 국민의 자유와 권리를 보장하고 국회에서 제정한 헌법과 법률을 따라 정치가 행해지는 입헌국 또는 법치국인가. 그렇지 않으면 이름만 민주국이고 실제는 전제국 또는 독재국인가. 이 문제는 우리나라 정부가 수립된 후 지금까지 실제로 해온 정치의

---

22 『헌법입문』, 22면.
23 위의 책, 25~26면.

발자취를 보면 알 수 있는 것인데, 일례를 들면 국회와 대통령의 관계를 가지고 보더라도 우리나라가 형식만이 아니라 실제에 있어서도 법치를 행하고 있는 것이 명백하다 할 것이다. 만일 우리나라가 형식만 민주국이고 실제에 있어서는 전제국 또는 독재국이라 하면 국회와 대통령 사이에는 아무런 마찰도 없을 것이며 국회는 대통령의 한마디 말만 떨어지면 무조건하고 박수나 하고 말 것이다.

그러나 그렇지 않고 국회가 국회의 권위를 세워 정부에서 하는 일을 자유롭게 비판하고 때로는 반대까지도 하는 것은 즉 우리나라의 정치가 대통령이나 정부의 마음대로 되는 것이 아니라 항상 국민의 비판 앞에 놓여 있음을 의미한다. 우리나라 정부가 수립된 후 국회와 정부 사이에 항상 옥신각신이 있는 것을 보고 우리나라 사람 중에는 큰일 났다고 근심하는 사람도 있으나 그것은 정도만 심하지 않다면 도리어 기뻐할 현상이다. 민주국에서는 일반적으로 언론의 자유와 비판의 자유가 보장되는 것이지만 특히 국민을 대표하여 법률을 제정하고 국정에 참가하는 국회에서는 반드시 그것이 보장되어야 하는 것이며 그리하여야만 정치가 어떤 한 사람의 손에서 좌지우지되지 않고 국민의 총의에 의하여 움직이게 되는 것이다.

유진오의 이러한 국체와 정체의 구분은 바이마르헌법과 일본헌법 하의 학설을 따른 것이라고 하겠다.

(3) 국가의 기본성격

그는 국가의 기본성격에 관하여 헌법 초안에 규정하고 있는데 이 조항은 정치적 민주주의와 경제적 민주주의의 조화를 강조하고 있다. 안 제5조 "대한민국은 정치·경제·사회·문화의 모든 영역에 있어서 각인의 자유·평등과 창의를 존중하고 보장하여 공공복리의 향상을 위하여 이를 보호하고 조정하는 의무를 진다"는 규정에 대하여 다음과 같이 해설하고 있다.[24]

첫째 본조 전단은 우리나라가 정치·경제·사회·문화의 모든 영역에 있어서 각인의 자유·평등·창의를 존중하고 보장할 것을 규정하였는데, 이것은 헌법 전문 중의 "정치·경제·사회·문화의 모든 영역에 있어서 각인의 기회를 균등히 하고 능력을 최고도로 발휘케 하며"라는 문구와 취지를 같이 하는 것이며, 우리나라가 국민의 권리와 자유를 무시하는 전체주의나 독재주의의 국가가 아니고 최대한도 국민의 권리와 자유와 창의를 보장하는 민주국가임을 엄연히 선언한 것이다. 국가의 건전한 발달은 국민 각자의 건전한 발달이 없이는 절대로 바랄 수 없으며, 또 국민 각자의 건전한 발달은 그에게 가능한 최대한도의 자유를 부여하고 그의 권리와 창의를 존중하는 데에서만 희구할 수 있음은 역사가 증명하고 있는 천고의 진리인 것이다.

둘째 본조 후단은 전단이 정치적 민주주의를 채택할 것을 선명한데 대하여 경제적·사회적 민주주의를 우리나라에서 함께 채택할 것을 선명한 것인데, 전술한 바와 같이 개인의 자유와 평등과 창의를 될 수 있는 대로 존중하는 것은 개인의 발전을 위하여 나아가서는 국가의 발전을 위하여 절대로 필요한 일이나, 자본주의의 폐해가 노골적으로 발현된 형태에 있어서는 국민에게 형식적 또는 법률적으로 자유와 평등을 부여하고 그의 창의를 존중함으로써만 국민 전체의 건전한 발달과 행복을 바랄 수 있으므로, 본조 후단은 공공복리의 향상을 위하여 필요할 때에는 우리나라는 국민의 자유, 평등, 창의를 다만 존중하고 보장한다는 입장에서 일보 나아가서 적극적으로 국가권력을 가지고 그를 보호하며, 또 그를 조정할 의무가 있는 것을 규정한 것이다. 이 규정에 의하여 우리나라는 경제적 약자를 될 수 있는 대로 보호하고, 경제적 약자의 지나친 자유가 국민의 경제생활에 악영향을 줄 때에는 그를 제한, 간섭 또는 금지함으로써 균등의 원칙을 유지할 의무가 있는 것이다.

유진오의 헌법 초안에 나타난 국가의 특색은 정치적 민주주의뿐만 아

---

24 유진오, 『헌법해의』, 51~52면.

니라 경제적 민주주의를 강조했다는 것이다. 그의 헌법 초안원안은 제93조에서, "조선민주공화국의 경제질서는 모든 인민에게 생활의 기본적 수요를 충족할 수 있게 하는 사회정의의 실현과 균형 있는 민족경제의 발전을 기함을 기본으로 삼는다. 각인의 경제상 자유는 이 한계 내에서 보장된다"고 규정하고 있었다. 이 안은 국회헌법기초위원회초안에서는 제83조로 되었고, 법전편찬위원회안에서는 제108조에서 "경제기구는 모든 국민에게 기본적 생활의 수요를 충족할 수 있는 발전을 기하고 사회정의의 앙양과 경제균등의 실현을 기함을 기본으로 한다"고 바뀌었다. 그러나 국회본회의에서는 유진오안에 따라 "대한민국의 경제질서는 모든 국민에게 생활의 기본적 수요를 충족할 수 있게 하는 사회정의의 실현과 균형있는 국민경제의 발전을 기함을 기본으로 삼는다. 각인의 경제상 자유는 이 한계 내에서 보장된다"로 환원되었다.

경제조항에 대하여 유진오는 다음과 같이 해설하고 있다.[25]

> 우리나라는 경제문제에 있어서 개인주의적 자본주의국가 체제에 편향함을 회피하고 사회주의적 균등, 경제의 원리를 아울러 채택함으로써, 개인주의적 자본주의의 장점인 각인의 자유와 평등 및 창의의 가치를 존중하는 한편 모든 국민에게 인간다운 생활을 확보케 하고 그들의 균등생활을 보장하려는 사회주의적 균등경제의 원리를 또한 존중하여, 말하자면 정치적 민주주의와 경제적·사회적 민주주의라는 일견 대립되는 두 주의를 한층 높은 단계에서 조화하고 융합하려는 새로운 국가형태를 실현함을 목표로 삼고 있는 것이다. 이것은 헌법 전문과 제5조를 설명할 때에 이미 언급한 바인데, 본장에서는 그것을 구체화하여 우리나라가 채용하고 있는 경제적·사회적 민주주의의 제제도를 선명한 것이다.

---

25 유진오, 『헌법해의』, 258면.

나아가 제84조의 경제조항에 대해서는 다음과 같이 설명하고 있다.[26]

첫째 우리나라의 경제질서는 사회정의의 실현을 기본으로 함을 본조는 선명한 것이니, 사회정의의 실현이라 하면 막연한 것 같으나 모든 국민에게 생활의 기본적 수요를 충족할 수 있게 하여 일방에는 포식난의(飽食暖衣)하는 국민이 있는데 일방에는 기한(飢寒)에 신음(呻吟)하는 국민이 있는 것과 같은 사태를 없게 함을 말한다. 생활의 기본적 수요를 충족시킨다 함은 최저생활을 확보한다는 의미보다는 넓으며 생리적 최저생활을 확보하는 동시에 상당한 정도의 문화적 생활을 확보할 것을 의미하는 것이라 할 것이다.

둘째 본조는 우리나라의 경제질서의 대원칙은 균형 있는 국민경제의 수립을 기하는데 있음을 선명한 것이니, 국민경제가 균형 있게 발전되지 못하여 소비자재의 산업과 생활자재의 생산이 균형을 얻지 못한다든가 일부 산업만이 발전하고 일부 산업이 부진한다든가 부의 편재가 심하다든가 하면 결국에 있어서는 모든 국민에게 생활의 기본적 수요를 충족시킬 수 없음으로써 각 산업의 균형 있는 발전을 기하고 국민각층의 경제상의 차이를 완화시키기 위하여 필요한 때에는 국가는 적극적으로 국민경제에 간섭하고 그를 조정하여 균형 있는 국민경제의 발전을 기하고자 하는 것이다.

우리나라의 경제질서는 이상과 같은 2대원칙을 기본으로 하게 되었는데 따라서 각인의 경제상의 자유는 이 2대원칙의 범위 내에서 인정되게 된다. 즉 각인의 경제상의 자유활동이 국민에게 생활의 기본적 수요를 충족시키는데 장해가 된다든가 또는 균형 있는 국민경제의 발전을 기하는데 방해가 된다든가 하면 각인의 경제상의 자유활동은 그 한계에 있어서 제한을 받는 것이다. 그러나 구체적 경우에 각인의 경제상의 자유활동을 제한하는 것은 본 조문에 의하여 행정권으로써 직접 행할 수 있는 것은 물론 아니므로, 본 조문은 우리나라에 있어서의 경제입법의 기본방침을 선명한 것에 지나지 아니하며 차조(次條) 이

---

26 유진오, 『헌법해의』, 257~258면.

하의 5개 조문은 다시 그 취지를 구체화한 것이라 할 수 있다.

그가 정치적 민주주의에만 만족하지 않고 경제적 민주주의까지 고려한 것은 현대적 복지주의헌법으로서의 위치를 정립해 준 것이었다. 그는 민주정치에 있어서도 직접민주정치와 간접민주정치가 있다는 것을 설시하였다.

3. 유진오의 정부형태론

1) 유진오초안에 있어서의 정부형태

유진오 헌법 초안에 있어서는 정부형태와 제헌헌법에 있어서의 헌법상의 정부형태는 매우 달랐다. 그 이유는 유진오안에 대한 이승만국회의장의 반대 때문이었다.

유진오헌법안의 원안뿐만 아니라 다음 국회기초위원회안의 정부형태도 의원내각제를 채택하였으나, 이승만 박사의 반대에 부딪쳐 절충안으로 될 수밖에 없었다. 원안은 국회를 양원제로 하였고, 대통령과 부통령은 국회의원합동회의에서 선출하도록 하였고, "대통령은 행정권의 수반으로 외국에 대하여 국가를 대표한다"(제54조)고 하였다. 내각은 국무총리와 국무위원으로 조직되는 합의체로서 대통령의 국무수행에 대하여 동의를 주고 국회에 대하여 책임을 진다(안 제73조). 국무총리는 국민의회의 추천으로, 국무위원은 국무총리의 추천으로 대통령을 임명하게 되어 있다(안 제74조). 국무총리는 국무위원의 수반으로서 내각회의의 의장이 되며 내각의 통일성을 유지하기 위하여 국무 각 위원을 통할하도록 하였다

(안 제75조). 내각은 국회에 대하여 연대책임을 지며 국무 각 위원의 개별적 행동에 대한 책임은 위원 각자가 지도록 하였다(안 제77조). 국민의회에서 내각에 대한 불신임결의안이 가결된 때에는 7일 이내에 내각은 총사직하거나, 대통령의 명령에 의하여 국민의회가 해산되거나 한다. 단 국민의회는 동일한 안건에 관하여 계속하여 두 번 해산되지 않는다(안 제78조)고 규정하였다.

그러나 이 안은 국회헌법기초위원회에서 이승만 박사 추종세력의 주장으로 국회의 국무원에 대한 불신임권은 삭제되고, 대통령의 권한이 강화되었다. 이 과정에 관하여 유진오는 그의 회고록에서 매우 아쉬워하고 있다. 이 대목을 인용해 보면 다음과 같다.[27]

나는 애당초 몇 군데로부터 나에게 헌법을 기초해 달라는 말이 있었을 때에 번번이 양원제, 내각책임제 등 내가 생각하는 헌법의 기본원칙을 이야기해서 부탁하는 분들의 동의를 얻어 둔 것이었는데, 그분들 중 이승만 씨는 동의를 준 사실조차 부인하고—그 동의라는 것은 내가 직접 얻은 것이 아니라, 신익희(申翼熙)씨를 통해 들은 것이었지만—신익희 씨는 이미 이승만 씨 주장에 굴복하였으며, 지금 김성수 씨마저 태도를 바꾸려 하니, 비록 그분들이 계획적으로 그렇게 한 것은 아니라 해도 결과적으로 나는 정치하는 사람들에게 둘려서 무보수로 품삯 일을 한 것밖에 되지 않는 것이었다. 즉석에서 나는 그러한 일에 협력할 것을 거절하였다.

소위 학문한다는 사람이 자기의 신념을 위배해 가면서 누구의 청이나 명령으로 소신과 배치되는 일을 할 수는 없는 노릇이었다. 그러자 김준연 씨가 연필로 이곳저곳 개필해 넣은 심의용 초안유인물을 손에 들고 내 옆으로 오면서,

"그렇게 어렵게 생각할 것 없지 않아요? 간단한 일이에요, 몇 조문만 빼고 앞뒤 연락이나 맞추면 되거든요, 우리끼리 안을 만들어 보았지만, 전문가의 의

---

27 『회고록』, 74~80면.

견을 한번 들어보자는 거죠."

하였다.

　나는 내각책임제를 바탕으로 해서 기초된 헌법을 대통령제로 바꾸는 일이 그렇게 간단하지 않음을 설명하였다.

　국회의 내각불신임결의권이나 정부의 국회해산권 이외에도 그 헌법 초안에는 국무원이네 정부의 법률안 및 예산안 제출권이네, 국무위원의 국회출석 및 발언 또는 답변의 권리의무 등 내각책임제를 전제로 한 조문이 하고 많은데, 대통령제로 그것을 바꾸기 위해서는 그런 것들을 모두 어떻게 할 것인지 차분하게 앉아서 여러 날 연구도 하고 여러 사람이 토론도 해 보아야 한다. 그러지 않고 그냥 몇 조문 북북 그어버리거나 하면 이것도 저것도 아닌 비빔밥 헌법이 되고 말 것이라는 것이었다. 이에 대해 김준연 씨는 그런 줄은 자기도 알지만, 지금 국회본회의에서는 왜 초안을 빨리 본회의로 넘기지 않느냐고 독촉이 성화같아서 그날(21일) 오전의 국회에서는 모레(23일) 아침에는 세상없어도 이것을 상정시키겠다 약속하였는데, 언제 천천히 앉아서 이 조문 저 조문을 연구·검토할 틈이 있느냐 하면서 자기 손에 들었던 유인물을 내 앞으로 내밀며,

　"우리들이 우선 이렇게 만들어 보았으니 급한 대로 앞뒤 의미가 통하는지 안 통하는지 보아 주시오 중대한 모순이나 없는지."

하였다. 유인물을 받아들고 쭉 훑어보니 제35조(소위 「유진오안」의 제39조—이 조문수의 차는 양원제 초안이 단원제로 변경됨으로 인해 생긴 것이었다), 제57조(유진오안 제60조), 제72조, 제73조(유진오안 제75조, 제73조, 이상 직접 국회해산과 정부불신임에 관한 조문들) 등을 삭제한 외에 국무총리 임명에 국회의 동의를 얻게 한 것과 국무위원 임명에 국무총리의 제청을 요하게 한 것을 또한 삭제하고 기타 몇 조문의 문구를 가감수정한 것 등이었다.

　"앞뒤 연락은 되지요?"

　김준연 씨의 재자 묻는 말에

　"네, 연락은 됩니다."

　대답하고 나는 일어서면서

"그러나 앞으로는 나는 헌법제정사업에는 관계하지 않겠습니다. 내일부터 국회에는 안 나가겠습니다."

하고 집으로 돌아왔다.

이와 같이 역사는 하루아침에 바뀌어 내각책임제에서 대통령제로 바뀌었다. 유진오는 국회본회의에서 수정을 기도하였으나 이것도 불가능하였다.[28] 이리하여 제헌헌법은 유진오의 뜻과 반대로 정부형태는 대통령제로 되었다.

2) 유진오의 정부형태에 관한 견해

유진오는 의원내각제도에 관한 초안을 작성한 데 대하여 다음과 같이 말하고 있다.[29]

정부의 형태를 어떻게 하며 또 정부와 국회와의 관계를 어떻게 하느냐 하는 문제는 저자 등이 초안을 작성할 때 가장 고심한 바인데, 세계 각국의 추세를 보면 의원내각제도는 군소정당이 다수 분립하고 있는 국가에서는 다수 정당의 동요와 부절한 이합집산 때문에 정부가 안정되지 못하는 것과 같은 폐해는 있으나(예, 프랑스), 그는 정부와 국회와의 연락을 긴밀히 하고 또 정부와 국회가 대립하였을 때 비교적 간단하게 그를 해결할 수 있는 점에 있어서 미국식의 삼권분립제도보다는 장점이 있으므로, 저자 등의 초안은 정부의 불안정을 내심으로 우려하면서도 부득이 의원내각제도를 채택하지 않으면 안 되었었다. 그러나 의원내각제도를 취하고 있는 프랑스에서 정부가 항상 경질(更迭)하여 정국이 항상 불안한 것은 정부가 실질적으로 국회의 해산권을 가지고 있지 못한데

---

28 『회고록』, 85면.
29 『헌법해의』, 4면(구판); 113면(신판).

중요한 원인이 있음을 고려하여, 정부에 다른 구속을 받지 않고 민의원을 해산할 수 있는 권한을 부여하였으며, 또 민의원이 그의 정부불신임결의안을 남용하지 못하도록 하기 위하여 그 결의는 기명투표로 하여야 하게 하였다.

(1) 권력분립적 정부형태

유진오는 대통령제가 행정부의 독재를 가져올 가능성이 있다고 하여 의원내각제를 주장하였다. 그는 "국회와 정부와의 관계에 있어서 양자의 관계를 밀접하게 하여 내각책임제로 하느냐 이를 분리하여 대통령제로 하느냐 하는 문제는, 국회의 구성을 양원제로 하느냐 단원제로 하느냐 하는 문제와는 달라서 나로서는 쉽사리 양보할 수 없는 중대한 문제였다"[30]고 하고 있다.

그러나 제헌헌법에 나타난 정부형태는 대통령제였다. 그는 정부형태에 관해서 쉽게 설명하고 있는데 "전제정치를 쳐부수어 버리고 민주국을 건설하기 위해서는 불가불 임금의 수중에 있던 입법, 사법, 행정의 3권을 각각 베어 서로 독립한 지위를 가진 3기관으로 하여금 맡아보게 하고 그 3기관이 서로 견제하게 함으로써 국가권력이 전제로 흐르는 것을 막을 필요가 있었던 것이다"라고 하면서 권력분립의 필요성을 강조하였다.

그는 권력분립을 중시하여 1947년에 이미 「권력분립제도의 검토—특히 미국헌법을 중심으로 하여」라는 논문을 발표하고 있다.[31] 그는 특히 영국의 권력분립과 미국의 권력분립을 대비하여 그 장단점을 검토하고 있다.[32] 그는 우리나라의 정부형태에 관하여 "삼권분립제도를 채용한 점에 있어서는 미국식 제도와 영국식 제도를 종합 절충한 제도로 채용하였다"고 하고 있다.[33]

---

30 『회고록』, 57면.
31 『법정』 제2권 제4호, 1947.
32 상세한 것은 유진오, 『헌법해의』, 107~112면 참조.

그는 제헌헌법의 정부형태를 "정확하게 말한다면 '대통령책임제'라 하느니보다도 '국무원책임제'라는 것이 타당한 것이었으며, 또 대통령이 정치의 중심이 되어서 활동하는 만큼 '대통령중심제'라고 불러도 무방한 것이었다"고 하면서, 이에 대한 현실적 적용에 대하여 다음과 같이 설명하고 있다.[34]

우리나라의 「대통령중심제」의 정부형태가 앞으로 어떠한 추이를 보일까 하는 것은 지금 예단을 허락하지 않는 문제이나, 오직 지금 단언할 수 있는 점은 국무를 원활히 수행하려면 의원내각제도에 가까운 제도로 추이하지 않으면 안 된다는 점이다. 이것은 신헌법 밑에서의 과거 수개월간의 정치의 운영상황을 보더라도 가히 추측할 수 있는 바인데 대통령이 국무를 원활 강력하게 수행하려면 국회가 입법부로서 엄존하여 있는 만큼 그의 호불호를 불구하고 국회의 다수의 지지를 받을 수 있는 자를 국무총리와 국무위원에 임명하지 않으면 안 될 것이며, 또 극단의 경우를 생각한다면 만일 대통령의 반대파가 국회의 다수를 점령하고 있다면 대통령은 그의 반대파의 인물을 국무총리와 국무위원에 임명하지 않으면 아니 될 경우도 있을 것이다. 더군다나 우리나라 헌법의 일대 결점은 「대통령중심제」를 채용하면서 대통령의 임기와 국회의원의 임기를 일치하도록 노력하지 않은 점인데, 극단의 예를 생각하지 않더라도 현재의 제도로서는 대통령의 임기와 국회의원의 임기는 영원히 일치하지 않을 것이 예상되는 만큼 대통령의 임기 중에 국회의원의 개선이 있어서 만일 대통령의 반대파가 국회의 다수를 점령한다면 대통령은 반대파의 인물을 국무총리와 국무위원에 임명하지 않을 수 없을 것이며, 따라서 그 때에는 대통령은 정치의 중심으로부터 떠나 정치에 초연한 입장에 서지 않으면 안 되는 것이다. 이 점은 헌법 제69조 제1항에서 국무총리의 임명은 국회의 승인을 얻어야 하며 또 국회의원 총선거 후에 신국회가 개회되었을 때에는 국무총리 임명에 대한 승인을 다시

---

33 『헌법입문』, 53면.
34 『헌법해의』, 123~124면(구판).

받아야 한다고 규정한 점으로 보아 수긍할 수 있을 것이다. 더군다나 우리나라에서는 대통령은 삼권분립제도의 국가에서와 같이 국민이 직접 선거하지 않고 의회가 선거하게 되어 있으므로 그는 의회에 대하여 독립의 지위를 가지기 곤란한 점이 있으며, 따라서 우리나라는 현존 헌법을 가지고 자연히 의원내각제도로 추이할 가능성이 많은 것이다. 그리고 우리나라의 격심한 정쟁의 현상으로 보아서도 그를 완화 또는 조정하는 역할을 하는 인물이 절대로 필요하며 그와 같은 인물이 없으면 정국은 파국적 단계에까지 이를 위험성이 있으므로 실제적 견지로 보아서도 우리나라의 정부형태가 정쟁에 초연한 원수를 가질 수 있는 의원내각제도로 추이하는 것은 희구할 만한 일이라 아니할 수 없다.

그런데 전술한 것과 같이 현존 헌법을 가지고 우리나라의 정부형태를 의원내각제도로 추이한다면 그 때의 가장 암이 될 것은 정부가 의회의 해산권을 가지고 있지 못하는 점인데 만일 그때에도 현상과 같이 양대정당의 대립이 확립되지 않고 국회내에서 소수정당이 다수 분립한다면 비록 대통령은 임기중 엄존하여 있더라도 국무총리와 국무위원의 경질(更迭)이 심하여 프랑스의 전철(前轍)을 밟을 위험성이 농후하다 할 것이다. 이 점에 있어서 위정자는 양대 정당확립제도를 육성하는데 최선의 노력을 다하여야 할 것이다.

(2) 대통령제와 의원내각제의 구분

유진오는 초안에서는 계속 의원내각제를 주장하였다. 그 이유는 "여러 해 동안 헌법학을 강의하고 연구하는 동안에 나로서는 이것은 반드시 내각책임제로 하여야 한다는 확신을 가졌기 때문"이라고 한다.[35]

그는 미국식 대통령제의 단점을 다음과 같이 설명하고 있다.[36]

미국과 같은 엄격한 권력분립주의의 헌법 하에서 행정부의 우월이 불가피적

---

35 『회고록』, 57면.
36 『헌법해의』, 110면(신판).

운명일 때에 모든 국민이 당면하는 문제는 국정의 독재화의 위험이다. 다행히 미국에 있어서는 일반 국민 사이에 민주정치의 뿌리가 원래 깊이 박혔고 양대 정당의 기초가 또한 확립된지라, 행정부의 우월이 곧 독재정치를 의미하지는 않지마는, 미국과 같은 그러한 견고한 민주정치의 기반이 확립되지 못한 나라에서 미국과 같은 엄격한 권력분립주의의 헌법을 채용하는 때에는 독재정치의 위험은 단순한 위험임에 그치지 않고 가끔 현실로서 나타나게 되는 것이다. 於是乎 世人의 눈은 행정부의 광대한 기능을 시인하면서 그래도 그것이 독재화하지 않도록 견제하는 제도-권력분립의 기초 위에 서면서 오히려 행정부에 대한 의회의 강력한 통제권을 용허하는 영·불식 의원내각제도로 향하는 것이다.

이에 대하여 의원내각제의 장점에 대해서는 다음과 같이 말하고 있다.[37]

요컨대 의원내각제도는 첫째로는 정치에 초연한 원수가 있어서 각 당정 간에 격렬한 정쟁을 조정 또는 완화할 수 있는 점에 있어서, 둘째로는 정부와 국회가 대립하였을 때에 속히 또 합법적으로 그 대립을 해결할 수 있는 점에 있어서, 셋째로는 정부가 의회의 지지를 받고 있는 한 강력한 정치를 행할 수 있는 점에 있어서, 엄격한 권력분립제도에서는 볼 수 없는 장점을 가졌다 할 수 있고 또 정부의 기능이 각 방면으로 일익 확대되어 가는 현대의 시대적 요구에도 합치되는 제도라 할 수 있다. 다만 이 제도는 국회 내에 소정당이 다수 분립되어 있는 국가에 있어서는 정권을 중심으로 하여 각 정당이 항상 동요되며 이합집산이 무상하기 때문에, 내각이 장구한 동안 의회의 신임을 유지하지 못하여 그 재임기간이 항상 단명임을 면하지 못하는 치명적인 결함이 있는 것이다. 환언하면 다수한 소정당이 분립되어 있는 국가에서는 의원내각제도를 취하면 도리어 강력한 정치를 행할 수 없게 되어, 독재정치로 떨어지는 위험을 무릅쓰고라도 차라리 권력분립제도를 희망하는 소리가 없지 아니한 것이다.

---

37 위의 책, 112면(신판).

(3) 대통령제에서 책임내각제로의 개헌주장

유진오는 제1공화국 내내 대통령제의 독재화경향을 지적하면서 의원
내각제로의 개헌을 주장하였다. 그는 1951년 출판된 『전시과학』 창간호
에서 「개헌론시비」라는 논문을 써 대통령제를 내각책임제로 개헌할 것
인가에 관하여 다음과 같이 설명하고 있다.[38]

> 첫째 책임내각제로 개헌하는 것이 옳으냐 그르냐 하는 문제인데, 이에 관해서
> 는 나는 지금까지 여러 번 논문과 저서 등으로 설명한 바 있으므로 그것을 지금
> 길게 되풀이하고 싶지는 않다. 다만 간단히 그 요령만을 말한다 하면, 책임내각
> 제란 정부가 그 시책에 관하여 국회에 대하여 책임을 지는 제도, 즉 국회의 신임
> 여부로서 그 진퇴를 결정하는 제도를 말하는 것이고, 대통령제란 일단 대통령을
> 선거한 뒤에도 국회의 신임 여하를 묻지 않고 대통령의 임기 동안 그로 하여금
> 정부를 운영케 하는 제도를 말하는 것이다. 지금 간단히 그 장단을 논한다면,
> 전자는 국회와 정부와의 관계를 항상 밀접히 보지케 하여 국정의 원활을 기할
> 수 있게 하는 장점이 있으나, 반면 정당제도가 발달하지 못하여 국회 내에 안정
> 세력이 확립되지 못한 때에는, 정부가 빈번히 경질되어 정부의 안정을 기하기가
> 힘드는 단점이 있다. 이에 반하여 대통령제는 국회 내 정당세력의 소장으로 정
> 부가 동요되는 폐는 피할 수 있으나, 만일 대통령이 국회 내의 다수파의 지지를
> 얻지 못하는 경우에는, 국회와 정부가 사사건건이 대립되며, 대립된 경우에 적
> 당한 해결책을 얻을 길이 없어서, 국정이 암초에 걸릴 위험이 있는 것이다.
> 대통령제를 주장하는 논자 가운데는 책임내각제는 과거의 영국에서 군주국
> 가로부터 민주국가로 전환하던 시대에 국왕을 그대로 두고 정부의 실권을 내각
> 으로 옮기기 위하여 만들어낸 제도이므로 직접이든 간접이든 국민의 손으로
> 대통령을 선출하는 민주국가에서는 대통령에게 허위만을 줄 이유가 없다 한다.
> 환언하면 책임내각제도는 소위 입헌군주국가에서나 필요한 것이지, 민주공화

---

38 유진오, 『헌정의 이론과 실제』, 일조각, 1954, 133면.

국가에는 아무런 소용도 없는 제도라 하는 것이다.

책임내각제도에 대한 반대론 중 또 한 가지 경청과 신중한 고려를 요하는 주장은, 정당의 발달이 없는 우리나라에서 이 제도를 채용하면 국회는 정권탈취의 무대로 화하여 국사는 마비상태에 빠지고 정부는 끊임없이 동요되리라는 것이다. 예를 들면 불국(佛國)은 정당이 발달되지 않는 것은 아니나, 국회 내의 안정세력이 될만한 대당이 형성되지 못하고 다수의 소당으로 분립되어 있기 때문에, 정변이 빈번하게 일어나며 정부는 국회조종(國會操縱)에 망살(忙殺)되어 아무 일도 하지 못하는 형편이니, 우리나라에서도 책임내각제를 채용하면 반드시 그렇게 될 것이 아니냐 하는 것이다.

이러한 우려는 충분히 근거있는 것임을 나는 승인하지 않을 수 없다. 사실 우리나라 정부가 수립된 후의 국회의 동태를 보아도 국회의 내각경질의 전권을 주어 곧 국사가 원활하게 운영되리라고는 믿어지지 않는다.

그러면 언제쯤 되면 우리나라의 정당은 기초를 확립할 것인가. 나는 현재와 같이 국회를 정권으로부터 떼어 놓은 제도 하에서는, 정당은 여간해서 육성되어지지 않을 것으로 본다. 환언하면 정권과 정당은 서로 원인결과의 관계를 가지고 있는 것이어서, 정당이 커지면 정권을 쥘 수 있는 동시에 정권을 중심으로 하여 정당은 발달되는 것이다. 즉 나는 정당이 발달한 후에 책임내각제를 채용한다는 것은 백년하청을 기다리는 것이고, 정당은 책임내각제를 채용함으로써 급속히 발달할 것이라고 생각한다. 뿐만 아니라, 우리의 민족성이 파쟁을 좋아하기 때문에 우리나라에는 반드시 다수한 소당이 분립되어 서로 싸우리라고 보는 것도 기우라고 생각한다. 한때 우리나라의 정당 사회단체는 3백이네 4백이네 하여 외국인의 조소(嘲笑)거리까지 되었지만, 정부수립 후 3년 만에 대부분 해소되고 현재 국회 내 세력은 3파 내지 4파로 갈려 있음에 불과한 것이 아닌가.

결국 책임내각제와 대통령제의 논쟁에 있어서는 나는 전자의 편을 드는 자인데, 다만 첨언할 것을 책임내각제라 하여 반드시 영국이나 불국의 그것을 그대로 모방할 것을 나는 주장하는 것은 아니다. 우리나라의 현실에 맞도록 새로운 구상이 필요할 것이다.

유진오는 1980년 서울의 봄이 한창일 때도 의원내각제 개헌을 주장함으로써 책임정치를 강조하였다.[39]

4. 유진오 헌법 초안에 나타난 국가와 정부론에 관한 평가

1) 유진오 헌법 초안의 국가론 평가

유진오 헌법 초안은 1946년 이후에 작성되었는데 올해로써 50년이 되고 있다. 해방 전후 보성전문학교에서 헌법, 행정법을 강의했던 그가 해방되자 유일한 공법학교수로서 헌법 초안 작성에 참여한 것은 당연한 일이었는지 모른다. 그가 혼란스러운 제헌운동에 휩쓸리지 아니하고 독자안을 마련하여 헌법제정에 참여할 수 있었던 것은 행운이라고 하겠다. 일제의 고등문관시험에 응시하지 아니하고 학교에 남아 있었던 그는 우리나라 법학계를 리드한 선각자라고 할 수 있다.

그는 일본제국주의 헌법을 배우고 강의했건만 우리 헌법제정에 있어 일본제국주의 헌법관에서 탈피한 것은 높이 살 만한다. 국가의 목적을 지배자의 지배수단으로 보지 아니하고 루소의 사회계약설 등에 따라 자유와 평등과 복지가 넘쳐흐르는 국민의 국가로 국민주권적인 민주국가로 규정한 것은 선견지명이 있었다 하겠다.

그는 정치적 민주주의뿐만 아니라 경제적·사회적 민주주의까지 주장하여 헌법 전문과 제5조의 국가목적 규정을 두었을 뿐만 아니라 경제조항까지 둔 것을 보면 진보적인 학자였음을 알 수 있다. 물론 그는 이것을

---

39 「김철수와의 대담」, 『서울신문』, 1980년 1월 1일자.

자기의 공로에만 돌리지 아니하고 "우리나라는 정치적 민주주의와 함께 경제적·사회적 민주주의를 병용한다는 원칙은 아무도 이를 문제시하거나 문제시함이 없이 그대로 적용되었다. 대개 우리 헌법의 기본정신은 저자 등의 창안이 아니라, 헌법 초안 작성 당시에 저자 등이 참조한 여러 가지 자료에서 귀납적으로 추출한 것이기 때문이었다"[40]고 하고 있다.

유진오초안이 이렇듯 경제적·사회적 민주주의에 집착한 것은 바이마르헌법에 대한 조예가 깊었기 때문이 아닌가 생각된다. 유진오초안에 있었던 경제조항은 헌법 개정에 따라 약간의 변용은 있었으나[41] 아직도 헌법에 규정되어 있음을 볼 때 그의 선견지명을 알 수 있다.

2) 유진오 헌법 초안의 정부론 평가

유진오 헌법 초안의 핵심적인 문제는 대통령제를 택할 것이냐 의원내각제를 택할 것이냐의 문제였다. 유진오는 정치이론적인 측면에서뿐만 아니라 정치사회학적인 측면에서 연구하고 검토한 뒤 의원내각제여야 할 것을 강조하고 있다. 앞서 인용한 권력분립제의 검토에서도 미국식 권력분립제가 비실제적이며 비현대적이라는 점을 강조하고, 대통령제는 집행부의 우월화 경향이 불가피하기 때문에 이를 시정하는 방안으로서 영국식 의원내각제도를 주장하고 있다. 그는 "의회와 정부와의 밀접한 관계를 강화하여 의회의 부단한 감시와 Control하에 정부가 독단적 조치를 하지 못하도록 하는 동시에…… 행정법체계를 강화·정비함에 의하여 얼마큼 소기의 목적을 달성할 수 있을 것이다"라고 하고 있다.[42]

미군정하에서 미국식 민주주의론이 팽배한 가운데서도 미국식 정부

---

40 『헌법해의』, 28면.
41 상세한 것은 김철수, 『한국헌법사』 참조.
42 유진오, 『헌법의 기초이론』, 77면.

제도를 부정하고 영국식 의원내각제를 주장한 것은 탁견이라고 하겠다. 그는 그 이유를 "일인제의 관청이란 항상 회의제의 관청보다도 독재적으로 기울 가능성을 더 가지고 있는 것이다. 그렇다면 의회의 Control은 막론하고라도, 국가행정의 최고방침을 대통령 1인이 결정하는 경우와 행정장관 또는 국무위원의 회의에서 결정하는 경우와, 어느 것이 더 민주적인가의 대답은 명백하다. 필자는 '부장회의' 하나도 없는 현 미군정청 기구를 바라보면서, 그것은 오로지 '군정'이기 때문이려니 자위하기로……한다"고 고백하고 있다.[43]

유진오의 대통령제에 대한 반론이 타당했음을 우리 역사가 실증하고 있다. 대통령병환자였던 이승만의 뜻에 의하여 유진오안의 의원내각제가 대통령제로 바뀐 것은 이박사의 독재에의 길을 열어 주는 것이었다. 제3공화국, 제4공화국, 제5공화국, 제6공화국의 대통령제가 대통령 개인의 독재제였음을 볼 때 유진오의 선견지명에 놀랄 뿐이다.

현재도 50년 전과 같이 군주가 없으면 의원내각제가 성립할 수 없다든가, 정당이 난립되어 있기 때문에 의원내각제를 할 수 없다는 비판에 대하여는 50년 전의 유진오의 반론이 아직도 타당함을 알 수 있다. 만약에 유진오의 헌법 초안처럼 정부형태가 의원내각제가 되었던들 그 동안 50년의 독재에서 해방되었을 것이요 정당정치가 본궤도에 올라갔을 것이 아닌가 생각된다.

헌법학의 선각자인 유진오의 국가론과 정부론은 아직도 그 타당성을 지니고 있음을 지적하고 이 글을 끝낸다.

---

43 위의 책, 78면.

21. 21세기 지방의회의 역할[*]

1. 21세기 지방자치의 문제

우리나라에서 지방의회가 주민의 직접 선거에 의하여 구성된 것은 1991년부터라고 하겠다. 물론 1960년대에 잠깐 시·읍·면의회가 구성된 적은 있었으나 1961년 군사 쿠데타 이후 폐지되고 말았다. 주민들의 지방자치에 대한 욕구가 강해지자 90년에 들어 이 지방자치를 단행하게 된 것이다. 물론 그 이전에도 형식적으로는 지방자치 단체가 있었으나 국가의 위임사무를 중심으로 하는 임명제 수장에 의한 관치였다고 하겠다.

국민들은 제 손으로 대표자를 선출하여 의회를 구성하고 제 손으로 대표자를 선출하여 행정을 맡기기를 원하여 1995년부터 지방의회의원과 지방자치단체의 장을 직접 선거하기에 이르렀다. 지방자치란 주민의 의사에 따라 지방통치를 하는 것을 원칙으로 한다. 그러나 주민이 직접

---

* 『서귀포의회』, 2001년.

통치하는 것은 불가능하기 때문에 대표자를 통하여 통치할 수밖에 없었다. 이를 대표제민주정치라고 한다.

이제까지의 지방자치에서 주민은 선거에 의하여 선출된 대표자를 통하여 간접적으로 통치에 참여해 왔다. 그리하여 주민은 선거 시에만 주권자일 뿐, 일단 선거하면 그 대표자에 의해 지배되는 객체적 역할을 하여 왔다. 그러나 20세기말에 와서 주민들은 대표자에게만 맡기는 것에 불만을 표시하기 시작하였고, 급기야는 의정감시운동, 의원소환운동 등을 벌이게 되었고, 시민단체(NGO)들이 의회나 시장에 대하여 책임을 추궁하는 반직접민주정치를 주장하게 되었다.

이러한 현상은 정보화시대의 도래에서 크게 영향을 받은 것이다. 주민들이 시정에 대한 정보공개청구를 하며 그로써 얻은 정보에 따라 시정을 평가하게 되었다. 과거에는 지방의원은 정당조직이나 선거조직만 잘 가동하면 4년 동안 편안히 지방정치를 영위할 수 있었지만 이제는 주민들의 직접참여의 요구 때문에 하루도 편할 날이 없게 되었다.

21세기에 있어서는 이러한 현상이 보다 급진적으로 발전하여 지방정치의 이슈를 컴퓨터를 통한 직접투표로 결정하게 될지도 모른다. 이미 언론계에서는 중요 쟁점 토론 중에 ARS 등을 통하거나 E-mail을 통하여 주민의 의사를 수렴, 방영하고 있다. 21세기 중엽에는 기술적으로 전자정부(電子政府)가 탄생할 것이고 주민들은 중요 이슈에 대하여 직접적으로 의견 표시하는 직접민주정치를 하게 될지도 모른다. 이 경우 과연 지방의회가 살아남을 수 있을 것인가 걱정된다.

2. 20세기 지방의회의 기능과 현실

지방자치단체에는 의회를 중심으로 볼 때 여러 가지 유형이 있다. 미국에서는 첫째로 의사기관인 시의회를 바로 집행기관으로 하는 위원회제도(commission system)가 있고, 둘째로 의사기관인 시의회가 집행기관을 선임하여 이에 행정집행의 권한을 위임하는 시의회지배인제도(council manager system)가 있고, 셋째로 의회와 시장을 각기 선거하여 대립관계에 두는 시장시의회제(mayor and council system)가 있다. 첫째 것은 의회정부제적이며, 둘째 것은 의원내각제적이며, 셋째 것은 대통령제적인 것이라고 할 수 있다.

우리나라는 시의회와 시장을 독립적으로 선출하여 집행권은 시장에게 주고 그 견제권과 조례제정권 등은 의회에 주는 시장의회제를 도입하고 있다고 하겠다. 이것은 잘못하면 집행부우월적으로 기능할 수 있다. 미국에서는 이 제도를 강력시장제(strong mayor plan)라고 하며 시장의 권한을 약화시킨 것을 미력시장제(weak mayor plan)라고 한다. 우리나라에서는 일반적으로 강력시장제를 도입하고 있기 때문에 집행부의 독선을 가져 올 가능성이 있다.

지방자치단체의 장은 지방의회의원과 마찬가지로 주민에게서 직선되기 때문에 주민대표성을 경쟁적으로 주장할 수 있다. 전문적인 지식을 가진 많은 직업공무원을 고용하고 있다.

자치단체의 장의 임기는 보장되어 있으며 강력한 국가위임사무를 집행하고 있다. 하부기구로서 동장 등을 두고 보조기구를 두고 있다. 또 의결된 예산의 집행권을 가지고 있다. 지방의회의 의결에 대해서도 월권 또는 법령에 위반되거나 공익을 현저히 해친다고 인정되는 때에는 재의를 요구할 수 있고, 지방의회의 의결이 예산상 집행할 수 없는 경비가 포함되어 있는 경우에도 재의를 요구할 수 있다. 또 지방의회를 소집할 시간적 여유가 없는 경우에는 시장의 선결권을 가지고 있다.

이 막강한 집행권을 가진 지방자치단체장을 견제하고 시민의 의사를 반영하기 위하여 설치한 것이 지방의회이다. 지방의회는 지방자치단체장에게 안건에 관련된 서류의 제출을 요구할 수 있고 행정감사를 실시할 수 있으며 행정조사도 할 수 있다. 또 공무원을 출석시켜 보고를 청취하거나 질의를 할 수 있다. 그러나 가장 중요한 권한은 조례의 제정 및 개폐, 예산의 심의, 확정, 결산의 승인, 기금의 설치 운용 등이다.

그러나 실제에 있어서 지방의회의원은 명예직이고 다른 생업을 가지고 있기 때문에 의정활동에만 전념할 수 없는 단점이 있다. 또 보조원에 대한 의정활동비도 받을 수 없기 때문에 의정활동에는 많은 제약이 따르기 마련이다. 주민에게서 직접 선거되기 때문에 선거를 준비하기 위한 예산쟁취활동이라든가 민원해결 등에 시달려 전문가다운 의정활동을 할 수 없는 애로가 있다. 이를 커버하기 위해서는 지방의회에 많은 보조원을 두되 전문가로 보하여 연중 연구하게 해야 한다. 현재의 정기회 회기는 40일 내지 35일을 초과할 수 없고, 임시회의 회기는 15일 이내로 한정되어 있어 충분한 활동을 할 수 없게 되어 있다.

그러기에 주민이나 언론으로부터 비판을 받게 되어 있으며 예산의 졸속처리, 결산의 무사통과, 조례나 규칙의 무수정 통과 등이 행해지고 있어 국회와 같이 불신을 받고 있다. 이에 주민의 직접참정의 소리가 높아가고 있다.

3. 21세기 지방의회의 기능과 전망

앞에서 본 바와 같이, 21세기는 정보사회요, 전자사회로 될 것이다. 주민이 집에서 컴퓨터 단말기만 두드리면 지방자치단체의 모든 자료를 열람할 수 있으며 지방의회와 지방정부의 회의가 TV나 컴퓨터화상으로 동시 중계되게 된다. 많은 사람이 공무원이나 지방의회 의원보다도 더 많은 전문지식을 가지게 된다. 이러한 지방주민은 대표제민주정치를 불신하고 주민총회에 의한 직접민주정치를 요구하게 될 것이다. 이 주민총회제도(town meeting system)는 미국의 동부지역에서 이미 행해지고 있다.

주민총회제도는 이제까지 주민이 많은 지방자치단체에서는 성공할 수 없었다. 왜냐하면 주민이 모두 모일 수 있는 공회당이 없었고 주민들에게 이슈를 모두 알릴 수 있는 수단 능력이 없었기 때문이다. 물론 스위스와 같은 곳에서는 인구가 많은 칸톤에서도 직접민주정치를 행하고 있다. 그것은 주민들이 현안에 대한 지식이 풍부하고 투표에 참여하는 율이 높았기 때문이다.

이제 직접민주주의적인 주민총회제도에 대한 기술적 장애는 해소되었다. 주민들이 정보공개를 통하여, 언론을 통하여 상세한 지식을 가지게 되어 부의 안건에 대한 의견을 형성하게 되었고, 공회당에 나올 필요 없이 집에 있는 컴퓨터 단말기나 전화번호만 누르면 찬·반을 알릴 수 있게 되었다. 이제 주민자치에 대한 시민의 직접참여의 기회는 확대되었으며 법률도 그런 방향으로 개정될 것이다.

1999년에는 지방자치법이 개정되어 주민이 조례의 제정 또는 개폐에 대하여 직접 청구할 수 있도록 하였고 주민의 감사청구제도를 도입하고 있다. 앞으로 주민자치를 위한 시민단체(NGO)가 우후죽순처럼 나와 정보공개를 요구하며, 조례를 제안하고 폐지안을 제출하며, 감사요구를 빈번히 하는 경우 지방의회의 권한을 잠식하게 될지도 모른다.

지방의회의원은 현재와 같은 우월적 지위를 상실하지 않기 위하여 특별한 노력을 해야 한다. 생업을 가지면서 명예직으로 의회의원을 겸하는 것에는 상당한 무리가 따를 것이다. 그러나 의정활동에만 매어 있기도 문제인 바, 공직이나 중요직에서 퇴직한 사람들이 노후봉사를 하는 봉사직으로 생각해야 할 것 같다. 지방자치는 민주주의의 소학교이기 때문에 지방의회에서 경험을 쌓은 뒤 국회의원이나 지방자치단체의 장으로 입후보 할 사람도 있을 것이다. 그런 분들은 일찍이 정당활동을 활발히 하여 정계에 진출해야 할 것이다.

농촌형 자치단체와 도시형 자치단체의 구분은 필요할 것이나 점차 농촌은 과소화 되고 도시화가 진행될 것이다.

주민의 대표기관인 지방의회는 필수 불가결한 최고기관이다. 지방의회가 지방정부를 지도하고 견제하기 위하여서는 지방민의 의견을 수렴하여 조례를 제정하고 규칙을 개정하여 예산을 편성하고 결산을 심사하여야 하겠다. 21세기의 지방의회는 시민단체(NGO)와 공존 협력하는 대표기관이 되어야 하며 연구와 재교육을 통하여 회의의 질을 향상시켜야 할 것이다.

국제자유도시 서귀포를 이룩하기 위하여서는 국제정치, 국제통상등 국제학에 조예가 깊어야 할 것이며 21세기의 지도자로서 정보체계론이나 컴퓨터기술을 연마하여야 할 것이다. 이 점에서 지방의회와 대학 간의 연계활동도 강화되어야 하겠다. 세계적인 도시로 성장시키는데 있어 서귀포시의회의 역할은 매우 크기에 서귀포시의회의 건투를 빈다.

제2부

헌법재판의 활성화

1. 입헌주의와 헌법보장[*]

1. 인사말

국제헌법학회(IACL)의 Saunders 회장과 일본의 오오쿠보(大久保史郎) 교수를 비롯한 많은 유명한 학자들이 참석한 회의에서 기조연설을 하게 되어 영광스럽다. 1989년 8월에 도쿄(東京)대학의 고바야시 나오키(小林直樹) 교수와 히구치 요이이치(樋口陽一) 교수의 노력으로 일본 요코하마(横浜)에서 아세아 헌법 심포지엄이 열렸다.[1] 당시 두 분 선생님은 다음 심포지엄을 한국에서 개최해 주기를 바랐는데 당시만 하더라도 한국헌법학자가 부족하였고 재정문제로 미루어져왔는데 이제야 성낙인(成樂寅) 학장을 비롯한 준비위원의 노력으로 Asia헌법 Forum이 한국에서 열리게

---

[*] 2005년 9월 22일 국제학술대회 아세아헌법학자대회에서의 기조연설. 발표문 중 「I. 입헌주의의 의의」, 「II. 헌법보장의 의의와 방법」은 제1편과 중복되어 삭제함.

[1] 상세한 것은 김철수, 「아세아 헌법 심포지엄과 일본 공법학회 참관기」, 『고시계』, 1989년 9월호(통권 394호) 참조.

되어 감개가 무량하다. 내가 하지 못한 것을 이루어 준 성낙인 학장과 준비위원들에게 감사한다.

앞으로 이 대회가 2007년에는 일본에서, 다음은 다른 Asia 국가에서 순번 적으로 열리게 되었다니 반갑기 짝이 없다. 이 대회가 계속적으로 발전하기를 바란다.

2. 위헌법률심사제의 의의와 유형

1) 위헌법률심사제의 의의와 특색

(1) 위헌법률심사제의 의의

위헌법률심사제(違憲法律審査制)는 입법부의 위헌법률제정에 대항하여 헌법을 보장하는 사법적 수단으로서 중요시되고 있다. 위헌법률심사제란 법률이 그 상위규범인 헌법에 합치하는가 여부를 사법부 내지 특별한 재판기관이 심사하여, 헌법에 위배된다고 생각하는 경우에는 그 효력을 상실케 하거나 그 법률의 적용을 거부하는 제도를 말한다.

오늘날에 있어서는 입법부의 입법행위에 대하여 견제하는 기능이 필요하고, 따라서 위헌법률심사를 한층 더 요구하게 된 것은 정당국가화의 경향에 따라 입법부가 정략적인 입법을 하는 것을 견제하고 헌법의 최고 규범성을 확보할 필요가 있기 때문이다.[2]

---

2 위헌법률심사제에 관하여 상세한 것은 김철수, 『위헌법률심사제도론』, 1983; 김철수, 『법과 정치』, 1995 참조

(2) 위헌법률심사제도의 특색

위헌법률심사제도에는 역사적 발전과정에서 보면 미국식인 사법심사
제도에서 시작하여 현재는 독일식인 헌법재판소 제도가 유행하고 있다.
이들의 제도는 각기의 특성과 장단점을 가지고 있기 때문에 다 같은 위
헌법률심사제도라고 하여 동일하게 다룰 수는 없을 것이다.

일반적으로 사법심사제는 일반법원에 의한 위헌심사제이나 헌법재판
소제는 헌법재판소라는 특별한 기관을 두어 위헌성심사를 하고 있는 것
이 특색이다. 사법심사제는 구체적 규범통제를 주로 하는데 대하여 헌법
재판소 제도는 일반적으로 구체적 규범통제뿐 아니라 추상적 규범통제
도 행하는 것을 그 특색으로 하고 있다.

그밖에도 사법심사제와 헌법재판소제는 그 기구·조직·관할·절차
·심사대상·심사권의 한계·판결의 효력 등에 있어서 상당한 차이가
있다. 그러나 오늘날 사법심사제와 헌법재판소 제도는 점차 그 차이가
줄어들어 서로 보충·융화하여 사법심사제하의 대법원이 헌법재판소적
역할을 하는 경우가 늘어나고 있을 뿐만 아니라 사법심사제와 헌법재판
소제를 혼합하여 이용하고 있는 나라도 있다.

2. 위헌법률심사제의 유형

각국의 위헌법률심사제를 분류하여 유형을 살펴보는 데에는 여러 기
준이 있을 수 있다.

1) 심사기관에 따른 분류

(1) 헌법재판소 내지 특별재판기관을 설치하는 국가

제1차 세계대전 후 유럽의 여러 나라는 헌법보장제도의 요구에 응해서 권력의 균형과 억제의 원칙 및 소수자보호라는 목적으로 헌법재판소 등의 특별재판기관을 설치하고 있다. 독일·Italy·Austria 등의 헌법재판소와 France 제4공화국의 헌법위원회, France 제5공화국의 헌법평의회가 그것이다. 일반적으로 이 헌법재판소 내지 헌법평의회 등은 사법재판소(司法裁判所)의 성질과는 달리 개개의 구체적 사건을 대상으로 하는 것이 아니고 위헌법률 자체의 효력을 재판대상으로 한다. 우리나라의 제2공화국헌법도 여기에 속한다. 현행 우리나라 제6공화국헌법하의 헌법재판소도 형식적으로는 이 유형에 속하나 추상적 규범통제를 행하지 않아 어느 정도 구별된다.

(2) 법원이 위헌법률심사권을 가지는 국가

미국이 그 대표적 국가이며, 이를 따른 중남미제국·일본·제3공화국 헌법하의 우리나라가 이에 속한다. 미국의 경우 이론적으로나 실천적으로 사법권이 우위를 확립하여 법원에 위헌법률심사권을 부여하여 의회가 제정한 법률이 헌법에 위반된다고 인정될 때에는 사법법원은 그 적용을 거부하며 행정부의 명령이나 행정처분도 법원이 그 적부를 심사할 수 있는 권한을 가진다.

(3) 혼합형국가

법원에게 구체적 규범통제권을 인정하면서도 헌법재판소제를 채택하고 있는 나라가 있다. 그 대표적인 것으로는 Portugal의 1976년 헌법을 들 수 있다. 법원은 구체적 규범통제권을 가져 위헌법률의 적용거부권을 가지는데, 이에 불복하는 경우 헌법위원회에 최종적인 결정을 요구할 수 있다. 헌법위원회는 이 제정에 대한 결정권 외에도 추상적 규범통제권과 사전적·예방적 규범통제권을 가지고 있다.

2) 심사방식 내지 범위에 따른 분류

(1) 구체적 규범통제만 행하는 국가

미국 등의 사법심사제를 택하는 국가에서는 일반적으로 구체적 규범 통제만 주로 행해진다. 우리 현행 헌법재판소도 이에 속한다.

(2) 구체적·추상적 규범통제를 모두 행하는 국가

독일과 이탈리아 등 헌법재판소를 두고 있는 국가에서는 일반적으로 구체적 규범통제 외에 추상적 규범통제도 행한다.

(3) 추상적 규범통제만 행하는 국가

이에 속하는 대표적인 국가로 France를 들 수 있다. France는 법률이 의회를 통과한 뒤 공포 전에 위헌법률심사를 행하고 원칙적으로 법률시행 이후에는 심사를 할 수 없어 구체적 규범통제의 여지가 없다고 볼 수 있으므로 추상적 규범통제만을 행하는 국가로 볼 수 있다.

3) 심사시기에 따른 분류

법률에 대한 심사가 법률이 공포되기 전에 행해지는가 아니면 공포 후 시행 전에 행해지는가에 따라 사전적 위헌법률심사제와 사후적 위헌 법률심사제로 나눌 수 있다.

(1) 사전적 · 예방적 위헌법률심사제의 국가

이에 속하는 대표적인 국가가 바로 France이다. France에서는 법률이 의 회를 통과한 뒤 시행 전에 위헌심사가 행해진다. 특히 조직법률에 대해서 는 반드시 심사가 이루어진다. 한편 France에서는 법률사항 · 법규명령사 항의 구분심사가 기존의 법률이 법규명령영역을 침범하여 규정하였다고 판단될 때 정부의 제소로 이러한 시행 중인 법률에 대해 심사하는 것이기 때문이다. 그러나 이를 일반적으로 합헌성심사(contrôle de la constitutionnalité)라 고 부르지는 않고 있다.

(2) 사후적 위헌법률심사제의 국가

그 외의 나머지 국가들은 대개 헌법재판소 제도를 택하든 사법심사제 도를 택하든 사후적 심사를 행하고 있다.

3. 사법심사제의 근거와 특성

1) 사법심사제의 이론적 기초

미국에서 Marbury v. Madison 사건 이래 발달한 사법심사제의 이론적 기초로서는 i) 입법권에 대한 불신과, ii) 헌법의 최고법규성, iii) 권력분립 이론을 들 수 있을 것이다. 이러한 사상 때문에 미국의 사법심사제는 대륙법적인 헌법재판소제와 다른 특색을 가지고 있다고 하겠다.

2) 미국 사법심사제의 특성

첫째, 사법심사제는 법령 기타의 국가행위를 위헌으로 적용을 거부하는 기능 이외에 위헌 여부의 판단결과에 따라서 입법권과 행정권을 억제하는 기능(checking function) 혹은 국가행위를 정당화하는 기능(legitimating function)도 행한다.

둘째, 사법심사제는 사법부의 구체적 위헌심사권에 의존하고 있기 때문에 이에 해당하는 판사들의 인권인식, 사법철학에 따라 변화할 가능성이 있다. 특히 최고법원이 위헌심사를 담당하는 경우에는 최고법원이 판결하는 것이 곧 헌법이 될 것이기에 이들의 능력 기타 개인적인 세계관에 따라 헌법이 변천하게 될 위험성을 내포하게 된다.

셋째, 사법심사제에 있어서는 사법부는 사법의 본질상 한계를 갖고 있을 뿐만 아니라 정치적 중립성을 유지하기 위하여 위헌심사에 있어 자기제약을 하게 되고, 따라서 소극성을 면하기 어렵다.

사법부의 헌법판단에 대한 사법소극주의의 논거로서는 i) 사법부는 국민에 의해 직선된 기관이 아니기 때문에 국민의 대표자인 의회의 의견을

최대한으로 존중하여야 한다는 이론과, ii) 가장 약한 통치기관이 자기를
방위하기 위해서는 다른 권력과의 충돌을 피하고 자기제한의 기술을 터
득하는 것이 필요하다는 이론, iii) 정치문제에 대한 판단을 함으로써 사
법기관의 중립성을 해칠 우려가 있으므로 소극적인 판단에 그쳐야 한다
는 이론이 그 주된 것이다.

  그러나 사법심사에 있어서 사법심사를 행하는 기관이 헌법판단에 대
하여 지나치게 자제하는 경우, 위헌심사제의 본래의 목적을 달성할 수
없을 우려가 있다.

4. 헌법재판소제의 의의와 특성

1) 헌법재판소제의 의의

  헌법재판소제는 헌법재판소에 의한 헌법의 보장을 뜻한다. 이 제도는
재판을 통한 헌법보장을 위한 재판소제도이다. 바꾸어 말하면 헌법재판
이란 헌법보호를 위한 재판적 절차(gerichtliche Verfahren zum Schutze der Verfassung)
라고 할 수 있는데, 이러한 헌법재판작용을 행하는 재판소를 두는 제도를
말한다. 어쨌든 독일형의 헌법재판소제는 이러한 헌법재판작용을 일반의
재판작용과 구별하여 그 특수한 성격에 따라서 헌법재판작용을 행하는
기관을 특별히 조직하는 데에 그 특색이 있다.[3]

---

3 상세한 것은 김철수, 「독일연방헌법재판소의 지위와 권한」, 『서울대학교 법학』 특별호 제4
   권, 1979; 김학성, 「독일연방헌법재판소 제도」, 서울대 석사논문, 1982; 「헌법재판의 이론과
   실제」, 『금랑김철수교수화갑기념논문집』; K. Schlaich, *Das Bundesverfassungsgericht*, 2. Aufl.,
   1991; Pestalozza, *Verfassungsprozeßrecht*, 3. Aufl., 1991; Umbach / Clemens, *Bundesverfassungsgericht-
   gesetz*, Bd. 1, Bd. 2, 1992 등 참조.

(1) 헌법재판의 개념

그러나 이러한 기관을 조직하더라도 이론적으로 헌법재판작용이라고 생각되는 모든 것을 이 기관의 권한으로 포괄할 수는 없고, 또 이론적으로 헌법재판작용이 아닌 것도 정치적 견지에서 편의상 이 기관의 권한으로 할 수도 있기 때문에 제도상 이 기관의 권한으로 되어 있는 작용만을 포괄하여 헌법재판의 개념을 정의하고 이를 주관적 의미의 헌법재판이라고 할 수 있다.

(2) 헌법재판소의 특성

헌법재판소제는 헌법보장을 위한 재판적인 기관에 의한 사법적 절차라고 생각되고 있으나, 과연 이러한 작용이 3권분립론에 있어서의 사법작용에 포함될 것인가가 문제된다.[4]

(3) 헌법재판소의 권한

독일과 오스트리아형의 헌법재판소는 여러 가지 종류의 재판·소송을 포괄하고 있는 것으로, 각각의 작용의 성질은 다르며 목적도 서로 다르다. 입법의 심사는 그 중의 하나일 뿐이며, 그 외에도 장관탄핵심판, 기관쟁의 및 연방과 지방(支邦) 및 지방 상호간의 권한쟁의의 재결, 헌법소원의 재결 등을 그 권한으로 하고 있다. 여기에서 입법의 심사는 구체적 소송사건에 있어서 적용법률에 대한 합헌성을 심판하는 구체적 규범통제와 구체적인 법률상의 쟁송을 전제로 하지 아니하고, 추상적으로 법률의 합헌성을 심판하는 추상적 규범통제까지 포함하는 것이 일반적이

---

4   상세한 것은 Friesenhahn, *Über Begriff und Arten der Rechtsprechung*; Forsthoff, *Rechtsstaat oder Richterstaat*; Stern, *Staatsrecht Bd. II*; Ki-chol Lee, *Schonung des Gesetzgebers bei Normenkontroleentschei-dungen durch das Bundesverfassungsgericht*, Diss., Göttingen, 1993.

다. 독일의 헌법재판소의 권한에는 이밖에도 어떤 국제법규가 연방법의 일부를 이루고 있는가의 결정, 시·읍·면·등의 자치권이 침해되었다고 하는 소송, 기본권남용에 의한 기본권정지, 정당의 위헌성의 판결, 선거의 효력에 관한 소송 등을 포함하고 있다.

2) 독일의 연방헌법재판소

독일연방공화국 기본법 제92조는 연방헌법재판소를 규정하고 있고, 연방헌법재판소법은 그 구성과 관할, 심사절차를 상세히 규정하고 있다. 재판소 내에는 두 개의 부가 있는데, 제1부는 주로 기본권침해의 문제를 취급하고, 제2부는 주로 연방과 지방 간 및 지방 상호간의 분쟁을 관할한다. 각 부의 법관은 3명이 연방상급법원의 판사 중에서 선임되고, 나머지 각 5명은 연방참의원 전원과 연방의회 내의 12명으로 구성되는 선정위원회에서 각각 반수씩 선정하여 연방대통령이 임명한다. 임기는 12년이며, 재선될 수 없다.

연방헌법재판소는 헌법을 해석하고, 재판절차에 따라서 헌법을 보장하는 법원이다. 연방헌법재판소는 다음 사항에 대하여 관할권을 가진다.

첫째, 연방과 지방간의 헌법쟁송과 기관 간의 쟁송인바, i) 기본법의 해석, ii) 연방과 지방간의 권리의무에 관한 이견, iii) 연방과 지방간의 공법적 쟁송, iv) 한 지방 내의 헌법쟁송사건(단, 지방법이 연방헌법재판소에 기탁하고 있을 때에 한하여), v) 지방헌법재판소판결의 연방헌법재판소의 판결에의 적합성여부 등을 심사할 수 있다.

둘째, 추상적 규범통제와 구체적 규범통제를 들 수 있는데, i) 연방법이나 지방법의 위헌성, ii) 국제법이 연방법의 일부를 이루고 있는가에 대한 판단, iii) 연방성립 이전의 법규가 법률로서 효력을 유지하고 있는가의 여부 등을 심사할 수 있다.

셋째, 헌법상에 있어서 일종의 형사소송과 비슷한 성격을 가진 것으로서, i) 기본권의 상실, ii) 정당의 해산판결, iii) 연방대통령탄핵, iv) 법관탄핵, v) 의원자격심사 등을 관할하고 있다.

넷째, 기본권이 침해된 경우에 그 구제를 요청할 수 있는 헌법소원(Verfassungsbeschwerde) 심판을 관할하고 있다.

3) 독일 헌법재판소제의 실제

나치스의 위헌불법행위를 경험한 서독에서는 법률의 위헌여부를 심판하고 정당의 위헌여부를 결정하며 공무원에 대한 탄핵을 결정하며 국가기관간의 권한쟁의를 심의하기 위하여 연방헌법재판소를 두게 되었다. 독일에는 이밖에도 연방행정재판소, 연방노동재판소, 연방사회재판소, 연방재정재판소, 연방민·형사재판소 등이 분립되어 있었는데 헌법재판소도 그 중 하나의 재판소로 간주되었다. 그러던 것이 연방헌법재판소의 꾸준한 자체적 노력에 의하여 이제는 다른 연방재판소에 상위하는 기관처럼 되었다.[5] 연방헌법재판소는 헌법의 수호기관이며 헌법의 해석기관인데 대하여 다른 연방재판소는 법률의 해석기관이기 때문에 오는 차이이다.

독일의 연방헌법재판소장은 의전상 독일 대통령 다음가는 제2의 헌법기관이며 독일의 연방의회나 연방행정부에 상위하는 기관이라고도 말하여진다. 헌법재판소장은 대통령 유고시에 대통령 권한을 대행한다. 정당의 위헌성을 판단하여 위헌정당의 해산을 명령하고 대통령이나 고급공무원의 탄핵을 결정하며 조약이나 법률의 위헌성을 심사하고 있다. 따라서 조약도 연방헌법재판소의 지침에 따라 변경되어야 하며 동서독기

---

5   상세한 것은 김철수, 「독일연방헌법재판소의 지위와 권한」, (서울대)『법학』특별호 제4권 (1979.12); 김철수, 『독일통일의 정치와 헌법』, 2004 참조.

본조약이나 통독조약 등에 대해서도 심사를 한 바 있다.

낙태를 허용하는 입법에 대해서는 두 번이나 위헌을 선언했고 정당의 평등, 선거의 평등에 관해서도 많은 판결을 하여 독일의 법률은 연방헌법재판소의 결정에 따라 개정하게 되어 있다. 국회의 입법이 헌법재판소에 의하여 걸러지는 관계로 날치기통과라든가 위헌적 요소가 있는 법률의 통과는 예방되고 있다. 독일의 연방헌법재판소는 모든 공권력 행사의 위헌성을 심사하고 사법권의 행사 또는 불행사에 대하여서도 위헌심사를 할 수 있으며 공권력에 의한 기본권침해에서 국민의 권리를 보장해 주고 있다.[6]

연방헌법재판소 재판관은 그야말로 최고의 법관이고 과거의 군주에 대신하는 법관왕(Richterkönig)이라고도 말하여진다. 연방재판소의 법관 중에서 임명되는 헌법재판관과 국회에서 선임되는 헌법재판관은 최고의 자질을 가지고 있다. 불편부당한 재판관을 요구하고 있기에 헌법학교수들이 재판관으로 임명되고 있으며 그 판결문은 학계에서도 주목을 받고 있으며 판시사항에 대하여 일반적인 지지를 받고 있다.[7]

5. 아시아에서의 위헌법률심판제

아시아 국가의 헌법에서도 위헌법률심사제도를 도입하고 있다. 그 대표적인 것이 일본과 한국인데 일본은 미국식 사법심사제도를 도입하고 있고, 한국은 독일식헌법재판소 제도를 도입하고 있다. 이 두 방식은 다

---

6 독일의 헌법재판의 실제에 대해서는 많은 문헌이 있다. 예를 들어 Umbach / Clemens, BundesVerfGG. 2Bd. 참조.

7 Schlink, *Die Entthronung der Staatsrechtswissenschaft durch die Verfassungsgerichtsbarkeit*, Der Staat, 1989. S. 16

른 아시아 국가에서도 모범이 되고 있는데 각 국가마다 약간씩 다르게 변용하고 있다. 한국의 위헌법률심사제도는 과거에는 미국식 사법심사제도를 도입하였다가 1988년 이후 독일식 헌법재판소 제도를 도입하였기 때문에 아시아 제국에도 참고가 될 것으로 보인다.

한국의 위헌법률심사제도는[8] 그동안 많은 변천을 거쳤다. 제1공화국헌법에서는 헌법위원회제도를 두어 부통령을 위원장으로 하고 대법관 5인과 국회의원 5인의 위원으로써 조직하여, 사법부와 입법부간의 정치적 타협을 모색하는 정치적 심판기구였다.

이러한 정치적 헌법위원회에 대한 불만 때문에 1960년 헌법은 독일식 헌법재판소 제도를 도입하였다. 이 헌법재판소는 9인의 심판관으로써 구성하되, 대통령·대법원·참의원이 각각 3명씩 선출하게 하였다. 헌법재판소의 심판관은 법관의 자격이 있는 자로서 선임된 자이기 때문에 진정한 사법기관으로 예정되었으나 1961년 5.16군사쿠데타로 실제로 설치되지는 못하였다.

1963년의 제3공화국헌법에서는 미국식인 사법심사제도를 채택하였다. 제3공화국에서는 대법원과 각급법원이 사법심사를 장악하여 헌법해석기관으로 등장하였으나 위헌판결은 활발하지 못하였다.

이에 1972년의 제4공화국헌법은 헌법위원회제도를 채택하게 되었다. 제4공화국헌법의 헌법위원회는 헌법의 보장기관으로서 정치적 심판기관인 점에 특색이 있었다. 1981년의 제5공화국헌법은 제4공화국헌법의 헌법위원회제도를 답습하고 있었다. 그러나 제4공화국·제5공화국의 헌법위원회는 단 한 건의 위헌심판도 행하지 않아 휴면기관이라는 오명을 얻기도 하였다.

이에 1988년의 제6공화국헌법은 다시 헌법재판소 제도를 도입하였으나, 제2공화국헌법과는 달리 추상적 규범통제를 인정하지 않고 있다.

---

8 김철수,『위헌법률심사제도론』, 1983; 김효전,「미국의 위헌법률심사제가 일본과 한국에 미친 영향」, 서울대 박사논문, 1981 등도 참조

1) 한국의 헌법재판소 제도

(1) 한국헌법보장제도의 발자취

1988년 9월15일 헌법재판소가 창립 된지도 만 17년이 지났다. 이로써 6년 임기의 제1기, 제2기의 헌법재판관이 자리를 물러났고 제3기 재판소장의 임기도 1년 밖에 남지 않았다.

초대 헌법재판관 시대는 조규광(曺圭光) 헌법재판소 시대라고 말할 수 있는데 처음 이들이 발족할 때만해도 헌법재판소에 대한 기대는 그리 크지 않았는데 6년 동안의 활동으로 통치기구의 하나로 발전한 것은 경하할 만한 일이다. 제2기 헌법재판소도 나름대로의 기여를 해왔고 제3기 헌법재판소는 탄핵사건 등 어려운 사건을 해결하여 헌법보장 기관으로서 확고한 지위를 가지게 되었다.

사실이지 헌법재판소 제도는 공법학자들이나 알았지 일반인에게는 생소한 것이었다. 독일의 Zeidler 헌법재판소장을 초청하면서 독일 대법원장이라는 명칭으로 정부에게 소개한 것만 보더라도 헌법재판소에 대한 인식은 형편없었던 것이다. 헌법재판소는 4.19혁명 후 민주화과정에서 학자들의 주장으로 제2공화국헌법에 규정되었으나 5.16때까지 헌법재판소가 구성되지 못하였다.[9] 군사정권은 헌법재판소에 관한 헌법규정의 효력을 정지시켰다.

1962년 제3공화국헌법 제정 때만 하더라도 헌법재판소의 설치에 대해서는 찬반양론이 있었다. 공법학자들은 헌법재판소야 말로 입헌주의의

---

[9] 헌법재판소 제도의 역사적 발전경과에 대해서는 김철수,『위헌법률심사제도론』, 1983; 김철수,『한국헌법사』, 1988; 이상교, 「우리나라의 위헌법률심사제도의 발전」,『헌법재판제도연구』제1집, 1989.5. 493~519면; 김철수, 「한국헌법재판의 회고와 전망」,『시민과 변호사』; 김철수, 「기본권보장기관으로서의 헌법재판소 10년」, 헌법재판소 10주년기념 세미나 발표문; 김용준,『헌법재판소장 화갑기념논문집』, 1998;『헌법재판소10년사』, 헌법재판소; 「한국공법학회 헌법재판의 최근 국제적 동향」, 2005.4.30, 발표 논문집; 金哲洙,『韓國憲法の50年』, 敬文堂, 1988; 徐元宇外譯,『韓國憲法裁判所10年史』, 2000 등 참조.

보장자이기 때문에 꼭 설치해야 한다고 주장한 반면, 법조인들은 헌법재판소의 창설은 공법학자들에게 재판관 자격을 주는 것 이상의 아무것도 아니라고 하여 반대하였다. 헌법심의의회에서도 그 결정을 최고회의 의장에서 일임하였는데 결과적으로 헌법재판소가 설치되지 않고 미국식 사법심사제도를 채택하기에 이르렀다.

5.16군사정권이 집권 후 비상조치법을 만들어 헌법재판소에 관한 헌법의 효력을 정지시키고 헌법재판소를 설치하지 않은 이유는 국가재건 최고회의에서 만든 법률들이 위헌성을 가지고 있었기 때문에 헌법재판소에 의한 위헌무효결정을 두려워했기 때문이다.

헌법재판소가 없었던 까닭에 위헌심판권은 대법원과 각급법원에 귀속하게 되었는데 대법원이 이유 설시도 없이 국가재건비상조치법은 헌법에 위반되지 아니한다고 판시하여 빈축을 사기도 하였다.

그러나 하급심에서는 많은 법률조항을 위헌이라고 판결하였기 때문에 대통령은 사법부를 장악하기 위하여 법조인을 법률비서관으로 채용하는 등 장치를 마련하고 검사들로 하여금 판사들이 위헌판결을 하지 못하도록 막기에 급급하였다. 그러나 민주화과정에서 군사혁명입법에 대한 비판여론이 높아졌고 젊은 하급심판사들의 위헌심판에의 욕구가 늘어나자 대법원도 하는 수 없이 국가배상법 제2조 1항 단서의 군인·군속에 대한 이중배상금지규정을 위헌으로 선언하였다.

이에 박대통령이 법관들을 국가관이 없는 공무원이라고 힐난(詰難)하고 법무부장관과 검찰총장에게 사법부의 기를 죽게 만들려고 한 것이 소위 사법파동이다.[10] 사법파동 시에 젊은 법관들의 항쟁으로 인하여 일시적으로 판사들이 승리하는 것처럼 보였다. 그러나 1년도 되지 않은 1972년 박대통령은 검찰헌법이라고도 할 수 있는 유신헌법을 만들어 사법부에서 위헌법률심사권을 박탈하고 위헌결정에 찬성한 대법관을 재

---

10 사법파동에 대하여 상세한 것은 김철수, 「사법파동」, 『법과 사회정의』, 1985 참조.

임명에서 탈락시켰고 위헌선언된 국가배상법 제2조 1항 단서의 규정을 헌법에 규정함으로써 대법원은 완전패배 하게 되었다.

대통령은 이것으로도 부족하여 모든 법관에 대한 임명·보직권을 장악함으로써 사법권의 행정권에의 예속화를 가져왔던 것이다. 또 위헌법률심사권을 헌법재판소에 주거나 법원에 주는 것이 위험하다고 생각하여 헌법위원회를 만들어 형식적 위헌법률심사권을 부여하였다. 헌법위원회는 대법원의 위헌심사제청에 따라서만 위헌 심판을 하게 되었는데 주눅이 든 대법원이 단 한 건의 위헌심판제청도 하지 않아 사실상 위헌심사제도는 그 기능을 발휘하지 못했다. 이것은 1982년 제5공화국헌법에서도 마찬가지였다.

제6공화국헌법을 만들 때 여당은 헌법재판소나 법원에 위헌법률심사권을 주는 것을 두려워하고 과거와 같은 헌법위원회제도의 존속을 원했었다. 야당은 제3공화국시대와 같이 법원에 위헌법률심사권을 주자고 하였다. 그런데 대법원이 뜨거운 감자인 위헌법률심사권을 받을 수 없다고 하여 타협안으로 헌법재판소가 탄생하였다. 헌법재판소를 두게 된 것은 헌법재판소가 기능을 하지 않고 과거의 헌법위원회와 같은 휴면(休眠)기관이 될 것이라는 여당의 착각과 야당의 헌법소원제도에의 희망이 결부된 타협의 산물이었다.

헌법재판소법의 제정에 있어서도 법무부와 사법부는 매우 소극적이었다. 그 결과 헌법위원회에서와 같이 상임재판관의 수를 줄이려고 하였는데 국민의 반대로 상임위원수가 6인으로 늘어나기는 하였다. 또 법원의 재판에 대해서는 헌법소원을 제기할 수 없게 하여 헌법재판소의 기능을 반감시켰다.[11]

---

11 김철수, 「헌법재판소법의 제정문제」, 『국회보』 256, 1988.2, 3~6면; 이강혁, 「헌법재판소법의 제정에 관하여」, 『법무자료』 95, 1988, 47~54면; 최광률, 「헌법재판소법의 입법방향」, 『법무자료』 95, 1988, 30~46면; 김철수, 「헌법재판소법개정문제」, 『판례월보』 230호, 1989.11, 5~8면; 김철수, 「헌법재판소법의 개정방향」, 『헌법재판자료』 1, 1990, 233면 이하.

법원의 질시와 행정부의 푸대접 하에서 만들어진 헌법재판소법이 성립된 뒤에도 헌법재판관의 임명이 늦어지더니 대통령취임 후 6월 만인 1988년 9월에야 헌법재판관이 임명되어 개소를 하게 되었다.

상임재판관 6인과 비상임재판관 3인으로 구성된 헌법재판소는 처음에는 법조경력이 대법관보다 적은 사람이 임명되어 약체헌법재판소가 될 것이 아닌가 걱정되었다. 청사도 임시청사로 초라하기 짝이 없었다. 국민의 기대도 크지 않았으나 그 뒤 17년 동안의 활동으로 이제는 괄목상대하게 되었다. 헌법재판소의 청사는 존엄성을 가지도록 신축되었고 국민들도 권리구제의 최후의 보루는 헌법재판소라는 인식이 깊어져 제소사건이 늘어나고 있다. 이리하여 개소 후 멀지 않아 비상임재판관제도를 없애고 전원 상임재판관제로 바꾸었다.

(2) 헌법재판소의 활동

한국헌법재판소는 i) 위헌법률심사권, ii) 헌법소원심판권, iii) 탄핵결정권, iv) 정당해산권, v) 기관간 권한쟁의심판권을 가지는 최고기관의 하나이다. 헌법재판소는 이들 권한을 적절히 행사하여 진정한 헌법보장기관으로서 기능해 왔다. 특히 헌법소원심판권을 행사하여 국민의 기본권을 신장하였고 위헌법률심판권을 적절히 행사하고 있다.[12]

헌법재판소는 개소 후 2005년 8월1일까지 위헌심판에서 1,160건을 접수하고, 1,090건을 처리하여 그 능률성을 과시하였다. 그동안 법률조항을 271개나 위헌선언하고 헌법불합치결정 89건, 한정위헌 48건, 한정합헌 28건으로 많은 위헌결정을 하여 그 존재의의를 과시하였다.

헌법재판소가 이와 같이 많은 위헌판결을 한 반면 합헌판결도 883건,

---

12 상세한 것은 헌법재판소10주년을 기념하기 위한 「한국헌법재판의 회고와 전망」, 1998.9.2 발표집; 헌법재판소, 「헌법재판소10년사」; 김철수, 「헌법재판소와 인권보장」, 『아태공법연구』 제1권, 1992 등 참조

청구기각 3,644건, 각하 5,289건, 기타 4건, 취하 422건으로 각하판결이나 합헌판결도 상대적으로 많지 않았나 하는 비판도 나올 수 있다. 물론 이러한 합헌 비율은 외국보다는 많은 것이 아니기는 하나 우리나라 법률이 위헌성을 다분히 내포하고 있는데도 불구하고 합헌판결이 많음으로써 소극적이지 않았나 하는 비판도 없지 않다. 헌법소원에 있어서는 10,411건 접수에 인용이 225건이었으며 위헌결정 174건, 헌법불합치 54건, 한정위헌 33건, 한정합헌 21건 등이 결정되었다.[13] 권한쟁의도 18건에 인용이 3건이었고 탄핵은 기각이 1건이었다.

심판사건누계표 1988.9.1~2005.7.31 현재

구분		접수	합계	처리										취하	미제
				결정											
				계	위헌	헌법불합치	한정위헌	한정합헌	인용	합헌	기각	각하	기타		
합계		11,607	10,906	10,484〈287〉	271〈175〉	89〈49〉	48〈34〉	28〈29〉	228	883	3,644	5,289〈4,198〉	4	422	701
위헌법률		520	476	375〈145〉	97〈102〉	35〈20〉	15〈9〉	7〈14〉		200		21		101	44
탄핵		1	1	1							1				
정당해산															
권한쟁의		29	18	16					3		7	6		2	11
헌법소원	계	11,057	10,411	10,092〈142〉	174〈73〉	54〈29〉	33〈25〉	21〈15〉	225	683	3636	5,262〈4,198〉	4	319	646
	§68①	9,718	9,211	8,927〈49〉	40〈33〉	10〈8〉	10〈8〉		225	3	3636	5,000〈4,062〉	3	284	507
	§68②	1,339	1,200	1,165〈93〉	134〈40〉	44〈21〉	23〈17〉	21〈15〉		680		262〈136〉	1	35	139

1. 결정란의 〈 〉는 심판대상법률조문의 숫자임.
2. 헌법소원심판사건중 지정재판부의 처리건수는 ( )안에 기재하고 본란의 숫자에 합산표시 하였음.
3. 법령에 대한 §68①의 헌법소원심판사건이 인용된 경우는 그 내용에 따라 위헌, 헌법불합치, 한정위헌 등으로 분류하였음.

---

13 상세한 것은 위 「헌법재판소 심판사건통계표」, 『헌재공보』, 2005년 8월호 참조.

(3) 헌법재판소의 있어야 할 모습

한국의 헌법재판소는 그 위상이 완전히 확립되어 있지 않고 있다. 헌법재판소의 소장은 대법원장에 준하게 되어 있고 대법원과 헌법재판소 간의 관계도 미묘한 긴장관계가 있다. 헌법재판소장은 국회의 동의를 얻어 대통령이 임명하게 되어 있다. 제1기 재판관의 예를 보면 대통령은 검찰에서 1명, 변호사 중에서 2명을 임명했고 국회는 각 정당에서 추천한 사람 1명씩을 선임하였고 대법원장은 대법관경력자 1명, 고법원장이나 지법원장급에서 2명을 지명하였다. 이러한 임명절차에 따라 임명된 헌법재판관은 대법관보다 격이 낮은 것처럼 보였다. 이것은 제2기 임명에서도 비슷하였다. 국회는 민자당 2명 민주당 1명을, 대통령은 지방검사장과 헌법재판관 2명을, 대법원장은 지방법원장과 고등법원장을 헌법재판소 재판관으로 지명하였다. 제3기의 경우도 대동소이 하였다.

대법관을 시키기 곤란한 차순위자를 헌법재판관으로 지명하는 관례 때문에 대법원의 외견상 우월화 저의가 특히 두드러졌다. 헌법재판관은 정치적 중립성이 보장되어야 하는 데도 국회에서 정당위주로 선임되었고 따라서 정치적 중립성에 문제를 야기했다. 법관자격이 없는 교수는 헌법재판관으로 임명될 수 없었고 고급공무원 경험자, 국회의원, 장관, 대사경험자 등도 임명에서 배제되어 문제가 되고 있다. 대법관은 전원 국회에서 임명동의를 받아야(제104조)하며 헌법재판관도 법률에 따라 국회의 인사청문을 받게 하였다.

우리 헌법은 헌법재판소를 사법부와 독립시키고 있어 문제이다. 헌법재판소는 행정재판소와 함께 전문법원의 역할을 하는 법원임에도 불구하고 행정재판소와는 달리 독립시키고 있어 사법부 일원화에도 문제가 있다. 앞으로 헌법 개정을 하는 경우 우리나라에서는 헌법재판소가 최고 사법부가 되도록 기구가 정비되어야 할 것이며 대법원은 최고행정재판소, 최고민·형사재판소의 역할을 하게 되어야 할 것이다. 그리하여 대법원은 대법관 경력자 이상을 헌법재판관으로 지명해야 할 것이며 헌법 재판관은 보다 나이 많은 법조인으로 정년 때까지 근무하는 종신직으로 해야 하겠다.

법원이나 법조일각에서는 헌법을 개정하여 대법원에 헌법부를 두고, 헌법재판소를 폐지하자는 의견도 있다. 대법관으로 구성되는 헌법법원을 두고 대법관 1명과 대법원판사 2명으로 구성되는 행정부, 민사부, 상사부, 형사부 등을 두는 방안도 생각할 수 있으나 이 경우에도 업무량의 폭증으로 헌법부가 헌법재판소와 같은 기능을 하기는 어려울 것이기에 부정적이라고 하겠다. 재판관의 선임에 있어서도 다양성을 살려 법조인뿐만 아니라 교수, 고급공무원경력자, 국회의원, 장관경력자가 선임되도록 해야 할 것이다. 헌법재판소는 단순한 사건해결 기능만 가진 부서가 아니라 정책결정기관의 역할도 가진 기관이 되어야 하기 때문에 보다 다양한 충원방법이 모색되어야 한다.

헌법재판소의 결정은 모든 국가기관을 구속하게 되어 있으나 검찰에서조차 무시하고 법원은 헌법재판소결정과 다른 판결을 하는 경우조차 있었다. 대통령과 행정부도 헌법재판소의 헌법불합치결정에 잘 호응하고 있지 않다.[14] 토초세법의 헌법불합치결정은 사실상의 위헌결정이며 이에 따라 정부는 토초세법을 폐지하는 것이 원칙이다. 헌법재판소는 정부의 입장을 감안하여 개발제한을 규정한 그린벨트관련법규의 위헌성을 판단하고 있지 않은데, 정부는 이를 기화로 20년 동안의 위헌불법사태를 유지하고 있다. 한국의 헌법재판은 탄핵소추를 기각하고, 행정수도법을 위헌선언하고, 호주제법을 헌법불합치결정 하는 등 활동을 하고 있다.

---

14 대통령·정부·여당은 탄핵기각에는 쌍수를 들어 환영했으나 행정수도법위헌에는 크게 반발하였고 헌법재판소폐지론까지 들고 일어났다. 행정수도법 위헌결정도 새로이 행정복합도시법을 만들어 우회하는 태도를 취하고 있다.

2) 한국헌법재판소 제도의 개혁방안

(1) 헌법재판소 제도의 개선방향

물론 독일의 헌법재판소도 하루아침에 현재의 지위를 차지한 것은 아니다. 헌법재판기능의 활성화와 기본권보장의 실질화를 통하여 국민의 지지를 받았고 그 결과 입헌주의의 수호자로서 현재의 지위까지 올라갈 수 있었던 것이다.[15] 우리나라에서도 초기의 회의적 분위기에서 이제 국민의 기대를 받는 국가기관으로 등장한 것은 1·2·3기 헌법재판관들의 노력의 덕택이라고 생각된다.

헌법재판소의 존재는 대법원으로 보아서는 옥상옥의 기구로 비치어 달갑지 않으며, 정부로 보아서는 정부의 행정을 견제하고 위헌결정으로 국가적 손실을 가져온다고 못마땅하게 생각할 것이며 국회에서도 날치기 통과시의 국회현장조사 시에 보인 바와 같이 경원의 대상이 되고 있다. 어느 기관 하나 헌법재판소에 대하여 호의적인 기관은 없다고 하겠다. 현재 당장 헌법 개정을 하게 된다고 가정한다면 여당에서는 헌법재판소폐지론을 들고 나올지도 모를 일이다.

헌법재판소에 대한 국정감사 시에 야당은 헌법재판소의 판결태도를 비판했는데 특히 소극적인 판결태도를 문제시하였다.

헌법재판소가 비빌 언덕은 국민뿐이다. 과거 헌법재판소에 회의적이었던 변호사들이 17년간의 경험 후에 헌법재판소에 대하여 긍정적으로 변화된 것은 헌법재판소의 기능이 국민의 기대에 부합했기 때문이다. 국회의 위헌입법이나 행정부의 불법적인 공권력행사에 의하여 기본권이 침해되었던 많은 국민들이 새로운 기본권구제기관으로서의 헌법재판소에 큰 기대를 걸고 있다.

그동안 헌법재판소는 점진적으로나마 국민의 기대에 부응하는 결정

---

15 상세한 것은 Simon, "§34 Verfassungsgerichtsbarkeit", *Handbuch des Verfassungsrecht*, SS. 1037 ff. 참조

을 내려왔다. 혁명적인 방법이 아닌 헌법해석의 방법으로 개혁을 이룩했던 것이다. 초기에는 헌법재판소의 소극적인 판결태도에 실망했던 사람들도 헌법재판소에서의 소수의견, 반대의견이 많이 나온 것을 본 다음 기대감을 가지게 되었다. 언젠가는 소수의견이 다수의견으로 될 수 있을 것이며 현재의 불인용(不認容)이 언젠가는 인용결정으로 될 수 있을 것이라는 점에서 국민들은 희망을 가지게 된 것이다.

국민은 이제 헌법재판소의 폐지에는 반대할 것이요, 오히려 헌법재판소의 권한강화를 요구하고 있다. 헌법재판소의 독립을 위하여 헌법재판소에 관련법률안 제안권과 예산안제출권을 인정해야 하겠고, 보다 많은 인원과 예산을 배정해야 할 것이다. 헌법재판소의 경우 연구인력이 아직도 부족하다. 헌재재판관의 수는 최소한 18명은 되어야 할 것이며 연구관보도 36명 이상이 되어야 할 것이다. 그래야만 헌법재판소의 판결문을 보다 정치하게 될 수 있을 것이다. 현재는 비슷한 사안에 대한 외국판결이 있으면 그것을 그대로 번역하는 경향이 있으며 저서인용 등도 출처를 밝히지 않아 빈축을 사는 경우가 많다. 전임연구관은 또 법률구조서비스도 하여야 할 것이다.

다음으로는 국민에 대한 보다 신속하고 친절한 서비스를 제공해야 한다. 헌법재판소법을 개정하여 변호사대리강제주의를 없애어 돈 없는 사람이라도 헌법소원을 제기할 수 있게 하고 국선대리인제도도 실효화 시켜야 하겠다. 독일의 경우 민사재판의 경우에는 변호사강제주의를 채택하고 있으나 헌법재판의 경우에는 본인소송을 허용하고 있으며 국선변호인제도와 연구관에 의한 교시(教示)제도를 활성화하고 있다. 우리나라도 이러한 교시제도를 채용해야 할 것이다.

헌법재판소는 신속한 결정을 내려야 할 것이다. 현행 헌법재판소법 제38조는 "헌법재판소는 심판사건을 접수한 날로부터 180일 이내에 종국결정의 선고를 하여야 한다"고 규정하고 있는데 2, 3년의 미제사건도 많아 국민의 불신을 사고 있다. 물론 어려운 사건일수록 180일이란 시한에 얽매여 졸속결정을 해서는 안 될 것이다. 그러나 어려운 사건이라 하여 미제사건을 계속 미제로 두는 것도 국민의 기대를 저버리는 것이요, 사법(司法)정의에도 모순된다고 하겠다.

헌법소원의 경우에는 청구기간을 늘리고, 보충성의 원칙을 완화하며 재판에 대한 헌법소원도 할 수 있게 헌법재판소법을 개정하여야 하겠다.

(2) 한국헌법재판소법의 개정방향

◎ 헌법재판소의 독립성 강화 및 위상정립 방안

① 독립성 강화방안

헌법재판소의 독립성을 강화하기 위하여 헌법재판소에 관련법률안을 국회에 직접 제출할 수 있게 해야 하며, 또 예산요구도 국회에 직접 제출하게 해야 할 것이다. 예산에 관해서는 헌법재판소법이 경비의 독립을 규정하고 있으나(법 제111조) 이로써는 부족하다. 헌법재판관의 독립을 강화하기 위하여서는 3부(三府)에의 의존가능성은 가능한 한 적어져야 할 것이며 독자적인 법률안제출권과 예산안제안권이 요구되고 있다.[16]

② 대법원과의 관계 정립 모색

헌법재판소와 대법원간의 갈등이 예상되기는 하나 두 기관 모두 국민의 기본권보장기관으로 상호교류를 통해 조화를 이루어나가는 것이 바람직하다. 독일에서의 연방헌법재판소는 헌법해석의 최고기관으로 인정

---

16 한국헌법재판소의 개혁방침에 대해서는 金哲洙, 「韓國憲法裁判所制度とその改善方向－憲法政策學的考察」, 小林直樹先生古稀紀念論文集, 『憲法學の展望』참조. 양삼승, 「헌법연구관제도의 개선방안」, 『헌법논총』 3, 1992, 229~274면; 김철수, 「헌법소송제도의 문제점과 개선방향」, 『李英錫 교수정년기념논문집』, 1992, 449~502면; 김철수, 「헌법재판소법 개정문제」, 『판례월보』, 230, 1989.11, 5~8면; 대한변협, 「헌법재판소법 중 개정법률안」, 『헌법재판자료』 3, 1990.12, 585~617면; 김남진, 「헌법재판대상의 활성화와 개선에 관한 연구」, 『헌법재판연구』 2, 1991, 185~234면; 헌법재판소, 「헌법재판절차개선을 위한 입법론적 연구」, 『헌법재판연구』 제14권 등 참조

되어 연방법원이 헌법재판소의 결정을 따르게 되어 있다. 프랑스의 경우에는 우리와 비슷한 입장이어서 헌법평의회가 창설된 이후 초기에는 특히 국참사원(Conseil d'Etat)이나 파기원(Cour de Cassation)간의 판례차이를 보였으나 점차 판례가 접근되어가 오늘날에는 조화를 이루고 있는바, 이는 서로 간에 판례를 존중하여 상호보완하고 있기 때문이라고 한다. 대법원은 헌법재판소의 위헌결정 뿐만 아니라 한정위헌결정도 존중하여야 할 것이다. 최근의 대법원과 헌법재판소간의 양도소득세결정에 대한 갈등은 빨리 치유되어야 한다.[17]

헌법을 개정하는 경우 사법의 장(章)에서 헌법재판소를 규정하고 그 산하에 대법원을 두는 방안도 생각할 수 있다. 대만 헌법에는 대법원내에 헌법해석을 위한 대법관회의를 두고 있다.

◎ 헌법재판소의 구성에 관한 개선방안

① 헌법재판소 재판관 자격의 다양화

헌법재판과 같이 고도의 헌법지식을 요하는 최고기관의 구성에는 헌법이나 행정법학에 조예가 깊은 학자들의 참여가 필수적으로 요청된다. 서독의 Herzog 전 소장이나 Limbach 전 소장, Hesse, Böckenförde 등 전 재판관이 헌법교수 출신이며, 오스트리아의 Adamovich 전 소장도 헌법·행정법 교수이고 Badinter 프랑스 전 소장도 교수 출신임을 감안할 때 교수의 참가로 헌법재판소 판결이유의 치밀화에 기여해야만 할 것이다.

현행 헌법이 재판관은 법관의 자격이 있어야 하도록 하고 있으나 법관의 자격은 법원 조직법에서 규정하고 있으므로 법원조직법을 개정하여 법학교수 5년 이상 경력자에게 법관의 자격을 부여하면 되는 것이다. 이것은 헌법 개정사항이 아니고 법률개정사항이므로 국회에서 결정할 수 있는 것이다. 독일의 법관법이나 일본의 변호사법 등 세계 각국이 법

17 판결로는 헌재 1998.7.16 선고, 95 헌마 77, 『헌재공보』 제29호 660면 이하 참조.

학교수에게 변호사자격을 부여하고 있음을 본받아야 한다. 臺灣에서도 법학교수에게 대법관자격을 부여하고 있다.

　재판관선임에서도 현재와 같이 대통령, 국회, 대법원장이 각 3명씩 지명할 것이 아니라 독일처럼 전원을 국회에서 선임하는 것이 바람직 할 것이다. 이 경우 원칙적으로 대법관경력자, 대학교수, 대사 등 구성원을 다양화해야 하겠다.

　② 헌법재판관의 신분보장 강화방안

　재판관의 연임 등에 관해 헌법재판소법 자체에 구체적 규정이 없는바 연임기준・방식 등 상세한 규정을 두어 신분보장의 강화를 기하여야 할 것이며 연임을 원칙으로 하고 65세 정년제를 실시하면 보수화를 우려하지 않아도 될 것이다.

　◎ 헌법소송절차의 개선방안

　① 헌법재판대리인의 자격의 다양화

　현행 헌법재판소법은 헌법소원의 대리인 자격을 변호사로 한정하여 일반인의 대리나 본인소송을 막는 변호사강제주의를 채택하고 있다. 이는 헌법재판이 고도의 헌법지식을 요구하고 있기 때문에 헌법소송의 공정화 신속화를 기하기 위한 것으로 보인다. 그러나 변호사대리를 강제하고 있는 것은 헌법소송의 무상이라는 이념에 반한다. 일반법원에서는 변호사 강제주의를 채택하고 있는 서독에서조차 헌법소송에서는 이를 강제하지 않고 있다. 이는 자력이 없는 국민의 헌법재판에의 접근을 쉽게 하기 위한 것이다.

　우리나라에서도 원칙적으로 변호사강제주의를 폐지하고, 심리에 있어서 정 불편이 심하다면 직권에 의하여 국선대리인을 선임해 주도록 하여야 할 것이다. 또한 변호사나 국선대리인의 자격을 완화하여 헌법에 조예가 있는 교수나 법제관 등에게도 대리자격을 인정해야 할 것이다.

② 가처분제도의 신설

공권력의 행사로 인하여 국민의 기본권이 침해되어 있는 경우에 긴급을 요할 때에는 헌법재판소가 가처분을 함으로써 본안결정 전이라도 임시로 구제할 수 있는 가처분제도를 도입하여야 할 것이다.[18]

◎ 위헌법률심판제도의 개선방향

① 추상적 규범통제 등 다양한 통제방식의 도입 가능성 검토

더욱 효율적이고 충실한 위헌법률심사를 위하여 외국에서 볼 수 있는 추상적 규범통제나 사전적·예방적 규범통제의 도입 가능성을 면밀히 검토할 필요가 있다. 물론 기존의 구체적·사후적 규범통제도 그대로 존치시키면서 여러 다른 규범통제방식을 도입하여야 할 것이다.

당분간 「입법촉구결정」, 「위헌경고결정」 등 변형결정을 활용하여 예방적 규범통제의 효과를 기대할 수는 있겠다.

② 심판대상의 확대방안

위헌법률심사의 대상을 확대하여 형식적 의미의 법률이외에도 관행상 행해지고 있는 실질적 의미의 법률인 조약, 긴급명령, 긴급재정·경제명령 등도 심사의 대상이 되도록 명문의 규정을 두어야 할 것이다. 헌법재판소는 조약과 긴급재정·경제처분에 대해서는 위헌심사를 하고 있기는 하나 명문화 하는 것이 바람직하다. 또 대법원에서 통치행위라고 하여 심사를 하지 않는 계엄선포행위나 포고령에 대해서도 위헌심사를 하도록 명문화 하는 것이 바람직하다.

③ 재판의 전제성 등 요건의 완화방안 검토

현행 헌법체계 하에서는 구체적 규범통제를 채택한 관계로 재판의 전제성요건을 배제할 수는 없다. 객관적 헌법질서의 보장과 예방적 국민권리보

---

18 가처분제도에 관해서는 Berkemann, "§32 Einstweilige Anordnung"; Umbach / Clemens, *Bundesverfassungsgerichtsgesetz*, Vol.1, SS. 565 ff.; 곽순근, 「헌법재판소와 가처분제도」, 연세대 박사논문, 1995.8 참조.

호를 위해서 재판의 전제성이나 구체적 사건성 등이 없더라도 위헌법률심판을 행할 수 있게 하고 또 위헌적 법률을 잠시라도 방치하지 않기 위하여 추상적 규범통제와 사전적·예방적 규범통제도 도입해야 할 것이다.

④ 다양한 결정형식 검토 및 엄격한 한계설정

현행 헌법재판소법 제47조 제2항은 형벌에 관한 조항 외에는 "위헌으로 결정된 법률 또는 법률의 조항은 그 결정이 있는 날로부터 효력을 상실한다"라고 규정하여 위헌결정의 장래효만 인정하므로 원칙적으로 소송당사자를 구제할 수 없게 되어 있다. 소급효의 범위를 확대하여야 하겠고, 특히 기본권을 침해하는 법률의 경우 헌법재판소법의 개정으로 소급효를 명확히 해두는 것이 법적 안정성을 위해 타당한 방법이라고 본다.

현행 헌법재판소법 제47조는 "법률의 위헌결정은 법원 기타 국가기관 및 지방자치단체를 기속한다"라고 규정하여 기속력을 '위헌결정'에 대해서만 명시하고 있다. 단순위헌결정 외의 변형결정을 인정한다면 그 기속력을 헌법재판소법에 명시해야 할 것이다.

헌법재판소를 최고규범인 헌법의 최고해석권자로 명실상부하게 자리 잡게 하고 헌법보정기관으로서의 역할을 제대로 수행하게 하기 위해서는 기속력의 확대가 필수적이다. 아울러 기속력의 내용도 명확해져야 하겠다.

◎ 헌법소원심판제도의 개선방안

① 헌법소원의 대상 확대방안

헌법소원의 종류로서 헌법재판소법은 소위 권리구제형 헌법소원(제68조 1항의 헌법소원)과 위헌심사형 헌법소원(제68조 2항의 헌법소원)을 규정하고 있다. 그러나 권리구제형 헌법소원만이 본래의 의미의(狹義의) 헌법소원이며 위헌심사형 헌법소원은 엄밀한 의미에서의 헌법소원은 아니다. 헌법소원은 특별한 국민의 기본권구제수단인데도 헌법재판소법 제68조 2항의 헌법소원은 제청권자만 다르지 실질적으로는 위헌법률심사와 같기 때문에 이는 위헌법률심사방식에 따라야 할 것이다. 위헌법률심사형 헌법소원은 이를 위헌법률심판을 규정한 제41조 이하에서 규정하여야 할 것이며 그 심사방법이며 의결정족수, 효력 등을 규정하여야 할 것이다.

헌법소원은 공권력의 행사 또는 불행사로 인하여 기본권이 침해되는 경우에만 할 수 있다. 공권력작용은 그 주체가 누구인가를 불문한다. 즉 국가는 물론이거니와 지방자치단체도 공권을 행사하는 한 공권력작용의 주체가 됨은 물론이다. 그러나 공권력의 개념이나 내용이 무엇인가에 대해서는 불명확하기 때문에 헌법소원의 대상이 되는 공권력이 무엇인가를 명확히 해야 한다.

사법부가 최후의 국민의 기본권 또는 권리구제기관으로서의 지위를 제대로 감당하지 못하였을 때 그리고 자의 및 독선으로 흐르고 있다면 이에 대한 통제요구는 너무나 당연한 요청이 아닐 수 없다. 원 행정처분 등에 대한 통제가 꼭 필요하기 때문에, 법원의 재판이 헌법소원의 대상에 포함되어야 할 것이다. 헌법이론적으로 보나, 연혁적으로 보나 그리고 각국의 입법례 및 우리의 헌법현실에 비추어 볼 때 법원의 재판이 헌법소원의 대상에 포함될 것이 요구된다. 이를 위하여 현재의 헌법재판소법을 개정하여 재판도 헌법소원의 대상이 되도록 해야 한다.

법원의 재판은 이를 협의로 해석하여야 한다. 재판 이외의 법원공무원 등의 처분(공탁·등기·호적) 등에 대하여는 헌법소원이 당연히 인정된다. 법관의 인사·예산 등에 관한 것도 헌법소원의 대상이 될 수 있다고 하겠다.

법률을 개정할 때에는 이를 명확히 하여 일체의 사법입법작용, 사법행정작용, 재판작용이 모두 그 대상이 되도록 할 것이다.

◎ 헌법소원의 효율적 강화방안
① 헌법소원의 보호이익의 확대
헌법소원의 보호법익은 '헌법이 보장하고 있는 기본권'이다. 그런데 헌법이 규정하고 있는 모든 기본권과 제도보장이 '헌법소원의 보호법익'이 될 수 있을 것인가 문제이다. 헌법이 규정하고 있는 인간의 존엄과 가치,

행복추구권, 평등권, 청구권, 자유권, 참정권 등이 공권력의 행사나 불행사에 의하여 침해되었을 때에는 헌법소원을 제기할 수 있는 것은 물론이다. 또 공권력의 작위에 의하여 생존권적 기본권이 침해된 경우에도 헌법소원을 제기할 수 있게 명문화해야 한다. 그런데 문제는 생존권적 기본권이 공권력의 부작위 특히 입법부작위에 의하여 침해된 경우 헌법소원이 가능할 것인가는 문제이다. 적어도 생존권의 내용을 형성하는 법률의 규정이 미흡한 경우라든가 헌법에 위임규정이 있는데도 불구하고 전혀 입법을 하지 않는 경우에는 헌법소원이 허용되어야 한다.

② 헌법소원의 심판의 공정·신속성확보

헌법소원의 심판은 지정재판부에서 사전심사를 담당하게 하고 있다. 이 지정재판부제도는 독일의 Kammer 제도를 모방한 것이나 우리나라의 지정재판부는 각하와 심판회부의 결정만 할 수 있을 뿐이므로 Kammer보다는 그 권한이 약화되어 있다. 독일에서는 사전심사절차에서 청구가 명백하게 이유 있는 경우에는 인용할 수 있는(§93b② BVerfGG) 법적 근거를 부여하고 있다.

우리나라에서도 지정재판부의 권한을 확대함이 바람직하다고 하겠다. 헌법소원이 명백히 이유가 없는 경우에는 청구기각을 시킬 수도 있도록 하여야 할 것이다. 이를 위하여 지정재판부의 재판관을 4명으로 하여 전원합의로 하는 것이 바람직하다. 인용(認容)결정이나 위헌정족수가 6명이기에 4명의 재판관만 합의하면 기각결정이나 합헌결정은 할 수 있기 때문이다.

◎ 소결

출범한지 불과 17년밖에 되지 않은 한국의 헌법재판소는 그동안 헌법보장과 국민의 기본권보장을 위해 많은 활동을 해오고 있고 또 점차 그 입지도 넓혀가고 있음을 인정하지 않을 수 없다.

헌법재판소가 헌법의 규범력을 담보하여 입헌주의의 보루가 되고 있으며 헌법정치에 결정적인 역할을 하고 있다. 헌법재판소가 완전히 제 기능을 발휘할 수 있도록 하기 위하여서는 재판도 헌법소원의 대상이 되도록 해야 할 것이며 재판소 구성이나 변호사강제주의문제 등도 점진적으로 법률을 개정해야 할 것이다.

한국의 헌법재판소는 독일계 헌법재판소를 모범으로 한 것이기는 하나 한국적 특색을 가진 것이기도 하다. 과거 대법원에 위헌법률심사권이 있을 때에는 정치문제라는 핑계로 판단을 회피한 경우가 많았는데 헌법재판소는 기본권보장문제와 관련하여서는 정치문제나 통치행위이론을 적용하지 않았다. 또 대통령의 탄핵문제와 같은 극히 정치적인 문제에 대해서는 위헌성을 인정하면서도 파면할 만큼 중대하지 않다고 하여 기각결정을 하고 있다.

6. 결어

아시아 각국이 입헌주의를 정착시키기 위하여서는 헌법보장기구를 정비하여야 할 것이다. 이 때 미국식 사법심사제도를 채택할 것이냐 독일식 헌법재판소 제도를 채택할 것인가가 문제가 될 것이다. 아시아에서는 일본이 미국식 사법심사제도를 채택하고 있고, 한국이 독일식 헌법재판소 제도를 채택하고 있는데, 일본과 한국의 실제를 비교·연구하여 선택할 것이 요망된다.[19] 한국식 헌법재판소 제도를 도입하는 경우, 현재의 제도를 그대로 직수입할 것이 아니라 한국제도의 모순점을 파악하여 헌법재판제도의 개선방향을 검토하여 입법하는 것이 바람직할 것이다.

---

19 일본과 독일의 위헌법률심사제도를 비교한 것으로는 김철수, 「일본과 서독의 헌법재판제도비교」, 『법과 사회 연구』(한일법학회) 제6집(1987.4) 참조

2. 헌법재판의 활성화 방안[*]

개회사

한여름의 무더위가 채 가시지도 않은 요즈음, 개학 직후의 바쁘신 가운데에도 이렇게 본 학술대회를 빛내주시기 위해 참석해 주신 조완규(趙完圭) 총장님을 비롯하여 김두현(金斗鉉) 한국법학원장님, 국회의원 여러분, 언론계 중진, 여러 법과대학 학장님, 법학연구소장님, 교수님, 그리고 법조계 인사와 내빈 여러분께 깊은 감사를 드립니다.

오늘 서울대학교 법학연구소가 제6공화국의 헌법재판소의 설치, 출범에 따라 '헌법재판의 활성화 방안'에 관한 국제학술대회를 개최하게 됨을 뜻 깊게 생각합니다. 본 학술대회를 위하여 기꺼이 발표자로서의 초청을 수락해 주신 주한 오스트리아 대사이신 P. Moser 박사, 중화민국 대

---

[*] 서울대학교 법학연구소 주최 국제학술세미나, '헌법재판의 활성화 방안' 1988년 2월 26일, 대한상공회의소 2층 중강당.

법관이신 양일연(楊日然) 박사, 일본 도쿄(東京)대 교수이신 나가오 류이치(長尾龍一) 박사 세 분께 특별한 감사를 드리며 국내에서 연구에 정진하시면서 본 학술대회의 발표자와 토론자로 참석해 주신 여러 교수님들과 국회의원 여러분, 헌법위원회 관계자 여러분, 재조·재야 법조인 여러분, 언론기관 종사자 여러분들에게 진심으로 감사를 드립니다.

다 아시는 바와 같이 헌법재판제도에는 미국식 사법심사제도와 독오(獨墺)식 헌법재판소 제도가 있습니다. 미국식 사법심사제도는 일반 법원이, 재판의 전제가 된 경우에 법률의 위헌성 여부를 판단하여 위헌이라고 생각하는 경우 적용을 거부하는 제도입니다. 이에 대하여 독일식 헌법재판제도는 헌법재판소라는 특별한 사법기관이 있어 재판과는 관계없이 법률의 위헌여부를 결정하고 위헌이라고 생각하면 법률의 무효를 선언하는 제도입니다. 이 밖에도 프랑스식인 사전적·예방적 심사제도도 있습니다.

우리나라에서는 그동안 미국식 사법심사제도와 독일식 헌법재판소 제도며 한국식 헌법위원회제도를 다 도입해 봤습니다. 그런데 제6공화국의 헌법재판소 제도는 독오식을 모방한 것인데 아직까지 실제 경험해 보지 못한 유일한 제도입니다. 이 제도의 모국인 오스트리아와 독일의 이론과 실제는 어떠하며, 우리가 배워야 할 점이 무엇인가를 알아보려는 것이 이번 세미나의 주목적입니다. 이와 아울러 미국식 사법심사제도에서 배울 점이 무엇인가도 비교법적으로 고찰해 보기로 하였습니다.

사실 헌법재판제도에 관한 학문적 연구는 상당히 축적되어 있습니다. 그러나 입법부나 사법부에서는 아직도 이 제도에 대해서 생소한 것으로 보입니다. 그것은 위헌법률심사제도에 대한 시행착오 때문이라고 하겠습니다. 돌이켜 보면 위헌법률심사제도도 파란만장한 변천을 겪었습니다.

제1공화국 시대에는 부통령을 위원장으로 하고 대법관 5인, 국회의원 5인으로 특이하게 구성되었던 헌법위원회가 있었습니다. 이 헌법위원회는 그 구성에서 볼 수 있다시피 사법작용과 정치작용의 타협을 전제로 하고 있음으로써 입법부나 사법부의 독주를 견제할 수 있다는 장점은 있었으나 헌법의 사법적 보장과는 거리가 먼 것이었다고 하겠습니다. 실제적으로도 헌법재판소가 운영된 10여 년 동안 6건의 위헌법률심사가 있었을 뿐이라는 점에 비추어보면 최초의 헌법재판기관으로서의 헌법위원회의 존재의의는 인정될 수 있으나 현실적으로 바람직한 방향으로 운영되지 못했다는 것을 알 수 있습니다.

제2공화국 헌법에서는 임기 6년의 재판관 9인으로 구성된 헌법재판소를 두어서 추상적 규범통제와 구체적 규범통제, 국가기관 간의 권한쟁의 심판, 정당해산심판 및 탄핵심판, 선거소송 등의 권한을 가지고 있었습니다. 이 헌법재판소는 헌법보장기관으로서, 또한 기본권보장기구로서 가장 효율적인 것이었으나 법안통과 후 한 달 여 만에 5.16군사쿠데타로 인한 비상조치법에 의하여 효력정지가 되었고 「헌법재판소폐지에 관한 법률」에 의하여 폐지되고 말았습니다.

실제적으로 설치·운영되지는 못했으나 제2공화국에서의 헌법재판소법을 살펴보면 일반법원에서 독립하여 있었으며, 그 권한이 추상적 규범통제에까지 미치고 있어서 헌법재판제도의 기능이 가장 효율적으로 수행될 수 있었으며, 심사권의 집중으로 법적 안정성과 판결의 권위를 유지 확립할 수 있었고, 일반법원의 정치적 중립성과 일반재판의 권위를 유지할 수 있었으며 심사의 신속성과 용이함이 확보되어 기본권의 보장과 헌법의 법적보장을 실효적으로 시행할 수 있었다는 등의 장점이 있었습니다. 추상적 규범통제까지도 허용한 까닭에 자칫하면 헌법재판소의 심사권이 사법권의 한계를 벗어나 정치적 중립성이 지켜지지 못할 우려가 있다는 지적도 있었습니다. 5.16정권이 헌법재판소 제도를 폐지한 것은 소위 혁명입법이 위헌으로 선언될까 두려워한 때문이었습니다.

제2공화국의 헌법재판소 제도는 서독의 헌법재판소 제도를 도입한 최초의 헌법보장방법이었음을 높이 평가해야 할 것입니다.

제3공화국 헌법에서는 미국식인 사법심사제도를 채택하였습니다만,

사법심사제도 자체가 순수한 이론적 사색의 산물이 아니고 역사적·사회적 배경을 가지고 법사상적 기초와 더불어 생성되어 온 것임을 감안하며, 제3공화국의 사법심사제도는 단순히 사법권의 가상적 우위에 그칠 우려가 다분히 내포되어 있었다 하겠습니다. 법률 두 조항에 대한 적용거부로 인하여 사법파동이 야기되었던 것은 슬픈 교훈이었습니다.

제4·5공화국에서는 헌법위원회제도를 도입하였습니다. 이 헌법위원회는 제1공화국 때의 헌법위원회와는 그 구성방법이나 권한의 측면에서 다른 것으로서 정치적 헌법보장기관으로서의 특색을 가지고 있었습니다. 국회, 대통령, 대법원장이 선출 또는 지명하는 3인씩의 위원에 대해 대통령이 임명하는 방식으로 구성된 9인의 위원이 있었습니다. 이것은 삼부간의 조화와 균형을 유지하기 위한 것으로 볼 수 있지만, 실제로 헌법위원회는 위헌법률심사, 탄핵여부결정, 정당해산의 결정 등의 권한 중 어느 것도 한 번도 행사해 보지 못했다는 점에서 휴면(休眠)기관이었다는 비난을 면치 못했습니다.

이것은 결국 위헌법률의 제청기관이었던 사법부가 기본적 인권의 보장과 권력행사에 대한 합리적인 통제를 하지 못하고 법률의 합헌성결정기관으로 만족했기 때문이라고 할 수 있겠습니다.

최근의 민주화를 위한 정치·사회적 노력에 부응하여 6.29선언에 따라 여야합의에 의한 제6공화국 헌법이 새로이 제정되었으며 양대 선거를 거치면서, 우리 사회에서는 국민의 기본권의 보장과 권력행사에 대한 합리적인 통제방안에 대한 관심이 어느 때보다도 고조되고 있습니다.

여소야대의 국회에 따라 야당주도의 입법이 강행될 조짐이 있습니다. 이에 대하여 대통령의 거부권행사가능성도 높습니다. 국회의 국무위원 해임건의도 잦을 것으로 보이며 대통령이 이에 따를 것인가도 문제가 됩니다. 국가기관간의 권한쟁의도 늘어날 것으로 보이며 중앙정부와 지방자치단체의 권한쟁의도 늘어날 것으로 보입니다. 이러한 정치적 대결 국면에서 힘이 아닌 헌법해석의 방법으로 헌법을 보장하려고 한 것이 헌법재판소 제도 설립의 취지입니다. 헌법재판소는 민주주의국가에 있어서 권력의 중심역할을 하며 국민의 기본권을 보장해 주는 가장 중요한 기관인 것입니다.

여야합의에 의하여 헌법재판소법이 제정되어 오는 9월 1일부터 효력을 발생하게 되었습니다. 이 헌법재판소가 기능을 옳게 발휘하며 입헌정치가 정착될 수 있을 것입니다. 가장 중요한 헌법기관인 헌법재판소에 대하여 국민들의 관심이 적은 것은 안타깝기만 합니다.

이와 같은 상황에서 본 연구소는 각국의 헌법재판의 이론과 실제를 파악하고 그 비교법제도적인 측면을 검토하고 토론해 봄으로써 앞으로의 우리나라의 헌법재판소의 바람직한 운영과 그 기능의 활성화 방안을 제시해보고자 합니다.

오늘 본 학술대회를 위해 참석해 주신 여러 발표자와 토론자들의 문제제기와 활발한 토론이 헌법재판제도의 보다 활발한 운영에 크게 기여하리라는 것을 믿으며 이를 통해 국민의 기본적 인권의 최대한의 보장과 권력행사의 합리적인 통제가 행해짐으로써 입헌주의의 실현과 헌법의 보장이 공고히 될 수 있을 것을 기대합니다.

끝으로 이 자리에 참석해 주신 여러분들께 다시 한 번 깊은 감사를 드리며 오늘의 학술대회가 가능하도록 재정적 지원을 해주신 문교부, 서울대학교, 아시아재단, 대한교육보험주식회사, 고시계 여러분께 감사를 드리면서 이에 개회사를 갈음하겠습니다.

감사합니다.

3. 헌법재판소법의 제정문제[*]

1. 헌법재판소법 제정에 관한 시비

지난 1월 15일에는 법무부가 주관하는 헌법재판소법 제정에 관한 세미나가 개최되었다. 이 세미나에서는 헌법재판소법에 관한 대체적인 토론이 있었다고 한다. 그 뒤 법원과 재야 법조, 학계에서도 이에 관한 논의가 활발히 전개되고 있다. 이 세미나에서는 법무부가 독자안을 내지 않고 각계 의견만 청취하였기에 법무부의 견해는 확실하지 않다. 이에 비하여 재조 법관들의 경우에는 헌법재판소를 현재의 헌법위원회처럼 무력하게 하기를 원하는 것 같고 학계와 재야 법조계에서는 헌법재판소의 활성화를 기대하고 있는 것 같다. 그런데 입법기관인 국회에서도 아직도 이에 대한 구체적 언급이 없어 앞으로 헌법재판소법이 어떻게 제정될 것인지 궁금하다.

---

[*] 『국회보』, 1988년 2월호.

헌법재판소는 제2공화국 헌법에서 처음으로 규정되었고 이에 따라 1961년 4월 17일 법률 제601호로 헌법재판소법이 제정되었었다. 그러나 5.16으로 말미암아 국가재건비상조치법에 의하여 헌법재판소규정이 효력 정지되었고 급기야는 헌법재판소법까지 폐기되었다. 그러므로 이번에 헌법재판소법이 마련되면 두 번째 것이지만 효력을 발생하여 헌법재판소를 구성하게 된다면 첫 번째의 구성이 되는 셈이다.

5.16 이후에 헌법재판소에 관한 헌법규정을 효력 정지시킨 이유는 혁명입법이 위헌이라고 하여 무효 선언될까 두려워서였던 것으로 보인다. 저 유명한 법조파동은 대법원이 법률의 두 조항을 위헌이라고 판결하였기 때문에 일어났던 것이다. 그리하여 10월 유신 이후에는 헌법위원회를 두어 헌법에 위배하는 법률의 위헌무효를 선언할 수 있게 했으나 대법원이 모든 법률을 합헌이라고 재판하여 헌법위원회에 제청하지 않음으로써 헌법위원회는 아무 일도 안하는 예산낭비기관으로 비쳐졌던 것이다.

2. 헌법재판소법 제정의 기본방향

국회 8인 대표는 이에 참다운 위헌법률심사기구를 두기 위하여 헌법재판소에 관한 규정을 두었던 것이다. 이 제도는 민정당안에 있었던 것을 야당측이 받아들였고 헌법재판소의 관장사항에 법률이 정하는 헌법소원에 관한 심판을 추가했을 따름이다. 여야 합의에 의하여 국회에서 성안되고 거의 만장일치로 국회에서 의결되어 국민의 절대적 찬성으로 통과된 제6공화국 헌법의 헌법재판소는 한 마디로 헌법보장기관이요 기본권보장기구로서 중요성을 가지고 있다.

이 헌법재판소에 대하여 일부 재조에서는 최고법원인 대법원에 상위하는 법원이 될까 두려워하고 있다. 그러나 헌법재판소는 대법원과 동위기관이지 결코 상위기관이 아니다. 대법원은 대법원의 판결이나 결정이 헌법소원의 대상이 된다면 헌법재판소는 제4심기관이 될 것이라고 걱정하고 있는 것 같다. 서독에서도 헌법재판소가 최고의 사법기관으로서 초상고심이 되지 않을까 걱정하였으나 학설과 판례, 실제상 어디까지나 동위의 최고사법기관의 하나에 불과한 헌법에 관한 특수법원으로 인정되고 있다.

우리나라 헌법재판소는 한정된 관할권 밖에 가지지 않는 헌법재판기관이지 대법원과 같은 포괄적 사법기관이 아니다. 따라서 헌법재판소가 대법원에 군림해서는 안 될 것임은 물론이다. 헌법심판기관이기 때문에 대법원의 헌법판단에 대해서만은 이를 심리할 수 있다. 대법원이 법률이 헌법에 위배하는가 여부에 관한 문제를 판단할 때에는 독자적으로 판단할 수 있는 것이 아니고 헌법재판소에 제청하여 그 심판에 따라 재판하여야 한다. 이는 헌법재판소가 헌법만을 다루는 특수심판기관이기 때문이다. 또 대법원이 헌법의 기본권을 침해한 판결이나 결정을 한 경우 헌법재판소가 그 위헌성, 기본권 침해성을 심판했다고 하여 대법원의 권위를 침해하는 것은 아니다.

국민의 대표기관인 국회가 합헌적이라고 생각하여 만든 법률에 대해서도 헌법재판소는 6명의 재판관이 찬성하면 위헌이라고 심판하여 무효를 선언할 수 있는 것이다. 그렇다고 하여 국회의 최고기관성 독립기관성을 침해하는 것이 아닌 것과 마찬가지이다. 이러한 권한은 어디까지나 권력 간에 있어서의 견제와 균형의 문제이지 상하위 관계를 규정하는 것은 아니다.

헌법재판소법 제정에 있어서 가장 중요한 것은 헌법재판소가 최고기관의 하나로서 충분히 기능을 발휘할 수 있도록 하여야 한다는 것이다. 헌법재판소가 입법부, 사법부, 행정부와 상호 견제와 균형하는 동위의 기관이 되어야 한다.

헌법재판소법 제정에 있어서의 기본방향은 헌법재판소가 헌법의 보장기관으로서 입헌정치를 강제할 수 있도록 기능을 강화하는 것이라고 하겠다.

3. 헌법재판소의 조직·구성

헌법재판소는 법관의 자격을 가진 9인의 재판관으로 구성하게 되어 있다. 이 중 3인은 국회에서 선출하는 자를, 3인은 대법원장이 지명하는 자를, 3인은 대통령이 지명하는 자를 대통령이 임명하도록 하고 있다. 이를 헌법위원회 위원처럼 비상임으로 할 것이냐 서독이나 스페인, 이탈리아 등과 같이 상임으로 할 것이냐가 논의되고 있다. 전원을 비상임으로 하는 주장은 없으나 3인의 재판관만을 상임으로 하되 6인은 비상임으로 하자는 주장이 있다. 이는 헌법재판이 활성화되지 않을 것이라는 전제에서 출발하고 있다. 서독에서는 16명의 재판관으로서도 업무량이 과중한데 우리나라에서 3인만을 상임으로 하자는 안에 대해서는 찬성할 수 없다.

헌법재판소의 업무량이 많을 것이냐 적을 것이냐는 오로지 법률이 어떻게 규정하느냐에 달려 있다. 서독과 같이 헌법소원의 범위를 넓히면 헌법재판소의 업무량은 폭주할 것이요 헌법소원의 범위를 좁히면 업무량은 적어질 것이다. 유럽의 경우에는 헌법재판소 외에도 유럽인권선언에서 규정되어 있는 기본권을 보장하기 위하여 유럽인권재판소까지 두고 있다. 우리나라에서도 민주화, 인권화를 위하여 헌법재판소를 두고 있는데 인권의 최종적 보장기관인 헌법재판소를 활성화하는 것이 시대적 요청이라고 하겠다.

헌법위원회와는 달리 헌법재판소는 국가기관 상호간, 국가기관과 지방자치단체 상호간의 권한쟁의에 관한 심판까지도 관장하고 있으므로 앞으로 지방자치가 행해지는 경우 많은 사건이 계류될 것으로 보인다. 또 위헌법률심사에 있어서도 각급 법원의 제청권을 인정하면 사건이 폭주하게 될 것이다. 이제까지의 법원의 소극적 태도에 근거하여 헌법재판소가 휴면하리라고 생각하는 것은 잘못일 것이다.

헌법재판소의 재판관의 그 임명자격, 대우 및 보수는 대법관에 준하거나 대법관보다 우위하는 것이 바람직하다. 법관의 최고의 명예가 헌법재판소 재판관이 되는 것이 되도록 하여야 할 것이요, 대법관경력자, 장관경력자가 헌법재판소 재판관이 되도록 하여야 할 것이다.

겸직은 금지되어야 하며 정치관여가 금지되도록 하여야 할 것이다. 헌법재판소 소장은 재판관 중에서 국회의 동의를 얻어 임명하되, 대법원장 경력자나 대법관, 장관 경력자가 되는 것이 바람직할 것이다. 헌법재판소 소장의 대우는 국회의장이나 대법원장과 같이 하여야 할 것이다. 국회에서 재판관을 선임할 때는 각 교섭단체 별로 1명씩 추천할 수도 있으나 중립적 인사를 선출하여야 할 것이다.

헌법재판소에는 보조기관으로서 사무처를 두고 약간 명의 재판연구관을 두도록 하여야 할 것이다. 또 도서관을 두어 외국의 판례 등을 연구하도록 하여야 하겠다.

4. 재판부의 구성과 재판절차

재판장은 헌법재판소장으로 하고 전원합의체에 의한 재판을 원칙으로 하되 헌법소원의 사전심사를 위하여서는 3인 합의부를 두는 것이 바람직하다고 하겠다. 헌법소원의 경우 남소가 예상되므로 3인 합의부에서 의견이 일치되는 경우에는 기각할 수 있도록 하여야 하겠다.

재판에 있어서는 변론주의를 원칙으로 하되 당사자가 동의하는 경우에는 변론 없이도 재판을 받을 수 있게 하여야 할 것이다. 또 헌법소송은 원칙적으로 무료로 해야 할 것이며 변호사강제주의를 채택하여야 남소를 막고 헌법재판의 신속을 보장하여야 할 것이다.

기본적으로는 민사소송법을 준용하되 탄핵심판에 관하여는 형사소송법, 정당해산, 헌법소원심판에 관하여는 행정소송법을 준용하는 것이 바람직할 것이다.

법률의 위헌결정, 탄핵의 결정, 정당해산의 결정 및 헌법소원의 인용결정은 재판관 6인 이상의 찬성으로 하도록 하고, 그 외의 결정은 7인 이상의 출석과 출석재판관 과반수의 찬성으로 하도록 하여야 할 것이다.

5. 위헌법률심사의 활성화

법률의 위헌성 여부가 재판의 전제가 된 경우 법원은 이를 헌법재판소에 직접 제청할 수 있도록 하는 것이 바람직하다. 헌법위원회법은 대통령은 하급법원의 위헌여부제청에 대하여 대법관전원의 3분의 2이상으로 구성되는 합의체에서 당해 법률의 헌법위반 여부를 결정하고 헌법에 위반되는 것으로 인정될 때에는 그 제청서를 헌법위원회에 송부하여야 한다. 대법원에서 위헌여부를 제청하는 경우에도 또한 같다(제15조)고 했는데 이 규정은 삭제되어야 하겠다. 신헌법이 법률이 헌법에 위반되는 여부가 재판의 전제가 된 경우에는 법원은 헌법재판소에 제청하여 그 심판에 의하여 재판한다(제117조)고 하고 있기 때문에 대법원의 이 합헌결정권은 위헌이 되는 것이다. 따라서 당사자가 당해법원에 제청신청을 하거나 법관이 당해 법률이 위헌이라고 생각하는 경우에는 직접 헌법재판소에 제청할 수 있도록 해야 한다. 대법원의 의견서제출제도는 없애야 할 것이다. 왜냐하면 헌법재판소가 대법원의 의견서를 배척하는 경우 대법원의 권위가 손상될 우려가 있기 때문이다.

당해 사건의 재판은 제청수리로 정지하고, 동일한 법률을 적용하여야 하는 다른 사건은 헌법재판소가 정지결정을 하면 그 결정에 따라 각급법원이 정지하도록 할 것이다. 이는 헌법재판소의 일종의 가처분권이라고 할 수 있다.

6. 헌법소원제도

헌법소원은 신헌법에서 처음 인정된 인권보장제도의 최종적 수단이다. 그 대상은 모든 국가권력에 의한 기본권 침해로 하고 그 예외는 인정하지 말아야 할 것이다. 법률도 직접적이고 현실적으로 기본권을 침해하는 경우에는 소원 대상이 되게 하여야 할 것이며 통치행위와 판결에 대해서도 소원을 인정해야 할 것이다. 긴급명령 등도 위헌심사의 대상이 되며 소원의 대상이 되어야 할 것이다. 명령, 규칙, 처분이 헌법에 위반되는 여부가 재판의 전제가 된 경우에는 대법원이 이를 최종적으로 심사할 수 있으나 그로 인하여 기본권이 직접 침해된 경우에는 헌법소원의 대상이 되어야 할 것이다.

민, 형사, 행정판결 자체에 대한 소원을 인정할 경우에는 모든 사건의 4심화로 절차지연과 혼란을 초래할 우려가 있다고 하나 이는 기우이며 판결에 대한 헌법소원이 인용되는 경우는 거의 없을 것이므로 문제가 되지 않는다. 또 이 판결이 기본권을 침해할 경우에만 한정되므로 4심제화할 우려는 없으며 소송종결 후에야 헌법소원이 제기가능하기 때문에 소송지연의 문제는 없다.

헌법소원의 남용을 막기 위하여서는 서독과 같이 남소부담금제를 도입하는 것이 바람직할 것이다.

7. 결어

　신헌법이 구헌법과 다른 가장 특징적인 것은 대통령직선제와 헌법재판제이다. 헌법재판제도는 국회 다수당의 입법의 횡포를 막을 뿐만 아니라 국가공권력에 의한 국민의 기본권침해에 대한 최종적 구제수단이기 때문에 민주화와 헌법정치화를 위하여 필수불가결한 것이다. 또 국회가 헌법재판소를 의식함으로써 입법에 있어 진중을 기하게 될 것이요, 법원도 헌법재판소를 의식하여 인권옹호를 보다 철저하게 할 것이므로 사전적·예방적 효과도 크다고 할 것이다.[1]

　국회는 헌법재판소법 제정에 있어 정부안만 기다릴 것이 아니라 재야 법조계와 학계의 의견을 참작하여 좋은 의원안을 만들어야 할 것이다. 새 대법원의 발족과 함께 새 헌법재판소도 발족하여 법치와 헌정이 확보되도록 하여야 하겠다.

1　헌법재판소 제도에 관해서는 김철수, 『위헌법률심사제도론』, 학연사, 1983 참조.

4. 법무부의 헌법재판소법안을 보고[*]

법무부는 헌법재판소법안을 입법예고하여 국민의 여론을 청취하고 있다. 그 동안 세미나를 거치고 외국실태조사까지 한 뒤에 나온 법안이라 많은 국민의 관심을 끌고 있는 것은 사실이다. 헌법재판소법은 이미 헌법에 대강이 규정되어 있기 때문에 그 테두리를 벗어날 수는 없다. 헌법은 헌법재판소의 권한과 조직, 재판관의 선임, 임기, 자격과 결정정족수, 조직운영 등을 규정하고 있다. 헌법재판소법안도 이 범위 안에서 보다 상세히 규정하려고 하고 있다.

헌법재판소의 조직과 운영 기타 필요한 사항은 법률로 정하도록 하고 있으며 헌법소원에 관한 것도 법률로 정하도록 하고 있다. 헌법재판소법안이 이 헌법의 입법위임에 충실하게 입안되었는지가 문제다.

첫째로 헌법재판소법안은 재판관 9인중 3인만을 상임재판관으로 하고 있다. 이는 헌법재판소의 업무가 많지 않을 것을 전제로 한 것이며 예산절감을 위한 것이라고 한다. 그러나 헌법재판소의 업무는 앞으로 계

---

[*] 『월간고시』, 1988년 6월호.

속 늘어날 것으로 보이며 지방자치가 행하여지는 경우 많이 늘어날 것이다. 또 헌법소원의 권한여하에 따라 좌우되는 것이므로 헌법재판소의 활성화를 위하여 재판관 전원을 상임재판관으로 하여야 하겠다. 상임재판관을 두는 경우 재판관 중에서 대통령이 임명하는 것도 문제이다. 이렇게 되면 대통령이 원하는 사람만 임명되어 결국은 행정부의 시녀화할 가능성이 크게 될 것이기 때문이다.

둘째로 헌법재판소를 최고기관이 되게 최종재판기관으로 하여야 하며 잡무에 시달려 그 기능이 저해되지 않도록 하여야 한다. 법안을 보면, 시도 또는 지방자치단체 상호간의 권한쟁의심판, 특별시 직할시 또는 도와 시·군 또는 자치구 간의 권한쟁의심판을 전부 헌법재판소의 관할로 하고 있는데 이러한 것은 법원의 판결을 거친 후 헌법재판소가 최종적으로 심사케 해야 할 것이다. 지방자치는 자치업무에 관한 명령이나 처분의 취소 또는 정지에 대하여 이의가 있는 경우 대법원에 소를 제기할 수 있고, 지방의회가 만든 조례에 대해서는 재의결을 명할 수 있으며 재의결에 이의가 있는 경우에는 대법원에 제소할 수 있게 하고 있다. 이 대법원의 심판사항에 대하여는 권한쟁의심판을 청구할 수 없도록 규정한 것은 헌법 제111조 제1항 제4호에 위반될 수도 있다.

셋째로 헌법소원의 제기사유가 불명확하다. 공권력의 행사 또는 불행사로 인하여 헌법상 보장된 기본권이 침해되는 자는 다른 법률에 의한 구제절차가 있는 경우 및 그 절차에서의 판결 또는 결정을 제외하고는 헌법재판소에 헌법소원을 제기할 수 있다고 하고 있는데, 헌법소원은 원래 다른 구제절차를 다 밟고 난 뒤에도 구제가 되지 않는 경우에 최종적인 구제를 청구할 수 있는 방법이다. 그런데 법원의 판결이나 결정에 대해서는 헌법소원을 할 수 없게 한 점에 문제가 있다. 또 다른 법률에 의한 구제절차가 없는 국회의 국회의원 징계, 제명처분, 대법원의 대법관 퇴직처분이라든가 장관의 면직처분 등도 이에 포함되는지 불명확하다. 입법방침규정이나 훈시규정이라고 하여 법원의 구제가 거부된 경우에도 헌법소원이 허용될지도 의문이다.

헌법재판소 재판관의 임명자격, 정년제, 선거제, 대법원장의 지명제 등에서도 보다 상세한 규정이 요망되며, 감정인, 통역인의 처벌규정에도 문제는 많다.

5. 헌법재판의 활성화[*]

1. 헌법재판소법의 시행

여야합의에 의하여 만들어진 제6공화국 헌법은 헌법보장기관으로서 헌법재판소를 신설하였다. 헌법재판소의 관장사항·조직·구성·재판관의 신분보장 및 헌법재판의 심판절차 등에 관한 대강을 규정하면서 그 조직과 운영 기타 필요한 사항은 법률로 위임하고 있다

헌법재판소의 조직 및 운영과 그 심판절차에 관하여 필요한 사항을 규정한 것이 헌법재판소법이다. 헌법재판소법은 5장 76조 부칙으로 구성되어 있다. 이 법은 1988년 9월 1일부터 시행되었다. 그러나 헌법재판소 재판관 등의 임명이 늦어져 9월 중순이후에나 법이 시행될 것으로 보인다.

헌법재판소장과 헌법재판관의 임명은 9월 12일경 정기국회에서의 임명동의 후에 이루어질 것으로 보인다. 헌법재판소장과 헌법재판소 재판

---

[*] 『판례월보』, 1988년 8월호.

관의 임명으로 헌법재판소는 그 기능을 발휘하게 될 것으로 보인다. 헌법재판소의 구성과 법의 시행으로 헌법재판의 활성화가 이루어지기를 기대해 본다.

2. 헌법재판에 대한 전망

헌법재판소의 기능이 활성화될 것인가에 관해서는 비관론과 낙관론이 교차되고 있다. 비관론자는 법원이 위헌법률심사제청을 잘 안 할 것이요, 헌법소원도 재판을 대상에서 제외했기 때문에 소원대상이 거의 없어졌고, 기관쟁의도 별로 없을 것이요, 위헌정당해산 제소도 없을 것이요, 탄핵소추도 거의 없을 것이기에 헌법재판소는 제5공화국의 헌법위원회처럼 별 볼 일이 없는 휴면기관이 될 것이라고 한다.

이에 대하여 낙관론은 하급심법관들이 위헌법률심사제청을 활발히 할 것이요, 만약에 제청신청이 기각된 경우에는 당사자가 헌법소원을 제기할 수 있기 때문에 위헌법률심사가 활성화되리라고 본다. 또 장관에 대한 탄핵소추도 늘어날 것이요, 지방자치가 행해지는 경우에는 기관 간 쟁송도 늘어날 것이라고 보고 있다. 또 헌법소원도 보충성의 원칙이 규정되고 있으나 많아질 것으로 보고 있다.

이 비관론과 낙관론은 다 일리가 있다. 우리의 정치문화 내지 헌정환경으로 볼 때 사법부가 사법자제주의에 젖어 있었기 때문에 비록 각급법원의 재판부에서 위헌법률심사제청권이 인정되어 있다고 하더라도 대법원의 눈치를 살펴 대법원의 뜻에 반하는 제청권행사는 안 할 것으로 추측되기 때문이다. 또 헌법소원을 제청하더라도 상임재판관이 사법소극주의적 입장에서 이를 기각해 버린다면 이것이 문제가 되어 헌법소원이 줄어들 것으로 보인다.

사실이지 헌법이나 법률이 아무리 잘 규정하고 있다고 하더라도 이를 집행하는 재판관이 적극적으로 집행하지 않는 경우에는 그 법은 허무하게 되고 마는 것이다. 법이 약간 잘못되어 있더라도 재판관이 적극적으로 해석하고 적극적으로만 집행하면 법은 실효성을 발휘하게 될 것이다. 만약에 헌법재판소 재판관으로 헌법감각이 투철하고 인권의식이 강한 사람만 임명될 수 있다면 헌법재판은 활성화될 수 있을 것이다.

3. 헌법재판관의 자질문제

헌법재판소장과 헌법재판관에 적재만 얻기만 한다면 헌법재판은 제기능을 발휘할 것으로 기대된다. 국회에서 선출하는 사람은 민정당에서 1명, 평민당에서 1명, 민주당에서 1명을 선출할 것으로 보인다. 헌법재판소 재판관은 정당에 가입하거나 정치에 관여할 수 없는데 정당추천으로 선거하는 데에는 문제가 있다. 서독에서처럼 모든 정당이 다 받아들일수 있는 중립적인 인물을 선거해야 할 것이다. 이를 위하여 헌법재판소법을 고쳐 국회선출 재판관은 재적 3분의 2이상의 동의를 얻도록 하여야할 것이다.

대법관 임명에는 국회의 동의를 얻게 하면서 대법원장이 지명하는 헌법재판관에는 국회동의를 필수적으로 하지 않는 것도 모순이다. 대법원장이 지명하는 재판관은 국회의 동의를 얻도록 해야 하겠다. 현재는 헌법재판소장만 국회의 동의를 얻게 하고 있는데, 앞으로는 적어도 모든 상임재판관은 국회의 동의를 얻도록 하는 것이 바람직하다고 하겠다.

헌법재판소 재판관의 자격에 법률학 교수를 배제하였기 때문에 과연 헌법감각이 투철한 재판관을 구할 수 있을지 궁금하다. 헌법재판관으로는 민형사 사건만 맡았던 법관은 부적합하다. 헌법관이나 인간관이 투철한 사람이어야만 하고 국가운영에 대한 경험도 필요하다. 외국의 헌법재판소 재판관 중에는 법학교수가 많이 들어가 있어 헌법재판을 주도하고 있다. 우리나라에서는 헌법연구관으로 대학교수를 채용할 수 있게 하고 있는데 우수한 소장교수들이 헌법연구관으로나마 들어가서 헌법재판의 활성화에 기여하여야 하겠다.

현재의 헌법재판소법은 9인중 6인의 상임재판관을 두고 3인은 비상임으로 하고 있으나 전원을 상임재판관으로 하는 것이 바람직할 것이다. 처음 설치 당시에는 헌법재판사건이 많지 않을 것이므로 6인의 상임재판관으로 족할지 모르나 앞으로 서독과 같이 헌법소원이 활발히 이루어진다고 하면 헌법재판소의 업무량도 많아질 것이므로 전원을 상임으로 하는 법 개정이 바람직할 것이다.

4. 위헌법률심사의 활성화

제4, 5공화국의 경우에는 대법원이 합헌결정권을 가지고 있어 헌법위원회에 대한 위헌법률심사제청을 막아왔다. 신헌법은 대법원의 합헌결정권을 없애고 법률은 당해 사건을 담당하는 법원이 직권 또는 당사자의 신청에 의한 결정으로 위헌여부의 제청을 하게 되어 있다. 따라서 법률이 헌법에 위반되는 여부가 재판의 전제가 된 경우에는 당사자는 위헌법률심사제청을 해달라고 신청하여야 할 것이요 법관도 이를 받아들여야 하며 또 직권으로도 제청하도록 하여야 하겠다.

과거에는 대법원이 위헌제청을 기각할까 두려워서 사법소극주의를 채택하였는데 이번에는 각급 법원이 직접 제청권을 가지고 있으므로 보다 활발히 위헌법률심사제청을 하여야 하겠다. 만약에 법률의 위헌여부 심판의 제청신청이 기각된 때에는 그 신청을 한 당사자는 헌법재판소에 헌법소원을 제기할 수 있으므로 어차피 헌법재판소에 가게 되어 있으므로 법관은 헌법판단을 회피하는 일이 있어서는 안 되겠다. 적극적인 법관의 존재야말로 위헌법률심사의 활성화에 결정적인 역할을 할 것이다.

제3공화국시대의 하급심법관들은 용감하게 법률의 위헌결정을 하여 적용을 거부하였는데 그러한 용기를 발휘하기를 기대해 마지않는다.

법률의 위헌심사에 있어서는 조약, 긴급명령 등 실질적 의미의 법률도 그 대상이 되는 것이다. 따라서 형식적 의미의 법률뿐만 아니라 조약, 긴급명령 등의 위헌심사제청도 활발하게 되기를 바란다. 계엄선포와 같은 통치행위는 원래 법원에서 판단하여야 할 것이나 법원이 판단을 회피하는 경우 그 위헌제청기각결정에 대해서도 헌법소원이 가능하도록 하여야 할 것이다.

위헌법률심사제청이 있거나 그에 대한 헌법소원이 있는 경우 헌법재판소는 보다 적극적으로 심판을 하여야 할 것이다. 생명권을 침해하는 사형이나 낙태와 같은 것은 기본권의 본질적 내용의 침해이기 때문에 위헌이라는 것은 서독연방헌법재판소의 판결이다. 또 존속살인의 경우 형의 가중처벌은 평등 원칙에 위배된다는 것이 일본최고재판소의 판결이다. 선거구인구의 불균형이 평등원칙에 위배된다는 것은 미국, 서독, 일본의 헌법판례이다. 이 외에도 우리나라의 집회와 시위에 관한 법률, 국가모독죄를 규정한 형법, 국가보안법, 사회안전법 등에는 많은 조항의 위헌성이 논의될 수 있다.

헌법재판소는 이 중 몇 건이나마 위헌이라고 선언하여 그 법률조항을 위헌무효케 한다면 그 기능을 과시할 수 있게 될 것이다. 헌법재판의 활성화를 위하여서는 민중소송적인 성격을 부여하는 문제라든가 추상적 규범통제 등이 가능하도록 헌법을 개정하는 것도 연구, 검토되어야 하겠다.

5. 헌법소원심판의 활성화

　헌법재판소의 업무량의 대부분을 차지할 것으로는 헌법소원이 들어지고 있다. 서독의 경우 공권력에 의한 침해로 헌법소원의 대상이 될 수 있는 기본권은 열거되어 있는데 대하여 우리나라 헌법재판소법은 헌법상 보장된 기본권이라고 하여 그 대상범주가 확대되어 있다. 또 공권력의 불행사로 인하여 헌법상 보장된 기본권이 침해된 경우에는 헌법소원을 할 수 있으므로 생존권적 기본권이나 환경권, 청구권적 기본권과 같은 기본권 보장을 위한 법률이 제정되지 않는 경우 입법부작위에 대해서도 헌법소원을 제기할 수 있다.

　공권력의 적극적인 침해로 인한 헌법소원은 좀 어려워질 것 같다. 이에 대해서는 법원에 그 구제를 청구할 수 있는데 법원의 재판에 대해서는 헌법소원을 제기할 수 없게 하고 있기 때문이다. 특히 명령, 규칙, 처분의 위헌재판은 대법원의 관할로 되어 있어 헌법소원의 대상에서 제외하고 있어 문제가 된다. 행정소송의 경우에는 그 재판을 헌법소원사건에서 제외하는 것은 합헌적이다. 그러나 민형사 재판과 같은 것은 당연히 헌법소원의 대상이 되도록 법률을 개정하여야 하겠다.

　현행법상 법원의 재판은 헌법소원의 대상이 되지 않으나 법원의 공권력의 행사 또는 불행사에 의한 기본권 침해에 대해서는 헌법소원을 제기할 수 있다. 예컨대 사법행정이라든가 재판의 지연 등은 당연히 헌법소원의 대상이 된다. 이제까지 법원은 무풍지대였으나 앞으로는 헌법재판소에 의한 통제를 받게 된다. 법원에 의한 기본권침해는 별로 예상할 수 없으나 대법원규칙의 제정에 따른 기본권침해, 법원의 징계처분, 법원의 등기사무의 지체 등이 헌법소원의 대상이 될 것이다.

　법원의 판결을 헌법소원의 대상으로 한다면 대법원 위에 다시 헌법재판소가 있게 됨으로써 소송의 사심제화를 초래하고 불필요한 옥상옥의 결과가 된다는 견해도 있으나 이는 헌법소원의 기능이 국민의 기본적 인권을 보장하기 위한 것이라는 점을 간과한 것이다. 국민의 기본권 보장을 위한 최후의 보루가 헌법재판소이므로 모든 국가기관뿐만 아니라 지방자치단체의 공권력이 국민의 헌법상 보장된 기본권을 침해한 경우에는 헌법소원에 의한 구제가 행해져야 하는 것이다. 이점에서 하루 빨리 법률이 개정되어 법원의 재판도 헌법소원의 대상이 되도록 하여야 하겠다.

6. 결어

헌법재판소는 입헌주의를 담보하는 헌법의 보장기관이다. 폭력에 의한 통치를 배제하고 헌법해석에 의한 통치를 담보하려고 하는 것이 헌법재판소이다. 오스트리아에서는 100여 년의 역사를 가지고 있으며 독일에서는 40년에 가까운 역사를 가지고 있고 이탈리아에서는 30년의 역사를 가지고 있는 이 제도가 우리나라에서도 성공하여 헌법에 의한 통치를 가능하게 해야 하겠다.

이를 위하여서는 국민의 헌법의식을 고양시켜야 하겠으며 특히 법조에 종사하는 변호사, 판사, 헌법재판소 재판관의 헌법에의 의지가 강력하여야 하겠다. 이제까지 공소(空疎)한 이론에 치우친 헌법교육이 판례위주, 사례위주의 교육으로 전환하여야 하겠고 외국의 헌법판례 등이 번역, 출판되어야 하겠다. 헌법수호의 사명에 투철한 국민과 법조인이 많을 때 한국의 헌법재판소는 국가권력의 중심으로서 기능할 것이다.

6. 헌법재판소 재판관의 자격개방

　헌법제정 61주년을 맞아 헌법 개정이 논의되고 있다. 이 중 사법부와 헌법재판소의 위상에 대하여 대법원과 헌법재판소는 각기 시정의견을 내놓은 것으로 알려졌다. 이강국(李康國) 헌법재판소장은 헌법재판소의 독자 존재를 주장하면서 헌법재판의 임명방식을 바꾸자고 하고 있고, 대법원은 사법부로 통합하자는 의견인 것 같다.

　대법원이 위헌법률심사권을 가졌던 것은 1963년의 제3공화국헌법이었다. 이때의 헌법 개정심의위원회에서도 미국식 사법심사제도를 도입할 것이냐, 독일식 헌법재판소 제도를 도입할 것인가가 최고회의의 중요 결정사항이었다고 한다. 당시 공법학자들은 제2공화국 때의 헌법재판소 제도를 부활하자고 주장하였고 법조계에서는 미국식 사법심사제도를 선호했던 것으로 알려졌다. 결론이 나지 않아 최고회의의장에게 위임했는데, 헌법재판소 제도는 혁명입법을 위헌이라고 결정할지 모른다는 우려 때문에 미국식 대법원제도를 도입하였다. 이에는 공법학자들이 헌법재판소를 만들어 헌법재판관을 하겠다는 야심이 있다는 지적도 큰 역할을 한 것으로 보인다.

제3공화국에서는 하급심에서는 국가배상법이라든가 징발보상법등의 위헌결정이 많았으나 대법원은 이를 받아들이지 않다가 70년에 국가배상법 제2조 1항 단서와 법원조직법 한 조문이 위헌이라고 결정하였다. 이에 대통령이 대노하여 대법관을 다수 해임하는 사법파동이 일어났다. 제6공화국헌법제정당시에도 야당은 미국식 대법원에 위헌심사권을 주려고 하였으나 대법원이 뜨거운 감자라고 하여 이를 받아들이지 않아 타협의 산물로 헌법재판소가 탄생할 수 있었던 것이다.

제6공화국에서 헌법재판소활동이 활발해지면서 명령심사권을 행사하고 법원의 재판까지 취소하는 사례가 발생하여 대법원과의 갈등이 내홍화하게 되었다. 그 결과 대법원장은 대법관지명을 하기 싫은 사람을 헌법재판관으로 지명하여 헌재의 권위를 실추시키려는 경향도 있었다. 공법학자들은 헌법재판소가 대법원에 완전히 독립하여 법원의 재판에 대해서도 위헌심판을 하는 독일식을 채택하도록 건의하기도 했다.

법관의 판단은 논리정연할지는 모르나 세계의 발전추세나 국내정치개혁이나 사회변화의 현실을 옳게 판단하지 못하여 국책사항이나 국제조약에 어두운 경우가 있을 수 있기 때문에 비법조인의 참여가 필요하다고 주장해 왔다. 그 결과 형사재판에는 배심재판이 도입되게 되었다. 법조인으로서 고정된 사고에서만 결정될 수 없는 것이 헌법재판이다. 헌법재판에서는 다양한 국민의 법적 의견과 정치적 욕구가 반영되어야 하기 때문에 비법조 경력을 가진 재판관이 3명 정도 포함되는 것이 좋을 것이다. 독일의 경우 헌법재판소는 각 8명으로 구성되는 두 개의 부가 있는데 헌법재판소장과 부소장을 비롯한 10명 이상이 교수출신이다. 재판관은 교수만을 겸직할 수 있다. 일본의 최고재판소에도 교수가 1인 이상 임명되고 있고 법조자격이 없더라도 법률의 식견이 있는 사람은 재판관으로 임명할 수 있다. 세계 각국 헌법재판소에 교수법관이 없는 나라는 없다.

헌재 재판관을 전원 국회에서 선출하게 하는 것도 독일 방식이다. 독일의 하원과 참의원에서 각 8명의 재판관을 선출하는데 3분의 2 이상의 다수결에 의하여 선출되어야 하기 때문에 각 정당이 추천하는 후보는 선출되기 어렵고, 정당 관계없는 교수들이 선출되는 것이 관례이다. 헌법재판관 선출의 민주성을 위해서 전원 국회에서 선출하게 하고, 법조자격이 없는 심판관도 몇 명 임명하는 헌법 개정이 성립되어야 하겠다.

7. 대법관·헌법재판관 자격과 국가관[*]

국회와 정부를 견제해 헌법과 법률을 사수할 대법관의 인선이 한창이다. 대법원장이 6월에 임명 제청해야 할 대법관은 4명이나 되기 때문에 법조계와 일반 국민의 관심이 크다. 대법관은 최고 사법행정기관인 대법관회의의 구성원이며, 최고 재판기관인 대법원재판부의 구성원이기에 이들 대법관의 능력 여하에 따라 대한민국 사법부의 장래가 결정된다.

대법원이 대법관 후보를 추천받은 결과 50명가량이 추천됐다고 하며, 1일 대법관후보추천위원회의 3배수 12명 최종 추천을 거쳐 대법원장이 그 중 4명을 대통령에게 임명 제청할 것이다. 항간에서는 이들에 대한 하마평이 나돌고 있는데, 이념과 출신 학교 및 출신 지역 분포의 다양성이 기준이 된다고 한다. 그러나 대법관은 국민을 대표하는 국회의원과 달리 지역적 고려나 이념적 다양성, 출신 학교의 다양성이 요구되는 자리가 아니라 전문성이 요구되는 자리다.

---

* 『문화일보』, 2012년 6월 1일(오피니언).

대법관은 상고심 재판부의 판사로서 살인적인 업무량을 소화해야 한다. 이들은 이념 논쟁이나 지역적 분쟁을 재판하는 게 아니라, 오로지 헌법과 법률에의 적합성 여부만을 판단하고 국민의 재판청구권을 만족시켜 줘야 하는 전문인이기에 직무에 대한 능력과 헌신이 중요시된다. 대법원은 지금도 사건 폭주로 상고심리 불속행이라는 판결 이유조차 없는 기각결정을 하고 있어 제소자의 불평을 사고 있다. 다년간 재판에 관여하지 않았던 사람이 선임되는 경우 그 많은 업무를 감당할 수 있을지 의문이다.

이념의 다양성이나 지역 안배는 헌법재판관 선임 때는 필요할지 모른다. 그래서 헌법재판관 3인은 국회에서 추천케 하고 있다. 오는 9월 이전에는 국회가 헌법재판관 3명을 추천하게 되는데 여당 1명, 야당 1명, 여야 공동으로 1명을 추천하게 돼 있다. 이때 이념적 다양성과 지역 안배가 고려될 수 있을 것이다. 대법원장은 오는 9월 2명의 재판관을 지명하게 되는데, 이 경우에는 헌법 판단에 전문성을 가진 사람을 지명해야 한다. 국회 추천 헌법재판관에는 이념성과 지역성이 고려될 것이기 때문이다. 독일의 경우 헌법재판관은 하원 재적의원 3분의 2 이상의 찬성으로 선임하게 돼 있어 비정치적이고 전문적인 학자가 선출되는 것이 일반적이다.

대법관이나 헌법재판관의 자격 요건으로 전문성, 정치적 중립성, 국가수호적 세계관 등이 중요하다. 현재 국회에는 통합진보당의 구(舊) 당권파·강경파가 의석을 차지하고 있어 국회 운영이 순조롭게 될지 걱정이다. 이 판에 헌법재판소와 대법원까지 강경 종북파(從北派)가 침투한다면 국가안보는 위기에 처할 것이다. 대법원이나 헌법재판소는 헌법과 법률의 수호기관이기 때문에 대한민국을 부정하고, 헌법에 충성을 맹세하지 않는 사람은 결코 그 구성원으로 받아들여선 안 된다. 독일의 법관 임명에서와 같이 법관이나 공무원 임명의 경우에는 철저한 신원조사를 통해 과거 급진 정당이나 급진 단체, 법 파괴 붕당에 가입한 사람은 철저히 배제해야 한다. 국가공무원은 대한민국을 수호하고 국민에게 봉사하는 직책을 가진 사람이기에, 반국가단체 소속원이나 급진주의자는 결코 임명돼선 안 된다.

대법관이나 헌법재판관이 정치적 중립성을 지키지 않고 반국가적 당파적 활동을 하게 되면 대한민국의 입헌주의와 법치주의는 나락에 빠질 것이요, 대한민국의 존립이 위태롭게 될 것이다. 대법원장과 국회, 대통령은 3권 분립의 한 기둥인 최고 사법부의 구성에 있어 헌법 수호를 다짐하고, 헌법과 법률을 집행할 전문성을 가진 인사를 임명토록 노력해야 한다. 특히 국회는 하루바삐 정상화해 대법관과 헌법재판관의 인사청문회를 원만히 마쳐 사법부가 정상적으로 기능할 수 있도록 하기 바란다.

8. 바람직한 사법민주화 논의[*]

　최근에 젊은 판사와 검사들이 사법의 민주화와 구속수사의 독자성을 강조하고 있어 시민의 관심을 끌고 있다. 특히 대법관에 대한 임명동의를 계기로 대법관임명방법에 대한 반성과 검토가 행해지고 있고, 인사청문회제도의 실효성이 논란되고 있다. 또 대법관직을 법조인자격자가 독점할 것이 아니고 범위를 확대해야 한다는 논의가 있다.

　대법관은 단순한 재판관이 아니라 사법정책 결정기관으로서의 대법관회의의 구성원이기 때문에 판·검사경력자뿐만 아니라 교수, 외교관, 고위공무원 경력자도 포함할 것이 요구된다. 일부에서는 대법관은 법조자격이 있는 사람으로 구성되어야 하기 때문에 교수나 외교관 등을 임명할 수는 없다고 주장한다. 그러나 법관의 자격은 법률로 정할 수 있기 때문에 법원조직법만 개정하면 얼마든지 대법관으로 임명할 수 있는 것이다.

＊　『문화일보』, 2000년 7월 20일(오피니언).

특히 헌법의 최고해석기관이며 인권보장기관인 헌법재판소 재판관을 변호사자격을 가진 사람으로만 한정한 것은 잘못된 것이다. 국가의 최고정책결정기관의 하나인 헌법재판소를 법조인이 독점하는 예는 세계에 없으며, 대학교수와 고위공무원에게 문호를 개방하고 있는 것이 세계적 추세이다. 일본에서는 최고재판소의 재판관도 교수경력자나 외교관경력자를 임명하고 있는데, 헌법재판소까지 법조인만으로 구성하는 것은 크게 잘못된 것이다.

대법원장이 대법관임명제청권을 독점하는 데 대한 비판도 있다. 대법원장이 대법관후보를 법관들의 여론수렴 없이 하는 것은 부적격자를 임명제청할 수 있다며 법관추천회의를 두어 대법관임명제청을 해야 한다는 주장이 있다.

헌재-대법관도 문호개방을

또 대통령이 임명동의를 요청한 사람을 여당이 동의를 거부할 수는 없을 것이라며 동의절차의 의의를 폄하하는 의견도 있다. 사실 대법원장이나 대법관임명에 있어 사전 점검 없이, 여론의 수렴 없이 일방적으로 처리되는 것은 바람직하지 않다. 사법권의 독립을 보장하기 위하여 대법원장과 대법관을 법관추천회의에서 추천하는 것도 제3공화국에서 시행된 적이 있었으나 기대한 만큼의 효과를 거두지는 못했다. 대법관선거제도도 헌법상 규정된 적이 있었으나 부작용 때문에 폐지되었다.

국회청문회 과정에서 부적격자를 걸러내는 것이 가장 바람직하다. 미국에서도 대통령이 대법관을 임명하나 국회의 청문회에서 철저히 가려지기 때문에 감히 부적격자를 동의요청하지 못하게 되어 있다. 이제까지는 국회청문회가 형식적이었기 때문에 대법원장이나 대법관에 대한 임명동의요청을 독단적으로 할 수 있었으나, 국회청문회가 활성화하는 경우 대법원장이나 대법관 임명에 대한 민주성은 확보될 수 있을 것이다.

9월이면 헌법재판소 소장에 대한 임명동의안이 국회에 상정될 것이고, 국회는 헌법재판관을 선임할 것으로 보이며, 대법원장도 헌법재판관을 지명할 것이다. 헌법재판소 소장에 대한 임명동의요청은 임기개시 1개월 전에 행해져 철저한 청문회준비를 할 수 있게 해야 할 것이다. 국회도 헌법재판관선임에 당파적인 인선을 피하고 공명정대하고 전문적인 헌법재판관을 골라야 하겠다. 헌법은 헌법재판소 소장만 국회동의를 얻도록 하고 있어 다른 재판관은 인사청문회대상으로 하고 있지 않은데 이도 시정되어야 하며, 모든 헌법재판관에 대한 인사청문회가 실시되어 국민의 여론을 반영하여야 할 것이다.

검찰관이 대법관이나 헌법재판관이 되어서는 안 된다는 지적이 있다. 검찰관에게 안배식으로 1명씩의 대법관과 헌법재판관직을 주는 것은 바람직하지 않다. 검찰관도 능력여하에 따라 임명여부를 결정해야 할 것이며 청문회에서 철저히 검증돼야 한다.

인사청문회 대상자 넓혀야

검찰관의 경우 상명하복의 엄중한 위계질서가 있으며 차관급 이상의 고위직 체포시에는 법무부장관의 승인을 얻도록 하여 문제가 되고 있다. 고위공무원 등의 구속허가는 검찰총장이 하도록 내부규칙을 개정하는 것이 바람직할 것이다. 검찰은 구속기소를 원칙으로 하는 감이 있는데 원칙적으로는 불기속기소를 해야 하며 구속으로 인한 업무집행방해, 명예훼손의 염려가 있기 때문에 신중을 기해야 할 것이다.

소장 판·검사를 중심으로 법원과 검찰의 민주화를 위한 논의가 활발한 것은 바람직하며, 국민들도 법원과 검찰의 민주화에 협력해야 할 것이다. 사법권의 강화와 사법권의 독립은 사법부를 위한 것이 아니고 국민의 권리증진과 사법정의의 실현에 그 목적이 있음을 명심하여야 하겠다.(탐라대 총장)

9. 일본과 서독의 헌법재판제도 비교[*]

1. 서설

일본과 서독은 미국 점령 하에서 헌법을 제정했다. 미군정은 일본과 서독에 있어서의 군국주의 전제체제를 불식하기 위하여 신헌법제정에 있어 민주화를 위한 처방을 내리고 있다. 그 중 공통적인 것은 ① 평화주의 ② 기본권존중주의 ③ 국민주권주의 ④ 양원제 ⑤ 의원내각제 등이었다. 차이점은 ① 연방제도와 ② 위헌법률심사제였다. 일본은 단일국가주의를 채택하되 지방자치를 강화시켰다. 서독에 있어서는 연방제도를 채택하고 주(州)평등의 원칙을 도입하였다.

미국 점령군은 기본권의 사법적 보장을 위하여 일본 헌법에 적법절차에 관한 상세한 규정을 두었을 뿐 아니라 미국식 사법심사제를 도입하였다. 이에 반하여 서독 기본법은 헌법재판소 제도를 채택하여 미국과 다

* 한일법학회 발표문, 『법과 사회연구』 제6집(1987.4).

른 독립한 헌법재판소 기구를 둔 것이 특색이다. 미국의 사법심사제의 영향을 받은 일본과 서독이 각기 다른 형태의 위헌법률심사제도를 채택한 것은 우리들에게 시사하는 바가 크다.

2. 위헌심사기구의 비교

1) 위헌심사기구의 헌법상 지위

(1) 일본 최고재판소

일본의 위헌법률심사 기구는 법원이다. 그러나 최종적인 위헌법률심사권은 최고재판소가 가진다. GHQ는 일본의 민주화를 위하여 사법부를 정부의 사법성에서 독립시키고 사법행정권과 예산편성권을 부여하였다. 일본의 최고재판소는 통상의 사법기관으로서 상고심 법원이다. 최고재판소는 사법기관으로서 의회와 정부에 대립하는 동위(同位)의 헌법기관이다. 이 기구는 사권보장기관이다.

(2) 서독

서독은 독립된 연방헌법재판소를 두어, 헌법재판권을 행사하게 하고 있다. 이 기관은 헌법의 보장기관으로서 독일연방대통령, 연방의회, 연방정부와 동위의 헌법기관이다. 이 재판소는 통상재판소와는 다른 지위를 가지고 있으며 연방최고재판소와 같은 기능을 다하고 있다. 초상고심 기관은 아니나 판결헌법소원에 따라 연방법원의 판결을 심사할 수 있다.

연방헌법재판소는 연방정부의 행정권을 통제하고 연방의회의 입법권을 통제함으로써 견제와 균형을 행하고 있다.

2) 조직의 비교

(1) 일본 최고재판소

일본 최고재판소는 15명의 재판관으로 구성된다. 이 중 10명은 판사, 검사, 법률교수 등 전문적 지식을 가져야 한다. 나머지 5명은 법관 자격 없는 학식경험자도 될 수 있다. 최고재판소는 부를 둘 수 있으나 위헌판결은 전원합의부인 대법정(大法廷)에서만 할 수 있다. 합헌판결은 기존 판결을 확인하는 경우 소법정에서도 할 수 있다.

(2) 서독 헌법재판소

서독 헌법재판소는 각 8인의 재판관으로 구성되는 두 개의 부로서 구성된다(Zwillingssenat). 제1부는 주로 기본권에 관한 것을 다루고 있고, 제2부는 통치구조에 관한 것을 재판하고 있다. 과거에 제1부는 붉은 부, 제2부는 검은 부라는 별칭을 얻었는데 이는 재판의 경향 때문이라고 하겠다.

3) 재판관의 임명 · 자격 · 정년 비교

(1) 일본 최고재판소 판사

최고재판소 판사는 40세 이상이어야 하며 공무원의 결격사유가 없어야 한다. 최고재판소장관은 내각의 지명에 따라 천황이 임명한다. 최고

재판소 판사는 내각이 임명하고 천황이 인증한다. 그러나 사실상은 최고
재판소가 제출한 명부에 따라 내각이 이를 임명한다.

임기는 10년으로 최초의 국민심사를 받은 후 10년마다 국민심사를 받
게 하고 있다. 정년은 70세이다. 재임에 대한 제한은 없다.

(2) 서독 연방헌법재판소 판사

서독의 연방헌법재판소 판사는 연방의회와 연방참의원에서 각기 반
수씩 선거한다. 연방의회에 대표되어 있는 원내교섭단체의 비율에 따라
비례적으로 구성된 12인위원회에서 2/3 이상의 찬성으로 선거한다. 연방
참의원은 전원회의에서 2/3 이상의 찬성으로 선출한다. 선출된 재판관은
대통령이 임명한다. 연방헌법재판소장과 부소장은 연방의회나 연방참의
원에서 각기 선출한다.

재판관의 임기는 12년이며 재선이 금지된다. 정년은 68세이다.

3. 위헌심사 기능의 비교

1) 권한 비교

(1) 일본 최고재판소

일본의 최고재판소는 추상적 규범통제권은 가지지 않으며 구체적 규
범통제권만 가진다. 따라서 사건성이 있는 쟁송에서 당사자적격이 있는
사람이 제기한 사권(私權)소송에서 적용할 법률의 위헌여부를 부수적으
로 심사하는 데 그친다.

(2) 서독 연방헌법재판소

서독의 연방헌법재판소는 ① 추상적 규범통제권 ② 구체적 규범통제권 ③ 헌법소원 ④ 국가기관간의 권한쟁의 ⑤ 정당해산소송 ⑥ 기본권상실소송 ⑦ 선거소송 ⑧ 대통령과 법관에 대한 탄핵결정 등 광범한 권한을 가진다.

2) 소송비용

(1) 일본 최고재판소

일본 최고재판소는 사법보장형이기 때문에 소송은 유료가 원칙이다.

(2) 서독 연방헌법재판소

서독 연방헌법재판소는 객관적 헌법보장형이기 때문에 소송은 무료가 원칙이다. 다만, 변호사가 강제되어 있기 때문에 변호사 비용 등은 본인이 부담하나 헌법소원에서 승소하는 경우에는 변호사비용까지 환불받을 수 있다.

3) 판결의 효력

(1) 일본 최고재판소

일본최고재판소의 판결의 효력은 개별적 · 구체적 효력을 가진다. 바꿔 말하면 쟁소(爭訴)의 대상이 된 법률조항의 적용을 거부할 뿐이며 그 법률조항의 무효를 선언할 수 없다. 이 판례가 반복될 것을 예상하여 상고를 하지 않거나 행정부에서 적용을 하지 않을 것인가는 오로지 당사자와 행정부에 달려 있다. 입법부도 이에 따라 법률을 개정할 의무는 없다.

따라서 적용이 거부된 법률조항은 그대로 법전에 남아 있기 때문에 적용에 있어 혼란을 가져 오며 법률효력의 불명확성을 가져 온다.

(2) 서독 연방헌법재판소

서독 연방헌법재판소의 판결은 일반적·추상적 효력을 가진다. 위헌이 선언된 법률조항은 법률공보에 판결문이 게재되고 효력이 상실된다. 따라서 입법부의 법률개정 없이도 법조문에서 없어지게 되며 그 공백을 메꾸기 위하여 입법부가 보완입법을 하게 된다. 규범통제에 있어 명확성을 가져온다. 또 연방헌법재판소의 판결은 모두 국가기관을 구속한다.

4) 판결의 경향

(1) 일본의 헌법판결

일본 최고재판소는 미국의 대법원과 같이 활발한 헌법판결을 하지 못하고 있다. 미국에 있어서는 헌법에 규정이 없음에도 불구하고 위헌법률심사권을 쟁취하고 활발한 판결을 하고 있는데 비하여, 일본은 헌법에 명문규정이 있음에도 불구하고 위헌판결에 소극적이다.

미국에서는 사법적극주의에 따라 적극적인 판결을 하고 있으며 injunction 제도에 따라 선거중지를 명하기도 하고 주입법에 대신하는 입법을 할 것을 예고하기도 한다. 흑백인의 통합교육, 평등, 복지향상 등이 판례에 의하여 이루어지고 있는데, 일본에서는 아직까지도 사법소극주의의 이론에 집착하고 있다. 일본의 위헌판결의 수는 적고 7~8년 이상씩 소송이 지연되어 기본권보장에 실효성이 적다.

(2) 서독의 헌법판결

서독은 사법자제를 거의 하지 않고 있으며 헌법재판소의 권한사항을 잘 수행하고 있다. 중요한 것만 들어보면 12주 이내의 낙태를 허용한 형법규정이 태아의 생명권을 침해하여 위헌이라는 판결이 있었고 병역에 있어 양심적 병역거부자의 우편신고제를 위헌이라고 판결했으며 국세조사가 국민의 사생활의 자유를 침해하는 것이라 하여 위헌을 선언한 바 있다.

또 동서독기본조약의 합헌성을 선언하면서도 통일외교정책의 방향을 제시하였고, 노사의 공동결정법도 합헌이라고 판시하여 노사간의 평화유지를 중시하고 있다.

(3) 판결의 비교

일본의 헌법판결은 미국이나 서독의 헌법판결보다도 낙후되어 있다. 예를 들어 환경위생업소의 거리제한이 합헌인가에 대하여 서독은 1958년에 이미 약국의 거리제한 분포적정규정이 위헌이라고 판시했는데, 일본은 공중욕장 판결에서 합헌이라고 판시하다가 1975년에야 약국간의 거리제한규정이 위헌이라고 판시하였다. 또 서독은 1963년에 선거구 구획의 인구불평등은 헌법위반이라고 판시하였고 미국도 1964년에 위헌이라고 판시한데 대하여 일본은 1976년에야 비로소 위헌이라고 판결하였으나 사정판결에 따라 아직도 불평등입법이 시정되지 않고 있다. 서독에서는 연방의회해산조치에 대하여 사법심사할 수 있다고 판시하고 있으나 일본에서는 통치문제라고 하여 사법심사에서 제외하고 있다. 서독에서는 재소자에 대한 특별권력관계론을 판결로 부인하고 있으나 일본에서는 아직도 노동권문제에서 인정하고 있다.

4. 양 제도의 평가

1) 양 제도의 장단점

(1) 일본의 최고재판소의 사법심사제

◎ 장점
  ① 삼권분립원칙에 충실하여 견제·균형할 수 있다고 한다.
  ② 사법부의 정치화를 막고 사법부가 자주성을 위협받지 않는다고 한다.
◎ 단점
  ① 위헌심사기구의 구성에 있어 민주적 정당성이 결여된다.
  ② 사법부구성원의 인권의식이 약하거나 사법소극주의를 채택할 때 유명무실해진다.
  ③ 헌법소송을 부수적으로 하기 때문에 소송의 장기화, 소송비용의 과다로 국민의 기본권보장에 소홀하다.
  ④ 판결이 일반적 효력을 가지지 않아 법률적용이 불확실하다.
  ⑤ 의원내각제에 있어 정당을 통한 입법부와 행정부의 공조에 대한 견제가 미흡하다.

(2) 독일의 연방헌법재판소의 헌법재판제

◎ 단점
  ① 입법부가 만든 법률을 국민적 정당성이 적은 재판소에서 무효판 결함으로써 국민주권주의에 위배된다고 한다.
  ② 권력분립상 동위가 아닌 헌법재판권의 우위를 가져옴으로 법관 국가화된다고 한다.

③ 정치문제를 회피하지 않고 판결함으로써 사법권의 본질에 위배된다고 한다.

④ 소의 남용의 폐단이 있고 정치적 결정까지 사법부의 판결에 의존해야 한다는 불평이 있다.

◎ 장점

① 정당을 통하여 입법부와 행정부가 공동하는 의원내각제에 있어서 진정한 견제·균형을 위해서는 헌법재판권이 확립되어야 한다.

② 헌법소송을 집중심리할 수 있으므로써 신속하고 공정한 판결을 가능하게 해 준다.

③ 여·야당이 최종판단을 헌법재판소의 판결에 맡길 수 있는 여지가 있으므로 야당의 극한투쟁을 막아주며 의회에 있어서의 심의강행을 예방해 준다.

④ 헌법재판은 판결의 일반적 효력에 따라 명확성을 부여해 준다.

2) 양 제도운영에 있어서의 평가

(1) 일본의 최고재판소제

일본의 최고재판소의 위헌심사제는 미국 헌법의 대법원과는 달리 사법소극주의를 채택함으로써 원래의 기능을 다하지 못하고 있다. 그 이유는 정치문화적인 것도 있겠으나 제도상 문제도 많다.

첫째로 최고재판소 장관과 판사를 내각이 임명함으로써 행정부를 견제할 수 있는 인물이 판사로 임명되지 못하고 있다. 미국과는 달리 판사임명에 대한 의회의 인준 등이 없으며 장기집권의 결과 보수 동질적인 판사구성을 보게 되었다. 이들은 사법부의 인사독립에 회의적이며 사법부의 사법행정을 통한 통제로 말미암아 사법소극주의로 될 수밖에 없다.

둘째로 최고재판소가 사법소극주의를 채택함으로써 국민들의 신뢰를 잃고 있어 제소건수가 줄어들고 있다. 위헌판결을 할 수 있어야 합헌판결의 기능도 강화되는데 이것이 이루어지지 않음으로써 위헌심사의 사회적 기능이 퇴화되고 있다.

셋째로 최고재판소가 헌법소송을 전담하고 있지 않음으로써 소송이 지연되고 있으며 보통 7~8년의 소송기간이 소요되고 있다.

넷째로 중요한 헌법문제에 대한 판단을 미룰만한 재판소가 없기 때문에 국회에서의 심의가 과열하고 강행채택 난투극 등이 벌어진다.

이러한 이유 때문에 일본에서는 최고재판소에 대하여 회의적인 경향이 많다. 헌법사건 수도 적다.

(2) 서독의 헌법재판소제

서독의 헌법재판소는 집권당에 의해서는 비판되는 경우가 있다. 예를 들어 국회의 다수를 얻어 통과한 낙태허용법이라든가 간편한 우편신고제를 도입한 병역법개정 등이 위헌으로 판단된 경우 사회민주당과 Spiegel 등은 국민 다수의 의사를 무시한 것이라 하여 반발하였다. 그러나 이 법률통과에 있어 당시 야당이던 기민당이 국회에서 강경 대결을 하지 않은 것은 헌법재판소를 믿었기 때문이다. 공동결정법의 합헌판결 등은 정권교체 후에도 정책의 계속성과 안정성을 유지하는데 큰 공헌을 했다.

서독 연방헌법재판소는 오늘날 국민의 헌법적 consensus를 이루어가고 있으며(Starck), 일반적인 교육효과까지 가지고 있으며(Leibholz), 서독 기본법은 연방헌법재판소가 해석하는 것과 같이 현실적으로 적용된다(Smend)고까지 하여 일반적으로 높은 평가를 받고 있다. 국민의 이용률도 매우 높아 헌법소원은 연간 2,000건에 달하여 법관제청으로 인한 구체적 규범통제도 많아 연간 70~80건의 부(部) 판결이나 결정이 나오고 있다.

서독의 연방헌법재판소가 학계와 국민의 지지를 받고 있는 이유는 연방헌법재판소 판사선임절차에 의존한바 크다고 하겠다. 서독의 연방헌법재판소 판사는 연방의회와 연방참의원에서 각기 반수씩 선거하는데 3분의 2 이상의 다수를 얻게 하고 있으므로 정당색채가 강한 사람은 선출되지 못하고 오히려 중립적인 전문법관이나 변호사, 학자들이 선출되고 있다. 이들은 특정 정당과의 관계없이 오로지 헌법에 따라 판결하기 때문에 국민의 신뢰도가 높다. 헌법재판소가 있기에 의회의 다수당의 변경이나 정부의 교체에도 불구하고 정국의 안정을 유지할 수 있는 장점이 있는 것이다.

5. 우리나라 헌법재판제에의 시사

1) 역사적 경험

우리나라에서는 제3공화국에서 일본식 사법심사제를 도입하였다. 그 결과 미국과 같은 활발한 기능을 발휘할 수 없었으며 일본보다도 더 소극적이었다고 할 수 있다. 71년 6월 22일에는 말썽 많은 국가배상법 2조 1항 단서의 위헌결정이 내렸는데 이에 따라 사법파동이 야기되고 유신체제구축으로 나아갔던 것이다.

그 뒤 헌법위원회제도를 도입했으나 사법부의 위축 때문에 헌법위원회에의 대법원제청은 한건도 없었으며 헌법위원회는 휴면기관으로 되어 있다. 우리의 정치문화상 현재와 같이 대법원에 제청권을 주는 경우 위헌심사제가 정착할 수 없을 것은 명확하다. 현재도 각급법원에는 위헌여부를 판단할 사건이 밀려 있으나 법관이 기피하고 있어 판결이 지연되고 있다.

2) 개선방향

여·야는 헌법 개정안에서 일치하여 일본식 사법심사제의 도입을 규정하고 있는데 과연 이것이 바람직할 것인지 심사숙고하여야 하겠다. 국회에서의 법안 심의시 정당의 격돌을 막고 정권교체 후에도 정국의 안정을 기할 수 있으며 자유민주주의의 계속을 담보하고 국민의 기본권보장에도 가장 유효한 서독식 헌법재판제도의 도입을 검토해야 하겠다.

의원내각제를 도입했던 제2공화국 헌법이 헌법재판제도를 도입했고 Spain이 Franco 이후 신헌법에서 서독식 헌법재판소를 도입했던 것을 참고하여야 하겠다.

제3부

통일헌법의 제정

1. 통일헌법의 바람직한 미래상[*]

1. 서설 : 통일의 모델

한국의 분단이래 통일에 관한 연구는 수없이 많이 행해졌다. 그 중에서도 헌법적인 통일을 위하여 80년대까지 다수의 선행연구가 행하여졌다.[1] 그 뒤 예멘과 독일통일이 이루어진 뒤 예멘과 독일통일에 관한 논의가 많아졌고,[2] 몇 가지 단행본이 발간되기도 했다.[3]

---

[*] 2011년 7월 15일 국회헌정기념관 대강당, 국회법제실 · 한국공법학회 주최, 제헌 63주년 기념 공동학술대회, 주제 : 「통일헌법의 바람직한 미래상」 기조연설.

[1] 통일헌법에 관한 문헌목록으로는 통일원, 통일문제자료 Data Base, 2010. 헌법재판소와 대법원, 국회, 중앙도서관 등의 문헌색인 참조 초기 논문으로는 다음과 같은 것이 있다. 김도창, 「헌법과 국가통일문제」, 『서울대 법학』 8권 2호(66.12); 김철수, 「분단국헌법과 통일문제」, 『서울대 법학』 18권 1호(1977.2); 김철수, 「통일한국헌법의 이념과 제도」, 『고시계』, 1980년 1월(275호); 김철수, 「남북한헌법의 비교와 통일헌법의 제정방향」, 『고시연구』 9권 12호(105호), 1982; 김철수 · 이홍구 · 장명봉 · 양건, 「통일헌법 假案」, 1984(미공간).

[2] 김철수, 「한국통일과 헌법제정문제」, 『헌법논총』 제3집(92.12); 박수혁, 「통독에 있어서의 동서독 헌법통일」, 『법제연구』(92.6); 장명봉, 「남북 예멘의 통일에 관한 서설적 연구─통일헌법 등을 중심으로」, 『국민대 법학논총』 제4집(92.2); 전광석, 「독일통일관련조약과 독

이들 논문들은 대부분 예멘과 독일통일의 교훈을 중심으로 한국 통일 헌법의 제정문제를 논하고 있다. 그러나 독일과 예멘, 한국의 정치활동과 국민의식 등이 다르기 때문에 이것을 단순 비교·도입하는 것은 사실상 불가능하다.

독일에 있어서는 제1차 세계대전 이후에 통일국가가 성립되어 있었고 우익정당과 좌익정당의 전통과 이념이 존속하고 있었다. 동서독은 비록 헌법과 법률의 이질성에도 불구하고 법치주의의 전통이 있었으며, 동서독간의 전쟁이 없었고 동서독이 평화공존하고 있었기 때문에 독일통일은 비교적 쉬웠다고 하겠다.

예멘의 경우에는 통일헌법의 체결 후에도 내전으로 고통을 받았으며 실력에 의한 강제통일이라는 점에서 문제가 있었다.[4]

또 중국에서의 일국양제원칙을 모방하자는 이론도 있으나 중국과 홍콩의 관계는 일시적 종속관계이기에 우리의 통일정책과 다르기 때문에 동일선상에서는 비교·도입하기 어려울 것 같다.

오늘날에는 미국, 소련, 유럽연합의 통일까지 준거로 삼으려는 경향이 있으나 유럽통합은 동구 여러 나라가 민주국으로 체제이행했기 때문에 가능한 것이었다. 그러기에 그것도 그대로 모방하기 어려울 것이다.[5]

일헌법의 발전」, 『한림법학 Forum』 1권(91.06); 장명봉, 「남북예멘통일헌법에 관한 연구」, 『공법연구』 제21집(93.07); 장명봉, 「독일통일과 헌법문제」, 『법학논총』(93.02).

3 김철수, 『독일통일의 정치와 헌법』, 박영사, 2004; 김철수, 『법과 정치』, 교육과학사, 1995; 김철수, 『한국 입헌주의의 정착을 위하여』, 2003; 박정원, 「남북한통일헌법에 관한 연구」, 국민대학교, 1996; 김승대, 『동서독통일과정에서의 헌법적 문제에 대한 이론적 고찰』; 『남북한통일에 대비한 헌법이론의 모색』, 서울대학교, 1996; 김승대, 『통일헌법이론 : 동서독과 남북한통일의 비교법론』, 법문사, 1996; 장명봉, 『분단국가의 통일헌법연구 : 독일과 예멘의 통일사례와 자료』, 국민대 출판부, 1998; 전종덕, 『독일통일과 헌법통합연구』, 국민대학교, 1999; 정영화, 『평화통일의 경제헌법 : 북한주민의 재산권형성방안』, 법문사, 1999; 한국공법학회, 『통일시대를 대비한 헌법 개정의 방향』, 2006; 강현철, 『통일헌법연구』, 한국학술정보, 2006; 최양근, 『단계적 연방통일연구』, 동국대학교, 2008; 최양근, 『단계적 연방통일연구』, 2011.

4 Yemen의 통일에 관해서는 Whitaker, *The Birth of modern Yemen*, e-Book, 2009; 장명봉, 『분단국가의 통일헌법연구 — 독일과 예멘의 통일사례와 자료』, 1998 참조.

왜냐하면 이들 국가에는 많은 지분국이 존재하고 있었기에 국가연합적 통일은 쉬웠으나 2개의 적대세력인 한국통일과는 다른 과정을 밟아야 할 것이기 때문이다. 우리나라는 남북한의 헌법체제가 민주적 헌법과 공산주의 헌법으로 대립되고 있으며 전쟁을 경험했기에 보다 치밀한 통일헌법에 관한 연구가 행해져야 할 것이다.

최근에는 한국공법학회가 통일헌법에 관한 세미나를 열어 귀중한 논문들을 발표하고 있어 흐뭇하다.[6]

2. 헌법통일의 방법 : 무력통합이냐 합의통합이냐

남북한 통일헌법의 제정방법은 정치적 통합의 양태에 따라 다를 수 있다. 정치적 통합이 무력통합에 의한 것이냐, 합의통합에 관한 것이냐에 따라서도 차이는 있다.

무력통합의 예로서 베트남헌법을 들 수 있는데 통합 후 월남의 헌법이 폐지되고 월맹의 헌법이 효력을 발생하고 있다. 독일의 경우 국민적 합의에 의한 통일이기는 하나 동독의 경제파탄과 국제고립, 민심이반에 따라 동독이 부득이 서독에 흡수되는 형국이었다. 그리하여 통일조약을 체결하여 양 헌법의 개정을 약속하고 통일헌법의 제정을 약속하였으나, 기독교민주당의 선거승리에 따라 동독헌법을 폐기하고 서독헌법을 수

---

5   최양근, 「단계적 연방통일헌법연구」, 2011.
6   한국공법학회 학술대회 「통일의 공법적 문제」, 『공법연구』 제39집 제2호, 2010, 2011년 한국공법학자대회, 공법 제3분과, 2011; 김선택, 「통일대비와 헌법의 역할」, 2011. 4.22 발표문; 김승대, 「헌법 개정과 남북한 통일」, 『공법연구』 제39집 제2호, 135면 이하; 이승우, 「남북통일에 대비한 헌법 개정의 필요성과 방향」, 『공법연구』 제39집 제2호, 231면 이하; 최윤철, 「평화통일관련 입법에 대한 헌법적 평가」, 『공법연구』 제39집 제2호, 289면 이하.

정하여 통일 독일에서 시행하고 있다. 이것은 동독 시민의 민주항쟁과 민주선거의 결과였다.

예멘의 경우에는 북예멘의 민주주의헌법(1971)과, 남예멘의 사회주의 헌법(1970)과는 거리가 먼 것이었다. 예멘의 통일 시에는 헌법 초안에 대한 합의가 행해졌는데 북예멘의 1971년 헌법체제를 수락하였다. 1990년 의 통일헌법은 형식적으로 합의에 의한 헌법이었으나 사실상 북예멘의 헌법이 지도적 역할을 하였고, 그 방향으로 수정되었다. 그러나 정치적 전쟁이 행해졌으며 1994년 남예멘의 항복에 따라 사회주의체제는 부정 되고 자유자본주의 헌법이 시행되었다.

3. 헌법 개정방식이냐 헌법제정방식이냐

한국의 통일헌법은 평화통일이어야 하며 헌법에 의한 합의통일이 이 루어져야 할 것이다. 평화적 통일의 경우 통일헌법의 제정 시 어느 한 구성국의 헌법을 기준으로 헌법 개정에 의하여 통일을 달성하는 방법이 있겠고 분단국의 헌법을 모두 폐기하고 새로이 헌법을 제정하는 방법이 있다. 헌법 개정에 의한 경우는 독일이 있고 신헌법을 제정하는 방법에 의한 것은 예멘이 있다.

우리나라의 통일헌법제정에 있어서는 통일헌법의 기준을 대한민국헌 법으로 하고 이 헌법을 개정하여 통일헌법을 만들려는 경향이 있다. 이 에 대하여 일부에서는 남북한헌법을 공히 폐기하고 새로운 헌법제정에 들어가자고 한다. 후자는 수렴방법이다.

우리나라에서는 대한민국헌법을 기준으로 하여 헌법 개정의 방법에 의하여 통일헌법을 성립시키려고 한다. 많은 학자들은 이 방법을 채택하여 대한민국헌법의 개정 방법에 따라 통일헌법을 성립시키고자 한다. 이 개정의 경우에는 대한민국헌법에 규정된 헌법 개정방법과 헌법에 규정된 근본규범을 그대로 유지하고 헌법 개정의 한계를 인정하려고 한다. 왜냐하면 현행 헌법은 민주적인 평화적 통일을 지향하고 있기 때문이다. 이것은 흡수통일을 이룬 독일통일헌법의 제정방식과 같다. 흡수통일의 경우 우리 헌법에도 적용될 수 있다.

이에 대하여 남북이 대등한 관계에서 합의에 의하여 통일헌법을 제정하려는 경향이 있다. 이 경우에는 대한민국헌법이나 북한헌법의 개정절차에 의하지 않고 상호 합의 하에서 정치적·경제적·사회적 기본질서를 새로이 정립하자는 것이다. 이 방법은 대한민국 헌법에 반하는 것이라 하겠다. 따라서 우리나라에서의 통일논의는 대한민국헌법을 토대로 그 개정방식을 따라야 하고 개정한계를 인정하려는 주장이 대부분이다.[7]

남한헌법과 북한헌법을 다 폐기하고 새로이 제정하자는 논자는 적다. 일부에서는 사회주의 체제의 수용도 고려해야 한다고 한다.

4. 국가체제통일방식, 국가연합제냐 연방제냐, 단일국가제냐

헌법통일방식에서 문제가 되는 것은 급진적 통일이냐 단계적 통일이냐이다. 전쟁에 의한 통일의 경우에는 급진적 통일이 될 것이고 합의제 통일의 경우에는 점진적 통일이 될 것이다. 합의제 통일의 경우는 대부

---

7 대한민국헌법을 기반으로 통일헌법을 작성하려는 논문. 김명기, 「북한붕괴시 통일헌법의 제정방안」, 『명지법학』 창간호(2000.2); 제성호, 「분단과 통일에 관한 법적 쟁점 : 헌법의 영토조항과 통일조항을 중심으로」, 『중앙법학』 제6집 2호(04.8); 도회근, 「헌법의 영토와 통일조항 개정론에 대한 비판적 검토」, 『헌법학연구』 제12권 4호(2006.11).

분 단계적 통일이 될 것이다.

대한민국정부는 점진적 통일방법을 주장하고 있다.

이것은 제1단계로 화해·협력단계, 제2단계로 연합단계, 제3단계를 통일조국 완성 단계로 1민족 1국가를 형성한다는 것이다. 이를 국가체제로 분류해 볼 때는 1단계에서 1국 2체제인 조약공동체를 인정하고, 2단계에서 1민족 2국가의 국가연합단계를 거쳐 제3단계에서 단일국가단계로 가자는 것이다. 이에 대하여 북한은 고려민주연방제 통일방안을 주장하여 1민족 1국가 2제도 2지역정부를 통일목표로 삼고 있다. 이 양안은 2단계에서 국가연합제도를 주장하고 있는데 남북이 일치하고 있다고 하겠다. 다만 북한은 국가연합을 연방제로 호도하고 있고 단일국가체제를 부정하고 있으며 북의 사회주의체제를 유지하려고 한다.

학자 중에도 중층적 헌법구조를 통하여 통일헌법, 2지방헌법, 지방자치헌법을 통하여 통일하자는 주장을 하고 있다.[8] 여기서도 단계적 통일방안을 제시하고 있는 데, 1) 분단상황의 관리상태, 2) 통일과정, 3) 내적 통합과정을 들고 있다. 그는 과도단계서 중국식 1국양제 제도의 도입을 생각하고 있는 것 같다.

최양근은 "단계적 연방통일헌법연구"에서 제1단계에서 통일기반조성 교류협력단계, 제2단계는 남북합의이행위원회 평화통일교류단계, 제3단계는 평화통일완성교류단계로 할 것을 제안하고 있다.[9]

무력통일이냐 흡수통일의 경우에는 1단계가 생략될 수 있으나 합의통일의 경우에는 (1) 통일조약단계 (2) 국가연합단계 (3) 단일국단계로 진화하는 것이 바람직하다.

---

8 김선택, 「통일대비와 헌법의 역할, 중층헌법구조에 의한 통일론」, 한국공법학자대회 통일 셋션 발표, 2011.4.
9 최양근, 전게서, 199면.

5. 단계적 · 점진적 통일헌법 작성

합의통일의 경우 남북한헌법의 존재를 인정하면서 1) 양 헌법의 통일을 위하여 준비하는 단계와 2) 국가연합단계 3) 완전통합단계가 필요할 것이다.

1) 조약공동체단계＝국가연합단계

국가의 일시적 존재를 전제로 평화통일정책을 수행하기 위해서는 조약공동체를 형성하는 것이 필요하다. 서독과 동독은 동서독기본조약을 체결하여 상호간 불가침 · 불개입 원칙을 선언하였다. 우리나라도 여러 차례 남북불가침 협정의 체결을 주장하였다. 그러나 당시 북한은 이에 호응하지 않았다.

1989년의 동독붕괴와 1990년 이후 동구 여러 나라의 민주화가 단행되자 북한은 붕괴를 예방하기 위하여 남북기본합의서에 동의하였다. 이 남북기본합의서는 신사협정의 성격을 가진 것이나 양방이 합의한 일종의 조약의 성격을 가진 것이었다. 이것이 김일성의 고집과 남측 대통령의 교체에 따라 사실상 휴지화되었다. 흡수통일단계에서나 합의통일과정에서 새로운 헌법조약에 합의할 것이 필요하다. 조약체결에 의한 통일헌법 제정도 행해지고 있다. 지금 유럽 통합도 통합조약에 따라 국가연합을 형성하고 있는 단계이며 유럽헌법제정에 의한 완전통일은 아직 달성되지 않았다.

2) 단일국가헌법단계

미국 헌법제정도 최초에는 동부지역 13개주의 헌법으로만 제정된 것이며 그 뒤 새로운 주의 편입에 의하여 현재의 미연방국으로 된 것이다. 18세기 독일의 통일도 지분국내의 조약에 의한 것이었다. 1990년 독일통일도 동독 자체에 의한 헌법 개정이 선약되었고 동서독 내에 통일조약을 채택한 뒤 동독의 서독에서의 편입이 완성되었다. 동서독의 통일은 1년간의 단기간에 이루어진 것이며 그 시기를 놓치면 통일이 어려울 것이라는 동서독 국민의 통독열의에 따라 단일국가헌법에 합의하였다.

동독은 통일준비단계에서 동독에 5개 지방(Land)을 설립하고 이 지방이 서독연방에 가입함으로써 통일이 완성된 것이다.

현재의 독일은 국가연합이 아니라 단일국가이며 내부적으로는 연방제를 채택하고 있다.[10] 미국이나 독일 등은 지방분권주의를 채택하여 여러 지분국을 두고 이들 지분국을 통합한 중앙연방(Bund : United State)이 있으며 그 지분국은 대내주권을 가진 지분국으로서 권한을 행사하고 있다. 북한은 통일이 연방제통일이 되어야 한다고 주장하며 남북한의 일국양제를 채택하려고 하고 있다. 그러나 연방헌법 없이 2개 정부의 공존을 요구하는 것은 연방제가 아니라 국가연합제이다. 국가연합체제는 통일로 가는 한 단계일 뿐이다.

---

10 독일의 동서독통일조약은 1990년 8월 31일에 체결하여 독일통일이 완성되었다. 상세한 것은 K. Stern, *Die Wiederherstellung der staatlichen Einheit, Verträge und Rechtsakte zur deutschen Einheit*, 2. Bd. S. 21 ff. 여기서 통일방법과 통일일자를 규정하고 있다. 간단한 소개로는 김철수, 『독일통일의 정치와 헌법』, 2004.

6. 우리나라 통일헌법의 내용

1) 정부형태

한국통일이 연방국가로 되느냐 단일국가로 되느냐는 선택의 문제이다. 그러나 60년 이상의 이질적 국가가 단일국가로 당장 되기는 어렵다. 이 점에서 통일의 단계로서의 연방제도를 채택하는 것은 바람직하다. 연방에 있어서는 이질적인 두개의 체제를 인정하면서 그 특수성을 통합하는 것이 필요할 것이다. 예를 들어 두개의 지방정부를 두되 그 위의 연방정부를 두는 것도 한 방법일 것이다. 지방정부를 대표하는 상원과 국민을 대표하는 하원의 양원제가 바람직할 것이다. 행정은 대통령제로 할 것이냐 의원내각제로 할 것이냐가 문제가 될 수 있으나 두개의 지방정부를 대표하는 각료를 임명하고 국회에 책임을 물을 수 있는 제도가 바람직할 것이다. 가능하면 합의제정부를 구성하여 남북한지방정부의 차별을 없애야 할 것이다.

사법제도로는 헌법재판소, 대법원, 고등법원, 지방법원을 두어 헌법보장과 법률 보장, 기관간의 권한쟁의 등을 심판하도록 할 것이다. 특히 통일전 법률의 보존여부에 관한 판단을 할 수 있도록 하며 법치주의에 따라 국민의 인권을 보장하여야 할 것이다.[11]

---

11 상세한 것은 김철수, 「한국통일헌법의 제정문제」, 『법과 정치』에 수록; 김철수, 「남북한 헌법의 비교」, 『고시계』, 97.5; 김철수, 「통일헌법의 이념과 제도」, 『고시계』, 79.12; 김철수, 「통일헌법의 제정방향」, 『고시계』, 97.11; 김철수, 「한국입헌주의의 정착을 위하여」, 2003; 김철수, 「통일한국의 미래상」, 『통일정책』, 5/4, 1979; Tscholsu Kim, "Prospect of Constitution for a United Korea, Based on a Comparison of the Constitutions of South and North Korea", *Korean Journal of Comparative Law*, 1985.

2) 기본권조항과 경제조항, 선거조항

기본권조항에서는 자유·평등·복지에 입각한 인권규정을 두어야 할 것이다. 현재의 대한민국헌법의 기본권규정을 그대로 두되 추가할 것이 있으면 추가하는 것은 가능할 것이다. 특히 생존권에 있어서는 경제적 약자를 보호하는 사회복지권을 추가할 수 있을 것이다. 재산권은 자유권으로 규정해야 하며 사유재산제와 기업활동의 자유 등이 보장되어야 할 것이다. 경제조항에 있어서는 자유자본주의에서 수정자본주의적인 경향을 가진 대한민국헌법에 기초해야 할 것이며 북한식인 국가계획경제제도는 배격되어야 할 것이다.

참정권에 있어서도 평등권이 보장되어야 하며 자유선거의 원칙이 지켜져야 한다. 선거는 인물과 정당에 2표를 던지는 독일식 비례대표제를 도입해야 할 것이다.

7. 통일헌법의 제정노력

조국의 평화적 통일은 민족의 대명제이며 우리 헌법의 기본이념의 하나이다. 대한민국 헌법은 전문에서 평화적 통일의 사명을 강조하는 한편, 제4조에서 "대한민국은 통일을 지향하며, 자유민주적 기본질서에 입각한 평화적 통일정책을 수립하고 이를 추진한다"고 규정하고 있다.

이 조항은 대한민국정부와 국민에 대하여 '자유민주적 기본질서에 입각한 평화적 통일'의 의무를 부과한 것이라고 하겠다.

대한민국은 그동안 평화통일노력을 해왔으나 북한이 이에 호응하지 않고 있다. 북한이 통일보다는 기존체제유지를 주장하면서 양국가의 독립성을 강조하고, 가능하면 무력통일을 기하고 있는 것처럼 보인다. 과거 북한의 6.25 남침은 무력에 의한 통일을 목표로 한 것이었으나 대한민국 국민의 저항과 세계 여러 나라의 반대에 부딪혀 무산되고 말았다. 북한 군부는 아직도 무력통일의 야망 하에 핵무장을 하고 6자회담을 통한 현상유지정책을 펴려고 하고 있다. 우리 정부는 이러한 적화무력통일공세를 철저히 봉쇄해야 하며 동맹국가와 우방국가의 지원을 얻어 평화통일노력을 경주해야 할 것이다.

최근 정부에서는 북한에 급변사태가 일어나 정권이 무너질 경우 평화적 통일이 가능하다고 보아 이를 준비하고 있는 것 같다. 북한의 붕괴는 북한 주민의 민중혁명이 없이는 기대하기 어렵고 그 후의 통일도 주변국가와 국제사회의 동의 없이는 어려울 것 같다.

우리는 합의통일과 흡수통일에 대비하여 법제도를 정비해야 할 것이다. 남북한 당국 간의 합의통일은 현재로서는 기대하기 어렵다. 동독은 종주국이던 소련의 경제파탄으로 소련이 동서독통일을 묵인한 측면이 있으며 동독 주민의 민주혁명의 열기에 의해서 이루어진 것이다. 우리의 경우 북한의 방패역을 맡고 있는 중국과 러시아가 경제부흥을 일으켜 세계에 굴기하고 있는 것을 볼 때 북한을 흡수통일 하기는 어려울 것 같다. 그럼에도 불구하고 우리는 통일노력을 포기해서는 안 될 것이다.

자유주의국가와 공산주의국가가 통일하는 경우에는 항상 자유주의헌법을 모델로 삼는 것을 명심해야 하겠다. 합의통일을 위해서는 독일방식이 바람직하고 예멘식인 통일방안도 참고가 될 것이다.[12] 이를 위하여 독일통일방식과 예멘통일방식을 연구해야 할 것이며 통일헌법안에도 합의하는 것이 바람직할 것이다. 이 경우에도 앞서 지적한 바와 같이 단순모방으로는 안 될 것이며 통일헌법 성립 후 내전을 거친 예멘의 전철을 밟지 않아야 할 것이다.

---

12 상세한 것은 장명봉, 「분단국가의 통일헌법연구, 독일과 예멘의 통일사례와 자료」, 1998; 장명봉, 「남북예멘 통일헌법에 관한 연구」, 『공법연구』 제21집, 1993.

2. 통일헌법연구의 회고와 필요성[*]

1. 통일헌법연구 회고

1956년 3월 독일에 도착해보니 같은 분단국임에도 불구하고 서독과 동독은 평화적 공존을 하고 있었습니다. 동족상잔의 전쟁을 겪은 학도로서 어떻게 하면 평화통일을 할 수 있을 것인가 생각하게 되었고 동서독헌법을 연구하고 통일헌법의 방향을 모색하는 연구를 하기 시작하였습니다.

1960년 4.19 후 통일운동이 고조되었으며 이에 귀국을 결심하여 한국에 돌아온 뒤 얼마 안 되어 5.16군사쿠데타가 일어났습니다. 1964년에는 『조선일보』에 「통일방안과 현행법의 상충」이라는 글을 발표하였고, 1968년 「통일원의 발족과 전망」을 『대학신문』에 발표하였고, 통일원의 활동을 예의주시하였습니다.

1972년에는 동서독기본조약이 체결되었습니다. 우리나라에서는 7.4

---

[*] 2008년 9월 25일, 북한법연구회에서의 격려사.

남북공동성명이 발표되었고 유신헌법이 효력을 발생하였습니다. 북한에는 사회주의헌법이 유신헌법과 같은 날 효력을 발생하였습니다. 저는 1973년에는 유신을 반대한다는 이유로 국외추방을 당하여 미국과 독일에서 독일통일의 향방을 연구하였습니다.

1975년에는 「동서독기본조약」을 『서울대 법학』에 발표하였고, 1976년에는 「남북불가침협정의 연구」를 『공법연구』에 발표하였고, 1977년에는 「분단국헌법과 통일문제」에 관하여 『서울대학교 법학』에 발표하였습니다. 또 1977년에는 「분단국 동서독에 배운다―독일식 통일방안의 한반도 적용문제」를 『월간중앙』에 발표하였습니다. 1979년에는 「통일한국의 미래상」을 『통일정책』에 발표하였고, 1980년 서울의 봄에는 「통일한국 헌법의 이념과 제도」를 『고시계』에 발표하였고 독일어로 번역되기도 하였습니다.

1982년에는 『고시연구』에 「남북한헌법의 비교와 통일헌법의 전망」을 발표하였습니다. 이글은 영어로 번역되어 "Korea & World Affairs"에 실렸습니다.

1984년에는 「남북한 기본관계 잠정협정의 법적 성격」을 『민족화합민주통일론』에 발표하였고, 1986년에는 「남북한기본관계잠정협정안」을 발표하기도 하였습니다.

1989년에는 Berlin 장벽이 붕괴되어 독일은 통일되게 되었습니다. 즉시 동독을 방문하였고 동서독의 격차를 실감하게 되었습니다. 당시 Berlin의 자유 Berlin대학에서는 Däubler-Gmelin이라는 여교수가 새로운 독일 통일헌법에 관한 세미나를 하였습니다. 저는 1학기 동안 이 세미나에 참석하였습니다. 그녀는 나중에 법무부장관을 지냈고 현재 연방의회의원이기도 합니다. 그의 이론은 서독의 헌법이 생존권적 기본권을 잘 규정하지 않았다고 하여 동독헌법의 생존권 규정의 채택에 관심을 가졌습니다. 그러나 통일조약에서 약속되었던 통일헌법의 제정은 실패했고 서독 헌법을 약간 수정하여 동독에까지 적용되게 되었습니다. 이에 대한 동독 시민의 불만은 컸으며 아직도 동독시대를 그리워하는 시민들이 상당수 있습니다.

1992년에는 『헌법논총』에 「한국통일과 통일헌법제정문제」를 발표하였으며, 1995년에는 「남북헌법비교」에 관한 영문논문도 발표하였습니다. 1996년에는 일본 메이지(明治)대학에서 「한국통일헌법의 제정문제」에 관하여 특강도 하였습니다. 1997년에는 「한반도의 통일정책」을 발표하였고, 또 「통일헌법제정문제」를 『학술원논문집』에도 발표하였습니다. 1997년에는 「동독헌법과 통독헌법」이라는 논문을 『문홍주 교수 팔순기념논문집』에 실었고, 『고시계』에는 「통일헌법의 제정방향」이라는 글을 발표하였습니다. 일본어로는 『韓國憲法の50年』이란 책에서 통일헌법을 다루었습니다.

2003년에는 그 동안에 썼던 글을 일반 독자에게도 알려야겠다고 생각하여 『한국입헌주의의 정착을 위하여』라는 책을 썼는데 통일정책의 방향과 통일헌법제정방안에 대하여도 다루었습니다.

생각해 보면 반백년을 통일헌법연구에 바친 셈입니다. 2005년에는 독일통일을 벤치마킹하기 위하여 『독일통일의 정치와 헌법』이라는 단행본을 내었습니다.

정년을 맞아 신문기자와의 인터뷰에서 통일되어 통일헌법의 제정에 참여하는 것이 마지막 소원이라고 한 적이 있습니다만 이 소원이 성취되기는 요원한 것 같습니다.

2. 통일헌법연구의 필요성

통일헌법의 연구에 있어서는 북한법연구회장을 하는 장명봉 교수가 저의 뒤를 이어 열심히 하고 있어 청출어람이라고 하겠습니다.

사실, 북한의 과거와 현실을 볼 때 통일의 전망은 결코 밝지 않습니다. 그러나 통일은 갑자기 올 수도 있는 것입니다. 1989년에 독일통일을 예언한 사람은 아무도 없었습니다. 독일 수상을 지낸 Brandt가 한국에 와서 독일통일보다는 한국통일이 더 빨리 될 것 같다는 말까지 했습니다. 그래서 저는 독일에서 그를 만나 반박하였는데 7.4남북성명의 분위기로 보아 한국통일이 더 빠를 것 같다고 답변하였습니다. 북방정책의 기수였던 Brandt 수상조차 독일통일이 갑자기 이루어질 것이라고 기대하지는 않았습니다. 후르시초프의 대동구정책이 동독민의 시민혁명을 가능하게 하여 통일이 된 것입니다. 그런 점에서 남북통일도 어떤 계기에 갑자기 닥쳐올 수도 있습니다.

그 기회를 잡아 통일을 성취하여야 하는 것이 우리들의 과제입니다.

우리들은 통일에 대비하여 적극적으로 통일정책을 펴야 할 것입니다. 한반도 내에 7, 8개의 주를 두어 독일식 연방제를 하여 갑작스러운 정치변화에 적응할 수 있게 한다든가, 양원제를 하여 지방의 이익도 반영할 수 있게 해야 하겠습니다. 또 의원내각제나 이원정부제 정부형태를 채택하여 약자에게도 정치에 참여할 수 있는 길을 열어 두는 것이 필요합니다.

민간사학자의 한 분은 유신헌법과 북한사회주의 헌법이 통일의 준비단계로 양정권이 합작해 만든 통일헌법안이라는 주장을 하고 있습니다. 남·북한을 다 독재체제로 운영하기 위하여 양국 연방제를 하려는 것이 유신헌법의 목적이라고 보는 사람이 있습니다.

우리는 통일헌법이 남북한의 기득권세력의 계속집권을 위한 것이 아니라 국리민복을 위하여 자유민주주의를 신장하고 국민의 자유권과 함께 생존권도 보장하는 이상적인 헌법이 되어야 하겠습니다.

오늘 북한법학회와 법제처가 공동으로 통일헌법에 관한 발표회를 가지게 된 것을 기쁘게 생각하면서 오늘의 발표와 토론이 통일한국헌법제정의 밑거름이 되기를 바랍니다.

3. 통일헌법의 내용과 전망

이에 관해서는 유인물을 참조해 주시기 바랍니다. 이 글은 오래 전에
썼기 때문에 법률의 개정이 있었습니다. 한국의 선거연령은 19세로 인하
되었고 검찰의 불기소처분 등에 대한 법원의 재정신청이 이루어졌고 재
판에 대한 국민참여제도로 배심제가 도입되었습니다. 그 밖에도 노무현
정권과 이명박 정권의 통일정책이 반영되지 않아 죄송합니다. 오래된 글
을 고치지 않고 전재한 것을 양해해 주시기 바랍니다. 감사합니다.

3. 한반도의 통일정책[*]

1. 서설

1) 분단국가의 문제[1]

제2차 세계대전 후에는 몇 개의 국가가 분단되었는데, 남북베트남, 남북예멘, 동서독통일, 남북한 등이 전쟁 결과와 식민지 종료로 분단된 대표적인 국가들이다. 이 중 대부분이 통일되었고 아직까지 분단되어 있는 국가는 한반도와 중국, 대만뿐이다.

---

*   2004년 대한민국학술원 정책세미나 발표논문.
1   김철수, 『한국 입헌주의의 정착을 위하여』(1993), 197~218면의 일부 내용 발췌.

2) 분단국가의 통일방식

분단국가의 통일방식에는 여러 가지가 있으나 그 중에서도 ① 무력통일, ② 합의통일, ③ 흡수통일, ④ 조약공동체통일 등의 방식이 있다. 분단국가의 통일은 국내정치와 국제정치에 의하여 결정되나, 그 결과는 통일헌법으로 고정되고 자유선거로 통일정부를 구성함으로써 완성된다.

3) 분단국가의 통일실현

분단국가의 통일방식에는 무력통일방식, 합의통일방식, 흡수통일방식이 있다.

① 무력통일방식 : 이는 북월맹이 취한 방식으로 남측 월남을 무력으로 통일한 것이다. 북한도 6.25남침으로 전쟁에 의하여 통일하려고 하였으나 실패하였다.

② 합의통일방식 : 이는 남북예멘이 취한 통일방식이다. 그러나 남북예멘은 처음에는 합의했으나 끝내 내전에 의하여 통일이 실현되었다. 중국과 홍콩은 1국 양제도(兩制度)로 통일되었다.

③ 흡수통일방식 : 이는 서독이 동독을 흡수하여 통일한 방식이다. 이는 동독 시민의 무혈혁명에 의하여 가능해진 것이다.

④ 조약공동체통일방식 : 이것은 유럽연합의 통일방식이다. 유럽은 석탄공동체, 조약공동체를 거쳐 경제통합, 유로화폐통합과 법제통합법, 유럽법원과 인권법원 설치, 유럽의회설치 등 정치통합을 거쳐 유럽헌법제정 등을 통해 정치공동체로 발전하고 있다.

2. 한반도 분단의 역사와 통일노력

1) 한반도 분단의 역사[2]

한반도의 분단은 일본 식민통치의 유산이다. 1945년 8월 일본군의 군사장비를 해제할 목적으로 진주한 미·소 양국군의 점령의 결과로 이루어진 것으로서 한민족의 의사와는 반대되는 것이었다. 군비해제의 목적으로 진주한 소련군은 북한 점령지역에 소비에트식인 공산주의체제를 도입하였고, 미군은 38선 이남의 점령지역에서 자본주의체제를 도입하였다.

2) 한반도 통일을 위한 점령국의 노력

한반도의 분단은 한민족의 뜻에 반하는 것이었으며 한민족의 통일을 위한 욕구가 강했었다. 미·소 양국은 한국을 통일하되 신탁통치를 하려고 하였다. 1946년 3월 미·소공동위원회를 개최하여 한반도의 통일과 신탁통치를 협의하였으나 결렬되고 말았다. 이것은 한국민의 반탁결의와 냉전이 시작되어 미·소 양국이 대립되었기 때문이다. 이에 미국은 한반도 통일문제를 국제연합에 부탁하였다. 국제연합은 전국민의 선거에 의한 통일을 추진하여 국제연합감시하의 통일선거를 결의하였으나 북은 북한에의 국제연합위원회의 입국을 반대하여 선거에 의한 통일이 불가능해졌다.

이에 유엔 소총회에서는 가능한 지역에서의 선거를 행하도록 결정하

---

2 이 논문은 1990년대에 쓰인 논문이다. 그 동안 많은 변천이 있어 수정해야 하나 우선 원문대로 싣기로 한다.

였다. 이에 대해서는 단선단정(單選單政)을 만듦으로서 민족상잔을 초래할 것이라는 반대의견도 있었다.

3) 분단의 완성

1948년 5월 10일에는 남한에서 총선거가 행하여졌고 5월 30일에는 국회가 개원되어 7월 12일 대한민국 헌법을 제정하였다. 북한도 1948년 9월 8일에 조선민주주의인민공화국 헌법을 공포·시행하였다. 이로써 남북한정부가 구성되어 분단은 완성되었다.

4) 무력통일노력기

북한은 1950년 6월 25일 무력에 의한 통일을 목적으로 한국전쟁을 일으켰다. 북한의 통일의욕은 미군의 개입으로 불가능해졌다. 이승만 대통령은 북한남침을 무력통일에의 호기로 생각하여 북한진출을 꾀하였으나 중공군의 개입으로 무력통일이 불가능해졌다. 1953년 7월에는 휴전상태에 들어가 분단이 고착되었다.

5) 평화통일노력기

1960년 4월 19일 학생혁명을 계기로, 평화통일운동이 전개되었다. 이시기에 북한은 남한을 흡수통일하기로 결의하여 남반부 혁명에 의한 통일을 기도하였다. 그러나 5.16군사정권의 탄생으로 무력통일이냐 평화통일이냐의 기로에 서게 되었다.

1972년 7월 4일에는 남북공동성명이 발표되었는데 이것은 동서독기본조약체결 전의 것이었다. 그러나 내용은 동서독기본조약 협상을 참조한 것이며 독일 정부의 노력을 모방한 것이었다. 그 뒤 남북회담이 진행되었으나 1974년 3월 북측이 남북회담을 중단시켰다.

80년대 들어와서 평화통일노력이 가속화되었다. 북한은 1980년에 연방제를 주장하였고, 한국은 1982년 민족화합민주통일방안을 제안하였다. 북한은 1983년에 고려연방제를 보강하여 주장하였다. 한국은 1989년 9월 과도적으로 국가연합을 형성하여 통일헌법을 제정함으로써 통일하자고 주장하였다.

소련과 동유럽의 경제파탄으로 냉전체제가 붕괴되고 독일이 통일되었다. 대한민국은 소련과 수교하고 평화공존정책을 채택하였다. 북한도 자유화 추세에 밀려 국제개방을 강요받게 되었다.

1991년 9월 17일 한국과 북한은 국제연합에 동시 가입하였고 1991년 12월 13일 제5회 남북한고위급회담(수상회담)에서 「남북한의 화해와 불가침 및 교류·협약에 관한 합의서」를 채택하였다. 이것은 독일의 1972년 동서독기본조약을 모방한 것이었다.

그 뒤 김영삼 정부 출범 후 3단계 통일방안이 주장되었으나 통일정책에 연속성이 유지되지 않았으며 김일성의 사망으로 남북수뇌회담은 무기 연기되었다. 한국은 4자회담을 제안하였으나 북한은 특유의 벼랑 끝외교로 한·미간의 의견대립을 초래하여 양국을 이간시키려 하였었다. 국민의 정부와 참여정부는 민족지상주의를 내걸어 햇볕정책으로 북한을 개방·자유화하려고 하였으나 북한은 남북연방제를 통한 적화통일 노선을 버리지 않았다. 이명박 정부 들어 상호주의원칙에 따라 북한과의 교류·지원을 약속하였으나 북한은 이에 따르지 않고 있다.

3. 남북통일방법론

1) 일시적 통합론

남북한의 통합을 일거에 달성하려는 방법이다. 이에는 무력에 의한 통일론과 흡수통일방법론이 있을 수 있다.

(1) 무력통일론

이는 남북한이 각자 가지고 있는 무장력을 사용하여 상대방을 항복시켜서 통일하는 방식이다. 대한민국 헌법은 한반도와 부속도서를 영토로 하고 있기 때문에 북한은 반국가단체라는 것이 헌법재판소와 대법원의 판례이다. 이 헌법규정에서 볼 때는 대한민국의 영토를 참절(僭竊)하고 있는 북한정권을 타도하여야 할 의무를 지고 있다고 하겠다.

그러나 현행 헌법은 "대한민국은 통일을 지향하고, 자유민주적 기본질서에 입각한 평화적 통일정책을 수립하고 이를 추진한다"고 규정하고 있으므로 무력통일은 위헌이 된다. 북한 헌법은 "북반부에 있어서 인민정권을 강화하고 사상·기술·문화 등의 삼대혁명을 강력히 추진하여, 사회주의의 완전한 승리를 성취하여 자유·평화통일·민족대단결의 원칙에 따라 조국통일의 실현을 위하여 투쟁한다"고 하고 있어 평화통일을 내걸고는 있으나 북한체제의 유지를 갈망하고 있는 것으로 보인다. 표면적으로는 핵무기를 사용하여 대한민국을 불바다로 만들어 통일하겠다고 장담하고 있다.

(2) 흡수통일론

이는 남북한 어느 일방이 우월적 지위에서 상대방을 흡수하여 통일하는 방식이다. 동독은 시민혁명에 따라 붕괴하여 서독연방에 가입함으로써 통일되었다. 이 방식은 남·북한 중 어느 일방이 자연히 붕괴하여 타방이 흡수하는 것인바 어느 한편의 절대적 우월이 인정될 때 가능한 것이다. 남북한을 비교할 때 경제적 측면이나 인구 면에서 남한이 절대 우월한 지위를 차지하고 있으므로 남한이 북한을 흡수 통일할 가능성이 많다. 북한이 식량사정의 악화나 경제파탄에 따라 북한의 붕괴가 행해지는 경우 남한에 흡수통일 될 가능성이 있다. 그러나 북한이 곧 붕괴할 것인가는 불확실하고 기대가능성이 있으므로 당장의 흡수통일은 기대하기 어렵지 않을까 생각된다. 또 북한이 핵무기·미사일무기를 보유하고 중국과 러시아의 지지를 받고 있는 현실에서 기대가능성이 적다.

2) 점진적 통합론

남북한의 통일은 일정단계를 거치면서 단계적으로 통합하자는 논의이다. 이에는 북한의 연방제론과 대한민국의 3단계통합론이 있다.

(1) 고려연방제론

이 방안은 1980년 북한이 주장하고 1983년에 보강한 것인데, 그 내용은 북과 남이 다 같이 상대방에 현재하는 사상과 체제를 그대로 유지하는 기초 위에서 쌍방이 동등하게 참가하는 민족통일정부를 조직하고, 그 아래에서 북과 남이 동등한 권한과 의무를 담당하고 각기 지역자치제도를 실시하는 연방공화국으로 한다는 것이다. 국호는 고려민주연방공화국으로 한다. 연방국가의 통일정부인 최고민족연방회의와 연방상설위원회는 북과 남의 공동의장과 공동위원장을 각각 선출하고 윤번제로 이를 운영하는 것이 합리적일 것이라고 하고 있다.

연방제의 통일방안은 북한의 고정적 방안이다. 김일성은 1993년 1월 1일의 신년사에서도 "우리 당과 공화국정부는 금후에도 민족자주의 원칙으로서 하나의 민족, 하나의 국가, 두 개의 정부에 기하는 연방제방식으로 조국통일을 실현하기 위하여 계속 노력할 것입니다"고 하고 있었고 죽기 전에도 연방제통일론을 주장하였다. 김정일도 유훈통치를 하면서 연방제를 주장하고 김대중 대통령과의 정상회담에서 낮은 단계의 연방론에 합의한 바 있다.

(2) 한민족공동체 통일방안

이 방안은 한국정부가 주장했던 방안인 바, 그 내용은 3단계통합론이라고도 할 수 있다.

한민족공동체통일방안에서는 통일을 3단계를 밟아서 하도록 요구하고 있다.

첫째 단계는 화해협력단계로 이제까지의 적대관계를 청산하고 화해와 협력관계로 전환하며 법적으로 정전상태에 있는 남북관계를 평화상태로 전환시켜 공존공영의 토대를 마련하는 것이고, 둘째 단계에서는 남북연합단계로 남과 북은 남북연합을 구성하여 남북 간의 교류협력을 실현하고 이를 통하여 민족사회의 동질화와 통일을 추진하는 가운데 통일을 실질적으로 준비하는 것이고, 셋째 단계에서는 통일국가단계로 남과 북이 통일헌법을 제정하고 이 헌법에 기초하여 총선거를 실시하여 통일정부를 구성하여 통일을 완성하는 단계이다.

이 제안은 둘째 단계에서 북한이 주장하는 남북연방제안을 받아들인 것이 특색이다. 이 안에 따라 우리 정부는 첫 단계인 화해협력단계에 들어가기 위하여 남북회의를 개최하여 남북기본관계합의서를 채택, 비준하였다. 그러나 북은 이 합의서를 실천하지 않고 있어 첫 단계부터 차질을 빚고 있다.

이에 김영삼 정부는 남·북·미·중 4개국회담을 성사시켜 교류·협력을 통하여 평화공존을 모색하려고 하였으나 북한이 이에 호응하지 않아 실현하지 못했다.[3]

4. 당면의 통일정책방향

1) 흡수통일정책

(1) 흡수통일의 성공요인

흡수통일이 성공하기 위해서는 북한이 붕괴해야 한다. 북한의 붕괴가능성에 대해서는 이를 필연이라고 보는 입장과 쉽게 붕괴하지 않을 것이라는 주장이 팽팽히 맞서 있다. 북한이 붕괴할 것이라고 보는 첫째 이유는 북한의 식량난과 경제난이고, 둘째는 북한주민의 민심이탈과 해외탈출이다. 그러나 북한이 경제난에 허덕이고 있고 식량이 결핍되어 곧 붕괴할 것이라고 보기는 어렵다. 북한의 식량난은 심각한 것으로 알려지고 있으나 일제하에서도 초근목피(草根木皮)로 연명했던 북한 주민에게는 폭동의 요인이 되기는 어려울 것으로 보인다. 식량난이 폭동으로 연결되기 위해서는 촉매세력이 있어야 하는데 아직은 형성되어 있지 않은 것 같다.

---

3 북한은 4자회담에 앞서 3자회담을 한 뒤 중국과 같이 4자회담을 하고자 하고 있으나 식량 확보를 위한 술책인 것 같다.

둘째로 민심이탈에 의한 주민의 해외도피로 공동화현상이 생겨 북한이 붕괴할 것이라는 주장은 북한주민의 국외여행의 자유가 제한되어 있고 인접국가의 수용태도가 비우호적이기 때문에 기대하기 어려울 것이다.

또 북한의 군부가 지도층이 권력투쟁으로 3대 세습정권을 쿠데타로 타도하고 인민의 반란으로 북한이 붕괴될 것이라고 보는 설이 있는데 북한의 군통제기구가 살아있기 때문에 이것도 기대하기 힘들 것이다.

흡수통일이 성공한 독일의 경우는 동서독기본조약 체결 후 20년간의 교류·협력에 의하여 동독시민들이 서독시민의 삶의 질이 월등히 높은 것을 체험하였고, 또 종교의 자유나 해외여행의 자유가 어느 정도 인정되어 있었기 때문에 교회신도들이 시민혁명의 주도세력으로 참여할 수 있어 가능했다. 동독 시민들은 공산주의체제의 열등성을 알고 경제발전과 정치적 자유를 위하여 동독 탈출을 결심할 수밖에 없었다. 주변국들도 이러한 자유주의체제의 우월성을 찾아 탈출하는 동독 청장년층의 탈출을 도와주었고 서독일의 시민권을 즉시 부여하여 서독에서의 생활을 영위할 수 있게 하였다. 그 결과 대량탈출이 행해졌다.

그러나 북한은 이와 반대로 폐쇄사회이며 엄중한 감시사회이기 때문에 주체사상으로 무장된 공산주의인간만이 존재하고 외국과 완전히 차단되어 정보의 유입이 없기 때문에 아직도 한국시장의 우월성을 인정하지 않고 있다. 탈북자들이 있기는 하나 한국에서는 이를 대량으로 받아주기를 주저할 뿐만 아니라 중국 정부와 이웃나라들이 이들을 체포하여 강제 송환시키고 있는 실정이다.

(2) 흡수통일 바람직한가?

흡수통일이 바람직한가에 대해서도 의견대립이 많다. 북한체제를 붕괴시켜 민주주의 체제로 흡수 통일하는 경우도 부작용이 없지 않을 것이다.

첫째 문제는 북한주민의 자유민주주의사회에 대한 적응문제이다. 동독은 20년간 서독과 왕래하고 서신교류를 하고 TV, 신문들을 같이 보았지만 생활방식은 같을 수 없었다. 동독국민들은 통일만 되면 서독의 장미 빛 생활에 급격히 참여할 수 있는 것으로 생각하였다. 그러나 통일된 후 이들은 자본주의 경쟁사회에서의 생활에 적응하기가 힘들었다.

홉수통일로 인하여 동독산업의 경쟁력이 일시에 파괴되자 기간산업들이 가동을 중단했으므로 실업자가 늘어났다. 통일 후 서독인들이 동독으로 이주하여 정치·사회·경제의 요직을 맡아 자유자본주의의 훈련을 시켰고 동독 군대·경찰·공무원들과 심지어 학자들까지 도태하였으므로 동독인은 서독의 식민지가 되었다고 하여 비난하고 있었다.

생활양식도 다르기에 동독인은 서독인을 건방진 부자이웃으로 취급하여 시기하고 있었고 서독인들은 동독인이 게으르고 일하지 않으면서 서독의 복지정책에 공짜로 편승하려고 한다고 하여 경멸하고 있었다. 정치적 통합은 성공하였으나 정신적·사회적 통합은 그리 쉽지 않았다. 경제통합 후 20년에 이제는 사회적 통합에도 성공한 듯하다.

둘째 문제는 북한주민의 생활수준을 향상시키기 위하여 많은 통일비용이 들 것인데 한국이 이를 감당할 수 있을 것인가 하는 것이다. 독일통일의 경우에도 통일비용은 예상과 달리 천정부지로 솟고 있었으며 서독국민들의 저항에 직면해 왔다. 세계에서 가장 부유한 공산주의국가로 알려진 동독의 경제현상은 비참하였으며 생산시설의 노후화, 농지의 산성화, 최악의 환경문제, 열악한 교통시설 등으로 서독의 동독복구비용은 어마어마하게 늘어났다. 그 결과 독일정부는 적자재정에 허덕이게 되었으며 최고의 실업률과 복지예산삭감 등으로 민심이 이반되기도 했다.

우리의 경우 아직도 통일비용이 얼마나 들지 예측하기는 어려우나 천문학적인 수자일 것만은 확실하다. 홉수통일이 되는 경우 통일한국인의 GNP는 10,000 달러가 안 될 것이며 20,000 달러가 넘는 남한인에게는 큰 후퇴로 비칠 것으로 보인다. 북한인에 대한 사회복지시설비용에도 한계가 있을 것이며 북한의 경제 부흥을 위하여 많은 돈이 들 것은 틀림없다.

북한의 노동인구의 유입으로 남한의 노동자의 임금은 낮아질 것이며 산업예비군의 범람으로 노동자의 생활의 질은 떨어질 것이다.

한국경제연구소가 의뢰한 독일경제연구소의 연구결과를 보면 독일통일에서도 후유증이 심하므로 한국에서는 급격 흡수통일은 피해야 한다고 권고했다고 한다.

(3) 흡수통일 실현방안

흡수통일은 이러한 여러 가지 폐단을 가지고 있으나 북한이 붕괴되는 경우 이를 마다하고는 할 수 없다. 북한에 돌발사태가 생기는 경우 북한인의 대량 남하가 행해질지도 모르며 이를 대비한 정책이 마련되어야 한다. 북한붕괴로 인한 흡수통일은 일거에 통일을 달성할 수 있는 점에서 가장 바람직한 통일방안이 될 수 있다. 흡수통일에 찬성하는 사람은 한국 통일을 원하지 않는 주변 국가를 설득할 수 있으며 통일을 위한 비용은 생산투자이며 통일한국은 노동인구의 증대와 지하자원 등의 생산재를 풍부히 가지게 됨으로써 수출이 늘어나 세계일류국가로 될 수 있는 호기로 보고 있다.[4]

북한은 독일통일의 결과를 보고 한국으로의 흡수통일은 결사반대하고 있다. 김일성은 1994년 6월 30일 "우리들은 서독이 동독을 흡수 통합한 것과 같은 통합은 하지 않을 것입니다. 우리들은 연방제통일을 주장합니다"고 하여 흡수 통일에 대한 반대를 명확히 하고 있다. 흡수통일은 군사적 통일이건 합의통일이건 간에 공산주의낙원이라는 북한의 멸망이기 때문이다. 김일성도 위 연설에서 "동독은 서독에 흡수 통합되어 멸망하였지만 우리나라는 그렇게는 되지 않을 것입니다"고 장담하고 있다. 이로써 볼 때 독일과 같이 합의에 의한 흡수통일은 거의 불가능할 것으로 보인다.

---

[4] Goldman Sachs 회사는 통일비용이 막대하게 들 것으로 보고 있으나 통일 후 20~30년 후에는 좋아질 것으로 보고 있다.

흡수통일을 하려면 나름대로의 전략이 있어야 한다. 북한의 붕괴를 촉진하기 위한 정책이 추진되어야 한다. 북한의 경제사정은 최악이기 때문에 외국의 원조 없이는 붕괴할 것은 확실하다. 북한의 붕괴를 초래하기 위해서는 북한에 대한 경제원조를 한국이 하지 않을 뿐만 아니라 외국의 원조도 이를 봉쇄해야 한다. 미국의 인도적 원조, 세계 각국의 인도적 식량지원까지 가능한 한 이를 막아야 한다. 우리나라는 물론 세계 각국이 북한과의 무역을 단절해야 하고 북한에 대한 투자라든가 지원을 일절 하지 않아야 한다. 북한에 대한 경제봉쇄로써 북한경제의 파탄을 가져오게 해야 한다. 또 북한의 경제활동을 약화시키기 위하여 북한주민이 생업에 종사할 수 없이 전쟁예방에 힘쓰도록 군사훈련을 계속해야 한다. Team Spirit 훈련을 1년에 두 번씩 함으로써 그 많은 예비군과 군인을 휴전선이나 전선에 고착시켜야 한다.[5] 그러면 경제활동을 할 수 없게 되고 비축유류나 비축양곡을 다 써 버리게 되어 붕괴가 촉발될 것이다.

(4) 강경정책의 가능성

그러나 이러한 강경압박정책을 채택하기 위하여서는 국제적인 지원을 얻어야 하고 국내적 국론통일이 필요하다.

첫째로 이러한 강경정책은 주변국가의 반대에 부딪치게 될 것이다. 미국은 북한의 벼랑 끝 외교에 놀아나 북한에 대한 제제를 완화하고 있으며 한반도에서의 무력시위를 자제하고 있다.

미국은 북한을 강압하는 경우 궁지에 몰린 쥐가 고양이를 물듯 북한이 자살전쟁을 일으킬지도 모른다고 우려하고 있다. 한반도에 긴장이 팽배해지면 미국군의 한국 증강이 필요하며 또 일본의 안전까지 위협할지 모른다고 생각하고 있다. 미국의 민주당정부는 북한의 hard landing을 피

---

[5] 북한의 붕괴 후 일정 기간은 북한에 비상계엄령을 선포하여 군정을 실현하여야 한다는 주장도 있고 무력으로 점령하는 것을 연구한 것도 있다고 한다.

하고 soft landing을 하도록 유도하고 있다. 미국은 대북한강경정책이 북한으로 하여금 중국이나 소련의 영향권 하에 들게 되는 것을 두려워하고 있다. 베트남전쟁과 한국전쟁의 악몽에서 헤어나지 못하고 걸프전 승리를 잊어버리고 있다. 미국은 중동에 얽매어 있으므로 한국에서의 무력행사는 어렵다고 보고 있다. 미국은 북한핵무장도 무력으로 저지하기 보다는 대화를 통하여 저지하겠다는 입장이다.

주변 강국들도 한국의 흡수통일에는 반대하고 있다. 1997년 5월 7일의 뉴스위크 특집에서 보는 것처럼 주변강국들은 강력한 통일한국을 꺼리고 있다. 통일한국이 군사대국이 되어 일본 국방을 위협할까 일본은 두려워하고 있다. 소련도 물론 강력한 통일한국과 접경하는 것을 바라지 않고 있다. 중국은 북한을 보호령으로 유지하려고 하고 있다. 이 점에서 한국의 흡수통일정책은 국제적인 반대에 부딪칠 것이다.

둘째로 강경정책으로 국론이 통일될 수 있을 것인지도 문제이다. 정부의 무원칙했던 쌀 지원정책과 경제협력에 반대했던 국민들도 긴장을 고조하여 전쟁일촉즉발 상태로 만드는 데에는 찬성하지 못하고 있다. 북의 남침의도를 막기 위하여 전비를 강화하는 것에는 동의할지라도 전쟁일보전 정책은 쓰기 어려울 것으로 보인다. 2010년의 지방선거결과는 이를 입증하고 있다. 남한군의 장비는 좋아졌지만 군의 사기는 떨어져 있어 지휘관들조차 장기전에 승리할 수 있을지 장담을 못하고 있다. 휴전선에서 수도 서울의 거리는 너무 짧고 핵무기와 미사일을 통하여 불바다가 연출될 수 있을지도 모른다고 생각하고 있다. 고정간첩과 자살특공대들의 활약으로 내전의 우려마저 떨쳐버릴 수 없는 국민들은 긴장 강화를 통한 북한멸망정책에는 동의하지 않을 것으로 보인다.

셋째로 북한에의 식량지원 등은 인도적인 것이므로 이를 전면 통제하기 어렵다. 국내에서도 여러 종교단체들이 북한 식량원조계획을 수립, 실행하고 있으며 대한적십자사에서도 추진하고 있으며 야당과 진보세력·농민들이 쌀 지원을 강력히 요구하고 있다. 국제식량기구 등에서도 북한 주민의 원조를 세계 각국에 요청하고 있으므로 우리 국민들이 이를 외면할 수는 없는 실정이다. 북한에 식량을 원조하여 동포를 굶주림에서 구하자는 호소는 설득력이 있으므로 정부도 강압적으로 이를 금지하기는 힘들 것이다. 사실 북한에의 식량지원은 군량미지원이 되어 북한군을 강화하여 남침전력을 강화하는 부메랑효과를 초래할까 걱정된다. 그러기에 식량을 지원하더라도 이것이 주민에게 직접 전달되는가를 확인할 필요가 있다. 인도적 지원을 하면서도 북한의 군축이라든가 전쟁무기판매금지를 요구해야 하며 핵무기제조저장을 못하게 해야 한다. 아무런 대가없는 식량지원이나 경제지원은 북한의 거지근성을 조장하게 될지 모르며 식량자급을 어렵게 하는 요인이 되기 때문에 신중을 기해야 한다.

강경흡수통일정책은 당장에는 외국의 반대와 국제사회의 여론추세로 보아 불가능할 것으로 보인다. 북한이 동독이 멸망한 것을 본 뒤 흡수통일을 결사반대하고 있으므로 합의에 의한 흡수통일은 어려울 것이고 자체 붕괴되는 경우에만 실현가능할 것이다.

2) 단계적 통일정책

(1) 단계적 통일방안의 내용

위에서 본 바와 같이 일격에 의한 통일안은 불가능한 것으로 보이기 때문에 국내외 정세를 참작하여 단계적 통일을 해야 한다고 한다. 이는 통일비용을 줄이고 북한주민과 권력층의 큰 불만 없이 합의 통일을 가능하게 하는 유일한 방안이라고 한다. 독일통일의 모델도 단계적 통일론이라고 할 수 있다.

Brandt의 동방정책(Ostpolitik)은 평화공존단계를 거친 평화통일방법이었는데 결과적으로 그것이 성공하여 흡수통일까지도 가능하게 한 것이다. 동독은 1951년 7월 26일 인민의회에서 Konföderation을 주장해 왔으며 60

년대까지 이를 주장하였다. 북한도 이 동독안을 번안하여 연방제통일론을 주장하고 있다. 1972년에 들어 동서독기본조약을 체결하여 평화공존을 실현시킨 뒤 동독은 두 개의 국가를 주장하였다.

북한도 1980년 이래 남북연방제를 주장하고 있으며 동서독기본조약을 모방하여 1991년 남북한기본합의서를 채택하였다.

이 합의서는 '화해·협력', '평화체제', '통일국가'의 3단계를 통하여 완전통일하자는 것이었다. 이것은 남북이 합의하여 만든 것이기 때문에 합의통일에의 가장 중요한 문서라고 하겠다.

서독도 동독시민혁명의 와중에서 단계적 통합론을 주장한 일이 있다. 1989년 11월 29일 Kohl 수상은 서독 연방의회보고에서 동서독간의 연합(Konföderation), 즉, 조약공동체를 제창한 바 있다. 독일에서도 갑작스러운 흡수통일이 서독·동독간의 갈등을 가져오고 동독의 경제파탄을 가져왔다고 보아 단계적 통일을 성취했더라면 동서독 간의 이질화를 예방할 수 있었을 것이라고 하여 아쉬워하는 사람이 있다. 동독인들은 서독과의 화폐통일이 동독경제를 회복할 수 없게 만들었다는 반성을 하고 있다. 앞서 말한 독일경제연구소 연구결과보고서도 남북한통합에 있어 일거에 화폐통합을 하는 것은 반대하고 있고 북한에 경제적 자생력을 유지해 주는 것을 권고하고 있다.

(2) 단계적 통일방안은 바람직한가?

단계적 통일방안은 부득이한 것인가 바람직한 것인가에 대해서는 의견이 대립되고 있다. 만약에 독일이 당시에 통합되지 않고 평화적 공존 상태로 갔었다고 한다면 그 동안의 국제정세의 변화 등에 따라 과연 통일을 할 수 있었을 것인가 하는 의문이 있다. 우리나라에서도 통일의 기회를 포착하여 신속히 통일을 달성하여야지 그렇지 않으면 분단의 영구화를 가져올 것이라는 우려가 있다.

조속한 통일을 하지 않고 현재와 같은 상황을 방치하는 경우 북한이 중국 경제권에 흡수되거나 일본이나 미국의 경제식민지가 되지 않을까 하는 걱정이 있다. 북한이 개방정책을 채택하여 미국이나 일본의 자본을 도입하는 경우 이들 나라의 식민지적 생산기지로 될 것이 아닌가 하는 우려가 있다. 그리하여 남북한 간의 평화공존이 영구분단을 가져올지도 모른다고 걱정한다. 그러기에 우리는 당장에라도 국가연합을 형성하여 남북한 간의 경제정책과 외교정책을 조정할 필요가 있으며 군축을 단행할 필요가 있다.

단계적 통일방안은 막대한 통일비용을 분산하고 북한의 자주경제유지에 어느 정도 도움이 될 수 있을 것으로 보인다. 만약에 일시에 휴전선이 무너져 북한주민이 500만 명 정도 남쪽으로 이주한다면 한국으로서도 이를 감당하기 어려울 것이다. 또 북한주민이 남하해 오는 경우 이들에 대한 생계대책 뿐만 아니라 생활환경의 적응에도 큰 문제가 있을 것이다. 그러므로 평화공존단계를 두어 일시적으로 두 개의 경제권으로 분리하고 남한의 기업이 북한에 투자하여 임가공 등 경공업을 발전시키고 북한주민의 생활의 질을 향상시킨 뒤에 남북왕래의 완전한 자유를 인정해야 한다는 주장도 있다. 이 때 중국과 홍콩처럼 1국양제도(一國兩制度)로 당분간 분리 통치할 수 있다. 단계적 통일방안은 북한의 정치·경제·사회체제를 당분간 유지하면서 급격한 붕괴를 막고 개방을 유도하여 남북한 합의에 의하여 완전한 통합을 달성함으로써 이질화를 극복하여 심리적 종속감이나 사회적 위화감을 해소하는 데 기여할 것이라고 한다.

(3) 단계적 통일방안의 실현방법

남북한이 주장하는 통일방안은 세부적으로는 다르나 궁극적으로는 같다고 하겠다. 북한은 Konföderation이라는 것을 연방이라고 번역하고 고려연방공화국을 건설하자고 주장하고 있고 남한에서는 국가연합이라고 번역하여 과도단계로 보고 있다. 남북이 두 개의 제도, 두 개의 정부를 구가하고 있으므로 양측 모두 국가연합을 주장하고 있다고 하겠다.[6] 양측은 평화공존에 관해서는 의견의 일치를 보아 불가침·화해를 중심으로 하는 기본합의서를 채택한 바 있다.

이 기본합의서는 1992년 정부교체 후 북한이 이를 휴지화했으며 남한에서도 정상회담을 추구하는 나머지 그 이행을 촉구하지 않고 있었다. 김일성사망 후 북은 김일성사망 조의가 없었다고 하여 정상회담을 거부하고 김영삼 정권과의 협의를 부정하는 태도로 일관하고 있었다. 북한은 김일성 사망 후 유훈정치(遺訓政治)를 하여 남북협상의 주역이 등장하지 못하는 것 같기도 했다. 북한이 남북연방제를 구두선으로 하더라도 북한의 정책결정자들은 수십 년에 걸쳐 남한 전복(顚覆)을 획책해 왔던 사람들이기에, 그들을 신뢰할 수 있을지도 의문이다. 김대중 정부가 들어서 남북정상회담을 하여 낮은 단계의 연방론에 합의하였으며 노무현 대통령은 임기 말에 정상회담을 하여 많은 경제지원을 약속하였다. 상호주의를 포기하고 일방적인 지원정책을 북한정권의 콧대만 높여 준 결과가 되었다.

한국은 북한에 대하여 상호주의를 바탕으로 남북기본합의서의 준수를 강력히 요구하여야 할 것이요, 후속조치로서 남북각료회의, 남북국회대표자회의, 남북공동사무소, 남북공동재판소 등을 설치하여 남북한의 군사·외교·경제정책 등을 조율하여야 할 것이다. 북한의 핵포기, 쌍방의 군비감축 등이 우선 논의되어야 할 것이다. 평화공존을 위하여 남북한의 대화·협력을 위하여 서울과 평양에 상주대표부를 두는 것도 연구해야 하겠다. 공동 가입하고 있는 국제연합의 대표부끼리 상호 협력하는 방안도 검토해야 할 것이다. 우리는 북한의 경제회생이나 사회안전이 남한의 태도여하에 달려 있음을 명확히 알려주어야 하겠다.

---

6 연방제로의 통일이 가능하다고 보는 사람으로는 Yong-Ho Shin 등이 있다.

남북한의 국가연합 구성은 국가통합에의 중간단계이기에 잠정적인 통일국가구성원칙에 합의하여야 할 것이다. 국가연합단계에 있어서는 양 정부가 정치적 독립과 경제적 독립을 유지하는 것도 한 방법이요, 통일을 쉽게 하는 정책방향에도 합의할 것이 요망된다. 궁극적으로는 통일 후의 정부체제에 관해서도 합의하는 것이 바람직하다.

독일에서와 같이 지방자치정부를 구성한 뒤, 느슨한 연방제를 채택하는 것도 바람직할 것이며 어느 일방에 의한 권력독식을 막기 위하여 북한 출신에게도 일정한 배분을 인정하는 권력구조가 마련되어야 할 것이다. 이 점에서 통일헌법에서는 권력분점을 가능하게 하는 제도가 마련되어야 하겠다. 북한당국자에 대해서는 통일 후의 지위를 보장한다든가 예우(禮遇)를 한다고 하여 통일 후의 보복불안을 해소해 주어야 합의가 가능하겠다.

(4) soft landing의 가능성

이와 같이 북한의 붕괴를 촉진하지 아니하고 북한정부를 일종의 지방자치정부로 인정하는 것에도 많은 문제점이 있다. 북한공산당의 전쟁범죄행위라든가 반인류적 범죄의 처벌을 어떻게 할 것인지, 북한이 행해온 토지수용 등을 인정할 것인지, 국유화 기업을 어느 정도까지 사영화할 것인지, 북한의 군사력을 어느 정도까지 한국군으로 편입·인정할 것인지, 과거의 북한의 조약과 법의 정통성을 인정할 것인지 많은 문제가 산적해 있다.

이러한 문제는 단계적 통일의 경우 통일조약의 체결 시에 합의되어야 할 것이다. 흡수통일을 한 독일의 경우에도 양 정부는 통일조약을 체결하여 통일 후에 나오는 문제들을 광범위하게 사전합의하였다. 그러나 동독공산당 간부의 살인지시 등에 대하여는 반자연법적 범죄행위로서 기소하고 처벌하였다. 또 동독이 강제 수용하였던 토지 등을 원소유자에게 돌려준 것을 감안하여 우리도 그렇게 할 것인지 여부와 관련하여 연구하여야 할 것이다.

독일의 통일은 국내적인 양 정부 간의 합의 못지않게 주변 4대국의 협력과 유대가 긴밀하였기 때문에 가능했던 것이다. 소위 Two＋Four라고 불리어지는 조약을 체결하여 통일을 성공시킨 것이다. 독일통일을 반대했던 주변국가로 하여금 통일에 합의하도록 하였으며 북대서양조약 방위기구에 그대로 남게 된 것은 서독의 국력의 우위 때문이며 고르바초프의 신사고 덕택이라고 하겠다.

한국의 주변국가는 남북통일에 있어서 부정적이다. 미국은 통일한국이 중국의 영향권에 들어갈까 걱정하고 있으며 일본은 통일한국이 군사대국이 되어 일본에게 위협이 되지 않을까 걱정하고 있다. 러시아는 무장강국으로 한반도가 통일되는 경우 무역대국이 되어 러시아를 위협하게 될지도 모른다고 걱정하고 있다. 중국은 북한이라는 보호령을 대한민국과 통합시키면 한반도에 대한 영향력을 상실하게 될까 우려하고 있다. 근자의 중국의 동북 3성 개발과 관련한 북한 원조를 볼 때 중국이 북한을 포기할 것 같지 않다. 이들 주변국가에 대하여 통일이 우리 국민의 바람이요, 국제사회의 책임임을 강조하되 남북통일을 성취할 수 있게 협조를 구하여야 할 것이다.

통일을 달성하기 위해서는 '2＋4'인 6자회담을 지혜롭게 이용하여야 할 것이다. 정히 필요한 경우에는 아세아 공동체로의 통합도 검토해야 하겠다.

통일한국은 주변국가 간의 이익충돌을 해소하고 아시아평화에 기여하는 방향으로 나아가야 할 것이다. 북한 주변국이 통일에 반대하지 못하도록 우리의 국력을 기르고 경제를 부흥하여 통일이 주변국가에게도 이익이 되도록 하고 모든 사람에게 사회적 복지를 증진시키는 통일기반조성에 노력하여야 할 것이다.

정부와 국회는 우선 동맹국인 미국과 일본과의 정책협조를 잘하여야 하겠다. 이제까지 미국 정부는 전쟁예방이라는 명목 하에 북한에게 유화적인 태도를 취하여 왔다가 핵개발 이후에야 제재를 하고 있다. 우리 정부는 그 동안 북한에 대하여 유화정책과 강압정책을 번갈아 취함으로써 미국 정부의 불신을 샀으며 북과의 직접교섭도 서두르게 하고 있다. 미국의 유화정책은 문민정부 이후의 대북유화론에 촉발되는 점도 없지 않았다. 우리의 평화통일방안을 확정하여 미국을 끌어들임으로써 남·북 통일 간 교섭에서 주도권을 잡도록 해야 하겠다.

한국정부는 4대국과 정책협조를 잘하여 우리가 원하는 통일로 soft landing이 가능하게 해야 할 것이다.

5. 결론

1) 통일에의 전망

북한이 자연 붕괴하여 남북이 자연 통일될 것인지, 북한이 개방·개혁하여 통일의 기회가 늦춰질지 아직도 단정은 할 수 없다. 100만 톤의 막대한 군량미를 비축하고 핵무기와 미사일무기, 전투기와 신식 전차 등을 보유하며 백만 대군의 속도전 운운 소리를 들으면 즉시 붕괴는 어려울 것처럼 보인다. 우리는 북한에 대한 정보를 보다 많이 얻어야 할 것이요, 중·러 당국의 동의를 얻도록 노력하여야 할 것이다. 정부는 확고한 통일 정책을 입안하여 국민의 동의를 얻어야만 조속한 통일이 가능할 것이다.

2) 당면 정책

한국 정부는 북한이 붕괴할 것인지 전쟁을 도발할 것인지 국가연합제를 수용할 것인지 모르는 현 단계에서는 가능한 모든 상황에 대처할 수 있는 정책을 입안하여야 할 것이요, 정부의 통일정책, 국민적 합의를 얻도록 해야 하겠다. 가장 중요한 문제는 통일에 대한 국론분열이다. 북한과의 전쟁은 절대 하지 않겠다는 민족지상주의자의 무조건적 통일-적화통일정책은 민주적 기본질서에 입각한 헌법의 통일정책에 반하는 것이므로 이를 막는데 정치력을 총동원해야 할 것이다.

북한에는 평화공존에 응하지 않을 경우 식량원조 등을 하지 않으며 붕괴를 촉진하도록 압박정책을 펴야 할 것이며, 남북대화와 핵포기, 6자회담에 응하는 경우에는 경제원조를 할 수 있으며 기득권도 어느 정도 보장할 수 있다는 회유정책도 구사하여야 할 것이다.

4. 동북아시아의 평화와 한반도의 통일[*]

1. 서론

이제 세계적으로 냉전이 끝나고 태평시대가 온 것처럼 보인다. 유럽이나 아프리카, 동남아시아에서의 일부 지역의 국지전이 끝나서 전쟁에의 위험은 이미 사라진 듯하다. 그러나 최근에 와서 미국과 일본은 안보조약의 강화뿐만 아니라 군사공동훈련과 해외작전까지 구상하고 있으며, 중국은 북한과 새로운 방위조약을 체결하고 있다. 중국은 대만의 통합을 위하여 일전을 불사할 것 같고 북한은 남한을 불시 공격하여 6시간 내에 서울을 잿더미로 만들겠다고 장담하고 있다.

이 밖에도 중국은 조어도(南沙群島)와 류구(琉球)에 대한 영유권을 주장하고 있고, 일본도 독도에 대한 영유권을 주장하고 북방 4도(島)의 반환을 러시아에 요구하고 있다. 어업문제로도 직선기선(直線基線) 때문에 어

* 　경주 포럼에서 발표.『세계헌법연구』제2호(1997), 35~49면.

선의 나포사태가 계속되고 있고, 중국·북한의 밀입국자들이 많이 생기고 있어 긴장관계가 조성되고 있다.

동북아지역에는 미·러·중·일·남한·북한·대만이 각축전을 벌이고 있는데 이들 나라들이 세계 최강의 무장력을 가지고 있으며 군비경쟁을 가속화하고 있어 세계 무기수입의 태반을 차지하고 있다. 중국·일본·대만·한국 등이 세계 4대 무기수입국으로 되어 있어 긴장이 고조되고 있다. 동부 아시아의 평화를 유지하는 것이 세계평화의 관건이 될 수 있기에 동부아시아의 전쟁예방을 위한 노력이 경주되어야 하겠다.

2. 한국분단과 전쟁위협

그 중에서도 한반도는 세계강국에 의하여 분할·점령된 뒤 독립하였으나 남북한이 민족상잔의 실전을 경험했으며 아직도 휴전상태에 있어 일촉즉발의 위험이 도사리고 있다. 200만 명의 군인이 휴전선을 중심으로 대치하고 있으며 5,000대 가까운 전차와 25,000대의 화포·로켓, 수많은 미사일을 가지고 대치하고 있다. 공군도 1,000기가 넘는 비행기를 가지고 있다.

이들 군사력은 유사시를 대비하여 그동안 기량되어 왔으며 군인들도 전쟁일보전 훈련을 계속하고 있어 오발에 의한 전투나 국지전이 전면전으로 발전할 가능성이 있다. 북한은 많은 생물학적·화학적 살상무기를 가지고 있으며 핵무기까지 가지고 있다는 소문이다. 북한 노동당 비서였던 황장엽(黃長燁) 씨는 남한에서의 기자회견에서 북한은 전쟁을 유일한 돌파구로 생각하여 전면전을 일으킬 것이며 미국의 대규모참전 전에 부산까지 함락시켜 한반도를 적화통일하려고 호시탐탐 노리고 있다고 한다.

북한의 경제난·식량난은 극심하기 때문에 기아선상에 있는 주민들의 대탈출이나 대규모 시위가 일어나 이것이 북한의 전쟁작전을 유발하고 남북한 간의 실전으로 비화할 것이 아니가 하는 우려도 나오고 있다.

한반도에서의 전쟁은 한국 내에만 국한될 것이 아니고 중국·일본에도 비화할지 모르며 미국과 중국이 참전하게 되어 제3차 세계대전을 유발할지 모르겠다. 1950년 6월 25일의 북한남침이 중공의용군과 국제연합군간의 전투로 발전된 것을 보더라도 알 수 있을 것이다. 특히 한미상호방위조약과 중조상호방위조약이 체결되어 있으며 미일상호방위조약에 의하여 집단적 자위권을 인정하고 있기 때문에 이 위협은 크다.

3. 한반도의 긴장완화와 통일 여건

우선 동북아의 평화를 유지하기 위하여서는 한반도의 긴장완화가 필수적이다. 미국정부는 북한의 crash landing을 막고 soft landing을 유도함으로써 전쟁예방을 하려고 하고 있다. 미국은 북한을 강압하는 경우 궁지에 몰린 쥐가 고양이를 물듯 북한이 자살전쟁을 일으킬지도 모른다고 우려하고 있다. 또 북한의 경제난·식량난이 가중되어 내부 혼란이 일어나는 경우 전쟁의 위험이 발생하며 긴장이 팽배하여 미국군의 한국증파가 필요하며 일본의 안전까지 위협할지 모른다고 생각하고 있다.

이에 미국은 대북한유화정책을 쓰고 있다. 북한은 벼랑 끝 외교를 펴미국의 양보를 얻어내고 있다. 미국은 북한에 연간 50만 톤의 중유를 제공하고 있고, 많은 식량원조를 하고 있으며 한국·일본에 대해서도 강경책을 쓰지 못하도록 막고 있으며 KEDO를 통하여 막대한 원조를 하고 있다. 이것은 북한의 호전성을 중화하는 대신에 북한 독재정권의 연명에 막대한 공헌을 하고 있다.

일본도 미국에 추종하여 북한정권의 연명에 일조하고 있다. 그동안 조총련으로 하여금 막대한 자금을 북송케 하여 핵개발, 무기개발을 할 수 있도록 했으며 북한과의 핵교섭에도 응하고 있다. 현재 일본은 재북 일본인처 문제라든가 부녀자납치문제로 수교교섭에 소극적이나 미국에 뒤지지 않게 북한과도 수교할 것으로 보이며 식량 원조를 하고 있다.

중국은 북한정권이 전쟁을 도발하거나 붕괴하는 경우 북한정권이 망하게 될 것이며 그 결과 통일한국이나 미국의 지배하에 들어가는 것을 막기 위하여 현상유지정책을 쓰고 있다. 북이 미국의 접근에 의하여 미국의 영향권 내에 들어가는 것을 막기 위하여 북에 대한 지원을 아끼지 않고 있으며 북한의 체제유지를 원하고 있다. 중국은 남북한등거리외교로 경제적 실리를 추구하고 있으며 대만통일 등을 위하여 무력을 증강하고 있다.

러시아도 북한의 내전이나 실전유발이 결코 이롭지 못하다고 생각하여 현상유지정책을 쓰고 있는 것으로 보인다. 중국이나 미국의 북한에 대한 영향력 광대를 막기 위하여 북한에 대하여 개입하려고 할 것이나 그 수단이 제한되어 있는 것으로 보인다. 러시아도 남북한과의 수교로 등거리외교를 하여 경제발전을 기약하고 있는 것으로 보인다.

이러한 주변강대국가의 현상유지정책 내지 북한연명정책은 북한정권의 연명에는 도움이 되나 진정한 평화정착은 불가능하게 하고 있다. 북한은 주민은 굶주리게 하면서 막강한 살상무기를 자체 개발하고 있으며 전국토의 요새화로 아직도 적화통일의 야욕을 버리지 않고 있다. 북한주민의 생활상은 기아상태에 있고 인권상황은 극악상태에 있는 데도 북한이 군비경쟁에만 열중하고 있어 중무장평화도 오래가지 않을 것으로 보인다. 현상유지만을 위하여 북한주민의 인권보장에 눈을 감고, 독재를 용인하고 있는 것은 결코 바람직한 것이 아니다.

남북한 간의 긴장완화는 북한에 대한 무력행사까지도 불사하는 억지력을 양성하여야 가능하며 북한을 개방·개혁하여야 가능할 것이며 동북아에 있어서의 군축을 통하여 군수산업을 평화산업으로 전환하여야 가능할 것이다.

한반도가 통일하여야 동북아에서의 화약고는 쓸모없이 될 것이요, 동북아시아의 항구평화에도 이바지할 것이다.

4. 한국통일의 방법(3단계적 통합안)

그러면 한국 통일에는 어떠한 방법이 있을 것인가? 통일의 방법에는 무력통일과 평화통일이 있을 수 있는데 무력통일은 동북아시아의 평화를 위협할 것이므로 이는 선택할 수 없다. 흡수통일방식은 북한의 반대로 불가능하다. 북한정권의 연명과 현상유지를 원하는 국제환경에서는 합의통일이나 조약공동체통일방식만이 가능할 것이다. 합의통일방식은 남북한정권의 합의에 의해서만 가능한데 북한이 에에 응하지 않고 있어 불가능하다. 유일한 가능성은 북한이 주장하는 연방제를 가미한 단계적 통합방안이다.

북한은 1960년 이후 계속적으로 연방제통일안을 주장하고 있다. 4.19 후 처음 주장하였을 때에는 남한의 혼란을 틈타 적화통일을 위한 수단을 주장하다가 1980년대부터는 현상유지를 목적으로 주장하였고, 1990년대부터는 흡수통일을 막고 북한정권의 연명을 위해 주장하고 있다. 이 연방제주장은 동독의 Konföderation 주장을 모방한 것으로 엄격한 의미에서는 국가연합을 의미하는 것이다.

남한은 그동안 단계적 통합방안을 주장해 왔다. 1972년 7.4남북공동성명은 동서독기본조약체결 전에 나온 것이나 동서독기본조약의 정신을 살린 것이었다. 그 뒤 납북회담이 진행되어 남북한기보조약의 체결이 기대되었으나 북의 연방제 주장으로 무산되었다. 남한에서는 남북불가침협정체결을 주장하였으나 북한에 의하여 거부되고 80년대에 들어와서는 남북한잠정협정의 체결을 건의하였으나 북한에 의하여 묵살되었다.

남한은 1982년 민족화합민주통일방안을 제안하였는데 이는 통일헌법의 제정에 의한 통일을 주장한 데 의의가 있다. 그러나 북한이 이에 호응하지 않아 남한은 1989년 한민족공동체통일방안을 주장하였다. 이는 3단계 통일방안으로서 북한의 연방제를 제3단계에 도입한 것이 특색이다.[1]

첫째 단계는 화해협력단계로 이제까지의 적대관계를 청산하고, 화해

---

1 남북한의 통일방안 비교

구분	(남) 한민족공동체통일방안	(북) 고려연방제방안
통일원칙	자주 · 평등 · 민주	자주 · 공화 · 민족대단결
제안조건	無	국가보안법폐지 주한미군철수 공산주의운동 합법화
과도체제	남북연합 남북정상회담	無
과도정권	남북각료회담 남북평의회	無
통일국가 실현방법	통일헌법 채택 헌법에 의한 총선거	연석회의방식에 의한 연방제 실현방법 협의결정
통일국가 기구	국회의 양원제 삼권분립정부 재판의 독립	최고민족연방회의 연방상설위원회 민주집중제
통일국가 정책기조	민주공화체제 니족서원 전부의 복지 증진 민족의 항구적 안저보장 대외서린관계	〈10대시행방침〉 자주적 정책 시행 민족경제발전 보장 민족문화교육의 통일적 발전 민족연합군 조직 평화애호적 대외정책
통일국가 의 미래상	자유 · 인권 · 행복이 보장되는 민주국가	無

와 협력단계로 전환하며 법적으로 정전상태에 있는 남북관계를 평화상
태로 전환시켜 공존공영의 토대를 마련하는 것이고, 둘째 단계에서는 남
북연합단계로 남과 북은 남북연합을 구성하여 남북한의 교류협력을 실
현하고 이를 통하여 민족사회의 동질화와 통합을 추진하는 가운데 통일
을 실질적으로 준비하는 것이고, 셋째 단계에서는 통일국가단계로 남과
북이 통일헌법을 제정하고 이 헌법에 기초하여 총선거를 실시하여 통일
정부를 구성하여 통일을 완성하는 것이다.

이 안은 노태우정부에 의하여 성안된 것이며 공산권 붕괴 등, 국제환
경의 변화와 한·러수교, 한·중수교, 국제연합동시가입 등으로 구체화
되었다. 남북한은 1991년 남북수상회담을 통하여 남북의 긴장완화와 신
뢰회복을 목표로 하는 역사적인 「남북화해와 불가침 및 교류·협약에
관한 합의서」를 채택하였다. 이 합의서는 '남북화해', '남북불가침', '남
북교류·협력'을 내용으로 하는 것이다. 이어 남북은 「한반도의 비핵화
에 관한 공동선언」에 합의하고 서명하였다.

1992년 5월의 남북수상회담은 「남북화해·교류합의성」에 따른 남북
연락사무소 설치에 합의하였으며 9월의 남북수상회담도 화해·불가
침·교류·협력의 삼분양부속합의서를 발효시켰다. 1994년 7월에는 남
북정상회담의 개최가 예정되었으나 김일성의 돌연한 사망에 의하여 무
기 연기되었다.

이로써 첫째 단계의 평화공존과 교류·협력의 법적 장치는 마련되었
으나 남북의 내부사정 때문에 이 합의서는 시행되지 못하고 있다. 그러
나 앞으로 있을 남·북·미·중 4자회담에서 이의 실현이 확보된다면
두 체제의 평화공존은 가능하게 될 것이다. 이로써 동서독과 같은 평화
공존이 가능하게 된다.

다음 단계는 남북한연합을 구성하는 것이다. 이에 관해서는 북한이 이
연방제를 주장하고 남한이 국가연합을 주장하여 2체제·2정부로의 국
가연합을 인정하고 있기 때문에 쉽게 합의 할 수 있을 것이다. 어느 일방

이 헤게모니를 잡는 것이 아니고 외교·국방상 협력하고 군축을 단행하고 상호 경제원조를 하게 된다면 다음 단계인 완전한 통일국가 형성도 가능할 것이다.

5. 통일한국헌법의 제정

북한은 제2단계의 연방제를 최종목표로 하고 있고 남한은 완전한 통일국가 구성을 최종목표로 하고 있기 때문에 합의가 가능할지는 의문이다. 제2단계에서는 양 정부가 조약을 체결하여 조약공동체로서 영연방(Commonwealth of Nations)이나 유럽공동체와 같이 독립된 활동을 하면 될 것이나 통일정부의 형성은 어느 체제의 타방 체제로의 흡수를 의미하는 것이기 때문이다. 물론 중국·홍콩(香港)과 같은 일국양제도 가능하나 이것은 중국이 헤게모니를 가지고 홍콩이 자치특구로서 자치권을 행사하는 형태인 점에 차이가 있다.

한반도통일의 목적은 1민족·1국가여야지 1민족·2국가일 수는 없다. 국가연합단계에서는 1민족·1연합국·2정부가 가능하겠으나 통일국가에서는 1민족·1국가·1정부를 형성해야 한다. 물론 홍콩과 같은 자치특구를 인정할 수는 있을 것이며 1민족·1국가·1연방정부·다지분국정부제도를 채택할 수 있을 것이다.

독일통일에서와 같이 북한을 몇 개의 지방으로 나누고 남한도 몇 개 지방으로 나누어 어느 한쪽이 타방을 완전히 흡수하는 것이 아니라 연방제로 하고 지방정부의 독립성과 자치를 인정해 주는 방안도 검토될 수 있다. 합의에 의한 완전통일도 국가연합단계의 체제경쟁에 따라 가능할 수도 있다. 그러나 남부주민간의 이질감을 극복하고 갑작스러운 생활패

턴의 변경을 가져오지 않고 동질화를 촉진하기 위하여서는 연방제가 좋을 것이다.

통일연방국가의 정부형태는 권력분산주의에 입각하여야 할 것이며 대통령제나 최고회의정부제가 아닌 의원내각제를 채택하여야 하겠다. 정당도 다당제를 인정하며 유럽식 공산당의 활동도 조장하여야 하겠다. 독일식인 비례대표제에 따라 하원을 구성하고 상원은 각 지방대표로 구성하여야 하겠다. 연방정부는 연방하원의 다수당과 그 연립정당으로 구성하여야 하며 가능한 한 많은 정당의 참여가 보장되어야 할 것이며 소수정당의 권리 또한 보장되어야 하겠다.

연방하원은 연방정부에 대한 국정감사권과 불신임권을 가져야 하겠다. 그러나 잦은 정부불신임권의 행사로 인한 정국불안정을 막기 위하여 독일식의 건설적 불신임투표제도를 도입하여야 하겠다. 정부의 하원해산권도 독일과 같이 제한될 것이 요망된다. 연방정부와 연방의회는 지방행정에 대해서도 감시하여야 할 것이다.

법원도 연방법원과 지방법원으로 구분하고 연방법원은 최고법원으로서 행정재판소, 민사재판소, 형사재판소 등을 두어야 하며 헌법의 보장기관인 헌법재판소를 두어야 한다. 헌법재판소는 추상적 규범통제권과 구체적 규범통제권을 아울러 가져야 하며, 헌법소원권을 인정하되 모든 국가권력이나 공권력에 의한 기본권침해를 구제하도록 하여야 할 것이다. 행정재판소에는 행정부, 특허부, 조세부를 두어야 할 것이요 민사재판소에는 민사부, 상사부, 가사부, 노동부 등을 둘 것이요 형사재판소에는 형사부, 군형사부 등을 두어야 하겠다. 각 지방에는 구(區)재판소, 지방재판소, 고등재판소를 두며 구재판소는 국민의 사법접근권을 보장할 수 있도록 각 군에 분산시켜야 할 것이다. 특히 사법권의 독립을 강조해야 할 것이며 국민의 사법참여도 가능하게 해야 하겠다.

국가의 존립목적이 국민의 기본권보장에 있음을 규정하여야 할 것이요 국민의 불가침 · 불가양의 자연권보장을 의무화해야 하겠다. 국가권력

뿐만 아니라 공권력·사회적 권력 등도 국민의 기본권을 침해할 수 없도록 규정할 것이고 기본권침해시의 구제방법을 확대 강화해야 하겠다.

개별적 기본권규정은 현행 남한헌법과 북한헌법 중 보다 좋은 규정을 채택할 것이요, 세계인권선언이나 국제인권규약, 유럽사회헌장 등의 규정을 참작하고 독일·미국·일본·러시아헌법의 기본권규정을 모방하여야 하겠다. 문화적 기본권, 생존권적 기본권, 정치적 기본권, 정신적 기본권과 신체의 자유 등을 완벽하게 규정하여야 할 것이다.

통일헌법의 제정방식은 독일과 같은 구헌법 개정방식이 아니고 새로운 헌법의 제정방식을 채택해야 하겠다. 이 경우 헌법제정회의를 구성하여야 할 것이다. 북한에서는 대민족회의 방식을 주장하고 남한에서는 남북 양 정부국회에 의회나 남북평의회방식을 주장할 것으로 보이나 모든 국민대표로 구성되는 헌법제정회의에서 제정해야 할 것이다. 또 남북정부의 제정안제출을 인정하고 국민제정안방식도 도입해야 하겠다. 독일에서는 헌법 개정방식에 의하였기 때문에 국민발안이 인정되지 않았고 동독주민들의 의견이 반영되지 않아 정당성의 문제가 생겼다. 우리 통일헌법의 제정에서는 정당성을 확보하기 위하여 헌법제정회의에서 통과한 헌법안을 국민투표에 회부하여야 하겠다.

6. 한반도 통일을 위한 주변국가의 역할

한민족의 통일의지가 아무리 강력하더라도 주변국가가 이에 찬동하기 전에는 완전통일을 달성할 수는 없다. 앞서 본 바와 같이 주변강대국가는 한반도의 즉각적인 통일보다는 북한정권을 연명시켜 현상유지를 꾀하는 것처럼 보인다.

미국은 북한이 체제붕괴로 연결될 가능성이 있으며 경제적·사회적 파탄으로 인한 북한의 체제붕괴과정에서 한반도 및 동북아시아의 안전을 저해할 심각한 사태가 발생할 수 있고 대남군사도발의 가능성도 있다고 보아 그 대안으로서 ① 김정일 정권의 연명을 통한 연착륙정책(軟着陸政策)을 취하고 있으며, ② 미·북 제네바협정의 준수를 촉구하고 그것이 이행될 경우 미·북간 연락사무소를 설치하고, ③ 경제협조를 계속한다는 입장을 취하고 있다. 이 미국의 정책은 남한이 주장하는 남북직접대화를 불가능하게 하고 북한을 대화상대로 인정하며 북한을 중국포위망의 하나로 하려는 것이 아니가 하는 우려를 낳게 하고 있다.

일본은 미국에 동조하고 있다. 북한의 미사일공격 등을 회피하기 위한 목적으로 북한에 대한 유화정책을 쓰고 있다. ① 미국에 못지않은 영향력을 행사하기 위하여 북한의 연명을 도와주고 있으며, ② 미·북 관계 개선이나 경제협력에 뒤떨어지지 않게 대북관계의 개선을 목적으로 하고 있으며, ③ 강대한 통일한국이 일본의 경쟁상대가 될까 두려워 분단의 고정화를 원하고 있다.

중국은 다른 사회주의국가인 북한의 붕괴가 중국에 정치적 영향력을 미칠 것으로 보고 있으며 북한의 붕괴로 인하여 남한이 통일하는 경우 강력한 미국의 동매국인 통일한국과 국경을 접하게 되어 자본주의체제와 직접 대결해야 하는 위험을 초래한다고 생각하여 북한의 연명책을 쓰고 있다. 중국은 ① 북한의 붕괴를 막고 연명할 수 있게 하기위하여 경제적 원조를 하고 있으며, ② 남한에의 흡수통일을 막기 위하여 북한과 군사동맹조약을 체결하고, ③ 등거리외교로 남한과의 경제관계유지를 획책하고 있다. 대만·미국·일본·남한에 의한 포위정책을 뚫기 위하여 군비확장에 나서고 있으며 대망의 일국양제식 흡수통일을 추진하고 있다.

러시아도 북한의 붕괴가 이익이 되지 못하며 중국과 미국이 북한을 지배하는 것을 원하지 않기 때문에 북한의 연명정책과 남북한 현상유지 정책을 고수할 것으로 보인다. 러시아는 이를 위하여 ① 남북한의 현상유지를 위한 평화유지, ② 남북한 간의 정전협정유지, ③ 남북한과의 등거리외교로 인한 경제적 이익을 추구할 것으로 보인다.

그러나 이러한 북한의 연명정책과 현상유지정책은 동북아의 평화보장수단은 되지 못한다. 휴전선을 중심으로 한 200만 대군의 대치현상은 일촉즉발의 위험성을 내포하고 있으며 핵무기확산을 가져오고 생물무기나 화학무기의 개발로 동아시아의 대참사를 가져올 가능성도 있다. 또 북한에 대한 경제원조로 일시적 붕괴는 막을 수 있을지 모르나 도발적 붕괴와 이에 따르는 군사대결을 막을 수 있는 수단은 되지 못한다.

동독이 공산권 내의 가장 부강한 나라였으면서도 자체 붕괴하고 소련이 강력한 무장력을 가지고 있었으면서도 몰락한 것은 사회주의계획경제의 모순 때문이었다. 중국이 멸망하지 않고 유지되고 있는 것은 개방·개혁에 의하여 사회주의 시장경제를 도입하고 있고 경제건설제일주의를 택하고 있기 때문이다. 그러나 북한은 개방·개혁정책을 택하지 않고 폐쇄적인 사회주의계획경제를 유지하고 있어 1인당 GNP 250달러의 세계 최빈국이 되고 있다. 경제구조의 모순에 의하여 식량생산이나 경제생활이 최저수준으로 나락할 수밖에 없었다.

북한의 붕괴는 불가피할 것으로 보인다. 썩은 담장에 황토칠을 한다고 담이 지탱할 수는 없는 것이다. 약간의 시간벌이밖에 안될 북한의 연명정책은 북한주민의 희생 위에서 이루어지고 있다. 미국은 인권외교를 강조하면서도 북한에 대하여는 이중기준으로 인권을 거론하지 않는 모순을 보이고 있다. 남한에 대하여 부당한 압력을 가하면서까지 북한에 대하여 미소외교를 펼치고 있다. 그러나 이러한 클린턴정권의 대북유화정책은 미국인의 반대에 부딪칠 것이 확실하다.[2] 미군부에서는 북한의 붕괴를 기정사실화하

---

2 미국의 유화정책은 김영삼정부 들어서의 대북유화론에 촉발된 점도 없지 않았다. 그러나 미국의 의회다수당인 공화당은 전통적으로 공산주의자에 대하여 강경책을 써 왔다. 최근 신문보도에 의하면 미하원 국제관계소위원회를 통과한 「외교정책개혁법」은 미국의 대북식량지원은 비무장지대를 침해하지 않고 한국정부의 반대가 없어야만 행할 수 있도록 규정하고 있다. 『조선일보』, 1997.5.5, 1면 참조.

면서 붕괴 후의 한반도 안보문제를 연구하고 있는 것으로 보인다.

한반도의 통일은 주변강국의 강력한 반대가 있는 경우 성공하기 어렵다. 그러나 현상유지정책이 동북아의 평화에 장애가 되며 3차 대전에의 위협이 된다는 사실을 알리고, 통일한국이 결코 주변국가에 대하여 위협이 되지 않으며 평화유지를 위하여 필수적이라는 것을 설득할 수만 있으면 주변국가의 동의를 얻을 수 있을 것이다.

독일의 통일을 원한 주변 국가는 없었다. 그러나 갑작스러운 동독의 붕괴는 서독 정치인과 동독 정치인의 현명한 판단에 따른 주변국가에 대한 설득작업으로 4대국가의 동의를 얻어낼 수 있었다. 소위 Two+Four 회담의 결과 독일은 통일되었으며 독일은 EU의 맹주로 NATO의 강국으로 신장할 수 있었던 것이다.

한반도의 경우에도 남북한과 미국·일본·중국·러시아의 Two+Four 회담으로 통일을 결정할 수 있을 것이다. 한국통일과 동북아 평화유지를 위한 비핵지대안이라든가 중립화방안도 연구·검토할 수 있을 것이요, CSCE(Conference on Security and Cooperation in Europe)와 같은 아시아안보·협력회담(CSCA)도 열고 주변 강대 4국과 남북한을 포함하는 상호안전보장조약을 체결하여 한반도와 동아시아평화를 확보하도록 하여야 하겠다. 동북아에 있어서의 두 개의 Block화로 인한 군사대결은 동북아의 평화유지에 결코 도움이 되지 않을 것이다.

7. 결론

동북아시아의 평화는 한반도를 둘러싼 주변 4대강국의 노력에 의해서만 가능한 것이다. 우리는 전쟁은 사람의 마음속에서 나온다는 것을 명

심하여 상호간 적대심을 키우는 정책을 파기하고 평화·우호·선린정
신을 견지하도록 교육하여야 하겠다. 이를 위하여 적대심을 선동하는 평
화파괴자는 처벌하고 평화활동을 하다가 박해받는 사람은 보호하여 동
북아시아인의 평화적 생존권을 확보하도록 법적 장치를 마련하여야 할
것이다.

　　국제적으로는 전쟁범죄자를 처벌하는 아시아전범재판소를 설치하고
아시아인의 인권조약을 체결하여 인권보장을 위한 인권재판소를 두도
록 하여야 하겠다.

　　21세기는 환태평양국가시대가 될 것이다. 인류의 4분의 1을 차지하는
동북아시아가 세계의 중심이 될 것이며 미국과 러시아를 포함한 한반도
주변 4강의 나라가 세계의 방향을 설정할 수도 있을 것이다. 전쟁과 기아
의 공포에서 해방되고 평화로운 생활을 영위할 수 있는 날이 하루빨리
도래하기를 바란다.

5. 독일연방공화국기본법 50년[*]

분단헌법에서 통일헌법으로

1. 서

독일의 헌법인 독일연방공화국기본법(Grundgesetz für die Bundesrepublik Deutschland)은 1949년 5월 23일에 효력을 발생하였으니 금년이 50주년이 된다. 분단국가에서의 잠정기본법이 이제는 통일국가의 영구헌법으로 기능하고 있다.[1] 독일기본법은 바이마르공화국헌법에 대한 반성과 나치스의 불법통치에 대한 반대로 민주주의를 정착시키려고 한 것이었다. 그동안 독일기본법은 46차에 걸친 부분개정을 통하여 현재까지 기능하고 있다. 전후 일본헌법이 한 번도 개정되지 않았는데 대하여 독일은 46차나 개정하고 있어 매우 대조적이다.

한국은 그 동안 여러 차례 헌법을 파괴하고 전면개정 내지 신헌법을

---

[*] 에베르트재단,『전후 독일 법학 50년과 한국법학』(1999).

[1] 상세한 것은 S. Detjen, *In bester Verfassung?, 50 Jahre Grundgesetz*, 1999; C. Starck, *Das Grundgesetz nach fünfzig Jahren bewahrt und herausgefordert*, JZ 10/1999 참조.

제정하였는데 독일기본법이 많은 부분개정을 통하여 현재까지 효력을 가지고 있는 것은 독일인의 임기응변적인 지혜 때문이 아닌가 생각된다. 똑같은 분단국헌법으로 제정되었던 한국헌법과 독일기본법이 다른 운명을 걸고 있는 것은 정치인의 양식의 차이에서도 나오는 것이라 보겠으나 헌법학자의 입장에서 볼 때 헌법의 규범력의 강도 여하에 따른 것이라고 하겠다.

이하에서는 독일기본법의 50년의 역사를 간단히 살펴보면서 우리 헌법에 주는 시사점을 찾아보기로 한다.

2. 분단잠정헌법으로서의 기본법의 성립

1) 기본법제정의 준비

(1) 독일의 분할점령과 지방헌법의 제정

1945년 5월 8일 독일은 연합국에 무조건 항복하고 미·소·영·불의 4개국에 의하여 분할점령되었다.[2] 1945년 9월부터 점령군은 지방(Länder)을 구성하기 시작하였다. 서방측 점령지역에서는 국민이 민주적 헌법을 심의하고 의결할 헌법제정회의를 선출하여 독자적인 지방헌법을 제정하였다.

---

[2]   상세한 것은 김철수, 『분단국의 문제 : 독일』, 삼성문화문고(20), 1972 참조.

(2) 점령군의 헌법제정 지시

1948년 7월 1일 서방 점령군은 서방 각 지방의 수상에게 서방 3개 점령지역에 한 국가를 창설하며 이를 위한 헌법을 제정할 것을 지시하였다. 점령군측은 이 헌법의 근본원칙을 제시하였는데 새 헌법은 민주적이어야 하며 연방제여야 한다는 것이었다(Frankfruter Dokument Nr. 1).

(3) Herrenchiemsee에서의 헌법논의

서방측 지방의 수상들은 이 점령군의 지시에 따라 헌법을 제정하기로 하였으나 전독일의 통일에의 기대를 충족시키기 위하여 완전한 헌법이 아닌 잠정적인 기본법(Grundgesetz)을 제정하기로 합의하였다.

헌법제정회의의 심의를 위한 중요한 사전작업은 오버바이에른에 있는 Herrenchiemsee의 성에서 행하여졌다. 바이에른 수상이었던 Erhard는 1948년 8월에 장래 헌법의 초안을 완성하기 위하여 모든 지방의 전문가들을 초청하였다.[3]

이 회의에서 Herrenchiemsee초안이 만들어졌는데 특히 강한 연방주의적 경향을 띠게 되었다. 장래의 지방은 입법에 있어서 뿐만 아니라 광범위한 행정권을 유보하게 되었다. 이 연방제안에 대하여 중앙정치가들은 반대하였고 격한 토론이 벌어졌다. 그러나 이 강한 연방주의는 그대로 살아남게 되었다.

---

3 독일 기본법 제정 과정에 대해서는 *Jahrbuch des öffentlichen Rechts*, Bd. 1 참조.

2) 헌법제정회의에서의 토론

(1) 의회평의회(Parlamentarischer Rat)의 구성

헌법제정회의는 의회평의회라는 이름으로 1948년 9월 1일 Bonn에서 개최되었다. 의회평의회는 직선된 대의원으로 구성된 것이 아니고 11개 지방의회의 대표자로 구성되었다. 이들은 대부분이 남성이었으며 공무원이었고 50세에서 60세 사이였다. 의회평의회의원의 다수는 Nazi 반대자였다. 일부는 서방국가에 망명하여 민주정치를 알고 있었다. 정당구성을 보면 기독교민주연합·기독교사회연합 27석, 사회민주당 27석, 자유민주당 5석, 중앙당 2석, 독일당 2석, 공산당 2석이었다. 의장은 Adenauer였다.

(2) 의회평의회에서의 논의

의회평의회는 Herrenchiemsee초안을 참고하면서 새로운 기본법에 관한 토론을 진행하였다. 여기서 가장 큰 문제가 된 것은 연방과 지방과의 관계였다. 남독지방의 대표들은 연방주의를 주장한 반면 북독지방의 대표들은 중앙집권주의를 주창하였다. 연방주의에 관한 논쟁은 특히 지방의 연방에서의 대표권문제와 조세의 연방과 지방간의 분배문제였다.

지방의 연방에서의 대표권문제로는 상원을 구성할 것인지 연방참의원을 구성할 것이냐의 문제였다. 미국이나 스위스식인 직선제 상원을 두자는 안과 지방정부의 대표자로 구성된 연방참의원을 두자는 안이 팽팽히 대립되었으나 지방정부로서는 연방참의원이 훨씬 유리하기 때문에 연방참의원제도로 결정되었다.

조세행정문제에 있어서도 의회평의회에서는 많은 논란이 있었으나 연방과 지방의 재정체계의 복합이라는 타합에 도달하였다. 이로써 양자는 과업을 수행하기 위한 충분한 재정력을 확보할 수 있었다.

다음에는 경제제도에 관한 논쟁이 행해졌다. 사회민주당은 사회화를

통한 계획경제를 주장하였는데 반하여 기독교민주연맹은 사회적 시장
경제를 주장하였다. 의회평의회는 그러나 계획경제를 할 것이냐 시장경
제를 할 것이냐의 결정은 입법자에게 위임하고 다만 재산권보장을 규정
하고 공동재산으로의 이전도 가능하게 했다. 이것이 나중에 사회적 시장
경제로 정착되어 오늘의 경제적 번영을 가져왔다고도 하겠다.

이 밖에도 교회의 지위와 종교교육문제, 직업공무원문제 등에 대한 토
론이 많았다.

(3) 기본법 통과와 공포시행

1949년 5월 8일에 의회평의회는 기본법을 65의원 중 53명의 찬성으로
채택하였다. 기독교사회연맹(CSU)의 6의원과 독일당의 2의원이 연방주의
가 약화되었다고 하여 반대하였다. 이 기본법은 점령군당국의 인가를 얻
고 또 10개 지방의회의 동의를 얻었다.

의회평의회는 1949년 5월 23일 기본법이 3분의 2 이상의 독일 지방의
회에서 수락되었음을 선포하고 의장인 Adenauer가 서명하고 공포하였다.
이 기본법은 기본법 제145조 3항에 따라 연방법률공보에 공개되었다. 이
로써 독일기본법은 효력을 발생하게 되었다.

3. 기본법의 내용과 특색

1) 기본권존중주의

(1) 기본권보장규정

독일기본법은 제1조에서 독일민족이 불가침·불가양의 인권이 모든 인간공동체의 근거이며 세계에 있어서의 평화와 정의의 근거임을 신봉하고 있음을 천명하고 있다. 나아가 인간의 존엄은 불가침이며 이를 존중하고 보호하는 것은 모든 국가권력의 의무라고 하고 있다(제1조).

나아가 인격의 자유발현권과 생명의 권리, 신체불가침의 권리, 인신의 자유를 규정하였다(제2조). 또 모든 인간의 평등을 규정하였으며 남녀평등을 규정하고 모든 차별대우를 금지하였다(제3조). 종교와 양심의 자유와 종교적인 세계관적 신념의 자유를 규정하였다(제4조). 나아가 언론·사상·출판의 자유와 예술과 학문의 자유를 규정하였다(제5조).

또 집회의 자유(제8조)와 결사의 자유를 보장하고 있으며(제9조), 거주이전의 자유(제11조), 직업선택의 자유(제12조) 등 자유권을 보장하고 있다. 이 밖에도 서신·우편의 비밀을 보장하고(제10조), 주거의 불가침(제13조), 재산권의 보장(제14조), 국적박탈이나 국외추방의 금지(제16조) 등을 규정하였다.

혼인과 가족제도를 보장하고(제6조), 학교제도를 보장하고(제7조), 청원권(제17조)을 보장하고 있다.

(2) 기본권보장의 특색

독일기본법의 기본권보장규정은 자연권규정임이 특색이고 일반적 법률유보조항을 두지 아니하고 개별적 법률유보조항을 두어 헌법상의 기본권의 일반적 제한을 어렵게 하고 있다. 또 법률로 제한되는 경우에도 기본권의 본질적 내용은 침해할 수 없게 하고 있다(제19조 2항). 기본권의 효력을 강조하여 이 기본권이 직접 타당한 법으로서 입법권과 집행권, 사법권을 구속하고 있음을 명시하고 있다(제1조 3항).

다만 기본권남용의 경우에는 기본권을 상실하게 하는 제도를 도입하여(제18조) 남용에서 예방하고 있다. 기본권을 국가나 공권력이 침해하는 경우에는 그 구제를 위한 제도를 두고 있다(제19조 4항).

2) 국민주권주의와 국가형태

(1) 민주적·사회적 법치국가 규정

독일기본법은 국민주권주의를 규정하고 국가권력은 국민이 선거나 국민투표를 통하여 또 입법기관이나 집행기관이나 사법기관을 통하여 행사한다고 규정하고 있다(제20조 2항). 법치주의를 강조하여 입법권은 헌법질서에 기속되고 행정권과 사법권은 법률과 법에 기속된다고 하고 있다(제20조 3항).

독일연방기본법의 국가형태는 민주적·사회적 연방국가이다(제20조 1항)라고 규정하고 있다. 또 정당이 국민의 정치적 의사형성에 참여함을 인정하고 정당의 설립의 자유와 존립을 보장하고 있다(제21조).

(2) 국가형태규정의 특색 : 방어적 민주주의

독일기본법은 국민주권주의를 규정하면서도 대표제민주주의를 원칙으로 하였다. 정당제도를 보장하면서도 정당의 내부질서가 민주주의원칙에 근거해야 함을 강조하고 정당재정의 공개를 규정하고 있다. 뿐만 아니라 위헌정당의 해산을 규정하여 민주주의의 적에 대해서는 이를 부정하는 방어적 민주주의를 채택하고 있다.

3) 권력분립주의와 통치기구

(1) 권력분립주의 규정

독일기본법 제20조 2항 2관은 국가권력의 행사는 입법의 특수기관, 집행권의 특수기관, 사법권의 특수기관에 의하여 행사된다고 규정하고 있다. 이로써 독일기본법은 권력분립을 원칙으로 하고 있음을 확인하고 있다. 독일기본법은 전통적 삼권분립론에 따라 입법기관, 집행기관, 사법기관의 분립을 인정하면서 상호간 견제·균형을 하도록 하고 있다.

실제로 입법기관으로서는 연방의회와 지방의회 등이 있으며, 집행기관으로는 연방정부, 지방정부, 지방자치단체집행부 등이 있고, 사법기관으로는 연방헌법재판소, 연방(통상)재판소, 연방행정재판소, 연방사회재판소, 연방노동재판소, 연방재정재판소 등이 있다.

이 국가기관들은 상호 독립하여 있으나 상호간 견제·균형관계가 성립해 있다. 연방의회는 연방정부를 감독하고, 법원은 행정부의 행위의 적법성을 심사하고 입법부의 행위에 대해서는 합법성을 심사하며, 연방대통령은 법률을 서명하고 공포한다.

한 기관의 공무원선임에도 다른 국가기관이 관여한다. 예를 들면 연방수상은 의회에서 선출되며 연방재판소의 법관은 재판관선임위원회에서 선출되며 다른 판사는 행정부에서 임명한다.

(2) 권력분립주의의 특색

독일연방기본법상 권력분립주의가 규정되어 있지만 실질적으로는 연방수상의 권한이 우월하여 수상민주정치(Kanzlerdemokratie)라고도 하였다.

연방수상의 지위는 의회신임에 의존하고 있으나(제65조), 불신임은 건설적 불신임으로써만 가능하게 하고 있다. 연방수상은 연방의회다수당의 지지를 받고 있으므로 불신임된 사례가 드물어 수상의 지위가 견고하여 행정권의 입법권에 대한 우월이 논의되고 있기도 하다. 연방대통령은 의례적 상징적 권한을 가지고 있었다. 근자에 와서는 연방헌법재판소의 기능이 강화되어 법관국가로 옮겨간다는 비판이 없지 않다.

4) 국제평화주의와 침략전쟁금지

(1) 평화규정의 내용

독일연방기본법은 전문에서 국제평화의 유지에 관해서 규정했을 뿐만 아니라 연방은 그 고권을 국제기구에도 이양할 수 있게 규정하고 있었다. 또 군사에 관한 규정을 두지 아니하며 과거 전쟁에 대한 반성을 나타냈었다. 특히 침략전쟁은 금지하고 침략전쟁을 준비하는 행위까지도 처벌하도록 규정하였다(제26조). 뿐만 아니라 무기의 제조·거래 등도 금지하였다.

국제법의 일반원칙은 연방법의 구성부분이라고 하면서 이는 법률에 우월하고 연방영역에 주거하는 주민에게 직접 권리와 의무를 창설한다고 규정하고 있다(제25조).

(2) 평화조항의 특색

이러한 조항은 제2차 세계대전의 참화를 배경으로 다시는 침략전쟁을 하지 않겠다는 맹세라고도 하겠다. 일본헌법은 전쟁 준비의 전면금지를 규정하였으나 독일기본법은 침략전쟁의 금지를 규정한 것이 특색이라고 하겠다.

5) 잠정헌법으로 통일지향헌법

(1) 과도기헌법으로서의 기본법규정

기본법은 전문에서 통일에의 열망을 선언하고 기본법은 과도기적인 것으로(전문) 통일 후에 민족자결권의 행사로 통일헌법을 제정할 것을 명령하는 규정을 두었다(기본법 제146조).

또 통일의 방법으로는 흡수통일을 예정하여 「독일의 다른 부분에 있어서는 가입에 의하여 효력을 발생한다」고 하였다(제23조).[4]

(2) 과도기헌법으로서의 특성

기본법은 어디까지나 잠정적인 것으로(Provisorium) 통일헌법이 제정될 때까지만 효력을 발생하는 한시법적 성격을 가지고 있었다. 또 기본법은 외국군 점령 하에 제정된 것이기 때문에 독일이 주권을 회복한 뒤에야 민족자결원칙에 따라 헌법을 제정할 수 있다는 것을 천명한 것이다. 또 분단을 극복하여 독일통일을 성취하려는 민족적 열망이 담겨있었던 것이다.

---

4   상세한 것은 김철수, 「분단국헌법과 통일관계조항」, 『목촌 김도창박사고희기념논문집』, 한국공법의 이론, 1993; 김철수, 「분단국헌법과 통일문제」, 『서울대학교 법학』 제18권 1호 (통권 37호) 등 참조.

4. 냉전시대의 기본법개정

1) 국방을 위한 개정(Wehrnovelle)

(1) 방위개정의 경과

1950년 한국전쟁의 발발로 독일은 냉전의 전초기지로 되었으며 Adenauer 수상은 독일의 재무장을 주장하게 되었다. 그러나 국내에서는 재무장에 대한 찬반투쟁이 격화되었다. 1952년 5월에 Adenauer 수상은 프랑스, 이탈리아와 Benelux 삼국과의 유럽방위공동체(EVG)결성에 합의하였다. 독일의회는 1954년에 영토방위에 관한 법적 규제를 할 수 있는 권한을 부여하는 기본법개정에 합의하였다(제142a조).

그러나 유럽방위공동체의 결성은 프랑스의회의 반대로 결실을 보지 못했다. 1955년 5월 1일에는 서방측의 점령조항이 종결되어 주권을 회복하게 되었다. 1956년에는 NATO 가입에 따른 제2차 방위개정이 행해졌다. 1956년 3월 19일의 기본법 개정은 7개 조항을 수정하고 9개항을 추가하는 대개정이었다.

(2) 방위개정의 내용

연방에게 일반적 병역근무를 도입하는 것을 위임하고 병역의무자에게는 일정한 기본권을 제한할 수 있게 하였다. 즉 병역의무와 대체근무에 종사하는 자에 대한 법률은 군소속자와 대체근무자는 그 근무기간 내에는 언론·출판의 자유와 집회의 자유, 청원권 등을 제한할 수 있게 했다. 방위와 주민의 보호를 위한 법률은 거주이전의 자유와 주거의 안전에 관한 권리를 제한할 수 있게 하였다(제17a조). 그러나 여성에 대한 병역의무는 부과하지 않았다.

연방군사행정은 연방의 독자적인 권한으로 하였으나 연방국가의 원리를 보장하기 위하여 군정법을 제정하도록 하였다. 연방은 독자적인 군사법원을 창설할 수 있도록 하였다(제96조 3항).

재무장을 통한 민주주의원칙에 대한 침해를 막기 위하여 연방의회에게는 국민의 대표자로서 방위사태(Verteidigungsfall)를 확정하고 군사에 대한 제정권과 연방군에 대한 조직원칙을 결정할 수 있는 권한을 부여하였다. 군인의 기본권을 보호하고 군에 대한 의회의 통제를 행사하기 위하여 연방의회의 보조기관으로서 연방의회방위수임관(Wehrbeauftragter)을 두도록 하였다(제45b조). 의회에는 방위위원회를 두도록 하고 군에 대한 국정조사를 할 수 있게 하였다(제46a조). 군정권과 군령권은 연방국방장관에게 부여하였다(제65a조).

(3) 방위개정의 특색

국방과 군대 재무장에 관한 이 규정은 법의 공백상태를 보완하고 독일이 NATO의 회원국으로 가입하는데 필요한 것이었다. 국민개병제인 징병제를 규정하였으나 복무기간이 짧았으며 대체근무의 가능성을 열어 둔 점에 장점이 있다고 하겠다.

2) 국가긴급사태개정(Notstandsnovelle)

(1) 국가긴급사태극복을 위한 기본법개정 경과

국가비상사태가 발생한 경우 이에 어떻게 대처할 것인가 하는 문제는 1959년부터 논의되었으나 반대에 부딪혀 기본법개정이 불가능했었다. 그것이 1966년 기민당, 기사당간의 대연정이 성립된 뒤 기본법을 개정하여 국가긴급상태의 극복을 위한 조치를 하는데 합의하였다. Adolf Arndt

와 같은 사민당 헌법학자도 극단적인 위기상태에 대처할 수 있어야 기본법이 방어적 헌법으로서 완성된다고 보았다.

토론에서 문제가 된 것은 위기를 전쟁 사태에 한정하느냐 국내적 위기, 즉 자연재해나 혁명적 폭동도 포함하느냐 하는 것이었다. 나아가 어느 정도까지 기본권을 제한할 것이냐, 국가긴급상태에 있어서 의회입법 절차를 단순화할 것이냐 등이 문제가 되었다. 많은 토론 후 여론을 수렴하여 1968년 6월 24일 국가긴급상태를 극복하기 위한 기본법 개정이 통과되었다.

(2) 국가긴급사태 규정의 내용

연방기본법은 국가긴급사태를 다섯 가지로 나누고 이에 따라 각각의 조치를 규정하고 있다. ① 천재·지변, ② 자유민주적 기본질서에 대한 위해, ③ 방위상태(Verteidigungsfall, 외적 긴급사태), ④ 긴장사태(Spannugsfall), ⑤ 방위사태의 전단계(Für den Verteidigungsfall)가 그것이다(제 Ⅹa장 제115a조에서 제115l조까지). 그러나 가장 중요한 것은 외적 침략에 대한 방위사태이다.

방위사태선포 여부의 결정권은 연방의회와 연방참의원이 투표자 3분의 2 이상의 찬성으로써(적어도 재적과반수의 찬성이 필요하다) 결정한다. 방위사태가 선포되면 ① 군사법원이 설치되어 군인에 대한 관할권이 일반법원에서 군사법원으로 이관되며, ② 징병의무를 다하지 않는 자에게는 민사적 징용을 할 수 있고, ③ 18세 이상 55세 이하의 여자도 징용할 수 있으며, ④ 직업선택의 자유를 제한하여 노동장소의 변경을 명할 수 있으며, ⑤ 군대는 민사목적물을 보호하고 교통규제를 할 수 있으며, ⑥ 군통수권이 국방장관에서 연방수상으로 이관되며, ⑦ 양원합동회의를 통한 신속한 입법을 할 수 있으며, ⑧ 양원공동위원회는 연방의회와 연방참의원이 실질적으로 집회할 수 없는 경우에는 양원의 권한을 행사하며, ⑨ 연방국경경비대를 동원할 수 있으며, ⑩ 방위사태가 진행 중인 경우에는 연방의회의원선거를 비롯하여 많은 선거가 연기된다.

이 기본법개정에 의하여 18세 이상의 남성에게는 병역의무가 부과되었고 양심적 이유에서 전쟁근무를 반대하는 양심적 반전주의자에게는 대체근무를 명할 수 있도록 했다. 또 병역의무자의 경우 방위사태가 발생한 경우에는 법률로 민사적 근무(징용)를 강제할 수 있도록 하였다(제12a조). 방위사태하에서는 기본권의 제한이 법률이나 법률의 근거에 의하여 가능하도록 했으나 국민에게는 불법적인 권력행사에 대한 구제수단으로 저항권의 행사를 인정하고 있다(제20조 4항).

위기상태에 있어 공공의 안녕질서를 유지하거나 회복하기 위해서는 특별한 경우 타 지방의 경찰이나 연방국경경비대의 지원을 요청할 수 있게 했으며 자연재해의 경우에도 연방정부는 이의 극복을 위하여 지방정부에 지시하거나 타 지방의 경찰의 지원을 제공할 수 있게 하였다(제35조).

이 밖에도 긴장사태시의 결정도 연방의회의 권한이며 의회는 기본권 제한의 경우 3분의 2 이상의 동의를 얻어 결정하게 하고 있다(제80a조).

(3) 기본법개정의 특색

독일연방기본법이 최초에는 바이마르공화국과 나치시대의 교훈을 살려 국가긴급사태에 관한 규정을 두지 않았는데, 실제 위기가 닥치는 경우 비헌법적으로 처리되는 것을 막기 위하여 상세히 규정하게 되었다. 이 규정은 아직 한 번도 적용되지 않고 있으나 국가위기사태에 대비한 기본법개정은 필요한 것이라고 하겠다. 일본에서는 유사사태에 대한 헌법 개정이 논의되고 있는데도 성공하지 못했는데 독일에서는 입헌주의·법치주의의 실효화를 위하여 이를 규정하고 있다.

3) 기타의 기본법개정

(1) 1969년의 기본법개정

1969년 1월 29일부터 1969년 8월 26일까지 무려 8차의 기본법개정이 있었다. 1969년 1월 29일의 기본법개정은 연방헌법재판소에 관한 것이었으며 연방헌법재판소에 헌법소원에 관한 심판권을 추가하였으며 헌법소원의 보충성을 규정할 수 있도록 하였다(제93조 1항 4a·4b, 제94조 2항 2관).

다음에는 재정제도에 관한 기본법개정이 있었다. 여기서는 협동적 연방주의를 도입하여 중요한 재정수요를 가진 사업, 예컨대 대학의 설립이나 인프라구조의 구축을 위해서는 연방과 지방이 공동대처 하도록 하였다(제91a조).

(2) 환경보호를 위한 기본법개정

1972년 4월 12일 기본법개정은 연방의회가 환경보호를 위한 입법을 할 수 있도록 위임하였다(제74조 24호).

(3) 기타

이 밖에도 1972년부터 1983년까지 수차의 기본법개정이 있었으나 주로 통치기구에 관한 미조정이었으므로 생략한다.

5. 통일헌법의 개정

1) 통일헌법의 성립

(1) 통일조약의 성립

동독시민들의 항의와 도피 등으로 동독에서도 자유화하지 않을 수 없게 되었다. 1989년의 시민혁명은 급기야 베를린의 장벽을 허물게 했으며 통일에의 기운이 넘쳐나게 되었다(1989.11.9).

동·서독은 1990년 경제·통화·사회연합조약을 체결하여 한 경제권으로 통합하기로 하였으며 1990년 7월 1일부터 효력을 발생하였다.

1990년 8월 31일에는 양독간의 통일조약이 체결되었다. 이 통일조약은 동독이 서독기본법 제23조에 따라 서독연방에 가입하는 형식으로 통일하기로 하였다.

이 조약은 9월 5일 서독 연방의회에서 논의되기 시작하여 9월 20일에는 통일조약에 관한 법률이 440대 47의 다수결로 통과되었다.[5]

통독의회는 1990년 9월 20일에 통일조약을 헌법률로 통과시켰고 그 이전에 이미 1990년 10월 30일을 기하여 동독이 서독연방에 가입함으로써 서독기본법의 효력범위에 들어가기로 결의했었다. 그러나 1990년 10월 3일 동독의 서독가입으로 동독헌법은 형식적 효력상실절차를 거치지 않고 실질적으로 효력을 상실하게 되었다.[6] 통일조약에 따라 서독기본법이 통독헌법으로 되었다.

---

5 통일조약의 성립과정·내용 등에 관해서는 Badura, *Die innerdeutsche Verträge, insbesondere der Einigungsvertrag, Handbuch des Staatsrechts*, Bd. Ⅷ, S. 171 ff. 참조.

6 상세한 것은 *Handbuch des Staatsrechts*, Bd. Ⅷ, S. 119 ff.; Schlink, Bernhard, "Deutsche Verfassungsentwicklungen im Jahre 1990", in: *Der Staat 30* (1991), S. 163 ff.

2) 통일조약에 의한 서독기본법개정

통일조약에 의한 기본법개정의 내용은 다음과 같다.[7]

(1) 전문의 개정

서독기본법의 전문은 독일의 통일과 자유를 완성할 것을 요청하고 있었으나 통일조약 제4조에 의하여 다음과 같이 개정하였다.

> 신과 인류에 대한 책임을 자각하고 결합된 유럽에서의 평등한 구성원으로 세계평화에 기여하려는 결의에 차서 독일국민은 헌법제정권력에 따라 이 기본법을 제정하였다.
>
> 바덴·뷔르템베르크, 바이에른, 베를린, 브란덴부르크, 브레멘, 함부르크, 헷센, 멕클렌부르크−포어폼메른, 니이더작센, 노르트라인−베스트팔렌, 라인란트−팔쯔, 자알란트, 작센, 작센−안할트, 슐레스비히−홀슈타인과 튜링겐 지방의 독일인은 자결권에 의하여 독일의 통일과 자유를 완성하였다. 이로써 이 기본법은 전 독일국민에게 적용된다.

이 전문에서 독일의 통일과 평화는 완성되었다고 선언함으로써 오데르-나이세 강 이동의 영역을 완전히 포기하고 동독과 서독의 영역만의 통일로써 만족하고 있다. 이는 대게르만주의의 포기이며 폴란드 점령지역이나 러시아 점령지역, 체코와 슬로바키아 점령지역의 독일인의 통합을 포기하고 있다. 또 동독지역 주민들이 민족자결원칙에 따라 평등하게 독일통일과 자유보장에 참여했음을 선언한데 의의가 있다.

---

7 김철수, 『법과 정치』, 1995, 697면 이하 참조.

(2) 제23조의 삭제

서독기본법 제23조는 "독일의 다른 부분에 있어서는 가입에 의하여 효력을 발생한다"고 규정하고 있었는데, 이 조항을 삭제함으로서 전문과 함께 통일이 완성되었음을 의미하고 이제 다른 영역의 독일 가입을 막음으로써 주변국가의 의구심을 없애주었다.

(3) 제146조의 개정

전 독일헌법의 제정방법을 규정했던 제146조는 통일과 자유의 완성에 따라 개정되었다. "독일의 통일과 자유의 완성 후에 전 독일국민에게 적용되는 이 기본법은 독일국민의 자유로운 결정에 의하여 채택된 헌법이 효력을 발생하는 날에 효력을 상실한다." 이로써 통일 후에도 독일기본법이 전독헌법으로서 효력을 가지고 있음을 명시함과 함께 독일국민의 헌법제정권력의 행사로 새 헌법을 채택하는 경우 신헌법이 효력을 발생하는 날로부터 실효함을 규정하고 있다.

이로써 잠정헌법이었던 기본법이 영구적인 헌법이 되었고 이 헌법의 전면개정이나 대체도 기본법 제79조의 개정절차에 의할 것을 확인하고 있다고 보아야 할 것이다.

통일조약의 체결과 비준으로 인한 동서독기본법의 개정으로 서독기본법은 전독일에 효력을 가지게 되었고 독일통일조항은 모두 없어졌다. 독일통일정책의 금지규범으로 인정되었던 제146조는 의의를 변경하였다고 하겠다.

(4) 기타 조항의 개정

① 통일조약은 이 밖에도 기본법 제51조 2항을 개정하여 구 동독지역에 성립한 신지방의 가입에 따라 참의원의 의석수를 68석으로 상향조정

하였다.

② 기본법 제135a조에 2항을 첨가하여 구동독의 채권채무에 관한 것을 규정하였고, 제143조에 경과규정을 두어 1992년 12월 31일까지 기본법에 합치되지 않는 동독법의 적용을 인정하고 있다.[8]

3) 1992년의 EG창설에 따른 기본법개정

Maastricht조약에의 적응을 위하여 1992년 12월 21일에 기본법이 개정되었다. 그 내용은 제23조를 추가하였고 제24조 1a항을 추가하였으며 제26조 1항 3호를 추가하였고 제45조, 제52조 3a항, 제88조 2항 등을 추가한 것이다.

제23조는 유럽연합에 관하여 7개항에 관하여 상세히 규정하고 있다. 그 중에서도 "연방은 연방참의원의 동의를 얻은 법률로 고권을 이양할 수 있다"는 규정을 두었고, 유럽연합의 창설에 따른 기본법개정은 기본법개정의 방법에 의하여서만 할 수 있음을 명시하고 있다. 또 유럽통합에 따라 민주주의원칙이나 연방주의원칙의 공동화를 막기 위하여 통합에 관한 연방의회와 연방참의원의 결정권한을 강화하고 있다.

유럽연합(EG)의 가맹국의 국적을 가진 외국인에게도 지방선거권과 피선거권을 인정하였다(제28조 1항 3 추가).

연방의회에는 유럽연합위원회를 두도록 하였다(제45조). 또 연방참의원에도 그 의결이 참의원의 의결과 같은 효력을 가지는 유럽위원회(Europakammer)를 두도록 하였다(제52조 3a항). 또 유럽중앙은행을 규정하고 이에 연방은행의 고권을 이양할 수 있게 하였다(제88조).

---

8 상세한 것은 H. H. Klein, *Kontinuität des Grundgesetzes und seine Änderung im Zuge der Wiedervereinigung,* *Handbuch des Staatsrechts*, Bd. VIII, SS. 557~602.

4) 1993년의 정치적 망명에 관한 기본법개정

1993년 6월 28일에는 정치적 망명에 관한 규정이 추가되었다. 정치적으로 추적되어 있는 사람에게는 망명권을 인정하되 유럽연합회원국가의 국민이나 인권과 자유보호조약이 적용되는 국가의 국민에게는 망명권을 인정하지 않았다(제16a조). 망명권의 남용도 제한하였다. 이것은 정치적 망명권이 넓게 인정되었던 것에 대한 반작용이라고 하겠다.

5) 1994년의 기본법개정(Verfassungsreform)

(1) 기본법개정 경과

1994년 초에는 각 정당들이 개별적인 기본법개정안을 제출하였으나 연방의회에서 절대다수를 얻을 수 없었기 때문에 많은 논란 끝에 1994년 2월 4일에 헌법위원회의 권고안을 여야공동안으로 제안하기로 합의하였다. 이 의안과 많은 안들이 법제위원회로 이송되었고 법제위원회는 1994년 3월에서 6월에 걸쳐 많은 토론을 하였으나 여야합의에는 이르지 못하였다. 특히 지방과 연방간의 입법권의 분할 때문에 연방정부와 지방정부간에도 대립이 생겼다. 여·야당과 연방·지방간의 대립 때문에 기본법개정이 어려운 것처럼 보였으나 1993년 6월 23일에 법제위원회에서 포괄적 개정안은 통과되지 않았으나 3분의 2의 다수를 얻은 몇 개 조항만이 순차적으로 개정되게 되었다.

1994년 6월 30일에는 그래도 공동개정의안이 629명중 622명의 찬성을 얻어 통과하였다. 이것이 연방참의원에 이송된 후에도 연방참의원은 지방의 권한이 강화되지 않는 점을 들어 헌법 개정을 좌초시키려고 하였다.

1994년 8월 17일에 연방참의원 법제위원회는 연방의회결의안을 동의하지 않기로 하였다. 법제위원회는 양원조정위원회의 소집을 요구하였다.

1994년 8월 26일 연방참의원은 이 권고에 따라 연방의회의 헌법 개정안을 부결시키고 양원조정위원회에 회부되도록 하였다. 조정위원회에서는 다가오는 선거에서의 득표를 위하여 여·야당이 특별한 반대를 하지 않아 헌법 개정의 일괄안을 채택하게 되었다. 1994년 9월 6일에는 연방의회에서 590명 중 571명의 찬성으로 헌법 개정안이 통과되었다. 연방참의원은 이를 심의한 뒤 1994년 9월 23일에 동의하였다. 이 헌법 개정의 성과에 대하여는 성공이라고 보는 입장과 실패로 보는 입장이 대립되어 있다.[9]

(2) 기본법개정 내용

이 기본법개정은 제42차 기본법 개정이었으며 내용상 많은 조문을 개정했다는 점에 특색이 있다. 기본법개정의 중요내용은 국가권력조직, 특히 연방제에 관한 것이었다. 여기서는 지방의 주장이 통과되어 지방의 입법권이 강화되었다. 다음에는 입법절차에 관한 개정이 있었다. 지방의 영토변경이 필요한 경우 지방간의 계약으로 할 수 있도록 하였다. 행정에 있어서는 지방분권이 보다 강화되었다. 또 지방자치단체에 대한 재정

---

9 상세한 것은 Batt, Helge-Kothar, *Die Grundgesetzreform nach der deutschen Einheit*, S. 157 ff.
① 실패론
Schneider, Hans-Peter, "Das Grundgesetz-auf Grund gesetz. Die Deutschen haben kein Talent zur Verfassungsreform", in : *Das Parlament 1994*, Nr. 2. S. 8; Seifert, "Jürgen Die gescheiterte Erneuerung des Grundgesetzes", in : *Vörgänge 1993*, Nr. 3. S. 90-96; Beyme, Klaus von, "Verfehlte-Verpaßte Reformen? Zur Problematik der Evaluation der Vereinigungspolitik in Deutschland seit 1989", in : *Journal für Sozialforschung 1994*, Nr. 3, S. 249-260; Kloepfer, Michael, "1994 : Zukunftsbewältigung aus Vergangenheitserfahrung. Die Verfassungskommission wird vereinten Deutschland nicht gerecht", in : *FAZ* vom 1. 2. 1994, S. 8.
② 성공론
Scholz, Rupert, *Grundgesetz zwischen Reform und Bewährung*, Berlin / NewYork, 1993; Isensee, Josef, "Mit blauem Auge davongekommen-das Grundgesetz", in : *Neue Juristische Wochenschrift 1993*, Nr. 40. S. 2583-2587; Klein, H. H. *Kontinuität des Grundgesetzes und sein Änderung im Züge der Wiedervereinigung*; Isensee / Kirchhof, *Handbuch* Bd. Ⅷ; Heckel, "Martin : Die Legitimation des Grundgesetz durch Volk", in : Isensee / Kirchhof, *Handbuch* Bd. Ⅷ, S. 489 ff.

보장을 규정했다.

국가목적규정으로 남녀동권을 실질적으로 보장하도록 국가에 의무를 부과했다. 또 장애자에 대하여 평등을 보장하도록 제3조 3항 2관을 개정하였다. 또 자연적 생활환경의 보호에 관한 국가목적규정을 추가하였다.[10]

또 지방자치의 보장에 있어서 재정적 자기책임의 규정을 두었고(제28조 2항 3관), 지방의 개편을 쉽게 하였으며 주민투표로서 결정할 수 있게 하였다(제29조 8항). 또 연방과 지방간의 입법권에 대하여 새로이 규율하는 지방입법권의 강화를 꾀하였다.

이 헌법개혁법은 오랫동안의 토론 끝에 통과된 것이기는 하나 공동헌법위원회의 결의나 야당의 주장을 묵살한 점에 문제가 있다. 그러나 서독기본법은 통일 이후 6차나 개정되었기 때문에 국가권력구조문제에 대해서는 거의 완전해졌으며 구동독시민이 요구했던 생존권의 보장, 국가목적의 추가, 평화질서의 보장, 외국인에게도 선거권을 주고 망명권을 강화하려는 주장은 받아들여지지 않았다.

구동독의 공산당의 후신인 민주주의사회당은 이것은 통일조약 제5조에 위반된다고 보고 새로운 선거를 통하여 진보정당이 다수를 차지하여 국민의 뜻에 따른 통일헌법을 제정해야 한다고 주장하고 있다.

3) 1998년의 도청에 관한 기본법개정

1998년 3월 26일에는 기본법 제13조를 개정하여 법원의 허가에 따라 주거에 대한 기술적 기계를 통하여 음향적 감시를 할 수 있게 하였다(제13조 3항~6항). 법원의 허가는 3인 합의부에서 하는 것을 원칙으로 하고 있다.

---

10 상세한 것은 G. v. 24. 10. 1994. BGBl Ⅰ 3146. Bericht der Gemeinsamen Verfassungskommission, BT-Dr. 12/6000.

4) 1998년의 의회선거에 관한 개정

1998년 7월 16일에는 의회의원선거에 관한 기본법개정이 행해졌다. 의원의 임기는 원칙적으로 4년이나 임기만료나 해산시의 선거실시 시기에 관해서 규정하고 있다.

6. 현행 헌법의 특색과 내용

1) 현행 헌법의 성립·개정과정의 특색

(1) 독일연방기본법의 입법과정의 특색

독일연방기본법은 서독에만 적용되는 잠정법으로 제정되어 통일헌법 제정 시에는 실효할 것으로 되어 있었다. 그리하여 동서독 통합 시에는 새로운 통일헌법제정에의 목소리가 높았으나 부분개정으로 현재에 이르고 있다.

독일연방기본법이 50년간의 효력을 지속시킬 수 있었던 것은 여야합의에 의하여 여건에 따른 조속한 개정이 가능했기 때문이 아닌가 생각된다. 앞서 본 바와 같이 독일연방기본법은 50년간에 45차의 개정을 하였기에 기본법제정 당시의 원조항과는 다른 조항들도 많이 보게 된다. 특히 많은 추가증보조항을 통하여 기본법의 내용이 보완되고 있다. 이것은 현실에 적합한 헌법규범의 개정이란 점에서 장점을 발견할 수 있다.

(2) 독일연방헌법재판소의 해석에 의한 변천

독일연방기본법은 헌법보장기관인 헌법재판소를 두었기 때문에 그

규범력을 확보할 수 있었고 기본법해석의 난점을 해결해 주었다고 하겠다. 독일 정치가들이나 입법자들은 헌법해석에 대하여 문제가 발생한 경우 연방의회에서의 격돌을 피하고 그 결정을 연방헌법재판소에 위임하였다. 이로써 정치적 논쟁이 기본법해석 논쟁으로 변하여 혁명적 방법에 의한 기본법파괴를 예방한 측면도 없지 않다.

독일연방헌법재판소는 입법·행정·재판기관의 활동을 면밀하게 검토하여 위헌여부를 판단하되 심사에 있어서는 헌법이나 법령의 각 조항의 법해석에 그치지 아니하고 사회적 현실까지도 고려하고 있으며, 변형결정 등을 통하여 입법촉구 등을 하고 있다. 또 자기판결에 대해서도 개방적이어서 입법기관은 연방헌법재판소에 의하여 위헌이라고 판단된 법률과 같은 내용 또는 유사한 내용의 법률을 다시 제정할 수 있음을 명시적으로 인정하고 있다.

2) 독일연방기본법의 내용

(1) 기본권보장규정

기본법의 기본권보장규정은 현실적인 법으로서 모든 국가권력을 구속하고 있다.[11] 연방재판소는 기본권의 실효성을 보장하기 위하여 활발한 위헌심사를 하여 기본권보장기관으로서의 지위를 확보하였다. 연방헌법재판소는 기본권은 객관적 질서로서 모든 법영역에 타당하여야 한다는 스스로의 이론에 따라 입법·집행·사법권이 법규범의 정립·적용에 있어서 기본권의 의의를 고려하고 있는가를 심사하고 있다. 나아가 소위 기본권의 제3자 효력에 따라 사법관계에서의 기본권의 적용도 강조하고 있다.

---

11 R. Lamprecht, *Von Untertan zum Bürger, Die Erfolgsgeschichte der Grundrechte*, 1999 참조.

기본권에 관한 기본법조항도 보완되고 있다. 남녀평등권에 관한 국가의 책무를 강조하고 양심적 반전주의자의 권리도 보다 실질화하여 법률로 규정하고 있다. 또 우편·통신·신서의 비밀에 관하여 이를 제한할 수 있는 헌법적 근거를 마련했으며 거주이전의 자유의 제한규정도 마련되어 있다. 강제노역의 금지를 규정하고 병역의무를 추가하였다. 그리하여 양심적 반전주의자들의 권리도 보다 실질적으로 기본법에 규정하였다. 기본법개정으로 주거의 불가침에 관해서도 제한할 수 있게 특수유보를 두고 있다.

국적박탈의 금지뿐만 아니라 독일인의 외국으로의 추방도 금지하고 있다. 망명자비호권의 요건에 관해서도 보다 상세하게 규정하고 있다(제16a조). 기본권의 제한에 있어서 군복무자와 민사징용자의 권리제한을 기본법에서 명시하고 있다.

그러나 진보적 학자나 정당들이 주장한 생존권에 관한 규정은 추가되지 않았다. 그렇다고 하여 생존권이 보장되지 않는 것은 아니다. 자유권에서 생존권적 기본권을 도출하거나 국가목적규정, 사회국가규정에서 생존권을 도출하고 있다. 실정법으로서는 유럽사회헌장, 국제인권규정 등이 국내법으로 인정되어 있다.

(2) 국가권력조직 규정

국가권력조직에 있어서 삼권분립원칙은 유지되고 있다. 연방의회는 통일에 따라 의석분포가 달라졌으나 그 권한에 있어서는 별 변동이 없다. 의회의원에게는 면책특권과 불체포특권뿐만 아니라 증언거부권이 인정되고 있다(제47조). 연방참의원도 통일에 따라 의석이 증가되고 있으며, 연방정부는 연방참의원의 활동에 참여할 권한과 의무를 가지며 연방참의원에 대하여 보고할 의무를 지고 있다(제53조). 합동위원회는 연방의회의원과 연방참의원의원으로 구성되어 있는데 연방의회의원이 3분의

2석을, 연방참의원의원이 3분의 1의석을 차지하고 있다. 그러나 그 동안 방위사태가 없었기 때문에 기능하지는 않고 있다(제53a조).

연방대통령의 선거는 연방집회(Bundesversammlung)에서 다수결로 선출된다. 임기는 5년이며 계속 재선은 1회만 허용된다. 제정 당시의 기본법에는 연임제한규정이 없었다. 대통령은 국제법적으로 연방을 대표하며 공무원임명권과 사면권 등을 가지고 있으나 형식적·의례적 권한으로 되어 있다.

연방정부는 연방수상과 연방장관으로 구성되어 있다. 연방수상은 대통령의 제청으로 토론 없이 연방의회에서 선출된다. 연방의회는 다수로 연방수상을 선출하여 선출된 자를 대통령이 임명한다. 대통령이 제청한 사람이 다수를 얻지 못하면 14일 내에 연방의회 재적과반수로 연방수상을 선출한다(제63조). 연방장관은 연방수상의 제청으로 대통령이 임면한다(제64조).

독일연방공화국의 정부형태는 변형된 의원내각제라고 하겠다. 연방수상은 정치의 방향을 결정하고 그에 대하여 연방의회에 대하여 책임을 진다(제65조).

연방의회는 연방수상에 대하여 불신임을 의결할 수 있으나 재적과반수로써 후임자를 선출한 경우에만 할 수 있다. 이를 건설적 불신임투표제라고 한다. 연방수상은 연방의회에 대하여 불신임투표를 요구할 수 있고 의회재적 과반수가 신임하지 않으면 의회를 해산할 수 있다(제68조).

(3) 입법·행정에 관한 규정

기본법은 입법·행정에 관하여 상세한 규정을 두고 있다(제7장, 제8장). 여기서 중요한 것은 입법권과 행정권의 연방과 지방간의 배분 문제이다. 연방과 지방간의 분쟁을 예방하기 위하여 연방독점적 입법사항, 연방지방경합적 입법사항으로 나누어 상세히 열거하고 있다(제70조~82조).

연방법률의 집행과 연방행정에 관해서도 상세히 규정하고 있다(제8장). 여기에서도 연방행정과 지방행정에 관해서 규정하고 있는데 연방독자행정, 연방위임행정, 지방행정을 구분하여 연방독자행정의 대상을 규정하고 있다. 군대와 방위, 치안, 헌법보장에 관한 행정은 연방의 독자행정으로 하고, 핵개발은 연방위임행정으로 하며 항공행정은 연방독자행정으로 하고 철도행정은 원칙적으로 연방독자행정이나 지방에 독자행정으로 이관할 수 있게 하고 있다(제87e조). 또 우편·전신사업도 고권적인 행정은 연방독자행정으로 하고 있으며 공기업인 독일우정행정도 사기업에 위임할 수 있다고 하고 있다(제87e조). 이 밖에 연방은행설치, 연방수로, 연방도로 등의 연방재산규정 등이 있다(제88조, 89조, 90조).

연방의 독자행정이 아닌 것은 원칙적으로 지방행정으로 하고 있다(제83조). 연방정부는 연방법률에 따라 지방행정을 감독한다. 연방정부는 연방참의원의 동의를 얻어 일반적 행정원칙을 제정할 수 있다(제84조). 그러나 대학이나 대학병원의 신축이나 개축, 지역적인 경제인프라의 개선, 농법구조개선과 해안보호 등은 연방과 지방의 공동과업으로 하고 있으며(제91a조), 초지역적인 교육과 연구, 연구기관의 보조 등도 연방과 지방의 공동과업으로 하고 있다(제91b조).

(4) 사법 관련 조항

사법권은 법관에 위탁되어 있으며 연방헌법재판소와 기본법에 규정된 연방재판소와 지방의 재판소에 의하여 행사된다(제92조). 최초의 기본법에는 연방최고재판소를 두게 되어 있었으나 헌법재판소가 최고재판소의 역할을 하였기 때문에 이를 삭제하였다. 연방헌법재판소의 권한은 확충되었다(제93조 1항 2a 4a, 4b). 연방헌법재판소는 연방법관과 기타의 구성원으로 구성되는데, 구성원의 반수는 연방의회에서 나머지 반수는 연방참의원에서 선출된다(제94조).

연방최고재판소로는 연방(통상)재판소, 연방행정재판소, 연방재정재판소, 연방노동재판소, 연방사회재판소를 둔다. 재판의 통일성을 확보하기 위하여서는 이들 재판소의 공동부를 구성하게 하고 있다(제95조). 이 밖에도 연방에는 연방특허법원, 연방군사법원 등을 두고 있다. 이들 법원의 상고심은 연방(통상)재판소(Bundesgerichtshof)이다(제96조). 예외법원을 금지하고(제101조), 법관의 독자성을 보장하여 법관의 자격은 연방법률로 정하고 지방법관의 자격은 지방법률로 정하게 하고 있다(제98조). 헌법소송과 규범통제에 관해서도 규정하고 있다(제99조, 제100조).

또 사형을 폐지하고(제102조), 피고인의 권리를 규정하고(제103조), 자유박탈, 인신구속절차에 대하여 상세히 규정하고 있다(제104조).

(5) 기타 조항

이 밖에도 제10장에서는 상세한 재정조항을 두었고 제10a장에서는 방위사태에 관하여 규정하였으며, 제11장에서는 경과규정과 종결규정을 두고 있다.

7. 독일기본법의 한국에의 수용

1) 한국헌법에서의 독일기본법 수용

(1) 한국헌법의 독일헌법 수용과정

한국의 1948년 제헌헌법은 독일기본법제정 전에 제정되었기 때문에 독일 바이마르헌법의 영향을 많이 받게 되었다.[12] 경제제도의 근본원칙이라든가 기본권조항은 바이마르헌법을 많이 모방하였다. 또 이원정부제도 비슷하였다. 4.19혁명 후 제2공화국헌법에서는 독일기본법의 영향을 받아 정당에 관한 규정을 두었고, 기본권 제한에 있어서 본질적 내용의 침해를 금지하였고, 의원내각제와 양원제를 채택하고 헌법재판소 제도를 도입하였다. 이 점에서 제2공화국헌법은 독일기본법의 영향을 많이 받았다고 하겠다.

1963년의 제3공화국헌법은 독일기본법의 영향을 받아 정당의 헌법적 보장을 규정하였고, 인간의 존엄과 가치보장 조항을 두었다. 그러나 헌법재판소 제도나 의원내각제를 모방하지는 않았다.

1980년의 제5공화국헌법은 인간의 존엄과 가치보장, 기본권의 본질적 내용 침해금지 등을 제외하고는 독일기본법 규정을 거의 수용하지 않았다.

1988년의 제6공화국헌법은 전술한 기본권조항 외에도 헌법재판소 제도를 도입하여 독일기본법의 영향을 많이 받았다고 하겠다.

(2) 기본권보장과 헌법재판소 제도

현행 헌법은 기본권보장에 있어서와 그 실질적 보장을 위한 헌법소원 제도 등의 도입으로 독일기본법을 계수하고 있다고 하겠다.

현행 헌법 제10조는 독일기본법 제1조를 모방한 것으로 인간으로서의 존엄권을 보장하고 있다. 이 밖에도 평등권과 자유권의 보장은 대동소이하다고 하겠다.

우리나라는 제헌 이래 바이마르 헌법의 영향을 받아 생존권적 기본권에 관하여 상세히 규정하고 있는 것이 크게 다르다고 하겠다. 헌법 제37조 2항 단서에서 기본권 제한의 경우 자유와 권리의 본질적 내용을 침해

---

12 상세한 것은 김철수, 『韓國憲法の50年』, 1998; 김효전, 「한국에서의 독일 공법이론의 영향」, 『한독법학』 제14호(2003), 331~379면; 동인, 「한국헌법과 독일 기본법」, 『저스티스』 제33권 2호(2000), 88~108면 참조

할 수 없게 한 것은 독일기본법 제19조 2항을 모방한 것이라고 하겠다. 전체적으로 기본권의 자연권성을 강조한 것도 독일기본법의 영향이라고 하겠다.

이 밖에도 제8조에서 정당조항을 둔 것은 독일기본법 제21조의 모방이라고 하겠다. 또 민주적 기본질서를 보장하기 위하여 위헌정당의 해산을 규정한 것은 독일의 방어적 민주주의를 본받은 것이라고 하겠다.

현행 헌법 제6장의 헌법재판소 제도는 독일기본법 제9장에 규정된 헌법재판소 제도의 모방이라 하겠다.[13] 헌법재판소의 관할권은 거의 같으나 독일에서는 헌법재판소가 사법의 장에서 규정되어 있기 때문에 사법기관임에 이의가 없으나 우리나라에서는 독립해서 규정하고 있기 때문에 대법원과의 관계가 문제되고 있다. 또 구성방법이 다르고 우리는 법률상 법원의 재판에 대한 헌법소원을 인정하지 않아 문제가 되고 있다.

2) 독일기본법의 수용 필요성

(1) 헌법 조항의 상세화

독일기본법은 최초에는 11장 146조로 구성되어 있었으나 그 동안의 많은 개정을 통하여 장도 늘어났고 조문수도 많이 늘어났다. 장은 3장이 늘어났고 조문수는 36조가 늘어났다. 같은 조문도 항이 늘어나서 문자가 양적으로는 배가된 것 같은 느낌이 든다. 이것은 예를 들어 기본권 제한에 일반적 유보조항을 두지 아니하고 개별적 유보조항을 두어 제한범위를 상세화하고 있는 데에서도 볼 수 있다(예를 들면, 주거의 불가침제한, 병역의무자에 대한 기본권제한, 망명권제도 등). 이러한 기본권규정의 상세화도 배

---

13 상세한 것은 김대환, 「기본권의 본질적 내용 침해금지에 관한 연구」, 서울대 박사논문, 1988 참조.

위야 하겠다.

또 정치적으로 문제가 생기거나 기본법 해석상 문제가 생기면 즉시 여
·야 합의로 기본법을 개정하여 현실적응을 잘하고 있는 것도 우리가 본
받아야 할 바이다. 특히 연방과 지방간의 권한배분문제, 조세·재정배분문
제 등에 합의하여 기본법을 선진화하는 것도 배워야 할 것이다.

(2) 독일식 의원내각제의 도입

한국의 제5공화국헌법 제정에서부터 현행 헌법의 개정논의까지 독일
식 의원내각제의 도입이 주장되고 있다. 대통령의 독재를 막으면서 정국
의 불안정을 예방할 수 있는 건설적 불신임투표제를 도입한 의원내각제
의 도입이 고려되어야 하겠다.

독일기본법이 바이마르헌법 하의 절충제 정부형태가 급기야는 독재
체제를 불러들인 것에 대한 반성으로 독일식 의원내각제를 도입하고 있
기 때문에 우리도 정국안정을 위하여 독일식 의원내각제를 도입하는 것
을 검토해야 하겠다.

(3) 헌법의 규범력의 강화

우리 헌법은 제정 40년에 9차의 개정을 거쳤는데 그 중 4차의 개정은
전면개정이었으며 혁명적 사건에 의하여 헌법의 파기가 잦았다. 이는 헌
법이 규범력을 발휘하지 못했기 때문에 입헌주의가 지켜지지 않았기 때
문이다.

이에 반하여 독일기본법은 부분적인 개정은 잦았으나 50년간 수명을
유지하고 있다. 이것은 독일이 헌법재판소를 두어 헌법규범의 효력을 확
대화한데 있다고 하겠다. 우리나라의 현행 헌법도 12년간 조금도 개정되
지 않고 유지되고 있는 것도 헌법재판소의 헌법보장 노력이 주효한 것이

라고 하겠다.

앞으로는 헌법파괴를 예방하고 필요하면 독일식으로 부분 개정하여 헌법의 수명을 길게 하는 것도 검토하여야 하겠다.〈탐라대학교 총장〉(1999.7.31)

6. 동서독 헌법상의 기본권 비교[*]

1. 서설

독일에서는 기본권을 천부인권으로 생각하지 않고 실정권으로 규정하는 경향이 있었다. 그것은 독일의 신성 로마제국의 핵심으로서, 왕권신수설 내지는 봉건제후의 절대 군주주권설을 믿고 있었기 때문이었다. 미국 독립선언과 프랑스 인권선언의 영향을 거의 받지 않았던 봉건 독일은 1818년 이래 헌법을 제정함에 있어서도 왕정복고 후의 프랑스 헌법을 모방하여 왕이 국민에게 일정한 권리를 보장한다는 식으로 실정권으로 규정함에 그쳤었다. 이 경향은 프로이센 헌법 등에 계승되었다.

1848년의 프랑크푸르트 헌법 초안은 독일 국민의 기본권을 50개 조항에 걸쳐 규정하고 있었으며 기본권의 실정 헌법화에 획기적인 시도였으나 실천되지는 않았다. 이 헌법 초안은 70년 뒤의 바이마르 헌법의 기본

---

* 『대학신문』 제1102호, 1981년 8월 31일자.

권 규정에 절대적인 영향을 미쳤다. 바이마르 헌법은 프랑크푸르트 헌법 초안에 규정되었던 자유권뿐만 아니라, 새로운 생존권을 보장함으로써 제1차 세계대전 이후의 헌법의 모범이 되었다.

바이마르 헌법의 기본권 규정은 자유주의자와 사회주의자의 타협의 산물이었으며, 소련의 볼셰비키 혁명시의 「근로하고 착취되어 있는 인민의 권리선언」에 대한 수정자본주의적 입장의 대안이었다고도 하겠다.

바이마르 헌법의 기본권 조항은 세계 각국 헌법과 우리나라 헌법에도 많은 영향을 끼쳤다. 이에 따라 우리나라의 제헌헌법은 자유권적 기본권과 아울러 생존권적 기본권을 보장하기에 이르렀다. 그런데 독일에서는 제2차 대전 후 바이마르 헌법의 기본권조항 계수에 있어 상반된 입장이 나타났다. 서독 기본법은 바이마르 헌법이 규정했던 생존권적 기본권이 실효적 보장규정이 아니라고 하여 이를 규정하지 않았으며, 자유권적 기본권만 규정하기에 이르렀다.

이에 반하여 동독 헌법은 바이마르 헌법의 기본권 조항을 보다 상세하게 망라하여 규정하는 방법을 취하였다. 동독 헌법은 기본권 중에서도 생존권적 기본권의 실질적 보장에 주점을 두고 있다.

다 같이 바이마르 헌법의 계승헌법임을 주장하는 서독 기본법과 동독 헌법이 기본권조항에서 이와 같이 상반되는 입장을 취하고 있는 것은 정치체제의 차이와 헌법이론의 차이에서 나온 것이라고 하겠다.

다 같은 분단국가인 한국에서도 대한민국 헌법과 북한 헌법의 기본권 규정에 많은 차이가 있는데 이를 이해하기 위해서도 동·서독 헌법상의 기본권규정의 비교연구는 바람직한 것이라고 하겠다. 이 소론은 서울대학교 사회과학연구소의 지원으로 행한 연구의 극히 피상적인 소개를 주로 한 것이다.

2. 서독 기본법상의 기본권 규정

서독 기본법은 서방 3개 연합국의 점령 하에 헌법에 대체되는 것으로서 제정되었다. 냉전 하에서 공산주의에 대처하기 위하여 제정한 것이며 자본주의적인 입장에서 제정된 것이었다. 따라서 자유권적 기본권 보장에 치중하고 생존권적 기본권 규정은 프로그램적 규정이라는 이유로 이를 배제하였다. 그러나 인간의 존엄의 불가침성을 강조하고 인권의 자연권성을 천명하였다.

그리하여 바이마르 헌법에 규정되었던 인간다운 생존권 보장, 건강한 거주생활의 확보, 노동력의 보호, 사회보장제도의 도입, 근로3권의 보장, 중산계급의 보호육성 등은 규정하지 않았다. 이에 대신하여 자유권적 기본권의 보장에는 철저를 기하고 있다. 그뿐 아니라 기본권의 자연권성을 선언하고 기본권 규정이 입법권, 집행권, 사법권을 구속함을 명시하고 있다.

특히 바이마르 헌법과 다른 것은 기본권의 절차적 보장을 강화했다는 것이다. 기본권침해에 대한 사법적 구제방법을 명확히 규정하고 기본권침해 법안에 대한 위헌법률심사권을 헌법재판소에 부여했고, 기본권침해에 대한 헌법소원을 인정했다.

또 법률유보조항에 따른 기본권의 공동화(空洞化)를 막기 위하여 기본권제한입법의 한계를 규정하고 기본권의 본질적 내용의 침해를 금지하였다. 나아가 사형제도를 폐지하고 양심적 반전주의자의 보호를 규정했을 뿐만 아니라 정치적 망명자에 대한 비호권을 규정하였다.

서독 기본법에는 생존권적 기본권에 관하여 명시적인 규정이 없었음에도 불구하고 인간의 존엄권과 사회국가조항에서 생존권을 도출해 내려고 하였고, 근로의 단결권의 보장이나 직업선택의 자유 조항 등에서 근로자의 권리를 확대해석하려는 경향이 나타났다. 판례도 이러한 학설에 뒤따르기도 하였다. 서독 기본권의 생존권적 기본권 조항의 추가개정은 행해지지 않았으나 조약에 의하여 서독은 생존권적 기본권을 보장하기에 이르렀다.

서독은 1960년에 유럽인권협정을 체결하여 고문을 금지하였으며 노예제도와 강제노동을 금지하고 사생활의 비밀보호, 혼인의 자유 등을 추가로 보강하였다. 이 유럽인권협정은 유럽인권위원회와 유럽인권법원을 설치하여 국제적인 인권보장을 규정하고 있다. 1961년에는 유럽사회헌장이 채택되어 서독에서 법률과 같은 효력을 갖게 되었는데 이 헌법(장)에서는 근로의 권리, 정당한 노동조건, 안전하고 건강한 근로조건에 관한 권리와 적정임금에 관한 권리, 단결권, 단체교섭권, 아동과 소년과 여자의 근로보호를 받을 권리, 직업교육을 받을 권리, 건강보호에 관한 권리, 사회보장·사회복지에 관한 권리 등을 보장하고 있다.

1973년에는 유엔의 국제인권규약에 가입·비준함으로써 시민적·정치적 권리와 경제적·사회적·문화적 권리를 보장하고 있다.

3. 동서독 헌법상의 기본권 규정

동독의 1949년 헌법은 바이마르 헌법과 소련 헌법을 모방하여 자유권적 기본권과 생존권적 기본권을 보장하였다. 이들 헌법에는 없는 기본권으로서 국정참여형성의 권리·의무, 저항의 권리·의무, 국제법규 존중의 의무, 정당하고 평등한 임금에 관한 권리, 주택에의 권리, 직업선택의 자유에서의 평등권, 종교단체의 종교적 표현의 자유 등이 규정되고 있었다. 그 외에는 바이마르 헌법에 규정되었던 자유권과 생존권을 그대로 규정하고 있었다. 그러나 현실적으로는 자유권적 기본권의 보장에는 소흘한 점이 많았다.

1968년에는 소위 '사회주의헌법'으로 전면 개정되었는바 제19조에서 제46조까지 기본권에 대하여 상세하게 규정하고 있었다. 또 총강 규정에서도 상당한 기본권 규정을 발견할 수 있다. 1974년에는 헌법에 중요한 개정을 단행하였으나 기본권 조항은 개정하지 아니하였다.

동독 헌법의 기본권 조항은 자유권에 관한 조항과 생존권에 관한 조항 등으로 되어 있다. 동독 헌법에서는 기본권을 ① 정치적 권리와 의무, ② 사회경제적 권리와 의무 ③ 정신적·문화적 권리와 의무로 나누어 설명되고 있다. 그 중에서도 독특한 것은 평화수호권, 공동참여권과 형성권, 경제와 경영에 대한 참여권, 공동결정권, 휴가와 휴식의 권리, 주거에 관한 권리, 노동의 양과 질에 따른 임금에 관한 권리, 중등 교육을 받을 권리, 능력을 최고도로 발휘할 의무 등이다.

동독도 1976년에 유엔의 국제인권협정에 가입함으로써 형식적으로는 시민적·경제적·사회적·문화적·정치적 권리들을 보장하고 있는 것처럼 보인다.

4. 양독 헌법상의 기본권 비교

이와 같이 양독 헌법의 기본권 조항은 바이마르 헌법의 기본권 조항의 계승이며 유엔의 국제인권협정의 준수를 구가하고 있으나 실제적으로는 많은 차이가 나타나고 있다. 그 중요한 이유는 기본권에 관한 동독과 서독의 견해차이 때문이라고 하겠다.

(1) 첫째로 서독에 있어서의 자유권은 '국가에서의 자유', 즉 국가권력에 대한 항의적·저항적 성격을 가지는 것인데 대하여, 동독에서의 자유권은

'국가로의 자유', 즉 국가에 협력할 권리로 보고 있다. 바꾸어 말하면 서독에 있어서의 기본권은 인간의 자연권인데 대하여 동독에서의 기본권은 시민의 실정권으로서 국가·사회에서 부여하는 것으로 보고 있다.

(2) 둘째로 서독에서는 생존권적 기본권에 관한 규정은 거의 없으나 조약상 보장되는 이들 생존권도 소구(訴求)가능한 것으로 보고 있다. 이에 대하여 동독에서는 수업료의 면제라든가 시위시의 노임보장이라든가 금전적·실질적 보장이 주가 되고 있으나 소송에 의하여 청구하는 것은 부정하고 있다.

(3) 셋째로 서독 헌법에는 국민의 의무에 관한 규정이 없는데 대하여 동독 헌법에는 국민의 의무에 관한 규정이 많다. 이는 공산주의 국가의 기본권이론이 권리와 의무의 동질성에 입각하고 있기 때문이다. 특히 생존권적 기본권의 경우 권리에 대응하는 의무를 규정하고 있는 것이 특색이다. 기본권의 적극적인 행사의무를 규정하고 사회주의적 재산권의 보장과 동시에 보호 증식 의무를 규정하고 있다.

(4) 넷째로 기본권의 제한 시 서독에서는 헌법과 법률에 의해서만 제한할 수 있고, 그 경우에도 본질적 내용의 침해가 금지되고 있는데, 동독 헌법의 운용실제에 있어서 사회적 필요가 있는 경우에는 기본권을 마음대로 제한할 수 있으며, 기본권의 제한 한계에 관한 규정이 거의 없다.

(5) 다섯째로 기본권의 보장방법에 있어서 서독에서는 법률적·사법적 보장방법이 우선되고 있으나, 동독에서는 정치적·경제적·이데올로기적 보장방법이 우선하고 있다. 서독에서는 기본권이 침해된 경우 법원에 의한 구제가 가장 중요시되며 최종적으로는 헌법재판소에 의하여 구제된다. 이에 불복하는 경우에는 유럽인권법원에 제소할 수 있다. 이에 대하여 동독에서 기본권이 침해된 경우에는 경찰이나 검사에게 인권옹호를 부탁하여, 국민대표기관에게 청원하는 방법만이 인정되고 있을 뿐 법원에 의한 구제방법은 거의 활용되고 있지 않다.

5. 결어

자본주의와 군주주의에 입각했던 프로이센 헌법의 기본권 규정이 제1차 세계대전의 패전과 소련 혁명에 영향을 받아 자본주의와 공산주의의 타협, 절충 내지는 중화적인 바이마르 헌법의 기본권 규정으로 발전해 가다가, 제2차 세계대전 이후 자본주의국가와 공산주의국가로 분열된 양독의 기본권 규정을 갖게 되었다.

서독은 자본주의국가에서는 모범적인 복지국가이고 동독은 공산주의국가 군(群)에서는 모범적인 경제대국이 되었다. 이 양 국가의 기본권 조항의 규정과 적용의 차이는 같은 분단국가인 우리들에게 시사하는 바가 크다.

'빵이냐 자유냐의 택일'의 수준을 넘은 '빵과 자유와의 동시추구'의 시대를 맞은 현재, 서독의 인권보장 실태가 동독의 인권보장실태보다도 우월한 것은 우리들에게 시사하는 바 크다고 하겠다.

7. 서독 소연정의 장래[*]

　9월 28일의 서독 총선으로 성립된 독일 하원은 10월 21일 집회에서 사회민주당 당수인 빌리 브란트 씨를 251 대 235표로 수상으로 선출하였다. 빌리 브란트 수상은 곧 사회민주당과 자유민주당의 소연정(小聯政)을 성립시켜 각료를 임명하고 10월 28일에는 시정연설을 통하여 새로운 정책을 밝혀 연방 하원의 승인을 얻었다.

　이 시정연설은 동구 공화국과의 관계개선을 위한 새 움직임으로 소련과 폴란드 및 동독과의 협상을 제안하고 영국 및 그 밖의 국가들의 유럽경제공동체 가입을 촉구하였고 핵무기확산금지조약에 조인할 것 등을 밝힘으로써 새로운 외교방향을 모색하고 있는 것이 특색이다.

　9.28총선에서 제2당밖에 안 된 사회민주당이 제1당을 물리치고 제3당과 연립하여 소연정을 형성한 것은 서독 기본법과 선거법에 근거한 것이기는 하나 약체내각이 되어 정국의 불안정을 가져올 것이 아닌가 여러 사람들이 우려하고 있다. 특히 사민당이 기민당과의 대연정을 박차고 강

＊ 『대학신문』 제759호, 1969년 11월 3일자.

력한 통솔력이 없는 자민당과 연립정권을 수립한 것은 무모한 짓이 아닌가 하는 우려를 나타내는 사람도 있다.

9.28총선에서 기민당은 46.1%의 득표를 하여 242석을 차지하였고 사민당은 42.7%를 얻어 224석을 획득하였으며 자민당은 30석을 얻었다. 이 선거에서 65년 총선에 비하여 득표율이 상승한 정당은 사회민주당만으로 3.4%의 상승률을 보였는데 기독교민주당은 1.5%나 하락하였고 자유민주당도 3.7%나 하락하여 사회민주당은 비록 제2당에 머물렀으나 이 선거에서 유일한 승자로서의 위치를 차지하였다.

빌리 브란트 수상은 재빨리 셀 자민당 당수와 회합하여 총선 후 1주일 만에 소연정의 구성에 합의를 보았고 소연정의 정책에도 합의를 보았던 것이다.

서독 소연정의 하원의석은 자민당과 사민당을 합하여 254석 밖에 안 되며 야당인 기민당은 242석을 차지하여 6명의 자민당 의원이 탈락하면 절대표수를 얻을 수 없으며 지난번 수상선거에서도 2표의 다수밖에 얻지 못하였다. 뿐만 아니라 연방 상원은 기민당이 21 대 20으로 1표를 리드하고 있기 때문에 강력한 정책을 꾸려나가기란 어려운 것이 아닌 가 우려하여 길어야 1년이나 갈까 하는 사람들도 있다.

그러나 소연정은 기민당과 사민당의 대연정보다는 효과적이며 앞으로 4년간 통치해 나갈 것이 틀림없을 것으로 보인다. 왜냐하면 자민당 정책은 과거에는 기민당보다 우익(右翼)에 있었으나 이제는 기민당의 좌익으로 옮겨졌고, 외교국방정책 면에서 사민당과 거의 같으며 국내 정책 면에서도 사민당과 훨씬 접근해 있기 때문이다. 만약 이번에도 자민당이 통솔할 수 없어 소연정이 붕괴되는 경우 자민당은 몰락의 길을 걸을 것은 너무나 자명하기 때문에 자민당의 연정이탈현상은 생각할 수 없을 것이다.

자민당과 사민당간의 가장 중요한 정책 대립은 근로자의 경영참가 문제였던 바 이것도 자민당 간부와 노총(勞總)간에 점진적인 추진에 합의한 바 있으므로 문제시될 것 같지 않다. 사민당과 자민당은 외교정책이며 국방정책 등에는 의견이 완전히 합치된 것으로 전하는 바 그 중요한 합의점을 보면 ① 핵확산금지조약을 가능한 한 조인할 것, ② 전투나 폭력 사용금지를 위한 소련과의 각서 교환을 위하여 노력할 것, ③ 할슈타인 원칙을 포기하고 가능한 한 많은 나라와 외교관계를 유지할 것, ④ 동독의 국제법적 승인은 피하나 대등한 당사자로서 일반조약을 체결할 것, ⑤ 병역복무기간을 현행 18개월에서 15개월 정도로 단축할 것 등이다.

브란트의 시정연설에서도 대소(對蘇)접근과 대 동독 접촉이며 오데르·나이세 선을 국경선으로 인정할 뜻을 비쳐 폴란드와의 긴장완화에 노력하려는 흔적이 역력하다. 서독 신정권의 동구와의 긴장을 완화시키기 위하여 동구측이 비방해 온 복수(復讐)주의 정책을 버리고 2차 대전 패전의 현실을 수락함으로써 독일의 통일을 성취시키려는 노력은 우익 정객들의 비난의 대상이 될 것은 확실하나 많은 서독 시민의 공감을 불러일으킬 것 같다.

셸 외상의 외교정책은 비단 동구접근 뿐만 아니라 유럽공동체의 이념에도 충실한 것으로, 미국이 요구하고 있는 핵확산금지조약을 조인할 것이며 유럽공동체의 문호를 개방하여 국수주의의 비난을 없이하고 국제주의에 입각하고 있으므로 영국, 프랑스 등 서구 우방 또한 이를 환영하고 있다. 국내정책면에서는 ① 점진적인 근로자의 경영참가권의 인정, 노동자의 면세점을 240 DM에서 480 DM으로 배로 올리고, ③ 중간단계의 세율을 내리며, ④ 유럽 경제공동체 농업시장을 개선하고, ⑤ 연방교육부의 신설확대 등에 합의하고 있는바 근로대중과 중산층의 재산 구축을 위한 여러 가지 방안이 모색될 것이 틀림없다. 또 대학의 문호개방과 대학인구의 증가 등이 실현될 것으로 보인다.

서독의 소연정으로 정권의 좌에서 물러난 기민당은 일종의 의존정당이었으므로 야당으로서의 존립가능성조차 의문시되고 있으며 유사시에는 우파와 좌파로의 분열의 가능성 또한 없다고는 할 수 없을 것이다.

대연정 하에서 야당부재로 생겼던 극우의 국가민주당은 정치무대에서 사라질 것이며, 극좌정당 또한 쇠퇴할 것이 예상되므로 정당정비에도 획기적인 계기가 될 것으로 보인다.

만약에 기독교 민주당이 강력한 야당으로서 건존(建存)하는 경우에도 소연정을 전복하기 위해서는 연방 하원에서 절대다수(건설적 불신임제도)로 후계 수상을 선출하여야 하는데 이에 성공하기는 힘들 것 같으며 단순다수로 불신임하는 경우 의회를 해산하여 새 선거를 실시하게 될 것이다.

소연정은 며칠 사이에 19개의 행정각부를 14개로 줄여 국가의 경비를 절약하였고 마르크화를 평가 절상함으로써 인플레 요인을 없애고 국제경제의 안정에 공헌하는 등 인기 정책을 쓰고 있으며, 사민당 11 자민당 3의 장관에도 유능한 지식인·교수들을 초빙하여 내각을 구성하고 있으므로 다음 총선에서는 보다 많은 표를 얻을 것이 틀림없다. 특히 선거연령을 18세로 인하하는 경우, 이 경향은 보다 촉진될 것이 예상된다. 소연정의 사민당은 엠케(Ehmke) 공법 교수를 내각 관방장관으로 임명하고 자민당은 다렌도르프(Dahrendorf) 정치학 교수를 당수보좌관으로 지명하여 후계자 양성에도 배려하고 있다.

서독의 소연정은 그동안 장기집권으로 침체되었던 서독정계에 신풍을 불러일으키고 젊은 독일, 전쟁범죄와는 관계없는 신독일을 구축할 가능성이 짙다. 그러나 외교정책에는 공산주의자에게서 오는 한계가 있을 것이 예상되며 비록 서독의 통독정책이 성공한다고 해도 우리나라가 이를 본받기는 어려운 제약이 하나 둘이 아님도 명백하다. 데탕트에 의한 동서 독일의 통일은 멀고머나 '분할되어 있더라도 분리되지는 않는 독일'의 건설이라는 그들의 당면 요구는 실현될 공산이 크다.

8. 독일 통일의 교훈[*]

1. 축하 메세지

한국공법학회가 독일 통일 20주년을 맞아 독일 통일의 회고와 한국통일의 전망에 대하여 독일의 저명한 공법학자와 프랑스 공법학자를 초청하여 학술대회를 개최하게 된 것을 축하하면서 큰 성공을 거두기 바랍니다.

1950년대에 독일 하원 부의장 Carlo Schmidt 교수는 독일통일보다는 한국통일이 더 빨리 올 것이라고 예언했습니다. 저는 거기에 반대하여 독일은 동족상잔의 전쟁을 하지 않았기 때문에 동족상잔의 6.25남침을 겪은 한국보다는 더 빨리 통일될 수 있을 것이라고 반대하였습니다. 그는 독일의 통일은 주변국가가 반대하고 있기 때문에 지난할 것이라고 하면서 한국통일에 대해서는 반대하는 나라가 적기 때문에 한국통일이 더

---

[*] 한국공법학회 제157회 학술대회「통일의 공법적 이해」, 2010년 10월 8일 개최 격려사,『공법연구』제39집 제3호(2011.2), 1~10면에 수록.

쉬울 것이라고 답변하였습니다.

1989년 베를린의 벽이 무너지자 동방정책의 기수였던 Brandt 수상도 예상치 못한 일이었다고 감격했습니다. 그 뒤 서독정부의 통일노력에 따라 소련과 영국·프랑스·동독의 반대를 극복하여 1년 만에 완전한 통합을 이룩하였습니다. 독일통일은 예상외로 빨리 성취되었습니다. 이것은 소련과 동유럽·동독의 경제파탄의 결과 Gorbi가 항복한 결과라고도 하겠습니다. 또 물론 유럽통합을 위한 서유럽 국가수뇌들의 결단도 기여하였습니다. 국내적으로는 동독 시민들에 의한 1989년의 평화혁명이 없었더라면 동독은 현재까지도 명맥을 유지했을지 모르겠습니다.

동독의 평화혁명은 서독의 동방정책의 결과이며, 서독의 동·서독 교류정책의 승리라고도 하겠습니다.

Schmidt의 예언과는 달리 한국은 아직도 냉전의 와중에 있으며, 통일은 요원한 것처럼 보입니다. 1972년 7.4남북공동성명은 독일의 동·서독 기본조약체결과정을 벤치마킹한 것입니다. 그러나 대한민국과 북한의 내정안정을 위한 상호비방금지를 위한 것이며, 대한민국은 유신헌법을 제정하고 북한에서는 사회주의 헌법을 제정하여 독재정권의 강화에 성공하였습니다. 1990년의 동유럽의 와해를 경험한 한국정부도 Gorbi를 방문하여 한·소련수교를 맺었고 소련에 차관을 주면서까지 Gorbi에게 한국통일을 방해하지 않도록 요구하였습니다. 소련도 한국과 외교관계를 수립하고 평화적 통일에 합의하였습니다. 북한과는 남북기본합의서를 채택하였습니다. 1991년의 이 남북기본합의서는 1972년의 동서독 기본조약을 모방한 것으로 남북한의 교류·협력에 따라 20년 내에 통일될 것이라는 기대감에 부풀었습니다. 그런데 예상과는 반대로 북한은 독일식 흡수통일을 반대하고, 남북연방론을 주장했던 것입니다. 김일성은 독일통일이 동독의 멸망을 가져왔고 동독의 역사를 부정했다고 하여 독일식 흡수통일에 반대하였습니다.

2. 한국통일에의 전망

남북한이 이 남북기본합의서대로 개방과 교류를 했더라면 지금쯤 통일이 되었을 것입니다. 그런데 남·북 양정부가 교체되면서 남북기본합의서의 이행을 강행하지 않고 햇볕정책을 펴 북한정권의 연명을 도왔고, 북한에게 핵과 미사일 개발의 시간을 벌어 주었습니다. 북한의 고난의 행군 때에는 북한의 내부붕괴가 곧 있을 것이라고 보고 황장엽 비서까지 망명했습니다. 그 때 만약 황장엽비서의 충고에 따랐다면 북한은 멸망하고 통일이 달성됐을지 모릅니다.

국제적으로는 북한의 핵개발을 방지하려고 6자회담을 개최하여 원자력발전소의 제공에 합의했습니다. 그러나 이 6자회담은 중국과 러시아의 미온적 태도로 북한에게 핵개발의 기회만 주었을 뿐 북한의 선군정치를 예방할 수 없었으며 급기야 천안함 폭침사태까지 유발하고 말았습니다. 국제적으로 중국과 러시아가 북한편을 들고 있고, 미국과 일본이 대한민국편을 드는 신냉전시대가 도래하였습니다.

1990년 멸망이 점쳐지던 소련과 북한이 다시 군사대국으로 부활했고, 중국은 굴기(崛起)하여 G2로 부상하며 팽창외교를 펼치고 있습니다. 북한은 반인권정치와 핵개발 등으로 유엔의 제재를 받자 이제는 고립하여 중국의 보호령으로 나락에 빠지고 있습니다. 국내적으로 경제파탄에 직면했고 3대 승계에 대한 불만이 있어 내부적 붕괴가 초래되더라도 중국의 보호국화 될 우려조차 없지 않습니다. 90년대까지만 해도 북한이 내부붕괴하면 당연히 대한민국이 북한지역을 점령하여 계엄령으로 통치한 뒤 대한민국에 편입한다는 통일방안이 주류였지만 이제는 북한이 비대칭무기를 가져 다시 남침할 지도 모를 위험 속에 놓여 있습니다.

그 동안 대한민국은 일방적으로 퍼주기로 하여 KEDO의 원자력 발전시설·물자, 금강산의 남북면회사무소, 금강산의 민간시설까지 북한에 몰수당하고 개성공단까지 몰수와 인질의 위협 속에서 시달리고 있습니다.

3. 독일통일의 교훈

1) 상호주의 채택

우리는 그 동안의 통일정책을 반성하고 독일통일정책을 배워야 할 것입니다. 독일은 1972년의 동서독기본조약체결로 평화 · 개방 · 교류정책을 폈고 동독에 많은 경제원조를 했지만 그 대가로 인도적인 양보를 받아냈습니다. 신앙자유의 보장, 간첩의 상호교환, 동독 정치범의 Freikauf,[1] 신문 · 잡지 · 방송 · TV 등 자유유통과 여행의 자유보장 등을 통하여 동독인의 인권보장을 꾀하여 동독 인민의 삶의 질을 향상시켰고 동독인의 평화시위를 가능하게 하여 급기야 평화혁명을 성공시켰던 것입니다.[2]

서독은 철저히 상호주의를 취했습니다. 그런데 우리나라에서는 남파간첩을 7~80명 보내면서 한명의 국군포로도 돌려받지 못했습니다. 천문학적인 쌀, 비료, 현금 등을 지급하면서 그것이 주민의 복리를 위해서 사용되는지, 화학무기를 만드는데 전용되는지, 핵무기재료, 첨단기술의 도입에 사용되는지 검증을 하지 않았습니다. 이러한 정책은 지양되어야 하며 철저한 상호주의가 적용되어야 합니다.

---

1   Freikauf의 비용은 34억 6천 만 마르크(1980년 환율로 1조 7300여 억 원).
2   상세한 것은 김철수, 『통일독일의 정치와 헌법』, 박영사, 2004 참조.

2) 북한의 개혁·개방에의 노력 경주

북한의 개혁·개방은 북한주민의 기본권보장을 위해서 필수적이며 통일을 위하여서도 지상명령입니다. 북한주민은 세계에서 단절되어 공산독재와 3대 세습정치의 잘못됨조차 자각하지 못하고 있습니다. 북한은 아직도 일제시대 천황제의 잔재가 살아 있습니다.

서독은 동독의 개혁·개방을 위하여 동독시민의 서신교류·동서독시민의 상호왕래, 서적·신문·잡지·TV의 개방 등을 경제원조를 조건으로 쟁취하였습니다.

우리나라는 그 동안 북한에 대한 개혁·개방의 요구는 북한을 자극하여 남북관계의 경색을 가져온다는 이유로 이를 자제해 왔습니다. 심지어 풍선날리기, 휴전선의 확성기사용까지 금지해 왔습니다. 기껏 한다는 것이 금강산 관광이나 남북이산가족상봉 정도였습니다. 이것도 북한에 대한 무상원조 역할을 했을 뿐 북한주민의 대한민국방문이나 대한민국 실상 알리기에 아무런 도움이 되지 못했습니다. 서독의 통일은 앞서 말한 바와 같이 활발한 상호교류를 통하여 동독시민의 서독에의 편입을 요구하는 평화혁명을 할 수 있게 유도한 때문에 이루어진 것입니다.

3) 민족지상주의에서 인간중심주의로

그 동안 좌파정권에서는 민족지상주의를 내걸어 북한에 인도적 지원이라는 명목 아래 군량비를 비축하게 하고 북한통치자의 전제정권유지에 큰 기여를 해 왔습니다. 북한에 대한 지원이 북한주민을 위한다고 생각했으나 인도적 지원은 북한독재정권의 연명에 기여했을 뿐입니다. 정말 북한의 주민을 위해서는 북한주민의 기본권을 보장하기 위한 노력이 필요합니다. 무엇보다도 북한주민의 생존권을 보장하기 위한 식량자원, 의약품,

수재복구, 수재긴급지원 등을 북한주민에게 직접 전달해야 할 것입니다. 헐벗고 굶주리는 대다수 인민들의 생명을 보장해 주는 것을 북한정권에게 강력히 요구해야 합니다. 우리는 북한주민에게 농업기술전수, 비료제공, 조림사업 등을 지도해 줄 수 있을 것입니다. 북한에 진정한 신앙의 자유를 전파하기 위한 남한 종교인의 북한선교가 허용되어야 하고, 북한주민의 의료보호를 위한 의사들의 북한 내 활동이 보장되어야 합니다.

앞서 본 바와 같이 서독에서는 동독인민의 인간적 삶을 풍요롭게 하기 위하여 동독인을 서독에 여행할 수 있게 하고 가정상봉을 평상시하는 노력을 다 했으며 가족 간의 서신왕래 등을 얻어 내었습니다.

4) 탈북자의 보호를

현재 북한에서는 많은 시민들이 북한탈출을 기도하고 있습니다. 그러나 주변국가에서는 이들을 다시 북송하여 감옥에 보내도록 하고 있습니다. 또 이들이 북한탈출에 성공하여 한국공관에 들어오더라도 북한인이라 하여 대한민국의 보호를 잘 받지 못하고 있습니다.

서독에서는 동독시민의 서방사회로의 탈출을 위한 노력을 지원했을 뿐만 아니라 동독 주변국가에 압력을 가하여 이들의 서독여행을 가능하게 했습니다. 서독의 영사관에서는 동독인민이 원하는 경우 서독의 여권을 발급해 주어 서독국민으로서의 대우를 외국정부에 요구하고 여행의 자유를 보장했습니다. 그 결과 동독의 젊은 노동자들이 서독으로, 서방으로 탈출하여 동독은 노동자부족의 나라가 되어 경제적 파탄에 직면하게 되었던 것입니다.

우리나라에서는 예산을 이유로 재외공관에 진입해온 탈북자까지도 잘 보호하지 못하고 있으며 그들에게 대한민국국적을 부여하지 않고 여권을 잘 발급하지 않아 대한민국으로의 귀국을 어렵게 하고 있습니다.

우리 헌법은 북한주민도 대한민국국민으로 인정하고 판례도 이를 인정하고 있습니다. 이 헌법정신에 따라 우리 정부는 탈북자 보호를 위한 외교적 노력을 강화해야 하며 대한민국여권을 발급하여 대한민국 입국의 자유를 보장해야 합니다.

5) 통일정책의 정밀화를

서독의 통일은 서독정부의 외교정책의 승리라고도 하겠습니다. 서독이 영국이나 프랑스의 반대를 무릅쓰고 통일을 이룩했던 것은 일관된 통일정책을 폈던 탓이며 Brandt의 동방정책에 이어 Kohl이 서유럽통합정책을 벌여 쟁취한 것입니다. 독일이 통일된 것은 Kohl 수상을 비롯한 정부의 외교정책의 승리라고 하겠습니다. 이 때문에 80세가 된 Kohl 수상은 Bismarck보다도 위대한 독일인으로 칭송을 받고 있습니다. 미국, 소련, 영국, 프랑스의 4대 점령국과 동서독간의 6자외교가 통일을 가능하게 했습니다. Brandt 이후의 동방정책으로 이웃나라 동유럽국가와 화해하고, 미국과의 끊임없는 우호정책에 힘입어 비로소 영국이나 프랑스의 반대를 극복할 수 있었던 것입니다.

우리의 통일정책은 그 동안 우왕좌왕해 왔습니다. 흡수통일론에서 시작하여 낮은 단계의 연방론까지 방황을 해왔습니다. 정부는 미·일과의 긴밀한 동맹관계를 기축으로, 북한, 중국과 러시아의 반대를 잠재울 수 있는 외교정책을 진작하여야 하겠습니다.

통일정책에 대한 국론분열을 지양하고 통일정책에 대한 대한민국국민의 민의를 통합하여야 하겠습니다. 북한의 무력위협에 굴하여 저자세로 나간다면 우리의 통일은 기대하기 어렵고 북한의 적화통일의 희생이 될 가능성이 많습니다. 통일에 관한 법적 절차는 통일정책의 마무리에 불과하므로, 굳건한 통일정책의 집행에 주력해야 하겠습니다.

6) 통일비용의 최소화를

서독은 동독을 통일한 뒤 9년간에 1조 3천억 달러(1473조 원)를 사용하였습니다. 이것은 동독의 재건비용으로 서독정부와 주민들이 지불한 돈입니다. 북한의 경우 사정은 더 나쁘기에 더 많은 통일비용이 들 것이라고 추정하고 있습니다. 통일 후 국민들의 1인당 국민소득은 떨어지고 실업률은 늘어날 것이 확실합니다. 이를 위하여 독일처럼 통일세를 거둔다고 하더라도 한국국민의 희생과 불만이 커질 것이 예상됩니다. 우리의 경제상 독일 통일 시에 있었던 경제적 실패를 되풀이 하지 않기 위한 제도를 마련하여야 할 것입니다. 상당기간 경제를 완전통합하지 않고 북한의 자립경제를 돕는 방안이 강구되어야 할 것입니다.

7) 통일에 대한 법적 연구의 회고와 기대

저는 1950년대에 독일에서 공부하면서 독일이 평화공존을 하여 번영하고 있는 것을 보면서 평화적 통일이 가능할 것이라고 생각하여 통일헌법에 대한 연구를 해 왔습니다. 귀국 후 1964년부터 독일통일에 관한 논설을 썼습니다. 1980년 초에는 Adenauer재단의 초청으로 독일을 방문하여 한국헌법의 제정과 독일헌법에 관한 연구를 했고, 1985년에는 베를린에서 열린 법을 통한 세계대회에 참석했으며, 1990년에는 독일통일을 전후하여 베를린과 동독을 여행하였고, 1996년에는 베를린 훔볼트대학과 자유베를린대학에서 독일통일헌법에 관한 연구를 했습니다. 그 결과를 집성한 것이 저의 『독일통일의 정치와 헌법』입니다.[3]

많은 학자들은 통일에 대한 허상을 가지고, 우리가 통일헌법만 제안하

---

3   김철수, 『독일통일의 정치와 헌법』, 박영사, 2004, 621면.

면 북한정권이 이에 호응할 것을 기대하여 통일헌법안의 연구에 치중하였습니다.

저는 한국통일헌법에 관하여 1973년부터 본격적인 논문을 발표하기 시작하였습니다.[4] 1984년에는 양건·장명봉·이홍구 교수와 공동으로 통일헌법 초안을 작성하였습니다.[5] 이들 연구의 결과는 『현대헌법론』[6]과 『법과 정치』[7] 등에 재록되었습니다. 이 뒤에도 한국통일헌법에 관해서 몇 편의 논문을 발표하였습니다.[8]

그러나 북한에는 독일과 달리 법치주의의 전통이 없고 심지어 죄형법정주의까지 무시되고 있습니다. 저도 이러한 오류를 범했습니다. 그러나 1999년과 2003년 두 차례 북한을 방문한 뒤 이 미몽에서 깨어났습니다.

저는 정년 후에는 헌법교과서 증보작업에 쫓겨 본격적인 통일헌법논문을 쓰지 못하고 있습니다. 연로한 원로학자들에 대신하여 새로운 학자들이 연구를 활발히 행하고 있어 마음 든든합니다.[9] [10]

원래 같으면 제가 냈던 『독일통일의 정치와 헌법』 이후에 발표된 외국 논문과 책을 참조하여 새로운 논문을 써야 할 것이나 시간관계로 여기서는 후일로 미루는 것을 용서해 주기 바랍니다.

---

4 상세한 논문목록은 김철수, 『헌법정치 60년과 김철수 헌법학』, 박영사, 824~826면 참조.
5 통일원, 미발표, 1984.
6 김철수, 『현대헌법론』, 박영사, 1979, 3~64면.
7 김철수, 『법과 정치』, 교육과학사, 1995, 675~802면.
8 김철수, 「통일헌법의 제정문제」, 『학술원논문집』 제36권, 1997; 김철수, 「한반도의 통일정책」, 『세계헌법연구』 제2호, 1997; 김철수, 「동아시아의 평화와 한반도의 통일」, 『세계헌법연구』 제2호, 1997; 김철수, 『한국입헌주의의 정착을 위하여』, 법서출판사, 2003, 247~306면; 김철수, 「한국통일과 통일헌법제정문제」, 『헌법논총』 제3집, 1992.
9 장명봉, 『분단국가의 통일과 헌법』, 국민대 출판부, 2001; 김승대, 『통일헌법이론-동서독과 남북한통일의 비교법론』, 법문사, 1996; 최대권, 『통일의 법적 문제』, 법문사, 1990; 이효원, 「남북한 특수관계론의 헌법학적 연구」, 서울대 박사논문, 2006; 허영, 『독일통일의 법적 조명』, 박영사, 1994.
10 기타 문헌은 이효원 전게 박사논문에 실린 문헌목록과 홍준형, 「한국통일과 공법적 과제」, 정부수립 60주년기념 2008 남북법제특별세미나 한국통일과 법적과제 발표문, 2008에 실린 논문목록. 보다 상세한 것은 국회도서관, 중앙도서관, 대법원도서관, 헌법재판소 도서관의 문헌 색인 참조

한국공법학회 회원 여러분들은 이들 문헌을 참조하여 저보다도 훨씬 좋은 논문을 작성해 주기 바라며 그 결과 한국통일이 촉진되기를 기대합니다. 이번 공법학회 발표대회에서 토론되지 않은 통일정책에 대한 것을 아깝게 여겨 1990년대 졸문을 전재하니 참고해 주시기 바랍니다.

9. 공산권 헌법의 특색[*]

1. 서설

1) 공산주의 국가의 헌법유형

북괴의 소위 헌법은 공산주의 진영의 한 헌법으로서 소련헌법 등을 모방한 모방헌법이다. 공산진영 국가의 헌법이란 1917년의 마르크스 · 레닌 이념을 구현한 소련헌법에서 시작하여 제2차 대전 후의 여러 인민민주주의 헌법을 포괄하는 것이며, 가장 최근의 헌법으로는 1963년 4월 7일의 유고슬라비아 헌법과 1965년 8월 22일의 루마니아 헌법과 1968년 4월 6일의 동독헌법 등이 있다.

이들 공산주의 국가군의 헌법을 그 성립 연대순으로 배열해 보면 다

---

[*] 김철수 · 최송화 · 김효전, 『남북한 법체제의 비교연구 : 공법관계를 중심으로』, 국토통일원, 1972.6, 1~27면.

음과 같다.

1918.7.10   러시아 공화국 헌법

1924.11.26   몽고 인민공화국 헌법

1925.5.1   러시아 공화국 헌법

1936.12.5   소비에트 사회주의 공화국 연방헌법

1940.6.30   몽고 인민공화국 헌법

1946.1.31   유고슬라비아 연방 인민공화국 헌법

1946.3.14   알바니아 인민공화국 헌법

1946.11.8   베트남 민주공화국 헌법

1947.12.4   불가리아 인민공화국 헌법

1948.4.13   루마니아 인민공화국 헌법

1948.5.9   체코슬로바키아 공화국 헌법

1948.9.8   북한 헌법

1949.5.30   독일 민주공화국 헌법

1949.8.18   헝가리 인민공화국 헌법

1952.7.22   폴란드 인민공화국 헌법

1952.9.24   루마니아 인민공화국 헌법

1953.1.13   유고슬라비아 연방 인민공화국 헌법

1954.9.20   중화 인민공화국 헌법

1959.2.7   쿠바 공화국 헌법

1959.12.31   베트남 민주공화국 헌법

1960.7.6   몽고 인민공화국 헌법

1960.7.11   체코슬로바키아 사회주의 공화국 헌법

1963.4.7   유고슬라비아 사회주의연방 공화국 헌법

1965.8.22   루마니아 사회주의 공화국 헌법

1968.4.6   독일 민주주의 인민공화국 헌법

이들 공산주의헌법을 나누면 (1) 인민민주주의헌법과 (2) 사회주의헌법으로 나눌 수 있다.[1]

(1) 인민민주주의 헌법

이 헌법은 과도기헌법이라고도 할 수 있다. 이것은 자본주의로부터 사회주의에로의 이행단계, 즉 과도기에 있어서의 사회·경제체제를 반영한 것으로 이것도 3유형으로 나눌 수 있다.

a) 소연방의 NEP기에 있어서의 소위 레닌(Lenin) 헌법과, b) 동구 인민민주주의헌법, c) 동북아시아 인민민주주의 헌법이다. 북괴 헌법은 동북 아시아주에서의 헌법으로 이 유형에 속하는 것으로는 중공, 몽고, 북월맹 등의 헌법을 들 수 있다.

인민민주주의 헌법들은 아직까지 사회주의의 영역에 도달하지 않은 것으로서 헌법상에 사회주의에로의 이행을 명백히 하고 있는 것이다. 이 단계에 있어서의 헌법들은 각각 사회적·역사적 기반의 상위에 따라 소유권제도나 정치참여제도에 있어 서로 다른 것이 특색이다. 이러한 헌법들은 근로자계급이 제국주의 식민지지배체제를 타도하고 국가권력을 장악하여 새로운 정부를 수립했다는 기정사실에 입각하여 그 계급성을 뚜렷이 나타내고 있는 것이 특색이다.

---

1 공산주의헌법에 관한 것으로는 Beiträge zur sowjetischen Staats-und Rechtswissenschaft, Nr. 1. Nr. 2. *Die Staatsordnung der Sowjetunion*, 1971; Bobeck, *Zur gegenwärtigen Verfassungssituation in der CSSR*, JöR. Bd. 18. SS. 295-302; Mampel, *Die neue Verfassungsordnung in Mitteldeutschland*, JöR. Bd. 18. SS. 333-466.
ソ同盟アカデミー法研究所, 『國家と法の理論(上・下)』, 嚴松堂書店; 大西邦雄, 『比較憲法學の基本問題』.
한웅길, 「자유진영국가와 공산주의국가의 헌법유형(상・하)」, 『고시계』 1972년 2월호, 3월호 참조

(2) 사회주의 헌법

이는 자본주의제도를 완전히 폐지하고 근로자 계급 자신들이 국가의 전권력을 장악하고 사회주의국가를 형성했다는 주장에 입각하여 이 제도를 확고히 유지하기 위하여 만든 헌법이다. 이것은 Stalin 헌법에서 시작하여 상당 다수의 사회주의국가들이 사회주의 헌법을 채택하기에 이르렀다.

이 헌법 하에서는 기존의 자본주의헌법과 국가를 완전히 폐지하고 생산수단을 근로하는 인민대중의 집결체인 국가의 공유로 하고 전인민적 경제제도를 확립했다는 데에 특색을 발견할 수 있을 것이다.

사회주의 헌법은 인민민주주의헌법의 발전 형태이다. 1960년대 이후 인민민주주의헌법이 사회주의헌법으로 변천하고 있다. 1960년의 체코헌법을 비롯하여 1963년의 유고헌법, 1965년의 루마니아 헌법, 1968년의 동독헌법들이 사회주의헌법으로 이행하였다고 선언하고 있다. 북괴도 새로운 사회주의헌법을 채택하겠다고 공언하였으나 아직까지 기초단계에는 도달하지 않은 것 같다.

(3) 공산주의국가의 헌법의 특징

공산주의국가의 헌법은 각기의 특수성을 가지고 있으나 일반적으로는 다음과 같은 특색을 가지고 있다.

① 통치기구
공산주의국가의 헌법은 어느 것이나
a) 권력은 근로자(또는 인민)에게 속한다 하고
b) 18세 이상의 남녀가 선출하는 중앙 및 지방의 대의제기관이 최고기관이며

c) 대의원은 선거인에 대하여 책임을 지며 언제든지 Recall 된다(대의제 민주정치와 직접민주정치의 결합).

d) 국회에 해당하는 최고 Soviet, 국민회의 등이 국가권력의 최고기관이며 다른 국가기관은 이에 종속된다(즉 권력통합의 원칙이 지배한다).

e) 국회가 그 구성원 중에서 선출하는 간부회, 국가평의회 등이 국회의 상시 활동하는 기관으로서 국회의 회기와 회기 간에 그 직무의 일부를 대행하고, 나아가 약간의 집행적 기능을 다한다. 대부분의 사회주의국가는 이 간부회 등에 원수의 지위를 주고 있으나 중국, 체코슬로바키아, 유고슬라비아, 베트민, 쿠바 등은 이와 별개로 대통령을 두고 있다.

f) 정부, 최고법원, 검찰총장은 국회에 의하여 임명되거나 선거된다. 이들 기관은 국회의 활동을 견제하는 권력분립적 권한을 가지지 않는다(단, 유고슬라비아만이 위헌입법심사를 위한 헌법재판소를 두고 있다).

g) 국가권력의 지방기관은 시민이 선거하는 지방 Soviet, 인민위원회 등이며, 그 선거하는 집행위원회 등은 지방정부의 역할을 다한다. 이들의 활동에는 주민들이 광범위하게 참여한다.

h) 법원은 선거에 의하여 구성된다. 재판은 근로자가 참가하기 위하여 제1심 법정에는 문외한이 배석판사로서 참가한다는 참심제(參審制)를 채택하고 있다. 재판은 독립하여 행해지며 법률에만 따른다.

i) 검찰총장을 정점으로 하는 검찰기관의 체계는 정부에서 독립하고 국회에 종속한다.

② 공산당의 독재

공산주의국가는 모두 공산당(노동자당)이라는 마르크스·레닌주의적 정당의 지도하에 탄생하고 건설되었다. 현행의 약간의 사회주의 헌법은 공산당의 지도적 역할을 명기하고 있다(소련, 중공, 알바니아, 헝가리, 몽고, 루마니아, 체코슬로바키아, 유고슬라비아).

또 약간의 사회주의국가는 다당제를 채택하고 있으나(중공, 불가리아, 동독, 폴란드, 체코슬로바키아) 사실상에 있어서는 공산당과 통일전선을 결성하고 있다. 이들 우당(友黨)이라는 비프롤레타리아 정당은 사실상에 있어서는 공산당의 꼭두각시에 불과하다.

③ 사회경제제도

공산주의헌법이 공산주의 헌법이기 위해서는 그것이 사회정의의 실현(또는 1949년의 동독헌법과 같이 사회적 정의의 살현) 또는 사회주의의 실현을 국가의 기본적 임무로서 들고 있으며, 사회주의건설의 성과를 국가의 경제적 기초인 사회경제제도로서 정식화하고 사회발전의 기본적 방향을 명시하고 있다. 이에 따라 재산권 일반의 이름에 의하여 사유재산권을 보호하는 규정은 자취를 감추고 말았다.

사회주의헌법은,

a) 기본적인 생산수단, 운수수단은 국가만이 가진다고 하고,

b) 농업자산에 있어서는 인민민주주의헌법에 있어서는 대토지소유를 금지하고 농민에 의한 토지소유권의 보호를 규정하고 농업협동화의 촉진을 정책으로서 들고 있으며, 사회주의 헌법은 생산농업협동조합에 의한 농업자산의 소유를 원칙으로서 들며,

c) 인민민주주의헌법은 사기업의 존재를 인정하면서 인간에 의한 인간의 착취의 제한, 사적 독점의 금지를 규정하고, 사회주의헌법은 착취를 금지하고 사적 경영은 임금노동을 이용하지 않는다는 조건하에서만 예외적으로 인정하고,

d) 근로에 의하여 얻은 소득과 소비재에 대한 개인의 소유를 사적 소유와는 다른 시민의 개인적 소유로서 구성하여 그 권리를 보호하고 있다. 이와 같은 공산주의헌법에 있어서의 재산권의 구성은 '공공의 복지'를 이유로 하는 재산권의 남용의 금지와는 질적으로 다르다.

e) 공산주의헌법은 사회의 존재와 발전에 있어서의 노동의 의의를 강조하고 있고, 노동이 시민의 권리임과 동시에 시민의 명예이며 의무인 것을 정하고, 사회주의헌법은 "각인은 그 능력에 따라, 그 노동에 따라"라는 사회주의의 원칙을 규정하고 있다.

f) 공산주의헌법은 국민경제의 발전이 국가의 경제계획에 의하여 규제된다는 경제계획화의 대원칙을 들고 있다.

④ 시민의 기본적인 권리·의무

공산주의헌법은,

a) 시민의 동권, 특히 남녀의 동권, 민족·인종에 불구한 동권을 규정하고 있으며(약간의 인민민주주의헌법은 착취계급 또는 파시즘의 협력자의 선거권을 인정하지 않고 있다).

b) 노동의 권리, 휴식의 권리, 사회보장을 받을 권리, 모성의 보호, 교육을 받을 권리라고 하는 근로자의 사회적·문화적 권리를, 이것을 보장하는 구체적 조치와 함께 상세하게 규정하고 있다(전후의 공산주의헌법은 이 밖에도 결혼과 가족의 보호, 아동과 청년의 보호까지 규정하고, 사회주의헌법은 건강에 대한 권리, 주거를 얻을 권리 등을 규정하고 있다).

c) 신앙의 자유, 국가와 교회의 분리를 규정하고 있다.

d) 공산주의헌법은 언론·출판·집회·결사의 자유를 정하고 있으나, 이 경우 인민의 이익, 근로자의 이익을 자유의 기준으로서 설정하고 있다. 공산주의헌법에서는 이들의 정치적 자유는 시민이 개인으로서, 또 노동조합 기타의 대중단체를 통하여, 집단으로서 국가와 사회의 운영에 '참가할 권리'와 유기적으로 연관되어 있다.

이 경우 국가권력과 시민과의 적대관계의 존재가 부정되고, '국가를 통한 자유'가 자유의 중심에 속하며, 국가기관의 체계와 활동의 민주화, 이에 대한 대중의 감독, 대중의 참가가 자유의 구체적 보장으로서 인정되고 있다. 그러나 국가기관과 공산당, 노동조합 기타 사회단체의 활동의 관료주의화, 그 지도자의 독단적인 판단에 의한 시민의 자유의 억압의 가능성은 있으며, 또 현실적으로도 억압이 행해지고 있는 것이다.

e) 공산주의헌법은 피의자의 방어권, 인신의 불가침, 주거의 불가침, 통신의 비밀이라는 일련의 자본주의헌법이 정하는 일반적 민주주의적인 권리를 시민에게 보장하고 있다.

f) 약간의 공산주의헌법은 공무원의 불법행위에 관한 국가의 배상의무를 규정하고 있으며,

g) 공산주의헌법은 정치적·사회적 이유로 박해되고 있는 외국인에게 피난권을 보장하고,

h) 시민의 기본적 의무로서는 헌법과 법률을 준수할 의무, 공공재산을 중히 할 의무, 병역의 의무, 노동의 의무를 규정하고 있다.

⑤ 소수민족 문제

공산주의헌법은 민족·인종에 의한 차별대우를 금지하고, 다민족국가의 경우에는 또는 연방제를 채택하고(소련, 유고슬라비아) 또는 소수민족의 자치권을 인정하고(소련, 중공, 체코슬로바키아, 루마니아, 유고슬라비아) 또는 소수민족에게 민족어를 사용하는 권리를 인정하고 있다.

2. 공산주의헌법의 기본권

1) 공산주의헌법의 기본권보장의 특색

공산주의사회에 있어서의 '시민의 기본적 권리·의무'에 관해서 생각할 때 이것을 자본주의사회에 있어서의 기본권과는 완전히 다르다는 것을 알 수 있다.[2]

---

2 상세한 것은 다음 논문 참조.
　　針生誠吉, 「人權保障における近代立憲主義型と社會主義型－その原理的試論」, 東京大學社會科學硏究所編, 『基本的人權 I. 總論』, 293～314면; 藤田勇, 「社會主義憲法と基本的人權」, 東京大學社會科學硏究所編, 『基本的人權 I. 總論』, 347～383면.
　　한웅길, 「자유·공산진영국가의 기본적 인권제도(상·하)」, 『새법정』, 1972년 6월호, 7월호
　　소련헌법의 기본권에 대해서는 藤田勇, 「ロシア革命と基本的人權」, 『基本的人權』3, 東京

첫째로 공산주의헌법에 있어서의 기본권은 인간 일반의 권리가 아니고 사회의 구성원, 즉 시민으로서 프롤레타리아 독재권력에 의하여 공적으로 인정된 인간, 즉 각기의 나라에서 시민권을 가지는 시민 또는 공민만이 향유하는 권리라는 점에 차이가 있다. 따라서 공산주의 헌법에 있어서는 공산주의에 반대하는 인간에게는 기본권이 인정되지 않고 있는 점에서 기본권 개념 자체가 완전히 다른 것을 알 수 있다.

둘째로 인민민주주의헌법에 있어서는 사회의 구성원이 공적으로는 평등하게 취급되도록 규정하고 있으나 사실상에 있어서는 불평등이 지배하고 있다. 공산주의국가에 있어서의 평등은 추상적 형식적인 것이고 실질적 평등이 아닌 것이 특색이다.

셋째로 공산주의국가에 있어서의 기본권의 가장 핵심적인 것은 노동의 권리이다. 노동의 권리는 사회주의적 소유를 전제로 하고 있으며, 인민민주주의 하에서는 사회적 소유가 완성되지 않고 생산수단의 사회화에도 불구하고 사회주의로의 발전단계에서는 개인의 사실상의 불평등이 소유형태에서 잔존하고 있다. 이러한 불평등을 카버하는 것이 노동의 권리라고 말해진다.

넷째로 공산주의국가에 있어서의 기본권은 그것이 형식적 선언이 아니고 물질에 의하여 실질적으로 보장된다는 것이 특색이다. 이것은 기본권을 권리로서가 아니고 제도적으로 보장하려는 것이라고 볼 수 있다.

다섯째로 공산주의헌법에 있어서는 시민의 기본적 권리·의무는 전국가적·전헌법적인 권리로 인정되지 않는다. 이것은 자연권사상을 부인하고 국가에 의하여 제정되고 보장되는 제도적 측면을 강조하고 있다. 또한 이 보장이라는 것도 법률적 보장이나 사법절차에 의한 보장이 아니기 때문에 그 실효성이 거의 없다고 하겠다.

大學社會科學硏究所編, 301~354면.

2) 공산주의헌법에 있어서의 근로의 권리

(1) 노동권의 의의

공산주의헌법의 기본권 중에는 시민의 노동권이 가장 핵심적인 지위를 차지한다. 노동권이라는 것은 생산수단이 사회화되고 노동주체가 동시에 노동수단과 노동생산물의 소유주체라는 의제에서 출발한다. 그것은 개개의 노동주체로서가 아니고 집단으로서만 소유주체로 된다는 것에서 당연히 귀결되는 것이다. 따라서 자본가와 노동자의 대립을 전제로 하는 자본주의국가에 있어서의 노동권 내지 노동기본권과는 완전히 다른 것이다.

(2) 노동권의 내용

이러한 노동의 권리는 포괄적인 것으로서 인정되고 있다.
① 노동에 의한 정당한 보수를 받을 권리
사회화된 생산수단과 개개의 노동주체와의 관계를 보면 모든 생산수단은 국가가 전일적으로 관리하고 있으므로 생산수단과 제개인의 노동과의 결부는 국가에 의하여 조직되고, 또 생산의 결과도 국가에 의하여 제개인에게 분배되게 된다. 여기서 노동주체는 공동의 생산수단에 노동을 부가하고 그 소산을 공동으로 분배하는 관계로, 노동주체인 개인측에서 보면 첫째로는 시민이 노동의 기회의 보장과 노동에 따르는 소정의 기준에 의한 보수를 보장해 달라고 국가에 대하여 요구할 수 있는 권리를 뜻한다. 이에는 국가에 대하여 적극적인 행정상의 행위를 요구하는 권리라는 측면과 국가의 행정기관에 의한 권리침해의 구제를 사법기관에 요구하는 권리를 포함한다.
② 경영참가의 권리 : 노동자는 노동과정의 조직과 노동수단의 운용 기타에 참가하는 권리, 즉 생산관리에 참가할 수 있는 권리를 포함하고

있다. 이 권리는 노동조합이라는 조직, 노동자협의회, 노동자직원대표자회의, 상설생산자회의 등등의 명칭으로 불리는 개개의 생산단위의 집단을 통하여 실현된다고 보고 있다.

③ 노동생산물의 취득권 : 노동의 권리는 노동생산물의 취득권, 즉 개인적 소유권과 결부되고 있다. 개인적 소유권은 사회주의사회에 있어서의 시민의 재산권의 중요 형태이다. 그러나 시민의 재산권은 노동에 응하는 분배의 결과로서의 개인의 소유일 뿐만 아니라 사회의 생산수단의 공동소유자이다. 사회주의적, 사회적 소유의 주체의 구성원인 한에는 사회적 총생산물의 일부분에 의하여 구성되는 공동소비시설, 예를 들면 주택, 문화, 교육, 보건시설에 대하여 일정한 이용권, 관리참가권을 가지고 있다.

④ 사회보장을 받을 권리 : 노동의 권리는 노동에 따르는 분배라는 공산주의적 (분배)원리와 직접적으로 결부하여 있는데 대하여, 사회보장을 받을 권리는 노동주체가 노동능력을 부분적 또는 전면적으로 상실한 경우에 공동의 과거의 노동에서의 추가적 분배를 받는다는 형식을 취하고 있다. 사회적 총생산 중 공동소비자금으로 불입되는 부분의 크기는 국민경제발전의 구체적 조건에 의존하기 때문에 사회보장의 구체적인 내용과 형태에 관해서는 각 국가마다 다르다. 또 사회보장이라는 추가분배방법은 노동능률에 따르는 분배에 대한 보충적 기능을 갖기 때문에 다소간에 노동에 따르는 분배가 반영되고 있다. 또 사회보장의 주요 형태는 사회보험이기 때문에 보험의 성격을 부인할 수 없다. 따라서 수요에 따르는 분배라는 이상은 아직도 실현되지 못하고 있는 것이다.

⑤ 교육을 받을 권리 : 생산수단의 사회적 소유 및 노동에 응하는 분배의 원칙을 전제로 하면서도 노동의 질과 양이라는 기준에 따라 분배하기 때문에 노동능력의 형성과 관련되는 교육을 받을 권리, 즉 공동의 재산에 의하여 이것이 보장될 권리가 시민의 기본적 권리로 되는 것은 당연하다. 그러나 교육을 받을 권리는 단수니 분배원리와 결부되어 있는 것만은 아니다. 사회적 변혁이 인간 제개인의 지적 · 육체적 능력의 전면적

발전을 추구하게 되는 결과 교육시설을 모두 국유화하고 시민의 지적 향상의 기회를 적극적으로 보장한다는 입장을 취하고 있다. 시민의 교육을 받을 권리를 보장함과 동시에 문화·과학의 창조적 활동의 축진, 이들에 의한 사회구성원의 지적 수준의 향상 등이 또한 기대되고 있다.

⑥ 농민의 권리 : 인민민주주의헌법에 있어 농업은 개별적 집단, 즉 농업생산협동조합 또는 인민공사 등에서만 생산수단이 사회화되는 형태가 많다. 농업에 있어서 개별적 생산자집단의 구성원은 그들이 집단의 구성원으로서의 지위를 유지하는 한에서, 국가에 대하여 보수를 청구하는 것이 아니고 조합에 대하여 공동분배형식으로서 이에 참여한다. 이 집단의 구성원은 일정 면적의 택지부속지에 개인 부업경영권을 가지며 그 수입이 개인적 소유의 원천으로서 일정한 비율을 차지하는 것이 원칙이다. 또 조합관계를 해소한 경우에는 개인에게 생산수단의 사적 소유가 재현될 가능성을 가진 협동조합의 타입도 있기에 개인적 소유권의 유보가 행해지고 있다는 것을 알 수 있다. 집단경영농민의 경우의 소유와 노동과의 관계의 이와 같은 독자성은 사회보장을 받을 권리의 향방을 결정하는 것이다.

공산주의제국에 있어서의 집단경영농민의 사회보장을 개별 경영내부의 상호부조형태에서 최근에 와서 전국가적 규모의 사회보장형태로 이행하고 이 한에서는 노동자와의 차이는 많이 축소되었으나 노동자와 같은 대우를 받고 있지는 못하다.

(3) 공산주의헌법에 있어서의 참정권과 청구권

◎ 공산주의헌법의 참정권의 의의

국유화된 생산수단의 관리와 사회적 생산의 계획적 조직(두 개의 소유형태, 생산형태를 포함한다)의 국가에 의해서 행해지고 그것과 함께 이를 중심으로 하는 사회 전체의 유지·발전을 위하여 국가의 수중에 물리적 강제력이 집중되어 있기 때문에 국가의 형성 자체에 관한 시민의 권리가 인정되어야 할 것이다. 따라서 생산수단의 공동소유자인 사회의 구성원이 개별적 생산단위, 생산부분에서 생산관리에 참가하는 권리를 갖는 것이 필요하다. 이것이 참정권이라고 할 수 있다.

◎ 참정권과 청구권 등의 내용

① 선거권, 피선거권, 소환권 : 권력기관의 인적 구성을 결정하는 선거권, 피선거권, 국민소환권 등이 인정되는바 이것은 국가의 형성 그 자체에 대한 시민의 권리의 기본적인 구성부분이다. 선거→선임→임명이라는 경로에서 권력기관의 인적 구성의 방대한 부분이 구성되기 때문에 이에 참여하는 권리가 인정되는 것은 당연하다.

국민의 대표기관인 국회는 시민의 선거에 의하여 구성된다. 나라에 따라서는 말단의 재판기관도 선거에 의하여 구성된다.

② 표현의 자유

시민들이 참정권을 행사하기 위해서는 의사표시의 자유, 표현의 자유가 확보되지 않으면 안 된다. 이 자유는 시민이 스스로 구성한 권력기관에 의한 정책결정에 부단히 참가하는 것을 보장하는 전제로서 중요한 의의를 가지고 있다.

표현의 자유가 시민의 기본적 권리로서 법적으로 확인된다는 의미는 무엇보다도 권력기관의 형성과 그 정책결정에의 근로자의 주체적 참가, 즉 정치적 민주주의의 확보에 있다. 언론·출판·집회의 물적 시설이 사적 자본에서 해방되어 사회의 구성원의 고유물이 되고 있는 사실이 표현의 자유의 실질적 보장으로서 강조되고 있는 것이다. 이것은 헌법상의 규정에 명기되어 있거나(소련헌법, 체코슬로바키아 헌법 등), 명기되어 있지 않거나 간에(폴란드헌법, 중국헌법), 표현의 자유가 근로자의 이익에 적합하게 행사되도록 강조하고 있다.

나아가 생산에 있어서나, 소비생활에 있어서나, 문화생활에 있어서 시민이 자발적으로 여러 가지 집단을 조직하는 권리(결사의 자유, 단결의 자유)가 인정되고 있다.

③ 청구권적 기본권 : 공산주의국가에 있어서는 사회적 적법성의 원칙에 따라 법치주의적인 보장이 일부 행해지고 있다. 시민은 행정기관 내지 공무원의 적법행위에 대하여 소원권 또는 재판청구권, 형사소추에 있어서의 적정한 또는 타당한 국가기관의 행위를 적극적으로 요구하는 제안권 또는 여러 가지 루트와 형태를 통하여 행해지는 시민측에서의 콘트롤의 제권리―인민적 통제권이 시민의 권리를 보장하는 수단으로서 중시되고 있다.

(4) 공산주의헌법에 있어서의 의무

공산주의헌법에서도 시민의 의무를 규정하고 있는바 사회체제 자체를 옹호하고 이의 발전을 위한 활동에 참가할 시민의 의무를 강조하고 있다. 사회주의적 사회체제의 기초를 이루고 있는 사회주의적 소유(사회주의사회의 공동재산)를 보전하고 강화하여야 할 의무, 사회의 부(富)의 생산, 확대재생산에 참가할 의무, 즉 노동의 의무, 사회적으로 조직된 노동과정에 있어서 노동의 규율에 따를 의무, 그리하여 사회구성원의 공동의 의사결정을 표현하는 헌법을 비롯하여 법률에 따를 의무, 이 사회의 사회규범(사회주의적 공동생활규칙)을 존중할 의무, 사회주의적 사회체제를 국외의 계급적(階級敵)에서 방위할 의무(조국방위의무, 병역의무) 등을 규정하고 있다. 공산주의사회에 있어서는 권리와 의무가 불가분의 일체를 이루고 있다고 말해진다.

3. 공산주의헌법의 통치기구

(1) 공산주의헌법의 국가개념의 변천─프롤레타리아 독재에서 전인민국가로

① 마르크스주의 고전의 국가관

마르크스·레닌주의의 고전은 국가란 계급대립의 비화해성의 산물이며 다수의 피억압계급을 소수자가 억압하고 착취하기 위한 도구에 불과하며, 모든 계급대립과 차별계급이 폐절된 공산주의사회에 있어서는 국가는 사멸하여 완전히 불필요하다고 보았다. 그러나 이 국가사멸의 과정은 프롤레타리아의 권력 장악에 의해서만 보장되는 것이며, 따라서 이 목적을 달성하기 위해서는 프롤레타리아트가 억압자=착취자에 반대하여 국가권력이라는 도구를 일시적으로 사용하지 않으면 안 된다고 하였다. 그러나 이와 같이 성립한 프롤레타리아 국가는 이제야 엄밀한 의미에서의 국가가 아닌 것으로 전화하고 있는 것이다. 그러나 소수자인 착취자에 대한 억압이 아직도 필요하다는 의미에서는 억압을 위한 특수한 기관인 '국가'는 아직도 필요하나 동시에 그것은 이미 다수자에 의한 소수자의 억압이라는 의미에서 "국가는 사멸하기 시작하는 것"이라고 한다.

② 프롤레타리아 국가론

이러한 다수인을 위한 민주주의와 착취자를 민주주의에서 배제하는 프롤레타리아 민주주의는 과도기적인 국가라고 한다. 프롤레타리아트의 독재를 인정하고 있는 이 과도기적인 국가는 계급 및 계급대립의 소멸과 함께 사멸한다고 한다. 이것은 공산주의의 제1단계로서 착취자의 수탈에 의하여 생산수단에 대한 평등이 확보되었음에도 불구하고 노동에 응한 분배가 행해지지 않는 한에서는 부르주아적 권리가 유지된다고 보고 국가는 이들 권리를 보호하지 않으면 안 된다고 한다. 이 과도기적인 국가의 본질은 단순히 소수자에 대한 억압이라는 점에 있지 않고 공산주의에 도달하는 단계라는 점에 공통성이 있다고 보겠다.

③ 전인민국가

소련에서는 1961년 10월의 제22회 당대회에서 「소연방공산당강령」을 채택하였는바 이 강령은 공산주의의 제1단계인 사회주의가 완전하고도 최종적으로 승리하여 이제야 그 제2단계인 협의의 공산주의의 건설이 본격적으로 개시된 것을 선언하고 정치·경제·문화 등 모든 방면에 걸쳐서 장래의 발전을 위한 기본방향을 제시하였다. 나아가 "프롤레타리아트 독재국가로서 탄생한 국가는 오늘의 새 단계에서는 전인민의 국가, 전인민의 이익과 의지를 대표하는 국가에 대신하였다"고 말하고, "프롤레타리아트 민주주의는 점점 전인민적·사회주의적 민주주의로 전화하였다"고 하고 있다. 이를 말하여 전인민국가라고 한다.

전인민국가란 정치권력이 한 계급에 속하고 있는 것이 아니고 전사회 계층에, 전인민에 속하고 있는 것을 말한다. 여기에는 이미 계급이 없고 계급투쟁은 없는 국가이고, 국가는 공산주의적·사회적 자치에로 개조된다고 한다. 전인민국가는 사회주의국가의 주요한 기능인 경제적·조직적 기능과 문화적·교육적 기능을 가지는 것이라고 한다.

(2) 프롤레타리아트 독재국가의 구조

① 집중민주제

ⓐ 의의 : 민주집중제란 공민 또는 시민이 선거한 국가기관에 권력을 집중시키는 제도를 말한다. 이것은 루소(Rousseau)의 권력집중론과 국민주권주의를 결합한 것으로 정부형태론에서는 회의의 정체 : 의회정부제(Versammlungsregierung)라고도 말해진다.

이 형태는 국가조직에 있어서 ① 최고국가권력기관 및 지방국가권력기관은 인민의 선거에 의하여 만들어지고, ② 국가 제기관은 이러한 국가권력기관에 의해서 만들어지고 이에 대해 책임을 지고 또한 그 공작을 보고하며, ③ 국가권력은 궁극적으로는 최고권력기관으로 집중되고 상급기관의 결정은 하급기관을 구속하고, ④ 각 기관 내부에서는 소수는 다수에 복종하고 하급은 상급에 복종하고 지방은 중앙에 복종한다는 것을 말한다.[3]

ⓑ 최고회의

따라서 공산주의국가에 있어서는 인민의 대표기관인 최고회의나 전국인민대표자대회가 최고의 국가권력기관인 동시에 입법권을 행사하고 행정권을 지휘·감독하고 나아가 법관의 선거 등을 실시하고 있다. 그러나 최고회의나 인민대표자대회 등은 상설적인 기구가 아니기 때문에 간부회를 구성하며 간부회는 최고회의의 폐회 중에는 사실상의 최고상설기관으로서 최고회의의 권한을 행사한다. 최고회의 간부회는 형식적으로는 최고회의에 책임을 지게 되어 있다

ⓒ 최고회의 간부회의

최고회의 간부회의는 ① 최고회의의 소집, 해산 및 선거의 지정, ② 연방법률의 해석, 간부회령의 발포, ③ 인민투표의 실시, ④ 각료의 임면, 기강 및 명예칭호의 제정, ⑤ 영예의 부여, ⑥ 사면, ⑦ 연방 각료회의의 결정 및 명령이 법률에 합치하지 않을 때 폐지하는 일, ⑧ 조약의 비준 및 폐지, ⑨ 전쟁상태의 선포, ⑩ 계엄령의 선포 등 여러 가지 권한을 가지고 있다. 최고회의 간부회는 사실상의 최고기관으로 헌법의 개개 조항을 변경하는 간부회령을 실제로 발포하는 등 입법기관으로서의 지위를 가질 뿐만 아니라 행정감독기관으로서도 중요한 지위를 가지고 있다. 소련뿐만 아니라 폴란드 등의 동구제국, 북괴, 몽고 등의 공산제국에서도 이 간부회제도를 채택하고 있는데 이들 간부회는 서로 비슷한 권한을 가지고 있다. 헝가리의 간부회는 ① 헌법을 변경할 수 없으며, ② 조약의 비준권과 체결권을 가지며, ③ 간부회의 제의에 의해서 국회에서 간부회의가 선임되어, ④ 간부회의 결정은 법률의 효력을 갖는다.

---

3 상세한 것은 Studenikin, *Soujetisches Verwaltungsrecht*, S. 94~97 참조.

ⓓ 각료회의(내각)

각료회의 또는 내각은 최고회의에서 구성한다. 최고회의는 수상을 전형하여 조각을 위촉하고 수상은 각료를 전형하여 그 명부를 최고회의에 제출하여 승인을 요구하고 승인을 얻으면 각료회의가 성립한다. 각료회의는 민주진영 국가의 내각과 같으나 최고회의의 지휘·감독을 받으며, 또 공산당의 통제 하에서 행정을 행한다. 사실상에 있어서는 각료회의는 공산당의 결정을 집행하는 기관이며 당으로부터의 엄중한 감시를 받고 있다.

ⓔ 법원, 검찰: 법원은 최고법원과 각급 법원으로 구성되는데 최고법원의 법관은 연방최고회의에서 선거된다. 사법권의 독립은 인정되지 않으며 법원은 프롤레타리아트 혁명에 의하여 건설된 새로운 질서를 유지하기 위한 행정관청이나, 인민재판소의 법관은 근로대중에서, 인민 또는 각기의 Soviet에서 선거된 자가 아니면 안 된다. 인민재판소의 인민판사들은 5년의 임기로 선거되며 그 인민배석판사는 2년의 임기로 각기의 직장 또는 거주지에 있어서의 노동자, 직원 및 농민의 총회 또는 각기의 부대에 있어서의 군사 근무원의 총회에 있어서 선거된다. 재판은 원칙으로는 공개한다.

검찰조직의 장은 검찰총장이다. 검찰총장은 7년의 임기로서 최고회의에서 임명된다. 소련 헌법은 검찰청의 제기관은 연방검찰총장에만 종속하고 어떠한 지방적 제기관에서도 독립하여 그 직무를 행하는 것으로 정하고 있다.

(3) 공산당의 우위

① 1당독재국가: 소연방을 비롯한 대부분의 공산국가는 공산당의 1당독재를 규정하고 있다. 인민민주주의 헌법에서는 다당제를 허용하고 있는 헌법도 있으나 사실상에 있어서는 공산당 1당의 전제국가이다. 이들

국가에 있어서의 공산당의 지위는 자유주의 제국에 있어서와 같은 헌법 외적인 존재가 아니고 헌법상의 중요한 국가기관이다. 공산당과 정부는 이를 구성하는 인원에 있어서도 정치적 제활동에 있어서도 거의 완전히 일치되고 있다. 소련 헌법은 "근로자의 이익에 적합하고 또 인민대중의 조직적 자유활동 및 정치적 적극성의 발전을 목적으로 하여 소연방의 시민에게 사회 제조직, 즉 노동조합, 협동조합, 청년조직, 스포츠 및 방위 조직, 문화적 및 기술적 및 학술적 단체에 단결하는 권리가 보장된다. 또 근로자계급, 근로농민 및 근로 인텔리겐차 중 가장 적극적이고도 의식적인 시민은 자유의사에 근거하여 공산주의사회를 건설하기 위한 투쟁에 있어서 근로자의 전위부대이며, 또 근로자의 모든 사회적 및 국가적 조직의 중핵을 이루는 소비에트 연방 공산당에 단결한다"고 규정하고 있다.

공산당의 조직은 단계적인 집권주의이다. 당에는 간부회와 서기장이 사실상의 중추기관으로서의 역할을 하고 있다.

4. 결어

위에서 공산주의헌법의 특징을 개관하였는바 이는 어디까지나 그들의 선전이론에 따른 것이다. 공산주의국가에 있어서는 사실상 자유권이 보장되지 않고 있으며, 헌법의 규정은 명목에 불과하다. 공산주의헌법은 뢰벤슈타인(Löwenstein) 교수가 적절하게도 지적한 바와 같이, 가식적 헌법에 불과하고 헌법규범과 헌법현실이 일치되지 않는다.

국가권력의 조직면에 있어서도 권력분립론을 반대하는 것은 권력집중에 의한 프롤레타리아트의 독재를 강화하기 위한 것이다. 프롤레타리아트의 독재는 사실상에 있어서는 공산당간부에 의한 독재이며 Oligarchie에 불과하다. 또 전인민국가이론도 허구적이다. 왜냐하면 공산주의이론에 의하면 국가는 사멸하여야 하는데도 불구하고 공산주의의 적을 방어하기 위하여 국가를 존속시켜야 한다는 이론은 국내질서를 유지하기 위한 강제장치로서의 국가의 존재를 호도하려는 것에 불과하다.

[추기] 오늘날 공산주의헌법을 채택하고 있는 나라는 중국과 북한 등 몇 개 국가에 지나지 않으며 소련을 비롯한 동구의 공산주의국가는 민주화과정에 있으며 2원정부제를 채택한 나라들이 많다. 이 글은 소련 붕괴 전 공산주의헌법을 이해하기 위해서 싣는다.

10. 분단고착이냐 통일이냐[*]

    조국이 광복된 지 62년이 경과했다. 남북분단도 62년이나 됐다. 4대국 점령 하에 있었던 오스트리아는 정치인들의 지혜로 3년 내에 통일했고, 독일도 통일한 지 17년이 됐다.

    광복 후 우리 선배들이 이념논쟁에 휩쓸리지 않고 주변 강대국과 잘 교섭했더라면 오스트리아와 같이 즉시 통일될 수도 있었건만 좌·우파의 이념대립으로 혈전을 치르기까지 했다. 북한이 소위 통일전쟁이란 명목으로 남침을 감행해 민족분열만 심화시켰다.

    정전협정 체결 후에도 남북통일을 위한 노력이 없었던 것은 아니다. 1972년의 7.4남북공동성명, 1991년 12월 13일 남북기본합의서가 체결됐다. 남북기본합의서 서명은 독일통일의 기반이 됐던 1972년의 동서독기본조약을 모본으로 한 것으로 ① 남북화해 ② 남북불가침 ③ 남북교류협력을 그 내용으로 한 것이며, 부속합의서로는 남북화해, 남북불가침, 남북협력·교류관련 합의서가 서명됐다. 1992년 1월 20일에는 '한반도 비핵

---

[*]   『국민일보』, 2007년 8월 16일자.

화에 관한 공동선언'이 채택됐다. 이들 합의만 잘 지켜졌더라면 벌써 통일이 됐을 것이다.

김일성 사망으로 제1차 남북정상회담이 불발된 뒤 2000년 6월 15일에야 남북정상회담이 열려 공동선언이 채택됐다. 2007년 8월 28일에는 다시 남북정상회담이 열려 8.30 공동선언이 발표될 예정이다. 그 동안 북측은 말로만 통일을 강조했을 뿐 사실상 분단의 고착화를 위한 독자생존을 모색해왔다. 김일성·김정일 정권은 세습독재체제를 유지하기 위해 개방화·민주화를 가져올지 모를 남북방송, 신문, 편지·인물교류를 기피해왔다.

동독도 처음에는 분단고정화에 전력을 다했으나 동서독기본조약 체결 후 급속한 개방과 민주화 욕구에 따라 서독에 통합되고 말았다. 북한이 동독의 전철을 밟지 않기 위해 남북기본합의서 이행을 거부하고 핵개발과 선군정치를 강행하고 있는 것이다. 이번 '노무현 대통령의 평양방문에 관한 남북합의서'에도 '조국통일의 새로운 국면을 열어 가는데 중대한 의의를 가질 것'이라고 하나 속내는 독자생존을 위한 경제원조만을 바라고 있을 것이다.

북한은 우리 민족끼리의 자주통일을 주장해왔으나 남북 단독으로 통일은 절대 불가능하다. 독일 같이 주변 각국과의 조약에 따른 안전보장 이행이 선행돼야만 가능하다. 북한은 제2차 남북정상회담을 계기로 한국과 미국의 균열을 가져오는 데 일부 성공했고 앞으로 6자회담의 실패를 유도할 가능성이 많다.

노무현 정부는 북한의 독자생존을 도움으로써 분단을 영구화할 것인지 6자회담이나 한·미·일 동맹관계 강화로 주변국가의 협조를 얻어 통일을 달성할 것인지를 깊이 성찰해야 한다. 새로운 공동선언보다는 남북기본합의서 이행을 촉구해야 할 것이며, 앞으로의 합의는 법률에 따라 국회 동의를 얻어 국민의 공감대를 형성해야 할 것이다. 국회의 동의를 얻지 않은 6.15남북공동선언의 연합제나 낮은 단계의 연방제 합의는 두

정상 간의 약속이었을 뿐 강행력이 없었다. 다른 체제간의 연방제는 성공할 수 없다. 문제는 공동선언 발표에 있는 것이 아니라 그 실천에 있다. 정부는 북한이 합의를 이행하지 않을 때 이를 강제할 국제적 기반을 마련해야 한다.

11. 통일원의 발족과 전망[*]

　　전 서울대학교 총장이었던 신태환(申泰煥) 박사가 장관으로 임명된 국 토통일원은 3.1운동 50주년 기념일인 3월 1일 자유센터에서 마련된 새 청 사에서 개원식을 가졌다. 4.19 이후의 국민의 통일에의 여망과 6대 국회에 서의 국회의 건의에 따라서 지난 해 7월에 국토통일원의 법적 근거를 마 련하는 정부조직법이 개정되었다. 그러나 통일원의 발족은 몇 차례나 미 루어 오던 끝에 금년 들어 비로소 출범을 보게 된 것이다.

　　국토통일원은 '국토통일에 관한 문제를 종합적으로 조사·연구하고 통일 방안과 통일 후의 제반 정책 및 국토통일에 관한 홍보·선전에 관 한 사무를 관장하게 된다.' 통일원은 정책, 기획, 조정, 교육, 홍보 등 3실 과 총무과를 두고 있는데 장관과 차관을 포함한 전문직 19명의 인원과 예비비에서 6천 만 원을 얻어 출범하게 되는 만큼 그 성과가 크기를 기 대하기는 어려울 것 같다.

　　박대통령도 유시를 통해 "통일원을 설립한 것은 10년 뒤를 위해 한

---

[*]　『대학신문』 제736호, 1969년 3월 10일자.

그루의 과실나무를 심는 것과 같은 것"이라고 말하고, "이 묘목의 과실을 우리 세대가 거두지 못할지라도 그 터전을 닦았다는 사실에 긍지를 느껴야 할 것"이라고 했거니와 통일원은 이점 상징적인 의의를 가진 정책연구기관으로서의 기능밖에 못할 것 같다. 박대통령의 말과 같이 "통일원은 국민의 중지를 모으기 위한 기구인 만큼 초당적·범국민적인 기구로 육성되어야만 할 것"이다. 신 장관도 통일원에는 범국민적인 협조를 받아들이기 위하여 민간통일위원회 등을 구성할 것을 비쳤거니와 통일원은 통일에 관한 국민의 여론을 통합하는데 우선 중점을 두어야 할 것이다. 따라서 관(官)의 통일방안이나 통일 후 처리방안을 일방적으로 홍보하는 기관이 되어서는 안 될 것이요, 국민의 진정한 여론을 규합하는 데 노력하여야 할 것이다.

　통일원의 가장 큰 과업이 통일방안을 연구 입안하고 이를 실천하는 것이나 이에는 현실적으로 많은 장애가 가로 놓여있다. 첫째로 적화무력통일을 노리고 있는 북한의 침략성이요, 둘째는 실지회복만이 유일한 방안임을 규정하고 있는 헌법의 규정이요, 셋째는 북한의 남침에 따른 심각한 민족감정의 분열이요, 이데올로기의 상쟁이며, 넷째로는 냉전체제화 되어 가고 있는 국제정세이다.

　UN에 중립국의 수가 늘고 있고 유럽 통합의 기운이 쇠퇴하고 있고 중소 이념분쟁이 격화되고 있는 현시점에서 통일정책의 실천은 거의 무망한 것처럼 보인다. 다섯째로 국민적인 여건으로 보아도 통일정책의 실천은 통일원에만 기대할 수는 없게 되어 있다. 현재까지의 통일정책의 입안과　연구도　외무부·국방부·중앙정보부·내무부·치안국·법무부·외교연구원 등에 분산되어 있기 때문에 이의 통합 정리도 큰 문제가 되지 않을 수 없다.

　신 장관은 이들 통일에 관한 기구를 머지않은 장래에 통합하여 명실공히 통일연구와 통일정책 실천을 위한 유일한 행정기구로 확대 운영할 뜻을 밝히고 있고, 인사 면에서도 중앙정보부·반공연맹·국가안전보장회의 등에서 많은 인물을 발탁할 것으로 보인다. 그러나 신 장관이 뜻하는 통일에 관한 기구를 통합하는 것은 현실적으로 지난한 과업에 속한다. 각 행정부처가 대의를 위하여 소리(小利)를 포기하는 경우에만 이루어질 수 있는 만큼 통일원 장관의 관계 장관과의 협력 여하에 따라서 그 성패는 판가름될 것으로 보인다. 현시점에서 볼 때 통일원은 이러한 난관을 극복하기는 극히 어려울 것 같고 통일 후의 정책연구기구로 될 공산이 크다. 이번 등록사업의 결과를 보더라도 본적이 이북에 있는 시민들의 신분문제에는 많은 법적 난문제가 따름을 알 수 있고 혼인·상속 문제 등에 있어서와 토지소유권이나 기타 재산권에 관해서도 처리되어야할 법적 문제가 산적해 있다. 뿐만 아니라 통일 후 자본주의 경제체제와 전체주의 공산 경제체제를 어떻게 통합 조화시킬 것인가의 문제와 통일 후의 경제입국의 방향을 어떻게 정할 것인가, 생산재 생산과 소비재 생산의 비율을 어떻게 할 것인가, 남북의 교육체제를 어떻게 통합시켜 북한치하의 교육 자격을 어느 정도 인정할 것인가? 또 북한에 참여하고 있는 관료들을 어느 범위까지 국가보안법이나 반공법에 의해 처벌할 것인가 등 여러 가지 문제를 연구·검토해야만 할 것이다.

연구기구로서의 통일원에는 많은 애로가 있다. 첫째로 신분보장이 안된 별정직 공무원으로서 유능한 인재를 얻을 수 있을 것인가? 둘째 화려하지도 못하고 묘목을 심고 키우는 인내를 요하는 작업에 유능한 인물을 배치할 수 있을까? 셋째 그들에게 계속적인 자극과 연구의 보람을 느끼게 할 수 있을까? 넷째 연구의 자유와 연구 자료의 무제한한 이용이 가능할까? 다섯째 각 기관간의 비협조로 인한 무리와 낭비가 따르지 않을까하는 것이다. 그러기에 여러 사람들이 관료조직인 정부기구보다는 학교 등의 연구기관에 연구기능을 맡기는 것이 타당하지 않을까 주장해 왔다. 통일원은 연구기능의 많은 부분을 민간 연구기구에게 위촉하고 각 기구를 통합·조정하고 그 성과를 심사·분석하는 방향으로 나가는 것이 보다 효율적인 것이 아닐까 생각된다.

이상적으로는 통일원이 서독의 전독문제성(全獨問題省)과 같이 현재 인원을 10배 이상으로 늘이고 예산을 100배 이상 올려서 관계부처국을 통합·조정하여 통일촉진을 위한 제사업과 정치홍보사무를 담당하여야 할 것이다. 그러나 차선책으로는 통일원을 경제기획원과 같이 타 통일기구의 상부조직으로 하는 것도 연구하여 볼만 하다. 통일원은 터부시되었던 통일방안에의 연구를 학자에게 개방하고 국민에게 통일에의 의지를 심어주는 작업을 할 수 있는 점에서 그 의의를 발견할 수 있을 것이며, 통일원의 발족을 큰 기대로서 온 국민이 주시하고 있음을 잊어서는 안 될 것이다.

12. 통일방안과 현행법의 상충[*]

그 논의의 법적 한계

1.

일본제국주의자의 강점에서 해방된 뒤 분단된 채 20년을 경과한 요즈음 조국통일을 위한 논의가 활발해지고 있음은 반가운 일이다.

조국통일에 대한 논의가 지금까지 활발하지 못하였던 것은 국민이 조국통일을 염원하지 않아서가 아니고 이에는 법적·정치적 한계가 있기 때문에 부득이 자기제한을 해왔던 것이다. 통일논의는 그것이 '국시'에 위반된다는 법적 견해가 지배적이었기 때문에 이는 불가침의 금기(터부)로서 기피되었던 것이 사실이다.

그러면 지금은 통일논의에 대한 법적 한계가 배제되었느냐 하면 그런 것도 아니다. 갑작스러운 통일논의의 동력은 국제정세의 격변 때문인 것 같다. 영국노동당의 집권, 중공의 핵실험, 소련의 정변, 프랑스 드골 정권

---

[*] 『조선일보』, 1964년 11월 14일자(시론).

의 중공승인, 신생 아시아·아프리카 국가의 대량 국제연합가입 등으로 국제연합에서의 통한(統韓) 결의에 어떤 새로운 전기를 가져오지나 않을까 하는 위구(危懼)가 그 중요 계기인 것 같다.

뿐만 아니라 국내에서도 사회적·경제적 여건이 민족통일의 비원(悲願)을 부채질하고 있는 것 같다. 통일에의 염원은 통일논의의 법적 한계를 의식적으로건 무의식적으로건 유월(踰越)하게 하고 있다. 최근에 있었던 모 방송국 사장의 케이스는 통일논의의 법적 한계의 테스트 케이스로서 특히 주목하고 있다.

2.

우리 헌법은 통일에 대한 염원을 부칙 제8조로써만 표현하고 있다. "국토 수복 후의 국회의원의 수는 따로 법률로 정한다"고 함으로써 실지 회복 후의 국회의원의 정수는 헌법 제36조 2항의 '150인 이상 200인 이하의 범위'를 초월할 수 있음을 예상하고 그 경우에 번잡한 헌법 개정을 피하고 선거법 개정으로써 할 수 있도록 하고 있다.

헌법은 "한반도와 부속도서"를 영토로(헌법 3조) 하고 있기 때문에 헌법은 "반국가단체의 지배하에 있는 지역"인 휴전선 이북에서도 타당성을 가지고 있다. 이 점이 대한민국 헌법이 서독 기본법과는 다른 특징이라고 하겠다. 독일연방공화국 기본법은 어디까지나 통일 독일법의 효력발생일까지에만 타당하는 잠정법이요(기본법 제146조), 그 시행영역도 연방 구성 지방에 한정되고 있고, 통일 독일국가를 완성할 것을 요청하고 있다(기본법 전문). 따라서 서독은 통일까지의 잠정국가인데 비하여 한국은 한반도 전역을 법적으로 지배하는 완성국가이다.

대한민국 헌법 절차에 의거하지 아니한 다른 통일방안을 주장하는 것은 곧 반국가적 행위라고까지 말할 수 있다. 국가보안법과 반공법에 따르면 "소위 북한정권(North Korean authorities)은 반국가단체"이며 정부를 참칭하거나 국가를 변란할 것을 목적으로 하는 범죄단체이다(국가보안법 제1조, 반공법 제2조, 형법 제87조·제114조).

그리고 그 구성원은 반공법, 국가보안법, 형법 등의 죄책을 져야 한다. '총력전'인 현시 하(대법원 판례) 북한 주민은 내란죄를 계속하고 있으며, 또 외환죄를 범했고 적어도 납세 기타로 동조했다고 할 수 있으므로 범죄자일 뿐 아니라 간첩죄의 경우의 '적'(대법원 판례)이라고 보아야 할 것이다. 실지회복의 경우 일반사면령이 공포되지 않는 한 모두 처벌되어야만 할 것이다.

휴전선 이남에 거주하고 있는 국민이 북한집단의 승인이나 유엔 가입론을 주장하는 것은 말할 것도 없고, 북한집단과의 경제적 협상을 주장하거나 남북연방론을 주장한다고 하면 이것은 반국가단체나 그 구성원의 활동을 찬양·고무 또는 이에 동조하거나 기타의 방법으로 반국가단체를 이롭게 하기 때문에 반공법의 책임을 져야 한다.

북한집단을 '사실상' 정부로서 인정하는 경우에도 마찬가지이다(반공법 제4조). 또 반국가단체의 지배하에 있는 지역으로 탈출한 자도 처벌된다(반공법 제6조). 휴전선 북방을 왕래한 자도 처벌된다(국가보안법 제6조). 이 경우에는 가족면회 기타 어떠한 사정에서도 처벌된다. 통신행위도 처벌될 수 있다(반공법 제5조).

국민이 외국에서 그러한 행위를 한 경우에도 처벌되며(형법 제3조), 재일조총련에 가입한 국민도 또한 같다. 또 외국인이 이북집단을 도와 내란이나 외환의 죄를 범한 경우에도 처벌된다(형법 제5조). 따라서 전쟁에 참여한 중공군인도 처벌되고 물건제공 이적, 일반 이적을 계속하고 있는 외국상인(가령 영국이 북한과 통상한다면 영국 상인도)도 처벌되어야 한다(형법 97, 99, 101조 등). 왜냐하면 한국은 아직도 전시이기 때문이다(대법원 판례).

또 국제적으로도 할슈타인 원칙을 포기하는 것은 정부의 위헌적 행위가 될 것이다.

3.

현행 대한민국헌법 절차에 의하지 않는 다른 모든 통일방안은 따라서 위헌이다(헌법 또는 법률에 정한 절차에 의하지 아니하고 헌법 또는 법률의 기능을 소멸시키는 것이 내란죄의 국헌문란의 목적에 해당된다). 반공법이나 국가보안법이나 헌법을 각기의 개정절차에 의하여 개정하지 않는 한 법적으로는 한국헌법절차에 의하지 않는 남북통일의 논의는 불가능하다.

실지회복을 위한 통일전쟁은 침략전쟁이 아니기 때문에 헌법상 가능하나 북진통일은 실현되기 힘들다. 따라서 실현가능성이 있는 통일방안의 연구와 발표 및 실천을 위하여서는 헌법과 기타 법률이 개정되어야 할 것이다. 그러나 헌법 개정에 의하지 않더라고 입법부의 법률개정이나 법원 판례나 행정부의 공소불제기 등의 편법에 의하여 우선 통일방안 연구의 자유가 보장되어야 할 것이 아닌가 생각된다.

"한국헌법절차에 의한 북한만의 유엔 감시하의 선거에 의한 전(全)한국 의회의 구성과 이 의회에 의한 헌법 개정까지에는 현행 한국헌법의 효력이 지속된다"는 제네바 회담에서의 한국 대표의 통일방안이 절대적인 것인가가 국회와 정부에 의하여 재검토되어야 할 시기가 도달한 것 같다.

법철학

1. 풍토적 자연법 논고[*]

모든 정치적 전회는 법철학에 의하여 준비되었거나 또는 법철학에 동반되었다. 시초에 법철학이 일어났고 종말에 혁명이 일어난 것이다. —Radbruch[1]

1. 서언

한국법철학의 석학 이항녕 선생님의 『법철학개론』은 1955년에 초판이 나온 뒤 중판을 거듭한 한국 법철학의 이정표적 역할을 해 주고 있다. 이 책의 내용은 비단 법철학에 국한된 것이 아니고 사회철학 전반에 걸치며, 특히 독자적인 역사철학의 전개에까지 미치고 있으므로 이 책은

---

[*]   『서울대 법학』 제6권 1호(1964.9), 51~90면.

[1]   Radbruch, *Rechtsphilosophie*, 5. Aufl. S. 100.

법학도뿐만 아니라 사회철학 일반을 연구하는 학도에게 필독의 서임을 면할 수 없을 것이다.

이 선생님은『법철학개론』의 제1편에서 법철학의 방법론을 취급하였고, 제2편에서는 세계사의 법철학적 구조를 고찰하고 있으며, 제3편에서는 법철학의 현대적 과제를 논하고 계시다. 그런데 그 중에서도 독특한 것이 제1편이며, 또 제1편에서 제2편과 제3편의 근본문제를 언급하고 있기 때문에 여기서는 제1편의 방법론을 설명하고, 이에 약간의 의문을 제기해 보려고 한다.

어느 학문에 있어서나 마찬가지로 법철학에 있어서도 방법론이 매우 중요한 역할을 했던 시대도 있었다. 그것은 신 Kant학파 철학의 영향이라고 할 수 있을 것이며, 신 Kant학파의 법철학자들이 법철학연구에 앞서서 근본적인 학적 방법문제를 취급하였던 것은 주지하는 바와 같다. 그러나 신 Kant학파의 거대한 논리적 구조가 허물어짐에 따라 현대에 와서는 방법론을 연구하는 법학도가 드물어지고 있다.

오늘날의 철학적 문제와 방법론의 복잡다기성은 법학자로 하여금 독자적인 법철학체계를 구성하여 자기 자신의 법철학연구에 기초를 두게 하는 것을 매우 어렵게 만들고 있다.[2] 오늘날에 있어서는 오히려 법철학연구에 있어서 철학에서 사용되고 있는 사유체계를 따르거나 거기에 의거하지 않을 수 없는 입장에 놓여 있다.[3]

이러한 현대적 경향에도 불구하고 유럽 철학만이 철학적 문제를 완전히 궁극적으로 해명할 수 있다고는 말할 수 없을 것이다. 이런 점을 생각

---

[2] 이러한 법철학의 한계를 명백히 지적하고 있는 사람으로서는 Coing, *Grundzüge der Rechtsphilosophie 1950*, S. 4; Würtenberger, *Die geistge Situation der deutschen Strafrechtswissenschaft*, 1957 등을 들 수 있다.

[3] 따라서 서구의 법철학계에는 현대철학의 여러 방향이 대표되어 있다. 예를 들면 실존주의철학, 현상학적 법철학, 실증주의적 법철학, 관념주의적 법철학, 사회학적 법철학 등 모든 현대철학의 방법론이 법철학에 적용되고 사용되고 있음을 본다. Vgl. Fechner, *Rechtsphilosophie*, 1956; Verdross, *Abendländische Rechtsphilosophie*, 1960; 황산덕,『현대법철학입문』, 동『법철학입문』등 참조

해 볼 때 이 선생님의 법철학방법론이 동양철학에 근거하고 있는 면에서 많은 시사와 교훈을 제공하고 있다.

이항녕 선생님(이하에서는 경칭을 생략하고 편의상 이 교수라고 약칭한다)은 재래의 서구철학방법론에 만족하지 않고 독자적인 법철학방법론을 제기하였으니 그 근본이념은 풍토적 자연법론, 즉 유형적 세계법론으로 규정지을 수 있을 것이다. 이러한 법철학방법론은 그것이 풍토의 법에 주는 영향에 착안한 점과 법철학의 세계사적 경향성을 지적한 점에서 많은 경탄을 금치 못하게 하고 있다.

Radbruch도 "모든 법사상은 필연적으로 그것이 구성되는 역사적 풍토의 징표를 내포하고 있다"[4]고 하고 있음을 볼 때 교수의 이 풍토적 자연법론이 얼마나 타당성이 많은 것인가를 짐작하게 해 준다.

이미 Stammler는 법의욕의 세계적인 동일성을 말하였거니와[5] 그것이 형식적인 법사유에 근거한 것이기 때문에 그 일면성을 쉽사리 논박할 수 있었음에 반하여, 이 교수의 유형적 세계법론은 그것이 어느 정도 사실에 근거한 이상형적인 세계법(풍토적 자연법)을 말하고 있기 때문에 정당한 개연성을 쉽게 짐작할 수 있게 하고 있다.

그럼에도 불구하고 필자가 여기서 약간의 의문을 제기해 보려고 하는 것은 이러한 풍토적 자연법의 이론이 보다 완성됨으로써 세계적인 학설로 공인될 수 있게 하기 위하여 재검토의 여지가 있지 않을까 하는데 있다. 이 교수는 앞으로 볼 바와 같이 법을 풍토적으로만 파악하고 있으며, 또 세계사를 어느 정도 형식적으로 분류하고 있는 것 같으며, 나아가 법철학의 범위를 법의 철학에 국한시키지 않고 법을 통하여 이루어지는 보편적인 사회철학으로 확충하고 있는 데에 약간의 무리가 있지 않는가 생각한다.

---

4 Radbruch, *Vorschule der Rechtsphilosophie*, 1947, S. 21(엄민영 · 서돈각역, 『법철학입문』, 34면).

5 Stammler, *Lehrbuch der Rechtsphilosophie* 3. Aufl. 1928, S. 289 ff.

2. 법철학의 의의와 과제

1) 법철학의 의의

(1) 사회철학으로서의 법철학 — 이교수의 학설

이 교수는 법철학의 의의를 대략 다음과 같이 정의하고 있다. "무의식적 생활수단인 상식"은 "생활 전선의 영도자"요(11면) 이 "무의식한 생활기술을 우리가 반성하고 검토하고 체계화하면 그것이 과학이 된다". 이 "과학이야말로 실로 의식적이요 체계화한 생활방법"이다(13면, 이하 면 생략). 이 과학은 분석에만 기울어지기 때문에 "거기에 분석으로 인하여 이루어진 과학을 다시 종합하여 현상의 배후에 있어서 현상을 그렇게 생기하게 하는 본질과 목적을 규명하여 우리 생활에 통일적 기준을 줄 수 있는 원리를 연구하는 학문인 철학이 발생하게 된다", "이 철학은 생활에 연결되어 있고 궁극에 가서는 생활 그것과 동화하여 철학은 곧 생활이 된다", "즉 생활이 철학이다."(13) "이러한 철학은 사회생활의 3 영역(자연적 생활, 인간적 생활, 사회적 생활)에 따라 자연철학과 인생철학과 사회철학으로 나뉘어지며, 자연철학은 우주관을, 인생철학은 인생관을, 사회철학은 세계관을 수립하는 학문이다." "결국 철학이라는 것은 자연과 인생과 사회에 대하여 우주관과 인생관과 사회관을 수립하여 우리의 생활을 통일적으로 해석할 수 있는 근본적 원리를 찾고자 하는 학문노력이다. 사회철학은 사회현상을 분석적으로 연구하는 사회과학에 대하여 그것을 통일적으로 판단하는 종합적 학문이다. 따라서 사회철학은 사회과학의 결론을 얻기 위하여 정리적 의미에서 구상하는 사회과학 이후의 철학이다. 사회철학은 사회과학의 총결산을 의미하는 것이다."(18)

사회생활에 있어서 가장 기본적인 것은 경제생활과 교육생활이며 그것은 정치생활을 통하여 종합 향상되어 간다. 정치생활은 자기목적이 없고 수단에 불과하다. 이 정치생활은 법에 집약되는 것이며 법은 정치생활의 수단이다. 법의 궁극적 목적은 스스로 정치생활의 통로가 됨으로 인하여 경제생활과 교육생활을 향상시키고자 함에 있다(19).

"법은 사회생활의 총결산장으로서 사회생활을 반영하고 사회생활의 출발점으로 사회생활을 가능하게 한다. 따라서 법철학은 법의 철학이 아니라 법을 통하여 이루어지는 보편적 사회의 철학으로 사회철학의 종합체"라고 말씀하고 계신다(20).

(2) 비판

위에서 우리는 교수의 법철학개념을 개관하였거니와 교수는 철학이란 생활수단 또는 생활기술을 연구하는 과학에 대한 총결산이며, 생활이 곧 철학이라는 것을 보았다. 바꿔 말하면 철학은 우주관과 인생관과 세계관을 수립하는 학문이며, 세계관을 수립하는 학문인 사회철학이 곧 법철학이라는 것을 들었다. 교수는 법철학은 사회철학의 종합태라는 입장에서 법철학을 연구하려고 한다.

교수의 생활, 즉 철학이란 명제와 사회생활 즉 사회철학이며, 사회철학 즉 법철학이라는 동일성의 원리는 많은 의문을 내포하고 있다. 생활 즉 철학이라는 것은 교수가 취하는 철학개념이 얼마나 생활을 중시하고 있는가를 보여주고 있다. 이것은 Lebensphilosophie의 영향이라고 볼 수 있거니와 거기에는 사회생활, 즉 사회철학이라는 것은 자연적인 결론일 것이다. 그러나 법철학이 사회생활의 종합태라고 보는 것은 너무나 범주를 확충한 것이라고 생각한다. 사회철학은 철학의 일분과로서 사회현상을 대상으로 하는 철학적 사유이다. 거기에는 경제, 정치, 도덕, 법 등을 내포하고 있으며, 그것이 법에 의하여서 집약되는 것은 아니다. 사회철학의 일분과로서 법철학이 정치철학, 경제철학, 협의의 사회철학 등과 대하고 있는 것이다.

물론 Kant나 Hegel의 법철학에서는 다른 사회철학을 내포하고 있다. Kant 의 『도덕형이상학』은 법철학의 부분과 도덕철학의 부분으로 나뉘며, 또 제일의 부분에는 정치철학적 또는 사회철학적 학설을 포함하고 있으며, 또 Hegel의 『법철학』은 법철학 부분 외에 도덕철학, 국가철학, 경제철학 등등의 성분을 포함하고 있다.[6] 그러나 근세에 와서는 사회철학의 분과가 생겼고 오늘날 법생활은 사회생활의 적은 부분에 불과하게 되었다.

만일 이 교수가 보는 바와 같이 법철학이 사회철학의 종합태라고 볼 때에는 사회생활의 일반적 고찰, 다시 말하면 경제, 정치, 도덕, 습속, 법, 교육 등 모든 사회현상을 연구하여야 할 것이니 그러한 법철학의 영역확 충은 부분질서인 법질서에 대한 철학적 사유에 많은 난점을 제공할 것이 며, 그 연구에 불필요한 복잡성을 초래할 것이다.

교수는 사회과학과 사회철학을 대조하여 법철학은 사회철학에 속한 다고 말하고 있다.[7] 그에 의하면 사회철학은 사회과학의 총결산을 의미 하는 것으로 사회과학의 결론을 얻기 위하여 정리적(整理的) 의미에서 구 상하는 사회과학 이후의 철학이라고 한다. 따라서 법철학은 사회과학의 일 분과인 법학의 결론을 얻기 위하여 정리적 의미에서 구상되는 철학이 된다. 과연 이러한 정리적 의미에서 구상되는 법학의 총결산장으로서의 학문이 법철학이라고 불릴지는 극히 의심스럽다. 이러한 법학의 정리적 구상을 우리는 일반법학에서 볼 수 있다. 일반법학은 법실증주의시대에 는 『실증법의 철학』으로서 법철학의 대용물처럼 간주되어 왔다.[8] 일반 법학은 전 법학의 총칙편으로서 법의 선험적 개념구성에 주력하였던 것

---

6 Kant, *Metaphysik der Sitten, Erster Teil, Metaphysische Anfangsgründe der Rechtslehre, Zweiter Teil, Metaphysische Anfangsgründe der Tugendlehre*로 구성되어 있다. 또 Hegel, *Grundlinien der Philosophie des Rechts, oder Naturrecht und Staatswissenschaft im Grundrisse*, 1821에서는 제2에서 도덕을 취급하고 있다.

7 법철학을 사회과학의 대조로서의 사회철학의 일분과로 보는 경향은 과거 일본에서 시행 하였다. 독일에서 법철학을 일 사회철학으로서 파악하고 있는 사람은 Sauer, *System der Rechts und Staatsphilosophie*가 있다.

8 Radbruch, *Vorschule der Rechtsphilosophie* S. 11, 17(한역, 엄민영·서돈각, 『법철학입문』, 16면, 28면).

이다. 그러나 법철학의 대상은 법개념 구성에만 있는 것이 아니다.

Stammler는 법철학을 절대보편성을 가진 법을 연구하는 학문이라 하였고,[9] Radbruch는 법철학은 법의 가치평가적 관찰이며 그것은 Stammler의 이른바 '정법의 이론'에 해당한다고 했다.[10] M. E. Mayer는 법철학은 철학과 꼭 같은 과제를 취급하고 있으며 그러나 그 대상으로서 주어진 실정법이라는 현실 속에 그것을 실현해야 한다고 했다.[11] Coing은 법철학은 일반철학과 마찬가지로 궁극적으로는 의미해석을 하는 것이나 그 대상이 사회질서를 바꿔 말하면 사회생활이라는 소우주만에 국한하는 것이라 했다.[12] Fechner는 법철학은 철학의 내용적으로 제한된 일분과로 보고 있으며, 그러나 일반철학의 법영역에의 단순한 적용은 아니라고 보고 있다.[13] 이에 반하여 Sauer는 법철학은 철학에 대해서는 자료를 제공하고 법학에 대해서는 방법이 된다고 했다.[14]

이와 같이 법철학의 의미는 다의적이다. 그러나 법철학이 역사적으로 생성된 법질서의 특수성을 대상으로 하는 법학에 대하여 법의 보편타당성을 대상으로 하고 있다는 것은 거의 공통적인 경향이라고 할 수 있다.[15]

2) 법철학의 과제

그렇다면 법철학은 어떠한 과제를 가지고 있는가? 이 교수는 여기에 대해서는 간접적으로만 대답하고 있다.

---

9 Stammler, *Lehrbuch der Rechtsphilosophie* S. 1 ff.
10 Radbruch, *Rechtsphilosophie* 5. Aufl. S 97; *Vorschule der Rechtsphilosophie* S. 17(한역 전게서 28면)
11 M. E. Mayer, *Rechtsphilosophie* 2. Aufl. 1926. S. 5.
12 Coing, *Grundzüge der Rechtsphilosophie* S. 3 ff.; 황산덕, 『법철학서설』 19면 이하.
13 Fechner, *Rechtsphilosophie* S. 4 ff.
14 Sauer, *Einführung in die Rechtsphilosophie* S. 1 ff.
15 Würtenberger, a.a.O.; Stammler, a.a.O. S. 1 f.

(1) 법해석학과 법사회학의 종합태로서의 법철학—이 교수설

이 교수는 제2장에서 법학의 연구방법을 설명하고 있으며, 그는 법학의 방법으로서 법해석학과 법사회학 외에 그 종합태로서의 법철학적방법이 필요함을 역설하고 있다. 여기서 법학의 방법론에 들어가는 것은 지면상 불가능하기에 여기서는 생략하기로 하겠거니와 법철학이 법해석학과 법사회학의 종합태라고 보고 있는데 대하여 약간 설명해 보기로 한다.

"법철학은 법의 이론인 동시에 법의 실천이다. 법의 이론이라 함은 법을 과학적으로 인식한다는 것이요, 법의 실천이라 함은 법을 가치적으로 비판한다는 것이다. 그러므로 법철학은 법의 이론철학과 법의 실천철학이 종합된 것이다". "법의 해석"을 전제로 하는 법해석학과 "법의 사회실태연구"인 법사회학은 "이론과 실천"이 밀접하게 종합되어 하나의 법의 철학으로 구성되어 올라가는 것이다(53/54). "법해석학은 그 이론적 성격 때문에 오히려 이론적이요 법사회학이 그 정의적 성격 때문에 오히려 실천적이라고 볼 수 있다"(51)고 하고 있다.

(2) 비판

위에서 우리는 교수의 법철학이 법해석학과 법사회학의 종합태라는 것을 보았다. 물론 교수도 "법의 이론철학이 법사회학에 해당하고 법의 실천철학이 법해석학에 해당한다는 것은 아니"라는 것을 강조하고 있다. 그러나 무엇이 법의 이론철학이며 무엇이 법의 실천철학이라는 것을 설명하고는 있지 않다. 그에 있어서는 법이란 사회학적인 "존재하는 법"과 법해석학적인 "실정법" 이외에는 "법일반이라는 것은 실제로 존재하지 않는다고 한다"(98). 따라서 그에게는 일반적인 법개념이나 법이념이 문제가 되지 않는다. 그에게 있어서는 "법의 보편적인 면과 특수적인 면을 각각 적당하게 배합하여 하나의 유형적인 법을 구성하는데"(98) 법철학의 의의가 있다고 본다.

그러나 우리가 앞에서 여러 법철학자의 법철학의 의의를 본 바에 의하면, 법철학은 어디까지나 법의 보편타당성을 연구하는 것이며, 그것은 법의 인식에 그치는 것이 아니었다. 법철학을 Stammler는 법개념론과 정의론으로 구성된다고 보고 있고,[16] Radbruch는 "법철학은 법의 가치와 목적, 법의 이념 및 이상법을 다루고 이상법의 실현가능성을 대상으로 하는 법률정책으로 나아간다"[17]고 했다. 그 밖에도 M. E. Mayer는 법철학은 법원리론과 법가치론으로 구성되며, 그것은 Stammler가 이른바 법의 개념과 이념론이라고 말하고 있다.[18] Sauer는 앞에서도 본 바와 같이 법철학은 철학에 대해서는 자료의 역할을 하며 법학에 대해서는 법학의 방법론의 역할을 한다고 하여, 첫째로는 위로 사회철학적으로 궁극적 가치를 연구하며, 둘째로는 아래로 심리학적·사회학적인 사실연구를 하여야 한다고 했다.[19] Fechner는 법철학의 과제는 이중적이어야 한다[20] 고 하고 있다. 첫째로는 법적 현상을 사회적 연관의 부분현상으로 존재의 총관련에서 파악하는 것이며, 이에는 법의 사실적인 근원의 탐구, 법을 형성하는 힘의 분석, 그 기능과 그 한계를 연구하는 것이 이에 속한다고 한다. 둘째의 과업은 법의 내용적인 필연성, 복종청구권의 증명, 실현된 법의 논증과 비판 등이다. 이러한 것을 해명하기에는 법사회학적인 방법과 법형이상학적 방법이 필요하다고 하며, 따라서 법철학은 법사회학과 법형이상학의 종합태라고 보고 있다.

이와 같이 법을 개념적으로만 파악할 것이 아니고 이교수와 같이 법을 존재적인 것과 관념적인 것의 복합으로 본다면 법철학은 당연히 법사

---

16 Stammler, a.a.O. S. 1 f.; Stammler와 같이 법철학을 법의 개념학과 법의 이념학으로 본 학자로는 M. E. Mayer, a.a.O.; Somlô, *Juristische Grundlehre*; Binder, *Rechtsbegriff und Rechtsidee* 등이 있다.
17 Radbruch, *Vorschule*.
18 Mayer, a.a.O. SS. 5-6.
19 Sauer, a.a.O. SS. 1-5.
20 Fechner, a.a.O. S. 291 ff.

회학과 법해석학으로 성립할 것이 아니라 그것은 법사회학과 법형이상학으로 성립되어야 할 것이다. 오늘날 법사회학의 발달은 사회학의 발달에 따라 많은 기여를 법본질학인 법철학에 제공하고 있긴 하다. 그러나 법사회학은 그것이 실태조사에 의거하는 만큼 그 한계성이 있는 것이다. 과연 법사회학이 법본질학으로서의 법철학의 일분과가 될 것인가는 앞으로의 과제에 속할 것이다.

지금 법철학의 기초과학으로서의 법학을 볼 때 거기에는 법해석학과 법사회학뿐만 아니라 법비교학, 법정책학(입법학), 법사학 등의 분야가 있는 것이기에 이러한 학문과 법철학과의 관계에 대한 설명이 필요하지 않을까 생각된다. 법학과 법철학의 관계며 철학과 법철학의 관계 등에 대해서는 더 깊은 설명이 이 교수의 법철학개론에 있었으면 생각한다.

끝으로 법학의 방법론에 관한 이교수의 편별은 부당하지 않을까 생각된다. 법학의 방법론은 엄격한 의미에서의 법철학방법론은 아니기에 그것은 법인식론에서 논해야 될 성질의 것이 아닌가 생각된다. 법학의 방법은 오늘날 개념법학적인 법해석학에 머물러 있지는 않으며 이익법학, 인과적 법사상 등 새로운 발전을 보여 주고 있음을 잊어서는 안 될 것이다.[21]

---

21 법학의 방법론에 관한 문헌으로서는 다음과 같은 것이 있다. W. Sauer, *Juristische Methodenlehre 1940*; K. Engisch, *Sinn und Tragweite juristischer Systematik, Studium generale* 10. S. 173 ff. (1957); Burckhardt, *Methode und System des Rechts*, 1936; R. Müller-Erzbach, *Rechtswissenschaft im Umbau* 1950; A. Baumgarten, *Die Wissenschaft vom Rechte und ihre Methode*, 2 Bde. 1920. 1922; H. Kipp, *Nominalistisches oder realistisches Rechtsdenken, Forum der Rechtsphilosophie* 1950, S. 95 ff.; K. Larenz, *Methodenlehre der Rechtswissenschaft* 1960; K. Engisch, *Einführung in das juristische Denken*, 2. Aufl. 1959; K. Engisch, *Logische Studien zur Gesetzesanwendung* 2. Aufl, 1960.

3. 법철학방법론

1) 방법일원론(Methodenmonismus)

(1) 서론

Kant는 가치와 현실, 당위와 존재, 자연과 규범을 분리하여 현실에서 가치를 도출하거나 존재사실에서 당위를 논증하거나 자연법칙을 규범으로 개편하는 것은 불가능하다고 말하였다.[22] 행위의 정당성은 경험적 사실에서 귀납적으로 근거지을 수 없으며, 다만 보다 높은 최고궁극의 가치에서만 도출된다고 한다. 이러한 가치의 제국과 사실의 세계는 각각 독립하고 상호간의 교차 없이 병존한다. 이 가치와 현실, 존재와 당위의 준별에 입각한 방법을 방법이원론이라고 하거니와 Kant 이래 신 Kant학파의 법철학자들은 이 방법이원론을 택하여 규범적인 법철학에서 존재적인 것을 추방하였다.[23]

방법이원론이 현실에서 가치를 도출하는 것이 불가능하다는 것은 다만 논리적인 것을 의미할 뿐 인과적 관계를 말하는 것은 아니다. 존재사실과 가치판단의 인과적 관계에 대한 기술이 아니고 존재와 가치의 논리적 관계를 말하는 것이다.[24] 방법이원론이 주장하는 것은 평가가 존재사실에 기인하는 것을 부인하는 것이 아니고 평가가 존재사실에 근거지어질 수 없다는 것을 말한다.

그러나 당위명제는 다음 당위명제에 의하여서만 근거지어지고 증명

---

22 Radbruch, *Vorschule der Rechtsphilosophie* S. 17 ff.
23 방법이원론을 철저히 주장한 사람은 Stammler이다. 이에 관한 문헌은 Burckhardt, *Methode und System des Rechts* 1936, S. 33 ff. Binder, *Philosophie des Rechts*, 1925, S. 862. Anm. 18. 순수법학도 이에 속한다.
24 Radbruch, *Rechtsphilosophie* S. 99. 이하 Radbruch에 따름.

된다. 따라서 궁극의 당위명제는 증명할 수 없으며 공리적이요, 그것은 인식할 수 없는 것이며, 신앙할 수밖에 없다. 따라서 궁극에 가서는 그것은 가치관과 세계관의 차이에 의하여 상대적이다. 이러한 상대주의적인 방법을 취하는 사람이 많았으며[25] 그 대표자로는 Radbruch를 들 수 있을 것이다.

상대주의 외에도 방법이원론에서 분리한 학파가 있으니 이것은 방법삼원론이라고 불릴 것이다. Stammler의 존재와 당위, 현실과 가치의 준별에 대하여 자연과 이상의 중간에 문화가 존재한다는 것이며 법이념은 가치요, 법은 가치를 대유한 현실이며 이는 문화현상이라는 것이다. 이 법철학의 이원론을 법의 문화철학에서 볼 수 있다.[26]

가치와 현실, 당위와 존재, 자연법칙과 규범의 준별은 많은 난점을 내포하고 있으며,[27] 따라서 양자의 가교에의 요청이 높아갔다. 만년에 Radbruch도 가치와 현실, 당위와 존재의 긴장을 사물의 자연(Natur der Sache)의 이론으로서 완화하려고 노력하였다. "사물의 자연은 가치와 현실간의 이원론을 완화하는 역할을 하나 이를 지양하지는 않는다. 사물의 자연은 사물에 있어서의 이념이며, 이념이 최후단정을 한다. 따라서 최후의 결정은 법이념에 속한다."[28]

이에 반하여 방법일원론은 가치와 현실, 당위와 명제의 이원론을 완전히 지양한다. 그러한 학자로는 Hegel, 역사학파, 유물사론자 및 진화론자(Liszt)들을 들 수 있을 것이다.[29] 또 방법일원론 중에서도 규범주의와 사실

---

25 상대주의법학자로서는 Georg Jellinek, *Allgemeine Staatslehre*, 3. Aufl. 1929. Max Weber, *Gesammelte Aufsätze zur Wissenschaftslehre* 1922; Hans Kelsen, *Allgemeine Staatslehre* 1925. S. 38 f., 369 ff.

26 법의 문화철학의 대표자로는 Emil Lask, *Rechtsphilosophie*; M. E. Mayer, a.a.O. Wilhelm Sauer, *System der Rechts-und Staatsphilosophie* 2. Aufl. 1949 등이 있다.

27 방법이원론, 삼원론 및 상대주의에 대한 비판서로서는 C. A. Emge, *Über die Grundlagen des Rechtsphilosophischen Relativismus* 1916; W. Sauer, *System der Rechts-und Sozialphilosophie* 2. Aufl. E. Kaufmann, *Kritik der neukantischen Rechtsphilosophie* 1921; Somló, *Juristische Grundlehre*, 1917; Larenz, *Rechts-und Staatsphilosophie der Gegenwart* 1931.

28 Radbruch, *Vorschule* S. 21/22, 및 *Laun-Festschrift*에 게재된 Radbruch의 논문 참조.

주의를 나눌 수 있다. 이것은 관념론과 유물론의 분리에서 근원하는 것으로 이는 세계관에 의한 결정을 필요로 하게 된다. 현실 세계가 이념에 의하여 통치되든가, 생활 속에 질서가 내포하고 있는가의 문제는 이미 학문의 문제가 아니고 그것은 철학적 신앙의 문제이다.[30]

(2) 기(氣)＝생활유형＝사회법칙에 의한 이교수의 방법론

제2편의 제1장 법인식론에서 우리는 이교수의 방법론을 볼 수 있다. 교수의 설명은 상세하지 않아서 교수가 택하는 방법이 법삼원론에 속하는지 방법일원론에 속하는지 쉽게 알 수 없으나 방법이원론을 배격하고 있음을 쉽게 알 수 있다. 우리는 교수의 철학적 입장에서 보아 이것을 기에 의한 방법일원론이라고 부르기로 하겠다.

그에 있어서는 "주관과 객관, 개인과 사회, 실천과 이론, 규범과 법칙, 당위와 존재, 정신과 물질, 문화와 자연, 특수와 보편, 부분과 전체"는 "이률배반이 아니라(382) 그들은 존재론적 의미로 지양된 유형으로서 통합된다." 이 "존재와 당위의 결합체가 유형"이다.(382) 이러한 생활유형은 "Heidegger가 말하는 동물존재요 Jaspers가 말하는 행동적 근원이요 Sartre 가 말하는 자유적 실존이다."(396)

"원래 사회라는 것은 인과적인 자연과 자율적인 인간의 지양상태요 사회생활이라는 것은 법칙적인 자연생활과 가치적인 인간생활의 종합현상이다."(381) "이 자연현상과 인간현상의 접촉면이 곧 사회현상이요, 자연법칙과 인간가치의 연결점이 곧 사회법칙으로서의 법이다."(383) 교수는 법도 또한 법존재와 법당위의 결합체라고 본다. "법은 하나의 사실

---

29 방법일원론은 Hegel 이후에 신 Hegel학파의 법철학적 방법이 되었다. Hegel, a.a.O. 는 말하기를 "이성적인 것은 현실적이요, 현실적인 것은 이성적이라고 말하였다." 이 개념철학에 대하여 Marx주의자들의 유물철학이 있다. 그 외에 경험적 기반 위에서 쓴 것으로는 A. Baumgarten, *Rechtsphilosophie 1929, Die Wissenschaft vom Rechte und ihre Methode*, 2 Bde. 1920, 1922.
30 Engisch, *Die Idee der Konkretisierung* S. 10.

로서 객관적으로 존재하는 것이요, 동시에 하나의 규범으로서 주관적으로 실천되는 것이다."(22) 교수는 또 자연법과 실증법의 이원론을 지양하고 있다. 법은 자연법과 실증법을 포괄하는 것이라 한다. "자연법은 실증법의 배후에 있어 실증법이 나아갈 방향을 지시하는 추상적인 형식이요 실증법은 자연법의 전면에 있어서 자연법의 욕구를 충당하는 구체적 내용이다"(193)고 말하고 있다.

(3) 비판

교수의 사회생활, 즉 생활유형이 가치와 현실, 당위와 존재외에 또 있기 때문에 교수의 법철학방법론은 법의 문화철학이 시도한 바와 같은 법철학 방법삼원론과 비슷함을 보았다. 그러나 교수는 다음에서 볼 바와 같이 "자연의 성립과 인간의 활동과 세계의 동향을 일원적으로 설명할 수 있는 우주의 궁극적 존재요 발원적 생명을 기"라고 보고 있기 때문에 이 생활유형도 궁극에는 기의 발현으로 일원적임을 알 수 있을 것이다.

그런데 당위와 존재를 종합한 생활유형이 교수가 말하는 바와 같이 Heidegger, Jaspers, Sartre에 있어서 유사한 개념을 발견할 수 있을지 극히 의심스럽다.

실존철학은 인생의 의의를 인간결단의 실존적 우위에서 이끌어 내려고 한다. 이 사상의 급진적인 표현을 빌리면 그것은 역사적인 상황에 대한 인간의 결단에서 구제를 얻으려는 것이다. 따라서 거기서는 인간의 행위가 역사적 상황에 제약되어 있는 곳에서 자유에로의 결단을 통하여 비약하려는 것이다.[31] 이러한 실존철학에서 가치와 현실, 당위와 존재의 종합태가 있을 것 같지는 않다. Jaspers에 있어서의 "행동적 근원", 이 Heidegger에 있어서의 "동물존재"가, Sartre에 있어서의 "자유의 실존"이

---

31 실존철학이 법철학에 미친 영향에 대해서는 Maihofer, *Recht und Sein*, 1954; Fechner, *Rechtsphilosophie* 1956; Thyssen, *Staat und der Existenzphilosophie*, ARSPh. Bd. 41. 1 ff.

무엇을 번역한 것인지 알 수 없어서 확실한 것은 말할 수 없으나 그것이 Freiheit와 Existenz의 문제일진데 이를 곧 생활유형이라고 말하기는 어렵지 않나 생각된다.

교수의 당위와 존재의 통합 다시 말하면 방법일원론은 그것이 유형, 사회생활, 기, 사회법칙 등의 개념만 확정되어 있다면 매우 시사 깊은 공헌으로 변할 수 있을 것이다. 위에서 방법일원론에 관해서 설명하지는 않았지만 오늘날 당위와 존재의 준별을 거부하는 것은 유행이 되고 있다. 우리는 이것을 Larenz, Welzel, Dahm, Fechner 등에서 찾을 수 있거니와 고대로 올라가서는 Aristoteles, Thomas von Aquino, Scheling, Hegel, Goethe 등에서도 찾아 볼 수 있다.[32]

Dahm은 법은 "현실에 굴복할"뿐만 아니라 또 당위이고 그것은 "역사적 의의 깊은 생활의 현실 속에 들어 있는 실존적 성질의 존재"이다. "우리가 여기서 존재와 생활현실에 관해서 말할 때에는 우리는 순수히 경험적인 것을 말하지 않고 좀 더 높은 종류의 현실을 말한다. 이러한 의미에서 존재에서 당위가 이끌려 나오며 현실에서 가치가 따른다"고 그는 말하고 있다.[33]

A. Kaufmann도 당위와 존재의 종합체로서의 법을 말하고 있다. 법의 본질과 존재는 필연적으로는 합치하지 아니하고 긴장관계에 있으며 거기에는 존재론적 편차가 있다고 보고 있다. 그는 상대주의, 역사주의, 법실증주의에서의 구제책은 존재론 특히 법존재론이라고 보고 있다.[34]

그러나 이러한 법존재론이 존재론의 현대적 혁신에도 불구하고, 인간의 인식진리를 과연 극복할 수 있을지 의심스럽다. 왜냐하면 역사적으로 제약된 인식에 독립한 "존재의 진리"라는 것은 인간에게는 인식 불가능

---

32 이러한 경향의 사상가를 우리는 Dilthey에 따라 Objektiver Idealismus이라고 부를 수 있을 것이며 그들 중에서도 C. Schmitt의 구체적 질서사상이 유명하다.

33 Dahm, *Deutsches Recht* 2. Aufl. SS. 30-32.

34 A. Kaufmann, *Naturrecht und Geschichtlichkeit*.

한 것이기 때문이다.[35] 그 뿐만 아니라 존재에서 당위가 어떻게 인도되며 당위가 어떻게 존재로 될 것인가의 문제는 아직도 이 교수가 완전히 해답을 주었다고는 할 수 없다. 또 이 교수에게 있어서는 실정법규가 당위도 되고 존재로도 되며 자연법이 어떤 때에는 존재로 어떤 때에는 당위로 된다.

2) 이상형적 방법─유형구상적 법철학

(1) 이 교수의 법유형론

이 교수는 법철학의 대상으로서의 법은 그것이 사회현상이기 때문에 그것이 전세계에 공통하는 일원적 보편성을 가진 법일반으로서의 법은 아니라고 한다. "법일반이라 하는 것은 실제로는 존재하지 않는다. 실제로 존재하는 것은 개개 국가나 개개 민족의 법이다. 그러나 개개 민족의 법은 법철학의 대상이 안 된다"고 하고, 교수는 "보편적인 면과 특수적인 면을 각각 적당하게 배합하여 하나의 법유형을 구성하고" 있다.(98/99) 법철학에서 문제되는 것은 오직 "유형적인 법"만이라고 하고(99), "법은 하나의 유형이다. 이 유형이라는 것은 특수한 것을 내포하면서 보편적인 지향을 하는 것이다"(100)고 보고 있다.

"법은 자연과학적 법칙과 같이 시간과 공간을 초월하는 절대적 존재가 아니고 시대와 장소에 의존하는 상대적 존재이다. 그러나 그렇다고 하여 법은 정신과학적 가치와 같이 시시각각으로 변하고 장소마다 특이한 특수적 존재가 아니고 시간의 일정한 영역, 즉 시대와 공간의 일정한 영역 즉 사회권 안에서는 어느 정도의 보편성 즉 유사성을 가진다. 이 유사성은 하나의 경향성에 불과하고 법칙 그것은 아니다. 또 유사성은

---

[35] Schelling, *Deutsches Verwaltungsblatt*, 1957 S. 628 ff.

하나의 유형성에 불과하고 가치 그것은 아니다."(60) "유형성은 우연이 아니다. 그것은 필연성을 내포하고 있다. 또 유형성은 법칙은 아니다. 그것은 자유성을 내포하고 있다. 유형성이 찾고자 하는 것은 우연성과 법칙성의 중간적 존재로 경향성을 찾고자 하는 것이다."(71) 법철학은 세계사의 철학이요 "세계사의 철학은 오직 유형구상적이다."(73) 그는 이 유형구상적인 법철학에서 유형으로서는 Max Weber의 이상형이 타당하다고 보고 있다.(101) "사회과학은 상대적·역사적 개념을 연구하는 것으로 이러한 역사적·상대적 개념은 곧 현실태라 하였다. 그러나 현실태는 심히 복잡하고 또한 항상 변화하거나 발전의 과정에 있는데 이것을 인식이해하기가 곤란함으로 그것을 인식하는 수단으로서 이념형(Idealtypus)의 구성을 필요로 한다고 하고, 이 이념형이라 함은 어떠한 가능성과 개연성의 판단을 전제로 하여 현실태 중에서 특정 요소를 선출하고 특수적인 것을 배제하여 그 일정한 요소를 사유로 상승시켜 현실태를 단순화한 것이니 이러한 이념형에 의하여 현실태와의 편차를 측정하여 현실태의 인식과 그 일의적 표현이 가능하다고 하였다. 이 이념형이야 말로 보편화와 특수화를 지양한 것이라 할 수 있다."(59)

(2) 비판

위에서 우리는 교수가 현대의 유행의 하나인 유형을 말하고 있는 것을 보았다. 이 유형은 법학에 있어서도 많이 논급되고 있다.[36] 법학에 있어서의 유형의 개념에 대해서는 여기서는 논급을 회피하고 그것이 법철학에 주는 의의를 보기로 한다. Max Weber의 이상형(Idealtypus)의 이론은 Max

---

36 유형(Typus)에 관한 문헌으로서는 H. J. Wolf, *Typen im Recht und in der Rechtswissenschaft*; J. v. Kempski, *Zur Logik der Ordnumgsbegriffe bes. in den Sozialwissenschaften. Beide in "Studium generale" Jgg.* V. Heft. 4 (Mai 1952); K. Engisch, *Konkretisierung* S. 237 ff.; Radbruch, *Klassenbegriff und Ordnungsbegriff im Rechtsdenken, Intern. Z. f. Theorie des Recht*, VII, 1938. S. 46 ff.

Weber 자신도 그것이 사회과학의 방법이라고 말할 뿐 법본질학인 법철학에 적용할 수 있다고는 말하지 않고 있으므로 의문의 여지가 있다.

사회과학에 있어서도 이상형의 이론은 개념의 다의성과 다면성 때문에 논리적으로 이해하기가 어렵다. G. Jellinek이 이상형을 경험적인 유형에 대립시킨 이후 이것은 순개념적인 것으로 되었다. Max Weber는 이이상형을 논리적으로 재구성하였던 것이다. 이 논리적 이상형의 이론은 정신과학, 사회과학에 많은 동조자를 얻었고 또 비판당하기도 많이 했다. 여기서 이 이상형에 관한 모든 문제를 해명하는 것은 불가능하며 부적당한 것이기에 상세한 설명은 하지 않기로 한다.[37]

이상형과 현실형이 구별되는 것은 이상형이 현실의 특정한 요소를 사유적으로 상승시키며 또 여러 가지 사실 속에서 어떤 곳에서는 많이, 또 다른 곳에서는 조금 추출해 내어 통일적인 사유체계를 현실 위에 구성하는 점에 있다. 따라서 이 "이상형은 그 개념적 순수성에 있어서는 아무런 현실성을 발견할 수 없으며 그것은 하나의 Utopia이고, 하나의 논리적 구조에 불과하다."

이상형은 이중으로 경험적인 현실과 연결되어 있다. 첫째로는 이상형은 자의적으로 구상되는 것이 아니고 경험적인 현상에 관련하여 구상되는 점이며, 둘째로는 현실을 어느 정도 유효하게 확정하고 또 추정한 다음에야 구성되는 것이기 때문이다.

그럼에도 불구하고 이상형이 현실형의 반대개념이 된 것은 그것이 특수한 문화적 의의를 포함한 구성요소 속에서 복잡한 역사적 연관으로 구성되어 있기 때문이다. 이상형은 보편적인 것이 아니며 그것은 독자적인 것이다. 그것은 현실에 특별한 관계를 가지고 있으나 그 반면에 독특한 가치연관적인 것이다.

---

37 이상형에 관한 논문에는 다음과 같은 것이 있다. Oppenheimer, *Die Logik der soziologischen Begriffsbildung* 1925, S. 36 ff.; Radbruch, "Natur der Sache als juristische Form", *Laun-Festschrift*; Jaspers, *Psychopathologie* 4. Aufl. 1946. S. 362 f. 469.

이상형은 이 교수가 인용하고 있는 바와 같이, "현실태를 인식하는 수단에 불과하여 그것에 의하여 현실태와의 편차를 특정하여 현실태의 인식과 그 일의적 표현이 가능하다고 한 것이다." 따라서 이상형은 그것이 인식수단에 불과한 것이며 그것은 진리를 내포하고 있지도 않으며 현실태 자체도 아닌 것이다. 이러한 논리적 구조가 법철학에 어떤 공헌을 가져올 것인지 심히 의심스럽다. 왜냐하면 Max Weber도 서남독일 신 Kant학파에 속하며 철학적 문제에 있어서는 방법이원론을 택하였고 상대주의를 택하였음을 본다. 우리는 Utopia적인 이상형이 법철학에 있어서 별반 가치가 없다는 것을 볼 수 있거니와[38] 법학에 있어서, 특히 법사학에 있어서도 그것이 현실태가 아닌 이상 그것은 인식수단으로서의 유형에 불과한 것이니 그것을 현실태처럼 착각하게 하는 방법은 피해야 할 것이다.

3) 음양론법

(1) 음양 상대(相待)의 원리

이 교수의 논리는 이를 음양론법이라고 볼 수 있다. 교수는 유교와 회교와 기독교를 비교 설명하면서 다음과 같이 말하고 있다. "유교는 그 농경사회적 성격으로 인하여 융화적이요, 회교는 그 유목사회적 성격으로 인하여 독단적이요, 기독교는 그 상역사회적 성격으로 인하여 독립적이다. 동방의 성리학은 유교의 이름 밑에, 유교와 도교와 불교가 융합한 것인데 이는 동방에는 농경적 풍토로 인하여 원래 긍정의 원리인 음양상

---

38 이에 반하여 Coing은 이상형의 구성을 필요로 한다고 보고 있다. Coing은 법철학이 법의 형식적 일반개념을 역사 속에서 찾아내려는 것이 아니라 법철학은 오히려 내재적인 법의 본질상을 표현하는 법개념을 찾아냄으로써만 이루어진다고 했다. 그러나 이것은 법사학적고찰에서 나온 것이다. 물론 그에 있어서는 사회질서의 근본유형을 도출하는 것은 가능하다. 그런데 Coing의 이상형의 이론은 그것이 법이라는 종적 일반개념에 대하는 이상형으로서의 법개념이니 이 교수의 설과는 약간의 차이가 있다. Coing, *Grundzüge der Rechtsphilosophie* S. 261 ff.

대의 원리가 존재하는 까닭이요, 중방의 법학은 회교의 이름 밑에 유태교를 배격한 것인데 이는 중방에는 원래 유목적 풍토로 인하여 부정의 원리인 선악투쟁의 원리가 존재하는 까닭이요, 서방의 신학은 기독교의 이름 밑에 희랍의 철학과 대립되는 것인데 이는 서방에는 원래 상역적 풍토로 인하여 대립의 원리인 변증상대의 원리가 존재하는 까닭이다."(170)

교수의 설에 따라 논법을 분류한다면 독선론법, 변증론법, 음양론법으로 나눌 수 있을 것이며, 교수의 논법은 그 성립적인 '풍토적 제약성'(이 교수의 용어)에 의하여 음양론법을 취할 것을 짐작할 수 있을 것이다.

일찍이 신학에서는 독단론(Dogma)이 발달되었었고 Hegel에 의하여 변증법이 관념적으로 구성된 후 Marx가 유물적 변증법을 주장한 것은 주지하는 바와 같다. 서양의 학자들이 지적하는 바와 같이 중국인의 사유방식은 Entweder oder가 아니고 언제나 Sowohl als auch의 방법이었다. 이러한 Sowohl als auch의 논법을 음양론법이라고 부를 수도 있을 것이다.

교수의 논리학은 그것이 비록 Thesis, Antithesis, Synthesis와 같은 변증법적 태양을 갖고 있기는 하나 음양론법(역학적 변증법)에 의하여 구성되어 있다고 보아야만 그것을 이해할 수 있을 것이다.

이 예를 우리는 도처에서 발견할 수 있다. 몇 예만 들면 "이상형이야말로 보편화와 특수화를 지양한 것이라 할 수 있다."(59) "환경과 인종의 불가분적 결합인 주체적·객체적 생활형태를 풍토라 부르기로 한다."(87) "기를 우주의 본질로 보는 소위 유기론은 관념론과 유물론을 종합하고자 하는 것이 아니라 오히려 그 시원에 육박하여 관념과 물질의 발원지를 찾고자 하는 것이라 할 수 있다."(56) "유기사관은 세계사가 정신과 물질의 파동적 교체로 진전한다 하여 관념사관과 유물사관을 종합하였다."(86) "직분이라는 법적 형태를 통하여 권리가 의무화하고 의무가 권리화되며 권리와 의무가 혼연일치되는 경지에 도달하게 된다."(539) "신념과 힘과의 불가분적 결합 그것이 곧 생활유형이다."(393) "존재와 당위의 결합체가 다름 아닌 유형이다."(382) "사회생활은 하나의 유형이다. 그것은 존재와 당위, 법칙과 규범, 이론과 실천이 존재론적 의미에 있어서 지양된 것이요, 실존적 의미에 있어서 종합된 것이다."(385)

이 예 이외에도 많으나 생략하기로 하고 위에서 본 바에 의하더라도 우리는 두 대립하는 것을 불가분적으로 결합시키는 종합태가 존재하는 것을 보았다. 이러한 소위 긍정의 원리가 어느 정도 진리탐구에 효과가 있을 것인지 의심스럽다.

더욱이 새로운 개념의 도입(예를 들면 기, 유기사관, 직분, 평화 기타)에 있어서는 개념규정을 소홀히 해서는 안 될 것이다. 또 이러한 종합태가 어찌하여 분화하는가. 분화를 어떻게 인식해야 하는가의 문제 기타 많은 난제가 남아 있다.

(2) 동일성의 원리

또 교수의 논리의 하나는 동일성의 원칙이다. 그에 있어서는 "법의 철학은 사회의 철학이요, 사회의 철학은 역사의 철학이요, 역사의 철학은 세계사의 철학이요, 세계사의 철학은 곧 법의 철학이라고 할 수 있다"(66)와 같은 순환론은 동일성의 원칙에 의하여 논리상 정당하다고 생각하고 있다. 또 "법철학은 사회철학의 종합태요, 따라서 가장 보편적인 사회철학이라 할 수 있다. 법철학은 법의 철학이 아니라 법을 통하여 이루어지는 보편적인 사회의 철학이다."(20) 이와 같은 명제는 그것이 비형식논리적인 면에서 새로운 논리학의 이론적 근거가 주어져야 할 것이다.

우리는 이 교수의 『법철학개론』을 일독하여 쉽게 그 뜻을 이해할 수 없다. 그것은 서술의 논리가 비논리적인 데서 오는 면과 그 백과전서적인 입장 때문이다. 우리는 이 책에서 법철학적인 것과 일반법학적인 것의 정리가 필요하지 않을까 생각한다.

법학에서 논리적 조작이 필요하며 법논리가 연구되어야 함은 일반법학이 논리법학이라고도 불리우는 것을 보아도 쉽게 짐작할 수 있을 것이

다. 우리나라에서도 법논리학 강의가 요청되는 바이다.[39]

4. 법의 역사철학

역사철학은 새로운 법질서의 초안이다. −Dempf[40]

1) 역사철학의 발전

역사철학은 철학의 일부분으로 역사와 역사적 인식을 내용으로 하고 있다. 이 역사철학도 역시 역사형이상학과 역사논리학으로 구분될 수 있다. 역사형이상학으로서의 역사철학은 자연에 대한 역사의 본질과 그에 내재하는 역사적인 발전의 원동력이며 지도이념이며 의의며 가치며 목적을 수립하여 그것을 설명하는 것이다. 역사의 방법론 또는 역사논리학으로서의 역사철학은 역사적 인식의 과제와 본질과 한계를 구명하여 역사철학의 개념구성을 하는 것이다. 이 두 방향은 현대에 있어서는 불가분의 관계에 있다.[41]

---

39 법논리학에 두 학파가 있다. Karl Engisch는 실질논리를, Klug는 수리논리를 그 기반으로 하고 있다. 법논리학에 관해서는 다음의 제서를 참조.
K. Engisch, *Logische Anwendung zur Gesetzesauslegung* 1940; K. Engisch, *Einführung in das juristische Denken* 1956; K. Engisch, *Aufgaben einer Logik und Methodik des juristischen Denkens, Studium generale* 1959, S. 76 ff.; Klug, *Juristische Logik* 2. Aufl. 1958.

40 Dempf, Geschichtsphilosophie 1953, S. 5.

41 역사철학에 관한 대표적인 문헌은 다음과 같다.
Colingwood, *Philosophie der Geschichte* 1955; Löwith, *Weltgeschichte und Heilgeschichten* 1953; Heimsoeth, *Geschichtsphilosophie* 1949; Jaspers, *Vom Ursprung und Ziel der Geschichte* 1950; Dempf, *Kritik der historischen Vernunft* 1958; Sorokin, *Social Philosophies of an Age of Crisis* 1951.

역사철학의 기원과 역사를 여기서 설명할 수는 없다. 여기선 그 소묘만을 해 보기로 한다. 역사철학이 언제부터 기원했으며 언제부터 발달하였는지 확실한 것을 말하기는 어렵다. 고대 희랍 이래 개별적인 사상가가 역사에 관한 고찰을 해 오기는 했으나 기독교와 유태교 이후에야 진정한 의미의 역사철학이 발생했다고 볼 수 있을 것이다. Augustinus, Stoa 학파를 거쳐 Bossuet, Voltaire, Kant를 지나 대표적인 Hegel, Comte, Marx의 역사철학의 발생을 보게 된 것이다.

Lessing, Herder, Kant 등의 시민적 역사철학을 대성한 것은 Hegel의 역사철학이었다. Hegel에 있어서는 "이성이 세계를 지배하고 세계사는 이성적으로 진행되는 것"이다. 역사의 주체로서 Hegel은 신, 즉 세계정신(Weltgeist, 보편정신이라고 번역되기도 한다)을 들었다. 이 세계정신은 수많은 민족정신으로서 구성되어 있으며 민족정신이 현실에 작용하여 그것을 완성시킨다고 했다. 그는 세계사적인 민족뿐만 아니라 세계사적인 개인의 역할도 중시하고 있다. 그에 있어서는 세계사의 목적은 자유의 인식하에 있어서의 발전이라고 했다. Hegel에 있어서의 이 자유는 인간의 정치적 공동체와 연결 속에서 보장된다고 보고 있다. 그는 Orient에서는 한 사람만이 자유로웠고 고대 세계에서는 몇 명만이, 현대적 · 기독교적 German세계에서는 모두가 자유롭다고 했다. Hegel은 역사적 현실을 종교적 · 예술적 · 철학적 형태와 같은 기구며 정치투쟁을 포괄하는 과정이라고 보았다. 이러한 발전의 동력은 현실의 즉자와 대자의 모순이라고 했다. Hegel에 있어서는 세계사는 곧 세계재판이었다.[42]

Karl Marx와 Friedrich Engels는 Hegel의 역사철학을 프롤레타리아트의 입장에서 완전히 변형하였다. 역사발전의 주체로서 Hegel의 세계정신의 자리에 Marx는 사회경제적 기반의 변증법적 발전을 두었다. Marx에 있어서는 인간의 의식이 존재를 규정하는 것이 아니라 오히려 사회적 존재가

---

42 Hegel, *Philosophie der Weltgeschichte*; Hegel, *Grundinien der Philosophie des Rechts*.

의식을 규정한다고 보고 있다. 그는 역사적 과정의 사회경제적 기반으로서는 상호 규제하고 상호 추진시키는 두 개의 요소를 들었다. 하나는 생산수단으로서의 생산력이며, 또 하나는 생산관계이다. 인간의 생산력이 계속적으로 발전하는데 반하여 생산관계는 오랫동안 불변이다. 이러한 생산관계의 긴장상태는 계급의 발생을 촉진하여 계급투쟁의 역사로 된다고 한다. Marx에 있어서도 역사는 자유로 인도하는 과정이다. 그러나 그것은 이성적인 법치국가의 논리적인 시민으로서가 아니고 자유 생산하고 자유 소비하는 인간의 자유로 이해된다.[43]

Stammler는 Marx의 이론은 그 자체가 모순이며 그들이 필연적인 궁극 단계(계급 없는 사회)로 보고 있는데도 불구하고 실제행동을 요구하고 있음을 지적하고 있다. 이에 대해 Marx주의자는 두 가지 회답을 하고 있다.[44] 첫째로는 역사발전의 목적은 확정되어 있으나 그 시기는 인간의 행위에 의하여 단축시킬 수 있다는 것이요, 둘째로는 발전적인 역사과정의 유일한 의의있는 목적은 무계급사회이나 Proletariat의 혁명 없이는 세계가 야만으로 타락할 수도 있다고 본다.[45]

Hegel의 역사철학의 비판으로서는 역사가 1831년 이후 계속 발전되었다는 것을 드는 것이 관례이고, Marx의 발전설도 그 예견이 부분적인 타당성을 갖고 있다고 믿어진다. 소련의 공산주의 선전 이외에도 이러한 발전법칙이 Max Weber와 Ernst Troeltsch에 의하여 서구의 역사과학과 사회과학에 적용된 것을 볼 수 있다.

Hegel의 역사철학에 대비하는 것으로는 자연과학적인 진보의 정신에서 나온 Comte의 정신발전의 삼단계설을 들 수 있다.[46] Comte는 개별적으로나 종적으로나 필연적으로 연속되는 이론적 삼단계, 즉 과학적인,

---

43 Marx와 Engels의 유물사관에 대한 비판으로서는 Stammler, *Wirtschaft und Recht nach der materialistische Geschichtsauffassung* 1889 참조

44 Stammler, ebenda.

45 Stammler에 대한 비판으로서는 Max Weber, *Arch f. Soz. Wiss.* 1907 XXIV.

46 Comte, *Cours de philosophie positive* 1830 / 42.

형이상학적인, 실증적인 단계를 거쳐야 한다고 보고 있다. 그리하여 이 궁극적인 발전단계인 실증적 단계(사회학)에서 인간의 인식의 발전이 종결된다고 본다. 그러나 이러한 설은 착오에 기인한 것임을 Max Scheler가 명백히 하고 있다.

Comte와 Marx의 역사철학으로서 전세계사를 통일적인 어떤 목적을 지향한 과정으로 보는 경향이 끝났다. 20세기에 들어와서는 이러한 일원적인 역사철학에서 다원적 역사권을 주장하는 사람이 나타나게 되었다. 그 대표적인 역사철학자로서 우리는 Oswald Spengler[47]와 Arnold Toynbee[48]를 들 수 있다. 둘 다 세계사를 단일적인 발전단계로 보지 아니하고 몇 개의 독자적인 문화권(Spengler에 있어서는 8, Toynbee에 있어서는 21)으로 분류하여 일정한 보편적이고 유추적 발전법칙을 따라서 소멸한다고 본다. 그들은 이미 Vico가 발전시킨 바 있는 Kulturzyklentheorie에 결부하고 있다.

Spengler는 『서양의 몰락』에서 문화의 발전법칙을 제시하고 있다. 그에 있어서 문화발전의 결정적인 삼단계는 상징적인 초기문화, 형이상학적인·종교적인 성기의 문화와 문명적인 후기문화이다. Spengler는 계속적인 발전이론으로서 춘하추동에 따르는 문화의 식물적인 성장과 개화, 조락의 명제를 제출하고 있다. 그리하여 그는 서양문화는 이미 개화한지 오래이며 조락기에 들어있다고 보고 있다. 이 Spengler의 이론에 근거한 것이 이 교수의 법의 역사철학이라고 볼 수 있을 것이다.

2) 이 교수의 역사철학

이 교수는 역사철학은 사관을 구성하는 것이라는 견해 하에 새로운 유기사관의 구성에 노력하고 있다. 교수는 Hegel의 관념사관과 Marx의 유물

---

[47] Oswald Spengler, *Untergang des Abendlandes*.
[48] Arnold Toynbee, *A Study of History*, ders., *Civilization on Trial*.

사관은 각각 관념과 물질의 일면관이기 때문에 이를 지양함으로써 유기 사관이란 기일원사관에 도달하고 있다. 그에 있어서는 역사의 주체는 물질과 정신의 종합태인 기이며, 이것은 처음에는 물질로 나중에는 정신으로 교체 발전함으로써 시대적 구분이 생기며, 또 기는 풍토로 변화하여 풍토(역사적 요인)에 의하여 삼문화유형이 구성된다고 보고 있다.

이와 같은 이 교수의 역사철학은 그것이 독자적인 것이기에 상세한 설명이 필요하리라고 생각된다. 교수는 사회현상은 시간적으로는 세계 사적으로 고찰하여야 하는 동시에 공간적으로는 풍토적으로 고찰하여야 한다고 말하고 있다.(95)

(1) 유기사관—시간적 구성

교수는 세계사를 유형으로 파악된 역사, 즉 역사적 사실과 사관이 결합된 역사라고 보며 사회현상은 오로지 세계사적 의미가 있는 것만이 사회현상으로서 의미가 있는 것이라 한다.(65) 사회현상이 세계사적 성격을 가졌다 함은 역사적 사실과 사관의 일면관을 지양한 것이며, 세계사란 것은 과거와 현재의 역사적 사실 속에 구현되어 있는 사관이요, 또한 사관에 의하여 그 가능성이 인정되는 과거와 현재의 역사적 사실을 말한다.

교수는 세계사의 사관으로서 관념사관과 유물사관을 배격하고 그 대신에 그 종합체인 유기사관을 제창하고 있다. 기(氣)라는 것은 유교사상에 있어서의 정신적인 이(理)에 대립하는 물질적인 것을 의미하는 것이 아니고 도교적 사상에 있어서 단순히 정신적인 것에 대립하는 물질적인 것이 아니고 정신을 그 가운데 내포하고 있는 하나의 우주의 궁극적 본질로 보고 있다.(75) 즉 기라는 것은 하나의 궁극적인 존재로서 정신적인 면과 물질적인 면이 어느 면으로도 발현가능한 것이요, 말하자면 주관과 객관이 귀일한 생명원천이요 주체화한 객체요 객체화한 주체로써 Heidegger, Jaspers, Sartre가 말하는 실존과 근사한 것이라 할 수 있다(76)고 한다.

또 이 기는 항상 운동 가운데 현상으로 음양의 이치에 따라 자기활동하고 발현한다. 즉 만유의 근원인 기는 우선 물질적인 Energie로 발현하고 Energie가 적당한 온도와 습기, 즉 양기와 음기의 적당한 배합에 의하여 Darwin의 이른바 유기적 진화를 하여 생명이 되고 이 생명이 Toynbee의 이른바 적당한 도전과 반응, 즉 양기와 음기의 적당한 배합에 의하여 Bergson의 이른바 비약적 진화를 하여 정신이 된다고 하였다.(78)

이 기는 물질도 아니요, 정신도 아닌 것이기 때문에 물질현상과 정신현상이 파동적으로 교체되어 생기됨으로 인하여 운동한다. 즉 유기론에 입각하여 사회현상을 보면 거기에 유기사관이라는 하나의 세계관이 형성된다. 유기사관의 특색은 역사를 파동적으로 보아 물질이 정신을 유도하는 가능성과 정신이 물질을 유도하는 가능성이 파동적으로 교체한다고 하는 것이다(79)고 한다.

고대사회에서 이 기는 미진화의 상태, 즉 물질적인 성질이 농후한 시대로 이 시대의 사회구조는 유물론적이다. 고대에는 물질의 보완으로서 정신이 발현한 셈인데 이것이 이른바 Ideologie이다. 원래 Ideologie로서 탄생한 정신은 자기작용을 하여 객체적 피투영성을 이탈하여 구체적 활동성을 대유하게 된다. 이것은 이른바 Idee이다. 중세는 관념적이요 근세는 다시 유물적이요 현대는 다시 관념적이다.(81)

이와 같이 유기사관은 사회발전의 과정을 일원적 기의 진화로 파악한다. 이 진화의 극치는 기 원래의 자태로 돌아가는 것이니 이 때 Utopia가 실현된다. 세계사는 그에 있어서는 인류사회의 생장의 역사이며, 그 발전과정은 인생 일대의 생장에 해당된다. 고대는 인생의 유년기요 따라서 본능적이며 중세는 인생의 청년기로 주관적 감정적 시대이다. 근세는 인생의 장년기와 같이 객관적 인식생활로 전환한 시대이다. 현대는 인생의 노년기와 같이 의지적 생활의 시대이다(114)고 보고 있다.

(2) 풍토설—공간적 구성

"세계사의 시원인 만유의 근원으로서의 기는 풍토적으로 볼 때에는 풍토적 자연이 된다. 이 풍토에서 세계사의 파동적 운동이 출발하는 것이다. 풍토는 단순한 지리적 환경이 아니고 역사적 환경이요, 풍토는 자연과 인종이 불가분적으로 결부되어 있는 자연이요, 인종이 그 주체적 존재양식을 객체적 존재양식으로 승화시킨 환경을 말한다.(87) 그러므로 역사의 요인은 환경도 아니요 인종도 아니며 환경과 인종의 풍토적 결합"(88)이라고 보고 있다.

세계사는 동일한 시대에 있어서는 동일한 경향성이 있으며 이 세계사의 보편화적 경향성이 구체적으로 입증되어야 할 공간적 영역이 설정되어야 한다고 교수는 보고 있다. 이 세계사의 공간적 영역은 사회권 또는 역사단위라고 불리는 것인데, 이 세계사적 의미를 가지는 유형성은 실로 생활기반으로서의 풍토에 찾아야 한다(116/7)고 보고 있다.

교수는 세계사를 풍토적 유형에 의하여 계절풍적인 동방과 대륙성적인 중방과 해양성적인 서방으로 구분하고 있다. 이에 따라 동방세계, 중방세계, 서방세계의 삼원적 역사단위를 설정한다.

동방은 계절풍적 풍토유형을 말한다. 이 지역은 태평양, 인도양으로부터 다량의 우기와 북방대륙으로부터 냉기가 계절적으로 교체한다. 이에는 중국, 인도, 인도차이나, 한국, 일본, 남양군도 등이 속한다. 이 계절풍적 풍토의 특색은 습윤성에 있고, 따라서 농경생활에 적합한 생활기반을 이루고 있다(96). 이리하여 하천 유역의 비옥한 평야에서 동방문화는 빛나기 시작하였으니 중국에 있어서의 황하와 양자강, 인도에 있어서의 항하(恒河, Gandis)와 인도강(Indus)의 유역이 실로 동방문화의 요람지가 되었다(120). 이 동방문화의 담당민족은 황인종이 아니고 상기 각지에 거주하는 민족이다.

중방은 대륙성적 풍토유형을 말한다. 이 지역은 해양에서 원격된 관계로 우기가 적어서 사막과 초원이 연속된다. 이에는 몽고, 토로키스탄, 이란, 아라비아, 아프리카 대륙의 북부 등이 속한다. 이 대륙성적 풍토의 특색은 그 건조성에 있고, 따라서 농경이나 어로보다도 유목생활에 적합한 생활기반을 이루고 있는 점이다(96). 이 유목생활은 자연에 의지하는 고착적 농경생활과는 달라 자연과 투쟁하고 수초를 따라서 방황하는 반항적 생활양식이다. 이리하여 아라비아 사막을 중심으로 하여 시리아 사막, 리비아 사막, 이란 고원에 긍하는 고대 중방의 사막적 문화가 개화하였다. 이 중방 민족은 상기 지방에 사는 민족으로 몽고족, Turkey족, 이란족, 슬라브족들이 있다(120).

서방은 해양성적 풍토유형이다. 이는 발칸, 이탈리아, 피레네의 제반도가 돌출한 것을 위시하여 복잡한 해안선을 그리면서 지중해와 대서양에 임해 있다. 이에는 그리스, 로마, 스페인, 프랑스, 독일, 영국 등이 이에 속한다. 이 해양성 풍토의 특색은 그 온화성에 있고 따라서 상역생활에 적합한 생활기반을 이루고 있는 점이다.

서방의 자연은 동방의 풍토와 같이 무조건 인종하여야 할 숙명적 존재도 아니요, 또 중방의 자연과 같이 대항하여야 할 적도 아니며 오직 인간의 힘으로 적당히 이용할 수 있는 자연이다. 그리하여 지중해를 중심으로 하는 희랍, 로마의 활동이 서방문화의 토대를 이루게 되었다고 한다.

(3) 세계사의 구조

이러한 삼원적 역사단위는 시간적 구성에서 보아온 바와 같이, 기의 음양적 운동으로 인하여 고대, 중세, 근대, 현대로의 발전을 한다고 본다. 그래서 각기의 특징을 교수는 다음과 같이 설명하신다.

고대의 동방은 농경사회요, 중방은 유목사회요, 서방은 상역사회이다(121). 중세의 동방은 군현사회요, 중방은 제국사회요, 서방은 봉건사회였다.(169) 근대의 동방은 민족사회요, 중방은 전체사회요 서방은 민주사회였다.(215) 현대의 동방은 인류사회를 건설하고자 하고, 중방은 인류사회를 건설하고자 하고 서방은 인간사회를 건설하고자 한다.(279)

이를 정리하여 보면 각 역사단위가 다음과 같이 발전함을 볼 수 있다.

		고대		중세		근대		현대
동방	=	농경사회	–	군현사회	–	민족사회	–	인류사회
중방	=	유목사회	–	제국사회	–	전체사회	–	인류사회
서방	=	상역사회	–	봉건사회	–	민주사회	–	인간사회

이러한 각 사회는 물론 그 개념이 현실태에서 나왔다기보다는 이상형일 것이기에 그에 관한 기술은 생략하기로 한다.

3) 이 교수 역사철학의 비판

(1) 유기사관

이 교수의 역사철학은 Hegel의 관념사관과 Marx의 유물사관을 지양하고 새로운 유기사관(唯氣史觀)을 창안한 독창성을 높이 평가할 것이다. 그러나 여기에는 어느 정도의 의문점이 없지도 않은 것 같다.

첫째로 기의 본질문제이다. 유기사관에서 말하는 기는 즉 Energie라 한다. 그런데 이 기는 과연 정신과 물질의 종합체로서 Jaspers, Heidegger, Sartre가 말하는 실존인지는 재고해 볼 여지가 있지 않나 생각된다. 우리는 Jaspers에 있어서 Existenz가 정의 지을 수 없는 개념임을 본다. 그것은 "결코 객체가 될 수 없는 것, 거기서 내가 생각하고 행위하는 근원 ……이다."[49] 따라서 실존은 객관적인 아닌 것, 불가측적인 것, 경험할 수 없

---

[49] Jaspers, *Philosophie* I. S. 15.

는 것, 보편적인 것이 아니고 그 근원에서 자유로운 것이다. 따라서 "실존은 주관적인 것이 아니고 그것은 현실에 있어서 객관적 존재와 자아적 존재의 존재권의 타개로(打開路)이다."[50] 어쨌든 이 실존이라는 철학적 개념이 얼마나 다의적이며 신비스러운가를 엿볼 수 있다. 신비적 용어인 "심령"을 철학적 용어로는 "실존"이라고 하는 것으로 실존은 자유와 바꿔 놓을 수 있다고 한다. 이와 같은 다의적인 실존이 기라고 할 수 있을지는 극히 의심스럽다. 기의 개념규정은 이러한 외래어를 빌릴 필요 없이 좀 더 상세히 설명해 주었으면 한다.

둘째로는 기의 운동방식의 문제이다. 유기사관에 있어서의 기는 역사의 주체이며 또 이 기는 공간적으로는 풍토를 이룬다고 한다. 이 풍토는 자연과 인종의 결합체라고 본다. 이 자연과 인종의 결합체가 처음에 물질인 자연으로 나타나고 그 자연은 Ideologie를 낳고 Ideologie는 또 Idee를 낳고 Idee는 다시 Ideologie를 낳아 영원 계속 교체한다고 한다. 이 기의 운동이 과연 우선 물질적인 Energie로 발현하고 Energie가 적당한 온도와 습도, 즉 양기와 음기의 적당한 배합에 의하여 Darwin의 이른바 유기적 진화를 하여 생명이 되고, 이 생명이 Toynbee의 이른바 적당한 도전과 반응, 즉 양기와 음기의 적당한 배합에 의하여 다시 Bergson의 이른바 비약적 진화를 하여 정신이 된다고 할 수 있을지 의심스럽다. Energie가 생명이 되고 생명이 정신이 되고 정신이 다시 물질로 되는 과정은 필자로서는 이해하기가 힘들다. 음양이원론에 의한 Kosmos의 설명은 그것이 동양철학의 특색이거니와 거기서 오행설이 나와 중국 자연철학을 구성한 것도 알기 어렵거늘 기가 자연이 되고 또 자연이 생명이 되고 생명이 정신이 되고, 정신이 물질로 되는 과정은 유기적이며 비약적 진화의 용어를 도입함으로써 해결되는 것은 아니리라고 생각한다. 더욱이 기일원론에 의한 세계해석은 많은 의문점을 제공하고 있으며, 또 그것이

---

50 Bochenski, *Europäische Philosophie der Gegenwart* 2. Aufl. S. 196/197.

Ideologie와 Idee[51]로 되어 상호 규제한다는 것은 더욱 이해할 수 없다.

셋째로 세계사의 발전형식에 관한 문제를 보기로 하자. 교수의 유기사관은 사회를 하나의 유기체라고 보고 그 생명적 흥망성쇠를 인정하는 점에서 Spengler와 같으나 그 생명적 흥망성쇠가 각 민족에 대하여 단편적으로 이루어지는 것이 아니고 전세계가 공통운명적으로 이루어진다고 생각하는 점에서 Spengler의 의견을 달리 하고 있다.(108) 생명적 흥망성쇠를 인생의 일대에 비교하는 것은 좀 신기하기는 하나 타당성을 갖는 것이라고는 말하기 어려울 것이다. 예를 중국의 문화에서 보더라도 고대의 춘추시대의 문화는 그것이 결코 유년기의 문화가 아니고 이어 일종의 성기문화(盛期文化)를 이루고 있었다고 생각된다. 물론 이러한 것이 모두 세계관의 차이에서 오는 논쟁이라고 한다면 그것은 미해결된 채로 남을 것이나 당시 인간의 행동이 본능적만이 아니었을 바에는 일률적으로 본능의 시대라고 하기는 어렵지 않을까 생각한다.

(2) 풍토설

풍토에 의한 역사의 특수성을 인정하는 것은 거의 공통적인 사상일 것이다. 그러나 풍토가 역사의 절대 요인이라고 보는 견해는 동양에서만 볼 수 있는 현상이다. 그것은 교수가 말하는 바와 같이 동방적 농경사회의 특수성에서 오는 자연관에서 나온 것일 것이다. 우리는 한국 법학자 중에서 풍토의 법에 주는 영향을 과대평가하는 경향을 보거니와[52] 이것은 와쯔지 데츠로(和辻哲郎)의 『風土の哲學』의 영향이 아닌가 생각된다.[53]

---

51 Idee와 Ideologie의 개념에 있어서 이 교수는 Ideologie는 유물적인 것이고 Idee는 유심적인 것이라고 보고 있는 것 같다. 그러나 Ideologie는 Idee론이란 데서 나온 개념이며 그것은 일반적으로 선전되는 인생관 또는 세계관을 말하는 것이라고 할 수 있을 것이다.

52 이항녕 교수 외에도 예를 들면 전봉덕, 「한국법의 성격과 구조」, 『학풍』 제2권 2호 10면. 기타 이 교수의 타 저술 참조.

53 和辻哲郎, 「風土の哲學」.

풍토의 개념에서도 우리는 또 한 번 인종과 자연의 결합체인 기의 발현을 본다. 이 풍토는 정신과 물질의 불가분적 종합체이고 정신적인 물질이요 물질적인 정신이라 한다. 기는 정신과 물질로 교체 발현하거니와 그러면 풍토는 세계사의 파동적 운행의 시발요소로서 어떻게 운동하는가? 여기에 대한 설명을 잘 찾아 볼 수 없다.

교수의 풍토에 의한 역사관의 분류에 관해서 생각해 보면 다음과 같은 점을 쉽게 지적할 수 있을 것이다. 첫째로는 역사권의 분류가 부족하여 그것이 Eurasia(구대륙)에 국한되어 있는 점이다. Spengler는 8개의 역사권을 들었고 Toynbee는 21개의 역사권을 들고 있거니와 이러한 역사권의 분류에 있어서는 대부분이 독단성에 빠지는 오류를 범하고 있거니와 이 교수에게서도 이러한 경향을 볼 수 있다. 그는 풍토 그것을 위에서 본 바와 같이, 기후적 풍토에 의하여 역사권을 분류하여 동·중·서방의 역사권이 Eurasia대륙에 국한한 점에 관해서 생각해 볼 때 이 설이 유지되기 어려운 것을 알 수 있다. 고대의 세계도 Eurasia대륙에만 국한되지 않았던 것을 남미의 Inka제국의 문화에서 볼 수 있을 것이다. 그 뿐 아니라 역사권의 분류에서 기후며 역사적 환경이며 인종을 중시할 때에는 북미대륙과 남미대륙, Afrika, Australia대륙의 문화권에도 언급해야만 할 것이다.

그리고 새로운 중방문화권에 대해서 고찰해 보면 중방문화의 동방과 서방문화에 대한 독자성을 주장한 것까지는 좋으나 그것이 현대에 있어서 동양, 서구 미, 소련의 3 세력권을 들추어내기 위한 가구(假構)에 불과한 것 같은 인상을 주고 있음이 결점이다. 우리는 러시아 문화와 Inka문화와 몽고 문화가 한 문화권을 설정하고 있기는 하나,[54] 그렇다고 하여 Turkey며 몽고며 러시아 문화가 통일성을 이루고 있다고는 말할 수 없을 것이다. 교수의 설명에서 보면 회교권과 희랍정교권(Russia)과 Lama교단(몽고, 티베트)이 유교권과 기독교권에 대하여 단일문화권을 이루고 있으나 이

---

[54] 초원지대의 문화에 관해서는 *Handbuch der Weltgeschiche 2 Bde.* 참조.

것은 분류의 조잡성을 나타낸 증거가 아닌가 생각된다.

둘째로는 역사권 상호간의 문화전파나 계수를 인정하지 않는 점이다. 그러나 역사권 상호간의 문화전파나 계수의 설명 없이 신대륙문화와 현대의 동방·중방문화의 설명은 불가능한 것이다.[55]

Spengler도 문화의 절대적인 독자성의 이론을 전개하였거니와 이것은 명백한 사실에 반대되는 이론인 것이다. 오늘날의 각 후진국가의 입장을 보면 대부분이 구미법의 계수에 불과한 것이다. Del Vecchio도 역사법학자가 Roma법의 계수를 부인하는 것을 들어 그것은 현실에 반대되는 설이며 그 근거에는 선민사상이 있다고 비난한 뒤 법질서의 전파가능성을 설명하고 있는 것이다.[56]

물론 교수도 무의식중에 문화의 전파를 인정하고 있기는 하나, 즉 미국이 현대 서구문화의 담당자라는 등에서 묵시적으로 이를 승인하고는 있으나 그 전제적인 문제는 취급하고 있지 않게 때문에 혼란을 일으킬 우려가 있다.

(3) 결론적 고찰

Karl Löwith는 동서양 역사철학의 비교에서 다음과 같이 말하고 있다.[57]

"동양의 사유는 우리들이 관용하고 있는 자연과 역사의 구별을 모른다. 동양의 집정자는 그가 '천자'인 이상 역사적으로 지배하였고 그가 천도를 따르고만 있으면 좋은 집정자였다. 이 동양의 현자는 세계와 역사를 함께 생각하는 것을 피하였다."

이 오래된 낯선 동양의 현명에 비교한다면 미국과 소련의 지식과 의

---

55 문화의 전파가능성에 관해서는 Sorokin, *Kultur und Geschichtsphilosophie* S. 342 ff.
56 Del Vecchio, *Die Idee einer vergleichenden universalen Rechtswissenschaft*, Zts. f. R. W. Ph. Bd. 7, 1913. S. 223 ff.
57 Karl Löwith, *Sinn der Geschichte, Handbuch der Weltgeschiche* Sp. 2679 ff.

욕은 다만 근대적·유럽적 지식욕의 극단적인 귀결이다. 거기에 궁극적으로 임하는 것은 역사적 목적의 도달에 있다. 유럽과 미국과 러시아의 지배적 역사철학적인 개념은 어떤 의의 깊은 목적에의 의욕의 면에서는 마찬가지이다. 그 목적에 도달할 수 있는 것은 진보에 의한 것이다. 그것이 보편적 정신의 완성이든지(Hegel), 과학적인 실증성으로든지(Comte), 계급 없는 사회에로든지(Marx), 종말에의 의식적인 의욕이든지(Spengler), 결국에 가서는 몰락하는 문명에서의 창조적 출로인 보편종교에로의 진보(Toynbee)이건 간에, 그들은 모두 한 목적을 원하며 그것을 통하여 진보적으로 의의를 실현하려고 하고 있다.

> 극동의 사유가 서양에 대해서는 낯설다고 말할 수 있을 것이며 Hegel과 더불어 동양이 아직도 정신, 자유, 의욕이 무엇인가를 모르고 있다고 말할 수 있을 것이다…….

이 교수의 역사철학에는 Löwith의 말에 따라 자유, 의욕, 정신이 무엇인지 모른다고 말할 수 있을 것이다. 그러나 이 교수에게도 진보의 개념이 없는 것은 아니고 현대의 동양사회는 인류사회를, 중방사회는 인류사회를, 서방사회는 인간사회를 건설하려고 노력한다고 보고 있다. 그러나 교수는 풍토의 숙명성을 너무 중시하고 있는 감이 불무하다. 앞에서도 말한 바와 같이 교수의 역사철학은 동양풍수설에 숙명적으로 지배받고 있다. 역사의 발전이 생명적 인생의 일대와 같다는 것도 그 숙명성을 말하는 것이다. 그런데 Situation은 숙명적인 것이나 미래에로 향하여 역사는 개방되어 있는 것이므로 풍토에 의한 비관적 숙명론은 지양되어야 할 것이다. 이에는 Spengler 이후의 현대 역사철학의 발전을 참작하여야 할 것이다.

4) 현대 역사철학의 경향

(1) Toynbee의 역사철학—다원적 문화관

위에서 우리는 이 교수의 이론이 Spengler에 의거하고 있음을 보았다. Toynbee는 Spengler를 극복하여 그 체계를 현대화하였으므로 앞으로의 역사철학연구에는 Toynbee의 역사철학의 성과를 참작하는 것이 필요하리라고 믿는다.[58]

Toynbee는 세계사를 21개의 독립적 문화권을 설정하고 있으나 그것은 Spengler와는 반대로 불가침적인 것이 아니고 서로 긴밀한 종속관계에 있다. 그는 나아가 장래에 문화의 세계적 종합이 가능하다고 보고 있다. 문화를 신비스러운 식물로 보고 있는 Spengler와는 반대로 그는 문화발생설을 발전시켰다. 그에 의하면 성기문화는 언제나 창조적인 정예가 특별한 도전에 대하여 특유한 대답을 줄 수 있는 것을 알고 있을 때에 발생한다고 한다. 이 도전은 다섯 가지가 있으며 첫째로는 초인적 해후로서의 신화, 둘째로는 신천지, 셋째로는 충돌, 넷째로는 계속적인 압박, 다섯째로는 제한이라고 한다. 이러한 지리적·풍토적·정치적 도전에 대하여 문화는 창조적인 소수에 의하여 준비되고 대중의 모방욕으로 인하여 발전·전파되고 창조적인 정예가 지배적으로 되자 점차 복종을 거부하여 그럼으로써 사회적 통일체를 파괴하기에 이른다.

오늘날에 있어서 이 정예의 과업은 전세계를 포괄하는 세계제국의 구상이다. 이 세계제국이 올 것이라는 것은 틀림없다. 그러나 그것이 전쟁적인 방법에 의하여 이루어지는 것을 방지하는데 이 정예의 과업이 있다. 이에 대하여 Toynbee는 재미있는 예언을 하고 있다. "현재는 소련과 중공이 동맹하여 서방사회에 대하고 있으나 장래에는 소련과 서방측이 협력하여 중공에 대할 날이 멀지 않아 올 것이다." 이 말은 우리들에게

---

[58] Toynbee의 역사철학에 대해서는 *A Study of History* 등 참조.

많은 시사를 준다. Toynbee는 장래 기독교교회의 승리를 희망하고 있다. Toynbee의 역사철학에 관하여 Raymond Aron은 정확하게 다음과 같이 말하였다. "Toynbee는 Spengler에 시작하여 영국교회주의에 개종한 Bossuet에 끝났다."

세계사의 장래는 개방되어 있다. 모든 것은 우리들에게 숙명적으로 결정되어 있다고 볼 수 없다. 운명은 우리들 마음대로 되는 것도 아니고 또 미신적 맹목적인 숙명에 맡겨져서도 안 된다. 그렇게 볼 때 Toynbee의 도전과 회답의 모델이 행위 하는 인간의 상황에 적합하리라고 믿어진다.

(2) 일원적 역사철학─통일적 세계사

① Alfred Weber의 역사철학

Alfred Weber는 문명과정의 계속적·진보적 성장과 문화과정의 성쇠와 멸망을 구별했고, 문명과정에 적용되는 규범에 대한 불합리적 전통에서 나온 계몽적 진보의 신앙을 문화과정에 지시했다. 그는 문화발전과정을 Spengler나 Toynbee처럼 문화권으로 구분하지 않고 인간형에 의하여 구분하였으니, 제1에서 제4인간형이 있다고 했다. 제3인간형은 성기문화와 현대의 창조자이며, 제4인간형은 부자유를 의욕하고 독자적 생활방향을 단념하는 대중적 인간이라고 했다. 그는 제3인간형 다음에 반드시 제4인간형이 따르는 것은 아니라고 하여 현대 문화에 깊은 비판을 가하고 있다.[59]

② Karl Jaspers의 역사철학

Jaspers는 문화발전의 통일성을 지적하고 있거니와 그는 Toynbee와 Spengler와 같은 문화권으로 나누는 역사철학은 아무러한 의의가 없다고

---

[59] Alfred Weber, *Kulturgeschichte als Soziologie* 1949.

하였다. 그는 역사철학은 세계사의 의의와 그 통일성, 구조를 연구하는 것이라고 한다. 그는 세계사를 5기로 나누고 있다.

1. 선사시대(Prometheisches Zeitalter)
2. 성기문화(Hochkultur)
3. 철학적 시대(Achsenzeit 기원전 500년에서 1600년까지)
4. 과학적·기술적 시대(Weltalter der Wissenschaft und Technik)
5. 장래의 시대(Das kommende Zeitalter)

Jaspers의 역사철학에서 중요한 것은 철학이 획기적인 힘을 가진 것을 인정한 것이다. Jaspers에 있어서의 철학적 신앙의 개념에서는 지식과 신앙이 동일시되고 있으며, 그에게 있어서는 절대적 윤리학이 아주 중요시된다.

이제까지의 4세계 4단계로 역사라고 부르는 것은 끝난다. 장래의 역사의 궁극목적은 아니더라도 그 하나의 목적은 인간성의 통일성이다. 이러한 인간통일의 조건은 정치적 존재형태이다. 그것은 모든 사람에게 최고의 자유의 기회를 제공하는 것이다. 전쟁의 끝에는 법의 세계질서가 성립한다. 여기서는 개개 국가도 절대주권을 갖지 않고 인간에게만 그 법질서와 그 기능이 귀속하게 된다고 본다.[60]

③ 규범적 역사철학(normative Geschichtsphilosophie)

Dempf에 의하면 역사철학의 제1정의는 이성적 방법으로 과거에 따라서 미래를 형성하자는 기도이며, 그 제2정의는 새로운 법질서의 초안이라는 것이다. 그에 있어서는 역사철학과 사회학은 현재 상황을 평가하는 보다 높은 원리라고 한다. 따라서 20세기에 있어서의 역사철학은 과거와

---

60 Karl Jaspers, *Vom Ursprung und Ziel der Geschichte*; ders., *Einführung in die Philosophie*.

는 너무나 다른 것을 말하고 있다.[61]

역사적·경험적으로 준비된 비구성적인 사회학은 자명한 일이 되었다. 거기에는 규범적 역사철학이 발견되는 것이다. 왜냐하면 그렇게 함으로써 모든 생명력의 연관을 볼 수 있으며 궁극적으로 문화의 정당한 파악을 가능하게 하는 것이다. 그 네 개의 생명력을 세계사의 5기에서 볼 수 있다고 그는 말한다.

제1기는 국가 이전의 선사시대이다. 이 시대에서는 종족생존에서 여러 문화가 발달했다.

제2기는 성기문화이다. 이것은 초기문화에 대하는 것으로 이때부터 국가가 나타나기 시작했다. 이 시기에는 국가가 가장 중요한 권력이었다.

제3기는 문화가 자각된 때였다. 철학과 과학의 생기와 더불어 법사상가의 시대가 도달하였다. 이때에는 정의의 초시대적인 질서가 생겼고 자연법칙에 따른 자연법이 생겼다. 국가는 유일한 법근원은 아니게 되었다.

제4기는 세계종교가 전사회를 규정하는 실력이 되었다. 불교와 기독교, Islam의 신의 법칙이 다른 모든 법칙을 규정하였다. 문화는 신앙에서 발생하였다.

제5기는 서양적 문명시대이다. 이것은 정신문화의 창조이다. 왜냐하면 이젠 정신과 학문의 왕국이 전서양 사회생활을 규정하기 때문이다. 위대한 행정, 법칙, 자연과학 특히 기술의 합리화를 가져와 그 결과로 산업사회와 세계경제가 일어났다. 새로운 영원한 법칙의 철학적 시대는 정신과학과 자연과학의 범주 내에서만 실현될 것이라고 Dempf는 보고 있다.

---

61 Alois Dempf, *Geschichtsphilosophie* 1953, S. 1-55; ders., *Kritik der historischen Vernunft* 1958.

(3) 여적

이상 우리는 현대 역사철학의 소묘를 해 보았거니와 여기서 볼 수 있는 것은 이 교수의 역사철학에서 삼원적 문화권을 고집하려면 Toynbee에 있어서와 같이 문화의 전파교류를 좀 더 연구·가미하여야 할 것이고, 그것이 앞에서 본 바와 같이 유지하기 어려운 이상 세계사를 일원적으로 해석함으로써 Ideologie-Idee-Ideologie-Idee의 순환으로 보지 않고 Jaspers나 Dempf와 같은 통일적인 시대구분이 적합하지는 않을까 생각하는 바이다. 교수의 역사철학이 동방문화의 고유성을 강조하는 것에는 찬성하나 이를 고집하는 나머지 보수적 경향을 가져서는 안 될 줄 믿는다.

5. 풍토적 자연법, 유형적 세계법의 이론

1) 풍토적 자연법, 유형적 세계법―이 교수의 학설

끝으로 이 교수의 법철학방법에 의하여 구성된 풍토적 자연법에 관해서 보기로 한다. 교수는 법의 역사성을 강조하면서 역사법학에 동조하지 않고 그 세계사성을 역설하는 의미에 있어서 역사법학보다는 오히려 자연법학에 접근하였다고 생각하고 있다. 그에게 있어서는 법의 세계사적 성격이 역사법학과 자연법학과의 접촉을 가능케 하는 것이었다.(67) 그리하여 법은 이상과 현실, 이념과 사실의 종합태인 자연법칙 성격이 있되 그것이 국가민족에게의 적응성이 있어야 할 것이요, 실정법적 성격이 있되 그것이 세계사적 의미에 의하여 전인류에게 보편화하여야 한다고 한다.(99/100)

여기서 그는 세계사를 일원적으로 구성하여 보편적인 세계법을 보자는 것이 아니고, 또 세계법을 부인하고 개개 민족과 개개 국가의 고유법만을 보자는 것도 아니며 현실적이면서도 하나의 이상이요 이상적이면서도 하나의 현실인 이념형으로서의 법을 보자는 것이다. 이것이 풍토적 자연법이요 유형적 세계법이다.(101) 법의 특수성과 보편성은 풍토적 · 세계사적 유형에 지양되어 공간과 시간을 초월하는 자연법과 시간과 공간에 제약되는 실정법의 종합형태로서 "진화하여 나가는 법"이 되는 것이라 한다.(102)

그렇다면 이러한 풍토적 자연법은 어떻게 발생하는가? 교수에 의하면 풍토를 떠나서 사회생활이 없는 것 같이 풍토를 떠나서 법은 없다. 풍토적 배경 없는 법은 생활성이 없는 것이요, 생활성이 없는 것은 법이 아니다. 그렇다고 하여 풍토가 법을 낳게 했다는 것이 아니다. 풍토와 법은 동시에 존재하는 것이다. …… 자연이 …… 풍토화 된다는 것은 법이 있다는 뜻이다. …… 자연은 법에 의하여 풍토화되는 것이요 법은 자연의 풍토화와 더불어 발생되는 것이다(92/3)라고 한다.

위에서 본 바와 같이 교수에 있어서는 법과 풍토는 동시존재적인 것이요 상호 규제하는 것이다. 따라서 풍토적 자연법은 공간적으로는 일풍토에만 성립되는 것으로 그것은 타 풍토에서는 타당성을 갖지 않는 것이요, 시간적으로는 고대, 중세, 근대, 현대에만 상대적인 타당성을 갖는다.

나아가 교수는 기술한 바 12사회유형에 따라 세계법, 풍토적 자연법을 구상하고 있다. 이를 표기하면 다음과 같다.

		고대		중세		근세		현대
동방	=	자연법	—	유교법	—	도의법	—	평화법
중방	=	사회법	—	회교법	—	정치법	—	평등법
서방	=	인간법	—	기독교법	—	과학법	—	자유법

그런데 교수의 자연법의 개념은 다의적이기 때문에 풍토적 자연법의 이해가 상당히 어렵게 되고 있다. 그는 자연법이라는 것은 실정법 이전에 자연히 존재하는 사회생활유형이라고 했다.(498) 그런데 자연법은 법에 있어서의 하나의 이상이요 실정법은 법에 있어서의 하나의 현실이다.(99) 자연법은 실정법이 나아갈 방향을 지시하는 추상적 형식이요, 실정법은 자연법의 욕구를 충당하는 구체적 내용이다.(493) 이와 같이 자연법은 한번은 실정법의 존재요, 한번은 실정법에 내재하는 이상이 되므로 이해하기가 곤란하나 그것은 기가 Idee와 Ideologie로 진화하는데서 오는 것이라고 말할 수도 있을 것이다. 앞에서 본 고대의 자연법, 사회법, 인간법과 근대의 도의법, 정치법, 과학법은 Ideologie이며 중세의 유교법, 회교법, 기독교법과 현대의 평화법, 평등법, 자유법은 Idee임을 잊어서는 안 될 것이다.

2) 상대적 자연법의 이론

교수의 풍토적 자연법론은 현대 서독 법철학계에서 문제되고 있는 상대적 자연법의 이론에 접근해 있음을 엿볼 수 있다. 교수의 풍토적 자연법론의 비판에 들어가기 전에 우선 상대적 자연법의 이론을 보기로 한다.

주지하는 바와 같이 자연법사상은 서양 법철학에서 연면히 계속 주장되고 있었다.[62] 이 자연법론은 19세기말에 실증주의가 성해짐에 따라 법실증주의자의 공격을 받아 처치되어 버린 감이 없지 않았다.[63] 그것이 2차 대전을 계기로 자연법의 재생이 부르짖어졌던 것은 그 국가적·도덕적인 동요에서 우러나온 것이었다.

이 불사조처럼 재생하는 자연법론은 그것이 무엇보다도 제정법만능에

---

62 Carl J. Friedrich, *Die Philosophie des Rechts in historischer Perspektive* 1955, S. 110.

63 Bergbohm, *Jurisprudenz und Rechtsphilosophie*.

대한 시민의 권리옹호에 있었던 것은 부인 못할 것이다. 물론 Katholik교회에서 주장하는 자연법의 근원은 정신에 유래하였고 근대 계몽사상가들의 자연법론은 인간의 이성에 근거하였던 것은 주지하는 바와 같다.[64] 이 자연법의 이론을 길게 설명할 자리가 아니기에 생략하기로 하겠으나 여기서 하나 주의해 두어야 하는 것은 서양의 자연법개념은 이 교수와 같은 자연질서, 자연법칙인 것보다도 실정법의 상위의 규범으로 실정법과의 경합에 있어서 구속력·기속력을 갖는 것을 말한다는 것이다.[65]

전통적인 자연법은 어떤 시대나 민족을 막론하고 보편타당하며 불변의 내용을 가진 법규범이라고 주장되어 왔다. 이 자연법의 절대성의 요청이 고래로부터 오늘에 이르기까지 가장 강력한 충동을 준 것은 의심할 여지가 없다. 그러나 이렇게 주장된 "이념적·절대적" 자연법은 모든 민족과 시대와 문화와 인간에게 보편타당한 규범을 과학적 정확성을 띄게 도출하기는 불가능했다. 오늘날에 있어서는 이러한 회의적 입장을 취하는 것이 통설이 되었다.[66] 최근에 와서는 이러한 절대적 자연법의 약점에 착안하여 상대적인 자연법을 주장하는 경향이 강해졌다. 이러한 상대적 자연법의 이론을 우리는 사물의 자연에서 도출하려는 입장과 역사적 문화에서 도출하려는 두 경향으로 나눌 수 있을 것이다.

(1) 구체적 실질적 자연법

오늘날 현상학과 존재론의 일부학파에서는 자연법이론은 영원초월적인 이념의 관점 하에서 보다는 인간의 실존과 존재의 근본문제에서 고찰되고 있다. 오늘날 존재의 영역을 개척하려고 하고 있는 현상학과 존재

---

64 자연법의 개념의 다의성에 대해서 Erik Wolf, *Das Problem der Naturrechtslehre* 1955; Coing, *Die obersten Grundsätze des Rechts* 1947; ders., *Grundzüge der Rechtsphilosophie* 1950.

65 Max Weber, "Rechtssoziologie", in *Wirtschaft und Gesellschaft* S. 496.

66 Vgl. K. *Engisch ARSPh.* 1949. S. 271 f.; H. Welzel, *Naturrecht und materiale Gerechtigkeit* 2. Aufl. 1955. 4. Aufl. 1962.

론의 영향 하에서 자연법을 법의 내재적 구조연관에서 해명하려고 노력하고 있다. 이러한 존재의 측면에서 사물의 자연(사리, Natur der Sache) 즉 법영역에서의 현존을 분석하여 자연법을 도출해 내려고 하고 있다. 이 경향은 이미 K. Engisch가 "고전적 자연법이 인간의 자연의 징표 하에 있었음에 비하여 오늘의 자연법은 이 사물의 자연의 징표 하에 있다"[67] [68]고 말하고 있는 바와 같이, 현대적 자연법의 특징을 이루고 있는 바이다.

그러나 이 사물의 자연은 그 개념의 다기성 때문에 많은 난점을 내포하고 있다. Jhering은 이미 이 사물의 자연을 자연역사적 방법에 적용하였거니와 이 사물의 자연은 오늘날에 와서는 존재에서 당위를 인도해 내려는 역할을 하고 있다. 고대로부터 Montesquieu,[69] Dilthey,[70] Gény,[71] E. Huber[72]를 거쳐 Radbruch,[73] Sauer,[74] Welzel,[75] Coing,[76] Dahm,[77] Fechner,[78] Maihofer[79]에 이르기까지 이 개념은 'rerum natura', 'la nature de choses', 'donnes réelles', "Naturalien als Reale der Gesetzgebung", "Naturtatsachen", "vorgegebene Sachgehalte", "ontologische Gegebenheiten", "sachlogische Struktur", "reale Voraussetzung", "objektive(sachgegebene) Zusammenhänge" 등등으로 표현되어 왔으며, 그것은 "낮과 밤, 기후와 토지, 육지, 해양, 공기의 차별, 해부학적, 생리학적, 심리학적 인간의 구조, 유전자, 생의 구별, 연령, 출생과 사망, 영양소, 경제적 상태, 기술의 발전단계, 동산과 부동산의 구별, 인간행위의 자연적 구조 기타 그와 같은 법의 내용

---

67 Natur der Sache에 대해서는 Maihofer, Radbruch, 기타 이하 여러 주에 나오는 제서를 참조하라.
68 K. Engisch, *Die Idee der Konkretisierung* S. 115.
69 Montesquieu, *De l' Esprit des Lois*, 1748.
70 Dilthey, *Gesammelte Schriften* X. S. 132.
71 Gény, *Science et Technique en droit privé positif.* Ⅱ. 1915. S. 371 ff.
72 E. Huber, *Recht und Rechtverwirklichung* 1925.
73 Radbruch, *Vorschule der Rechtsphilosophie* S. 19 f.
74 Sauer, *Rechts-und Staatsphilosophie* 1936, S. 374 ff.
75 Welzel, *Naturrecht u. materiale Gerechtigkeit* 1951, S. 197 ff.
76 Coing, *Grundzüge der Rechtsphilosophie* 1950, S. 118 ff. S. 146.
77 Dahm, *Deutsches Recht* 2. Aufl. 1951, S. 32/3.
78 Fechner, *Rechtsphilosophie* 1956, S. 146 ff. 152 ff.
79 Maihofer, *Die Natur der Sache, ARSPh. Bd.* 44. S. 145-74.

보다 선존하는 것이거나 그것을 포괄하는 것을 말하고 있다."[80]

이것을 우리는 유명한 프랑스의 법철학자인 Gény의 법의 소여(donnés du droit)설에서 우선 그 내용을 보기로 하자. Gény는 4종의 donnés를 구별하고 있다. donnés réel, 이것은 물리적·심리적 현실을 말하는 것으로 성, 풍토, 종교적 전통, 사회관습 등을 말하는 것이다. donné historique, 이것은 본질적으로는 역사적인 지리 기타 사실에 영향하는 소여를 말한다. donné rational, 이것은 인간관계의 이성적 관찰에서 생기하는 원칙을 말하는 것으로 고전적 자연법의 많은 근본원칙, 예를 들면 인간의 생명불가침의 원칙, 인간능력의 발전원칙 등을 말하는 것이다. donné ideal은 Gény의 견해에 의하면 특정한 시기와 문화에 도덕적·사회적 목적이 화체되어 있는 것으로 합리적 고찰에서보다 본능에 근거한 동적 요소라고 했다.[81]

이 Gény의 설은 많은 불명한 점을 내포하고 있으나 그 근본사상은 명백하다. 그것은 법률관계를 구성하는 특정한 자연적 사실에 있으며, 그것은 또 사물의 자연에 해당한 법연관을 이루고 있는 것이다.

Radbruch는 법철학은 그 기초를 일면은 인간의 자연에, 타면은 사물의 자연에 근거한다고 보고 있다. 인간의 자연은 법철학의 항구적 요소이며 사물의 자연은 그 가변적 요소라고 하여 법의 이념은 인간의 자연에 입각하고 법의 소재는 사물의 자연에 입각한다고 보고 있다.[82]

그는 또 법이념은 법소재에 의해서도 규정된다고 하여 이것을 법이념의 법소재에 의한 피규정성이라고 보고 있다(Stoffbestimmtheit der Idee). 이 사물의 자연이 가치와 현실, 당위와 존재의 이원적 대립을 완화하는 것으로서 의의가 있다고 생각하여 만년의 Radbruch는 이 사물의 자연에 관한 많은 연구를 발표하였다. 그러나 그에게 있어서는 법의 이념이 소여로서의 사물의 자연에 최종단안을 내려야 한다고 했다.

---

80 Engisch, a.a.O. S. 117.
81 그에 관해서는 Friedmann, *ARSPh. Bd.* 41. S. 348 ff. 참조.
82 Radbruch, *Vorschule* S. 21 f.

Coing도 사물의 자연에 의한 이론을 발전하고 있거니와 그는 상사계약의 근본원칙은 상인의 상사거래의 본질에서 도출할 수 있으며, 친족법의 어떤 근본원칙은 혼인의 본질에서, 공무원법의 원칙은 국가공무의 본질에서 도출해 낼 수 있다고 보고 있다. 그에게 있어서는 사회생활에 있어서의 사물의 자연은 인간의 자연과 그가 살고 있는 세계의 자연에 근거하고 있다고 본다. 그는 입법자의 사물의 자연에 반대되는 입법행위는 그 법의 실효성을 필연적으로 배제한다고 보고 있다.[83]

Welzel에 있어서는 이 사물의 자연은 실정법에 내재하고 있는 사실논리적 구조를 말한다. 그의 사실논리적인 구조는 우리들에게 Reinach의 선험적 법원칙의 사상(법현상론)을 연상시키고 있다. 그는 이 사실논리적 구조의 연구에서 정통적 자연법에 도달할 수 있으리라고 믿고 있다.[84]

Maihofer는 '사물의 자연'에 관하여 역사적 연구를 한 뒤에 역사적 독자성에 근거지워진 법질서에 침전되어 있는 사물의 자연을 연구함으로써 구체적인 또는 제도적인 자연법에 도달할 수 있으리라고 믿고 있다.[85]

이 밖에도 Fechner,[86] Larenz[87] 기타 많은 법학자들이 이 개념을 다루고 있으나 이를 다 설명하는 것은 번잡하기 때문에 생략하기로 한다. 어쨌든 오늘날의 법철학이 법이념뿐만 아니라 법소재에 깊은 관심을 가지고 있음을 알기에는 이상으로서 충분하다고 믿는다.

(2) 역사적 자연법, 문화적 자연법의 이론

상대적 자연법론자 중에서 우리는 법소재인 '사물의 자연'에 중점을 두는 것을 보아 왔거니와 일면에 있어서는 Gény의 이른바 donné historique

---

83 Coing, a.a.O. S. 118 ff. 146.

84 Welzel, *Naturrecht und materiale Gerechtigkeit* 1951, S. 197 ff. *Naturrecht und Rechtspositivismus, ARSPh*.

85 Maihofer, a.a.O. S. 145 ff.

86 Fechner, *Rechtsphilosophie* S. 146 ff. 152 ff.

87 Larenz, "Wegweiser zur richterlichen Rechtsschöpfung", *Nikisch Festschrift* S. 275 ff.

에 치중하여 역사적·문화적 자연법을 말하는 학자도 많다. 인간이 법의 영역에서 행위하고 판단하고 교량하고 판결할 때 그는 역사적·일면적인 상황에 있는 것으로 그를 기속하고 있는 역사적 문화공동체의 가치영역 내에서 움직이게 된다. 그런데 인간의 사유와 행동을 규정하는 이념과 가치도 시간적 변천 하에 놓여 있기 때문에 절대적 보편타당한 자연법은 있을 수 없으며, 이 시대와 이 문화권 내에서만 타당하는 자연법질서를 찾으려는 경향이 농후하다.[88]

이러한 역사적 자연법론은 Thomas Aquinas[89]에서도 찾아 볼 수 있으며 현대에 와서는 역사주의자, 즉 상대주의 역사철학자에게서 많이 발견할 수 있다. 그 몇 예만 들어 보기로 한다.

H. Mitteis는 자연법은 일면으로는 "초시간적 영원한 이념"이요 타면에 있어서는 "역사적인 법역의 구체적인 양태"라고 말하여 해당하는 문화법이라고 일러질 것이라고 하였다.[90] Stammler[91]는 『법과 경제』 초판에서 "내용가변의 자연법"을 말하였고, E. Spranger[92]는 Coing을 비판하면서 "역사적 신축성 있는 자연법"을 말하고 있다.

Dahm[93]도 역시 특정한 생활관계를 내포하고 있는 역사적 자연법을 말하고 있다. 그에 있어서는 이 역사적 자연법은 동시에 문화법이다. 자연법은 즉자적으로 완벽한 것이 아니고 역사단계에 타당하는 것이 아니고 항상 변천하는 법이다. 이러한 자연법을 그는 이름 지어 '내용가변의 문화법(Kulturrecht mit wechselndem Inhalt)'이라고 했다.

Arndt[94]는 자연법과 실정법의 이자택일을 피하고 법과 윤리의 이원론

---

88 Kaufmann, a.a.O. S. 14.
89 Kaufmann, ebendort. Engisch, *Die Idee der Konkreitisierung* S. 229.
90 Mitteis, *Über das Naturrecht* 1948, S. 7.
91 Stammler, *Rechts und Wirtschaft* 1. Aufl. 1896, S. 184.
92 Spranger, *Universitas*, 1948, S. 409.
93 Dahm, *Deutsches Recht* 2. Aufl. 1951, S. 39.
94 Arndt, *Rechtsdenken in unserer Zeit* 1956, S. 4.

을 지양함으로써 법의 시대정당성을 강조하고 있고, Kaufmann[95]도 법에 있어서의 본질과 실존의 이자택일을 피하고 자연법과 실정법의 이원론을 지양함으로써 법의 시대적 정당성을 주장하고 있거니와 이것도 역사적·상대적 자연법이라고 부를 수 있을 것이다.

(3) 생성하는 자연법(Werdendes Naturrecht)

이 상대적 자연법론에 연관하여 우리는 실존철학에서 나온 인간의 결단성을 중시하는 Fechner의 생성하는 자연법의 이론을 보기로 하자.[96] 자연법론과 실존철학 사이에는 먼 거리가 있다. 그 반목은 이미 실존철학과 자연법학의 인식론적 출발점에서부터 시작된다. 실존철학의 기반 위에서는 법의 보다 높은 가치에의 인식의 길은 열리지 않으며, 따라서 실존철학적인 법철학은 필연적으로 법실증주의로 나갈 것이다. 그럼에도 불구하고 Fechner는 실존철학적 입장에서도 자연법사상을 완전히 포기하지 않아도 된다고 생각한다.[97] Fechner는 실존철학적 의의에 있어서의 법적 결단도 결코 자의적인 것도 아니라고 보며, 실존적인 결단은 그 객관적 성격에 있어서 가장 명료하다고 본다. 거기에는 생성(Werdung)이 생긴다. 그러한 기속에 근거한 모든 법적 결단은 한 자연법이며, 그것은 생성하는 자연법(Werdendes Naturrecht)이다. Fechner는 고전적 자연법론자들이 말하고 있는 바와 같은 소여적 내용의 자연법을 거부하고 Stammler가 주장한 바와 같은 내용가변적 자연법을 거부하고 있다.

그는 차라리 생성하는 내용을 가진 자연법, 즉 각인이 차별적이고 결정적인 흥미를 가진 생성하는 자연법을 주장하고 있다. 이 생성하는 자연법은 행위 후에야만 정당한가 아니한가 증명된다. 그것은 존재하기 위

---

95 Kaufmann, a.a.O. S. 20 ff.

96 Fechner, *Naturrecht und Existenzphilosophie, ARSPh. Bd.* 41. S. 315 ff.

97 Fechner, a.a.O. S. 323.

하여서는 감행되어야만 한다.[98]

3) 비판

이상에서 이 교수의 풍토적 자연법의 이론에 관련하여 서독 현대 자연법사상을 취급해 보았거니와 이 교수의 상대적 자연법론은 많은 동조자를 가진 것을 알 수 있다. 풍토적 자연법의 이론은 그것이 풍토라는 자연에 근거한 의미에서 구체적·실질적 자연법과 비슷하고, 그것이 유형적 세계법인 면에서 역사적·문화적 자연법론과 비슷하며, 그것이 진화하여 나가는 법이라는 면에 있어서 Fechner의 생성하는 자연법의 이론과 비슷한 것을 알 수 있다. 지금 교수의 논리를 빌리면 "풍토적 자연법론은 구체적 자연법론과 역사적 자연법을 종합지양한 것이다"고 말할 수 있을 것이다. 그러나 이러한 주장은 그 이론적 근거가 희박하다.

우리는 사물의 자연에 근거한 구체적 자연법에 관해서는 다음과 같이 비판할 수 있을 것이다. 이와 같이 존재와 당위를 너무나 지나치게 연결하는 것은 나중에 그 속에서 끄집어내려는 당위를 미리 존재 속에 집어넣은 결과를 가져올 것이며, "사물의 자연"에 관한 분석도 행위 하는 인간의 결단선택을 필요로 하게 된다.[99] 사실논리적인 구조는 과연 그러한 구조가 존재하는지 의심스럽다.[100] 비록 그러한 구조가 존재한다고 하더라도 그것이 자연법적인 가치를 가진다고는 할 수 없다.[101] 자연법의 문제는 그러한 소여의 문제에 있는 것이 아니고 오히려 이념의 영역에 있는 것이다. Radbruch도 정당히 말하다시피 사물의 자연은 법소재를 의의

---

98 Fechner, a.a.O. S. 325.
99 Würtenberger, *J. Z.* 1955, S. 1 ff.
100 K. Engisch, a.a.O.; Stratenwerth, *Natur der Sache* 1958, S. 7.
101 Stratenwerth, a.a.O. S. 29 ff.

있게 형성하려는 요청에 의하여 법이념과 대립되지만 최후의 결정은 당연히 법이념에 귀속되어야 할 것이다.[102]

역사적 자연법의 이론은 자연법사상이 시대를 따라, 가치개념의 변천을 따라 변천하는 것을 지적한 점에서 적당하다. 그러나 모든 진리나 가치가 역사적·상대적이라는 역사적 상대주의는 인간의 절대초월에 대한 의욕을 거부하는 것이다. 따라서 역사적 자연법론은 그것이 해당하는 문화법이란 면에 있어서는 정당하다. 자연법은 기존질서가 아니고 하나의 영원한 법이념이란 점을 간과하고 있다고 하겠다.[103]

이 교수의 풍토적 자연법은 존재하는 법질서이다. 그것은 존재이기 때문에 역사적·풍토적 제약을 받는다. 역사적·문화적 자연법은 개개 민족 문화의 법을 말하기 때문에 교수에 의하면 법철학의 대상이 될 수 없다. 따라서 그에게 남은 것은 유형적·이상형적 법개념이다. 이러한 방법론에 대해서는 이미 설명·비판하였기에 여기서는 반복을 피하겠다.

풍토적 자연법에서 교수는 풍토의 법에 주는 영향을 과대평가한 감을 준다. 교수도 말하다시피 풍토가 법을 낳지 않는다면, 법이 자연을 풍토화한다면 어떤 것이 원인인지를 알 수 없다. 이 풍토는 교수에게 있어서는 자연과 인종의 불가분적 결합체이며 법에 의하여서 비로소 풍토화된다면 이 풍토는 법 이후에 존재하는 것일 것이다. 그렇지 않고 법과 풍토가 동시 존재했다는, 아니 동시 발생했다는 것은 이해하기 곤란하다. 우리는 법이 문화의 일부이기 때문에 자연과 인종의 발생 후에 있었다고 보아야 할 것이다. 그런데 법이 사회의 어디에나 있다는 것은 법학의 성립을 불가능하게 하는 것이며, 따라서 법학의 기반 위에 있는 법철학도 성립하기 어렵게 만들 것이다. 나는 법이 국가 이전에도 있을 수 있다는 것을 부인하고 싶지는 않으나 근대법은 국가에 의하여 발달된 것을 잊을 수는 없을 것이다. 법을 규정하는 것은 풍토보다는 상부구조

---

102 Radbruch, *Vorschule* 1. Aufl. S. 20.
103 Würtenberger, *J.Z.* 1955, S. 1 ff.

로서의 종교, 습속, 국가 등의 문화였고, 그 발달에 획기적 동기가 된 것은 인간행동의 참여였다고 생각한다. 물론 이것도 교수의 기의 진화론으로 설명한다면 설명되지 않지는 않을 것이다. Idee와 Ideologie의 교체적 발전으로서 말이다. 그러한 설명은 앞에서도 본 바와 같이 일종의 Mystik이 되는 수밖에 없다.

이 교수가 풍토가 법에 주는 영향을 강조하는 것은 서양의 법사상에 대하여 동양의 법사상과 소련의 법사상의 특수성을 설명하기 위한 방편으로 빌려온 개념이라고 믿는다. 동양의 법사상의 독자성을 주장함으로써 동양의 평화법사상을 고취하고 있음은 그 의의가 중대하며 감탄을 금치 못하는 바이다. 그렇다고 하여 법을 종교, 도덕, 기타의 미분화한 것이라고 보는 것은 서구의 법발전을 무시한 것이며, 서구의 법학의 발전을 묵과하려는 태도가 아닌가 생각된다.

소련의 법사상은 그것이 Marxismus에 근거하고 있기 때문에 그것은 교수가 말하는 바와 같이 중방의 풍토의 지배에 의한 것이 아니지 않는가 생각된다. 그것은 법에 있어서의 실력설의 궁극적인 발전이며, 이는 서양의 법사상에서도 발견할 수 있을 것이고(Hobbes, Machiavelli 등을 생각하라), 중국에서도 법가의 학설에서 그 맹아를 찾아 볼 수 있을 것이다.[104]

법철학은 서구문명의 산물이며 동양과 중방에서는 별반 발달하지 않았던 것으로 법철학을 논리학에서 분리한 것은 Aristoteles 이후의 서양의 공헌이라 하겠다. 우리는 도의법을 우선은 버리고 서구적인 "권리를 위한 투쟁" 관점에 철저한 법사상을 도입함으로써 후진성은 극복하여야 할 것이 아닌지?

중국의 후진성을 Roma에서와 같은 법조계급이 없었다는 점에서 찾으려는 학자까지 있는 현실에서 우리는 동양의 법철학 및 법학의 발달을 촉진함으로써 동양의 후진성을 극복할 수 있지나 않을까 생각한다.

---

104 Marxismus 법학에 대한 비판에 대해서는 Kelsen, *Communist Theory of Law* 등 참조.

여기서 고려하여야 할 점은 실력설인 법가적 법사상과 가치학설인 서구 자연법학에서 어느 것을 채택하여 어떻게 조화할 것인가의 문제가 남아 있을 것이다. 우리는 교수의 법이론이 법을 "그 자체는 아무 가치도 없는 무의미한 것이라"고 보며, 법은 다만 "정치생활의 수단"이요 "법의 궁극의 목적은 스스로 정치생활의 통로가 됨으로 인하여 경제생활과 교육생활을 향상시키고저 함에 있다"(19)는 데에 의의가 없을 수 없다. 법이 사회에 평화를 초래하는 목적이 있으며 그러므로 정의에 도달할 것이라는 서양의 법사상이 이에 대치하여야 할 것이라고 생각한다. 법이 어떤 면에서 정치의 수단이 되기는 하나 그것은 수단에 그쳐서는 안 되며 정의를 실현하는 목적이 있어야 할 것이요, 실정법이 이 정의의 요청에 반대될 때 실정법을 무효케 하는데 서구적 자연법의 의의가 있는 것이다. 이러한 의미에서 우리는 상대주의에서 자연법론으로 옮겨간 Radbruch의 뜻을 엿볼 수 있을 것이다.[105]

유형적 세계법의 이론은 곧 풍토적 자연법의 이론이다. 이런 유형적인 풍토에 기인한 법이론은 오늘날의 국제법의 이론조차 설명할 수 없는 입장에 있다. 앞으로 국제법이 세계법으로 대행되는 때가 도래할지도 모른다. 그러한 의미에서 우리는 유형적 세계법이 아닌 일원적 세계법의 이념을 파고 들어가야만 할 것이다.

---

[105] Radbruch는 1947년의 Vorschule에서 자연법론으로 전환하였다. Radbruch의 사상에 대해서는 *ARSPh. Bd.* 48 H. 2 참조. 또 Radbruch의 *Rechtsphilosophie* 제4판 및 제5판의 Erik Wolf의 *Einleitung* 참조.

6. 결언

이 교수의 법철학개론의 방법론은 그것이 첫째로 동양철학에 근거하고 있고, 둘째로 사회과학의 총결산으로서의 사회철학인 법철학이며, 셋째로 일반법학적이요, 유형구상적이다. 이러한 방법론을 동양철학 및 서양윤리에 대한 완전한 백지인 필자가 감히 몇 개의 의의를 제기해 보는 것은 법철학이 법의 '철학'이요 일반법학이 아니라는 생각에서 온 것이며, 설론 중에서 행여나 이 교수의 진의를 곡해한 점이 있지나 않을지 몹시 두렵다.

이 교수의 법철학개론은 저자 자신은 겸손하게도 과도기적인 책이라고 말하고 계시나, 이 책은 영속적인 가치를 가진 한국 법철학의 이정표이다. 앞으로 법철학을 연구하려는 사람들에게는 이 선생님의 노작은 master하지 않으면 안 될 필수의 서이며, 한국 법학계에 끼친 공헌은 지대하다고 할 것이다.

끝으로 필자의 이 선생님에 대한 무례가 순전한 학문적 의도에서 나온 것임을 강조하면서 이 선생님과 독자 제현의 관용을 빈다.[106] (1959.8.15)

---

[106] 이 원고는 필자가 체독 시에 쓴 습작으로서 완성된 것이 되지 못하여 발표를 꺼려 왔으나 선배님의 비판을 받기 위하여 감히 발표하는 바이다. 선배님과 독자 제현의 질정을 빌어 마지 않는다.

2-1. 풍토적 자연법론(1)[*]

이항녕

　우리나라에서 처음으로 법철학을 개척한 학자는 황산덕(黃山德) 교수이다. 1950년에 출판된 그의 『법철학』은 우리나라 법철학계의 선도적 역할을 했는데 그는 켈젠의 순수법학을 통하여 켈젠을 극복하는 것을 염원으로 하였다.

　1956년에 그가 박사학위 청구논문으로 제출한 「최신 자연과학의 발달이 법철학에 미친 영향」은 바로 그것을 성취한 것이었다.

　내가 대학에서 법철학 강의를 담당하게 되면서 나는 황 교수의 『법철학』을 교과서로 썼다. 내가 『법철학개론』을 낸 것은 1955년이었는데 나는 켈젠의 순수법학과는 상반되는 입장에 서서 법사회학적 경향을 띄우게 되었다.

　이 책에 대해서 황산덕 교수는 동양철학의 이기설과 일본 와쯔지(和辻) 교수의 풍토설을 법철학 이론에 도입함으로써 독특한 법사회학적 이론

---

[*]　이항녕(李恒寧), 「학창 30년(35)」, 『법정』 제236호, 1970년 5월호, 48~49면. 이 연재는 소고 이항녕 선생 유고집 『작은 언덕 큰 바람』, 나남, 2011, 211~225면에도 재수록.

의 확립을 시도하였는데, 그 성과 여하는 어떻든 간에 대담하고 활기 있는 착상을 하였다고 평하고, 그는 따로 3개의 법사회학이란 논문에서 법사회학에는 계급적 법사회학, 지역적·풍토적 법사회학, 존재론적 법사회학의 3종류가 있는데 나의 입장은 지역적·풍토적 법사회학에 속한다고 하였다. 그 외에도 이종극(李鍾極) 교수, 안용백(安龍伯) 선생의 서평이 있는데 가장 상세한 서평을 쓴 분은 최문환(崔文煥) 교수였다.

최문환 교수는 사회학자의 입장에서 나의 『법철학개론』이 순수법학적 분석이 아니고 사회학적 방법론에 의거했다는 것을 지적하고, 시간과 공간, 역사와 풍토를 종합한 새로운 사관에 입각하여 세계사의 구조를 독특한 체계로 일원화 한 것은 독창적 견해라고 하고, 종래의 우리 학계에 외국 학설의 도용(盜用)에 불과한 저술이 비교적 많은 데 대해서 종래의 사고방식에 구애되지 않고 자기 이론을 독특하게 전개하였다고 하였다.

그런데 1964년 9월에 서울대학교에서 나온 『법학』 제6권 1호에 김철수 교수는 「풍토적 자연법 논고」라는 장문의 논문을 발표하여 나의 저서를 철저하게 비판하였는데, 한 저서에 대해서 이와 같이 장문의 비판을 한 것은 일찍이 보기 드문 일이었다.

김철수 교수는 독일에 유학 중에 나의 저서를 읽고 그 비판 논문을 작성했었으나 내가 자기의 선배라는 것을 꺼리어(김 교수는 나의 대학동창인 전봉덕(田鳳德) 박사의 서랑(婿郎)이다) 발표를 유보해 왔다는 것이다. 그가 귀국한 뒤에 내가 그런 사정을 알게 되어 학문상의 논쟁을 하는 데 있어서 선후배 관계에 구애될 필요가 없으니 발표하라고 권유하였더니 그것이 발표되었는데, 이 논문은 나의 학설의 비판이라기보다는 그것 자체로 완결된 하나의 훌륭한 학술 논문이다. 이 논문으로 나는 많은 오류를 지적당했지만 그것이 나의 학문의 발전에 기여한 공적을 생각하면 나는 오직 감사할 뿐이다.

나는 1965년에 『법철학개론』의 개정판을 썼는데 그 때 나는 김 교수가 지적한 오류의 부분을 전부 고치고 저서 전체의 체계도 새로 하려고 마음먹었으나 시간의 여유를 얻지 못하여 전면적인 개정을 하지 못하였다. 그러나 나는 김 교수의 논문에 대해서 큰 부채를 진 것 같은 느낌이 있어서 언제인가는 그 논문에 대한 대답으로 나의 견해를 피력해야 할 의무감을 느끼고 있지만 우선 이 기회에 이 논문의 대강만을 소개하기로 한다.

김 교수의 「풍토적 자연법 논고」의 순서는 다음과 같다.

그리고 이 논문에는 독일어의 요약이 붙어 있는데 그 목차만을 소개
한다.

Ein Studie über das Klimatische Naturrecht

I. Einleitung

II. Sinn und Aufgabe der Rechtsphilosophie

   1. Sinn und Aufgabe der Rechtsphilosophie

     a Rechtsphilosophie als Sozialphilosophie

     b Kritik

   2. Aufgabe der Rechtsphilosophie

     a Rechtsphilosophie als Synthese der Rechtsdogmatik und Rechtssoziologie

     b Kritik

III. Methode der Rechtsphilosophie

   1. Methodenmonismus

     a Einleitung

     b "Chi" Monismus

     c Kritik

   2. Methode des Idealtypus

     a Typenlehre

     b Kritik

   3. Yin-yang Menthodenlehre

     a Yin-yang Dialektik

     b Identitätsprinzip

IV. Geschichtsphilosophie des Rechts

   1. Entwicklung der Geschichtsphilosophie

   2. Geschichtsphilosophie von Prof. Rhie

     a Geschichtsphilosophie des "Chi"

     b Klimatische Kausallehre

     c Aufbau der Weltgeschichte

   3. Kritik

김철수 교수는 나의 저서를 "한국 법철학의 이정표적 역할을 해주고 있다"고 과찬하면서 "그럼에도 불구하고 약간의 의문을 제기해 보려고 하는 것은 이러한 풍토적 자연의 이론이 보다 완성됨으로써 세계적인 학설로 공인될 수 있게 하기 위하여 재검토의 여지가 있지 않을까 하는 데 있다"고 하고, 나의 『법철학개론』의 전부에 걸쳐서 세밀한 검토와 엄격한 비판을 가하였다.

김 교수는 먼저 내가 법철학이 사회철학의 종합태라고 본데 대하여, 근세에 와서는 사회철학의 분과가 생겼고 오늘날 법생활은 사회생활의 적은 부분에 불과한데 그러한 법철학의 영역확충은 부분질서인 법질서에 대한 철학적 사유에 많은 난점을 제공한다고 하였다.

김 교수는 내가 법철학을 법해석학과 법사회학의 종합태로서 본데 대하여 법철학은 오히려 법사회학과 법형이상학으로 성립되어야 하며, 나아가서는 법사회학이 법본질학으로서의 법철학의 일 분과가 될 것인지도 의문이라 하였다.

김 교수는 나의 법학의 방법론에 관한 편별은 부당하지 않을까 생각되며 법학의 방법론은 엄격한 의미에서의 법철학방법론은 아니기에 그것은 법인식론에서 논해야 될 성질의 것이 아닌가 생각된다고 하였다.

2-2. 풍토적 자연법론(2)[*]

　다음에 김철수 교수는 나의 「기(氣)에 의한 방법일원론」을 비판하였다. 내가 "주관과 객관, 개인과 사회, 규범과 법칙, 당위와 존재, 정신과 물질, 문화와 자연, 특수와 보편, 부분과 전체는 이율배반이 아니라 그들은 존재론적 의미로 지양된 유형이요, 법은 존재와 당위의 결합체인 생활유형이며 법은 하나의 사실로서 객관적으로 존재하는 동시에 하나의 규범으로서 주관적으로 실천되는 것이다"라고 하고, "원래 사회라는 것은 인과적인 자연과 자율적인 인간의 지양상태요, 자연현상과 인간현상의 접촉면이 곧 사회현상이며 자연법칙과 인간가치의 연결점이 곧 사회법칙으로서의 법"이며, "자연의 성립과 인간의 활동과 세계의 동향을 일원적으로 설명할 수 있는 우주의 궁극적 존재요 발원적 생명을 기"라고 한데 대해서, 김 교수는 "존재와 당위의 통합 다시 말하면 방법일원론은 그것이 유형, 사회생활, 기, 사회법칙 등의 개념만 확정되어 있다면 매우 시사 깊은 공헌으로 변할 수 있으나 그 개념들이 불확실하다"고 했다. 나는 당위와

---

[*]　『법정』 제237호, 1970년 6월호, 60~61면.

존재를 통합한 생활유형이라는 개념이 실존철학에 있어서 Heidegger가 말하는 동적 존재나, Jaspers가 말하는 행동적 근원이나, Sartre가 말하는 자유적 실존과 비슷하다고 하였는데, 김 교수는 "실존철학의 인생의 의의를 인간 결단의 실존적 우위에서 이끌어내려고 하는 것이며, 이 사상의 급진적인 표현을 빌리면 그것은 역사적인 상황에 대한 인간의 결단에서 구제를 얻으려는 것이며, 따라서 인간의 행위가 역사적 상황에 제약되어 있는 곳에서 자유에로의 결단을 통하여 비약하려는 것인데 이러한 실존철학에서 가치와 현실, 당위와 존재의 종합태가 있을 것 같지는 않고 Jaspers에 있어서의 행동적 근원, Heidegger에 있어서의 동적 존재, Sartre에 있어서의 자유적 실존이 무엇을 번역한 것인지 알 수 없어서 확실한 것은 말할 수 없으나 그것이 Freiheit와 Existenz의 문제일진댄 이를 생활유형이라고 말하기는 어렵지 않나 생각된다"고 하였다.

　김 교수는 내가 이상형적 방법을 채택하여 유형구상적(類型構想的) 법철학으로 "보편적인 면과 특수적인 면을 각각 적당하게 배합하여 하나의 유형을 구상하고 법은 하나의 유형이다"라고 하고, 이러한 사고방식은 Max Weber의 이념형(Idealtypus)의 이론에서 배운 것이라고 한데 대해서, "현대의 유행의 하나인 유형을 말하고 있지만 Max Weber의 이상형의 이론은 Max Weber 자신도 그것이 사회과학의 방법이라고 말할 뿐 법본질학인 법철학에 적용할 수 있다고는 말하고 있지 않으므로 의문의 여지가 있으며, 사회과학에 있어서도 이상형의 이론은 개념의 다의성과 다면성 때문에 논리적으로 이해하기 어렵다"고 하였다.

　내가 "음양상대의 원리"라고 하여 서양의 변증법에 대한 동양의 역학적(易學的) 변증법을 주장한데 대해서, 김 교수는 나의 논리를 "동일성의 원칙"이라고 하고, 서술의 논리가 비논리적이요 백과전서적이기 때문에 그 뜻을 이해할 수 없다고 하였다. 나는 동방에는 진정의 원리인 음양상대의 원리가, 중방(中方)에는 부정의 원리인 선악 투쟁의 원리가, 서방에는 대립의 원리인 변증 상대의 원리가 존재하는데 이는 본래 풍토적 제약성에서 오는 것이요, 동방은 긍정의 원리 때문에 유교와 도교와 불교가 융합되고, 중방은 부정의 원리 때문에 국교가 유태교를 배격하고, 서방은 대립의 원리 때문에 희랍 철학과 기독교 신학이 대립한다고 하였는데, 김 교수는 "이와 같은 논법을 분류하면 독선 논법, 음양 논법으로 나눌 수 있는데 독단론(Dogma)은 신학에서 발달되었고, 변증법은 Hegel, Marx에서 의하여 주장되었고, 중국인의 사상방식이 Entweder Oder가 아니고 Sowohl als auch이기는 하나, 두 대립하는 것을 불가분적으로 결합시키는 소위 긍정의 원리가 어느 정도 진리탐구에 효과가 있을 것인지 의심스럽다"고 하고, "더욱이 새로운 개념 ─ 예를 들면 기, 유기사관, 직분(職分), 평화 기타 ─ 있어서는 개념규정을 소홀히 하여서는 안 될 것이다" 라고 했다.

김 교수는 나아가서 나의 역사철학을 비판했다. 나의 역사철학은 유기사관과 풍토설로 구성되어 있다. 나는 관념론과 유물론 대신 동양에서 고래로 전래된 유기론을 내세우고 관념사관과 유물사관 대신 유기사관을 주장했다. 내가 기라고 말하는 것은 유교사상에 있어서 정신적인 이(理)에 대립하는 물질적인 것을 의미하는 것이 아니고 도교사상에 있어서 정신을 그 가운데 내포하고 있는 하나의 우주의 궁극적 본질을 말하는 것이다. 이 '기'는 항상 음양의 이치에 따라 자기활동을 한다. 즉 정신의 근원인 기는 우선 물질적인 Energie로 발현하고 Energie가 적당한 온도와 습도, 즉 양기와 음기의 적당한 배합에 의하여 Darwin의 이른바 유기적 진화를 하여 생명이 되고, 이 생명이 Energie의 이른바 비약적 진화를 하여 정신이 되는데, 이 '기'는 물질적인 면과 정신적인 면의 어느 면으로는 발현 가능하고 주관과 객관이 귀일한 생명 원천이며 주체화 한 객체요 객체화 된 주체로 Heidegger, Jaspers, Sartre가 말하는 실존과 근사하며, 이러한 유기론(唯氣論)에 입각한 유기사관에서는 역사를 파동적(波動的)으로 보아 물질이 정신을 유도하는 가능성과 정신이 물질을 유도하는 가능성이 파동적으로 교체한다고 하고, 고대 사회와 근대 사회는 유물론적 구조로 Ideologie가 지배하고, 현대 사회는 관념론적 구조로 Idee가 지배한다고 했다.

나는 또 세계사를 풍토적 유형에 따라 계절풍적인 동방과 대륙성적인 중방과 해양성적인 서방으로 구별하여 동방세계, 중방세계, 서방세계의 3원적 역사 단위를 설정하고 이러한 3원적 역사 단위의 발전과정으로 고대의 동방은 농경사회요, 중방은 유목사회요, 서방은 상역사회이며 중세의 동방은 군현(郡縣) 사회요, 중방은 제국 사회요, 서방은 봉건사회이며, 근대의 동방은 민족사회요, 중방은 전체사회요, 서방은 민주사회이며, 현대의 동방은 인륜사회요 중방은 인류사회요 서방은 인간사회라는 이상형을 구상했다.

이에 대해서 김 교수는 나의 유기사관은 Hegel의 관념사관과 Marx의 유물사관을 지양하고 새로운 사관을 창안한 독창성은 높이 평가되어야 하지만, 첫째로 기의 본질 문제, 둘째로는 기의 운동방식의 문제, 셋째로 세계사의 발전형식에 관한 문제 등에 의문점이 있다고 하였다. 김 교수는 정신과 물질의 종합태로서의 기가 Jaspers, Heidegger, Sartre가 말하는 실존인지는 재고해 볼 여지가 있으며, 실존이라는 말은 다의적인데 기의 개념규정을 이러한 외래어를 빌릴 필요 없이 좀 더 상세히 설명할 필요가 있다고 하고, 또 김 교수는 기의 운동방식에 있어서 기가 자연이 되고 자연이 생명이 되고 생명이 정신이 되고 물질로 되는 과정은 이해하기가 힘들고 유기적이며 비약적 진화의 용어를 도입함으로써 해결되는 것은 아니며, 기일원론(氣一元論)에 의한 세계 해석에 있어서 Ieologie와 Idee의 상호 규제는 더욱 이해할 수 없다 하였다. 또 김 교수는 세계사의 발전형식에 있어서 내가 사회를 하나의 유기체로 보고, 그 생명적 흥망성쇠를 인정하는 점에서는 Spengler와 같으나 그 생명적 흥망성쇠가 각 민족에 대하여 단편적으로 이루어지는 것이 아니며 전세계가 공동운명적으로 이루어진다고 생각하는 점에서 Spengler와 의견이 다른데, 생명적 흥망성쇠를 인생의 일대에 비교하는 것은 좀 신기하기는 하나 타당성을 갖는 것이라고는 말하기 어렵다고 했다.

　김 교수는 나의 풍토설에 언급하여 이는 와쯔지(和辻哲郎)의 「풍토의 철학」의 영향을 받아 풍토가 법에 주는 영향을 과대평가한 것이며, 역사권(圈)의 분류에 있어서 Spengler가 8개 역사권을 들었고, Toynbee가 21개의 역사권을 들었지만 이러한 역사권의 분류가 대부분이 독단성에 빠지는 오류를 범하고 있는데, 나에게도 그러한 경향이 있으며 내가 기후적 풍토에 의하여 역사권을 동・중・서방의 3 역사권으로 분류한 것은 이 동・중・서방의 역사권이 Eurasia 대륙에 국한한 점에 관해서 생각해 볼 때 이 설이 유지하기 어렵다고 했다. 나의 역사권의 분류는 조잡하고 또 내가 역사권 상호간의 문화적 전파나 계수를 인정하지 않아서 신대륙문화와 현대의 동방, 중방문화의 설명이 불가능하며 그런 점에도 불구하고 내가 무의식중에 문화의 전파를 인정하여 미국이 현대 서구 문화의 담당자라고 승인하고 있는데, 그 전제적인 문제를 취급하지 않아서 혼란을 일으킬 우려가 있다고 했다.

　김 교수는 Karl Löwith의 말을 빌어서 나의 역사철학에 있어서는 자유, 의욕, 정신이 무엇인지 모른다고 말할 수 있으며, 내가 너무나 풍토의 숙명성을 중시하고 있는 감이 불무하며, 나의 역사철학은 동양풍수설에 숙명적으로 지배받고 있는데, 미래에로 향하여 역사는 개방되어 있는 것이므로 풍토에 의한 비관적 숙명론은 지양되어야 할 것이라고 했다.

2-3. 풍토적 자연법론(3)[*]

다음에 김철수 교수는 나의 풍토적 자연법을 다루었다. 내가 풍토를 떠나서 사회생활이 없는 것 같이, 풍토를 떠나서 법은 없으며 풍토와 법은 동시에 존재하는데 풍토적 사회구성의 유형에 따라 법이 동방에서는 자연법(고대), 유교법(중세), 도의법(근세), 평화법(현대)으로 나타나고, 중방에서는 사회법(고대), 회교법(중세), 정치법(근세), 평등법(현대)으로 나타나고, 서방에서는 인간법(고대), 기독교법(중세), 과학법(근세), 자유법(현대)으로 나타나서 모두 12 유형의 풍토적 자연법을 구상하였는데, 김 교수는 나의 자연법의 개념이 다의적이기 때문에 풍토적 자연법의 이해가 상당히 어렵다고 하였다. 내가 자연법을 어떤 때는 실정법 이전에 자연히 존재하는 사회생활 유형이라 하고 어떤 때는 실정법의 나아갈 방향을 지시하는 추상적 형식이라고 한데 대해서, 김 교수는 자연법은 한 번은 실정법 이전의 존재요 한 번은 실정법에 내재하는 이상이 되므로 이해하기가 곤란하다고 하면서 그것은 또한 기가 Idee와 Ideologie로 진화하는 데에서

* 『법정』 제238호, 1970년 8월호, 50~51면.

오는 것이라고 말할 수도 있을 것이라고 호의적인 변명도 해주었다.

나의 풍토적 자연법론에 대한 김 교수의 반응은 대단히 호의적이다. 김 교수는 나의 풍토적 자연법론이 현대 서독 법철학계에서 문제되고 있는 상대적 자연법의 이론에 접근해 있음을 엿볼 수 있다고 하고, 나의 풍토적 자연법론의 비판에 들어가기 전에 우선 상대적 자연법의 이론을 소개하였다.

김 교수는 19세기 말에 실증주의가 성해짐에 따라 법실증주의자의 공격을 받아 처치되어 버린 감이 없지 않았던 자연법사상이 2차 대전을 계기로 재생되어가는 것을 지적하면서, 그 중요한 형태로 구체적·실질적 자연법, 역사적·문화적 자연법, 생성하는 자연법의 세 가지를 들었다. 구체적·실질적 자연법은 고전적 자연법이론이 영원초월적인 이념의 관점 하에서 고찰되고 있는 것과는 반대로 법의 내적 구조연관에서 해명하려고 하여 존재의 측면, 즉 사물의 자연(사리, Natur der Sache)에서 자연법을 도출해 내려고 하는 것인데, 오늘날에 와서는 이 「사물의 자연」은 존재에서 당위를 인도해 내려는 역할을 하는 것이며, 이 사물의 자연이라는 개념은 고대로부터 Montesquieu, Dilthey, Gény, Huber를 거쳐 Radbruch, Sauer, Welzel, Coing, Dahm, Fechner, Maihofer에 이르기까지 사용되어 왔다고 하였다. 김 교수는 그 중에서 특히 Geny의 법의 소여설(所與說), Radbruch의 인간의 자연, 사물의 자연에 관한 이론, Coing의 사물의 자연에 관한 이론, Welzel의 사물의 자연에 관한 이론, Maihofer의 사물의 자연의 이론 등을 소개하면서 오늘날의 법철학이 법이념뿐만 아니라 법 소재에 깊은 관심을 가지고 있음을 지적했다(고려대학교의 대학원에서 Radbruch와 Coing의 사물의 자연(본성)에 관하여 연구하다가 도독(渡獨)하여 Maihofer 밑에서 박사학위논문을 쓰고 있는 심재우(沈在宇)군의 관심도 여기에 있는 듯 하다).

역사적·문화적 자연법은 Thomas Aquinas로부터 시작하여 현대의 Mitteis, Stammler, Spranger, Dahm, Arndt 등에 의하여 강조되는 것인데, 그것은 절대적 보편타당한 자연법 대신에 어느 시대와 어느 문화권 내에서만 타당하는 자연법 질서를 가지려는 경향이 농후한 것이다.

생성하는 자연법은 실존철학에서 나온 인간의 결단성을 중시하는 Fechner의 이론에서 볼 수 있는 것이다.

김 교수는 이와 같이 현대의 상대적 자연법의 여러 형태를 소개한 후에 나의 풍토적 자연법의 이론은 결국 상대적 자연법의 이론의 하나로서 많은 동조자가 있다고 하고, 풍토라는 자연에 근거하는 의미에서 구체적·실질적 자연법과 비슷하고 그것이 유형적 세계법인 면에서 역사적·문화적 자연법론과 비슷하며, 그것이 진화하여 나가는 법이라는 면에서 생성하는 자연법의 이론과 비슷하다고 하였다. 김 교수가 대단치도 않은 나의 즉흥적인 풍토적 자연법론을 세계의 여러 석학의 이론과 비슷하다고 한 것은 나에게 있어서는 과분한 일이다.

다음에 김 교수는 나의 풍토적 자연법론을 비판하였는데, 나의 주장이 결국은 구체적 자연법론과 역사적 자연법론을 종합·지양한 것이라고 규정하고, 구체적 자연법과 역사적 자연법의 비판을 통하여 나의 풍토적 자연법을 비판했다. 그는 구체적 자연법은 존재와 당위를 너무 지나치게 연결시켜서 법이념에 귀속되어야 할 자연법을 법소재에 귀속시킨 난점이 있으며, 또 역사적 자연법은 인간의 절대초월에 대한 의욕을 거부하고 자연법이 기존 질서가 아니고 하나의 영원한 법이념이란 점을 간과하고 있다고 하였다.

김 교수는 풍토적 자연법은 풍토가 법에 주는 영향을 과대평가한 감이 있는데, 그것은 동양의 법사상과 소련의 법사상의 특수성을 설명하기 위한 방편으로 빌려온 개념이라고 믿는다고 변명은 하여 주면서도 그것이 동양의 법사상의 독자성을 주장함으로써 동양의 평화법사상을 고취하고 있음은 그 의의가 중대함을 인정하나 소련의 법사상은 그것이 Marxism에 근거하고 있기 때문에 중방의 풍토의 지배에 의한 것이라고 할 수 없다고 반론하고, 또 이러한 이론으로는 동양의 후진성을 극복할 수도 없고 또 오늘날의 국제법의 이론조차 설명할 수 없다고 하였다. 김 교수는 끝으로 동양철학과 동양윤리에 대한 완전한 백지인 그가 동양철학에 근거하고 있는 나의 법철학에 대해서 감히 몇 개의 의의(疑義)를 제기해서 행여나 나의 진의를 곡해한 점이 있지나 않을지 몹시 두렵다고 겸손했는데, 그가 나의 법철학에 관해서 이해한 것은 저자인 나 자신보다도 훨씬 정확하다.

내가 별로 자신도 없으면서 어렴풋하게 말하자면 거의 직관적으로 기술한 것을 김 교수는 여러 학자의 견해를 인용하여 내 자신이 구상하고 있던 것 보다는 더욱 논리적이고 학적 가치가 있는 것으로 구상해 주었다.

김철수 교수의 이 논문은 나의 법철학에 대한 비판이라기보다는 그것 자체가 하나의 완결된 논문이요 독창적인 저서라고 볼 수 있다. 이 논문에서 인용된 참고문헌은 100종에 가까우며 이것은 내가 참고로 한 책보다 몇 배나 많고 내가 미처 그런 것이 있는지조차 알지 못하고 있는 최신간의 책도 부지기수이다. 나는 김 교수의 이 논문을 읽고 그가 지적한 부분을 모두 고쳐서 개정판을 내려고 마음먹었는데 그렇게 하려면 아마도 새로운 저서가 될 것 같아서 후일로 미루기로 했다. 그가 나에게 준 학은을 나는 이 자리에서 다시 감사한다.

최근에(1970년 2월) 황산덕 교수가 『법철학강의』라는 신저를 냈는데 그 책에서 나의 풍토적 자연법사상을 비판하였다(163면에서 169면까지). 황 교수는 먼저 나의 유기사관에 입각한 풍토적 법사상을 소개한 뒤 학설의 특징은 첫째로 세계사의 유형성을 강조한 점, 둘째로 법의 유형성을 강조한 점, 셋째로 법의 풍토성을 강조한 점, 넷째로 법이념의 유형성을 동방, 중방, 서방으로 구별한 점에 있다고 하면서 네 가지 측면에서 이것을 비판했다. 황 교수는 첫째로 내가 "법철학의 대상이 되는 것은 관념상으로만 존재하는 자연법도 아니요 국가와 민족에 따라 각각 다른 실정법도 아니며 오직 유형적인 법"이라고 한데 대해서 이는 대상과 방법론을 혼동한 것이라고 했다. 그 이유는, 유형은 결코 대상의 속성이 되는 것이 아니라 인식을 구성하는 방법론으로 개개 민족과 개개 국가의 특수한 법일지라도 유형이라는 방법론상의 무기를 가지고 다른 구체적인 법과 비교하고 분류하는 경우에는 법철학의 대상으로 삼을 수 있다고 하였다.

둘째로 내가 "오늘날 실정법을 분석하는 것을 법실증주의라고 하는데 실정법규를 실증의 대상으로 하는 것은 엄밀한 의미에서 실증주의가 아니며 실정법의 배후에 있는 사회적 사실에 대한 연구를 하는 비교법학만이 법실증주의라고 불러야 마땅하다"고 한데 대하여, 황 교수는 이는 용어의 상례(常例)에 어긋날 뿐 아니라 실정법의 배후에 있는 사회적 사실에 대한 연구를 보통은 법사회학이라고 부르는데 법사회학은 법에 관한 사회학일 뿐이요 사회에 관한 법학은 아니며 더군다나 진정한 의미의 법철학이 될 수는 없다고 하였다.

셋째로 황 교수는 내가 인격으로 취급할 수 없는 단순한 개념들을 인격화 하는 의인관(擬人觀)에 빠져있다고 하고 내가 인종, 환경, 자연, 풍토를 모두 의인화 하여 행위의 주체는 오로지 인간만인데 인간 아닌 것을 주체화 했다고 했다.

넷째로 황 교수는 내가 너무나 '시원(始元)'에 집착하여 하나의 가설밖에 안 되는 시원이 모든 것을 형성해 낸다고 주장한 것이 그르다고 했다. 내가 "세계사의 시원은 풍토이므로 법은 풍토적 존재이며 풍토를 떠나서 법은 없다"고 한 것은 마치 세계사에 있어서의 태양의 중요성을 강조하고 나서 "세계사의 시원은 태양이므로 법은 태양적 존재이며 태양을 떠나서 법은 없다"고 주장하였다면 이 교수는 이것을 어떻게 반박할 수 있을 것인가 하였다.

3. 법의 이상과 현실[*]

1. 법의 의의

법이라고 하면 일반적으로 형벌을 연상케 하게 되고 두려운 것으로 생각하고 있다. 동양사회에서는 법이란 통치의 한 수단으로 생각되었고, 엄형(嚴刑)주의가 지배하였다. 유교에서는 '예본법말(禮本法末)', '덕주형보(德主刑輔)'의 사상이 농후하여 법이란 도덕규범이나 습속규범의 위반을 처벌하는 기능을 가진 것으로 보아 도덕이나 예의 실천을 담보하는 강제장치로만 생각하였다. 법가사상에서는 법형(法刑)을 지배의 수단으로 보고 법으로써 국민을 다스리는 도구로 보고 엄벌로 다스릴 것을 주장하였다.

이에 반하여 서양사회에서는 법이란 권리와 밀접불가분한 것으로 인정되었다. 독일의 Recht가 법과 권리를 아울러 표시하고 또 정당성을 표현한 것처럼, 프랑스의 droit도 법과 권리를 아울러 표시했던 것이다. 서

*　『성심대학보』제128호, 1982년 9월 30일.

양에서는 법이란 하느님이 주신 것이라 하여 신성한 것으로 생각하였고 중세에는 종교적 자연법론이 지배하였고 근세에는 합리주의적 자연법론이 지배하였다.

이 자연법은 하느님의 명령에 근거한다고 하며, 혹은 인간의 본성과 사물의 본성에 근거한다고 보아 시대와 민족과 사회 등을 초월하여 보편타당성을 가지는 것이라고 보았다.

현대에 와서 서양의 법사상이 동양에도 계속 수용되어 법이란 국가지배의 도구가 아니라 인간의 천부인권을 보호하기 위한 것으로 보는 자연법사상이 지배하고 있다. 자연법론은 국가가 만든 실정법 위에 자연법이 존재한다고 보고, 실정법이 이 자연법에 위반되는 경우에는 그 효력을 부인하고 있다. 자연법론은 당연히 자연권론에 입각하고 있다. 오늘날 천부인권사상에 입각하여 인간의 존엄과 가치, 생명, 자유, 행복추구권 등을 초국가적인 불가침권으로 보는 자연권사상이 헌법 등의 실정법에 구체화되어 있다.

우리 헌법도 "모든 국민은 인간으로서의 존엄과 가치를 가지며, 행복을 추구할 권리를 가진다. 국가는 개인이 가지는 불가침의 기본적 인권을 존중하고 이를 보장할 의무를 진다"(제9조)고 하여 서양의 천부인권사상에 입각하고 있음을 명백히 하고 있다. 자연권 사상에 의하면 국가란 국민의 불가침·불가양의 천부인권을 보장하기 위하여 국가계약으로서의 헌법을 제정하여 만든 것이며, 헌법은 국민의사의 표현이라고 보는 것이다. '법률은 국민의 총의의 표현이다'라고 본 프랑스 인권선언의 규정도 이 자연권사상에 입각한 것이다. 법률은 국민대표기관이 만든 국민의 총의의 표현이기 때문에 국민의 천부인권도 헌법과 법률이 정하는 바에 의하여 제한될 수 있는 것이다. 우리 헌법은 국민의 권리를 제한할 수 있는 이유로서 국가안전보장·질서유지·공공복리를 들고 있다. 법이 지양하는 목표는 따라서 천부인권보장·질서유지 ·공공복리라고도 할 수 있다.

2. 법의 이념

법이 국민의 총의의 표현으로서 인정되기 위하여서는 법의 이념이나 목적에 대하여 국민의 합의가 있어야 한다. 법을 법답게 하고 법을 이끌어가는 것을 말하여 법의 이념이라고 한다. 법의 이념으로서는 정의, 합목적성, 법적 안정성을 들고 있다.

법과 정의는 그 어의에서부터 불가분리의 것이었다. 그리스에서의 법(dike)과 정의(dikaion), 로마에서의 법(ius)과 정의(iustitia)가 나타내고 있는 바와 같이, 법은 정의의 표현이며 법은 정의를 실현하는 수단으로 인정되고 있다. 정의가 무엇이냐에 대해서는 많은 논쟁이 있으나 일반적으로는 평등을 정의라고 본다. 평등은 특수적 정의라고도 할 수 있으며 이는 절대적 평등과 상대적 평등으로 나눌 수 있다. 절대적 평등은 평균적 정의라고도 하며 상대적 평등은 배분적 정의라고도 한다.

절대적 평등은 평등적 정의 또는 시정적 정의라고도 하는데, 사람들이 받는 이익과 손실을 산술적 평등으로 똑같게 하는 것을 말한다. 예를 들면 교환의 경우에 상호의 이득을 평등하게 하여, 불법으로 타인에게 가한 손해를 똑같게 배상하게 하며, 또 범죄에 대하여는 똑같은 보복을 가하는 것을 말한다. 상대적 평등은 배분적 정의 또는 비례적 정의라고도 하는데, 명예 및 재산을 사람들의 기여도, 공헌도에 따라 나누는 것을 말한다. 재화나 영예 특히 공직의 배분에 있어서는 비례적인 균등을 요한다고 한다. 오늘날에 있어서는 이 배분적 정의가 중요시되고 있는데 그 중요한 이유는 사회적 불평등이 심하기 때문이다.

현존하는 경제적 불평등을 배제하기 위하여 경제적 강자의 권리를 어느 정도 억제하면서도 사회적 약자의 인간다운 최저한도의 생활을 보장해 주는 것이 사회정의의 요청이다. 우리 헌법은 "국가는 모든 국민에게 생활의 기본적 수요를 충족시키는 사회정의의 실현과 균형있는 국민경제의 발전을 위하여 필요한 범위 안에서 경제에 관한 규제와 조정을 한다"고 하여 사회정의의 원칙을 선언하고 있다.

법의 다음 이념은 합목적성에 있다. 이는 법이 지양하는 목적에 합치되는가 하는 것이다. 법의 목적은 시대와 세계관에 따라 다르다. 개인주의적 세계관에 따른다면 개인의 자유를 절대시하고 이를 법의 목적으로 본다. 단체주의적 세계관에 따른다면 국체의 이익, 공익을 절대시하고 공익을 사익에 우선하는 것으로 본다. 사회주의적 세계관에 따른다면 사회구성원의 평등이 법의 목적이라고 보고, 사회적 불평등의 제거를 그 이념으로 하고 있다. 민주주의적 세계관에 따른다면 국민자치, 국민의 국정참여가 법의 목적이 되며 개인의 자유와 권리, 공공복리 등을 중요한 법의 이념으로 보고 있다.

우리 헌법은 전문에서 "……자유민주적 기본 질서를 더욱 확고히 하여 정치·경제·사회·문화의 모든 영역에 있어서 각인의 기회를 균등히 하고 능력을 최고도로 발휘하게 하며 …… 안으로는 국민생활의 균등한 향상을 기하고 밖으로는 항구적인 세계평화와 인류공영에 이바지함으로써……"라고 하여 우리 헌법이 지양하고 있는 목적을 천명하고 있다. 이것은 평등보장, 국민생활의 균등한 향상, 자유민주적 기본질서 확립, 세계평화와 인류공영기여 등 목적을 담고 있으며, 민주주의적 세계관에 입각하고 있음을 알 수 있다. 개별적인 실정법은 대개 목적조항을 두어 그 법이 지양하는 이념을 나타내고 있다. 예를 들어 소비자보호법은 제1조에서 소비자의 기본권익보호, 생활의 향상과 합리화 등을 들고 있고, 무역거래법은 대외무역의 건전한 발전촉진 등의 목적을 규정하고 있다.

법의 셋째 이념은 법적 안정성의 추구에 있다. 법의 기능은 질서를 유지하고 분쟁이 발생한 경우에 평화를 회복하거나 유지하는데 있다. 법이란 행위규범인 동시에 재판규범이기 때문에 그것이 자주 변경되어서는 국민이 행동의 지침을 잃게 될 것이요 법의 안정도 가져올 수 없게 될 것이다. 따라서 법은 질서유지, 현상유지의 근거를 갖게 된다. 질서에는 윤리질서, 사회질서, 국가질서 등 여러 가지가 있다.

우리 헌법은 국가안전보장·질서유지를 기본권의 제한사유로 들고 있으며 민주적 기본질서 유지 등을 국가목적으로 들고 있다. 헌법은 법적 안정성의 유지를 위하여 기본권을 제한할 수 있게 함으로써 법적 안정성의 유지가 기본권보장에 우선하는 것처럼 보이나 법률로써도 기본권의 본질적 내용은 침해할 수 없게 함으로써 기본권 보장의 본질적 우월을 규정하고 있다고 하겠다.

법의 이념 중에서 어느 이념이 우선하는가에 대해서는 각 시대와 국가에 따라 다르다. 경찰국가에 있어서는 국가의 목적, 국가의 안전을 위하여 정의나 법적 안정성이 희생되었다. 법실증주의 전성시대에는 법의 실정성과 안정성을 유지하기 위하여 정의나 합목적성이 희생되기에 이르렀다. 자연법의 전성시대에는 정의와 인권을 법적 안정성이나 국가목적에 우선 시켰다.

3. 헌법의 이상

우리나라에 있어서는 제1공화국, 군사혁명기, 제4공화국에서는 법실증주의가 지배하였고 법사상에서도 법은 실력이나 지배자의 명령으로 인정되었다. 그러나 제2공화국, 제3공화국, 제5공화국에서는 자연법론이 지배하고 법은 국민의 총의의 표현으로 보게 되었다.

이승만 대통령의 제1공화국 헌법은 이박사의 뜻에 따라 개정되어 개인의 영구집권이 보장되었으며 전시와 긴급명령과 계엄포고령에 의하여 통치되었다. 이 시기는 아직도 일제하의 법실증주의에서 탈피하지 못하고 국가의 안정과 질서유지를 위한다는 명목으로 국민의 기본권이 많이 제약되었다. 이에 대한 반발로서 4.19혁명이 일어났으며 제2공화국 헌법은 자연법론에 입각하여 국민의 기본권 우월을 인정하였다.

5.16군사혁명 후 비상조치법은 혁명과업 수행을 위하여 국민의 기본권을 함부로 제한할 수 있게 했으며, 이에 대한 반발로 제3공화국 헌법은 기본권 보장의 중요성을 강조했던 것이다. 그것이 제4공화국 헌법에 와서 국가의 위기극복과 남북통일을 이유로 국민의 기본권은 긴급조치와 포고령으로 함부로 제한되고 1인 영구집권 체제로 국체를 변혁했던 것이다.

제5공화국 헌법은 이러한 법실증주의적인 국가권력만능사상을 타파하고 자연법사상을 헌법에 도입하게 되었다. 국가의 목적을 불가침의 기본적 인권의 확인과 보장에 두고 있으며 법치주의에 입각하여 국가능력을 분산시킴으로써 1인의 장기집권을 예방하고 있다. 복수정당제가 보장되고 있을 뿐만 아니라 권력분립제도가 보장되어 있으며 사법권의 독립이 보장되고 있다. 또 국가의 목적도 국가존립이나 질서유지에만 있는 것이 아니고 국민의 권리의 적극적 보장에 있음을 강조하고 있다.

현행 헌법은 특히 국민의 기본권을 보장하되 자유권적 기본권뿐만 아니라 생존권적 기본권 보장에 중점을 두어 복지국가의 건설을 꾀하고 있다. 우리 헌법은 전문에서 "국민생활의 균등한 향상"을 선언하고 있으며, "인간의 존엄과 가치·행복추구권"을 보장하고 "국민의 인간다운 생활"을 보장하고 있다. 빈익빈 부익부의 구정권의 폐습을 타파하기 위하여 "사회보장, 사회복지에 관한 국가의무"를 규정하고, "근로자의 고용의 증진과 적정임금을 보장"하고, 근로조건의 기준을 "인간의 존엄성을 보장하도록 법률로 정할 것"을 규정하고 있다.

이와 같이 현행 헌법은 빈곤을 타파하는 것을 목적으로 하고 복지국가건설을 지향하고 있다. 경제질서에 있어서도 모든 국민에게 생활의 기본적 수요를 충족키는 사회정의를 실현할 것을 강조하고 있으며, 사회적 약자의 보호를 위하여 경제에 대한 계획과 조정을 행하고 있으며, 독과

점의 폐단을 적절히 규제·조정하고, 소비자운동을 보장하고 경제적 약자의 자조조직을 육성하며, 농어민의 자조를 기반으로 하는 농어촌개발을 위하여 계획을 수립하며 지역사회의 균형 있는 발전을 기하고 중소기업의 사업활동을 보호·육성하도록 하고 있다.

국가의 목적이 자유방임에 있지 않고 경제적 모순을 타파하고 모든 국민에게 인간다운 생활을 보장한다고 하는 것은 국가 목적에 대한 일대 변혁이라고 하겠다. 헌법이 국가의 목적을 국민의 복지향상으로 못 박고 있는 이상 헌법 이하의 실정법은 이를 보다 구체적으로 보장하여야 할 의무를 지고 있다고 하겠다.

4. 법의 현실

그러나 현행법의 현실은 아직도 헌법의 이상에 따르지 못하고 있다. 그 주된 이유는 정부나 국회가 이 헌법의 이상을 실현할 강력한 의사를 가지고 있지 못하기 때문이 아닌가 생각된다. 위정자들이 헌법의 의무규정을 훈시규정으로 보아 좀 더 국가가 부강해지거나 예산이 풍부해진 뒤에 이를 실현하려고 하는 경향이 있는 것 같다.

헌법에서 새로이 규정된 사회복지에 관해서 보더라도 법률의 규정은 개정되지 않고 구태의연하다. 국민복지연금법은 1973년 12월 24일에 제정되었는데 당시 이 법은 저축증대 강제저축을 위한 것이라 하여 많은 비판을 받아 시행을 보류하였는데, 아직껏 개정되지도 않고 시행도 되지 않고 있는 것은 그 단적인 예라고 하겠다. 이 국민복지연금법의 가입대상자는 공무원연금법이나 군인연금법이나 교원연금법에 의하여 보호를 받지 못하는 영세근로자와 농업·어업·상업 등의 자영업자이다. 이들에게는 퇴직금이나 연금혜택이 없어 이들에게 우선적으로 퇴직금이나 장해연금이 지급되어야 할 것이다.

법은 매년 국민복지연금 사업의 운영에 필요한 자금과 비용을 국고에서 부담하게 하고 있으나 예산의 계정되지 않아 흐지부지되고 있다. 의료보험의 경우에는 1981년에 법이 개정되어 지역 주민을 대상으로 하는 의료보험이 시험적으로 시행되고 있다. 의료보험법은 국고부담원칙에 있어 "국고는 매년도 예산의 범위 안에서 대통령령이 정하는 바에 의하여 조합 연합회에 대하여 의료보험사업의 운영에 필요한 비용의 일부를 부담할 수 있다"고 규정하여 국고부담을 명목적으로 하고 있다.

생활보호법은 1961년에 제정된 이래 개정되지 못하고 있다. 생활보호 대상자는 "① 연령 65세 이상의 노약자, ② 연령 18세 미만의 아동, ③ 임산부, ④ 불구·폐질·상이 기타 정신 또는 신체의 장애로 인하여 근로능력이 없는 자 ⑤ 기타 보호기관의 보호가 필요하다고 인정한 자"로서 부양의무자가 없거나 부양의무자가 있어도 부양할 능력이 없는 자에 한정되고 있다. 이들에게 ① 생계보호와 ② 의료보호 ③ 해산보호 ④ 상장(喪葬)조치 등이 행하여져야 하는데 국고나 지방자치단체의 예산부족으로 거의 명목적이 되고 있다.

외국의 경우 이러한 사회보장비가 국가예산의 40%를 초과하는 경우도 있는데 우리나라의 경우에는 2%도 안 되는 실정이다. 이것은 제3공화국 이후 변함이 없는데 복지국가건설을 지향하고 있는 제5공화국에서는 예산편성 태도도 바꿔져야 할 것이다.

그동안 대기업체에 대한 지원이나 재정투융자의 규모를 보고 중소기업에 대한 지원을 볼 때 대기업에만 편중된 듯한 인상이 짙다. 공업입국, 수출입국의 기치 아래 중화학공업의 발달만이 살 길이라고 생각하여 중소기업이나 농업이나 어업의 희생 위에서 공업화가 추진되어 왔는데 제5공화국 헌법의 이념에 따라 여기에도 정책변종이 따라야만 하겠다. 조세에 있어서도 농지세의 면세점이 낮아 농민이 도시인보다도 비교적으로 많은 세금을 내고 있다. 국민 개세(皆稅)의 원칙에 따라 면세기준이 낮아 영세근로자까지도 세금을 물고 있는데 형평과세의 원칙에 충실하기 위해서는 세기준 이하의 소득자에게는 negative tax를 보장해 주는 방법이 요망되고 있다. 이자소득, 배당소득 등의 분리 과세는 결과적으로 불로소득자를 돕고 있다.

사회적 복지국가의 헌법이념의 실현에는 재정자금이 많이 소요되기 때문에 일조일석에 이루어지기는 어려울 것으로 보인다. 형사보상청구권, 국가배상청구권, 손실보상청구권의 행사에 있어서도 예산부족 때문에 정당한 보상이라는 헌법이념과는 상당한 거리가 있는 것이 현실이다.

돈 들지 않는 헌법의 이념이나마 하루빨리 실현되었으면 하는 바람이 간절하다. 제5공화국 헌법이 지향하고 있는 피고인의 무죄추정, 고문의 금지, 진술거부권의 보장, 평등권의 보장이라든가, 정치적 자유의 보장, 알권리, 읽을 권리, 들을 권리의 보장 등은 예산조치가 수반되지 않더라도 가능한 것이므로 하루빨리 실현되어야 할 것이다.

헌법을 비롯한 실정법은 자연법의 이념에 반해서는 안 될 것이요 법률이나 명령은 헌법의 이상에 반해서는 안 된다. 자연법의 이념이 정의 평등 자유 행복 안전 등에 있다면 헌법도 이에 따라야 할 것이요, 헌법의 이상이 민주·복지 사회의 건설에 있는 이상 법률과 명령은 이 방향으로 입법되어야 할 것이며 법원의 재판도 이에 입각하여야 할 것이다. 근자의 대법원 판례가 실질적 정의의 실현을 위하여 자술서의 증거능력을 부인한 것은 사법적 정의의 실현으로 의의가 크다고 하겠다. 이와 같이 입법·행정·사법에 의한 헌법 이념의 조속한 실시가 가능할 것이며 바람직하다고 하겠다.

4. 법의 실효성과 정당성[*]

1.

실정법은 모두 효력이 있는가가 문제된다. 라드브루흐(Radbruch)는 실정법 중에서도 정당성이 없는 법은 제정법적 불법(制定法的 不法)이라고 하고, 실효성은 없으나 정당성이 있는 법을 말하여 초제정법적인 법이라고 하였다.

법이라고 할 때에는 실정법과 자연법을 포함한다. 실정법은 국가의 입법절차에 의하여 제정되고 국가기관에 의하여 강제 집행되는 것이다. 이에 반하여 자연법은 국가가 만든 법이 아니고 국가에 의하여 강제되지는 않으나 인간의 이성에 근거한 법을 말한다. 실정법은 실효성이 많으나

---

* 『연세춘추』 제822호, 1978년 7월 24일자. 「법정신의 현실적 조망」이라는 주제 하에서 기고
이하 기고에서 편집자는 다음과 같은 부제를 병기하였다.
─초월적 정의는 법의 정당성 판단과 악법개정의 원동력 돼
─실력 강제로는 동의 창출 못해
─법내재적 정의와 법초월적 정의와의 갭을 제거하는데 법적 안정성의 성과 달려있어
─민주헌법에는 정의의 요소가 내포돼야

자연법은 실효성이 적다. 실정법이 자연법에 위반되면 효력이 없다고 보는 것이 자연법론이다. 이 경우 자연법은 법의 정당성이라고 말할 수 있다. 이와 같이 법은 국가에 의해서 제정되고 강제된 것만으로는 효력이 없다. 법은 실효성과 함께 정당성이 있어야만 하는 것이다.

2.

법의 효력의 근거를 실효성과 정당성의 결합에서 찾는 것은 근자의 일이요 과거에는 법의 실효성만을 법의 효력의 근거로 보았다. 그리스의 소피스트 할리클레스는 "법은 강자의 힘"이라고 했다. 이와 같이 법의 효력의 근거를 강자의 실력에 구하는 학설이 있다. 이 실력설은 법은 그것을 실현할 수 있는 실력에 의하여 명령되고 있으므로 효력을 가진다고 한다. 따라서 법의 연원은 실력이며 법은 실력을 배경으로 하는 것에 의하여 효력을 발휘한다고 본다.

나치스도 "법률은 법률이고 명령은 명령이다"고 하여 법률과 명령에의 복종을 강요했다. 그러나 이 실력설은 법과 실력을 동일시하고 법이 단순한 실력 이외의 아무 것도 아니라고 함으로써 법을 부정하게 된다. 왜냐하면 법과 불법인 폭력과의 구별이 불가능해지기 때문이다. 폭력에 의한 지배는 실효적이기는 하나 그것이 정당성을 가지지 못함으로써 권력에 의한 통치를 불가능하게 한다.

따라서 실력설의 경우에는 그 난점을 극복하기 위하여 국민이 법을 승인하였기 때문에 이 실력에 의한 법이 효력을 가진다고 본다. 이 밖에도 사회의 법적 확신에 법효력의 근거가 있다는 설(說)도 있고 사회의식에 법의 효력의 근거가 있다고 보는 설(說)도 있다.

이 승인설은 실력을 가진 자가 법을 강제하는 경우 이를 자의에 의하거나 타의에 의하거나 간에 국민이 승인함으로써 효력이 발생한다고 본다. 예를 들면 나치스의 법에 대해서도 그것이 국민의 명시적이거나 묵시적인 승인이 있었기 때문에 효력이 있었다고 보는 것이다.

그러나 이러한 승인이라는 것은 하나의 의제(擬制)에 불과한 것이요 현실은 아닌 것이다. 강도의 강요에 따라 발행된 수표는 처음부터 무효가 되는 것이요 그것이 발행되었다고 하여 이를 사후 승인한 것으로는 볼 수 없는 것이다. 실력에 의한 강제는 동의를 창출해 낼 수 없는 것이다.

3.

법의 효력의 근거를 정당성에서만 찾으려는 견해도 있다. 켈젠(Kelsen)의 순수법학은 법의 효력의 문제를 법의 타당성의 문제에만 한정하여 하나의 법규의 효력을 다른 법규에서 도출하려고 한다. 바꿔 말하면, 명령의 효력을 법률에서, 법률의 효력을 헌법에서 도출하려고 한다.

그리하여 헌법의 근거는 근본규범에서 도출하려고 한다. 그런데 이 근본규범이 힘에서 법에의 전화를 의미한다고 하면 이는 이미 실력설에 불과하게 될 것이다. 그런데 이 근본규범을 자연법으로 본다면 이는 철학적 효력론으로 발전할 수 있을 것이다.

철학적 효력론에 의하면 법의 효력은 본질적으로 법의 정당성에서 나온다고 한다. 바꿔 말하면 정당한 법이면 그 이유만으로써 효력이 있다고 보는 것이다. 자연법론은 자연법은 정당하기 때문에 효력이 있다고 보고 법의 정당성과 법의 실효성을 동일시하고 있다. 인간 이성의 소산인 자연법은 그것이 정당하기 때문에 당연히 실천되어야한다고 한다. 그러나 파스칼이 말한 것처럼 "실력이 없는 정의는 무력하며 정의 없는 실력은 폭력"이기 때문에 정당성만으로써는 실효성을 이끌어 낼 수 없을 것이다.

법의 정당성은 법의 효력의 문제에서 법의 이념의 문제로 승화된다. 법의 이념은 정의이다. 정의에는 일반적 정의와 특수적 정의가 있다. 일반적 정의가 법내재적 정의라고 한다면 특수적 정의는 법초월적 정의라고도 하겠다. 실정법에 내재하여 실정법의 정당성을 조건지우고 있는 바의 법내재적 정의는 사회 및 역사의 제약을 받고 있다. 법내재적 정의의 평가기준이 되는 것이 법초월적 정의이다. 법초월적 정의는 법의 정당성을 판단케 하는 기준이며 악법의 효력을 상실하게 하고 악법을 개정시키게 하는 원동력이다. 법초월적 정의는 실정법, 그 자체의 정당성을 비판하는 가치척도로서 자연법적 의의를 가지는 것이다.

4.

실정법은 법으로서 타당하도록 한정되어 있는 당위로서 시간적 공간적 제약 하에 있어서의 정당성이며 하나의 제약된 법가능성이라고 하겠다. 오늘날의 실정법은 국가에 의해서 제정되고 실천된다. 국가는 법을 제정하여 강제규범으로써 실효성을 부여한다. 국가는 법을 제정하는데 그 입법과정은 주권자가 누구냐에 따라서 다르다. 군주주권주의 국가에 있어서는 법규범은 군주에 의해서 흠정되거나 신민(臣民)의 협찬에 의해서 제정되었다. 그러나 국민주권주의 국가에 있어서의 법은 국민이 제정한다. 프랑스 인권선언은 "법률은 국민총의의 표현"이라고 하였다. 그 이유는 법의 제정은 국민의 의사에 따라서 제정된다고 보기 때문이다.

국민주권주의 국가에 있어서의 헌법은 국민에 의하여 제정되어야 하며 법률은 이 헌법에 합치하여야 하고 명령과 규칙은 헌법과 법률에 합치하여야 한다. 이를 확보하기 위하여 위헌법률심사제도와 위헌, 위법명령심사제도가 인정되고 있다. 오늘날 민주헌법은 국민의 국가계약의 문서이며 정의의 요소를 내포하고 있다.

우리 헌법도 전문에서 이 헌법이 국민투표에 의하여 제정되고 개정되었음을 명시하고 있다. 국민투표에 의한 다수결원칙이 최선은 아니라고 하여도 민주적 정당성 부여의 근거로 인정되고 있다. 법률제정에 있어서의 비민주성, 비대표성은 헌법 부칙에 의하여 사후승인의 방법으로서 합법화가 행해지고 있다. 국회의 날치기 통과의 경우에도 법원은 사법심사를 회피함으로써 승인설에 입각하고 있다.

우리 헌법에서도 법내재적 정의를 규정하고 있는데 헌법은 자유, 평등, 안전, 행복, 평화 등을 규정하고 있다. 우리 헌법의 전문은 "정치·경제·사회·문화의 모든 영역에 있어서 각인의 기회를 균등히 하고, 능력을 최고도로 발휘하게 하며, 책임과 의무를 완수하게 하여, 안으로는 국민생활의 균등한 향상을 기하고 밖으로는 항구적인 세계평화에 이바지함으로써 우리들과 우리들의 자손의 안전과 자유와 행복을 영원히 확보할 것을 다짐한다"고 하여 평등, 자유, 안전, 행복이 헌법제정의 목적임을 명시하고 있다. 또 헌법 제9조는 평등의 원리를, 제10조는 자유를, 제30조는 생존을, 제8조는 인간의 존엄과 가치를 보장하고 있다.

특히 제116조 2항은 "국가는 모든 국민에게 생활의 기본적 수요를 충족시키는 사회정의의 실현과 균형 있는 국민경제의 발전을 위하여 필요한 범위 안에서 경제에 관한 규제와 조정을 한다"고 규정하여 사회정의의 실천을 구가하고 있다.

이러한 법내재적 정의가 과연 법률에 의하여 또는 명령이나 규칙 처분에 의하여 보장되고 있는가가 문제된다. 명령, 법률에 대한 위헌 위법심사에서 가장 중요한 기준이 되는 것은 이 법내재적 정의이다.

5.

실정 헌법은 법내재적 정의를 내포하고 있다. 법실증주의자는 실정 헌법의 견고성을 주장하여 '악법도 법'이라고 주장한다. 악법도 주권자에 의하여 다수결에 의하여 제정되었으며 그 자체가 법내재적 정의요 이를 평가할 수 있는 규범은 없다고 한다. 그러나 자연법론자들은 법초월적 정의를 주장한다.

제2차 세계 대전 이후의 자연법의 재생은 법내재적 정의에 대한 법초월적 정의의 도전이라고도 할 수 있다. 제2차 세계대전 발발을 전후한 국가권력에 의한 인간성의 침해가 법내재적 정의를 무색케 하고 실정법을 악법으로 만들었기 때문에 이러한 악법을 폐지하고 인간의 존엄성과 가치를 존중하는 법초월적 정의를 주장하게 된 것이다.

법초월적 정의는 실정법에 비하여 직관적이며 극단적인 경우는 실정법을 부정하는 이념으로도 될 수 있다. 그러므로 법초월적 정의에 따른 행동은 법내재적 정의의 입장에서는 실정법상의 범죄로도 될 수 있는 것이다. 법초월적 정의로서의 저항권의 행사나 혁명권의 행사가 그 대표적인 것이다.

법의 실효성은 법초월적 정당성에 의하여 위태롭게 될 것이며 이 경우 법적 안정성, 질서, 평화라는 법이념과 대립될 수도 있다. 궁극적으로는 법내재적 정의와 법초월적 정의와의 갭(차이)을 없애는 것만이 진정한 법적 안정성의 질서에로 이끌어 줄 것이다.

5. 공동선과 법의식[*]

1. 법과 인권

○ 봉건적 법사상

'사회 있는 곳에 법이 있고 법이 있는 곳에 사회 있다'고 말하여진다. 법이란 서양에 있어서는 질서인 동시에 권리였다. 서양의 여러 언어들이 법질서와 권리를 한 단어로 표현하고 있고, 또 권리와 정의를 같은 단어로 표현하고 있는 것은 흥미롭다.

이에 반하여 동양의 법은 질서의 측면을 지나치게 강조하였다. 법을 통치의 수단으로 생각하고 국민의 행동을 규제하는 것으로 의식하여 온 것이 동양의 법관(法觀)이라고 하겠다. 유교 사회에서는 형이나 법은 피치자를 다스리기 위한 것이었고 사대부, 즉 통치자에게는 예(禮)로써 다스렸다. 법치와 예치에 따른 계급적 법의식이 연면히 내려온 것이 동양

---

* 『세대』 제123호. 1973년 10월호, 284~305면 「민중과 문화 시리즈」.

적 사고라고 하겠다.

　이 동양적 법관은 우리나라에도 그대로 수입되었고 법이란 통치수단에 불과하다고 관념되었던 것이다. 지배권력은 법으로써 일반 민중을 통치하였고 법을 억압하는 수단으로 생각하였다. 이 경향은 봉건시대와 일제시대를 겪은 한국인에게 더욱 강조되고 있다. 일제의 법률이 식민지통치의 수단이었기 때문에 본질적으로 악법이었으며 악법에 대한 저항과 이의 불준수가 오히려 미덕으로 인정되고 있었다.

　이러한 동양적 봉건법사상에 8.15해방은 일대 혁신을 가져왔다. 지배수단으로만 간주되었던 헌법이 국민의 자유보장의 보루로 인정되게 되었고, 주권은 군주에게 있는 것이 아니라 국민에게 있으며 법은 국민의 권리보장수단이라는 서구법사상이 도입되게 되었다. 그러나 이러한 서구적 법관·권리관은 시민들에게 정착되지를 못하고 시민들의 법의식은 아직도 봉건적 법사상에 머무르고 있는 것 같다.

　서양에서의 법은 프랑스 인권선언이 언명하고 있는 것과 같이, 국민의 총의의 표현이요 공공의 복리를 위하여 제정된 것이라고 인정되고 있다. 또 법률은 국민의 총의의 표현이기 때문에 국민 자신을 구속하는 것이라고 인정되고 있다. 서양에서는 법이라고 하면 국민의 기본권을 보장해주는 헌법을 우선 연상한다. 그런데 한국이나 동양에서는 법이라고 하면 으레 처벌적인 형법을 우선 연상한다.

　그 이유는 우리에게도 헌법이 있지만 헌법이란 권리투쟁의 결과 얻어진 산물이 아니고 해방에 의하여 주어진 것이기 때문이다. 법제도는 서양제도를 모방하였으나 법의식은 아직도 봉건적이기 때문에 우리의 법제도는 양복입고 갓 쓴 사람에 비유될 수가 있을 것이다. 양복이 아무리 좋더라도 불편한 것이란 존재 때문에 경쾌하고 편리한 기능을 다하지 못하고 있는 것이 우리의 실정인 것 같다.

○ 법이론의 동서 차

동서양을 막론하고 법이란 최초에는 우주질서의 한 부분으로 인정되고 자연질서와 같이 자연법이 있는 것으로 생각되었다. 이러한 자연법은 자연법칙을 의미하는 것이었다. 이러한 자연법칙적 자연법의 사상은 인간이 자연의 맹위 속에서 떨고 있었던 시기의 사고방식이었다. 그러나 소피스트들에 의하여 코스모스에서 인간적 우주로 축소되고, 프로타고라스가 "인간은 만물의 척도"라고 정의함으로써 법이란 인간의 권리보호수단으로 변천하게 되었다. 그리스의 학자들은 법의 본질은 인간의 본성의 산물이라고 하였고 플라톤이나 아리스토텔레스는 법치주의를 주장하였다. 플라톤은 "군주의 권력이 법률에 종속되지 않고 법률이 군주의 권력에 종속되는 국가는 멸망할 것이라"고 예언하고 있었다. 이 모든 것이 인간위주의 법사상에서 나온 것이다.

그리스의 법사상은 한마디로 말하여 인간의 행복을 지상의 목표로 하였고 법률은 군주나 지배자의 권력의 제한수단으로 보았다. 아리스토텔레스는 인간을 정치적 동물로 보았으나 에피쿠로스는 인간을 사회적 동물로 보았고 개인적 쾌락추구를 지상의 목적으로 생각하였다. 그는 법률이란 상호적 이익을 위한 계약에 근거하며 법률을 준수하는 이유는 이 계약을 준수함으로써 얻어지는 이익 때문이라고 보고 법률의 준수 동기는 형벌에 대한 외포(畏怖) 때문이라고 하고 있다. 국가란 다만 상호를 해치지 않기 위하여 성립하는 약속적인 제도일 뿐이라고 보아 일종의 정치적 무정부상태를 갈구하였다. 로마의 대표적 학자인 키케로는 국가의 목적은 국민의 행복에 있기 때문에 법률은 국민 일반에게 최고선이 실현되는 것을 목적으로 하여 자연법의 요구에 순응하면서 제정되어야 한다고 강조했었다. 세네카는 폭군 네로의 개인 교사로서 8년간 교육에 힘썼으나 교화를 하지 못하고 끝내 네로의 혁명에 따라 자살함으로써 비극적인 생애를 마쳤는데 그는 폭군에 대해서는 복종할 필요가 없으며 폭군을 방벌해도 좋다는 폭군방벌론을 주장하였다. 그도 정부란 일종의 필요악이라고 하였다.

같은 시대의 고대 동양에는 유교와 법가 간에 법치주의에 대한 논쟁이 성행하였다. 유가는 공자에 따라 인의예지를 중시하고 법을 경시하였다. 공자는 치자위주의 정치 조리를 논하고, 시민의 권리를 주장함에는 소홀했던 것 같다. 공자도 물론 "법치는 민에 앞서서 걱정하고 민에게 봉사하여 노고함으로써 민의 복리를 증진하도록 하여야 한다"고 하고, "치자 자신의 행동이 공명정대치 않으면 민의 행동이 바를 수 없다"고 하여 솔선수범을 중시하였다. 공자는 국태민안(國泰民安)의 요결이 민간인의 경제적 형평에 있다고 말하고, 민이 족식(足食)하면 족신(足信)하고 예교(禮敎)도 갖추어진다고 하여 경제적 복리향상이 정치의 요체임을 주장하고 있었다. 공자는, 정치는 사물을 바르게 하는 것이니 치자 자신이 정대하면 인민은 자연히 따르게 된다. 민간 절도(竊盜)는 치자의 탐욕에서 연유하며 치자가 선을 노력하면 민도 선하게 되는 바 정치하면서 유도(有道)를 위하여 무도를 형서(刑緖)하는 수단으로 나갈 필요는 없는 것이라고 선언하였다. "道之以政, 齊之以刑하면 民免而無恥나 道之以德 齊之以禮하면 有禮且格"이라고 하여 형정을 경시하고 있다.

이에 대하여 법가들은 예치주의를 반대하고 법치주의를 주장하였다. 한비자는 "법은 천하를 척도하고 요리하는 규구(規矩)이다"고 하고 엄형중상(嚴刑重賞)을 주장하였다. "중간류의 군주라도 법술만 지키고 졸렬한 공인(工人)이라도 규구척촌(尺寸)만 지킨다면 만불실(萬不失)하는 것이다"고 하여 법이 군주의 활동규구가 되어야 한다고 주장하였다. 한비자는 법을 강제의 수단으로 생각하고 법으로써 대중을 순치(順馳)할 것을 요구하였다. 한비자는 법가의 대표자로서 법가야말로 법을 지배의 수단으로 본 것이다.

동양에 있어서는 유교가 지배하였으나 덕치주의나 예치주의는 명분에 불과하고 실상에 있어서는 법가의 법치주의가 지배하였다. 이러한 법가의 법치주의는 군주의 권한을 강화하기 위한 것이요 군주의 권력을 제한하기 위한 법치주의가 아닌 점에서 서양의 법치주의와는 정반대임을 알 수 있다. 동양에서는 근세 이전까지는 군주의 권력을 제한하고 국민의 권익을 옹호하려는 사고방식이 지배하지 못하였다.

○ 바이마르 헌법의 복리

서양에 있어서는 국민의 권리를 주장하기 위한 투쟁이 연면히 행해졌다. 영국의 대헌장이나 권리청원, 권리장전 등의 채택은 국민이나 귀족의 권리를 확보해 달라고 왕에게 요청하여 전취한 장전이었다. 또 프랑스에 있어서도 앙시앵 레짐에 항의하여 프랑스 혁명이 발발하였다. 1789년 7월 14일 프랑스혁명이 일어났던 날에 인권선언의 기초가 시작되어 8월 20일에 가결되고 11월 3일에는 공포되었다. 인권선언에서 "인간의 권리는 천부이며 국가 또는 법률에 의하여 부여된 것이 아니고 신성불가침한 것"이라고 하여 국민의 권리를 보장하기 위하여 국가가 존재하는 것임을 강조하고 있다. 미국에서도 독립선언은 인간의 평등과 자유가 불가양, 불가침의 권리임을 명시하고 있다. "정부는 이들 권리를 확보하기 위하여 인간들 간에 만들어진 것이며 정부가 갖는 정당한 제권력은 피치자의 동의에 기초를 두고 있는 것이다. 어떠한 형태의 정부라고 하더라고 인간의 목적과 복리를 해하게 되는 경우에는 국민은 그 정부를 변경하고 또는 폐지하고 나아가 국민들의 안전과 행복을 실현하기 위하여 가장 적당하다고 생각되어지는 원리에 기초를 두는 바와, 또 그러한 형식으로 그 권력을 조직하는 바의 새로운 정부를 만들 권리를 가지는 것이다"고 하고 있다. 미국의 각주 헌법들도 인권선언을 채택하여 국민을 위하여 정부가 존재한다고 하고 있다. 특히 매사추세츠 헌법은 "정부란 것은 공동의 선을 위하여 조직되어 일반 인민의 보호·안전·번영·행복을 위하여 존재하는 것"이며, 그 목적은 "개인으로서 안전과 평화로써 그 자연의 권리 및 생명의 축복을 향수하기 위한 것이다"고 하고 있다.

버지니아 헌법이며 펜실베이니아 헌법, 메릴랜드 헌법, 노스캐롤라이나 헌법, 버몬트 헌법, 뉴햄프셔 헌법 등도 같은 규정을 두고 있다. 이와 같이 법률이 인권보장을 위한 수단이며 법률은 국민의 총의의 표현이라고 인정한 것이 영미불의 인권선언이었다.

권리의식이 발달된 영국과 미국, 프랑스의 인권선언에 이어 유럽의 대부분의 국가들이 인권선언을 채택하게 되었다. 독일에 있어서도 1848년에 독일인의 인권선언이 발표되게 되었다. 1919년의 독일 바이마르 헌법은 이제까지의 자유권과 평등권 외에 생존권적 기본권을 보장하게 되었다. 생존권적 기본권이란 경제적 약자에게 필요한 최저한의 인간다운 생활을 보장해 주는 것을 말한다. 피히테나 멩거는 국민 각자의 최저한도의 문화생활을 보장해 주기 위한 경제적·사회적 기본권의 보장을 요구하였는데 이것이 구체화된 것이 바이마르 헌법 제151조의 규정이라고 하겠다. 이 조항은 "경제생활의 질서는 각인으로 하여금 인간다운 생활을 보장하는 것을 목적으로 하는 정의의 원칙에 합치되어야 한다"고 하고 있었다. 이 밖에도 근로의 권리, 휴식의 권리, 사회보장의 권리들을 보장하도록 규정하고 있었다.

이와 같은 천부인권사상은 국가는 법률을 하나의 필요악으로 보았고 국가의 존립목적이 국민의 기본의 보장에 있음을 명시하였다. 현행 헌법의 일부를 이루고 있는 프랑스 인권선언은 "법률은 총의의 표현이다. 모든 국민은 스스로 또는 그 대표자를 통하여 법률의 제정에 참여할 권리를 가진다"고 했고, "모든 정치적 결합은 인간의 생래의 불가양 불가침의 권리의 보지를 목적으로 하는 것이다"고 하고 있다. 나아가 "주권의 연원은 국민에게만 있고 어떠한 단체도 어떠한 개인도 명백히 국민에게서 나온 것이 아닌 어떠한 권력도 행사할 수 없다"고 하고 있었다. 2차대전 후의 서독 헌법도 "인간의 존엄은 불가침이다. 이를 존중하고 보호하는 것은 모든 국가권력의 의무이다"고 규정하고 있다.

우리나라에서도 제헌헌법은 바이마르 헌법을 모방하여 국민주권주의를 선언할 뿐만 아니라 생존권적 기본권을 보장하고 있었다. 나아가 1962년에 제정된 제3공화국 헌법은 제8조에서 "모든 국민은 인간으로서의 존엄과 가치를 가지며, 이를 위하여 국가는 국민의 기본적 인권을 최대한으로 보장할 의무를 진다"고 규정하고, 제32조에서 "국민의 자유와 권리는 헌법에 열거되지 아니한 이유로 경시되지 아니한다"고 하여 국가의 목적이 국민의 기본권 보장에 있음을 명시하고 있다.

이것은 제4공화국 헌법에 있어서도 마찬가지이다. 제4공화국 헌법에서는 제1조 2항에서 "대한민국의 주권은 국민에게 있고, 국민은 그 대표자나 국민투표에 의하여 주권을 행사한다"고 규정하고 있다. 나아가 제32조 2항에서는 "국민의 자유와 권리를 제한하는 법률의 제정은 국가안전보장·질서유지 또는 공공복리를 위하여 필요한 경우에 한한다"고 하고 있다. 역으로 이야기하면 법률은 국민의 기본권보장을 위한 수단이고 국가안전보장·질서유지 또는 공공복리를 위하여 필요불가결한 경우에 한하여 법률로 제한할 수 있다는 뜻을 규정하고 있는 것이다. 우리 헌법은 제9조에서 제31조까지 수많은 조항에서 자유권, 평등권, 생존권, 청구권, 참정권 등을 보장하고 있다.

2. 헌법·법률의 규정과 운용의 실태

우리 헌법은 이와 같이 화려하게 기본권을 보장하고 있지만 실질적으로 기본권의 보장은 허술한 감이 없지 않다. 앞서 말한 바와 같이, 국가는 국민의 기본적 인권을 최대한으로 보장하여야 할 의무를 지고 있으나 입법부나 행정부나 사법부에서는 이 규정을 단순한 입법방침규정으로 인정하고 실질적인 구속력이 없는 것으로 보고 있는 것 같다. 또 국민의 기본권의 제한 법률의 제정은 국가안전보장·질서유지와 공공복리를 위하여 필요한 경우에 한정되고 있으나, 공공복리의 개념을 지나치게 확장하여 입법되고 있는 것이 실정이 아닌가 한다. 또 법률은 선진적이나 잘 지켜지지 않는 경우도 많다. 몇 개의 실례를 통하여 보기로 하자.

○ **법부재의 사례**

우리 헌법과 법률은 소년·소녀들의 복리증진을 의도하고 있다. 소년·소녀의 근로는 특별한 보호를 받도록 되어 있으며 미성년자가 범죄행위를 저지를 경우에는 처벌을 하지 않고 소년원 등에서 보호처분하게 되어 있으며, 민선변호인이 없는 경우에는 국선변호인을 붙여주게 되어 있다. 그러나 현실에 있어서는 소년·소녀들에 대한 보호는 명목적인 것으로 되고 있다.

형법상에서는 한 개의 사과를 훔치거나 한 개의 빵을 훔치더라도 절도죄가 성립한다. 고아나 보호자의 보호를 벗어난 어린이들이 허기에 지쳐 먹을 것을 훔쳐 먹는 경우 그들을 나무라기에 앞서 사회보장 혜택의 부족을 탓하여야 할 것이다. 그런데 오늘날에도 장발장의 비극이 되풀이되고 있는 것이 현실이다. 먹고 살 수 없어서 타인의 물건을 훔친 소년·소녀들이 미결감(未決監)에 수감되어 재판을 받게 되는 경우가 많다. 소년법은 비행소년의 보호를 위하여 여러 가지 보호규정을 두고 있으나 실질적으로는 대부분이 소년원에 송치되게 된다. 그런데 소년원의 실태는 교도소보다도 못하다는 것이 중평이다. 따라서 소년범 중에는 오히려 연령을 속여서 실형을 받거나 집행유예판결을 원하는 경우가 많다고 한다. 소년을 보호한다는 소년법 규정이 사실상으로는 대인(大人)보다도 차별대우하는 결과가 되고 만다.

소년사건에 있어서는 형사소송법상 필요적 보호사건으로 되어 있기 때문에 변호사의 변호가 있어야 판결할 수 있다. 그러나 비행소년 중 자비로 변호사를 선임할 수 있는 경우는 거의 없기 때문에 국선변호인을 지정받게 된다. 국선변호인에게는 건당 2천 원 정도가 지불되는 것으로 되어 있다. 형사사건의 착수금으로 최하 5만 원 이상을 받고 있는 변호사들이 2천원의 국선변호료 때문에 법원에 출정하여 진정한 변호를 해 줄 것을 기대할 수는 없을 것이다. 따라서 지정된 변호사가 출정하지 않는 경우, 법정은 판결을 선고할 수 없기 때문에 다른 사건으로 출정한 변호사를 즉석에서 지정하여 형식적인 변호를 하고 유죄선고를 내리고 있는 실정이다.

나라의 앞날을 결정하는 소년들에 대한 보호가 이토록 허술하기 때문에 비행소년이 성장하면서 보다 흉폭해져 범죄단체를 조직하고 범죄행위를 일삼게 되는 것이다. 따라서 비행소년들에 대한 진정한 보호처분과 직업훈련, 갱생보호처분 등이 절실히 요망되는 바이다.

16세 이하의 소년·소녀의 노동은 원칙적으로 금지되고 있다. 그리고 20세 이하의 소년·소녀들의 야업(夜業) 등이 금지되고 있는데도 미성년자를 불법으로 고용하고 있는 접객업소가 늘어나고 있고, 심지어 유료직업소개소가 이들 구직미성년 소년들을 돈을 받고 인신매매업소에 전매하고 있는 실정이라고 한다. 또 10여 시간씩 혹사되면서 5,6천원의 저임금을 받는 소년·소녀들도 많다고 한다. 소년·소녀들에 대해서는 의무교육을 시켜 문화적인 최소한도의 생활을 할 수 있도록 하여야 할 것인데도 공납금을 내지 않는다고 하여 수업을 거부하는 학교도 많은 모양이다.

아동복리법은 아동이 그 보호자로부터 유실, 유기 또는 이탈되었을 경우와 그 보호자가 아동을 양육할 수 없는 경우에 아동이 건전하고 행복하게 양육되도록 하기 위하여 아동에게 음행을 시키는 행위나 음행을 매개시키는 행위, 아동을 학대하는 행위, 아동을 위하여 증여 또는 급여된 금품을 그 목적 이외의 용도에 사용하는 행위 등을 금지하고 있는 것이다. 그럼에도 불구하고 이러한 일이 자행되고 있는 실정이다.

○ 재판실태의 흠

가난은 나라도 못 구한다는 말이 있다. 그러나 빈부의 지나친 격차를 줄이고 빈자에게도 최소한의 생활을 유지하도록 정부가 배려하도록 헌법은 규정하고 있는 것이다. 우리 헌법은 전문에서 "정치·경제·사회·문화의 모든 영역에 있어서 각인의 기회를 균등히 하고 능력을 최고도로 발휘하게 하며 책임과 의무를 완수하게 하여, 안으로는 국민생활의 균등한 향상을 기하고"라고 하고 있으며, 또 헌법 제9조에서 "누구든지 성별·종교 또는 사회적 신분에 의하여 정치적·경제적·사회적 문화적 생활의 모든 영역에 있어서 차별을 받지 아니한다"고 하고 있다. 또 제116조 2항에서 "국가는 모든 국민에게 생활의 기본적 수요를 충족시키는 사회정의의 실현과 균형 있는 국민경제의 발전을 위하여 필요한 범위 안에서 경제에 관한 규제와 조정을 한다"고 하고 있다.

헌법은 이와 같이 빈부의 격차를 해소하고 실질적 평등을 보장하기 위하여 많은 규정을 두고 있으나 가난한 사람들이 과연 부자와 같은 인간적 대우를 받고 있다고 느끼고 있을지 의심스럽다. 법의 적용과정에서도 빈부 때문에 오는 불평등이 나타나고 있다. '넥타이 맨 피의자는 구속기소되지 않는 것이 일반적이다'는 소문이 돌고 있다. 넥타이께나 맬 줄 아는 사람의 대부분이 경찰수사 단계에서 빠져나가고 검찰에서는 불구속 기소하는 일이 많다는 것을 풍자한 말일 것이다. 또 임산물단속법 위반자나 소절도, 폭행사범들이 대부분 실형선고를 받는 데 대하여 공무원들의 직권남용 등 독직사건에 대하여서는 실형이 선고되는 일이 드물다고 한다. 또 사회적으로 악질인 배임이나 횡령사건 등에 집행유예 선고가 많은 것도 문제이다. 이러한 사실은 검찰이나 법원의 편파적인 판결 때문이 아니다. 가난한 사람은 법률지식 없이 혼자 방어하여야 하는데 비하여 돈 많은 사람들은 변호사를 의뢰하여 법정투쟁을 하기 때문에 일어나는 것이다.

민원사건을 처리하는 경우 등도 마찬가지이다. 돈 몇 푼만 급행으로 주면 즉시 해결되는 것도 돈을 주지 않으면 몇 차례나 오라 가라 하여 시간을 낭비케 만들기 일쑤이다. 운전사의 교통위반 등에 대해서는 즉심 출두서만 떼어주고 과료금을 미리 받아서 자진 출두케 하는 대신, 노점 상인이나 보행위반자·야간통금 위반자 등의 경우는 보호실에서 10여 시간 보호한 다음에 즉심에 회부된다. 즉심에서 5천원 이하의 벌금에 처 해진 경우에 돈이 없으면 환형처분으로 구류 받게 된다. 돈이 없어서 환 형처분되어 구류 받는 사람들이 과연 평등한 대접을 받고 있다고 느낄 것인지 알 수 없다.

○ 사장된 금과옥조들

모든 국민은 문화적인 생활을 할 권리를 가지고 있고 건강한 생활을 할 권리가 있는데도 돈이 없으면 병원조차 찾아가 보지 못하고 앓아야 하는 경우가 많다. 신문지상에는 입원서를 내지 않아 강제퇴원당한 사 람의 보도가 실려 있고, 자율적으로 의료보험단체를 만들어 인가신청을 낸 청십자 단체의 인가가 부결되었다고 보도되었다. 모든 국민은 보건에 대하여 국가의 보호를 받고 생활능력이 없는 국민은 법률이 정하는 바에 의하여 국가의 보호를 받도록 헌법은 규정하고 있으나 현실은 이에 미치 지 못하고 있다.

생활보호법은 노령·질병 기타 근로능력이 없는 자 등에 대한 보호를 규정하여 생계보호, 의료보호, 해산보호, 상제보호 등을 하도록 하고 있 다. 그러나 이러한 보호를 받고 있는 사람은 많지 않다. 법의 보호대상의 범위를 ① 연령 65세 이상의 노쇠자, ② 연령 18세 미만의 아동, ③ 임산 부, ④ 불구·폐질·상해 기타 장애로 인하여 근로능력이 없는 자로서 부양의무자가 없거나 부양의무자가 있어도 부양할 능력이 없는 경우에 한정하고 있다. 따라서 노후의 생계유지를 위하여 아들을 낳는 풍습이 사라지지 않고 있다. 「사회보장에 관한 법률」은 국민의 인간다운 생활을 도모하기 위한 사회보장제도의 확립을 위한 것인데 사회보장사업은 국가의 경제적 실정을 참작하여 순차적으로 행하도록 하고 있다. "정부는 사회보장사업을 행함에 있어 국민의 자립정신을 저해하지 아니하도록 하여야 한다"고 규정함으로써 피보호자의 의타심을 버리도록 하기 위하여 근로자조사업 등으로 전환하고 있다.

이와 같이 법은 시민의 권리보호를 위하여 많은 규정을 두고 있으나 현실적으로는 잘 실천되지 않고 있는 것이 사실이다. 이것은 위정자가 법을 국가권력을 구속하는 것으로 생각하고 있지 않기 때문이 아닌가 한다. 국가는 사회보장의 증진에 노력하여야 할 의무를 지고 있는데도 불구하고 예산타령으로 이를 잘 집행하고 있지 않는 일은 하루 빨리 시정되어야 할 것이다.

○ '소송해봤자 손해뿐'이라는 풍조

국민은 국가에 대하여 국가의 특정한 행위를 청구할 권리를 가지고 있다. 그 중에서도 중요한 것이 재판청구권, 국가배상청구권, 형사보상청구권이다. 헌법에는 신체의 자유가 보장되고 있고 거주이전의 자유, 재산권 등이 보장되고 있으나 경찰이나 행정공무원에 의하여 이러한 권리가 침해될 가능성도 있다. 이 경우에 국민은 불법행위를 한 공무원을 파면해 달라고 청원할 수도 있고, 국가배상을 청구할 수도 있으며, 재판을 청구할 수도 있는 것이다. 시민이 구속·기소된 경우에는 형사재판을 받게 된다. 형사재판을 받을 경우 검사는 법률전문가인데 대하여 피고인은 법률을 모르기 때문에 부득이 법률전문가인 변호인을 구하지 않을 수 없다. 헌법은 모든 국민에게 변호인의 조력을 받을 권리를 규정하고 있으나 변호사비용에 관해서는 의뢰자 자신이 변상할 수밖에 없다.

법원의 판결로 무죄 방면이 된 경우에는 그동안의 불법 구금에 대하여 형사보상을 청구할 수 있는데 금액이 일당 2백 원 정도에 불과하다. 하루에 몇 10만 원의 수익이 있는 사장이 구속 기소된 경우도 그렇다. 더욱 문제되는 것은 경찰보호실에서의 보호처분에 대해서는 그 나마의 형사보상도 받을 수 없다는 사실이다.

오늘날의 복잡다기한 사회에서는 민사 분쟁도 있게 마련이다. 아무리 선인(善人)이라고 하더라도 기망(欺罔)에 의하여 손해를 보게 되고, 또 약속불이행으로 인한 손해를 입게 되는 경우가 많다. 이러한 경우 민사소송을 제기하여 법원의 재판을 받게 되는데 이 경우 문외한으로서는 변호인을 의뢰하지 않을 수 없다. 원고가 소송을 제기하여 승소한 경우에도 변호사 비용은 변호사 의뢰인이 물게 된다. 우리나라에서는 본인소송주의를 채택하고 있기 때문에 변호사의뢰는 사치라는 것이 법의 이론이다. 외국의 경우에는 변호사 비용은 패소자 부담으로 하고 있는 데에도 우리나라에서는 승소하건 패소하건 의뢰자 자신이 부담해야 한다는 것은 지나치게 불공평한 행위라고 할 수밖에 없다.

'송사 3년이면 패가망신한다'는 법언은 소송의 지연현상과 소송비용의 과다를 풍자한 것일 것이다. 소송비용 중 변호사비용이 차지하는 비율이 크고 승소해 봤자 회복할 수 있는 금전은 별로 많지 않기 때문에 소송을 기피하게 된다. 읍민이나 면민이 소송을 제기하려면 군청 소재지까지 가야 한다. 군청 소재지에 지원이 있는 곳은 오히려 예외이고 대부분 도청까지 가야만 재판을 받을 수 있다. 여기 왕복 여비며 식비, 소송비용 등을 생각할 때 웬만한 사건은 소송하지 않고 잊어버리는 것이 유리하다는 결론이 나온다. 따라서 소액사건을 심판할 수 있는 간이법원의 설치가 절실히 요망되었던 것이다. 비상국무회의는 소액사건심판법을 만들어 소액사건에 대해서는 간이절차에 의한 재판을 할 수 있도록 하고 있다. 이것은 상당한 진전이기는 하나 법원의 수가 적어도 모든 군민(郡民)이 직접 혜택을 받지는 못할 것이다. 1973년 9월 11일부터 실시될 간이절차에 의한 재판은 20만 원 이하의 사건을 다루게 되어 있는데 국민들의 권익옹호에 기여할 것이 기대된다.

3. 시민의 권리 신장 방안

이와 같이 우리 헌법과 법률은 시민들의 권리옹호를 위하여 서양의 법제도를 도입하고 있으나 그 실천은 요원한 것 같다. 헌법과 법률이 선진국가를 따랐으나 실천에서 뒤지고 있는 이유는 첫째로 시민의 법의식이 권리의식으로 신장하지 못했고, 둘째로는 아직도 사회적·경제적 여건이 조성되지 못한 까닭이 아닌가 한다.

국민소득이 3백 달러에도 미달하는 우리나라가 5천 달러에 이르는 북구나 미국의 사회보장제도를 따르기는 어려울 것이다. 미국의 경우 월 3백 달러의 소득은 면세점 이하로 과세되지 않을 뿐만 아니라 사회보장 방법에 의하여 연봉 3천 6백 달러까지는 되도록 정부에서 보조금을 주어야 한다고 주장되고 있다. 시간당 최저임금이 2달러 20센트(약 9백 원)인 미국의 노임수준과 우리의 노임수준을 비교할 수는 없을 것이다. 미국에서는 만 18세까지 의무교육이 실시되고 있으며 완전무상교육이 실시되고 있다. 동부 주의 경우 군 등 지방자치단체의 예산의 95%가 교육비로 사용되고 있는 실정이다

따라서 우리나라도 80년대에 가서 국민소득이 1천 달러를 상회하는 경우에는 실업수당도 지불될 것이고 완전무상교육이 실시될 것이고 사회보장적 혜택이 구비될 것이다. 그러나 안이하게 무역량만 늘리기 위하여 공해산업을 수입하는 경우에는 국민총복지는 오히려 저하하게 될지도 모른다. 가속적으로 추진되고 있는 중공업화정책은 기능화를 가져와 인간소외현상을 야기하게 될지도 모르며 공해로 인하여 실낙원이 될지

도 모른다. 또 국민총생산이 늘었다고 하여 국민복지가 향상되지 않는 것은, 일본이 국민총생산 면에 있어서는 자유세계에서 2, 3위를 다투고 있으나 국민복지면에서는 유럽의 중진국 수준도 따라가지 못하고 있는 실정에서 볼 수 있다. 그 이유는 국민의 권리의식이 약하고 의존적·봉건적 유습이 남아있기 때문이라고 할 것이다.

우리나라도 일본과 같이 낙후된 법의식 속에서 산다면 국민소득은 늘어날지언정 국민복지의 균첨은 어려워질 것이요, 공해와 독과점횡포, 사회계층 간의 불화 등이 야기될 지도 모를 것이다. 이 점에서 우리 국민의 법의식의 변경이 불가피하다고 하겠다.

첫째로는 공무원들의 준법의식이 강조되어야 하겠다. 앞에서도 말한 바와 같이, 우리나라나 일본, 중국 등에 있어서는 치자는 법에 구속당하지 않는 것으로 생각하고, 피치자만 법에 구속되는 것으로 생각되어 왔다. 따라서 법을 제정하는 국회나 집행하는 행정부 등은 법은 어떻게든지 제정할 수도 있고 개정할 수도 있으며 자유자재의 신축성을 가지는 것으로 생각하고 있다. 이러한 사고는 나아가 법률만능적인 사고방식으로 흘러 엄벌만능주의로 흐르기 쉽다. 그런데 법이라는 것은 결코 치자의 지배수단만인 것은 아니다.

누누이 설명한 바와 같이 법이란 주권자인 국민이 그 대표기관인 국회로 하여금 제정하게 하는 것이요, 따라서 국민의 총의에 위배되어서는 안 된다 국민의 총의는 헌법에서 규범화되어 있으며 헌법준수가 선행되어야 하겠다. '헌법은 지배의 수단이 아니고 자유에의 기술'이라고 말한 사람들도 있었거니와 시민적 법치국가에 있어서의 헌법은 국가권력의 제한규범인 점에 특색이 있는 것이다. 입헌주의 헌법이 국민주권주의, 권력분립주의, 기본권존중주의에 입각하고 있는 만큼 공무원들이 헌법을 존중하여 헌법의 제 규범을 솔선하여 준수하여야 할 것이다.

국회는 입법권에는 한계가 있음을 알아서 헌법에 위배되는 입법을 해서는 안 될 것이요, 헌법이 요청하고 있는 방향으로 입법하도록 노력하여야 할 것이다. 헌법 제8조에서 국가는 국민의 기본적 인권을 최대한으로 보장할 의무를 지고 있다고 한 것은 국회가 국민의 기본권을 최대한으로 보장하는 입법을 해야 한다는 뜻을 나타내고 있는 것이다. 또 기본권을 제한하는 법률의 제정은 국가안전보장과 질서유지, 공공복리를 위하여 필요불가결한 경우에만 제한할 수 있다는 점을 명심하여 이 위임을 벗어난 기본권제한입법을 하지 않도록 노력하여야 할 것이다.

둘째로는 국민의 권리의식이 신장되어야 하겠다. 공무원이 불법적인 요구를 하더라도 그냥 순종하는 시민이 있는 경우에 불법은 없어지지 않을 것이다. 국민은 주권자라는 의식을 가지고 헌법과 법률에 보장된 권리를 수호하는데 용감하여야 할 것이다. 헌법과 법률이 아무리 화려한 인권의 카탈로그를 규정하고 있더라도 국민이 이것을 주장하지 않는 경우에는 보장될 수 없는 것이다. 2차 대전의 결과로 해방과 독립이 부여되어진 것처럼 민권투쟁의 역사 없이 기본권이 보장되었기 때문에 국민들에게 기본권의식이 없는 것이 사실이다.

국민들 중에는 아직도 법률이란 지배자의 가렴주구의 도구인 줄 아는 사람이 많은데 법률이란 국민의 인권을 보장하고 국가권력을 제한하기 위한 방패라는 것도 알아야 할 것이다. 국민들의 권리의식을 앙양하기 위하여서는 부단한 계몽운동이 필요할 것이고 민권수호를 위한 조직이 또한 필요할 것이다.

오늘날 국민의 기본권을 침해하고 있는 것은 국가만이 아니다. 거대한 사적(私的) 정부나 공해업체, 나아가 범죄단체까지도 시민의 권리를 침해하고 있다. 이러한 사회 제 세력의 억압에서 국민을 보호하기 위해서는 소비자단체라든가 권익수호단체의 결성이 불가피하게 된다. 공해업체나 제조업체의 횡포에 대항하기 위한 시민조직이며 독선적인 고용주에 대항하기 위한 노동조합 등의 육성은 극히 필요한 기본권 보장수단이라고 하겠다. 그러나 이에 못지않게 중요한 것은 국민의 기본권을 수호하기 위한 국가의 노력이라고 하겠다. 국가는 국민의 기본권을 보장하기 위한 옴부즈만(Ombudsman)을 임명하여 국민의 기본권이 침해되었을 때 기본권을 구제해 주도록 하여야 할 것이다. 정부의 각종 민원실이 이 기능을 하고 있으나 기본권 침해를 위한 시정기구로서의 감사원 등의 활동이 또한 기대된다. 국민의 기본권구제의 가장 중요한 기구는 사법제도이다. 법관들이 국민의 기본권을 수호해 주는 경우 국민들의 권리는 잘 보장될 수 있는 것이다. 그러나 사법부는 적극적인 권리보장기관이 아니고 법과 정의의 소극적인 선포기관에 불과한 것이다. 따라서 공익의 대표자인 검찰기구를 강화하여 범죄단체나 사인의 기본권침해에서 시민을 보호하여야 할 것이다.

다음에 민사사건인 불법행위에서 시민을 구제하기 위하여서는 법률구조제도를 확충하여야 할 것이요 시민이 간편하게 법원에 호소할 수 있는 길을 마련해 주어야 할 것이다. 그 방법으로서는 간이법원을 군청소재지까지 확충하고 면소재지를 순회하는 순회판사제도를 도입하는 것도 필요할 것이다. 다음에는 이 면소재지마다 법원의 서기를 상주케 하여 사법상의 대서업무를 도와주어야 할 것이다. 단기적으로는 서기의 보충이 불가능하기 때문에 사법서사들에게 위임하는 것도 한 방안일 것이다. 이 경우 대서료를 현재의 행정대서료 등을 참작하여 적정화하는 것도 연구해 보아야 할 것이다.

지방법원 이상의 민사사건에 있어서는 변호사에 의한 대리인소송을 원칙으로 하고 그 변호사비용은 패소자가 부담하도록 하여야 할 것이다. 변호사비용은 법원의 결정에 의하도록 할 것이나 그 상한은 법률로 정하여야 할 것이다. 패소자가 변호사비용을 부담하게 되는 경우에는 남소(濫訴)도 적어질 것이다. 따라서 신속한 재판이 행해져 국민의 재판청구권이 잘 보장되리라고 생각한다.

이 밖에도 형사사건에 있어서의 국선변호료를 현실화하여야 할 것이요 국선변호인취임을 의무화하는 방안도 연구하여야 하겠다. 수련의사들의 무의촌근무제도와 같이 수습변호사들을 의무적으로 무변호사 군에 배치하는 방법도 연구하여야 할 것이다. 미국이나 기타 여러 나라에서 변호사 없는 지역에 변호사를 파견하여 국가에서 봉급을 주면서 시민들의 권리를 보호하게 하는 제도가 도입되어야 할 것이다. 이 수습변호사시대의 성적과 인품에 따라 판사를 임관한다고 하면 법조일원화도 되어 좋은 성과를 얻을 수 있을 것으로 기대된다.

이 밖에도 시민의 권리신장을 위한 방안은 많으나 지면상 이 정도로 줄이기로 한다. 결론적으로 말하면 "국민은 자신에 상응하는 헌법밖에는 가질 수 없다"는 격언과 같이, 자기들의 법의식에 상응하는 법률밖에는 가질 수 없기 때문에 국민 자신의 법의식, 권리의식 앙양에 힘써야 할 것이다.

6. 법제도와 법의식의 변천[*]

1. 서설

사회 있는 곳에 법이 있기에 사회가 변하면 법도 또한 변한다. 그러나 역으로 법이 사회의 변화를 촉진시킬 수도 있는 것이다. 한국의 근대화 과정은 법에 의한 사회의 근대화라고도 특징지을 수 있다. 해방 후 서구의 법제도의 모방은 국민의 법의식에 앞선 것이나 해방 후 30년이 지난 이즈음 국민의 법의식은 상당히 민주화되어 가고 있는 것 같다.

---

* 『대학신문』 제949호, 1975년 12월 1일자. 시리즈「해방 30년 시련과 극복의 역정」(16).

2. 제정법의 변천

해방과 함께 미군정은 한국의 민주화를 위하여 법의 민주화를 단행하였다. 그 중에서도 미국식인 인신보호영장제도와 형사절차를 도입하여 일제시대의 예비검속 등 폐단을 제거하였다. 미군정은 최초에는 군법회의에서 범죄를 다루었기 때문에 미국식인 소송절차를 도입했는데 이것이 현행 형사소송법의 당사자주의로 옮겨가는 계기가 되었다. 사법부의 민주화에 따라 대법원은 1947년 9월 2일에 의용(일) 민법 제14조가 처의 능력을 제한한데 대하여 "이는 남녀평등을 부인하는 제도로서, 민주주의 이념을 기초삼아 국가를 건설하여야할 우리의 국시에 어긋나는 것이기 때문에 동조에 의한 처의 무능력은 인정할 수 없다"고 판결하여 남녀평등을 선언한 바 있다. 이 판결도 국민의 법의식에 앞선 것이라고 하겠다.

이와 같이 헌법이 제정되기 전부터 민주화와 인권보장이 어느 정도 궤도에 올랐으나 진정한 의미에서 민주제도가 확립된 것은 1948년 제헌헌법의 제정 이후라고 하겠다. 제헌헌법은 1919년의 바이마르 헌법을 모방한 것으로 정치적 민주주의뿐만 아니라 경제적・사회적 민주주의를 보장하고 있는 것이 특색이다. ① 국민주권주의 선언과 민주공화국 건설 ② 대의제 채택과 아울러 ③ 농지분배 ④ 인간다운 생활권의 보장 ⑤ 사영기업의 국・공유화를 규정하여 계획경제적인 요소가 가미되고 있었다.

「대한민국의 경제질서는 모든 국민에게 생활의 기본적 수요를 충족할 수 있게 하는 사회정의의 실현과 균형 있는 국민경제의 발전을 기함을 기본으로 삼는다. 각인의 경제상 자유는 이 한계 내에서 보장된다」(헌법 제84조)도 하고, 근로자의 근로3권을 보장하면서 기업이윤에 대한 균점권(均霑權)까지도 규정하고 있었다. 이러한 계획경제적 요소는 공산주의와 대결하여야 하는 당시에 있어서 불가결한 것이었는지도 모른다.

제헌헌법은 기본권보장면에서는 소홀하였다. 1946년 11월 3일에 제정된 일본헌법은 기본권을 천부인권으로 규정하고 사법적 기본권보장을 철저히 시도하였는데 반하여, 1948년 7월 17일에 제정된 대한민국헌법은 기본권규정에 법률유보조항을 둠으로써 남용의 가능성을 예견케 하였다. 6.25 사변 후의 혼란사태에 따라 「비상사태하의 범죄처벌에 관한 특별조치령」 등 많은 긴급명령을 양산하게 되었다.

서울 수복 후 제일 먼저 제정된 것은 형법과 형사소송법이었다. 형사소송법은 1954년 9월 3일에 제정·공포되었다. 이 법은 그동안 미군정법령과 특별법에 의하여 도입된 당사자주의 소송제도를 법제화한 것으로 인권보장을 위해 획기적인 일이었다. 또 형법은 1953년 9월 18일에 공포되어 1953년 10월 3일부터 시행되었다.

이러한 형사법의 개정은 국민의 신체의 자유를 보장하는 방향으로 개정된 것이다. 그러나 대법원은 "구형법 제183조의 처의 간통만을 처벌하는 형법 법조는 평등원칙에 저촉되지 않는다"고 판시하여 남녀평등에 위배된다는 비판을 야기하기도 하였다. 이는 신형법이 간통에 대해서 쌍벌주의를 채택하였기 때문에 계속 처벌가치가 있다고 본 때문이라고도 할 것이다.

해방 당시까지만 하더라도 한국인에 관한 민사법규는 「조선민사령」 제11조에 따라 일본 민법이 의용되었는데 1958년 2월 22일에야 우리나라 민법전이 제정·공포되었다. 이 민법전은 물권변동에 관하여 일본 민법이 의사주의를 취했던 것을 버리고 독일이나 스위스에 따라 형식주의를 채택하였고, 전세권 등 우리의 고유한 관습을 제도화한 것이 특색이다. 민법 제정 당시 친족·상속법에 관한 입법에는 이견이 많았는데 그중에서도 양성평등에 관한 것이 가장 많이 논란되었다. 호주제도의 존속이라든가, 법정상속에 있어서의 남녀평등조항이 두고두고 논의되기에 이르렀다. 신민법은 1960년 1월 1일부터 시행되어 현재에 이르고 있다.

민사소송법은 1960년 4월 4일에 제정·공포되어 1960년 7월 1일부터 시행되게 되었다. 상법도 일제시대의 의용상법이 5.16 이후까지 적용되었다. 1962년 1월 19일 상법초안이 국가재건최고회의 상임위원회를 통과하여 20일에 공포되었고, 1963년 1월 1일부터 시행되게 되었다. 이로써 기본법전은 모두 제정된 셈이다. 신상법의 특색은 절대적 상행위를 없애고 회사법에 있어 수권(授權)자본제도를 도입했으며 보험법을 독립한 장으로 한 것 등이 지적될 수 있다.

4.19 이후 발췌개헌과 사사오입 개헌으로 인하여 누더기처럼 된 헌법을 개정하여 숙원이던 의원내각제를 채택하게 되었다. 이 제2공화국헌법의 주된 내용은 국민의 기본권의 강화, 내각책임제도의 도입, 헌법재판소의 설치, 대법원장과 대법관선거제의 채택, 중앙선거관리위원회의 헌법기관화, 경찰의 중립성보장, 지방자치단체장의 선거제 등을 주 내용으로 하는 것이었다. 이 헌법 개정은 1949년에 제정된 「서독 기본법」을 모방하여 기본권의 본질적 내용의 침해금지, 복수정당제도의 보장, 헌법원칙에 의한 기본권보장 등을 규정한 점에서 획기적인 것이었다. 그러나 이 헌법은 그 시행이 일천한 가운데 5.16에 의하여 새로운 헌법으로 대체되고 말았다.

5.16 후 혁명정부는 비상조치법을 제정하여 국가재건최고회의에 국권을 통합한 위원회정부를 설립하였고, 국민의 기본권은 혁명과업수행에 지장이 없는 범위 내에서만 보장하도록 하였다. 비상조치법의 제정으로 제2공화국헌법은 파기되었고, 정부는 총사퇴하였으며 국회는 해산되고 헌법재판소는 기능 정지되는 등 일대변혁이 일어났다. 1961년 6월 9일에는 대법관을 전원 해임하였고 7월 3일에는 내각개편을 단행하여 세대교체가 이루어졌다. 혁명정권은 부정과 부패를 일소하기 위한 과감한 투쟁을 벌여 부정선거관련자와 부정축재자를 처벌하기 위한 특별법을 제정하고 이들에 대하여 혁명재판으로 엄한 처벌을 내렸고, 기아와 빈곤에서 국민을 해방하기 위한 경제개발5개년계획을 수립하여 집행하였다. 혁명정권은 또 참신한 정치인에게 정계진출의 기회를 주고 구정권시대의 부

정부패 정객을 도태시키려는 목적을 가진 정치활동정화법을 1962년 3월 16일에 제정·공포하였다. 이 정치활동정화법은 나중에 변화되어 소기의 목적을 달성할 수는 없었으나 세대교체를 위한 혁명적 시도였다.

혁명정권은 구법령정비작업도 벌여 지방자치에 관한 임시조치법(1961.9.1), 이북5도에 관한 특별조치법(1962.1.20), 서울특별시행정에 관한 특별조치법(1962.1.27), 부산시정부직할에 관한 법률(1962.11.21), 주민등록법(1962.5.10), 지방공무원법(1963.11.1), 자방재정법(1963.11.11) 등을 만들어 지방자치를 폐지하고 관치행정을 도입하였다.

1962년 12월 17일 국민투표에 의하여 제3공화국헌법이 채택되었다. 신헌법은 ① 자유권·생존권·참정권 등의 국민의 기본권을 체계적으로 정리하였고, ② 현대적인 정당제도를 확립하기 위하여 정당조항을 두었고, ③ 국회를 단원제로 하여 조직과 운영을 간소화·능률화하였고, ④ 대통령중심제를 채택하여 행정의 신속성과 효률성을 기하고, ⑤ 경제과학심의회의, 국가안전보장회의 등을 두고, ⑥ 헌법 개정에 국민투표를 필수적으로 한 것이 특색이었다. 1963년 1월 16일에는 국회의원선거법과 선거관리위원회법 등이 새로이 제정되었다.

1972년 말에는 다시 헌법이 개정되었는데 11월 21일의 국민투표로써 제4공화국헌법이 채택되었다. 제4공화국헌법은 ① 헌법전문을 개정하여 평화통일을 강조하였고, ② 기본권규정에 법률유보조항을 다시 두었고, ③ 통일주체국민회의제도를 신설하고, ④ 정당국가경향을 완화시켰으며, ⑤ 대통령을 간접선거로 하고 임기를 연장시켰으며, ⑥ 대통령의 긴급권을 강화하고, ⑦ 대통령에게 국회해산권을 부여하고, ⑧ 국회의 권한을 축소 조정하고 회기를 단축시켰으며, ⑨ 국무총리와 국무위원에 대한 해임의결제도를 도입하였고, ⑩ 헌법위원회제도를 도입하였다.

3. 법이념의 변천

위에서 헌법을 비롯한 제정법의 변천을 살펴보았는데, 그 이념을 종합해 보면 다음과 같이 요약해 볼 수 있을 것이다.

1) 군주주권주의에서 국민주권주의로

일제하의 법제도는 천황제에 따른 군주주권주의적인 것이었고 구세대인들은 조선시대의 군주주의에 젖어 있었다. 그러나 상해임시정부에서 시작하여 차차 국민주권주의가 논의되더니 해방 후에는 국민주권주의 일색을 변하였다. 국호도 「대한민국」이라 하고, 「민주공화국」이라는 국가형태를 계속 유지하였다. 이는 군주주의에 대한 반동인 동시에 공산주의적인 인민공화국에 대한 반대개념이었다. 그러나 국민의 법의식은 반드시 국민주권주의적인 것만은 아닌 것 같다. 예를 들어 이승만 박사를 국부로 모시고 그의 주장에는 절대 복종했던 권위주의적인 요소가 팽배하였다. 군주에 대신하여 대통령이 국민과 국가의 상징으로서 국민의 존경을 한 몸에 입어 봉건군주와 같은 권력을 행사했고 경무대 생활은 궁정생활을 방불케 하는 면이 없지 않았다.

2) 덕치주의에서 법치주의로

동양적인 정치사상은 덕치주의, 인치주의가 그 주된 것이었다. 특히 "道之以政, 齊之以刑, 民免而無恥, 道之以德, 齊之以禮, 有恥且格"이라고 한 공자의 말씀이 지배했던 것이 조선시대였다. 법가사상이 이단으로 취급되었던 것이 한국사회였는데 해방과 함께 법치주의가 강조되게 되었다. 헌법의 제정은 입헌주의, 법치주의를 위한 가장 중요한 계기가 되었다. 이와 같이 형식상으로는 입헌주의를 채택하였으나 실질상에 있어서는 법을 무시하고 경시하는 풍조가 늘어났다. 법은 고유한 가치를 가진 것이라고 생각하지 않고 통치의 수단이라고 생각하여 법의 변혁이 자주 행하여졌다. 법령의 조령모개 풍조는 법의 존엄성을 침해하게 되었고, 법적 안정성을 희생하고 능률성 · 효율성을 강조한 나머지 법에 대한 경시사상이 대두하게 되었다.

3) 신분주의에서 능력주의로

해방 전에는 반상의 구별이 엄격하여 양반계급이 아닌 사람은 공무원이 될 수 없었는데 해방 후에는 반상계급의 구습은 자취를 감추고 능력 위주의 등용문이 열렸다고 하겠다. 양반계급 중에서도 문반과 무반의 대립이 있었고 무반이 열세였는데 독립군의 활동과 6.25전란의 결과, 무인들에 대한 복권이 행해졌고 특히 5.16 이후에는 군인들의 정계 · 관계 진출이 두드러지게 나타나고 있다.

신분주의는 민법에서도 중요한 역할을 했으나 이제 적서(嫡庶)의 차별은 어느 정도 해소되었다고 할 수 있을 것이고 장남과 차남들과의 차별도 많이 줄어들게 되었다. 민법에서의 가(家)제도도 이제 상당히 변천하여 핵가족제도로 옮아가고 있으며 호주제도의 폐지까지 논하여지고 있다. 차남 이하의 결혼으로 인한 강제 분가제도는 사실상 호주제도의 무용성을 나타내고 있다. 사실혼의 보호와 일부일처제도의 도입으로 이제 신분적인 차별제도는 폐지일로에 있다고 하겠다.

양성의 평등은 제헌헌법에서부터 주장되었던 것이며 「혼인은 남녀동권을 기본으로 하며 혼인의 순결과 가족의 건강은 국가의 특별한 보호를 받도록」규정되어 있었다(헌법 제20조). 그러나 민법에서는 법정상속에 있어서 상당한 차별을 두고 있기 때문에 지금 여성단체연합회에 의하여 민법개정안이 국회에 상정되어 있다. 양성의 불평등은 법률 면에서 보다 현실적인 면에서 결혼퇴직계약제도라든가 동일노동에 대한 차별임금 등 형태로 아직도 자행되고 있다.

4) 의무주체에서 권리주체로

식민통치하의 국민은 의무의 주체로서 국가에 대한 의무가 강조되었다. 그러나 제헌헌법의 제정으로 국민이 기본권의 향유주체로서의 지위를 가지게 되었다. 국민의 기본권은 제헌헌법에서는 실정권으로서 법률이 정하는 바에 의해서 보장되었으나 제2공화국헌법과 제3공화국헌법에서는 천부인권으로 인정되었다. 따라서 「모든 국민은 인간으로서의 존엄과 가치를 가지며, 이를 위하여 국가는 국민의 기본적 인권을 최대한으로 보장할 의무를 진다」(헌법 제8조)고 규정되기에 이르렀다.

권리주체로서의 국민은 인간의 존엄권·평등권·자유권·생존권·청구권·참정권 등을 가지며 이러한 기본권의 본질적 내용은 법률로써도 침해할 수 없었다. 권리능력자로서의 국민의 기본권을 확보하기 위하여 헌법은 사법제도와 위헌법률심사제도를 두어 재판청구권 등에 의한 기본권침해 구제제도를 강구하고 있었다. 권리주체로서의 국민은 개인의 자유에 대한 침해를 구제받기 위하여 소권을 행사하였고, 사법부는 국민의 권리수호를 위하여 재판행사를 공정히 하고 있었다. 그러나 이러한 권리의 신장이 국가안전보장이나 질서유지·공공복리에 저촉된다고 하여 제4공화국 헌법은 전문에서 「정치·경제·사회·문화의 모든 영역에 있어서 각인의 기회를 균등히 하고, 능력을 최고도로 발휘하게 하며 책임과 의무를 완수하게 하여」라고 하여 책임과 의무를 다시 강조하

고 있다. 또 자유권과 청구권 등에 법률유보조항을 두어 법률이 정하는
바에 의하여 제한하거나 인정하지 않을 수 있도록 하고 있다.

5) 의회우위에서 행정부우위로

제헌국회는 국회우월적인 사고에 의하여 지배되었었다. 제헌국회는
대통령의 선거권을 가졌으며 국무총리 임명에 대한 승인권을 가지고 있
었다. 그러나 국회도 국민의 권리에 대한 제한은 마음대로 할 수 없었다.
「국민의 자유와 권리를 제한하는 법률의 제정은 질서유지와 공공복리를
위하여 필요한 경우에 한」하였다(제헌헌법 제28조 2항).
그러나 이박사의 수차에 걸친 헌법 개정으로 국회는 점점 그 기능이
약화되었고 대통령의 권한이 강화되었다. 사사오입 개헌으로 국무총리
제를 없애고 대통령이 친정을 하게 되었다. 이박사는 카리스마적인 통치
로 대통령이 우월하는 대통령제를 채택하였다. 제2공화국헌법에서는 국
회의 권한이 훨씬 더 강화되었는데 대통령을 양원합동회의에서 선출하
도록 하였고, 국무원은 민의원에 대하여 연대책임을 지도록 하였고 국무
총리는 대통령이 지명하여 민의원의 동의를 얻도록 하였다.
제3공화국헌법 하에서는 미국식 대통령제와 비슷한 대통령제를 채택
하여 정부와 국회는 상호 독립되어 있었다. 제4공화국에 와서는 대통령
의 지위가 강화되어 대통령이 국회를 영도할 수 있게 하였다. 대통령은
국회의원의 3분의 1을 추천할 수 있으며, 국회해산권을 가지고 있으며
긴급조치권을 가지고 있어 국회에 우월하고 있다. 대통령의 국회에 대한
우월적 지위는 위기정부성에서 그 타당성을 발견할 수 있을 것이다.

⑥ 질서유지행정에서 복지행정으로

식민지 하의 행정이 질서유지적인 행정이었다고 한다면 해방 이후의 행정은 복지행정의 확대·강화라고 특징지을 수 있을 것이다. 제헌헌법 전문은 「정치·경제·사회·문화의 모든 영역에 있어서 각인의 기회를 균등히 하고, 능력을 최고도로 발휘케 하며, 각인의 책임과 의무를 완수케 하여, 안으로는 국민생활의 균등한 향상을 기하고 밖으로는 항구적인 세계평화의 유지에 노력하여 우리들과 우리들의 자손의 안전과 자유와 행복을 영원히 확보할 것을 다짐」한다고 하고 있어 복지행정을 그 이념으로 하고 있음을 명백히 했다. 이를 위해 농지는 농민에게 분배하고 광물, 기타 중요한 지하자원, 수산자원, 수력과 경제상 이용할 수 있는 자연력을 국유로 하고, 중요한 운수, 통신, 금융, 보험, 전기, 수리, 수도, 가스 및 공공성을 가진 기업은 국영 또는 공영으로 하고 국방상 또는 국민생활상 긴절한 필요에 의하여 사영기업을 국유 또는 공유로 이전하거나 또는 그 경영을 통제·관리할 수 있도록 하였다. 또 근로의 권리를 보장하고 근로자에게 근로3권을 보장하여 노령·질병 기타 근로능력의 상실로 인하여 생활유지의 능력이 없는 자는 법률이 정하는 바에 따라 국가의 보호를 받도록 하였다.

제1공화국헌법은 이러한 여러 규정에도 불구하고 6.25사변 후의 질서유지, 전후복구에 급급하였고 경제계획 등이 행해진 것은 5.16 이후의 일이었다. 혁명공약은 기아 속에 허덕이고 있는 민생고를 해결한다는 것을 공약하였고, 5개년 경제계획 등을 통하여 국민총생산의 증가에 노력하였다. 그 결과 국민소득은 많이 늘어났으나 빈부의 격차가 심화되었다. 이에 제3공화국헌법은 「모든 국민은 인간다운 생활을 할 권리를 가진다」고 하고, 「국가는 사회보장의 증진에 노력하여야 한다」고 규정하게 되었다. 제4공화국헌법은 지역적 불균형을 타파하기 위하여 「국가는 농민·어민의 자조를 기반으로 하는 농어촌개발을 위하여 계획을 수립하며, 지역사회의 균형 있는 발전을 기한다」고 하고, 「농민・어민과 중소기업자의 자조조직은 육성된다」고 하고 있다.

그러나 현실은 근로기준법의 철저한 준수조차 어려운 형편이며 최저임금제도 등이 법제화되지 못하고 있으며, 주택의 부족, 높은 엥겔 계수 등으로 복지국가의 완성에는 아직도 먼 감이 있다. 그러나 해방 50년에는 새마을사업의 완성과 통일의 성취로 복지사회에의 건설이 가능할지도 모른다.

7) 자치행정에서 관치행정으로

해방 후 국민들은 지방자치에의 욕구에 불탔다. 제헌헌법은 「지방자치」의 장을 두어 「지방자치단체는 법령의 범위 내에서 그 자치에 관한 행정사무와 국가가 위임한 행정사무를 처리하며 재산을 관리한다」고 하였다. 이에 따라 1949년에는 지방자치법이 제정되었으나 6.25로 그 시행이 연기되었다. 이 박사 치하에서는 형식적인 지방자치가 시행되었으나 4.19 이후 지방자치단체장의 민선이 행해지는 등 자치행정이 어느 정도 행해졌다. 그러나 5.16 이후 지방자치에 관한 임시조치법에 의하여 「지방자치행정을 더욱 능률화하고 정상화함으로써 지방자치행정의 건전한 토대를 마련한다」는 이유로 관치행정이 행해지게 되었다.

제4공화국헌법은 한걸음 나아가 「이 헌법에 의한 지방의회는 조국통일이 이루어질 때까지 구성하지 아니한다」고 규정하여 관치행정을 원칙으로 하고 있다. 이것은 능률성을 위주로 하는 현대행정의 경향이라고 하겠다.

4. 국민의 법의식

국민들의 법의식에 관한 실증적 연구는 드물다. 여기에서는 임희섭(林 熺燮) 교수의 조사에 따라(서울대학교 『법학』 제15권 1호) 몇 가지 점을 중심으로 국민의 법의식을 정리해 보기로 한다.

1) 징벌적 법관(法觀)

국민들의 법에 대한 인식은 징벌적이고 형사적인 것이 특징이다. 동양 사회에서는 법이란 '도리'라든가 '경위' 등으로만 인식되었으며 법은 형법적·징벌적인 것이거나 도덕적인 것으로 보았다.

임희섭 교수의 조사에 의하면, 법에 대한 인식에서 '법이라는 것은 주로 죄를 지은 사람을 벌주고 다스리기 위해서 만들어진 것'이라는 생각이 국민의 61%에 의하여 지지되고 있다고 한다. 이에 대하여 법을 권리 보호의 수단이라고 보고 있는 사람은 극히 적은 것 같다.

2) 법경시 사상

또 '요즘 세상에는 법보다 권력이나 돈의 위력이 더 큰 것 같다'는 생각이 국민의 64.73%에 의하여 지지되고 있다고 한다. 이와 같이 법에 대한 국민의 신뢰도는 아주 낮으며 특히 대학생이나 법조인의 이러한 사고가 더 많은 것은 놀라운 현상이다. 법에 대한 경시풍조는 위정자의 속성이기도 하다. 법이라는 것은 국민을 통치하기 위한 수단으로 보고 법이 국민의 권리를 보호한다는 측면을 무시하고 행정에 장애가 되면 법을 뜯어 고치는 일이 많기 때문에 '어떤 때 보면 법은 권력 있고 돈 있는 사람을 위해 만들어진 것 같은 느낌을 준다'는데 대하여 63.17%의 응답자가 이를 묵인하고 있고, 대학생은 70.56%가 이러한 생각을 가지고 있다고 한다.

3) 사법에 대한 불신사상

일반 국민들은 또 '관청을 상대로 해서 고소한다고 해도 민간인이 이긴다는 것은 힘든 것'이라고 체념하는 사람이 62%나 되고, '나보다 훨씬 유력한 사람과 법적으로 따지려고 든다면 결국은 나에게 손해가 돌아올 것이다'고 생각하는 사람이 60.66%나 된다고 한다. 이와 같이 사법에 대한 불신사조가 풍미하고 있기 때문에 쟁송사건이 줄어들고 있다. 법가(法街)에서조차 '유전(有錢)이 승소(勝訴)한다'는 속담이 돌고 있는데, 이는 '재판이 돈이 너무 많이 들기 때문이다'(58.76%). 결국 국민들은 정의실현의 체념과 사법부에 대한 불신 때문에 권리 위에서 낮잠을 자고 있는 실정이다.

4) 권리를 위한 투쟁에 소극적

또 권리가 침해된 경우에도 이것을 불운의 소치로 보고 비록 그것이 사인이라고 하더라도 이를 다투지 않겠다는 것이 국민들의 권리의식인 것 같다. '불량상품을 샀을 때 그 상점을 찾아가 얘기를 해도 한번 산 것이니 모른다고 잡아뗸다면 그 상품은 다시 사지 않거나 그 상점에는 다시 찾아가지 않겠다'는 사람이 44.86%나 된다고 한다. 이와 같이 불량상품을 산 경우에도 불운의 소치로 돌리고 이에 순응하려는 사고는 권리를 위한 투쟁에 소극적임을 잘 나타내고 있다. 이것은 점잖은 국민성에서도 유래되는 것이기는 하나 소비자보호운동과 같은 것이 외국과 같이 활발히 일어나지 않는 것이 한 이유이기도 하다.

5) 결어

위에서 본 바와 같이 현재의 국민의 법의식은 아직도 전통의존적이고 법복종적이기는 하나 해방 전과 비교할 때 가정 내부에 있어서의 부부평등, 남녀평등 등이 급속히 진전되고 있는 것을 볼 때 젊은 대학생들이 가장이 될 때쯤에는 법의식도 법제도에 알맞는 민주화가 이루어질 것으로 보인다. 또 경찰관에 대한 의식이라든가 권리의식을 볼 때, 또 생존권에 관한 의식이나 선거권에 관한 의식을 볼 때에는 상당한 발전이 있었다고 결론지을 수 있을 것이다.

7. 한국 사람의 법의식[*]

치자·피치자 관계를 중심으로

한국 사람의 법의식은 아직도 전근대성을 탈피하지 못하고 있다. 한국 사람은 법을 경시하여 권리행사를 하지 않는 경향이 있는데 이것은 권리를 위한 투쟁을 겪지 아니한 한국민의 역사적 제약성 때문이라고 하겠다.

한국 사람의 법의식을 지배하고 있는 것은 유교적인 법사상이다. 유교사상은 법을 경시하여 법치를 배격하고 인치·덕치·예치를 주장한다. 유교 법철학에 의하면 법은 국민에게 권리를 부여하는 것이 아니고 의무만을 부과하는 것이라고 생각되었고, 법은 만인에게 평등하게 적용되는 것이 아니라 입법자나 법의 적용자나 집행자는 이에 구속되는 것은 아니라고 생각했다.

유교에서는 '예(禮)에 합치되고 덕에 근거하여 인(仁)에 의하기만 하면

무엇이든지 할 수 있다'고 보았고, 법은 지배자는 구속하지 않으며 법보다도 예, 정리를 더 우선 시켰다. 예는 '상하의 분(分)을 엄격히 하고 고하의 차별을 중시하여 존비의 별(別)을 명백히 하는 것을 목적으로' 하고 있었다.

그러한 면에서 다만 피치자 계급만이 법의 규율대상이 되었고 치자계급은 법에서 자유로웠다. 이러한 경향은 오늘날에도 지배적인 현상이 되고 있다. 법은 피치자만을 규율할 뿐이고 치자를 구속하지 않는다는 이 치자계급의 법의식은 특권계급의 위헌·위법행위의 자행에서 현저하게 나타나고 있다. 한국의 공무원들은 관존민비의 사상에 철저하여 권위주의적인 지배를 기본으로 삼고 있다. 그들은 계급적 법의식에 근거하여 구시대적인 선민사상을 가지고 덕화(德化)나 예교(禮敎)라는 허명 아래 국민에게 호령하고 국민에게 봉사한다는 생각이 희박하다. 그들은 권력절대주의적인 사고방식을 가지며 법은 권력의 시녀이며 법은 국민에게 의무를 부과하고 규율하는 것으로 법률만 만들면 통치할 수 있다고 생각하고 있다.

이 그릇된 법실증주의적인 법만능주의가 치자계급의 법의식의 내포인 것 같다. 그들은 국민이 정당한 권리를 요구하더라도 이것은 분수를 지키지 않는 건방진 것으로 생각하여 오히려 불리하게 처리하는 습성이 있다.

이에 대하여 피치자는 법이란 의무만 부과하여 형벌의 근거가 되는 것이라고 생각하여 법을 두려워하고 법을 피하기만 한다. 일반 대중은 법을 알려고도 하지 않으며 법을 따지는 사람은 무례한으로 보고 있다. 이것은 고래로 한국에서는 민사법이 발달되지 않고 예에 의하여 해결하여 왔으며, 삼강오륜의 계급적 도덕이 지배한 까닭이었다. 국민은 국가에 대한 권리가 있다고는 생각하지 않았고, 화합정책면에서는 국가의 시혜만을 기다렸고 일상생활에서는 국가에의 불간섭을 기원할 따름이었다. 피치자는 오랫동안 자유의식을 가지지 못하였으며 권리의식을 갖지 못하였다. 국가는 국민에 상위하는 것이요 관료는 국민보다 존귀하고 관료는 국민에게 덕화하고 정교(政敎)하는 면에서 어떠한 횡포도 할 수 있으며 국민은 이에 대하여 저항할 수 없다고 생각하였다. 다만 민심이 떠나면 역성혁명이 된다는 의타적 소극성 국민을 무기력한 피치자로 만들고야 말았다. 국민의 법의식과 권리의식의 결핍은 우리 역사상 국민이 권리보장성을 요청한 적이 없는 사실로도 증명된다.

이러한 국민의 법의식은 어느 정도의 변천과정에 놓여있다. 해방 뒤에 제정된 우리 헌법은 민주주의의 이념을 도입하였고 국민의 권리보장을 규정하였다. 그리하여 국가는 국민의 기본권보장을 위한 목적을 가진 것이며, 공무원은 국민 전체에 대한 봉사자임을 규정하였고 교육기관과 언론계몽기관은 이러한 헌법의식과 권리의식을 교육하였고, 이로써 청소년의 권리의식, 법의식은 어느 정도 근대화하기 시작하였다. 그 가장 중요한 계기가 4.19혁명이라고 하겠다.

4.19혁명은 국민의 민주주의적 법의식, 권리의식을 표현한 면에 중대한 의의를 발견할 수 있을 것이다. 그러나 그 뒤의 추세는 법치주의의 원칙에서 떠나 다시 인치주의에로의 경향을 보이고 있다. 대다수 국민의 뇌리에는 아직까지 법이나 제도보다는 큰 인물이 출현해야 한다는 성인군자 대망론이 활개를 치고 있다.

선의의 독재자! 부권적인 대통령제를 원하는 일반 국민들의 법의식은 가부장제도에서 유래하는 것이며, 이러한 인치주의는 독재에의 지름길이며 권리남용의 우려가 크다는 것을 국민이 의식하지 못하기 때문이다.

이미 2300여 년 전에 플라톤은 철인군주정치를 주장하여 인치주의를 옹호하였으나 그가 직접 정치에 참여하여 본 뒤에 인치주의를 배격하고 법의 지배를 요구했었다.

인치주의, 덕치주의, 예치주의의 정치관념을 버리고 정치주의, 권력분립적 민주주의의 근대적 법의식을 가져야만 하겠다. 법의식의 근대화는 조국의 근대화에 있어서의 급선무이며 이것은 공무원의 민주주의적 재교육, 국민의 계몽이며 산업의 근대화에 따라 이루어질 수 있을 것으로 믿는다.

8. 법제정과 법운용[*]

治者의 법의식을 중심으로

근래에 와서 건국 후 이제까지 보지 못했던 변칙적인 법제정과 운용이 자행되고 있다. 법제정 면에서 보면 7대 국회는 그동안 이렇다 할 성과 없이 공전했는데 세법개정만이 유일한 성과라고 할 수 있을 것이다. 국회는 야당 등원을 며칠 앞두고 무더기로 거의 전 세법을 개정하더니 시행해보지도 않고 다시 개정한 바 있었다. 그 뒤 얼마 안 되어 지난 2월 29일에는 국회법 절차를 무시하고 석유류 세법개정안을 손바닥 사회로 전격 통과시켰다. 행정부도 1.21사태 후의 긴장사태에 대비하기 위하여 이미 국회 내무위와 법사위에서 폐기키로 의결했고, 제정된 지 6년 동안 동면했던 향토예비군설치법을 국회와 아무런 사전 상의도 없이 모법보다 더 강력한 시행령을 만들어 향토예비군을 조직하였다.

법운영면에서 보더라도 서울시는 사유재산을 보상 없이 강제로 철거하고 있으며 법원의 정지 가처분 결정이 내리고 이에 따른 판결문이 게시되었음에도 이를 무시하고 강제 철거함으로써 행정권이 사법권을 침

---

[*] 『대학신문』, 1968년 3월 25일자.

해하는 불상사를 빚어내고 있다. 경찰과 검찰의 범죄수사에 있어서도 큰 의혹사건은 흐지부지 되고 조그마한 행정범만이 처벌되는 경우가 허다하다. 신문보도에 의하면, 전매청 납품부정사건에서 이에 관련된 고급공무원은 소환·심문조차 하지 아니하고 공범인 민간인만을 법원에 영장 신청한 사건이 있었고, 수협과 해태 수출조합의 부정사건에 대해서도 아직 기소여부조차 결정하지 못하고 있다고 한다. 민간인의 도박행위는 엄벌로써 다스리나 외국인과는 도박을 즐길 수 있도록 동양 최대의 도박장을 워커힐에 건립 중이라고 한다.

이러한 일련의 사실은 신문지상에 보도된 법제정과 법운용의 난맥상의 일단이며 그 외에도 숨은 탈법행위, 불법행위와 무법행위는 얼마가 되는지 짐작하기조차 어렵다. 이들 위법행위는 국민의 법의식의 비근대성에서 오는 현상이라고 할 수 있을 것이다. 특히 치자(治者)의 준법의식의 박약과 국권 절대 사상이 이러한 사태의 직접적인 원인이 아닌가 생각된다.

동양에서는 법이란 항상 수단으로서만 취급되었고 법이란 필요악이요 소인만을 다스릴 것으로 생각되었다. 군자는 법을 준수하는 데 그치지 않고 예(禮)를 다하는 것을 덕으로 알았다. 이러한 예치(禮治) 사상은 Jhering이 말한 법은 최소한의 도덕이라는 말과도 상통하는 이념이었다. 군자는 최소한의 도덕인 법의 준수에 만족할 것이 아니라 최대한의 도덕인 예를 준수하여야 할 것이며, 실례는 치욕이요 치욕은 가장 나쁜 악이라고 생각한 것이 동양의 성현의 법규론이었다. 그러나 이러한 성현의 뜻은 刑不及士夫요 禮不下庶人이라는 계급적인 법의식으로 발전되어 사대부는 법에는 구속을 받지 않는다는 악풍이 유행되고 예의 개념은 사라지고 치자는 후안무치하게 되어버렸다. 뿐만 아니라 일제하에 있어서는 법을 파괴하는 것이 곧 애국이요 법을 준수하는 것은 곧 친일이라는 의식이 지배하게 되어 준법의식은 더욱 희박해졌다. 법을 수단시하고 법에 독자적인 가치를 인정하지 않는 동양적인 법사상은 실력 표창적(表彰的)인 서양 사회에서의 국가만능사상과도 직결되어 있다.

법만능적인 사고방식은 국가가 제정하는 것은 모두 법이라는 사고방식이요 국권 절대적인 사고방식이라고 하겠다. 최근의 국권절대적인 법사상은 법실증주의에서 찾아볼 수 있을 것이다. 법실증주의자는 '법률은 법률이다'는 명제 하에 법의 만능을 믿고, 군인에 대하여 '명령은 명령이다'라는 명제의 절대준수를 요청하는 것과 마찬가지로 법에의 절대적인 복종을 법관이나 행정관에게 요구하였다.

20세기 초는 법실증주의만능의 시대였고 그 극에 이르렀던 것은 나치스 독일이었다. 나치스 독일은 '피의 순결'이라는 정치목적을 위하여 우생법이며 안락사법, 비(非)German 민족의 살해법 등 인간의 존엄을 무시하는 법들을 제정하였다. 법실증주의자들도 나치스의 악법을 본 뒤에 '악법도 법'이라는 종래의 법관(法觀)에서 벗어나 '악법은 불법'이요 악법이나 불법에는 저항할 권리와 의무가 있다는 자연법론에 도달하였다.

영원회귀 하는 자연법의 이론은 법의 존엄성을 인식하는 결과라고 하겠다. 기독교적 자연법은 자연법이란 하느님의 말씀이요 신정법이기 때문에 이에 위반하는 실정법은 효력이 없다는 대전제 위에 서 있다. 합리적 자연법은 자연법이란 인간의 본성에의 우러난 이성의 빛으로 보아 이에 위반되는 국가 제정법의 효력을 부인한다. 오늘날 새로운 구체적 자연법은 사물의 자연에서 법의 본질을 발견하려고 노력하여 사리에 맞지 않는 제정법의 효력을 부인한다. 헌법 철학적으로 이야기 하면, 자연법은 인간의 본성과 사물의 본성에서 나오는 것으로 인간의 존엄과 가치의 존중이 자연법의 내용으로 인간의 존엄과 가치를 침해하는 법의 효력을 부인했다.

그런데 우리나라의 치자의 법의식은 아직도 법실증주의 단계에서 머무르고 있다. 법제정기관인 국회나 명령제정기관인 정부는 법의 독자성을 인정하지 아니하고 정치목적의 실현을 위하여 법을 제정하고 목적이나 사전의 변경이 있으면 곧 법을 개정하거나 폐지한다.

이러한 법의 제정방침은 법의 이념인 법적 안전성을 저해하는 것이다.

법의 졸속한 제정과 조령모개적인 개정은 법에 대한 국민의 신뢰를 박탈하고 법의 존엄성을 파괴하는 것이다. 또 법이란 국가에서 만드는 것이 아니고 생성되어지는 것이요 국민의 총의의 소산이어야 하는데 국민의 의사를 반영하지 아니하고 법률을 제정하거나 개정하는 것은 국민의 신뢰와 법의식에 위배되는 것이라 아니할 수 없다.

헌법은 법률의 제정권을 국회에 수권하고 있는데 국회가 입법권을 가지는 소이는 국민의 대표기관이기 때문이다. 국민의 의사를 반영하기 위하여 민선의원으로서 구성된 국회에서 제정된 법률은 국민의 총의로 의제되는 것이다. 그럼에도 불구하고 국회에서 법 소정의 절차를 거치지 아니하고 행정부가 입안한 법안을 무수정으로 전격 통과시키는 것은 법의 효력의 일면인 타당성을 결여하는 것이요 법의 시행이 강제되는 경우 실효성이 있다고 하더라도 국민적 정당성이 없는 적나라한 강제일 뿐이다.

정부가 명령을 제정할 수 있는 것은 법률의 위임이 있는 경우와 법률 집행에 필요한 경우에 한정되어 있다. 그럼에도 불구하고 폐기키로 상임위원회에서 의결되어 있는 법에 시행령을 만들어 모법의 위임이 없는 규정을 두는 것은 법 상식으로써는 도저히 이해할 수 없는 일이라 아니할 수 없다. 정부가 국회를 무시하고 모법을 초월하는 시행령을 제정하는 것은 과거에 최고회의 당시의 습관 때문이 아닌지 모르겠다. 군사혁명 후에 특별조치법에 의하여 행해진 법제정과정을 청산해야 할 시기가 왔다고 우리는 생각한다.

법을 준수해야 할 행정부가 헌법에 규정되어 있는 정당한 보상 없이 사소유권을 도시계획수행이란 이유 하나만으로 철거한다는 것도 용인될 수 없는 터에, 법원의 철거금지가처분명령까지 무시하는 처사는 행정권 우월의 망상에 사로잡혀있는 독선적인 행정공무원의 법의식을 백일하에 폭로한 것이라고 하겠다. 법보다는 권력(주먹)이 가깝다는 이러한 행정 관료의 사고방식은 이번 기회에 철저히 뿌리 뽑아야 할 것이다.

신국가배상법에 대해서도 서울지법은 같은 날의 판결에서 한 부(部)에서는 '위헌이다' 한 부에서는 '합헌이다'는 각각 다른 판결을 내렸다. 신국가배상법이 배상심의결정전치로서 가집행선고를 배제하려고 한 것과 배상액을 한정한 규정에 대한 국가우월적인 법관과 국민우월적인 법관의 대립이 합헌론과 위헌론의 대립으로 발전한 것이라고 볼 것이다.

지법에서 상당히 많은 부가 평등의 원칙과 인권우위의 견지에서 위헌론을 주장한 것은 지법의 젊은 법관들의 헌법의식이 자연법론을 따르고 있다는 희망적인 현실을 알려주고 있는 것으로 기뻐해야만 할 사실이다.

검·경찰의 수사나 판결의 형량선고에 있어서의 관존민비적인 경향은 아직도 법집행기관이 국가우월적인 법의식을 가지고 있음을 잘 나타내고 있다. 법은 정의를 이념으로 하는 것이요 정의는 평등을 내용으로 하는 것인즉, 평등한 법의 적용이야말로 가장 중요한 요청이라 하겠다. 법의 제정과 운용에 있어서의 평등의 보장은 헌법의 요청이기도 하다.

우리 헌법 제8조는 자연권 사상을 규정함으로써 인간의 존엄과 가치는 천부인권으로 모든 국가권력을 구속한다는 뜻을 명시하고 있다. 그럼에도 불구하고 법제정자나 운용자가 국민의 기본권을 무시하고 행정목적의 달성을 위해서 법을 도구화하고 있는 것은 헌법지식이나 법률상식이 없기 때문이 아닌가 생각된다. 검찰은 법의 생활화운동을 통하여 국민의 준법정신의 고취에 노력하고 있으나 시민의 준법의식 앙양에 앞서 우리는 치자의 법경시, 인권무시 사상을 교정하고 국가지상적인 법실증주의 사고방식을 불식하여야 할 것으로 생각한다. 헌법이 요청하는 국민주권, 기본권존중주의, 법치주의, 권력분립주의 등을 현실화 하는 때에 법제정이나 법운용의 변칙 상태는 비로소 종말을 고할 것이다.〈법대·부교수〉

제 5 부

법학교육

1. 법전문대학원제도 수상[*]

1. 서

법학전문대학원(Law School)의 예비인가 문제 때문에 법학계와 시민사회가 큰 혼란을 겪고 있다. 법학전문대학원의 예비인가대학은 서울과 지방의 균형분배의 원칙에 따라 서울지역소재대학이 좋은 점수를 받았음에도 지방대학에 밀려 탈락했다고 하여 역차별을 이유로 행정소송을 제기할 태세이며 법학교육위원회에서의 학교별 채점결과의 공개를 요청하고 있다.

서울의 경우 정원이 40명이나 50명밖에 배정 안 된 대학에서는 소규모 입학생 때문에 법조전문가양성은 어렵다고 하고 있으며, 100명에서 150명의 정원을 배정받은 대학에서도 그 규모로는 세계적인 로스쿨을 만들 수 없다고 아우성이다.

지방의 경우에는 일 시·도 일개교원칙이 지켜지지 않았다고 하여 반

---

[*] 『고시계』 2008년 3월호, 110~118면(이달의 칼럼).

발하고 있다. 노무현 정권은 유독 경남에 있는 대학이 하나도 대상에 들어가지 않았다 하여 추가지정을 요청하였으나 교육부가 난색을 표하였다. 지방 중 경남과 충남에 한 개 교도 배정되지 않았다고 하여 반발이 심하며, 특정 지역에서는 지역차별이라고 반발하고 있다.

이에 김신일 교육부 장관은 당장은 법학교육위원회의 안대로 하기로 하여 확정·발표하였고 장래에 본인가 과정에서나 총정원의 변경이 있는 경우 추가 지정하거나 수정하겠다고 발표하였다. 청와대는 교육부장관이 대통령지시에 따르지 않았다고 하여 김신일 교육부장관을 사퇴시켰다. 이제 노무현 정권의 임기도 다 끝났기 때문에 법학전문대학원의 추가라든가 정원조정은 새로운 이명박 정부의 과제로 넘어갔다.

고려대학교는 정원이 적다고 하여 예비인가반납을 논의하고 있다. 21개 사립대학 총장은 회의를 열고 새 정부에 대하여 교육위원회의 재편성과 총정원을 3,200명으로 증원해 줄 것을 건의하였다.

위에서 보는 바와 같이 법학전문대학원문제는 학문적인 문제일 뿐만 아니라 지역안배라는 정치문제로도 비화하고 있다. 청와대의 전직비서관은 원광대가 선정된 것은 자기의 로비덕택이라고 자랑하고 나와 물의를 일으키고 있다. 앞으로 국회의원선거를 앞두고 후보마다 차기선거구에 로스쿨을 유치하겠다고 경쟁을 벌일 것 같아 문제는 더 복잡해 질 것으로 보인다.

2. 로스쿨 논의의 역사

법학교육을 어떻게 할 것이냐 법조교육과 연계시킬 것이냐의 문제는 1960년의 서울대학교 사법대학원 때부터 논쟁이 되어 왔다. 당시 조진만 대법원장은 법조교육도 법과대학에서 해야 한다고 하였고, 정부는 유기천 학장의 주장에 따라 법조교육을 위하여 서울대학교에 사법대학원을 설립하여 법조교육을 담당하게 하였다. 이 제도는 사법시험에 합격한 사람을 입학시켜 이론교육과 실무교육을 아울러 시킨 점에서 현재의 로스쿨구상과는 달랐다. 대법원장이 바뀐 후 대법원의 요청에 따라 대법원 산하에 실무교육기관으로서 사법연수원을 두게 되었다. 이것은 미국식 일원화교육에서 일본식 2원화교육으로의 변경이었다고 하겠다.

사법대학원제도는 예산부족 등으로 많은 문제가 있었으나 대학에서 법학교육과 법조교육을 접목시킨 점에서 졸업생들의 질의 향상을 기할 수 있었다. 이 사법대학원을 졸업한 사람 중에는 석사논문을 쓰고, 박사과정에 진학하여 한국 법조의 발전에 기여한 사람들이 많았다. 다만 서울대학교에만 있었기 때문에 타 대학의 질시가 심했으며 법학계의 공감을 얻지 못한 것이 폐교의 원인이 된 것이라 하겠다. 사법대학원제도는 법조계에서 말하는 것처럼 실패한 것은 아니었고 이후에도 사법연수원제도의 개혁논의에서 한 모델로 인정된 것이었다. 문제가 된 것은 사법시험의 합격자 수가 너무나 적어 국제경쟁에서 낙후하는 것이었기에 사법시험합격자의 획기적 증원이 요구되었고, 사법시험의 법과대학교육과의 연계, 법조교육의 법학교육과의 연계가 주장되었다.

1994년 문민정부에서는 사법개혁을 연구하게 되었다. 당시 한국법학교수회는 4년제 법과대학 위에 3년제 사법대학원을 두는 것을 원칙으로 하되, 사법대학원의 입학정원은 서울에 2,000명, 지방에 1,000명이 되도록 하여야 한다, 변호사시험은 사법대학원졸업생에 한하여 자격을 주며 변호사시험의 합격률은 80~90%로 한다는 것이었다.

이에 대하여 법조계는 반발하였다. 그러나 정부는 세계화추진위원회에서 법조교육의 개선, 로스쿨제도의 도입을 주장하였다. 이에 대법원은 「법률서비스 및 법학교육의 세계화 방안」에 합의하여 법학교육학제와 법조교육제도의 개편에 동의하기로 하였다. 그러나 사실상은 법학교육개혁은 무산되었고 사법시험합격자의 증원만이 이루어졌다.

1998년 국민의 정부가 출범하자 교육부에 법학교육제도연구회가 설치되어 「법학교육제도의 기본방향-학사 후 법학교육제도의 도입」을 발표하였다. 이는 법조교육의 개혁이 목적이 아니라 유명 대학의 법과대학 입시경쟁을 막기 위하여 유명 법학부를 폐교하고 그 폐교된 대학에 법학전문대학원을 둔다는 것이었다. 이 제도는 법조계와 연계 없이 교육부만이 주장한 안이었고, 사법시험 1차시험은 법학사에게만 한정하고 사법시험 2차시험은 법학전문대학원 졸업생인 법무박사에게 한정하며, 실무연수기관은 그대로 둔다는 것이었다. 이것은 법조개혁과는 상관없이 법학교육개혁만을 목적으로 한 것이었기에 실패할 수밖에 없었다.

일본에서는 한국에서의 법학교육개혁방안을 벤치마킹하여 2004년부터 법학전문대학원이 설립되게 되었다.

참여정부에 들어와서 NGO들이 사법개혁을 요구하게 되었다. 이에 대법원은 사법개혁위원회를 설치하여 그 안건의 하나로 「법조인 양성 및 선발제도개선안」을 제출하였다. 여기서 법조인은 시험에 의한 선발이 아니라 교육에 의한 양성제도로 변경할 것을 제안하였고, 법학전문대학원을 설립하여 그 졸업자의 다수를 변호사시험에 합격시키는 것으로 하였다. 2004년 10월 4일 사법개혁위원회는 표결로써 로스쿨 도입안을 결정하였다.

2005년 정부에서는 사법개혁추진위원회를 구성하여 로스쿨제 도입을 추진하기로 하였다. 변호사단체들의 반대에도 불구하고 대법원이 로스쿨 도입을 강력히 주장하였다. 이 안은 법학전문대학원과 사법시험을 연계한 점에서 국민의 정부안과는 다른 장점을 가지고 있었다. 사법개혁추진위원회도 로스쿨도입안에 찬성하였고 정부는 법학전문대학원설치와 운영에 관한 법률안을 2005년 10월 27일 국회에 제출하였다. 국회에서의 심의는 지지부진하였고, 법사위와 한나라당의 회의적 태도로 무산되는 것 같았다. 그것이 2007년 7월에 갑자기 국회를 통과하였고 정부는 노무현정권 임기 내에 예비인가를 끝내려고 조급히 서둘렀다. 그 결과 2008년 2월 4일 예비인가를 강행하게 되었다.

3. 로스쿨 도입의 문제점과 개선방안

1) 로스쿨 입학정원문제

로스쿨의 입학정원에 대하여 법학계와 법조계, 사회단체와의 대립이 극심하였다. 법조계에서는 1,200명 정도를 주장하였고, 교육부는 대법원 법무부와 협의하여 1,500명으로 하기로 하였다. 이에 사회 각계와 법학교수회의 반대에 부딪쳐 최종적으로 정원을 2,000명으로 늘리기로 하였다. 2,000명으로 총정원을 줄임에 따라 인가받은 대학과 인가받지 못한 대학과 정치계, 사회 각계의 반대에 부딪치게 되었다.

로스쿨의 정원은 법조계의 의견을 존중할 것이 아니라 법률수요자인 국민의 의견과 이익을 중시하여 대폭 증가해야 한다. 앞서 본 바와 같이 적어도 법학교수회의 건의(1995)와 같이 서울에 2,000명 지방에 1,000명이 되어야 한다. 변호사의 서울집중을 막고 지방민의 법률수요를 충족시키기 위하여 고등법원 소재지를 중심으로 5개 권역으로 나누는 것은 좋은데, 지방 법과전문대학원의 졸업생은 그 지방에서 법조업에 종사하도록 하여야 할 것이다. 독일이나 미국의 변호사자격은 한지적이다. 변호사 합격자의 커트라인에 차별을 두더라도 지역주민의 법률복지를 위해서는 지방에 정주하는 법조인이 늘어나게 해야 한다. 그래야만 법학전문대학원의 지역분산이 명분을 얻을 수 있을 것이다.

변호사의 개업지제한 때문에 직업선택의 자유가 침해된다는 논의가 있을 수 있지만 법조인의 지역분산을 위한 조치는 불가피할 것이요, 공공의 복리를 위한 합목적적 제한이기 때문에 헌법에 합치된다고 하겠다. 교사의 경우 지역 출신 교대 학생에게는 채용시 가산점을 주고 있다.

입학정원의 증원문제는 변호사시험합격자의 증원과 밀접히 연계되어 있다. 변호사시험의 합격률은 총정원의 70~80%이상 되어야 한다. 따라서 연간 2,300명 정도가 합격하여야 할 것이다. 법학전문대학원법과 함께 통과되었어야 할 변호사시험법이 제정되지 않아 법학전문대학원 졸업생의 몇%가 변호사시험에 합격할지 모르겠으나 변호사는 연간 3,000명을 배출하더라도 미국을 비롯한 OECD국가의 평균을 따라잡기가 어렵다. 또 변호사수가 증가하면 변호사 과잉으로 변호사의 수임량이 적어질 것이라고 하나 변호사의 직역을 확대하고, 무변촌을 없애면 그 정도의 변호사는 얼마든지 소화할 수 있을 것이다.

로스쿨의 총정원을 늘리기 위해서는 시민들과 연계하여 정치계, 경제계에 대한 로비를 강화하여야 하겠다. 국회의원에게 어필하여 법학전문대학원법에 정원을 확정하는 것도 검토해야 하며 새 정부에게 청원하여 로스쿨의 총정원을 상향조정하도록 하여야 하겠다.

2) 로스쿨 인가 대학의 법학부 폐지 문제

정부는 로스쿨을 두는 대학교는 현재 있는 법학부를 폐지하도록 강제하고 있다. 그런데 법학부와 법학전문대학원은 그 설립목적이 다르기 때문에 양자택일할 문제는 아니다. 법학부 내지 법과대학은 법학의 기초학문을 교육하여 좋은 시민을 양성하는 일반교육이기 때문에 법조인양성 전문대학인 법학전문대학원과는 성격을 달리한다.

법과대학을 폐지하게 되면 로마법교수, 법사학교수나 법철학교수들은 무엇을 강의해야 될지 막막하게 될 것이며 그들은 학과폐지를 이유로 강제 퇴직 당하게 될지 모른다. 이들을 법학전문대학원에서 교수할 수 있도록 하기도 힘들다. 법학전문대학원의 정원이 적기 때문에 선택과목의 개설도 쉽지 않기 때문이다.

법학부를 폐지하는 것은 현재 과잉투자되어 있는 로스쿨의 시설과 도서를 사장하게 될 우려가 있으며, 많게는 80명 적어도 30명 이상의 교수들이 법학전문대학원에서만 강의할 수도 없다. 그들이 1 대 1로 대학원 재학생에게 강의하는 경우 낭비도 많을 것이요 효과도 적을 것이다. 현재와 같이 다양한 전공의 교수들이 함께 교육해야 전문대학원교육도 실효를 거둘 수 있을 것이다.

법학전문대학원이 인가되는 대학에 법학부를 없애겠다는 명분을 알 수 없다. 추측하건대 명문대학의 법학부를 없애어 법학부 입학시험의 과열을 막자는 취지일지 모른다. 의학전문대학원이나 치의학전문대학원의 학부를 없애는 것과 일맥상통한다. 그러나 우수한 법과대학이 로스쿨로 되어 버리면 그 동안 별 볼일 없던 대학의 법학부가 일류로 되어 버릴 것이고 그들 법학부 입학경쟁의 과열을 막을 수는 없을 것이다.

법학전문대학원이 인가된 대학교에 법학부를 그대로 두는 것은 특혜로 비치어 법학전문대학원 탈락대학의 반발을 막기 위한 수단으로 강구된 것인지 모른다. 그러나 법과대학과 법학전문대학원의 존립이 상충되는 것이 아니라 보완·상생·조화적이 될 것이기 때문에 병설은 꼭 필요하다.

현재 법학전문대학원은 각 지역의 국·공립대학이 많이 지정되어 있는데 국가나 지방자치단체가 공민교육인 법학교육을 포기하는 것은 언어도단이다. 앞으로의 법학교육은 교원과 시설이 열악한, 영리위주인 사립대학에만 맡길 것인지 재고해야 한다.

일본의 경우 법학전문대학원이 설립된 대학에도 법학부를 폐지하지는 않고 있다. 법학전문대학원이 가지고 있는 법학전문도서관과 모의법정, 대형강의실 등이 대학원학생만으로 이용된다면 교육시설의 유휴화

(遊休化)를 부채질하여 국력의 낭비를 가져올 것이다. 미국의 경우 법학전문대학원이 있는 대학의 법학부를 폐지한 것이 아니라 모든 법학부가 다 법학전문대학원으로 승격하였기 때문에 법학부가 자동으로 없어졌을 따름이다.

법학전문대학원의 유수한 교수진과 교육시설 등을 활용하기 위하여서 국민의 법학교양의 앙양을 위해서도 법학부는 존치되어야 한다. 그것이 실현되지 않을 때의 개선방향을 생각해 보기로 하자.

3) 일반 법학교육의 개선방향

법학전문대학원이 인가되지 않는 대학은 실망에 차 있으며 분노하고 있다. 그 동안의 투자에 대하여 후회하고 있고 새로 충원된 교수들의 정리도 논의되고 있는 것으로 안다. 그러나 법학전문대학원인가가 안 되는 것이 오히려 전화위복이 될 수 있다. 이제까지 법학부 정원은 1만 명에 육박했으며 법학전문대학원이 정원 2,000명이기에 나머지 8,000명의 정원을 나누어 가지게 될 것이다. 법학전문대학원으로 예비 인가된 법과대학의 정원은 어림잡아 4~5,000명이 될 것으로 보이는 바, 이들 학교가 2,000명 정도의 대학원정원을 배정받았기에 3,000명 정도의 법학부정원이 탈락 대학과 비신청대학의 정원으로 분산되어야 할 것이다.

현재의 법학부 중에서는 40명 정도의 정원으로 운영되는 곳도 많아 전임교수는 4명 정도 밖에 안 되는 곳도 있다. 이러한 소규모 정원으로써 폭넓은 법학 과목을 심오하게 교육하기는 애당초 불가능한 것이었다. 따라서 이런 대학의 법학부 정원을 대폭 증원하면 명실공히 유수 법학부로 발전할 수 있을 것이다.

법학전문대학원이 설립되었다하여 탈락 대학교의 법학부의 인기가 떨어지거나 그 대학의 성가가 낮아지는 것이 아니다. 이제까지 SKY대학

법학부 지망생과 서울 소재 대학 법학부 지망생들이 법학전문대학원이 없는 대학에 지원하게 될 것이요 제2의 서울법대, 고대법대, 연대법대의 역할을 하게 될 것이다. 이러한 장점을 고려하여 고대가 예비인가 반납을 고려하고 있는 것은 시사하는 점이 크다.

일본의 경험에서 보는 바와 같이 법학 미이수자가 법학전문대학원을 졸업한 뒤 사법시험에 합격하는 율은 매우 낮다. 오묘한 법학과 실무의 연구를 3년 과정으로는 완성할 수 없다. 법학전문대학원의 강의는 주입식 교육이 아닐 것이요 Case method나 Socratic methode에 의한 연습이 대부분 일진데 학부에서 법학을 이수하지 않은 학생이 이들 수업을 따라간다는 것은 매우 어려울 것이다. 이들은 법학 기초학문을 과외로 공부하거나, 수학 연한을 늘려서 사법시험에 응시할 수밖에 없을 것이다.

앞으로의 법학전문대학원의 수업을 위해서나 시험합격을 위해서는 선수과목으로 법학을 수강하는 것이 절대로 요망된다. 7년간 법학을 연구한 학생과 3년간 법학을 연구한 학생간의 경쟁이 될 변호사시험에서 법학부 졸업생들이 당연 유리할 것은 불문가지다.

현재대로 한다고 해도 총정원의 70%는 법학기수학생이 법학전문대학원에 입학하게 될 것이다. 그러기에 법학부 졸업생의 법학전문대학원 입시경쟁은 심하지 않을 것이며 서울의 신 유수법학부의 졸업생이 전국의 법학전문대학원의 정원 3분의 2를 차지하게 될 것이다. 만약에 유수 대학에서 고려대와 같이 350명의 학생이 졸업하게 되면 서울의 좋은 법학전문대학원을 거의 독점할 수도 있게 된다. 이 점에서 서울에 있는 탈락대학들은 새로운 도약을 기할 수 있게 될 것이기에 낙담하지 말고 분발해야 한다.

법학부의 교육목표는 일반 법학의 연구여야 하고 실무는 법학전문대학원에 맡길 수 있기 때문에 보다 깊은 수업을 할 수 있게 될 것이다. 법학부 졸업생의 진로는 법학전문대학원 입학에만 있는 것이 아니고, 행정대학원, 경영대학원, 국제대학원 등에 진학할 수도 있을 것이요, 공무원이나 회계사, 법무사가 될 수 있으며, 입법고시나 행정고시에 합격하여 법학전문대학원 졸업의 변호사보다 훨씬 빨리 성공할 수도 있을 것이다.

탈락 대학이나 비신청대학은 좋은 법학부를 만들기 위한 경쟁을 벌여야 할 것이며 그것으로 대학교의 명성을 되찾을 수 있을 것이다. 앞으로 시험합격률이 낮은 법학전문대학원은 퇴출될 가능성이 있으나 법과대학은 보다 융성할 것이다.

또 법률이 바뀌어 정원이 늘거나 법학전문대학원을 병설할 수 있게 되는 경우 준칙주의에 따라 법학전문대학원을 설치할 수도 있게 될 것이다.

4. 법학전문대학원 인가대학에서의 법학교육

법학전문대학원이 설치된 대학도 기뻐할 것만은 아니다. 앞으로 본인가까지는 그 동안 미루어왔던 교원을 충원하고 시설을 보완해야 하는데 국·공립대학이 그 기준을 충족할 만한 예산을 활보할 수 있을 지 문제이다. 사립대학의 경우 법학 전체의 정원은 반감되었는데 그 엄격한 요건을 다 충족시키기 위하여 앞으로도 많은 투자가 필요할 것이다. 법학전문대학원의 설립은 남는 장사가 아니다. 법학전문대학원이 설립 인가되면 대학교의 등급이 올라가는 듯한 착각을 가지기 쉬우나 오히려 군소법학대학원은 파산할 가능성조차 없지 않다. 학생 등록금만으로는 도저히 경영유지가 안되기 때문에 학내 타 대학의 희생 위에서 운영할 수밖에 없다. 그 경우 학내 분규나 학생 분란이 우려되기도 한다. 또 등록금도 연간 2,000만원을 상회할 것이기 때문에 대학원학생의 반발도 심할 것이다.

예비인가대학은 인가요건을 충족시켜야 할 것이요 능력 있는 교원확보에 노력하여야 할 것이다. 이제 똑같이 출발하는 만큼 기존의 서열을 파괴할 수 있는 좋은 기회가 될 것이다. 법학전문대학원의 교육은 법률에 따라야 하고 나중에는 변호사회의 심사 평가까지 받게 되어 있다. 법학전문대학원의 자율성이 어느 정도 보장될지도 의문이다.

문제는 법학부가 폐지되었기에 일반 법학강의는 포기해도 되는 것인가 하는 것이다. 앞에서 본 것처럼 좋은 법학부 졸업생을 입학시켜야 하는데 자기 학교에는 법학부가 없기 때문에 타 대학 졸업생을 대거 입학시켜야 하는 딜레마에 빠지게 될 것이다.

이제까지 최고의 학생을 뽑아온 과거를 청산하고 새로운 경쟁에 뛰어들어야 하기 때문에 스트레스·불안도 적지 않을 것이다.

문제는 법학부 정원이 어떻게 될 것인가 하는 것이다. 법학전문대학원 정원은 현 법학부 정원의 반 정도이기 때문에 나머지 반수의 정원을 타 학부에 나누어 줄 것인가 그렇지 않으면 설립인가가 거부된 대학에 넘겨줄 것인가가 문제된다. 법학전문대학원이 설립 인가된 대학교는 기존 법학부의 잉여정원을 타 대학에는 주지 않고 자기 대학교 내의 타 학부에 나누어 줄 가능성이 많다. 법학전문대학원이 설립 인가된 대학은 이 경우 Pre Law Course를 강의할 수 있는 대학이나 학부를 설립하도록 노력하여야 할 것이다. 이름은 정치학부나, 행정학부, 법무학과 등 무엇이라도 괜찮으니 학부 때에 필수과목으로 법학과목을 상당수 이수하도록 강제해야 할 것이다. 이제까지 지나치게 세분화된 전공 관계로 정치학과나 행정학과에서 조차 공법강의를 하지 않고 사회학과나 경영학과에서도 민·상법, 노동법, 경제법 강의를 하지 않고 있는데 이것은 지양되어야 하겠다.

이제까지는 이러한 과목이 교과목으로 지정되어 있지 않더라도 법학부 강의를 들으면 되었고 복수전공도 할 수 있었다. 그런데 법학부가 폐지되면 이러한 강의는 필요한 각 학과에서 할 수 밖에 없을 것이다. 이들 비법학전공 학생들도 법학전문대학원 진학을 원하고 있고, 또 비법학전공 학생들도 법학전문대학원의 입학정원 3분의 1 이상을 차지하게 강제되어 있기 때문에 이들에게 사전 법학교육을 하는 것도 매우 중요하다. 법학교육은 앞에서 말한 것처럼 일반 교양교육이고 공민교육이기 때문에 법학교수들은 학부에서의 법학강의를 결코 포기해서는 안 된다.

5. 끝으로

앞에서 법학전문대학원의 역사와 문제점에 관해서 간단히 보아 왔는데 앞으로 법학교수나 법학부학생들은 이러한 문제점을 해결하기 위하여 여론을 형성해나가야 할 것이다. 무엇보다도 법학교육이 법조교육으로 축소되어서는 안 된다. 법학교육은 국민을 위한 교육이요, 국민의 권리·의무를 교육하는 것이고, 사회생활의 룰을 가르치는 것이다. 법학전문대학원의 설립이 전 법대생의 정원 감축이 되지 않도록 투쟁하여야 할 것이며 법학부교육을 보다 활성화하는 방향으로 나아가야 할 것이다.

국가의 질서유지나 평화유지목적을 달성하기 위하여서도 법학교육강의를 듣는 사람이 증원되도록 해야 하며 법학교수들은 법학전문대학원에서 강의하는 것보다도 학부강의를 하는데 보람을 느껴야 할 것이다(상세한 것은 김철수, 서울대학교법학전문대학원의 검토, 서울대학교 명예교수회보, 창간호, 2006 참조).

2. 법학전문대학원의 설립과 법학교육의 확대방안[*]

1. 한국 법학교육개혁의 역사

한국의 법학교육은 한말의 법관양성소제도에서 시작하여 일제하에서 정식 발전하였다. 보성전문학교나 양정의숙, 대동법률학교 등에서 법학교육이 행해졌으나 정식 법과대학체제는 경성법학전문학교와 경성제국대학 설립에 기인한다고 할 수 있다. 이 제도는 3년제 대학과정이 원칙이었고 법학전문교육제도로 운영되었다. 해방 후에 경성제대는 경성대학교로 개편되었다. 1946년에는 경성제대 법학과와 경성법학전문학교가 통합되어 서울대학교 법과대학이 설립되었다. 이 밖에도 많은 대학교에 법과대학이 설립되게 되었다.

그러나 법학교육은 미국의 영향을 받음이 없이 구 일본식의 법학교육이 행해졌다. 이러한 4년제 학부교육은 사법시험합격을 담보하지 못하였

---

[*] 『홍익법학』 제9권 3호(2008.10), 기조강연.

기 때문에 교실의 공동화를 가져왔고 산사에서 암기 공부하는 것을 고시 수험의 정도로까지 인식하였다. 각 법대를 졸업한 뒤 고등고시 사법과에 합격하는 비율은 적었고 졸업생 중 법조로 나아가는 비율도 적었다.

또 법대의 법학교육은 변호사나 판·검사의 직무와 동떨어져 있어 고시합격 후에는 법원이나 검찰에서 도제교육(徒弟敎育)을 받게 되었다. 이러한 도제교육도 판·검사·변호사의 부족으로 옳게 될 수 없었다. 아세아재단을 비롯한 미국 원조기관의 도움으로 한국법학교육의 전면적인 개편이 논의되었고,[1] 그 결과 서울대 법대가 학부교육을 맡고 사법대학원이 법조교육을 맡는 시스템이 구축되었다.

이것은 법학교육과 법조교육을 연계하여 일관된 교육을 하여야 한다는 의견에 따른 것이고 5.16 후 법학교육은 그대로 두고 법조교육을 개혁하려는 논의가 있었다. 그 결과가 서울대학교 사법대학원 제도의 도입이었다.[2]

1) 서울대학교 사법대학원의 실험

미국교육고문단은 서울대학교 법과대학이 법률학과와 행정학과를 둔 것을 이상히 생각하여 1959년에는 행정대학원을 독립시켰다. 이것은 당시 유행이었던 행정학의 보급을 위한 것이었으며 고급공무원과 군장교들의 재교육에 목적이 있었다.

당시 서울대학교 교무처장을 거쳐 서울법대 학장이 된 유기천(劉基天) 교수는 미국식인 Law School을 도입하여 법조인을 양성하기로 조진만(趙鎭滿) 대법원장과 합의하여 군사정부와 타협하여 서울대학교에 사법대

---

1 미국의 법과대학의 소개는 김철수, 미국의 법학교육 (1)~(6), 고시계 130호~136호 참조
2 이 부분은 김철수, 서울대학교 법학전문대학원에 대한 검토, 서울대학교 명예교수회보, 2006에 실은 것을 요약하였다.

학원(司法大學院)을 설립하게 되었다.

1962년 2월 17일에 각령(閣令) 제455호로 법조양성기관인 서울대학교 사법대학원이 발족할 근거가 마련되었고, 1962년 4월 2일 고등고시 사법과 제14회 합격자 42명의 입학으로서 개교하게 되었다. 초대 원장에는 당시 서울법대 학장이었던 유기천 박사가 겸임하였다. 1965년 8월에는 제2대 원장으로 김기두(金箕斗) 법대학장이 사법대학원 원장전임으로 보직되었다. 1969년 3월에는 제3대 원장으로 서돈각(徐燉珏) 박사가 취임하였고, 1970년 말에는 제4대 원장으로 이한기(李漢基) 박사가 취임하였다. 나는 1967년부터 1970년까지 3년간 3대 원장을 모시고 교무, 학생과장을 담당하였다.

69년 당시의 대학원위원은 서돈각 원장, 김철수 교무학생과장, 박관숙(朴觀淑) 연대교수, 양준모(梁俊模) 서울제일변호사회회장, 이봉성(李鳳成) 대검차장검사, 이한기 서울법대학장, 전우영(全宇榮) 법원행정처장, 차락훈(車洛勳) 고대교수, 한항진(韓恒鎭) 변호사였다. 학생들의 수업은 1년은 대학원에서 이론강의를 하였다. 필수과목은 16학점이며 선택과목은 8학점이었다.

실무수습은 법원, 검찰, 변호사회에 위탁하여 행하였는데 실무수습의 학점은 다음과 같다.

① 민사수습 5학점, ② 형사수습 3학점, ③ 검찰수습 3학점, ④ 변호사수습 1학점

조진만 대법원장이 정년퇴임하고 새 대법원장이 오게 되어 1971년 대법원 산하에 사법연수원(司法研修院)을 두기로 하여 서울대학교 사법대학원은 사법연수원에 학생들을 인계하였다. 이것이 이한기 원장, 배재식(裴載湜) 교무과장 때 일이다. 이들 국제법학자들은 계속교육기관으로서 사

법대학원의 존치를 기도하였으나 역부족이었다.

사법대학원제도는 10년간 운영되었다. 사법대학원이 폐교되고 대법원 산하에 사법연수원을 두게 된 것은 당시 법조인들이 미국식 Law School의 장점을 인식하지 못한 때문이기도 하다. 당시의 대법관 등 법원행정가들은 사법대학원에서의 독일법이나 영미법강의에 반감을 나타내었고 법관의 외국출장조차 엄금하는 상태였다. 더군다나 사법대학원에서 미국판례나 독일판례를 연구하여 재래식 일본판례를 비판하는 교육 등을 싫어했다. 또 변호사 위주의 실무강의와 법원수습이나 검찰수습이나 변호사수습이 법조 실무계의 여건 불비와 비협조로 잘되지 않았던 것도 중요한 이유였다. 법조인들은 자기들이 직접 소위 사법관시보를 교육하겠다고 하여 일본식 사법연수소 제도를 모방하여 도제식 교육을 고수하려고 하였다. 사법대학원학생들의 자유분방한 기풍에 대해서도 다 갈시하고 과거 케케묵은 판례를 묵수하고 권위주의적 사법제도를 유지하려고만 하여 사법대학원제도를 폐지하고 사법연수원제도로 바꾼 것이다.

물론 내부적으로도 문제는 있었다. 당시 사법대학원이 서울대학교에만 있었기 때문에 다른 법과대학의 호응을 얻지 못했던 것도 중요원인이었다. 당시 행정대학원이 서울대학교밖에 없었는데 현재 수많은 행정대학원이 생긴 것을 볼 때 학계가 좀 더 단결하여 사법대학원을 살렸다면 지금쯤 많은 사법대학원이 생겼을 것이고 법조교육도 40년 전진하였을 텐데 하는 아쉬움이 있다.

학내문제로 전임교수를 두지 않고 겸임교수와 강사만으로 운영된 것도 문제였다. 당시 서울대학교의 재정은 빈약하였기에 사법대학원에 교수 T.O를 줄 생각도 하지 않았고, 원장과 현(現) 부원장에 해당하는 교무과장, 학생과장도 겸직이었다. 학생들은 과거 같으면 사법관 시보로서 근무하며 공무원봉급을 받았을 텐데 봉급을 받지 못하여 불만이었고, 강제적 기숙사생활이며 고된 교육과정에 적응하려고 하지 않았다. 정부는 사법대학원 학생에게는 시보수당을 주지 않았고 학교에서는 장학금을 많이 줄 수 없었고 후생복지비 지급도 극소하였기에 학생들의 불만도 일리가 있었다.

그러나 미국 정부의 도움으로 많은 미국 교수를 초빙하여 강의를 함으로써 학생들의 세계적 감각을 일깨워준 것과 그것이 계기가 되어 많은 졸업생들이 미국 등 해외유학을 하게 되었고, 그들이 귀국하여 법원, 검찰, 변호사업계뿐만 아니라 관계, 학계에까지 진출하여 선진적·합리적 분쟁해결방식을 도입할 수 있었다.[3] 또 사법대학원교육이 사법연수원교육의 한 모델이 되기도 하였다. 그동안 사법대학원 졸업생들이 사법연수원 교수를 지냈고 대법관·헌법재판소장 등으로 법원행정을 맡기도 하였다. 이 점에서 사법대학원교육은 성공한 것이었고 결코 실무가들의 주장처럼 실패한 것이 아니었다.[4]

---

3 사법대학원에서 아시아재단의 도움으로 한국 판례를 수집하고 이를 학생들이 comment하여 출판한 것은 판례연구의 초석이 된 것이다.

4 서울대학교 사법대학원이 실패했다는 주장에 대한 법학교수회의 반론
지난 1961년에 도입된 사법대학원이 실패했다는 주장이 있으나 이는 사실과 다르다. 사법대학원에도 공과가 있었다.
(1) 공
1) 사법시험합격생에게 다양한 교과목과 외국의 법률제도를 강의함으로써 다양한 세계관에 입각한 법조인을 양성하였다.
2) 사법대학원에서 석사학위를 받은 뒤 외국대학에 유학하여 외국의 법조자격을 얻고 또 박사학위를 얻은 국제전문변호사를 많이 양성하였다. 그 결과 법학교수양성에도 기여하였다.
(2) 과
1) 법조실무교육이 부실하였다고 하나 검찰실무는 잘되었고 법원실무수습과 변호사실무수습은 법원과 변호사회가 맡아서 했는데 그 때 잘되지 않았을 뿐만 아니라 현재의 사법연수원에서도 잘되지 않고 있다.
2) 서울대학교의 재정부족으로 학생들에게 장학금을 많이 주지 못하였고 전임교수확보가 어려웠으나 유능한 졸업생을 외국에 유학시켜 교수요원양성을 하였다. 그들이 사법대학원이 없어져서 교수가 되지 못하였으므로 지금은 국회의원, 국제법률회사의 대표 등으로 활약하고 있다.
이로써 보더라도 과거 사법대학원이 실패하였다고 하는 것은 잘못이고 정부의 지원 여하에 따라서 얼마든지 극복될 수 있는 것이다. 또 국립대학과 사립대학의 재정상태도 그동안 많이 좋아졌기 때문에 과거와는 달리 전임교수확보에 어려움은 없을 것으로 보인다. 현재

2) 법학교육개선을 위한 제안

각 대학에는 법학부를 두어 법학교육을 하였으나 교양교육에 치우칠 수밖에 없었다. 법조직업교육은 사법연수원이 담당하였다. 이에 법학교육과 법조교육을 연결시키기 위한 시도가 여러 차례 행하여졌다. 특히 사법시험응시자격을 법학교육이수자에게만 인정하는 문제가 많이 논의되었다. 사법시험응시자격이 법학사학위와 무관하게 독학자에게도 인정한 결과 대학교육은 황폐화하였고 고시학관만이 성장하게 되었다.

이러한 폐단을 없애기 위하여 사법대학원을 두었을 때에는 법학과 3년 과정을 이수한 자에게만 사법시험응시자격을 주었다. 또 법학과 졸업생의 대다수가 사법시험에 합격하여야 한다는 주장으로 사법시험합격자의 증원을 위하여 노력하였다. 그 결과 사법시험합격자의 정원제가 도입되어 현재까지 계속되고 있다. 법학교육의 개선에 관해서는 그 동안 많은 연구가 있었다.

첫째로는, 수업연한을 연장하는 것이 논의되었다. 50년대에는 대학 4년간 180학점을 이수하는 제도였었는데 점점 졸업학점이 줄어들게 되어 140학점으로 줄게 되고 2년간의 교양교육 때문에 법학전문교육의 기간이 2년으로 단축될 수밖에 없었다. 이에 5년제안과 6년제안이 대두되었다. 5년제로는 학위를 법학사밖에 줄 수 없으며 3년제전문교육으로는 다양한 법분야를 전부 소화할 수 없기 때문에 6년제로 하되 졸업시에는 법학석사학위를 주고 법학석사학위취득자에게만 변호사시험응시자격을 부여한다는 안이었다.[5] 그러나 5년제안이나 6년제안이 모두 채택되지 못하였다. 제일 문제가 된 것은 법학교육을 연장한다고 하여 법학부

만 해도 Law School 인가를 위하여 100~200명의 정원의 대학들의 교수 수가 30~40명이 되고 있다. 법조실무에 종사했던 교수들의 수도 약 5분의 1이 되고 있다.

5 김철수, 「법학교육과 사법시험제도의 개선방안(1)~(6)」, 『법률신문』 1201~1206호, 1977.4.5; 김철수, 「사법시험제도의 개선(1)~(5)」, 『법률신문』 1257~1261호; 김철수, 「법학교육과 법률구조」, 『법정논총』(국민대), 1981.

졸업생이 다시 사법시험을 치러야 된다면 법학교육기간연장을 학생들이 원하지 않을 것이라고 생각했기 때문이다. 학교교육을 하나도 받지 않고도 사법시험응시자격이 부여되는데 교육기간을 연장하면 학비만 많이 들고 실익이 없다는 이유였다.

둘째로는 법조실무교육의 문제였다. 처음 사법연수생은 40여 명에서 시작하였는데 정원제의 시행으로 300명, 400명, 800명, 1,000명으로 늘어나자 사법연수원생 중에서 판·검사로 곧 임관되는 사람은 200~300명 밖에 안 되고 나머지는 다른 직업을 가져야만 하게 되었다. 그리하여 연수생들이 법학석사학위를 달라는 요구가 많았다. 사법연수원 재적생들의 불만도 컸다. 과거 사법대학원에서는 논문을 쓴 학생들은 석사학위를 받았고 계속 진학하여 박사학위를 받아 교수로 등용되는 기회를 가졌는데 사법연수원교육으로서는 법학교수나 법학자로의 진입이 제한되게 되었다. 또 변호사로 대부분이 진출해야 할 현황에서 판사양성을 위한 기안교육(起案教育)에 대한 불만도 많았기 때문에 사법연수원교육에도 문제가 많았고 점차 이 제도도 많이 개선되었다.

3) 법학교육개선을 위한 Law School안의 대두

법학교육기간을 연장하여야 하며 사법연수원의 법조교육과 연결하는 문제가 많이 논의되었다. 이에 관하여 나는 활발한 개선방안을 제시하였다.[6] 서울대학교 법학연구소에서는 1988년에는 『법학교육과 사법제도개혁』이라는 논문집을 출판하여 법학교육과 법조교육에 관한 방향을 제시하려고 하였다.[7]

1990년 들어 전국법학교수를 동원하여 법학교육과 사법제도개혁을

---

6   김철수, 「한국법학교육·연구의 현황과 개선방향」, 『법학논총』(한양대), 창간호, 1981, 165~256면.
7   김철수 편, 『법학교육과 사법제도개혁』, 서울대 법학연구소, 1988.

위하여 노력하였다. 특히 법학교육의 개선과 법조교육의 개선을 위하여 Law School 제도를 도입하도록 주장하였으며 사법시험합격자의 폭발적 증원을 요구하였다.[8][9] 한국법학교수회도 법학교육개혁과 사법제도개혁을 위하여 활발한 활동을 벌였다.[10]

2. Law School안의 전개과정

1) 문민정부 하의 법학교육개혁안

1994년에는 문민정부에서 사법제도개혁에 착수할 기운이 있자 학계와 법조계, NGO에서 대대적인 Lobby활동을 하게 되었다. 1994년 5월에는 국민을 위한 사법개혁추진연합회가 결성되어 「국민권익옹호를 위한 헌법재판소법·법원조직법·변호사법의 개정에 관한 청원」을 국회에 제출하였다. 이 청원에는 2,130명이 참여하였다.

1994년 1월에는 경실련에서 「시민을 위한 사법개혁의 길」이란 토론회가 열렸다. 한국법학교수회도 1992년에 이미 법조인구의 폭발적 증가를 요구했으며 법학교육을 받은 사람의 다수가 사법시험에 합격할 수 있도록 할 것을 요구하였다. 1995년에는 법학교수회가 세미나를 열고 법학교

---

8   김철수, 『정치개혁과 사법개혁』, 서울대 출판부, 1995.
9   김철수, 「한국법학교육은 위기인가」, 『사법행정』 18권 6호, 1977.6; 김철수, 「법조인구의 증대와 법조교육개선」, 『판례월보』 130호, 1981.7; 김철수, 「법학교육과 사법개혁의 기본문제」, 『고시계』 455호, 1995.1; 김철수, 「사법시험의 문제점과 법학교육의 정상화」, 『고시저널』, 1995.4.
10 상세한 것은 한국법학교수회 편, 『사법개혁 이렇게 해야 한다』, 길안사, 1994; 한국법학교수회, 『법학교육 및 사법개혁자료집』, 1995.5.26; 한국법학교수회, 『한국법학교육 백주년, 법학교육개혁자료집』, 1995.2.24 참조.

육과 사법개혁에 관한 건의문을 제출하였다. 그 내용은 ① 법학교육은 4년제 법과대학 위에 3년제 사법대학원을 두는 것을 원칙으로 한다. ② 사법대학원은 미국식 로스쿨의 무조건적 모방이 아닌 한국적 사법대학원이 되어야 한다. ③ 사법대학원은 엄격한 기준을 갖춘 대학원중심대학에만 설립을 인가한다. ④ 사법대학원의 입학정원은 서울에 2,000명 지방에 1,000명이 되어야 한다. ⑤ 사법대학원의 입학자격은 4년제 대학 졸업자로 하며, 전국적 공통시험 가칭 사법대학원입학자격시험에 합격한 자로 한다. ⑥ 사법대학원입학자격시험의 합격자수는 1996년 1,500명, 1997년 2,000명, 1998년 2,500명으로 한다. 1999년 이후에는 사법대학원의 수에 따라 정원을 정한다. ⑦ 사법대학원 입학자격시험 합격자를 각 사법대학원에서 3년간 교육시킨 다음 변호사시험을 치르게 한다. ⑧ 변호사시험의 합격률은 80~90%로 한다는 것이었다.

이에 대하여 법조계에서는 ① 대륙법계인 우리나라에서는 미국식 로스쿨이 맞지 않는다. ② 사법개혁은 필요 없다. ③ 법조인구는 GNP에 대비해야 한다. ④ 유사(類似) 법조인을 포함하면 법조인수는 현재도 많다. ⑤ 법조인의 증원은 법률서비스의 질을 하락시킨다. ⑥ 변호사수의 증원은 사건브로커만을 양산한다. ⑦ 법과대학원을 신설하기 위한 인적·물적 시설이 미비하다. ⑧ 사법시험제도 개혁은 기회의 평등을 제약하고 학력차별을 하는 것이다. ⑨ 서울대학교 사법대학원이 실패했다. ⑩ 현재의 사법연수원제도는 유지되어야 한다는 이유로 반대하였다. 이들은 5적(敵)을 지정하면서 교수들을 중상모략하기도 하였다.

1995년 4월에는 대법원이 「21세기를 위한 법조인력양성방안」이라는 세미나를 열어 대체적으로 법조인양성제도에 대한 획기적 개혁에 반대하는 입장을 취하였다.[11] 사실 대법원에는 사법행정제도개선심의위원회가 있어 민간학자들이 계속 사법시험제도의 개선과 사법연수원제도의

---

[11] 법원행정처, 『21세기를 위한 법조인력양성방안』, 1995.4; 대법원, 『법조개혁건의안』, 1995. 반대논의는 한국법학교수회, 『사법개혁에 관한 법조계의 비판에 대한 검토』, 1995.

개선을 주장하였으나 당시의 권위주의적 법원수장에 의하여 거부되기 일쑤였다. 대법원에서는 사법연수원을 두면서 사법연수원 졸업생에게 법학석사학위수여를 해 줄 것을 원하였으나 교육부에서는 사법연수원교수가 교수자격을 가지지 못하고 있다는 점 등을 들어 난색을 표명하였다.

그러나 대법원은 세계화추진위원회의 압력에 따라 「법률서비스 및 법학교육의 세계화방안」에 합의하였다. 그 내용은 '세계화시대에 증대되고 있는 다양하고 전문적인 법률서비스 수요에 부응하고 통일 및 법률서비스시장개방 등 법조환경변화에 대응하여 현행 법학교육제도와 시험제도를 대폭 개편한다'는 것이었다. 법학교육 학제개편의 기본방향은 ① 시험보다는 교육의 비중을 높이면서, 법학교육의 정상화·충실화를 도모하기 위하여 기초소양교육 및 전문영역교육을 강화해 나가는 것, ② 다양한 학문적 배경을 갖춘 사람이 법조인이 되는 기회를 충분히 제공함, ③ 이를 위해 새로운 학제를 마련하고 97년부터 시행할 수 있도록 하는 것이었다. 시험의 개편방향으로는 '법학교육이 충실하게 이루어질 수 있도록 새 학제에 의한 교육이수자에게만 시험응시자격을 부여하도록 한다'는 것이었다.

학제개편의 방향은 ① 전문법과대학원설치안과 ② 법과대학 학제연장안을 위원회에서 검토하여 7월까지 최종안을 마련한다는 것이었다. 여기서 구성된 법대학제위원회는 ① 법학교육기관 인가기관, ② 인가요건, ③ 교수진, ④ 학생선발방식, ⑤ 학사관리 등에 관해서 합의하기로 하였다. 그러나 학제개편은 대법원과 법조인의 반대로 무산되고 말았다.

한국법학교수회안은 당시로서는 최적의 안이라고 생각되었으나 수적으로 많은 변호사, 판사, 검사들의 반대로 무산되었다. 대법원은 세계화추진위원회의 압력에 따라 사법시험합격자의 점진적인 증원에만 합의하고 법학교육개혁이나 다른 법조개혁은 무산시키고 말았다. 대통령의 임기말기와 IMF사태 등 때문에 사법개혁과 법학교육개혁이 무산된 것이 아쉽다.

2) 국민의 정부 하에 있어서의 법학교육개혁안

1998년 국민의 정부가 출범하자 교육부 산하에 대통령자문기관인 신교육공동체위원회가 구성되고 그 하부조직인 법학교육제도연구위원회가 연구 끝에,[12] 1998년 5월에는 「법학교육제도의 기본방향―학사후 법학교육의 도입」이라는 중간 보고서를 발표하였다. 이 내용은 그 뒤 최종안으로 확정된 것이었다. 교육부는 유명대학교의 법과대학입시경쟁 때문에, 입시의 과열경쟁과 학원과외를 막기 위하여 몇 개의 법과대학을 없애는 것을 목표로 한 것이었다. 이 안에 따르면 법과대학제도와 새로운 학사후 법학교육제도를 병치하는 것이다. 기존제도의 유지로는 4년제 법학부와 일반대학원 법학과로 운영하며 4년제 법학부 졸업자에게 사법시험 1차시험자격을 부여하고 그 뒤에 일반대학원이 법학석사, 법학박사과정을 현행대로 두도록 하였다. 이 대학원과정은 주로 법학교수 요원을 양성하기 위한 것이었다. 이에 대하여 새로운 법학대학원제도를 두고 3년 졸업시에는 법무박사(J.D) 학위를 주고 그 위에 법학박사과정 (Ph.D)을 주도록 하였다. 또 법학대학원은 복합학위과정을 두어 J.D와 Ph.D를 함께 취득할 수도 있게 하였다.

그러나 이 안은 사법부나 법무부, 변호사회와의 합의 없이 법학교육만 독립하여 전문대학원제도를 도입하려고 한 점에서 실패할 수밖에 없었다. 현재와 같은 사법시험 1차시험과 2차시험을 병존시키는 경우 1차시험 면제를 받기 위하여 3년의 법학대학원 진학자가 많을 것인지도 우려되었고, 사법연수원 교육의 개선논의 없이 법학교육의 개선만 연구한 데 맹점이 있었다. 교육부는 이 안에 따라 법과대학에 대한 평가를 하고 법

---

12 당시 나에게도 참여교섭이 있었으나 법조의 참여 없는 법학교육개혁이 성공할 수 없다고 생각하여 참여하지 않았다. 양건 교수 등 한국법학교수회안에 찬성한 학자들은 참여를 거부하고 최대권 교수 등이 주동적으로 활동하였다. 상세한 것은 최대권, 『법학방법론』, 2003 참조.

학대학원인가를 하려고 하였으나 기존의 법학부 폐지를 반대하는 교수와 대학당국에 의하여 거의 폐안(廢案)되고 말았다. 이 법학대학원제도는 의학대학원제도와 함께 특정 유명대학의 법학부와 의학부를 없애서 대학입학의 과열을 막겠다는 발상에서 나온 것으로 그 동기가 순수하지 못했다.

3) 참여정부 하의 개혁논의

21세기에 들어와서 사법개혁논의가 다시 활발해졌다. NGO들은 다시 사법개혁을 요구하기 시작하였다. 법률소비자연맹은 법학교육의 개선을 요구하면서 기존의 법학부는 교양법학교육기관으로 두고, 학부과정을 나온 대학의 졸업생들이 대학원과정으로 2년 내지 3년 동안 법학교육을 실무적으로 하도록 권고하고 있다. '전문법과대학원을 통해 전문적인 법조인이 탄생하고 일반대학교의 법학과를 통해 법을 아는 시민이 양성된다면 우리나라의 법치주의가 더 빨리 발전될 수 있을 것'으로 보고 있다. 또 전문법과대학원의 조속도입을 요구하면서 이를 통한 변호사들의 질적 수준향상을 기대하고 있었다.[13]

법률시장개방과 함께 질 좋은 변호사를 확보하여야겠다는 일본 경제인들의 요구로 일본에서도 법학교육의 개선과 사법개혁이 추진되게 되었다. 우리 보다 늦게 시작한 일본의 사법개혁의 요체는 법과대학원제도로의 법조양성제도전환이었다. 이 법과대학원구상은 우리나라의 논의를 벤치마킹한 감이 있다.[14]

---

13 법률소비자연맹, 「사법자치와 사법정의구현을 위한 사법개혁을 촉구하며」 참고.
14 양건(미야자와 세쓰오 譯), 「한국에 있어서의 법학교육과 사법시험의 개혁」, 『법률문화』, 1996년 1월호; 법학교육제도연구위원회, 중간보고서 「법학교육제도개선의 기본방향─학사후법학교육의 도입」(미야자와 세쓰오 감역, 이동훈 譯), 『고베법학잡지』 제49권 2호; 이동희, 오쓰카 히로시 역, 「한국에 있어서의 법과대학원구상」, 『월간사법개혁』 1999년

일본에서는 법무부와 교육부, 변호사협회, 법과대학 등이 공히 법학교육을 개선하여야 한다는데 공감하여 2002년에는 사법제도개혁추진법안이 제안되었고, 2003년에는 참의원을 통과하여 2004년부터 법과대학원이 설립되게 되었다. 각 대학은 2004년 봄부터 법과대학원을 개교하였으며, 2006년 첫 졸업생을 배출하게 되었다.[15] 기존 법학부는 그대로 둔 채로 법과대학원을 두고 법과대학원 졸업자에 대하여 법무부주관으로 사법시험을 실시하며 사법연수소도 그대로 존치한다는 점에서 미국식 로스쿨과는 다르고 우리나라의 1999년 법학교육제도연구위원회안과 거의 같다고 하겠다.

이에 자극되어서인지 한국에서도 새로이 법학교육개혁이 논의되게 되었다. 대법원은 「사법발전을 위한 향후추진과제」라는 2003년 1월 보도자료에서 "사법시험응시자가 연간 30,000명 이상에 달하여 대학이 고시학원화되고 사회 각 방면의 우수한 인재들이 사법시험에 집중되고 있으며 응시생의 연령도 갈수록 고령화되고 있는 실정이어서 국가적으로 인력낭비가 심각하다는 비판이 있음, 위와 같은 현행 법조인양성제도의 여러 문제점을 해결하기 위하여 대법원은 법학전문대학원제도(로스쿨)에 대하여도 전향적인 자세로 검토함은 물론, 한국 사법대학원제도를 비롯한 그 밖의 법조양성문제에 관하여 심층적인 연구·검토를 할 예정"이라고 발표하였다.[16]

그 뒤 대법원은 산하에 사법개혁위원회를 설치하여 그 안건의 하나로 「법조인양성 및 선발제도개선안」을 토의하였다.[17] 그 내용은 ① "시험에

12월호 59~62면.

15 상세한 것은 「사법개혁Ⅰ, 법조양성－로스쿨구상」, 『법률시보 增刊』, 일본평론사, 2000; 월간 『사법개혁』 1999.12, 2000.1, 기타호; 고상왕, 『일본의 법학교육, 세계화시대의 법』, 법률학(한국법학교수회편), 69~98면 등; 김창록, 『일본법과대학원제도의 구조와 문제점, 법학전문대학원, 어디까지 왔나?』, 부산대학교 법과대학, 2003; Malcom Smith, Foreign Law Education in Japan's Law Schools, 성균관대학교, 『세계화시대의 법학교육방법』, 2006, 33~53면.

16 대법원보도자료, 「사법행정을 위한 향후추진과제」, 2003.1.

17 법조인양성 및 선발, 사법개혁위원회 제5차 회의 보고자료, 제1분과 전문위원 연구반,

의한 선발에서 교육에 의한 양성"으로 법조인양성제도의 기본 틀을 변경함, ② 다양한 전공의 학부졸업자를 대상으로 전문대학원에서 전문법학교육을 실시, ③ 법학전문대학원의 교육을 충실하게 이수할 경우 용이하게 변호사자격을 취득할 수 있도록 법조인선발제도를 개편함으로써, 법학교육과 법조인선발 사이에 일정한 연계를 구축하는 것이었다. 이것은 법학전문대학원을 설립하여 그 졸업자의 다수를 변호사시험에 합격하는 것으로 하였다. 그 구체적 내용은 ① 인가주의, ② 엄격한 설치인가 기준 및 심사, ③ 총입학정원의 제한 등이었다. 입학자격은 학사학위소지 이상으로 하고 최소수업이수학기는 원칙적으로 6학기(3년) 이상으로 하고 엄격한 사후평가를 하며 법학전문대학원 수료자에게만 응시자격을 부여하고 응시 횟수도 제한하되 법학전문대학원 수료자의 80% 이상이 합격할 수 있도록 하였다.[18]

2004년 10월 4일 사법개혁위원회는 표결로써 로스쿨 도입안을 결정하였다. 로스쿨 도입안은 위원 3분의 2 이상의 다수로 의결되었고, 로스쿨 입학정원과 관련해서는 사법시험합격자수를 기준으로 로스쿨 정원을 정한다는 다수의견과 함께 법조인력 수급상황을 고려, 적정수준으로 유지한다는 원칙론적인 소수의견이 채택되었다.[19] 전임교수 대 학생비율이 1:15냐 1:12냐를 놓고, 그리고 전임교수 최소인원은 20인이냐, 25인이냐를 놓고 다수·소수의견이 엇갈렸으며, 실무가(변호사자격자)교원의 임용도 교원비율과 판사, 검사, 변호사 외 법률유관기관 실무경력자의 포함 여부에 대해 의견이 나뉘었다. 로스쿨 1개교 당 입학정원, 로스쿨의 지역적 배분 등에도 첨예한 이해관계가 대립되었으나, 추후 교육부, 법원, 법무부 관계자를 중심으로 꾸려질 실무진의 몫으로 남겨 두었다. 다수의견은 입학정원 문제에

2004.1.15; 사법개혁위원회, 법조인양성 및 선발공청회, 2004.4.26.

18 대법원, 「법조인양성 및 선발제도개선안」, 2004.9.6.
공청회의 개요에 관해서는 대법원 홈페이지 http://www.scourt.go.kr/kj50html 참고.

19 대법원 홈페이지의 제21차 회의기록에 근거한 것이다.

대해 현 사법시험합격자수 1천 명을 고려할 때 1,200명 정도가 바람직하다는 전제를 깔고 있는 것으로 보였다. 전임교수 대 학생비율이나 전임교수 최소인원을 고려하면 로스쿨 1개교 당 입학정원은 150명 안팎이 적절하고 어떤 경우라도 200명을 넘어서는 안 되도록 했다. 로스쿨 수는 많을 경우 10여 개 대학에 이르고 지역안배를 고려, 5개 고등법원 관할 지역마다 최소 1개 이상의 로스쿨이 설치된다고 가정하면 서울소재대학 중에는 5개 안팎의 로스쿨이 설립될 것으로 관측된다고 했다. 그러나 로스쿨 정원, 설립기준 등도 추후 논의과정에서 확정되거나 내용이 변경될 여지도 남아 있었다.

이 사법개혁위원회안은 대법원장에게 건의되었다.

4) 사법개혁추진위원회안

정부에서는 2005년 사법개혁추진위원회를 구성하여 이 안을 추진하기로 하였다. 교육부·법무부·대법원이 세부사항을 협의한 뒤 법률안을 만들어 국무회의에 제출하고 국회에서 의결하도록 하였다.

위와 같은 사법개혁추진위원회의 로스쿨안에 대해서 언론계에서는 대체적으로 환영하고 있었다. 1994년 로스쿨 도입이 논의된 때 대법원, 법무부, 변호사단체의 반대에 부딪혀 좌절된 법학전문대학원안이 대법원의 주도로 변호사단체의 반대를 무릅쓰고 사법개혁위원회를 통과하였기 때문에 사법개혁이 이루어질 것으로 보아 언론들은 찬성하고 있었다. 그러나 언론계에서도 현재의 법과대학의 존립문제와 정원과소(過疏) 문제에 대해서는 우려를 표하고 있었다.

각 법과대학에서도 로스쿨 도입이 기대 가능한 대학은 대체적으로 환영하는 반면 로스쿨 도입이 무망(無望)한 대학에서는 반대하였고, 로스쿨 설립가능 여부의 한계선상에 있는 대학에서는 로스쿨 설립을 위한 무한경쟁에 돌입하였었다. 각 대학이 법대건물과 모의법정, 도서관을 신축하였고 법조실무교수들을 대거 영입하였다. 그러나 일부 대학에서는 이에 반대하여 법과대학의 연한연장을 주장하였다.

변호사단체는 로스쿨의 정원을 1,200명 정도로 줄이고 변호사자격 있는 교수요원을 다수 발탁하는 전제하에서 적극반대하지는 않았다. 그러나 로스쿨의 정원이 늘어날까봐 소극적으로 반대하고 있었다. 변협은 법과대학의 연한을 늘리는 제도를 주장하기도 하였다.

일반적인 여론이 사법개혁의 일환으로 사법시험제도를 없애고 법학전문대학원제도를 도입한 후 변호사시험을 치르게 하는 것에 호의적이었던 것 같다.

5) 사법개혁추진위의 법학전문대학원제도에 대한 여론

(1) 법학교육연한의 연장 : 일본식 법과대학원이냐 미국식 로스쿨이냐

그때까지의 법학부의 교육은 사법시험준비교육에 치우치고 있었으며 학생들 또한 사법시험과목의 수강에만 치중하고 고학년이 되면 고시학원에서 시험기술을 익혀 온 폐단 때문에 법학교육의 개선은 시급한 과제였다. 앞서 말한 바와 같이 1963년에서 10년 간 미국식 로스쿨의 한국판이라 할 사법대학원제도가 존재했지만 당시만 하더라도 법조양성에 대한 의식이 부족하여 성공할 수 없었다. 사법대학원제도 도입에 따라 법학부 졸업생만이 사법대학원에 입학할 수 있었고 그들만이 법학석사학위를 받을 수 있었던 점에서 진일보한 것이었다고 하겠다.

법조양성제도로서 사법대학원이 폐지된 원인은 법학교수들의 전적인 지지를 받지 못했고, 또 열악한 재정형편 때문이기도 하였으나 제일 큰 문제점은 법조에서 대학이 법조인을 양성하는데 대하여 비협조적이었기 때문이었다. 대법원장이 바뀌자 일본식 사법연수소 제도를 도입한 것은 과거의 도제식 교육에 대한 향수와 법원예산증액을 위한 한 방편이기도 하였다. 그 뒤 사법연수원제도는 법조인에 의한 실무교육중심이었기 때문에 과거의 판례를 암기하는데 치중하였으며 판·검사 양성에 치중하였다.[20] 이러한 사법연수원제도에 대한 비판으로 1994년 세계화추진위원회와 법학교수회에 의하여 로스쿨(사법대학원) 도입이 주장되게 되었다. 과거 대법원과 법조계가 결사반대하여 로스쿨 제도의 도입이 정권교체로 무산된 것은 앞에서 본 바였다.

그 뒤 법학과의 입시과열을 막기 위하여 1998년에 생긴 새교육공동체위원회의 법학전문대학원안은 법조계와의 협의 없이 교육부 단독으로 법학교육의 연한을 늘리려 한 것으로 법학전문대학원 졸업자에 대하여 사법시험 1차시험을 면제해 주려는 것이었다. 이 안은 잘 나가던 법과대학의 학부를 없애려는 것이 주목적이었으므로 서울대학교를 비롯한 유수한 대학의 반대에 부딪혀 무산되었다.

2004년 사법개혁위원회가 사법시험제도를 폐지하고, 로스쿨을 도입하며 로스쿨 졸업생에게만 변호사자격시험 응시자격을 주게 한 것은 1995년도의 세계화추진위원회와 법학교수회안을 수용한 것이라 하겠다.

그동안 법학교수들은 법학교육의 내실화를 위하여 법학교육 기간의 연장을 주장해 왔는데 1999년 5월 일부 교수들은 5·6년제 법과대학과 법학대학원안을 제출했는데 이 안은 법과대학이나 법학대학원 수료자에게만 사법시험응시자격을 부여하려는 것이었다. 이 안은 법학교육과 사법시험응시자격을 연결시킨 점은 좋으나 양성(養成)에 의한 법조인선발과는 거리가 있었다.

변호사단체와 법무부 등은 기존의 틀을 유지하면서 사법연수원을 한국사법대학원으로 전환하고 재학생의 신분을 준공무원이 아닌 학생신분으로 하려고 하였다. 이것은 대법원이 기득권을 유지하면서 2년간 법

---

20 사법연수원제도에 대한 비판으로 임지봉 전문위원 의견,「전게 법조인양성 및 선발」, 2004.1.5, 6면 참고.

조인이 대학원교육을 맡고 대학원수료 후 1년간 직역별 연수를 하도록 하였다. 이것은 기존의 법학교육의 발전은 고려하지 않고 법조교육만 강조한 것이어서 문제가 있었고 법학계의 반대로 무산되었다.

2004년 일본이 사법개혁의 일환으로서 법과대학원 제도를 도입하자 우리나라에서도 일본식을 도입할 것이냐, 미국식을 도입할 것이냐 논쟁이 되었다.[21] 일본식이나 미국식이나 다 같이 법학교육과 법조교육을 일원화하여 대학원졸업생에게만 변호사자격시험응시자격을 주고 있는 것은 같다. 다만 미국식은 법학부가 없는 대신 일본식은 법학부를 병치하고 있는데 차이가 난다. 일본식은 법학이수자의 경우 2년 만에 법과대학원을 졸업할 수 있게 한 점이 미국식과 다르다. 미국식은 법학교육을 받지 않은 법학 미이수자에게 3년간 법학교육을 시키고 있으며 일본에서는 법학기이수자의 재학기간은 2년으로 하고 법학 미이수자의 재학기간은 3년으로 하였다.

법학교수들도 법학교육의 연한을 연장하는데 대하여는 찬성하고 있었다. 5년제나 6년제안이 일반적이었는데 4년제 법학부에 2년제 법학대학원안을 더 선호하고 있는 것 같았다. 어떤 여론조사(법률저널)에 의하면 300명 중 118명의 응답자 중 46.4%가 4년제 법학부에 2년제 법학대학원을 선호하고 있다고 한다. 이는 기존제도와 법조실무교육을 통합하여 대학에서 관장하는 것이며 일본의 법과대학원안과 비슷하다.

이에 대하여 법학대학원을 둔 대학에서는 학부를 폐지하려는 것은 미국식 로스쿨안이다.

사실 법학교육의 연한을 연장하여 법적 문제해결능력을 갖춘 법조인을 양성하기 위해서는 일본식 제도가 바람직하다. 그러나 법학기이수자와 법학 미이수자를 한 강의실에서 강의하는 것은 쉽지 않으며 사법시험

---

21 일본식 법학교육개혁에 대해서는 김창록, 『일본법과대학원제도의 구조와 문제점, 법학전문대학원 어디까지 왔나』, 부산대학교, 93면 이하; 法學敎室別冊, 法科大學院 ハンドブック, 2004 등 참고.

합격자는 법학 기이수생이 대부분을 차지할 가능성이 많다.

(2) 찬반논의내용

　법학전문대학원 제도에 대하여도 찬반양론이 있었다. 전국법과대학 학장협의회는 2004년 9월 14일 로스쿨안에 반대하는 성명을 발표하였다. 아마 그 이유는 정원감축과 설립인가주의 때문이 아닌가 생각된다. 로스쿨안은 ① 법조이기주의에 지나치게 치우친 점, ② 법학교육정상화에 배반, ③ 대학자율성 침해 등의 이유를 들고 있다. 법조계의 반대자들의 이유는 ① 공식수업연한의 장기화로 인한 지나친 진입제한, ② 실무교육 기능에 대한 회의, ③ 고시낭인 대신에 법학전문대학원 입시낭인(입시 낭인) 양산우려, ④ 많은 자격자를 배출함으로써 질의 저하를 가져온다고 하며, ⑤ 변호사의 과잉공급으로 인한 시장교란 등을 들고 있었다.

　로스쿨 찬성론자들은 ① 인문·사회·이공계 졸업생들에게도 입학자격을 부여함으로써 다양한 전공의 변호사를 육성할 수 있다. ② 고시 낭인들이 일찍 단념할 수 있게 하여 인적 낭비를 막을 수 있다. ③ 대학원양성 과정에서 사회부적응자를 도태할 수 있으며, ④ 다양한 인적 자원을 활용할 수 있도록 법조교육을 다양화할 수 있다는 등의 이유를 들고 있다.

　법학전문대학원 반대론자는 사법시험의 응시자격을 제한하는 것은 평등권과 직업선택의 자유를 침해한다고 주장한다. 이것은 변호사자격 제도의 취지에 위반되는 주장이고 이러한 기본권도 공공복리를 위하여 법률로써 제한할 수 있기 때문에 법률로써 법학전문대학원 입시자격을 제한하는 것은 합헌이다. 고시낭인 대신에 법학전문대학원 입시낭인이 생겨 개선의 효과가 없다고 하나, 보다 젊은 나이에 다른 직업을 선택할 수 있는 기회를 부여할 수 있다는 장점이 있다. 또 법학전문대학원의 난립으로 자격자를 양산하여 질의 저하를 가져온다고 하나 이는 법학대학원의 정원이나 변호사시험합격률의 조정만 하면 된다. 변호사시장의 과잉공급을 우려할 것은 아니고 변호사의 직역확대를 기해야 한다.

3. 법학전문대학원설치와운영에관한법률

1) 내용

(1) 법률의 제정과정

정부는 사법개혁추진위원회의 건의를 받아들여 Law School 제도를 도입하기로 하여 법학전문대학원설치와운영에관한법률안을 2005년 10월 27일 국회에 제출하였다. 이 법률은 국회교육위원회의 심의가 지연되어 거의 폐안될 줄 알았으나 임기말 노무현정부의 강공(强攻) 드라이브로 국회를 통과하여 2007년 2월 27일 정부가 공포하였고 공포 후 2개월이 경과한 날부터 시행하게 되었다. 이 법률은 2008년 2월 29일에 개정되었고 2009년 3월 1일부터 학생의 입학을 허용할 수 있게 했다.

(2) 법학전문대학원의 이념

법학전문대학원의 교육이념은 「국민의 다양한 기대와 요청에 부응하는 양질의 법률 서비스를 제공하기 위하여 풍부한 교양, 인간 및 사회에 대한 깊은 이해와 자유·평등·정의를 지향하는 가치관을 바탕으로, 건전한 직업윤리관과 복잡다기한 법적 분쟁을 전문적·효율적으로 해결할 수 있는 지식 및 능력을 갖춘 법조인의 양성에 있다」고 하고 있다(법 제2조).
이러한 법조인의 양성에 필요한 전문적인 법률이론 및 실무에 관한 교육 및 연구를 주된 목적으로 하는 것이 법학전문대학원이다(제9조).

(3) 인가제

법학전문대학원의 인가는 교육과학기술부 산하의 법학교육위원회가 심의하고 장관이 결정하나 그 평가는 대한변호사협회 하의 평가위원회에서 하도록 하고 있다. 법학전문대학원의 설치기준 및 운영에 대해서는 법률이 상세히 규정하고 있다. 교원은 1인당 학생 수 15인 이내의 범위에서 정하며 최저 '인원'은 20명 이상이어야 한다. 실무법조인 교수는 1/5로 하였다. 법학전문대학원에는 학위과정으로 석사과정과 박사과정을 둘 수 있으며 연구생과정도 둘 수 있게 하였다. 일본과 달리 법학전문대학원을 설치하는 대학에는 법학부를 폐지하도록 하였다.

(4) 입학정원

총 정원에 대해서는 규정하지 않고 법원행정처장, 법무부장관과 협의하여 교육과학기술부장관이 정하도록 하였다. 이때 교육과학기술부장관은 국민에 대한 법률서비스의 원활한 제공 및 법조인의 수급상황 등 제반 사정을 고려하여 총 정원을 정하도록 하였다. 개별 법학전문대학원의 정원도 총 정원 범위 내에서 교육과학기술부장관이 정하도록 하였다.

(5) 입학자격

입학자격은 학사학위를 취득한 자로 하며 적성검사에 합격한 자 중에서 일반전형 또는 특별전형에 의하여 선발하도록 하였다. 또 학생구성의 다양화를 위하여 법학미이수자를 1/3 이상 선발하여야 하고 타 대학 졸업생을 1/3 이상 합격시키도록 했다(법 제28조).

2) 문제점

이 법률은 많은 문제점을 안고 있다.

(1) 법조실무가의 역할증대

졸업시험격인 변호사시험과의 연계가 되어 있지 않고 또 입학총정원을 법조계의 의견에 의존하게 하고 있다. 또 대학의 자율을 침해하고 법학교육위원회에 실무가가 많이 들어가 있는가 하면 전문대학원평가는 대한변호사협회에서 주관하도록 하고 있다. 법학전문대학원의 설립인가나 지시·명령권, 평가권 등이 교육과학기술부와 법조계에 편중되어 있어 대학의 자율성을 침해하는 문제가 대두되고 있다.

법학전문대학원의 설립으로 그 인가·존속·평가 등에 대한 법조실무기관의 권한이 막대해졌다. 이는 법학전문대학원이 법조인에 의한 법학교육 접수요, 통제로 비쳐지고 있다. 심지어 법조직역에 의한 법학교육의 신탁통치라는 비판까지 나오고 있다. 이 경우 과연 대학의 자율성이 보장될 수 있는 지 의심스럽다. 이대로 간다면 법학전문대학원은 현 사법연수원의 분할처럼 될 것이다. 설립주체가 대법원에서 교육과학기술부로 변경된 것 밖에 안 될 것이 아닌가 걱정된다.

(2) 정원책정

정부는 법학전문대학원의 총 정원을 2,000명으로 하고 시험합격자를 1,000명의 현 수준으로 동결하려는 것 같은 느낌이 들어 문제이다. 법조이기주의에 치중하여 법조직역의 진입장벽을 쌓기 위하여 법학전문대학원의 수를 줄이고 정원을 줄이는 것은 이해할 수 없다. 국회 교육위원회 소위원회에서는 총 정원을 2,000명 내지 3,000명으로 하기로 했다고

했는데 2,000명으로 확정하고 있다. 이것도 처음에는 1,600명으로 하기로
한 것을 교수들과 시민의 반대로 2,000명으로 증원된 것이다.

(3) 지역분산

또 시행령은 교육과학기술부장관은 법학전문대학원의 설치인가 등에
있어서 지방대학의 발전과 지역발전에 필요한 우수인력을 양성하기 위
하여 지역간 균형을 고려하여야 한다(제5조)고 하고 있다. 이에 따라 처음
에는 5 : 5로 정원을 조정하기로 하였으나 현재는 4 : 6 정도로 되어 있다.
지방의 법학전문대학원의 설치는 바람직하나 지방법학전문대학원의 졸
업생이 지방에 분산 정착할 수 있는 방안이 우선 강구되어야 할 것이다.

3) 개선방안

(1) 인가주의에서 준칙주의로

이 법률은 법학전문대학원의 설립을 인가주의(認可主義)로 하고 있는
데(법 제5조) 이는 준칙주의(준칙주의)로 나가야 할 것이다. 일본의 법과대학
원이 준칙주의를 채택한 결과 76개의 법과대학원이 난립하였고 총정원
이 5,000명 이상이 되어 낭인이 많이 생겼다고 하여 한국에서는 인가주
의를 채택한 것 같다. 그러나 인가주의는 대학의 자율성을 침해하는 것
이며 국립대학의 경우에는 제한할 수 있으나 사립전문법과대학원을 규
제하는 것은 행정편의주의에 의한 것이 아닌가 생각한다. 사립대학의 경
우 교원·시설·예산·재정·장학제 등을 엄격히 규율하면 수지타산이
맞지 않아 자진해서 인가신청을 하지 않게 될 가능성도 있다. 일본에 있
어서도 폐교를 고려하고 있는 대학원이 많다고 한다. 우리나라에서도 이

에 대비하여 법학전문대학원의 폐지인가규정을 두고 있다.

(2) 입학정원의 증원을

법학전문대학원의 총 입학정원은 법원행정처장과 법무부장관과 상의하여 교육과학기술부장관이 정하는데 이를 미리 국회 소관 상임위원회에 보고하여야 한다(법 제7조).

현재의 법학전문대학원의 총정원을 2,000명으로 한정되고 있는데 총정원도 증가하여야 할 것이다. 경제계의 주장에 의하면 법조인 수는 연간 5,000명 이상 증가하여야 한다고 하는데 변호사시험응시자격자를 2,000명 이하로 하는 것은 국민적 수요를 충족시키지 못한다.

또 법학전문대학원이 지향하는 다방면의 인재를 육성하기 위해서도 현재의 각 학교단위 정원은 너무 적다. 법학전문대학원의 국제경쟁력을 강화하기 위해서도 큰 법학전문대학원의 정원을 300명 이상으로 하여야 한다. 미국의 Harvard Law School만 해도 560명이 되며 Georgetown Law School은 주야간 합계 1,000명이 넘고 있다. 일본에서 조차 도쿄 대학, 와세다 대학 등은 300명을 매년 입학시키고 있다. 그런데 50명의 영세 전문대학원의 경우 교수 20명 이상이 특화된 전공과목을 개강하는 경우 과연 몇 명이나 수강할 수 있을 것인지 우려된다. 또 최대정원인 150명의 대학생에게 70여명의 교수가 특화전공과목을 개설하는 경우 소수학생만이 수강하게 될 것이요 변호사시험의 필수과목 이외의 과목의 수강자가 많을 것을 기대할 수도 없을 것이다.

이렇게 되면 법학전문대학원의 교육이념인 '복잡·다기한 법적 분쟁을 전문적·효율적으로 해결할 수 있는 지식을 갖춘 법조인의 양성'에 기여하기는 어렵게 될 것이다.

법학전문대학원의 설립목적인 다양한 전공을 가진 법조인을 육성하기 위하여서는 우수한 교원과 교육시설을 가진 대학에게는 정원을 늘여 주어야 한다. 정원이 적은 군소대학원의 경우 통합하는 한이 있더라도 개별대학원의 정원을 늘리는 것이 필요할 것이다.

또 변호사시험의 응시과목과 합격정원을 미리 정해야만 법학전문교육을 할 수 있을 것이다. 법학전문대학원 학생들은 전문법조인이 되기 위한 세분된 전공교육을 받아야 할 것이다.

(3) 법학부 교육의 강화와 법학전문대학원 병합을

법학전문대학원을 두는 대학의 법학부를 폐지하게 되어 있는데(법 제8조) 이는 재고되어야 한다. 법학전문대학원에서 법률에 대해서 완전 백지인 대학졸업생을 입학시켜 3년 만에 변호사시험에 합격할 수 있게 하는 것은 거의 불가능하다. 이들은 기초법학교육을 받지 않았기 때문에 법학전문대학원의 강의를 듣기 위하여서는 학원에서 기초법학교육을 받아야 하고 또 수험준비를 위하여 학원에서 수험교육을 받아야 하기 때문에 법학의 사교육만 진흥시킬 것이요 학생들은 사교육비 때문에 신음할 것이며, 변호사시험합격까지 많은 부채를 질 것이 예상된다.

법학교육은 세계 각국이 원래 학부과정이었다. 그것이 미국에서 비롯해서 대학원교육이 되고 있다. 유럽에서는 대학에서 법학교육을 하고 있다.[22] 프랑스에서도 법학대학원은 없으며 타 유럽에서도 법학교육은 대학교육이다. 근자에 와서 Bologne Process에 따라 3년간 대학을 이수한 뒤 2년간 법학석사과정을 밟게 하는 곳도 있다. 미국식을 밟고 있는 나라는 거의 없으며 일본에서는 법과대학 위에 법과대학원을 두고 있다.[23] 우리의 법학전문대학원제도는 법조인을 양성하기 위한 제도이나 법학교양인을 양성하는 곳은 아니다. 이제까지의 법과대학이 교양교육을 했던 것

---

22 간단한 것으로는 Legal education, Wikipedia encyclopedia 참조.
23 미국의 법학교육에 관한 간단한 소개로는 Legal Education in the United States, Wikipedia encyclopedia 참조.

처럼 법학사를 대량·양산하는 것이 필요하다. 우리나라의 법치주의가 이 정도라도 발전한 것은 법조인에 의한 것이기 보다도 법학공부를 한 다수시민들의 역할이 컸다고 하겠다.

정부는 '법교육지원법'을 만들어 '국민들로 하여금 자율과 조화에 바탕을 둔 합리적인 법의식을 함양하고 민주적 기본질서를 이해하는 건전한 민주시민을 육성하여 법치주의의 구현에 이바지 하'려고 하고 있다. 그런데 기존의 법학교육을 축소하는 것은 이 법에도 모순되는 것이다.

지금의 법과대학은 의기소침해 있어 경찰학과, 공인중개사학과, 사법행정학과 등으로 변신하려고 하고 있다. 법학부 입학정원이 2,000명이나 줄었고, 유명법과대학이 폐과됨으로 우수학생들이 법과대학입학을 꺼리고 있다. 정부는 각 대학에 Pre-Law Course[24]를 만드는 것조차 불허하고 있어 우수학생들이 자유전공학부에 몰릴 가능성이 많다. 법학전문대학원 인가대학에 법과대학을 폐교하는 이유는 법과대학입시경쟁을 막고 대학 평준화를 가져오기 위한 것으로 보인다. 정부는 대학입시과열을 막는다는 의미에서 우수법과대학을 폐지하는 우를 범하지 말아야 할 것이다.

독일 München 대학같은 경우 법학부 입학생이 3,000명이나 되고 있으나 이를 감축하려고 하지 않는다. 독일에는 수많은 법학부 졸업생이 있기 때문에 법질서가 안정되고 있다.

우리나라에서는 학부에서의 법학교육을 보다 확대·강화하여 민주시민육성에 노력하여야 할 것이다. 또 학부에서 법학기초교육을 받은 사람이 법학전문대학원의 수업을 잘 따를 수 있을 것이며 그들이 우수한 성적으로 졸업하게 되어 법학전문대학원이 목표로 하는 우수한 법조인으로 양성될 수 있을 것이다.

---

24 미국의 Pre-Law School education에 관해 상세한 것은 ABA section of Legal education and admission to the Bar, Preparing for Law School 참조.

(4) 국가의 재정지원확대를

국가는 법조인의 양성을 위하여 재정적 지원방안을 마련하는 등 필요한 조치를 취하여야 한다(법 제3조 2항). 그런데 국가가 설립주체가 되어 있는 국립법학전문대학원조차 교육시설지원이 잘 안 되고 있고 교수 T.O도 제한되어 있다. 고액의 보수를 받는 유능한 판사·변호사·검사를 영입하기 위하여서는 교원의 대우가 좋아져야 하는데도 기대 밖이라 유능한 실무경력교원을 확보할 수 있을지도 문제이다(법 제16조 제4항).

법교육지원법은 「법교육이란 청소년 및 일반국민에게 법에 관한 지식과 기능, 법의 형성과정, 법의 체계, 법의 원리 및 가치 등의 제공을 통하여 민주시민으로서 필요한 법적 이해능력, 합리적 사고능력, 긍정적 참여의식, 질서의식, 헌법적 가치관등을 함양함을 목적으로 하는 법과 관련된 일체의 교육을 말한다」고 규정하고 있으며, 「학교법교육은 초·중등교육법 제2조 및 고등교육법 제2조에 따른 학교에서 교육과정의 일환으로 행하는 모든 법교육을 말한다」고 하고 있다. 국가는 법교육의 지원을 위하여 여러 시책을 마련하도록 하고 있다. 그리하여 국가 및 지방자치단체는 예산의 범위 내에서 대통령령으로 정하는 바에 따라 법교육사업에 필요한 재정상의 지원을 할 수 있다고 하고 있다(제3조 3항). 이러한 재정상의 지원은 법과대학의 법교육에까지 확대되어야 할 것이다. 그러나 아직도 시행령이 마련되어 있지 않으며 예산이 편성되어 있지 않다.

정부는 전문법조인양성도 물론 중요하지만 일반시민·학생의 시민교육·법교육도 중요하다는 것을 인식하여 법과대학의 정원을 늘리고 효과적인 법교육이 이루어지도록 국가지원을 확대하여야 할 것이다.

3. 법학대학원 제도의 도입[*]

1. 서

근자에 와서 법학교육제도개선을 위한 움직임이 수면위로 부상하였다. 교육부총리는 법과대 학부 입시의 과열이 과외의 주범이라고 하여 유명 법학부 입시를 폐지하고 대학원으로 경쟁을 미루기 위하여 법학전문대학원을 도입하겠다고 주장하였다. 이것은 의학전문대학원제 도입과 같은 발상인데 의과대학은 의학부 제도를 유지하면서 의학전문대학원을 병설하는 입장을 취하고 있다. 그 결과 의학부 입학에서의 과열 경쟁을 막지 못하면서 모든 이공계 학생들이 의학전문대학원 입시를 준비하기 위하여 전공 공부를 포기하면서 대학원 입시를 준비하는 폐단을 불러왔다.

법학계에서도 현재의 법학부에서의 수업이 전문 법조인의 양성에 부

---

* 『대한민국학술원통신』 제122호, 2003년 9월 1일.

적합하다고 하여 그 수업연한을 늘려 의과대학처럼 6년제로 하거나, 전문법학대학원 제도를 도입하자고 주장하고 있다. 그러나 7월 25일의 공청회에서도 법학 교수들의 의견은 일치하지 않았던 것으로 보인다.

그런데 법조계에서는 이제까지 법학부의 연한 연장이나 법학대학원 제도 도입에 반대해 왔다. 그 이유는 수업기간의 연장으로 인한 학비가 늘어나고 국비연수원 제도를 없애는 경우 가난한 사람의 법조진입을 막게 되며 법학전문대학원 졸업생이 대거 변호사로 진입하는 경우, 법조인의 질이 저하되고, 변호사의 고수입(高收入)을 보장하기 위하여 남소(濫訴)가 많아질 것이고 그로 인하여 검찰, 법원의 인력이 낭비될 가능성이 많다는 것을 표면적 이유로 들고 있다.

2. 법학교육제도 개선에 관한 논의

이와 같은 법학교육의 재편방향이 논의되었던 것은 지금이 처음은 아니다. 1961년 군사혁명 이후에 법학교육, 특히 법조교육의 개선을 위하여 과거의 사법관시보제도를 없애고, 서울대학교에 사법대학원을 개설하여 법조교육을 대학에서 담당하게 한 적도 있었다. 이것은 미국식 로스쿨로 가기 위한 전초로 생각되었다. 그러나 이 제도는 10년 만에 대법원 산하의 사법연수원 제도로 바뀌었다. 이는 대법원이 일본식 사법연수소 제도를 모방한 것이며 판검사의 양성을 법조인 스스로가 하겠다는 욕심 때문이었다.

그 뒤 법학교육은 이론중심의 교육으로 변했을 뿐만 아니라 사법시험 준비를 위한 학관식 수업으로 변천하였다. 의사시험과 달리 사법시험은 법과대학 졸업을 요건으로 하지 않고 있기 때문에 인문·사회계 학생뿐만 아니라 자연계·이공계 학생들까지 7개 시험과목만 공부하게 되어 전대학은 고시학관화하게 되었다. 법학교육은 이론과 실무를 아울러 가르쳐야 하며, 사회병을 치유하는 의사양성과도 같은 데 교과서 몇 개만 암기하여 합격했기 때문에 사법시험합격자의 질이 낮아져 사법연수원에서의 교육까지 어려움을 겪게 되었다. 이를 극복하기 위하여 법학계에서는 의사시험과 마찬가지로 사법시험도 법학부 졸업생에게만 응시자격을 주어야만 법학교육이 정상화될 것이라는 점을 강조하였다. 사법시험응시자격을 제한하지 않는 나라는 아마 우리나라 밖에 없을 것이다. 그 결과 학생들은 대학을 외면하고 시험기술만을 강의하는 고시학원으로 몰리게 되고 대학은 황폐하였다.

1994년에는 이 모순을 혁파하기 위하여 세계화추진위원회가 사법시험제도개선과 법학전문대학원 도입을 위한 연구를 하였다. 그 이유는 세계에 진출하기 위하여서는 능력 있는 변호사의 대량 양산이 필요하며, 변호사가 국제적인 법연구와 전문지식으로 국제거래를 도와 기업의 해외진출을 돕고 외국변호사와 경쟁을 할 수 있어야 한다는 것이었다. 그런데 변호사단체와 검찰, 법원이 맹반대하여 이 기도는 좌초하고 말았다. 다만 사법시험합격자의 수만은 점차 년 100명씩을 증원하기로 하였다.

1998년 국민의 정부가 출범하자 교육부 산하에 대통령자문기관인 「신교육공동체위원회」가 구성되고 그 하부조직인 법학교육제도연구위원회가 연구한 끝에 1998년 5월에 「법학교육제도의 기본방향—학사후 법학교육의 도입」이라는 중간보고서가 발표되었다. 이 제도는 법과대학 학부제와 학사후 법학교육제도를 병치하되 과열 대입 경쟁의 주범인 유명대학의 법학부만은 폐지하고 유명대학에만 법학전문대학원을 도입하자는 것이었다. 이 안은 최종안으로 확정되었으나 사법부와 상의 없이 독자적으로 추진한 것이었기 때문에 성공할 수 없었다. 대학에서도 법학전문대학원 졸업생에 대하여 사법시험 1차 시험만 면제하겠다는 데 대하여 황당함을 느꼈다.

문민정부시대에는 사법시험응시자격을 법학전문대학원 졸업자에만 인정하고 합격자도 70~80%로 하자는 것이 중론이었는데 갑자기 후퇴한 것은 법조계의 반발을 우려한 때문이었을 것이다. 그러나 유명대학의 법과대학 학부 졸업생은 대부분이 1차시험을 합격하는데 이 프리미엄 때문에 3년 동안의 법학대학원 진학을 할 사람이 없을 것이요, 전통 있는 법학부만 폐지하는 결과로 되기 때문에 법학교수들이 반대하여 실현되지 못하였다.

3. 최근의 일본 동향

최근에 와서 다시 법학대학원 도입이 논의되고 있는 것은 일본에서 2004년 봄부터 법과대학원이 발족하기 때문이다. 일본에서도 법학교육제도 개선은 오랫동안 논의되어 왔으나, 한국의 사법제도 개혁논의와, 법학대학원제도 도입 기도가 기폭제로 되어 논의가 활발해진 것으로 보인다.

일본에서는 1999년에 사법제도개혁심의회가 발족하였는데 그 목적은 21세기에 있어서 사법이 다하여야 할 역할을 명백히 하는 것이라고 하고 '국민이 보다 이용하기 쉬운 사법제도의 실현 등을 들고 있다. 그 부대 결의로서 ① 법조일원 ② 법조의 질 및 양의 확충 ③ 국민의 사법참가 ④ 인권과 형사사법의 관계 등을 들고 있었다. 이 중에서도 법조의 질 및 양의 확충을 위한 제도개혁이 법과대학원제였다.

일본에서 사법시험합격 후에 연수하는 사법연수소는 1년 반의 수습기간 중 연수소에서 하는 강의는 주로 기안 등 실기 위주이고 사회나 기업에서 필요로 하는 전문지식의 교육은 거의 못하고 있기 때문에 미국에서의 로스쿨의 설치기준보다도 훨씬 못한 교육을 하고 있어 미국 법조인과의 경쟁은 거의 불가능했다.

이에 미국식 법학전문대학제의 도입이 요망되었다. 한국에서 1994년부터 법학대학원 제도가 논의되자 일본학계에서는 한국학자들을 초청하여 한국의 논의를 들었으며 이에 개발되어 전문대학원으로 발전할 것을 각 대학이 스스로 결정하였다. 또 일본 문부성이 1999년 2월에 발족시킨 「법학교육의 향방」 등에 대한 협력자회의에서도 실학 중시의 기본방침에 기한 법학교육의 향방을 검토하고 법과대학원제도를 도입하기로 하였다.

우리나라와 일본이 다른 것은 내각 내의 사법제도개혁심의회의 회장과 회장대리가 현직 법학교수인 점이다. 그리하여 일본에서는 법조인의 이기주의를 극복하고 법학교육의 있어야할 방향에 대하여 합의할 수 있었다. 법조인들이 법조인구의 폭발적 확대와 법과대학원 제도에 동의하고 있는 것은 법조인들이 국민의 여론을 중시하고 기업체의 요구를 수용한 때문이라고 하겠다.

일본에서는 지금 문부성에서 법과대학원의 인가준비를 하고 있으며 총정원은 4,000명 이상으로 할 것이 예측된다. 아마 설립준칙주의에 따라 신청한 72개교의 대부분이 인가될 것으로 보인다.

일본은 법과대학원 학생이 졸업할 2006년까지는 현재의 사법시험제도가 유지되나 그 이후는 법과대학원 졸업생에게만 사법시험 응시자격을 인정하게 된다. 이것은 법조인의 질향상을 위하여 바람직하다고 할 것이다. 일본에서는 법률지식을 가진 교양인을 양성하기 위하여서는 법학부를 그대로 유지하고 있다. 법조전문인의 양성도 중요하지만 법학을 이해하고 법의 지배를 담보할 수 있는 인재도 대량 필요하기 때문이다.

4. 법학교육 개선의 방향

우리나라에서도 법학교수회에서는 법학교육의 개선을 위한 연구를 해 왔으며 기회 있을 때마다 개혁을 주장해 왔다. 그러나 그 때마다 법조계의 반대에 부딪혀서 속수무책이었다.

다만, 그 동안 법학대학원 제도에 반대해왔던 대법원이 전향적인 자세로 검토할 것을 약속하고 있다.

대법원이 완강한 반대에서 검토의견으로 변경한 것은 바람직한 일이다. 그러나 대법원은 아직도 변호사, 검사, 판사들의 뜻이라고 하여 법학전문대학원 제도를 받아들이지 않을 가능성도 비치고 있다. 그것은 한국사법대학원 제도의 검토문제이다. 법원은 현재의 사법연수원 졸업생이 법학석사학위를 받지 못하는 것을 아쉬워하고 있으며 그 교원들이 법률상 교수직으로 인정되지 못한 점에 불만이 있다. 이번 기회에 사법연수원을 한국사법대학원으로 개편하여 유일한 법학전문대학원으로 군림하려는 저의가 있는 것이 아닌가 의심하게 하는 대목이다.

지난 7월 25일에 열린 공청회에서도 대체적인 합의를 이루지 못하고 이견만 분분했다고 한다. 유수 대학 법학부 교수들은 법학부가 없어지고 법학전문대학원만 생기는 경우 과연 자기 전공과목 강의가 개설될 것인지를 걱정하고 있으며, 일반대학 법학부 교수들은 자기대학에 법학전문대학원이 설치되지 않는다면 3류대학으로 전락하지나 않을 가 걱정하여 법학전문대학원 제도를 반대하고 있다.

교육부는 전문대학원 설립을 과열 입시 해소방안으로 생각하지 말고 법학교육의 정상화라는 측면을 중시하여 같은 대학에 법학부와 법학전문대학원을 병치하도록 허용하여야 할 것이다.

법학전문대학원 설립을 교육부에서 장려하더라도 사법시험제도의 개선 없이는 성공할 수 없다는 것을 알아야 할 것이다. 현재와 같이 법학전문대학원 비졸업자에게도 응시자격을 주는 경우 학비와 시간을 낭비하면서까지 법학전문대학원을 다닐 실익이 없을 것이다. 교육부는 법무부·변협 등과 협조하여 앞으로의 사법시험 응시자격은 법학전문대학원 졸업생으로 제한하고 사법시험합격률은 의사시험이나 약사시험합격률과 비슷한 수준으로 결정해야 할 것이다.

법조인은 현재의 사법시험 합격자수인 연간 1,000명도 많다고 하여 이를 삭감하거나 현상 유지하여야 한다고 주장하고 있다. 법의 지배를 가능하게 하는 제도 확립을 위해서는 연간 3,000명의 합격자가 있어야 한다는 것이 중론이다. 앞으로 개인 사업을 할 변호사가 될 사람을 교육하기 위하여 국가지원을 하는 것은 혈세의 낭비라는 지적도 많다.

법의 지배, 인권보호, 국제경쟁력을 확보하기 위해서는 사법개혁이 필수적이다. 또 세계화·국제화되고 있는 사회에서 국제경쟁력을 갖추기 위해서는 법조인의 인구가 늘어나고 법조인의 질이 향상되어야 한다.

국제무대에서 한국의 산업, 무역의 보호를 위해 이를 변호해 주어야 할, 외국법을 아는 전문변호사의 대량 양성은 국가적 과제이다. 외국에 비해 소송사건이 많은 우리나라에서 판사와 검사, 변호사수가 적다는 것은 이들에게는 격무를 요구하는 것이요 국민에게는 불만을 주는 것이다.

사법의 사명인 신속하고 공정한 권리구제를 위하여 법조계와 정부는 지혜를 모아야 한다. 다행히 지난 8월 22일 대통령과 국회의장, 대법원장이 회동하여 사법개혁기구 구성에 합의하여 기대가 크다.

직업 이기주의가 아니고 국가의 장래를 위하여, 법조계와 법학 교수, 교육 관료는 힘을 합하여 법학교육 개선에 합의하고 적극 추진하여야 할 것이다.

4. 로스쿨안의 문제점

1. 로스쿨안의 성립경과

사법개혁추진위원회는 2008년 도입을 목적으로 법학전문대학원의 설치를 서두르고 있다. 이것은 대법원 산하의 사법개혁위원회가 작년 10월에 건의한 것을 받아들인 것이다. 사법개혁의 가장 기초적인 단계는 법조인양성 단계라는 것을 인식하여 시험에 의한 법조인양성이 아니라 교육에 의한 법조인양성이라는 것을 목적으로 내세우고 있다.

이제까지의 법조인양성제도는 많은 변천을 거듭해왔다. 해방 초기에는 일제의 법조인양성제도를 모방하여 법학부 교육 후에 고등고시를 치르게 하고 그들을 법원, 검찰에서 실무실습을 하게 하는 도제(徒弟)식 교육이었다. 이러한 도제교육제도 하에서는 교육의 질적 수준을 유지할 수 없고 실무에 종사하는 나머지 학문연구에는 소홀하다는 반성 때문에 1963년도에 사법대학원제도가 도입되었다. 당시 서울대학교 사법대학원은 고시합격자를 기숙사에 수용하여 이론교육을 1년 시킨 뒤 1년 간 실무수습을 하게 한 점에서 대학에 의한 법조교육이 행해졌던 것이다.

이 서울대학교사법대학원제도는 미국식 로스쿨제도의 모방이라고 할 것이며 장래 완전한 로스쿨로의 전환을 꾀했던 것이나 현직 법조인들과 일부 법학교수들의 반대와 서울대의 재정빈약 때문에 폐교하게 되고 1973년도에 대법원 산하의 사법연수원으로 이관되게 되었다. 사법연수원은 대법원장과 법조계의 노력으로 괄목할 만한 발전을 거듭하였으나 국제사회가 요구하는 다양한 법조인 양성에는 실패하게 되었다. 국비를 받으면서 공부하는 연수생이 대부분 판사와 검사로 임관될 수 있었던 80년대에는 국비교육이 정당화되었으나 3분의 2 이상의 수료생이 변호사 개업을 하는 현실에서 과연 국비교육을 해야 하느냐 하는 문제가 나왔고 대부분의 수료생이 변호사로 되는 사법연수원교육이 판·검사양성교육에 치중한데 대한 비판이 일어났다.

90년대 들어 이제까지의 법조인양성제도에 대한 비판이 법조인의 수요자인 경실련 등 재계에서 나오기 시작하였다. 재계의 주장은 세계화추세에 있는 현대에도 한국에는 외국변호사와 대적할 수 있는 유능한 변호사를 구할 수 없으며 특히 다양한 전공을 가진 전문변호사가 거의 없어 국제분쟁에서 우리나라변호사를 고용할 수 없고, 외국변호사에게 비싼 수임료를 주고도 우리나라의 주장을 관철할 수 없기 때문에 전문변호사의 양산이 필요하다는 것이었다. 국민들도 법조인수의 과소로 인하여 변호사선임이 어렵고 변호사 수가(酬價)가 너무 높다고 하여 변호사의 증원을 요청하였다. 그 결과 사법시험합격자를 1,000명으로 늘렸으나 이들 합격자들의 질이 낮아 연수원실무수습에 지장이 많다는 주장이 나왔고 변호사단체에서는 법조인의 과잉생산이라는 비판이 나왔다. 대학교육의 현장에서는 학생들이 사법시험에만 얽매여 학교가 수험학관화 되고 법학교육이 황폐화된다는 비판이 나왔다.

90년대 와서 교육부는 법과대학과 의과대학, 치과대학이 있기 때문에 대학입시과열현상이 나타나 고교교육이 파행하고 있다고 하여 법과대학과 의과대학, 치과대학의 학부과정을 없애고 이를 전문대학원으로 하겠다고 나섰다. 의과대학과 치과대학은 예과를 없애고 4년제 전문대학원에서 전문교육을 하도록 학제를 변경하였다. 법학부도 폐교하려고 하였는데 법조계와의 합의가 이루어지지 않아 시행이 연기되었는데 이제 대법원과 법조기관이 로스쿨(법학전문대학원)설치를 권장하고 있어 호기라고 생각하여 조속도입을 추진하고 있다. 교육부는 2008년도에는 법학부와 의과대학예과, 치과대학예과가 없어져 입학경쟁이 완화되고 과외교육이 사라질 것이라고 기대하고 있다.

2. 로스쿨안의 내용

이러한 교육계, 법조계, 경제계의 각기 다른 구상이 합치되어 나온 것이 로스쿨안이다. 사법개혁추진위원회안에 따르면 로스쿨(법학전문대학원)은 4년제 대학 졸업생을 전형하여 입학시킨 뒤 3년 동안 법학교육과 실무교육을 시키며 졸업생에 한하여 변호사시험응시자격을 준다는 것이다. 이러한 법학전문대학원은 엄격한 인가주의에 따라 교육부의 법학교육위원회가 인가할 것이며 한 대학의 정원은 150명 이하이고 교원의 수는 20인 이상이어야 하며 그 중 실무법조인이 3분의 1 이상이 되어야 한다고 한다.

학생선발에 있어서는 학부에서 법학을 전공한 학생은 3분의 2 이하로 하고 그 이외의 전공을 한 학생을 3분의 1 이상으로 하는 것으로 하고 있다. 교육의 내용은 6학기 이상 수업하도록 하며 조기졸업은 인정하지 않고, 선택과목의 폭을 넓히며 학업평가를 엄격히 한다는 것이다. 졸업학위는 법학전문석사학위를 주며 박사학위과정 설치여부는 각 대학원의 자율에 맡긴다는 것이다.

총 정원에 대해서는 아직 확정 발표하고 있지는 않으나 1,200명 정도로 하며 경향에 법학전문대학원을 분산 인가한다는 것이다. 그리하여 변호사시험합격자도 현행대로 1,000명 정도를 유지하려고 하는 것 같다. 그러나 아직 변호사 시험의 과목, 관장기관 등에 관한 것은 결정되지 않고 있다. 법학전문대학원의 인가는 교육부 산하의 법학교육위원회가 하나 그 평가는 대한변호사협회하의 평가위원회에서 하도록 하고 있다.

3. 로스쿨안의 문제점

로스쿨제도에 대한 4월 공청회는 실무가 변호사들과 법학교수들 간의 대공방전으로 시종한 느낌이었다. 이 중에서 가장 중요한 문제로 등장한 것은 이 안이 과연 국민을 위한 법조인양성이라는 근본목적에 합치되느냐, 직역이기주의의 발로가 아닌가 하는 것이었다. 실무변호사들은 법학전문대학원을 실무교육기관으로 인식하고 이들이 졸업 후 변호사로 될 것인데 이들의 숫자를 어떻게 하면 줄이느냐 하는 것과, 법학교육에 관한 통제권을 갖겠다는 것이었다. 이에 대하여 법학교수들은 법조의 진입규제를 반대하고 준칙주의에 따른 많은 법학전문대학원을 두고 문제해결능력 양성에 치중하는 법학교육을 중시하고 법학전문대학원의 자율성을 강조하는 것이었다.

1) 법학전문대학원의 설치목적

사법개혁위원회는 법학전문대학원의 필요성을 다음과 같이 밝히고 있다.

① 21세기의 법치국가를 뒷받침 할 장래의 법조인은, 국민의 기대와 요청에 부응하는 양질의 법적 서비스를 제공하기 위하여 풍부한 교양, 인간과 사회에 대한 깊은 애정과 이해 및 자유·민주·평등·정의를 지향하는 가치관을 바탕으로, 건전한 직업윤리관과 복잡다기한 법적 분쟁을 보다 전문적·효율적으로 해결할 수 있는 지식과 능력을 갖추고, 개방되어 가는 법률시장에 대처하며, 국제적사법체계에 대응할 수 있는 세계적인 경쟁력과 다양성을 지녀야 한다. 그러나

② 현재의 법률가양성제도는 그러한 변화된 시대상황이 요구하는 바람직한 법조인을 선발하기에는 많은 문제점과 한계를 드러내고 있기 때문에

③ 다양한 전공의 기초위에서 전문적으로 법률이론과 실무교육을 담당하는 법학전문대학원을 설치하고, 그 교육과정을 충실하게 이수한 사람이 법조인으로 진출하도록 하는 새로운 법조인 양성 및 선발제도를 도입하려는 것이다.

이러한 법학전문대학원 제도설립의 목적은 타당성이 있다. 그러나 구체적으로 이러한 목적을 실현하기 위한 로스쿨안이 최적인가는 문제가 있다.

사법개혁의 목적은 사법의 이용자인 국민이 공감하고 쉽게 이용할 수 있는 방향으로 진행되어야 하며, 특정 직역이나 집단의 이해관계에 이끌려서는 안 되는 것이다. 그러나 현실적으로 사법개혁추진위원회가 일반 국민의 참여 없이 법조직업인들만이 참여하고 있기 때문에 공판중심주의 법정심리문제로 사법개혁추진위원회와 검찰이 격돌하는 양상까지 빚었다. 이 위원회에 일반 국민대표, 경제계 대표 등 법률수요자의 참여

가 없이 일방적으로 밀어붙여서는 안 된다.

　법학전문대학원은 '국민과 함께 고민하고, 국민의 신뢰 속에서 진정으로 국민을 위한 법조인'을 양성하는 기관이어야 한다. 현재의 법학전문대학원안은 지금의 엘리트법조인 양성제도를 평준화교육으로 하려는 목적이 있는 것 같다. 우수한 대학졸업생의 진학 장벽을 두는 것은 우수한 법조인양성원칙에 위배된다. 자기 대학 출신자의 입학을 3분의 2 이하로 정하는 것은 평등원칙에 위배될 가능성이 있다. 이는 법학전문대학원을 평준화하려는 의도가 아닌지 의심스럽다.

2) 국민을 위한 법학전문대학원

　사법개혁의 목적이 국민을 위한 사법접근권을 보장하고 국민의 변호사접근권과 법원재판청구권을 보장하기 위한 것일진대 국민의 사법수요를 위해서는 법조인구가 어느 정도 필요한가를 예측해야 한다. 미국식 공판중심주의 형사소송절차가 도입되는 경우에는 판사 수도 현재보다 배 이상이 필요할 것이다. 수사를 경찰에 맡기려면 미국의 연방수사국 직원처럼 변호사자격자를 임명하여야 한다. 공판에 참여하는 검사 수도 많이 늘어나야 할 것은 당연하다. 미국처럼 가정변호사제도가 요구되는 현실에서 변호사 수는 획기적으로 증원되어야 한다. 과거의 법정위주의 법조활동에서 국민의 모든 사법수요에 적절히 대응할 수 있는 법조인구를 유지해야 한다.

　그런데도 사법개혁추진위원회가 법학전문대학원의 총 정원을 현 수준으로 동결하려는 것 같은 느낌이 들어 찬성할 수 없다. 법조이기주의에 치중하여 법조직역의 진입장벽을 쌓기 위하여 법학전문대학원의 수를 줄이고 정원을 줄이는 것은 이해할 수 없다. 법조단체에서는 법학전문대학원의 총 정원을 1,200명 정도로 생각하는 것 같은데 시민단체와 법학교수들은 2,000명 이상으로 증원하여야 한다고 주장하고 있다.

법학전문대학원의 남설을 막기 위하여 교육부가 설립인가주의를 채택하려고 하고 있는데 이는 준칙주의로 가야 한다. 법학교육의 개선은 전문대학원교육의 개선뿐만 아니라 학부법학교육개선도 중요한 만큼 법학부의 교육경쟁력을 제고하고 내실화를 기하도록 하여 법학전문대학원을 부설하는 방향으로 나아가야 한다. 법학전문대학원을 설치하는 대학은 법학부를 폐지해야 한다고 주장하고 있는데 이는 잘못이다. 법학부 폐과여부는 대학의 자율에 맡겨야 한다.

법학전문대학원의 설립으로 그 인가, 존속, 평가 등에 대한 법조실무기관의 권한이 막대해졌다. 이는 법학전문대학원이 법조인에 의한 법학교육 접수요, 통제로 비친다면 곤란하다. 이 경우 과연 대학의 자율성이 보장될 수 있는 지 의심스럽다. 이대로 간다면 법학전문대학원은 현 사법연수원의 분할, 지방분산인 것처럼 될 것이다. 설립주체가 대법원에서 법학교육위원회로 변경된 것 밖에 안 될 것이 아닌가 걱정된다.

법학교육을 위해서는 영세 법학부를 통합해야 한다. 30~50명의 정원을 가지고 4~5명의 전임교원을 가진 대학에서는 기초법학교육조차 옳게 할 수 없으니 여러 법학부가 통합하여 질을 향상시킨 경우에는 법학전문대학원의 병설을 승인하는 방향으로 가야 한다.

3) 로스쿨의 지방분산

로스쿨인가에 있어 변호사 단체는 각 고등법원 산하에 한 개의 법학전문대학원을 두도록 건의하고 있다. 이 경우 총 정원은 750명밖에 안될 것이다. 로스쿨의 지방분산이 입학생 정원의 감축을 위한 수단으로 되어서는 안 된다. 국가균형발전을 위한 법학전문대학원의 지방분산에는 찬성한다. 그러나 이 경우 그 지방 법학전문대학원 졸업자는 그 지역에서만 한정한 변호사자격을 취득하는 것이 좋을 것이다. 판·검사의 경향 순환근무는 인사권자에 의한 판·검사통제의 기능도 하고 있으므로, 경향 판·검사의 교류를 막기 위하여 향토법관, 향토검찰관, 향토변호사제의 도입이 절실하다. 우리나라의 지방분권제도는 외국의 연방제도처럼 운영하려고 하는 경향이 있는데 미국이나 독일에서의 변호사시험은 한지 변호사양성이 목적이다. 지방분권강화론자는 이번 사법개혁부터 연방제로 가는 방향을 모색해야 할 것이다. 현재로는 초·중등교원의 경우 원칙적으로는 그 지역에서만 임명되고 있다.

4. 로스쿨제도의 보완방안

국민의 생명·재산·안전을 담당하고 있는 법조인의 양성은 시험에 의한 것이 아니고 교육에 의한 것이어야 한다. 이 점에서 법학교육의 기간연장은 필요하다. 그러나 독립된 법학전문대학원제도가 최선인가는 의문이다. 미국의 로스쿨이나 일본의 로스쿨제도가 다른 것과 같이 우리나라의 로스쿨제도도 다를 수 있다. 사법개혁추진위원회는 시간에 쫓겨 졸속으로 로스쿨제도를 도입할 것이 아니라 점진적으로 로스쿨제도를 정착시키는 방향으로 나가야 할 것이다.

2005년도에는 로스쿨도입 방침만 결정하고 2006년에는 몇 개의 선도대학에만 로스쿨설립을 인가하고 시험해 본 뒤에 준칙주의에 따라 기준에 맞는 대학을 인가하는 방향으로 나가야 할 것이며, 미국처럼 모든 법학부가 로스쿨로 승격하는 방향으로 검토하여야 할 것이다. 법학교육은 법조인 양성만이 목적이 아니고 민주·법치국가의 시민양성을 위하여도 불가결한 것임을 인식하여야 할 것이다.

교육부는 2004년부터 시행된 의·치학전문대학원제도의 시행은 대학의 자율에 맡기면서 법학전문대학원만 일시에 출발시켜야 하는지 검토해야 할 것이요, 의·치학전문대학원처럼 점진적으로 도입하는 것을 검토해 주기 바란다.

사법개혁추진위원회와 교육부는 밀실에서 독단적으로 결정할 것이 아니라 법률의 수요자인 국민의 재판청구권과 교육권을 신장하는 방향으로, 국민과 교육자, 전문가들의 보다 광범한 의견을 수렴해 최선의 법학교육기관을 만들어주기 바란다.

5. 미국의 법학교육[*]

서설

　미국의 법학교육을 필자가 경험한 것은 불과 1년여였다. 수년간 있어도 법학교육의 전모를 알기는 힘들거늘 1년의 경험으로서 미국의 법학교육을 논하는 것은 장님이 코끼리를 만지는 격이나 되지 않을 지 적이 두려우나 편집자의 청에 따라 몇 자 적어 보기로 한다. 미국의 법학교육의 전반을 논하는 것은 거의 불가능하기 때문에 여기서는 1966년도 미국 법과대학협회 연차대회의 토론을 소개한 뒤 Harvard 대학의 법학교육과 기타 대학에서의 법학교육으로 나누어 써보기로 한다. 지면이 허용되는 대로 1967년도 법을 통한 세계평화회의에서의 법학교육의 방법론에 관한 토론도 소개하기로 한다.

---

[*] 『고시계』, 1967년 12월~68년 6월호.

1. 1966년도 미국 법과대학협회 연차대회의 진행

미국 법과대학협회 1966년도 연차대회는 12월 27일부터 12월 30일까지 Washington D.C.의 Statler Hilton Hotel에서 열렸다. 전 미국의 법과대학의 대표자들과 법학교수가 모인 작년 대회는 미국법과대학협회 연차대회사상 최고의 기록으로 1507명의 등록자와 수많은 미등록자들이 모여 그 넓은 Statler-Hilton Hotel은 물론 인접한 고급 호텔은 법학교수로 초만원이었다. 그러나 외국의 법학교수들은 별로 초청되지 않았고 캐나다의 법학교수협회 회장이 공식 초청되었을 뿐이었다. 필자는 다행히 사무총장 Cardozo 교수의 특별한 후의로 Asia Society의 재정지원을 얻어 이 대회에 참석할 수 있었다. 이 대회에는 연례적으로 교수요원채용을 위한 면담이 실시되고 있어 법과대학 졸업생이며 변호사들이 교직을 얻기 위하여 참집하기 때문에 그들도 합하여 회장은 초만원을 이루었다.

1966년도의 회의 의제는 McDougal 회장의 요청에 따라 법학교육의 방법론으로 통일이 되었다. 프로그램을 보면 12월 27일(화)에는 「법과 사회」라는 원탁토론이 있었고 12월 28일(수) 오후에는 1차 총회가 있었는데 McDougal(Yale) 회장의 주제 강연이 있었고, 집행위원회며 위원회의 보고가 있었다. 이날 5시부터 7시까지에는 국무성에서 차관과 법률고문이 베푸는 리셉션이 있었다. John Quincy Adams와 Thomas Jefferson Room에는 입추의 여지가 없을 정도로 많은 교수들이 참석하였다. 8월에 있었던 국무장관의 리셉션 때에는 많은 법조인 변호사들이 모였으나 이번에는 변호사는 별로 보이지 않았다. 저녁에는 Statler Hilton Hotel에서 만찬을 하였다. 밤 8시부터는 많은 원탁회의가 열렸는데 ① 법리학(Jurisprudence) ② 행정법 ③ 국제법 ④ 헌법 ⑤ 커리큘럼에 관한 분과별 발표와 토론이 있었다. 12월 29일(목)에는 오전에 ① 국제사법(司法) ② 계약법 ③ 형법 ④ 교수방법 ⑤ 외국학생 오리엔테이션 ⑥ 계속적 법학교육에 관한 분과

별 원탁 토론이 있었다. 점심에는 국제연합 주재 미국대사 Goldberg 씨의 강연이 있었다. Goldberg 대사에 대하여는 미국의 외교정책에 관한 수많은 질문이 있었다. 오후에는 원탁회의로서 ① 법과 의학 ② 가족법 ③ 영리회사 ④ 비교법 ⑤ 행정법의 분과회의가 있었으며, 밤 8시부터는 전원 원탁회의가 개최되어 공공이익을 위한 직업교육이라는 주제 강연과 시론이 있었다. 12월 30일(금)에는 오전에 제2차 총회가 있었고 각 위원회의 보고와 지명(指名) 위원회의 보고를 듣고 임원을 선출하고 1967년도 대회 시까지 산회했다.

협회의 이 회의는 회의록에 기재되어 있는 관계로 관심 있는 분은 이 회의록을 참조해주기로 빌고(Association of American Law Schools, Proceedings, 1966 Annual Meeting), 필자가 참석한 몇 개 원탁회의를 중심으로 개인적 인상을 적어 보기로 한다.

2. 과학적 방법과 기술의 도입

첫날밤에 있었던 「법과 사회」(Law and Society)에 관한 원탁회의는 「소송과정에 관한 현대적 연구」에 관한 것을 중심으로 「미국의 배심원제도」, 「예비청문」, 「사고조사」, 「1심법정」 등에 관한 수학적·통계적 조사가 발표되었고, 교과과정에 수학적 방법을 이용할 것인가가 주 의제였다. 이것은 현재 미국의 법사회학자들, 특히 형사법학자들이 하고 있는 통계적 방법의 과시인 동시에 어느 정도의 비판이 있었다. 판결의 예측을 중요한 사명으로 하고 있는 미국 법학계로서는 통계학적·수학적인 방법이 필요할 것임은 물론이거니와 너무나 이론적인 면에만 치중하고 있는 우리에게도 좋은 방향을 제시해주는 것이라고 하겠다. 대회의 전 기간 중에 컴퓨터가 전시되어 있었고, 교육기계(Teaching Machine)가 진열되어 그 효율성을 자랑하고 있었다. Teaching Machine은 고등학교나 중학교 과정에도 많이 연구되고 있는데 특히 기하학이나 과학교육에 그 효과가 크다고 하는데 법학교육에도 Case의 해설 등을 잘 고안하여서 만듦으로써 기계로 된 연필이 여러 점을 지시하고, 또 도면도 그림으로서 독학을 위한 좋은 보조 자료를 제공하고 있었다. 또 Kelso 교수에 의한 기계를 사용하지 않는 자습용 교과서도 많은 관심을 환기시켰다. Programmed instruction에 근거한 이 책이 아마 그의 법학박사학위논문이 될 것 같다(Columbia Law School).

교수방법에 관한 위원회에서도 과학기술을 법학교육에 도입하는 방법이 논의되었는데 그 중 중요한 방법으로는 교실에서의 텔레비전 이용, 컴퓨터를 이용한 학습, 교육방송을 통한 법학교육, 영사기, Tape recording에 의한 강의 등이 연구과제가 되었다. 또 학습 습득방법으로서 행태과학이론을 도입해서 심리학, 사회심리학, 교육심리학의 응용이 검토되었다.

미국에서 가장 괄목할만한 것은 전자계산기를 통한 판례의 정리인바 단기간에 획기적인 발전을 보여주었다. 그 방대한 판결집을 일일이 찾기가 힘든 과거의 방법에 비해서 컴퓨터를 통한 판례의 검색은 많은 이점을 제공하고 있었다. 미국에서는 현재 미국의 연방법원 판례를 전부 수록하고 일부 지방 판례를 수록한 회사가 있다. 이 회사는 컴퓨터에 이들 판례를 전부 수록하고 Teletype를 통해서 수신과 발신을 하고 있다. Boston의 법률사무소에서 어떤 의뢰자가 와서 사건의 내용을 이야기하면 이것을 Teletype로 New York에 있는 이 회사에 알려주면 프로그램 담당관이 몇 개의 key word만 넣어주면 거기에 관련된 판례가 30분 내에 Boston의 법률사무소에 Teletype로 송달된다. 이렇게 송달된 판례는 타이프 용지로 100매가 넘는 수도 허다하다고 한다. 이 판례를 보고 회사에서는 그 중 가장 적합한 판례를 골라서 의뢰자에게 회답을 하도록 하고 있다. 과거에는 변호사사무실에 수많은 Associate 들이 있어서 Citator나 기타 방법을 통하여 며칠을 걸려서 판례를 찾고 있었는데 이 방법보다도 컴퓨터

를 사용하는 것이 경제적이고 능률적이라는 것이 알려졌다. Teletype 값
은 제하고 1건당 상담료는 25달러 밖에 안 되니 법률사무소의 혁명, 법학
서적 출판계의 혁명이 멀지 않다는 의견이 높다.

1967년 7월 9일부터 14일에 Geneva에서 열린 「법을 통한 세계평화대
회」에서도 컴퓨터가 전시되었고, 세계의 법을 전부 컴퓨터에 수록하고
세계에 4, 5개의 Center를 두어 이를 Teletype로 알려주는 기구를 설치하도
록 합의되었는데, 이렇게 되면 세계 각국의 법전을 비치할 필요 없이 필
요할 때마다 Teletype로 요청만 하면 현행법을 알 수 있게 되기 때문에
각국법을 빨리 알 수 있고, 나아가 세계법의 통일의 가능성이 많아질 것
이라고 생각된다. 컴퓨터의 발달로 암기를 위주로 하는 법학교육이 지양
될 수 있지 않을까 생각된다.

3. Problem method와 Case method

미국의 법학교육의 방법론은 Case method가 중요시되었다. Harvard Law
School에서 Langdell에 의하여 시작된 Case method는 미국 법학교육의 금과
옥조로 되어 왔으나 Harvard에서도 그 일각이 무너지기 시작하고 있다.
Harvard 법과대학 대학원 주임교수인 Cavers 교수는 법학교수방법에 관한
세미나를 하고 있었는데 이 미국법과대학협의회에서도 교수방법에 관한
원탁회의의 의장으로서 중요한 많은 발언을 하고 있었다. 「교수방법」에
관한 토론 전에 「교수방법」에 관한 위원회의 보고가 제출되었는데(Report
of the Committee on Teaching methods, the Problem method, 1966 : Survey and Appraisal, AALS
Proceedings part 1 198-266), 이 보고서에 의하면 문제식 방법을 채택하는 교수
의 수가 증가함을 볼 수 있다. 그리고 교과서도 Problem method에 의하여

편집된 것이 많이 나와 있다. 이 교수방법에 관한 것은 기술한 바와 같이, 1966년도 협회회장인 McDougal 교수가 제창한 주제였던 만큼 많은 활발한 토론이 전개되었고, 교수방법의 개선을 위한 여러 가지 귀중한 의견이 발표되었다.

Case method에 대해서 어느 정도 비판이 나온 것은 Case method는 학생의 준비가 있고 여기에 대한 교수의 질문과 학생의 답변으로서 구성되는데 수많은 학생이 청강하는 class에서 과연 어느 정도의 성과를 거둘 수 있을 것인가에 집중되었다. Harvard의 경우 한 class에 150명 정도의 학생이 있는 데 이들이 열심히 Case Book을 읽고 준비해 오면 교수는 Case에 관한 질문을 하는데, 일부의 학생은 자주 답변하나 다른 학생은 피동적인 경향이 있어 실효의 문제가 있는 것처럼 보였다. Case method는 대화식 방법이기 때문에 좋은 점도 많으나 모든 학생이 속사포적으로 회답할 수 있어야 하고, 교수가 어느 정도로 준비했고 또 질문에 능한가에 따라 학습이 결정되기 때문에, Freund 교수와 같은 대가의 강의는 명강일 수 있으나 젊은 교수의 강의는 실망적일 수 있었다. 학생들도 Case method에 대한 불만을 나타냄으로써 문제를 제출하고 이 문제의 해결을 위한 법조문이며 판례 등을 연구하는 방법이 나타나기 시작하였다. 과거에는 판례가 중시되었으나 미국에서도 입법의 팽창에 따라서 법조문을 중시하는 경향이 나타나고 판례비판, 입법비판의 입장에서도 Case method의 비판이 행하여지는 것이 아닌가 생각된다.

12월 29일(목) 오전에 있었던 Teaching method에 관한 Panel Discussion에서 Davis(Chicago), Holbach(California, Berkeley), Herwitz(Harvard), Levy(Minnesota), Rice(California, Los Angeles) 여러 교수들의 일치된 의견은 Problem method는 그 자체가 Case method를 완전히 배격하는 것이 아니고 Case method의 새로운 한 방법임을 주장하고 있는 것이 특색이었다. 그들은 모두가 Case method에 의한 것이 아닌, Text와 Problem과 Case를 섞어 넣은 교과서를 가지고 있는 사람으로서 이들은 한결같이 입법이 법원의 판결에 선행하

고 있는 현실에서 연방법원의 판결만을 취급할 것이 아니라 문제의 해결을 위한 입법, 이론, 판례를 다 같이 가르쳐야 한다는데 의견의 일치를 보았다. 그들은 Case method에 의한 강의보다는 Problem method에 의한 강의가 더 어려움을 지적하면서도 학생들의 단체활동, 공동연구에 중점을 두어 자기들의 노력을 경주하고 있다고 했다. 또 Case method에만 의존하는 것은 5 : 4로 나누어진 Supreme Court의 판결이 언제 변경될 지도 모르는 입장에서 판례에 앞서 가기 위한 점에서 절대적으로 필요하다고 하였다. 끝으로 Cavers 의장은 "Problem method야말로 대륙법체계 국가에 대한 Case method의 수출형태이다"라고 결론지었다.

우리나라에도 Case method는 성행하지 않았으나 Problem method는 연습과목에 행해졌고, 형법의 사법시험문제는 Problem method에 의했던 적도 있었던 만큼 이 Problem method가 우리나라에도 성행되기를 바란다. Case method는 사법대학원의 교수방법으로는 적합하며, 또 Problem method 형식을 가미하는 것도 필요하지 않을까 생각한다. 필자는 미국의 교과서에 앞서 1964년에 Text, Problem Case method에 의한 헌법교과서를 편집한 적이 있으나 학생들이 준비부족으로 Text, Problem, Case method를 실천하지 못하고 있다.

4. 비교법적 방법과 외국법 연구

헌법교육에 비교법적 방법을 사용해야 한다고 Michigan 대학의 Kauper 교수는 지적하고 있다. 그는 미국의 다른 교수들과는 달리 헌법학강의에 있어서의 비교법적 고찰의 필요성을 강조한 것은 그가 미국에서 교육받은 뒤 독일의 Max-Planck 연구소에서 연구했기 때문이 아닌가 생각된다. 그는 32년간이나 교육 기타에 종사하였고, 1964년의 Michigan 주 헌법제정에 큰 영향을 끼친 사람이다. 그는 헌법교육방법으로서 세 가지 원칙을 들어 ① 객관적 방법, ② 역사적 발전 전망법, ③ 순환적인 헌법발전의 이해를 위한 방법을 들어 헌법의 이해에는 장래의 전망과 발전과정을 알기 위해서는 비교법적 연구가 필요하다고 역설하였다. 또 그는 헌법강의시간이 주 4시간 16주 밖에 안 되는데 이것으로는 전 과정을 다 할 수 없기 때문에 기본권에 치중해서 강의할 것을 말하고 있었다. 기본권의 이해에 있어서 Canada의 새로운 인권장전을 비교법적으로 연구하며 UN 인권선언, 유럽 인권선언 등을 참조해서 강의할 것을 역설하였다. 이에 대하여는 더러 반론이 있었다. 이것은 미국의 헌법학계가 아직도 비교헌법적인 연구에 눈을 뜨지 않았기 때문인 것 같다. 미국에도 최근에 젊은 교수들이 비교헌법을 연구하고 교재도 나와 있으나 헌법학의 노장이 비교법연구의 중요성을 강조한 것은 감명이 깊었다. 또 Kauper 교수는 헌법교재로서 Case에만 치중할 것이 아니고 논문(Selected Essay)과 정책적 고려에 근거한 문헌이며 새로운 연구과제 등을 부과해야 한다고 했다. 특히 미국식 위헌심사제와 독일과 오스트리아(獨奧)식 헌법재판소 제도에 대한 비교연구에의 관심을 표명했다.

Nathanson 교수(Northwestern 대학)는 Case method의 허점을 지적하면서 매년 같은 시험문제를 내는데도 연방대법원의 판결에 따라 매년 답안이 달라진다고 말하면서 시간부족을 카버하기 위하여 중요한 문제만 깊이 들어가도록 이야기하고 Report를 받을 것, 졸업반 학생에게 상급 연구 과제를 주어 고도로 전문화 된 강의를 할 것을 요청하였다. 그 외에도 정치문제에 대한 강의를 일반적으로 하지 않는 것을 비판하고 이 문제도 학생이 파악하도록 해야 한다고 주장하였다.

Choper 교수(California)는 오히려 기본권에 치중한 강의보다는 헌법사적인 면을 중심으로 강의하여야 한다고 주장하였다. 그러나 헌법사적인 강의는 이미 대학에서 배우기 때문에 대학원과정인 법과대학에서 중복해서 가르칠 필요는 없지 않을지 모르겠다.

비교법에 관한 원탁토론이 있었으나 필자는 행정법에 관한 원탁토론에 참여하였기 때문에 참석할 수 없었다. 회의록에 의하면 비교법 원탁토론에서는 Whitmore Gray(Michigan) 교수가 미국에 있어서의 외국법과 비교법연구, 과거의 평가와 장래를 위한 필요라는 제목의 주제 발표가 있었고, Mueller(New York), Schlesinger(Cornell), Cohen(Harvard), George(Michigan) 교수 등이 토론에 참여하였다. Harvard 대학의 Cohen 교수는 미국에서 유일한 중국법 교수이고, George 교수는 일본법 교수이며, Mueller와 Schlesinger 교수는 유럽법을 전공하고 있는 것 같다. 미국 학생들은 과거에는 외국법 연구에 별 관심을 가지지 않았으나 2차 대전 후 외국법의 강좌는 놀랄 만큼 많아졌고 저술도 상당수가 된다.

Harvard 대학의 국제법률연구소는 국제법과 외국법에 관한 많은 강좌를 가지고 있는데, 전기한 중국법 이외에 소련법, 대륙법, 회교법, 영국법 등 외국법 관계가 많고 국제교류에 관한 법률문제의 연구 또한 성행하며 연간 40여 개의 강좌가 설치되어 있다.

Chicago 대학에도 비교법연구소가 있으며 New York 대학, Michigan 대학 등 많은 대학들이 비교법과 외국법 강좌를 가지고 있다. 유럽에서는 미국법이나 동양법을 그다지 많이 가르치지 않는데 비하여 미국의 일부 대학에서는 너무나 많은 강좌를 둔 것처럼 보이기도 한다.

5. 미국 법과대학 입학자격과 입학시험

미국의 법과대학은 Law School 또는 School of Law라고 하며 몇 개는 College of Law라고 하고 있으나 이것은 undergraduate college가 아니다. 미

국의 법과대학은 한국에서의 특수대학원의 하나라고 볼 수 있는 전문대학원 과정이다. 미국의 법과대학에 입학하기 위해서는 대학 4년을 졸업하고 학사학위를 가져야 한다. 대학 4년간 무슨 공부를 하였는가는 묻지 않는다. 따라서 법과대학에 입학하는 학생 중에는 문학사도 있고 이학사도 있으며 그 전공도 가지각색이다. 대학에서 정치학을 전공한 사람, 경제학을 전공한 사람, 물리학을 전공한 사람, 생물학을 전공한 학생 등 누구나 법과대학에 들어올 수 있다. 그런 점에서 우리나라 의 특수대학원(행정대학원, 사법대학원, 경영대학원)의 입학자격이 대학 전공 여하와 무관한 것과 같다.

이러한 pre-law course의 잡다성은 많은 문제를 낳게 하고 있다. 그래서 미국 법과대학에서도 이 문제를 깊이 논의하고 있었으며 그 개선을 위한 위원회(Committee on Pre-Legal Education and Admission to Law School)가 여러 가지 건의를 하고 있다. 그중 중요한 것을 들어보면 ① 법과대학에 입학을 원하는 학생들에게 법과대학의 내용과 입학가능성을 알려주는 college adviser에게 안내장을 정기적으로 보낼 것, ② 또 이들 college pre-law adviser의 회의를 자주 개최하여 그들의 의견을 참작하여 그들과 토의를 할 것, ③ 법과대학 입학을 위한 커리큘럼을 어느 정도 편성하여 이를 실천하도록 권고할 것이다.

Harvard Law School에 입학한 학생을 조사해 본 결과 3분의 1 정도가 정치학과 역사학을 전공했고, 3분의 1 정도가 경제학과 사회학을 전공했으며, 3분의 1 정도가 기타 인문과학과 자연과학 전공자들이었다. College에서 정치학과 역사학을 전공한 학생이 법학교육을 받는데 도움이 될 것 같았다. 정치학 교과과정에는 헌법사, 기본권발전사, 법일반이론 등의 과목이 있기 때문에 법에 접근하기 쉬울 것 같았다. 그러나 컴퓨터를 사용하는 현대적 방법을 마스터하기 위해서는 오히려 자연과학이나 통계학, 경제학을 배운 것이 나을지도 모를 일이다.

미국법조협회와 미국법과대학협회는 법과대학의 질적 향상을 위하여 여러 가지 규칙을 정하여 시설의 내용과 교과과목, 대학교수의 자격이며 학생의 자격 등에 관하여 상당한 통제를 하고 있다. 이 기준에 미달하면 원칙적으로 졸업이 승인되지 않아 사법시험에 응시할 자격이 인정되지 않는다. 미국법과대학협회는 법과대학 입학생의 질적 통제를 위하여 법과대학 입학시험(Law School Admission Test, LAST)을 공동 관리하고 그 시험에 응시하지 않은 학생은 입학을 시키지 않도록 권장하고 있다. 현재 미국법과대학협회에 가맹해 있는 약 150개교 중에서 이것을 필수로 하지 않는 학교는 약 10개교에 불과하다.

　　법과대학 입학시험은 각 대학에서 개별적으로 시행하는 것이 아니고 Princeton의 Educational Testing Service(ETS)에서 전담하고 있다. 이 ETS는 교육관계시험을 거의 다 관리하고 있는 민간기구로서 대학입학적성시험, 대학원입학적성시험, 외국어시험, TOEFL, SAT 등 여러 가지를 관리하고 있다. 출제는 미국법과대학협회의 법과대학입학시험회(Law School Admission Test Council)의 위원들과 상의하여 이해력, 문장력, 추리력, 판단력, 일반교양 등을 테스트한다. 1년에 네 번씩 전 세계에서 행하여지는 이 시험의 성적은 응시자가 지망하는 학교로 보내진다. 법과대학에는 입학위원회가 있어서 시험성적과 학교성적과 추천장에 따라서 사정을 하고 최종결정은 교수회의에서 하게 된다. Harvard의 경우는 800점 만점의 LSAT에 750점을 맞아야 입학이 허용된다. 물론 예외는 있어서 흑인과 여자는 cut line이 낮아진다. LSAT 성적이 아무리 좋아도 대학성적이 나쁘면 합격되지 않고 추천장이 좋으면 합격하는 수도 있고, 학부형이 법과대학 동창인 경우에는 우대된다. 그 이외에도 학교에서 학생자치활동에 관계한 사람들은 bottom 5%라고 해서 특별히 입학이 허가된다. 이들은 공부에만 열중하지 않고, 없어서는 안 될 연극활동, 앨범촬영, 사교활동들을 하기 때문에 필요하다는 것이 입학결정기관이 내세우는 이유이다.

　　법과대학 입학지원자들은 가장 우수한 학생이라고는 할 수 없다. 대학에서 가장 우수한 학생들은 학자양성이 목적인 graduate school에 진학하고 법과대학에는 취직이 막연하고 앞으로 돈이나 벌겠다는 학생들이 많이 모여들게 된다. 그들 중 일부는 결혼해서 처의 덕으로 학업을 계속하는 경우가 많다.

외국 학생이 미국의 법과대학에 입학하기는 매우 어렵다. 미국 본토의 college를 나왔으면 미국학생에 준하나 외국에서 college를 나온 경우 학력 인정에 많은 문제가 있다. 독일, 프랑스, 영국과 같이 college 과정인 법과대학을 나온 경우에도 graduate school of law에 입학을 허가해주는 경향이 있다. 일본과 한국의 법과대학 졸업생들도 곧 미국의 법과대학 대학원 과정에 입학될 수도 있다.

외국 학생을 위해서는 Orientation Program in American Law(OPAL)이 행해진다. OPAL은 대륙법 교육을 받았거나 후진국에서 법교육을 받은 학생들에게 미국 법과대학에 입학하기 전에 미국법에 관한 입문과 미국식 교수방법에 숙련을 시키기 위한 것으로 제1회는 1965년 7월서 8월까지 Princeton대학에서, 제2회는 1966년 7월에서 8월까지, 제3회는 1967년 7월에서 8월까지 같은 Princeton대학에서 행해졌다. OPAL 참가의 최대인원은 150명인데 제2회 131명만이 참석하였고 38개국 학생이 대표되었고, 미국의 20개 법과대학이 외국인 학생들의 Orientation을 의뢰했다. 미국에서 외국 학생을 가장 많이 받은 Law School은 Harvard, New York, Michigan, Columbia, Yale, SMU였다. OPAL의 지도교수는 저명한 교수들이 오는 경우도 있으나 학문적인 분위기는 별반 좋지 않고 영어 공부와 미국 생활에의 Orientation이 중시된다.

6. 미국 법과대학의 커리큘럼

미국 법과대학의 커리큘럼은 한국과 같이 획일적이 아니며 많은 variety가 있다 1966년도의 미국법과대학협회의 중요한 과제의 하나가 커리큘럼 개편에 관한 것이었다. 커리큘럼위원회는 그 보고서(Report of the Curriculum Committee AALS, Proceedings part one, Reports of Committees and Projects 1966 Annual Meeting pp.37~55)에서 단일안을 권고하지 않고 여러 가지 유형에 따른 커리큘럼을 구상하고 있다. 그들은 법학교육의 근본목적이 법과대학 커리큘럼의 가장 중요한 요소임을 명심하여 이에 따른 네 개의 상이한 커리큘럼을 보고하고 있다. 이들 네 개의 타입은 현재 존재하는 법과대학에 근거를 둔 것이 아님을 강조하며 법학교육의 세 가지 중요 목적에 따라 이를 분류하고 있다.

◎ 제1형 정책개발 지향적인 법과대학

미국 사회에 있어서의 법조인은 다른 기능과 함께 정책결정에 중요한 역할을 하고 있다. 그러나 이들 법조인은 정책개발 역할을 완수하는데 별반 훈련되어 있지 않다. 그러기에 새로운 법과대학은 정책결정자의 훈련을 위한 역할을 해야 한다.

여기서 이야기하는 법과대학은 오히려 법 및 응용과학대학원(School of law and applied science)이라고나 말하여질 것으로 큰 종합대학의 한 분과로서 존재해야 할 것이며 여기서는 법조인의 훈련소일 뿐만 아니라 중요 정책 문제의 결정을 위한 제안을 하는 연구 센터의 역할을 해야 할 것이다. 이를 위하여 법과대학은 교육을 위해서나 연구를 위해서, 대학 내에서나 외에서 법조인이든 비법조인이든 전문가를 교수로 초빙하여야 할 것이다. 그리고 모든 학생들은 연구에 참여하여 연구 성과에 따라 보수가 지급되어야 할 것이다. 법과대학 교육은 3년으로 끝날 것이나 학자금이 넉넉지 않는 학생은 보수 받는 연구를 더함으로써 그 이상의 연한으로 마칠 수도 있을 것이다.

법과대학의 입학자격은 학사학위를 획득한 젊은 대학졸업생 연구생일 것이며 학사학위는 경제학, 사회학, 정치학, 사회과학, 심리학, 기업경영들에 관한 것이어야 할 것이다. 법과대학의 수료생은 성적이 좋은 한 변호사의 자격을 부여하여야 할 것이다.

정책지향적인 법학교육의 한 목적은 법조직(法曹職)을 보다 고급화하며 법조인을 능력에 있어서나 기능에 있어서 엘리트 이상의 것으로 하려는 것이다. 이 목적을 달성하기 위해서는 법조인의 수가 감소되어야 할 것이다. 법조인의 수의 감소는 오늘날의 요청이기도 하다. 왜냐하면 시시한 사건처리나 법률상담은 변호사가 아니더라도 다른 비전문가에 의해서도 행해질 수 있기 때문이다. 변호사는 보다 더 고차적이고도 어려운 문제만을 다루어야 할 것이다.

정책지향적인 법과대학의 커리큘럼은 다음과 같으며 이들 과목들은 1년간 계속 강의이며 전부가 필수과목이다.

커리큘럼

○ 제1학년
법리학(법철학) 주 2시간
윤리학(윤리와 가치에 관한 학설의 비교) 2
법사회과학(사회현상의 분석 기술을 위한 체계적 연구) 2
조사기술(사법적 사실발견과 전통적 연구방법과 과학적 연구방법의 비교) 2
연구(법학 연구 과제에 대한 참여) 3

○ 제2학년
사회문제(현대 미국 사회 문제와 그 역사적 발전) 2

압력단체와 그 전략 2

법개혁(법률이론의 중요 분야에 대한 넓은 정책적 평가, 기본적 법개혁의 요구) 3

고급 연구 기술(현대 경험적 연구절차와 방법에 관한 연구) 2

연구(법학 연구 과제에 대한 참여) 3

○ 제3학년

법개혁(제2학년 과정의 계속) 6

연구(법학 연구 과제에 대한 참여) 6

◎ 제2형 법이론지향적 법과대학

법이론을 사건에 적용하는 것이 법조인의 과제이기 때문에 법이론을 가르치는 것이 법과대학의 존립이유라고 생각된다. 과거에는 Case law만을 중시하였으나 오늘날은 법률과 법규정이 법의 가장 중요한 요소이기 때문에 법사와 비교법의 연구가 필요하다. 그러기에 학생들에게 법이론의 현실적용을 연구시켜야 할 것이다. 이 법과대학에의 입학자격은 대학 2년 수료생이며 4년간 수학시킨다. 법과대학입학시험에는 판단력과 이해력을 테스트할 뿐만 아니라 동기와 신체건강까지도 테스트해야 한다. 모든 과목은 필수과목이며 법학교육에는 2회의 긴 시험만을 부과한다. 첫째 시험은 1학년 졸업 후에 1년간 배운 과목 전반에 걸쳐 법학교수에 의하여 출제되고 평가된다. 이 시험에 불합격한 자는 퇴교된다. 제2차 시험은 4년간 배운 전 과목에 관해서 행해지며 시험위원회는 반은 법학교수로, 반은 강의를 하지 않는 법조인으로서 구성하며 이에 합격한 자는 도덕적 결격사유가 없는 한 변호사가 될 수 있어야 한다.

이러한 학교의 커리큘럼은 대개 다음과 같다.

○ 제1학년

제1학기	제2학기
공법 Ⅰ 3 재산법 Ⅰ 3 상법 Ⅰ 3 불법행위법 3 법논리학분석 3	공법 Ⅰ(계속) 3 재산법 Ⅰ(계속) 3 상법 Ⅰ(계속) 3 불법행위법 (계속) 3 법학연구방법론 3

○ 제2학년

제1학기	제2학기
소송법 Ⅰ 4 기업조직법(회계법) Ⅰ 4 형법 4 법사학 Ⅰ 3	세법 Ⅰ 4 비교법 Ⅰ 4 친족법 4 입법 3

○ 제3학년

제1학기	제2학기
공법 Ⅱ 3 재산법 Ⅱ 3 상법 Ⅱ 3 법사학 Ⅱ 3 법전화(法典化) 3	소송법 Ⅱ 3 기업조직법 Ⅱ 3 세법 Ⅱ 3 비교법 Ⅱ 3 국제공법, 사법 3

○ 제4학년

제1학기	제2학기
공법 Ⅲ 3 재산법 Ⅲ 3 상법 Ⅲ 3 소송법 Ⅲ 3 세법 Ⅲ 3	최근의 법발전 3 연습강좌 3

◎ 제3형 소송기술지향적 법과대학

법조인의 소송기술의 습득과 훈련을 위한 법과대학으로 넓은 교양교육은 일반 대학에 맡기고 법과대학은 근본적인 기술을 연마하는 것을 목적으로 해야 한다는 것이다. 이 대학에의 입학자격은 일반 대학 졸업자로서 학사학위 소지자여야 한다. 법과대학의 교강사는 기술에 능한 사람으로서 변호사, 판사, 입법자, 노동조정자, 공법 관계 고문, 정신분석학자와 기타 직업기술을 가진 사람만으로 충당할 것이다.

법과대학의 학과는 1년으로 끝나며 다소간 신축성이 있어야 할 것이다. 기술습득이 완전하지 못한 사람에게는 진급을 시키지 말 것이며 시험성적은 급제와 낙제만으로 한다. 그 커리큘럼은 다음과 같이 한다.

○ 제1학기

사법과정과 법률기구에 관한 인간적 강의와 강독(1개월간 오전, 오후 전부)

두 판례법 강좌(공법과 사법 또는 실체법과 소송법) (4개월간 오전 시간 또는 오후 시간 전부)

법학연구와 논문작성(교강사 지도하에 긴 논문을 쓰도록 할 것)(4개월간 오전 시간 또는 오후 시간 전부)

○ 제2학기

인간 성격과 인간관계에 관한 입문적 강의와 강독(1개월간 오전, 오후 전부)

구두변론의 문제(모의재판 기타) (4개월간 오전 또는 오후 시간 전부)

판결문 기초(起草)와 해석문제 (4개월간 오전 또는 오후 시간 전부)

◎ 제4형 결합된 목적의 법과대학

법조에 진출하기 위한 학생을 교육시키기 위해서는 이 모든 목적을 겸비한 교육이 필요하다. 법과대학 3년 과정에서 이들 모든 목적을 달성하기 위해서는 1학년에서는 법이론에 관한 필수과목을 과하여야 한다. 2학년에서는 선택과목을 과하고 3학년에서는 전문화를 하도록 해야 할 것이다. 모든 과목에 대한 학기말 시험이 엄격히 행해져야 하며 법조인이 되기 위해서는 사법시험에 합격하여야 한다.

○ 제1학년
계약법
불법행위법과 형법
재산법
헌법
소송법(모든 과목은 1년간 계속 강의이다)

○ 제2학년
학기마다 5과목씩 연 10과목을 선택하여야 한다.

기업조직과 경영	생산과 분배
운수	농업
자연재원	도시토지이용과 개발
재정	노동관계
직업	정부조직과 행정
국방	국제정치관계
외국무역과 외국원조	교육과 연구
통신 미디어	여가선용
예술	종교
건강	가족관계
반사회적 행위	불우자 처우

○ 제3학년

제2학년 과정의 선택과목 중 한 분야에의 전문화

7. Harvard 대학에서의 법학교육

미국의 가장 대표적인 법과대학은 Harvard대학의 법과대학이다. 학생 수도 1,600명에 달하며 1학년만 해도 600여명이 된다. 교수도 75명이나 되고 조교, 강사, 연구조수, 부속 기관의 조수도 40명, 행정직원만도 30여 명, 도서관 직원도 임시직원을 제외하고 15명이나 된다. 도서는 1967년 현제 110만권을 돌파했다. 150년의 가장 오랜 전통을 자랑하는 Harvard Law School은 명실공히 미국의 National Law School로서 전국 각지에서 몰려든 수재를 법조인으로 양성하는 곳이며 150년간에 배출된 동창생수도 부지기수이다.

Harvard Law School에서는 LLB는 3년간 재학 후에, LLM과 SJD는 그 뒤 1년 이상의 수업 후에 수여된다. 기본과목의 강의는 Case method에 의해서 행해지고 있다. 커리큘럼을 보면 제1학년에서는 필수과목으로서 민사소송법, 계약법, 형법, 재산법과 불법행위법을 가르친다. 이 외에도 법과 법제도의 발전에 관한 강좌가 있고, Teaching fellow들이 가르치는 legal method 강좌가 있다. 이 legal method는 20명 이하의 학생 그룹에게 Teaching fellow가 법학 연구 방법을 Case method에 의하여 신입생에게 가르치는 것으로 학생들에게 많은 도움을 줄 것으로 보인다. 법과 법제도의 발전강좌는 법제사, 법사상사를 결합한 강좌로서 학생들에게 법에 관한 넓은 시야를 길러주는데 많은 도움이 되고 있다. 기타 필수과목반으로 나뉘어서 강의하는데 1학년 학생들은 매우 열심히 공부한다. 그리고 학생들은 1학년 말 성적에 따라 학내외 활동의 범위가 실질적으로 확정된다. 그러기에 경쟁은 매우 치열하다.

제2학년에서는 1학년 때 배운 기초 위에서 여러 과목을 공부하게 된다. 1966년도까지도 필수과목으로서 회사법, 헌법, 세법, 회계학을 필수로 과했으나 학생들의 반대 여론 때문에 모두 선택과목으로 바뀌었다. 그러나 회계학은 학생들이 거의 듣지 않게 될 것이다. 그 외에는 선택과목으로서 법철학분야, 역사, 법제학, 국제법, 비교법, 형법 등 분야에서한 과목씩 선택하도록 되어 있다.

제3학년 과목은 완전히 선택과목이다. 학생들에게 특별과목을 전공할 수 있도록 많은 배려가 행해지고 있다. 제3학년 과목에서 중요한 것은 논문이다. 이 논문은 교수의 지도하에 작성되며 특별 분야에 관한 연구에 많은 도움이 된다.

제2학년과 제3학년 재학 중에는 모의법정, Law Review, 현상논문 등 수많은 과외활동이 인정되고 논문저술에의 기회가 많아진다. "Harvard Law Review"는 최우수 성적을 획득한 25명에게만 편집위원이 되는 영광이 주어진다. 법학생들에 의하여 편집되는 이 Law Review는 미국에서도 가장 우수한 법학 잡지이며 학생들의 Case comments나 논문은 익명으로 발표하는 경우가 많은데 교과서에 수록될 만큼 우수한 것이 많다. 그 외에도 성적이 우수한 학생만이 법률상담소 상담원이 될 수 있고 모의재판 지도위원이 될 수 있다. 낙제 학생 수는 약 5% 정도이지만 학내의 모든 활동의 성적과 직결되어 있고 점수의 최고점은 74점밖에 안 된다. 그리고 성적에 의하여 모든 과외활동이 규제되기 때문에 학생의 소속단체를 보면 그 학생의 성적을 알 수 있다. 졸업 후의 취직도 성적에 의하기 때문에 학생들은 일종의 성적 노이로제에 걸려 있다. 이러한 스트레스에서 벗어나기 위하여 학생들은 교과목 변경과 성적의 ABCD 도입 등 학사행정에 대한 개혁을 건의하게 되었고, 이를 학교가 어느 정도 받아들여 교과과목만은 필수를 선택으로 옮긴 것이 많다.

학생들이 학사행정을 비난하는 큰 원인은 학생들에게 큰 비전을 안겨주는 것이 아니고 Wall Street Lawyer만을 양성하는 것이라는 점이다. 이에 불만을 가진 학생들이 정책지향적인 법학교육을 원하고 있다. 그러나 학교에서는 법이론지향적인 법학교육과 기술지향적인 법학교육을 더 중시하는 것 같다. 이것은 Harvard Law School 졸업생의 대부분이 미국의 저명한 법률사무소에 취직하기 때문일 것이다.

그러나 Harvard Law School에는 International Legal Studies와 Urban Legal Studies 등 특별한 연구소가 있어 많은 새로운 강좌를 설치하고 있다. 국제법률문제연구소는 많은 강좌를 가지고 있는데 그 중요한 것은 국제법, 국제조직, 외국법과 법체계의 비교, 섭외사법, 국제무역, 외국투자법, 경제발전법 등을 들 수 있다.

또 국제세법 프로그램은 1년간의 세법강좌를 두고 있다. 그 내용은 세법, 조세정책, 조세행정, 회계학, 경제학, 재정학 등을 가르친다. 이 프로그램은 주로 정부세무공무원들을 훈련시키는 것을 목적으로 하고 있다. 도시법률연구소는 특히 대도시문제대책을 연구한다. 도시행정, 재정 등 문제를 주로 다루는데 그 중에는 재미있는 강좌들이 있다. 그리고 과외활동으로서는 지역공동체 법률구조사무소, 법률상담사무소, 자원변호사사무소, 지구검찰사무소 등 기구를 두어 활동하고 있다.

학비는 연 1750불이며 건강보험료는 95불, 교재 프린트대 5불 이상으로 분할납입이 불가능하다. 그러나 대부분의 학생은 장학금을 받고 있다. 재정후원계획을 보면 신입생들에 대한 장학금, 전학생에 대한 반(半)대여, 반장학금제, 단기대여 등이 전학생에게 지급되고 part-time 고용도 인정된다.

장학금 중에는 동창장학금이 많고 그 외에도 많은 종류의 장학금이 있기 때문에 원하는 학생은 장학금을 얻을 수 있다.

기숙사에의 입사는 Harvard College는 필수적이나 Law School에서는 필수적이 아니다. 그러나 현대식 기숙사와 대식당(Harkness Common)이 있어서 기숙사가 편리하다. 도서관은 미국의 법대 중 최대의 시설과 최다수의 책을 구비하고 있다. Harvard 대학 도서는 전부가 800여 만 권인데 그 중 110만 권이 Law School에 있다. 세계 각국의 잡지와 신간서적이 구입되고 있다. 대학원생은 office를 얻을 수도 있고 3학년 학생은 stack을 얻을 수 있다. 대부분의 학생들은 Langdell Hall의 대독서실을 사용한다. 관외대출도 자유롭고 Xerox에 의한 복사도 10센트로 해주기 때문에 여러 가지로 편리하다. 그러나 한국의 법서는 잘 구입되고 있지 못하다. Harvard Law School Library는 많은 문헌목록을 발행하고 있는데 이들 bibliography는 세계적인 가치를 지니고 있다.

외국 학생들은 Law School에는 상당히 많다. 그러나 대부분은 대학원 재학생으로 연 30명 내지 40명이 된다. 외국 학생을 위해서는 Harvard Law School, Programs for Students and Lawyers from Abroad라는 팸플릿이 있어 Harvard Law School에서의 생활을 설명해 주고 있다. LLB degree를 원하는 학생은 Director of Admission에게 편지를 내면 회답이 온다. 그러나 LLM이나 SJD를 원하는 사람은 영어가 유창해야 하며 법학사의 학위를 가져야 한다. 그리고 입학조건은 미국 학생과 같다. 대학원 과정에 입학하려는 학생은 Chairman of the Division of Graduate Studies, Harvard Law School, Cambridge, Mass. 02138에 편지를 내어야 하며, fellowship을 요청하는 경우는 2월 1일 이전에 제출되어야 한다. 그 외에도 International Legal Studies나 The International Program in Taxation에 응할 수도 있다.

8. Yale 대학에서의 정책학적 법학교육

Harvard 법과대학과 함께 대표적인 법과대학으로서는 Yale, Columbia, Michigan 등이 있으나 Harvard와 가장 대조적인 법과대학이 Yale 법과대학일 것이다. Yale 대학에서 법률을 가르친 것은 1779년으로 Goodrich 교수가 그 시초였다. 그러나 형식적으로 법과대학이 대학의 일부로 된 것은 1824년이라고 한다. 따라서 약 145년의 오랜 역사를 가진 셈이다. Yale 대학의 법학교육 방법은 오랫동안 '법은 논리가 아니고 경험'이란 입장에서 나왔고, 교수들도 경험론자가 많아 realist라고 불렸다. 현재도 Yale 대학의 법학교수는 법학 이외에도 인접과학에 깊은 소양을 가진 사람들이 많다.

Yale 대학은 시대의 요구에도 불구하고 적은 법과대학으로 남아 있으려는 방침을 확립하고 있다. 그들은 많은 교수진과 적은 학생 수를 이상으로 생각하여 법조기술인보다는 넓은 시야를 가진 지도자양성을 주과제로 생각하고 있다. 그래서 커리큘럼에도 많은 변천을 보였다. 1955년 Rostow 교수의 학장 취임과 함께 교과과정이 대폭적으로 변경되었는데 그 주요한 것을 들면 ① 제1학기 신입생에게 Seminar를 필수로 하고, ② 제5학기와 제6학기 학생, 즉 졸업반 학생에게는 법의 기초과목에 관한 고급 Seminar를 필수로 하고 개별적인 연구논문지도를 필수로 하고 있으며, ③ 선택적으로 법전문가 교육을 위하여 4년간 과정을 인정하며, ④ 대학원 과정을 강화하는 것 등이었다.

Faculty는 약 50명이며 강사며 조교도 30여 명으로 수가 많으나 학생 수는 600여 명으로 대학원 학생을 제하면 550명도 되지 않는다. 따라서 교수 1인당 학생 수의 비율로 보면 Harvard 보다는 교수와 학생 관계가 친밀함을 알 수 있다. 법과대학 본부는 고딕의 The Sterling Law Building으로서 강의실, 도서관, Seminar 실이며 대강당과 식당, 기숙사가 있다. 법률도서관은 45만 5천 권의 책을 가지고 있으며 대학본부 도서관에도 많은 법서가 있다.

Yale 법과대학의 커리큘럼은 Harvard 보다는 유연적이다. 제1학년의 첫 학기의 과정은 필수이다. 이 과정은 약 15명으로 되는 적은 그룹으로 구분되어 계약법, 헌법, 소송법 및 불법행위법을 배운다. 여기서 법학연구와 논문작성이 면밀하게 지도되며 광범한 논문작성이 요청된다. 제2학년 제3학기, 제4학기에 학생들은 매학기 14학점 이상 16학점 이하를 이수해야 한다. 형법과 행정법 1부, 재산법 1부는 제2학기의 필수과목이다. 제5학기와 제6학기에 모든 학생은 일반적인 Course와 Seminar work 그리고 Seminar Studies Program을 선택할 수 있다. Seminar Studies Program은 학생에게 개별적 연구의 경험을 부여하기 위하여 있는 것이고 각 학생은 중요한 연구 논문을 제출하여야 한다.

Harvard와 달리 4년제 과정도 있는데 이 시험은 법학사학위와 문학석사학위를 결합한 것이다. 이 시험은 주로 법학교수가 되려는 사람을 위한 과정으로서 법학 공부와 더불어 인접과학, 경제학, 사학, 국제관계, 철학, 정치학, 심리학이며 사회학의 석사과정을 이수시키려는 것이다. Yale Law School의 강좌는 다양성을 띠고 있는데 정치학적인 면에서 법을 고찰하는 경향이 많다. McDougal 교수와 Lasswell 교수의 The constitutive process of authoritative decision이나 Law, Science and Policy: Jurisprudence for a free society 등이 그 대표적인 과목이라고 할 것이다.

그러나 Pollak이 학장(Dean)이 된 뒤에는 Yale의 이러한 경향은 어느 정도 사라지고 Harvard와의 절충적인 면으로 발전하는 것 같은 경향이 많다고 한다. McDougal 전성시대의 외국학생우대정책에서 이제는 외국학생에 대한 무차별적 평등대우가 행해지고, 대학원 과정의 축소 등을 통하여 새로운 바람이 불고 있는 것 같다. 대학원의 입학에는 Secretary, Graduate Committee, Yale Law School에 늦어도 3월 1일까지 원서를 제출하여야 한다. 대학원 과정이나 대학과정이나 풍부한 장학기금이 마련되어 있다.

9. LLB냐 JD냐(법학사 학위문제)

미국의 Law School은 College 4년 과정을 졸업한 뒤에야 입학할 수 있고 3년 이상의 수학을 하여야만 졸업할 수 있다. 그런데 졸업 시에는 LLB의 학위를 받게 된다. 그러나 LLB(Bachelor of Law)는 학사(Bachelor)학위로 밖에 인정되지 않기 때문에 여러 가지 모순점이 있다. 미국과 같이 degree에 따라서 봉급이 달라지는 경우에도 Bachleor 학위를 두 개 가지는 것 보다는 Master나 Doctor 학위를 가지는 것이 훨씬 유리하다. 예를 들어 같은 College 를 동시에 나온 뒤에 한 사람은 의과대학에 입학하면 2년 후에는 doctor of medicine이 되어 Doctor degree 소지자로서 대우를 받는데 대하여, 법과대학에 입학한 사람은 졸업 후에도 Bachelor 로서만 대우를 받게 된다.

법학 공부에 관심이 있는 사람이면 LLB가 대학원과정이라는 것을 알지만 일반 사람들은 잘 모르고 행정부에서조차 잘 알아주지 않는다. 행정관리로 가면 LLB degree를 master degree보다 천대하여 군대에서도 봉급이 적다고 하니 불평이 없을 수 없다. 그래서 Chicago 지구를 중심으로 Midwest에서는 Law School 졸업자에게는 doctor of law(Juris Doctor, JD)를 주자는 경향이 농후하다. 이것은 Washington D.C.의 여러 학교도 마찬가지이다. 법과대학 졸업생의 학위를 doctor of law로 하자는 비율은 American Law School Association에서 결의되어 약 80여 개교에서 실시되고 있다. 따라서 JD는 그 실질에 있어서는 LLB와 조금도 다름이 없는데 JD 학위를 가진 사람은 doctor degree를 가진 사람으로 인정하기 때문에 상당한 혼란이 예상된다.

과거에는 LLB 과정에서 성적이 B 이상인 자에게 JD를 준 경우가 있었다. 그래서 연로한 교수 중에는 JD 학위를 가진 사람이 더러 있으나 일반교수는 대부분이 LLB 학위소지자이다. 현재 JD 학위로 변경하는 것을 반대하고 있는 학교들은 Harvard, Yale, Columbia 등의 New England, New

York 등의 좋은 Law School이고 보통 Law School은 앞으로 얼마 안 되어 모두 JD degree를 줄 것이 예상된다.

이 JD degree는 법학교육의 첫 학위고 다음에 LLM, MCL 등의 석사학위가 있고 JSD나 SJD의 박사학위가 있게 되는데 JD와 JSD 또는 SJD와의 혼동의 우려가 없지 않아 있는 것으로 알려지고 있다. 여기에 대해서 JD는 professional degree이고 JSD나 SJD는 academic degree인 점에서 이의 구별을 견지하려는 경향이 농후하다.

10. 사법시험과 취직

미국의 사법시험은 연방정부가 시행하는 것은 없고 각주가 사법시험을 관장하고 있다. 미국 각주의 Bar Examination은 가상적인 Case에 대해서 그 판결을 쓰는 것이 대부분이며 Harvard나 Yale, Columbia 같은 소위 전국적인 규모의(national) Law School을 졸업한 사람은 다시 주법을 배워야 칠 수 있다. 그것이 필수는 아니라도 주법의 시험문제가 많이 나오기 때문이다.

법과대학 입학 후에는 각주마다 그 주 출신자의 명단을 요구하는데 이 주사법시험위원회에 등록을 하여야만 응시자격이 부여된다. 사법시험의 응시자격은 Law School의 졸업이다. 일반적으로 어떤 주에서만 변호사개업을 하려는 사람은 State Law School에서 State law만 공부하여 합격하나 우수한 학생들은 National Law School에서 공부하게 된다.

Harvard Law School 졸업생의 경우 대부분이 각주에서 실시하는 Bar Examination에 응시하는데 첫 회에 합격하는 비율은 약 75%이다. 현 Solicitor General(법무부차관)이며 전 Harvard Law School의 학장이었던

Griswold 교수는 학생들이 학교에서 가르치지 않는 State law를 자습하지 않기 때문에 약 25%가 떨어진다고 한탄하고 있었는데 첫 회에 떨어진 사람도 다음번에는 대개가 합격된다. 그렇기 때문에 Law School을 나온 뒤에 Bar Examination에 완전히 실패하는 사람은 극소수이다.

Bar Examination에 합격하면 변호사가 되는데 변호사는 처음에 단독 개업을 하지 않고 법률사무소(law firm)의 일원으로서 고용된다. 이러한 law firm은 몇 십 명 내지 몇 백 명의 변호사들이 모여서 공동사무소를 형성하고 있는데 이들 law firm은 매우 전문화되어 있다. 1인 단독 변호사(solo lawyer)도 없는 것은 아니다. 아주 유명한 전문변호사는 사무실을 유지할 수 있으나 그렇지 않은 개인 변호사의 수입은 그다지 많지 않다. 소요시간에 따라 비용을 징수하는 미국의 변호사비용은 매우 높다. 가장 쉬운 이혼사건도 최소한 500~600불은 든다고 한다.

그래서 가난한 사람들에게 법률구조를 하기 위한 많은 법률사무소가 설치되어 있어 여기에 흡수되는 초년 변호사도 많다. 공무원으로 나가는 법과대학 졸업생은 드물다. 공무원의 보수가 사기업이나 법률사무소보다 적은 데에 기인한다. 우리 학생들이 부러워해야 할 것은 졸업생 모두가 사법시험에 합격할 수 있다는 사실과 취직의 걱정이 없다는 사실이다. 2학년 3학년 학생들은 여름 방학의 아르바이트로써도 충분히 학비를 낼 수 있게 풍족한 것이 특색이다. 거기에 장학금이 풍부한 아르바이트도 가정교사가 아니고 법률사무소에서 일하는 것이기 때문에 공부에도 많은 도움을 주게 된다.

법과대학 졸업생 중에서 가장 우수한 학생은 연방 대법원이나 주대법원의 법관의 조수(law clerk)로 취직한다. 이것은 우리나라의 대법원의 재판연구원과 같은 것이라고도 볼 수 있는데, 대법원에서 판결문을 작성하는 데 초안을 작성하거나 판례·학설 등을 정리해 주는 중요한 역할을 담당하는 직무이다. 우수한 조수는 2~3년 근무 후에 최고재판소의 Partner가 되어 일하다가 법과대학교수로 초빙된다.

법과대학 교수로 되는 정도는 law clerk, associate partner의 길을 거치는 것이 원칙이었으나, 최근에는 대학원을 거쳐 teaching assistant, research associate를 거쳐 Professor로 되는 길도 열리기 시작하고 있다. 미국의 교수들은 rank가 엄격하여 tutor, lecturer assistant, associate professor, professor의 과정을 거치게 되어 있으나 법학교수에 있어서는 이 계단이 많아 생략된다. 대개가 assistant professor 1, 2년 만에 professor로 되고 좀 오래되면 University professor, Endowment Professor로 되어 봉급이 월등 높아진다. 그 이유는 대학교수의 pay scale을 같이 하면서도 법대교수를 우대하기 위하여 빨리 승진을 시켜 pay(보수)를 올려주기 위한 방편이다. 따라서 30대의 젊은 Professor가 상당수 있다.

변호사들은 judge로 appoint 되기를 큰 영광으로 생각한다. 미국의 judge도 40세 이하는 거의 없지 않은가 생각한다. 판사의 직위는 검사의 직위보다 훨씬 높은 것으로 인정되고 있다. 한국의 20대 법관이 미국에 가면 대천재요 덕망가로 인정되는 것도 그 때문이라고 하겠다.

11. 대학원 교육의 문제점(LLM, MCL, JSD)

LLB나 JD 학위는 직업적인 학위인데 대하여 LLM이나 MCL, SJD, JSD 등은 학문적인 학위이다. 미국의 법과대학원 교육도 타국과 마찬가지로 장래의 법학교수양성을 위한 교육기관이기도 하다. 미국의 큰 national law school은 대개 graduate program을 가지고 있다. 그런데 그 중에서도 수적으로나 질적으로 우수한 학교로서는 Harvard, Yale, Columbia, New York, Michigan, Chicago, George Washington, California at Berkeley, Georgetown 등이라고 하겠다. Harvard는 1966년도에는 약 80명의 국내외 학생이 대학원학생으로 선발되었고, Yale은 약 50명, Columbia나 New York 등 학교도 상당수의 대학원학생을 수용하고 있다. LLB 과정이 법조실무가를 양성하는 교육인데 비하여 석사과정이나 박사과정은 법학교육자 양성교육에 목적이 있는데, 대학원 입학생의 대부분은 적은 법과대학 출신이고, 또 그들은 학위 취득 후에 그들의 모교의 교수로 취직되는 것이 일반적이다. Prestige law school 졸업생은 대학원 과정에 진학하는 일은 과거에는 거의 없었고 점점 늘어나는 경향이 있기는 하나 그 수는 아직 소수이다.

LLM은 master of laws, MCL은 master of comparative law, JSD나 SJD는 Doctor of Juridical Science를 뜻한다. LLM degree는 주로 미국 학생을 위한 학위인데 대하여 MCL은 외국법을 연구한 외국학생들에게 수여되는 경우가 많다. Harvard나 Yale에서는 MCL degree는 수여치 않으나 Columbia, New York, Michigan, Chicago 등지에서 수여되고 있다. MCL degree의 requirement는 LLM degree와 같으나 미국 내의 평가는 대등한 것으로 인정하지 않는 것이 일반적인 경향이다.

LLM이나 MCL의 과정을 위한 입학자격은 대학졸업 후 LLB degree를 가질 것이 필수적이다. LLM degree의 requirement는 1년간의 재학과 2학기 간에 12~20 학점을 취득하고 Seminar 논문을 발표하는 것으로 되어 있다. 그러나 Harvard의 경우 small law school을 졸업한 학생들이 LLB degree에서 배우지 않았던 과목 중에서 course 몇 개를 선택하는 것이 고작이고 필수과목은 없다. 이에 반하여 Columbia에서는 Teaching method와 Jurisprudence (Legal philosophy)가 거의 필수적으로 부과되고 있다.

LLM 코스나 MCL 코스의 학생은 일반적으로 LLB 코스의 학생과 별다름이 없는 공부를 하고 각 교수의 Teaching method를 observation하고 있을 뿐 독자적인 연구에는 시간이 부족한 것 같다. Harvard의 경우 LLB 코스의 3학년 과정에서는 writing program이 있어 Seminar에서 취급한 논문을 발표하게 되어 있는데 질에 있어서 대학원생의 것과는 별 차이가 없다. 미국 교수 중 LLM degree를 가진 사람은 대개 small law school 교수이고

Harvard나 Yale, Columbia 같은 national law school에는 LLB 이상의 학위를 가진 사람이 별로 없고 LLM 이상의 학위를 가진 교수가 전 법학교수의 10% 정도 밖에 안 된다는 것은 LLM degree의 천시나 대학원교육의 천시를 뜻하는 것이라고 하겠다. 이에 반하여 캐나다의 법학교수는 약 40% 이상이 LLM이나 JSD 학위를 가지고 있다. LLM degree는 천시되는데 비해서 SJD degree는 상당히 높은 평가를 받고 있다. 미국에서 PhD는 무수히 있으나 SJD나 JSD는 그리 흔하지 않다. 과거에 Yale을 비롯한 몇 개 대학이 외국학자에게 많이 수여한 적이 있으나 현재로 봐서는 많은 제약을 받게 되어 있다. 그러나 아직도 미국학자들에게 보다는 외국학자에게 수여되는 경우가 많은 것처럼 보인다.

외국학생들은 이를 지상목표로 생각하는 경향이 있으나 미국 학생들은 이에 큰 집착을 가지지 않으며 JSD, SJD의 학위소지자도 소수이기 때문에 JD와의 구별조차 모르는 사람들이 많이 있다. LLD degree는 명예로 수여되는 경우가 많다. JSD나 SJD의 requirement는 학위논문을 완성하는 것으로 적어도 1년 이상의 재학과 수료 후 5년 이내에 논문이 통과되어야 한다. JSD 학위 코스에서는 개별적인 연구가 중요시 되고 있다.

현실적으로 대학원강의는 법과대학 교육의 연장일 뿐이기 때문에 보다 실효적인 대학원교육과 연구를 위하여 Institutes for Advanced Legal Studies라는 연구소의 설치가 AALS의 Committee on Studies Beyond the First Degree in Law에서 논의되었다. 이 안은 영국의 London Institute of Advanced Legal Studies나 독일의 Max-Planck-Institut, 소련의 Legal Institute와 같이 법학교수 양성과 연구를 위하여 필요하다는 데에 그 근거를 두고 있다. 현재 미국의 각 법과대학에는 이러한 연구소들이 없는 것은 아니나 전국적인 규모의 연구소의 설치가 요청된다고 보겠다. 미국에서도 법학 이외의 전국적 연구소로서는 Princeton Institute for Advanced Study in the Behavioral Sciences, Florence Heller Graduate School for Advanced Studies in Social Welfare (Brandeis Univ.) 등이 있다. 우리나라에는 대학원과정으로서는 각 대학마다 있고 연구소는 서울대학교 법학연구소를 비롯하여 더러 있으나 그 기능을 완전히 발휘하고 있지는 못한 것 같다.

12. 계속적 법학교육과 대학 외 법학교육

계속적 법학교육은 1959년에 이미 법과대학의 과제가 아니라 미국법조협회의 과제라는 데에로 기울어졌다. 그러나 최근에 다시 계속적 법학교육은 법조협회 뿐만 아니라 법과대학이 또한 이를 행하여야 한다는 데로 의견이 접근되고 있다. 1966년의 미국법과대학협회에서도 이 문제가 진지하게 논의된 바 있다.

그런데 각 대학에서는 계속적 법학교육을 단독으로 행하는 경우가 많다. Harvard Law School은 미국의 법조협회 연차대회 때마다 2주일여의 계속적 법학교육을 실시하고 있다. 1967년 여름에도 하와이에서 개최된 법조협회대회에 앞서 2주간의 Seminar가 행해진 바 있다. 계속적 법학교육의 목적은 현직 변호사들에게 새로운 법이론과 판례를 소개·비판함으로써 변호사의 자질을 향상하는데 목적이 있다. 미국의 의과대학은 의사들에게 계속적인 교육을 하고 있는데 법과대학도 이에 못지않게 계속적 법학교육을 법조협회에만 맡겨서는 안 된다는 여론이 지배적이다. Harvard Law School이 행한 1967년의 계속적 법학교육의 내용을 보면 다음과 같다. 1967년 7월 17일에서 7월 29일까지 2주에 걸쳐 매일 Antitrust Law, Business Planning, Estate Planning, International Business Problems, Security Regulation, The Uniform Commercial Code 등의 강의가 있었다. 그 외에도 최근의 공사법 발전에 대한 여러 교수의 강연이 행해졌다. 우리나라에서도 이러한 계속적 법학교육이 행해질 것이 요망된다.

법과대학 외의 법학교육은 주로 일반대학과 고등학교에서의 법학교육을 말하는 것이다. 미국법과대학협회는 여러 차례에 걸쳐 대학과 고등학교에서 법률과목을 가르치는 교수들을 모아서 세미나를 가졌다. 여기에서는 일반 대학에서의 법학강좌에 대한 진지한 토론이 행해졌다. 일반대학에서 강의되는 법률과목으로는 법이론, 헌법사, 기업법, 노동법 등이 있다.

공민교육을 위한 교사재훈련과정에서 특히 기본권이 교수되었다. 일반사회과 교사들을 위하여 인간의 권리, 특히 시민의 권리에 관한 강좌가 행해졌다. 이와 같은 중고교 교사재교육을 위한 법학강의도 계속될 것이 기대된다.

13. 미국의 Bar Association

전국적인 단체로는 American Bar Association, Federal Bar Association이 있고, 그밖에도 각 State Bar Association, City Bar Association 들이 있는데, 이들 법조협회는 한국과 같은 변호사협회가 아니고 현직 판사, 검사, 검사, 변호사, 교수, 관료 등 전 법조인을 포괄한 단체인 점에 특색이 있다. 법조일원화가 완전히 행해져 있기 때문에 변호사나 교수, 검사 간의 교류도 잦으며 이러한 Profession 중에서 우수한 사람만이 판사로 선발되거나 발탁되기 때문에 미국에서 판사의 지위는 매우 높다. 법조협회에서는 판사의 임명에 대해서 상당한 힘을 가지며 판사임명에 Bar Association에서 이의를 제기하면 임명되지 않는다. 법조협회 Grievance Committee는 변호사나 다른 법조인에 대한 비위를 심사하고 판정하는 힘을 가지며 그 통제권은 상당히 강하다.

미국의 Bar association은 연구위원회를 두어 입법에도 상당히 관여하고 있다. 제89대 의회(1965~66)에서는 ABA에서 추진했던 11개 법안이 통과되었다. 1966년에는 미국 대통령선거에 관한 헌법 개정안을 만들기까지 하였다. American Bar Association은 Chicago American Bar Center를 건립하여 Chicago 법과대학과 함께 많은 연구 사업을 하고 있다. American Bar Center의 건물은 웅대하며 장서도 많고 많은 Section이 있어 연구와 교육에 종사하고 있다. "American Bar Association Journal"을 월간으로 출판하고 있으며 법의 날(Law Day) 행사 등 많은 행사를 주관하고 있다.

American Bar Association은 연차대회를 가지는 바 1967년에는 7월 31일에서 8월 9일까지 Honolulu에서 수 천 명이 참석한 가운데 성대히 거행되었다. ABA는 그 밖에도 여러 가지 계속적 법학교육을 담당하고 있다. 그러한 기구로서 여러 National Institute를 두어 여러 가지 강좌를 개설하고 있다. ABA는 준회원으로서 법과대학 학생을 받아들일 것을 고려하고 있으며 법조인강령(Canons of Professional Ethics) 개정에 착수하였고 머지않아 완성될 것이 기대된다. 100주년기념사업을 위해서도 상당한 노력이 행해지고 있다. 그리고 ABA는 회원들의 취직알선이며 상담에도 응하고 있고 법률구조사업과 법학교육 문제에도 많은 관심을 나타내고 있다. ABA는 또 학생들을 위하여 대여 장학금을 지급하고 있는데 이 제도 창설후 19개월 동안에 1,300명의 학생에게 120만 불을 빌려주었다.

이 외에도 직종별 Lawyers Association이 있다. 그 하나로 1(사실)심 담당 변호사들이 소속하는 American Trial Lawyers Association 등이 있다. 이 변호사협회에서는 "Trial"이라는 격 월간지를 발행하고 있다.

14. 세계적인 법조협회

세계적인 법조협회는 오늘날 자유진영 것과 공산진영 것으로 양분되다시피 되었다. 자유진영의 협회로 비공공단체요 순수한 민간단체인 '법을 통한 세계평화 센터'(World Peace through Law Center)에서도 소련 진영의 참가를 강력히 요청했음에도 불구하고 유고슬라비아만이 이에 참가했을 뿐이었다. '법을 통한 세계평화 센터'는 제네바에 본부가 있으며 워싱턴에는 미국 지부가 있고 회장 Rhyne씨는 여기에 속해 있다. '법을 통한 세계평화센터'는 이미 3회의 World Congress를 열었는데 첫 회는 아테네에서, 둘째 번은 워싱턴 D.C.에서, 셋째 번은 제네바에서 열렸다. 제네바 대회는 1967년 7월 9일부터 9월 14일까지 거행되었는데 공산권을 제외한 세계 각국에서 수 천 명의 회원이 참석하였다. 회의 장소는 UN 제네바 사무국을 비롯하여 국제노동기구(ILO)와 International Hotel에서 행해졌다. 여기에서의 주 의제는 세계법의 통일과 법을 통한 세계평화의 달성이었다. 회의의 중요 테마와 진행시일은 다음과 같다.

1967년 7월 9일에는 Hotel Intercontinental에서 등록을 하였고 저녁에는 리셉션이 있었다. 19일에는 개회식이 있었는데 세계 각국 원수로부터의 메시지 전달이 있었고, Warren 대법원장을 비롯하여 세계 각국의 대법원장과 국제사법재판소 판사며 유럽 인권재판소 판사들을 비롯하여 많은 나라의 법관·교수·변호사·검찰관들이 참석하였다. 오후에는 평화보장을 위한 국제사법재판소, UN 중재재판소 등이 제1회의장에서 다루어졌고, 제2 회의장에서는 법에 대한 과학과 기술의 영향이 논의되었고, 컴퓨터가 전시되었다. 저녁에는 스위스정부에 의한 리셉션이 있었다. 제 3일인 11일에는 기본권에 관한 토론이 행해졌고 오후에는 국제조직을 통한 법의 발전 등 여러 의제가 토론되었다. 7월 12일에도 비무장, 군축에 관한 토론이 행해졌고 우주법에 관한 토론이 있었다. 오후에는 법학교육에 관한 토론이 있었으며 유기천(劉基天) 박사께서 발표를 맡았다. 7월 13일에도 회의가 있었고 저녁에는 리셉션이 있었으며 밤에는 Banquet가 있었다. 7월 14일 집행위원회를 끝으로 막을 내린 이 대회에서는 회장단 임원들의 개선이 있었고 세계법의 날 제정과 세계법의 통일화를 위한 여러 방안이 토의되었다. 이 World Peace through Law Conference는 그 자체로서는 어느 정도 루즈한 조직이고 official한 것이 아니기 때문에 각국의 Bar Association을 결합한 세계적인 Bar Association이라고는 할 수 없을 것이다. 그러나 민간 Base로 인간관계를 돈독히 함으로써 세계평화를 달성하려는 목적은 달성될 수 있을 것이라고 생각한다. 이 센터의 한국 지부는 변호사회에 구성되어 있다(지부장 전봉덕(田鳳德) 변호사).

제네바에는 이 외에도 International Commission of Jurists가 있어서(2.Quai du Cheval-Blanc Geneva Switzerland)가 있어서 국제적인 법조협회의 역할을 하고 있다. 우리나라에는 아직 이 International Commission of Jurists의 지부가 결성되어 있지 않기 때문에 그 결성에 관한 문제로 필자도 상담을 받았다. 이 기구도 세계에서의 Rule of Law를 위하여 여러 가지 활동을 하고 있다. International Committee of Jurists는 비정부기관으로서 UN과 UNESCO와는 협력적 지위에 있다. 이 기관에서는 Journal과 Bulletin을 발행하고 있는데 Journal은 연 2회 Bulletin은 연 4회 발행된다.

가장 중요한 기관으로서는 UN의 기본권위원회며 안전보장이사회, 국제사법재판소며 기타 기구가 세계법의 통일, 평화유지에 노력하고 있는데 현재 우리나라는 이들 기관에 거의 가담하지 못하고 있다. 국제인권의 해를 맞아 세계적인 캠페인이 현재 행해지고 있으며, 1967에는 제21차 UN 총회에서 정치권과 시민권에 관한 국제헌장과 사회권과 문화권에 관한 국제헌장이 채택되었다. Rule of Law와 World Peace Through Law, International Protection of Human Rights 등을 주제로 하는 세계적인 기구가 이와 같이 마련되어 있으나 아직도 각국의 Bar Association을 총괄하는 World Bar Association이 없는 것이 안타깝다. 이 기구도 언젠가는 결성될 것이 기대된다.

15. 미국 법학교육의 세계적 지위
―타국의 교육방법과의 비교와 우리나라에 미칠 영향

이제까지 미국의 법학교육에 관하여 5회에 걸쳐 지루하게 알아보았다. 끝으로 미국의 법학교육이 다른 나라의 법학교육과는 어떻게 다르며 그것이 각국의 법학교육에 미칠 영향은 어떨 것인가에 대해서 생각해 보기로 한다.

1) 법학교육의 목적

미국의 법학교육은 그 목적에서 타국의 법학교육과는 달리 법의 이해에서 법정기술의 연마에까지 이르고 있다.

Harvard 대학의 저명한 Cavers 교수는 법학교육에 관한 Colloquium에서 미국 법학교육의 목적으로서 16가지를 들고 있다. ① 미국 주법의 실체법과 소송법의 근본원칙의 이해, ② 미국 연방법의 실체법과 소송법의 근본원칙의 이해, ③ 국제단체에 관한 법과 제도와 소송절차에 관한 이해, ④ 상소심에서의 소송절차의 이해, ⑤ 장래의 판례법 발전의 지시자로서의 판결 해독의 기술, ⑥ 판례를 법적 논점의 구성과 그러한 논점을 포함한 소장(訴狀) 작성에 이용하는 기술, ⑦ 사건을 준비하고 전개하여 타 변호사의 사례를 공격할 수 있는 법정 변호사로서의 기술, ⑧ 소송의 뢰인, 법인이나 개인의 사건을 처리하기 위한 계획을 세우는 사무실 변호사, ⑨ 그러한 계획을 실효화 하기 위한 법적 수단의 강구를 기안하는 사무실 변호사(office lawyer)의 기술, ⑩ 법의 정책과 결정과 타 과학의 정책 결정과의 상호관련성의 이해, ⑪ 법률 상담자로서 법과 개인 인격과의 행태, 과학적 견지에서 본 상관관계의 이해, ⑫ 역사적 · 철학적 · 사회학적 견지에서 본 법과 법제도, 법적 절차의 사회과정에서의 지위의 진정한 이해(appreciation), ⑬ 공권력과 사권력의 제한으로서의, 또한 개인의 권리의 보장으로서의 법의 지배의 개념에 내포되어 있는 가치의 진정한 이해, ⑭ 긍정적인 사회적 제목적을 달성하기 위한 수단으로서의 법과 법제도와 법절차의 가능성의 진정한 이해, ⑮ 변호사의 그의 소송의뢰인과 소송의뢰인의 상대자와 그의 동료 변호사, 법관과 사법의 능률적인 행정을 위한 직업적 의무의 진정한 이해, ⑯ 변호사의 능력과 이익이 내포되어 있는 역할에서 일상생활에서의 지도자에 대한 필요가 있는 경우에 지도자로서 보답할 준비태세가 이것이다.

이것은 ① 법원리의 이해라는 면에서 법학교육의 제1의적인 요소가 법이론의 교수에 있음을 명백히 했으며, ② 법정기술의 습득 기타 기술의 습득이란 점에서 변호사 양성의 목적이 있음을 잘 설명했고, ③ 나아가 법의 근저에 있는 근본문제의 파악과 지도자 육성 등에 법학교육의 목적이 있음을 명백히 하고 있다.

법원리의 이해라는 점에 중점을 두고 있는 유럽의 법과대학 과정이며 한국, 일본의 법학교육과는 그 목적이 다르다. 유럽의 법학교육의 목적은 변호사로서의 기술양성의 목적은 거의 없고, 법에 대한 학문적 이해와 판례의 이해 등에 중점이 주어지고 소송기술의 습득은 대학 졸업 후의 실무 수습 과정에서 행해지는 것이 특색이다. 그러나 유럽의 법과대학의 교육목적이 법조인 양성을 위한 점에 있어서는 미국과 별다른 차이가 없다고 하겠다. 이에 반하여 한국과 일본의 법학교육은 법조인 양성이라는 목적을 가진 것이 아니고 일반교양으로서의 법을 가르치고 있지 않나 하는 의문이 앞선다. 일본이나 한국의 법과대학 졸업생은 꼭 법조인을 지망하지 않으며 법과 만능의 여운에 젖어 어디에든지 취직하고 거기에서 중견으로서 활약하고 있다. 이 점에서 일본이나 한국의 법학교육은 미국의 College의 Liberal Education에 대응하는 것이라고 볼 수 있을

것이다. 이 점에서 한국의 법학교육의 목적이 우선 정해져야 할 것으로
본다.

2) 법학교육의 연한 문제와 입학자격시험

미국의 법학교육이 Liberal Education이 아니고 Professional Education인
점에서 우리나라와 상이하여 이것을 교육기관 대학이 아닌 대학원인 점
에도 특색이 있다. 기술한 바와 같이, 미국의 법과대학은 원칙적으로 문
학사나 이학사의 학위를 가져야만 입학할 수 있는 대학원 과정이다. 4년
동안에 Liberal Education을 받고 법조인으로서 나아가기에 적합한가의 여
부를 law school admission test에 의하여 평가한 뒤에 대학원 과정에서 연구
하는 만큼 변호사 양성을 위한 직업학교로서의 구실이 생긴 것이라고
하겠다. LSAT는 일반교양과 판단력, 작문력, 독해력 등을 테스트하고 있
기 때문에 대학 공부 이외의 고시 공부는 필요 없어진다. 법과대학 입학
시험이라고도 할 LSAT 점수가 결정적인 것이 아니고 College에서의 성적
과 학생활동 등이 참작되기 때문에 미국의 liberal education은 아주 좋은
분위기 하에서 치열한 경쟁이 행해진다. Law school에의 입학이 LSAT의
성적과 학교의 내신서며 저명인사의 추천서, 면접 등에서 결정되기 때문
에 편파적인 인격자는 형성되지 않는다. 따라서 Law School에 입학한 자
는 어느 정도 인격 파탄자가 아니란 것이 보증되는 셈이다.

유럽에 있어서의 법과대학 입학자격은 미국과 같지는 않다. 그러나 독
일의 Gymnasium 교육은 어느 정도 미국의 College Level과 같다고 할 수
있다. 9년제 Gymnasium 졸업자도 대학입학 자격시험이라고 할 수 있는
Abitur를 얻어야만 법과대학(Juristische Fakultät)에 입학할 수 있다. 유럽의 대
학은 13년간의 수학을 전제로 하고 있는 점에서 우리나라의 교양과정부
이수자 이상의 자격이 있다고 볼 것이다. 유럽의 법과대학 학생에게는

예과 과정이 없고 곧 법학교육으로 들어간다. 예과 과정은 의과대학이나 치과대학에도 없다. 미국의 College 과정을 독일에서는 Gymnasium 정도로 취급하고 있는 점에서 일본이나 우리나라에서 법과대학이 고등학교 졸업생을 곧 받아들이는 것과는 다르다고 하겠다.

한국의 직업적인 법학교육을 말하는 사람은 법과대학에도 예과의 창설을 주장하고 예과 졸업생에 한하여 법과대학에의 진학을 할 수 있도록 하는 제도를 주장하고 있다. 대개의 논자는 2년 예과에 4년제 법과대학을 구상하고 있는데 이것은 어느 정도의 타당성이 있다. 법과대학을 의과대학이나 치과대학과 같이 6년제로 하여 법학직업교육을 철저히 하자는 안도 좋은 방안이 될 수 있다. 6년제 법과대학으로 하는 경우 미국보다는 수학 연한이 1년이 짧지만 독일보다는 1년이 길므로 일반교양과 직업교육을 완전히 할 수 있는 것처럼 보인다. 그러나 본인은 현행 고시제도를 개혁하지 않는 한 이 제도에도 찬성할 수 없다고 생각한다.

현재 사법대학원은 대부분이 법과대학의 과정을 4년간 이수한 학생이지만 그들에게 현대철학사조, 정신심리분석학, 법의학, 한국경제, 한국헌정, 교양특강 등을 과하고 있는 것은 그들만의 교양부족을 탓하기 때문이 아니고, 사법시험의 준비 장소로 타락한 법과대학의 교양강의를 학생들이 귀담아 듣지 않기에 복습하는 것이라도 할 수 있을 것이다. 현행의 사법시험제도를 고치지 않는 한 수업 연한을 6년으로 하건 8년으로 하건 완성된 교양인을 양성하기는 힘들다고 하겠다. 그래서 필자는 한국의 현재 법과대학을 다른 대학과 마찬가지로 교양을 위한 법학교육 기구로 존속시키고 2년제 사법대학원이나 3년제 사법대학원을 두는 것이 효과적이라고 생각한다. 이 경우에 있어서도 법과대학의 교육을 정상화하기 위해서는 사법시험 제도가 개혁되어야 한다는 것은 두말 할 필요도 없다.

법과대학이 일반교양으로서의 법학교육을 정상화시키기 위해서는 현재의 사법시험을 미국의 Law School Admission Test와 같이 광범한 이해력, 독해력,

판단력을 가할 것을 권장하고 싶다. 독일에 있어서는 Referendar-Examen은 법과대학 과정을 6 내지 8학기 이상 수학한 뒤에 치는 제1차 국가시험인데 이 경우에 법률 케이스에 대한 판결작성의 요령이 시험되는 경우도 있으나 대부분 구두시험이나 가정숙제(Hausarbeit)에서 법률과목의 지식을 총망라하여 테스트하기 때문에 편파적인 고시공부는 존재하지 않는다. 우리는 현재의 사법시험이 미국의 Law School Admission Test와 독일의 Referendarexamen의 절충적인 방법으로서 행해지는 것이 좋지 않을까 생각한다. 이 경우 이를 사법시험이란 명칭을 고집한다면 제1차 사법시험이라고 할 것이며, 이를 고집하지 않는 경우에는 사법대학원 입학자격시험으로 칭하는 것이 어떨까 생각된다. 또는 법과대학 졸업국가시험이라고 해도 나쁘지 않을 것이다. 이 경우에 법학사의 학위는 이 시험의 합격여부를 불문하고 수여되어지는 것이 좋을 것이다. 이렇게 되면 법과대학을 법조직업교육의 예비교육기관(pre law course)이 될 것이다.

가칭 제1차 사법시험 또는 사법대학원 입학자격시험의 시험관리는 총무처에서 관장해도 좋을 것이고 법과대학협회에서 관장해도 좋을 것이다. 시험위원은 미국의 Law School Admission Test에서와 같이 전원 교수로 하고, 시험 범위는 법과대학의 필수과목 전반에 걸쳐야 할 것이며, 암기력 테스트의 폐단을 없애고 판단력 테스트에 중점을 두어야 할 것이다. 제1차 사법시험 합격자는 전법과대학 졸업생의 20% 정도가 되어야 할 것이며 사법대학원에의 입학은 성적순이나 다른 합리적인 기준에 따라서 매년 200명 정도의 사법대학원 정원 내에서 행하도록 하는 것이 좋을 것이다. 제1차 사법시험에 합격한 자를 입학시킨 사법대학원은 미국의 Law School에 따라 professional education을 하여야 할 것이며, Case method나 problem method에 의한 교육을 철저히 하여야 할 것이다.

3) 직업교육으로서의 법학교육

기술한 바와 같이, 미국의 Law School은 법조인 양성을 위한 직업교육인 점에 특색이 있다. 한국에서도 직업교육으로서의 법학교육을 위하여 사법대학원이 창설되어 있는데 이것은 미국의 Law School제도와 일본의 사법연수원 제도를 절충한 법조양성 제도이다. 일본의 사법연수원은 사법시험에 합격한 사람을 입학시켜 판결문 기안, 소장 작성 등을 교육하는 기관으로서 완전한 직업교육이며 독일의 Referendar의 수습 과정을 집중적으로 하는 제도이다. 일본의 사법연수원 제도나 독일의 Referendar 제도가 사법부의 감독 하에서 운영되는 만큼 판례 비평의 여지가 없는 기존 판례의 전수장(傳受場) 화하고 학문의 자유가 인정되지 않음으로써 관료화의 길로 나갈 우려가 있었기 때문에, 한국에서는 미국 Law School의 장점을 살려 대학원으로 설치한 것이다. 이 일본의 사법연수원 제도보다는 진일보한 것이라고 할 것이다.

그러나 현재의 사법대학원은 이 이상을 전적으로 실현하지 못하고 있는 실정에 있다. 대학원의 운영은 원칙으로는 학생의 수업료에 의존하고 있는 한국의 현실에서 사법대학원만은 학생에게서 한 푼의 돈도 받지 않고 모든 학생에게 소액의 장학금이 지불되고 있다. 대학으로서의 납입금이 없는 면에서 예산은 쥐꼬리만 하여 실험 실습비 조차 영달되지 않으며 시험관리비조차 없고 교재비 또한 극소하다. 대학의 한 기구인 만큼 교원 봉급을 받게 되니 자격 있는 법관이나 검찰관, 변호사가 전임교원으로 오려고 하지 않으니 전적으로 강사에 의존할 수밖에 없다. 강사료는 거마비도 되지 않으니 강사들의 성의 또한 의문시된다.

법무부나 대법원은 법조인 양성의 이 기구에 대해서 하등의 재정적 원조 없이 학생지도를 의뢰받으면 오히려 강사료나 채점수당의 미소함을 탓하니 사법대학원의 획기적인 발전은 현 여건 하에서 기대하기 곤란하다. 한국 정부나 대학 당국이 이처럼 푸대접하는 사법대학원의 중요성을 아세아 재단만이 인식하여 연간 17,000달러의 원조를 하고 있으나 몰상식한 타 기구에 의해서 그 전액이 관리됨으로써 그 입는 혜택은 10%도 안 되니 사법대학원의 운영이 잘되기는 힘들다. 학생들은 학생들대로 사법시험 합격을 최대의 전리품으로 알고 법률은 다 아는 양 뽐내고 자동적으로 법조인이 되는 줄 알고 공부를 하지 않으며 불평·불만만 늘어놓고 있으니 사법대학원 교육의 정상화를 위하여 미국식 Law School로서의 발전과 제2차 사법시험의 도입이 절대적으로 필요하다고 생각한다. 법조인 양성을 위한 직업교육을 위해서는 사법대학원의 교과과정을 현재의 이론 1년 실무 1년을 이론 2년 실무 1년으로 연장하는 것도 고려될수 있다. 이론 2년은 명실상부한 미국식 law school로서 철저한 case method와 problem method에 의한 교육을 실시할 것이며 소송기술의 학문적인 연구도 필요할 것이다. 2년간의 이론은 석사학위 논문의 통과로서 진급을 인정하여 이 논문이 통과되지 않는 경우 실무수습에의 기회를 박탈하여야만 할 것이다. 이론과목은 현행의 민사연습, 형사연습, 공법연습, 외국법연구, 경제법연구 등 필수과목 이외에 소송기술, 법률구조, 법률상담, 모의법정 등 실습과목을 둘 것이고, 특수 분야에 대한 Seminar가 강화되어야 할 것이다. 이론과목의 담당자는 미국이나 유럽에서 연습과목을 공부하여 case method나 problem method에 익숙한 사람들이 담당하는 것이 좋을 것 같다. 학생들에게는 풍부한 교재가 지급되어야 할 것이고 학자금도 상당히 인상되어야 할 것이고 기숙사의 강제입사제도는 재고되어야 할 것이고 식비 등도 충분하게 관급(官給)되어야 할 것이다.

실무수습 1년은 독일의 Referendar나 일본의 사법연수소 연수원같이 판결문 작성, 소장 작성 등 재판실무, 검찰실무, 변호사실무 등을 수습하게 하여야 할 것이다. 이것은 현재 사법대학원에서 행하고 있는 교과과정이 타당성이 있다고 생각한다. 그러나 현재의 운영은 잘되고 있다고만은 할수 없다. 검찰에서는 검사직무대리로 임명되어 직장생활을 하니 실무수습이 잘되고 있으나, 법원실무는 판사실의 부족에서 각인마다 담당판사실에 입주할 수 없어서 실무수습이 소홀히 되는 수가 허다하다. 대법원은 만약에 법원에서의 실무수습이 장소문제 때문에 어려운 경우 재판연구원과 같은 사법대학원생 지도판사제도를 제도화하여 이를 임명하고 사법대학원에 파견·근무케 하는 방도도 고려해 주었으면 한다. 일본의 사법연수소 교관들은 대부분이 현직 판사로서 임명된 자들인 만큼 우리나라에서도 이 제도는 좋은 성과를 올릴 수 있을 것으로 생각한다. 현재 사법대학원에서 행하고 있는 제도는 독일의 Referendar 제도를 도입한 사법관시보제도의 유물이라고 하겠다. 법무부에서 구상하고 있는 검찰연수원 과정도 사법대학원 과정의 연장으로 보아야 할 것이다.

4) 제2차 사법시험과 Bar Association

미국의 변호사 시험은 각주에서 행해지고 있는데 이것은 Law School 3학년 졸업자 또는 졸업예정자만이 볼 수 있고 이에 통과되면 곧 변호사 자격이 인정된다. 독일에서도 제1차 국가시험(Erste Juristische Staatsprüfung)에 합격한 뒤 3년 반의 실무수습을 끝내고 제2차 국가시험(Zweite Juristis-che Staatspüfung, Grosse Juristische Staatsprüfung Assessor Examen)을 치르게 하고 있다. 현재 우리나라에서는 제2차 국가시험을 치르지 않고 사법대학원 졸업생에게는 일률적으로 자격을 인정하고 있다. 이는 사법대학원 교육의 중요성을 인식하고 대학의 자치를 인정한 제도이기는 하나, 법조인의 질적 향상을 위해서는 실무가가 70% 정도 참여하고 학자가 30% 정도 참여하는 제2차 사법시험위원회에서 출제한 시험을 치르는 것이 좋지 않을까 생각된다. 이 시험위원회는 대법원에서 관장하도록 하고 시험을 판결문 기안, 공소장 기안, 변론서 작성 등을 과할 것이되, 민사·형사·행정·특별법 전문야에 걸치는 출제가 요청된다고 하겠다. 이러한 실무시험은 졸업 시에 일률적으로 약 2주일에 걸쳐 시행하게 되면 실력의 차도 측정할 수 있을 것으로 생각한다.

제2차 사법시험에 합격하면 그 성적 순위와 사법대학원 성적순위를 종합하여 인사 배치를 하는 것이 타당하지 않을까 생각된다. 사법대학원 졸업생 중 병역을 필하지 않은 학생은 군법무관으로 소집되는데, 이 경우에도 계속적인 법학교육의 혜택을 입을 수 있는 길이 열려야만 할 것이다. 현재는 사법대학원 졸업생의 대부분이 군법무관으로서 군무에 종사하고 있는데, 판검사의 부족 현실로 보아 곧 현직으로 임명하는 제도가 고려되어지는 것이 어떨까 생각된다. 법조일원화의 견지에서 보아 군법무관 특별채용시험은 유감이나 현재와 같이 대량으로 채용한다면 사실상 사법대학원 졸업생의 군법무관으로서의 진출필요성이 없어지게 될 것이 아닌지?

석사학위를 획득한 학생에게는 사법대학원이나 일반 대학원에 법학박사학위과정에 진학하는 길이 열려야만 할 것으로 생각한다. 미국의 경우 law clerk를 거쳐 office lawyer를 몇 년 한 뒤 assistant professor로 오는 경향이 많은데, 이러한 course를 열어주기 위해서도 변호사의 계속적인 법학교육이 필요하다고 생각한다. 변호사의 계속적인 법학교육은 변호사회에서도 상당한 관심을 가질 문제이나 사법대학원이나 법학연구 기관에서 계속적인 법학교육을 주관하는 것도 좋은 방법일 것으로 생각된다.

법조의 일원화를 이루고 있는 미국의 Bar Association 제도는 한국에도 도입되어져야 하리라고 생각한다. 미국의 Bar Association이 변호사뿐만 아니라 판사, 검찰관, 법률학교수 등 전원을 포괄하고 있는바 한국에서는 이러한 법조일원화가 시급히 요청된다고 하겠다. 재조 재야 법조인과 학계 인사와의 보이지 않는 감정적 대립이나 상호 경시와 불신은 이 나라 법학교육과 법률문화 발전에 큰 장애가 될 것이므로 이를 일소하기 위한 법조일원화가 간절히 요청된다. 이것은 현재 난립되어 있는 각종 법률단체의 연립체형성에서 그 실을 거둘 수 있을 것으로 생각된다. 독일에 있어서나 일본에 있어서도 법조계와 학계의 교류가 인정되고 있는 만큼 고시합격만을 내세우고 현재 학문의 발달도 모르는 법조인들이나, 판례의 추이도 모르는 교수들 또한 정당한 법조인이라고는 하기 힘들 것이다.

5) 결언

위에서 미국의 법학교육과 독일의 법학교육, 일본의 법학교육을 비교하고 한국 법학교육의 개선점을 개관했거니와 법조 직업교육으로서의 미국의 법학교육 3년은 독일 법조교육이 7년 이상 걸리는 것보다는 짧고, 일본이나 한국의 직업 법조교육 2년보다는 길다고 하겠다.

미국 대학의 curriculum은 독일이나 일본이나 한국보다도 훨씬 다양하다. 이들 curriculum은 법과 인접 과학과의 결부에 많은 관심을 가지고 있고, 세분된 법분야는 전공분야의 광범성을 나타내고 있다. 사회의 다기화와 함께 한국에서도 교과과목의 세분은 필수적일 것이다. 우리의 직업 법조교육에서도 미국의 national law school에서와 같은 다양한 강좌의 설립이 중요함은 두말할 필요도 없다.

미국 대학의 teaching method로서의 case method와 problem method는 사법대학원에서는 절실하게 요청되는 방법이다. 독일에서도 연습은 problem method에 의하고 있는바 새로운 연습교재의 출현 또한 요망된다. Lecture method는 교양을 위한 법학교육에서는 case method 보다는 장점이 있으나 법조 직업교육에서는 case method가 절대적으로 필요하다고 하겠다. teaching method와 관련하여 과학적인 교수방법과 기술의 도입, 특히 computer에 의한 사건처리 등이 필요하다고 생각한다.

미국의 법학교육은 그 자체가 판례법 국가의 법학교육이란 제약성이 있으나 직업적인 법학교육으로서의 가장 훌륭한 교육방법의 하나라고 생각되어 법조 일원화제도이며, 법조인의 사회적 지위는 세계 제일이라고 하겠다. 이에 대하여 독일의 법학교육은 추상적이고 이론적인 것 같으나 실무교육에서 판례를 중시하고 실무수습제도를 병용하고 있는데 특색이 있다. 한국의 사법대학원 제도는 이 양자의 중간을 가는 이상적인 제도인 점에서 이의 육성과 발전이 요망된다는 것을 부기함으로써 장황한 미국의 법학교육에 관한 잡견(雜見)을 끝내기로 한다. 그동안 많은 아까운 지면을 제공해준 고시계사와 독자 여러분들께 감사를 드린다.

[중요 참고서적] Die Ausbildung der deutschen Juristen, 1960; Aulin, Der Juristische Hochschulunterricht in Frankreich und seine Reform, 1960; Journal of Legal Education, Proceedings of AALS; 臨時司法制度調査會 意見書.

6. 미국 대학의 대학원교육[*]

신임 이인기(李寅基) 대학원장은 서울대학교 대학원의 강화와 대학원
중심의 교육, 학술연구의 지원 등 신임 포부를 피력하였다 한다. 이는
대학 본부나 문교부의 구상과도 일치하는 것으로 대학원중심 교육에의
새 전환기가 될 것으로 믿어 환영해 마지않는다. 서울대학교 대학원이
종래의 무관심 내지는 현상유지에서 벗어나 획기적인 발전을 하기 위하
여서는 외국의 대학원의 실태를 아는 것도 필요할 것 같아 단편적인 지
식을 소개해 보기로 한다.

유럽의 대학에는 대학원이라는 것이 없다. 독일의 경우 대학은 우리가
생각하는 학부교육이 아니고 대학원교육을 행하는 것이라고 볼 수 있다.
4년제 대학에의 입학자격인 Abitur를 얻기 위해서는 초등학교 4년(이상),
김나지움 9년(이상)의 교육기간이 필요하고 김나지움은 미국의 하이 스쿨
보다는 질이 높아 주니어 칼리지 과정에 해당한다고 하겠다. 그래서 독
일 대학에서는 학부 졸업 시에 학위 논문만 제출하면 Dr. 학위를 주었던

* 『대학신문』, 1968년 9월 9일자.

것이다.

따라서 이 학위는 대학에서 주는 유일한 학위로서 독어사전에서 '학사'라고 번역한 것은 미국 학제와 비교하여 볼 때 오해한 것이라고 하겠다. 그러나 95%의 4년제 의과대학 졸업생이 Dr. 학위를 받기 때문에 우리나라의 구제 박사학위와 동격이라고 보기는 힘들 것이다. 그래서 자유베를린 대학에서는 논문을 제출하지 않는 4년제 대학 졸업생에게는 석사학위를 주고 있는데 이는 4년제 대학과정이 미국식 대학과정에 속해 있음을 명백히 한 것이라고 하겠다. 프랑스에서도 대학입학자격을 바칼레로아라고 하고 있는데 이것은 Bachelor(학사) 학위와 같다고도 할 수 있다.

미국에서도 초기의 대학은 유럽식을 본받아 4년제만을 두었다. 그러다가 19세기 말부터 저명한 대학에 석사과정을 두기 시작했고, 1900년에는 14개 대학이 대학원교육을 하고 있었다. 본격적인 대학원교육을 독립·실시한 것은 1890년 하버드 대학이었고 그 후 여러 대학이 대학원을 독립시켰다. 초기의 대학원의 학생 수는 매우 적었으나 금세기에 들어와 팽창에 팽창을 거듭하고 있다. 캘리포니아 대학의 버클리 대학원은 1915년에는 학생이 1,014명이었는데 1965년에는 10,224명이 되어 10배로 되었다. 로스앤젤레스 대학원은 1933년 대학원 학생 수가 125명밖에 안 되었으나 1965년에는 7,568명으로 무려 60배로 팽창되었다. 대학생 총수의 증가율과 비교해 보더라도 그 발전경향은 현저하다. 1933년의 UCLA의 학생 총수는 6,060명이었는데, 1965년 현재의 학생 총수는 대학원생을 포함하여 25,676명으로 4배밖에는 늘어나지 않았다.

캘리포니아 주에서는 이러한 대학원 학생의 팽창을 참작하여 고등교육에 관한 마스터플랜을 작성하였는데, 로스앤젤레스 대학의 경우 학생 총수 27,500명을 정원으로 하되 그 45%인 12,500명을 대학원과 직업대학원 학생의 정원으로 하고 있다. 대학원의 수가 많아짐에 따라 대학원협회가 1948년 전미(全美) 대학협회에서 독립하여 대학원의 기준을 정하고 교육방침을 협의하게 되었다.

대학원의 전공 분야도 일익 증가하고 있다. 미시간 대학교 대학원은 167개의 전공분야를 두어 석사학위를 수여하고 106개의 박사학위 과정을 두고 있다. 하버드 대학의 박사학위 전공과정도 90여 개에 달하고 있다. 그러나 대학원에 전임교수를 두는 일은 거의 없고 강좌도 대학원생만의 특별한 것을 두지 않고 학부 학생과 같이 각 학부 강좌를 듣는 경우가 많다. 이것은 사실상 학문의 세분화에 따라 학부 강의와 대학원 강의의 구분을 기할 수 없기 때문이 아닌가 생각된다. 이들 대학원에는 특별히 많은 예산과 연구기금이 배당된다.

일본 도쿄(東京) 대학에 대학원이 있는데 아직 미국처럼 발달되지는 못하고 있다. 도쿄 대학의 1965년도 학부 학생은 1만 1,681명인데 대학원 학생은 3,226명으로 대학원생의 비율은 미국보다 낮다. 그 중 석사학위 코스의 정원이 1,720명이고 박사학위 코스의 정원이 1,506명이다. 서울대학교는 학부 학생 정원은 1만 700명인데 대학원 석사 학위 코스의 정원은 574명이고 박사학위 코스의 정원은 201명으로 도쿄 대학의 5분의 1밖에 안 된다. 하버드 대학의 경우 일반대학원은 Graduate School of Arts and Science, 즉 문리과대학원이라는 명칭으로 불리고 있다. 여기에 91개의 전공이 나뉘어져 있는데 이 이외에 법학석사와 법학박사를 수여하는 법과대학원이 있고, 경영학석사와 경영학박사를 수여하는 경영대학원, 행정학석사학위를 수여하는 행정대학원과 교육대학원 등 특수대학원이 된다. 미국처럼 특수대학원이 많이 발달해 있는 나라는 없을 것 같다. 직업교육을 위주로 하는 법과대학원, 경영대학원, 의과대학원, 공과대학원, 신문대학원, 교육대학원, 사회복지대학원 등 많은 특수대학원이 스쿨로 통칭되는 이들 대학원은 독자적으로 박사학위를 수여하는 경우도 있으나 일반대학원과 결부되어 학위를 수여하는 경우가 많다. 특수대학원에는 전임 교수가 있고 학생 수도 매우 많다. 하버드 대학의 경우 1,500여 명씩 교육하고 있는 법과대학원이나 경영대학원 등은 수많은 교수와 도서, 시설을 갖추고 있으며 대학원 졸업 후에는 일정한 자격을 획득하고 있다. 하버드의 경우 학부 학생들의 수효보다는 일반대학원과 특수대학원의 학생 수가 많다. 이것은 전미국의 College 졸업생들이 하버드에서의 계속수학을 희망하기 때문이다. 현재 우리나라에도 행정대학원, 경영대학원, 산업개발대학원, 교육대학원, 보건대학원, 신문대학원, 사법대학원들이 있으나 서울대학교의 특수대학원을 제외하고는 별반 의의를 발견할 수 없는 것이 많다고 한다.

서울대학교의 몇 개 특수대학원은 전임교수를 확보하고 있고 시설도 좋기 때문에 야간부까지 설치하고 있는데 이들이 석사학위 코스를 정상적으로 밟고 있는지 의심스럽다. 특수대학원은 직업교육을 하는 기관이니만큼 너무 학위수여에만 급급하지 않는 것이 좋을 것 같다.

문교부에서는 앞으로 특수대학원의 신설을 억제할 것으로 전해졌는데 특수대학원의 신설 억제뿐만 아니라 모든 종합대학교와 일부 단과대학에 병설되어 있는 일반대학원도 폐합을 단행하여 학자양성 기관으로서의 일반대학원의 진로를 옳게 터주고 교육의 충실을 가져오도록 노력하여야 할 것이다.

각 대학이 일반대학원을 가짐으로써 석사와 박사를 양산하는 것은 대학인사에 있어서 몬로주의에 흐르기 쉬우며 학문의 발전에 백해무익한 것이라고 생각된다. 서울대학교 종합10개년계획의 실현을 통하여 서울대학교를 미국과 같이 대학원중심의 대학으로 발전시켜야 할 것으로 생각된다. 이를 위하여서는 정원의 증가와 예산의 증액, 시설의 확보 등이 이루어져야 할 것으로 안다.

7. 미국의 사법제도 개혁 움직임[*]

미국 법조계의 인상

   미국 사법제도의 기원은 매사추세츠(Massachusetts)주의 최고법원에서 찾을 수 있을 것이다. 매사추세츠 주는 미국 헌법의 제정에 앞서 1780년에 주헌법을 제정하였는데, 이 헌법은 인권선언과 권력분립 원칙을 규정하여 미국 연방 헌법의 모범이 된 것이다. 그 중에서도 중요한 특색은 직접 민주정적인 요소가 많은 점이요 최고법원이 권고적 의견을 발표할 수 있는 점이다. 매사추세츠 주 상원의 Salton Stall 의원은, 이러한 매사추세츠 헌법이 지나치게 길고 복잡하기 때문에 새로운 개서(改書) 작업을 벌이자고 동의(動議)하였으나 부결되었다고 설명하면서, 직접민주정적인 요소가 업무량을 지나치게 늘이고 있다고 하면서 최고법원의 의견제출

---

  *   『고시계』, 1974년 6월호, 12~15면. 본고는 지금 미국과 유럽을 방문 중이신 김철수 교수께서 특별히 본지를 위하여 보내어 주신 것이다.

권은 그냥 두어야 한다고 하였다.

매사추세츠 주 최고법원은 미국 대법원의 모형이었으며, 1930년대에 만들어진 장엄한 새 청사 내에 위치하고 있다. 매사추세츠 주 법원은 3심제를 채택하고 있었다. 그 동안에 항소법원이 새로이 만들어졌으나, 중요한 사건은 최고법원까지 올라간다고 한다. 법원 청사는 우중충하고 사람들로 붐볐다. 1심 법원에서는 민사부·형사부·교통부 등이 있었는데 우선 형사법원을 견학하였다. 단독판사들의 모습은 근엄하며 백발이 성성하였다. 우리나라의 즉결심과 같이 임의출정(任意出廷)한 피고인들에게 벌금형을 선고하거나 기일을 지정해주고 간단한 사건에 대해서는 그 자리에서 형의 선고를 하였다.

수많은 안건 중에서 판사를 괴롭힌 것은 구속 기소된 폭행범 재판이었다. 흑인 여자가 백주에 대로에서 백인 여자를 난타한 사건인데, 판사는 피고에게 국선변호인을 선임할 권리가 있음을 설시하고 변호인을 선임하라고 권고하였다. 그러나 피고는 그러한 권리가 있는 것을 알고 있으나 변호인에게 도움을 청하고 싶지 않다고 거절하였다. 서기는 그 뜻을 기재한 문서에 사인을 받고 판사는 사실심리에 들어갔다. 피고인과 증인들을 일시에 선서케 한 다음에는 증인심문을 하였는데, 피고인에게 증인의 증언에 대해서 질문하라고 하니 증인이 한 말이 모두 옳다고 대답하였다. 판사는 이는 자기부책금지(自己負責禁止)의 헌법상 특권을 침해하는 것이라고 하여 주의를 주었으나 피고는 사실은 사실일 뿐이라고 대답하였다. 판사는 의사에게 정신감정을 요구하자, 의사가 그렇게 하겠다고 하고 병원에 이송해 달라고 하였으나 피고는 교도소에 가기를 원하지 병원에 가기는 싫다고 완강히 거절하였다. 쓴 얼굴로 판사는 일어서서 타일렀으나 별무 효과였기 때문에 실형을 선고하게 되었다. 판사는 선고장에 서명만 하고 서기가 형량을 엄숙히 선언하였다. 판사 퇴정 시에는 전원이 기립하도록 정리가 소리쳤다. 우중충한 법정 내에서의 쓴 경험이었다.

이에 반하여 캘리포니아(California)의 법정은 밝고도 깨끗하였다. 로스앤젤레스(Los Angeles)의 지방법원에서는 법원장의 접견을 받은 뒤 개정 중인 법정을 방문하였다. 판사가 필자를 소개한 다음에 법정을 방문한 것을 영광스럽다고 말한 다음 배심법정에 들어갔다. 12명의 대배심원들에게 변호사는 사건 설명과 문제의 소재를 설득하는데 많은 시간을 보내었다.

판사의 입정(入廷)이나 퇴정 시의 기립 등의 절차는 없었고, 판사도 젊고 활기에 차 있었다. 단독 판사 때마다 개인 사무실과 서재와 배심원석 그리고 50여 명을 수용할 수 있는 넓은 법정을 모든 판사가 개별적으로 가지고 있다는 것은 캘리포니아의 부를 자랑하는 것이요, 법원의 중요성을 인식한 것이라고 하겠다. 단독 판사에게는 서기 1명, 정리 1명, 여비서 1명이 딸려 있는데, 법정의 모든 발언은 여비서의 속기 기계에 의하여 기록되고 있었다. 이 속기 기계는 최신식 기계로서 법정 내의 발언을 모두 기록하여 그 copy를 즉각 만들어 줄 수 있는 것으로서 매우 중요한 것이었다. 사법의 기계화에 큰 도움을 주는 것으로 녹음기가 낮잠을 자는 한국 실정과는 퍽 대조적이었다.

캘리포니아 주에서는 로스앤젤레스 전(前) 지방법원장과 현 지방법원장들로 된 사법제도개선위원회가 열려 배심제도 개혁이라든가 기타 사법제도개혁에 대한 진지한 논의가 행해지고 있었다. 배심제도 개혁의 주안점은 시간과 금전의 낭비를 줄이고 법관이 판결하는 것이 인권옹호에 보다 유리하다는 것인 것 같았다. 그러나 배심재판을 받을 권리가 헌법에서 보장되어 있기 때문에 헌법 개정이 선행되지 않고는 어려울 것으로 보았다. 어쨌든 사법제도 개혁에 있어서도 캘리포니아 주는 선도적인 역할을 하고 있었다.

전미국변호사회는 미국 변호사들의 임의 단체이다. 그럼에도 불구하고 대부분의 사람들이 가입하고 있으며 그 활동도 획기적이다. 금년(1974년) 8월에는 Honolulu에서 연차대회를 열 것이며, Burger 대법원장이 기조연설을 하게 되며, 많은 토론이 행해질 것으로 보인다. Noberg 국제교류위원장은 한국 법조인들의 Honolulu 대회 방문을 환영하면서 대한변협 회장과 한국법학원장 및 한국법학교수회장 등의 방문을 희망하였다.

전미국변호사회나 주변호사회는 임의 단체이나, 각 county 변호사회는 필요 단체로서 이에 가입하지 않으면 변호사 개업이 허용되지 않는다. 전미국변호사회는 이들 county 변호사회의 업적을 평가하여 포상을 하고 있는데, Wilshire Bar Association은 4개의 상을 받은 가장 우수한 변호사회의 하나로 지목되고 있다. 필자는 이 회의 명예회원이 되는 영광을 얻었다. 매사추세츠 주에는 Mass. Bar Association이 있는데 사무총장을 만나 제도개혁문제를 토의하였다. 매사추세츠 주의 인구는 전국 인구의 2%인데 법조인의 수는 전국 법조인의 4%이며, 법과대학 학생 수는 전국 법대학생 수의 6%나 된다고 하면서 법조인구의 과잉을 우려하였다. 이와 같이 법조인구가 팽창함에 따라 법조인의 품위가 저상(低傷)된다고 하면서 이들에 대한 징계가 광범위하게 행해지고 있다고 설명하였다. New York Bar Association에서의 Nixon 보좌관들에 대한 징계조사도 그 일환으로 보인다.

미국 법조계의 중요 문제의 하나는 변호인의 도움을 받을 권리를 어떻게 확보해 줄 것인가 하는 것이었다. 가난한 사람들에 대한 법률부조(Legal Aid)는 거의 완벽하게 되어 있고, 부자들의 변호사의뢰는 원칙으로 되어 있지만, 중산층들의 변호사의뢰는 변호사비용의 과중 때문에 힘들어지고 있다고 하면서 일종의 변호보험제도를 도입할 것을 요망하고 있었다. 전미국변호사회는 오는 5월 2일에서 4일까지 Boston에서 변호보험제도(Prepaid Legal Services)에 관한 전국대회를 개최하게 되어 있다. 이 전국대회는 현재 몇 개의 그룹에서 행하여지고 있는 것을 토대로 토론을 벌이며 전국적인 실시를 목표로 하고 있다. 의료보험과 같이 변호인보험이 완성되는 날 미국인들은 돈 걱정 없이 변호사를 찾게 될 것으로 기대된다.

이번 미국 방문에서 특히 눈이 띤 것은 여성들의 법적 지위의 향상이라고 하겠다. 그 중에서도 미국여성법조인협회의 활동이 눈부시었다. 전

회장인 Adele Springer 변호사는 여성의 지위향상과 국제교류를 위한 헌신적인 참여자로 잘 알려져 있다. 이 밖에도 내가 만난 Dallas 지방법원의 Sarah Hughes 판사를 비롯하여 여판사들이 많아졌고, 법과대학에도 여자 교수가 늘어났으며 UCLA Law School에는 여자 학생 수가 3분의 1을 넘는다고 하였다. 여성의 동권을 규정한 미국 헌법수정 제26조는 아직 비준이 끝나지 않았지만 법조계에의 여성 진출은 획기적인 것이라고 하겠다.

미국의 사법제도 개혁은 보다 신속한 재판, 보다 광범한 사법구조를 위하여 활발히 진행되고 있는 것이다.

8. 미국 사법행정 수상(隨想)[*]

1. 미국 법조 기행

작년(1977년) 10월 16일부터 1개월간 미 국무성 초청으로 미국의 사법재도를 시찰할 기회를 가졌다. 미 국무성은 작년에 새로이 「사법행정의 당면 문제에 관한 다지역회의」를 창안하여 22개국에서 24명의 법조인을 초청하여 미국의 사법제도의 장단점을 외국과 비교·검토하기 시작하였다. 과거에 미 국무성이 법조인을 개별적으로 초청하게 된 것은 벤스 국무장관의 아이디어라고 한다. 벤스 국무장관은 법조인 출신이며 미국 변호사협회 회원으로 활발한 활동을 한 사람이기 때문에 미국변호사협회 국제교류위원회의 건의에 따라 교환계획을 실천에 옮긴 것으로 보인다.

제1차 연도인 작년(1977년)에는 남미와 아시아, 아프리카, 동구의 법조인이 초청되었는데 선진국 법조인들은 별로 초청되지 않았다. 참가자는

---

[*] 『법률신문』, 1978년 2월 27일~4월 17일자.

호주의 타스마니아주 대법원장, 페루의 대법원판사, 브라질의 최고군법회의 사무총장, 인도의 고등법원판사, 인도네시아의 여대법원판사, 잠비아의 노동재판소장, 이집트의 대법원판사와 쿠웨이트의 검찰총장, 유고슬라비아의 세르비아주 대검 차장 등 검사, 폴란드의 변호사, 에티오피아의 변호사, 아이티의 변호사 등 변호사와 멕시코와 볼리비아, 브라질, 에티오피아, 케냐 등의 교수들이 초청되었다. 이 중 상당수가 미국에서 공부하였거나 영국에서 공부하여 영미법을 잘 알고 있었다.

이들 일행은 워싱턴에 집합하여 미 국무성을 예방하고 미국변호사협회 국제교류위원회 등을 방문한 뒤 윌리엄스버그에서 회의를 시작하였다. 그 뒤 보스턴, 그랜드아일랜드, 알바커어키, 산타페, 로스앤젤레스, 뉴올리언즈, 워싱턴 등에서 사법제도를 시찰하면서 미국 사법제도의 장단점을 지적하고 개혁의 필요성을 강조하기도 하였다.

참가자들이 과거 영연방에서 독립한 나라에서 초청된 자와 대륙법계국가에서 초청된 사람들이 있어 토론은 자연히 양 법체계의 비교에 기울어졌고 제도의 우열을 논하는데 소모되었다. 아프리카와 아시아의 여러나라는 대개 영미법의 영향을 받았는데 대하여, 남미의 여러 나라가 스페인이나 포르투갈의 대륙법 영향 하에서 각기의 법제도를 발전시켰기에 토론은 진지하고 흥미로웠다.

시찰하고 토론한 곳은 부지기수이나 그 대표적인 것을 들어본다. 미국 대법원을 방문해서는 Warren Burger 대법원장의 접견을 받아 질의·응답 시간을 가졌으며, 대법원의 재판을 참관하였고 루이지아나주 대법원을 방문하고 대법원장 이하 대법원판사의 영접을 받아 토론한 일, 캘리포니아 주 고등법원을 방문하여 법원장 이하 판사들과 회동한 것이며, 로스앤젤레스 지방법원이며 네브래스카 주 지방법원, 버지니아 주 지방법원 등을 순방하였다.

검찰 단체로는 미 국무성을 예방하여 현황 설명을 들었고 로스앤젤레스 검찰청이며 네브래스카 주 지방검찰청, 나아가 그랜드아일랜드 검찰

지청 · 경찰서 · 교도소 등을 시찰하였다. 재야 법조 단체로는 미국변호사협회, 보스턴 변호사회, 네브래스카 변호사회, 뉴멕시코 변호사회, 로스앤젤레스 변호사회 등을 방문하였고 미국 자유권변호협회라든가 미국 인디언법연구회, 미국 주(州)법원협회 등을 방문하였다.

단체로 마샬위트 법과대학원, 하버드대 법과대학원 등을 방문하여 수업을 참관하였고, 개인적으로는 캘리포니아 대학교 로스앤젤레스 법과대학원, 버클리 법과대학원, 튤레인 법과대학원 등을 순방하였다. 나로서는 구면인 교수와 회합하고 그동안의 발전경과를 듣고 자료를 구할 수 있었던 것이 큰 수확이었다고 하겠다.

이번 회의는 그것이 처음 시도인 만큼 잘 짜여 진 것은 아니었고 주로 미국법제도의 설명, 이해촉구, 개선방향들이어서 회의참가자의 공식발표보다는 미국의 판사 · 검사 · 변호사 · 학자와의 대화에 큰 비중이 있었다. Warren Burger 대법원장은 재판의 지연을 막기 위하여 새로운 여러 방안을 모색하고 있음을 강조하였다. 그 하나로는 1인의 변론시간을 원칙적으로 30분 정도로 단축하였고, 집중심리를 하여 기계화 등을 통하여 재판을 촉진하고 있다고 강조하였다. 또 법원의 홍보활동을 강화하여 유명한 재판에 관한 영화를 만들어 각급 학교에 배급하고 있으며, 대법원장을 비롯한 여러 판사들이 TV 등과의 인터뷰를 자주 갖는 등 국민의 법의식 고양에 노력하고 있다는 점을 강조하였다.

세계에서 가장 큰 지방법원인 로스앤젤레스 민사법원에는 190명의 법조인이 근무하고 있었는데 법원장은 판사들이 호선하고 있었다. 선거된 법원장의 임기는 2년으로 재판은 하지 않고 법원행정만 하는데도 일이 많아 정력소모가 많다고 호소하고 있었다. 기계화가 촉진되어 있어 속기타자기가 한자 한자 빠짐없이 재판기록을 하고 있었다. 녹음기도 사용해 보았으나 판사와 변호사가 동시에 발언한다든가, 또 위치에 따라 녹음이 잘 안 되는 폐단이 있기 때문에 이것을 쓰지 않는다고 하였다. 법정에는 영사시설까지 되어 있어 교통사고라든가 기타 복잡한 법률문제에 관해서는 도해·사진·영상들이 전시되고 있었다. 연방대법원 판결이나 지방의 순회고등법원과 주대법원의 판결들은 컴퓨터에 기록되어 있어 텔렉스로 센터에 연락만 하면 곧 텔렉스로 관련 판결들이 송신되어 와 법원조사관들의 일을 덜어주고 판결의 정확을 기해 주기도 하였다. 1967년 이래 컴퓨터 사용이 급격히 늘어난 것이 인상적이었다.

변호사에 대한 신뢰회복을 위한 법조윤리의 확립, 변호사징계제도의 발전도 괄목할 만 하였다. Nixon을 비롯한 많은 법조자격자들의 파렴치 행위는 변호사자격박탈 제도를 도입하게 되었고, 대학 강의에서도 법조윤리 과목이 필수로 되고 있었다. 변호사자격자가 40만 명이나 되는 미국에서 변호사 수의 증가억제를 요망하는 변호사들도 있었고, 대형 로펌(law firm)의 법제와 활동도 괄목할 만 했다.

2. 배심제도와 국선변호인제도

미국 법조인과 외국 법조인 간에 가장 많이 논란된 것은 배심제도였다. 박동선(朴東宣)씨 사건에서 본 바와 같이, 중형에 처해질 사건에서 대배심에 의한 기소 없이는 아무도 법정에서 심리되지 아니한다. 이는 수정헌법 제5조에서 보장되고 있다. 따라서 연방법원에 있어서는 대배심의 합의 없이는 기소되지 않는다. 이 대배심의 기소관여권은 주법원에서는 필수적인 것이 아니다. 23명의 대배심에 의하지 않으면 기소당하지 아니할 권리는 검찰권의 남용을 막기 위해서 필수적인 보장이라고 할 수 있다. 외국의 검찰관들은 이는 검찰권의 침해요 기소편의주의에 위배되는 것이라고 공격하였으나, 미국 법조인들은 기소배심제도가 인권옹호면에 중요한 의의를 가진다고 하여 이 제도를 찬성하고 있으며, 미국 변호사회는 대배심 하에서도 헌법상의 자기부죄거부특권(自己負罪拒否特權), 변호사의 의뢰권 등이 보장되어야 한다고 결의하고 개선안을 제안하고 있었다. 주법원의 경우 로스앤젤레스에서는 1년의 임기로 대배심원이 선임되고 일당 25달러와 여비를 받고 있었다. 가장 문제가 된 것은 재판에서의 배심제도였다. 캘리포니아 주법원과 같은 데에서는 검찰과 변호인이 무제한한 배심원 배척권(排斥權)을 가지고 있어 배심원 12명의 선정에만 하루 이틀을 소비하는 경향이 있다고 하여 미국 법조인들도 회의적인 사람이 있었다.

그런데 배심원의 선정에 있어 검찰과 변호인 측에서 각각 9인 이상을 거부할 수 없도록 하는 다른 주에 있어서는 대개 검찰과 변호인이 2, 3명씩만 배척하여 선정시간은 별로 걸리지 않는다고 했다. 그러나 배심원 리스트에 올라 있는 사람에게는 배심 때문에 상당한 고난이 따르고 있는 것 같았다. 일당 20달러 정도의 수당을 받으며 배심원으로 선정되기 위하여 기다리는 고충과 같은 것이 보도된 것도 많았다.

대륙법계에 속하는 법조인들은 배심제도에 대해서 회의적이었다. 그들은 사실의 판단도 또한 법관이 해야 할 것이지 법률 문외한인 배심원이 사실의 결정에 참여하는 것은 부당하다는 논지였다. 이에 대하여 미국 법조인들은 피고인의 권리적 측면에서 이 제도를 옹호하고 있었다. 비근한 예로 정치적인 사건으로 기소된 사람이라든가 언론 관계 사범의 경우 단독판사가 결정하는 것보다는 12 내지 6인의 배심원이 결정하는 것이 보다 독립적이며 인권 보장상 유리하다는 결론이었다. 배심제도는 사법의 민주화 요구와 법관에 대한 불신의 소산이며 민중의 사법참여의 방도로 인정된 것이었다. 주지하는 바와 같이, 미국 헌법 제6조는 배심재판에의 권리를 보장하고 있다. 이 권리는 연방법정에서 뿐 아니라 주법정에서도 인정되고 있다. 이것은 피고인을 보호하기 위한 것이므로 피고인은 이 권리를 포기할 수 있으나 이 경우 검찰이 배심재판을 청구할 수도 있게 하고 있다.

　법원에 있어 배심원의 평결은 전원일치여야 하기 때문에 한 사람의 배심원의 반대가 있더라도 유죄라고 재판할 수 없어 피고인이 석방되는 경우가 많아 비판이 행해지고 있으나, 피고인의 보호를 위해서는 좋은 제도이며, '동료에 의한 재판을 받을 권리'의 보장이란 점에서 장점이 있다. 그런데 최근에 몇 개의 주법원에서는 9 : 3 정도의 다수결에 의한 평결을 인정하는 경우가 나타나고 있다.

　기소과정과 재판과정에서는 피해자라든가 증인의 권리보호가 문제되었다. 캘리포니아 주에서는 피해자보호, 증인보호를 위한 여러 조치가 강구되고 있었다. 피해자가 안심하고 범죄자를 신고하고 생계에 지장 없이 법정에서 증언할 수 있도록 형사법정 내에 피해자보호실을 설치하여 탁아소 등도 경영하며 차비와 잡비 등을 지급하고 있었다. 피해자의 생활보호, 생계보호를 위해서는 사회복지 관계자들에게 부탁하는 등 여러 가지 대책이 강구되고 있었다. 피해자보호를 위한 이러한 제도는 우리나라에서도 채택되어야만 할 것이다.

　다음에는 피고인이나 피의자를 위한 변호문제가 중시되었다. 수정 헌법 제6조는 모든 형사소추에 있어 피고인은 변호인의 도움을 받을 권리를 가진다고 규정하고, 주법도 피고인이 스스로 변호인을 의뢰할 수 없는 경우에는 법원이 변호인을 선임하도록 하고 있다. 국선변호의 경우 미국에는 많은 제도들이 시행되고 있다. 그 중에서도 캘리포니아의 국선 변호인(public defender) 제도가 관심의 대상이 되었다(상세한 것은 Public defender of Los Angeles Court Biennial Report 1975/76, 1976/77 참조). 로스앤젤레스의 경우 주 검사에 대응하는 주공공변호인 제도가 있어 이들이 국선변호를 전담하고 있었다.

　주가 자기 자신이 기소하면서 주의 변호사가 변호하는 것은 주 세금의 낭비라느니 주 정부의 자가당착이라니 말들이 많았으나 검사와 같은 보수를 받는 공무원인 공공변호인 제도의 장점도 있다고 한다. 그러나 다른 주의 경우 대부분 이 법률구조협회라든가 인권옹호협회, 각 대학 법률구조회 등에 속하는 변호사들이 법원에 의하여 국선변호인으로 지명되고 있었다. 이들의 보수는 주정부나 개인 단체의 원조에 의하고 있었다.

국선변호제도가 효율적으로 운용되고 있지 않는 우리나라에서는 변호인도 국비로 고용하여 검사에 대응하여 변호할 수 있는 공공변호인제도가 가장 좋은 것처럼 느껴졌다. 미국의 경우 법과대학 학생들은 변호사의 입회와 지도하에 국선변호를 할 수 있게 하고 있고 수습제도로서 많이 활용되고 있었다.

변호인의 도움을 받을 권리와 함께 소송(변호사) 비용부담 보험제도가 보스턴 등에서 발전되고 있었다. 의료보험제도와 같이 시민이 일정한 보험료를 지불하다가 법률쟁송이 발생하면 그에 필요한 비용을 보험회사에서 지불하는 제도이다. 미국에서는 이혼이라든가 자동차사고, 담보물 등에 관한 법률문제라든가 형사문제 등에 말려 들 확률이 많기 때문에 의료보험처럼 법정비용보험이 잘 발달하고 있었다. 이 경우에도 보험의사와 마찬가지로 보험변호사들의 업무제공의 질이 떨어질 것이 아닌가 하는 우려들이 있었다.

변호인의 도움을 받기 위해서는 변호사의 존재가 알려져야 되는데 변호사업을 광고할 수 있는가가 논란되었다. 미국 대법원이 변호사도 비용광고 등을 할 수 있다고 판결하였기 때문에 변호사광고가 눈에 띠기 시작하고 있었다. 필자가 명예회원으로 있는 L.A. 윌셔어 변호사회의 이사회에서도 이 문제가 논의되어 변호사광고를 위한 명부발간이 진지하게 논의되었다.

변호사마다 전공이 다르고 비용이 다르기 때문에 이를 광고하기 위하여 안내서를 만들 것이 좋으리라는 의견이었다. 미국변호사회에서도 변호사광고 등 홍보문제에 대하여 권고결의안을 작성하여 이를 통과시켰다. 변호사윤리강령은 이로써 변경되게 되었다. 광고할 수 있는 것으로서는 학위·경력·전공분야·요금·외국어능력·소속회 등 거의 모든 것을 선전 광고할 수 있게 하였다. 국민들의 편익을 위하여 변호사업의 광고나 선전도 필요하므로 어느 나라에서나 허용되어야 한다는 것이 대체적인 의견이었다.

3. 자기부죄거부특권과 유죄인정합의제도

외국 법조인들이 제일 싫어한 미국 제도는 유죄인정합의(plea bargaining) 제도였다. 이것은 대륙법 국가에서는 행해지고 있지 않는데 미국에서만 행해지고 있는 제도로, 피고인이 유죄를 인정함으로써 정식재판 절차 없이 판결을 선고 받는 제도이다. 예를 들면 애그뉴 부통령이 부정부패행위로 기소될 것이었으나 검사와 변호사와의 합의 하에 세법위반·탈세로 유죄를 인정하여 경미한 벌금형을 받은 것이 이에 해당한다. 애그뉴 부통령이 부정부패행위로 재판을 받아야했음에도 재판을 받지 않고 단순한 탈세만으로 유죄인정에 합의하여, 부정부패행위의 기소가 취하된 것을 사법적 정의에 반한다는 것이 주된 이유이다.

George Washington 대학의 Miller 교수 같은 분도 유죄인정흥정의 현장 조사를 해 본 결과 이는 형사사법에 위반되는 것이라고 지적하고 있었다. 그 이유는 여러 가지가 있으나, 첫째로 피해자의 헌법상의 권리를 침해한다는 것이며, 둘째로 중죄자에 대하여 경한 형벌을 과하는 것이 관례이기 때문에 형사정의에 위배된다는 것이다. 검사와 피고인 및 피고인의 변호사들이 법관의 면전에서 공개재판 없이 형량을 흥정하는 것은 미국 사법의 수치라고 보는 견해가 지배적이다.

이에 대하여 이 유죄인정합의제도는 미국 대법원, 미국 의회와 대통령 형사사법자문위원회 등이 인정하는 제도이며 상당한 가치가 인정된다는 것이 미국 법조인들의 태도였다. 미국변호사협회에서도 이 형량 흥정은 공인되고 있으며 많이 이용되고 있다. 미국 법조인들은 이 제도가 피고인과 피의자 및 공중을 위하여 장단점이 있으나 장점이 우선한다고 보는 것 같다. 그 이유는 피고인에게는 중한 죄책보다 경한 처벌을 하게 됨으로 이익이 되나 일단 유죄인정을 하면 배심에 회부되지 않고 유죄판결이 선고되기 때문에 불리할 수도 있다고 한다. 피해자에게는 공개재판에서 증언해야 하는 운명에서 해방되어 좋다고 한다. 피해자는 증인으로서 불려 다녀야 하며, 오랫동안의 시간을 낭비하여 직장까지 잃게 될지도 모르는데 피고인의 강도행위를 절도행위로 한 단계 낮추어 처벌하더라도 처벌은 되는 것이니까 재판 결과 무죄로 되는 것보다 낫다고 한다. 그러나 피해자는 강도행위가 절도행위로 되어 형량이 줄어짐으로써 부정이 행해졌다는 감정을 갖게 될 불리한 점도 있다.

이 유죄인정제도는 국가이익이나 공공이익에 유리하다는 입장도 있다. 그 이유는 귀찮은 재판과정을 거치지 않으므로 재판비용(세금)이 절약되고 검사에게는 공범에 관한 정보라든가 증거를 얻을 수 있기 때문이라고 한다. 또 신속한 재판을 가능하게 하여 판사들을 위해서도 이롭다고 한다. 이 유죄인락(有罪認諾)제도를 우리나라에서도 도입하자는 이론이 있고 법안도 제출된 적이 있었는데 이에 관한 미국의 경험이 많은 시사를 줄 것이다.

유죄인정합의와 관련하여 논란되는 것이 피고인의 자기부죄거부특권 (Privilege against self-incrimination)이다. 수정 헌법 제5조는 강제자백의 금지와 함께 형사사건에 있어서의 자기부책 증인이 되는 것을 강요당하지 않을 권리를 규정하고 있다. 따라서 형사사건에 있어서나 민사사건에 있어 자기에게 불리한 형사소추의 대상이 될 증언이나 증거를 제시하기를 강요당하지 않는다. 이는 1964년 이래 주법원에서도 인정되고 있다.

모든 사람은 형사상 자기에게 불리한 사항에 대해서는 묵비권을 가지고 있는데 이 묵비권을 사용하지 않도록 하기 위하여 검찰은 불기소나 기소취하의 면책 미끼를 사용하고 있다. 만약에 증인이 소추면책을 받은 경우에는 이 특권은 이미 존재하지 않기 때문에 증언이 강제된다. 면책이 부여된 경우에 증인이 증언을 거부한 경우에는 법정모욕죄(contempt of court)로 처벌된다. 이 면책은 증인이 강제된 증언을 사용하지 않는다든가 그 결과로서 나온 증거를 사용하지 않는 것만으로도 족하다. 이 면책은 모든 범죄의 소추에 대한 면책일 필요는 없다. 어떤 사람이 면책이 부여되어 강제로 증언한 경우에는 그 뒤의 기소는 그 사람의 강제된 증언과는 완전히 독립된 다른 정당한 소스로부터 얻어진 증거에 의해서만 가능하다. 오늘날의 범죄행위는 연방법상 범죄인 동시에 주법상 범죄인 경우도 많다. 주정부가 면책 하에 증언을 강제한 경우에는 그 내용이나 결과를 증거로 연방정부는 기소하지 못하며 이와 독립된 증거로써만 기소할 수 있다. 미국 의회는 연방절차에서의 증언반대급부로 연방의 면책특권과 주정부의 면책특권 재고를 부여할 수 있다.

의회에 출두한 증인이 자기면책금지특권을 주장할 수 있을 것인가가 문제된다. 의회조사위원회에서도 증인은 자기면책금지 규정에 따라 장래 자기에게 형사소추 될 사안에 대해서는 진술거부권을 가진다. 의회위원회에서는 정당한 입법권 내에서는 영장을 발부하고 또 심문할 수 있다. 위원회의 청문이 개인의 헌법상의 권리를 침해하는 경우에도 법원은 이를 제약할 수 없다.

의회의 조사권의 강제집행은 종종 사법절차를 요한다. 그러나 가장 중요한 강제방법은 의회모욕에 의한 처벌이다. 옛날에는 의회가 법원으로서 집회하여 의회모욕죄를 심판하여 벌금형에 처하거나 구류할 수 있었다. 이 경우 구류는 회기 중에 한하였다. 현재는 의회가 사법권을 직접 해결하는 것은 드물어졌다. 현재는 연방법률(2 USC 제192)이 의회 조사위원회 출두지시서를 받고 출두하지 않으면 경죄로서 처벌하도록 하고 있다. 또 심문에 대하여 정확한 답변을 하지 않는 것도 경죄로 처벌된다. 의회는 증인을 의회모욕으로 지정하고 연방법원에 기소하도록 검찰에 이송한다. 이 경우에 검찰은 기소여부에 재량권이 없으며 법원만이 의회 모욕여부에 대한 판단을 할 수 있다.

이와 같이 헌법상의 묵비권도 상당히 제약되고 있다. 의회조사위원회 에서의 증언과 의회모욕의 문제는 한국의 신문지상에도 소개된 적이 있 기 때문에 이를 생략한다.

4. 미국의 사법행정제도

미국에서의 판사의 권위는 절대적이다. 우리 일행 중에도 판사가 있었 는데 판사에 대한 대우는 월등한데 대하여 검사나 변호사에 대한 정신적 대우는 보잘 것 없었다. 대륙에서는 교수의 권위가 절대적인 데 하고 불 평하는 사람도 있을 지경이었다. 일개 지방법원 판사가 대통령을 패소시 켜 사임하지 않을 수 없게 만든 것이야말로 영미 법관의 권위라고 생각 되어 부러웠다. 우리 일행 중에는 인도의 신하 판사가 있었는데 이 판사 가 간디 수상의 선거무효판결을 한 사람으로 인도의 시리카 판사라고 하여 칭송이 대단하였다.

판사가 독립하여 재판하는 것은 세계 어느 나라나 마찬가지이다. 그런 데 영미의 판사들이 더 독립적일 수 있고 사법권의 우월이 인정되는 것 은 판사의 인사와 결부된 것이 아닌가 한다. 미국의 판사에는 승진제도 나 승급제도가 원칙적으로 인정되지 않는다. 연방법관은 종신으로 임명 되어 정년도 없다. 따라서 1심이거나 2심이거나 대법원이거나 일단 임명 되면 거기에서 평생 재판할 것으로 인정되고 있다. Nixon 대통령이 같은 공화당원 시리카 판사에게 대법원판사 임명의 미끼를 던졌으나 하등 성과가 없었던 것은 지방법원판사나 대법원판사 간에 하등의 위계질서가 없다는데 기인한다.

주법원에서는 공선제(公選制)가 일반적인 경향이며 임기제가 채택되어 있고 70세 정년을 인정하고 있는 곳도 많다. 로스앤젤레스의 지방법원판사의 연봉은 53,000달러 정도이며 대개 일률적이다. 79세 이상으로도 입후보하는 한 재임할 수는 있으나 70세 이후에 퇴직하면 연금이 줄어들기 때문에 65세에서 70세에 퇴직하는 것이 바람직하다고 한다. 로스앤젤레스의 중국계인 Wong 판사도 조기퇴직을 고려하고 있었다.

또 법원장제도가 없으며 수석판사(chief judge, presiding judge)가 법원행정을 맡은 경우가 있으나 강력한 통솔력을 가진 것은 아니다. 로스앤젤레스에서는 수석판사를 동료들이 선거하는 방식을 채택하고 있다. 관례적으로 차석판사와 수석판사는 선거되는데 1년마다 선출되나 대개 2년씩 연선(連選)되고 차석판사가 2년 후에 수석판사가 되고, 2년 후에는 물러나는 것이 관행이었다. 연방법원에 있어서도 Rotation 제도가 활용되고 있다. 연방지방법원과 연방고등법원의 수석판사는 각기 법원의 판사 중 연령 70세 미만으로 신임(新任)이 가장 빠른 사람이 수석판사로 되고 있다. 다만, 연방대법원의 수석판사(Chief Justice)만이 처음부터 대통령에 의하여 임명된다.

미국의 대법원장격인 수석판사는 배석판사보다도 연봉으로 2,500 달러(약 4%)를 더 받을 뿐이다. 1964년에는 대법원 수석판사는 4만 달러이었고, 배석판사의 연봉은 39,500달러로 그 차이는 500달러밖에 되지 않았다. 1970년대에 와서 수석판사는 62,500달러, 배석판사는 60,000달러를 받게 되었다. 연방대법원 수석판사의 사법행정면에서의 권한은 우리나라 대법원장과 비교할 때 훨씬 약한 것을 알 수 있다. 연방대법원 수석판사도 사법행정면에서 ① 대법원의 판사를 순회구에 할당하는 것, ② 연방법원의 판사를 필요에 따라 다른 연방법원에 일시적으로 배치하는 일 및 ③ 은퇴한 판사를 수시로 현역 복귀시키는 것 등의 권한이 있다. 물론 법관으로서 회의를 주재하고 또 다수의견을 대표하는 판결문을 어느 판사에게 쓰게 하는가에 관한 권한을 가지고 있으나 이것은 사법행정권은 아니다.

물론 연방대법원 수석판사는 현실적으로는 사법행정에 깊이 관여하고 있다. 그것은 미국사법행정회의(Judicial Conference of the United States)의 의장이기 때문이다. 미국사법행정회의는 1922년에 창설되었다.

구성원은 연방대법원의 수석판사와 각 연방고등법원의 수석판사, 청구법원 그리고 관세법원의 수석판사와 각 고등법원 관내에서 1명씩 선발되는 지방법원의 판사이다. 이 회의는 적어도 연 1회 소집된다. 그 주된 목적은 연방법원의 재판사무의 실태를 조사하고, 법관을 다른 법원에 수시로 응원하러 보낼 필요가 있는가를 검토하고, 사무처리 방법의 통일과 합리화를 위한 제안을 하는 것 및 법원규칙의 검토를 하고 있다.

이 밖에도 회의는 사법운영에 관한 제안 등을 하고 있다. Burger 대법원 수석판사는 소송의 촉진을 위하여 변호인과 검찰관의 변호시간을 종래 1시간에서 30분으로 단축하였고, 대법원의 재판을 필요에 따라 수시로 열고 선고하는 방법에 의하여 상당한 성과를 거두었다고 주장하였다. 그는 법원의 심리에 있어 연기(Continuance) 제도를 활용하여 법정 외 화해의 길을 모색케 하여 판결문 작성의 노고를 덜고 있다고 자랑하였다.

미국에도 연방법원 행정처(Administrative Office of the United States Courts)가 있다. 이 기구는 1939년에 창설되었으며 수도 워싱턴에 있다. 이 기구는 스스로 예산안을 작성하여 Judicial Conference의 승인을 얻어 정부 예산국에 제출할 수 있는 권한을 가지고 있다. 이 사법부 예산은 정부의 심의 없이 그대로 의회에 제출된다. 단 정부 예산국은 스스로의 의견을 부기할 수는 있다. 이 밖에도 사건 수, 법관의 부담의 검토, 법원의 일반 직원에 대한 보수의 결정, 법원의 경비 및 연금의 지불관계의 업무, 물품의 구입관리, 회계검사, 건물의 유지관리 등을 행한다.

또 연방법관센터가 있어 연방의 사법운영에 관한 조사연구와 법관, 서기관 등의 연수를 담당하고 있다. 신임 법관에 대하여 1주 정도의 직업윤리 교육 등을 하고, 서기관 등에게는 수 주 동안의 실무연수를 하게 하고 있다.

법관인사의 독립과 승진제, 승급제의 부재(不在)는 대륙법계 판사들에게는 놀라운 사실로 받아들여졌다. 젊은 판사로서 승진에 승진을 거듭하여 대법원장이 되는 것이 소원인 일부 참가자는 승진제가 없는데 대하여 불만이었다. 그러나 미국 판사들은 승진·승급의 기회가 많으면 많을수록 법관은 인사권을 가지고 있는 사람의 의향을 생각하게 되기 쉽고 적어도 일반인이 그렇게 생각하기 때문에 재판의 '공정성'에 대하여 의심을 갖게 된다고 하였다. 메가리는 "통일된 제도 내에서의 승진은 법관의 진정한 독립과 상용되지 않는다"고 하고, 메이야즈도 "관료제 법관은 연령이나 지위에서 보아 승진의 기회가 주된 동기로 되지 않을 때까지는, 그 직업에 있어서의 장애가 완전히 그의 상급자에게 쥐어져 있기 때문에 독립성이 희박하다"고 하고 있다. 이 점에서도 법조일원화 제도는 바람직하다 하겠다. 법관의 권위가 확보되고 법관의 독립이 보장되기 위하여 미국식 제도가 바람직하다는 것이 대체적인 합의점이었다.

각주 법관의 사법행정은 주마다 달라서 일률적으로 말하기는 힘들다. 기구로서는 법관 또는 그 대표자가 연 1회 내지 수회 모이는 Judicial Conference적인 것과 사법의 운영에 관해서 검토하고 또 법원의 운영에 필요한 사무를 담당하는 administrative office적인 것이 있다. 또 최근에는 이러한 주법원의 연합체적인 기구가 만들어졌는데 이것이 주법원 중앙센터(National Center for State Courts)로 1977년 3월 1일 Williamsburg에서 청사 개소식을 가졌고, 중요한 활동을 하고 있다. 이 센터는 주와 지방 레벨에서의 사법개선과 법정기능의 현대화를 위하여 설치된 것으로 사법제도 개혁의 선구자적인 역할을 하고 있다. 이 센터는 수석판사회의 비서실 내지는 사무처 역할을 하고 있다.

5. 미국의 사법과 행형

연방대법원장격인 Burger 수석판사는 1970년 8월 10일 전미변호사대회에서 한 연설에서 C-5A 비행기 발전 계획에 2억 달러를 쓰고 있는데 반해 전연방사법예산은 연간 1억 2,800만 달러밖에 되지 않는다고 개탄하면서 사법제도의 개혁에는 적정한 예산상의 지원이 필요하다고 역설하고 있었다. 이에 따라 연방사법부의 예산은 점점 늘어나고 있다. 예산 편성권이 사법부에 있지만 국방예산에 비하면 보잘 것 없는 액수밖에 되지 못하고 있는 것이 사실이었다. 그러나 이 액수는 연방법원의 예산일 뿐 주정부의 사법부 예산까지 합치면 막대한 액이 될 것은 말할 필요조차 없다.

미국의 사법제도는 연방사법만 보아서는 안 될 것이요 주 사법을 알아야 한다. 미국에는 51개의 법역(法域)이 있다고 말해지고 있으나 인디언의 tribe law까지 합치면 훨씬 더 많을 것이 틀림없다. 그래서 conflicts of law가 발달하여 국제사법 등의 연구가 성행하고 있다. 이와 같이 연방법원과 주법원이 독립하고 있어 일행을 어리둥절하게 하였다. 연방법원과 주 법원과는 독립이며 연방헌법이나 연방법에 관련해서만 연방대법원의 판결에 따를 뿐이다.

미국의 어느 도시에 가나 가장 장중한 건물은 법원이라고 하여도 틀림없을 것이다. 법원 청사는 도시마다 규모가 다르다. 미국에서 가장 큰 법원 청사는 아마 로스앤젤레스 법원 청사일 것이다. 서너 블록을 차지한 법원 청사는 그 모습만 하더라도 웅장하기 짝이 없다. 인구 600만의 로스앤젤레스 카운티의 1심법원(Superior Court)은 법관정원이 161명이나 조사관이라는 직책의 판사까지 합치면 190명 이상이 된다. 이를 지원하는 법원직원은 850명이 넘는다. 이 밖에도 치안법원과 구(區)법원들이 있다. 1심법원 외에도 항소법원과 주대법원이 있다. 인구 2,000만 명의 캘리포니아 주의 경우 244구의 치안법원, 75개의 구법원, 36개의 1심법원, 5개의 항소법원, 하나의 대법원이 있다.

인구 4만 명 이상의 구에는 구법원이 있다. 1970년 6월 말의 구법원의 정원은 337명이다. 인구 4만 이하의 구에는 치안판사를 둔다. 1970년 6월 현재 치안판사의 수는 244명이다.

이것을 우리나라로 환산하면 읍면에는 치안법원을 두어야 하고, 4만 이상의 시 · 구 등에는 구법원을 두도록 하고 있는 셈이다. 우리나라에는 읍면에는 간이법원도 없고 군청 소재지에도 지원(支院)이 없는 곳이 수두룩하다. 이것만 보드래도 우리나라에서는 법원이 더 늘어야 한다는 이유를 알 수 있을 것이다.

미국의 읍 · 면에서도 법원 청사 건립이 한창이었다. Williamsburg라든가 적은 district에도 법원 청사가 지어지는데 치안형사법원과 구법원, 1심법원 등의 복합청사가 대부분이었다. 대개 치안판사법원은 단독제이다. 치안판사법원의 관할권은 민사에서는 소액(訴額) 1,000달러까지 형사에서는 형의 상한이 1,000달러의 벌금이나 1년 이하의 징역인 범죄만을 심리할 수 있다. 치안판사 법정은 판사실, 도서실, 법정, 서기관실 등으로 구성되고 있다. 구법원도 단독제이기 때문에 대동소이하다. 구법원에서의 관할은 민사는 원칙으로 소액 5,000달러 이하의 사건이고, 형사는 경죄 또는 시 · 읍의 조례위반에 한한다. 1심법원은 판사실마다 기본도서가 비치되어 있고 비서와 조사관들이 있다. 1심법원은 단독판사가 재판한다. 항소법원은 3명 내지 5명의 합의로서 행해진다. 법원에는 속기 타자기와 영사, 환등 시설이 있다. 미국의 큰 도시는 곳곳에 법원이 있는데 웅장한 19세기 법원과 새로 지은 경쾌한 20세기 법원이 대조를 이루고 있는 곳도 있었다. 지방자치단체의 읍 소재지에도 웅장한 법원 모습을 볼 수 있었다. 인구 3만 명의 그랜드아일랜드 읍에도 거창한 법원 청사가 있는데 읍에서 가장 크고 역사가 오래된 건물이라 한다. 치안판사를 합쳐 판사만 5명이 있고 변호사도 50명 가까이 있다. 검찰청 건물이나 경찰서 건물이나 교도소 건물은 낡아서 보잘 것이 없다. 특히 교도소 건물은 낡아빠져 말썽이 되었다. 교도소에는 여수(女囚)와 남수가 구별되어 수용하고 있는데 여수를 수용한 감방에는 카펫이 깔려있고 거실과 침실이 구분되어 있었다. 3명의 재소자는 대낮에도 텔레비전을 즐기고 있었다. 남수 감방은 카펫이 없었고 침대도 여수용보다 못하였다. 1층에는 창문이 있었으나 지하실에는 창문이 없어 어두웠다. 이 지하실에는 경범죄자들이 1년 이내의 형을 선고받아서 주간에는 직장에 나가서 일하고 밤에만 자게 되어 있었다. 이러한 구치소(jail) 상태는 죄수의 인간의 존엄을 침해하는 것이라고 하여 한 판사가 1년 후에는 사용금지처분을 내렸다. 이에 읍 의회는 발칵 뒤집혔으나 신축하지 않을 도리가 없어 최신식 검·경·구치소 종합 청사를 짓고 있었다. 판사의 결정에 따라 구치소를 신축하는 것과 같은 일은 미국이 아니면 생각할 수 없는 일일 것이다.

미국에서도 행형문제가 많아 논의되고 있었다. 돈 많은 주에서는 최신식 교도소가 지어져 죄수들에게 인간다운 대우를 하고 있었으나 루이지애나와 같은 가난한 주에서는 아직도 낡은 교도소가 그대로 사용되고 있었다. 재소자가 밖을 내다 볼 수 없도록 창문을 높이 단 교도소의 상태는 인간의 존엄을 침해하는 것이라고 하여 인권단체가 개선운동을 벌이고 있었으나 현실개혁에는 거리가 멀었다.

미국의 법조단체는 교도소의 최저기준을 정하여 이를 실천하도록 촉구하고 있었으나 남부에서는 잘 지켜지지 않았다. 또 사형폐지운동이 활발히 전개되고 있었으나 남부 지방에서는 우이독경식이라고 했다. 독일에서는 종신형제도도 헌법위반이라고 하여 논란이 심한데 아직도 사형제도가 존재하였다.

미국의 동부 지방에서는 교도소가 완전 개방된 곳도 있었다. 교도소 안에 들어오면 자기 자신이 열쇠를 가지고 방에 자유로이 출입하여 도서실과 오락실, 체육실을 자유로이 이용하고 공부도 하고 있었다. 낮에는 직장에 나가 돈을 벌고, 밤에만 와서 잠자는 사람들도 많았다. 이러한 개방식 행형이 오히려 교정에 도움이 된다는 이야기였다. 교정시설이 모자라서 청소년 범죄의 경우 대개 집행유예를 하고 있는데 이들이 많아 새로운 교도시설을 지어야 한다는 여론도 많았다. 보복적 처벌이냐 교육이냐 사회격리냐 하는 문제는 미국에서는 이론적인 차원이 아니고 현실적인 면에서 주마다 다른 실험이 행해지고 있어 흥미로웠다.

또 형의 선고에 앞서 보호관찰관에게 사전에 의견을 조회하여 보호관찰에 붙여 형의 선고를 유예하는 경우도 허다하였다. 보호관찰기관의 활동은 눈부셨다. 우리나라에 있어서도 형의 선고만 할 것이 아니라 형의 선고에 대신하는 보안처분이 행해질 것이 요망되었다.

6. 미국의 법조단체

미국 법조시찰 여행이 끝나는 11월 14일 워싱턴의 미국연방변호사회관에서는 성대한 오찬이 베풀어졌다. 외국의 시찰단을 위하여 워싱턴에 있는 법조단체들이 공동으로 주최한 것이다. 이들 단체는 연방법률가협회, 전미법률가협회, 전국법률가협회, 전국여성법조인협회 등이었다.

연방법률가협회는 연방 또는 컬럼비아 지구(District of Columbia)에 현재 고용되어 있거나 또는 고용된 적이 있었던 법률가를 회원으로 하여 1920년에 창립된 것이다. 전국법률가협회는 흑인법률가들의 모임으로 1925년에 창설되어 회원 수는 1,500여 명이라고 했다. 전국여성법조인협회는 1909년에 창설되어 여성만이 회원으로 가입하고 있다.

이 중 가장 중요한 법조단체는 말할 것도 없이 전미법률가협회(American Bar Association)이다. ABA는 1878년에 창설된 단체로 20여 만 명의 회원을 가진 최대의 법조단체이다. 우리나라의 대한변호사협회와는 달리 개인 자격의 임의가입인 것이 특색이며, 어떤 주에 있어서건 간에 훌륭한 법조인의 지위에 있는 사람만을 가입시키는 것이므로 전미국의 40만 여명 법조인 중에서 반 정도만 가입되고 있는 실정이다. ABA의 목적은 법학을 진보시키는 것, 사법의 운영을 향상시키고 전국의 입법의 통일을 기하는 것, 미국 법조 간의 친목을 증진하는 것, 미국 헌법을 지원·옹호하고 공화정체를 유지하는 것, 그리고 법분야에서의 지식과 경험을 공익의 증진을 위하여 사용할 것 등이다.

ABA는 법학교육의 발전과 변호사 자질의 향상을 위하여 1900년에는 전미법과대학협회(Association of American Law Schools)를 창설하였다. ABA는 법과대학 교육을 발전시키기 위하여 법과대학의 교수 수·시설·도서 등 최저기준을 정하고, 이 기준에 정한 법과대학 졸업생에 한하여 변호사 자격을 부여하도록 함으로써 법과대학의 정비에 큰 공헌을 하였다. ABA에는 법학교육분과위원회(Section of Legal Education)가 있어 법학교육개선에 큰 공헌을 하고 있다.

전미법과대학협회(AALS)는 일정한 기준에 달하고 있는 법과대학만을 가입시키고 그 기준도 점차 높이고 있다. ABA는 또 사법의 운영개선에 노력하여 1913년에는 '전미국사법협회'를 창립하기에 이르렀다. ABA는 36세 미만의 사람들에 의하여 구성되는 청년법률가 회의를 1934년에 창립하였고, 1949년에는 '전미법학생협회'를 창립하였다.

이 밖에도 전문영역의 법률가단체로서 '전미법정변호사협회,' '전미특허법협회' 등이 많이 있다.

주 단위의 법조 단체도 중요한 역할을 하고 있다. 전국적인 단체는 임의가입인데 대하여 주 단위의 법조단체는 강제가입이 많다. 강제적으로 전 변호사를 가입시키는 integrated bar 제도는 1921년의 노스다코타 주에서 비롯되었는데 현재는 반 이상의 주가 강제가입이 되는 integrated bar 제도를 채택하고 있다. 카운티나 시 단위의 법조단체는 임의가입이다.

강제가입 제도와 임의가입 제도는 쌍방에 장단점이 있는데 전미법률가협회는 변호사와 법률가의 자질향상을 위하여 강제가입 제도를 찬성하고 있었다.

7. 미국의 법학교육

미국의 법조단체는 법학교육 개선과 법학발전에 많은 노력을 기울이고 있다. ABA는 법과대학의 기준을 정하고 있는데 ① 대학에서 3년 이상 재학한 것을 입학자격으로 할 것, ② full time으로 3년간의 법학교육 기능을 이수할 것을 요구할 것, ③ 충실한 도서관이 학생의 이용에 제공될 것, ④ 전 학생이 실제로 교수와 개인적으로 알아 그 감화를 받을 수 있을 것이다. 이 기준의 조사에 합격한 법과대학에만 인가(approved) 해 주고 있다. 이 인가를 받지 않는 법과대학 졸업생은 변호사시험 응시자격을 주지 않고 있다.

전미법과대학협의회에서도 법학교육의 개선을 위하여 ABA와 공동노력을 하고 있다. 전미법과대학협회에서도 법과대학의 기준을 인상하고 있는데 이에 따라 법과대학의 질이 향상되고 있다. 1970년대에 들어와서 ABA에 의하여 인가된 법과대학은 172교 중 148교로 늘어났다.

법과 도서 수가 가장 많은 대학은 Harvard 대학교 법과도서관의 125만 권이고 가장 적은 곳은 4만 권 정도이다. 도서비 연간 예산액도 학교마다 다르나 대체적으로 10만 달러 이상 125만 달러 이내를 지급하고 있다. 서적구입비는 학생 1인당 100달러에서 1,500달러 정도가 들고 있다. 서울대학교 법과대학의 도서비가 얼마냐는 물음에 몸 둘 바를 몰랐다.

외국 사람에게는 차마 말할 수 없는 연액 1,000달러 정도이기 때문이다. 미국 대학의 신간 서적과 잡지 등 정기간행물 구독은 놀랄 만 하였다. 캘리포니아 대학교 버클리 캠퍼스에서는 법서 구입 예산만도 40만 달러가 넘었고, 마이애미대학 32만 달러, 템플대학이 54만 달러를 쓰고 있었다. 서울대학교 도서관의 총예산이 Harvard 대학교 법과대학 도서관 예산 125만 달러의 4분의 1 정도이며, 장서 수도 25만권 모자라는 것을 생각할 때 우리나라의 도서시설도 대폭 확충되어야 할 것을 깨달았다.

이들 법과대학은 재학생에 대한 교육뿐만 아니라 현직 변호사들에 대한 계속적인 법학교육(continuing legal education)도 활발히 진행하고 있었다. 법학교수와 법조인 간의 공동노력에 의하여 법률문화가 발전되고 있는 미국을 볼 때 법학계와 법조계가 단절되다시피 되어 있는 우리나라 실태가 안타까웠다. 우리도 법조계와 법학계가 혼연일체가 되어야만 법의 지배가 이루어질 것이며 법조인의 권익이 옹호될 것이요 법학의 발전을 기대할 수 있을 것이라는 감명을 받았다. 경제적으로 중진국 대열에 선 우리나라는 법조인의 활동에 의해서만 선진대열에 설 수 있을 것이다. 미국과 같이 법이 지배하고 법조인이 존경받는 날이 하루 빨리 오게 되기를 빌어본다.

제6부

학회활동

1. 한국공법학회

1. 개회사(제6공화국 헌정의 방향모색)*

역사적 전환기인 1988년도 이제 저물어가고 있습니다. 회고해 보면 지난 1년은 권위주의적이던 제5공화국 헌법이 효력을 상실하고 보다 민주적인 제6공화국 헌법이 효력을 발생했던 때였습니다. 그동안 제5공화국 비리의 청산이 논의되고 새로운 제6공화국의 진로에 대한 토론이 활발해지고 있습니다. 이때에 제6공화국 헌정의 방향을 모색하기 위하여 추운 날씨에도 불구하고 참석해 주신 법학교수님, 국회의원 여러분, 언론계 인사, 법조계 인사 여러분들에게 깊은 감사를 드립니다.

돌이켜 보면 우리나라의 헌정사는 파란만장하였습니다. 상해 임시정부 때부터 정부형태를 대통령제로 하느냐 의원내각제로 하느냐로 논쟁

---

* 국제학술 세미나, 「제6공화국 헌정의 방향모색 : 각국의 국회와 정부 관계의 교훈」, 1988년 11월 18일, 프라자 호텔 2층 덕수홀.

이 끊이지 않았고, 건국 후에도 대통령제, 의원내각제, 군사독재제, 신대통령제, 이원정부제 등 온갖 정부형태에 대한 실험을 거듭하였습니다. 이 실험 결과 국민의 기본권은 유린되었고 집권세력은 장기집권으로 인한 부정과 부패에 젖게 되었습니다.

다행히 1987년에는 여야합의에 의하여 제6공화국 헌법이 제정되어 국민의 기본권강화, 국회의 복권, 정부권력의 약화, 헌법재판소의 신설 등으로 입헌주의 실현과 민주화 달성의 서운이 일기 시작하였습니다. 11년 만에 대통령에 대한 직접 선거가 행하여졌고, 17년 만에 국정감사가 부활되어 국민의 오랜 숙원의 일부는 달성된 셈입니다. 또 언론의 자유가 부활되었고 노동조합운동이 확산되는 등 기본권보장에도 진일보하였습니다.

그러나 국민 일부에서는 제6공화국 헌정의 앞날에 대해서 낙관만 하지 않고 있다는 데에 문제가 있습니다. 일부에서는 4당 체제가 황금분할이라고 하여 낙관하는 사람도 있습니다만 국회와 정부의 대립으로 인한 파국의 도래를 점치는 사람도 있습니다. 비관논자들은 처음으로 경험한 부산에서의 여소야대 국회에서의 정치파동을 회상하기도 하고, 여여 균형을 이루었던 유신 전야를 연상하기도 하며 심지어 민주화운동이 절정에 달했던 5.16이나 5.17전야를 우려하는 견해도 없지 않습니다.

이러한 비관론을 극복하고 이제까지 있었던 헌법 중에서 그래도 가장 민주적인 제6공화국 헌법에 따라 입헌정치를 성공시켜야 할 것이 아닌가 하는 사명감에서 한국공법학회는 이번 국제학술대회를 개최하게 되었습니다. 물론 대통령제헌법이 제 기능을 다 발휘할 수 없는 경우에는 의원내각제로의 개헌도 생각할 수 있을 것입니다. 그러나 그것은 현행헌법을 효율적으로 운영해 본 다음에도 불가능한 경우에 논의되는 것이 바람직할 것입니다. 사실 대통령제국가에서 여소야대 국회를 가진 나라도 많습니다. 그 대표적인 나라로 우리는 미국을 들 수 있습니다. 미국의 경우는 국회가 국정감사권이나 국무총리, 국무위원에 대한 해임건의권이 없는 점에서 다르기는 합니다만 비교적 무리 없이 여당 대통령에 야당 지배 국회가 기능을 다하고 있습니다. 이 점에서 미국의 경험을 듣게 되었습니다. Ormiston 교수는 미국에서의 실무경험을 중심으로 말씀해 주시게 되어 감사합니다.

의원내각제하에서는 여소야대는 있을 수 없습니다. 그러나 일본의 경우 자민당은 여러 파벌이 있어 4개 사단으로 구성되어 있다고 하며, 보수당 내에서의 연립정권구성과 같은 효과를 가지고 있습니다. 이 점에서 일본에서의 국회와 정부의 관계에 대하여 도쿄대학의 다카하시(高橋和之) 교수로부터 일본의 경험을 듣기로 하였습니다. 중견 교수인 다카하시 씨는 프랑스에서도 공부하였기 때문에 프랑스의 국민정부의 경험도 제시해 줄 수 있을 것으로 압니다. 처음에는 2원체제 하의 국회와 정부의 관계에 대하여 주한 프랑스 대사께서 발표해 주기로 하였습니다만 공무로 오늘 못나오시게 되었습니다. 다음 기회에 모시게 되기를 바랍니다.

조국의 분단으로 인하여 고통을 받고 있는 독일의 교훈도 중요할 것으로 생각하여 독일연방공화국과 동독의 국회와 정부 관계도 알아보기로 하였습니다. 또 분단 상황의 극복이라는 측면에서 남북통일과 관련하여 북한에서의 국회와 정부 관계도 알아보기로 하였습니다. 북한의 입법부와 행정부의 관계는 자유민주주의 국가의 그것과는 비교가 되기 어려우나 남북 국회회담이나 남북 총리회담 등과 관련하여 시사하는 바 크리라고 생각합니다.

오늘의 학술대회에서는 우리나라 헌정의 방향모색이 주로 되어 있기 때문에 학자뿐만 아니라 4당 대표들의 견해도 듣기로 하였습니다. 국회가 개회 중이고 청문회 등으로 매우 바쁘신 데도 국회의원이시고 정당간부이신 여러분을 모시게 되어 감사합니다. 또 토론에 참석해 주신 국회의원과 4대 일간지의 정치담당 논설위원들에게도 심심한 감사를 드립니다. 여러분들과 본 학회 회원들이 허심탄회하게 제6공화국 헌정의 방향을 모색하여 조국의 입헌주의 발전에 기여하게 되기를 진심으로 축원합니다.

국회와 정부가 대립하는 경우 권한쟁의가 일어날 수 있고, 또 탄핵소추가 행해질 수 있으며 위헌정당해산소추, 위헌법률심사제청 등이 행해질 수 있습니다. 이 경우 최종적인 헌법보장기관으로서 헌법재판소의 활동이 중요합니다. 새 헌법에서는 헌법보장기관으로서 헌법재판소를 두고 있으며 그 기능의 활성화와 헌법수호자적인 역할이 크게 기대되고 있습니다. 이에 우리 헌법재판소의 원형이라고 할 독일연방헌법재판소 제도에 대해서 알아보기로 하였습니다. 바쁘신 중에도 기꺼이 강연을 맡아준 주한 독일대사인 Jürgen Kleiner 박사께 감사드립니다.

오늘 국회 광주민주화운동특별위원회의 TV 생중계가 행해지고 있고, 공사다망하신 중에도 이 자리를 빛내주신 여러분들에게 다시 한 번 감사를 드리며 이 대회에서의 발표와 토론이 제6공화국 헌정의 방향제시에 도움이 되기를 빌어 봅니다.

1988년 11월 18일
한국공법학회회장 김철수

2. 개회사(기본적 인권의 보장)*

개나리 진달래가 금수강산을 뒤덮은 봄을 맞아 한국공법학회와 한국국제문화협회가 「기본적 인권의 보장」이라는 주제의 학술대회를 공동으로 주최하게 되었습니다. 공사다망하신 중에서도 참석해 주신 한국공

---

* 대한민국임시정부헌법제정 70주년 · 프랑스 인권선언 200주년 · 영국 권리장전 300주년 기념 국제학술대회, 「기본적 인권의 보장」, 한국공법학회, 1989년 4월 6일, 프라자 호텔 2층 덕수홀.

법학회 회원 여러분, 법조인 여러분, 인권단체 여러분께 감사의 말씀을 드립니다.

올해 1989년은 역사적으로 의미 있는 해입니다. 즉 국내적으로는 우리나라의 3.1독립운동과 상해 임시정부의 헌법제정 70주년이 되는 해이며, 국외적으로는 프랑스혁명과 인권선언 선포 200주년이 되는 해이며, 영국 명예혁명과 권리장전 선언 300주년이 되는 해이기 때문입니다. 이와 같은 역사적 사건들은 단순히 그 나라의 사건으로 그치는 것이 아니라 전세계적으로 큰 영향을 미쳤으며 인류 전체에 길이 기억되어야 할 중대한 역사적 사실이라 하겠습니다.

영국의 명예혁명은 1689년에 이루어지고 그 결과로서 권리장전을 제정케 하였습니다. 여기서는 의회의 승인 없는 국왕의 법률효력정지를 금하고, 상비군을 설치할 수 없도록 하며, 의회 승인 없이 조세를 부과할 수 없게 하였습니다. 이 권리장전의 선포는 실정권적인 기본권보장의 전형으로서 많은 입헌군주주의 헌법의 기본권보장 규정에 수용되었던 것입니다. 영국에서는 명예혁명 300주년을 맞아 여러 학술대회가 개최되고 있습니다.

프랑스의 인권보장은 1789년의 「인간과 시민의 권리선언」에 기초를 두고 있습니다. 이 선언은 불가침·불가양의 자연권으로서 평등권, 신체의 자유, 종교의 자유, 사상표현의 자유, 소유권의 보장 등을 규정하고 있었으며, 1791년의 프랑스 헌법에 채용되어 그 후 유럽의 여러 헌법에 중대한 영향을 끼쳤으며 자연권적 기본권보장의 전형이 되고 있습니다.

우리나라에서도 개화기 이후 영국과 프랑스의 인권사상이 미국과 일본을 통하여 전래되어 인권보장에의 열망이 높아졌습니다. 1919년에는 일본 제국주의의 식민지 지배로부터 국권을 회복하고 민족의 독립을 쟁취하기 위하여 3.1독립운동을 벌였고 상해에서 망명정부를 수립하였으며 임시헌법을 제정하였습니다. 이 임시헌법에서 최초로 기본권을 규정하게 된 것입니다. 현행 헌법은 대한민국 임시정부의 법통을 승인하고 있으므로 우리나라의 인권보장사도 70년이 된다고 하겠습니다.

오늘날 학술대회에서의 주제인 「기본적 인권」의 보장은 위와 같은 역사적 사실들이 공통적으로 달성하고자 했던 것입니다. 과거의 역사적 경험들을 다시 돌이켜 보면서 현재의 기본권 보장의 상황이 어떠한가를 분석하고 앞으로 어떻게 변화시켜 갈 것인가를 검토하고자 하는 것이 오늘의 학술대회의 취지라 하겠습니다.

우리나라의 경우 기본적 인권의 보장은 이미 임시정부의 헌법에서 그 규정을 찾아볼 수 있습니다. 간단하지만 매우 포괄적으로 규정되어 있었던 임시정부 헌법의 규정은 당시의 식민지 지배 상황에서 제대로 기능할 수 없었고, 해방된 이후에도 임시정부 헌법의 정신과 이념이 제대로 계승되지 못하고 미군정이 실시되었던 것은 역사적 아이러니라고 하겠습니다.

제헌헌법의 경우에는 기본권에 관한 규정이 있었습니다만, 아직도 일본제국 헌법과 Weimar 헌법의 규정에 따라 기본권을 자연권으로 보지 아니하고 실정권으로 보고 있었으며, 각 기본권에는 법률유보조항을 두어 법률에 의하여 기본권을 제약할 수 있는 체제를 갖추고 있었습니다.

제2, 제3공화국 헌법에서의 기본권의 규정은 자연권으로 규정 자체는 변경되었습니다만, 보장의 실체면에서는 아직도 실정권적으로 운영되었습니다. 제4공화국에서의 기본권 규정은 다시 제헌헌법으로 후퇴하여 독재정권의 권력유지를 위해 극히 제한적인 형태로 규정되었습니다. 제5공화국의 기본권 규정은 제4공화국에 있어서보다는 진보된 형태로 규정되었으나, 기본권보장의 현실적 측면에서는 오히려 후퇴한 감이 있었습니다.

진정한 민주화의 실현을 위한 국민적 열망으로 달성된 제6공화국 헌법은 기본권을 자연권으로 선언했을 뿐만 아니라 기본권을 실질적으로 보장하기 위하여 헌법소원제의 도입 등 법적·제도적 장치를 강화하는 데에 역점을 두었습니다. 아울러 국민들의 인권의식이 급격히 신장되고 사회적인 제이익을 추구하는 다양한 목소리가 분출되고 있습니다. 이러한 상황에서 오늘의 우리의 기본권보장의 현실을 진단하고 외국의 경험을 살려 실질적인 기본권보장을 달성하기 위한 방안을 강구함이 오늘 학술대회의 주된 목적이라 하겠습니다.

오늘의 학술대회를 위하여 발표자로 참석해주신 국내외 교수님들은 각각의 나라에서 학식이 높고, 발표하실 주제에 대하여 전문가적인 식견을 가지고 계십니다.

프랑스에서 오신 Louis Favoreu 교수님은 Aix-en-Provence 대학의 총장을 역임하셨고, Frank Moderne 교수님은 파리 제1대학에 봉직하고 계십니다. 두 분 교수님은 프랑스의 기본적 인권의 보장에 큰 기여를 하고 있는 헌법평의회와 국사원의 기본권보장 기능에 대하여 강연해 주실 것입니다. 두 분께 깊은 감사를 드립니다.

우리나라 개화기의 기본권사상과 그 발전에 대해서는 동아대학교의 김효전 교수께서 발표해 주시고, 행정절차에서의 기본권보장에 대해서는 경희대학교의 박윤흔 교수께서 발표해 주시겠습니다. 두 분께 감사드립니다.

오늘의 발표와 토론에 이어, 내일에는 독일 헌법상 기본권보장에 관하여 Tübingen 대학의 Püttner 교수께서 발표해 주시며, 일본의 기본권보장에 대하여 도쿄대의 오쿠다히라 야스히로(奧平康弘) 교수가, 영국의 기본권보장에 관하여 영국 런던 대학의 G. W. Jones 교수께서 발표해 주시고, 우리나라 헌법상의 기본권보장에 관하여 연세대학교의 허경 교수께서 발표하시겠습니다. 여러 발표자들께 감사를 드립니다.

아울러 오늘과 내일의 발표에 대해 토론자로 참석해 주신 여러 분들께 깊은 감사를 드립니다.

다시 한 번 오늘의 학술대회에 참석해 주신 여러 분들께 감사를 드리면서 오늘의 행사를 공동으로 주최해 주신 국제문화협회의 김성진 회장님께 감사를 드리고, 아울러 오늘의 행사를 지원해 주신 한국학술진흥재단에 감사를 드립니다. 또 Jones 교수를 초청해 주신 부산대학교 서주실

총장님께 감사를 드립니다.

　오늘의 프랑스 인권선언에 관한 학술발표는 프랑스혁명 200주년 기념 사업의 일환으로 우리나라에서는 처음으로 실현된다는 점에 의의가 있습니다. 프랑스 교수 두 분을 초청하는데 도움을 준 프랑스 대사관 de La Fortelle 대사님께 감사를 드립니다.

1989.4.6.

한국공법학회회장 김철수

3. 개회사(미래정보화사회의 공법적 대응)*

　가장 아름다운 계절인 5월의 신록이 푸르름을 더해가는 데도 초여름의 무더운 날씨가 계속되는 요즈음, 오늘 한국공법학회가 주최하는 「미래정보화사회의 공법적 대응」이라는 주제의 국제학술대회에 참석해 주신 한국공법학회 회원 여러분, 통신개발연구원 임직원 여러분, 정보문화협회 관계자 여러분, 법조인 여러분, 그리고 언론·출판계 관계자 여러분들께 깊은 감사를 드립니다.

　오늘날의 사회는 과학기술의 급속한 발달에 힘입어, 컴퓨터 산업을 위시한 첨단기술 산업이 고도로 발달하고 있습니다. 미국이나 일본과 같은 선진 산업 국가들의 경쟁적인 기술개발의 열기는 기술수준의 변화속도를 더욱 가속화하고 있습니다. 이러한 과학기술의 발달은 정보 관계 분야에서의 혁신을 가져와서, 문자형 정보통신망인 CAPTAIN이나 INS(Information

---

*　국제학술대회, 「미래정보화사회의 공법적 대응」, 1989년 5월 26일, 프라자 호텔 2층 덕수홀.

Network System), VAN(Value Added Network), 쌍방향 CATV, Data 통신 등 새로운 형태의 New media들이 일상생활에서 쉽게 이용될 수 있으며, ISDN(Integrated Services Digital Network)의 발달로 인해 data base가 충실해지고 다양한 부가적인 서비스가 가능하게 되는 등 통신혁명이 가능하게 되었습니다. 바로 télématique(télécommunication+informatique)의 시대라 할 수 있는 것입니다.

이와 같은 정보통신에서의 혁신과 더불어 종래의 법적·제도적 규율로서는 감당할 수 없는 새로운 문제점들이 생겨나게 되었습니다. 그러한 문제점은 첫째로, 과다한 정보의 유통에 대한 공적 규제의 문제, 둘째로, 정보의 편중에 대한 공정한 정보제공의 문제, 셋째로, 정보매체이용의 불균형에 대한 접근·이용·반론권 및 알 권리의 문제, 넷째로, 거대한 자본과 기술을 기초로 한 정보매체 집중에 대한 규제의 문제, 다섯째로, 정보에 관련된 재산권, 특히 공업소유권, 저작권, 특허권 등의 보호의 문제, 그리고 정보처리의 공개와 비밀보호 및 Privacy의 보호문제 등 지금까지는 크게 중요하지 않았거나, 알지 못했던 문제들이 부각되게 된 것입니다.

외국의 경우에는 이러한 문제점들을 극복하기 위한 공법적 대응이 적절히 행하여져 많은 법률들이 운용되고 있는 실정입니다. 이러한 문제점들은 근대화과정을 거치면서 고도의 산업사회에로 접어든 우리나라의 경우에도 예외 없이 발생하고 있습니다.

그러나 우리나라에서는 이러한 문제들에 대한 논의와 연구는 극히 미진한 상태라 하겠습니다.

특히 공법적 분야에서의 연구와 논의는 본 한국공법학회에서 1987년 체신부와 통신정책연구소의 후원과 한국전기통신공사의 재정지원으로 수행된 「미래정보화사회에 대한 공법적 대응」이라는 연구결과가 있는 정도입니다. 이 연구에서 본 한국공법학회는 고도정보화사회에 대한 공법적 대응방안에 대한 개괄적인 방향을 제시하고 그 구체적인 문제점들에 대한 분석 작업을 수행하였습니다.

그 연구 결과로서 우리나라에서의 정보공개법과 사생활보호법의 제정이 시급하다는 결론을 내린바 있습니다.

위와 같은 연구를 토대로 하여 오늘의 학술대회에서는 여러 외국의 경우의 정보공개법과 사생활보호법 등의 구체적 실태를 알아보고, 이어서 우리나라의 정보공개법과 사생활보호법 제정의 방향에 대한 논의와 토론을 하고자 합니다.

일본에 있어서의 정보공개법과 개인정보보호법을 발표해 주실 호리베(堀部政男) 교수님은 히토츠바시(一橋) 대학에 봉직하고 계시면서 정보통신법제에 관한 많은 저작과 논문을 쓰신 분입니다. 우리나라의 정보공개법과 사생활보호법의 제정에 관해 많은 참고자료를 제공해 주실 것으로 기대됩니다.

미국의 정보공개법과 사생활보호법에 관해서는 황우여(黃祐呂) 헌법재판소 헌법연구부장이 발표해 주시고 서독의 경우에는 김선욱(金善旭) 이화여대 강사께서 발표해 주시겠습니다.

우리나라의 정보공개법 제정방향에 관해서는 고대의 구병삭(丘秉朔) 교수님이, 사생활보호법 제정방향에 대해서는 영남대의 변재옥(卞在玉) 교수님이 발표해 주시겠습니다. 이밖에도 전기통신의 독점금지법 제정방향에 대해서는 연세대의 양승두(梁承斗) 교수님이, 전기통신법제의 정비방안에 대해서는 서울대학의 서원우(徐元宇) 교수님께서 발표해 주실 것입니다.

오늘 발표자로 참석해 주신 일곱 분의 교수님들께 깊은 감사를 드리며, 오늘의 발표와 토론을 통해 우리나라의 정보통신 관계의 법제가 하루 빨리 정비되기를 기대합니다.

오늘의 학술대회가 가능하도록 지원해 주신 통신개발연구원에 대해서 감사드리며, 오늘의 학술대회에 참석해 주신 여러 분들께 깊은 감사를 드리면서 개회사를 마치겠습니다. 감사합니다.

한국공법학회 회장 김철수

4. 초창기 공법학회의 활동 회고(원로에게 듣는다)*

한국법학원이 1956년에 학자와 실무가들로 구성되었는데 그 산하에 여러 학회를 창립하게 되었다. 1956년 7월에는 유진오 박사를 회장으로 하여 공법학회를 발족하였으나 미국 원조기관의 후원이 부족하여 한국법학원의 활동이 정체하였고 그 결과 공법학회도 휴면상태에 빠지게 되었다. 1964년에 당시의 원로교수들을 모시고 서울대 법대도서관에서 공법연구회를 결성하여 학술발표회를 가지게 되었다. 그것이 1970년 5월 15일 문홍주 교수님을 회장으로 모시고 상임이사로 헌법에 김철수, 행정법에 이상규가 맡아 활동을 재개하게 되었다. 1971년 2월에는 『공법연구』 제1집을 발행하여 공법학회의 학술지로 현재까지 계속 발간되고 있다. 1971년에는 한태연 교수를 회장으로 갈봉근 교수를 상임이사로 하는 한국헌법학회가 발족하여 『헌법연구』라는 잡지를 발행하였다.

한국공법학회는 당시 헌법교수와 행정법교수, 실무가들이 거의 전원 가입하여 순수 학문연구를 지향하였다. 그러나 이 시기에 헌법학회는 헌법학자 뿐만 아니라 행정학자, 정치가 등도 포함하며 현실정치에 관여하는 경향이 많았다. 1972년에는 7.4남북공동성명이 발표되었고 이것은 독일의 동서독기본조약협상에 영향을 입은 것이었다. 독일의 동서독기본조약은 당시 협상 중이었는데 독일 실무자들이 우리 정부의 자문역으로 협상에 상당한 영향을 끼친 것으로 알려졌다.

1971년 헌법학자들이 다수 법무부 정책자문위원으로 위촉되었으나 회합은 거의 없었다. 다만, 헌법학회의 몇 명 학자들이 정부의 위촉으로 비밀리에 세계 각국에 파견되어 헌법을 연구하며 새로운 자료를 구해오게 되었다. 그 결과로 외국 헌법상의 국가긴급권 규정이 많이 연구되었

* 한국공법학회, 『공법학회보』 창간호(2011.1), 10~11면.

다. 이들은 1등 비행기를 타고 특명사업수행 중이라고 하여 재외공관에 도움을 청하여 빈축을 사기도 하였다. 그 결과가 『프랑스 제5공화국 비상대권론』 등으로 공간되기도 하였고, 『헌법연구』에 특집으로 다루어지기도 하였다.

특히 헌법학회 간부들은 유신헌법 작성 작업에 참여했던 것으로 알려졌다. 그러나 대부분의 자문위원이나 학자들은 낌새를 채지 못하고 있었다. 한국공법학회에서는 1972년도에 부산에서 학회를 열었다. 한동섭 교수와 김철수 교수는 발표 시에 정부에 대한 찬양을 하지 않아, 정부의 빈축을 사기도 하였다. 당시의 학회들은 경비가 부족하여 회장들의 노력에 따라 지방자치단체의 장들에게 많은 도움을 받았고, 저녁을 얻어먹었고 2차까지 가는 사람들도 있어서 정부와 동료학자들의 빈축을 사기도 하였다. 한국헌법학회도 지방에서 학술대회를 개최한 뒤 호화판 만찬과 2차 향응을 받았다. 그 중 몇 명은 성접대까지 받아 보고를 받은 청와대의 빈축을 사기도 하였다. 그러나 지금 생각해 보면 학자들을 타락시켜 이용하기 위한 수단적 측면도 있었던 것 같다.

정부는 유신헌법 제정과 선전에 많은 공법학자를 동원하였다. 정부는 몇몇 헌법학자들을 초청한 뒤 유신헌법안의 조문화 작업에 동원하였고, 또 유신헌법안을 홍보하는데 많은 교수들을 동원하였다. 어느 교수는 어느 방송에, 어느 교수는 어느 TV에 나가서 유신헌법안의 장점을 설명하고 국민투표에서 국민의 찬성을 얻도록 선전·선동하였다. 또 헌법학회는 정부의 위촉을 받아 헌법교과서를 유신 교수 몇 명에게만 쓰도록 하고 반대할 가능성이 있는 학자들의 교과서 출판을 원천 봉쇄하기도 하였다. 당시 중앙정보부의 차장은 윤세창 교수와 김철수 교수를 만찬에 초청한 뒤 유신헌법에 대한 반대를 엄금하는 명을 내리기도 하였다. 한국헌법학회는 유신헌법에 관한 선전서를 만들어 각 행정기관과 군에 까지 강제 배부하여 많은 돈을 벌기도 하였다.

그러나 반대하는 학자들의 교과서는 영장 없이 몰수하고 저자를 중앙정보부에 연행하여 감금한 뒤 교과서의 수정을 강요하기도 하였다. 이렇게 학문의 자유가 말살되었기 때문에 공법학회는 1973년과 1975년에는 학회지조차 발행할 수 없었다. 유신헌법 제정 후의 정계개편에서 상당수의 교수들이 국회의원으로 발탁되었고 장관 등으로 진출하기도 하였다. 『헌법연구』는 계속 발간되어 유신헌법의 당위성 등을 홍보하였다. 헌법학회는 정부의 자금을 받아 유공회원들에게 명절 떡값을 주면서 관리하기도 하였다. 헌법학회는 유신정권의 첨병역할을 하였고 유신헌법의 종말과 함께 해산되고 말았다.

이 시기의 학회는 위축되었고 학자들은 학문의 자유가 없어 질식할 것만 같았다. 한태연 의원을 비롯한 몇몇 의원의 발의로 교수임기제 법률이 통과되었고, 교수재임명작업이 진행되어 상당수 헌법교수가 탈락되기도 하였다. 당시의 교육환경은 열악하기 짝이 없었다. 교수들의 월급도 낮았기에 유명교수들은 몇 개 대학의 보따리장수 노릇을 하였다. 조교도 없었고 오늘날과 같은 컴퓨터나 복사기가 없어 손으로 원고를 썼기에 자갈풍이 생기는 경우도 많았다. 교수들은 몇몇 잡지에 원고를 내어 그 원고료를 생활의 보탬으로 하기도 하였다. 헌법학에 관한 자유로운 연구가 금지되었기에 헌법학연구는 침체할 수밖에 없었다. 다만 유신헌법이 통일을 위한 헌법이라는 명분을 이용하여 북한헌법과 동서독헌법, 동서독기본조약, 남북한불가침조약 등의 연구만은 행할 수 있었다.

생각해 보면 유신헌법 시기는 헌법학연구의 암흑기였었다. 현재도 독재정권이란 비난이 들리는데 이는 독재정권을 경험하지 못한 사람들의 착각인 것 같다. 제6공화국 들어서 공법학자들은 학문의 자유에 젖어있고, 많은 연구비, 연구보조원, 연구도서, 연구보조기구가 있어 학문연구의 황금기에 있다고도 하겠다.

우리 공법학자는 선배들이 곤궁했던 연구 환경 속에서도 계속 학회발표회를 열고 학회지를 발간해 온 것을 감사히 생각해야할 것으로 생각한다.

좋은 연구 환경에 살고 있는 후배 학자들이 일층 분발하여 고난의 시

대를 살았던 선배들의 업적을 추월하도록 보다 깊은 연구를 해주기 바라는 마음이 간절하다.(한국공법학회고문)

2. 한국교육법학회

1. 교육법령개정의 방향모색*

개회사

송구영신의 계절을 맞아 바쁘신 가운데도 한국교육법학회가 개최하는 「교육법령개정 방향의 모색」이라는 주제의 학술대회에 참가해 주신 전국의 법학교수님들, 대한교육연합회 관계자 여러분, 민주교수협의회 관계자 여러분, 전국교사협의회 관계자 여러분, 일선에서 직접 2세들의 교육에 헌신하고 계시는 초·중·고교사 여러분, 그리고 교육관계 법령의 개선을 위해 물심양면으로 노력하고 계시는 제정당과 문교정책담당자 여러분께 진심으로 감사를 드립니다.

돌이켜 보건대 우리나라의 근대적인 교육제도는 일천한 역사를 가지고 있습니다. 잘 알고 계시는 바와 같이, 서구에서는 이미 12세기에 대학

---

*   한국교육법학회 학술대회 1989년 1월 30일, 대한상공회의소 회의실(2층).

이 설립되어 숱한 세월을 거치면서 학문 연구의 요람이자 사회개혁의 중추로서의 기능을 다해 왔습니다. 20세기에 들어와 여러 가지 문제점이 노출되고 있습니다만 서구에서는 여전히 학문 연구와 사회개혁 그리고 고등교육의 대중화에 기여하고 있습니다.

이에 비추어 볼 때, 우리나라의 일천한 역사를 가진 교육제도를 개혁하는 문제는 어쩌면 성급한 또 하나의 시행착오의 문제일 수도 있습니다.

그러나 그동안의 우리나라의 교육제도는 과거 일제 식민지 교육의 제도적·형식적 답습으로 인해 식민지교육의 구태를 벗어나지 못하고, 조령모개식의 제도 및 교육내용의 변경을 거듭해 왔습니다. 국가백년대계의 지표가 되어야 할 교육이 때로는 집권세력의 체제수호를 위한 관제교육의 양상을 띠기도 하였고, 제도의 측면에서는 교수와 교사들의 민주적인 의사는 무시된 채 상의하달식의 일방적·하향적인 방식과 내용이 강조되기도 하였던 것입니다.

이러한 상황과 함께 최근에는 실험대학의 확충과 졸업정원제 실시 등으로 대학은 일반교양과정으로 전락하고 학문 연구는 대학원중심으로 되는 경향이 있으며, 학생들은 학부 생활에 제대로 적응하지 못하고 사회개혁운동과 대학개혁운동을 벌이게 되었으며, 교수들도 교육 분야에서의 진정한 민주개혁에 앞장서는 움직임이 생겨나게 된 것입니다.

위와 같은 대학의 여러 문제점과 함께 초·중·고등학교의 교육제도에 있어서도 여러 문제점이 나타나고 있습니다.

교육과정 결정의 문제, 교재선택의 문제, 교수내용결정의 문제, 교수방법결정의 문제, 그 외에 교과 이외의 활동의 문제 등 교육내적인 문제뿐만 아니라 교육외적인 학문의 자유, 결사의 자유, 연구발표의 자유, 정치활동의 자유 등 교원의 기본권의 문제도 심각하게 대두되고 있습니다.

우리 헌법에서는 학문의 자유와 대학의 자치, 교육을 받을 권리, 시민적·정치적 자유에 관한 규정들과, 교육의 자주성·전문성·정치적 중립성 및 대학의 자율성에 관한 규정들이 있습니다만, 지금까지의 대학과 초·중등 교육의 현실이 헌법규범과 어느 정도 일치되어 있는가 하는 것은 심각하게 재고되어야 하며, 오늘의 학술대회의 주된 주제가 되는 것이라 할 것입니다.

예를 들면 학생의 학습권을 무시한 과외수업에 대한 처벌, 학생과 학부형의 교육장소선택권을 침해하는 중·교교의 학군제 강제배정, 종교의 자유를 침해하는 종립학교에의 강제배정 등이 헌법규정과는 관계없이 법령에 의하여 강행되고 있습니다. 또 교사의 헌법상 권리인 정치활동의 자유권이나 결사의 자유, 교육의 자주성·독립성이 공공복리라는 목적을 위하여 법령에 의하여 많이 제약되고 있습니다. 사립학교의 교원의 복무는 공무원에 준하게 하면서 신분보장이나 권리는 공무원에 준하지 않는 모순점 등이 있습니다.

학교 교과서만 하더라도 일종 교과서가 있어 교재선택의 자유를 침해하고 있으며, 국책과목이 있어 우대되는 경향이 있습니다. 이들 모두가 인간의 존엄과 가치를 규정한 헌법이념에 합치될 수 있는지 심히 의심스럽습니다.

한국교육법학회는 암울했던 5공 치하에 결성되어 나름대로의 연구를 해오고 있었습니다. 교사의 권리와 학생의 권리가 극도로 짓밟혔던 1986년에 서울의 봄을 기다리며 「교육의 자유와 대학의 자치」에 관한 세미나를 개최하고 그 결과를 공간했고, 87년에는 교사의 권리에 관한 기본법 제정을 위한 연구도 했습니다. 또 88년에는 현행 교육법령의 합헌성 여부를 검토하여 위헌법령의 개정을 의논하기도 하였습니다.

한국교육법학회는 교육이 헌법이념에 충실하고 교육제도나 교육정책이 헌법정신에 입각하여야 한다는 것을 강조하면서 앞으로의 교육행정은 합헌적인 법령에 근거하여야 한다는 것을 천명하고자 합니다. 그러나 앞으로 발표될 논문은 한국교육법학회의 공식견해가 아니고 연구자 개인의 의견임을 강조하고자 합니다. 오늘의 발표와 토론결과를 종합하여 본 학회의 의견을 제시할까 합니다.

그동안 교육법령의 개정방향에 대하여 회원들이 토론을 거듭하였으나 회원마다 의견이 달라 통일된 안을 제시하지 못한 것을 송구스럽게 생각합니다.

오늘 논의될 주된 문제점들은 대학자치의 확립을 위한 총장선출방식, 교수임용과 신분보장의 문제, 교수회자치의 문제, 교수재임용제, 교수의 단체 활동의 허용 여부 등이 논란이 되고 있고, 초·중·고등학교의 경우에는 교장선출 및 임기제, 교과서검정의 문제, 교무회의와 교사회의 권한문제, 교육자치의 실현을 위한 교육위원회의 개혁의 문제, 교원들의 정치적 자유와 근로3권의 문제 등이 논의될 것입니다.

오늘 주제발표를 해 주실 세 분 교수님들께서는 이러한 제반 문제점들에 관한 심도 깊은 분석과 앞으로의 전망을 발제해 주실 것이며, 토론자로 참석해 주신 여섯 분의 각계 대표들은 비판과 토론을 통해 우리나라의 교육법령개선의 올바른 방향을 제시해 주실 것을 기대합니다.

아울러 우리나라의 근대화과정에 힘써 오신 선배 교사, 교수님들의 노고를 높이 평가하면서, 새로운 사회적 변화에 대응하는 새로운 교육제도의 방향제시에 오늘의 학술대회가 기여하게 되기를 기원합니다. 공사다망하신 중에도 참석해 주신 여러분께 다시 한 번 감사를 드립니다.

한국교육법학회 회장 김철수

2. 한국법학교육 100주년의 전환기에 서서[*]

　이 해는 근대한국법학교육 100주년을 맞는 의의 깊은 해입니다. 그동안 법관양성소, 보전, 대동전, 법전, 연전, 혜전(惠專) 등에서 법학교육이 행하여졌고, 일제시대의 법학교육은 경성제대가 리드한 것 같습니다. 오늘 그 경성제대의 구지(舊址)에서 세미나를 갖게 되어 감회가 깊습니다.

　법학교육이 초창기에는 법관양성을 목적으로 하였습니다만 해방 후 대학의 팽창과 함께 관학과 사학이 많이 설립되었고, 각 대학마다 법학과를 두게 되어 법학교육은 교양교육으로 될 수밖에 없었습니다. 이에 미국식 로스쿨 제도를 도입하려는 노력이 성사되어 1961년에는 서울대학교에 사법대학원이 부설되게 되었습니다. 이 사법대학원은 행정대학원과 같이 미국식 공무원양성을 위한 직업 대학원이었습니다.

　사법대학원 제도는 서울대학교의 재정 빈곤과 다른 여러 사립대학교의 질시와 법조단체의 반대에 부딪쳐 1972년 13기 졸업생을 내고는 대법원 산하의 사법연수원으로 이관되었습니다. 이것은 미국식 로스쿨 제도에서 일본식 사법연수소제도로의 후퇴였다고 하겠습니다. 이것은 당시 새로 온 대법원장과 새로 온 사법대학원장의 단견 때문이었다고 하겠습니다.

　법조직업교육이 대법원 산하로 이전되고부터 법학교육은 고시학관화하고 말았습니다. 처음에는 사법시험합격자가 적었기 때문에 몇몇 유명대학만이 사법시험 준비학관화 하여 고시반을 운영하는 등 수험기술 위주의 강의를 하였습니다. 1980년대 들어 사법시험합격자의 수가 늘어나자 전국의 많은 법학과 재학생이 시험공부에 매달리게 되었습니다. 점차 시험기술이 전문화되어 고시준비학관이 신림동을 중심으로 번지게 되었고 사법시험합격을 위해서는 고시학관에 통학하지 않으면 안 되게

---

[*]　한국교육법학회 학술발표대회, 1995년 2월 24일, 홍사단 강당(회장 인사말).

되어 대학 강의실은 공동화하게 되었습니다. 이것도 일본의 모방입니다.

사법시험이 과거(科擧)처럼 되어 신분직승의 사다리로 된 결과 경상, 정치, 사회계 학생뿐만 아니라 공과계, 농과계 학생들까지 모여들어 2만 명에 달하는 사법시험 낭인들이 청춘을 낭비하고 있습니다. 이것은 국가적으로 보아 우수 인재의 균형배치라는 이상에도 멀고 학교교육의 정상화에도 역행하는 것이었습니다.

이에 법과대학 교육을 전문화하여야 한다는 의견이 높아졌고, 법과대학 교육연한의 연장문제와 교수방법의 개선 등이 그 동안 활발하게 전개되었습니다. 각 법과대학과 한국법학교수회 등 여러 곳에서 사법시험제도의 개선, 법학교육의 개선, 사법개혁의 방향에 대한 세미나와 연구가 행해져 20년 동안의 연구결과가 쌓였습니다. 그리하여 문민정부 들어 사법시험의 개선과 법학교육의 개편에 관한 논의가 활발히 전개되게 되어, 대개혁의 전기가 마련되게 되었습니다.

오늘 이 한국교육법학회의 세미나에서는 주로 법학교육의 현제도의 문제점을 파헤쳐 보고 앞으로의 법학교육의 개선에 관한 안을 집중 토론했으면 합니다. 가장 이상적인 방안은 법학교육의 로스쿨화와 사법시험제도의 변호사시험으로의 대치, 사법연수원의 폐지라고 생각됩니다. 그러나 이 이상론에도 현실에 의한 제약이 불가피하리라고 생각됩니다.

현존의 법학과를 폐지하고 법학대학원만을 둘 것인가, 현존의 법학과의 학부과정을 그대로 두고 그 위에 법학대학원을 둘 것인가, 법학대학원의 수는 어느 정도로 하며, 각 대학원의 정원은 얼마로 할 것인가, 법학대학원으로 개편하는 경우 그 시기는 언제로 할 것이며 법학대학원의 입학시험자격을 어떻게 할 것이냐, 법학대학원의 설치기준은 어떠해야 하며, 커리큘럼은 어떠해야 하고 교수의 총원은 얼마로 해야 할 것인가, 법학대학원의 졸업시험과 변호사시험을 연계할 것이냐, 변호사시험의 합격률은 어느 정도로 하며 적정한 변호사의 연간 배출 수는 얼마로 해야 할 것이냐 등등 문제는 산적해 있습니다.

이들 문제는 의과대학과 의사협회, 병원협회 등의 긴밀한 협조관계와 약학대학과 약사회, 보건복지부와의 관계 등을 보면 해결할 수 있는 문제로 보입니다. 우리들은 법과대학이나 변협, 대학원, 법무부, 교육부 등의 긴밀한 협조만 있다면 이 문제는 단시일 내에 좋은 결과를 맺을 수 있을 것으로 생각합니다. 세계화추진위원회와 교육개혁위원회가 연구하고 있는 방향은 잘은 알 수 없으나 미국식 로스쿨 제도 도입과 변호사시험으로의 대체가 아닌가 생각됩니다. 우리는 법과대학의 사활이 걸린 이 문제의 합리적 추진을 위하여 지혜를 모아야 할 것입니다. 사법개혁이나 사법시험 개선 문제를 법조계에만 맡겨둘 수는 없습니다. 이제 법학교육의 개선과 사법시험제도의 변호사시험으로 대치, 법조일원화제도에 대해서는 국민들의 의견이 거의 일치된 것으로 보입니다. 요는 언제 어떻게 개혁하느냐가 중요할 것으로 보입니다. 1996년부터 사법시험의 합격자를 대폭 늘리면서 1997년부터 법과대학원 입학생을 뽑는 방법, 2000년에는 사법시험을 변호사시험으로 대체하는 시간표도 생각할 수 있을 것입니다.

서울대학교를 비롯하여 몇몇 대학이 이미 법과대학의 대학원화를 결정했거나 결정할 예정이라고 합니다. 과거의 사법대학원과 같은 전철을 밟지 않기 위하여 국민들의 지지와 법학교수들의 일치단결이 요망되는 때입니다.

오늘 바쁘신 중에도 발표와 토론에 참여해 주신 여러 선생님과 지정토론자 여러분에게 감사드립니다. 특히, 일본에서 오신 일본 교육법학회 회장 나가이(永井憲一) 교수님에게 감사합니다. 공사다망하신 중에도 참석해 주신 여러분에게 감사하면서 이 토론회가 법학교육제도개선에의 이정표가 되기를 기대합니다. 이 행사를 후원해 주신 교육부와 고시계에도 감사드립니다.

1995.2.24.

한국교육법학회 회장 김철수

3. 발간사*

한국교육법학회는 그동안 '교육과 법'이 관련된 문제가 사회적 쟁점이 될 때마다 그 방향을 제시하기 위하여 관련 입법정책을 연구·검토하고 그 성과를 학회지로 출간해온 바 있다. 1986년에는 학교 교사의 교육의 자유가 법적으로 문제가 됨에 따라서 「교육의 자유와 대학의 자치」를 특집으로 한 학회지를 발간한 바 있으며, 1995년 법학교육의 전문화를 위한 로스쿨 제도의 도입이 쟁점화 됨에 따라서 「법학교육 100주년—회고와 전망」을 특집으로 학회지를 발간한 바 있다. 이러한 맥락에서 본 학회는 이번에 「교육법제 개혁의 현황과 과제」를 주제로 학술대회를 개최하고 학회지를 발간하는 바이다.

'교육법제 개혁'은 그동안 이 분야의 법을 연구해온 사람들에게는 최대의 과제로 생각되었다. 교육법은 제정된 후 지금까지 약 50년 동안 38회에 걸쳐 개정된 바 있으나 그 내용들이 일관성 있는 기준에 따른 것이 아니라 그때그때의 필요에 따른 것이었기 때문에 결과적으로 법 전체의 체계가 크게 훼손당한 셈이 되었다. 또한 과거의 조문으로서 현금의 시대에 부적합한 것들도 눈에 띄게 증가하였다. 여기에 현 정부 들어 최대의 역점 사업이 된 교육개혁의 성과도 대폭 교육법에 반영하여야 할 사정에 이르렀다. 이에 따라서 정부는 그간의 학계의 주장을 상당 부분 수용하여 금년 7월 임시 국회를 통해서 교육법을 교육기본법과 초·중등교육법, 고등교육법 등 3법으로 분리하는 전면 개편 작업을 시도하게 되었다. 본 학회가 금번의 학술대회 주제를 「교육법제 개혁의 현황과 과제」로 잡은 것은 바로 이러한 동향에 적극 동참하기 위해서이다.

본 학회의 금번 학술대회와 이를 통한 교육법제 연구는 지난 5년 동안

---

* 『한국교육법연구』, 1997년호.

정부가 교육개혁위원회를 설치하여 국가 교육개혁 사업을 대대적으로 전개하면서 교육개혁의 11대 과제 중 교육법 정비과제를 최종적인 사업으로 설정·추진해 온 성과에 대하여 조명하는 의미를 가질 것으로 본다. 그동안 관련 학자들이 교육법 개정 방향과 관련하여 각종의 다른 공청회나 학술 세미나에서 제시했던 방안들을 종합적으로 검토하는 자리가 되는 것이라 하겠다.

본 학회는 현재 교육법제 개혁을 주도하고 있는 정부의 노력을 평가하면서 이번의 학술대회를 통하여 집약되는 의견을 묶어서 정부와 국회에 건의할 것을 검토하고 있다. 기왕의 법안들의 잘된 점을 평가하고 미흡한 점은 수정과 보완을 촉구할 것이다. 아무쪼록 본 학회지의 연구 성과가 현행 교육법제를 헌법상의 교육기본권을 최대한 충실하게 보장하는 방향으로 개혁하는데 일조할 수 있기를 기대한다.

끝으로 바쁜 시간에도 불구하고 학계와 유관 단체에서 20여 분이 본 학술대회를 통하여 면밀하고 깊이 있게 연구한 논문을 발표하시고 토론자로 참여해 주시는데 대하여 깊은 감사의 말씀을 드린다. 아울러 본 학회의 학술대회를 후원해 주신 한국학술진흥재단 관계자 여러분께도 심심한 사의를 표하며, 처음부터 본 학술대회 개최와 학회지 발행을 같이 계획하고, 또한 행사 당일의 저녁 만찬을 준비하신 이천수(李千洙) 총장과 실무를 맡아 애를 써준 조병륜(趙炳倫) 교수, 신현직(申鉉直) 교수, 정재황(鄭在晃) 교수, 허종렬(許宗烈) 교수 외 여러 임원들에게도 감사한다.

1997년 11월
한국교육법학회 회장 김철수

4. 축사*

한국교육법학회 정기학술대회가 「국립대학법인화와 학생인권조례」를 중심으로 개최되게 된 것을 진심으로 축하합니다.

국립대학법인화 문제는 일본 정부에서 공무원 감축방안으로 채택되어 많은 국립대학교직원을 공무원에서 해촉함으로써 정부의 공약사항이던 공무원감축이 실현되었습니다. 일본의 경우 국립대학법인화로 성공한 대학은 동경대학과 경도대학 등 몇 개의 일류대학 뿐이고 나머지 국립대학은 재정난을 겪고 있어 문제가 되고 있는 것으로 알고 있습니다. 성공사례로 꼽히는 동경대학이나 경도대학에서도 외부의 용역을 얻지 못하는 인문계열 연구소가 위축되고 있으며, 외부용역을 많이 받을 수 있는 이공계통은 성공하고 있는 것으로 보입니다.

우리나라도 일본의 예를 따라 국립대학을 법인화하여 교육과 인사, 재정의 독립을 보장하려는 노력이 있는 것으로 알고 있습니다. 서울대학교가 다른 사립대학처럼 획기적인 발전을 위하여 법인화가 필수적이라고 하여 대학행정·재정·교육의 독립성을 보장하기 위하여 국립대학법인화를 추진하고 있습니다. 교육과학부에서도 서울대학교법인화를 위하여 법안을 입안하여 국회에 제출 중인 것으로 알고 있습니다. 그러나 국회에서는 야당의 반대로 심의에 들어가지 못하고 있다고 합니다.

서울대학교 내부에서도 교직원이 공무원신분을 잃을까 반대하는 주장도 있으며 학생들은 수업료가 인상될 것이라 하여 반대하는 경향이 있습니다.

지방국립대학은 일본의 경험에서 보아 외부용역을 얻기 어려워 재정이 악화될 것을 우려하여 반대하고 있는 경향입니다. 일부에서는 고등교

---

* 한국교육법학회 학술대회, 2010년 11월 19일.

육기관도 지방자치화하여 도립이나 시립으로 하자는 의견도 있습니다. 이번 학술대회를 기하여 국립대학법인화의 명암을 밝혀 대학정책의 혁신에 이바지하게 되기를 바랍니다.

초·중등학생의 인권을 신장한다는 명목으로 몇 개 지방교육청에서 인권조례의 제정이 논의되고 있습니다. 학생의 인권은 어린이와 청소년의 인권선언 등에서 보장되고 있는데 한국에서는 초·중등학생의 언론·집회의 자유, 두발과 복장의 자율화, 체벌의 금지 등이 일부에서 요청되고 있습니다.

이제까지 초·중등학생의 수업의 충실을 기한다는 명목으로 학생들에 대한 상당한 기본권제한이 행해져 왔습니다. 이것은 학교와 학생의 교육관계라는 특수성에서 나온 제약이라고 합니다. 이 교육적 효과와 학생의 인권문제 간의 상호관계를 어떻게 조율할 것인가는 교사·학부모의 인권·교권과도 관계가 깊기에 많은 연구가 필요하겠습니다.

또 기본권제한문제를 조례로 정하여야 할지, 법률이나 명령으로 하여 전국적으로 통일해야 할지 문제라고 하겠습니다. 우선은 지방교육자치의 관점에서 시범적으로 몇 개 교육자치단체가 조례로 정하여 실시에 있어 그 장단점을 검토하는 것은 필요할 것으로 생각됩니다.

오늘 한국교육법학회가 고등교육과 초·중등교육의 핵심과제에 대하여 학술대회를 가지게 된 것을 진심으로 축하하면서 오늘의 토론이 교육법의 발전에 크게 기여하게 되기를 바랍니다.

그동안 한국교육법학회를 발전시켜 온 임원님의 노고를 치하하면서 오늘의 발표자, 토론자 여러분들에게 감사를 표합니다. 바쁘신 중에도 참석해 주신 모든 회원들의 학문적 발전과 건강을 빌며 온 가정에 행복이 충만하기 바랍니다.

2010.11.19.

김철수

3. 한국법학교수회

1. 회장 취임 인사말*

　존경하는 한국법학교수회 회원 여러분 새해를 맞이하여 건승하실 줄 믿사옵니다.

　다름 아니라 지난 1월 12일 동국대학교 동국관에서 개최된 금년도 총회에서 천학비재인 소생이 영광스러운 한국법학교수회의 회장으로 선임되어 인사를 올리게 되었습니다. 연부역강(年富力强)한 선배님이 여러분 계시고 학덕과 명망이 높으신 동료들이 많이 계신데도 불구하고 소생이 회장직을 맡게 되어 송구스러워 몸 둘 바를 모르겠습니다.

　출석하신 회원 여러분께서는 회원 여러분의 권익을 옹호하기 위하여 견마지로(犬馬之勞)를 다할 수 있도록 만만한 소생을 선출해 주신 것이 아닌가 추측됩니다. 소생으로서는 벅찬 일이오나 임원의 일원으로서 그동

＊　한국법학교수회, 『법학교수회보』, 1990년 봄호.

안 배워 온 것을 토대로 하여 여러 회원님들의 뜻을 받들어 맡은 바 소임을 다할까 하오니 적극적인 편달과 협조를 부탁드리겠습니다.

한국법학교수회가 창설된 지도 어언 25년이 지났습니다. 4반세기 동안 역대 회장님을 비롯한 임원 여러분의 희생적인 노력으로 많은 발전을 거듭해 왔습니다. 그러나 아직도 법학교수들의 지위는 본래 있어야 할 곳을 찾지 못하였고 권익은 아직도 신장되지 못한 점이 불무(不無)합니다. 소생은 앞으로 2년 간 법학교수의 지위향상과 권익옹호를 위하여 최대한으로 노력할까 합니다. 한국법학교수회의 앞날은 임원 여러분의 활동뿐만 아니라 회원 여러분의 지도와 편달에 의해서만 발전을 이루어 나갈 수 있을 것입니다.

우리들 개인의 권익뿐만 아니라 한국의 법률문화의 발전을 위하여 회원 여러분의 적극적인 협력을 거듭 부탁드리겠습니다.

경오(庚午)년 새해를 맞이하여 그동안 베풀어주신 은혜에 감사하며 회원 여러분의 가정에 건강과 행운이 가득하시기를 빕니다.

1990년 1월 17일
한국법학교수회 김철수 올림

2. 사법제도 개선에의 기대*

7월 31일에야 사법시험제도개선위원회가 개최되었다. 첫날이라 위원장 호선이 있었고 그동안의 문제점 부각과 이에 대한 필자의 설명이 있

---

* 한국법학교수회, 『법학교수회보』, 1990년 가을호(발간사).

었다. 필자는 작년에 「국가시험제도의 개선방안」에 관한 연구를 하여 이를 제출한 책임으로 사법시험 전반의 문제점을 들고, 특히 사법시험의 합격자수를 증원하여야 한다는 것을 강조하였다. 이 문제에 대한토론은 시간 관계로 다음 회의에 가서 논의하기로 하였다.

이 회의에 대하여는 KBS 보도본부 24시에 소개되었는데 방예원(房禮源) 위원장이 인터뷰에서 사법시험의 대법원 이관과 합격자수의 감소를 주장한 반면, 필자는 총무처 관장과 합격자수의 증원을 주장하였다. 인터뷰에서는 상세하게 그 필요성을 주장했지만 시간 관계로 이유가 잘려 나가 시청자에게 전달될 수 없었던 것이 아쉬웠다. 필자는 사법시험제도 개선위원회에서도 법조인의 존재이유가 국민에게 봉사하는 데 있으며 국민의 신속하고 공정한 재판을 받을 권리를 확보하기 위하여 있는 것이라는 것을 강조하고 법조직능의 확대, 변호사강제주의의 확대, 법률 서비스 사무의 국제개방에 따른 외국 법조인의 진출가능성 등을 들어 사법시험 합격자의 증원을 강조하였다.

그러나 법조 실무계의 반응은 마이동풍 격이었다. 대법원에서도 사법제도개선을 위한 앙케이트를 돌려 회수한 뒤 그 결과를 발표하였는데 사법시험 합격자수에 있어서는 여전히 200명 선 이하가 법조실무가의 대체적인 의견으로 되어 있었다. 이에 대하여 법학계에서는 300명 이상 500명 선이 압도적으로 많은 것으로 나타났다. 이 앙케이트에서는 법률 서비스의 소비자의 의견이 하나도 반영되지 않아 아쉬움이 있다고 하겠다.

한국법학교수회에서는 지난 1일의 총회에서부터 300명 선을 당장은 유지하되 앞으로는 500명으로 증원하여야 한다고 결의하고 이를 각 요로에 건의하였다. 다행이 이 건의문은 일반적 관심을 끌어 법제신문과 내외 법률 뉴스가 전문을 보도해 주었고 각 일간지에도 반영해 주어 여론 환기에 성공한 것 같다. 제32회 사법시험의 합격자 결정은 사법시험 제도개선위원회가 아니라 제2차 시험위원회와 제3차 시험위원회에서 결정할 것이므로 합격자수 결정은 이들 위원들에게 달린 만큼 사법시험위원들에 대한 호소가 필요한 것으로 생각된다.

　사실이지 사법시험제도의 개선은 초미의 급선무이다. 대법원이 사법제도개선을 위한 연구를 하고 있는데 학자들과 사법제도 이용자·소비자의 소리가 많이 반영되어야 하겠다. 대법원이 행한 여론조사는 법조인과 법학자에 한정된 것이요 전국민의 의견이 반영된 것이라고 볼 수 없다. 따라서 보다 광범한 실태조사와 심층적인 여론조사가 필요하다고 하겠다.

　사법제도개선에 관한 앙케이트 결과에서도 반영해야 할 사항은 많았다. 그 중에서도 법조일원화와 법관의 전문화, 법원의 전문화를 주장하는 소리가 절대다수였다는 것은 고무적이었다. 현재의 법조에 대한 신뢰가 높지 않은 이유는 현실을 모르는 젊은 법관에 의한 재판과 승진·전보 등 직계제(職階制)에 따르는 법관의 재판상의 불독립, 비전문가에 의한 재판 때문이었다는 것을 생각할 때 이 제도개선은 시급히 단행되어야 할 것으로 생각된다.

　전문법관의 양성은 어디에서 할 것인가, 전문법관의 양성은 법과대학과 사법연수원이며 법무법인 등에서 할 것으로 보인다. 아직도 사법연수원이나 법무법인에서의 전문법관의 양성은 멀었기에 법과대학이나 법학연구소가 이 과제를 맡아 달성하여야 하겠다. 각 대학교에는 대학원과정이 있어 상당한 전문법조인을 양성해 온 것으로 보인다. 이들 전문법조인들의 활용방안도 모색되어야 한다.

　전문법관의 양성과 함께 전문법원이 설립되어야 한다. 헌법재판소와 같이 행정재판소도 독립하여야 할 것이요 조세재판소, 특허재판소, 노동재판소, 사회재판소 등이 분화되어야 한다. 가정법원을 특수법원으로 독립시키면서 전문화가 더 잘된 특수법원을 설립하지 않는 것은 큰 모순이다.

　사법제도의 개선에 참여하는 것은 법학자의 사명이다. 한국법학교수회는 7월 27일에 하계 학술발표회를 열어 사법제도 개선에 관한 토론회를 열었다. 여기서는 법조계와 법학계의 유대강화를 위한 여러 방안이 논의되었으나 총회의 결의사항은 없었다. 법조계와 법학계의 유대강화를 위한 노력은 한국법학원에서도 하고 있다. 오는 10월 17일경에는 한국법학원에서 법조 실무계와 법학계 간의 의견개진과 토론이 있을 예정이다.

이러한 정지작업 끝에 법원조직법 개정, 헌법재판소법 개정, 변호사법 개정 등이 단행될 수 있을 것이다. 법조인구의 문제는 법조계와 법학계의 관심사항일 뿐만 아니라 사법제도를 이용할 전국민의 관심사이다. 모든 국민에게 변호인의 조력을 실질적으로 보장할 수 있는 변호사강제주의 도입, 변호사비용의 소송비용화, 소송비용의 보험화가 달성되어야 하겠다. 국민의료 개(皆)보험제도와 마찬가지로 국민 법률소송상담 개보험제가 하루 빨리 도입되어야 할 것이다.

법조직업이 권위나 치부를 가져오는 도구가 되어서는 안 되고, 국민의 인권을 옹호하고 정의를 실현하는 profession이 되어야 하며, 법학자들도 국민에게 법률적 조력을 주는 봉사기능을 다해야 할 것이다.

법조계와 법학자들이 보이지 않는 마음의 장벽을 허물고 우리나라의 사법발전과 법학발전에 공동대처할 수 있는 기회가 오기를 간절히 바란다.

편집위원회의 요청에 따라 무더운 여름날에 옥고를 써 주신 회원 여러분들에게 감사하며 하계 학술발표대회에 참가하여 사회·발표·토론해 주신 여러분들에게 감사한다.

1990.7.31.
한국법학교수회 회장 김철수

3. 법조인의 계속 교육과 법학교수 자격문제*

'법의 날'을 맞아 법조인의 양성과 계속교육에 대한 관심이 높아지고 있다. 대통령도 섭외변호사의 부족현상을 지적하고 변협회장에게 앞으로의 대책을 물었다고 한다. 우리나라 기업인이 해외투자나 계약을 체결하기 위하여 변호사를 찾을 때 섭외사건을 전담하는 변호사수가 적어 상담을 잘 할 수 없다는 것이 법률신문 등에서 대서특필되기도 했다. 변협에서는 교육위원회에서 법조인의 계속교육을 위하여 연구·검토하고 있다고 한다.

우리나라에는 유수한 섭외사건 로펌이 있어 그 동안 해외법률문제에 관하여 많은 기여를 해 온 것이 사실이다. 이들 로펌의 구성원들은 국내에서 연구했을 뿐만 아니라 외국의 대학에서 학위를 했고 외국의 변호사 사무실에서 연수를 받았기 때문에 그 질은 세계적으로도 높다고 하겠다. 이들은 법조 실무계 뿐만 아니라 법학계에서도 큰 공헌을 할 것이 기대되고 있다. 이들 엘리트들의 수는 수요에 비하여 적어 외국인 변호사들을 고용하는 실례도 늘어나고 있다고 하며 법과대학에의 출강은 시간이 없어 꿈꾸기조차 어려운 실정이라고 한다.

우루과이 라운드 협상에서도 이 틈을 타서 변호사업무의 국제개방이 요구되고 있다 한다. 이웃 일본에서도 외국법률사무소가 일본인 변호사를 고용하여 일본의 법정에서 소송대리를 하겠다고 하여 일본변호사협회가 대책 마련에 부심하고 있는데, 우리나라에서도 법무부에서 이 문제를 심각하게 검토하고 있는 것으로 알려져 있다. 이러한 섭외변호사의 부족 문제는 국제화에 따르는 수요 증가에 따라 공급확대라는 측면에서 언젠가는 해결되어야 할 것이나 조속한 해결을 기대하기 어렵다.

---

* 『법학교수회보 뉴스』, 1991년 가을호(권두언).

그동안 한국법학원이 이러한 문제에 대응하기 위하여 영미법강좌를 개설하여 왔고 외국교수를 초빙하여 강연회를 가지기도 했다. 각 법과대학이나 각 학회에서도 학문교류를 위하여 노력했고, 많은 회원들을 외국에 유학시켰고, 외국학자를 국내에 초빙하기도 했다. 그러나 이러한 노력만으로는 기업체가 요구하는 전문법조인의 양성에는 부족한 것이 현실이다. 이 시점에서 우리는 현재의 법학교육과 법조인 양성문제에 대하여 심각한 재검토를 해야 할 것으로 생각한다. 법학계는 현재의 공리공론만을 강의하는 타습에서 탈피하여야 하겠고, 법조계는 실무 위주의 연수원교육에서 탈피하여야 하겠다. 양계(兩界)는 유능한 법조인 양성문제를 위하여 공동 연구하는 장을 마련할 필요가 있다고 하겠다. 법학계와 법조계의 유대강화방안에 대하여는 최광률(崔光律) 재판관의 「저스티스」 논문이 시사하는 바 많았다. 최 재판관의 아이디어는 교수와 법조인의 자격을 동일화하자는 것이었다. 법학자에게는 변호사 자격을 부여하고 법조인에게는 법학교수자격을 부여하여 교류하도록 해야만 미국과 같은 상호교류가 가능할 것이라는 지적이었다. 이 제안은 매우 적절한 아이디어이기는 하나 이것이 현실화되기 위해서는 법학교육 연한의 연장이 전제되어야 할 것이다. 현재의 법학교수 양성실태를 보면 대학을 졸업한 뒤 석사, 박사과정을 거쳐 해외에 유학하여 박사학위를 취득하거나 국내에서 박사학위논문을 써야 한다. 이 과정은 짧아서 5년이요 길면 10년이 넘어 걸린다. 최근에는 일부 대학에서 박사학위를 양산하고 있기 때문에 박사논문만으로는 안 되고 독일과 같은 엄격한 교수자격논문을 쓰게 해야 한다는 논의가 있다. 이렇게 되면 교수자격취득에 10년 이상이 걸릴 것이다. 이에 비하여 변호사의 경우에는 사법시험에 합격한 뒤 2년의 연수원과정만 거치면 되게 되어 있다. 이 2년의 연수원과정도 실무가 대부분을 차지하고 있기 때문에 석사자격도 얻지 못하는 실태이다. 이들이 교수자격을 획득하기 위해서는 다시 석사과정과 박사과정을 거쳐야 한다. 사법시험합격자도 석사입학시험에서 떨어지는 실례가 많고 석사과정학생들도 사법시험에 떨어지는 경우가 많은 것을 볼 때 자격의 어느 것이 우월하다고는 판정하기 어렵다.

국제화·전문화하는 시대의 조류에서 볼 때 법학교육의 연한이 연장되어야 하겠고 보다 전문화된 교육이 요망된다고 하겠다. 공무원이나 기업인을 위하여서는 계속교육을 위하여 행정대학원, 경영대학원, 노사대학원, 국제대학원까지 각 대학에 부설되어 있는데 법조인을 위하여서는 단 하나의 사법대학원도 없다는 것은 문제이다. 법조인의 전문화·국제화를 위하여 법조인의 해외유학·연수만 시킬 것이 아니라, 법학대학원이나 사법대학원을 신설하여 법조자격 있고 교수자격을 아울러 갖춘 교원들로 하여금 법조인을 계속 교육시켜 전문화·국제화하는 것이 급선무라고 생각된다.

미국변협의 법조교육위원회와 같이 법조인과 법학자가 어울려 법조교육과 계속교육을 연구·검토하는 제도가 활성화되어야 할 것이요, 미국에서와 같이 법과대학에 관한 accredit system을 도입하여 부실한 교육을 하는 법학과의 정리도 해야 할 것이다.

법조인의 계속교육과 법학교수의 양성문제는 우리 법조계와 법학계의 당면과제이기 때문에 이에 대한 보다 활발한 토론이 요망되고 조속한 개혁이 요청된다고 하겠다. 이번 호에서도 법학교육의 중요성을 감안하여 특집을 꾸미기로 하였으나 의외로 논문이 적게 들어왔다. 논문을 보내주신 강위두(姜渭斗) 교수님과 한상범(韓相範) 교수님에게 감사한다.

한상범 교수님의 글은 법학교육의 현황을 신랄하게 비판하고 교수자격문제, 인사문제, 사학운영문제 등에 폭탄적 발언을 하였기에 많은 반론이 예상된다. 이 반론은 다음 호에 싣기로 하고 우선 논쟁의 발제 자료로서 싣기로 하였다. 이 논쟁이 법학교육의 혁신으로 가는 과정이기를 바란다.

한국의 법학교육의 장래는 어둡지만은 않다. 많은 해외 유학생이 귀국하고 있고 국내의 유수 대학에서 많은 연구 인력을 육성하고 있기 때문이다. 그러나 기성 교수들에 대한 해외연수나 국내연수, 재교육의 기회가 적어 재충전을 하지 못하는 우려 또한 적지 않다. 특히 대학경영자들이 개악된 사립학교법을 악용할 때 교수인사의 황폐가 우려되기도 한다. 교수들은 고고(孤高)와 유아독존에서 벗어나 사회의 비판에 대해서도 귀를 기울여야 하며 법학교육의 혁신과 법조개혁의 개선에 노력하여야 하겠다. 각 대학에서 행정대학원을 설치하는 것과 같이 사법대학원을 설치하여 기성 법조인을 재교육하며 법조인과의 유대를 보다 강화하고 판례평석을 철저히 함으로써 교수가 공리공론에만 흐르지 않는다는 사실도 주지시켜야 하겠다.

법학교수의 법조자격 부여는 시간문제로 보이나 이를 위하여서는 기성 법조인과의 유대강화와 기성 교수들의 뼈를 깎는 학문적 노력이 필요하다고 하겠다. 양식 있는 법조인들의 변호사·교수동일자격론에 대한 일부 반발 이유로 교수의 질적 문제를 들고 나오는 것은 한심스러우며 교수에게도 자성할 필요가 없겠는지 검토해봐야 하겠다.

일본의 경우 조교수 5년 이상이면 법학교수가 변호사개업을 할 수 있으나 법학교수들이 거의 이를 모르고 있으며 변호사개업을 하는 사람은 극히 적은 것을 볼 때 일본 법학교수의 권위를 알 수 있었다. 우리나라에서도 변호사 되기보다 교수되기가 훨씬 어려운 시대가 되었다. 우리는 법학교수의 양이 변호사보다 훨씬 적다는 희소가치에서, 나아가 질적으로도 훨씬 우수하다는 정평을 받도록 법과대학의 교수인사를 잘하여야 할 것이요, 학제개편도 단행하여야 하겠다.

한국교육법학회에는 교원의 권익향상을 위하여 「교원지위법안」을 만들어 발표하였으나 국회를 통과한 교원지위에 관한 특례법은 이에 훨씬 못 미치고 있다. 앞으로 교원의 지위향상을 위하여 이 법률의 개정작업이 진행되어야 할 것이요 사립학교법, 교육공무원법 등의 개정운동을 벌여야 하겠다.

이번 호는 내용과 양적 면에서 얄팍한 것이 된 감이 있다. 차호는 보다

중후한 것이 되도록 회원 여러분의 투고를 빌면서 회원 여러분의 건승을 빈다.

1991년 5월 10일

한국법학교수회 회장 김철수

4. 법조인구의 폭발적 증가 — 이윤영 명예회장의 타계를 슬퍼하며*

선진국에 있어서는 법조인구가 폭발적으로 증가하는 현상이 나타나고 있다. 그런데 유독 일본에서만 법조인구 증가상이 느려서 일본 법무성 공무원을 비롯한 일본 식자들을 서글프게 하고 있다. 일본 법무성의 고위직 공무원이 「법조양성제도의 발본적 개혁의 방향」이란 글을 써서 일본에서도 2040년에는 40만 명의 변호사가 필요하다고 역설하고 있다 (상세한 것은 韓譯, 『고시연구』, 1992년 1월호). 호리다(堀田) 관방장은 이 글에서 50년 후에 인구 비율로서 현재의 미국만큼 법률가가 일본에도 있다고 가정할 경우 40만 명이 되어야 한다고 하면서 일보 양보하더라도 50년 후에는 법률가가 20만 명은 되어야 한다고 주장하고 있다.

50년 후에 20만 명을 목표로 한다면 1년에 탄생시켜야 할 법률가 수는 놀랍게도 5,000명 내지 8,000명이라는 계산이 나온다고 하고, 적어도 5년 후에는 연간 2~3,000명, 10년 후에는 5~6,000명의 법조를 양성함으로써 일본이 세계에 뒤지지 않도록 법에 의존하는 평온한 국민생활과 기업활동의 실현에 공헌하는 기초를 구축하고 싶다고 말하고 있다.

이시다(石田圭)라는 평론가는 「선진국에 있어서의 법조인구의 폭발적

---

* 『법학교수회보 뉴스』, 1992년 겨울호(권두언).

증가 현상」(상세한 것은 韓譯, 『고시연구』, 1992년 10월호 참조)이라는 글을 써서 일본 법조양성제도의 획기적인 개혁을 주장하고 있다. 그는 「미국과의 법적 분쟁에서 계속되는 패퇴, 지적 소유권의 부존중(不尊重), 일본 기업 간의 명확한 계약의 회피, 공모와 임차에 따른 분쟁, 정치가의 힘에의 의존, 행정의 비대, 폭력단을 포함한 자력구제행위의 횡행 등 일본의 후진성은 모두 사법제도가 충분히 기능을 다하지 못한다는데 기인하고 있다. 즉 법적 서비스의 공급이 충분하지 못하다는 것이 오랜 폐단을 낳고 있는 것이다」고 결론짓고 있다.

이 주장은 일본보다도 법조인이 적은 우리나라에서는 더더욱 타당하다. 그동안 한국법학교수회를 비롯한 교육단체와 소비자보호단체가 법조인구의 획기적인 증가를 위하여 많은 건의문을 내었고(상세한 것은 한국법학교수회 편, 『법학교육과 법조실무』, 교육과학사, 1992 참조), 투쟁을 하였건만 법조 실무계에서는 아직도 마이동풍이라 한심스럽다. 변호사단체나 법무부는 한 술 더 떠서 사법시험합격자 수를 연간 150명으로 줄여야 한다고 주장하고 이를 공약으로 내걸어 변협회장에 당선되는 사례까지 있었다. 법조 관계자들의 로비에 의하여 사법시험 합격자 수가 250명 내지 300명으로 축소되기에 이르렀다.

1993년 2월부터 문민정부가 탄생한다. 문민지배는 입헌정치와 법치행정을 그 근간으로 한다. 입헌정치의 주역은 변호사 등 법조인이 맡는 것이 원칙이며 미국에서는 정치인의 가장 중요한 요건이 법조 자격자이다. 의회 의원과 그 스태프의 반수 이상이 변호사이며 주·지방의회의원의 경우도 같다. 우리나라에서는 국회의원의 10분의 1 정도가 법조 자격자이다. 지방의회의원의 수는 더욱 적어서 문제이다. 법치행정을 한다는 한국에서 변호사자격을 가진 행정관의 수는 극히 미미하다. 미국의 경우, 연방수사국 직원의 다수가 법조인인데 우리의 경우 경찰 고위공무원 중에 법조 자격자는 1~20명 정도에 불과하다. 행정관청의 법무관조차 법조자격이 없으면서 국가를 대리하여 소송을 수행하고 있다. 그 결과 승소할 사항도 소송수행의 미숙으로 패소하여 많은 국고를 낭비하고 있다.

우리 인구의 5배인 미국의 법조인수는 우리의 30배인 85만 명이며, 우리 인구의 2배인 독일은 우리의 법조인수의 10배인 10만 명 정도의 법조인이 있다. 독일의 경우 연간 10,000명의 법조인이 새로 탄생하고 있고 각 법과대학은 초만원을 이루고 있다. 이는 통일 후 동독의 법조 자격자의 자격이 상실되었기에 법조 수요가 폭발하기 때문이다. 통일 후 동독 지역에는 법적 분쟁이 많아 변호사의 수요가 폭증하고 있다. 그동안의 부동산소송이라든가 연금소송 등 걷잡을 수 없이 많은 소송이 접수되고 있는데 동독에는 변호사가 모자라 소송이 지연되고 있다.

우리나라의 경우도 통일 후를 생각하여서라도 법조 인구를 획기적으로 늘여야 한다. 통일 후의 법적 분쟁을 해결하기 위해서는 변호사들이 많이 필요한데 이를 대비하는 정책입안자가 없어 통일 후에는 큰 혼란이 야기될 우려가 있다. 또 우루과이 라운드에 의하여 법률 서비스도 개방되게 되는데 이에 대비한 법조양성계획도 없다. 앞으로 미국 변호사, 필리핀 변호사들이 우리나라의 대외관계 법률사무를 독점하지나 않을까 걱정된다.

그동안 법조인구 확대를 위하여 노력해 온 선배들의 노력이 생각난다. 특히 어려운 여건 하에서 한국법학교수회를 이끌어 왔던 선임 회장들의 노고를 치하하지 않을 수 없다.

1992년에는 한국법학교수회의 명예회장이신 이윤영(李允榮) 선생님이 유명을 달리 했다. 그동안 임원들과 함께 사법시험 합격자수의 감축을 반대하여 열렬히 투쟁하시던 선생님의 모습이 아직도 생생한데 선생님께서는 이제 타계하셨으니 우리 법학교수회로서는 큰 손실이 아닐 수 없다. 회원 일동을 대표하여 선생님의 명복을 빌면서 선생님이 남긴 유지를 실현하기 위하여 노력할 것을 다짐하는 바이다. 저승에서라도 우리나라 법률문화 발전을 위하여 후원해 주시기를 기대하면서 편안히 쉬시기를 빈다.

1992.11.

한국법학교수회 회장 김철수

5. 사법개혁을 위한 법학교수회의 역할*

1994년은 사법개혁의 원년이 되어야 한다. 국민의 열화와 같은 사법개혁 요구에 따라 대법원은 사법제도발전위원회를 구성하여 심의안건을 검토하고 있고, 대한변협도 사법개혁에 관하여 논의하고 있다. 한국법학교수회도 사법제도개혁에 관한 의견을 발표한 바 있다. 사법제도개혁은 이들 건의를 연구·검토하여 1994년에는 실천의 거보(巨步)를 내디뎌야 할 것이다.

대법원의 의도에 의하면 2월 말까지 사법제도발전위원회에서 법원조직과 법관인사·재판제도에 관하여 심의를 마치고, 대법관회의의 의결을 거쳐 곧 시행할 것이라고 한다. 대법원장의 부의안건(附議案件)을 보면 간이법원의 설치, 지원(支院)의 지방법원 승격, 고법지부(高法支部)의 설치, 특수법원의 설치 등 국민의 사법접근권 확대를 위한 기구개편과 법관의 독립성과 전문성을 살리기 위한 법관직급제의 폐지, 전문법관양성, 인사제도의 개편이며, 행정소송의 심급(審級)개편, 특허소송의 심급개편, 상고허가제의 도입문제 등 재판의 공정과 신속을 위한 제도 등이 논의의 대상

---

* 『법학교수회보 뉴스』, 1993년 겨울호(권두언).

이 되어 있다.

　이제까지의 사법이 국민을 위한 사법이 아니라 법관을 위한 사법, 행정부의 지원을 위한 통치기구라는 혹평이 있어 왔기에 이에 대한 반성으로 획기적인 사법개혁이 논의되고 있어 흐뭇하다. 사법은 국민의 정의에의 접근을 가능하게 하기 위한 국가기구이며 주권자인 국민의 신탁에 따라 국민을 대표하여 국민의 이름으로 정의를 선언하는 것이다. 사법개혁의 목적은 국민에 봉사하는 사법의 개혁이라는 것을 잊어서는 안 될 것이다. 이제까지와 같은 판사 위주의 인사 때문에 재판부가 1년마다 바뀌어 증거 조사한 재판부와 결심한 재판부, 판결선고하는 재판부가 다를 경우는 공정하고도 신속한 재판은 생각할 수도 없는 것이다. 벽지근무 기피현상에 따라 군지역에는 판사가 상주하지 않고 있으며, 보직의 불만을 없애기 위한 순환근무제가 이루어져 온 것은 사법서비스의 본말을 전도한 것이다.

　국민의 편의를 위하여 군청 소재지마다 간이법원을 두고 지원도 많이 늘리고 대형지원은 지방법원으로 승격시키고 고등법원도 지부를 두거나 순회를 하게 하여 국민이 가까운 곳에서 재판을 청구할 수 있게 해 주어야 한다. 사법부는 국민의 공정·신속한 재판청구권을 보장해 주는 봉사기관이기에 판사의 근무조건이라든가 순환보직 등 인사편의원칙에 좌우되어서는 안 될 것이다.

　사법개혁에 있어서도 막대한 자금이 소요될 것이다. 정부의 긴축재정 원칙 때문에 지원의 지방법원 승격 등이 어려워질지도 모르는데 정부는 국가예산의 0.5%밖에 안 되는 사법부 예산을 획기적으로 증액하는 방안을 마련하여야 할 것이다. 이를 위하여 대법원의 예산편성권을 중시하는 방안이 마련되어야 할 것이다.

　지난 번 개각에 따라 대법관 출신의 국무총리가 나왔기 때문에 법원 예산증액이라든가, 법원조직법 등 사법 관계 법률개정에 호기(好機)가 왔다고 하겠다. 그동안의 행정부 수뇌는 사법과 거리가 먼 사람이었기에 사법부의 독립이나 권위 등에 대하여 무관심하거나 적대적인 경우도 많았다. 광복 후 처음으로 대법관 출신이 국무총리가 되었기에 법조계에서는 법치행정의 기반이 마련될 것으로 믿어 크게 환영하고 있다. 특히 이회창 총리는 사법개혁에 관해서도 고견을 가진 분이기에 대법원과의 협조도 잘 될 것으로 보인다.

사법부 개혁은 1년 내에 끝낼 수는 없는 것이기에 대법원장과 대법관 임명 방법이라든가, 헌법재판소와 대법원 관계라든가, 배심재판, 참심재판 등 보다 근본적인 개헌 사항에 대해서도 장기적으로 검토하는 원년이 되어야 하겠다. 헌법 개정문제까지 사법제도발전위원회에서 다룰 수 있을 것인지는 명확하지 않으나 보다 큰 범국민적 기구에서라도 다루도록 해야 할 것이다. 이제까지의 폐쇄적인 법원에 활력소를 넣기 위해서라도 최고법원에 대한 외부적 수혈이 필요하며 대법관의 조로화(早老化)를 막을 수 있도록 개방적 충원이 요망된다.

사법을 법관을 위한 사법이 아니라 국민을 위한 사법으로 전환하기 위해서는 법원의 전문화가 요망된다. 사법제도발전위원회가 행정법원의 설치 등을 건의한 것은 옳은 방향이라고 하겠다. 그러나 행정법원을 독립시켜 전문부를 둔다고 하더라도 판사의 충원이 기존 법조자격자에 한정되어 있어서는 별무효과일 것이다. 행정부에는 행정전문가를 노동부에는 노동전문가를 특허부에는 특허전문가를 배치하여야 한다. 대법원에도 부를 두어 전문인을 대법관으로 영입하는 방안을 강구하여야 한다.

그동안 한국법학교수회는 사법제도발전에 관하여 많은 연구를 하여왔고 건의를 하여 왔다. 그 일부가 『법학교육과 법조 실무』라는 단행본에 실려 있다. 1993년에는 4월 정기총회와 9월 임시총회에서 사법제도발전을 위한 건의문을 통과시켰고, 1994년에는 연구위원회를 두어 사법개혁에 관한 의견서를 제출하기도 하였다.

이러한 일련의 결의나 건의는 사법제도발전위원회에서 반영되기도 하였으나 아직도 법조 일원화와 법조인구 확대 등의 건의는 받아들여지지 않고 있다. 특히 전문법원-예를 들어 헌법재판소나 대법원, 행정법원 등에 교수를 법관으로 임명할 수 있는 입법적 장치는 마련되지 않고 있다. 법학교수의 실무체험은 법학교육과 사법발전에 있어서 절대적으로 필요한 것이다. 그럼에도 불구하고 이것이 교수집단이기주의로 비춰지고 있는 현실은 한심하다고 하지 않을 수 없다.

이제까지 법학교수들의 건의가 받아들여지지 않은 큰 이유는 교수들의 무관심 때문이라고 하겠다. 법학교수들에게 전문법원의 법관자격을 인정하는 것은 교수들의 권익보호차원이 아닌 법조발전 내지 개혁의 원동력이라는 점을 인식시켜야 하겠다. 60대의 기성교수들에게는 불필요한 것이라고 하더라도 신진기예의 교수들이 우리 사법발전의 초석이 될 수 있도록 기성교수들이 희생적 노력을 아끼지 않아야 할 것이다.

교수들이 일치단결하여 사법발전과 법학진흥을 위하여 궐기할 때가 온 것 같다. 이제까지의 회의적인 방관에서 벗어나 적극적인 입법개혁작업을 빌어야 할 것이고 전문법관요원을 추천하는 일도 추진하여야 할 것이다. 법학교수들의 침묵은 사법발전에 대한 장애요소이다. 법학교수들이 개인적으로는 신문논설 등을 통하여 사법개혁에 기여하고 있으나 대부분은 대안(對岸)의 화재처럼 보고 있는데 이러한 자세는 시정되어야 하겠다.

1994년에는 한국법학교수회가 최초로 현암법학저작상을 수상하게 되었다. 상금을 기탁해준 현암 선생에게 감사하면서 사법발전과 개혁을 위해 많은 저술이 나올 수 있는 촉매가 되었으면 한다.

1993년에 시작된 사법개혁에의 여론이 1994년에는 결실을 맺을 수 있도록 우리들도 노력하여야 하겠다. 1994년은 국민을 위한 사법제도로의 대전환의 원년이 되도록 온 법조인들이 합심 노력하여야 하겠다.

1994.2.1
한국법학교수회 회장 김철수

6.『법학교육과 법조교육』(길안사, 1994), 서문*

　문민정부 들어서 정치개혁과 행정개혁, 사법개혁이 진행 중에 있다. 정치개혁 입법은 통합선거법의 제정과 정치자금법, 정당법, 지방자치법의 개정 등으로 마무리 단계에 들어갔다. 행정쇄신도 행정쇄신위원회에서 여러 가지 방안을 마련 중이며 정부직제개정과 군사기밀보호법 등 법률개정으로 진행되고 있다. 사법제도 개혁은 법률안이 4월 임시국회에 회부되었는데 언제 통과될지는 모르나 법원에서는 9월부터 상고심사제를 실시할 예정이라고 한다.

　사법제도 개혁의 주목적은 국민의 권익을 위한 것이고 국민과 함께하는 사법부로 되게 하기 위한 것이다. 그러나 사법부의 개선안은 법관 수가 모자라기 때문에 당장에는 행정법원 신설이라든가 행정재판의 1심 관할이 불가능한 형편이다. 사법부 개혁이 대법원의 부담 경감에서 출발하고 있는데 아쉬움이 많다. 연전에 논란되었던 변호사의 수가(酬價) 문제 등이 아직도 법조인구가 적어서 해결되지 못하고 있으며 법조일원화의 이상도 법조인구의 부족 때문에 연목구어(緣木求魚)격이 되고 말았다.

　그동안 한국법학교수회는 법조인의 인구를 늘이기 위한 많은 노력을 하여 왔다. 그 동안의 한국법학교수회장단은 이를 위하여 건의문을 작성하기도 했고, 로비 활동도 하여 10~20명의 사시 합격 수에서 300명 선으로 늘렸다. 이로써도 아직도 부족한 데도 불구하고 이의 감축론이 법조인 사이에 계속 논의되고 있다.

　1993년 한국법학교수회는 법학교육의 개선과 사법제도의 개혁을 위한 세미나도 열었고, 교원의 기본권을 비롯한 발표회를 가진 바 있다. 이러한 문제에 관한 회원들의 논문을 모으고, 또 상사법에 관한 논문을

---

*　『법학교육과 법조개혁』(길안사, 1994).

모아 단행본으로 출간하기로 하였다. 이번 책은 한국법학교수회 회장으로 많은 공헌을 하신 고 이윤영(李允榮) 선생님의 추모논문집의 형식으로 되었기 때문에 상사법과 국제거래법에 관한 논문을 많이 실었다. 원고료도 드리지 못하는데 옥고를 써 주신 집필자 여러분의 노고를 치하해 마지않는다.

이 책의 출간에 있어서 집필자뿐만 아니라 원고 수집·정리에 수고한 정재황 교수님, 수지타산이 맞지 않는 논문집을 출간해 준 김세충 변호사 및 길안사의 김세진 사장에게도 깊은 감사의 뜻을 표한다.

이 논문집이 고 이윤영 명예회장의 1주기에 맞추어 출간될 수 없었음을 유족에게 사과드리며 이 책이 이 선생님을 추모하는 회원들의 조그마한 정성의 표지로서 받아들여지기를 바란다. 이울러 이 책이 한국법학교육과 법학연구 및 사법개혁에 조그마한 초석이라도 되었으면 하는 것이 집필자들의 간절한 바람이다.

1994.4.19

집필자들을 대표하여 김철수

7. 한국법학교수회 활동 연간회고*

한국법학교수회가 성립한지 30년이 지났는데 1994년처럼 활기찬 활동을 한 일은 없었다. 법학교수회가 사법제도개혁을 위한 「국민을 위한 법률 서비스의 확충 위한 사법개혁방안」을 건의하였고, 1994년 5월 28일

---

* 한국법학교수회, 『법학교수회보』, 1994년 겨울호(권두언).

에는 「국민을 위한 사법제도개혁 세미나」를 개최하였다.

이 세미나에 앞서 회원들에게 사법제도개선을 위한 청원서를 배부하였는데 그 회수율이 1/4에 가까워 예상 외로 호응도가 높아 크게 고무되었다. 5월 28일의 총회에서는 이 청원서를 대통령과 국회의장에게 제출키로 하였으며, 민간단체와 연합하여 「국민을 위한 사법개혁추진연합회」를 구성하여 「국민권익보호를 위한 헌법재판소법, 법원조직법, 변호사법 개정 등에 관한 청원」을 제출하였다. 이에는 법학교수를 비롯한 2천 백 명이 서명 · 동참하였다.

이에 대한 국민의 여론도 좋았고 법률신문, 법정신문과 일간지에서도 호의적인 반응을 얻었다. 대통령비서실에서는 "국민의 권익옹호를 위하여 우리나라 사법제도 및 헌법재판제도의 개혁방안과 심도 있고 폭 넓은 연구자료를 보내 주신데 대하여 감사드리며, 동 자료는 당실의 정부입법추진 관련 부서에게 정책입안 참고자료로 활용키로 하는 한편, 그 요지를 발췌하여 대법원, 헌법재판소, 법무부 등 유관 기관에 송부하였음을 알려드리오니 양지하시기 바랍니다"(민정 07000-525)는 회신을 해왔다.

국회의장도 "1994.6.28 귀하가 현경대 의원의 소개로 제출한 '국민권익보호를 위한 헌법재판소법, 법원조직법, 변호사법 등 개정에 관한 청원'은 법제사법위원회에서 심사하도록 1994.6.30자로 회부하였음을 통지합니다"(의안 제2855호)라는 회신을 해왔다. 회장단은 기회 있을 때마다 법사 의원들을 만나 부탁하고 있으나 아직은 본격적으로 토의하지 않고 사장하고 있어 안타깝다.

1995년 2월 들어 변호사제도와 사법시험에 대한 대변혁이 예고되고 있고, 언론기관들의 지지가 높다(중앙일보, 법률신문 사설 1995년 1월 참조). 이것들도 법학교수회의 꾸준한 홍보와 활동의 결과인데 법조계의 큰 반발을 사고 있다. 연간 예산이 500억 원에 달하는 재야단체와 연간 예산 200만 원의 법학교수회와의 대결에서 과연 우리들이 승리할 수 있을 지는 회원들의 노력 여하에 달렸다.

법학교수회는 1994년에 『법학교육과 법조개혁』(434면, 길안사)이라는 단행본을 내었고, 『국민을 위한 사법제도개혁』(60면), 『사법개혁입법청원』(175면), 『교무수첩』(80면)을 발간하였다. 이러한 출판도 출판사의 희생적인 봉사에 비롯된 것이다. 혹자는 마치 법학교수회의 출판이 아세아재단의 원조에 의한 것처럼 오해하고 있는데(최종고, 『한국법입문』), 아세아재단에서 원조를 받지 못한 지가 벌써 10년이 지났다. 법학교수회의 기금이 없어 각 출판사에 부탁만 하고 있어 창피하기 짝이 없다.

1994년에는 현암사의 출연으로 현암 법률저작상을 수상하게 되어 기쁘기 짝이 없다. 법전 출판으로 유명한 현암(玄岩) 선생님이 사회 환원의 뜻에서 1,000만 원의 상금을 희사하고 논저 심사 등 부대경비로 500만 원을 쾌척해 주시어 제1회 시상식이 1994년 5월 28일에 거행되었으며 한국법학원장, 대한변호사협회장 등 많은 귀빈이 참석하여 자리를 빛내어 주었다. 수상자로는 동국대학교 한상범(韓相範) 교수와 고려대학교의 김형배(金亨培) 교수가 선정되었다. 이 상이 앞으로도 계속되어 우리나라 최고의 법률저작상으로 정착되기를 바라며, 현암 선생님과 조근태(趙根台) 사장님에게 감사한다.

1995년도 시상식은 1995년 5월 26일 프레스 센터에서 거행될 예정이다. 많은 회원들의 응모와 추천을 바란다. 1995년도에는 정광현(鄭光鉉) 선생 추모논문집 『근대 법학교육 100주년』을 출간할 예정이다. 금년도의 출판 비용으로는 본회 명예회장인 서돈각(徐燉珏) 이사장님의 무애(無碍)학술재단에서 200만 원을 희사해 주셨고, 정광현 선생님의 직계 제자들이 100만 원을 희사해 주기로 약속되어 있다. 서돈각 명예회장님에게 감사하며 황적인(黃迪仁) 교수를 비롯한 여러 선생님에게도 감사의 뜻을 표한다.

1995년 5월 26일에 열릴 총회에서는 새로운 임원선거를 하게 되었다. 그동안 여러 회원들의 성원에 힘입어 대과 없이 회장직을 수행해 왔으나 법원조직법 개정이나 변호사법 개정을 이루지 못하고 후임 임원들에게 인계하게 되어 송구스럽기 짝이 없다. 그동안 물심양면으로 노력하였으나 회원의 회비납부 실적이 극히 나빠 로비 활동이나 홍보사업을 할 수 없었던 것이 후회된다. 회장 회비 100만 원 이외의 대금을 쾌척할 수 있는 유능한 회장이 선출되기를 바란다.

회원들에게 부탁드리고 싶은 것은 회 운영에 대하여 보다 적극적으로 참여해 주십사 하는 것이고 적어도 법학교수회비와 한국법학원 회비는 납부해 달라는 것이다. 한국법학원은 모든 법조인·법학자가 강제가입하게 되어 있는데, 다른 법조인은 회원 회비를 다 내고 있는데 법학교수는 100명밖에 회비를 내지 않고 있어 창피하기 이를 데 없다. 회비로 운영되어야 할 본회가 회장이나 이사들의 회비에만 의존하고 있는 것도 문제이다. 의무는 다하지 않고 권리만 내세우는 회원들을 볼 때마다 서글퍼진다. 적어도 후임 회장부터는 돈 걱정 없이 로비활동도 할 수 있고, 홍보활동도 할 수 있도록 회원들이 협력하여야 할 것이다. 이 회보도 「한국사법행정학회」에서 무료로 제작해 주어 감사하고 송구스럽기 짝이 없다.

그동안 무재무능(無財無能)한 본인이 대과 없이 회장의 임기를 마치게 된 것은 회원 여러분들의 덕분이라고 믿으며, 법학교수회의 현안문제가 하루 빨리 해결되기를 바라며, 법학교수회의 무궁한 발전을 빈다.

1995.2.4
한국법학교수회 회장 김철수

8)『법학교육과 법학연구』(길안사, 1995), 머리말*

한국법학교수회의 1995년도 연구주제는 「한국 법학연구 백년」으로 하기로 하였다. 법관양성소가 설립된 지 백년이 되는 금년은 한국이 근대 법학교육을 시작한지 백년이 되는 뜻 깊은 해이다.

일본법학의 아류였던 한국법학이 해방 후 미군정의 영향으로 미국법의 영향을 받았고, 그 뒤 유럽 유학자들의 귀국에 따라 독일법학이 무비판적으로 직수입되고 있다. 한국의 독창적인 법학은 아직도 정착시키지 못하고 외국법연구의 모방에 그치고 있는 것이 현실인 것 같다.

법학연구 백년을 맞는 한국법학도 이제는 나름대로 제자리를 차지하여야 하겠으며 한국적 법학으로 정착되어야 하겠다. 이제까지의 법학연구가 법해석학에 치우치고 그나마 공리공론적인 것이어서 실무계에서 경원시되는 경향마저 없지 않았다. 그것이 헌법재판소의 활동에 따라 헌법판례연구가 시작되었고, 사법학에 있어서도 판례연구회가 계속 활동하고 있어 실제문제에의 법률적용에 대한 검토와 비판의 계기가 마련되고 있다

그러나 아직도 우리 고유법에 대한 연구와 살아 있는 법에 대한 연구는 부족한 것이 사실이다. 한국법사학회 등이 우리나라 법제사의 연구를 하고 있으나 앞으로 한문을 모르는 신세대에서 과연 한국법연구가 계속 활발히 전개될지 걱정스럽다. 또 입법정책에 기여하려는 목적에서 나온 입법정책학의 연구는 이제 기초단계에 있다고 하겠다. 그동안 일본 법률을 한국어로 번역하여 제정하던 관행을 타파하고 세계화의 진운에 동참하는 법률을 제정하기 위하여서도 입법정책학의 연구는 보다 활성화되어야 하겠다.

---

* 『법학교육과 법학연구』(길안사, 1995).

바쁘신 가운데에도 옥고를 써 주신 김종원(金鍾源), 황적인(黃迪仁), 정동윤(鄭東潤), 김효전(金孝全) 교수님께 감사를 드린다. 이 분들의 연구가 21세기 법학에의 모태가 되어주기를 바란다.

한국법학백년을 선도해 주신 선각자는 많았다. 헌법의 유진오(兪鎭午) 교수, 민법의 고병국(高秉國) 교수, 형법의 유기천(劉基天) 교수, 형사정책의 김기두(金箕斗) 교수 등 기라성 같은 학자들이 많았다. 그러나 그 중에서도 잊을 수 없는 분은 한국 신분법의 개척자였고 신분법의 개정을 위하여 헌신하신 정광현(鄭光鉉) 교수이다. 설송(雪松) 정광현 박사는 일본 도쿄대학을 졸업하신 뒤 연희전문학교에서 법학을 강의하시다 해방 후 서울대학교의 창설 멤버의 한 분으로서 정년 때까지 서울대학에서 강의하시면서 한국 신분법의 체계를 완성하고 수많은 제자를 기르셨으며 남녀평등의 신분법을 법전화하기 위하여 많은 노력을 경주하셨다. 선생님은 정년 후 아들이 사는 미국에서 쓸쓸한 여생을 연구에 보내시다 타계하셨다.

한국법학교수회는 법학연구 백주년을 기념하는 논문집을 내면서 정광현 교수 추모논문을 특집으로 싣기로 하였다. 이에 기꺼이 옥고를 써 주신 정광현 선생님의 직계 제자이신 김주수(金疇洙), 배경숙(裵慶淑), 황적인(黃迪仁), 이태영(李兌榮), 김용한(金容漢), 박병호(朴秉濠), 도지훈(都志薰), 박윤흔(朴鈗炘), 최병욱(崔炳煜) 제 교수님에게 심심한 감사를 올린다. 이 논문집은 정광현 선생님의 학덕을 기리는 제자들의 정성을 쌓은 것으로 저승에 계신 설송 선생님이 가납하여 주시기 바라며 선생님의 명복을 빈다.

이번 회지발간에는 서돈각(徐燉珏) 명예회장님이 설립한 무애문화재단의 도움이 컸다. 연구 발간비를 지원해주신 서돈각 명예회장님에게 감사한다.

이 논문집이 앞으로의 한국법학연구에의 새로운 전기가 되기를 빌어 마지 않는다.

1995.5.20.

편자 김철수

4. 세계헌법학회 한국학회

1. 국제헌법학회 세계대회 참가기[*]

폴란드 수도 바르샤바에서 국제헌법학회 제3차 세계대회가 1991년 9월 1일부터 9월 5일까지 개최되었다. 국제헌법학회(International Association of Constitutional Law)가 창설된 것은 1981년으로 금년(1991년)이 10주년이 되는 해였다. 제1차 세계대회는 1983년 벨그라드에서 개최되었고 제2차 세계대회는 1987년 파리에서 개최되었으며 금년은 바르샤바에서 개최되게 되었다. 본인은 1984년에 개인 회원으로 가입하여 1987년 파리 대회에 참석하였고, 금년에는 한국학회가 정식으로 가입하게 되어 대표로 참석하게 되었다.

이번 대회는 1791년 폴란드 헌법의 탄생을 기념하여 폴란드가 유치하여 상당한 힘을 들여 회의를 진행하여 인상적이었다. 대주제는 「20세기

---

[*] 『고시계』 제416호, 1991년 10월호, 276~278면.

전야에 있어서의 헌법」이었는데 20세기 헌법의 청산과 앞으로의 방향제시를 위한 것이었다. 9월 1일에는 등록과 자료배부, 관광 등이 있었고, 9월 2일에는 궁성에서 개회식과 폴란드 헌법 200주년을 기념하는 강연회가 있었다. 그 뒤에는 궁성 견학을 하고 오후에는 폴란드 헌법에 관한 토론회가 개최되었다.

9월 3일에는 동구 국가, 구 사회주의국가에 있어서의 신헌법이 주테마였고, 9월 4일에는 제3세계국가에 있어서의 헌법의 강화가 토의되었다. 각기의 오후에는 분과회의가 열려 열띤 토론을 벌였다.

첫날에는 1791년 헌법이 제정되었던 궁성에서 폴란드 헌법 제정 당시의 헌법에 대한 평가가 행해졌고, 그 헌법이 현재까지 변천한 과정에 대한 해설과 토론이 행해졌다. 1791년 5월 3일에 제정된 헌법이 세계의 정치혁명에 중요한 역할을 한 것에 대해서 프랑스의 원로학자인 Cadart 교수가 발표하였다. 오후에는 변환기에 있어서(1989~1991)의 폴란드 헌법에 관한 발표가 Gebethner와 Sokolewicz 교수에 의하여 발표되었다. 폴란드의 사회주의헌법은 이미 소멸되었고 1991년 5월 3일에 새로운 헌법을 제정하기 위한 작업이 진행 중이었으나 그것이 정치적 급변 때문에 이루어지지는 않았으나 곧 전면개정이 될 것임을 시시하고 있었다. 그 동안의 수차의 개정에 의해서 폴란드 헌법은 1952년의 사회주의헌법과는 완전히 다른 것으로 탈바꿈하여 이제 다당제, 양원제, 의원내각제적으로 운영되고 있는데 머지않아 헌법을 개정하여 프랑스식인 준대통령제로 옮길 것으로 보였다. 폴란드 양원은 헌법 개정위원회를 만들어 헌법 개정을 준비 중이나 1989년에 선출된 국회의원이 아닌 1991년 10월 27일에 선출될 신국회에서 헌법 개정을 단행할 것이라고 한다.

둘째 날 신사회주의 국가의 새 헌법에 관해서는 Boris Topornin 소련 교수가 발표하였는데 새 헌법의 방향제시 등이 시사하는 바 많았다. 당시 소련에서는 소연방 헌법의 효력을 정지하고 과도기적 국가구조에 관한 법률을 채택하여 소비에트 연방의 문제점들을 알게 되었다. 또 사회주의의 붕괴에 따라 과거의 사회주의 헌법이 전면적으로 변경되고 있는 것이 각국 대표에 의하여 발표되었다.

셋째 날 제3세계 국가에 있어서의 헌법에 관해서는 제3세계 각국이 입헌주의를 확립함으로써 민주정치를 구현해야 한다는 것이 강조되었다. 제3세계의 학자들은 불어권 사람을 제외하고는 별로 참여하지 않아 아쉬웠다. 그러나 많은 선진국 학자들이 제3세계의 입헌주의 발전을 위한 노력을 요망하였다.

넷째 날의 서양 국가에 있어서의 입헌주의의 강화에 대해서는 미국의 Michel Rosenfeld 교수가 발표하였다. 그는 서양 국가도 이제까지의 자유주의국가에서 복지주의국가로 발전하기 위하여 자유권보장에 그칠 것이 아니라 생존권적 기본권의 보장을 위하여 헌법이 개정되어야 할 것을 강조하였다. 그는 입헌주의는 기본권의 확대강화를 통하여 발전할 수 있을 것이라고 지적하였다. 이에 대해서 각국 대표자들이 자기들 나라의 경험을 중심으로 하여 활발한 토론을 전개하였다. 매일 오후 session은 분과회의가 진행되었다. 헌법과 커뮤니케이션, 헌법과 과학·기술의 발전, 헌법과 경제적·사회적 발전, 헌법과 합법성의 요청, 헌법과 지방자치에 관한 분과토론이 행해졌다.

전체회의와 분과회의마다 일반 보고가 있었고 각국 보고가 있었으며 그에 따른 질의응답이 행해졌다. 독일에서는 Christian Starck(ed.), *New Challenge to the German Basic Law, Nomos Verlag*이라는 책을 발간했고, *Italian Reports, Reports from the Netherlands, The Finnish Constitution in Transition* 등이 책으로 나왔고, 프랑스와 일본, 폴란드학회가 많은 준비를 하고 나와서 획기적이었다. 대회에서 발전된 대체회의 발표물은 2~3년 내에 책으로 공간될 예정이다.

폴란드학회에서는 많은 준비를 했고 거국적으로 참여해주었다. 대회에는 많은 요인들이 참가했고, 첫날 환영 Reception은 국회의장이 했고, 송별 기념 파티는 대법원장, 헌법재판소 소장, 행정재판소소장이 공동으로 주최하였다. 첫날의 개회식은 유서 깊은 왕궁에서 했고, 다음 날부터는 하원 의사당의 본회의실과 위원회실을 사용하였다. 식사도 국회의사당 밖의 귀빈 식당을 사용하였다.

참가자 수는 350명 정도 밖에 안 되어 기대 밖이었다. 그러나 프랑스 학회에서는 50명의 대부대가 왔었고 일본에서는 20명이 왔었으며 독일·미국·영국 등에서 비교적 많은 회원이 참가하였다. 예상 외로 소련이라든가 동구권 학자들의 참가자가 적었다. 그것은 재정적 이유 때문이기도 하였다.

신년도에 신규가입을 신청한 대만은 중공의 반대에 부딪쳐 가입이 보류되었는데 대한민국의 가입은 만장일치로 승인되어 보람을 느꼈다. 이는 우리 회원들이 제2차 파리 세계대회에서부터 참석해 온 때문이며, 또 개인적인 친교와 그동안의 국제교류의 결과였다고 하겠다.

총회에서는 세계회장에 프랑스의 Gélard 교수가 유임되었고, 부회장에는 Henkin, Topornin, Higuchi, Amor, Khalil 교수 등이 유임되거나 새로 선임되었다. 본인은 홍보위원회의 위원장으로 선임되었다. 차기 대회는 1995년에 동경에서 개최하게 되었다. 우리나라에서는 오는 1992년에 아시아지역회의를 열도록 요청받았다. 이것은 가입이 일천한 한국학회에 대한 신뢰의 일환이라고 하겠다.

한국학회가 내년에 다가온 아시아지역회의를 개최하고 1995년의 동경대회에 한국 Report를 출판할 수 있도록 하기 위해서는 금년부터 보다 적극적으로 노력하여야 할 책무가 있다고 하겠다. 현 회원들과 앞으로 가입할 회원들의 협력을 기대해 마지않는다.

2. 『세계헌법연구』 창간호~제6호(2001)

1) 창간사(창간호, 1994)

국제헌법학회 한국학회가 정식으로 국제학회에 가입한지도 어언 7년이 되었다. 그동안 Paris 대회와 Warshaw 대회에 대표자를 파견하였으며, 도쿄(東京)에서 열린 아시아 지역회의에도 참가하여 한국지부의 역량을 과시한 바 있다. 또 1992년에는 서울에서 일본의 헌법이론연구회 회원들을 초청하여 의회주의에 관한 공동 세미나를 개최하기도 하였다.

그동안 창간호를 발간하려고 노력하였으나 사정이 여의치 않아 이제야 출간하게 되어 발표자들과 토론자들에게 미안하게 생각한다. 창간호는 의회주의에 관한 공동세미나에서의 발표문과 토론들을 특집으로 다루었다. 그동안 공동 세미나에서 토론되었던 정치개혁 법안이 한국과 일본에서 통과되었기에 감회가 깊다. 이 밖에도 새로운 연구 논문과 판례연구·서평·소식 등을 모아 창간호를 꾸미게 되었다.

『세계헌법연구』가 앞으로도 계속 발간되어 세계학계의 진전을 소개하고 한국헌법학계의 발전에 기여하게 되기를 바란다.

바쁘신 중에도 창간호에 기고해 주신 여러분에게 심심한 감사를 드린다. 또 채산성이 맞지 않는 논문집의 발간을 선뜻 맡아준 김세충(金世忠) 변호사님과 불철주야 편집·교정 등에 애쓴 김세진(金世振) 사장님께도 감사를 드린다.

1994년 10월 5일
국제헌법학회 한국학회 회장 김철수

2) 발간사(제2호, 1997)

동서냉전이 끝나 사회주의헌법이 거의 민주주의헌법으로 변천되었다. 세계헌법학계의 조류는 기본권의 효율적 보장 방안을 연구하는 것으로 흘러가고 있다. 그런데 세계동향을 등지고 인권을 탄압하는 소위 사회주의헌법이 북한에서는 아직도 시행되고 있다.

남북한의 통일문제와 통일헌법의 제정문제가 한국의 가장 중요한 과제이기 때문에 「동아시아의 평화와 한반도의 통일」에 관한 문제를 제1특집으로 다루어 보았다. 예정으로는 독일의 통일헌법제정 문제를 다루어 보기로 하였으나 필자 사정에 의하여 누락되었다. 한국의 통일헌법제정 문제에 관한 것은 다음 호의 특집으로 다루었으면 한다.

한반도의 통일문제에 관한 일본·중국학자의 논문을 수록하였고, 또 아시아의 평화와 세계평화의 헌법적 문제를 다루게 된 것은 국제교류 측면에서 큰 의의를 가진 것이라고 하겠다. 또 통일독일 후의 실정을 알 수 있는 논문도 흥미가 클 것이다. 집필해 주신 여러분에게 감사한다.

제2특집으로는 표현의 자유에 관한 것을 다루었다. 오늘날의 민주주의는 국민의 자유로운 여론형성이 절대적이기에 한·일 심포지엄을 열어 「매스미디어·국가·시민」의 관계를 집중 조명하였다. 이것은 일본 히토츠바시(一橋) 대학에서 일본의 헌법이론연구회와 국제헌법학회 한국학회가 공동개최한 것이며 기획과 원고수집 등을 히토츠바시 대학 법학부의 우라다 이치로(浦田一郎) 교수가 맡아 하였다. 한국 논문의 일역과 일본 논문의 한역(韓譯)은 이경주(李京柱) 박사가 수고해 주었다. 한일 심포지엄을 주최해 주신 히토츠바시 대학 법학부의 관계자 여러분들에게 심심한 감사를 표한다.

『세계헌법연구』창간호가 나온 뒤에 2년이 지나 제2호가 발간되게 되어 그동안 독자 여러분들에게 심려를 끼쳐드린 점을 사과해 마지않는다. 다음 호부터는 매년 출간하도록 노력하겠으니 독자 여러분의 관용을 바란다.

이번 호의 출판에 있어서는 성낙인(成樂寅) 교수가 편집 등을 맡아주었고, 세미나 개최 비용 등은 신평(申平) 변호사가 도와주었다. 또 바쁜 업무 중에도 이 『세계헌법연구』를 계속 출판해준 김세충 변호사와 길안사의 김세진 사장에게 감사한다.

1997.9.10.

김철수

3) 발간사(제4호, 1999)

1999년에는 국제헌법학회의 세계대회가 Rotterdam에서 개최되었다. 세계 각국의 헌법학자들이 출석하여 헌법의 현안문제에 대하여 진지하게 토론을 하였다. 우리나라에서도 헌법학회 회원 10명이 참석하여 사회·발표·토론에 참가하였다. 한국학회는 『세계헌법연구』 제3호를 토론 자료로 배부하였는바 호평을 받았다.

국제헌법학회 한국학회는 외국의 석학들을 초청하여 「헌법과 지방자치」에 관한 심포지엄을 개최하였다. 여기서 발표된 논문 중 일본과 한국의 지방자치에 관한 논문을 싣기로 하였다. 바쁘신 중에도 한국에 오시어 좋은 강의를 해 주신 스기하라 야쓰오(杉原泰雄) 교수님께 감사한다. 교수님은 곧 70회 생일을 맞으시기에 우리 회원 일동을 대신하여 축하의 뜻을 전달하고자 한다.

독일의 저명한 헌법학자이며 국제헌법학회의 부회장이신 Christian Starck 교수가 기본법 50년에 관한 논문을 발표하였기에 이의 번역 전재를 요청한 바 Starck 교수는 쾌히 승낙해 주시고 발행처와 번역권까지 알선해 주셨다. Starck 교수의 후의에 감사해 마지않는다. 번역은 Starck 교수의 제자인 김형성(金炯盛) 교수가 맡아주었다. 바쁜 일과 중에 번역을 해 준 김 박사에게 감사한다.

국제헌법학회 창립 당시의 사무총장이었던 Pavle Nikolic 교수의 「헌법 재판과 민주주의」에 관한 원고는 당초 세계대회에서의 발표를 목적으로 한 것이었으나 우리 잡지에만 싣기로 하였다. 원문이 영어이므로 번역하지는 않았다. 투고해 주신 Nikolic 교수에게도 감사의 뜻을 전한다.

홋카이도(北海道) 대학의 나카무라 무쓰오(中村睦男) 교수의 논문은 한 · 일 법문화비교연구회에서 발표된 것이나 우리나라 헌법학자에게도 유익할 것 같아 게재하였다. 이는 전재(轉載)가 아니고 우리 잡지에 처음 발표되는 것이며 번역은 문상덕(文尙德) 서울대 조교가 맡았다.

이 밖에도 정재황(鄭在晃) 교수, 이헌환(李憲煥) 교수, 이경주(李京柱) 교수 및 김대환(金大煥) 교수의 논문들을 싣게 되어 세계 각국 헌법을 비교할 수 있게 된 점에서 큰 의의를 발견할 수 있을 것이다. 그동안 편집은 김대환 교수가 주로 맡아 해 주었다. 집필자 · 번역자 · 편집자 여러분들에게 감사한다.

금년에도 변함없이 희생적 출판을 해 준 김세충 변호사와 길안사의 김세진 사장에게 감사한다.

이제 이 『세계헌법연구』가 유일한 세계 각국 헌법에 대한 연구 연보가 된 것을 기뻐하면서 앞으로 더욱 큰 발전이 있기를 바란다. 독자 여러분의 협력을 부탁드린다.

1999.8.10.
김철수 씀

4) 발간사(제5호, 2000)

2000년에 국제헌법학회 한국학회의 『세계헌법연구』 지령이 제5호를 넘어서게 되었다. 이제 우리 학회지인 『세계헌법연구』는 국제적인 학술지로 인식되고 있다. 각국의 법학자들이나 실무가들이 한국의 헌법학의 발전에 대한 관심이 점차 고조되면서 『세계헌법연구』에 대한 호평과 주문이 계속되고 있기 때문이다.

특히 이번 호에는 독일의 저명한 법학자인 Reinhold Zippelius 교수가 「학습과정을 통한 민주주의의 실현」이란 논문을 발표해 주었고, 이의 번역은 김대환 교수가 맡아주었다. Zippelius 교수는 한국의 법학자들에게 널리 알려진 『법학방법론』의 저자로서 이 논문을 통해서 한국의 독자들에게 오랜만에 인사할 수 있는 기회가 된 것을 기쁘게 생각한다고 사의를 표하였다. 또한 Wien 대학 Theo Oehlinger 교수는 21세기의 새로운 권력분립이론에 대한 연구 논문을 발표하여 한국의 법학자들과 만날 수 있게 된 것을 감사하였다. 미국의 Carl Wellman 교수는 「인권과 자연법」, 「공권과 사권의 구분」에 관해서 헌법학의 연구 논문을 발표하여 한국의 법학자들의 견해나 비판에 대해서 알고 싶다고 한다. 그리고 우크라이나 헌법재판관인 동시에 키에프(Kyiv) 법과대학의 Petro Martinenko 교수의 「우크라이나 헌법재판」이란 논문을 발표하여 한국과 우크라이나의 법학자 및 실무가들과의 교류가 촉진될 수 있는 계기가 될 것을 소망하고 있다고 한다.

그리고 국제헌법학회 한국학회는 금년 8월 24일에 일본의 「헌법이론연구회」의 회원 30여 명 이상을 초청하여 「민주주의의 미래」에 관한 시포지엄을 개최하였다. 여기서 발표되고 토론되었던 양국의 중요한 헌법문제로서 대통령제 및 의원내각제의 정부형태, 그리고 한국과 일본의 지방자치제의 현안과 문제점에 관한 논문을 싣기로 하였다. 이번 시포지엄의 행사를 위해서 지원해주신 한국학술진흥재단과 한국 국제교류재단,

또한 헌법재판소의 세심한 배려를 아끼지 아니한 김용준(金容俊) 헌법재판소장님, 그리고 일본 헌법이론연구회의 스기하라 야쓰오(杉原泰雄) 교수님(고문)과 사사카와 노리카츠(笹川紀勝) 교수(회장)를 비롯한 임원 및 회원 교수들에게 재차 깊은 감사를 드린다.

이 밖에도 정영화 교수, 신평 교수, 김대환 교수의 논문들도 싣게 되었고, 또한 편집은 정영화 교수가 맡아주었기에 집필자·번역자·편집자 여러분에게 재삼 감사한다. 앞으로 학회지에 대한 바람을 적어보면, 조만간 전체 논문의 내용이 영문으로 편집되어서 국내외 학자들의 토론과 교류의 장이 되도록 국제학술 논문집인 영문학술지가 발간되기를 기원할 뿐이다.

끝으로 출판계의 오랜 불황과 어려운 여건에도 불구하고 지속적으로 우리 학회지를 출간해준 김세충 변호사와 도서출판 지산(芝山)의 김세진 사장에게 감사한다.

2000.10.10.

김철수 씀

5) 발간사(제6호, 2001) – 小林直樹 교수 80주년 생탄 기념호에 붙여

2001년 10월 3일은 국제헌법학회 명예회장이신 고바야시 나오키(小林直樹) 교수의 80회 탄생일이다. 이를 기념하여 이번 호는 고바야시 교수 생탄 80주년 기념논문집으로 간행하기로 한다.

고바야시 나오키 교수님은 오랫동안 일본 도쿄대학의 헌법학 교수로 재임하시다가 정년 후에는 일본 젠슈(專修)대학의 헌법학 교수로 재직하면서 일본 헌법학의 기초를 닦으셨을 뿐만 아니라 세계헌법학의 발전에도 큰 공헌을 하였다. 특히 1995년에 개최된 국제헌법학회 세계학회에서는

대회장을 맡아 성대한 학회를 개최하였고 또 유명한 기조연설을 하였다.

선생님은 1950년대부터 한국의 민주화에 대해서도 큰 관심을 가지고 적극적인 발언을 하여 한때 기피인물로 낙인찍히기도 하였다. 10.26 후 한국 정부 초청으로 방한하게 되었는데 공교롭게도 12월 12일 사태가 발생하여 한국 헌정을 직접 경험할 수 있었다. 비상계엄 하에서도 선생님은 서울대학교와 대한변호사협회에서 언론의 자유와 헌법옹호 등에 관하여 강연하여 학자와 실무가들에게 큰 감명을 주었다. 일본 귀국 후에는 당시의 한국 방문에 대하여 잡지에 기고하여 생생한 기록을 남겼고, 한국 민주주의의 장래를 낙관하기도 하였다. 그 뒤에도 한일법학회의 초청으로 내한하여 한국의 공법학자와 대화와 토론을 하였다. 또 많은 한국학자들을 일본에 초청하여 학문교류에도 기여하였다.

선생님은 일본 도쿄대학 졸업 후 헌법학 강좌를 맡았고 독일과 미국에서 연구 한 뒤 일본의 법철학과 헌법학연구에 신기원을 획(劃)하였다. 그의 저서는 1960년 『법리학(上)』을 비롯하여 1961년에는 『헌법의 구성원리』를 출판하였고, 그 뒤에도 『일본에 있어서의 헌법동태의 분석』(1963), 『일본국헌법의 문제상황』(1964), 『헌법강의(상·하)』(1977/1978), 『국가긴급권』(1979), 『신판헌법강의(상·하)』(1980/1981), 『헌법 제9조』(1982), 『현대교육의 조건』(1983), 『입법학연구』(1984), 『헌법질서의 이론』(1986), 『헌법과 일본인』(1987), 『법·도덕·저항권』, 『헌법정치의 전환』(1990), 『헌법정책론』(1991) 등을 계속 출판하였다. 이 밖에도 편저·공저·공편저·역서 등이 있다.

뿐만 아니라 약 150편의 학술논문, 약 100편의 평론이나 시사 논설 등이 있으나 여기서는 언급을 생략한다. 상세한 논저를 알고자 하는 사람은 『小林直樹 先生古稀記念論文集』을 참고했으면 한다.

위에서 본 바와 같이, 고바야시 선생은 법철학에서 출발하여 헌법철학, 헌법사회학, 헌법해석학, 헌법판례분석학, 헌법정책학 등 헌법학의 모든 방법을 총동원하여 헌법학을 집대성하였다. 일본의 학자들이 대부분 헌법해석학에만 치중하고 잇는데 유독 고바야시 선생만이 모든 헌법학 분야를 연구한 데 특색이 있으며 종합헌법학을 완성하였다고도 할 수 있다.

선생님은 고희를 지난 뒤에는 실증헌법학연구를 지양하고 최초의 법철학방법론에 따라 철학적 인간학연구에 골몰하고 계신다. 90년 이후 「인간의 법학과 철학—철학적 인간학 노트(I-VIII)」(『法學協會雜誌』 제112권 1호, 1995~제114권 8호, 1997), 「법의 인간학적 고찰(I-VII)」(『法學協會雜誌』 제115권 11호, 1999~제118권 9호, 2001)을 발표하고 계신다. 이 두 편의 논문은 각 500면 이상의 대논문으로서 아직까지 완결되지 않고 있다. 철학적 인간학과 법의 인간학적 고찰이란 측면에서 누구도 감히 꿈꾸지 못했던 인간과 법의 종합적 해석을 도출해 내고 있다. 20세기의 전문화시대에 있어서의 선생님은 종합적·인간학적 고찰을 통하여 헌법의 근본문제의 구명에 정진하고 있다.

최근 한일 간의 교과서 문제에 대해서도 일본의 역사왜곡을 통렬히 비난하였고, 헌법 제9조의 개정을 막기 위하여 자위대의 위헌론을 주장하였다. 최근에는 일본 헌법 개정에 반대하는 운동도 전개하는 등 학자적 양심에 따라 행동하고 있다.

선생님은 세계적인 헌법질서, 평화질서, 세계적인 국가질서 등 헌법의 세계화에도 많은 관심을 가지시고 2001년에 「글로벌리제이션과 국가·민족·개인」이라는 논문을 발표하기도 하였다. 헌법학의 범세계적인 교류를 위하여 노력하였고 아시아 헌법학의 발전을 위한 세미나를 개최하시기도 하였다.

산수(傘壽)에도 불구하고 아직도 활발한 학문 활동을 하고 계시는 선생님의 학문적 열정을 흠모하면서 건강하게 백수를 누리기를 기원한다. 끝으로 준비부족으로 인하여 많은 논문을 싣지 못했음을 사과한다.

이번 호의 편집도 김대환 교수가 맡아 주었다. 바쁜 시간에 원고청탁·교정·정서 등 모든 일을 맡아 준 김대환 교수에게 감사한다. 또 헌법학 발전을 위하여 계속 출판 해 준 지산(芝山) 김세진 사장과 사원 여러 분들에게도 감사한다.

2001.9.20
김철수

5. 대한민국학술원

1. 문홍주 회원을 추모하며*

해암(海巖) 문홍주(文鴻柱) 회원님이 지난 2008년 8월 2일 91세로 유명을 달리하셨다. 선생님은 1918년 6월 7일생이니 만 90세의 생신을 지나신지 한 달 여 만에 사망하셨다. 문 회원님은 1981년에 학술원 회원에 선임되어 27년간이나 연임하신 회원으로서 그동안 활발한 학술활동을 하셨고, 인문·사회 제4분과 회원으로서 학술원 활동의 기틀을 잡으셨다. 그동안 매 월례회마다 출석하였었고, 지난 6월말의 분과회에 출석하시지 않아 걱정했었는데 7월 말 입원하여 1주일 만에 사망하셨으니 인생의 덧없음을 실감하게 된다.

선생님은 경상남도 의창군에서 탄생하시어 고향에서 초등학교를 졸

---

* 『대한민국학술원통신』 제182호, 2008년 9월 1일.

업하신 후 서울에 상경하여 경기중학을 졸업하신 뒤 경성제국대학 예과를 거쳐 경성제국대학 법문학부를 졸업하셨다. 1940년 3월 졸업 후 5년간 만주 중앙은행의 행원을 하셨다. 해방 후 귀국하여 동아대학교를 거쳐 49년 7월부터 부산대학교 교수가 되어 1960년 부산대학교 총장이 되셨다. 5.16혁명 후 국가재건최고회의의 자문위원을 하셨으며, 1962년에는 법제처장을 역임하셨다. 1966년에는 문교부장관을 지내셨고, 1973년에는 헌법위원회위원을 역임하셨다. 1980년에는 다시 부산대학교 총장을 지내셨고 거기서 정년퇴임하셨다.

선생님은 1954년 미국무성 초청으로 Chicago 대학에서 1년간 연구하신 뒤 귀국하여 『미국헌법론』을 처음으로 저술한 뒤 미국헌법연구에 여생을 바치셨다. 미국헌법연구소를 설립하여 『미국헌법연구』 잡지를 20년간 출간하고 있으며, 미국 대법원의 판례를 수집·번역하여 1991년에는 『기본적 인권연구』를 출판하였고, 2002년에는 『미국헌법과 기본적 인권』이라는 1,000면에 달하는 방대한 저서를 출판하기도 하였다. 그 후 미국헌법학회로 조직을 개편하여 많은 후학들을 지도하여 많은 학자를 양성하였다. 부산대학교에서 육성한 제자와 성균관대학교에서 육성한 학자의 수도 많다.

선생님은 공사다망하신 가운데서도 학문적 정열을 불태워 많은 저서와 논문을 집필하셨다. 특히 한국헌법 교과서를 저술하여 많은 수험생의 필독서가 되었다. 선생님은 다른 학자와 달리 일찍부터 미국의 기본권이론에 따라 우리나라에서 자연권론을 주장하셨고, 이론에 편중했던 학계에서 판례연구의 모범을 보인 것이 큰 공헌이라고 하겠다.

선생님은 문교부장관을 그만 둔 뒤 공법학회의 재건을 위하여 노력하셨다. 유진오(兪鎭午) 교수님이 창립했던 공법학회가 재정난으로 유명무실화된 것을 안타까워하여 70년에 공법학회를 재건하게 되었다. 당시 선생님은 회장을 맡으셨고 이상규(李尙圭) 국장과 제가 상임이사를 맡아 동분서주하던 것이 엊그제 같은데 벌써 40년이 다 되었다. 선생님은 사재를 털어 학회를 운영하였고 『공법연구』라는 학술지를 발간하였다. 10여 년간 회장직을 맡으셔서 학회의 기반을 튼튼히 한 뒤 현재까지 명예회장으로 추대되었었다.

인간적으로 후덕하시고 호탕하여 많은 후학들이 따랐다. 청장년기에는 두주불사하는 호걸이었는데 한 10년 전부터 절주하셨으나 식성도 왕성하시어 우리 인문·사회 제4분과회의 월례회식에서도 최근까지 포도주를 즐겨 드셔서 백수를 장담하고 계셨는데 갑자기 별세하게 되어 믿기지가 않습니다.

삼가 명목을 빌며 부디 극락왕생하시기를 기원한다.

2. 이항녕 회원님의 타계를 슬퍼하며*

인문·사회 제4분과의 종신회원인 이항녕(李恒寧) 선생님이 9월 17일 타계하셨다. 선생님은 1960년 4월 26일 회원으로 선임되시어 48년간 인문·사회 제4분과를 이끌어 오셨다. 선생님은 1915년 7월 25일생이시니 향년 93세로 노환으로 조용히 세상을 떠나셨다.

선생님은 법철학자요 민법학자로 법학의 선구자일 뿐 아니라 군수와 학장, 문교부차관, 총장을 지내신 탁월한 행정가였었다. 선생님은 일제시대 경성제대를 졸업하시고 고등문관시험 행정과에 합격하여 경남 하동 군수와 창녕 군수를 지내셨다. 선생님은 일제하 군수를 하신 것을 자

---

* 『대한민국학술원통신』 제183호, 2008년 10월 1일자.

책하며 해방 후 관계를 떠나시고 초등학교와 중등학교의 교장을 하셨으며 1949년에 동아대학 교수를 하셨다. 환도하여 성균관대학에서 법학을 강의하셨으며 1954년부터 1971년까지 고려대학교 교수를 역임하셨다.

1960년 4.19혁명에 앞장섰다가 잠시 동안 문교부차관으로 대학가의 혼란을 수습하기도 하셨다. 선생님은 1971년에 홍익대학교 법대 학장을 하셨고 1972년부터 8년간 총장을 역임하셨으며, 1980년부터 홍익대학교 명예교수로 추대되었었다.

선생님은 일제하에서 오다카(尾高朝雄) 교수의 극찬을 받으며 졸업하셨으나 그의 순수법학에 환멸을 느껴 독창적인 법철학을 구축하였다. 1955년에 나온 초판『법철학개론』은 전세계의 법을 12개의 유형으로 나누어 설명함으로써 독자적인 학문세계를 수립하였다. 세계를 동방·서방·중방(中方) 3풍토로 나누시고 고대, 중세, 근대, 현대로 역사적으로 발전한다고 하여 12개의 유형으로 나누셨다. 동양철학, 특히 기(氣)의 변천에 따른 법의 진화를 분류하시어 한국에서 뿐만 아니라 일본에서도 큰 주목을 받았다.

저는 이 이론을 풍토적 자연법론이라고 명명하여 서평을 하였는데 선생님은 저의 평을 소상하게 들어 주시어 감격하였다. 이 서평이 일역(日譯)되었고, 일본인의 관심이 커서 선생님의 저서가 일역되어 일본학자들을 크게 계몽하였다. 1995년에는 재판을 내셨는데 동양철학에 근거한 최초의 법철학서로서 역사에 길이 남게 되었다. 선생님은 1978년에는『법철학적 인간학』을 저술하셨고, 다년간 법철학회의 고문으로 후학들을 지도하셨다.

선생님은 실정법도 연구하시어 1959년에는『노동법학』을 출판하셨고, 1962년에는『민법학개론』도 출판하시어 우리나라 노동법학과 민법학의 기초를 다지시기도 하셨다. 선생님은 중국의 법률사상, 동양의 자연법, 역사적 자연법의 제창, 한국인의 권리의식 등 주옥같은 논문도 발표하셨다.

선생님은 법학자에 그치지 않고 언론인으로서 문학자로서 종교인으로서 활동하시어 다재다능하심을 과시하셨다. 『교육가족』 등 소설을 발표하시었고 수필집도 여러 권 발표하셨다. 또 일간지의 논설위원을 하셨고 신문윤리위원회 위원장, 세계평화교수 아카데미 회장과 현정회(顯正會) 회장으로 다년간 일하시었다. 참으로 앞으로 보기 드문 만능천재이셨다고 하겠다.

선생님은 국민훈장 무궁화장을 받으셨다. 교수로서 학문적으로는 엄격하셨으나 제자를 잘 보살펴 주어 많은 법학자를 양성하였다. 또 세속의 부귀를 멀리하시고 청빈낙도(清貧樂道)하셨다. 가정적으로도 다복하시어 4남 2녀를 교수, 변호사 등으로 육성하셨다.

이제 선생님이 타계하심으로써 경성제대 동기 수재들은 다 세상을 떠나셨다. 선생님은 임종 시까지 심신이 건강하시었는데 노령을 이기지 못하시고 선종하시었다. 선생님의 인자하신 혜안(惠顏)을 다시 볼 수 없음을 슬퍼하며 삼가 명복을 빈다. 천상(天上)에서나마 조국의 통일과 학문 발전에 길을 열어 주시기를 빈다.

3. 제11차 태평양 과학협회 중간총회 참석기*

2009년 3월 2일(월)부터 6일(금)까지 5일간 제11차 태평양 과학협회 중간총회(Inter-Congress)가 프랑스령 폴리네시아(French Polynesia)의 타이티(Tahiti)에서 개최되었다. 인문・사회 제4분과의 김철수 회원과 자연 제2분과의 이영록(李永祿) 회원이 이 회의에 참석하고 돌아왔다.

태평양과학협회(Pacific Science Association, PSA)는 아시아・태평양 지역에 있

---

* 『대한민국학술원보』 제50집(2009), 126~129면.

어서의 과학·기술을 개발하고 지속가능한 발전을 탐구하기 위해 조직된 이 지역의 비정부 학술기구이다. PSA는 국가기관(주로 학술원이나 또는 이에 상응하는 기관)과 개개의 회원 과학자들로 구성되어 있다. PSA는 1920년 호놀룰루(Honolulu)에서 제1차 태평양 과학 회의(Pacific Science Congress)를 가진 이후로 2007년에 오키나와(Okinawa)에서 제21차 회의를 가졌었다. 이들은 주된 PSA의 총회(Congress)인데 매 4년마다 개최된다. 중간총회는 총회의 중간 중간에 개최된다. 1969년 쿠알라 룸푸르(Kuala Lumpur)에서 제1차 회의가 열린 이후로 2001년에 괌(Guam)에서 제10차 중간총회가 개최되었었다. 그러니까 이번 중간총회는 8년 만에 열리는 셈이 된다. 역대 개최지는 괌(1973), 발리(Bali, 1977), 싱가포르(Singapore, 1981), 마닐라(Manila, 1985), 발파라이소(Valparaiso, 1989), 오키나와(1993), 수바(Suva, 1997), 타이페이(Taipei, 1998) 등이다. 중간 총회는 총회에 비해 전형적으로 다소 규모가 작은 모임이고 주제에 초점이 맞추어져 있다.

우리들은 2월 28일 11시 20분, 인천공항을 출발하여 도쿄(東京)를 경유, 파페테(Papeete)로 향하였다. 우리나라에서는 파페테 행 직항 노선이 없고 도쿄에서도 주 2회밖에 운항하지 않고 있어서 일찍 출발할 수밖에 없었던 것이다. 나리타 공항에서 타이티 항공기로 갈아타서 12시간을 비행하여 파페테에 도착(현지 시각 28일 7시 30분)하였다. 파페테는 타이티에 있는 프랑스령 폴리네시아의 수도이다. 프랑스령 폴리네시아는 타이티로서 더 잘 알려져 있는데, 캘리포니아(California)와 오스트레일리아(Australia)의 중간지점, 그리고 하와이(Hawaii)가 적도에서 북쪽에 있는 거리만큼 적도에서 남쪽으로 떨어져있는 태평양의 중앙에 위치하고 있다. 타이티는 118개의 섬으로 구성되어 있고 유럽보다 더 큰 넓이의 해양에 흩어져 있는데, 이들 섬들이 차지하는 면적은 프랑스의 100분의 1에도 미달한다. 타이티 섬은 프랑스령 폴리네시아의 섬들 중 가장 큰 섬이고, 인구도 가장 많다. 3월 1일은 학회가 없어 회의 자료를 검토하였다.

제11차 태평양과학협회 중간총회는 「태평양에 있어서의 프랑스의 연구에 관한 제2차 심포지엄(2nd Symposium on French Research in the Pacific)」과 함께 합동으로 치러졌다. 「제1차, 태평양에 있어서의 프랑스의 연구에 관한 심포지엄」이 2004년 뉴칼레도니아(New Caledonia)에서 개최되었는데, 2007년에 프랑스와 프렌치 폴리네시아가 제2차 심포지엄을 제11차 태평양과학협회 중간총회와 합동으로 하기로 합의함에 따라 태평양과학 협회와의 협의 하에 이루어지게 된 것이다. 따라서 이번 중간총회는 중간총회로서는 규모가 비교적 큰 편이었고(회의참석자 수 700명 이상), 연구 내용도 태평양의 섬들에 관한 것이 비교적 많았다.

PSA 중간총회는 타이티 섬에 있는 파페테의 힐턴 호텔에서 개최되었다. 이번 중간총회는 프랑스 사르코지 대통령의 주재 하에 개최되었다. 3월 2일에는 개회식이 열렸다. 사르코지 대통령은 참석하지 않았으나 총독이 축사를 대독하였다. 개회식에는 총독과 프렌치 폴리네시아 대통령과 타히티 시장이 참석하여 성황을 이루었다. 개회식이 지난 뒤 학술대회가 개최되었다. 대회는 기조연설, 구두 연구발표, 포스터 발표, 심포지엄, 그리고 평의회(Council Meeting) 등으로 구성되어 있었다. 이번 중간총회의 주제는 「지방 및 세계적인 변화에 직면한 태평양 국가들과 그 해양(Pacific Countries and their Ocean facing Local and Global Changes)」인데, 연구발표는 이 주제를 다음과 같은 다섯 개의 부제(副題)로 나누어 진행하였다.

    1. 생태계, 생물 다양성 그리고 지속가능한 발전(Ecosystems, Biodiversity and Sustainable development)

    2. 기후 변화와 해양 산성화(Climate Change and Ocean Acidification)

    3. 태평양에 있어서의 건강 도전(Health Challenges in the Pacific : Infectious diseases, non-communicable diseases and health workforce)

    4. 문화와 정치(Culture and Politics : The stakes of modernity)

    5. 통치와 경제(Governance and the Economy : Future challenges for the Pacific)

이들 다섯 개의 부제들에 관한 기조연설이 각각 두 편씩 3일(화)과 4일(수) 아침 8시 15분부터 9시까지 있었다. 그러나 총 500여 편에 달하는 구두 발표 논문 중 「생태계, 생물 다양성 그리고 지속가능한 발전」에 관한 연구논문이 240여 편으로 전체의 거의 절반에 이르고, 그 다음으로 많은 것이 「기후변화와 해양 산성화」의 80여 편이었다. 그래서 주최 측에서는 「생태계」 회의실을 3개로 늘리고 총 7개의 회의실에서 회의를 진행하게 하였다.

그리하여 이 다섯 개의 부제들은 부제에 따라 다시 3~12개의 세부과제로 구분하고, 각 세부 과제에 유사한 영역의 논문들을 10여 편씩 묶어서 발표하도록 구두 발표 논문들이 편성되어 있었다. 예컨대 가장 많은 12개의 세부과제로 구분된 부제인 「생태계」의 세부 과제에는 다음과 같은 것들이 있었다.

1. 침입종(侵入種, Invasive Species) 2. 유체역학(流體力學)과 물리학적 과정(物理學的 過程)(Hydrodynamics and Physical Process) 3. 발전 전략(Developmental Strategy) 4. 생물 지리학(Biogeography) 5. 생물학적 과정과 지속가능한 발전(Biological Processes and Sustainable Development) 6. 진주, 굴(Pearl, Oyster) 7. 양식(養殖)과 어업(Aquaculture and Fisheries) 8. 인간의 생태 동력학(Human Eco-dynamics) 9. 보존 생태학(Conservation Ecology) 10. 자연산물과 생태 독성학(自然産物과 生態 毒性學, Natural Products and Eco-toxicology) 11. 장기 모니터링(Long Term Monitering) 12. 생물 다양성 평가(Biodiversity Assessment) 등이다. 「생태계」라고 하는 하나의 부제에도 얼마나 다양한 영역의 연구들이 내포되어 있는지를 쉽게 알 수가 있다. PSA가 어떤 특정 분야의 전문학회가 아니기 때문에 같은 과제를 두고서도 이와 같이 여러 가지 측면에서 접근할 수가 있다는 것이 흥미로웠다.

인문·사회분야에서는 태평양에 있는 여러 섬의 과거와 현재를 다루었고 정치적·경제적·문화적인 현대화를 연구하고 있었다. 서양 각국의 식민지화에 따라 전통종교는 사라지고 기독교가 지배하고 있으나 아직도 전통적인 촌락공동체가 남아 있어 관습법이 지배하고 있다고 했다. 이러한 전통적 지배구조 때문에 민주적인 통치구조로의 변천은 쉽지 않아 보였다. 도서 중에는 미국 식민지처럼 종주국에서 독립한 나라도 있고 프랑스식민지나 영국식민지도 남아 있다고 했다. 독립운동은 별로 없는 것 같았다. 그것은 과거의 식민정책을 버리고 광범한 자치를 허용하되 군사적인 기지로 사용하기 때문이었다. 프랑스 정부를 비롯하여 식민지 정부도 도서 발전을 위하여서는 고등교육의 진흥이 필수적이라는 것을 공감하고 있었다. 프랑스정부는 많은 돈을 들여 박사과정 학생들을 초대하여 그들의 박사논문 초안을 발표하게 하고 있었다.

심포지엄은 형식상으로는 연구발표와 구분되나 「태평양에 있어서의 프랑스의 연구에 관한 심포지엄」과 함께 치러져서 그런지 진행에 있어서는 매끄럽지 못하였다. 원로회원들이 참석하지 않은 세션에서는 박사과정 학생의 연구발표로 대체되기도 하였다. 프랑스어로 발표한 논문이 많았는데 법률용어 등 전문 학술 번역은 엉망이었다.

의제로는 오늘과 내일의 문화유산(프렌치 폴리네시아, 하와이, 뉴질랜드, 사모아, 뉴칼레도니아, 바아투, 파푸아 뉴기니아 등지의), 지역 간 및 지역 내 협력, 해양 환경, 그리고 건강 도전 등이 다루어 졌다. 논문의 포스터 발표는 5일 동안 계속되었는데 모두 130여 편의 논문들이 포스터로 발표되었다. 중국에서는 40명의 학자가 참석하였고 일본에서도 40명의 학자가 참석하여 논문발표 연습을 하고 있었다. 우리는 두 사람만이 참석하였기에 동시에 열린 다섯 발표장을 다 참여하지 못한 것이 아쉬웠다. 밤에는 스탠딩 뷔페를 열어 폴리네시아 전통 춤 공연을 선보였다.

폐막식에서는 총괄 발표가 있었고 제22차 태평양과학회의는 2011년 6월 13일부터 17일까지 말레이시아의 쿠알라룸푸르 컨벤션 센터에서 개최키로 하고 5일간에 걸친 중간총회는 막을 내렸다.

학회가 끝나고 7일에는 오전에 박물관을 견학하였다. 오후에는 반나

절 관광으로 타이티 섬 일주 여행을 하였다. 해변 가의 풍경과 절벽에서 떨어지는 폭포수 경치가 좋았고, 고갱(Gauguin) 박물관도 구경하였다. 고갱 박물관에서는 세계 각국에 흩어져 있는 고갱의 많은 작품들이 사진으로 전시되어 있었다.

제22차 PSA 총회의 의제는 "Asia Pacific Science in the 21st Century : Meeting the Challenges of Climate Change and Globalization"이다. 가까운 곳에서 열리기에 비용도 많이 들지 않을 것이기에 여러 회원이 참석할 수 있었으면 한다. 비싼 관광지에서 비행기편이 없어 오래 체류하게 되어 학술원에 폐를 끼쳐 죄송하다. 그러나 관광지로서는 별로였다.

4. 제36회 국제학술대회를 마치고*

제36회 대한민국학술원 국제학술대회가 「정부형태 어떻게 할 것인가 ─대통령제와 의원내각제의 경험을 중심으로」라는 제목으로 지난 2009년 10월 23일 개최되었다. 인문·사회 4분과로서는 15년 만에 개최한 국제학술대회였다.

우리나라는 그 동안 1960년의 9개월의 의원내각제를 제외하고는 문민독재와 군사독재가 다년간 지배하였고, 1987년의 민주화 이후에 직선제 대통령제를 쟁취하였다. 그 동안 2원정부제, 미국식 대통령제, 신대통령제, 유신독재제, 제왕적 대통령제를 경험하였다. 1987년에 채택된 현행 헌법은 그 동안의 정부형태의 공과를 평가한 뒤 제정된 것으로 이제까지

---

* 『대한민국학술원회보』 제50집(2009), 138~142면.

의 정부형태 중에서는 제일 나은 것으로 인정되었다. 그러나 문민정권 20년간의 대통령제는 여소야대 때문에 강력한 집행권행사를 하지 못했고, 여소야대의 분점정부 때문에 국회의 입법이 옳게 되지 않았고, 국회의 국정감사권행사, 국무총리동의권 등의 행사로 대통령의 발목을 잡는다고 하여 부정적 평가를 받아왔다. 또 대통령 직선제는 돈이 너무 많이 들고, 지역분열, 계층분열, 이데올로기분열을 가져와서 문제가 되었으며, zero sum game의 결과 승자독식의 정부인사로 말미암아 국민통합에 장애가 되었으며, 대통령이 국회를 무시하여 제왕적 대통령제라는 비난을 받아왔다. 또 5년단임제라 lame duck현상이 나타나며 측근의 부정부패를 방지할 수 없다는 비판이 행해졌다. 정치권에서나 학계에서는 이제 대통령제는 그 수명을 다했다고 보아 정부형태의 개정이 논의되고 있다. 그러나 정부형태에 대한 문제는 모든 국민이 일가견을 가져 그 개정방향은 백가쟁명식이었다. 정치권이나, 학계, 민간단체에서 이상적인 정부형태를 모색하여 헌법 개정을 하여야 한다는 논의가 많았고, 지난 8월에는 국회의장자문기구인 헌법연구자문위원회가 결과보고서를 제출하여 정부형태는 2원정부제로 하거나 미국식 순수대통령제로 하여야 한다고 건의하였다. 또 국회의원 170여 명으로 구성된 국회미래헌법연구회도 1년여 동안 공청회를 하고 연구발표회를 가졌었다. 국회의장을 비롯하여 정치권에서는 내년 지방의회선거까지 헌법 개정국민투표를 끝내자고 하고 있는데, 야당에서는 개헌논의가 정권운영의 전환점을 찾기 위한 것이라고 주장하면서 지방의회선거 후에 해야 한다고 주장하고 있다. 그러나 정계나 학계나 민간단체에서 정부형태에 관한 이견이 많기에 외국의 경험을 알아보고 우리나라의 있어야 할 정부형태를 알아보고자 한 것이이번 학술대회의 목적이었다. 회원 여러분과 학자 여러분, 전직 장·차관 등이 출석하여 성황을 이루었으나 국정감사 때문에 국회의원의 출석이 적었던 것이 아쉬웠다.

미국식 대통령제에 대해서는 Colorado College의 석좌교수인 Cronin 박사가 발표해 주었다. Cronin 교수는 미국 대통령에 관한 저서가 5권 이상이나 되고, 대통령실에서도 일하였고, 정치학회에서도 집행위원과 회장 등을 역임하였으며, Whitman College의 총장을 13년간이나 하였고, 미국 민주당 전당대회의 대의원과 Commentator를 지낸 정치인이다. 그는 미국 대통령제의 문제로서 의회와 대통령이 대립하여 교착상태(gridlock)가 생기는 것과 대통령의 책임추궁이 불가능한 것, 선거인단제도, 선거기간이 지나치게 길고 비용이 많이 드는 대통령 선거, 부통령제의 폐단 등을 들고 미국식 대통령제는 Costa Rica를 제외하고는 외국에서 성공하지 못했다고 했다. 그리하여 미국식 대통령제의 도입에 대해서는 권유할 수 없다고 하였다. 다만, 미국인 대부분은 220년간에 걸친 대통령제를 개헌하자고는 하지 않고 있으며 소수의 진보파들이 개헌을 주장한다고 보고 있다. 그는 미국의 대통령은 강해서는 안 되고 야당 국회의원들과 국회의 지지를 얻도록 끈질기게 노력하여야 한다고 하고 있다. 미국대통령제가 성공한 것은 역대 대통령이 야당과 타협하고 야당의 실세들과 연립했기 때문이라고 보고 있었다. 임종훈 국회입법조사처장은 대통령제의 개선방안에 대하여 토의했고 부통령제의 필요성을 강조했다.

독일의 의원내각제에 대해서는 Göttingen학술원의 Christian Starck 회장이 발표하였다. 그는 Göttingen 대학총장과 독일공법학자회의 회장을 역임했고, 니더작센주의 헌법재판관을 지낸 국제헌법학회의 명예회장이며 수많은 저서를 펴낸 당대의 석학이다. Starck 교수는 독일 의원내각제의 안정성에 관해서 설명하였다.

바이마르헌법의 정부형태가 불안정했던 것을 교훈으로 삼아 독일 기본법은 정국의 안정성을 최우선적으로 고려하였다. 대통령은 간선으로 하고 형식적·의례적 권한만을 가지며 행정권행사에 개입하지 않는다.

국회는 정부를 선출하고 정부는 국회에 대하여 책임을 지나 정부불신임권의 남용을 막기 위하여 후임수상을 국회 재적의원의 과반수로서 선임한 경우에만 전임 수상을 불신임할 수 있게 하였다. 이로써 정부조각을 하지 못한 공백기는 막을 수 있으며 정부의 안정성을 기할 수 있다. 정부정책은 수상이 결정하기 때문에 수상정부제로 된다. 국회의원선거는 비례대표제를 채택하면서 포말정당이 난립하지 않게 5% 이하의 득표를 얻지 못한 정당에게는 의석을 배분하지 않고 저지조항을 두고 있다. 이로써 다수당이 성립하기 쉽고, 야당과의 연립정부수립이 쉬워진다. 또 연방제도를 채택하여 지방정부가 제2원에 대표를 보내어 연방의 입법 등을 견제할 수 있다. 연방의 야당이 지방의 여당이 될 수 있으므로 전국적 독주를 견제할 수 있다. 의회 야당은 차기 선거에서의 정권교체의 가능성이 열려 있으며, 연방헌법재판소가 정치적 안정에 있어 중요한 역할을 하고 있다고 했다. 황우여 의원은 민주주의의 진행과정을 설명하면서 군주제적인 대통령제는 이제 끝이 났다고 하고 의원내각제를 주장하였다.

일본의 의원내각제에 관해서는 일본학사원의 히구치(樋口陽一, Higuchi) 회원이 발표하였다. 히구치 교수는 동경대학 명예교수이며 프랑스 도덕·정치아카데미의 준회원이며 국제헌법학회의 명예회장이다. 그는 일본헌법학의 대가이며 일본 헌법에 관한 불어책도 출판하여 일본을 프랑스에 알려 프랑스에서 더 유명하다.

히구치 교수는 일본의 의원내각제에 관하여 전후 63년간의 발전과정을 설명하고 일본의 의원내각제가 처음에는 자민당의 파벌정치에 따라 왜곡되었으며 1994년 이후에는 2원정부제적 수상처럼 기능하고 있다고 지적했다. 그 사이 60년간 자민당이 독주하였으나 2009년 선거에서 자민당이 패배하고 민주당이 집권하게 되었음을 설명하였다. 일본이 성공한 것은 정당·정부의 역할뿐만 아니라 관료와 법원의 역할이 막대하였음을 설명하고 있다. 하토야마 내각의 성격에 대해서 미국 등에서는 중도 좌파라고 보고 있으나 하토야마 내각의 각료 등과 민주당 간부들은 과거 자민당에서 분파한 사람들이므로 중도우파에 속한다고 하였다. 민주당 이 2009년 슬로건에서 관료주의 행정을 타파하겠다고 하고 있어 앞으로 의 정부와 관료간의 관계가 문제가 된다고 보고 있다. 신평 교수는 과연 대통령제 수상체제라고 할 수 있는가라고 질문하고 하토야마 내각의 정 책이 좌파적이 아닌가라고 질문하였다.

한국의 정부형태에 관해서는 고려대학교 계희열 명예교수가 발표했다. 그는 고려대학교에서 정치학을 공부하였고 독일에서 헌법학을 전공하였 기에 헌법현실·헌법문화에 대하여 깊이 있게 연구하였다. 그는 고려대 학교 부총장과 헌법재판소자문위원을 역임한 한국헌법학의 원로이다.

계희열 교수는 대통령제 정부형태에 대한 우리의 경험을 심도 있게 발표하였다. 그는 제1공화국의 대통령제는 권위주의적 신대통령제, 1961 년 5.16군사쿠데타 이후 제3, 제4 및 제5공화국의 대통령제는 전형적 군 사독재이고 1987년 이후 민주화된 현행 헌법 하에서의 대통령제는 제왕 적 대통령제라고 할 수 있을 것이라고 했다. 계교수는 건국헌법이나 군 사독재 시절의 대통령제만이 아니라 현행 헌법의 대통령제도 심각한 문 제를 드러내고 있다고 하고, 정부형태를 바꾸어 보아야 할 때가 되지 않 았는지 심각하게 고민해 보아야 할 때가 된 것 같다고 하면서 대안을 검토하고 있다.

대안으로서의 의원내각제에 대해서는 우리의 정치문화가 성숙하지 않는다고 한다. "제18대 국회의 모순에서 우리 정치인들이 의원내각제 를 제대로 운영하기는 어려울 것이라는 것을 쉽게 확인할 수 있을 것이 다"고 하면서 의원내각제에 대해서는 소극적이다. 그는 이원정부제를 이원집행부제라고 하면서 장단점을 비교한 뒤 대통령과 총리의 권한관계가 문제된다고 한다. "혹시 대통령파와 총리파가 갈려 갈등을 일으키게 되면 국정의 마비와 혼란은 심각하게 될 것이다"고 하면서 "우리가 채택할 수 있는 정부형태는 결국 대통령제 밖에 없다"고 하고 있다. 그는 대통령제를 유지하면서 4년 중임제, 지방자치의 강화, 국회의원선거의 대선거구, 비례대표제 확대 등을 주장하고 있다.

이에 대하여 성낙인 서울대 교수는 우리에게 익숙한 제도는 2원정부제라고 하면서 현행 헌법 하에서도 실세총리제로 하면 2원정부제적으로 운영할 수 있다고 하였다. 그는 우리의 헌법사를 2원정부제의 역사로 보며 우리에게 친숙한 2원정부제로의 개헌을 주장하였다.

대체토론에서는 김용환 전 재무부장관, 박주환 전 법제처장 등이 현실정치의 경험에서 나온 토론이 있었고, Conrad 미대사관 2등서기관의 여야 간 권한배분 문제제기가 있었다. 또 김홍우 제5분과 회원의 견해표명이 있었다. 동 분과의 이정복 회원도 질의응답에 가담했었다. 이관희 전 헌법학회 회장도 질의·토론하였다.

이에 대하여 Cronin 교수는 미국의 대통령제는 220년 동안 계속되어 성공하였으며 60년간 한국헌정사에서 볼 때 한국의 대통령제는 성공사례에 해당한다고 하고 조급하게 하지 말라고 충고하였다. 광대한 영토와 세계 제1의 부를 가진 미국의 정치인, CEO답게 긴 안목으로 헌정을 운영할 것과 타협과 조정을 강조하였다. Starck 교수는 정치문화보다는 헌법제도가 더 중요하다고 강조하면서 헌법제도의 변경에 따라 독일의 정치문화가 바뀌었음을 강조하였다. 그는 의원내각제의 안정성을 강조하였다. 히구치 교수는 일본의 의원내각제의 운영이 고이즈미(小泉純一郞, Koizumi)체제 때문에 준대통령적 수상제가 되었음을 밝히고 앞으로의 정당정치의 발전에 대하여 설명하였다.

Symposium에 참석했던 좌장인 조병륜, 허영, 김효전, 김남진 교수님은 시간관계로 토론에 참여할 수 없어 아쉬웠고, 김철수도 본인의 지론인

의원내각제를 주장하지 못했다. 이러한 발표논문은 Proceeding에 국·영문으로 수록되어 있으며 이해를 돕기 위하여 권말에 발제 자료로서 김철수, 계희열, 성낙인 교수의 장문의 글이 실려 있다. 이 Proceeding과 기타 토론요지 등을 모아 머지않아 출판하기로 했다. 국내외 여러 석학들의 오랜 토론에 불구하고 현실적합성이 있고 가장 바람직한 정부형태에 대해서 의견일치하지 못한 것이 아쉽다.

그 동안 물심양면으로 지원해 주신 김상주 회장님, 박영식 부회장님, 차하순 인문·사회부 회장님, 오봉국 자연과학부 회장님에게 감사한다. 또 관심을 가지고 참석해 주신 회원 여러분과 토론에 참여해 준 인문·사회 제5분과 회원에게도 감사한다.

제36회 국제학술대회가 한·일 포럼에 이어 곧 개최되었기에 불철주야 고생하면서 국제학술대회를 지원해 주신 사무국 직원 여러분들에게 감사한다.

5. 총선과 대선 사이에서 정치개혁을 생각한다*

1) 우려되는 제19대 국회

제19대 총선이 치러진 지 한 달여가 지났다. 각 정당들은 총선을 준비하느라 이합집산을 벌이고 당명을 개정하는 등 정당제 민주국가에서는 생각할 수 없는 몰지각한 일을 했다.

한나라당은 정권심판론의 화살을 피하기 위하여 당해체론까지 들고

---

* 『대한민국학술원통신』 제227호, 2012년 6월 1일.

나오더니 비상대책위원회를 꾸려 당명을 바꾸고 정강정책을 대폭 수정하여 보수에서 중도로 나가려고 했으며, 복지정책에서는 야당과 비슷한 일반적 복지를 내세우기도 했다. 얼마나 다급했으면 정체가 모호한 비당원까지 동원하여 비상대책위와 공천추천위까지 구성하여 비당원들이 당원들을 심사하는 결과를 가져왔다.

야당도 민주당이 친노파와 재야파와 한국노총이 야합하여 민주통합당을 창당하였다. 소위 진보세력들도 민주노동당과 진보탈당파, 국민참여파와 민주노총이 정략적으로 통합하여 통합진보당을 창당하였다. 이로써 과거 정당의 명맥은 전부 사라지고 과거의 역사와 전통, 당명을 버리고 말았다. 민주통합당과 통합진보당은 정권획득을 위해서는 정책연합을 하여야 한다고 하여 선거연대를 형성하였다. 야당의 주류였던 민주통합당은 약세인 통합진보당의 요구에 밀려 한미 FTA파기, 제주해군기지반대에 합의하고 길거리에서 과격한 시위를 벌였다.

이러한 야당의 자충수(自充手) 때문에 새누리당은 100석 정도 얻으리라는 예측에서 벗어나 원내다수당이 되었다.[1][도표 1] 새누리당에서는 의

---

1 [도표 1] 19대 국회의원선거결과.

정당	지역	비례	총의석	의석비율(%)
새누리	127	25	152	50.7
민주통합	106	21	127	42.3
통합진보	7	6	13	4.3
자유선진	3	2	5	1.7
무소속	3		3	1.0
합계	246	54	300	100

* 정당별 비례대표 득표율(%)

정당	%	정당	%	정당	%	정당	%	정당	%
새누리당	42.8	기독자유민주당	1.2	친박연합	0.6	가자대국민중심당	0.3	국민행복당	0.1
민주통합당	36.5	진보신당	1.1	녹색당	0.5	한국기독당	0.3	한국문화예술당	0.1
통합진보당	10.3	한나라당	0.9	창조한국당	0.4	정통민주당	0.2	미래연합	0.1
자유선진당	3.2	국민생각	0.7	청년당	0.3	불교연합당	0.2	대한국당	0.1

외의 결과에 눈이 멀어 구룡(九龍)이 대권경쟁을 벌이고 서로 헐뜯기에 급급하다. 9일에 치러진 원내대표경선에서는 2차투표에서 친박계가 당선되었다. 정책통인 이한구(李漢久) 원내대표가 과연 야당의 투사인 정략가 박지원(朴志元) 원내대표를 옳게 상대하여 원만한 국회운영을 이룰 수 있을지 걱정이다.

야당의 난맥상은 여당 못지않다. 자충수에 따라 원내다수를 얻지 못했음에도 최고위원들은 일선에 나와 정권탈취를 기도하고 있다. 친노파와 친대중파(親大中派)의 대표가 야합하여 원내대표와 당대표, 대선후보까지 막후 합의하여 물의를 일으켰다. 그 결과 원내대표가 2차투표에서 신승하여 명예를 회복하기 위하여 비대위를 구성한 뒤 강력한 대여투쟁을 전개하고 있다.

원내 제3당이 된 통합진보당의 득표행동은 그들의 반민주성·독선성·비타협성을 여실히 드러내고 있다. 지역구 경선에서 여론조사를 왜곡하여 지탄을 받더니 비례대표후보자 경선에서는 3.15부정선거 뺨치는 몰표, 대리투표, 공개투표를 자행하고 당내조사위원회의 질책에도 아랑곳 하지 않고 당권파들이 민주적 회합을 방해하고 부정당선자를 비호하고 있어 국민의 빈축을 사고 있다. 특히 일부 비례대표당선자와 후보 중에는 반국가행위로 사형선고를 받고 일본으로 추방된 사람도 있고, 유죄판결을 받고 복역한 민혁당 관계자들도 있어 위헌정당으로 제소해야 한다는 청원까지 나오고 있다.

총선에서 범보수는 단합을 하지 못하고 각개 약진하다가 자유선진당은 제4당으로 전락했고, 국민생각 등 신당들은 2%조차 득표하지 못하여 등록이 취소되고 말았다. 앞으로 자유선진당에서도 대선주자가 나올 것이고 많은 보수후보들이 나올 것 같다. 새누리당을 비롯한 이러한 보수후보들이 분열하여 각개 약진하는 경우 대선에서 승리할 수 있을지 모르겠다.

야권인 범좌파에서는 아직도 대권주자들이 활발한 움직임을 보이지 않고, 물밑에서 경쟁하고 있다. 야권에서는 통합진보당과 민주통합당에서 각기 대표를 내고 그들이 경선하여 단일화한 뒤 안철수(安哲秀) 후보와 단일화를 시도하는 박원순(朴元順) 시장모델을 따를 것이 예상된다. 문재인(文在寅) 후보는 안철수 후보와 공동정부를 세우도록 제안했다. 여당의 대통령후보는 당내경선에서 나올 것이나 범여권의 후보단일화가 가능할 것인지 의문이다.

5·6월에는 여·야당대표가 선출될 것이며 6월 5일에는 제19대 국회가 개원될 예정이다. 어느 당도 과반수를 얻지 못하고 있기에 국회가 정상적으로 운영될 수 있을지 의문이다. 여·야당은 12월 19일의 대선승리를 위하여 국회에서 시가에서 대격돌을 할 것이 예상된다. 18대국회 말에 국회폭력방지를 위한다는 국회법개정이 통과되었으나 다수결이 아니고 5분의 3 다수에 의한 의사운영이 규정되어 있으므로 국회는 시급한 민생법안이나 예산안조차 통과시키지 못하는 식물국회가 될 가능성이 높다.

2) 정당개혁에 착수해야

국민들은 이런 난장판 정당에 대하여 국가보조금까지 줄 필요가 있는가 묻고 있다. 국가는 국민의 세금으로 정당에 대해 거액의 보조금을 주고 있다. 지난 4월에 344억 원의 선거보조금을 각 정당에게 나눠졌다[2][도표 2]. 또 12월에는 그 보다 많은 국고보조금이 지급될 것이다. 또 정당운영비로 1분기마다 86억 원이 보조되어 연간 344억 원이 정당운영보조금으로 쓰이게 되었다.

이 밖에도 지난 4.11총선입후보자에게 829억 원의 80% 이상 선거비용보전청구금이 지급될 것이다. 12월대선 때는 선거비용이 더 많이 들 것이기 때문에 선거비용보전비용도 급증할 것이다. 12월대선 때는 후보 1

---

2 [도표 2] 2012년도 정당별 국고보조금 지급액

인당 선거비용이 560억 원이나 되니 몇 명에게 갈 선거비용보전액은 1천억 원을 넘게 될 것이다. 또 선거보조금도 350억 원 이상이 들 것이다. 이를 합산해 본다면 국회 내 정당에게 나갈 국고비용이 3천 억 원가량 될 것이다. 이들 정당에게 많은 돈을 지급할 필요가 있을 것인가가 문제된다. 정당에게 국고보조를 해 주는 이유는 정당이 파당이 아니라 국민 전체의 이익을 위하여 협조하라는 목적에서 이다.

「정당은 그 목적·조직·활동이 민주적이어야 하며, 국민의 정치적 의사형성에 참여하는데 필요한 조직을 가져야 한다」(헌법 제8조 제2항)고 하였으며, 「정당의 목적이나 활동이 민주적 기본질서에 위배될 때에는 정부는 헌법재판소에 그 해산을 제소할 수 있고, 정당은 헌법재판소의 심판에 의하여 해산된다」(헌법 제8조 제4항)고 하고 있다. 정당은 「민주적인 운영과 국가긍정적인 국민의사의 형성에 기여하는 한에 있어서 법률이 정하는 바에 의하여 정당운영에 필요한 자금을 보조할 수 있다」고 규정한 것이다. 정당이 그 목적이나 활동에 있어서 민주적 기본질서를 위배한 경우에는 해산판결을 하여 그 자산까지 국고에 귀속할 수 있게 되어 있다.

독일의 경우에는 자유민주적 기본질서에 위반한다고 하여 독일제국

정당별	지급총액		1/4분기	선거보조금	여성추천보조금
	총지급액	백분율			
합 계	44,126,870,000	100.00%	8,598,597,000	34,394,391,850	1,133,881,150
새누리당	20,459,707,580	46.37%	3,939,651,350	15,775,493,210	744,599,020
민주통합당	15,843,401,670	35.90%	3,102,404,060	12,351,715,480	389,282,130
자유선진당	3,102,483,400	7.03%	620,042,490	2,482,440,910	-
통합진보당	2,742,089,320	6.21%	546,033,610	2,196,055,710	-
창조한국당	1,096,053,850	2.48%	218,529,550	877,524,300	-
국민생각	23,274,400	0.05%	-	23,274,400	-
진보신당	859,859,780	1.95%	171,971,940	687,887,840	-

당과 독일공산당을 위헌결정하여 해산한 바 있다. 해산사유는 여러 가지로 논할 수 있으나 그 목적이나 활동이 자유민주적 기본질서에 위반했기 때문이다. 우리나라에서도 정당의 목적이나 활동이 민주적 기본질서에 위반되는 경우 당연히 해산되어야 한다. 국민의례를 거부하고, 애국가를 부르지 않고, 대한민국 국기(國旗)를 숭상하지 않고 대한민국의 정통성을 부인하고 북한의 선군·주체사상을 실현하려는 단체는 당연히 해산되어야 한다. 국가는 반국가단체인 위헌정당에게까지 국민의 세금을 보조해 줄 수 없는 것이다. 정당이 국가보안법이나 형법상 국가에 대한 범죄 전과자를 전향하지 않은 채 당간부로 임명하여 국비로 월급을 주는 일은 헌법에 명백히 위배된다 하겠다.

정당국가보조금이나 선거지원금이 종북간첩단체의 지하활동을 돕기 위한 것이 아닌 한 대한민국의 국헌을 문란하게 하고 민주적 기본질서를 침해할 목적으로 사용되었다면 당연히 환수하여야 할 것이다. 선거는 민주주의의 기초임에도 불구하고 민주선거의 원칙을 저해하고 부정투표에 의하여 비례의원까지 당선시키며 정파의 이익을 위하여 활동하는 정당에게 간 국고지원금이나 선거지원금은 큰 문제이다. 정당의 자격 없는 파당이기 때문에 국고보조를 중단하고 헌법상의 민주주의를 존중할 때까지 지원을 유예하여야 하겠다. 대한민국의 국가안전에 위해를 가져온다면 정당의 기능을 상실한 것이기 때문에 국고보조금을 환수해야 할 것이다.

선거비용의 보전목적(保塡目的) 또한 선거에서의 민주적 질서를 유지하고 국민의 참정권을 최대한 확보하기 위한 것이었다. 그런데도 국회대표의 선출이 정당의 비민주적이고 공개적 부정선거에 의했다면 그 대표의 국민대표성이 인정될 수 없을 것이다.

국회의원이나 대통령당선자는 대부분의 선거비용을 국고에서 보전 받게 되어 있어 입후보자를 양산하는 결과가 되기도 한다. 자기 돈 없이도 당선할 수 있게 보장한 것은 국민에 대한 좋은 봉사자를 뽑기 위하여 만들어진 제도이다. 그러나 이것이 국회의원과 정당의 무임승차에 이용되는 것이 문제이다.

앞서 본 바와 같이 국가는 정당보호를 위하여 많은 국비를 사용하고 있는데 정당은 국민에 보답하고 있는지 의문이다. 이 번 기회에 정당의 국고보조금을 줄이고 그 사용명세를 상세히 조사하여 부당지출액을 환수하는 방법을 마련할 것이 요청된다. 국회의원에게도 1인당 년 6억 원 이상의 비용이 지급되고 있는데,[3][도표 3] 국회의원이 국회활동을 게을리

---

3 [도표 3] 국회의원 1인당 연간 6억 원 이상 예산소요

단위=원, 금액=년(세금포함), 2012년 기준

항목	금액	항목	금액	항목	금액
차량유류비	13,200,000	입법 및 정책 개발비	30,658,000	4급보좌관×2명	139,233,120
의원정책홍보 유인비 및 정책자료발간비	13,000,000	의정활동지원 매식비	5,950,000	5급비서관×2명	120,851,040
공공요금	10,920,000	의원공무수행 출장비	4,511,000	6급비서×1명	41,973,240
사무실운영비	6,000,000	위원회 사무용품비	1,250,000	7급비서×1명	36,290,600
정책자료발송비	4,388,000	입법활동지원 현지출장비	1,230,000	9급비서×1명	28,012,680
차량유지비	4,296,000	의원실업무용 택시비	1,000,000	인턴×2명	26,615,520

* 특별활동비: 회기중 입법활동 지원금 일일 31,360원(입법활동비의 100분의 1)
* 가족수당과 자녀 학비 보조 수당 제외
* 국회의원보좌진 급여지급(운전기사포함, 보좌진 최대 9명)
○ Free
　①의원회관 사무실 45평 이용
　②국회본관·의원회관 의원전용문, 전용승강기 이용(단, 회기중에만 의원전용으로 운영함)
　③국회도서관 330㎡(100평)가 넘는 규모의 의원 전용열람실
　④국회한의원·의원, 목욕탕, 체력단련실 무료 이용
　⑤철도·선박 무료 이용
○ 기타
　①연간 법적 후원회·출판기념회 후원금 한도는 평균 1억5000만원(전국 단위의 선거가 있

하고 국회는 출석하지 않고 시가에서 데모나 하는 경우 이를 환수해야할 것이다. 국회의원에게도 무노동무임금원칙이 적용되어야 할 것이다.

앞으로 신설·창당되는 정당과 마찬가지로 기존 정당이 해체되고 신규통합하는 경우에도 새 당의 국회의원당선자가 나올 때까지는 국고지원을 하지 않는 방법도 연구해 봐야 하겠다. 시·도 의원의 경우도 마찬가지이다. 정당은 계속적인 조직을 가져야 하는데(헌법 제8조 2항), 선거 때마다 이합집산하는 것은 큰 문제이다. 외국의 정당들이 100여 년의 전통을 가지는데 우리 정당은 10년 정도도 연속성을 가지지 못하고 있다. 정당은 이념과 정책중심으로 조직되고 활동하여야 하는데 국회의원 출마를 위한 발판으로 인물들이 이합집산되는 것은 잘못이다. 국가의 정당보호육성정책은 책임지는 정당, 계속성있는 정당의 보호에 역점을 둘 것이고, 지역적·인물 위주의 정당이 되지 않도록 정당법, 정치자금법, 선거법을 개정해야 하겠다. 특히 국회의원선거는 대선거구비례대표제로 해야 한다.

3) 대선과 헌법 개정

우리나라 정당정치가 발전하지 못하는 이유의 하나로 대통령에의 권력집중을 들고 있다. 대통령제의 운영이 헌법의 이상과는 달리 대통령이 권력을 독점하고 전제적으로 정권을 운영하고 있기 때문에 국회나 법원이 견제기능을 다하지 못하여 삼권분립이 형해화되고 있다고 한다. 대통

는 해의 경우 3억원)

② 정책세미나 비용국고 보조

③ 은퇴 후 지원금 65세부터 매달 120만원씩 평생지급(재직기간이 1년 미만이거나 금고 이상 유죄확정판결을 받은 사람도 지급대상. 단 하루라도 국회의원을 하면 평생혜택 가능)

④ 편리한 공항 이용 입·출국수속 공항측이 처리, 약식 보안검색, 귀빈실 무료 이용(비행기 좌석은 비즈니스석이 기본)

령으로 당선되기만 하면 정부 인사를 독단적으로 하고 국회를 무시하여 정치를 농단하는 경향이 있다. 그 결과 여당은 대통령의 거수기가 되고 야당은 국회를 등지고 시가에서 가투(街鬪)만 벌인다고 한다. 대통령의 권한이 막대하기 때문에 대통령후보자가 난립하는 경향이 있고 심지어 대통령병환자까지 나타나고 있다. 또 대통령의 5년 단임제 때문에 재임 5년간 모든 권력을 독점하여 부정부패가 창궐하고 정권 말에는 친인척 비리가 적발되고 레임덕 현상이 일어나며, 여당의 후임 대통령후보는 현 대통령과 차별화할 뿐만 아니라 탈당을 요구하는 관례도 형성되고 있다.

이러한 대통령전제를 폐기하려는 개헌을 공약하는 대선후보들이 등장하고 있다. 혹자는 4년 중임제로, 혹자는 분권형대통령제로, 다른 후보는 의원내각제로의 개헌을 주장하고 있다. 과거 대선을 보면, 김대중·김종필(金鍾泌)연합이 의원내각제를 공약으로 내세워 당선되었고, 3당합당도 의원내각제개헌을 위하여 성립된 것이었다. 이들이 대통령에 당선되고 난 뒤에는 대통령제를 전제적으로 운영하기 일쑤였다. 노무현(盧武鉉) 대통령은 임기 말에 가서 4년 제중임제로의 원포인트개헌을 제안하였으나 후보자들이 반대하여, 당선되면 임기개시 직후 개헌하겠다는 것을 공약으로 약속한다는 조건으로 폐기하였다.

지난 18대 국회에서도 헌법 개정을 위한 논의가 활발하였으나 대선후보자들이 관심을 갖지 않아 추진력을 얻지 못하였다. 후보 때는 권한약화를 주장하지만 일단 대통령으로 당선되면 권력독식에 맛을 들여 헌법개정을 하지 않는 것이 이제까지의 관례였다. 야당의 문재인 후보는 공동정부를 제안하였으나 현행 헌법하의 대통령·국무총리 권력분점은 사실상 기대하기 어렵다. 그 이유는 국무총리는 「대통령을 보좌하며, 행정에 관하여 대통령의 명을 받아 행정각부를 통할한다」(헌법 제86조 2항)고 하였기에 국무총리는 사실상 대통령의 권력파트너가 되지 못하고 대통령의 보좌역에 안주하기 때문이다. 이것 때문에 김종필 총리도 사직했고 실질적인 공동정부는 구성되지 못했다.

현행 헌법하의 공동정부제·실세총리제가 불가능하다는 입장에서 대통령은 외교·안보·국방·통일에 관한 권한을 가지고 국무총리는 기타 행정에 관한 권한을 통할하는 이원정부제=분권적 대통령제로의 개헌이 주장되기도 한다. 이러한 개헌이 성공하기 위해서는 여당과 야당의 공감대가 형성되어야 하고 국회 재적의원 3분의 2가 찬성 의결하고, 국민투표에서 투표 과반수가 찬성하여야 한다. 이 어려운 과제를 일개 후보가 공약으로 내 건다고 한들 개헌가능성은 거의 없을 것으로 보인다.

　대선후보들의 개인적인 공약은 신뢰할 수 없으므로 후보를 추천하는 정당의 공약으로 의견이 통합되어야 할 것이다. 문제는 대선공약을 지킬 것이냐의 후보에 대한 신뢰도 중요하지만 헌법과 법률을 준수하여 국민 전체에 봉사할 것이 기대되는 정당의 후보를 선출하여야 할 것이다. 당선자는 국론분열·양극화의 위기극복을 위하여 거국내각제를 운영하는 것도 고려하여야 하겠다.

6. 공법이론과 판례연구회(1991~2012)

1. 약사

공법이론과 판례연구회는 공법학이론 및 실무에 관련된 학술의 조사·연구·발표 및 보급을 기하고 회원 상호간의 협력을 도모함을 목적으로 1991년 8월 조병륜(명지대), 김문현(이화여대), 정덕장(변호사), 신재현(변호사)가 발기하여 한국헌법연구소(소장 : 김철수 교수) 연구실에서 월례 발표회를 개최함으로써 시작하였다. 지금까지의 발표자와 논제는 다음과 같다.

2. 연구 활동

○ 1991년

제1회 1991년 9월 13일, 한국헌법연구소 연구실(서울시 동작구 상도1동 521번지)

鄭宗燮(헌법재판소 헌법연구관) : 헌법재판소, 89 헌마 심판(사죄광고)에 대한 분석적 연구

제2회 1991년 10월 11일, 한국헌법연구소 연구실

李憲煥(서원대) : 위헌결정의 방식－독일과 우리나라의 비교

제3회 1991년 12월 7일, 한국헌법연구소 연구실

손용근(대전지법 부장판사) : 위헌결정의 소급효가 미치는 범위

○ 1992년

제4회 1992년 2월 14일, 한국헌법연구소 연구실

황도수(헌재 비서관) : 경제사회영역에 대한 미연방대법원의 평등심사 기준

제5회 92년 3월 23일, 한국헌법연구소 연구실

G. Püttner (Tübingen 대학): 최근 독일의 공법학계의 동향

제6회 92년 4월 16일, 한국헌법연구소 연구실

金相容(한양대) : 토지거래허가의 법리구성 대판(전원합의체), 1991.12.24. 90 다 12243.

제7회 92년 5월 15일, 한국헌법연구소 연구실

白潤基(대법원 재판연구관) : 미국 환경행정소송에 있어서 Hard Look 심사

제8회 92년 6월 19일, 한국헌법연구소 연구실

金孝全(동아대) : 근대 한국의 국가이론

제9회 92년 10월 9일

丁海昉(경제기획원) : 1993년 예산(안)에 관하여

제10회 92년 11월 13일

朴洪佑(판사) : 미국의 선거구획정에 관한 판례

제11회 92년 12월 11일

朴秀爀(서울시립대) : 환경법정책에 관한 국제적 동향

○ 1993년

제12회 1993년 2월 12일

洪井善(이화여대) : 조례와 법률유보

제13회 93년 3월 12일

金學成(강원대) : 행정규칙에 대한 헌법소원

제14회 93년 4월 9일

朴鍾普(한남대) : 법령에 대한 헌법소원의 제소기간

제15회 93년 5월 14일

權亨俊(한양대) : 조약에 대한 사법심사

제16회 93년 6월 11일

申雲煥(특허청 심사관) : 특허심판제도의 개선방향

제17회 93년 9월 10일

韓渭洙(판사) : 명예훼손과 언론의 자유

제18회 93년 12월 17일

李憲煥(서원대) : 반민주행위자 재산환수에 관하여

○ 1994년

제19회 1994년 2월 18일, 삼모 부페

김종서(헌재 재판연구관보) : 시청자의 방송통제

제20회 94년 3월 18일, 삼모 부페

이성환(변호사) : 헌법재판소결정의 기속력

제21회 94년 4월 15일, 삼모 부페

성낙인(영남대) : 행정상 개인 정보 보호

제22회 94년 5월 13일

정영화(서원대) : 남북한 통일시의 재산권 관계

제23회 94년 6월 10일

정재황(홍익대) : 국회제도개선위원회의 개선안을 보고

제24회 94년 9월 9일

박용상(고법 부장판사) : 표현행위의 위법성에 관한 일반적 고찰(상)

제25회 94년 10월 14일

박용상(고법 부장판사) : 표현행위의 위법성에 관한 일반적 고찰(하)

제26회 94년 11월 11일

양건(한양대) : 통일 한국의 정부형태와 선거제도

제27회 94년 12월 13일, 프레지덴트 호텔 19층 프라이비트룸

우성기(교수) : 공무원의 징계처분에 있어서의 비례원칙

○ 1995년

제28회 1995년 3월 10일, 호암생활관 에뚜아르 룸

백윤기(부장판사) : 법규적 내용의 행정규칙과 법규명령 형식의 행정규칙

제29회 95년 4월 4일, 삼모 뷔페

趙柄倫(명지대) : 법학교육개혁 및 국민을 위한 사법개혁 방안

제30회 95년 5월 12일, 삼모 뷔페

이은기(변호사) : 프랑스의 사회주택에 관한 연구

제31회 95년 10월 6일, 삼모 뷔페

고승덕(변호사) : 대법원 판례에 나타난 행정처분의 법리

제32회 95년 11월 10일, 삼모 뷔페

황도수(헌법재판소 재판연구관) : 원처분에 대한 헌법소원

제33회 95년 12월 14일, 정일품

宋石允(박사) : 바이마르 공화국 헌법학에서의 정당과 단체

○ 1996년

1996년 1월 2일 신년 교례회를 노보텔 앰배서더 2층 페스티발 뷔페에서 가지다. 이 해의 연구 발표자와 논제는 다음과 같다.

제35회 1996년 3월 8일, 국립의료원내 스칸디나비아 클럽

李憲煥(서원대) : 사법권과 정치과정

제36회 96년 4월 12일

朴容相(서울고법 판사) : 성적 괴롭힘의 개념과 요건(서울고법 1995.7.25 선고, 94 나 15358 판결)

제37회 96년 5월 10일, 스칸디나비아 클럽

鄭永和(박사) : 북한 주민의 대량 이주에 대비한 법정책론

제38회 96년 6월 7일

洪井善(이화여대) : 대법원 전원합의체 판결 1995.10.17 선고, 94 수 13248 사건 (택시 승차거부 행위와 자동차 운행 및 택시 운전면허 정지처분)에 관하여 — 제재적 행정처분의 제재기간의 경과와 소의 이익 등에 관하여

제39회 1996년 9월 3일, 스칸디나비안 클럽

김학성(강원대) : 헌법소원제도의 비교헌법적 연구

제40회 1996년 10월 11일, 스칸디나비안 클럽

황도수 연구관(헌법재판소) : 평등심사의 기준

제41회 1996년 11월 8일, 스칸디나비안 클럽

김문현 교수(이화여대) : 남녀평등에 관한 미국 연방대법원 판례의 동향

제42회 겸 송년모임 1996년 12월 16일, 스칸디나비안 클럽

장명봉 교수(국민대) : 최근 북한 헌법의 개정에 관한 연구

○ 1997년

제43회 1997년 3월 14일, 스칸디나비안 클럽

박수혁(서울시립대) : 팔당 상수원 수질개선과 주민지원에 관한 법정책

제44회 1997년 4월 11일, 스칸디나비안 클럽

송석윤(대전대) : 정당의 국고보조에 대한 독일 연방헌법재판소의 판례

제45회 1997년 5월 19일, 스칸디나비안 클럽

이성환(국민대) : 한정위헌결정의 효력

제46회 1997년 6월 13일, 스칸디나비안 클럽

박홍우(사법연수원) : 헌법 제23조 제3항에 따른 보상규정이 없는 경우의 문제해결방안 검토

제47회 1997년 10월 10일, 삼모 뷔페 특별회의실

김영천(서울시립대) : 법교육의 정책과 과제-미국과 한국을 중심으로

제48회 1997년 12월 12일, 스칸디나비안 클럽

양건(한양대) : 민주화 과정에서의 헌법재판-한국의 경우(헌법의 전환에 관한 홍콩 국제학술대회 보고를 겸해서)

○ 1998년(회장 : 박용상)

제49회 1998년 3월 13일, 스칸디나비안 클럽

김효전(동아대) : 근대 한국의 국가학 문헌에 관한 연구

제50회 1998년 4월 10일, 스칸디나비안 클럽

정재황(홍익대) : 프랑스에서의 언론의 자유-중요 헌법판례를 중심으로

제51회 1998년 5월 8일, 스칸디나비안 클럽

제52회 1998년 6월 12일, 스칸디나비안 클럽

이성환(국민대) : 국민국가의 변천과 헌법의 과제

제53회 1998년 9월 11일, 스칸디나비안 클럽

정영화(서경대) : 정보사회에서의 정보자유의 헌법적 문제

제54회 1998년 12월 11일, 스칸디나비안 클럽

김대환(서울시립대) : 기본권의 본질적 내용

○ 1999년(회장 : 박용상)

제55회 1999년 3월 12일, 스칸디나비아 클럽

이명웅(헌법연구관) : 비례의 원칙의 비교법적 고찰

제56회 99년 4월 9일, 스칸디나비아 클럽

송기춘(교수) : 국가의 기본권보장의무—독일의 보호의무론과 관련하여

제57회 99년 5월 2일, 제주 임페리얼 호텔

스기하라 야스오(杉原泰雄) 교수 : 일본의 지방자치

제58회 99년 6월 14일, 스칸디나비안 클럽

임종훈 회원(국회) : 미국헌법에 있어서 언론의 자유에 대한 Two-Tracks
접근방법

제59회 99년 9월 10일, 정일품

백윤철 교수(동양대) : 컴퓨터를 이용한 법률정보 접근방법

제60회 99년 10월 8일, 스칸디나비안 클럽

김학성 교수(강원대) : 헌법불합치결정에 관한 연구

제61회 99년 11월 12일, 스칸디나비안 클럽

이헌환 교수(서원대) : 미국 특별검사제도의 현상과 장래

제62회 99년 12월 10일, 스칸디나비안 클럽

정영화 교수(서경대) : 정보사회 입법정책에 관한 연구

* 내년도 회장으로 조병륜 회원을 선임.

○ 2000년(회장 : 조병륜, 연구간사 : 이성환)

2000년 1월 1일 신년하례식, 다래 일식(신사동)

제63회 2000년 3월 10일, 스칸디나비안 클럽

고문현 박사(천안대) : 환경헌법에 관한 비교법적 연구

제64회 2000년 4월 14일, 스칸디나비안 클럽

김종서 교수(배재대) : 국가보안법의 적용논리와 국민회의 개정안 비판
—제7조를 중심으로

제65회 2000년 5월 12일, 스칸디나비안 클럽

신평 교수(효성가톨릭대) : 수사기록 공개를 둘러싼 문제분석

제66회 2000년 6월 9일

임지봉 교수(경희대) : 동성동본금혼규정에 대한 헌법재판소 결정과 행복추구조항

* 2000년 9월 월례학술발표회는 8월말에 개최된 한일법학회로 인하여 갖지 않음.

제67회 2000년 10월 13일, 대우재단빌딩 3층 세미나실

김종철 교수(한양대) : 공천효력정지가처분결정에 대한 검토

－2000.3.24. 서울지방법원 남부지원 선고, 2000가합489 결정 및 2000.3.29. 같은 법원 선고, 2000가합744 등 결정을 중심으로

제68회 2000년 11월 10일, 대우재단빌딩 3층 세미나실

홍정선 교수(이화여대) : 독일 지방자치법상 '여성평등담당관' 제도에 관하여

제69회 2000년 12월 20일, 스칸디나비안 클럽

권형준 교수(한양대) : 자기결정권에 관한 헌법재판소의 판례분석

○ 2001년(회장 : 조병륜, 연구간사 : 이성환)

2001년 1월 1일 신년하례식, 다래 일식(신사동)

제70회 2001년 3월 9일, 스칸디나비안 클럽

신평 교수(대구가톨릭대) : 명예훼손에 있어서 헌법적 가치의 조화

* 독일 연방헌법재판소 재판관을 역임하고 현재 홈볼트대학에 재직 중인 디터 그림(Dieter Grimm) 교수가 방한하여 지난 4월 2일 한국의 집에서 우리 모임의 회원들과 저녁식사를 함께 하다. 이 자리에는 김철수 선생님, 이성환, 김영천, 정영화, 송석윤, 고승덕 회원이 참석.

제71회 2001년 4월 13일, 스칸디나비안 클럽

백윤철 교수(경희대) : 지방자치단체의 행위에 대한 국가의 통제 — 프랑스의 경우를 중심으로

제72회 2001년 5월 11일, 스칸디나비안 클럽

김효전 교수(동아대) : 한국에 있어서 일본 헌법이론의 초기수용

제73회 2001년 6월 8일, 스칸디나비안 클럽

송기춘 교수(경남대) : 헌법재판소 심판사건누계표에 나타난 법관의 헌법판단의 수준 분석

제74회 2001년 9월 14일, 스칸디나비안 클럽

우자키 마사히로(右崎正博) 교수(日本 獨協大學) : 일본에서의 헌법 개정의 한계이론, 통역 : 정재길 교수(전북대)

제75회 2001년 10월 12일, 스칸디나비안 클럽

金度均 박사(독일 Kid대 박사) : 기본권과 도덕적 권리에 관한 법철학적 고찰

제76회 2001년 11월 9일, 스칸디나비안 클럽

한위수 판사(서울행정법원) : 정보공개청구사건의 재판실무상 제문제

제77회 2001년 12월 14일, 스칸디나비안 클럽

이헌환 교수(서원대) : 이용호 의혹사건 특별검사법 검토

○ 2002년(회장 : 황우여)

일시 : 2002년 1월 1일 신년하례 모임, 12시 다래

참석자 : 선생님, 황우여, 김종철, 김도균, 송석윤, 김대환, 김경수, 정영화, 김문현, 성낙인, 박용상, 조병륜, 박홍우, 박수혁, 김영천, 이헌환, 황도수, 고문현, 한위수, 신 평, 김 철, 홍정선, 안경환, 양 건, 권형준, 송기춘, 고문현

제78회 2002년 3월 8일, 스칸디나비안 클럽

신평 교수(대구가톨릭대) : 헌법이념을 구현하는 사법개혁

제79회 2002년 4월 12일, 스칸디나비안 클럽

정영화 교수(서경대) : 대학의 자치와 기부금 입학제

제80회 2002년 5월 10일, 스칸디나비안 클럽

김웅규 박사(부산대 강사) : 미국에서의 상업적 언론의 헌법상 보장

제81회 2002년 6월 14일, 스칸디나비안 클럽

송기춘 교수(경남대) : 개인택시운송사업면허제도의 헌법적 문제점

* 2002년 9월 발표회는 국제헌법학회 행사관계로 쉼.

제82회 2002년 10월 11일, 스칸디나비안 클럽

이헌환 교수(서원대) : 해방 후 남한정부의 친일잔재청산—법제도적 측면에서

제83회 2002년 11월 8일, 스칸디나비안 클럽

장명봉 교수(국민대) : 신의주특별행정구기본법과 홍콩특별행정구기본법에 관한 고찰

제84회 2002년 12월 20일, 스칸디나비안 클럽

이성환(국민대) : 과거 권위주의 청산과 민주화 보상 문제

○ 2003년(회장 : 황우여)

제85회 2003년 3월 14일, 삼모스포렉스 뷔페 식당

서희경 박사(서울대학교 법학연구소 헌정사팀 전임연구원) : 대한민국 건국기의 정부형태와 정부운영에 관한 연구—제헌국회의 특별회기(1948.5.31~12.19)를 중심으로

제86회 2003년 4월 25일 오전 9시 30분~11시 30분, 힐튼호텔

Dr. Manfred Weiss (바이에른주 법무장관) : 독일 통일과정에서 독일연방과 바이에른주가 겪은 법적 문제와 그 극복

* 비용 : 통역비와 오찬비용은 바이스 법무장관 초청자인 자이델재단

에서 부담함.

 * 만프레드 바이스 장관 약력
 - 1944년 출생
 - 1965~1969년 Erlangen 대학에서 법학전공
 - 1970~1972년 제2차 사법시험 합격, 법학박사 학위 취득
 - 1973~1978년 뉘른베르크-퓌르트 지방법원 판사 및 검사
 - 1968년－기독교사회연합당(CSU) 당원
 - 1999년－현재 바이에른주 법무부 장관
 - 1999년 9월 24일－현재 독일 연방상원 서기

제87회 2003년 5월 16일, 스칸디나비안 클럽

김효전 교수(동아대) : 경성제대의 공법학 교수진

제88회 2003년 6월 13일, 스칸디나비안 클럽

이계수 교수(울산대) : 한국의 군사법과 치안법－군사와 치안의 착종과 민군관계의 전도

제89회 2003년 9월 19일, 스칸디나비안 클럽

고문현 연구원(헌법재판소) : 군사법원법상 구속기간 연장과 군행형법시행령상의 면회 회수 제한

제90회 2003년 11월 14일, 스칸디나비안 클럽

최희경 교수(이화여대) : 동성애에 관한 미국 연방대법원 판례

제91회 2003년 12월 22일, 삼모스포렉스 뷔페식당

정재황 교수(성균관대) : 제16대 국회 의정활동 평가－법안심사를 중심으로

○ 2004년(회장 : 권형준, 연구이사 : 이헌환, 간사 : 김종철)

제92회 2004년 3월 12일, 헌법재판소 3층 연구관 회의실

(1) 특별주제

조병륜(국제헌법학회 한국학회 회장) : 국제헌법학회 제6차 세계대회 참가보고

(2) 일반주제

장용근(서울대 박사) : 전자민주주의에 대한 헌법적 고찰

제93회 2004년 4월 2일, 헌법재판소 3층 연구관 회의실

김래영 변호사(2004년 한양대 법학박사) : 선거여론조사공표금지제도의 위헌성

제94회 2004년 5월 14일, 헌법재판소 3층 연구관 회의실

송기춘 교수(전북대) : 우리 헌법상 대통령탄핵제도에 대한 소고

제95회 2004년 6월 11일, 헌법재판소 3층 연구관 회의실

이부하 박사 : 재판의 전제성의 구성요건

제96회 2004년 9월 10일, 헌법재판소 3층 연구관 회의실

김도협 박사 : 독일 연방정부에 대한 일고찰

제97회 2004년 10월 8일, 헌법재판소 3층 연구관 회의실

권건보 교수(명지대) : 신원조사제도의 공법적 문제점과 개선방안

제98회 2004년 11월 12일, 한양대학교 법과대학 제2법학관 2층 국제회의실

이인호 교수(중앙대) : 미국 헌법재판에 비추어 본 한국헌법재판의 문제점

제99회 2004년 12월 16일, 프레지던트 호텔 19층 프라이비트룸

박인수 교수(영남대) : EU헌법의 제정배경과 주요내용

○ 2005년(회장 : 권형준, 연구이사 : 이헌환, 간사 : 김종철)

2005년 1월 1일 신년하례식, 상도동 갈비 타운

제100회 2005년 3월 11일, 한양대학교 제2법학관 2층 국제회의실

김웅규 교수(대전대) : 미군정청과 표현의 자유

제101회 2005년 4월 8일(금), 상도동 한국헌법연구소 회의실

(1) 제1주제

김효전 교수(동아대) : 독일 기본권이론의 동향

(2) 제2주제

송기춘 교수(전북대) : 군사재판에 대한 헌법적 고찰

제102회 2005년 5월 13일, 상도동 한국헌법연구소 회의실

이성환 교수(국민대) : 소비자의 권리에 대한 헌법적 고찰

제103회 2005년 6월 17일, 상도동 한국헌법연구소 회의실

김기창 교수(고려대) : 성문헌법과 관습헌법

제104회 2005년 9월 16일, 상도동 한국헌법연구소 회의실

김유환 교수(이화여대) : 방송통신융합을 위한 행정위원회와 관련한 법적 문제

제105회 2005년 10월 14일, 상도동 한국헌법연구소 회의실

정재황 교수(성균관대) : 헌법재판소의 조직과 구성에 관한 검토

제106회 2005년 11월 11일, 상도동 한국헌법연구소 회의실

김대환 교수(경성대) : 헌법상 과잉금지원칙

제107회 2005년 12월 9일, 한양대 신소재공학관 7층 식당

박용상 변호사 : 신문법과 표현의 자유

* 2005년도 송년회를 겸한 『헌법정치 60년과 김철수 헌법학』(박영사) 출판기념회, 2005년 12월 9일(금) 오후 7~9시. 한양대학교 신소재공학관 7층 식당

○ 2006년(회장 : 양건)

제108회 2006년 3월 10일, 상도동 한국헌법연구소 회의실

정문식 박사 : 배아줄기세포연구에 있어서 배아의 생명권과 인간존엄

제109회 2006년 4월 14일, 한국헌법연구소 회의실

김종철 교수(연세대) : 대통령의 헌법상의 지위에 대한 소견

제110회 2006년 5월 12일, 한국헌법연구소 회의실

이성환 교수(국민대) : 주거의 자유

제111회 2006년 6월 9일, 한국헌법연구소 회의실

신평 교수(경북대) : Eminent Domain에 관한 미국 연방대법원 Kelo v. New London 사건 분석

제112회 2006년 9월 8일, 한국헌법연구소 회의실
차동욱 박사 : 현행 권력분립 하에서의 국회와 헌법재판소와의 관계
제113회 2006년 10월 13일, 한국헌법연구소 회의실
한위수 판사 : 통신의 자유
제114회 2006년 11월 3일, 한국헌법연구소 회의실
송기춘 교수(전북대) : 헌법 27조 2항에 대한 연구
제115회 2006년 12월 15일, 프레스센터 18층 외신기자클럽 세미나실
장명봉 교수(국민대) : 북한의 최근 입법동향에 대한 연구

○ 2007년 (회장 : 양건)
제116회 2007년 3월 9일(금), 한국헌법연구소 회의실
권형준(한양대) : 입법재량론
제117회 2007년 4월 13일, 한국헌법연구소 회의실
이명웅 연구관(헌법재판소) : 재산권에 대한 위헌심사기준
제118회 2007년 5월 11일, 한국헌법연구소 회의실
정영화 교수(서경대) : 헌법상 가족조항에 대한 검토
제119회 2007년 6월 8일, 한국헌법연구소 회의실
김대환 교수(경성대) : 헌법상 거주이전의 자유조항에 대한 검토
제120회 2007년 9월 14일, 한국헌법연구소 회의실
박홍우(판사) : 헌법상 신체의 자유조항에 대한 검토

* 10월은 로스쿨 준비 관계로 열리지 않음

제121회 2007년 11월 9일, 한국헌법연구소 회의실
신평 교수(경북대) : 일본의 경험에 비춰본 한국 국립대학법인화 작업의 평가
제122회 2007년 12월 14일, 쎄실 레스토랑
양건 회장(한양대) : 오늘날 한국사회에 대한 시론

○ 2008년(회장 : 홍정선, 연구이사 : 김대환, 간사 : 장용근)

제123회 2008년 3월 21일, 코오롱 빌딩 2층

李憲煥(아주대) : 20세기 한국헌정사－헌정사의 연속성에 대하여

제124회 2008년 4월 11일, 프레스 센터 18층 외신기자 클럽

林松鶴(헌법연구관) : 행정규칙과 헌법소원

제125회 2008년 5월 9일, 뉴국제호텔

金孝全(동아대) : 헌법개념사

제126회 2008년 6월 13일, 뉴국제호텔

이상경(광운대) : 군대 내에서의 동성애자의 특수 지위

제127회 2008년 9월 11일, 뉴국제호텔

황도수(건국대) : 헌법변천이론에 대한 일 고찰

제128회 2008년 10월 10일, 뉴국제호텔

金鍾鐵(연세대) : 집회의 자유의 본질과 보호범위에 대한 시론적 고찰
－집시법의 위헌성을 중심으로

제129회 2008년 11월 14일, 홍익대학교 홍문관 16층 라스칼라 VIP 룸

임지봉(서강대) : 사립고등학교의 종교교육의 자유와 청소년의 권리

제130회 2008년 12월 12일, 홍익대학교 홍문관 16층 라스칼라 VIP 룸

권형준(한양대) : 거주·이전의 자유

○2009년(회장 : 홍정선)

2009년 1월 1일, 신년 하례식, 상도 갈비

제131회 2009년 3월 13일, 홍익대학교 홍문관 16층 라스칼라 VIP 룸

장용근(홍익대) : 헌법상 재정헌법규정의 흠결과 보완의 문제 검토

제132회 2009년 4월 10일, 홍익대학교 홍문관 16층 라스칼라 VIP룸

송석윤(서울대) : 양원제의 도입방안

제133회 2009년 5월 13일, 뉴국제호텔(중구 태평로 1가 29-2)

金徹(숙명여대) : 최현대의 경제공법사상

제134회 2009년 6월 12일, 뉴국제호텔

金銖甲(충북대 법전원) : 행정중심복합도시(세종시)의 법적 지위와 행정구역에 관한 소고

제135회 2009년 9월 11일, 뉴국제 호텔

임종훈(국회 입법조사처) : 범죄피해자구조청구권에 관한 고찰－기본권성에 대한 고찰을 포함하여

제136회 2009년 10월 9일(금), 뉴국제호텔 레스토랑

이성환(국민대) : 국민통합과 헌법의 과제

제137회 2009년 11월 13일, 뉴국제호텔 레스토랑

정영화(전북대 법전원) : 주택법 및 집합건물법상 아파트 하자 소송에 관한 대법원 판례에 대한 비판적 고찰

제138회 2009년 12월 11일(금), 오후 6시 30분, 홍익대 홍문관 16층 라스칼라

손형섭(헌법재판소 헌법연구원) : 선거운동의 자유화에 관한 법적 연구－일본 공선법의 영향으로부터의 인터넷 시대에의 대응을 중심으로

* 홍정선 회장의 임기 만료로 김효전 교수가 신년부터 새 회장으로 선출.

○ 2010년(회장 : 김효전, 연구이사 : 김대환)

2010년 1월 1일 신년 하례식, 상도 갈비, 30인 참석

제139회 2010년 3월 12일, 뉴국제호텔 1층 뷔페

文光三(부산대) : 한국과 프랑스의 경험과 정부형태의 선택

제140회 2010년 4월 9일, 뉴국제호텔

김주영(명지대) : 한국헌법상의 '인간' 개념－법용어학(legal terminology)적 접근의 일례

* 4월 26일 금랑 김철수 세미나실 헌정식. 서울대학교 법과대학・법학

대학원에서 동판제막식을 가진 후 소담마루(구 동원회관)에서 오찬을 갖다. 참석자는 김경한 전 법무장관, 박주환 전 법제처장, 강재섭 전 한나라당 대표, 김건식 법대 학장 겸 법학대학원장, 박용상 전 헌법재판소 사무처장, 김문환 전 국민대 총장, 김효전 한국공법학회 고문, 성낙인 전 법대 학장을 비롯한 문하생과 법대 교수 다수 참석.

제141회 2010년 5월 14일, 뉴국제호텔
* 스승의날 기념 화환 증정 및 기념촬영 후 발표회
송기춘(전북대) : 직원의 종교적 요구에 따른 사용자의 업무상 배려의무 ─미 연방인권법 규정의 해석을 중심으로
제142회 2010년 6월 11일, 뉴국제호텔
金徹(숙명여대) : 근대 이후의 자유주의의 변용과 경제공법질서의 전개과정

* 장용근 간사 일신상의 이유로 사임.
* 6월 1일 정종섭 회원, 서울대학교 법과대학 제25대 학장 겸 법학대학원 제2대 원장 취임
* 7월 9일 김효전 회장, 대한민국학술원 회원으로 선출됨. 21일 학술원 대회의실에서 회원선출통지서 교부식을 거행
* 7월 21일 프레스 센터에서 세계헌법학회 한국학회(회장 : 조병륜)와 공동으로 본회 회장 김효전 교수정년기념논문집(『세계헌법연구』제16권 제2호) 봉정식을 갖다. 김철수 고문님과 회원 50여 명 참석
* 8월 30일 장명봉 회원(북한법연구회장) 대한변호사협회가 주관하는 제41회 한국법률문화상 수상

제143회 2010년 9월 10일(금), 서울 파이낸스 빌딩 지하 1층(화성 샤브)
장용근(홍익대) : 공화주의의 헌법적 재검토

* 9월 14일 본회와 세계헌법학회 한국학회가 공동으로 전 회장 혜안(慧安) 조병륜 교수 정년기념논문집(『세계헌법연구』 제16권 제3호) 봉정식 및 『헌법학원리』 출판기념회를 롯데호텔 3층 사파이어 볼룸에서 개최. 김철수 고문님과 하객 200여 명 참석

제144회 2010년 10월 8일, 서울 파이낸스 빌딩 지하 1층(화성 샤브)
황도수(건국대) : 헌법 제72조 국민투표의 법적 성격과 효력

* 김철수 선생님, "시사 Interview" Vol. 13(2010.10.1)에 표지 인물
* 10월 8일 김철수 선생님, 프레지던트 호텔 슈베르트홀에서 열린 한국공법학회(회장 : 박인수) 주최 제157회 국제학술대회 「통일의 공법적 문제」에서 격려사
제145회 2010년 11월 12일(금), 서울 파이낸스 빌딩 지하 1층(화성 샤브)
한상운(한국환경정책평가연구원) : 환경정책과 법─환경책임법을 중심으로
제146회 2010년 12월 17일, 서울 파이낸스 빌딩 지하 1층(화성 샤브)
洪起源(서울시립대) : 이른바 통치행위론의 형성의 정치체제적 배경─왕정복고에서 제3공화국까지

○ 2011년(회장 : 김효전, 연구이사 : 김대환)
2011년 1월 1일 신년 하례식, 상도갈비, 회원 30인 참석
제147회 2011년 3월 11일, 서울 파이낸스 빌딩 지하 1층(화성 샤브)
정영화(전북대) : 기본권의 제3자효에 대한 비판적 고찰
제148회 2011년 4월 8일, 한정식 다정(헌법재판소 옆)
임지봉(서강대) : 제1기 헌법재판소 변정수 재판관의 판결 성향 분석
제149회 2011년 5월 13일(금), 한정식 다정(헌법재판소 옆)
고문현(숭실대) : 인도에서의 공익소송
제150회 2011년 6월 10일(금), 한정식 다정(헌법재판소 옆)

김철(숙명여대) : 법과 경제질서
제151회 2011년 9월 9일(금), 한정식 다정(헌법재판소 옆)
이효원(서울대) : 남북한관계에 대한 판례 분석

* 2011년 10월 14일(금), 프레스센터
김철 교수 정년기념논문집(『세계헌법연구』제17권 2호) 및 저서 출판 기념
회 개최로 발표회는 열리지 않음

제152회 2011년 11월 11일(금), 한정식 다정(헌법재판소 옆)
신평(경북대) : PD 수첩 대법원 판결의 헌법적 의미
제153회 2011년 12월 9일(금), 한정식 다정(헌법재판소 옆)
정영화(전북대) : 헌법재판에서 입법형성(재량)권에 대한 통제와 한계

* 김효전 회장의 임기 만료로 김문현 교수가 신년부터 새 회장으로
선출.

○ 2012년(회장 : 김문현, 연구이사 : 김대환)
2012년 1월 1일 신년 하례식, 상도갈비, 회원 35인 참석
제154회 2012년 3월 9일(금), 한정식 다정(헌법재판소 옆)
허진성(대전대) : 인터넷과 국가의 역할
제155회 2012년 4월 13일(금), 한정식 다정
이병규(동명과학대) : 낙태에 대한 헌법적 논의
제156회 2012년 5월 11일(금), 한정식 다정
권혜령(성균관대) : 결사의 자유와 단체구성원의 명단공개문제-미국의
결사의 프라이버시 논의를 중심으로
제157회 2012년 6월 8일(금), 한정식 다정
박진우(가천대) : 형벌조항에 대한 헌법재판소 결정과 관련한 법적 쟁점

조명 - 대법원판결을 중심으로

제158회 2012년 9월 14일(금), 한정식 다정

박종현(국민대) : 폭력적 비디오 게임 규제입법에 대한 미 연방대법원의 위헌결정(Brown v. EMA)

*2012년 10월 12일(금), 프레스 센터

금랑 김철수 교수 팔순기념논문집『헌법과 기본권의 현황과 과제』봉정식 관계로 발표회는 열리지 않음.

제 7 부

시론과 에세이

1. 헌법 개정과 정치발전[*]

1. 서

최대통령의 취임과 신(申)총리의 총리임명을 진심으로 축하한다. 그동안 2개월간의 권한대행 체제 하에서 일말의 불안을 갖던 국민들도 우선은 신정부가 구성되었기에 안정감을 되찾은 것으로 보인다.

신정부는 대통령취임사에서 정부이양을 81년 상반으로 잡고 있음을 천명하였다. 최대통령이 현행 헌법대로라면 84년 12월까지 집권할 수 있을 텐데 81년 상반까지만 집권하고 정권을 이양하겠다고 하였으므로 이를 찬양하는 소리도 있을 수 있고, 선(先) 헌법 개정 후 대통령선거로써 조기에 정권을 이양하였어야 한다는 비판론도 있을 수 있다. 최대통령은 우선 이 상반되는 의견을 허심탄회하게 듣고 평가할 줄을 아는 아량을 가져야 할 것이다. 그것은 현상유지를 원하는 입장과 조기개혁을 원하는

---

[*] 『대학신문』 제1067호, 1980년 1월 7일자.

두 집단이 대립하고 있다는 엄연한 사실이다.

2. 개헌 시한

　신정부의 특징은 한시적인 정부라는 데에 있다. 이것이 6개월이 될지는 모르나 개헌을 끝내고 새로운 정부에게 평화적으로 정권을 이양해야 한다는데 그 사명이 있다. 최대통령은 11월 10일의 특별성명에서 "현실적으로 가장 빠른 기간 안에 각계각층의 의견을 광범위하게 들어서 헌법을 개정하고 그 헌법에 따라 선거를 실시하여야 한다"고 공약하였기 때문에, 대다수 국민들은 현행 헌법에 의한 보선을 불가능한 것으로 받아들였던 것이다.

　각 신문사의 여론조사를 보면 대부분의 국민들이 3개월 내지 6개월이면 헌법 개정을 끝낼 수 있다고 보고 있다. 사실이지 여·야당이 2월이나 3월까지 헌법 개정안을 완성하겠다고 하고 있어 헌법안 작성에는 시간이 오래 걸리지 않을 것으로 보인다. 그러니까 신정부는 이 시한을 우선 앞당기는데 노력하여야 할 것이다. 이 시한을 지나치게 길게 잡으면 정국안정에도 도움이 되지 못할 것이다. 정치적인 공백기나 권력이양기에 있을지도 모르는 혼란을 하루속히 막기 위하여서, 또 경제적·사회적 위기를 극복하기 위하여서는 강력하고도 상당한 임기를 가진 신정부여야지 한시성을 가진 정부여서는 안 될 것이다. 이 점에서 정부는 가능한 최단시일 내에 헌법 개정을 완료하도록 하여야 할 것이다.

3. 개헌방법

헌법 개정의 방법에 있어서도 국회주도로 할 것이냐 정부주도로 할 것이냐 하는 논쟁이 있다. 국회는 민의의 대표기관이기 때문에 국회에서 헌법안을 작성하고 국회에서 의결하여 대통령에게 보내면 한자 고치지 말고 그대로 발의하여 국민투표에 부치라고 하는 것이 국회의 주장이다.

이에 대하여 정부에서는 대통령이 발의하는 형식을 취하는 이상 정부가 우편배달부 역할을 할 수는 없다고 하고, 정부책임 하에서 개헌안을 발의하겠다고 하고 국회안을 참고하겠다고 하고 있다.

이 다툼은 좀 기이한 것으로 느껴진다. 그러나 국회개헌특위와 정부당국으로서는 서로 양보할 수 없는 명분 싸움인지도 모르겠다.

그런데 대국적으로 볼 때에는 좋은 헌법이 만들어지면 되는 것이기 때문에 국민들로서야 정부가 발의했건 국회가 발의했건 별반 상관이 없는 것이다. 다만, 국회가 3월이나 5월까지 헌법 개정을 의결한 뒤에 이를 정부에 이송하고 정부가 다시 헌법 개정심의위원회를 만들어 시일을 천연하게 된다고 한다면 어떠한 경우 명분으로서도 정부는 명분 싸움에서 패할 것은 명백하다. 따라서 신정부는 2월 국회의 가칭 헌법제정회의법을 제안하여 국회와 공동으로 헌법 개정안을 작성하여 국회의 의결에 부칠 필요 없이 곧 국민투표에 회부하도록 하여야 할 것이다. 정부는 국회를 통법부로 여겨온 경향이 있는데 이번에는 국회경시사상을 청산하고 국회를 국정의 한 파트너로 생각하고 국회 의견도 최대한 존중해야 할 것이다.

사실이지 이번 헌법 개정은 이름만 개헌이지 헌법제정인 셈이다. 따라서 헌법제정회의는 국회개헌특위 위원 전원과 사회 각계각층의 인물을 총망라하여 구성하여야 할 것이다. 이 경우에 직능대표적인 구성을 하여야 할 것이요 정부도 여기에 참여하여 헌법안을 작성·심의하는데 주도적 역할을 하면 될 것이다.

4. 개헌 내용

대통령은 취임사에서 개헌방향을 제시하였고 연두 기자회견에서 보다 소상히 밝힐 것이라 한다. 아직은 개헌방향이 추상적으로만 밝혀져 있어 왈가왈부하기가 어렵다. 그러나 이번 헌법은 현 정부 구성원에게 집권야욕이 없는 한 좋은 헌법이 될 수 있을 것으로 생각한다. 왜냐하면 현재로서는 집권당이 없기 때문에 이상적인 헌법제정도 가능할 것으로 생각된다. 과거의 헌법은 집권예정자가 너무나 명백했기 때문에 이들에 의하여 헌법제정이나 개정이 주도되어버려 이상적 헌법과는 거리가 먼 편의적인 헌법이 되고 말았다.

현 정부는 신헌법제정에 있어 지나친 욕심을 부리지 말고 민심의 방향에 따라 순리적으로 해야 할 것이다. 지나친 사명감을 발휘하는 경우에는 국회와의 마찰도 불가피할 것으로 보인다. 따라서 시국관과 정치적 입장에 관한 소이(小異)에 집착하지 말고 자제와 호양으로서 국민의 의사를 집약해 주기를 바란다.

정부는 극단적인 국론의 분열과 사회혼란을 야기할 헌법을 우려하고 있는 것 같은데 극단적인 국론분열과 사회혼란을 야기할 헌법이란 존재하지 않는다. 외국의 헌법이 정치적 표현의 자유를 최대한으로 보장하고 있으나 그렇다고 하여 사회적 혼란이 일어나는 것은 아니다. 국민의사가 자유롭게 표현되면 극단적인 소수파의 의견은 다수의사에 억압되기 마련이고 소수파의 의견의 행동화도 불가능하게 되는 것이다. 이점에서도 정부는 표현의 자유와 정치적 참여의 기회를 확대해야 하겠다.

국가보위는 국민의 국가보위의 의지에 달려 있는 것이다. 이점에서 정부는 국민의 국가보위 의욕을 고취할 수 있도록 하는 헌법을 만들어야 하겠다. 이를 위해서도 사회정의와 형평의 구현이 필수적이다. 기회균등이 보장되어야 할 뿐만 아니라 근로자에게 적정임금이 보장되어야 하고,

모든 국민에게 인간다운 생활이 보장되어야 하겠다.

빈익빈 부익부 현상이라든가, 부정부패·부조리가 지배하는 사회에서 사회적 약자에게 안정과 자제를 호소해 봤자 실리가 없는 것이다. 자제와 호혜정신을 발휘할 수 있는 사람은 가진 사람이며 권력이나 금력을 가진 사람이 자제하고 약자를 도와줄 때에만 사회는 안정될 수 있는 것이다. 사회보장제도의 확장이라든가 생존권의 확대실시가 급선무라고 하겠다.

정부형태에 관해서도 대통령제로 할 것이냐 의원내각제로 할 것이냐 많이 논란되고 있다. 이러한 제도는 제도 자체로서의 장단점이 있기는 하나 요는 현실적인 운용 면에서 어떻게 살리느냐 하는 것도 중요한 것이다. 대통령제가 안정되어 있다고는 하나 독재를 막기 힘든 것이 현실이라고 한다면 의원내각제로 하는 것도 검토해야만 할 것이다.

입헌정치는 인치주의, 덕치주의에 대한 반대개념이다. 입헌정치에 있어서는 평상인이 집권하더라도 훌륭한 정치를 할 수 있는 것이다. 민주정치는 평균인에 의한 정치요, 영웅을 필요로 하지 않는다. 이번 헌법은 권력을 제도화함으로써 다시는 전철을 밟지 않아야 하겠다.

5. 정치발전

좋은 개헌이 되기 위해서는 정치발전이 선행되어야 한다. '정치적 발전을 기함에 있어서는 당면한 위기의 실상을 바로 보고 안정과 질서를 바라는 국민의 기대에 부응하는 한편, 국가의 장래를 길게 내다보면서 신중하고 착실하게 추진할 것'을 다짐하고 있다. 그런데 현재를 위기로 보고 국난타개를 위한 위기관리 정부로 보고 있는 데에도 문제가 있다.

위기에는 국제적 위기와 국내적 위기가 있다. 10.26사태 후의 국민적 자제를 보더라도 우리 민족의 정치적 역량의 성숙을 알 수 있을 것이다. 국민들의 민주발전에의 여망은 매우 높다. 정치발전만 되면 평화적 정권교체도 이루어질 것이다. 왜냐하면 여당이나 야당이 다 공명선거를 통해서 차기 집권할 수 있다고 생각하고 있으며, 또 집권당이 없기 때문에 공명선거가 이룩될 수 있을 것으로 믿기 때문이다. 선거관리 내각이어야 할 현 정부가 정권욕을 가진다면 평화적 정권교체가 이루어지기는 어려울 것이나 현 정부가 중립적인 선거관리 내각으로 일관한다면 사상 초유의 공명선거가 될 것이요 평화적 정권교체도 기대할 수 있을 것이다.

신정부는 임시적 내각으로서 장기적인 정책발전을 의욕적으로 수행하기는 어려울 것이다. 그러나 정치의 활성화를 위한 여러 조치는 당장에라도 가능한 것이기 때문에 하루 속히 실천하여야 할 것이다.

6. 결

학원의 자율화 등 새로운 정책을 끝으로 신정부는 국민의 기대에 보답할 수 있는 신정책을 과감히 펴 주기 바란다. 신정부는 승진 내각이요 신인이 한두 사람 기용되었으나 그 얼굴이 그 얼굴이라고 생각되어지고 있다. 특히 실무국장이나 실장, 차관 등이 대부분 그대로 있어 신선미도 없으며, 관료 속성 때문에 새로운 시책에의 기대도 퇴색해가고 있는 것이 현실정이다. 정부는 과거의 공화당정부와는 절연하고 새로운 민주화정책을 소신껏 펴주기 바란다. 선심 쓰는 듯한 간헐적 정책이 아닌 민주화로의 대전환정책을 펴주기 바란다.

학원에 몸담고 있는 한 사람으로서 바라고 싶은 것은 학원의 민주화, 자율화이다. 다행이 신임 문교부 장관은 학원의 자율성을 존중하겠다고 공언했기에 큰 기대를 걸고 있으나 아직도 그 실현을 기대하기에는 이른 것이 아닌가 생각된다. 퇴직교수의 복직에 있어서도 그동안 정치적 이유로 사퇴한 모든 교수들을 받아들이고 학생들도 전원 구제하여 학원에 웃음이 피고 사랑과 우정이 깃들게 해주기를 바란다.

신정부의 대통령을 비롯하여 국무총리, 국무위원 여러분의 건투를 빌면서 신정부가 국민의 기대에 부응하는 정책을 펴고 이상적인 헌법을 제정하여 길이 역사에 남게 되기를 바란다.

2. 평화적 정권교체의 길[*]

1. 서―혁명적 정권교체의 교훈

그동안 우리나라에도 몇 번의 정권교체가 있었다. 그러나 이들 정권교체는 평화적인 것이 아니었고 혁명적·폭력적인 것이 특색이다. 헌법에는 평화적 정권교체를 위하여 선거가 규정되고 있었건만 현실은 정권유지를 위한 도구로 선거가 악용되었다. 또 정권교체를 위하여 대통령의 임기제가 규정되고 3선금지가 규정되었음에도 불구하고 이것이 지켜지지 않음으로써 평화적 정권교체가 불가능했던 것이다.

우리나라에서 평화적 정권교체가 이루어지지 못한 이유는 여러 가지가 있겠지만 그 중에서도 가장 중요한 이유는 민주적 사고방식을 갖춘 지도자를 가지지 못한 때문이 아닌가 생각된다. 또 우리의 정치문화가 권위추종적이요, 인물의존적이었기에 이들 지도자에게 아부하는 신하들

* 『고대신문』 제862호, 1980년 4월 8일자. 시리즈 「소생하는 민주주의」(1).

이 많았던 것도 큰 요인이 되었을 것이다.

이승만 박사는 상해 임시정부 당시부터 고압적인 권위의식으로 군림했었고 이왕가의 후예임을 내세워 자기를 따르던 사람들에게 권위주의적으로 대했던 것은 너무나도 유명하다.

그는 평화적 정권교체를 생각할만한 사람이 아니었으며 혈통적 세습계승을 바랐던 왕조적 인물이었다고도 하겠다. 미국에서의 오랜 망명생활에서도 민주적인 역량을 키우지 못했던 것은 우리나라의 큰 손실이었다고 하겠다.

이 박사가 단정선거의 결과 유일한 지도자로서 대통령이 된 뒤 발췌개헌을 강행 통과시켜 직선케 함으로써 2대 대통령이 되었고, 사사오입개헌으로 3선금지 조항을 없애어 3대 대통령이 되었으며, 3.15부정선거로 4대 대통령이 되었던 것은 평화적 정권교체를 부정한 것이요 폭력적인 정권교체를 자초한 것이었다. 그렇지만 않았던들 오늘도 국부(國父)로서 존숭을 받았을 것은 틀림없었을 텐데 안타깝기만 하다.

박정희씨도 5.16 후 최고회의 의장으로서 민정이양의 공약을 지켰던들, 또 3선개헌과 10월유신을 하지 않고 평화적으로 정권을 이양했던들 비참한 최후를 당하지는 않았을 것이다.

해방 후 우리의 역사를 좌우했던 두 집권자가 평화적인 정권교체의 전통을 세우지 않았기 때문에 앞으로도 평화적인 정권교체가 가능할 것인지 우려되고 있다. 다시는 폭력적인 정권교체가 일어나지 않도록 평화적 정권교체에의 장치를 이번에는 기필코 마련해야만 하겠다.

2. 평화적 정권교체를 위한 제도적 장치

평화적 정권교체를 위해서는 민주주의적 제제도가 완비되어야 하겠다. 그 중에서도 중요한 것 세 가지만 들어보기로 한다.

첫째로는 헌법에 평화적 정권교체의 장치를 마련하여야 하겠다. 우선 정부는 국민의 뜻에 따라 구성되며 국민에 대하여 책임을 지고 국민이 정부를 변경하는 권리가 있음을 강조해야 하겠다. 그리하여 국가의 원수는 국민이 직접 선출하게 하고 국민이 또 소환할 수 있게 하며 그 임기를 못 박아야 할 것이다. 원칙적으로 국가의 원수는 정부 수반과 분리하는 것이 좋을 것이며, 국가의 원수는 상징적이며 중재적인 권력을 가지고 정치에서 초연하는 것이 바람직하다.

국가원수와 행정부의 수반이 일치된 신대통령제 하에서는 대통령에게 책임을 지우는 방법이 없었다. 대통령에 대해서는 임기 종료시 선거에 의하여 심판할 수 있다고 하는 것은 법원리상은 옳으나 법현실상 불가능한 것이었다. 그 이유는 재선, 3선을 대통령 자신이 관장하여 자기가 대통령으로 당선되기 위하여 부정선거를 감행하였기 때문이다. 신대통령제 하에서는 대통령의 3선금지를 규정해 놓는다고 하더라도 그것이 하등 소용이 없었으며, 폭력으로 3선금지 조항을 철폐했던 것이 우리 헌정사의 경험인 것이다. 따라서 평화적 정권교체를 위하여서는 의원내각제를 채택하는 것이 바람직하다.

만약에 꼭 대통령제로 하여야 하겠다고 하면은 대통령 외에 부통령을 두어야 할 것이다. 제1공화국의 경험에 의하면 부통령제도 평화적 정권교체로의 역할을 다하지는 못하였다.

동일 티켓이 아닌 경우에는 대통령이 부통령을 견제하여 실권을 하나도 주지 않았고, 동일 티켓으로 된 경우에는 부통령은 대통령의 의사대로만 움직였기 때문이다. 그럼에도 불구하고 부통령은 대통령후계자로 될 수 있고, 자신의 세력을 규합할 수 있는 점에서 평화적 정권교체에 유익할 것이다.

대통령제를 채택하는 경우에는 대통령은 당적을 이탈하여야 할 것이요 그 임기는 단임으로 하여 재선을 금지하여야 할 것이다. 남미의 대통령제는 신대통령제로 전락하여 평화적 정권교체가 불가능하였다.

혁명과 쿠데타가 연속되었을 때 고안해 낸 것이 대통령의 단임제였다. 6년 임기의 단임제를 채택한 멕시코가 그래도 집권자의 평화적 교체를 가져오게 된 것은 우리에게도 시사하는 바 크다. 대통령의 단임제는 자기선거를 자기가 직접 관장하지 않음으로써 부정선거를 예방하는 데에도 크게 기여할 것이다.

대통령제를 채택하는 경우에는 부통령을 내각수반으로 하여 상당한 실권을 주는 것이 필요할 것이다. 부통령이 국민에게서 직선되고 당권을 보유하여 행정권을 행사하는 경우에는 대통령의 위헌적인 계속집권을 막을 수 있을 것이다. 왜냐하면 대통령이 차기 집권을 원하더라도 부통령 지지 세력들이 이를 반대할 것이기 때문이다.

둘째로는 진정한 복수정당을 육성하여야 하겠다. 과거의 한국 정당은 1.5 정당이라고 말하여졌다. 여당이 지나치게 경력하고 야당은 반(半)정당의 역할 밖에는 할 수 없었다는 이야기이다. 일본의 경우에는 다수 정당이 난립되어 있어 야당을 전부 합쳐도 여당에 못미처 1.5정당이라고도 말하여진다. 그렇기 때문에 일본은 자민당 내의 파벌 간에는 평화적인 수상 교체가 행해졌으나 아직까지 진정한 평화적인 정권교체는 행해지지 않았다고 비판되고 있다.

어떤 사람은 우리나라의 여당은 '한량(閑良)'정당이라고 하고 야당은 '룸펜'정당이라고 한다. 사실이지 현행 정당법과 각종 법률은 유권자·지식인 등의 정당가입을 금지하고 이들의 정치활동을 봉쇄함으로서 폐쇄적인 정당운영을 강제해 왔다.

이러한 제도는 당료들에게는 정권투쟁이 아닌 당권투쟁 만해도 그 지위를 유지할 수 있는 좋은 제도였다. 그 결과 파벌이 형성되고 당장의 이익을 위하여 이합 집산하는 룸펜파 정치인들의 작풍은 국민에게 혐오감을 주기에 족하였다.

정당에 대한 불신은 자연히 인물, 즉 영도자에 대한 맹신을 가져왔다. 이러한 파벌정당은 있되 국민적 지지 기반이 빈약한 정책정당의 부재현상은 평화적 정권교체를 가로 막는 암적 존재였다. 평화적 정권교체를 가능하게 하기 위하여서는 정책정당의 육성이 시급하다. 정책적인 대결이나 경쟁 없이 인물에만 치중하고 있는 현재의 보수 양당은 국민적 지지를 상실한지 오래이고 국민의 정권교체의욕을 상실시키는 중요한 요소가 되고 있다.

정책정당의 육성을 위하여 또 국민적 기반을 갖는 정당육성을 위하여서는 정당가입의 문호를 대폭 확대하여야 할 것이다. 학생, 교원, 교수를 비롯한 인텔리와 언론인, 금융인 노동자, 공무원 등 직능인까지 정당가입의 폭을 넓혀야겠다. 당원들의 당비에 의하여서 정당운영이 가능하도록 정당 당원수를 늘여야할 것이다. 정당의 국가와 지방자치단체에 대한 발언권을 강화시킴으로써 정당의 영역을 확대한다면 정당원의 수는 많이 늘어날 것으로 보인다. 또 정책정당 육성에 장애가 되는 법률의 개정도 단행하여야 할 것이며, 판례도 변경되어야 하겠다.

정당의 수와 질을 결정하는 가장 중요한 요소는 선거제도이다.

셋째로는 선거제도의 개혁이 요구된다. 복수정당을 육성하기 위하여 선거는 인물선택이 아닌 정당선택이 되도록 해야 한다. 제3공화국 하의 정당공천제와 전국구제는 그대로 정당육성에 상당한 공헌을 했고, 이 결과 양대 정당제도로의 정비에 상당한 공헌을 했다. 또 정당의 발언권 강화에도 일익(一翼)을 담당했으며, 8대 국회의 여야 백중상(伯仲狀)을 가져왔다. 이러한 정당정치 발전에 쐐기를 박은 것이 유신헌법의 채택이었다.

무소속 입후보의 허용과 2인선거구제의 채택으로 인하여 현직 국회의원은 프리미엄을 받아 동반당선이 가능하였다.

대통령선거를 간접선거로 함으로써 정당의 기능을 거의 반감시켰고 정당의 정책개발이나 발언권을 약화시켰다. 여당을 행정부의 시녀로 타락시켰고, 야당은 장식적 존재로만 인정하였다. 이와 같은 선거제도 하에서는 정책대결의 필요도 없었고 적당한 인물만 말뚝 꽂듯 꽂아 놓으면 당선될 수 있었다. 그 결과 선거는 금권선거로 되었고 부정과 부패만이 판을 치기에 이르렀다.

선거는 정당정책에 대한 국민투표의 성격을 띠게 해야 한다. 이 점에서 선거는 정당에 대한 투표로 해야 하며 정당 리스트에 투표하여 비례대표제에 의하여 의석을 배분해야 한다. 입법례로는 서독식 비례대표제가 있는데 이 제도를 따를 것이 좋을 것이다.

현재 2인을 뽑는 선거구에서는 1인만을 뽑게 하여 인물을 선택하게 하고 도단위 대선거구에서는 정당 리스트에 투표하게 하여 비례대표제 방식으로 의석을 배분한다면 정당선거와 인물선거를 결부시킬 수 있을 것이다. 이렇게 하면 정책정당의 육성과 인물에 대한 심판이 가능할 것이다.

강력한 야당이 존재하지 않는 경우에는 평화적 정권교체를 기대할 수 없을 것이다. 야당이 선거에서 다수표를 얻어 평화적으로 정권을 교체하기 위하여서는 선거의 공정이 절대적으로 요망된다. 선거관리기구의 독립과 정치적 중립성 보장, 철저한 선거관리제, 활발한 선거운동, 투표의 공정과 개표의 정확 등이 또한 평화적 정권교체에의 길이다.

3. 결—평화적 정권교체를 위한 교육과 여론형성

헌법이 제아무리 좋은 평화적 정권교체에의 장치를 마련해 놓는다고 하더라도 이것이 실현에 옮겨지지 않으면 아무런 소용이 없다. 헌법규범이 효력을 발휘하도록 하기 위하여서는 국민의 헌법에의 강력한 의지가 요청된다. 평화적 정권교체를 불가능하게 하는 사태에 대하여서는 국민이 감독할 뿐만 아니라 이를 저지하여야 한다. 4.19혁명은 이러한 국민의 저항권의 행사였다. 저항권은 헌법에 규정되어야 할 것이나, 헌법에 규정되지 않는 경우에도 저항권이 부정되는 것은 아니다.

4.19혁명시의 저항은 국민의 정당한 행위로서 처벌되지 않았을 뿐만 아니라 10.26사태 후의 복권조치는 긴급조치위반 행위의 저항권행사로서의 정당성을 인정한 것이라고 할 수 있다.

평화적 정권교체가 이룩되지 못한 원인은 우리들 국민이 가지고 있는 가부장적 권위의식, 인치주의적 영웅대망론, 분열적 정치문화에 있다고도 할 수 있다. 이러한 헌법의식은 그동안의 왜곡된 교육이며 여론조작의 산물이다. 의원내각제에 대한 알레르기적 피해의식은 18년간의 정치경제의 결과이며, 30년간의 신대통령제 독재에 안주해 있었던 국민의 타성 때문이라고 하겠다.

10.26사태도 평화적 정권교체는 아니었다. 앞으로의 평화적 정권교체의 성공여부는 민주교육을 받은 엘리트의 힘에 달려 있다고 하여도 과언이 아니다. 권위주의적 교육에 젖어 독선에 빠져있는 위정자로 하여금 평화적 정권교체를 하지 않을 수 없게 하는 것이 민주화 도상에 있는 국민의 최대의 과제이다. 이를 위한 언론기관의 책임은 중차대하다.

언론이 평화적 정권교체의 필요성을 계몽하고 여론을 형성한다면 평화적 정권교체의 가능성은 커질 것이요, 타성에 젖어 무비판적인 영웅대망론만 읊조리고 있다면 국민이 원하는 지도자조차 가질 수 없게 될 것이다.

평화적 정권교체는 민주정치 하에서만 가능하고 민주정치는 영웅이나 지도자에 의한 정치가 아니고 평균인에 의한, 헌법에 의한 정치임을 인식하여야 할 것이다. 평균인의 여론정치가 성공하도록 교육자와 언론인은 힘을 다하여야 하겠다.

3. 민주헌정의 회고와 전망[*]

1. 민주헌정의 회고

한국에서 최초의 입헌주의헌법이 성립한 것은 1948년 7월 17일이다. 이 제헌헌법은 바이마르 헌법을 모방한 것으로 정치제도는 민주정치를 근간으로 하면서 대통령제에 의원내각제를 가미한 헌법이었다. 경제제도도 자본주의와 사회주의의 장점을 살린 수정자본주의에 입각하고 있었다. 제헌헌법은 바이마르 헌법과 같은 진보적 민주주의를 이상으로 한 것이었으나 그 권력의 담당자에 따라 신대통령제로 전락하였고 급기야는 4.19혁명에 의하여 붕괴되지 않을 수 없었다.

제2공화국 헌법은 의원내각제를 채택하였으나 민주당이 신·구파로 분열되고 서로 대립하여 정부의 행정력이 약화하여 5.16을 예방하거나 진압하지 못하고 단명에 그쳤다. 제2공화국 헌법은 서독 기본법의 영향

---

[*] 『대학신문』 제1131호, 1983년 4월 11일자. 특집 「민주주의의 장래」.

하에서 의원내각제를 규정했을 뿐만 아니라 헌법재판소제를 도입했고 기본권의 자연권성을 강조한 것이 특색이다. 정치면에서 볼 때 보수, 혁신 정당들이 대립하였고 정치적 자유가 보장되었으며 경제적 자유가 신장된 점에서 민주주의이념에 가장 접근한 헌법이었다고 하겠다.

제3공화국 헌법은 국민의 기본권을 보장하고 삼권분립제도를 규정하였으며, 사법심사제를 도입하여 민주주의헌법으로서 별 손색이 없었다. 그러나 헌법의 실제는 박대통령에의 권력집중을 가져왔고 1점반 정당제도가 유지되었다. 공화당은 후계자 문제로 내분을 겪었고 급기야는 3선개헌과 유신헌법 제정에 이르렀다.

제4공화국 헌법은 권력의 인격화를 결과했으며 절대적 대통령제로 화하였다. 유신헌법은 1인의 권력집중과 집권연장을 위한 것이었으며 긴급조치로 통치하였다. 그 결과 민심은 이탈하였고, 부마사태의 결과 10.26사건이 일어났고, 1인의 사망에 의하여 국가권력의 중추는 공백기를 맞았고 위기를 초래하였다. 제4공화국의 말기에 있었던 정치적 공백과 자유화의 욕구는 5.17을 결과시켰다.

2. 현행 헌법상의 민주정치

제5공화국 헌법은 과거 헌법의 전철을 밟지 않기 위하여 많은 예방장치를 하고 있다. 정권의 장기화를 막고 평화적 정권교체를 하기 위하여 대통령의 단기제를 도입하였으며, 이는 헌법 개정의 대상이 되기는 하나 발안 당시의 대통령에게는 적용되지 않도록 하고 있다. 권력의 집중을 막기 위하여 대통령·국회·정부·법원의 각 기관에게 권력을 분산하고 상호 견제·균형하도록 하고 있다.

유신헌법의 악명 높던 긴급조치제도를 폐지하고 대신에 비상조치제도를 도입하고 있다. 다행히 비상조치는 이제껏 발포된 적이 없다. 또 복수정당제도를 보장하되 경직된 양당제도가 아닌 다당제도를 보장하고 있다. 물론 다당제도의 보장은 정국의 불안 극복이라는 명목으로 선거법상 제약되고 있기는 하다. 국회의 지위와 권능은 유신헌법 때보다는 상향 강화되었으나 아직도 행정부의 시녀라는 비판을 받고 있으며 국민대표기관으로서의 국회의 활성화가 요망되기도 한다.

기본권도 개별적 법률유보조항을 없애고 자연권으로 규정하고 있다. 헌법은 제9조에서 「모든 국민은 인간으로서의 존엄과 가치를 가지며, 행복을 추구할 권리를 가진다. 국가는 개인이 가지는 불가침의 기본적 인권을 확인하고 이를 보장할 의무를 진다」고 하여 천부인권을 확인하고 있다. 또 무죄추정권, 연좌제금지, 적정임금보장, 적정손실보상, 적정손해배상 등을 규정하고, 사생활의 비밀과 자유, 평생교육, 환경권, 소비자권리보호 등을 규정하고 있다.

그러나 실정법은 국가안전보장·질서유지·공공복리를 위하여 기본권에 많은 제한을 가하고 있었던 유신헌법 하와 다른 것이 별로 없었다. 이것은 양분된 조국의 현실과 국제환경, 경제적 불안 때문에 불가피한 것으로 말해지고 있다.

현행 헌법의 민주정치는 제도적으로는 잘 보장되고 있으나 현실적으로는 미흡하다는 지적이 있다. 그것은 헌법운용자들의 헌법의식이나 민주주의의식이 박약하기 때문이 아닌가 생각된다. 오늘까지도 정치나 행정이 일사불란하여야 한다는 사고가 패배해 있고 적과 동지의 구별이 확연하고 국민총화가 가장 좋다는 전체주의사고가 지배적이기 때문이 아닌가 생각된다.

3. 한국 민주정치 실현을 위한 의식개혁

한국에서 민주정치가 꽃피기 위해서는 헌법의식이나 민주주의의식이 정착되어야 할 것이다. 이승만 대통령의 통치 스타일이 왕조적이었다고 보는데 대하여 박정희 대통령의 통치 스타일은 교사·군인적이었다고 한다.

한 사람은 이왕조의 후예로 왕조의 계승자로 자처하였으며, 한 사람은 전국민의 교사요 사령관으로 군림했던 것 같다. 이들이 이왕조와 일제시대에 교육을 받고 생활했던 사람이기에 그럴 수밖에 없었을 것이라는 지적도 있다. 이 땅에 민주정치를 정착시킬 수도 있었던 분들이 권위의식에 사로 잡혀 민주정치발전에 반(反) 교사 역할을 했던 것은 한국적 비극이라고 하지 않을 수 없다.

해방 후에 민주교육을 받았던 사람들은 민주주의의식에 젖어 있다고 하겠으나, 그들이 겪은 파란만장의 정치적 소용돌이 때문에 어느 정도 민주주의에 신뢰를 가지고 있는지 궁금하다. 어쨌든 이들 세대에게 민주주의발전의 역할을 기대할 수밖에 없는 것이 현실이다. 민주정치의 제도는 모방할 수 있다고 하더라도 그 운용을 담당하는 사람들을 수입할 수는 없는 것이다. 민주정치의 실현을 위해서는 국민의 민주주의교육이 시급하다.

민주주의는 절대주의를 배격하고 상대주의에 입각하고 있다. 자기가 신봉하는 가치를 절대적인 것으로 보지 않고 타인이 추구하는 가치도 중요한 것으로 인식하여야 한다. 가치상대주의와 다원주의적 세계관의 교육이 절대적이라고 하겠다. 가치상대주의에 입각할 때에만 다수의 지배·다수결의 원리가 정당성을 갖게 되는 것이다.

민주정치는 토론과 타협의 정치이다. 우(友)와 적을 구별하고 결사투쟁을 하는 경우에는 민주정치는 실현될 수 없는 것이다. 권력엘리트의

페어플레이와 관용, 타협, 이익의 균형·조화 등이 실현될 수 있는 풍토의 조성이 필요하다 권위주의적 국민성을 가진 것으로 비판되던 서독 국민이 전후 민주정치를 꽃피울 수 있었던 것은 전승국들에 의한 민주주의에로의 의식개혁의 결과라고도 하겠다. 국민의 의식개혁은 교육에 기대할 수밖에 없으나 이를 위한 제도개혁도 단행되어야 할 것이다.

4. 민주헌정에의 제도적 장치

민주정치를 실현하기 위해서는 토론과 타협이 가능하도록 제도를 정비하는 것이 필요하다. 민주정치란 법적으로 보면 국민주권주의와 국민자치이다. 국민이 국정에 참여하고, 국가적인 사항에 대하여 최종적인 결정권을 행사하는 것이 민주정치이다. 국민이 국정에 참여할 수 있도록 최대한의 기회가 부여되어야 한다. 선거권의 행사뿐만 아니라 국민투표권, 국민발안권 등이 존중되어야 한다. 국민의 정치참여와 행정참여 등이 고무되어야 하며, 국민의 정치적 자유가 최대한 보장되어야 한다. 모든 국민에게 알 권리와 읽을 권리, 들을 권리가 보장되어야 한다. 국가로부터 자유로운 여론이 형성되어야 하고 여론에 따른 정치가 행해져야 한다.

국민의 정치적 자유를 극대화하기 위해서는 정당가입의 자유와 정당활동의 자유가 보장되어야 한다. 정당 내에서도 당내민주정치가 꽃피어야 하며 정당 내에서의 언론자유가 보장되어야 한다.

정당도 복합이념을 가진 인물정당이 아니라 단일이념을 가진 정책정당으로 탈바꿈하여야 한다. 진정한 다당정치가 실현되어야 하고 단일정당의 지배보다는 연립정당에 의한 지배가 행해지는 것이 바람직하다. 선거제도도 인물선거가 아닌 정당선거, 비례대표로 되어야 하며, 선거가 정책대결의 결전장이 되도록 하고 투표결과는 국민의 최종결정으로 보아 승복하는 자세가 요망된다.

국회에서의 의사도 자유로운 토론과 타협이 되도록 운영되어야 한다. 국회의 결정도 그것이 헌법문제인 경우에는 헌법재판소에 의하여 심사할 수 있도록 함으로써 최종적인 결전은 법정에서 하도록 하면 정치적 과열은 훨씬 줄어들 수 있을 것이다. 서독의 국회는 법률제정의 경우에는 과격해지지 않는데 그 중요한 이유는 헌법재판소라는 결전장이 남아 있기 때문이라고 하겠다. 인치주의에서 법치주의, 입법국가에서 사법국가로의 변천이 필요하다고 하겠다.

국민의 자치는 지방에서부터 비롯해야 한다. 지방자치는 민주정치의 교장(敎場)이라고도 하겠는데 동·시·읍·면 단위의 지방자치에 이르기까지 도단위의 지방자치에 이르기까지 국민의 실효적 참정이 요망된다.

5. 민주헌정의 전망

우리의 민주정치는 조국분단에서 오는 위기상황과 안정추구, 근대화 달성, 민족중흥이라는 국가목적에 의하여 제약되어왔다. 국제환경의 변화와 이북지역의 정책변화, 한국의 복지국가건설에 따라 우리의 민주정치도 개화될 수 있을 것이다. 기아에서의 자유를 보장한다는 명목으로 통제경제가 자행되었고, 근대화라는 명목으로 부의 편재가 용인되어온 것이 이제까지의 현실이었다.

이제 근대화에서 선진화가 주장되고 있다. 정치의 선진화는 민주정치의 실현에 있기 때문에 민주정치발전의 여건은 성숙해 가고 있다고 하겠다. 남북한의 긴장완화와 국제적 위기의 해소에 따라 국내정국도 민주화에로 진전될 것은 틀림없다.

국민은 민주정치의 개화를 위하여 민주적인 사고방식을 터득하여야 할 것이요 독재와 아집을 버리고 타협과 호양의 미덕을 쌓아야 할 것이다. 가치의 다원화·상대화에 따라 비정치적인 가치를 존중하는 풍토가 이루어져야 하겠다. 정당의 최고책임자나 정부의 고위층도 가족 간의 단란한 생활과 자신의 여가애용을 위해 정권을 이양하고 은둔하는 서양이나 과거 동양의 미덕이 되살아나야 할 것이다.

충군애국의 봉건적 윤리에서 인류공영, 평화애호, 대민봉사에로의 의식전환이 행해져야 하겠다. 국민들이 정치적 무관심에서 벗어나 활발한 정치참여를 하고 사회봉사를 하며, 퇴진의 타이밍을 알게 될 때 민주정치는 보다 발전할 것이다. '한국에서 민주정치를 실현하는 것은 쓰레기 속에서 장미꽃이 피는 것을 바라는 것과 같다'는 말이 있었으나, 이제부터라도 민주화교육이 실시된다면 한국의 민주정치개화도 멀지 않을 것으로 보인다.

4. 헌법에 위반되는 법령문제[*]

1. 머리말

헌법은 법의 단계구조에 있어서 최고궁극의 것이다. 헌법 아래에 법률, 명령, 규칙, 처분 등의 법형식이 있는데 이들 법률, 명령, 규칙 등이 상위규범인 헌법에 위반해서는 안 된다는 것은 당연하다. 우리 헌법은 이를 확보하기 위하여 위헌법률심사제도와 위헌위법명령심사제도를 두고 있다. 따라서 헌법에 위반되는 법률이나 명령의 효력은 부인되는 것이 원칙이다.

법률은 국민의 대표기관이 제정하는 것으로 국민의 총의의 표현이며 헌법의 수권에 의하여 국회가 제정하고 있다. 따라서 국회는 헌법이 수권한 범위 내에서, 또 헌법이 정한 절차에 따라서 법률을 제정해야 한다. 그런데도 국회는 종종 헌법의 수권의 범위를 초월하여 헌법에 위반되는

---

[*] 『연세춘추』 제953호, 1983년 5월 9일자. 특집「법의 날」.

법률을 제정하는가 하면 입법의 절차에 위반되는 법률을 제정하여 위헌법률로서의 문제를 야기하고 있다. 이 가운데 실질적 위헌법률은 헌법의 내용규정에 위반하는 법률을 말하고, 형식적 위헌법률은 법률의 제정절차에 위반하는 법률을 말한다.

이밖에도 국회가 헌법이 요구하는 법률을 제정하지 않음으로써 부작위에 의하여 헌법위반을 하는 경우도 있으며, 법률로써 규정하여야 할 사항을 명령에 포괄적으로 위임함으로써 작위에 의하여 헌법위반을 하는 경우도 있다. 이러한 것은 광의의 위헌법률이라고 할 수 있으나 협의의 위헌법률은 실질적 위헌법률과 형식적 위헌법률만을 말한다.

2. 위헌법률 제정의 실제

헌법에 위반하는 법률이 많이 제정된 것은 5.16 이후의 일이다. 5.16 군사정부는 국가재건비상조치법이라는 법률을 만들었는데 이는 헌법의 일부 효력을 정지하고 헌법에 특례를 규정한 초헌법적인 법률이었다. 이 법률은 나치의 수권법과 흡사한 것으로 법률제정권을 국민대표기관이 아닌 최고회의에게 위임한 「비상조치법」이었다

이에 따라 위헌적인 법률, 명령이 양산되었는데 이 중 일부는 혁명과 업수행을 위하여 필요한 것이라 하여 사법심사에서조차 제외되었다(부칙 제3조, 제4조).

10.17 이후에도 국민대표기관이 아닌 비상국무회의가 입법권을 행사했는데 이는 행정기관이 법률을 제정한 점에서 헌법에 위반되는 것이었다. 특히 삼권분립주의를 부정하고 국민적 정당성이 없는 비상국무회의가 법률을 제정한 것은 민주주의의 이념이나 원리에도 위반한 것이었다.

그럼에도 불구하고 이는 절대적인 것으로 인정되어 사법심사에서까지 제외되었다(부칙 제7조).

5.17 이후에도 국보위가 구성되었고 이어 국가보위입법회의가 구성되어 많은 개혁입법을 단행했는데 이도 국민에 의해서 선출된 기관이 아닌 관선의 입법회의가 헌법의 절차에 따르지 않고 법률을 제정한 점에서 정당성이 문제가 되었다. 그러나 이는 헌법 부칙 제6조 3항에서 「국가보위입법회의가 제정한 법률과 이에 따라 행하여진 재판 및 예산, 기타 처분 등은 그 효력을 지속하며 이 헌법 기타의 이유로 제소하거나 이의를 할 수 없다」고 못 박아 놓음으로써 위헌의 주장을 할 수 없게 되었다.

혹자는 부칙 제6조 1항의 규정(국가보위입법회의는 이 헌법에 의한 국회의 최초의 집회일 전일까지 존속하며, 이 헌법 시행일로부터 이 헌법에 의한 국회의 최초의 집회일 전일까지 국회의 권한을 대행한다)이 있기 때문에 실질적으로도 합헌이라고 주장하고 있다.

5.16 이후의 최고회의와 10.17 이후의 비상국무회의, 5.17 이후의 국가보위입법회의가 만든 법률, 또는 개정한 법률은 역대 국회가 만들거나 개정한 법률보다 수적으로 훨씬 많을 것이다. 이 점에서만 말한다면 한국 법률이 국민대표기관에 의하여 만들어졌다고 하는 것은 미사여구에 그친 감이 없지 않다.

이러한 혁명입법이나 개혁입법은 대개가 성립 당시에는 위헌이었으나 그 뒤 새 헌법 부칙에 의하여 추인되는 형식을 채택하고 있다. 이들 혁명입법 내지는 개혁입법은 위헌심사의 대상이 되지 않는다는 설까지 있으며 4년간 불개정론까지 주장하고 있다.

3. 위헌내용 법률의 현실

이들 입법 중에서 특히 문제가 되고 있는 것은 정치적 자유에 관한 규제입법들이다. 헌법은 언론·출판·집회·결사의 자유를 보장하고 있건만 언론기본법, 출판사 및 인쇄소의 등록에 관한 법률, 집회와 시위에 관한 법률, 사회단체등록에 관한 법률은 이를 제한하고 있는 느낌이 든다.

언론기본법은 '국민의 표현의 자유와 알 권리를 보호하고 여론형성에 관한 언론의 공적 기능을 보장함으로써 인간의 존엄과 가치를 존중하고 공공복리의 실현에 기여함을 목적으로 하고' 있지만, 언론의 정보청구권 보장에 있어 예외조항을 너무 많이 두어 실효를 거두지 못하게 하고 있으며, 또 '표현물은 몰수될 것이라는 상당한 이유가 있는 경우에 한하여 법관의 영장을 받아 압수할 수 있세 하고' 있으며, 편집인 등의 형사책임을 가중시키고 있어 언론보호법이 아니라 언론규제법이 아닌가 하는 논란이 되고 있다.

집회 및 시위에 관한 법률은 집회 및 시위 금지사유를 많이 들고 있으며, 시간과 장소규제를 하고 있고, 시행령은 거의 모든 간선도로를 시위할 수 없는 곳으로 지정하여 집회 및 시위를 어렵게 하고 있다. 사전신고제를 규정할 뿐만 아니라 법위반자에 대하여 엄한 처벌을 규정하고 있어 문제가 되고 있다. 출판사 및 인쇄소 등록에 관한 법률 등이 등록을 의무화하고 있으며, 나아가 등록취소를 규정하고 있는 점에서 문제가 되고 있다. 사회단체등록에 관한 법률도 사회단체의 등록을 의무화하고 있어 문제가 되고 있다.

이들 법률은 그 내용상 명확히 위헌이라고 단정할 수 없더라도 그 시행상 많은 문제가 있다. 신문·통신·출판사·인쇄소·사회단체 등은 시설기준만 갖추어 등록만 하면 되게 되어 있으나 등록제가 허가제처럼 운용되고 있어서 문제가 되고 있다. 정기간행물의 등록이나 출판사의 등록은 현실적으로는 신규 인정되지 않고 있어 기존사 등록에 프리미엄이 붙어 거래되고 있는 실정이다. 집회 및 시위의 신고제도 현실적으로는 허가제처럼 운영되고 있다.

평등에 관한 헌법규정에 위반되는 법률도 많아서 논란이 되고 있다. 국회의원선거법이 제1당에게 유리한 전국구의석배분을 하고 있는 것이 평등선거의 원칙에 위반되는 것으로 문제가 되고 있으며, 별표에서 선거구 인구의 현저한 불균형이 규정되어 평등선거권을 침해하는 것으로 논란되고 있다. 국가유공자의 자녀, 제대군인들에 대한 공무원채용에 있어서의 특전 등이 평등원칙에 합치될 것인가 논의되고 있으며, 출가녀(出嫁女)와 재가녀(在家女)와의 상속분의 불평등 등이 문제되고 있다.

특히 정당간의 평등보장이 논의되고 있으며 사회적 강자와 사회적 약자간의 불평등이 논란되고 있다. 신분에 의한 차별대우도 법률상 산견(散見)되는데 군인, 군무원의 재판권 제한, 이중배상제한 등이 논란될 소지가 많다.

이밖에도 재산권의 수용·사용·제한의 경우에 정당한 보상을 하지 않는 것이 문제가 되고 있다. 개발제한지역은 토지사용에 대한 중대한 제한인데도 보상을 해 주지 않고 있다.

또 보상에 관한 법률들이 정당한 보상을 규정하지 않고 감정가에 의한 보상이나 기준지가에 의한 보상만을 규정하고 있어 논란이 되고 있다. 누진과세와 창작소득과세 등도 불평등과세로 논란될 여지가 있다.

4. 위헌법률의 추방방안

이와 같은 위헌법률이 양산되는 것은 입법부와 국민들의 무관심 때문이다. 정부는 행정의 능률성, 편의성을 위하여 헌법을 해석하고 법률을 제정하려는 것은 당연한 것으로 인정되고 있으며, 정당들은 당리당략을 위하여 법률을 제정하려고 한다.

이 경우 국회의원은 국민의 대표자로서, 또 헌법을 수호하는 공무원의 한 사람으로서 합헌성 여부를 따져야 할 것이나 정당 당원이라는 현실적 여건 때문에 입법자가 아니라 거수기로서 기능하는 경우를 왕왕 본다. 국회의원에게 법률제정의 합헌성여부심사를 기대하는 것은 연목구어격이기 때문에 법관에게 법률의 합헌성심사를 기대하게 된다.

과거의 입법국가, 행정국가에서 오늘날 사법국가로 나아가야 하는 이유는 정치적 중립성을 가진 법관이야말로 헌법수호사가 되어야 한다는 평범하고 소박한 바람에서이다. 법관은 헌법과 법률의 단순한 적용자가 아니고 법률과 명령 등 재판규범이 헌법에 합치되는가 여부를 심사하는 헌법수호자가 되어야 한다.

과거에는 헌법은 재판규범이 아니고 도덕규범이라고 생각되었으나 오늘날 헌법은 법률과 명령의 합헌성여부 판단기준이 되는 재판규범이기 때문에 법관은 하위법규범이 상위법규범에 합치되는가 여부를 판단하여야 할 것이다. 우리 헌법에는 법관에게 법률의 위헌여부심사제청권만 인정하고 있고, 헌법위원회위원에게 그 결정권이 인정되고 있다. 미국식으로 모든 법관에게 위헌법률심사권을 인정하든지, 대륙식으로 헌법재판소 법관에게만 위헌법률심사권을 인정하든지 하여 위헌법률심사의 활성화를 기해야 하겠다.

국민은 헌법의 제정권자인 동시에 헌법 최후의 수호자이기 때문에 위헌법률이 제정되지 않도록 철저히 감시하여야 할 것이다. 국민은 법률이 헌법에 위반되었다고 생각하는 경우에는 국회에 그 개정을 청원하고, 법원에 소송을 제기하여 위헌법률의 실효를 가져오도록 노력하여야 할 것이다.

5. 2천 년대에의 시각[*]

이제 15년만 지나면 2000년이 된다. 2000년의 세계는 어떨까, 2000년의 한국은 어떨까 궁금하다. 세계 각국은 2000년의 청사진을 담은 보고서를 이미 발표했다. 우리나라도 지난 1월 16일에 한국개발연구원(KDI)이 「2000년을 향한 국가장기발전구상」을 발표하여 관심을 끌고 있다.

KDI 연구보고

KDI의 이 연구보고서는 2년간에 걸친 전문가들의 검토 결과 발표된 것으로 2000년의 대한민국의 지향목표를 설정한 것이다. 보고서에 나타난 중요 경제지표를 보면 1인당 GNP는 84년의 1,978달러에서 2000년에는 5,103달러가 되며 인구는 84년의 4,060만 명에서 2000년에는 4,940만 명이 되고 무역규모에서는 수출입이 각기 2,300억 달러 정도 될 것을 예상하고 있다.

---

*   『부산일보』, 1985년 3월 4일(釜日時論).

이렇게만 되면 국민총생산(GNP)에서 세계 15위, 무역규모면에서 세계 10위가 될 것이며 97년에 가서는 대외채권국가로 등장하게 된다고 한다. 생활수준도 향상되어 승용차는 한 가구에 1대, 냉장고도 가구당 1대, 세탁기도 한 가구에 1대 꼴로 돌아갈 것이라고 한다. 평균수명도 80년의 66세에서 2000년에 72세로 연장되며. 주택보급률도 82.2%로 되고 주 5일 근무를 하게 된다고 한다.

이 수준이면 미국·독일·일본·북구 등 선진국에는 미치지 못하나 현재의 이탈리아나 스페인 수준으로는 되게 된다고 본다. 그리하여 선진 복지국가의 대열에 낄 것으로 보인다. 근로자 주택조합 조업원지주제도 등 다양한 근로자 재산형성제도가 정착되고, 의료보험, 산재보험, 연금 등 사회보장제도가 확충되어 중산층대가 두터워지고 근로자의 생활안정이 제도적으로 확립될 것이라 한다.

地自制 등 실현을

이 보고서 내용은 이룰 수 없는 보랏빛 청사진만은 아니다. 60년대부터 발전하기 시작한 우리의 경제성장을 생각할 때 2000년에 그 정도 되는 것은 그리 어렵지 않게 생각된다.

물론 이 목표를 달성하기 위해서는 이에 필요한 여러 가지 정책이 펼쳐져야 한다. 그 중 중요한 것이 민주주의와 자본주의의 정착이다. 공산주의적인 계획경제로는 괄목할만한 경제성장을 이룩할 수 없음을 중공과 북한이 실증하고 있다.

2000년의 지표를 달성하기 위해서는 민주주의와 지방자치제 등이 실현되어 국민에게 희망을 주어야 하겠다. 민주주의나 지방자치의 실시 없이는 국민의 자발적 능동적 참여를 기대할 수 없는 것이다. 지난 번 선거만 보더라도 국민의 민주주의에 대한 갈구가 얼마나 심각한 가를 알 수 있었다. 아무리 민주주의를 외쳐도 국민이 이를 받아들이지 않는 경우에는 정치발전은 이루어지지 않는다. 경제발전만 이룩되면 민주주의가 성공할 것이라는 가정은 잘못이다. 남미 여러 나라의 군사정권이 정치안정 위에 경제성장을 하려고 했지만 결국에는 외채대국으로 전락한 것만 보더라도 민주주의의 정착이 경제발전을 가져오는 것을 알 수 있다.

우리의 경우 무엇보다도 중요한 것은 국민의 능력을 최고도로 발휘하게 해야 한다는 것이다. 국가의 자원이 빈약하고 국토가 좁은 우리나라에서는 인간능력의 개발만이 경제성장을 이룩할 수 있는 수단이다. 따라서 정부는 국민의 능력을 최고도로 발휘하기 위하여 교육과 훈련을 시켜야 할 것이며, 인간다운 행복한 삶을 영위하도록 배려하여야 한다.

인격 존중이 소중

인간은 소모재가 아니다. 그런데 인간 '자원'을 「자원관리법」의 대상으로 삼고 있는 것이 입법자의 발상인 듯하다. 물론 인간노동은 생산수단의 하나로 볼 수 있을 것이다. 그러나 인간은 인간으로서의 존엄과 가치를 가지며 행복을 추구할 권리를 가지고 있다. 그런데도 인간을 통치대상으로만 생각하고 자원으로 평가하여 소모시키고 있다면 이는 큰 문제라 하지 않을 수 없다.

그 대표적인 예로 택시기사를 들어보자. 택시기사들이 종종 사회적 말썽을 빚는 것은 그들이 인간다운 대접을 못 받고 있기 때문일 것이다. 하루 20시간의 중노동은 인간다운 삶은커녕 건강한 최소한도의 생활마저도 어렵게 한다. 근로기준법이 1일 8시간 노동을 원칙으로 하고 있는데 휴식도 없이 하루 20시간을 근무하게 하고 다음 날 20시간을 놀게 하고 있는 것은 택시기사들을 기계로 착각하고 있는 게 아닌가 의심하게 하는 것이다.

택시기사의 문제는 월급제 노임보다는 열악한 근로조건의 개선부터 착수해야 한다. 택시기사들이 건강이나마 유지하게 최대 노동시간부터

정해 주어야 할 것이다.

법은 여자나 미성년자의 야간근무를 금지하고 있건만 12시간 근무의 2교대제가 아직도 실시되고 있다. 야간작업이 근로자의 건강을 해치게 되고 나중에 가서는 폐질자를 많이 만들어 사회복지비용을 증가케 할 것이라는 단순계산도 하지 못하고 현재의 생산고만을 자랑하고 있는 사람들의 반성을 촉구하지 않을 수 없다.

대만의 경우 야간노동은 거의 자취를 감추고 있다. 소년소녀 노동도 9년제 의무교육과 직업교육 때문에 줄어들고 있다. 그럼에도 불구하고 수출경쟁력에 있어 한국을 능가하고 있는 것은 교육입국의 정신 때문이다. 「樹木十年 樹人百年」이라는 교육 우선 정책이 오늘의 대만을 있게 한 것이다. 부의 균형된 확산을 기하고 국민의 삶의 질을 높이려고 하는 것이 오늘날의 세계 각국 정치의 목표이다.

민심의 수렴

2000년대에 가서 국민 1인당 평균소득이 5천 달러에 달한들 소득의 공정한 분배가 이루어지지 않는 경우 사회 안정은 기대할 수 없다. 현재와 같은 노동조건이 개선되지 않는 경우에는 병자와 폐질자를 돕기 위하여 사회보장비는 격증하게 될 것이요, 세금의 중압 때문에 많은 사람이 노동의욕을 상실하게 될지도 모른다. 또 노사 간의 대립이 심화되어 산업평화가 파괴되는 경우에는 경제목표 달성이 불가능할 것은 당연하다.

만일 근로자, 농민 그리고 학생, 인텔리들에게 계속 불만을 갖도록 한다면 2000년대의 청사진은 청사진에 불과하고 현실로는 될 수 없을 것이다. 위정자는 국민다수인 근로자, 농민의 복리증진을 위한 획기적인 단안을 내려야 할 것이요, 학생과 인텔리를 위정자편에 끌어들이는 현명한 정치를 해야 할 것이다. 5.16 후의 경제성장 정책도 그것이 빈곤에서의 해방을 가져오기는 했을망정 행복에의 만족감을 잉태할 수 없었기 때문에 계속적인 정국불안이 뒤따랐던 것이다. 정부와 여당의 개편을 계기로 민심을 수렴하고 민의에 따르는 정치발전이 우선되어야 하겠다.

6. 12대 국회상(像)[*]

3월 중에는 여야 정당의 체제정비가 끝나고 4월에는 12대 국회가 개원된다.

2.12총선에서 선출된 국민대표들이 의정 단상에서 국정을 논의하게 되어 기대가 크다. 그동안 총선에서 거론되었던 민의(民意)가 국회에 수렴되어야 하겠고 후보자나 정당들의 공약이 실현되어야 하겠다.

11대 국회의 조용한 국회상 효율성 제고에 대해서 선거민은 거부감을 나타내었고, 보다 강력한 정책대결을 원했고 국정조사권의 발동과 행정부에 대한 견제를 요구하였다.

신민당이 원내(院內) 제1야당으로 등장함에 따라 정국은 보다 활발해질 것으로 보이며 조용한 국회이기 보다는 열기가 이는 국회가 될 것으로 기대된다. 민정당도 11대 국회와 같은 안이한 운영은 어려워 질 것으

---

* 『부산일보』, 1985년 3월 26일자.

로 판단하고 대화를 통한 정국운영을 꾀하는 것 같다.

12대 국회에 대해서는 단명을 예고하는 소리도 없지 않다. 4.19 이후의 5대 국회가 단명하였고 여야 세력이 백중했던 8대 국회와 10대 국회가 1년여의 회기밖에 가지지 못했기 때문에 12대 국호도 혹시 단명할 것이 아니냐는 추측마저 있다. 과연 역사는 되풀이 될 것인가 하고 국민들은 걱정하고 있다. 8대 국회는 헌법에도 규정되지 않았던 대통령의 해산권 행사에 의하여 해산되었고, 10대 국회는 10.26과 5.17, 10.27 조치에 따라 해산되었다.

이번 헌법은 대통령에게 국회해산권을 부여하고 있으니 국회 개원 후 1년만 지나면 대통령이 '국가의 안정 또는 국민 전체의 이익을 위하여 필요하다고 판단할 상당한 이유가 있다'고 생각하면 합헌적으로 해산할 수 있는 것이다.

민주주의 싹 키워야

물론 국회의 해산은 민의를 조기에 묻는다는 점에서 장점도 없지 않다. 그러나 국회해산에 따른 정치적 공방 때문에 정국은 보다 가열될 가능성이 있는 것이요 자칫하면 민주정치의 판을 깰 위험마저 없지 않는 것이다. 따라서 국회의 임기 단축은 원칙적으로는 바람직하지 못하다. 그럼에도 불구하고 12대 국회의 단명을 추측하는 사람은 재야세력의 존재를 들고 있다.

원외(院外)의 강력한 재야세력의 존재는 의회 내 정당에 대한 부담요소가 될 가능성이 크기 때문일 것이다. 사실 재야 세력을 원내 정당이 대변만 잘해 준다면 해결될 수도 있을 것이나 원내 야당의 활동이 미지근한 경우 원외 야당들의 활동이 과격해질 수도 있을 것이다. 원내외 세력들이 정치의 활성화를 통하여 합의에 의한 정치 토론과 타협에 의한 정치를 해 나간다면 12대 국회 단명론은 기우에 불과하게 될 것이다.

12대 국회의 운영여하는 한국 정치의 장래를 결정할 시금석이 될 수도 있기에 국민들의 우려와 기대도 매우 큰 것이다. 12대 국회를 둘러싸고 있는 환경은 순탄하지만은 않다. 외채 등 경제문제 및 노동쟁의 등 사회문제와 학원자율화 등 교육문제, 남북대화 등 대북문제, 미소대결 등 국제문제에 이르기까지 많은 난제가 산적되어 있다.

국내정치 문제만 하더라도 대통령제냐 의원내각제냐의 정부형태 문제, 대통령직선제냐 간선제냐 하는 개헌문제, 현재의 국회의원 선거제도를 고수할 것이냐 1구(區)1인 선거제도로 개정할 것이냐의 문제 등 현명한 정치적 해결을 필요로 하는 사항들이 많다. 이 모든 문제를 어떻게 현명하게 타개해 나갈 것인가 궁금하다.

정권교체 기틀 마련

여야 정치인들은 사심을 버리고 당리당략(黨利黨略)을 떠나 무엇이 국가와 민족을 위하여 옳고 좋은 것인가를 심사숙고해서 행동해 주기 바란다. 유아독존 생각도 있어선 안 되겠고 정치는 정치인에게, 언론은 언론인에게, 학원은 학자에게 돌려주는 아량도 베풀어져야 하겠다. 정부권력이나 국회권력이 모두가 국민에게서 나온 것이요, 국민의 복지와 자유를 보호하기 위하여 존재한다는 것을 인식하고 어떻게 하면 최선의 정부를 이룩하느냐를 생각해야 하겠다. 경호 없이도 활보할 수 있는 정치인이 되어야 하겠고, 노상 검사나 불심검문이 없는 사회가 이루어져야 하겠다. 국회의원들이 선량의식을 버리고 국민에 대한 봉사자의식으로 국정을 심의하는 경우에만 국민들은 그들을 지지할 것이요, 국가의 안보나 사회의 안정이 유지될 수 있을 것이다.

국민의 대표기관

국회는 국민의 대표기관으로서 국민의 의사를 정확히 반영하여야 할 것이요, 국민의 알고 싶어 하는 바를 알려주고 국민의 가려운 데를 긁어 주어야 할 것이다.

대형 부정사건이 난무하는 경우에도 국정조사권 한번 발동하지 않고 호도하는 경우에 국회는 불신을 받게 되고 국민은 직접 행동을 할 생각을 갖게 되는 것이다. 국회가 활성화되고 정당이 자율성을 가지는 경우에는 국민은 안심하고 생업에 종사할 수 있을 것이다. 학생들이나 근로자, 재야 세력들의 가두정치를 막기 위해서도 정치인들은 올바른 정치를 해 주어야 하겠다.

아첨하는 언동 말길

국회의원들은 정치가답게 국가와 민족을 위한 정론(正論)을 펴야 할 것이요, 일부 계층이나 당(黨) 상층부에 아첨하거나 잘 보이기 위한 언동을 취해서는 안 될 것이다. 이번 국회는 평화적 정권교체를 가능하게 하는 제반 입법조치를 마련해야 할 것이요, 이에 역행하는 법률들이 있다면 이를 개폐(改廢)해야 할 것이다.

12대 국회의원 임기 중 아시안 게임, 올림픽, 대통령선거 등 국내외 행사가 겹쳐져 있다. 과거 유신 아래서의 국내사정 때문에 아시안 게임이 반납된 경우도 있었고, 국내 인권문제 때문에 한국 여권 가지고 여행하는 것이 부끄러웠던 시대도 있었는데 앞으로는 그러한 일이 다시는 없도록 정치가들이 정치역량을 발휘해 주어야 하겠다.

12대 국회의 멀지 않은 개원에 즈음하여 국회의원 여러분들의 건투를 빌면서 단명론이 기우에 불과하게 되기를 빌어마지 않는다.

7. 10월에 생각나는 일*

단풍이 곱게 물든 전국의 산들은 가관이다. 학교강의에 묶여 단풍관광을 잘 갈 수 없었는데 계엄령 덕택에 단풍관광을 한 기억이 새롭다. 지금부터 꼭 20년 전 가을, 10월 유신이 선포되어 학교가 휴교하여 경주에 관광 간 것이 아직도 기억에 새롭다.

당시에도 국회는 국정감사하느라 지방출장을 하고 있었다. 내가 겸직을 나가 있었던 신문사에서는 아침부터 부산한 움직임이 보였다. 박 대통령이 95만 표 차로 3선 된 뒤 「국가보위에 관한 특별조치법」을 변칙처리하고, 「7.4남북공동성명」을 발표하는 등 숨 가쁜 상황이 전개되었고 항간에는 총통제 개헌설까지 나돌고 있었다. 그러나 독일에서는 동서독기본조약이 협상 중이었고 한국에서는 남북조절위가 열리고 있었기에

---

* 『대학신문』 제1336호, 1992년 10월 26일자(관악세론).

엄청난 일이 일어나리라고는 생각할 수 없었다.

그런데 17일 저녁에 소위 10.17선언이 발표되었다. "정상적인 방법이 아닌 비상조치로써 남북대화의 적극적인 대화와 주변 정세의 급변하는 사태에 대처하기 위한 체제개혁을 단행한다"는 것이었다. 국회를 해산하고 대학을 휴교시키고 신문을 검열하는 비상계엄 하에 동료 논설위원 들은 나의 피신을 권고하였다. 3공 들어 계속적으로 정부를 비판하는 글을 써 온 내가 요주의 인물로 지목되어 있기 때문이라고 했다.

경주의 가을은 아름다웠다. 중·고등학교 학생들의 수학여행 틈에 끼어 돌아 본 토함산의 단풍은 절경이었다. 10월 26일에는 비상국무회의에서 헌법안이 의결되고 27일에 공고되었기에 다시 상경하였다. 그 뒤 정부는 공법학자들을 동원하여 유신 지지 발언과 헌법홍보를 요구하였다. 이를 반대하는 홍보를 거부하였다고 하여 재임명에서 문제가 될 줄은 영구고용제였던 당시만 하더라도 잘 몰랐다. 유신 통치는 암흑기였다. 헌법에 대한 비판이 금지되었을 뿐만 아니라 헌법 개정의 청원조차 금지되는 비상조치가 발동되었다. 유신헌법 반대라는 이유로 재임용 탈락이 논의되었으나 대학 본부의 노력으로 감일등 된 뒤의 학교생활은 비참하기 짝이 없었다. 학술논문 집필조차 단념하고 암흑기가 하루 빨리 지나가기를 빌고 있었다.

79년 10월 26일 다시금 비상계엄령이 선포되었다. 영구집권을 꿈꾸었던 한 사람의 사망으로 유신 헌법은 허물어지기 시작하였다. 유신 헌법의 폐지운동과 신헌법의 제정으로 79년 말은 바쁘기만 하였고 학자로서의 보람을 느낄 수 있었다. 그러나 80년의 봄은 짧았고 다시 5.17전국계엄령의 확대실시로 다시 전국을 떠도는 신세가 되었고, 장마 속의 우울한 나날을 보낼 수밖에 없었다.

80년 10월 비상계엄이 해제된 뒤에는 사실상의 경찰계엄이 되어 학원에는 경찰이 상주하게 되었다. 80년 10월 27일에는 제5공화국 헌법이 공포, 시행하게 되었고 87년 10월 27일에는 제6공화국이 국민투표로써 확정되었다. 그러고 보니 10월과 헌법은 깊은 관계가 있는 것 같다. 10월 26일과 27일은 4공, 5공, 6공화국 헌법과 밀접한 관계가 있어 독재의 탄생과 퇴진의 기념일이 되고 있다.

영구집권을 꿈꾸던 장군도 권불이십년(權不二十年)이라 믿은 부하에 의하여 사살되었고, 단임제라는 미명 하에서 철권을 행사했던 장군은 5 공청산의 대상이 되었다. 학계만은 그때의 어용교수가 오늘은 민주교수로 탈바꿈하여 사회를 혼란케 하고 있다. 유신의 조역들도 오늘은 민주화의 기수로 탈바꿈하여 선거에 임하고 있다.

나치스의 어용학자 칼 슈미트는 10월에 교도소에서 참회의 글을 썼다. 나치스를 피하여 스웨덴에 망명하여 나치스의 범죄와 하등 관계가 없었고 오히려 피해자였던 빌리 브란트는 독일 국민의 과오를 사과하기 위하여 유태인 묘비 앞에 꿇어 앉아 눈물로 사죄하였다. 10월에 그도 세상을 하직하였다.

10월은 많은 것을 생각하게 하는 달이다.

8. 변호사 등 10년 이상 거친 뒤 판사로[*]

사법연수원 폐지, 민간 법학대학원서 법조인 양성을

국민의 사법에 대한 불신은 높다. 사법부에 대한 국민의 인상은 법조인들이 고압적이고 권위주의적이며 불친절하다는 것이다.

이와 같이 모든 법조와 법학계가 불신을 사고 개혁의 대상이 되고 있는 것은 법조인이 국민에게 군림하려는 자세와 기득권수호를 위한 집단이기주의 때문이라고 하겠다. 혹자는 50년 내려오는 전통을 이조일석에 고쳐서는 안 된다고 주장하나 일제 잔재인 현재의 법학교육과 사법제도는 급격한 개혁이 필요하다. 이제까지의 법학교육이 4년제 교양교육으로 되어 있었기 때문에 법조교육은 사법연수원에 일임되어 있었다. 그 결과 권위주의적이고 관료주의적이고 유아독존적인 판사, 검사, 변호사

---

[*] 『한겨레신문』, 1995년 2월 11일.

가 탄생했기에 이에 근본적인 수술이 필요하게 된 것이다.

이제까지의 판사제도는 일종의 변호사 수습과정처럼 운영되었다. 변호사 개업 때를 대비하여 민사, 형사, 가사, 행정, 조세 등 각 부를 순환 보직하였다. 또 판사 퇴임 뒤 변호사 개업지 제한규정마저 해제하여 전관예우를 가능하게 했다. 변호사 개업이 판사로서의 수습기간이어야 하지 판사직이 변호사 수습기가 되어서는 안 된다. 판사는 변호사나 검사, 당사자 간의 논전에 결정을 내리는 심판관이다 심판관이 당사자나 변호사, 검사보다 사회경험이나 법조경력이 적다고 한다면 누가 그 판결에 승복하겠는가. 그래서 우리나라에는 소송사건이 많아지고 상고사건이 늘어나고 있는 것이다.

판사는 적어도 10년 이상 변호사·검사·교수·법원 보좌관을 거친 사람을 선발하여 임관하여야 한다. 변호사로서 성공한 우수한 인재를 판사로 등용하여 정년 시까지 직위를 보장해 준다면 공정하고 독립적인 재판을 기대할 수 있을 것이다.

변호사의 직업영역은 확장되어야 하고 변호사 수가는 더 싸져야 한다. 가장 우수한 법조인은 미국처럼 정치가, 입법자가 되어야 하고 행정공무원이 되어야 한다.

변호사나 검사의 대우가 행정관보다 월등하기 때문에 법조계에의 인재집중 현상이 나타나고 있다. 법조직무는 엘리트가 해서는 안 되고 평균인이 해야 된다. 우리 법조인이 불친절하고 거만한 이유는 아직도 관료주의에 젖어 있기 때문이다. 법조 관료주의의 온상인 사법연수원을 없애고 민간인 법학대학원에서 법조인 양성을 해야 한다.

현재의 법과대학은 교양법학 과정으로 하고 법조 양성과정은 대학원에서 해야 한다. 법학대학원은 경향 각지에 고루 분포하게 하여 2천명 이상의 입학생을 가지게 하고, 전문변호사를 양성하게 하여 80% 정도를 변호사시험에서 합격시켜야 한다.

사법개혁의 당면 과제는 일제식 잔재를 청산하고 미국식이나 독일식

을 채택하여 국민에게 봉사하는 사법제도를 만들어야 한다는 것이다. 판
사나 검사, 변호사가 국민에게 군림하는 것이 아니고 국민에게 봉사하는
공복이 되도록 사법개혁을 단행해야 하겠다.

9. 법학교육과 사법개혁 방향[*]

현재의 법학교육과 사법(司法)제도에 대한 국민의 불신은 높다. 법학교육이 사법시험 준비교육이 되어 버려 법조윤리나 법적 사고능력 양성에는 기여하지 못하고 '이 문제는 출제가능성이 있다'는 식의 족집게 수업이 행해지고 있다. 심지어 다른 과 학생들까지 고시학원에 가서 족집게 수업을 받아 사법고시에 합격하는 경우도 있다. 사법시험이 암기력 테스트에 치우쳐 있기 때문에 비(非)사회적이고 윤리성이 없는 합격자를 양성하게 된다.

---

* 『한국경제신문』, 1995년 2월 13일(韓經 논단).

아직도 日帝 잔재 팽배

일단 사법시험에만 합격하면 신분이 수직 상승하게 되며 2년 동안의 국비 공무원으로 사법연수원에서 공부한 다음에는 판·검사, 변호사가 된다. 법관이나 검사로 나가면 최고의 권력자로 군림하게 되고 변호사가 되면 많은 돈을 버는 것은 당연시되고 있다. 관존민비의 풍토 때문에 성적이 우수한 사람이 판사가 되고 그 다음 검사가 된다. 이리하여 판·검사는 엘리트 중 엘리트로 인정, 20대에 영감 행세를 하게 된다.

이러한 법학교육과 사법시험제도, 판·검사제도가 해방 후 50년 동안 변하지 않고 있어 개혁의 소리가 높아가고 있다. 현재의 이러한 권위주의제도는 전제주의 일본 제국의 제도를 모방했기 때문이다. 다른 부문에서는 일제의 잔재가 거의 없어졌는데 법학계와 법조계에는 아직도 일제의 권위주의가 팽배해 있다. 현 사법제도의 가장 큰 맹점은 관료주의에 있다. 법원의 문턱이 높고 검사가 반말이나 하고 변호사가 의뢰인을 잘 만나 주지 않는 이러한 병폐는 사법부가 법조인을 위해서 있다는 전제주의적 사고 때문이다.

국민주권주의를 주장하는 민주국가에서는 사법이 국민을 위해서 존재하는 것이고 사법부는 국민에게 봉사하기 위한 국가기구일 따름이다. 사법제도 개혁의 근본 과제는 국민에게 봉사하는 사법상을 정립해야 하며 '법조를 위한 사법'에서 '국민을 위한 사법'으로 전환해야 하는 것이다.

국민을 섬기는 자세로

법원은 국민의 재판청구권을 충족시켜 주기 위한 봉사기관에 불과하다. 국민은 소극적으로 재판을 받을 수익권(受益權)을 가지는 것이 아니라 적극적으로 공정하고 신속한 재판을 청구할 수 있는 권리를 가지는 것이다.

　이제까지의 법조인들이 엘리트를 자처하며 국민을 지배하는 지배자로 군림해왔던 것은 사법의 본질을 망각한 것이며, 자신들의 권익유지를 위하여 법조 자격자의 수를 제한해왔기 때문이다. 외국의 경우 법조 자격자 1인당 국민의 숫자가 3백 명에서 1천 명 정도인데 우리는 법조 자격자 1인당 국민수가 1만 명이 되고 있다. 독일의 경우 변호사 숫자가 6만 명 이상이고, 미국은 80만 명을 넘는데 우리나라의 경우에는 변호사가 3,000명도 안 되는 실정이다. 변호사들은 이 수도 많다고 야단이다. 우리나라에는 유사 법조인이 많아서 변호사수가 적은 게 아니라든가, 국민 1인당 총생산에 비하면 많다고 주장한다.

　독일이나 미국이 1인당 GNP가 우리나라의 4배 정도라면 우리나라에도 1만 5천 명 내지 4만 명의 변호사가 있어야 되는데 이를 지적하지는 않는다. 유사 법조인은 어느 나라에도 있다. 미국에는 공증인만 하더라도 100만 명이 넘을 것이다. 또 우리나라의 변호사 수가(酬價)는 독일의 10배, 미국의 3배에 달한다. GNP 비교를 한다면 독일의 40배, 미국의 12배를 받고 있는 셈이다. 변호사 수가가 이렇게 높은 것은 변호사 수는 적고 의뢰인은 많기 때문이다.

　그럼에도 변호사는 의뢰인이 적다고 푸념하고 있다. 이것은 변호사가 너무나 협소하게 법정변호에만 집념하기 때문이다. 미국처럼 정치인이나 행정공무원의 반 이상이 변호사가 되어야 하며 교수나 법률상담원도 되어야 한다. 그런데 현재는 판·검사와 변호사의 대우가 너무 좋기 때문에 다른 직종에는 가지 않고 최우수 인력이 사법부에만 집중하는 병폐를 낳고 있다. 최우수 인력은 정치인이나 행정공무원이 되어야 하는데 이들이 사법부에만 집중되는 것은 국가적 낭비요, 국제경쟁력을 상실하게 하는 원인이 되고 있다.

　검사나 변호사도 초임이 사무관 월급밖에 안 된다면 사법시험 합격자도 행정부에 갈 것이나 현재는 법조인에 대한 대우가 월등하기 때문에 아무도 행정공무원을 원하지 않아 문제다. 판사의 경우에도 초임 법관은 20대나 30대 초가 대부분이다. 이들 젊은 판사가 재판을 하고 있어 당사자나 변호사들이 승복하지 않아 항소·상고사건이 늘어나는 것 역시 문제이다.

판사 순환 보직 없애야

판사는 당사자, 변호사, 검사들의 논전(論戰)을 심판하는 엄파이어(umpire)이다. 이 심판관이 변호사나 검사보다도 경력이 낮아서는 안 될 것이다. 판사는 적어도 10년 이상 변호사·검사·교수·법원조사관 등 경력을 가진 사람을 선발하여 임명해야 한다. 판사는 40대 후반 사람을 임명하고 정년까지 종신으로 판사를 하도록 해야 한다.

판사가 변호사가 되는 일을 막아야 한다. 이제까지는 판사가 나중에 변호사를 하기 위하여 가사, 민사, 형사, 행정사건을 각각 2년간 로테이션식으로 맡아 전문성이 없었던 게 사실이다. 앞으로는 법관의 승진제 순환 보직제를 없애 법원의 전문성을 살려야 한다.

법학교육도 개선되어야 한다. 법학교육의 연한을 늘여 학부 4년은 교양법학을 강의하고 대학원 2년은 변호사 전문 교육을 하여 졸업생의 80% 이상이 합격하는 변호사시험제도를 도입해야 한다.

우수한 법과대학을 점진적으로 대학원으로 변경하는 것이 좋을 것이다. 대학원 졸업생이 나올 때까지는 현재의 사법시험 재도를 유지하되 합격자는 6백 명, 1천 명 등으로 점차 늘리는 것이 바람직하다.

구시대적인 사상에 젖어 있는 법조계에 사법개혁을 맡겨둔다면 구태의연한 결과밖에 나올 수 없다. 때문에 청와대는 혁명적인 사법개혁과 법학교육 개선을 단행해야 할 것이다. 이제 권위주의적 사법의 청산에는 국민적 합의가 형성된 것으로 보이기 때문에 당국자의 개혁실천을 바랄 뿐이다.

10. 이념논쟁과 헌법수호[*]

18일 한나라당 박근혜 대표는 기자회견에서 "노무현 정권 2년 반이 지난 지금, 국가정체성이 근본부터 흔들리며 정권의 심장부에서 나라의 정통성과 자유민주주의체제를 흔들고 있다"고 정권을 비판했다. 청와대는 "체제가 흔들리고 나라가 무너져 내린다는 것은 억지와 과장선동"이라고 받아쳤다.

그러나 국가원로들은 제2 시국선언에서 "노무현정부의 장막 뒤에 몸을 숨기고 있는 친북좌파세력이 대한민국의 좌형좌(左向左)를 선도하고 있다"고 했고 여러 애국단체들이 현 정권의 친북좌파성향을 성토하고 있다. 기업 때리기로 경기는 죽어가고 외자도입은 안 되는데 가진 자와 못가진 자를 이간시키는 정책을 쓰고 있어 계급투쟁이 격화되지나 않을

---

[*] 『한국경제』, 2005년 10월 20일.

까 걱정된다. 민생은 뒷전이고 좌익교수 구하기로 올인하고 있는 정권을 볼 때 원로들이나 한나라당의 걱정을 정부 성명만으로는 일소할 수 없으며 국민이 불안해하고 있는 것은 사실이다.

그동안 이 정부는 반기업적, 반사유재산적, 반자유적 활동을 감행해왔다. 그들은 자유 중에서는 학문의 자유와 사상·양심의 자유만을 강조하고 친북발언을 하고 국법질서를 문란하게 하는 교수·학생·정치인들을 비호해 왔다. 그 결과 고등학교나 대학교에서도 그들의 소위 '진보'관이 팽배하고 있다. 이러다가는 우리 젊은 세대들이 공산주의 세뇌를 받아 공산통일을 희망하게 될지도 모르는 위험상태에 처해 있다.

대학에 있어서의 학문의 자유와 자율은 대학생 선발의 자유와 대학교육의 자유인데도 이에 대해서는 사사건건 간섭하여 심지어 영어지문조차 입시논술이나, 면접에서 제시하지 못하도록 간섭하면서 반체제적인 강의나 외부선동활동은 학문의 자유라고 하여 비호하고 있기 때문에 국민들의 불안은 커지고 있는 것이다. 386세력 중 주사파들은 아직도 반헌법적인 사고방식을 버리지 못하고 사회에서 강단에서 대한민국의 정체성을 부정하고 김일성·김정일을 찬양하고 북한의 우위성과 연방제 통일을 외치고 있다.

학문과 사상의 자유도 내면에 있어서는 자유이나 외부적 표현은 국가안전보장과 질서유지, 공공복리를 위하여 법률로써 제한할 수 있는 것이다. 특히 고교에서와 대학의 교수의 자유는 헌법에 충성해야 하는 제약이 있다. 독일 헌법 제5조 3항은 「헌법에의 충성」을 의무화하고 있다. 따라서 반헌법적인 교수나 표현은 얼마든지 제한할 수 있으며 제한되어야 하는 것이다. 또 '학문이란 일정한 지식수준을 기반으로 방법론적으로 정돈된 비판적인 성찰을 함으로써 진리를 탐구하는 것'이 헌법재판소 판례이며 사실에 근거하지 않는 수정사관은 국체를 문란하게 하는 것이다.

그동안 정부는 맥아더동상 철거문제나, 미군철수 주장이나, 성조기 소각사건 등에 관하여 명백한 반대를 표시하지 않고 인공기 훼손에 대해서는 처벌할 것을 지시하고 있다. 과거 자유당시대나 유신시대의 인권침해 행위에 대해서는 이를 파헤치면서 현재까지 행해지고 있는 북한의 인권침해에 대해서는 한 마디도 하지 않고 세계가 공인한 북한인권개선결의안에는 기권하고 있으니 친북좌경이란 의심을 받기에 충분하다. 북한의 핵이 대한민국의 존립에 절대적인 위협인데도 그것이 마치 한국의 핵무기인 것처럼 옹호하고 있으며 북한의 자위수단이라고 변호하고 있으니 좌경친북세력의 증거로 되고 있다.

여·야당과 국민간의 이념대립은 사실에 입각해야 하고 헌법에 따라 극복되어야 한다. 대한민국 헌법은 한반도와 그 부속 도서를 영토로 하고 있다. 또 남한주민 뿐만 아니라 북한주민도 대한민국의 국민이다. 재외동포까지 대한민국의 보호를 받아야 하는데 국민인 북한주민의 보호를 소홀히 하고 인권침해를 수수방관하는 것은 중대한 의무위반이요 탄핵사유가 된다. 대한민국의 통일은 자유민주적 기본질서 하에서만 가능하다. 그런데 북한을 주권국가로 인정하고 연방제 통일을 하겠다는 것은 헌법에 위반되는 발상이다.

대통령과 국무위원, 국회의원, 검찰관, 법관 모두가 대한민국 헌법에 의하여 정당성을 가진 것이요 헌법을 준수하지 않고 헌법이나 법률을 집행하지 않는 것은 범법행위이다. 세계 어느 나라나 국가와 헌법수호를 위해서는 처벌규정을 두고 있다. 모든 국가기관과 국민은 헌법을 파괴하려는 세력은 단호 응징하여야 하며 그래야만 국론이 통일될 수 있다. 헌법은 우리 국민의 국가계약의 합의문서이기 때문이다.

11. 법률구조공단 20주년을 축하한다[*]

1986년 말에 법률구조법이 제정되었고 1987년에 법률구조공단이 설립된 지 어언 20년이 지났다. 법률구조공단 창립당시만 해도 법률구조공단은 법무부의 한 산하단체로 인정되어 민사구조와 법률상담에 치중할 수밖에 없었다. 그것이 재단의 계속적인 요구로 구조대상 범위가 형사구조, 국가를 당사자로 하는 소송구조에도 확대되게 되었다. 그 결과 법률구조 업무가 획기적으로 늘어나게 되었다.

과거 검찰청에 부속되어 있었던 지방사무소도 이제 독립사무실을 갖게 되었으며 변호사도 공단소속변호사, 법률구조위원 등 상당수에 달하고 있으며 공익법무관을 배치 받아 법조자격자도 100명을 넘어 명실상부한 법률구조공단으로 발전하게 되었다.

---

[*]   대한법률구조협회, 『법률구조』, 2007.

소속 변호사들은 법률상담에 그치지 않고 소송대리인으로 소송구조를 하여 많은 구조대상자에게 실질적 금전손해의 회복 등을 해 주고 있어 구조의 실효성을 높이고 있다. 2006년에만 소장 등 서류작성이 14,500건이나 되며 민사소송구조 27,000건, 형사법률구조 17,000건으로 서민들의 소송비용 감축과 승소가능성을 높여주고 있다.

법률구조대상자도 확대되어 월수입 240만 원 이하 국민 전원이 대상으로 되어 있어 국민반수이상이 혜택을 보게 되었다. 이밖에도 농업협동조합가입자, 영소자영업자, 성폭력피해여성, 한부모가족, 외국인근로자 등까지 구조대상을 확대하고 있다.

2007년 3월에는 법률구조법이 개정되어 범죄행위로 인하여 피해를 입은 국민에 대한 국가의 구조의무를 실질화 하기 위하여 법률구조공단이 범죄피해자를 법률적으로 보호·지원하도록 하고 있다.

법률구조법은 대한법률구조공단에 자료제공요청권을 부여하였고 구체적인 법률구조사건에 대한 법무부장관의 감독권을 제한하고 있어 대한법률구조공단의 권한은 확대되고 독립성이 보장되고 있다고 하겠다. 20년 동안의 대한법률구조공단의 발전은 괄목할만하고 국민들의 의식도 많이 호전되어 법률구조공단 사무실은 만원을 이루고 있다.

그러나 공단사업의 하나인 준법정신의 앙양을 위한 계몽 사업 등은 예산사정으로 부진한 것 같다. 법무부에서 법교육위원회가 있고 국가인권위원회가 준법정신 앙양을 위하여 활동을 하고 있으나 이것만으로는 부족하고 서민대중을 위한 계몽 사업을 확대하여야 하겠다. 또 연구사업도 보다 활성화 했으면 좋겠다.

2001년에 창설된 국가인권위원회에 비하여 실제적 구조를 하고 있는 대한법률구조공단이 예산상으로나 기구의 독립성이 뒤떨어져 있기에 국가인권위원회 정도의 독립성이 보장되었으면 한다.

형사소송법 개정으로 필요적 변호사건이 늘어 변호인 선임권이 확대되었기에 공단사무는 늘어나고 있다. 이에 만족하지 아니하고 형사·민사·가정 사건뿐만 아니라 행정소송사건과 헌법소송사건에서도 법률구조를 단행해야 하겠다. 국가를 당사자로 하는 민사소송이나 국가배상을 청구하는 국가배상사건, 헌법상 기본권침해를 다투는 헌법소송 사건에서 변호인을 선임하지 못한 원고는 패소할 가능성이 많기에 변호사 선임은 필수적이다. 특히 문제가 되고 있는 것은 헌법소원 등에 변호사대리 강제제도를 채택하고 있어 자력 없는 국민들이 마음대로 헌법소원을 제기하지 못하게 하고 있어 문제다. 독일과 같은 나라는 민소소송에서는 변호사대리 강제를 인정하고 있으나 헌법소송에서는 변호사대리를 강요하고 있어 문제이다. 이 법률조항을 개정하여야 할 것이다. 그 때까지라도 법률구조공단 변호인을 국선대리인으로 선정하여야 할 것이다.

대한법률구조공단은 그동안 세계 각국의 법률구조단체를 방문 시찰하여 장단점을 배워 괄목한 발전을 하였다. 그런데 이제 역전되어 대한법률구조공단은 세계의 모범사례로 되어 외국에서 벤치마킹하려고 하고 있어 국위선양에도 기여하고 있다. 법률구조공단의 앞으로의 발전을 기원한다.

12. NLL 포기는 국헌문란행위*

    서해상의 북방한계선인 NLL이 존폐 위기에 있다. 노무현 대통령은 영토 개념이 아니라고 하면서 어릴 적 땅따먹기 놀이에 비교하고 있다. 정동영 대통합민주신당 후보는 바다에 선을 긋는 나라는 없다고 하고, 이재정 통일부장관은 영토 개념이 아니라 안보 개념이라고 우기며, 서주석 전 대통령 비서관은 NLL이 영해선이라는 의미는 위헌적이라고 했다. 이러한 발언은 남북 국방장관회담을 앞두고 북한의 주장을 대변한 것으로, 우리 측 대표들에게 NLL을 포기하라는 지시처럼 보여 겁이 난다.

    서해는 대한민국의 영토다. 헌법은 대한민국의 영토는 한반도와 그 부속 도서라고 하여(제3조) 당연히 북한이 사실상 점유하고 있는 영토도 대한민국의 영토로 규정하고 있다. 따라서 NLL 이북 서해까지도 우리의

---

* 『문화일보』, 2007년 11월 5일.

영토다. 대통령은 전 국토를 방위해야 할 의무를 지고 있다. 바다에 선 긋는 나라는 없다는 발언은 영해 개념을 모르는 소치다. 우리 '영해 및 접속수역법'은 「대한민국의 영해는 기선으로부터 측정하여 그 바깥 쪽 12해리의 선까지」라고 하여(제1조) 선을 긋고 있다. 현재 이 원칙에 반하는 것으로 대한해협이 있다. 과거 우리는 평화선을 그어 일본 어선을 나포한 적도 있다.

NLL이 영해선이라는 의미는 위헌적이라는 주장은 일리가 있다. NLL 이남 지역만을 우리의 영해라 한다면 영토 조항에 위반할 것이다. 그러나 NLL 이남을 우리의 영해가 아니라고 한다면 이것은 국헌문란 범죄행위다. 1991년의 남북기본합의서 제11조와 불가침 부속합의서 제9~11조는 기본합의서에 규정된 불가침경계선과 구역을 구체적으로 명시하고 있다. 부속합의서 제10조는 「해상 불가침구역은 해상불가침경계선이 확정될 때까지 쌍방이 지금까지 관할해 온 구역으로 한다」고 명시하고 있다. 이 해상 불가침경계선인 NLL은 오랜 점유와 실질적 주권행사로 국제법적으로 승인돼 있다.

10.4 남북정상회담에서 북한은 NLL 협의 요청을 하지 않았는데 노 대통령이 서해 평화협력지대 구축으로 우회해서 해결한 것이라 한다. 10.4 정상합의문은 국회의 비준동의를 받지 않은 신사협정에 불과하다. 이 신사협정이 효력을 발생하려면 남북총리회담에서 구체적인 합의를 서명해야 하고 이를 국회에서 비준동의해야 한다. 또 그 후속조치로 해주평화지대법을 만들어야 한다.

NLL 문제는 남북 국방장관회담의 의제가 될 수 없다. 남북 국방장관은 남북총리회담에서 서해평화지대협정이 합의 서명된 뒤 그 군사적 후속조치만 논의해야 한다. 이에는 해주 군항의 폐쇄와 평화적 이용 문제, 해주지역 일대에 밀집해 있는 장거리포, 미사일, 잠수함의 후방 배치, 군축, 민간선박의 월경 보호만 논의해야지 NLL과 같은 영해 문제를 다뤄서는 안 된다.

현재 NLL이라는 확고한 경계선이 있음에도 북한의 함정이 남하하여 발포해 교전을 했고, 그 결과 많은 장병이 희생됐다. 그런데 경계선을 없애거나 공동관리수역으로 하는 경우 쌍방간의 분쟁이 끊이지 않을 것이요, 다시 서해교전이 재발할 가능성이 크다. 공동어로수역 설정, 해주 군항 폐쇄, 한강 입구 공동개발, 해주공업단지 조성 지원 등은 남북관계 발전을 위해서 바람직하기는 하다. 그러나 이것은 어디까지나 국민의 동의를 얻어야 할 것이며, 법률로 확정해야 하는 것이다.

서해평화지대의 조성 합의가 타결된 뒤에야 그 후속조치로 민간선박의 사전통고·허가절차를 거쳐 NLL 월경을 허용하는 것은 가능할 것이다. 남북이 북방한계선에 관해 협의하는 것은 협의에 응하면 되는 것이지 일방적인 양보를 해서는 안 된다. 특히 대통령이나 여권, 시민단체의 압력에 따라 해상경계선을 허물어서는 안 된다.

NLL은 클라크 장군이 북한과의 협의 없이 선언한 것이기 때문에 효력이 없다는 주장도 있다. 당시 한국 해군은 북한 해군보다도 막강한 전투력을 가졌기 때문에 해상침공을 할까봐 그어놓은 평화선이다. 이 평화선을 새로 획정하려고 하는 경우에는 전쟁 당사자 간의 평화(강화)협정이 체결돼야 한다.

정부는 제주해역 영해를 북한에 개방한 우를 재범하지 않기 위해 현재의 남북불가침협정 준수를 강력히 요구하면서 평화협정 체결 시까지는 현 북방해상경계선을 수호해야 한다.

13. 제18대 국회와 정치개혁과제[*]

1. 서

2008년 5월 30일부터 제18대 국회의원의 임기가 개시되었다. 제18대 국회는 국민의 기대를 버리고 7월 10일에야 첫 개원을 하게 되었다. 유례없이 긴 촛불집회의 덕을 보려고 야당은 촛불집회를 뒤따라 다니는 한심한 꼴을 보였다. 서울광장에 모인 시민들이 '모든 권력은 국민으로부터 나온다'고 외치고 심지어 '국민의 이름으로 대통령의 하야를 명령'하는 대의민주주의의 위기를 가져왔건만 이 직접민주주의의 욕구를 국회에 승화시켜야 할 국회는 보이지 않았다. 국민의 대표기관인 국회가 대표기관이기를 거부하고 국회에 등원하지 않은 것은 국회의원직의 상실에 상당하는 의무위반이라고 하겠다. 만약에 국회가 7월 10일에 개원을 하지 않았다면 아마 시민단체들이 국회의원소환을 국민의 이름으로 명령했

---

[*] 『자유공론』, 2008년 9월호.

을지 모른다. 개원한지 40여 일이 지났는데도 원구성조차 못하고 있어 한심하기 짝이 없다. 대의민주주의의 위기를 맞아, 제18대 국회는 구태를 벗어나 국가의 미래와 국민의 복지증진을 위하여 헌신 노력하여야 할 것이다. 그러나 전망은 그리 밝지 않다. 여당은 친박계 인사를 받아들임으로써 182석의 거대원내교섭단체가 되었다. 나머지 국회의원 수는 117명 정도 되는데 여기에는 민주당이 83석, 민노당이 5석, 창조한국당이 3석, 자유선진당이 18석을 차지하고 있다. 야당의원을 전부 합쳐도 거대여당에 대등하게 맞서기 어려운 실정이다. 이를 빌미로 야당들은 원내다수결을 무시하고 장외에 나가 진보시민단체와 연합하여 가두투쟁을 벌이려고 하고 있다.

10년간 정권을 잡았던 민주당과 열린우리당의 후신이 집권 10년의 경험을 국회를 통하여 펼쳐야 할 텐데도 명색이 법무장관까지 지낸 사람이 바리케이트 위에 올라가 시민궐기를 부채질하고 있으니 이들에게 정권을 맡겼던 국민들은 후회를 넘어 실신할 지경이었다.

좌파들이 그 동안 10년간 집권하였건만 국리민복을 위한 정치에는 관심이 없고, 재집권하기 위하여 혁명까지도 불사하겠다고 하는 것은 일부 386세력들의 야성을 들어내는 것 같다. 좌파 10년 정권에 대한 심판이 12.19대선이요, 4.9국회의원 총선이었지만 아직도 대선과 총선의 진정한 민의를 존중하지 않으려는 것은 반민주주의적 발상의 극치라고 하겠다.

필자는 제17대 개원에 따라 제17대 국회의 나아갈 방향을 발표하였는데 국회의원들이 이 충고를 듣지 않아 제17대 국회는 많은 오점을 남겼다.

18대 국회의 개원을 맞아 18대 국회의원에 대한 당부를 다시 할까 한다. 그런데 이것이 실현될 것이라는 가능성은 거의 없을 것 같다. 그럼에도 나라를 사랑하는 노학자로서 말하지 않을 수 없는 책임감에서 이 글을 쓰기로 한다.

2. 대선과 총선의 의의

제17대 대통령선거는 좌파정권에 대한 국민의 심판이었다. 말썽 많았던 한나라당 후보가 530만 표를 앞선 압도적 다수로 당선되었다. 또 이회창 전총리도 유효투표의 15%에 달하는 득표를 하였다. 이명박 후보와 이회창 후보의 득표를 합하면 거의 3분의 2가 좌파정권을 배척하고 우파정권을 택했던 것이다. 이로써 10년만의 정권교체가 행해졌던 것이다. 그러나 이명박 정권은 인수위원회때부터 설익은 정책을 남발하였고 인사에 실패하여 점차 인기가 떨어지고 있었다. 그럼에도 불구하고 4월 9일에 있었던 국회의원선거에서도 한나라당이 대승하고 좌파정당이 참패하였다. 선거 결과는 한나라당 153석, 친박무소속과 친박연대 25석, 자유선진당 18석, 무소속 5석으로 보수정당이 의석의 3분의 2를 초과하였다. 이에 반하여 진보정당측은 통합민주낭 81석, 민주노동당 5석, 창조한국당 3석, 무소속 5석 등 약 95석에 불과하였다. 이는 4년간 진보진영이 과반수를 차지했던 제17대 국회가 우파진영의 약진으로 4년만의 의회권력교체였다고 하겠다.

제17대 대선과 제18대 총선은 선거혁명이었으며 좌파정권에서 우파정권으로서의 대전환이었다. 이것은 선거로 정권교체가 가능하다는 것을 실증한 것으로 민주주의의 승리라고 하겠다. 그러나 제17대 대선에서도 네거티브선거운동이 기승을 벌였고, BBK사건에 대한 공박이 선거공약을 무색케 한 면이 있었다. 제15대 대선과 제16대 대선에서 네거티브로 당선되었던 악폐가 제17대 대선에서도 자행되었던 것은 대선선거운동의 큰 오점이었다.

제18대 총선은 투표율이 46.6% 밖에 되지 않아 국민참여율이 낮아 국민주권주의의 위기라고 보아야 하겠다. 총선과정에서는 한나라당이 공천을 잘못하여 153석을 획득하는데 그쳤고, 친박무소속과 친박연대가 25

석을 차지하여 민의를 왜곡한 면도 없지 않았다. 상향식 공천이 정착되어 가는가 했는데 다시금 중앙당공천, 밀실공천이 행해져 정당내의 민주주의가 무시된 것은 아쉬운 일이었다. 한나라당의 공천에서는 밀실공천이 이루어져 다선의원을 공천에서 탈락시킨 것은 국회의 안정성 면에서의 큰 후퇴라 하겠다. 야당에서도 당공천이 외부인사에 의하여 결정되는 등 정당민주주의 면에서 바람직하지 않는 점이 많았었다. 당 공천이 선거막바지에 이루어져서 정책대결을 하지 못하고 인물선택에 그친 것도 문제였다. 어쨌든 선거의 결과 한나라당에서는 젊은 신인이 많이 등장하였고, 젊은 의원들이 실세로 된 것이 특색이다. 통합민주당에서는 젊은 386세력이 퇴장하고 다선의원이 많이 당선되었다. 친노계열은 사라지고 당중진들도 서울에서 낙선하는 사람이 많았다.

4.9국회의원선거가 끝난 뒤 이명박 정부는 FTA비준동의안을 처리한다는 명목으로 4월 국회를 소집하였다. 그러나 이는 큰 패착이었다. 낙선된 의원을 포함하여 과반수를 차지하고 있던 통합민주당은 소고기수입협상 파헤치기에 바빴고 진작 자기들이 체결한 FTA비준에는 소극적이었다. 또 정부비판에만 적극적이었고 Honeymoon기간도 지키지 않았다. 촛불시위를 기화로 이에 편승하여 국회등원을 보이콧하고 시위대에 따라다니는 추태를 보였다. 6월 한 달 한나라당과 통합민주당은 전당대회 준비에 바빴고, 7월 초에야 당대표를 선출하였다. 국회공전에 대한 국민의 비판에 직면한 민주당은 지리한 등원협상 끝에 7월 중순에 들어와 국회에 등원하였다. 그러나 8월 18일까지 상임위원회 구성 등을 둘러싸고 힘겨루기를 하면서 정상적인 국회상임위원회 구성조차 못하고 있다.

한나라당은 친박무소속과 친박연대를 일괄 복당시키기로 하여 182석의 거대여당이 탄생하게 되었다. 이에 대비하여 민주당은 민노당과 자유선진당과 연립하여 야당으로서의 투쟁을 다짐하고 있다. 야당의 반대가 심해질 경우 국회의 정상활동이 우려되며 국회 밖에서의 가투(街鬪)가 벌어지지나 않을까 걱정된다.

3. 한국정당정치의 문제점

현대 민주정치는 정당제민주정치라고 한다. 선거는 정당에 대한 투표로 정당에 대한 국민투표적 성격을 띠게 된다. 선거가 정당정책에 대한 찬반투표의 역할을 하기 때문에 일종의 직접민주적인 역할을 하고 있다. 국회는 정당대리인의 집합소처럼 되어 원내교섭단체의 활동이 결정적인 역할을 하고 있다. 원내교섭단체를 구성하지 못하는 소수당의 역할은 감퇴하고, 이들 비교섭단체는 국회에서의 협상이나 타결을 외면하고, 거리에 나서는 경향이 늘어나고 있다. 국회는 원내에서 토론과 타협을 하여 법률을 제정하고 국정을 비판하여야 함에도 당리당략에 따라 싸움질이나 하고 야당은 그 뜻이 관철되지 않으면 원외투쟁에 돌입하기 일쑤였다.

정부를 견제하여야 할 국회도 제구실을 다 못하고 있다. 그 이유는 여당은 무조건 정부정책을 옹호하고 야당은 무조건 반대하는 것이 국회의원의 의무이기나 한 것처럼 착각하고 있기 때문이다. 이것은 국회의원에 대한 원내규율 때문이 아닌가 한다. 여·야당의 원내교섭단체가 의결방향을 결정하고, 소속의원의 자유의사를 무시하고 찬반투표를 강요하고 있는 것이다. 이 점에서 여·야당은 정부견제비판의 기능을 다하지 못하고 있다고 하여 비판되고 있다.

우리나라의 정당정치의 문제점은 정당구조와 관련되어 있다. 한국 정당은 인물중심의 조직으로 되어 있어 특정인이나 특정지역의 대표를 중심으로 구성되어 있다. 과거에는 3김씨가 정당의 창당이나 해산에 결정적인 영향을 끼쳤다. 우리나라 정당은 대부분 현직 대통령이 창당하고 대통령의 퇴임과 함께 소멸했다. 노무현 전 대통령이 자기를 당선시켜준 새천년민주당을 깨고 열린우리당을 창당하였는가 하면, 대통령임기 말이 되자 탈당소동이 일어나더니 다시 새천년민주당과 통합하여 통합민주당을 만들었고 7월 전당대회에서 다시금 민주당으로 개명하였다. 이승만 박사의 자유당, 박정희 장군의 공화당도 대통령 퇴임과 함께 사라지고 말았다.

　정당의 이합·집산이 잦은 이유는 정당이 이념이나 정책에 의하여 결집된 것이 아니기 때문이다. 영국의 노동당이나 보수당이 이념에 따라 창당된 것이기 때문에 2백년의 역사를 가질 수 있고, 미국의 정당은 정책에 따라 민주당과 공화당으로 나뉘어져 백 여 년의 역사를 자랑하고 있다. 독일의 정당도 이념과 정책에 따라 성립한 것이기 때문에 백 여 년의 역사를 자랑할 수 있었다. 독일에서는 종교에 따라 기독교정당이 성립하였는데 신교정당과 구교정당으로 나뉘고 있다.

　우리나라에서도 정당은 이념과 정책에 따라 구성되어야 하고 운영되어야 한다. 현재 이념정당이라고 할 수 있는 것은 민주노동당 정도이고, 한나라당이나 민주당, 자유선진당 등은 잡탕정당이라고 해도 과언이 아닐 것이다. 거대여당인 한나라당에도 386소장파와 보수원류가 혼재하고 있다. 심지어 노인층과 소장파간의 권력다툼까지 행해진 바 있다. 또 친이파와 친박파가 대립하여 당내화합을 이룰 수 있을 것인지도 문제다. 민주당의 경우에도 386급진파와 관료출신들의 온건보수파가 대립하고 있으나 야당인 탓에 과격한 분열상은 보이지 않고 있으나 정책결정과정, 예를 들면 FTA비준동의안 처리 등에서 당론이 분열될 가능성이 많다.

　자유선진당은 보수이념을 버리고 진보적인 창조한국당과 연립하여 원내교섭단체를 구성하였고, 정부정책에 반대하고 있다. 이것은 좌우파 연립이라고 볼 수 없으며 자유선진당의 정체성을 훼손하게 될 것이다.

　외국의 경우를 보면 정당색이 확연히 다르다. 미국이나 영국에서는 보수당과 진보당의 양당체제가 확립되어 있고, 유럽에서는 기독교보수당, 녹색당, 사회당, 공산당 등 다당제도로 되어 있으며 보수, 진보, 급진, 극우성향을 띠고 있다. 우리나라에서도 이념과 정책에 따른 정당의 재편성이 필요한 것 같다. 현재는 한나라당이나 민주당이 다 중도정당을 표방하고 있다. 중도보수, 중도진보로 확연히 구별되는 것도 아니기 때문에 당내통합이 어려운 것이 현실이다. 앞으로는 극우(진짜 보수), 중도, 진보, 급진으로 정당정책을 선명히 해야만 한다. 그래야만 국민이 정당에 가입할 수 있고 정당을 선택할 수 있을 것이다.

다양한 이념과 정책을 가진 정당이 필요하나 그렇다고 하여 군소정당이 난립해서는 안 되며, 극좌, 극우의 폭력정당이 등장해서는 안 된다. 우리 헌법은 정당조항을 두어 민주적 기본질서를 침해하는 정당의 해산을 규정하고 있다. 민주적 기본질서를 침해하는 것은 나치당과 같은 극우 폭력단체나 종북 공산주의정당을 말한다. 대의민주정치를 부정하고 선거에 의한 정권교체가 아니고 폭력에 의한 정권교체를 주장하고 헌법기관의 기능을 침해하는 정당은 위헌정당이다. 위헌정당에 대해서는 정부가 헌법재판소에 제소하고 헌법재판소의 결정에 의해 해산된다. 위헌정당으로 선고되면 정당의 등록이 취소되고 정당에 대한 재정지원금이 몰수된다. 해산된 정당과 같은 강령과 정책을 가진 정당은 설립할 수 없으며 대체정당을 설립할 수 없다. 우리나라의 경우 의회제도를 부정하면서 시위·폭력에 의하여 정부를 전복하려는 정당은 위헌이 되며 북한노동당과 같은 정강정책을 가진 종북정당은 해산되어야 한다.

정당은 국민의 정치적 의사형성에 참여해야 하며 일정한 당원과 조직을 가져야 하며 선거에 참여하여야 한다. 이러한 요건을 갖춘 정당만이 국고보조를 받을 자격이 있다. 국민의 극소수의 지지밖에 얻지 못하는 정당은 등록이 취소된다. 지난번 총선에서는 17개의 정당이 경쟁하였으나 득표율 2%를 못 얻은 정당이 등록 취소되었다. 군소정당의 난립을 방지하는 것은 국민의 의사를 대변하는 정당을 보호하려는 것이요 국민의 선택가능성을 보장하기 위한 것이다.

정당은 민주정치에 있어서 불가결의 존재이다. 국민의 의사를 형성하고 수용하여 선거에 참여하여 지지자의 의사를 국회에 대표하는 확성기 역할을 해야 한다. 정당은 많은 당원을 확보하여야 하며 정책, 정강을 같이하는 시민단체를 포섭해야 한다. 그래야만 거리에서 투쟁하는 시위문화를 성숙화시킬 수 있으며 시민의 책임의식도 고양할 수 있을 것이다. 진보정당의 경우 민주노동당이 민주노총과 전교조회원을 많이 포섭하고 있는데, 민주노동당이 주동이 되어 이들 단체들을 컨트롤해야 하는데 역으로 민주노총, 전교조와 같은 과격시민단체들에 의해 지배되고 있어 정당으로서는 문제가 있다.

한나라당을 비롯한 보수정당도 범우파를 아울러야 한다. 한나라 등의 경우 뉴라이트라든가 대한노총, 헌변 등 우익 시민단체들을 적극적으로 포섭해야 한다. 시민단체들도 자기들의 이익을 국정에 반영하기 위해서는 정당에 참여하여 정당의 정강·정책결정에 참여하여야 한다. 정당제도가 발전하기 위해서는 선거제도가 개혁되어야 한다.

4. 선거제도의 개혁

현재의 선거제도는 지역구에서의 인물선거를 원칙으로 하고 있다. 소선거구제도는 지역보스를 선출하는데 적합하고, 국민의 대표여야 할 국회의원들이 지역민의 이익을 대표하는 데 급급하고 있다. 국회의원들이 표를 얻기 위하여 결혼식장에나 참여하고 상가를 순례하는 것은 지양되어야 한다. 국회의원은 지역민의 이익을 대표해야 하는 것은 아니고, 지역민의 대표로서는 지방의회의원이 있기에 국회의원들은 전국적인물이어야 하며 정당에서 정치를 익힌 사람이어야 한다. 현 선거제도는 개혁되어야 한다. 국회의원의 4분의 1 정도를 전국구비례대표제로 뽑고 있으나 비례대표 명부를 중앙당이 작성하고 그 순위를 고정시키고 있어 간접선거라는 비판이 일고 있다. 비례대표 명부작성은 원칙적으로 시·도당에서 민주적으로 행해져야 한다. 현재와 같은 중앙당이 낙하산식으로 후보자를 결정하고 그 순위를 변경시킬 수 없게 한 것은 중앙당의 독선과 과두정치를 조장하는 것이다. 비례대표는 민의를 가장 정확하게 반영할 수 있기 때문에 확대 실시해야 한다. 비례대표제는 정당선거에 가장 적합한 제도이다. 그런데 우리의 비례대표제는 진정한 비례대표제가 아니기에 문제가 많다.

정당을 중심으로 하되 인물선거를 반영하게 한 제도가 독일식 비례대표제이다. 독일에서는 1인2표제를 실시하고 있는데 제1표는 지역구의 인물을 선택하게 하고 제2표는 정당을 선택하게 하고 있다. 국회의원의 의석수는 정당에 투표한 제2표에 비례하여 배분된다. 제1표는 직선에 의한 인물선거로 이 결과 비례대표제 명부순위가 변경되어 후순위후보라도 지역구에서 상대다수득표를 한 사람은 당선된다. 구속식 명부제가 아니고 투표자의 선택에 따라 명부순위가 바뀌기 때문에 직접선거의 원칙에도 합치된다. 정당이 얻은 제2표에 따라 의석이 배정되는데 지역구 인물선거에서 당선된 사람을 제외한 만큼의 의원이 합동명부에서 선출된다. 예를 들어, 300명의 국회의원을 선출하는 경우 A당이 50%를 얻으면 150석을 가지게 되고 B당이 30%를 얻으면 90석이 배정되고 C당이 20%를 얻으면 60석을 배정받게 된다. 각 정당은 후보자명부를 작성하는데 이 경우 후보자명부는 시·도당과 중앙당의 대표가 모여 순위를 투표로 결정한다. 전국구 정당에 대한 제2표 외에 지역구에서 1인을 뽑는 제1표가 있다. 제1표는 지역에서 상대다수를 얻은 사람을 선출하는 것으로 제1표는 전국의석수에는 영향을 끼치지 않는다. 정원의 반수를 지역구에서 선출하기 때문에 150석은 지역구 출신이다. 만약에 A당의 지역구 후보자가 90석을 획득했다고 하면 비례대표에서 선출되는 사람은 150−90=60명이 된다. B당이 지역구에서 40석을 얻었다면 비례대표는 90−40=50명이 당선된다. C당이 지역구에서 20석을 얻었다면 비례대표에서는 60−20=40명이 당선된다.

지역구 후보와 비례대표 후보에는 중복하여 등재될 수 있다. 따라서 지역구에서 낙선되더라도 비례대표로서 당선될 수 있다. 이렇게 함으로써 정당이 꼭 필요한 인물은 지역구에서 낙선되더라도 비례대표 명부 선순위에 있으면 당선될 수 있다. 이렇게 정당이 필요로 하는 인물의 국회 진출을 보장할 수 있고, 정당선거와 인물선거를 동시에 병행할 수 있다.

완전한 정당별 비례대표제를 채택하면 국민의 의사를 정당하게 반영할 수 있고 투표자에 의한 정책 선택이라는 직접민주제적 요구도 실현되는 것이다.

우리나라에서 현재 하고 있는 국회의원 선거는 지역구선거와 전국구 비례대표제를 완전히 분리하고 있다. 또 지역구 후보와 전국구 후보의 이중추천이 금지되고 있다. 따라서 지역구에 입후보한 사람은 그 지역구 선거에 전념할 수밖에 없고 전국적인 선거운동에 참여할 수 없다. 각 당 대표들이나 간부들이 자기 당의 정강정책을 선전하여 국민에게 자기 정당에 한 표를 호소해야 되는데 현재는 당 간부들이 지역선거에 몰입하기 때문에 정책에 대한 투표는 잘되지 않고 있다. 당대표나 당 중진간부라고 하더라도 지역구에서 낙선하면 정당활동을 거의 못하게 된다. 이러한 제도는 정당발전을 저해한다. 지난번 통합민주당의 대통령후보나 당수 조차 지역선거구에서 패배하여 정계를 은퇴하여 정당의 연속성을 담보할 수 없게 하고 있다. 또 많은 장래가 촉망되는 여·야 정치인들이 지역구에서 낙선하여 정계를 등지게 되어 정당의 힘이 약해지고 있다. 전직 당대표들도 대개 지역구에서 낙선했기 때문에 국회에는 경험이 없는 신인들의 활동무대로 변하고 있다. 이들 간부들이 비례대표제의원으로 추천되었다면 당연히 당선되었을 것이요 정치생명은 연장할 수 있었을 것이다. 서울 등 격전지에서 입후보하기를 거부하고 지역기반에서만 운동한 당간부들은 당선되었기에 지역보스로서의 역할밖에는 하지 못할 것 같다. 만약에 복수후보추천이 가능하다면 정당이 필요로 하는 인재를 육성할 수 있어 정당정치의 발전을 가져올 수 있을 것이다.

우리나라에서는 소선거구제의 폐단을 지적하면서 중선거구제나 대선거구제의 채택을 주장하는 사람이 많다. 이들은 지역구선거는 지방보스의 선거에 치중하게 되고 국회의원이 지역구내 이익을 대표하기 위하여 활동하여야 하며, 쓸데없이 경조사에 얽매이는 폐단을 없애기 위하여 중·대선거구를 선호하고 있다. 그래야만 적어도 도단위의 인물이나 전국적 인물의 선출에 유리할 것이라고 한다. 만약에 한국에서 독일식 비례대표제를 채택하면 소선거구의 선거인수는 배가 되어 중선거구적 역할을 하게 될 것이며, 전국선거구에서는 전국적 인물을 선출하게 되고 정당의 정강·정책에 대한 일종의 국민투표적 역할을 할 수 있기 때문에 중선거구제나 대선거구제의 장점을 아울러 가지면서도 정당발전에 크게 기여하게 될 것이다.

5. 국회제도의 개혁

한국의 국회제도는 단원제이다. 단원제이기 때문에 국회 내에서 정치투쟁이 과열된다고 하여 양원제를 하여야 한다는 주장도 있다. 오늘날 민주적 양원제의 경우 선거결과가 같이 나오는 경우에는 상·하 양원간의 견제는 기대하기 힘들다. 미국이나 독일처럼 연방제를 하는 경우에는 주(State)나 지방(支邦=Land)의 권익을 대표하기 위한 상원이 필요할 것이나 한국과 같은 단일국가에서 과연 상·하 양원간의 견제기능을 기대할 수 있을지 모르겠다. 헌법제정 당시에는 국정의 신속한 처리를 위하여 단원제로 하였는데 1952년의 헌법 개정으로 민의원·참의원의 양원제로 하기로 하였으나 참의원 선거를 하지 않아 단원제를 유지하였다.

4.19 이후 제2공화국에서야 참의원 선거를 하여 참의원을 구성하였다. 이 때 참의원 선거는 도단위의 대선거구제를 채택하여 전국적 인물이나

도단위의 유지들이 당선될 수 있었다. 제2공화국은 단명에 그쳤기 때문에 참의원의 기능을 평가하기는 어렵다. 민의원의 졸속입법을 막고 민의원의 전횡을 견제하기 위한 기능을 다하였는지 잘 모르겠다.

우리나라도 통일이 되는 경우에는 상·하 양원제가 필요할 것이다. 특히 정치적소수자의 이익을 옹호하기 위하여 지역적 이익을 대표하는 참의원이 필요할 것 같다. 현재 국회에 대한 불신 분위기를 볼 때 과연 상원을 만들어 국회의원 수만 늘려 비효율적인 입법과 정책수립을 하여 국고를 낭비할 것을 국민들이 용인할 수 있을지 의문이다. 혹자는 현재 국회의원 300명을 나누어 200명은 하원의원으로 나머지 100명은 상원의원으로 한다면 국회의원 수는 동결할 수 있을 것이라고 하나 그것도 기대하기 어렵다. 참의원이 생기면 국회의원 수당뿐만 아니고 참의원 직원이 늘어나야 하기 때문에 국회예산이 늘어나는 것은 당연하다.

현재의 국회는 상임위원회 중심으로 운영되고 있다. 이것은 국회의원의 전문화를 가져와 입법과 정책견제를 효율적으로 하기 위한 제도라고 한다. 그러나 우리나라에서는 미국이나 일본과 같이 많은 국회의원을 가지지 않으므로 상임위원회 중심주의는 폐기되어야 할 것이다. 일본에서 보는 바와 같이 상임위원회 중심주의는 소위 족의원(族議員)을 양산하여 국회상임위원회와 정부부처의 유착을 가져오고, 정부각부처의 견제는커녕 정부제안법률을 통과해주고 해당부처의 이익을 대변하는 경우가 많다. 이리하여 상임위원회 의원들이 소관행정부처에 압력을 넣어 지역구 이익이나 집단의 이익을 관철시키는 경우가 많다. 그 결과 부패의 온상이 되고 있다.

상임위원회 중심주의의 결과 국회의원들조차도 자기 상임위원회에 속하지 않는 법률안이나 정책을 알지 못하고 본회의에서 거수기역할을 하게 된다. 과거 제헌헌법부터 우리나라는 본회의중심주의를 하였고 독일도 본회의중심주의를 하고 있는데 우리가 미국이나 일본의 제도를 모방하여 상임위원회중심으로 할 필요는 없다. 입법안도 본회의에서 축조심의를 하고 3독회를 거치게 한다면 모든 국회의원들이 국정전반에 걸쳐 연구하게 되고 토론할 수 있게 되어 중지를 모을 수 있을 것이다.

국회는 입법기관이다. 국회의원을 당연히 입법의 전문가가 되어야 한다. 미국대통령제하에서는 정부에게 법률안제출권을 인정하지 않고 있다. 국회는 통법부가 아니고 입법부이기 때문에 법률제정에 보다 많은 연구를 하고 법률을 통과시켜야 한다. 현재의 입법형태를 보면 대개 상임위원회 소위원회에서 여야가 합의하면 상임위원회를 통과하고 본회의에 보고가 되면 그대로 통과되는 경우가 대다수이다. 이렇게 되는 경우 원내교섭단체 구성원이 아닌 국회의원들이 발언의 기회도 봉쇄되고 소수자보호의 국회원칙에도 반하게 된다. 또 위임입법을 양산하여 실질적 입법권은 정부에 위임하는 경우가 많다. 국회는 정부의 위임입법이 국회의 입법취지에 맞게 제정되었는지 심사해야 되는데 정부에게 제출을 요구하지도 않고 사후심사를 하지 않는데 이는 입법통제권의 포기라고 하겠다.

국회는 정부에 대한 정책통제기관이다. 국회는 국정감사권, 국정조사권, 국무총리·국무위원 출석요구권, 질문권 등을 통하여 국정을 통제하게 되어 있다. 실제에 있어서는 젊은 국회의원이 총리나 장관을 불러 호통이나 치고 행정부처나 지방자치단체에 가서 향응이나 받는 일이 많았다. 국회의원은 국무위원들을 모욕하거나 명예를 훼손하거나 호통을 쳐서는 안 된다. 잘 준비된 자료에 따라 사실을 적시하고 행정부처의 정책을 비판하고 대안을 제시해야 한다. 그런데도 국정감사나 국정조사는 유명무실하게 되는 경우가 많고, 여야대립으로 국정조사보고서조차 작성하지 못하는 경우가 많으며 국회의원들은 장관에 대한 호통이나 치고 질책한 것에 만족하고, 대안제시도 못하는 경우가 허다하다.

국회의 예산·결산심사권행사에도 문제는 많다. 국회는 예산·결산위원회를 상설하고 있건만 정부예산심의 시에 자기 지역구나 자기 지역에 대한 예산의 증액에만 혈안이 되어 예산의 삭감율은 한자리 수에 머물고 있다. 예산심의는 밀실에서 해서는 안 되며 공개해야 하고 그 타당성을 보다 면밀히 검토해야 한다. 특히 결산심사는 거의 방치하고 있어 문제이다.

정부예산의 집행통제는 국회의 가장 중요한 임무의 하나인데도 결산심사보고서 조차 만들지 않고 결과를 공개하지 않는 것은 국회의원의 의무위반이라고 하겠다. 국회는 국정을 지도해야 한다. 정부에는 20명 정도의 장관급이 있는데 국회에는 수많은 장관급이 활동하고 있다. 이들이 월급에 부끄럽지 않은 정책결정을 해야 하고 정책통제를 해야 한다. 국회의원이 이 중책을 성실히 수행하지 않는 경우 무노동 무임금의 원칙을 적용하여야 할 것이다.

6. 국회중심의 정치를

오늘날 행정국가화의 경향에 따라 국회의 지위는 저하되고 정치의 중심이 대통령, 정부, 공무원이 중심이 되는 경향이 나타나고 있다. 그러나 이들 행정기관은 헌법과 법률의 집행기관에 불과하다. 입법권은 국회에 있기 때문에 국회가 헌법을 해석하고 그를 실질화하는 법률을 만들어 정부나 공무원이 헌법과 법률을 준수하는지 감독하여야 한다. 미국의 대통령제하에서도 정부는 법률안제안권도 없고 예산결정권도 없다. 미국에서는 대통령우위가 논의되고 제왕적 대통령제가 우려되고 있으나 국회의 권한이 훨씬 강력하고 국회의 협력 없이는 통치를 해나갈 수 없다. 특히 의원내각제 국가의 경우 국회가 정부를 구성하고 불신임권을 가지고 있다. 그런데도 우리 헌법은 대통령·정부에게 법률안제안권과 예산편성권을 주고 있으며 국회가 이에 대해 엄격한 통제를 하지 않기 때문에 국회는 통법부(通法府)라는 오명을 쓰고 있는 것이다.

비대해진 행정권과 방만한 경영을 일삼은 공기업에 대한 철저한 감시와 책임추궁은 국회의 몫임에도 국회가 이 권한을 적절히 행사하지 못하여 국정의 난맥상을 연출하고 있다. 사실이지 전문지식에 있어서는 행정관료가 국회의원보다 좋은 실력을 가질 수 있다. 그러나 이들 공무원은 전체 국민을 위한다기 보다 부처이기주의나 행정편의주의에 젖어 있어 개혁이 시급히 요구되고 있다. 국회의원은 개별적인 전문지식으로 행정공무원을 이기려고 하기 보다는 전체국민을 대표하는 선량으로서 정책입안과 결정·통제에 치중할 것이 요청된다.

우리나라 국회의원의 자질은 세계적이다. 거의 전부가 대학을 졸업했고 일부는 박사학위를 가지고 있으며 장관·교수 출신들까지 있다. 이들 국회의원 개개인이 현재와 같은 패배주의나 매너리즘에서 탈피하여 그 능력을 최고도로 발휘하여 국민에게 봉사하여야 한다. 이제까지 국회의원은 원내교섭단체의 구성원으로서 원내교섭단체의 결의에 맹종하는 경향이 있었는데 이는 지양되어야 한다. 헌법이 국회의원에게 면책특권과 불체포특권을 인정하고 있는 것은 국회의원이 전체국민의 대표자로서 양심에 따라 소신을 펴게 하기 위한 것이다. 국회법도 제114조의 2를 신설하여 「의원은 국민의 대표자로서 소속정당의 의사에 기속되지 아니하고 양심에 따라 투표한다」고 하고 있다. 이 정신은 투표에만 한정되지 않고, 발언과 법률안제안, 국정심의에서도 적용된다. 그런데도 국회의원이 당리당략에 따라 활동하는 것은 국민의 대표위임에 위반되는 것이다. 국회의원은 개개인이 헌법기관이라는 자각을 가지고 국정에 전념해야 한다. 국회의장은 당직을 가지지 못하게 되어 있으며, 각 상임위원회 위원장도 정당소속원이기 보다는 전체 국민의 대표자로서 기능해야 한다.

국회의원은 무엇보다도 헌법과 법률을 준수하는데 솔선수범하여야 한다. 헌법과 국회법을 지켜, 입헌정치와 법치행정을 완성해야 할 의무를 지고 있다. 정치는 행정공무원이 아닌 국회의원이 하여야 하기 때문에 정책문제에 있어서는 공무원을 지도하는 역량을 배양하여야 한다. 국회의원이 장관을 겸하여 국정을 맡아 헌법과 법률을 집행하는 것도 바람직하다. 우리는 헌법에 규정되어 있는 의원내각제적 요소를 살려야 할 것이다.

우리나라에서도 국회의원이 정치·행정의 중심이 되는 의원내각제로 헌법을 개정하여야 한다는 주장이 있다. 그러나 그때마다 국회의원을 믿을 수 없기 때문에 의원내각제를 채택해서는 안 된다는 반론이 있어 왔다. 제18대 국회의원들은 이 같은 오명을 벗고 국회중심의 정치가 행해질 수 있도록 준비를 하여야 할 것이다.

14. 제헌 60주년, 헌법의 존엄성회복을 위하여[*]

오늘은 대한민국 헌법이 제정된 지 꼭 60주년이 되는 날이다.

이제 환갑을 맞은 헌법이 정착돼 국가와 사회발전의 기틀이 되어야 함에도 아직도 헌법이 국가와 국민생활에 제대로 자리 잡지 못한 것 같아 안타깝다.

헌법은 국가의 기본법이요 국민기본권보장의 대장전(Magna Carta)이다. 그런 헌법이 폄하되고 헌법 무시행위가 횡행하고 있는 것은 헌법을 집권의 편의를 위한 도구로 착각하고 있는 정치권이나 시민들의 잘못된 헌법 인식 때문이다.

그동안 헌법은 집권자의 권력욕에 따라 위헌적으로 개정되고 또 적용되어 왔다. 헌법 위반행위는 처벌되지 않으며, 따라서 헌법은 공법(空法)

---

*   『조선일보』, 2008년 7월 17일.

이라고 평가절하 해 온 것이 오늘날 국민의 헌법 존중정신을 훼손하게 한 원인이 아닌가 한다.

현행 헌법은 6월 항쟁의 결과 여야합의로 개정된 것으로, 독재정권, 권위주의정권의 부활을 막고 국민의 기본권을 대폭 신장시킨 역대 가장 좋은 헌법이다. 좌파정권은 이 헌법조차 무시하고 헌법을 폄하하는 경향이 많았다. 노무현 전 대통령은 '그 놈의 헌법' 때문에 통치 못해 먹겠다고 했고 '법은 정당할 때만 지키고 그렇지 않으면 안 지켜도 되는 것'이라는 망언을 하기도 했다. 결국 그 자신이 선거중립의무를 위반하여 탄핵소추까지 받았다.

좌파정권 10년간 헌법을 자의적(恣意的)으로 운용하고 법질서를 파괴시킨 것이 지금의 무법상태를 가져온 근인(根因)이라고 하겠다. 대한민국 헌법을 '태어나서는 안 될 것'이요 분단의 상징으로 여겨 폐지되어야 할 투쟁의 대상으로 낙인찍고, 헌법과 법에 대한 저항을 미덕으로 치부한 좌파정권 10년의 원죄이다.

헌법은 군중정치를 배격하고 국민의 투표에 의하여 선출된 대표자에게 국가권력을 행사하도록 위임하고 있다. 그런데 국민의 정부와 참여정부 하에서는 시위가 다반사였다. 이들은 최근까지 거리에서 '주권은 국민에게 있고 모든 권력은 국민으로부터 나온다'는 것을 구호로 불법시위를 강행했다.

우리 헌법의 국민주권주의는 그들이 주장하는 바와 같은 인민주권이 아니다. 그것은 국민다수의 총의(總意)에 의하여 성립한 대표기구를 통하여 국가권력을 행사한다는 것을 뜻한다. 주권은 국민 개개인에게 있는 것이 아니다. 만약에 주권이 개개인에게 있다면 대한민국에는 5,000만 개의 주권이 있게 되어 주권의 유일불가분성(唯一不可分性)에 위반된다.

주권은 전체 국민에게 있고 국가권력은 국민 다수가 선출한 대통령과 국회를 통하여 행사되는 것이다. 선거에서 참패한 세력이 시위로 정권퇴진을 요구하는 것은 위헌적인 소요행위요, 국회가 제정한 법률을 짓밟는 것이다.

국민의 대표기관인 대통령과 국회는 국가안전보장, 질서유지, 공공복리증진의 의무를 지고 있다. 대통령 정부가 법질서를 위태롭게 하는 소요행위를 방임하는 것은 직무유기이다. 국회의원이 국민의 대표로서 국가와 국민을 위하여 국회에서 활동하지 않고 불법시위를 부추기는 것은 국회의원의 직무를 포기한 것이다. 그들은 마땅히 국회의원직을 사퇴한 뒤에 시위에 앞장서야 할 것이다.

국회의원이 만든 법률에도 악법이 있을 수 있으나 위헌법률을 무효화할 수 있는 것은 헌법재판소뿐이다. 현재의 많은 법률들은 386세력이 지배하던 지난 국회에서 만들어진 것으로 국회는 이들 법률이 헌법에 위반되는 경우에는 개정을 해야 한다.

표현의 자유의 남용도 문제이다. 개인의 자유는 타인의 명예나 권리를 제한하지 않는 한도 내에서만 보장되는 것이지 다중의 힘을 빌려 도로교통을 방해하고 생업에 지장을 주는 행위는 인정되지 않는다. 익명에 의한 표현은 비겁한 행위요 복면을 쓰고 등 뒤에서 칼을 꽂는 행위일 뿐이다. 개인의 권리를 남용해서는 절대로 안 된다. 국회와 정부, 사회는 국민이 헌법을 준수하고, 권리를 남용하지 않을 의무를 지고 있음을 자각하게 하여 사회질서를 확립하고 민생을 안정시켜야 한다.

독일의 모범적인 바이마르 헌법이 공산주의자와 나치주의자의 시가투쟁(街鬪) 때문에 파괴되고 범죄 독재국가가 성립한 전철을 밟지 않도록 정부는 헌법을 준수하고 법률을 공정하게 집행해야 한다.

제헌 60주년 기념일이 입헌주의와 법치주의 확립을 위한 대전환점이 되기를 바란다.

15. 헌법제정 60주년과 헌법수호[*]

1. 제헌 60주년의 의의

2008년 7월 17일은 1948년 헌법을 제정한지 60주년이 된다. 5.10선거의 결과 성립한 제헌국회가 헌법안을 통과하고(7.12) 국회의장이 공포한지 60년이 되었다. 그 동안 한국의 헌정사는 파란만장하여 형식적인 헌법 개정도 9차례나 하였고, 실질적인 헌법제정은 6회나 하였다. 누구는 우리 헌법을 '누더기 헌법'이라고 했고, 그 놈의 헌법 때문에 정치 못해 먹겠다고 악을 쓰기도 했다.

그러나 우리나라는 이 헌법 때문에 민주공화국으로 발전했고 국민의 기본권을 신장하여 아세아에서의 입헌국가로 손색이 없게 되었다. 대한민국의 골간을 유지해 온 것이 이 헌법이었으며, 정치의 헌법화, 행정의 법치화를 가져오고 생활의 헌법화를 가져온 점에서 우리 헌법은 국가발

---

* 『자유공론』, 2008년 7월호(권두시론).

전에 중요한 기여를 하였다.

2008년 5월 이후에 헌법 개정 논의가 다시 나타나고 있으며 제18대 국회에서 헌법 개정을 마무리해야 한다는 주장이 나오고 있다. 제60주년 제헌절은 과거 60년의 헌정을 반성하고 새로운 60년을 맞이하기 위한 전환기가 되어야 하겠다.

2. 헌법 개정과 운용의 교훈

1) 대한민국 헌법제정의 의의

대한민국 헌법은 미소 양진영에 의한 분할점령의 산물이기는 하나 오늘의 대한민국의 발전에 큰 공헌을 하였다. 봉건제를 타파하고 민주주의를 도입하고 기본권을 신장한 점에서 길이 역사에 남을 문서이다. 혹자는 태어나지 않아야 할 정부라고 1948년의 건국을 폄하하는 경향이 있으나 이는 부득이한 것이었으며 한국의 근대화와 민주화의 초석이 된 것이다.

유엔 소총회의 결의에 따라 가능한 지역만의 국회의원 총선에 따라 국회를 구성한 것은 아쉬운 점이 있으나 이는 동서냉전의 결과이지 민족진영의 분열의 결과는 아니었다. 1950년의 5.30선거에서는 보수진영과 진보진영이 다 참가하여 대한민국의 발전이 기대되었다.

2) 헌정파괴의 경험

1950년 6월 25일의 남침은 민족상잔의 최대불행이었으며 전쟁하의 질서를 유지하기 위하여 비상계엄이 선포되었고, 이승만 대통령의 독재가 가능했던 것이다. 이 대통령은 대통령재선을 위하여 부산에서 직선제개헌을 단행하였고 서울에 수복한 뒤에는 3선개헌을 하였다. 3선개헌은 4사5입 이론을 빌린 정족수 미달의 개헌이었다. 이 박사는 4선을 위하여 3.15부정선거를 하였고 4.19혁명으로 하야하고 말았다. 만약에 이 박사가 재선에만 그쳤던들 오늘까지 건국의 아버지로서 숭앙을 받았을 텐데 헌법을 유린하면서 장기집권을 한 것은 아쉽다.

4.19혁명후의 제2공화국헌법은 여야합의에 의하여 합헌적으로 개정한 것으로 독재를 예방하기 위하여 의원내각제를 도입한 것이 특징이다. 장면정권하에서 민주당이 분당하지 않고 단합했더라면 장수했을 텐데 신·구파로 분당하여 헌정운영에 실패하였다. 분출하는 집회 시위로 법질서는 무너졌고 공산주의화할 위험까지 걱정하게 되었다. 이런 헌정의 불안이 5.16군사 쿠데타의 빌미를 준 점도 없지 않아 안타깝다.

제3공화국헌법은 군사독재 하에서 박정희 장군 등이 민정이양을 위해 만든 것이다. 헌법자체는 모범적인 것이었으나 대통령이 개발독재를 하여 국민의 저항을 불러 일으켰다. 박대통령도 3선개헌을 단행하였고 1972년에는 통일을 대비한다는 명목으로 유신헌법을 제정하였다. 이는 대통령을 간접 선거하여 영구집권을 기도한 것이고 긴급조치로 국민의 기본권을 유린하였다. 박대통령이 3선개헌만 하지 않았던들 경제건설의 아버지로서 영구히 존경받았을 텐데 아쉽다.

3선개헌을 통한 영구집권을 막기 위하여 대통령단임제가 도입되었다. 전두환 대통령은 간접선거로 당선되었으나 제5공화국에서 단임제를 실천하였다. 대통령간선제를 유지하기 위하여 의원내각제 개헌을 제안하였으나 시민의 6월항쟁에 항복하여 철회하였고 현행 제6공화국 헌법제정에 기여하였다.

군정하의 헌법 개정은 대개가 헌법의 절차에 위반되는 위헌적인 개정이었으나 현재의 제6공화국헌법은 여야합의에 의하여 합헌적으로 개정된 것이며 군사정권에서 민간정권으로 옮겨가는 대헌장이 되었다.

제6공화국헌법이 시행된 지도 만 20년이 지났다. 그동안 우파정권 10년, 좌파정권 10년을 거쳐 2008년에는 다시 우파정권이 들어섰다. 이 헌법은 그동안의 헌법 중에서 가장 좋은 헌법으로 평화적 정권교체에 기여하였다. 또 헌법재판소를 두어 헌법보장과 기본권보장에 획기적인 기여를 했다.

그러나 이 헌법에서도 직선제대통령에 의한 무능과 독선 때문에 대통령제의 폐해가 노정되고 있으며 이에 대한 개정도 논의되고 있다.

3. 새로운 헌정의 과제

1) 헌법 개정논의의 활성화

2008년 이명박 대통령이 취임한 뒤에 국회의원과 정치인, 학자를 중심으로 헌법 개정논의가 계속되고 있다. 노무현 대통령은 2007년 초에 헌법 개정을 주장하다가 정치인들과 국민들이 반대하자 제18대 국회 임기 동안에 헌법을 개정할 것을 강권하여 일부의 동조를 받았다. 그는 우선 one point 개헌을 주장하였는데, 대통령의 4년 중임제, 대통령과 국회의원의 동시선거가 주된 내용이었다.

그 이유는 대통령이 장기적인 로드맵을 만들어 정책을 수행할 수 없어 장기정책을 집행할 수 없으며 임기 말에 lame duck 현상이 나타나 대통령의 권한행사기간은 사실상 4년밖에 안되기 때문에 국정의 수행이 힘들다고 하였다. 또 대통령 임기 중에 국회의원선거가 행해지면 여소야대현상이 일어나 국정이 마비된다는 것이다. 이 안에 대해서는 많은 비판이 있었다.

최근의 논의는 대통령제가 무책임제이기 때문에 책임정치를 실현하기 위해서는 의원내각제 등으로 정부형태를 개정해야 한다고 하고 있다. 일부에서는 현행 헌법이 제정된 뒤 20년이 지났기에 87년 체제를 획기적으로 바꾸는 새로운 헌법이 제정되어야 한다고 주장한다.

또 일부에서는 헌법 개정이라는 국력낭비가 심한 극약처분을 쓸 것이 아니라 민주정당육성을 위하여 정당법과 선거법만 개정하자는 주장도 있다.

2) 직접민주제냐 대표민주제냐

헌법 개정은 단숨에 단행할 것이 아니라 국민의 합의를 거쳐 신중히 행해져야 할 것이다. 권력구조의 경우 행정부가 국회에 책임을 질 수 있는 개헌이 되어야 할 것이다.

앞으로 대의민주정치를 중시할 것이냐 직접민주정치를 중시해야 할 것인가도 논의의 대상이 될 것 같다.

87년의 6.10항쟁 이후 데모에 의한 정권교체의 요구가 강화되었고 최근에는 취임한지 100일 밖에 안 되는 대통령에 대한 탄핵요구와 하야요구가 거리에서 난무하고 있다. 앞으로 대통령이나 국무위원, 국회의원 등에 대한 국민소환제도의 도입도 주장될 것으로 보인다. 그러나 직접민주적인 국민소환제도는 대의정치를 말살하는 것이기 때문에 헌법 개정에는 신중을 기해야 할 것이다. 직접민주적인 포퓰리즘이 횡행하는 경우 중국의 문화혁명에서 보는 바와 같이 일시적인 시민감정에 휩쓸려 대의민주정치를 압살할 가능성이 있다.

국민투표제 자체는 현행 헌법에 규정되어 있기 때문에 국민이 요구하는 경우 대통령이 민의를 묻는데 유용하게 쓰일 수는 있으나 국민소환제도는 대의정치를 파괴하게 될 것이기 때문에 도입에 신중을 기하여야 할 것이다.

대한민국은 대표제민주정치를 원칙으로 하고 있다. 주권자인 국민은 선거를 통하여 대표자를 뽑고 대표자를 통하여 정치 행정을 하도록 하고 있다. 대통령은 국민이 뽑는 대표자이다. 이 대표자를 견제할 수 있는 기구는 국민의 대표기관인 국회이다. 국민은 자기의 뜻을 국회의원을 통하여 의정에 반영하여야 하고 여론을 형성하기 위하여 정당에 가입하여 활동하여야 한다. 정당은 국민의 정치적 의사형성을 위한 기구요 국회에 민의를 전달하는 확성기의 역할을 해야 한다. 정당이나 국회의원이 국회를 등지고 직접 시민을 선동하고 가투를 벌이는 것은 헌법질서를 파괴하는 것이다.

3) 기본권행사의 한계

국민의 기본권이 아무리 중요하더라도 국가를 전복하고 정부를 무능화하여 공산당에 넘겨주는 일은 허용되지 않는다. 우리 헌법은 언론·출판·집회·결사·시위의 자유도 국가안전보장·질서유지·공공의 복리를 위해서는 법률로 제한할 수 있게 규정하고 있다.

법률이 국민의 기본권을 과도히 제한하는 경우 헌법소원을 통하여 헌법재판소에 구제를 청구할 수 있으며 헌법재판소는 기본권을 과잉 제한하는 경우 법률을 위헌무효 선언할 수 있는 것이다. 국민이나 국회의원은 헌법소원을 제기하고 헌법재판소의 결정을 기다려야 하지 헌법재판소에 압력을 가하는 시위행동을 해서는 안 된다.

4) 헌법의 수호

국회의원은 국회에서 법률을 제정하고 개정할 책임을 지고 있다. 법률에 위헌성이 있거나 날치기로 통과하는 경우에는 헌법재판소에 헌법소원과 권한쟁의를 하여 헌법재판소의 결정에 따라야 한다. 국회에서의 날치기라든가 몸싸움을 막기 위하여 헌법재판소 제도가 생겼다는 것을 국회의원은 직시하여 국회활동을 하여야 할 것이고 가투에 나서는 일이 있어서는 안 된다.

그동안 우리나라에서는 군인이나 학생이나 시민에 의한 헌정파괴행동이 있었다. 이러한 것이 저항권의 행사로 정당화될 수 있는 경우는 극히 드물다. 국가는 헌법의 민주적 기본질서의 보장을 위하여 국리민복을 위하여 헌법준수를 독려해야 하고 법질서 유지에 노력해야 한다.

국민도 대표들이 헌법을 준수하고 있는지 감시하고 국회법이나 형사법을 위반하는 국회의원이나 공무원은 고발하고 배상을 청구하여야 할 것이다. 헌법의 최후의 수호자는 국민이기에 국민의 헌법수호의 의무를 강조하여야 하겠다.

16. 법질서 유지는 나라의 근본[*]

한국 사회는 법을 무시하고 폭력으로 해결하려는 아노미현상이 지배하고 있다. 법을 마치 약자를 처벌하기 위한 도구로 생각하고 법질서에 저항하는 것을 영웅시하는 경향조차 없지 않다. 집회와 시위에 관한 법률이 엄존하고 있음에도 경찰의 집회금지를 무시하고 대규모 불법시위를 해 교통을 마비시키고 경제를 후퇴시키는 경향이 있다.

노동조합도 조직노동자의 권익옹호를 위해 비정규직의 고용유지에는 관심이 없고 노동조합 및 노동관계조정법의 규정을 위반하면서 정치파업을 하고 정치행동을 하고 있다. 심지어 국회의원들조차 법률 제정은 하지 않고 국회를 등지고 시위대에 앞장서 시가투쟁을 선동하고 있다.

이러한 법 경시사상의 원인은 여러 가지가 있을 것이나 법에 대한 무

---

[*] 『세계일보』, 2009년 2월 8일자(김철수 칼럼).

식과 불신에 기인한 것이 많을 것이다. 5.18 등 쿠데타에 의한 불법의 지배를 경험했던 때는 저항이 미덕이라고 생각했으며, 6월항쟁에 의해 민주화를 이룩했던 경험 때문에 공권력에 대한 폭력시위를 정당화하려는 것 같다.

그러나 지금은 군사독재시대가 아니고 민주정치가 행해지고 있는데도 공권력에 저항하는 것은 국민의 의무를 망각한 것이다. 민주정치에서의 국민은 주권자이나 이 주권은 헌법과 법률절차에 따라 행사할 수 있는 것이다. 일부 시위군중이 '국민은 주권자요 국민의 이름으로 MB하야 명령'을 하는 것은 민주주의를 모욕하는 것이다. 주권자인 국민은 전체 국민을 말하는 것이요, 주권을 행사할 수 있는 사람은 유권자의 다수이다. 주권의 행사자는 선거와 국민투표에 의해 결정된다. 국민에 의해서 선출된 대통령과 국회만이 국민의 대표자로서 주권을 행사할 수 있는 것이다.

정부는 국민의 그릇된 법의식을 시정하기 위해 지난 10년의 법 경시, 헌법 모독 풍조를 불식하기 위해서라도 올바른 법 교육을 해야 한다. 공무원시험에서조차 헌법과목이 빠지고 학교교육에서도 법 교육이 왜곡돼서는 안 된다. 법무부는 법 교육 강화를 위한 법률을 제정했는데 빨리 이 법에 따라 대대적인 법 교육을 전개해야 할 것이다. 법의 준수는 도덕·윤리에만 맡길 수는 없으니 정당한 공권력을 행사해 신상필벌의 풍토를 조성해야 한다. 1988년 민주화 이후에 만들어진 화염병 사용 등의 처벌에 관한 법률도 적용해야 하고 형법의 소요죄나 집시법의 다중불해산죄도 적용해야 한다.

법률은 약자를 처벌하기 위한 것이 아니고 국민 다수의 복리를 증진시키기 위한 것이다. 법은 대립하는 이익당사자의 싸움을 조정하고 평화를 확립하는 수단이다. 사회안정은 법의 이념의 하나이다. 국민의 자유는 절대적이 아니며 국가안전보장, 질서유지와 공공복리를 위해 법률로써 제한할 수 있는 것이다. 군사독재시대에는 악법도 많았으나 그동안 민주화된 국회에서 개폐되고, 헌법재판소의 위헌심사를 통해 많이 정리되었다.

법의 준수는 통치자가 솔선수범해야 한다. 법률의 제정자요, 국민대표 기관인 국회의 기물을 파손하고 폭력으로 국회 경위의 업무를 방해하고 국회 기능을 마비시키는 일은 다시는 없어야 한다. 국회의 폭력사태는 대한민국의 국격을 격하시킨 폭거요, 대한민국에서는 민주정치가 불가능하다는 인식을 세계에 선전한 격이어서 국헌문란, 국가모독행위라고 하겠다.

국회에서 폭력을 근절해야 하는 것은 절체절명의 과제다. 국회는 국회 내 폭력범에 대해서는 가중처벌하고, 국회의장의 검찰고소가 있는 경우 직무집행을 정지시켜 공정한 재판을 보장해야 할 것이다. 국회는 국회폭력처벌법은 직권상정해서라도 통과시켜야 민주정치, 대의정치, 다수결 원리를 지켜나갈 수 있을 것이다. 헌법은 폭력으로 민주적 기본질서를 위태롭게 하는 정당은 해산을 제소할 수 있게 하고 있다. 정부는 법질서 확립을 위한 속도전을 벌여야 한다.

17. 공권력의 권위 실추[*]

외국에 가서 보면 한국의 실상이 더 잘 보인다. 독일에 있을 때 TV에 매일처럼 노동자의 폭력시위가 방영됐고 독일인은 한국의 노동시장을 비웃고 경제위기가 올 것이라고 예언했다. 정말 얼마 되지 않아 IMF 외환위기가 터졌고 경제는 나락으로 떨어졌다. 이번 짧은 외국여행 중에도 국회의원과 경찰관이 대치하는 영상이 연일 보도됐고 영국의 파이낸셜 타임스는 한국의 정치를 비꼬아 '폭력정치'라고 비난했다.

독일의 경우 프란츠 요제프 슈트라우스 국방장관이 경찰의 교통지도를 무시하고 바쁜 정사를 핑계로 범칙금을 물지 않았다고 하여 면직됐으며 공권력에 대한 저항은 거의 볼 수 없었다. 과거 길거리에서 난무하던 일본 시위대조차 이제 데모를 자제하고 있으며 경제회생을 위해 협력하

---

[*] 『세계일보』, 2009년 3월 15일.

고 있다. 미국에서도 경찰이나 검찰에 대한 항거는 엄중 처벌되기 때문에 공권력의 행사에 대해서는 저항하지 않으며 불법적인 피해를 입었을 때에는 사법적 구제수단을 밟고 있다.

우리나라에서는 재판을 받는 피고인이 판사석에 돌진해 폭행을 하는가 하면 판결에 불복해 석궁으로 판사를 쏘는 형국이다. 국회의원조차 입법안을 발의했다고 폭행당해 입원하는 사태가 벌어지고 있다. 또 경찰관이 폭도에게 감금돼 폭행당하며 신분증까지 빼앗기는 사태가 늘어나고 있다. 이러한 공권력에 대한 도전은 자유를 방종으로 인식하고 공권력에 대한 저항을 영웅시하는 잘못된 풍조에서 나온 것이다.

이러한 공권력의 권위 상실은 지난 정권에서 확연히 찾아볼 수 있겠다. 군사기지 수호를 위해 출동한 군인을 막대기로 폭행해도 수수방관했던 것과 농민시위대 한 사람이 잘못돼 사망했다 하여 경찰청장을 경질하는 결과에서 나온 것이다. 경찰관이나 전경이나 초소를 지키는 군인이 폭력시위대에 의해 부상하더라도 공권력을 엄정 행사하지 않고 참고 견디게 하고 시위진압 경찰을 사망케 한 학생들을 민주화 인사로 둔갑시킨 일련의 일들이 공권력의 권위를 실추시켰던 것이다.

지금이 독재정권이라고 야당 의원들이 주장한다. 독재는 부정돼야 하나 적어도 공권력의 권위는 확립돼야 하고 공권력 파괴자는 엄중 처벌돼야 한다. 경찰·검찰·법원 등은 질서유지를 위해 국가권력을 행사하는 기관이다. 우리가 낸 세금으로 운영되는 공권력을 부정하는 것은 국가 존재를 부정하는 행위이다. 우리 헌법은 질서유지와 공공복리, 국가안전의 보장을 위해서는 법률로써 기본권을 제한할 수 있게 하고 있다. 교도 행정은 범죄자의 교육재생의 길을 열어주는 것이라고 하나 교도소가 범죄의 학교가 돼 재범하는 사례가 늘어나고 있다. 이러한 것은 사회적 비용을 증가시키는 것이다.

공권력이 적절히 행사되지 않으면 국가안보뿐만 아니라 범죄예방은 물론 국민의 권리보장도 불가능하게 될 것이다. 국가가 막대한 예산을 들여 치안과 국방을 튼튼히 하고 있는 것은 민생과 복지를 위한 것이다. 부녀자가 밤거리를 안심하고 돌아다닐 수 있고 어린 학생이 혼자서라도 무사히 등하교할 수 있게 하는 것은 공권력의 첫째 과제이다.

우리나라는 질서를 문란하게 하는 폭력시위가 잦아 민생치안을 담당하는 경찰이 모자라 전투경찰까지 두고 있다. 전투경찰은 국방의 의무를 대체하고 있으나 질서유지법의 엄격한 집행으로 폭력시위나 소요를 예방해 그들이 국방의 의무에 충실하게 하는 것이 바람직하다.

오늘날 경찰의 질은 많이 좋아졌다. 많은 사법고시 합격생이 경찰로 근무하고 있으며 우수한 경찰대 졸업생이 있다. 수많은 대학의 경찰행정학과 졸업생이 있기 때문에 이들을 경찰로 채용한다면 경찰의 질은 획기적으로 개선될 것이다. 문제는 경찰관에 대한 예우와 권위회복이라고 하겠다. 정부는 공권력의 권위를 향상시키는 제반 시책을 강구해 치안질서만이라도 확립해야 할 것이다. 이것이 또한 경제회생의 지름길이다.

18. 재보궐 선거 꼭 필요한가[*]

　4.29재보궐 선거전이 한창이다. 후보 공천 때부터 당내 잡음이 많더니 선거운동이 더욱 과열되는 것 같다. 4월 국회가 개회돼 29조원에 이르는 추경예산을 다루고 민생법안을 처리해야 할 때에 국회의원이 직무를 외면하고 선거전에 몰입하고 있다. 5명밖에 뽑지 않는 미니선거를 국회의원 총선처럼 운영하고 있는데 당락에 따라 정당 개편이 행해질 가능성도 엿보인다. 저마다 '국정 심판이다', '경제 살리기다' 큰소리를 치고 있는데 그 결과에 깨끗이 승복할 것인가도 국민은 걱정하고 있다. 재보선의 결과는 결원이 생긴 5명의 국회의원 자리를 보충하는 것일 뿐이다. 이를 침소봉대(針小棒大, 작은 일을 크게 불리어 떠벌림)할 것은 아니요, 당락을 떠나 선거공약은 준수해야 하겠다.

---

[*]　『세계일보』, 2009년 4월 19일.

문제는 재작년의 대선과 작년 총선에 이어 연이은 교육감선거, 재보선에 국민은 피로해하고 국정은 마비될 지경이다. 경기도 교육감선거에서 본 바와 같이 12.3%의 투표율 중 43%의 득표율을 얻었다 한들 전체 유권자의 4.9% 지지밖에 얻지 못했는데 과연 시민의 정당한 대표라고 할 수 있을지 의문이 간다. 재보선은 각 정당이 올인하고 있기에 투표율은 올라갈 것이나 후보 난립으로 결과는 비슷할 것 같다.

이런 상황이라면 지역구 국회의원 재보선을 해야 할 것인가를 재검토해야 한다. 당선된 국회의원이나 지방의원이 법원의 판결이나 선거권 상실로 의원직이 상실된 지역의 경우 징벌적 차원에서도 국회의원 재보선을 하지 않는 것이 바람직하다. 또 부정 당선에는 선거민도 연대책임을 져야 할 것이다. 정당에 의석 감소라는 부담을 지우지 않으려면 비례대표제 예비후보에게 의석을 승계시키면 될 것이다.

지방 이익을 대표하기 위해서는 지방의회가 있고 국회의원선거구보다 넓은 지역에서 구청장이나 시장이 당선돼 지방정치와 행정을 담당하고 있다. 일부 광역지방자치단체의 시장·도지사는 도민 1,000만 명을 대표하고 있는데 20만 시민을 대표할 국회의원이 꼭 필요한지 생각해 보아야 하겠다. 지방자치시대가 도래하고 있는데 국회의원이 지역구 예산이나 늘리고 지역구민의 경조행사에나 참여하는 것은 국가적으로도 낭비다.

국회의원은 지역구민의 대표가 아니고 전체 국민의 대표여야 한다. 지역구 국회의원도 전국민의 이익을 위해 활동해야 한다. 정당법이 지구당 제도를 없애고 국회의원선거에서 비례대표제를 채택한 것은 전국민의 이익과 의사를 대표하게 하기 위한 것이다.

지역구 후보자의 공천에도 문제가 많다. 지역구 후보자까지 중앙당에서 공천하고 있다. 지난 국회의원선거에서는 중앙당의 일부 세력이 공천을 좌우해 비주류 원로를 낙천시켜 문제를 일으켰다. 정당공천을 할바에는 상향식 공천을 해야 한다. 선거구를 대선거구로 개편하면서 지역구 후보자는 지방당원대회에서 경선하도록 해야 하고, 전국구 비례대표제 후보자도 도와 광역시 당원의 경선으로 명부순위를 정해야 한다.

지역구 구민의 의사를 무시하고 중앙당에서 낙하산공천을 해 무소속 돌풍이 일지도 모르겠다. 정당인이 탈당해 입후보하는 것은 이제까지의 정당이 이합집산한 업보가 현재와 같은 무분별한 정치풍토를 가져온 원인이기도 하다.

무엇보다 선거는 민주정치의 꽃이요, 축제의 장이어야 하나 대통령선거와 국회의원총선, 지방자치단체장선거가 거의 해마다 있어 국론이 분열되고 정쟁이 심화되고 있기에 재보선까지 치르는 것은 사치가 아닐 수 없다. 국론 분열을 막기 위해 선거주기를 조정해야 하기 때문에 공직선거법을 개정해야 한다.

이번 선거에서는 깨끗하고 공정한 선거운동을 해 다시는 재보선이 없게 해야 하겠다. 후보자나 당이나 당락에만 집착하지 말고, 국가와 국민을 위해 상생과 타협의 정치를 해야 하겠다. 선거인도 재보선지역이라는 오명을 벗기 위해서라도 공정한 선택을 해 주기 바란다.

19. 6월 국회, 與도 野도 정략이용 안 된다*

    6월 임시국회를 앞두고 얼마 전 한나라당과 민주당의 원내대표가 새로 선출됐다. 제1기 원내대표는 자의든 타의든 독선과 야합으로 국회를 난장판으로 만들어 국격을 손상해 왔는데, 새로 선출된 원내대표는 앞으로 1년간 국회 운영에서 중지를 모으고 민의에 따라 타협하는 상생 국회를 만들어 주기를 바란다.

    원내대표는 국회교섭단체 수장으로서 국회의장과 상의하여 국회 운영에 결정적 역할을 하는 중요한 자리이다. 이들이 원리원칙을 무시하고 야합과 투쟁을 일삼으면 국회는 국민 대표기관으로서 역할을 다하지 못하고 폭력이 난무하는 정쟁의 아수라장이 되기 마련이다.

    원내대표는 원내교섭단체의 대표이기에 소속 의원의 의견을 수렴하

---

* 『세계일보』, 2009년 5월 31일.

고 의정 방향을 제시해야 한다. 독선과 아집으로 국회를 운영하면 소속 의원의 지지를 얻지 못해 당론으로 결정된 의안조차 통과시키기 어렵게 된다.

원내대표는 국회 운영에 책임져야 한다. 앞으로 국회 폭력사태를 예방하기 위해서는 국회법을 개정해 폭력사범을 엄벌하고, 특히 국회의원 보좌진의 원내 점거와 폭력 행사는 국사범으로 처벌해야 할 것이다.

국회를 올바르게 운영하려면 국회운영위원회를 활성화해야 한다. 막후에서 야합할 것이 아니라 운영위에서 정정당당하게 토론하고 타협해 의사 운영을 결정해야 하겠다. 운영위에는 교섭단체 위원뿐만 아니라 비교섭단체 위원도 참여하므로 소수자 보호의 원칙에도 적합할 것이다.

운영위원장은 한나라당 원내대표가 맡고 있고 간사를 각 교섭단체가 차지하고 있기에 설득과 타협으로 국회 운영의 묘를 살려야 한다. 또 국회를 원활하게 운영하기 위해 각 상임위를 활성화해야 한다. 현재와 같이 상임위가 법안 심의를 보이콧하는 경우 국회의장은 국회법에 따라 심사기간을 정하고, 그 기간 내에 심사를 끝내지 않으면 직권으로 상정해야 한다. 국회 법사위가 체계와 자구 심사에서 이유 없이 시한을 넘겨 책임을 다하지 아니할 경우에도 마찬가지다. 국회법은 위원회가 폐기한 안을 국회의원 30인 이상의 찬성으로 본회의에 직접 상정할 수 있도록 하고 있는데, 위원회가 일정기간 내에 결정하지 않으면 직접 상정할 수 있도록 국회법을 개정해야 할 것이다.

4.29재보선 이후 한나라당은 쇄신위원회를 만들어 쇄신작업에 들어갔고, 민주당도 뉴민주당 플랜을 발표해 당내 논의 과정을 거치고 있다. 사실 한나라당과 민주당의 노선은 원래 대동소이했다.

이제 와서 민주당이 중산층을 대표할 것이냐 서민층을 대표할 것이냐 논쟁하고 있는데, 중산층을 무시하고 서민 위주의 분배정책을 고집할 경우 민주노동당과의 경쟁에서 참패할 것이다. 민주당은 계급정당이나 호남정당의 굴레에서 벗어나 재집권 역량을 키워야 한다. 민주당이 국회를 등지고 시민단체와 연대해 과격투쟁을 벌일 경우 만년야당으로 전락할 것이다.

집권당인 한나라당도 하루빨리 내부 갈등을 치유하고 당·정·청간의 소통을 원활히 해 대선 공약과 총선 공약을 실천하는 데 매진해야 한다. 국민의 기대를 무시하고 좌고우면한다면 자유선진당과의 선명성 경쟁에서 이길 수 없을 것이요, 서민 위주의 퍼주기 정책에 몰입해 봐야 서민의 지지를 얻기 어려울 것이다.

국회의원은 정당의 당원이기보다는 전 국민의 대표자이기에 국가 장래를 위해 자기의 신념에 따라 결정·투표해야 하며 정당의 거수기가 돼서는 안 된다. 우리나라 국회의원의 높은 자질을 믿으며 국가를 후진시키지 않도록 여야 의원 모두 국익 신장에 노력해 주기를 당부한다. 특히 여야 정치권은 노무현 전 대통령의 비극적인 운명의 유훈을 살려 화합을 도모해야 하겠고, 이를 정략적으로 이용해서는 결코 안 된다. 6월 임시국회가 노 전 대통령 서거 파장으로 또다시 '난장판 국회'가 된다면 국가적으로 더 큰 불행을 자초할 것이다.

20. 언제까지 南南 갈등인가[*]

　대한민국 한쪽에서 민주주의 후퇴가 주장되고 있다. 일부 지식인이 이명박 정부에 대해 민주주의 회복을 요구하는 시국선언을 하는가 하면 야당에서는 독재정권이라며 끝까지 싸우겠다고 한다. 몇몇 우파 단체는 이들을 친북 좌파라고 단정하며, 이들의 지도자인 김대중 전 대통령의 이적행위 처벌을 요구하기도 한다. 국회는 사사건건 여야 간 극한대립으로 운영에 차질을 빚고 있다. 그야말로 민주주의 후퇴가 아니라 민주주의 위기가 닥쳐온 느낌이다.

　남남갈등은 국내 문제뿐만 아니라 북핵과 북한 인권 문제에 대해서도 증폭되고 있다. 민주주의와 평화·인권을 최고 가치로 주장하는 '진보세력'은 북핵과 북한의 인권 침해에 대해서는 한마디도 하지 않으면서 정부의 대북정책은 매도하고 있다. 유엔 안전보장이사회가 만장일치로 가결해 세계 각국이 환영하고 있는 대북 제재결의 1874호에 대해 반대하며 대한민국의 대량살상무기 확산방지구상(PSI) 참여도 전쟁 도발 우려가 있다고 비판하고 있다.

또한, 국가가 경제위기의 늪에 빠져 있는데도 쌍용차를 비롯한 해고 근로자들은 공장을 점거하고 있으며, 민노총은 이들을 지원하기 위해 정치적 파업까지 단행하고 있다. 1만 명의 종교인·교수·문화예술인이 시국선언을 했고, 1만 7,000명의 전교조 구성원이 정부 비판 선언문을 채택했다. 전국 공무원노조원까지 시국선언에 참여하리라고 한다.

민주주의의 적은 내부에 있고 극좌·극우 이념의 대립에서 오는 가투는 결국 쿠데타를 불러오거나 독재를 유도하게 된다. 바이마르 공화국이 이념 대립으로 멸망해 나치가 등장했고, 4.19 이후 이념대립이 5.16군사정변을 유발했으며, 베트남의 이념대립이 패망에 따른 공산독재정권을 탄생케 했다. 우리는 이들 역사를 깊이 새겨야 하며 독재시대로 후퇴하지 않도록 전 국민이 힘을 모아야 한다.

민주주의 위기를 자초한 세력은 정치인, 그중에서도 국회의원이다. 따라서 '정치파업'을 일삼아 국회를 공전시키는 국회의원에게 무노동무임금 원칙을 적용하도록 해야 한다.

이 위기에 슬기롭게 대처하기 위해서는 공무원, 지식인 등의 노력이 절실하다. 공무원은 국민 전체에 대한 봉사자이며 국민에 대해 책임을 진다(헌법 제7조). 공무원의 신분과 정치적 중립성은 법률에 의해 보장돼 있다. 이들은 국민 전체를 위하고 국익을 위해 활동해야 하며, 정파적인 행동을 해서는 안 된다. 공무원의 집단서명운동은 정치행위이며, 국가공무원법 제65조 2항에 선거운동은 금지돼 있다. 전교조는 집단서명운동은 정치운동이 아니라고 하지만 교원노조법은 선거운동뿐만 아니라 '일체의 정치활동을 해서는 안 된다'고 명문으로 규정하고 있다. 또한 공무원은 공무 외의 일에 대한 집단행위가 금지돼 있다.

공무원은 취임선서에서 헌법과 법률 등을 준수하고 국민에게 성실하게 봉사할 것을 다짐하는데, 헌법과 법질서를 침해하는 일을 해서는 안 된다. 이를 위반하는 경우 당연히 처벌받거나 면직돼야 한다. 또한 초·중등학교 교원은 정당활동을 할 수 없을 뿐만 아니라 미성년자의 인성교육과 지식교육 이외의 활동을 해서는 안 된다. 공무원은 언론·출판·집회·결사의 자유를 가진다고 하나, 대통령까지도 정치운동을 하는 경우 탄핵당할 수 있음을 헌법재판소는 노무현 전 대통령 탄핵사건에서 명백히 밝힌 바 있다.

무엇보다 적의 외침보다도 무서운 남남갈등은 시급히 해소돼야 한다. 국민 각자는 자기 직분을 다하는 데 앞장서야 하겠다. 국민 전체에 대한 봉사를 거부하고 특정 정치세력이나 정파를 역성드는 공무원은 사직해야 한다. 정부는 국민 전체를 아우르는 정책을 펴야 할 것이며, 실정법을 위반하는 공무원은 가차 없이 퇴직시켜 국가 존립 기강을 바로 세워야 한다.

21. 헌법, 국민통합의 대헌장[*]

대한민국 헌법이 제정된 지 61년이 되었다. 해방 후 유엔 감시 아래 총선거를 치르고, 국회가 개원해 처음 한 일이 헌법 제정이었다. 헌법 제정에 따라 정부가 수립되고 합헌정부로 세계만방의 승인을 얻었다.

그러나 헌법의 운명은 기구했다. '한국에서 민주주의가 꽃피는 것은 쓰레기 더미에서 장미를 피우는 것과 같다'는 외국인의 비아냥까지 나왔다. 그럼에도 이제 대한민국은 민주국가로, G20 국가로 성장하였다. 이 모든 것이 건국세력과 산업세력, 민주화세력의 헌신적 노력 덕분이었다.

다만 현재의 헌정 상황은 그야말로 '무규범 상태'다. 국회·정당·시민단체들이 헌법을 유린하여 민주주의의 위기를 자초하고 있다. 과거에는 군부 독재정권이 헌법을 파괴하여 무법천지를 만들었고, 평화적 정권

---

[*] 『국민일보』, 2009년 7월 15일.

교체는 생각할 수도 없었지만 국민의 헌법정신의 발로로 1987년 민주화가 이루어졌다. 이후 평화적 정권교체가 다섯 번이나 이뤄짐으로써 민주정치는 성공한 것처럼 보인다.

다시 닥친 민주주의의 위기

그러나 헌법이 지향하고 있는 대의정치는 실종되고, 국민의 대표라는 국회의원 일부는 국회를 등지고 시민단체의 꽁무니를 좇아 거리투쟁을 벌이고 있다. 선량(選良)이 아니라 폭도가 되고 있다. 올바른 시민단체라면 국회의원 소환운동을 벌여야 하고 세비 반납운동을 해야 할 판이다.

헌법은 정당 육성을 위해 국고 지원까지 규정하고 있는 반면 정치권은 국민통합기능은 발휘하지 않고 국론분열과 질서파괴에 열중하고 있다. 앞서 좌파 정권은 '그 놈의 헌법'이라고 폄하하면서 대통령과 국회의원까지 헌법을 준수하지 않아도 된다고 했다. 그리고 참여 민주정치라는 미명 하에 거리시위 정치를 부추기는 한편 국민을 분열시켜 저소득층 80%를 위한답시고 고소득층 20%를 적대시하면서 징벌적 세금을 부과했다.

또 헌법상 권력구조를 악용하여 대통령 독식 정책을 펴 왔고, 패거리 인사에 치중했다. 국회의 정부 견제권은 물론 국무총리의 장관임명 제청권이나 해임건의권을 무시하여 정부 내 권력분립장치인 의원내각제 요소를 도외시하고 제왕적 대통령을 군림케 했다.

노무현 전 대통령은 헌법을 무시하면서 국가경축일인 제헌절마저 공휴일에서 빼버렸다. 정치권은 5년 단임제 탓에 부정부패가 생겨나고 대통령 일가에 비운이 닥쳐왔다고 하지만 그것은 헌법의 잘못 때문이 아니라 헌법정신을 왜곡하고 권력을 남용했기 때문이다. 탈권위주의라는 미명 하에 국가권력·공권력을 무력화하고 북한의 핵개발을 방조해 국가안보를 위기로 몰고 갔다.

이러한 국론분열과 정치·사회의 난맥상을 바로잡기 위해서는 헌법정신을 되살려야 한다. 헌법은 국민주권주의를 규정하고 있는데 이것은 시민단체나 시위군중이 주권자라는 것이 아니고 국민이 선출한 대통령과 국회의원, 공무원들이 주권을 행사한다는 것을 뜻한다. 이들 공무원은 한 정파의 하수인이 아니고 전체 국민을 위해 봉사하는 존재들이다. 국회의원만이라도 국민의 종복·하인으로 국민 전체를 위해 행동해야 한다.

헌법정신 되살려 극복해야

우리 헌법은 기본권 존중주의에 입각해 인간의 생명·존엄·자유·평등을 보장하고 있다. 자유지상주의나 평등지상주의는 우리 헌법이 용납하지 않는다. 이러한 기본권을 국내외의 적으로부터 수호하기 위해 국가권력이 존재하는 것이다.

국민의 자유와 권리는 국가안전보장·질서유지·공공복리를 위해 필요한 경우 법률로 제한할 수 있도록 헌법은 규정하고 있다. 헌법은 자유민주적 기본질서의 유지를 지상목적으로 하고 있으며, 이를 폭력으로 전복하려는 정당은 해산할 수 있고 폭도는 처벌할 수 있으며, 간첩은 사형에 처할 수도 있다. 치자와 피치자는 이 자유민주적 기본질서 수호를 위해 최선 노력을 다해야 한다. 그래야 민주주의 위기를 극복할 수 있다.

22. 헌법을 지켜 국론 통일하자[*]

　7월 17일은 61회째 맞는 제헌절이다. 61년 전 처음으로 민선된 국회의원들은 불철주야 헌법을 만들었고 헌법에 따라 정부를 수립했다. 당시 국회의원들은 빼앗겼던 나라를 찾아, 나라 사랑하는 일념에서 나라의 기초인 헌법을 만들었다. 제헌헌법의 기본정신은 혼란했던 좌우 이념 대립에 종지부를 찍고, 자유민주국가를 건설하는 것이었다.

　당시의 국회의원들은 일부이지만 애국하는 데 돈 받을 일 없다고 하여 세비까지 반납하는 형편이었다. 오늘의 국회의원들은 국민의 대표라고 하여 최고의 보상을 받으면서도 당파의 이익에 얽매여 허송세월을 하고 있기에 안타까울 뿐이다. 헌법을 지켜 법률을 제정하고 정부를 견제해야 할 막중한 책임을 지고 있는 국회의원들이 당리당략에 따라 국회

---

[*] 『중앙일보』, 2009년 7월 17일.

를 등지고 거리에 나서는 것은 헌법과 법률을 위반한 것이다.

우리 헌법은 대표제 민주정치체제를 도입하고 있다. '주권은 국민에게 있다'고 하나 국민 개개인이 주권자인 것이 아니고 국민 전체가 주권자이며, 그 주권은 국민의 대표자인 대통령·국회의원·공무원들에 의해 행사된다. 국회의원도 공무원이고, 공무원은 전체 국민의 종복으로서 국민 전체에 대해 봉사해야 한다. 국회의원이 정당에 소속돼 있기는 하나, 당파적인 이익을 추구할 것이 아니라 무엇이 국민을 위한 것인가를 판단해 양심에 따라 활동해야 한다.

민주화된 뒤 일부 시민들은 걸핏하면 집단행동으로 나서며, 불법시위를 일삼고, 정치적 파업까지 자행하고 있다. 이러한 행위는 우리 헌법이 추구하는 자유민주주의를 파괴하는 것이다. 헌법은 국민의 생명·존엄·자유·평등을 보장하기 위해 국가권력을 구성하고 상호 견제·균형하게 하고 있다. 시위꾼들은 집회 참여자가 주권자인 것처럼 행세하나 진짜 주권자들은 자기 생업에 충실한 일반 서민들이다. 국민에게 언론·출판·집회·결사의 자유는 있으나, 이 표현의 자유는 국가안전보장이나 질서유지·공공복리의 증진을 위해서 법률상의 제한을 받고 있다.

우리 헌법이 지향하는 국가 목적은 국민의 생명·존엄·자유·평등을 보장하는 것이다. 이 자유민주적 기본질서를 침해하는 것은 허용될 수 없다. 개인의 자유를 누리기 위하여 타인의 자유나 명예나 재산을 침범하는 것은 절대로 있을 수 없다. 타인의 자유와 재산을 침해하는 사람은 법률에 의해서 처벌돼야 한다. 아무리 좋은 목적을 가진 집회라고 하더라도 폭력화하면 불법집회가 되는 것이요, 불법집회는 해산돼야 하고 처벌돼야 한다. 전직 대통령이나 현직 국회의원들조차 법률이 마음에 들지 않으면 지키지 않아도 된다고 한다. 법을 만들고 성실히 집행해야 할 지도자들이 법을 무시하는 행태를 보이기 때문에 시정에는 무법천지고, 법보다 주먹이 앞서게 된다. 불법시위나 정치적 파업은 엄금돼 있는데도 떼쓰기로 군중을 동원하는 일이 비일비재하다. 일부 국회의원들조차 의

사당을 팽개치고 길거리에서 시위나 하고 있으니 한심하다.

　대의기관은 다수결이 지배해야 한다. 민주주의 근간인 선거에 의해 선출된 국회가 다수결 원칙을 무시하고 국회 밖에서 가투(街鬪)나 벌이는 것은 자가당착이다. 자기들만이 정당하다는 주장은 독선에 빠진 것이요, 토론과 타협이라는 민주주의 원리를 팽개치고 극한투쟁을 하는 사람은 국민의 대표라고 할 수 없다. 다수결을 부정하고 생떼만 쓰는 국회의원들은 사직해야 할 것이다. 정당이 자유민주적 기본질서를 침해하고 종북(從北)활동을 하는 경우 그 정당은 해산돼야 한다.

　21세기 한국은 이제 도약이냐, 몰락이냐의 갈림길에 서 있다. 국민 분열을 막고 민주주의를 실현하기 위해서는 국가의 대장전인 헌법을 준수해야 한다. 헌법의 권위를 세우고 법질서를 확립하는 것만이 조국의 분열을 막고 국민을 안심시키는 첩경이다. 정부는 헌법질서와 법질서를 확립하는 데 전력을 다해야 한다.

23. 국회의원은 헌법·법률을 준수하라[*]

여야가 미디어법을 둘러싸고 대치를 이어가면서 민주당은 광주 등지에서 대규모 장외집회를 열고, 한나라당은 경기 북부 등을 돌며 민생 행보로 맞대응을 펼치고 있다. 국민은 안중에 없고 당리당략만이 난무한다.

야당은 이미 미디어법 의결에서 대리투표가 행해지고 '일사부재의 원칙'을 위반했다며 헌법재판소에 권한쟁의를 신청했다. 국회 내부의 자율권까지 포기하면서 정치 부재의 심판을 헌법재판소에 위탁하는 것은 국회의 존엄성을 스스로 포기한 것이다. 일단 권한쟁의를 제기했으면 결정을 기다려야 하는 데도 일부 의원은 사퇴서 운운하고 산적한 민생입법은 팽개치며 장외투쟁을 벌이고 있다. 이들 의원은 일하지 않으면서 세비를 받아 국민의 혈세를 탕진하는 '불법자'라고 해도 변명할 여지가 없을 것이다.

---

[*] 『세계일보』, 2009년 8월 9일.

헌법은 국회를 입법기관으로 규정하고 국민을 대표해 행정부를 견제하고 정책을 결정하도록 하고 있다. 「국회의원(공무원)은 국민 전체에 대한 봉사자이며, 국민에 대하여 책임을 진다」(제7조), 「국회의원은 국가 이익을 우선하여 양심에 따라 직무를 행한다」(제46조 2항)고 규정하고 있다. 즉 국회의원이 정당의 이익을 위해 국가 이익을 무시하고 활동하는 것은 국민을 배반하는 행위이다. 또 국회의원은 '나는 헌법을 준수하고 국민의 자유와 복리 증진 및 조국의 평화적 통일을 위하여 노력하며, 국가 이익을 우선으로 하여 국회의원의 직무를 양심에 따라 성실히 수행할 것을 국민 앞에 엄숙히 선서한다'라고 다짐한다.

　국회의원이 헌법이나 법률을 지키지 않는 경우에는 강력한 제재를 해야 한다. 작년 말 국회에서 기물을 파손하고 폭행을 일삼은 국회의원에 대한 처벌이 늦어지고 있기에 지난달 '폭력 국회'가 재연된 것이다. 검찰은 비회기인 8월 중에 그들을 체포하고 법원은 빨리 재판해 다시는 폭력 국회가 재연되지 않도록 해야 한다. 국회의 건물 파손 행위나 업무방해 행위는 100만 원의 벌금형만으로 국회의원직을 상실하게 하는 선거법 위반 행위보다 훨씬 중한 범죄임을 알게 해야 한다.

　여당도 국회 파행의 책임이 없는 것이 아니다. 작년 말 국회의 폭력행위 재발을 막기 위해 법률을 제정하겠다고 한 뒤에도 이제까지 입법하지 못하고 있다. 이는 다수당의 태만이다. 국회폭력방지법을 직권상정하고 통과시켰으면 됐을 텐데 보신책으로 직무를 태만히 하고 있다.

　국회운영제도개선자문위원회는 국회의 제도 개선에 관해 유념할 만한 몇 가지 의견을 제출하고 있다. 그중에서도 회기 제도를 개선해 상시 국회를 열도록 하고, 국회운영위원회 중심의 국회 운영을 제도화하고, 법사위의 필수적 체계·자구심사권한 제도를 폐지하고, 국회와 감사원의 기능 연계를 강화할 것 등을 들고 있다. 특히 국회의장의 역할과 의무, 그리고 징계를 강화할 것을 권고하고 있다.

　이를 위해 한나라당은 하루빨리 국회법을 개정해 국회 운영의 정상화를 기해야 할 것이다. 지금과 같이 교섭단체 대표 의원과 합의가 되지 않아 국회 운영이 완전 마비되는 일은 없애야겠다. 또 국회의장은 현재 가지고 있는 권한과 의무를 국회법에 따라 성실히 수행해야 한다.

국회가 중심이 되는 정부 제도가 논의되고 있는 데 정상화되지 않는 한 국회를 강화할 명분을 찾기는 어려울 것이다. 무엇보다 국회가 명실 상부한 국정의 중심 기관이 되기 위해서는 능률적으로 일해야 하고 국민의 신뢰를 회복해야 한다. 특히 국회는 다른 기관에 앞서 자신들이 만든 헌법과 법률부터 준수해야 한다. 그래야만 국민의 신뢰를 회복하고 국회 중심의 국정 운영이 가능할 것이다. 국민은 국회의 잘잘못을 따지기도 이제 지쳤다. 여야가 정쟁에 몰두하고 있는 사이 비정규직법 등 민생 법안은 표류하고 있다. 여야는 국회의 존재 이유부터 되새겨 본연의 자세로 돌아가길 바란다.

24. 정기국회서 해야 할 일[*]

    정기국회 개원 9일 만에 여야 원내대표 회의에서 의사일정이 확정됐다. 그동안 폭력국회가 난무한 뒤 식물국회로 국민의 신뢰를 잃어왔는데, 불행 중 다행으로 의사일정에 합의했다니 반갑다. 사실 정기국회는 1년에 한 번 열리는 100일간의 임기를 가진 가장 중요한 회의이다.

    우선 작년 결산과 예산 부수법안을 심사하고 국정조사를 한 뒤 새 예산을 통과시켜야 하는 가장 중요한 기능을 가지고 있다. 이제까지 국회가 결산심사권을 가지고 있다고 하나 결산심의는 형식에 그쳤다는 지적이 많았다. 국회는 회계검사권을 감사원에서 떼어내 국회에서 회계검사 업무를 맡겠다고 하는데, 이제까지와는 달리 결산심사를 철저히 해 그 필요성과 가능성에 대해 국민을 설득해야 한다.

---

[*]   『세계일보』, 2009년 9월 13일(김철수 칼럼).

회계검사를 하기 위해 예산·결산위원회도 상임위원회로 해야 하고 연중 감사를 해야 하는데도 그동안 예결위 활동이 정지돼 있었기에 이 또한 하루빨리 가동해야 할 것이다. 결산심사 결과를 꼼꼼히 챙기고 예산낭비가 없었는가를 따진 다음에 예산심사에 들어가야 한다. 예산이 정부에서 제출되면 국회는 12월 2일까지 통과시켜야 한다. 국회는 그동안 예산심의에서 지역구를 위한 증액이나 하고 불필요한 예산을 삭감하지 못했는데, 이번에는 엄격히 심사해 예산낭비를 막아야 하겠다.

또한 국회의 중요한 권한 중 하나가 정책 비판·감시 기능이다. 이를 위해 인사청문회도 철저히 하고, 국정감사도 어김없이 해야 할 것이다. 과거에는 인사청문회가 무책임한 폭로전과 정략적 상처내기로 시간을 소비했다. 이번에는 신임 각료들의 국정철학이나 집행 능력을 철저히 검증하는 데 집중해야 할 것이다. 국회의원들은 인사청문회나 국정감사 때 저승사자처럼 호통이나 치고 실속 있는 검증을 하지 못하는 경우가 많았는데 이는 삼가야 한다.

그동안 국회가 제 기능을 다하지 못해 법률안이 산적해 있다. 원래 정기국회 때는 예산과 관련된 법률만을 심의하게 돼 있으나 예산과 관련되지 않는 법안도 조기 심사해 통과시켜야 할 것이다. 비정규직법이나 복지관계법안은 예산과도 관련 있는 민생법안이기에 하루빨리 처리하여해고 위험 속에 놓여 있는 근로자 복지와 민생 안정에 노력해야 한다.

이번 정기국회에서는 일상적인 업무뿐만 아니라 국가 개편과 지역 편중을 없애는 정치개혁입법에 착수해야 할 것이다. 노무현 전 대통령 때 여야 의원들이 공약한 헌법 개정 문제도 특위를 만들어서 다루어야 한다. 국회 재적의원 과반수가 미래헌법연구회에 가입해 그동안 활발한 논의를 벌여왔고 국회의장헌법자문위원회도 연구보고서를 8월 말에 제출했으니 이를 심도 있게 다룰 수 있는 개헌특위를 만들어야 할 것이다.

국민통합을 위한 행정구역 개편과 선거제도 개혁도 초미의 작업이다. 행정구역과 선거제도 개편은 내년이면 지방선거가 닥쳐와 개정하기 어렵기 때문에 그동안에 행정구역과 선거제도를 개편해 지방자치단체선거에 임해야 한다. 지방행정구역이 개편되지 않고 현재처럼 기초자치단체에 자율적 통합을 맡겨 놓으면 혼란에 빠질 가능성도 크므로 국회는 하루속히 가이드라인을 만들어줘야 할 과제도 놓여 있다.

야당은 헌법이나 자치법이나 선거법 개정이 정국전환용이라고 평가절하하고 있으나 헌법 개정이나 대선거구비례대표제 선거법 개정 등은 야당이 꾸준히 주장해온 당론이다. 대통령의 권한을 약화하는 헌법이나 광역대선거구선거법 개정은 야당에 유리하고 여당에게 불리한데도 여당에서 양보를 각오하고 있는 호기를 놓쳐서는 안 될 것이다.

국민은 국회가 중심이 되는 헌정을 원하고 있으나 국회의원이 능력을 발휘하지 못해 국회가 제 역할을 못하고 있다. 여야는 이번 정기국회를 기회로 국회 중심의 국정운영이 가능하다는 믿음을 국민에게 심어주기 바란다.

25. 승자독식(勝者獨食) 제도는 끝내야[*]

    1987년 민주화 이후 헌정에 문제가 생겨 헌법을 개정해야 한다는 여론이 높다. 3김씨를 위한 87년 체제에서 이제 미래를 향한 새로운 헌법이 제정될 때가 되었다고 한다. 그동안 여당과 야당 출신이 과반수 참여한 미래헌법연구회가 구성되어 활발한 토론을 벌였고 민간에서도 개헌안이 토의되고 있으며 국회의장 자문기관인 헌법연구자문위원회도 1년 동안 연구하여 방대한 연구보고서를 제출하고 있다.

    국회의장을 비롯하여 여당 원내대표뿐만 아니라 야당 중진의원들까지 개헌을 주장하고 있고 선진당에서는 강소국연합론을 주장하고 있다. 진보파에서는 통일에 대비한 헌법을 제정해야 한다고 주장하기도 한다. 개헌론이 확산되는 경우 대한민국의 정체성에 논란이 일거나 국론분열

---

[*] 『조선일보』, 2009년 9월 21일.

을 가져 올 우려가 있기 때문에 이번의 개헌은 미래지향적인 이상적 헌법 개정이 아닌 당장의 병폐를 척결하기 위한 개헌으로 그 범위를 축소하는 것이 바람직하다.

영토 조항, 통일 조항, 사회적 시장경제 조항은 통일 시까지는 유지되어야 하기 때문에 논의를 일단 유보하는 것이 바람직하다. 기본권 조항은 세계에서 제일 선진적으로 되어 있으며 헌법재판소의 해석과 학설에 따라 그 범위가 확대되고 있기 때문에 시급히 개정할 사항은 아니다.

지금 당장 문제가 되고 있는 것은 대통령·정부와 국회의 대치에서 오는 국민분열과 갈등을 치유하는 것이다. 대통령직선제에 따라 국민은 사생결단이 되며 50%도 못 얻은 대통령이 권력을 장악하고 그 지지자들이 권력을 독식하고 나머지 국민은 5년 임기 동안 반대만 하는 비토 그룹이 된다는 점이다. 만약 대통령을 지지하는 정당이 국회의원 총선에서 패하는 경우 국회는 여소야대로 되어 국정이 마비되게 된다.

정당 간의 타협을 위하여 국민의 통합을 위해서는 승자독식의 제도는 폐지되어야 하고 권력을 공유하는 합의제 정부가 등장해야 한다. 적어도 국민의 절대 과반수가 지지하는 연립정부가 구성되어 국민의 대다수 의견을 대변하여야 하고 국민의 대다수가 국정에 찬성하는 제도가 마련되어야 한다. 극단적인 여당 독식을 막고 일부 야당과도 연립정권을 형성할 수 있어야 하는데 현재의 대통령제로는 불가능하다.

국정책임자는 국정에 책임을 져야 한다. 현재의 대통령제는 대통령 무책임제이다. 과거 국민의 20% 지지밖에 얻지 못한 대통령이 임기 5년을 버텨 국정을 혼란에 빠트렸던 것은 이미 경험한 바이다. 또 대통령이 단임이기 때문에 오는 레임덕 문제나 부정부패의 만연, 잦은 대통령 교체로 오는 정책 혼선 등을 막기 위하여서는 대통령제는 개정되어야 한다.

대통령제 국가는 불안정하고 군사 쿠데타나 독재를 통하여 비민주화한다는 것이 학문적으로 입증되고 있다. 의원내각제의 경우 독재화되는 경우는 드물고 의원내각제하에서는 정당이 발전할 수 있어 독일에서는 정당 당수가 장기 집권하여 경제성장과 통일을 달성하고 있다.

의원내각제는 다수정당이 있는 경우 수상의 경질이 잦아 정국이 불안정하다는 지적이 있었으나 독일에서는 국회가 후임 수상을 과반수 찬성으로 선출하지 못하면 불신임을 할 수 없는 건설적 불신임 투표제를 도입하여 60년 동안 내각 불신임은 거의 없었다. 의원내각제는 경직적인 대통령제와 달리 유연하게 국민의 여론을 수렴하고 대처할 수 있다는 점에서 장점이 있다.

의원내각제 하의 대통령은 국민의 여망에 따라 선거에서 추대되고, 여당과 야당이 극한대립하는 경우 조정자로서 정치적 타협을 선도해주는 국가원수의 역할을 하게 된다. 대통령이 국민에 의해서 직선되는 오스트리아, 포르투갈, 핀란드의 대통령은 자기의 고유권한의 행사를 포기하면서까지 수상에게 힘을 실어 주어 의원내각제적으로 운영하고 있다. 여러 사람들이 우리나라의 정치현실상 대통령의 권한을 극도로 제한하는 의원내각제개헌은 어렵다고 보고, 과도적으로 이원정부제=분권적 대통령제로 해야 한다고 주장한다. 대통령을 직선으로 하되 국회에서 총리를 선거케 하고 통치권과 행정권과의 엄격한 권력분립을 해야 한다고 주장한다.

우리나라와 같이, 이념대립·지역대립·노사대립·빈부대립이 격심한 나라에서는 다수결 민주주의가 아니고 벨기에나 독일이나 유럽연합식인 합의제 정부의 헌법 형태를 취해야 한다. 헌법 개정이 국간을 흔드는 정치쟁점이 되지 않도록 헌법 개정 방법도 개정해야 할 것이다. 대통령의 권한을 줄이는 헌법 개정을 대통령이 주도하기는 어렵다. 국회가 국정의 중심인 면에서 국회 주도로 헌법을 개정해야 할 것이며, 국민투표에서 통과시키도록 국민을 설득해야 할 것이다. 이번 개정은 우선 정부 형태 개선이라는 측면에 국한하여 국회에서 개헌특위를 구성하여 하루빨리 국민의 동의를 얻어야 한다.

26. 올바른 국정감사로 의무 완수해야[*]

국정감사가 한창이다. '국회의 감사 및 조사에 관한 법률'에 따르면 9월 10일부터 20일간 감사하게 돼 있는데, 인사청문회와 결산 등의 현안 처리를 놓고 여야가 합의점을 찾지 못해 한 달 가까이 늦게 시작한 것이다. 야당은 국정감사 결과를 선거에 이용하기 위해 비위 폭로에 열중하고, 여당은 정부 정책 감싸기에 여념이 없다.

증인채택 문제로 싸우느라 감사를 못하는 일도 있으며, 유관기관의 장관과 증인을 불러놓고도 감사는 뒷전이고 설전만 벌이는 한심한 상임위원회도 있다. 그중에는 국방위 감사와 같이 모범적인 감사도 있으나, 전반적으로 국정감사에 임하는 상임위원회의 태도는 구태의연하다. 아직도 검사나 되는 것처럼 장관과 증인을 신문하거나 장관을 질책하는 의원

＊ 『세계일보』, 2009년 10월 18일(김철수 칼럼)

도 있어 눈살을 찌푸리게 한다.

국정감사 제도의 득실에 대해서는 이미 많은 논란이 있어 왔다. 권위주의 시대에는 국정감사가 행정 마비와 국력 낭비를 가져온다며 폐지된 적도 있었다. 그것이 민주화 이후 부활돼 현재는 국회의 중요한 권한의 하나로 돼 있다. 세계에서 유례없는 국정감사 제도를 부활시킨 이유는 국민의 알권리를 충족하기 위해 국정 공개라는 순기능을 하고 야당으로 하여금 국정 대안을 제시토록 하기 위한 것이었다.

그러나 현실은 수많은 자료 제출을 요청해 피감사기관의 사무를 마비시킨다거나, 여야 정파 간 대결을 초래하고 행정 각부 장관과 국회의원 간의 감정 대립을 격화시키는 역기능을 하고 있어 제도 폐지 주장이 득세하고 있다. 국회의장 자문기관인 헌법연구자문위원회의 결과 보고서에도 국정조사가 체계적으로 정착하면 국정감사 제도는 폐지해야 한다고 건의하고 있다. 외국 헌법은 국회에 국정조사권만 주고 감사권은 인정하지 않고 있다. 우리 국회는 외국 국회에는 없는 큰 특권을 가지고 있는 것이다.

제헌헌법과 현행 헌법이 국회의 국정감사권을 인정하는 이유는 회계감사를 담당하고 있는 감사원이 대통령 소속이기 때문에 국회의 결산감사를 실질화하고 예산심사권을 적절히 행사할 수 있도록 하기 위해 독립기능으로 인정한 것이다. 만약 국회가 결산심사나 예산편성의 자료를 제출받고도 옳게 심사하지 않고 국정에 관한 서류 제출만 요구하며 행정각부 장관에게 정책 대안을 제시하지 않는다면 폐지하는 것이 나을지도 모를 일이다. 국회운영자문위원회는 국회를 상시 개원하고 상임위원회가 수시로 국정감사를 하되 20일간 모든 상임위원회가 동시에 국정을 감사하는 현 제도는 폐지해야 한다고 건의하고 있다.

국정감사는 감사 과정이 중요한 것이 아니고 처리 결과가 더 중요하다. 국회는 감사 결과 보고서를 제출하고 본회의에서 심의해 피감사기관에 시정을 요구하고, 정부 또는 해당 기관에서 처리함이 타당하다고 인정되는 사항을 정부나 담당 기관에 이송하는 것이 중요하다. 그러면 해당 기관은 지체 없이 이를 처리하고 그 결과를 보고토록 하고 있다.

과거 국회는 감사장에서만 큰소리치고 감사 결과 보고서는 채택하지 않는 경우가 많았다. 상임위원회가 여야 합의를 하지 못해 국정감사 보고서를 제출하지 않는 것은 직무유기라고 하겠다.

국회는 정부 통제 기능을 다하기 위해 국정감사권을 국민에게서 수임한 것이기에 국회의원의 직무를 충실히 해야 한다. 결산을 검사하고 예산안을 확정하는 것이 국회의 가장 중요한 업무 중 하나이다. 그런데 10.28재보선의 공식 선거운동이 시작되자마자 여야 할 것 없이 각 당 지도부와 의원들은 국감장은 내팽개치고 선거구로 몰려다니고 있다.

무엇보다 며칠 남지 않은 국정감사장이 정쟁의 장이 돼서는 안 된다. 국회의원이 대오각성해 유종의 미를 거두기 바란다. 헌법 개정 논의에서 국정감사 폐지론이 등장하지 않도록 이번 국회는 모범적인 국감을 해야 한다.

27. 다중범죄는 철저히 응징해야[*]

    지난번 천인을 공노케 한 '조두순 사건' 때 가해자는 12년의 징역형을 받았지만 피해자는 평생 불구자로 살게 돼 피해자의 정신적·물질적 고통에 비해 가해자의 형이 가벼워 국민의 분노를 샀다. 최근에는 비슷한 성폭행사건에서 최고형인 무기 징역형이 선고됐다고 하니 국민의 뜻을 존중한 것으로 보여 다행스럽다.

    그동안 법조인들은 헌법·형법·형사소송법을 범죄인의 '마그나카르타(대헌장)'라고 하여 범죄피의자나 피고인의 권리보호에는 열심이었다. 그러나 범죄행위 때문에 피해를 입은 범죄피해자의 권리는 무시하는 경향이 있었다. 우리 헌법은 외국에는 유례가 없는 범죄피해자 구조청구권을 규정하고 있고, 범죄피해자구조법과 범죄피해자보호법을 제정하고

---

* 『세계일보』, 2009년 11월 15일(김철수 칼럼).

있으나 범죄피해자의 권리보호에는 소홀한 감이 있었다.

범죄자의 보호를 위해서는 국선변호제도와 무료법률구조제도가 행해지고 있으나 범죄피해자를 위한 법조인의 노력은 적었던 것 같다.

국가는 범죄피해자 보호·지원을 위해 범죄피해자의 보호·체제의 구축·운영, 실태조사·연구·교육·홍보를 하게하고 있으나 소녀성폭행피해자에 대해서도 이중삼중의 진술을 강요함으로써 피해자의 인격을 침해하고 있다. 또 구조금, 손실복구지원 등은 명목에 그치고 있다. 범죄자의 처우를 위해서는 행형을 위해 막대한 비용을 쓰고 있으며, 사형수까지 재사회화, 재교육한다는 핑계로 엄청난 비용을 들이고 있는데 이에 비례해 국가나 지방자치단체가 범죄피해자를 위한 보호와 지원을 획기적으로 확대해야 한다.

개인적 범죄에 대한 피해자는 대개 개인인 데 비해 다중범죄의 피해자는 수많은 국민, 국가공무원 등이다. 다중범죄로 인해 국가재산이 파괴되고, 국민경제가 망가지고, 사회의 안녕질서가 위태롭게 될 때 공공의 이익은 침해되며 국민 전체가 범죄의 피해자가 된다.

최근 일부 법관은 야간옥외집회로 공공의 질서를 문란케 한 범죄자에 대해 헌법재판소의 계속 적용결정을 무시하고 무죄로 방면하는가 하면, 국회를 점거해 국회의 정상적 업무를 방해한 공무집행방해범에 대해서는 공소기각결정을 했다니 이해하기 힘들다.

개인의 표현의 자유가 아무리 중요하다고 하더라도 대다수 국민에게 피해를 주는 것까지 용인하고 있는 것은 아니다. '개인의 자유와 권리는 국가안전보장과 질서유지·공공의 복리를 위해서는 법률로써 제한할 수 있다'. 이것은 우리 헌법의 엄숙한 명령이요, 법률이 비례성의 원칙에 위반해 기본권을 과잉 제한하는 경우에 헌법재판소의 결정에 따라서 유·무효를 판단할 수 있을 뿐이다. 판사들이 헌재결정을 따르지 아니하고, 국회의원이 헌재결정을 무시하고 불복종하는 것은 입헌주의를 부정하는 것이다. 판사나 검사나 국회의원은 공무원이기에 헌법을 준수할 의무가 있으며 범죄피해자인 국민 다수의 이익을 위해 헌법과 법률을 집행할 책무가 있는 것이다.

판사의 재판상의 독립은 개인적 양심에 따른 판결의 자유가 아니고 헌법과 법률에 따른 직업적 양심에 따른 판결이어야 한다.

무엇보다 1987년 민주혁명을 달성한 뒤에 공무원들의 헌법 준수의식과 법 준수의식이 약화된 것이 못내 걱정된다. 공무원의 헌법 멸시와 법경시 풍조는 국가와 민족의 이익을 침해하는 적대행위인 것이다. 독일에서도 급진주의자는 공무원 채용에서 배제하고 있다.

대다수 국민을 피해자로 만드는 다중범죄자는 폭력적이고 파괴적인 경우 피해자인 국민의 이익을 위해 철저히 응징해야 한다. 표현의 자유는 비폭력·평화적으로 행사해야 하며 폭력집회의 근절이야말로 국가권력기관의 사명인 것이다. 최근 대법원은 데모대의 확성기 사용을 폭력으로 인정해 다중범죄에 대한 전환점을 제공했기에 사법부의 장래에 많은 기대를 해 본다.

28. 언론과 국익(國益)*

요사이 정치가 말이 아니다. 국회에서조차 타협정치를 하지 못하고 전투를 벌이고 있어 안타깝다. 언론은 이러한 현상에 대하여 질타하기는커녕 전투장면을 여과 없이 보도하며 각 정당 대변인의 아전인수적 논평만 크게 보도하고 있다. 언론이 양비론적 사실보도에 그치지 말고 국가의 장래와 민주정치의 확립을 위하여 정치인에게 충언을 해야 하는데 그 기능을 다하지 못하고 있는 것을 반성해야 한다. 몇 개 신문은 논평을 통하여 여야 정치인의 구태를 꾸짖고 있으나 많은 언론들이 수수방관하고 있는 것 같다. 국회 외교통상위원회가 왜 FTA비준동의안을 상정했는지에 대한 심층보도를 보기 어렵다. FTA가 지난 참여정부에 의하여 체결

---

*　『대한언론』, 2010년 1월 1일.

되었고 당시 여당이 비준동의안을 강행처리하려 했다는 사실을 보도한 언론은 거의 없다.

언론기관은 사실을 보도하여 국민의 알 권리만 충족시키면 되고 정당정치에 시시비비를 걸 필요가 없다고 생각할지 모르나 언론은 국민 계도적 기능을 가지고 있으며 국가의 안전보장이나 국민의 복지향상에 노력해야 할 의무가 있다. 언론의 자유가 우월적 지위를 차지하고 있는 것은 언론이 국민의 여론형성에 기여하며 민주정치의 발전에 필수적이기 때문이다. 언론이 사실만 보도하고 정책방향을 제시하지 않는 것은 언론의 공적 과업을 팽개치는 것이다.

언제부터인지 우리나라 언론은 보수와 진보로 나뉘어져 자기들에 유익한 보도만 하고 자기들의 정치성향에 맞지 않는 것은 보도를 거부하고 정치적 목적달성을 위하여 선전·선동하는 경향이 나타나고 있다. 소위 진보언론은 잃어버린 정권을 탈취하기 위하여 미친 소고기 파동을 일으켰고 그 결과 국가에 수많은 손해를 가져왔다. 과학적으로 검증되지도 않는 '미국 소는 전부 광우병 소'로 둔갑시키면서 국민들의 불안을 야기했고, 촛불시위를 선동하여 국민의 분열을 가져왔다. 미국소가 수입되자 국민들이 싼 소고기를 사려고 줄을 서고 있는 사실을 외면하면서 아직도 광우병 위험만 강조하는 단체의 성명만 대서특필하는 언론도 있다.

이들은 출범한지 6개월도 안 된 이명박 정부를 퇴진시키려고 온갖 힘을 다 썼다. 노무현 전 대통령에 대한 국회 탄핵소추 시에는 1년 밖에 안 된 국민이 뽑은 대통령을 국회에서 탄핵소추한 것은 대통령선거에서의 민의를 저버린 것이라고 반격하면서 촛불시위를 선동하고 국회선거에 전력을 다하여 17대 총선에서 민주당에 승리를 안겨 주었다. 이것은 탄핵심판을 맡은 헌법재판소에 대한 압력이기도 했다. 이들 언론은 아직도 전비를 뉘우치지 않고 국민의 압도적 지지로 당선된 MB퇴진운동에 앞서고 있다.

FTA 비준준비를 위하여 미국산 소를 수입하려 했던 노무현 전 대통령이나 이명박 대통령이 같은 행위를 했는데도 자기편은 수난자요, 모함에 빠졌던 영웅으로 부각시키고 반대편은 독재자로 몰았다. 이러한 편파보도는 언론의 정도를 짓밟은 것이다. 이러한 편파적 보도 때문에 한국의 언론은 국민의 신뢰를 받지 못하고 있다. 또 전파미디어와 종이미디어끼리 서로의 이익을 위하여 싸우고 있는 것도 국민의 눈살을 찌푸리게 하고 있다.

언론은 결코 상업이 아니다. 상업방송이라고 하더라도 국민의 전파를 사용하고 있기에 국민에게 봉사하여야 한다. 방송법은 방송은 공적 책임을 지며 「① 인간의 존엄과 가치 및 민주적 기본질서를 존중해야 하고, ② 국민의 화합과 조화로운 국가의 발전 및 민주적 여론형성에 이바지해야 하며, 지역 간·세대 간·계층 간·성별 간에 갈등을 조장하여서는 아니 된다」고 규정하고 있다. 신문법은 「① 신문 및 인터넷신문은 인간의 존엄과 가치 및 민주적 기본질서를 존중하여야 한다. ② 신문 및 인터넷신문은 국민의 화합과 조화로운 국가의 발전 및 민주적 여론 형성에 이바지하여야 하며, 사회 각계각층의 다양한 의견을 균형 있게 수렴하여야 하고, 지역 간·세대 간·계층 간·성별 간의 갈등을 조장하여서는 아니된다」고 규정하고 있다.

언론이 국익에 봉사하여야 하는 것은 법적 의무이다. 그 내용은 앞에서 언급한 바와 같이, '국민의 화합과 조화로운 국가의 발전, 민주적 기본질서의 수호'이다. 언론은 국가이익과 국민이익을 보호·증진하기 위하여서도 국가의 안전보장·질서유지·공공복리의 증진을 위한 보도·논평·편집을 하여야 한다. 이러한 언론의 책임을 담보하기 위하여 헌법과 법률은 언론에 많은 제약을 가하고 있다.

언론은 우선 국가의 안전보장을 위하여 보도와 편집에 신중을 기하여야 한다. 미국 대 뉴욕 타임즈 사건과 같이 기밀문서를 공개하는 것은 언론의 특권이나 그것이 적국에게 전달되어 국가의 안전을 해쳐서는 안 된다. 간첩을 비호하거나 국헌을 문란하게 하거나 적을 이롭게 해서는 안 된다. 정당이 민주적 기본질서를 침해하는 경우 강제 해산되는 것과 같이 언론도 민주적 기본질서를 침해하는 경우 발간정지나 등록취소도 될 수 있을 것이다.

다음으로 언론은 법치주의 확립에 노력해야 한다. 언론은 법교육에 협력하여야 하고 법질서위반행위를 찬양하거나 법질서위반행위를 선동해서는 안 된다. 범죄선동은 '범죄행위 또는 위법한 행위를 실행시킬 목적으로 문서 또는 도화 또는 언동에 의하여, 타인에 대하여, 그 행위를 실행할 결의를 생기게 할 수 있거나, 이미 생겨있는 결의를 조장할 것에 자극을 주는 행위'이며, 선동죄는 현실적 법익침해가 없는 경우에도 처벌된다. 집시법을 개정하도록 촉구하는 것은 허용되나 집시법을 위반한 범죄행위를 찬양·고무한 경우에는 선동죄가 성립된다고 하겠다. 국회 건물 등 공공기물을 파괴하는 행위를 찬양·고무하는 것도 선동죄를 저지르는 것이다.

셋째로, 국민의 화합을 해쳐서는 안 된다. 지역 간·세대 간·계층 간·성별 간의 갈등을 야기해서는 안 된다. 편향적인 보도로 국론의 분열을 조장하고 유언비어를 전파함으로써 국민경제에 손해를 끼치는 행위를 해서는 안 된다. 현재와 같은 경제위기 속에서 이를 극복할 국민의 의견수렴을 위하여 노력해야 하며, 빈부간의 알력과 대립을 조장하여 사회불안을 야기해서는 안 된다. 언론은 진실만을 보도해야 하고 검증되지 않는 루머를 전파해서는 안 된다. 인터넷을 통한 댓글이 배우를 죽이고, 인터넷포털이 자살방을 운영하며 절도와 사기의 방법을 전파하는 일이 있어서는 안 된다.

언론은 여론형성에 있어 가장 중요한 기능을 하며 민주정치를 가능하게 하기에 가장 중요한 제4의 기관으로 인정되고 있다. 그러나 악질언론이나 저질언론의 피해는 사전에 규제하기 힘들며 사후규제를 하게 된다. 사후규제조치가 선한 언론까지 구속하는 일이 없도록 모든 언론은 책임을 다하여야 하겠다.

29. 새해 정당정치에 바란다[*]

　새해가 밝기 무섭게 각 정당은 올해 지방선거와 국회의원 보궐선거를 준비하느라 여념이 없다. 정몽준 한나라당 대표는 조기 전당대회는 반대하면서 6월 선거에서는 경선을 원칙으로 계파 해소에 노력하겠다고 밝혔다. 정세균 민주당 대표는 7월 전당대회에 앞서 지방선거 압승을 노리며 정권심판론을 펴고 있다. 이회창 자유선진당 총재는 국가개조론을 펴며 정치선진화와 지방분권을 외치고 있다. 각 정당의 신년 정책목표는 경제건설, 고용증대, 복지향상으로 서로 일치한다.

　사실 우리나라 정당들의 정강정책은 큰 차이가 없다. 2006년 1월에 개정된 한나라당의 강령은 미래지향적 선진정치요, 큰 시장·작은 정부를 통한 선진경제를 이룩하고 일자리가 넘치고 중산층이 두터운 나라, 자생

*　『세계일보』, 2010년 1월 10일(김철수 칼럼)

복지체제를 갖춘 그늘 없는 사회건설을 정책으로 하고 있다.

　최근 정부는 실용중도정책을 쓰면서 서민살리기와 일자리창출에 노력하고 있다. 한나라당은 2010년도 예산은 친서민으로 역대 최고 수준의 복지예산을 편성했다고 말하고 있다. 민주당은 2008년 7월의 강령·정책 개정에서 중산층과 서민이 도약하는 민생제일주의 경제를 비전으로 하는 중도개혁주의 노선을 채택하고 있다. 민주당이 내건 강령·정책은 전문, 21대 강령, 100대 기본정책으로 구성돼 있는데 민주·개혁·번영·통합·평화·환경·행복을 7대 기본가치로 삼아 민주주의와 선진경제강국 건설·선진복지국가 실현과 사회통합, 교육과 문화강국, 환경보전, 남북화해협력정책을 통한 한반도 평화체제를 구축한다고 하고 있다. 자유선진당도 기본적으로 다를 것이 없다. 자유선진당은 외교력 강화, 국방력 강화 등을 내세우고 있으나 궁극적으로는 경제위기의 해소, 양극화 해소를 통한 복지향상을 들고 있다.

　이와 같이 한국의 정당들은 그 추구함이 별로 다르지 않다. 그런데도 정책 합의를 보지 못 하고 지난 1년 동안 국회를 난장판으로 만들어 국민의 지탄을 받았다. 작년에는 보선이 두 번밖에 없었는데도 양대 정당이 끊임없이 싸우느라 국회를 외면했는데 올해는 지방자치단체 선거와 국회의원 보선을 앞두고 있어 벌써 걱정이 앞선다.

　이런 가운데 새해 초부터 예산안 처리와 노동관계법개정 문제로 다시 논쟁을 벌여 헌법재판소의 결정을 기다려야 할 것 같다. 국회의 내부의결문제를 헌재에 제소하는 것은 바람직하지 않다. 국회는 최고기관의 하나로 입법부로서 자유재량권을 가지고 있는데 이 자율권을 포기하고 정치적으로 풀 사안을 재판으로 해결하려는 것은 정치의 실종이다. 특히, 국회의 의결절차를 방해하고 다수결원리를 무시하는 정당이 국회의원의 권한이 침해당했다고 헌재에 제소하는 것은 불법행위의 원인 제공자가 자기의 불법행위는 덮어두고 상대방만 비난하는 것과 같다.

　정당은 정권획득을 위해 경쟁하는 정치단체이다. 그러나 그 목적·조직과 활동은 민주적이어야 하며, 국민의 정치적 의사형성에 참여해야 한다(헌법 제8조). 정당은 국가의 존립과 헌법의 원리, 법률의 규정을 지켜야 한다. 정당의 목적이나 활동이 민주적 기본질서를 위배한 때에는 위헌정당이 돼 존립할 수 없게 되는 것이다. 정당은 특정이익을 대표하는 곳이기 전에 모든 국민의 복지를 지향하는 국민정당이어야 한다. 정당이 국민의 정치적 의사형성에 참여하고 국가발전에 기여하기에 국민의 혈세인 국고를 보조하는 것이다.

현재 국회에서 정치개혁이 논의되고 있고 각 정당이 정치개혁안을 제출하고 있는데 가장 중요한 것은 당내 민주주의의 확립이요, 정당공천의 민주화이다. 정당이 올바로 서야 정치가 바로 설 것이며, 국가가 발전할 수 있다. 이번 정치개혁에서는 정당 내부의 민주화가 이루어질 수 있도록 제도를 정비해야 한다. 무엇보다 폭력대결이 아닌 정책대결이 돼야만 국고보조도 아깝지 않을 것이다.

30. 대한민국 건국의 정통성과 反헌법 세력[*]

    오는 15일은 광복 66주년, 건국 63주년을 맞이하는 경축일이다. 이날의 의미를 상하이 임시정부의 광복에 초점을 두는 세력과 건국을 중시하는 세력이 광복절과 건국절 행사를 따로 하는 일이 몇 년 동안 있어 왔다. 명칭은 어떻든 간에 광복과 해방, 건국의 모든 뜻을 담고 있는 최고의 경축일임에는 틀림없다. 어느 일방만을 강조해 분열할 게 아니라 민족통합의 성스러운 날로 경축해야 할 것이다.

    냉전이 한창이던 제2차 대전 이후 미·소는 각 점령지역에 자기들의 체제를 이식하려고 했다. 형식적으로는 미소공동위원회가 한국통일 문제를 다뤘으나 결렬돼 이 문제는 유엔(UN)에 이관됐다. 유엔 총회는 전 국민의 보통·평등·비밀투표로 의회를 구성해 통일정부를 구성하기로

* 『문화일보』, 2011년 8월 12일.

결정했지만, 소련과 북한 김일성의 반대로 유엔 선거감시위원단은 북측에서 선거 감시를 할 수 없게 돼 유엔 소총회는 부득이 가능한 지역에서만의 선거로 광복을 달성키로 했다.

1948년 5월 10일 선거는 선거권자 90% 이상이 참여했고 정당하게 구성된 국회에서 헌법을 제정하고 8월 15일에 대한민국의 정부수립을 만방에 선포했고, 유엔 가맹국 절대다수의 승인을 받았다. 북한 정권과 일부 좌파 세력들은 이를 단독정부 수립이라 하여 비판하고 있으나 이것은 역사적 사실 왜곡이다. 이미 북한은 1946년에 김일성이 북조선 인민위원회를 조직하고 북한 인민회의를 창설하는 등 단독정부 수립에 앞장섰기에 남한이 먼저 단독정부를 수립했다는 비판은 적반하장이다.

당시 북한은 일제 유산으로 중공업을 물려받았기에 남한보다 경제가 앞섰다. 그러나 일인독재, 일당독재, 3대 세습으로 인민을 굶어죽게 하고, 세계 최빈국이 돼 세계 각국에 식량을 구걸하는 한심한 처지가 됐다. 반면 대한민국은 건국 후 자유민주주의와 시장경제를 실천해 이제 민주주의와 경제 고도성장, 복지국가를 달성한 국가가 됐다. 한국민들은 시련을 극복하고 대한민국의 이념인 정의·평등·자유·평화·인도·복지를 실현함으로써 세계의 모범시민이 됐다. 자기희생을 무릅쓰고 조국을 반석에 올린 선대 국민에게 감사해야 하겠다. 그러나 정치와 법치는 낙후돼 있고, 아직도 이념 대립이 심해지고 있어 후진국으로 떨어지지 않을까 걱정된다.

대한민국의 정통성을 부인하고 북한을 추종하는 자들이 발호하고 있으며, 정치를 타협과 통합 과정으로 보지 않고 국지적 전투로만 인식하는 정치인들이 있어 사회 불안과 경제 발전의 장애가 되고 있다. 월남이 망한 것은 공산주의 추종자들의 데모·분신·폭력·선동 때문이었다. 대한민국은 자유민주주의를 이념으로 하고 있어 개인의 자유는 보장돼야 하나 국가 안전보장과 국민복리를 위해 제한되고 있다. 특히 공무원·교사들은 국리민복을 위해 국가의 정통성을 수호하고 헌법을 보장해야 한다.

대한민국은 민주주의의 적에서 민주주의를 수호하기 위해 방어적 민주주의를 채택하고 있다. 민주적 기본질서를 침해하는 공직자들은 공직에서 추방돼야 하고 북한 추종적인 정당 간부를 가진 정당은 강제 해산해야 한다. 남파간첩뿐만 아니라 자생적인 종북행위자도 이적행위로 처벌해야 한다.

일부 종북주의자들은 사상과 양심의 자유를 주장하지만 그것은 내심에 한정된 것이고 외부적 행동을 유발하는 경우 양심수로 격리 수용될 수밖에 없다. 공산주의는 이제 몰락했으며 북한과 같은 일당독재, 일인독재, 3대 세습, 인권유린 사회는 국가로서의 정체성이 없다. 종북세력들은 북한에 가서 사상과 양심과 종교의 자유가 보장되도록 투쟁해야 할 것이다. 또 북한 동포의 인권과 생활권을 신장토록 북한 정권에 대해 비판해야만 대한민국 국민으로서의 이익을 누릴 권리를 가질 수 있을 것이다.

31. 법치주의의 위기[*]

대한민국은 국민이 주권자인 민주국가다. 민주국가는 헌법과 법률이 지배하는 국가를 말한다. 그러나 우리의 현실은 아직도 입헌주의나 법치국가라고 하기 어렵다. 우리나라는 대의민주주의 국가다. 국민이 직접 주권을 행사하는 것이 아니고, 국민의 대표자를 통해 통치하는 국가다.

법치주의(法治主義)는 법에 의한 통치를 말한다. 법치주의는 헌법에 의한 지배를 말하는 입헌주의의 한 요소다. 헌법에 의해 권력자의 권력을 제한하고 권력을 분립시킴으로써 국민의 기본권을 보호하는 것이 입헌주의의 요구요 법치주의의 내용이다.

오늘날 대한민국의 입헌주의와 법치주의는 제도적으로는 선진화돼 있으나 현실적으로는 후진국 수준이다. 아직도 법은 지배자가 시민을 억

---

* 『문화일보』, 2011년 11월 3일.

압하기 위한 수단으로 보는 사람이 있다. 준법 대신에 무법·불법(不法)·떼법이 횡행하고 있다. 법은 국민의 동의 아래 제정된 것이고 국민의 자유와 권리를 보호하기 위한 것인데도 적법절차를 무시하고 폭력으로 법 집행을 방해하는 일이 비일비재다.

특히 법률을 만드는 국민대표인 국회의원조차 불법과 떼법을 동원해 국정을 마비시키고 있다. 선진국에서는 상상할 수도 없는 국회 점거농성, 다중폭력을 동원하는 의사방해행위가 횡행하고 있다. 토론과 타협은 국회 의정의 기본인데 약속한 토론이나 타협은 거부하고 극한적인 폭력 저지를 일삼는 국회의원이나 그 보좌관들은 국민대표나 공무원으로서의 자격을 상실한 것이다. 이 국회 폭력행위가 세계 언론에 대서특필됨으로써 대한민국은 정치 후진국, 무법 국가로 낙인찍히게 됐다.

국회의원들이 이런 치욕을 되풀이하지 않기 위해 국회폭력방지법을 제정하겠다고 공약했지만 3년이 경과한 현재까지 심의조차 되지 않고 있다. 국회법에 따라 폭력행위자는 제명되거나 중징계 돼야 함에도 불구하고, 징계위원회조차 열지 못하고 있다. 검찰도 폭력범죄, 기물파괴, 의정활동 방해, 공무집행방해법으로 대량 기소해야 함에도 불구하고 몇 명만 기소하고, 법원도 한두 명에 대해서 가벼운 벌금형을 선고하고 말았다. 국회의원이 사표를 내고는 폭력시위운동을 지휘하다가 언제 그랬느냐면서 다시 국회에 등원하고 있다. 국회의원이 법을 준수하지 않으면서 일반 국민에게 법치를 요구할 수는 없을 것이다.

헌법이나 법률의 목적은 국민의 기본권을 수호하기 위해 국가안전보장, 평화질서 유지, 공공복리 증진을 하는 것이다. 아무리 개인의 소신이 중요하다고 하더라도 다른 사람에게 피해를 주고 질서를 파괴하며 국가안전을 위해하는 경우에는 법률이 엄격히 처벌하게 하고 있다. 일부 국민은 떼법에 익숙해서 모든 것을 시위와 폭력으로 관철하려고 하는데 이는 법치정신을 위배하는 것이요 국가와 국민에게 중대한 피해를 주므로 엄격히 단속해야 한다. 그리고 다액의 벌금을 물려야 한다.

직업적인 폭력 시위꾼들이 폭력으로 중요 국책사업을 방해하는 일이 많다. 심지어 국회 담을 넘어 난입하는 사람도 있었다. 이러한 폭력범을 검거하고도 곧 석방해주는 경찰과 검찰이 있는 한 폭력시위를 근절할 수는 없다. 법무부 장관을 비롯한 공안 책임자들이 엄정한 법치를 강조하고 있지만 불법을 묵인하면서 법치를 확립할 수는 없는 것이다.

대통령과 여당인 한나라당도 강력한 법 집행을 독려해야 한다. 한나라당이 국회의 절대다수를 차지하면서 국회폭력방지법안이나 북한인권법안 하나 통과시키지 못해서야 책임 있는 국민대표라고 할 수 있겠는가. 불법과 떼법의 횡행은 경제를 후퇴시키고 정치 불안을 야기한다. 지도자나 지식인의 솔선수범을 촉구한다.

32. 판사의 직분과 독립[*]

일부 판사의 재임용거부와 징계문제로 법원이 시끄럽다. 일부 법원의
단독판사들은 단독판사회의를 소집하여 법관에 대한 평정제도와 재임
용제도의 개선을 요구하고 나섰다. 정봉주 형집행에 대한 시위가 법원
밖에서 행해지고 있고 영화관에서는 법원판결에 대한 비방 장면이 방영
되고 있다. 마치 법관의 재판이 편파적인 양 비난되고 있는가 하면, 법관
의 독립이 위협되는 것처럼 보도되고 있다.

사법에 대한 불신과 사법권에 대한 위협은 일부 판사들의 품위손상과
편파적인 재판진행의 결과라고 하겠다. 한 판사는 27자로 된 판결문을
작성했는가 하면 어느 판사는 선거사건에서 매수하기 위하여 돈을 받은
사람은 3년의 징역형을, 준 사람은 3,000만 원의 벌금형을 선고하기도

---

[*] 『대한언론』, 2012년 3월 1일.

하였다. 어느 판사는 법원조직법을 위반하면서 합의내용을 공개했는가 하면 어느 판사는 개인의 표현의 자유가 법원의 명령거부나 집시법위반에 우선한다고 생각하여 집행유예로 석방하기까지 하였다. 허위사실유포나 뇌물사건에서도 자백 등 결정적 증거가 없다고 하여 무죄선고를 하곤 하였다.

어떤 판사는 SNS를 통하여 대통령을 비방하고, 한미 FTA 등을 반대하였고, 심지어 어떤 판사는 정당에 가입하여 당비를 내기까지 하였다. 또 파산담당법관이 자기 친구와 형을 파산관재인으로 임명하기까지 하였다. 이러한 행위는 명백히 법관의 의무에 반하는 것이기에 중징계를 해야 마땅하다.

이들 판사들의 행위는 양심의 자유를 내세워 법을 왜곡하고 있으며, 개인의 이익을 위하여 공익을 짓밟는 행위요, 집단적 이기주의에 따라 기득권을 보호하기 위한 행위로 보아, 국민들은 사법행정당국이 강력한 기강확립·징계를 요구하고 있다.

대법원은 이미 법관윤리강령을 제정한 바 있다. 「법관은 국민의 기본적 인권과 정당한 권리행사를 보장함으로써 자유·평등·정의를 실현하고, 국민으로부터 부여받은 사법권을 법과 양심에 따라 엄정하게 행사하여 민주적 기본질서와 법치주의를 확립하여야 한다」고 하고, ① 사법권독립의 수호, ② 품위유지, ③ 공정성 및 청렴성, ④ 직무의 성실한 수행, ⑤ 법관의 직무와 활동, ⑥ 경제적 행위의 제한, ⑦ 정치적 중립을 규정하고 있다. 대법원은 2012.2.13 법관윤리지침서를 발간하여 이 내용을 보다 구체화하여 부적절한 사례를 지적하고 있다.

법관이 품위를 손상하고, 개인적 이익을 추구하며 정치적 중립을 훼손하는 등 법관윤리를 위배한 법관에 대한 징계는 미흡한 것이 사실이다. 법원합의를 공개한 판사에게는 정직 6개월의 징계가 행하여졌으나, 자기 친구나 형을 파산관재인으로 선임한 판사는 고등법원에서 3백 만 원의 벌금형을 받았으나 확정되지 않아 아직도 판사직을 유지하고 있다.

법관에 대한 징계는 마치 사법권의 독립을 침해하는 양 비난되고 있다. 그러나 비위 법관에 대한 징계는 헌법적 요청이다. 법관은 징계처분으로 정직·감봉·기타 불리한 처분을 받게 되어 있다. 법관징계법은 그 사유를 규정하였는데 ① 직무상 의무를 위반하거나 직무를 게을리 한 경우 ② 법관이 그 품위를 손상하거나 법원의 위신을 실추시킨 경우에는 징계할 수 있다. 연임이 거부된 판사는 직무능력이 현저히 떨어졌기에 사전에 징계했어야 한다. 법관임기 중이라도 법관징계를 철저히 하여 연임거부사유가 명확히 되도록 해야 한다.

법관의 신분보장은 판사 개인을 보호하기 위한 것이 아니고, 사법의 대국민봉사기능, 정치적 중립성을 보장하기 위한 것이다. 법관의 신분보장은 판사의 특권이 아니라 사법권의 독립을 보장하기 위한 것이다. 법관은 헌법과 법률에 의하여 그 양심에 따라 독립하여 재판할 의무가 있다. 여기서의 양심은 개인적 양심이 아니라 직분적 양심이며 헌법과 법률을 준수하여 사회 안전과 사회평화를 유지하는 직능을 다 하는 양심인 것이다.

법관은 헌법질서유지기관으로서의 법원의 구성원이며 질서유지와 사회평화유지를 위한 법률의 집행자일 뿐이다. 법관도 공무원이기에 국민에 대한 종복으로서 국민의 권리와 복리를 증진해야 할 책임을 지고 있는 것이다. 우리나라 판사들은 헌법이나 법률이 자기 뜻에 맞지 않으면 무시하거나 적용 회피하는 경향이 있는데 이는 시정되어야 한다. 법률의 위헌여부에 의심이 있는 경우에는 헌법재판소에 위헌제청만 할 수 있을 뿐 이를 적용 거부할 권한은 우리 헌법상 인정되지 않는다. 법관이 헌법과 법률을 위배하는 경우 탄핵대상이 되며 처벌대상이 되고 유죄가 확정되면 당연 면직되게 되어 있다.

독일헌법재판소는 "공무원에게 국가와 헌법에 복종하는 특별한 정치적 충성의무를 부과하는 것은 공무원제도의 근본원칙"이라 하면서, 법관양성법에서 "법관이 되려는 사람은 헌법의 자유민주적 기본질서를 수호할 의무를 지고 있으며 이를 거부하는 경우에는 다른 법률의 규정이 없는 경우에도 법관임용을 거부하고 시보는 다른 절차 없이 면직시킬 수 있다"고 판시하고 있다. 독일의 경우 법관임명 시에는 헌법에의 충성서약을 받게 되어 있으며 그 동안 민주적 기본질서에 위반되는 단체가입여부를 철저히 조사해서 급진주의자는 임명을 하지 않고 있다.

우리도 법관임용에서 헌법준수선서를 요구하고 있으나 과거 신분에 대한 조사는 생략되고 있다. 그리하여 정당원 등이 판사로 임관되어 반헌법적인 종북좌파적 판결을 하는 경우까지 있다. 앞으로 대법원은 판사임용에 있어 보다 엄격한 심사를 해야 하며 인사위원회에서 판사의 적격성과 품격을 심사해야 한다. 현재는 연수원 졸업생을 처음부터 판사로 임명하여 일부 젊은 판사들이 튀는 판결을 하여 국민의 빈축을 사고 있다. 앞으로는 법조일원화원칙에 따라 학식뿐만 아니라 헌법충성심이 있고 인격이 고매한 사람만을 판사로 임명하여야 하겠다.

대법원은 헌법과 법률의 수호기관으로 3권의 한 기둥이며 많은 권한을 가지고 있는데 이러한 사법부의 독립이 침해되지 않도록 내부단속을 철저히 해야 할 뿐만 아니라 외부에서 오는 사회적 압력에도 단호히 대처해야 한다. 선거법위반사건을 법률을 무시하고 3년씩이나 끌어 신속한 재판을 규정한 법률을 위반한다든가, 판결에 불복하는 단체의 시위를 방관하고 엄정대처하지 못하는 경우 사법권의 독립을 수호하지는 못할 것이다. 법원 주변 100m 이내에서는 시위가 금지되어 있는데도 법원이 고발조차 하지 않으며 판사가 신변의 위협을 느껴 거소까지 이전하는데도 외부폭력에 옳게 대처하지 못하는 경우 사법부는 폭력과 정치의 시녀로 전락될 수밖에 없다.

법원은 국가의 법률보호기관이며 국민의 기본권보장기관이다. 사법부의 독립을 보장하기 위해서는 내부적 자정노력과 외부적 방어노력이 필요하다. 사법부의 독립은 국민의 신뢰에 위해서만 보장될 수 있음을 명심하여 국민의 신뢰회복을 위한 결단을 해야 할 것이다.

33. 전교조 시국선언 유죄확정의 의미[*]

대법원전원합의체는 4월 19일 전교조의 교사시국선언이 위법이라 하여 항소심의 유죄판결을 확정하였다. 전교조간부는 대법정 앞에서 즉각 유감성명을 발표하였고, 곧 교원의 정치적 권리를 쟁취하기 위한 투쟁을 지속하겠다는 장문의 성명서를 발표하였다.

대법원의 이번 판결은 그동안 유·무죄로 갈렸던 하급심판결에 대한 유죄확정이라는 점에서 혼란을 종식시킨 의의가 크다. 또 대법원전원합의체에서 치열한 논쟁 끝에 8 : 5로 유죄를 확정한데 의의가 있다.

다수의견은 전교조의 시국선언은 '공무원의 정치적 중립성을 위반하여 공익에 반하고 직무전념의무를 해태하는 행위에 해당하므로 국가공무원법 제66조를 위반한 것'이라 하였다. 소수의견은 교사도 표현의 자

* 『문화일보』, 2012년 4월 23일.

유를 가지며 공공의 안녕을 해치지 않았다고 하였다.

사실 공무원에게 정치적 표현의 자유가 인정될 것인가는 그동안 많이 논쟁되었다. 노무현 전 대통령의 탄핵심판에서 헌법재판소는 모든 공무원이 정치적 중립성을 지켜야 한다고 판시하였다. 공무원은 국민전체에 대한 봉사자이며, 국민전체에 대하여 봉사할 책임을 지고 있다(헌법 제7조). 국민전체가 낸 세금으로 국가에 고용된 공무원이 일부정파를 위한 편향적인 정치활동을 해서는 안 된다. 특히 교사는 미성년자인 학생을 교육하는 신분이기 때문에 정치적인 편파적인 교육을 해서는 국가존립이 위태롭게 된다.

교사는 스승이며 단순노동자가 아니다. 국민 전체에 봉사하여야 하며, 품위를 유지하고, 공익활동을 하여 국민의 사표(師表)가 되어야 한다. 헌법은 이를 위하여 교사의 권위를 존중하고 교사를 우대하며 정치적 세력의 압력을 배제하여 신분을 보장해 주고 있다. 교원 중 일부가 근로3권을 주장하여 교원노동조합의 설립을 인정하고 있으나 그 법에서도 노동조합은 일체의 정치활동이 금지되고 있다(법 제3조). 또 교사들의 조합은 파업, 태업 또는 그 밖의 업무의 정상적인 운영을 방해하는 일체의 쟁위행위를 금지하여 교육의 황폐화를 막고 있다(법 제8조).

국공립학교교사 뿐만 아니라 사립학교교원도 직무상 공무원에 해당하는 복무의무를 지고 있다. 국가공무원법은 공무원 취임에 있어 헌법과 법률을 준수하겠다는 선서를 하게 하고 있으며, 정당·정당단체가입금지, 선거관여금지, 정치적 편향금지, 노동운동이나 그 밖의 공무 외의 일을 위한 집단행위를 금지하고 있다(법 제65조, 제66조). 뿐만 아니라 공무원은 상사의 명령에 복종할 의무가 있으며 직무를 성실히 수행할 의무를 지고 있다.

대법원은 전교조의 시국선언이 2009년 10월 재보선과 2010년 지방선거를 앞두고 반이명박전선 구축이라는 정치적 목적에서 벌인 사실상의 정치투쟁행위라고 규정하고, '공무원이 특정 정치세력에 대한 반대의사를 표출한 집단행동을 한 것'이라고 단정하고, '학교를 정치공론장으로 변질시켜 교육환경에 위험을 초래했다'고 확정했다. 대법원이 이러한 전교조의 집단행위에 대하여 유죄를 확정한 것은 너무나 당연하다.

소수의견은 공무원이라고 하더라도 정치적 표현의 자유를 인정해야 한다고 하고 있으나 이는 학교와 정국의 황폐화라는 공익침해를 간과한 것이라고 하겠다. 공무원이나 교사가 정치적 표현을 할 수 있다고 가정하더라도 집단적인 정치활동을 해서는 안 된다는 것이다. 개인의 정치적 소신의 발표를 국민 전체에 대한 봉사보다도 중시하는 공무원은 공직을 사퇴하고 정치활동을 하여야 할 것이다.

이번 판결을 계기로 공무원이나 교사의 집단행위가 근절되어야 할 것이며 사법부의 권위가 회복되어야 하겠다.

제8부

인터뷰, 서평, 연설문, 기타

1. 인터뷰

『시사 Interview』 Vol.13(2010.10.1)
김철수 서울대학교 명예교수·대한민국 학술원 회원

50년 법학 연구 외길… "법조인, 국민 인권 위해 일해야"

50년이라는 긴 시간 동안 오직 법학자로서의 외길을 걸어온 김철수 교수는 77세라는 나이가 무색할 만큼 여전히 학문과 후진 법학도를 양성하는 일에만 정진해오고 있다. 서울대 교수와 명지대 석좌교수 등을 거친 김철수 교수는 현재 대한민국학술원 회원과 한국헌법연구소 이사장을 맡아 학문 연구에 힘쓰고 있다. 비가 세차게 뿌리던 어느 날 한국헌법연구소를 찾아 법학자로서의 철학과 법에 대한 그의 생각을 들어보았다.

▶헌법에 관심 많던 중학생, 평생 법학 연구에 빠지다

36년간 우리나라를 식민 지배했던 일제로부터 해방이 되고 나서도 분단의 아픔을 이겨내고 대한민국이라는 새로운 나라가 건설될 무렵 김철수 교수는 중학생이 되어 있었다.

좌·우의 대립이 심했던 시기였던 만큼 당시 헌법을 제정하는데 있어 큰 논란이 일었다. 김 교수는 이에 관심을 갖고 '법학자가 되리라'는 생각을 품고 열심히 공부해 서울대 법대에 입학하게 됐다.

1956년 서울대를 졸업한 김 교수는 곧바로 뮌헨대학교로 유학길에 올라 본격적인 학문의 길로 들어섰다. 1962년 서울대 법대 전임강사로 강단에 처음 서게 된 뒤 곧 조교수 발령을 받은 김철수 교수는 1966년, 1967년 미국 하버드대 법학대학원에서 법학 연구를 했고, 1971년에는 서울대 대학원에서 박사 학위를 받아 이듬해인 1972년부터 서울대 법과대 정교수로 재직하게 됐다.

강단에서 이루어지는 강의만을 통해서는 학문에 대한 연구가 부족하다고 느낀 김철수 교수는 1990년대 초반 서울대 교수 시절의 제자들과 함께 '한국헌법연구소'라는 사립 연구 기관을 설립해 더욱 더 학문 정진에 매달렸다.

한국헌법연구소에서는 헌법과 관계된 논문을 출판함과 동시에 헌법 문제에 대해 심도 있는 토론과 연구를 진행하고 있다. 한 달에 한 번씩 토론이 열리며, 여기서 도출된 결과물은 단행본으로 출판되거나 세계헌법학회지에 실리고 있다.

▶정권에 따라 바뀌어온 우리나라 헌법

1948년 7월 12일 국회를 통과하고 5일 후인 7월 17일 제헌헌법이 공포된 이후 우리나라의 헌법은 여러 정권을 거치면서 그 색깔과 특성에 맞게 개정되었다.

　제헌헌법에는 그 시기 유독 심했던 좌우대립을 완화시키기 위해 자유주의적인 생각을 바탕으로 한 사회주의적인 요소가 들어있었지만 한국전쟁 발발 이후 헌법이 잘 시행되지 않았다. 당시 이승만 대통령이 독재체제를 갖추기 위해 대통령 선거를 직선제로 바꾸는 부산 임시 수도에서의 발췌개헌이 통과되었다. 1954년에는 국무총리 제도를 없애는 등의 2차 헌법 개정이 이뤄졌다. 하지만 당시 학생들과 지식인들의 반대에 직면해 4.19혁명으로 연결되었고, 1960년에는 대통령 중심제를 없애며 의원내각제를 채택한 제3차 헌법 개정이 이뤄졌다. 이것이 제2공화국 헌법이었다.

　5.16군사 쿠데타로 인해 정권을 쟁취한 박정희 장군은 1962년 대통령을 직선으로 하는 대통령제에 의원내각제적 요소를 가미한 제3공화국 헌법을 제정했다. 1972년 대통령의 영구집권을 위해 선거를 간접 선거로 바꾸고 통일을 명목으로 대통령의 권력을 절대적으로 하고 인권을 탄압하는 유신헌법을 제정하게 된다.

　김철수 교수는 당시 이를 두고 '현대판 군주제'라고 비판을 했다가 중앙정보부에 구속되어 교과서의 수정을 강요받기도 했다.

　1979년 10월 26일 박정희 대통령이 김재규 중앙정보부장의 총격으로 인해 사망한 후 이른바 '서울의 봄'이 찾아왔고, 분권형 대통령제를 만들기 위한 헌법 논의가 활발히 이루어졌지만 5.18군사 쿠데타가 일어나 민주적 헌법 개정의 꿈은 무산되었다.

　전두환 대통령이 정권을 쥐게 되면서 제5공화국 헌법이 나오게 됐는데 유신헌법보다는 민주적으로 바뀌게 되었다. 하지만 1987년 6월 항쟁을 통해 대통령 직선제를 비롯한 민주화에 대한 국민들의 거센 요구가 용암처럼 분출되면서 결국 6.29선언을 통해 대통령 선거를 직선제로 하는 헌법 개정에 합의하게 된다.

　이에 따라 지금의 헌법인 제6공화국 헌법이 1987년 말 제정되어 1988

년부터 현재까지 22년간 유지되고 있다. 이 헌법은 세계적인 기본권조항을 포함하고 있으며 당초 국회의 권한을 강화하기 위한 목적으로 만들어졌지만 대통령을 직선으로 함에 따라 승자독식제로 되어 권력이 한쪽으로 쏠리게 되면서 행정관, 법관 등 주요 공직자와 공기업의 간부들은 대통령이 임명하고 행정부의 독주를 가져왔다. 따라서 국회가 상대적으로 약해지게 됐다.

노무현 대통령은 집권 당시 야당이었던 한나라당에 대연정을 하자고 제안하면서 대통령 연임제에 대한 헌법 개정을 제기했지만 국회의 반대로 개정되지 않았다.

▶헌법 개정의 방향

현재의 이명박 정권초기에는 헌법 개정에 대해 논의되지 않았지만 국회에서는 노무현 전 대통령과의 헌법 개정에 대한 약속과 헌법의 개정 필요성에 대한 목소리가 커졌다.

178명의 국회의원으로 구성된 국회미래헌법연구회를 통해 헌법 개정에 대한 토론과 연구가 이루어지고 있으며 현재는 헌법 개정을 건의한 상태다.

김형오 전 국회의장이 헌법 개정의 필요성을 강조, 헌법연구자문위원회를 구성해 학자들을 모아 연구를 진행해 헌법 개정의 방향을 연구, 국회에서 발표하기도 했다. 이 대통령과 한나라당 일부에서는 개헌을 주장하고 있다.

앞으로 어떤 방향으로 헌법이 개정되는 것이 좋을 것인지에 대한 물음에 김철수 교수는 대통령의 권한을 줄이고 국회의 권한을 늘리는 방향으로 개정이 되어야 한다고 생각하고 있었다.

대통령의 권한을 약화시키기 위해서는 미국식 대통령제와 독일식 의원내각제가 있지만 국민들이 대통령 직선제를 원하고 있기 때문에 2원정부제가 주장되고 있다. 예를 들어 대통령은 외교·국방·안보·통일 부분에 주력하는 한편 국무총리는 재정, 국내 정치에 주력하게 해 국무 총리가 국회에 대한 책임정치를 할 수 있게 되어 대통령의 독주를 막고 책임정치를 실현할 수 있다는 것이 정치인 다수의 의견이다.

김철수 교수는 독일식 의원내각제를 도입해야 한다고 주장한다. 또 일부학자들은 국민들이 국회의원도 국민소환의 대상이 되도록 하는 등 국민의 권력을 강화시키는 법의 개정과 함께 직접민주주의를 해야 한다는 의견을 피력하기도 한다. 그러나 김철수 교수는 이에 반대했다.

또한 김철수 교수는 현재 우리나라 헌법에서 가장 문제가 되는 부분에 대해 경제체제와 통일에 대한 규정을 꼽으며, 경제제도는 그대로 유지하되 북한을 국가로 승인하는 것에 대해서는 반대했다. 북한을 또 하나의 국가로 인정할 경우 중국의 속국이 되게 된다면 우리가 관여할 수 없게 되고 영구분단이 될 것이라는 우려를 표하기도 했다.

▶법의 목적

김철수 교수가 생각하는 법이란 사회 질서와 평화를 유지하기 위한 제도다. 김철수 교수는 평화를 유지할 수 있도록 제도를 만드는 것과 인권보장을 법의 본질로 꼽았다.

그는 법을 공부하는 학생들에게 '법을 입신과 출세를 위한 학문으로만 생각하지 말고 법의 인권보장기능, 정의구현 기능, 평화유지 기능을 익혀 사회에 봉사하는 사람이 되어야 한다'고 역설했다.

판사나 검사, 변호사 등 법조인이 출세의 수단으로 인식되고 있는 현실이 안타깝다고 한 김 교수는 오늘의 법조인들이 국민의 권익을 위해 한층 더 분발해야 한다고 강조한다.

김 교수는 현재 20, 30대의 법조인들이 판사로 활동하는 것에 대해 다소 우려 섞인 시선을 나타냈다. 비교적 사회 연륜이 충분하지 않은 사람들이 국민들의 분쟁을 해결하기는 어렵기 때문에 변호사로 10~20년 활동을 했던 사람들을 판사로 임명해 공정한 판단과 사회를 위한 활동을 할 수 있게 해야 한다는 생각이다.

관계에 진출했다면 권력도 행사하고 돈을 벌었을 테지만 혈기 왕성한 약관의 나이부터 여든의 나이를 바라보는 현재까지 한 평생을 법학 연구에 바치며 국민들의 인권보장을 위한 법학 연구에 몰두해 온 김 교수의 모습을 보면서 진정한 학자의 모습을 찾아볼 수 있었다.

신필중 기자 pjshin1982@hanmail.net

〈위클리 피플〉 2011.7.15 정혜미 팀장
김철수 한국헌법연구소 이사장 / 서울대학교 명예교수 / 명지대학교 석좌교수
'국민의 인권보장을 위한 법학 연구 외길 50년,
대한민국 민주주의의 본질을 재정립하다'

'급변하는 사회가 인재를 요구하고 있다'는 말 속에서 우리 사회의 단면을 읽어볼 수 있을 것이다. 영리와 비영리의 경계가 허물어져 가는 새로운 움직임, 예측할 수 없는 경제상황이 청년 사회혁신가의 등장과 무관하지 않은 것처럼 21세기는 지식과 정보가 국가경쟁력을 좌우하는 시대로서 전 세계는 글로벌화, 융합화사회로 발 빠르게 진입하고 있는 실정이다. 이러한 변화 추세에 능동적으로 대응하고, 현실세계에서 발생할 수 있는 개인과 개인의 갈등, 나아가 국가와 국가 간의 갈등 등 실용적인 학문을 연구하며 참된 법과 진리를 실현하고 있는 한국헌법연구소 김철수 이사장. 국민의 인권보장을 위한 헌법의 체계적인 연구를 통해 평화

발전의 길을 모색해온 그는 약 50여 년의 법학 외길을 걸어오면서 후진 법학도 양성에 힘을 기울인 이 시대 진정한 리더로서 평가된다. 외유내강(外柔內剛)의 부드러운 카리스마를 지닌 그를 만나 지나온 길을 회고하고, 진정한 법의 의미란 무엇인지 들어보았다.

국가발전을 위한 법학 연구에 심취하다

시대가 날로 변화하고 성장함에 따라 모든 분야에서 복잡 다양한 법적 분쟁이 증가하는 이 때, 국민의 인권보장과 사회정의 실현에 앞장서며 진정한 법치문화의 정립을 위해 노력하는 김철수 이사장. 그는 대구 태생으로 6남매 중 장남으로 태어나 일제 치하의 암울했던 시기에 유년시절을 보냈다. 분단의 아픔을 이겨내며 일제로부터 해방이 된 직후 좌·우 대립이 극심했던 당시, 사회적으로 헌법을 제정하는 데 있어서 큰 논란이 일었다. 무정부상태에서 발생하는 이념적 갈등을 지켜보면서 국가 발전을 위한 법학 연구에 매진하기로 결심한 김 이사장은 서울대학교 법과대학에 진학하여 법률 개정의 꿈을 갖게 된다. 그는 대학시절 순수 법학만이 아닌 역사·철학·문학 등 다양하게 관심을 갖고 폭넓게 공부하면서 넓은 이상을 품고 자신을 한 단계씩 발전시켜 나가기 시작했다. 1956년 서울대를 졸업하고 독일 뮌헨대학교로 유학을 떠나 본격적으로 학문에 전념한 그는 귀국 후 1962년 서울대 법대 전임 강사로 강단에 서게 되었고, 1963년 조교수 발령을 받은 후 1966년부터 1년간 미국 하버드대학교 법학전문대학원에서 법학연구를 하였다. 이후 1971년 서울대학교 대학원에서 박사학위를 받아 이듬해 1972년 서울대학교 법과대학 정교수로 재직하게 되면서 한평생 학자로서의 삶을 이어나간다.

한국헌법연구소 설립의 주역, 새로운 법률 패러다임을 창출하다

헌법은 한 국가의 최고규범으로서 국민의 기본 권리와 국가조직을 규정하고 있는 규범으로 1948년 헌법을 제정한 이래 오랜 기간 권위주의적 정치상황 하에서 헌법규범과 헌법현실간의 괴리를 경험했다. 그러나 1987년 국민의 합의를 통해 제9차 개정헌법이 발효되면서 자유민주주의적 법치국가원리를 기본원리로 하는 실질적 헌법이 자리 잡기 시작했고 1988년 헌법의 실효성을 보장할 수 있는 중요한 수단으로 헌법재판소가 설립되어 본격적인 활동을 시작, 입헌정치의 발전을 위한 전기를 마련하였다. 이러한 시대상황 속에서 김 이사장은 대학 강단에서 이루어지는 강의만으로는 학문에 대한 연구가 부족하다는 한계를 느끼기 시작했다. 헌법의 여러 요소들과 원칙들을 우리 현실에 부합시켜 접목·해석함으로써 헌법학을 한층 더 발전시키기 위해 1990년 한국헌법연구소를 설립하였고 정치개혁과 국회개혁, 사법개혁 등 새로운 공법문제를 다루며 향후 발전적인 방향을 논의하고 있다. 한국헌법연구소에서는 헌법 문제에 대해 심도 깊은 토론과 연구를 진행하고 있으며 한 달에 한 번씩 열리는 토론에서 도출되는 결과물은 단행본으로 출판되거나 세계헌법학회지에 실리고 있다.

법이란, 사회질서와 평화 유지를 위한 제도

"국민들 혹은 정치인들이 헌법의 인지가 부족한 것에 안타까움을 느낍니다. 뜻을 알고 지킬 줄 알면 문제가 생기지 않는데 자기가 가진 권력을 맘대로 휘두를 수 있다고 생각하는 것이 문제이죠" 김 이사장은 국회 내 타협이 안 될 시 폭력행위를 동반하고 장외투쟁을 일삼는 것을 한탄, 이를 비교육적 행동이라고 지적하며 국민의 대표자로서 민주정치가 하루빨리 실현되기를 바랐다. 현실정치에 맞게 헌법을 고쳐서 타협적이고 평화적인 정치를 이룰 수 있도록 해야 하고 그것을 목표로 국회 내에서 합의할 수 있는 장치를 만들어야 한다고 역설했다. 법이란 '사회질서와 평화를 유지하기 위한 제도'로서 평화유지를 위한 제도 확립이 가장 중요하며 정의실현과 법적 안정성 유지·보장을 법의 본질로 꼽았다. 국회의 입법 권력으로 법을 제정하여 질서를 확립하고 정의를 실현하여야 한다는 것을 강조하는 그의 모습에서 진정 국회가 바로 서야 하며 국가 발전에 이바지해야 하고 평화로운 사회를 만들어야할 것이라는 것을 확신하게 되었다.

진인사대천명(盡人事待天命), 이는 인간으로서 해야 할 일을 다 하고 나서 하늘의 명을 기다린다는 뜻으로 김 이사장은 자신의 도리를 다하며 법학 연구를 지속하겠다는 굳은 의지를 밝혔다. 이처럼 중용의 도를 몸소 실천하며 권력과 명예를 추구하지 아니하고 오로지 법학연구와 교육을 통해 '국민을 위한, 국가 발전'을 위하여 한평생 헌신과 봉사의 삶을 살아가는 김철수 이사장의 뜻이 이루어지기를 바란다.

법의 목적은 영구불변하나, 실정법은 시대에 따라 국민의 복지를 위하여 개정되어야 한다. 우리나라가 전래의 법제도를 고집하는 것은 분명 국가 발전의 저해요인으로 작용할 수도 있을 것이므로 시대가 변하듯 법 또한 세계적인 환경 속에서 국리민복을 위하여 시대 흐름에 능동적으로 발맞춰 가기를 김 이사장은 기대했다. 그의 의지가 국내 교육을 변화시키는 데 큰 몫을 담당했음을 확신하며 앞으로 그의 발전적인 연구의 귀추를 주목해보아야 하겠다.

김철수(78) 교수, 국내 3대 헌법학자

"폭력 썼던 국회의원, 공약남발 대통령 뽑지 말아야"

"국회의원이 법을 지켜야지요. 법이 잘못됐으면 자기들이 고치면 되고…. 국회의원이 주먹질하고, 거리에 나서고, 그러면 누가 이 나라에 법을 지키겠습니까."

78세 노교수의 말은 참 명쾌했다. 목소리에 힘이 없어 잘 들리지 않아 가끔 몇 차례 되물어야 했지만 또박또박 분명한 그의 논리는 답답한 가슴을 풀어 주는 묘한 매력이 있었다. 오랜 강의 덕일까….

"지금 대통령 후보라는 사람들이 별로 마음에 안 듭니다. 차기 대통령은 공약을 반드시 지키는 사람이었으면 합니다."

김철수 서울대 명예교수, 명지대 석좌교수의 논리는 세월 속에 더욱 정밀하고 단순해졌다. 헌법학의 어려운 개념을 마치 시중잡담처럼 풀어 냈다.

김 교수는 한때 헌법을 공부하는 법학도들에게 유일한 답안이었다. '자유(自由)'를 사회 통치제도가 미처 단속을 하지 못해 생기는 '반사적 이익'으로 보느냐, 개인이 언제든 하고 싶은 것을 하는 권리로 보느냐', 우리 사회가 아직 법·권리에 대한 철학의 논쟁들마저 낯설어 했을 당시 김 교수는 자연권론을 주장해 마치 문익점의 목화씨처럼 권리론을 가져와 국내에 뿌렸다.

올해 63주년 제헌절을 맞아 지난 18일 오후 서울 동작구 상도1동 사무실에서 만난 김 교수는 열정으로 나이를 잊은 듯했다. 법조계의 뜻있는 인사들이 그동안의 신헌법 틀에 대한 고민을 모아 14일 대화문화아카데미가 만들어 발표한 '새로운 헌법 무엇을 담아야 하나' 책을 준비한 듯 기자에게 건넨 김 교수는 "개헌의 필요성에도 불구하고 그 논의의 열기조차 사그라지고 있다"며 아쉬움을 감추지 않았다.

"황우여 원내대표가 인사를 왔던데요…" 처음부터 딱딱한 헌법 이야기를 피하기 위해 대화는 김 교수의 제자들 이야기부터 시작했다. "서울대 신문대학원에서 강의까지 했으니 그의 강의를 한번이라도 들은 이들은 법조계, 언론계의 쟁쟁한 인사들이 망라돼 있다. 제자 자랑(?)이 한창이던 김 교수에게 좀 더 분위기를 풀어 볼 요량으로 "서울대 법대생들은 서로 사이가 안 좋았나 보군요. 같은 강의실에서 공부했는데 지금은 여야로 나뉘어 다투니 말이죠"라고 화두를 던지자, 김 교수가 크게 웃는다. "인원이 많았어요. 학교에서는 중도적인 입장에서 가르쳤는데, 누구는 좌로 가고, 누구는 우로 갔지요. 그만큼 자유로웠다는 거죠."

대화는 자연스럽게 양건 감사원장을 정점으로 다시 헌법 이야기로 돌아갔다. 김 교수의 서울대 제자인 양 감사원장은 사실 크리스천 아카데미에서 최근 대화문화아카데미까지 김 교수와 함께 우리나라 새로운 헌법의 틀을 연구해 왔다. 김 교수의 제자이자 동료인 셈이다. "그분(양건 원장)이 석사까지 하고 미국에 유학 가 있는 동안 서울대 교수 자리가 나와 그 사람보고 나오라 했지요. 그런데 정부에서 유신헌법 교수가 아니면 안 된다고 해서…. 양 교수는 결국 숭실대를 거쳐 한양대에서 일했습니다. 그분과는 1980년 초에 제5공화국 헌법을 새로 만들려는 논의가 한창일 무렵, 헌법 초안을 만들었지요. 그리고 나중에 통일헌법 초안도 만들었지만 결국 발표도 못했습니다."

―당시 통일헌법을 만들자는 이야기가 있었지만 통일헌법 초안을 우리 정부가 만들었다는 얘기는 처음 듣습니다.

"초안은 만들었는데, 통일부에서 발표를 못하게 해 현재까지 공개되지 않고 있습니다. 5공화국 들어 단계적인 통일방안을 제시했죠. 우선 통일헌법을 만들고, 그 통일헌법하에 통일을 하자, 그런 안이었습니다. 1980년인가, 장관이 내 동기였는데, 나더러 해 달라고 했지요. 그 뒤에 예멘이 통일헌법을 만들어 통일에 성공했습니다. 우리는 그보다 앞서 같은 방안을 추진했는데 참 아쉽지요."

—헌법학은 참 선택이 어려웠을 것 같습니다.

"어려운 때 학교를 다녔습니다. 일제강점기에 초등학교를 다녔지요. 광복 후 학생 때 대구에서 10.1폭동사건(1946년 10월 1일 남로당 주동으로 발생한 사건)이 일어났습니다. 그때 우익 경찰도 많이 죽고, 보복이 있어 좌익도 상당히 죽었어요. 정말 '이래서는 안 되겠다'는 생각이 들었지요. 나중에 1948년도 헌법을 만들었는데, 6년제 당시 중학생으로 법률서적을 보며 혼자 공부를 했습니다. 결정적인 경험이 제1차 헌법 개헌을 놓고 벌어진 부산 정치 파동이었습니다. 이승만 대통령이 국회의원들을 경찰서에서 끌어내어 임시 의사당에 가둔 뒤 강제로 한 것이었죠. '헌법은 나라의 기틀인데 이럴 수가 있냐'는 생각에 헌법 공부를 결심했습니다. 1956년 초 졸업 직전 독일 유학길에 올랐습니다."

—서울대에서 가장 젊은 전임강사였다던데.

"1960년 4.19혁명이 일어나 학위를 마치지 않고 그냥 귀국했습니다. 귀국하자마자 5.16군사정변이 일어났지요. 눈이 나빠 군대에 못 가서 아무것도 못하고 시간강사로 강의하고 모교에서 무급 조교를 하다가 1962년 서울법대 전임강사로 취임했죠. 당시 가장 어린 전임강사였죠."

대화는 빠르게 우리 현대사의 굴곡으로 이어졌다. 헌법은 국가의 OS(Operating System)다. 말 그대로 헌법은 국가의 운영체제. 우리 헌법의 역사는 현대사의 굴곡을 그대로 보여줄 수밖에 없다. "당시 학생들은 정의감이 강해 박정희 정권에 대해 비판적이었습니다. 한·일회담 반대부터 유신헌법 반대투쟁까지 학생 시위가 이어졌죠. 사실 지금 서울대 캠퍼스만 해도 그런 학생들의 시위 때문에 결정됐습니다. 당시 그곳에 골프장이 있었는데 박정희 대통령이 지인과 가서 보고, 경치도 좋고 한번 들어가면 입구만 막으면 못 나오겠다 싶어 정했다고 하지요. 그때 서울대 앞 파출소가 세계에서 제일 크다고 했지요. 무려 1,000명이 넘은 사람을 수용할 유치장이 있었다니까요."

―학생들 못지않게 교수님도 탄압을 받으셨던 것으로 아는데.

"1972년 유신헌법을 만들 때 정부에서 참여하라고 종용했지만 나는 참여하지 않았어요. 반대하는 기색이 역력하니까 하루는 저녁을 먹으러 오라 하더군요. 갔더니 신직수 당시 법무비서관 등이 이제 더 이상 책을 쓰지 말라고 하더군요. 그 전에 3공 헌법에 비판적인 글들을 썼어요. 헌법에 위반되는 법 적용을 한다고 비판했더니 아예 헌법을 고쳐 놓고 '이제 헌법에 규정했으니 더 이상 비판하지 말라'면서 교과서 집필을 하지 말라고 강요하는 것이었어요. 그래도 1973년 1월 10일에 책을 냈는데 '유신헌법은 현대판 군주제다'고 썼죠." 김 교수는 그날 바로 모처로 끌려가 책을 수정하겠다고 약속한 뒤 1주일 만에 겨우 풀려났다고 말했다. "책은 두 번의 몰수와 세 번째 수정 끝에 겨우 나오긴 했는데, 그래도 마음에 안 들어 강의를 못하도록 1973년 3월에 강제 출국 당했지요. 내가 고생하는 것을 알고, 미 대사관에서 급히 미국에 가자고 했어요. 미국 측에서 답답해 보였는지, 눌러 앉으라고 했지요. 그럴 수 있나요. 결국 돌아왔지."

―민주화와 함께 우리 헌법도 크게 달라졌는데.

"서울의 봄이 온 1980년이 전성기였어요. 문교부장관 하마평도 나왔지요. 당시 개헌을 위해 양호민(梁好民), 양건(梁建), 장을병(張乙炳) 교수 등과 함께 6인교수안도 내놓고, 1980년 1월 15일 공청회를 했습니다. 당시 생명권, 알 권리, 환경권 등 새로운 권리들을 집어넣고 이원정부제를 채택했습니다. 특히 중요한 게 헌법재판소 제도를 넣었다는 것입니다. 문제는 통치구조였습니다. 당시 대통령제를 할 것이냐, 의원내각제를 할 것이냐를 두고 많은 논의가 있었는데 최규하 대통령은 이원정부제를 찬성했습니다. 그러나 이 안은 채택되지 않았습니다. 이후 정권을 잡은 전두환씨 측은 강력한 대통령제 개헌을 단행했지요. 그나마 우리가 주장했던 대통령직선제와 헌법재판소 제도가 반영된 것이 1987년 현재 헌법이 나오면서입니다."

―현재의 헌법도 아쉽다는 말처럼 들립니다.

"지금까지의 헌법 중 현재 헌법이 제일 나은 셈이지요. 그런데 문제는 대통령 권력이 너무 절대적이라는 겁니다. 대통령 권력을 나눠 행정부가 독자성을 가져야 하고, 국회와 권력을 나눠야 한다는 점 등이 현재 헌법에 반영돼 있지 않습니다. 현행 헌법에 따라 승자 독식이 행해지고 있습니다. 다 알다시피 거의 모든 공무원을 임명하지요. 심지어 공사 사장, 은행장까지…. 이래서는 민주화가 어렵습니다. 지난해 헌법 개정의 필요성에 공감대가 형성되더니 대선 후보들이 난색을 표하면서 지금은 아예 논의조차 안 되고 있어 안타깝습니다."

―과거 한 대통령의 좌파적 편견 때문에 기존의 동맹관계가 금이 갔다고 노무현 대통령을 비판한 글을 봤습니다. 현 정권을 평하고 대선 후

보들에게 바라는 게 있다면.

"현 정권에 대해 부정적이지 않아요. 집권 1·2년차에 소고기 파동 등을 만나 국가 권력을 통해 바로잡지 못하고 질서 유지를 포기했다는 점, 또 대통령이 '전봇대 빼라' 같이 너무 사소한 것에 신경 쓴다는 게 문제라고 봅니다. 소통이 안 되고 있는 것이 문제죠. 지금은 어쨌든 국민 통합을 해야 하는 시기입니다. 국제 평화 유지도, 남북간 긴장 완화를 통해 통일을 촉진하는 대통령이 됐으면 좋겠습니다. 무엇보다 국가적 안정이 최우선돼야 합니다. 법을 어기면서 폭력이나 썼던 국회의원이나 공약을 지키지 않는 대통령은 뽑지 말아야 합니다."

—국회에 바라는 것은.

"국회는 정치투쟁을 하는 곳이 아니라 정치적 타협을 하는 곳입니다. 어디까지나 주권자인 국민의 의사를 존중해 일을 하는 곳이어야 합니다. 그런 점에서 다수결 원칙을 지키고 국회법을 지켜야 하는 것이죠. 국회법보다 형사법을 위반하는, 국회에서 모욕적인 발언을 하고, 폭력이 난무하는 그런 일이 다시는 일어나서는 안 됩니다. 그래서야 어느 국민이 국회를 따르겠습니까. 올 제헌절에는 행사가 많습니다. 헌법을 존중하고 기본질서를 지켜야 합니다. 헌법에 근거한 정치를 해야 하는 것입니다. 그런 점에서 다음 대통령은 헌법을 고치지 않는 한 헌법을 지켜 국무총리의 권한을 인정하고, 국회와도 타협을 해야 합니다."

2-1. 서평(타인의 저서)

1. 전봉덕 저, 『한국법제사연구』

(1968년 4월, 서울대 출판부간, 46배판 359면, 정가 1,000원)*

법제사는 법의 역사를 중심으로 한 나라의 법률제도와 국민의 법률생활의 역사적인 변천을 연구하는 과학으로서 법률학과 역사학의 양 분야에 걸쳐서 소속하는 학문인만큼 법률학의 소양이 필요할 뿐만 아니라 역사학에 대한 고도의 지식이 요구된다. 일본이나 중국에 관한 법제사의 문헌은 이우충동(耳牛充楝)할 지경으로 논문이나 저서가 많지만 한국 법제사에 관한 연구는 저서나 논문이 적을 뿐만 아니라 그것마저 일인 학자들의 손으로 개척되어 왔다. 미야자키(宮崎道三郎) 교수를 비롯하여 아사미(淺見倫太郎) 박사, 가와아이(河合弘民) 박사, 와다(和田一郎) 박사, 구 경성제대의 하나무라(花村美樹) 교수, 나이토(內藤吉之助) 교수, 구 고등법원

---

* 『아세아 연구』 제11권 4호(1968.12), 147~152면.

의 노무라(野村調太郎) 판사, 기토(喜頭與一) 판사, 구 중추원의 아사이키(麻生武龜)씨 등의 저서나 논문을 들 수 있을 것이다.

해방 후에는 한국사가 국사학으로 재건되어 20여 년간 훌륭한 저서와 논문이 허다하게 간행되어 성세를 자랑하는 이 중에도 한국법제사는 황무지로 미개척의 분야로 있어 적료(寂寥)를 금할 수가 없는 것을 누구나가 유감으로 생각하고 있는 바이다.

전(田) 박사는 미개척의 분야인 한국 법제사 연구에 학생시절부터 뜻을 두고 변호사 생활의 여가를 이용하여 오늘날까지 꾸준히 같은 부문을 전공하여 왔으며 서울대학교 법과대학에 창설된 한국 법제사 강의를 약 10년 간 담당하면서 한국 법제사에 관한 논문을 집필하였다.

본서는 전 박사가 그동안 발표한 논문을 골라 모은 논문집으로,

1. 암행어사 제도 연구
2. 한국법의 구조와 성격
3. 한국 고유 법전의 성질과 입법
4. 고대 관명 「加」 연구
5. 신라 율령고
6. 신라 최고관직 상대등론
7. Wesen und Struktur des Koreanischen Rechts

등의 논문이 실려 있다.

1) 암행어사 제도 연구

제1논문 암행어사 제도 연구는 작년에 신규로 집필한 논문이지만 오랜 세월을 두고 자료를 모아 심혈을 경주한 점에서 life work로 볼 수 있

다. 전 박사는 경성제대 예과의 학생시절에 이미 동명의 소논문을 발표하여 당시 교수들의 주목을 끌었는데, 그 후에도 계속하여 본 논문의 완성을 위하여 『조선왕조실록』을 비롯하여 『비변사등록』, 『승정원일기』 등의 고문헌을 읽고 또는 각종 어사 문서와 마패를 섭렵하여 자료수집에 철저를 기하여 견사(遣史) 제도의 정치적 의의, 어사제도의 유래, 암행어사의 출현, 일반 어사와의 관계, 암행어사의 기능 등을 고증한 것이다.

제1장 견사제도의 사적 고찰로서 견사가 경천애인(敬天愛人)하는 왕도정치의 기본원리에 입각한 정치요결임을 전제하고, 3국 시대와 고려시대의 견사의 예를 훑어보고 조선시대 초기에 어사 내지 암행어사와 유연(類緣)을 가진 각종 견사 예로서 문민질고사(問民疾苦使), 행대(行臺) 경차관(敬差官), 찰방(察訪) 분대어사(分臺御使), 문폐사(問弊使, 問弊事, 問弊) 등의 각종 사신(使臣)을 비교 연구하여 그 유래와 실체를 규명하고 암행어사의 본질이 문민질고(問民疾苦)하고 지방 수령의 탐오(貪汚)와 불법을 적발하는 감찰임무에 있었고, 암행어사 출발 전에는 이들 각종 사신이 분견되어 문민 질고하고 지방행정을 암행 규찰한 사실이 있음을 밝혀내고 있다. 그들에 대하여 세종대까지는 어사 명칭을 정식으로 사용하지 못하였고, 세조대에 이르러 비로소 분대(分臺)어사(分巡御史)가 생겨 공개적으로 처음 어사명이 사용되었으나, 분대어사는 각도에 상주하는 공행(公行)의 어사로서 암행어사와는 본질을 달리하며, 성종대에는 상주 공행의 분대어사의 폐를 느끼고 그 대신 수시 발견(發遣)하는 문폐사(使) 또는 문폐사(事), 문폐 등의 이름으로 혹은 조관명(朝官名) 그대로 사신을 분견한 바 이들 조관이 암행하였으며 어사라고 속칭하여 왔다는 사실을 지적하고 이를 암행어사의 전신으로 보고 있다. 즉 암행어사의 계보는 멀리 고려시대의 문민질고사나 찰방사에서 연원하고 이태조대의 문민질고사, 정종대의 잠행(潛行) 행대(行臺), 태종대의 문질고 경차관, 세종대의 암행찰방, 성종대의 암행 조관(朝官; 속칭 어사) 등의 견사 예를 거쳐 중종대에 접어들어 중종 4년 11월에 암행어사의 성어(成語)가 생기고 실질적인 암행

어사의 분견이 개시된 것이다. 그러나 이들은 어디까지나 무명 어사의 이름으로 견사되었고 명실상부한 암행어사의 견사는 명종 5년 3월에 시작된다고 신안(新案)을 내리고 있다. 연려실기술(燃藜室記述) 별집을 비롯하여 종래의 문헌이 암행어사의 출현을 선조대에 개시한 것으로 생각한 것을 뒤집은 것이다.

제2장 암행어사와 일반어사에서 전 박사는 일반어사는 문민질고 아닌 재상(災傷), 추쇄(推刷), 진상수납진휼(進上收納賑恤) 등 일반 행정 목적의 무행(務行)을 감찰·독려하기 위하여 파견된 경차관에게 어사직을 겸대(兼帶; 結銜御使職)시키자는 의견이 성종대에 나오기 시작하였고, 질상(質傷) 경차관에게 어사를 겸대시키는 실례가 탄생하였고, 중종대 이후는 겸대나 결아가 아니고 직접 재상(災傷) 순변(巡邊), 수은(搜銀), 폐정수괄(閉丁搜括; 推刷), 구황(救荒), 감군(監軍), 순무(巡撫), 선유(宣諭), 독포(督捕), 조도(調度), 독운(督運; 催運), 순안(巡按), 시방(試方), 안문(按問), 진휼(賑恤; 監賑), 안패(按覇; 按査), 별견(別遣), 안집(安集), 위유(慰諭), 사정(査正; 反庫, 反閱), 감시(監市) 등 일반 행정 목적을 위한 일반 어사가 탄생하여 분견되기에 이른 것이다. 이들 각종 일반 어사의 성질·탄생·발달·쇠퇴의 역사적 변천을 밝히고, 일반 어사도 집무의 형편에 따라 암행시키는 경우가 있어 일반어사가 암행화 하여간 경위와 암행어사도 문민질고와 수령의 탐오·불법을 규찰하는 본래 임무 외에 점차 일반 행정 목적의 독려와 감찰을 담당하기에 이른 암행어사의 일반화 과정을 구명하고, 암행어사와 일반 어사와의 사이에는 '일반 어사의 암행화'는 일반 어사의 발달과 범람을 가져왔고, '암행어사의 일반화'는 암행어사가 점차 일반 어사의 임무를 흡수함으로 인하여 일반 어사의 쇠퇴·소멸과 암행어사의 황금시대를 가져왔다는 변천의 원리를 캐내고, 영조대를 절정으로 일반 어사는 쇠퇴의 길을 갔고, 정조대 이후는 암행어사의 황금시대를 이룩하였다고 하고 있다. 일반어사의 유래와 실체를 규명하고 암행어사의 발달과 비교하여 그 변천의 원리를 캐낸 것은 본 논문의 압권이라고 할 수 있다.

제3장 암행어사의 임명은 암행어사의 구조라고 볼 수 있는 임명과 치장(治裝)을 논술한 것으로 임명과정을 자격, 패초(牌招), 추생(抽栍), 봉서(封書)로 치장을 봉서와 사목(事目), 마패(馬牌), 유척(鍮尺), 양자(糧資), 대리(帶吏) 등의 각 항으로 분석하여 사료에 입각한 고증에 시종하면서, 암행어사 임명은 추생에 비밀의 핵심이 있었으며 임명에 제하여 봉서 일통(一通), 사목책 1권, 마패 1면, 유척(鍮尺) 2건이 사여(賜與)되었고, 양자(糧資)는 초기에는 자담이 원칙이었으나 후기에는 호조(戶曹)를 통하여 급여하였고, 5~6명의 이예(吏隷)의 대솔(帶率)이 있었다고 논술하고 있다. 암행어사에게 부여된 마패는 양 마패이었고 역진제(驛進制)와 마패제의 역사와 기능, 유척의 유래와 도량형의 변천 등의 고찰은 우리나라 고유제도에 대한 새로운 개척이라 할 수 있을 것이다.

　제4장 암행어사의 직권에서는 암행어사의 권한의 핵심이 봉서(封書)와 사목(事目)에 있었고, 봉서에는 「수신칙서(隨身勅書)」의 성질을 가진 것이라고 전제하고 사목의 발달과정을 역사적으로 더듬고 추생(抽栍) 외(外) 불규찰(不糾察)의 원칙이 서 있었던 것과 같이 사목외 불규찰의 원칙이 서 있었으며, 따라서 암행어사의 형식적 권한은 추생과 사목으로 제한을 받고 있었고, 암행어사의 실질적 권한을 밝히기 위하여 직단권(直斷權)의 변천을 검토하고 있다. 관찰사를 비롯하여 각종 당상관(堂上官) 사신인 사(使)와 당하관(堂下官) 사신인 행대(行臺), 경차관, 찰방, 분대어사, 문폐사 등의 직단권을 비교하고, 조선 초기에는 당상관의 사신에게는 2품 이상 신문과죄(申聞科罪) 3품 이하 조율직단(照律直斷)의 권한을, 당하관의 사신에게는 3품 이상 계문(啓聞) 4품 이하 조율직단의 권한을 주고 있었으나, 경국대전 제정과 더불어 관찰사에게 유(流) 이하의 직단으로 그 권한이 축소되었고, 당하관 사신에게는 직단권을 주지 아니하기에 이르렀으며, 암행어사의 권한도 수령(守令)에 대하여 '봉률(封律)'하고 '서계파직(書啓罷職)'하는 권한이 있을 뿐이고, 장(杖) 이하의 직단의 실례를 들 수 있을 정도이었다. 파직의 전제가 되는 '봉률'에는 불법 문서를 적발하여

봉송(封送)하는 증거의 제시를 엄명하고 있었다고 논증하고 있다.

　제5장 암행어사의 출도는 출발, 출도복명을 중심으로 암행어사의 직무집행과정을 살핀 것이다. 암행어사의 출발은 즉일등도(卽日登途)가 원칙이며 승정원일기와 서계집록(書啓輯錄)에 의하여 실례를 들고, 이를 고증하고 봉서의 표면에 서시(書示)된 '도남대문외개기(到南大門外開圻)' 또는 '도동대문외개기(到東大門外開圻)'의 문자 그대로 임명 직전 등도(登途)하여 남대문 밖 또는 동대문 밖에 나가서 봉서를 열어보고 출발한 것이며, 출도와 복명을 통한 암행어사의 기능을 상세히 논술하고, 끝으로 어사우(御史雨)의 고사와 가어사(假御史)의 불법사례를 다루고 있다. 본 논문을 통독할 때 암행어사 제도에 관한 한 모든 사료를 총동원하여 치밀한 고증을 통하여 그 제도 해명에 완벽을 기한 것이라고 볼 수 있다. 암행어사 제도가 조선 말기에 들어가 암행어사에 사여(賜與)된 사목에 지방행정의 폐질이 각반에 긍하여 적시(摘示)되어 있고 그 발견의 도수가 빈번하여져 국정에 점한 지위가 예상 외로 커간 것이 사실이다.

2) 한국법의 구조와 성격

　제2 논문 한국법의 구조와 성격은 한국법의 사적 고찰을 중심으로 한국법의 성질을 법철학적으로 규명하고자 한 논문으로 총설, 자연질서와 사회질서, 예와 법, 법기술과 법과학의 순서로 구성되어 있다. 전 박사는 풍토가 문화에 영향을 준다는 풍토철학을 채용하여 한반도의 특징으로서 준엄한 산악, 광활한 평원, 장대한 강수(江水)를 모르고 평지와 산악이 빈번히 교차하는 소규모의 자연이며 춘하추동의 계절의 추이가 선명한 기후임을 지적하고, 국민감정이 계절의 변화가 심한 소경치성(小景致性)의 영향을 받아 예민하고 세세한 감정으로 나타나기가 쉽다고 규정하고, 우리 민족은 부단한 대륙민족의 중압 하에 있어 항상 평화를 동경하고 자연에 대하여 투쟁하거나 자연을 극복하는 것이 아니고 자연에 순종하고 그 은총 아래 평온과 안주를 희구하여 온 것이다. 본질에는 만고불역의 자연질서 아래 사회질서가 형성되고, 사회질서의 타당성이 자연질서에 저초(底礎)되어 자연질서와 사회질서가 서로 혼합하고 인과관계를 맺고 있다고 생각하는 천인상이(天人相異)의 사상이 기초가 되어 있었다. 사회질서의 주축은 도덕에 있고, 또 그의 형식화가 예(禮)라고 전제하고 법은 도덕이나 예에 봉사하는 것이며, 덕주형보(德主刑輔) 예주법종(禮主法從)의 관계에 있었다. 도덕과 예의 질서로서 유지되는 사회에 불법이나 죄악이 있을 수 없고, 이러한 이상사회를 '공옥(空獄)의 사회', 즉 '무형지치(無刑之治)'의 사회라고 법을 규정하고, 법은 없애기 위하여 제정하는 것이며 '형기간무형(刑期干無刑)'이 궁극의 목적이라고 생각하였다. 입법기술이나 법과학은 중국을 배운 것이므로 중국법의 범주를 벗어날 수 없고 법전편찬은 극히 발달되었으나 공법에 치중되었으며 사권의 발달은 미약하였다. 인민의 사적 법률생활은 자율적·자치적 기초에 맡겼던 고로 분쟁은 도덕이나 관습 또는 조리에 의하여 혹은 존장(尊長)이나 길드의 장의 재결로 해결된 것이다. 법에 대한 한국의 고유어는 '본'이며 '본'은 '본보기', 즉 견본이며 모형이며 모범이다. 법은 사실에 우원(迂遠)한 이상이 아니고 누구나 실행할 수 있는 실천적 규범이다. 즉 사실과 절단된 Sollen이 아니고 모범행위를 본받아 점차 사회 다수인이 실천하는 '규범적 사실'(normatisches Sein)이다. 따라서 법의 이상은 정의의 실천만을 목적으로 하는 것이 아니고 정의·선·성 등 광의의 가치를 추구하는데 있었다. 법률생활에 있어 행위의 가치판단에도 객관적·추상적 규준으로 '하늘'(天, 天道)을 주관적·구체적 규준으로 '경위'(經緯)를 애용하였으며, 그 근거를 우리나라 고유 문헌으로 입증하였다. 법기술에 있어서 의제·추정·유추해석 등을 무시하고 법률용어는 개념의 내포나 외연에 대한 배려가 결여되고 비슷하면 같다고 생각하는 유사와 동일을 혼동하는 유사개념의 애용으로 인하여 법률용어는 불분명·불확정·불정량(不

定量), 또 유동적·수용적(受容的) 경향을 면할 수 없고, 그 실례로서 경국대전에 규정된 여러 가지의 기간 개념을 분석하여 불분명·부정확·부정량적임을 입증하고, 실질적 권리의 소멸을 가져오는 시효제도는 없었고 청송기간(聽訟期間)의 설정에 의한 청구권의 소멸을 가져오게 하는 독일 민법식 시효제도였다고 보고 있다. 서울법대 박병호(朴秉濠) 교수가 "이 논문을 통하여 한국법사상 내지 법의 본질을 인식할 수 있으며 법의 근대화 및 그 방법론을 위한 기초가 될 수 있다" 한 것은 정당한 평이라고 생각된다(『한국사연구』제1호, 162면 참조).

3) 한국 고유 법전의 성질과 입법

조선 정조시대의 입법과정을 분석하고 형식적인 법을 '왕의 명령'이라고 파악하고 적극적 명령인 '수교'(受敎)(敎旨)와 소극적 명령인 수판(判批)(判旨)으로 대별하고, 이를 위한 상위개념으로 모두 '수교'라고 범칭하였으며, 수교의 조문화한 것을 '조례'(條例), '조령'(條令), '조획'(條劃), '조건'(條件) 등으로 칭하였다. 사회 사상(事象)을 6개 범주에 의하여 구분하는 중국 주(周) 이래의 6분주의에 의하여 행정관청이 이호예병형공(吏戶禮兵刑工)의 6대 관부인 육조(六曹)로 나뉘어져 있었으며, 육조에 각기 하달되는 수교는 당해 조(曹)에서 등록(謄錄)하여 두는 것이 관례였다. 조선에서 입법, 즉 법전의 편찬은 새로 신법을 제정하는 것이 아니고 기존 수교(條例)를 수집하여 정리하는 사업이며 6조 별로 등록에 의하여 조례를 수집하여 취사선택하여 그 중에서 영구진행(永久進行)의 수교만을 모아서 만든 것이 바로 법전이 되는 것이므로 '육전(六典)'의 칭호를 가질 수밖에 없었던 것이다. 그 중 초기의 법전인 경국대전은 조종의 성헌(成憲)을 집대성한 것으로 승세불간(承世不刊)의 대전이라 칭하고 불가변·불가침의 '경구입법(經久立法)'이라고 생각한 것이다. 그 후대의 모든 법규는 후대의 왕의 명령인 바 이는 '경구입법'에 대하여 '일반 권선(權宜)의 법'으로 생각하고 조종의 성헌에 위배될 수 없다는 성헌존중주의가 입법의 기본원칙이었음을 밝히고 있다. 따라서 그 후대의 법전은 '전(典)'의 명칭을 못 붙이고 대전속록(大典續錄) 또는 수교집록(受敎輯錄) 등으로 '록(錄)'이라 비칭(卑稱)하였다. 영조대에 이르러 비로소 록 중에서 다시 경구지법을 가려내서 속대전(續大典)을 편찬하면서 '전(典)'자를 사용한 것이다. 제2논문과 제3논문은 서로 종합할 성질의 것이며, 제2논문에서 한국법의 본질을 고찰하였고, 제3논문에서 '법'의 형식적 의의와 입법의 성질, 법전의 변천 등을 고구하여 제2논문을 보완한 것이라 볼 수 있다.

4) 고대 관명 '가(加)' 연구

제4논문 '가' 연구는 고대 부여, 고구려, 동옥저, 예(濊), 삼한 등의 고대 부족 사회에서 널리 관명으로 사용된 '가'의 용어예를 전부 모아 이를 분석하고 부족장의 명칭으로 '大加', '小加', '諸加', 관명으로 '馬加', '牛加', '저가(豬加)', '상가(相加)', 귀족의 칭호로 '고추가(古雛加)' 등으로 각기 사용된 유형을 분류하고 '加'의 본의는 '首長을 의미'하는 것으로 '干'과 동의어이며 신라의 왕호인 '居西干'이다. 신라의 '麻立干' 백제의 왕호인 '於羅瑕' 등도 부여, 고구려의 '加'에 유래한다고 논증하고 있다.

5) 신라 율령고

제5논문 신라 율령고는 1956년 서울대학교 논문집에 발표된 것으로 암행어사 제도와 쌍벽이라고 할 수 있는 대표적인 논문이다. 고대 사료의 영세한 편편 조각을 정성껏 섭렵하여 무에서 유를 만들다시피 고심하여 신라 율령의 유래를 고증하고 율령 양식의 내용을 부각시킨 것이다.

　제1절 유래에서는 삼국사기 신라 본기 법흥왕 조에, '七年春 正月 頒示 律令'이라 하여 신라 율령 반포의 기사 1조가 처음으로 보이는데, 신라의 역사적 데뷔는 내물니사금(內勿尼師今) 때 중국의 부진(符秦)에 고구려 사절의 안내로 이루어진 것이며, 신라는 고구려에 왕족을 질자(質子)로 보내면서 고구려의 정치적 배경으로 독립과 국권의 확립을 유지하였고 고구려의 문물제도를 도입·섭취한 것이다. 신라의 법흥왕 대는 중국의 양대(梁代)에 해당하나 신라가 양에 사절을 보낸 것이 법흥왕 8년 백제의 견양사(遣梁使)에 수행한 것이 처음이므로 신라가 직접 중국으로부터 율령제도를 도입하였다고는 볼 수 없고, 고구려의 율령 반포가 신라보다 150년이나 앞선 소수림왕 3년이었으며 그 후 명주(名主) 광개토왕, 장수왕, 문자왕 등이 상승상속(相承相續)하여 고구려 전성시대를 이룩하고 있었던 점을 들고, 신라 불교가 고구려를 통하여 도입된 것과 같이, 신라 율령은 고구려 율령의 계수이며 태종 무열왕대 이후 수차 율령을 개수(改修)한 개수시대에 들어가면서부터 직접 당(唐)의 율령을 계수한 것이라고 하였다. 개수 중에 가장 큰 것은 경덕왕대와 혜공왕대이며 그 후 홍덕왕까지 약 백년간은 율령정치 전성시대였다고 논증하고, 그 실례로서 일본 나라(奈良) 正倉院에서 발견된 신라 민정 문서를 들고 그 문서가 西原京을 중심으로 한 것임을 보고 국도(國都) 경주에서 멀리 떨어진 변비(邊鄙)한 청주(淸州) 지방에서 이러한 상세한 보고서가 작성된 것은 신라의 율령 정치가 서민 생활에까지 침투하여 숙습된 탓으로 신라 황금시대가 율령 정치의 토대 위에 건설된 것이었다고 논증하였다.

　제2절 신라 율령의 내용에서는 『삼국사기』, 『삼국유사』 기타 사료를 통하여 신라 율령의 형태와 내용을 복원한 것이다. 먼저 율의 형(刑)에 관하여 신라 형벌의 종류는 당률(唐律)에서 고정된 태장도유사(笞杖徒流死)의 5형(刑) 제도가 아니고, 극형으로 이일족(夷一族), 이삼족(夷三族) 등의 족형과 차열(車裂), 사지해(四支解), 기시(棄市), 육시(戮屍) 등이 있어 수당(隨

唐) 이전의 선주한(先奏漢) 위진(魏晉) 시의 형벌 계통에 속한다고 고증한 바, 이는 고려 형벌에 족형과 기시 등의 형벌이 있었던 점으로 보아 신라율이 고구려의 계수라는 추정과 부합된다고 생각한다. 신라율의 죄에 관하여서는 십악(十惡)에 해당하는 것으로서 문무왕 9년 2월 삼국통일에 관한 대조(大詔) 중에 '5역(五逆)'의 구절이 있는데, 이는 신라 율령상의 용어이며 수당률(隨唐律)의 10악에 해당하는 명예율(名例律)로서 전통적인 십악을 신라에서는 5개로 줄인 것이라고 보고, 5역의 내용은 모반(謀反), 모대역(謀大逆), 모반(謀叛), 악역(惡逆) 외에 부도(不道)로서 추정하고 있다. 전통적 10악이 일본 율에서는 '8학(八虐)'이 되었고, 신라에서는 5역으로 되어 있었다는 사실은 획기적인 발견이다. 5역 이외의 각종 범죄로서는 당(唐)의 적도율(賊盜律)에 해당하는 '요언혹중(妖言惑衆)', '기방시정 구사방어조로(欺謗時政 構辭榜於朝路)', 직제율(職制律)에 해당하는 '사병이직(詐病離職)', 구고율(廐庫律)에 해당하는 '배공영사(背公營私)', 포망율(捕亡律)에 해당하는 '적전부진(敵前不進)' 등의 조문의 1절이 나타나 있다.

영(令)에 관하여서는 편목명(篇目名)은 없으나 수당령 편목에 해당하는 사료에 의하여 추정하면 관위령(官位令), 직원령, 사령(詞令), 호령(戶令), 학령(學令), 선거령, 군방령, 의복령, 의제령(儀制令), 낙영(樂令), 공식령(公式令), 전령(田令), 부역령(賦役令) 등이 있었던 것으로 보여지며, 격식에 관하여서는 무열왕 원년에 율령을 상작(詳酌)하여 이방부격(理方府格) 60여 조를 제정한 것이 시초이며, 그 후 각 부(府)의 격이 제정되었으리라고 추정하고 있다. 식(式)에 관하여서는 문무왕 유기(遺記)에 '율령격식(律令格式)'의 용어가 사용되고 있음으로 문무왕대에는 식의 제정이 이미 완성되었던 것으로 추측한 것이다. 본 논문은 신라 사회가 율령격식을 골격으로 중앙집권적 전제정치의 체제를 확립하고 발전과정을 밟은 것을 논증한 것으로 전인미답의 개척적인 논문이다. 1967년 10월의 『일본법제사학보』 제17집에서 린키(林紀昭代)는 「新羅律令に關する二三の問題」라는 제목 하에 전 박사의 본 논문 전부의 경개(梗槪)를 싣고 비평하는 가운데,

"신라 율령을 2 단계로 나누고 법흥왕대의 율령이 진(晉)의 진시율령(秦始律令)을 계수한 고구려 율령의 영향을 받은 점, 신라 율령의 복원을 삼국사기 등 제사료에서 시도한 점, 신라 민정문서에 의거하여 율령이 형식적·이념적 존재가 아니었고 인민통치의 강제기구로서 실제로 활용한 점에 대한 논증의 3점에 있어 전씨의 연구는 큰 의의가 있다고 생각한다. 특히 제1점에서 晉의 진시 율령의 영향의 유무에 관하여서는 법흥왕 율령의 내용이 불명함으로 결론을 서두르는 것은 위험하다고 할 것이나 전씨가 고구려 율령의 직접 계수를 적극적으로 지적한 것은 높이 평가하여 마땅하다고 본다. 5세기에서 6세기에 긍한 광주(廣州) 고분 중에서 '乙卯年 國岡上 廣開土地好大王 壺杆十'의 명문(銘文)을 가진 청동 호(壺)의 출토는 전씨의 추론이 정당하였다는 것을 입증하고도 남음이 있다"(法制史硏究 第17輯, 151면 참조)라고 평하고 있는바 필자로서도 동감을 느끼는 바이다.

6) 신라 최고관직 상대등론

제6논문 상대등론(上大等論)은 신라 관직으로서 '상대등'의 특수성에 착안하여 그 연혁과 권한·지위·임면 등의 구조와 기능을 고찰한 것이다. 상대등은 삼국사기 법흥왕 18년 조(條)에,「夏四月 拜伊飡哲夫爲上大等 摠知國事 上大等官始於此 如今之宰相」라 한 것이 초견인 바 진흥왕의 순수척경비(巡狩拓境碑)에도 그 관명이 보이는 유래가 깊은 신라 최고의 관직이며, 상대등과 같이 대등(大等), 사(使) 대등이 같은 비문에 보이고 삼국사기에는 전(典)대등, 사(仕)대등 등의 관명이 보이는 고로 '대등'이라고 범칭되는 신라 고유계(系)의 관직이 먼저 생기고, 그것이 발달하여 관용되어 오다가 법흥왕이 율령을 반포하고 내정을 혁신하면서 상대등의 최고 관직을 창설한 것이다. 상대등은 조신(朝臣)의 수반으로 남당(南堂)

(平儀殿·政事堂)에 출사(出仕)하여 국왕을 모시고 국정을 보필한 재상이며 부왕적(副王的) 위치에서 내외 백관의 임면, 시정(時政) 득실의 건의·시정 등 국정 전반을 총리한 것이다. 상대등의 지위는 국제적으로도 알려져 일본과 중국 등에서 상신(上臣), 대신, 대재상, 상위 열왕(列王) 등으로 불려 명실상부한 최고 지위를 차지하였다. 상대등은 골품제인 신라 사회에서는 그 제약 하에 진골이어야만 자격이 있었으며, 약간의 예외는 있으나 신라 관계(官階)상 이벌찬(伊伐湌)에서 임명되었으며, 집사부(執事部)의 장인 대중(待中)으로부터 상대등에 승진되는 것이 관례이며 당대 제1급의 실력과 인재가 그 자리를 차지한 것이다. 골육상쟁과 정권찬탈이 심한 신라 하대에는 대중(待中)에서 상대등, 상대등에서 왕위에 오르는 계보를 밟고 있었음을 논증하고 있다. 본 논문 역시 영세한 사료에서 상대등에 관한 자료를 망라하여 뽑아 가지고 상대등의 권한·지위·임면의 과정을 파고들어 상대등의 관직을 부각시킨 개척적인 논문이다.

7) Wesen und Struktur des Koreanischen Rechts

본 논문은 제2논문, 한국법의 구조와 성격을 번안한 것으로 1959년 뮌헨 대학 안드레 엑카르트(A. Eckard) 박사의 75세 탄생 축하기념 논문집에 투고하였던 논문이다. 한국 고유법의 본질에 관하여 독어로 소개하여 비교 법제사학계에 자료를 제공한 점에 의의가 있다고 생각한다.

이상으로 전편을 통독한 것인바 한국법제사의 전공가도 아니고 한문의 소양이 적은 필자로서 오독(誤讀)이나 오해가 없었을까 염려하는 바이며, 독후감을 일언이폐지하면 전 박사는 고대사에서부터 근대사에 이르기까지 광범한 사료를 철저히 소화하고 관계 사료를 섭렵하고 망라하여 자료를 뽑은 후 소론 구성에는 전부 문헌적 고증을 밝히는 과학적 연구방법을 취하였다. 이러한 고증학풍으로 일관되고 창견(創見)에 차있는 본서의 출간은 한국 법제사학계의 대망의 역작이라 할 수 있고, 아세아 역사 연구를 위하여서도 길이 기억될 논문집이라고 생각된다.

2. 구병삭 저, 『헌법학 I · II』(박영사, 1983)*

1.

고려대학교 법과대학의 구병삭 교수의 『헌법학 I · II』가 출간되었다. 1981년 2월에 『헌법학 I』 초판이 나온 뒤 2년 반 만에 『헌법학 II』가 출간됨으로써 구 박사의 헌법학 체계가 완성되었다. 그동안 불철주야 집필에 임한 구병삭 교수의 정력에 감탄할 뿐이며, 우리 헌법학에 금자탑을 세운 공헌을 높이 경하하는 바이다. 근래의 우리나라의 헌법서는 단권 교과서가 주이며, 학생 수험용이 위주였는데, 이러한 연구서가 출판된 것은 학계 발전의 증거일 뿐만 아니라 출판사의 능력 확대와도 연결되는 것으로 기쁘기 짝이 없다.

이 책은 I이 총론·인권으로 되어 있으며, II는 통치구조로 되어 있다. 이는 법과대학의 헌법 커리큘럼이 헌법 I과 헌법 II로 되어 있는 것과 궤를 같이 하는 것이다. 『헌법학 I · II』는 전 6편으로 구성되어 있다. 제1편 총설, 제2편 한국헌법총론, 제3편 기본적 인권론, 제4편 통치구조의 기본이론과 유형, 제5편 한국헌법상의 통치구조, 제6편 헌법보장·경제질서로 되어 있으며, 전 2권에 총면수는 2,200면에 달하고 있어 이제까지 나온 헌법서 중에서 가장 상세한 저술이라고 하겠다.

---

* 『공법연구』 제12집(1984), 193~198면 및 『법과 사회연구』 제3집(1985), 한일법학회, 188~193면 수록.

좀더 내용을 살펴보면, 제1편 총설은 제1장 헌법의 개념, 제2장 헌법의 유형, 제3장 헌법의 법적 특질, 제4장 헌법학의 과제와 해석, 제5장 헌법 제정권력과 헌법 개정권력 및 그 변동과 변천, 제6장 근대헌법의 발전과 세계의 주요 헌법 상황, 제7장 법의 지배와 법치국, 제8장 국가구성론, 제9장 국가형태론으로 되어 있다. 이 목차만 보더라도 타 교과서와 다른 특징을 발견할 수 있을 것이다.

다른 교과서와는 달리 비교헌법적 고찰과 헌정사적 고찰이 많은데, 근대헌법의 발전과 세계의 주요 헌법상황이 30여 면에 걸쳐 논술되고 있는 것이 대표적이다. 이 총설 부분은 일반 국가학적인 고찰이라고도 할 수 있는데, 그 중에서도 「법의 지배와 법치국」 같은 부분은 타서에서는 찾아보기 어려운 것이라고 하겠다. 다만, 교과서로서의 간결성을 위하여 이론적으로 깊이 들어가지 못한 점은 있으나 이는 부득이 한 것이라고 하겠다. 또 법사상사적인 고찰과 아울러 제도사적인 고찰이 수반되어 있어 호감이 간다.

제2편은 한국헌법총론으로 제1장 한국헌법의 제정과 그 변천, 제2장 헌법 전문과 그 법적 효력, 제3장 국민의 헌법상 지위와 국민주권주의, 제4장 정당제도, 제5장 선거제도, 제6장 공무원제도, 제7장 대외정책의 기본원칙과 국제법규로 되어 있다. 이 부분은 우리 헌법의 전문과 총강 부분을 해설한 것이라고 하겠다. 한국헌정사에 관한 부분만 하더라도 40면이 되는 방대한 양이며, 정당제도와 선거제도도 각기 30면에 달한다. 여기서 헌법규범적인 면뿐만 아니라 제도적 측면을 중시하고 「집권자의 정당의존과 그 이용」(267면 이하), 「정당제의 대표이론과 선거의 성격변화」 등을 다루고 있는 것이 타 헌법서에서 보기 드문 특징이라고 하겠다.

제3편은 기본적 인권론으로 서언, 제1장 기본적 인권의 역사, 제2장 기본적 인권이론과 그 보장, 제3장 기본권보장의 제한, 제4장 기본적 인권의 침해와 그 구제, 제5장 포괄적 기본권(일반적 기본권), 제6장 자유권적 기본권과 내면적 정신활동의 자유, 제7장 외면적 정신활동의 자유, 제8

장 신체의 자유에 관한 기본권, 제9장 경제적 자유에 관한 기본권, 제10장 생존권적 기본권, 제11장 청구권적 기본권, 제12장 참정기본권, 제13장 국민의 기본의무, 제14장 사회주의 헌법상의 기본권 비판으로 구성되어 있다.

기본권의 총론 부분은 100면인데 대하여 개별적 기본권 부분은 520면이나 되는 것을 볼 때 개별적 기본권 연구에 치중했음을 볼 수 있다. 포괄적 기본권으로서 제1절 인간의 존엄과 가치, 제2절 생명권, 제3절 행복을 추구할 권리, 제4절 평화적 생존권, 제5절 새로운 인권과 보장, 제6절 법 앞에서의 평등을 들고 있는데 이는 타당한 것으로 보인다. 평화적 생존권은 일본에서는 많이 논의되고 있으나 우리나라에서는 언급되지 않았는데, 이를 도입한 것은 탁견이라고 하겠으나 실정헌법상의 권리로서의 근거 등이 문제될 것 같다. 구 교수는 평화적 생존권의 구성요소로서 생존권, 평화획득의 권리, 권리실현의 의무와 저항권의 3종이 결합되어 이루어지고 있다고 하고 있다(457면). 제5절 새로운 인권과 그 보장 등도 새로운 문제점을 제시하고 있다.

구 교수는 일반적인 학설과는 달리 자유권을 여러 가지로 분류하고 있는데, 내면적 정신활동의 자유와 외면적 정신활동의 자유를 나누고, 신체의 자유와 경제적 자유를 나누고 있다. 외면적 정신활동의 자유에서 제1절 언론·출판(표현)의 자유, 제2절 국민의 알 권리와 국정의 정보공개, 제3절 언론매체(mass media)에 대한 액세스(access)권, 제4절 집회와 결사의 자유, 제5절 통신의 비밀, 제6절 사생활의 비밀보호와 정보화사회를 다루고 있다. 이 부분만도 110면에 달하고 있어 저자가 외면적 정신활동의 자유에 관한 지식이 심오함을 알 수 있다. 이 부분은 개별적 기본권 부분에서는 압권적 서술 부분이라고 하겠다. 이 부분에서는 비교법적·법사회학적 고찰이 주류를 이루고 있어 타 부분과는 다른 특색을 나타내고 있다.

제9장 경제적 지유에 관한 기본권은 제1절 경제질서에 관한 헌법구조,

제2절 직업선택의 자유, 제3절 재산권의 보장과 그 한계, 제4절 소비자의 권리와 보호로 되어 있는데 토지재산권의 공용화와 소비자의 권리 등을 다루고 있는 것이 특색이다.

기본권편에 있어서는 제14장 사회주의 헌법상의 기본권 비판이 특히 주목할 만하다. 이 부분은 제1절 북한·중공 헌법의 개정, 제2절 사회주의국가의 기본권론, 제3절 기본권조항의 변천과 일반원칙, 제4절 공민의 정치적 권리와 자유, 제5절 공민의 경제적·사회적 권리, 제6절 공민의 문화적·교육적 권리, 제7절 인신의 보호와 주거불가침 및 신서 비밀, 결어로 되어 있다. 한국에서 입수하기 어려운 문헌들을 구하여 연구한 이 논문은 귀중한 자료라고 하겠다.

제4편은 통치구조의 기본이론과 유형으로 제1장 통치구조상의 기본문제, 제2장 권력분립론과 권력분립제도, 제3장 국가원수제도, 제4장 대통령제와 의원내각제, 제5장 주요 국가의 대통령제와 의원내각제로 되어 있다. 이 중에서는 정부형태 내지는 비교정부론 부분이 200면에 달한다. 특히 타서에서는 언급되지도 않은 오스트리아, 핀란드, 그리스, 스페인, 네덜란드, 스위스, 인도, 터키, 이스라엘, 멕시코, 브라질의 정부형태에 대해서까지 언급하고 있어 저자의 시야의 광범함을 보여주고 있다.

제5편은 한국헌법상의 통치구조로 되어 있는데, 제1장 국가기관, 제2장 현행 헌법상 대통령의 지위와 권한, 제3장 행정부, 제4장 국회, 제5장 법원으로 되어 있다. 이중 압권은 국회인데, 550면에 달하고 있다. 그 중에서는 입법과정론이 120면을 차지하고 있다. 입법과정에 관한 연구가 희귀한 우리나라에서 이 부분은 많은 참고가 되리라고 믿는다.

제6편은 헌법보장·경제질서인데, 제1장 헌법보장, 제2장 경제질서로 되어 있다.

부록으로는 헌법학 문헌목록이 실려 있는데, 김효전 교수가 정리한 것을 기초로 하여 추가 보완하였다고 하는바 110면에 달하는 자료를 싣고 있어 헌법연구에의 좋은 길잡이가 되겠다.

2.

위에서 간단히 본 바와 같이, 이 책은 헌법학의 문제점뿐만 아니라 행정법학, 정치학의 문제점까지 총망라한 것으로 일종의 사전적 가치를 가진다고 하겠다. 이것은 저자인 구 교수가 정치학을 전공한 뒤 법제사, 헌법학, 행정법학을 다방면으로 강의한 결과에서 나온 것이라고 하겠다. 헌법학이나 행정법학만을 강의하는 사람으로서는 착안하기 어려운 모든 문제점에 관해서 독자적인 정리를 시도한 것은 큰 업적이라고 하겠다.

구 교수는 한국에서 입수할 수 있는 여러 자료들을 집대성하여 논문을 쓰고 이것을 두 권으로 간행했는데, 이『헌법학 I · II』는 교과서가 아니라 연구논문집이라고 보아야 하겠다. 20년간의 구 교수의 헌법에 관한 정력적인 연구의 성과가 모아진 것이다. 우리는 이 책을 통하여 구 교수의 헌법관과 인간관을 알 수 있게 된다. 구 교수는 한국적인 근시안적인 태도가 아니라 범세계적인 안목에서 세계 각국의 헌법을 조감한 뒤 우리 헌법의 해석에 착수하는 방법을 채택하고 있다. 따라서 이 책은 비교헌법학이라고 명명하는 것이 옳을 지도 모르겠다. 비교헌법적인 고찰이 전반적으로 통일성 있게 다루어지지 않은 부분(예를 들어 법원 장)도 있으나, 일반적으로는 세계헌법적인 안목에서 출발하고 있다. 이는 그가 일본에서 연구한 탓이기도 할 것이다. 또 우리나라에서는 다루어지지 않는 새로운 문제점에 착안함으로써 새로운 시야를 제공했다는 점에 장점이 있다. 예를 들면, 평화적 생존권, 문민통제, 알 권리와 정보공개, 액세스권, 정보화사회, 토지재산권의 공용화, 소비자의 권리, 가족생활 기본권, 공산권의 기본권, 입법과정에 관한 것이 그 대표적인 것이다.

법학의 세계에는 독창적이라는 것은 있기 어렵다. 이제까지 나온 저술을 찾아보고 그 이론을 분석·정리한 뒤, 나아가 자기의 이론을 전개하는 것이 일반적인 연구태도이다. 구 박사는 이 점에서도 일반적인 경향에 따라 독창적인 것을 내세우기보다는 겸허한 자세로 이제까지의 연구 성과에 근거하여 자설(自說)을 전개하고 있어 호감이 간다. 그러나 기본권의 일반이론에 있어서는 좀 더 새로운 시각에서의 접근이 행해졌으면 하는 생각이 든다. 오늘날 독일에서 많이 논의되고 있는 일반적 인격권 문제라든가 일반적 행동자유권에 관한 것도 언급되었으면 하는 아쉬움이 든다.

이 책은 처음부터 체계서로서 집필된 것이 아니라 논문집의 형식으로 출판된 것이기 때문에 부득이한 것이기는 하나 서술에 있어서의 균형이 이루어졌으면 한다. 앞으로 개설서를 집필하는 경우 한국헌법에 관한 개설적 부분은 이를 할애하고 보다 상세한 논문만으로 논문집을 꾸미는 것도 한 방법일 것이다.

구 교수의 이 연구서는 우리나라 헌법학의 한 이정표이며, 우리나라 헌법학 발전의 계기를 이룩한 것으로 보아 그 출판을 축하해 마지않는다. 이 책이 헌법에 관심을 갖고 있는 대학원생과 학자들에게 많이 읽혀 우리나라 학계 발전에 기여하게 되기를 바란다.

3. 유기천박사 고희기념『법률학의 제문제』

(박영사, 1988; Helen Silving Memoirs, by Helen Silving with the cooperation of Paul K. Ryu, Vantage Press, 1988)*

1) 유기천 교수의 생애

1988년에는 한국이 낳은 저명한 형법학자요 법학교육자인 유기천(劉基天) 교수를 위한 고희논문집이 출판되었고, 그 부인인 Helen Silving 여

---

* 서울대학교,『법학』제30권 1 · 2호(1989), 244~253면.

사와 공저로 Helen Silving Memoirs가 출간되었다. 이 두 책을 통하여 유기천 박사의 생애와 사상을 알 수 있을 것 같아 요약해 보기로 한다.

유기천 교수는 1915년 7월 5일에 출생하였다. 1939년에는 히메지(姬路, Himeji) 고등학교를 졸업하고 도쿄대학 법학부를 1943년에 졸업하였고, 1943년부터 2년간 도후쿠(東北)대학 조교로 근무하였고 1958년에는 Yale 대학교에서 법학박사(J.S.D) 학위를 취득하였다. 1946년에 서울대학교가 개교되자 조교수로 취임하였으며 부산 피란시절에는 학장서리로 일하였으며, 1958년에는 교무처장을 역임하였고, 1961년에는 서울법대 학장으로 취임하였고, 1962년에는 서울대학교 사법대학원장을 겸임하였다. 1964년에는 서울대학교에 법학연구소를 신설하여 소장을 겸임하였고, 1965년에는 서울대학교 총장으로 취임하였다. 1966년에는 학문의 자유를 위요한 다툼으로 총장직을 물러났다.

총장 재직 시에도 법학연구소장직을 겸직하였고 총장 사임 후에도 법대 교수로서 계속 형사법 강의를 맡았었다. 1971년에는 총통제 실시 음모를 공표하고 학문의 자유를 위한 투쟁을 하다 교직에서 추방되었다. 1979년 10.26 이후 교직면직처분이 고등법원에서 취소되었다. 그러나 5.17 후 재임명을 받지 않았다는 이유로 복직되지 못하고 정년퇴임식도 갖지 못하였다.

유기천 교수의 형법학이나 법철학에 관한 평가는 전문가에게 맡기기로 하고 여기서는 법학교육자로서의 업적을 보기로 한다. 유기천 교수는 서울대학교 법대의 창립교수로 취임한 뒤 고병국(高秉國) 학장을 모시고 교무과장으로서 한국의 법학교육의 방향을 설정하였다. 1950년 6.25사변이 일어나자 서울법대의 학적부들을 재빨리 피난 수도 부산으로 옮겼고, 서울법대 학장서리로 재임하면서 피난지에서의 법학교육을 별 지장 없이 치러 내었다. Iris회의 지도교수로 형사법학 세미나를 개최하였고, 케이스 메소드에 의한 강의를 창시하였고 사법시험에서도 케이스를 출제하기 시작하여 공리공론에 빠직 쉬운 형사법을 판례중심으로 공부하도록 하였다.

유기천 박사는 논문·저서를 많이 쓰시어 학계에 기여한 바도 큰데 외국어로 된 중요 저서 논문만 하여도 다음과 같은 것이 있다(『법률학의 제문제』 p.xvii 이하에서 전재).

(a) Books in English

THE KOREAN CRIMINAL CODE, In the American Series of Foreign Penal Codes, Volume 2 (Fred B. Rothman & Co., N.J.) 1960;

SUPPLEMENT TO SILVING, "CRIMINAL JUSTICE" (William S. Hein & Co., Inc. 1977) : co-author Helen Silving;

Preface to, and "Academic Freedom"

in Chapter VI of, Helen Silving Memoirs (Vantage Press, N.Y. 1988)

(b) Book in German

DAS KOREANISCHE STRAFGESETZBUCH, Sammlung ausserdeutscher Strafgesetzbücher (Walter de Gruyter, Berlin 1968).

(c) Articles and Contributions to Collective Works English and German

1. The New Korean Criminal Code of October 3, 1958, An Analysis of Ideologies Embedded in It, 48 Journal of Criminal Law, Criminology and Police Science 275 (1957);

2. Causation in Criminal Law, 106 U. of Penn. L. R. 773 (1958);

3. Contemporary Problems of Criminal Attempts, 32 New York U. L.Rev. 1170 (1957);

4. Error Juris: A Comparative Study, 24 Univ. of Chiacago L. Rev. 421 (1957); co-author Helen Silving;

5. Toward a Rational System of Criminal Law, Seoul National U. L. Rev 1962; and 32 Rev. Jur. U.P.R. 119 (1963); co-author Helen Silving;

6. "Field Theory" in the Study of Cultures : Its Application to Korean Culture; in Symposium on the occasion of the Third East-West Philosophers' Conference, U.

of Hawaii Press, pp.648~669 (1962);

7. Toward Unification of Private Law, in World Peace Through Law Proceedings (Athens World Conference 1963); West Publishing Co., 1964, p.752 et seq.;

8. Nullum crimen sine actu, Seoul National Univ. L. Rev. (1966); co-author Helen Silving;

9. Nullum crimen sine actu, in German, Zeitschrift für die gesamte Strafwissenschaft, 77. Band, Heft 3/4 (De Gruyter, Berlin 1965); co-author Helen Silving;

10. Legal Education in the Far East, in World Peace Through Law Proceedings (Washington World Conference 1965); ibid., 1967, p.752 et seq.;

11. Research, Legal Education and Training, in World Peace Through Law Proceedings (Geneva World Conference 1967), published as World Peace Through Law, the Geneva Conference (1969), pp.443~455;

12. What is Meant by "Legal Education in the Developing Countries?" in Bangkok World Conference on World Peace Through Law (1969), pp.850~858;

13. Leagl Education in Asian Countries, Lawasia Proceedings (Kuala Lumpur Conference 1969);

14. "International Criminal law"—a Search for Meaning, in International Criminal Law, Vol. I, pp.22~49, ed. Bassiouni & Nanda (Charles C. Thomas Publisher, Springfield, Ill. 1973); co-author Helen Silving;

15. Laws of the Republic of Korea, in Encyclopedia of Comparative Law, Vol. I (National Reports) of 17 Volumes, ed. Max-Planck-Institute for Comparative Private Law, Hamburg, Germany.

16. Was bedeutet die sogennante "Relativität der Rechtsbegriffe?" in Archiv für Rechts-und Sozialphilosophie, Vol. LIX, pp.57~96 (1973), Franz Steiner Verlag GmbH, Wiesbaden/Germany; co-author Helen Silving;

17. Misleading Issues in Criminal Law Codification, 9 Israel L. Rev., No. 3 (July 1974); co-author Helen Silving;

18. Methodological Inquiry into the Problem of "Protest," in Revista Juridica de la Universidad de Puerto Rico, Vol. 43, 9~40 (1974); co-author Helen Silving;

19. Discussion of Structure and Theory, in Symposium The New German Penal Code, 24 American Journal of Comparative Law 602~614 (1976); based on a Paper read in the Meeting of the Association of American Law Schools of 1975 in Washington, D.C.:

20. "Is the Crime of Parricide Unconstitutional?" in ESSAYS IN HONOR OF HELEN SILVING, in 46 UPR L. Rev. Nos. 3-4 (1977), pp.555~572;

21. The Concept of "Insanity" in CONTEMPORARY PROBLEMS IN CRIMINAL JUSTICE, Festschrift for Mr. Justice Dando of the Supreme Court of Japan, Vol. V, Foreign Contributors' Section, pp. 191~212 (1983), Yuhikaku, Tokyo, Japan; co-author Helen Silving.

22. Comments

   1. Comment on Error Juris, 24 Americal Journal of Comparative Law 689~693(1976).

   2. Comments on Legal Education in Korea, Pup Hak 155~162, a speech at the Royal Asiatic Society meeting in Seoul, Korea on the 10th of June, 1964.

   3. Legal Education in the Far East, ibid., pp.117~128; this paper was originally written for distribution at the World Peace Through Law Conference in Washington, D.C. held September 12-18, 1965.

23. Criminal Sanction, in preparation

   1952년에는 Smith-Mundt Program으로 Yale 대학에서 연구하였고 1954년에는 Harvard Law School의 Visiting Scholar로 2년간 재임하면서 운명의 여인인 Helen Silving 여사를 만나게 되었다. 1956년에 귀국해서는 미국법 강의를 충실히 하였고 일본 법학에 치우쳤던 당시 영미법을 소개하는데 주력하였다. 일본서 대학생활을 보낸 뒤에 미국에서 법학을 연구해 본

결과 미국식 법학교육의 우수성을 터득하고 우리나라 법학교육에 미국식 교육방법을 도입하기에 이른 것 같다.

그는 당시의 유명무실했던 법관시보제도를 개혁하여 미국식 Law School의 설립을 추진하였다. 당시 조진만(趙鎭滿) 대법원장과의 합의에 의하여 서울대학교에 사법대학원을 두어 법조인 교육을 실시하였다. 사법대학원제도는 유 교수의 창의와 추진력으로 이루어진 것이었는데 그 당시의 재학생들이 법조계와 법학계에서 두각을 나타내고 있음을 볼 때 그이 착상이 출중하였다는 것을 알 수 있다.

사법대학원제도의 발전을 위하여 미국에서 교수를 초빙해 왔고, 또 교수요원으로 많은 법조인을 미국에 유학 보냈다. 그 중 일부만을 들면 강신옥(姜信玉) 변호사, 신현주(申鉉柱) 변호사, 고 강구진(姜求眞) 교수, 김영무(金永珷) 변호사들이 있다.

사법대학원제도는 법조계의 몰이해와 법학계의 무관심에 의하여 유기천 교수의 퇴임, 조진만 대법원장의 퇴임으로 폐지되고 대법원 산하의 사법연수원으로 탈바꿈했다. 그의 주요한 업적 하나가 세인의 무관심에 의하여 폐지되고 일본식인 사법연수원 제도로 된 것은 일제 식민지적 사고의 산물이라고 하겠다.

유기천 교수는 법학 발전에 있어서의 연구소의 필요성을 절감하여 1964년 3월에 한국법학연구소를 설립하여 소장직을 겸직하였다. 사법연수원 학생의 훈련과 법학자의 양성을 위하여 주석 판례집을 발간하였다. Asia 재단과 USAID, ILC 등의 재정원조를 받아 서울대학교 『법학』을 비롯한 학술지를 간행하였고, 전임 연구원을 두어 학자양성에도 기여하였다. 유 총장에 의하여 법학연구소의 전임으로 채용되었다가 나중에 법과대학 교수로 전보된 사람으로는 이수성(李壽成) 교수, 양승규(梁承圭) 교수, 백충현(白忠鉉) 교수, 최송화(崔松和) 교수, 김유성(金裕盛) 교수 등이 있다.

1971년 말 유기천 교수는 타의에 의하여 미국으로 이주하였다. 망명지에서도 한국의 민주화를 위하여 노력하셨으나 독재정권 하에서는 감히 유 교수의 회갑기념논문집조차 낼 수 없는 입장이었다. 6.29선언 이후에야 유 박사를 위한 기념논문집이 편집되게 되었다.

2) 유기천박사고희기념 『법률학의 제문제』

유기천박사 고희기념논문집 편찬위원회에 의하여 편집된 이 논문집은 제1편 형사법, 제2편 민사법, 제3편 기타 법영역으로 구성되어 있다. 서문을 편집위원장인 곽윤직(郭潤直) 교수가 썼고 김찬진(金贊鎭) 변호사가 Dr. Paul K. Ryu as we know Him을 썼다. 김찬진 변호사는 그를 한국 형법학계의 'king'이라고 표현하고 있으며, 유 교수의 생애와 업적에 관하여 기술하고 유 교수의 민주주의에 관한 투쟁을 서술하고 있다.

제1편인 형사법에서는 외국의 저명한 교수와 국내의 교수・판사・검사들이 논문을 기고하고 있다. Hastings College of Law의 유명한 Jerome Hall 교수는 Some Unresolved Problems에 관한 논문을 기고하였는데 서문에서 Paul K. Ryu와의 교우를 이야기하고 있다. 도쿄대학 명예교수이며 전 최고재판소 판사였던 단토(團藤重光) 교수는 「형사소송법에 있어서의 주체성의 이론」을 기고하였다. 단토 교수는 도쿄대학 시절 형사소송법 강의의 청강자였던 유 교수가 중요한 업적을 내어 그에게도 배운 점이 많았다고 서술하고 있다. 다음에는 Mueller 교수와 Adler 박사에 의한 Mens Rea, Crime Control and the Internationalization of Values가 실려 있다. 다음에는 Wayne State University의 Ralph Slovenko 교수가 The Continuing Saga of the Insanity Defense를 기고하고 있다. 다음에는 Puerto Rico 대학의 명예교수인 Helen Silving 부인이 Criminal Law Defenses neglected in American Law를 쓰고 있다. 외국의 저명한 교수들이 고희기념논문집에 기고하고 있는 것을 보더라도 그의 교우가 세계적임을 알 수 있다.

국내 형법학자로는 김종원(金鍾源) 교수가 「한국 형법개정의 기본방향」을 집필하고 있고, 손해목(孫海睦) 교수가 「긴급피난론」을, 이재상(李在祥) 교수가 「결과반가치와 행위반가치」를, 박양빈(朴陽彬) 교수가 「책임론의 발전과 고의」, 신동운(申東雲) 교수가 「간접정범의 가부장의 지위」, 임웅(任雄) 교수가 「비범죄화론의 의의와 근본사상」, 김문환(金文煥) 교수가 「크레디트카드 범죄에 관한 소고」, 최병조(崔秉祚) 교수가 「고대 연술론과 범죄개념 징표의 분석」, 최종고(崔鍾庫) 교수가 「스티븐스 암살사건－한 형법사적 고찰」을 기고하고 있다.

이 밖에도 실무가로는 임완규(林完圭) 부장판사가 「형법총론이론의 재구성에 관한 시론」을, 손진곤(孫晉坤) 부장판사가 「형사재판에 있어서 기피권의 남용」, 백형구(白亨九) 변호사가 「구속기간에 관한 이론적·실무적 고찰」, 주광일(朱光一) 차장검사가 「피해자구호법제정의 기본방향」, 김찬진 변호사가 「7.4남북공동성명과 반공정책－국가보안법폐지론에 대한 비판」을, 신현주(申鉉柱) 변호사가 「Application of Linear Programming Methods to the Planning of Justice Administration」을 발표하고 있다. 이들 형사법 기고가들은 모두가 유 박사의 직접 제자이거나 간접 제자들이다.

민사법 분야에서는 곽윤직 교수가 「부동산등기의 기재사항에 관한 문제점－등기년월일의 기재의 필요성」을, 양창수(梁彰洙) 교수가 「유치권의 발생요건으로서의 채권과 물건 간의 견연관계」, 이은영(李銀榮) 교수가 「계약구속력의 근거」, 정찬형(鄭燦亨) 교수가 「주식회사의 경영기관－비교법을 중심으로」, 김상용(金相容) 교수가 「헨리 조지와 손문의 토지사상」을 기고했다. 또 김광년(金光年) 변호사가 「계속적 보증의 책임한도－판례를 중심으로」, 이건호(李鍵浩) 변호사가 「계속적 보증의 책임한도 및 해지－최근의 우리나라 판례를 중심으로」, 김영무·정계성·은창용 변호사가 「신주인수권부 사채의 해외발행」, Kim Byong-Joon 변호사가 「Corporate Opportunities and Director's Fiduciary Duty」, 김평우(金平祐) 변호사가 「상해보험의 특수성」, 김주상(金柱祥) 원장이 「채권자의 만족을 목적으로 하는 가처분」, 강현중(姜鉉中) 부장판사가 「증명책임」, 박영식(朴英植) 부장판사가 「교통사고에 있어서의 민사과실과 형사과실」을 기고하고 있다.

　제3편 기타법 영역에서는 헌법·행정법·경제법·국제법 등의 논문이 실려 있다. 헌법 분야에서는 정덕장(鄭德藏) 지원장의 「헌법상 법원과 국회 및 정부와의 관계」, 양건(梁建) 교수의 「교과용도서검정에 관한 한국과 일본의 판례—이른바 교육권론에 관련하여」(판례평석), 행정법 분야에서는 서원우(徐元宇) 교수의 「미국 행정법상의 규칙제정권에 관한 문제」가 기고되어 있고, 국제법 분야에서는 오병선(吳炳善) 교수의 「국제법에 있어서의 형평의 문제」, 이태희(李泰熙) 변호사의 「국제사법공조에 관한 연구」가 있고, 경제법 분야에서는 권오승(權五乘) 교수의 「독점금지법의 문제점과 개선방안」, 양명조(梁明朝) 교수의 「특허권의 남용과 독점금지법」, 윤보옥(尹寶玉) 교수의 「미국 독점금지법에 관한 서론적 고찰」, 이영애(李玲愛) 부장판사의 「구주 공동체의 독점금지법」이 있다. 이밖에도 미국법에 관한 것으로는 신영무(辛永茂) 변호사의 「미국의 통상정책과 통상관계법 개요」, 이상돈(李相敦) 교수의 「우호통상항해조약과 미국의 공정고용법규—Sumitomo Shoji America, Inc. v. Avagliano에 관한 소고」가 실려 있다. 법철학적인 것으로는 장영민(張榮敏) 교수의 「법·이성·논의—법학에서의 논의이론의 전개」, 안경환(安京煥) 교수의 「William Rehnquist 판사의 법사상」이 실려 있다.

　이 논문집은 우리나라 학계와 실무계의 중진들이 다수의 주옥같은 논문을 싣고 있어 학자뿐만 아니라 실무가, 학생들에게도 필독의 서라고 생각된다. 독자들의 일독을 권해 마지않는다.

3) Helen Silving Memoirs

유기천 박사의 부인인 Helen Silving의 Memoirs을 보자. Helen Silving은 '미국 형법학에 있어서의' 혹은 '세계 형법학에 있어서의' '최초의 여학자'로 불리는 미국의 형법 및 법철학자이다. 그녀는 9권의 책과 무수한 논문의 저자이며, Encyclopedia Britannica 등 수많은 백과사전에의 기고가이며, 20세기의 제사건에 대한 권위 있는 비평가이기도 하다. 그러나 적어도 이 나라의 법학연구자들에게 있어서 그녀는 단순히 한 사람의 특출한 외국인 법학자 이상의 의미를 가진다. 그것은 우리나라에 대한 그녀의 특별한 관계 때문이다.

Helen Silving이라는 이름은 무엇보다도 먼저 우리나라 법학사에 있어서 중요한 인물 중의 한 사람인 유기천 박사의 부인으로서 기억되는 것이다.

또한 그녀는 서울대 법대에서의 3학기 동안의 강의와 서울대학교『법학』에 게재된 5편의 논문[4]에 의해서도 이 나라의 법학연구자들의 기억에 남아 있다.

우리나라에 대한 그녀의 이러한 특별한 관계 때문에 우선 그녀의 책 Helen Silving Memoirs는 우리의 관심을 끈다. 특히 이 책이 학술적인 저서나 법정에서의 이야기들을 모은 것이 아니라 '감성이 풍부한 개인의 경험에 비추어진, 현저한 세계적인 사건들' ─ 전쟁, 정치적·경제적 격변, 3대륙에 걸친 학문적 소용돌이 ─ 속에서의, 한 법학자의 삶을 그녀 자신이 기술하였다는 사실이 흥미롭다. 그러나 무엇보다도 우리의 관심을 끄는 것은 이 책의 많은 부분이 유기천 박사와 한국에 대한 기술이라는 점, 또 유기천 박사가 그 서문을 썼다는 점 그리고 박정희 정권에 대한

---

[4] Toward a Rational System of Criminal Law, "Guilt,"『서울대학교 법학』제4권 1·2호; Nulum Crimen Sine Actu, "Stare Decisis" in the Civil and in the Common Law,『법학』제6권 1호; The Operation of American Democracy in Law,『법학』제10권 1호.

그의 저항이 상세히 기술되어 있다는 점이다. 즉 Helen Silving Memoirs는 여자의 몸으로 20세기의 정치적 소용돌이를 힘겹게 헤치고 나온 한 유태인 법학자의 삶이라는 모습으로, 그리고 그녀의 '색다른' 남편인 한 특출한 한국인 법학자의 신념에 찬 학문적·정치적 삶이라는 모습으로, 지난 시대의 이 나라의 역사를 특히 그 중에서도 법학의 역사를 되짚어야 할 임무가 부여되어 있는 우리의 관심 속으로 깊숙이 다가서는 것이다.

Helen Silving Memoirs는 크게 세 부분으로 나뉘어져 있다(형식상으로는 1편 유럽, 2편 미국으로 나뉘어져 있지만). 첫째는 그녀의 개인적·학문적 삶에 대해 전반적으로 기술한 부분이고, 둘째는 미국의 정치 및 법체계를 비판한 부분이며, 셋째는 반유태주의에 대해 분석하고 그녀의 유태주의에 대한 신념을 고백한 부분이다. 그러나 이들 각 부분은 그녀의 확고한 종교적 신념을 바탕으로, 인종적·정치적·문화적·학문적인 모든 부정의에 대한 항거라는 하나의 주제 아래 묶여 있으며, 책은 처음부터 끝까지 그 구체적인 항거의 모습들로 가득 차 있다.

Helen Silving은 폴란드의 Krakow에서 부유한 사업가의 딸로 태어났다. 오스트리아에서 그래머 스쿨을 나오고 폴란드에서 김나지움을 졸업한 후, 비엔나 대학에서 정치학과 법학을 전공하여 학위를 받았다. 히틀러가 비엔나를 침공해 들어오자 그녀는 폴란드로 갔으나 미국 이민수속을 밟기 위해 그리고 죽음의 위기에 처한 그녀의 오빠를 돕기 위해서 두 번이나 다시 히틀러 지배 하의 비엔나로 가야 했다. 그녀는 당시에 겪은 히틀러의 소름끼치는 유대인 학살을 낱낱이 묘사하면서 자신이 그 위험을 빠져나와 미국으로 갈 수 있었던 것은 '신의 뜻'이라고 이야기한다. 그녀의 부모와 수많은 친척, 친구들이 다른 6백 만 명의 유태인과 함께 나치에 의해서 살육 당하였다. 그녀는 그것을 '독일민족'의 범죄라고 비난한다.

Helen Silving에게 있어서 Hans Kelsen은 특별한 인물이었다. 그녀는 Kelsen을 자신의 '전생애를 통한 우상이자 선생'으로 표현한다. Silving과

Kelsen의 관계는 오스트리아 시절부터 시작되었다. 그녀는 Kelsen으로부터 일찍부터 재능을 인정받았으며, Kelsen의 아파트에서 개최된 교수와 박사과정 이수자들의 정규모임에 참석하는 유일한 학생이었다. 그녀의 학문적 재능은 그 모임에서 발표한 근대 철학·물리학·경제학·심리학 및 법학의 공통의 특질에 관한 논문에 의해 Kelsen의 확고한 인정을 받았으며, 그 후 Kelsen은 미국에서의 그녀의 학문 활동에 큰 도움을 주게 된다. Silving과 마찬가지로 미국으로 이민 와 당시 하버드에서 강의를 하고 있던 Kelsen과 그녀는 케임브리지의 한 거리에서 우연히 만나게 되고, Kelsen은 그녀에게 자신의 조교가 될 것을 부탁한다. 그녀는 하버드에서 Fuller 교수를 마나게 되어 그의 추천으로 컬럼비아 대학교 로스쿨에 입학하게 되고 곧 뉴욕주 변호사시험에 합격하게 된다.

컬럼비아에서의 공부를 위해 Kelsen의 조교의 일을 그만두게 된 이후에도 그녀에 대한 Kelsen의 도움은 계속되어, 그의 추천으로 그녀가 그 후 20여 년간 재직한 푸에르토리코대학교의 법학교수에 임명되게 된다. 또한 Kelsen은 그녀를 Roscoe Pound 75세 기념논문집의 기고가로 추천하며, 그녀가 그 논문집에 실은 논문 '순수법이론의 견지에서 본 법과 사실'(Law and Fact in the Light of Pure Theory of Law)이 Jerome Frank 판사 등 법현실주의자들의 주목을 받아 그 후 Frank 판사와 Helen Silving 사이에 전 생애에 걸친 지적 유대관계가 지속되게 된다.

Helen Silving Memoirs에서 Silving은 학문의 자유를 위협하는 수많은 편견에 대한 그녀의 항거를 위해 많은 부분을 할애하고 있다. 컬럼비아대학 시절 이야기는 그 대표적인 예의 하나이다. 그녀가 컬럼비아 로리뷰의 편집자가 되기 위해 응시했을 때, 그 위원회는 법과 사실의 구별에 대한 중요한 내용을 담고 있는 대법원판결에 대해 평석하는 일을 그녀에게 맡겼다. 그런데 그녀가 평석을 완성하는 과정에서 편집장은 자신이 로마대학교의 강사였다는 이유에서 그녀의 평석의 내용에서부터 용어법에 이르기까지 사사건건 간섭하는 일이 벌어졌다. 그녀는 그와 다투었으나 결국 편집자가 되는 것을 포기해야 했다. 그녀는 로리뷰의 편집위원회가 그렇게 전체주의적이고 권위주의적이어서는 안 된다는 자신의 믿음을 위해 소망하던 편집자에의 꿈을 버린 것이다. 이러한 그녀의 태도는 하버드에서 그리고 푸에르토리코에서도 계속된다. 그녀는 남녀·인종·지역의 차별 등의 모든 편견이 그녀의 삶과 학문 속으로 스며드는 것을 단호히 거부했던 것이다.

이러한 맥락에서 유기천 박사의 학문의 자유에 대한 투쟁이 Helen Silving Memoirs의 중요한 부분으로 부각된다. 즉 '학문의 자유'(Academic Freedom)이라는 소제목 아래 유 박사 자신이 쓴 자신의 투쟁기록이 상세히 전개된다. 그 기록 속에서 그는 한일협정과 관련한 자신의 서울대학교 총장 임명과정, 서울대학교 총장으로서의 자신의 활동, 서울법대 학장으로서의 학생제명에 대한 거부, 경찰의 학생폭력에 대한 강의실에서의 비난, 3선개헌 후 서울법대생의 제명에 대한 교수회의 석상에서의 비난 발언과 다른 교수들의 제지, 그 후의 중앙정보부의 추적과 미국행에 나서게 된 과정, 최종길(崔鍾吉) 교수의 억울한 죽음 등에 대해 언급한다. 그리고 Silving은 그녀의 남편의 학문의 자유를 위한 투쟁에 대해 학자로서 전적인 동감을 표시하고 '세계의 모든 법과대학에 대해 교훈'이 되는 것이라고 평가한다.

Helen Silving Memoirs는 또한 유럽 대륙과 영·미간의 학문 체제 및 학문적 삶에 있어서의 차이에 대한 Silving의 분석을 담고 있다. 그녀는 자신의 경험을 바탕으로 컬럼비아대학교 로스쿨과 비엔나대학교 로스쿨의 교육체제 및 내용을 비교한다. 이러한 작업은 그녀 자신의 여러 나라에 대한 관계로부터 얻은 경험과 많은 지식 그리고 8개 국어의 구사능력에 의해서 가능한 것이었으며, 그 속에서 그녀는 각각의 문화의 맥락 속에서 학문의 자유의 의미를 밝혀내고 있다. 그녀는 이 부분에서 그녀 자신이 폴란드와 나치시대 오스트리아에서 유태인으로서, 미국에서 여자로서 그리고 유럽으로부터의 망명자로서, 한국에서 미국인으로서, 2차

대전 후의 유럽에서 미국인으로서 편견에 가득 찬 취급을 당한 것을 슬퍼한다.

Helen Silving Memoirs에는 Silving의 미국 사회 및 그 헌정에 대한 분석도 담겨 있다. 유기천 박사에 따르면 그녀의 분석은 Montesquieu의 『법의 정신』(Esprit des lois)이나 Tocqueville의 『미국의 민주주의』(De la Démocratie en Amérique)에 비견되는 법적 · 비교문화적인 분석일 뿐만 아니라 그 위에 철학적인 깊이까지 갖춘 것이다.

그녀는 먼저 Watergate 사건을 분석한다. 1974년 Nixon이 백악관을 떠났을 때 미국의 언론이 한 입으로 외친 "미국의 체제는 움직이고 있다!"는 주장에 대해 그녀는 "미국의 체제(the American System)는 무엇인가? 그것은 작동하고 있는가?"라고 묻는다. 그녀는 대중으로부터 판단의 자유를 박탈했다는 점에서 미국 입법부와 사법부 그리고 언론은 큰 실책을 범했다고 주장한다. Nixon은 사실상 미국의 사법체계와 정치제도의 도덕적 타당성에 의문을 가지게 하는 방식으로 축출되었다는 것이다. 따라서 언론이 그 반대자에 대한 대중의 접근을 막으면서 '언론 · 출판의 자유'의 보호를 주장하는 것은 그 자유에 대한 그릇된 해석이며, 이점에서 '정보의 자유'의 중요성이 주목되어야 한다고 결론짓는다.

또한 그녀는 권력과 금력의 타락한 관계를 다루어, 부자에 의한 빈자의 정치적 억압을 허용한 Buckley v. Valeo 이래의 미국 대법원판결 등을 비판한다. 미국의 정치제도에 대한 Silving의 이러한 분석들은 결국 정치적 양심에 대한 심각한 재고를 요구하는 것이라고 할 수 있다.

Helen Silving Memoirs는 위에서 살펴 본 철학적 · 정치적 · 법학적 비판과 함께 그녀의 다양한 경험에서 우러나오는 사랑에 대한 이야기들도 담겨 있다.

그녀는 신의 그리고 신에 대한 아가페적인 사랑, 부모의 헌신적인 사랑, 친척간의 사랑, 스승과 동료 학자들에 대한 사랑 그리고 남녀 간의 사랑에 대한 이야기로 책의 곳곳을 아로새기고 있다. 그중에서도 특히 하버드 로스쿨에서 시작되는 그녀의 남편 유기천 박사와의 사랑에 대한 이야기는 많은 의미를 담고 있다. 서로의 학문적 재능과 학자적 양심에 대한 존경으로 시작된 그들의 사랑은, Helen Silving의 부모가 나치에 의해 살해된 것과 마찬가지로 유기천 박사의 부친이 평양에서 순교하였다는 공통점에서부터 출발한 모든 고난, 즉 그들의 종교적·인종적·문화적 차이를 극복한 결합에 대한 온갖 비난을 극복하는 가운데 거의 종교적인 단계로까지 승화되고 있다. 그래서 그들은 온갖 적의와 사악함으로 가득 찬 세상에서도 신이 그들의 사랑을 축복하고 있다고 믿으며, 많은 문화적 공통점을 가진 그들의 조국 이스라엘과 한국의 희망찬 우정을 상징하도록 운명지웠다고 믿는다.

Helen Silving Mrmoirs는 '사회에 보다 큰 봉사를 하기 위해' 지금은 법학과 정치학에 관한 저술에만 전념하고 있는 '특별한' 두 사람의 삶에 대한 이야기이다. 유태인의 딸로 태어나 나치의 학살로 부모와 많은 친척을 빼앗기고, 이민 간 미국에서도 성별적·사회문화적·학술적인 많은 고난과 싸워야 했으며, 한국인 남편과의 특별한 결합에 따르는 수많은 편견들을 극복해야 했던 Helen Silving, 그리고 학문에 자신을 바치고 항상 학문과 정치의 관계를 생각하며, 학문의 자유를 위해 독재 권력과 싸우다 결국은 이국으로 떠나야 했던 Paul K. Ryu. 이 두 사람이 그들의 신념과 그들의 특별한 결합을 통해 온 몸으로 저항한 부정의에 대한 거부의 삶에 대한 이야기 속에서 우리는 정치한 학술논문에서는 얻을 수 없는 많은 도움을 얻어낼 수가 있을 것이다. 우리 모두의, 특히 법학연구자의 문제들, 즉 학문의 길은 무엇인가? 학문의 자유는 무엇인가? 그리고 정의는 무엇인가? 이들 문제에 대해 Helen Silving Memoirs는 살아 있는 목소리로 그 해결을 위한 한 모습을 제시해 주고 있다.

4) 결어

유기천 박사와 Helen Silving 교수는 미국 San Diego에 임시로 기거하고 있다. 노교수 부부가 조국인 한국에서 보다 편안한 여생을 보내기를 바라며 건강하게 후진의 지도와 육성에 이바지 할 수 있기를 바란다. 이제 곧 희수(喜壽)를 맞게 될 두 분의 만수무강을 빈다.

4. 문홍주 저, 『미국헌법과 기본적인권』(유풍출판사, 2002)*

해암(海巖) 문홍주 선생님의 『미국헌법과 기본적 인권』이 출판되었다.
해암 선생님은 1956년부터 '미국 민주주의의 화원(花園)'이라고 부르신 헌법판례를 연구하시고 발표하기 시작하였는데, 그 동안 45년 이상 미국 대법원 판결을 연구하시어 이번에 출판하게 되었다. 과거에는 『기본적 인권연구』라는 제목으로 출판해 오던 것을 대폭 증보하여 『미국헌법과 기본적 인권』으로 개명하였다.
이 책은 제1장 서론, 제2장 법 앞의 평등보호, 제3장 자유권, 제4장 사법절차에서의 기본권, 제5장 공용수용과 보상, 제6장 시민권과 국적박탈, 제7장 적법절차와 기본적 인권, 제8장 의회의 권한과 사법심사, 제9장 대통령, 제10장 법원과 사법권으로 구성되어 있다.
제1장에서는 미국헌법의 기본적 인권의 개요를 알기 위하여 기본적 인권의 유래와 미국의 사법제도를 개설하고 있다. 이 부분은 미국의 기본적 인권에 관한 판례를 이해하기 위하여 매우 중요하다.

---

* 『대한민국학술원통신』 제112호(2002.11.1).

제2장에서는 법 앞의 평등보호를 다루고 있는데 인종·성별·연령·혼인·출생에 의한 차별과 선거권의 평등 등을 다루고 있다. 이 부분만도 120면에 달하여 평등권 전반을 잘 검토하고 있다.

제3장에서는 자유권을 다루고 있는데 그 중에서도 언론·출판·집회·결사의 자유에 관한 연구만 250면에 달한다. 이 부분만으로도 단행본이 될 수 있는 양이다.

제4장에서는 사법절차에 있어서의 기본권을 다루고 있는데 부당한 수색과 압수에 대해서만 100여 면을 할애하고 있다.

제5장에서는 공용수용과 보상을 다루고 있다. 보상의 원칙·기준·방법에 대하여 연구검토하고 있다.

제6장에서는 시민권과 국적박탈을 취급하고 있다. 국적박탈에 대한 사법적 규제를 연구하고 있다.

제7장에서는 적법절차와 기본적 인권에 관하여 서술하고 있는데 이 부분도 120면에 달하고 있다.

제8장에서는 의회의 권한과 사법심사에 관하여 연구하고 있다. 이중에서도 의회조사권의 연구가 압도적이다.

제9장에서는 대통령의 형사상 불소추특권을 다루고 있다.

제10장에서는 법원과 사법권을 다루고 있는데 법원모욕죄와 특별검사제까지 논의하고 있다.

미국 판례는 우리나라와 같이 주문·변론요지·참조조문·판결이유·반대의견 등으로 잘 정리되고 있지 않아 판결집을 읽기가 매우 힘들다. 이 어려운 미국판례를 우리나라 사람들에게도 알기 쉽게 요약 정리한다는 것은 매우 어려운 작업이다. 문 선생님께서는 이 어려운 작업을 필생의 사업으로 생각하시고 판례정리를 해오시고 있다.

이 책에는 우리 헌법판례의 모범이 된 많은 판례들이 소개되고 있다. 우리나라에서도 이제 헌법재판이 행해지고 있기 때문에 미국판례를 참조할 필요가 훨씬 커졌다고 하겠다.

이 책에는 1953년부터 2001년까지의 무려 반세기에 걸친 미국의 헌법판례가 잘 연구되고 있다. 시대 순에 따른 판례정리도 어려운데 이들 판례를 사항별로 분류하여 일목요연하게 정리하신 이 책은 미국헌법판례의 백과사전이라고도 할 수 있겠다. 1,200여건의 판례를 정밀히 분석하여 1,000면이 넘는 대작을 출판하여 우리 헌법학계에 큰 공헌을 하게 되었다. 그동안 공리공론에만 치우쳤던 헌법연구를 실제 판례를 중심으로 한 헌법학을 연구할 수 있게 해 주어 헌법교육에서 뿐만 아니라 헌법재판 실제에도 큰 도움을 주게 되었다. 이 책은 헌법재판 연구에 필수적인 교과서로서 헌법재판관·법관·변호사·교수·학생들의 필독서라고 하겠다.

2-2. 서평(김철수 교수의 저서)

1. 金哲洙 著, 『韓國憲法の50年－分斷の現實と統一への展望』[*]

杉原泰雄

(I)　金哲洙教授の『韓國憲法の50年－分斷の現實と統一への展望』が公刊された. 隣國の憲法の五〇年を知り, また日本國憲法の五〇年と對照的なその五〇年との比較のなかで日本の立憲主義を考えるうえで, 興味深い問題提起の書物である.

(II)　まず部分的な內容紹介もかねて, 韓國憲法の五〇年の步みを一瞥しておきたい. われわれが隣國のことを知らなさすぎるからである.

その五〇年は, 植民地統治の殘滓や民族分斷の影響もあって, 反立憲主義的な戒嚴・緊急措置・クーデタとそれに對する市民の抵抗の連續で

---

　*　『法律時報』第71巻 2號(1999年 2月), 83~86頁.

あった. この五〇年間に, 憲法は九回改正されているが, それはそのような強権政治と市民の抵抗の結果であった.

韓國の憲法は, 最初の憲法(「制憲憲法」)制定後, 九回改正された. 第三回, 第五回, 第七回, 第八回, 第九回の改正は, 實質的には新憲法の制定であった. それ故, それらの回の改正を, それぞれ, 第二共和國憲法, 第三共和國憲法, 第四共和國憲法, 第五共和國憲法, 第六共和國憲法の制定と呼ぶことができる.

(1) 第一共和國憲法. それは李承晩の影響下で, 一九四八年(以後四八年等と略記)に短期間の審議の結果制定された獨立後最初の憲法である. 自由權の保障, 權力分立, 單院制國會, 大統領中心制の二元的執政府, 統制經濟政策等をその特色としていた. 大統領は, 國會による間接選擧で選ばれ任期四年, 一期に限り再選を認られていた.

(i) 第一回憲法改正. 李大統領は, 國會を輕視し, 獨走した. 五〇年四月新國會議員選擧法が制定され, 五月に選擧がおこなわれた. 李大統領支持の議員は, 極く少數となった. 六・二五南進(「朝鮮戰爭」)の開始後においては, 大統領は緊急命令權や緊急財政處分權による統治をした. 五二年五月, 大統領は, その年の一月に國會で否決されたばかりの正・副統領直接選擧制・國會兩院制の導入のための憲法改正案を國會に提出した. 國會議員の身體の自由の拘束, 暴力團による威壓等を加えたうえで, 七月四日投票の自由も欠いた狀況で直接選擧制の導入を強行した. 「無血クーデター」による憲法改正であった(一六頁). 八月五日正・副統領の直接選擧がおこなわれた. 李承晩が大統領に再選された.

(ii) 第二回憲法改正. 五四年一一月, 第二回改正がおこなわれた. その要點は, 大統領三選禁止規定の廢止と大統領權限の強化であった. 一一月二七日の國會の投票では, 在籍議員二〇三, 出席議員二〇二, 賛成一三五, 反對六〇, 棄權七で, 憲法改正に必要な在籍議員の三分の二(一三六)には一票不足であった. 改憲案は否決されたのであるが二日後に與黨自由黨は, 在籍議員

二〇三の三分の二は, 一三五.三三で, 小數點以下を四捨五入すれば, 一三五は三分の二の要件を充すとして, 同月二九日野黨議員退場の本會議で 四捨五入改憲を強行した. この憲法改正により, 李大統領は,「一九六〇年四月革命まで, 絶對的な權力をふるうことができた」(四一頁).

(2) 第二共和國憲法. 六〇年三月, 正副統領選擧がおこなわれた. 民主黨公認候補の急死により, 大統領選擧においては單獨立候補の李承晩が當選した. 四月一九日, 極端な彈壓・不正選擧に學生と市民が正・副統領選擧の無效を唱え,全國各地で蜂起した(四・一九義擧). 革命的事態を鎭壓するために, 政府は, 戒嚴を宣布したが事態を收束できず, 四月二七日李承晩は國會に辭表を提出した. 國會は, 四月二六日, 憲法改正と總選擧による事態の收束を決議し, 五月二日許政過渡政府が樹立された.

(i) 第三回憲法改正. 六月一五日, 國會は二〇八對三で憲法改正案を可決した. その要點は, 國民の基本權の強化, 國會の兩院制化, 大統領の間接選擧化・任期五年・三選禁止, 內閣責任制の採用, 憲法裁判所の設置, 大法院長と大法官の選擧制, 中央選擧委員會の憲法機關化, 警察の中立, 地方自治體の長の選擧制等で, 民主政治の再建と政治的自由の全面的回復をはかろうとするものであった. この第二共和國憲法のもとで大統領には尹潽善が選任され, 民議院には從來通り小選擧區多數代表制がまた參議院には大選擧區制が導入された.

(ii) 第四回憲法改正 李承晩・自由黨の統治下で抑壓されていた市民は, 新憲法で新たに導入された言論・出版・集會・結社の自由をもって政治を統制しようとした ときには議事堂に亂入して, 李體制下の不正の糾彈を訴えた 六〇年一一月二九日には憲法附則に, ① 六〇年三月の正・副統領選擧における不正行爲者の處罰, ② 同年四月二六日以前の反民主的行爲者の公民權の制限, ③ 同樣にして不正蓄財者の處分, ④ それらのための特別裁判所等の設置を追加する改正がおこなわれた しかし憲法政治は, それらを的確に處理できなかった

(iii) 軍事革命政府による憲法の破壞. 朴正熙少將を中心とする若手の政治

軍人集團が, このような事態のなかで, 不正腐敗の根絶・反共體制の強化・國家の救濟を名目として, 六一年五月一六日クーデタを起した. 彼らは, 革命軍事委員會(のちに國家再建最高會議)を組織して三權を掌握し, 六月六日大統領の裁可をえて國家再建非常措置法を公布し, 憲法を停止した.

(3) 第三共和國憲法.

(i) 第五回憲法改正. 國家再建最高會議は, 憲法審議委員會を手段として, 憲法改正案を作成し, 六二年一二月一七日に國民投票にかけ, 同二六日にこれを公布した. 第三共和國憲法である.

その要點は, ① 前文に四・一九義擧と五・一六革命の理念の表明し, ② 自由權, 生存權, 參政權等の國民の基本權を體系化し, ③ 政黨條項を導入し, ④ 國會を單院制とし, ⑤ 大統領中心制を採用し(任期四年, 三選禁止), ⑥ 憲法改正につき國會の承認と國民投票を必須としたこと, などであった 大統領には, 行政權のほかに, 國家緊急權, 立法拒否權を認めていた 憲法政治においては, 朴正熙が大統領に選出され, 國會では小選擧區制の結果民主共和黨か絕對多數を占める狀況にあった 軍事政權の延長ともいえる狀況で, 國會は政府の侍女と化, 大法院も違憲審査權を適切に行使せず, 國民の基本權は輕視されがちであった

(ii) 第六回憲法改正. 朴大統領は, 「改憲を通じて自分と政府に對する信を問いたい」として, 六九年九月九日, 國會で與黨單獨で「大統領の繼續在任は三期に限る」とする憲法改正案を强行採決し, 一〇月一七日の國民投票で六五%近くの支持をえた 七一年四月朴正熙は大統領に三選されたが, 同年五月の國會議員選擧では與黨伯仲の狀況が出現した 政府は, 國會における對決狀況か南北の緊張緩和の支障になるとして, 「國家保衛に關する特別措置法」を制定し, 非常事態において大統領が超憲法的な國家緊急權を全面的に行使できるものとした(必要に應じて, 經濟規制の命令, 國家動員令の宣布, 屋外集會やデモの規制, 言論・出版に對する特別措置, 特定の勞動者團體の規制等).

(4) 第四共和國憲法(第七回憲法改正). 三選された朴大統領は, 永久政權を意圖していた. しかし, 長期政權による不正と腐敗は, 民心の離反を招き

かねない狀況にあった. そこで, 七二年一〇年一七日, 朴大統領は, 體制改革を斷行すべく, 約二カ月間憲法の一部の效力を停止する非常措置をとった. ① 國會を解散し, 政黨・政治活動を中止させ, 憲法の一部條項を停止する, ② 國會の機能を非常國務會議が遂行し, 國務會議が非常國務會議の機能をおこなう, ③ 非常國務會議は七二年一〇月二七日までに祖國の平和的統一をめざす憲法改正案を公告し, 國民投票にかける, ④ 憲法改正後に憲法秩序を正常化させる,というものであった. 一〇月二七日改憲案が公布され, 一一月二一日の國民投票で承認された. 第四共和國憲法(「維新憲法」)である.

同年一二月一五日, 「統一主體國民會議」(代議員は公選)で朴正熙が大統領に選出された. 同月二七日の就任式の際に新憲法を公布した. その要點は, ① 大統領は, 統一主體國民會議で選擧し, その任期は六年で, 重任の制限はない, ② 大統領は, 國家の元首・國の守護者で, 行政權の首班, 大法院長を含む全判事の任命權, 國會解散權, 國民投票回付權, 定數の三分の一の國會議員の推薦權, 榮典授與權, 法律案拒否權, 緊急措置權をもつ.「スペインのフランコ統領や臺灣の將介石總統に近い國家元首」(四七頁)であった, ③ 國會は單院で, 議院の三分の一は任期三年で大統領が推薦しかつ 統一主體國民會議が總括承認し, 殘りの三分の二は任期六年で國民が選擧する, ④ 國會の國政調査權は削除され, 憲法委員會が設置される等であった.

(5) 第五共和國憲法(第八回憲法改正). 七三年の國連總會には, 南北朝鮮がオブザーバーとして參加した. これを機に改憲請願運動が各地におこった. 朴政權は, 七四年, 七五年と緊急措置權をもってこの動きに對處した. 七五年の緊急措置第九號は, 韓國憲法の改正・廢止を主張, 請願, 煽動, 宣傳することまで禁止した. 七九年一〇年二六日, 朴大統領が暗殺された. 國務總理崔圭夏が, 一二月六日統一主體國民會議で大統領に選出され, 八〇年には憲法改正に着手した. 當時の韓國は, 軍政反對・學園民主化・勞動三權の確保など民主化運動の崔中にあった. 同年五月一八日「光州事件」が發生した. 政府は非常戒嚴を宣布し, 緊急措置をとっ

たが, それが全斗煥を中心とする軍人進出の契機となった. 八月二四日, 統一主體國民會議で全斗煥が大統領に選出された. 一〇月二〇日, 前大統領の段階から檢討されていた憲法改正案が國民投票に付され, 同二九日公布された.

　この第五共和國憲法の要點は, 以下のようであった. (i) 基本權の保障においては, 幸福追求權, 私生活の秘密保護, 環境權, 適正賃金保障, 適正國家賠償, 適正損失補償などを新たに導入した. (ii) 統治機構面では, ① 大統領は, 間接選擧・任期七年で選任され, 再選を禁止されていたが, 國家元首にして行政權の首班であり, 國會の解散權, 大法院の長と判事の任命權, 法律案の拒否權, 重要政策の國民投票回付權, 非常措置權と戒嚴などを認められていた(國務總理と關係國務委員の副署が必要とされていた). ② 國會は單院制で, 議員の三分の一は比例代表(全國區)で選ばれ議員の任期は四年であった. 國會は, 國務總理の任命についての同意權, 國務總理・國務委員に對する不信任決議權ももっていた. 國政調査權も復活された. ③ 司法權の獨立が保障され, 法律の合憲性決定權は大法院にまたその違憲性決定權は憲法委員會に託された.

　(6) 第六共和國憲法(第九回憲法改正). 第五共和國憲法の施行後, 大統領の間接選擧制, 國會の弱體性, 司法權の從屬性が嚴しく批判された. 八五年二月一二日の國會議員選擧では大統領直接選擧制が爭點となり, それに贊成する野黨が力を伸した. 與黨は議院內閣制への改憲を試たが,「國民と野黨が一體となった六月抗爭(一九八七年六月)により直選制導入が不可避の情勢となり, 一九八七年六月二九日の與黨も直選制を受け入れ, 六月二九日降伏宣言が行なわれた」(三四頁). この降伏宣言は, 與黨民正黨總裁で次期大統領候補でもある盧泰愚の大統領直選制への改憲・言論の自由の保障等民主化のための時局收拾八項の宣言をさす.「六月抗爭前後の國民的抵抗と六・二九宣言はいわば名譽革命」ともいうべきもので(三五頁), 政治の民主化と平和的な政權交替の可能性に道を開くものであった. 同年一〇月一二日憲法改正案が國會で發議され, 同二七日國民投票に付され, 同二九日に公布 された. 現行の第六共和國憲法である.

　前文, 一三〇條の條文, 六條の付則からなるその主內容は, 以下のようであ

る. ① 前文で, 四・一九民主理念の繼承, 祖國の民主的改革と平和的統一の使命を確認する. ② 第一章總綱に, 在外國民の保護義務, 國軍の政治的中立義務の遵守, 自由で民主的な基本秩序に則した平和的統一政策の樹立・推進, 新たに明示する. ③ 基本權規定に, 適法手續條項, 拘束の理由告示と適否審査の制度, 表現・出版・集會についての許可制と檢閱の禁止, 被害者補償規定, 最低賃金制, 母性保護などが追加される. ④ 國會の權限を强化し(國政監査權の復活等), 國會の會期制限規定を削除し, 大統領の國會解散權を廢している. ⑤ 大統領を直接公選とすることによって國民による政府選擇を保障し, 五年單任制とすることによって平和的政權交替に道を開き, 大統領の非常措置權を廢止して緊急命令制度を導入している. ⑥ 司法府の人事の獨立を强化している. ⑦ 憲法裁判所を設置し, 法院の提請による法律の違憲審判, 彈劾審判, 政黨解散審判, 國家機關間の權限爭議審判および憲法訴願審判を擔當するものとし, 憲法の實效性を確保しようとする. ⑧ 經濟秩序について, 自由經濟體制を原理としつも, 社會國家的觀點からの調整も意圖している.

　第六共和國憲法下でも, なお多種多樣な困難に直面しているが, 軍人出身の盧泰愚大統領から金泳三「文民政府」, 金大中「國民の政府」と歩み始めている. 　第六共和國憲法が過去の苦しみを一應は批判的に總括しているところからすれば, その延長線上に人權・民主主義・平和のより大きな展開も展望される.

　(Ⅲ) 金氏は, 本書で, このような韓國憲法の五〇年の歩みを中心に据え, 韓國憲法の過去・現在・未來を縱橫に紹介・檢討する. その構成は, 以下のようである.

　「序章 韓國法の過去・現在・未來」では, 「1韓國憲法の歷史と外國法の繼受」, 「2韓國法の現在と特徵」, 「3韓國法の未來」の三項目に分けて, 本書の要點を總括的に指摘する. この序章のみでも, 本書で氏が述べようとする要點を理解できるようになっている.

　「第一章 韓國憲法の歷史と基本原理」は, 「Ⅰ韓國憲法の歷史」, 「Ⅱ韓國憲法と

外國憲法」,「Ⅲ韓國憲法の基本原理」,「Ⅳ韓國憲法の特色」の四節に分かれている. Ⅰでは, 第一共和國憲法の制定から第六共和國憲法までに至る韓國憲法史, つまり各憲法の構造・運用および改正を槪觀する. Ⅱでは, 各共和國憲法の構造的特色を外國憲法との比較なかで明らかにする. Ⅲは, 日本國憲法との比較のなかで現行韓國憲法の基本原理を明らかにしようとし, Ⅳでは, 現行韓國憲法の特色を, 一般的特色, 基本權保障の特色, 權力構造上の特色, 憲法裁判所制度の特色, 憲法改正手續の特色の諸項目について槪觀する.

「第二章 韓國憲法の人權」では,「Ⅰ韓國における人權論の導入と展開」,「Ⅱ韓國憲法の基本權條項の解釋」,「Ⅲ人間の尊嚴と價値・幸福追求權」の三節に分けて檢討をする. Ⅰでは「1開化期の人權論の導入」,「2外國占領期の人權狀況」,「3韓國憲法の基本權保障規定の變遷」, 「4韓國憲法下での人權理解の特色」等が入念に檢討されている. 2の(2)では, 一九一〇年八月二二日の日韓併合以降, 名目は併合でも, 明治憲法の適用はなく, 植民地統治であったこと,「朝鮮ニ於テハ法律ヲ要スル事項ハ朝鮮總督ノ命令ヲ以テ之ヲ規定スルコトヲ得」(「朝鮮ニ施行スル法令ニ關スル件」第一條, 一九一〇年緊急勅令第三二四號)により, 韓國人の人權が朝鮮刑事令や朝鮮民事令で制限されたこと, 一九二五年には韓國にも治安維持法が施行され,「韓國では, 獨立運動も國體變革を主張するものだと見られ, 嚴しい處罰を受けた. 日本では, 治安維持法違反で死刑に處せられた人はいなかった. けれども, 韓國では多くの人が治安維持法違反で死刑に處せられた」(八七-八八頁)こと, 一五年戰爭下では皇民化政策により, 韓國語の使用禁止, 創氏改名の施行, 學徒動員などの徵兵・徵用やその他の强制勞役を多くの韓國人が强いられたことなどが指摘されている. Ⅱでは,「1現行憲法における基本權解釋」,「2基本的人權の體系」が, またⅢでは, 近現代における人權保障の實態をもまえて, 主として「人間の尊嚴と價値・幸福追求權」につき, その保障の法的性格, 意義と主體, 體系と內容, 制限, 效力, 侵害と救濟が, 比較憲法的な考察もまじえつつ檢討されている. 日本國憲法の解釋論にも參考になる.

「第三章　韓國憲法の統治機構」は,「I韓國憲法の統治機構の變遷」,「II韓國現行憲法下の政府と國會の關係」,「III韓國現行憲法の憲法裁判制度」に分けて檢討される. Iでは, 第一共和國以降における政府形態, 議會制度, 司法制度, 違憲立法審査權, 權力分立制の變遷が檢討される. IIでは, 二元的構成をもつ政府と國會との關係を檢討・紹介し, 問題點や改善策を提示する. IIIでは, 憲法裁判所について成立, 地位と組織, 權限, 改善方策が檢討されている. その運用の實態をふまえて,「人や力による統治ではなく,『憲法による統治』を擔保する憲法裁判所制は, 開設後九年有餘の期間にその存在意義を示してくれた(一八六頁)と評價し,「憲法による統治を實質化するために, 憲法裁判所の憲法保障機能を強化し, 抽象的規範統制權ももつ最高機關を創出すること, … が今後の課題である(同上頁)としている.

　「第四章　統一憲法の制定問題」では,「I韓國統一憲法の制定問題」,「II韓國・北朝鮮憲法の比較」,「III韓國・北朝鮮憲法の統一條項と政策」,「IV韓國統一憲法の理念と制度」,「V韓國統一憲法の制定方向」に分けて,平和のためにも,分斷國家克服のためにも回避できない祖國統一・憲法の問題を檢討する. この難問については, これまでの經緯やドイツの經驗をもふまえて, 率直かつ積極的に言及する. ①統一方法としては合意統一以外に選擇肢がなく,合意統一の目指すべき體制は國家連合であり南北の國家連合を經て統一國家=連邦國家に進むべきである. ②統一の理念は民族主義と民主主義でなければならず, 統一韓國憲法の理念は平等主義, 自由主義,福祉主義, 人間主義に求められるべきである, ③統一韓國憲法の制度は,共和制, 立憲民主政治, 代表制民主主義, 複數政黨國家, 比例代表選擧制, 地方分權主義と地方自治, 職業公務員制度の保障と統制, 憲法裁判制度, 經濟的民主政治の實現, に求められる,とする. また, 統一政府樹立の方式としては「南北評議會を構成して, 統一憲法を起草し, 國民投票により統一憲法を確定した後, 民主的總選擧を實施して統一國會を構成し, 統一政府を樹立すること, これがもっとも望ましい」(二六六頁)とする.

卷末に資料として, 韓國憲法の「基本權の體系」,「權力分立制」から「司法過程」,「憲法裁判過程」に至るまでの重要事項が圖解され, また現行憲法の日本語譯が付されている.

(Ⅳ) 本書は, 金氏が擔當された一橋大學における韓國憲法の講義の副教材をもとにしているが印象に殘る興味深い書物である. アジアと日本を理解しようとするすべてのひとびとに一讀をすすめたい. 韓國憲法の歴史と現狀と課題がよくわかるように編集され, 記述されている. われわれは, 隣國の歴史と現狀に大きくかかわってきたにもかかわらず,その事實に余りにも無知・無關心であった.日本の故もあって, 韓國憲法の五〇年は, 日本國憲法の五〇年と大きく異なっている. 隣人のこれまでの苦痛とそれを克服しようとする眞摯な努力を見据えるようにしたい. ひとは他との比較なかで自己をよりよく理解することができる. われわれは, 本書を通じて明治憲法と日本國憲法およびそれらのもとでの憲法政治につきより深い認識をえることもできそうである.

もちろん歴史と現狀についての認識や將來の展望等について, 金氏と異なった見解もありうるであろう. 一九一〇年の日韓併合にかかわって, 日韓基本條約第二條の解釋につき日韓の研究者間で學問的論爭が始まっている. それに類するような論議が本書を契機とし展開することになれば, 日韓の憲法學の交流にとって慶賀するべきことと思う.

いずれにしても, 憲法學の交流にとって大きな手掛りを提供して下さった金哲洙教授のご努力に敬意を表したい.

(すぎはら・やすお 駿河臺大學教授)

[本書は, 敬文堂刊, 一九九八年九月發行,
A5判, 三一〇頁, 定價四〇〇〇円+税]

2. International Association of Constitutional Law(Hrsg.), Festschrift für Tscholsu Kim. Seoul : Korean Branch of IACL, World Constitutional Law Review 1998, 515 S.*

Seit 1996 erscheint in Korea das angesehene Jahrbuch *World Constitutional Law Review* mit Beiträgen in koreanischer, deutscher, englischer, frnazösischer, japanischer und chinesischer Sprache. Während der Band 1997 sich mit Krieg und Frieden befasste und einen Beitrag zu "Perspektiven von Krieg und Frieden nach der deutschen Wiedervereiningung" enthielt, ist der Band 1998 zugleich die Festschrift für den berühmten koreanischen Verfassungsrechtler Tscholsu Kim, dessen Lehrbuch zur Verfassunsglehre bisher neun Auflagen erhalten hat.

In koreanischer Sprache wird von Hyo-Jeon Kim dieses wissenschaftlich umfangreiche Werk des Jubilars sowie seine sonstigen Publukationen mit Inhaltsangaben darlegt. Leider fehlt hierbei eine Rezension von Tscholsu Kim zum deutschen Hochschulrecht. Es folgen Beitrage von Klaus Stern (Verfasssungsgerichtsbarkeit und Gesetzgebung), von Nak-In Sung (Une étude sur le cabinet ministériel en France), von Guiseppe de Vegottini (Federal and regional States), von Kyong-Whan Ahn (the Influence of American Constitutionalism on Korea), von Sung Whan Lee (Liberalization of the Korean Nationality Act), von Young-Hoa Jung(the evolution of economic constitutional law in Korean Constitution from 1948 to 1998), von Young-Sharm Ghim (Aspects of human rights in North Korea) und von Yun-Chul Baek (La decentralisation de la Corée et de la France).

---

* Asien Nr. 79/2001, S. 134~135.

In dem Beitrag "Kukje and Beyond : Constitutionalism and the Market" befasst sich James M. West mit der Entscheidung des Verfassungsgerichtshofs in Seoul vom 29 Juli 1993 im Kukje-Fall. Das Militärregime von Doo-Hwan Chun hatte den Kukje-Konzern in die Liquidation getrieben, da es den Zugang zu Krediten sperrte. Der Eigentümer des Konzerns sah hierin eine Enteignung, die darauf beruhe, dass er den Forderungen des Diktators nach Parteispenden nicht nachkam und er finanziell die Opposition von Yang-Sam Kim unterstützt habe. Der VerfGH sah in dem Verhalten des Staates u.a. einen verstoß gegen Art. 119 und 126 VvK, da die Absicht der Maßnahme illegitim war und das Verfahren gesetzwidrig. Außerdem stellte das gericht eine Verletzung des Gleichbehandlungsgrundsatzes nach Artikel 11. VvK fest. Der Beitrag ist jedoch einseitig. Zur Thematik hat Tscholsu Kim in seinem Lehrbuch zur Verfassunsglehre (9. Auflage 1997) mehrfach Stellung genommen (S. 204, 370, 396, 695, 1209, 1214 und 1217). Dies verschweigt der Autor und nimmt so seinem Beitrag das wissenschaftliche Gewicht.

Die konkrete Normenkontrolle in Korea schildert Young-Chul Chang. Neben der Verfassungsbeschwerde ist die konkrete Normenkontrolle auf Vorlage eines Gerichts der einzige Weg, um in Korea eine Norm durch den Verfassungsgerichtshof prüfen zu lassen. Im Gegensatz zur Rechtslage in der BRD erstreckt sich in Korea die konkrete Normenkontrolle sowohl auf vor-als auch auf nachkonstitutionelles Recht. In Korea sind auch die der Verfassung zugrunde liegenden Prinzipien, insbesondere der Grundsatz der Verhaltnismäßigkeit und das Prinzip materieller Gerechtigkeit, Prüfungsmaßstab. Gerechtigkeit ist in Korea zwingender Bestandteil des Rechtsstaates (vgl. Tscholsu Kim, a.a.O., S. 862). Sachgerechter als bei Entscheidungen des Bundesverfassungsgerichts tritt gemäß §47 Abs. 2 KVerfGG in Korea eine Bindung an die Entscheidung nur bei Erklärung der Verfassungswidrigkeit ein. Nach der Rechtsprechung haben diese Entscheidungen des Verfassungsgerichts Gesetzeskraft (anderer Ansicht ist Tscholsu Kim, a.a.O., S. 1210). Nach meiner Meinung muss sich dies daraus ergeben, dass es Sinn und Zweck einer Verfassungsrechtsprechung ist, eine für alle Fälle gleiche Regelung zutreffen, was nur bei Gesetzeskraft der Entscheidung möglich ist. Chang teilt diese Ansicht. Der Verfassungsgerichtshof in Seoul schützt weitgehend effektiv die Verfassung und die Menschenrechte. Kürzlich wurde dies dokumentiert in einer Entscheidung, welche das Verbot von Privatunterricht der Regierung Dae-Jung Kim aufhob. Es bedarf daher keiner neuen, von Polizei und Staatsanwaltschaft unabhängigen Behörden hierfür, obwohl dies aus zwielichtigen Kreisen der Yonsei-Universität gefordert wurde (Shin Dong-A, Monatheft Januar 1999); derartig Forderungen passen eher zum kommunistischen System in Nordkorea; in modernen Demokratien lassen sich Menschenrechte wirksamer durch unabhängige multinationale Gremien schützen (vgl. Deumeland : Fight for Human Rights, 1996, S. 1).

Kuk-Won Jeong behandlet 'das Demokratieprinzip des Grundgesetzes' in deutscher Sprache. Das Grundgesetz der BRD hat starken Einfluss auf die Verfassung Koreas ausgeübt. Unter Demokratie im Sinne von Art. 20 Abs. 1 GG versteht Jeong zutreffend das Mehrheitsprinzip mit Schutz der Minderheiten. Zu beachten wäre der Hinweis von Schmidt-Bleibtreu/Klein in ihrem Kommentar (9. Aufl. 1999, Art. 20 RNr.8) auf die Notwendigkeit der Chance für die Minderheit, einmal Mehrheit zu werden. Mit Recht sieht der Verfasser die Meinungsfreiheit jedoch in der BRD durch die faktische Gleichschaltung von Presse und Fernsehen —besonders deutlich geworden beim verfassungswidrigen Angiffskieg gegen Jugoslawien—und durch die Eliminierung abweichender Ansichten in der juristischen Fachpresse an Wert erheblich einbüßt, übergeht der Verfasser und verkennt damit, dass der Demokratiebegriff zu einer leeren Propaganda-Hülle zu verkommen droht.

Die Festschrift für Tscholsu Kim zeigt, dass Korea nicht nur auf wirtschaftlichem Gebiet in eine weltweit führende Position gelang ist, sondern auch in Rechtswissenschaft und Politik. Die Zeitschrift *World Constitutional Law Review* wird dabei auch in Zukunft eine bedeutende Informationsquelle sein.

Klaus Dieter Deumeland

3. 김철수 저,『학설・판례 헌법학(상・하)』(박영사, 2008)*

로스쿨 헌법교과서의 결정판

김효전(동아대 교수, 한국공법학회 고문)

올해(2008년)는 대한민국헌법을 제정한지 60주년이 되는 해이다. 분단 국가의 헌법으로서 출발한 우리 헌법은 독재에 대한 민주화의 투쟁 속에 서 유례없이 험난한 길을 걸어왔다. 회고하건대 실로 시행착오와 질풍노 도의 시대를 단숨에 달려온 느낌이다.

이번에 우리 시대의 대표적 원로 헌법학자인 김철수 교수는『학설 판 례 헌법학(상・하)』를 상재하였다. 상하권 합하여 2,392면. 양적으로나 질 적으로 타의 추종을 불허하며 저자의 50년 헌법연구의 총결산이다(상세 한 것은 김효전, 헌법정치 60년과 김철수 헌법학, 박영사, 2005 참조). 이 책은 저자 가 유신 독재 치하인 1972년 나오자마자 발매금지된『헌법학개론』을 35

---

* 『고시계』 2008년 6월호, 181~182면.

년 동안 수정·증보해 오던 것을 이제 헌법제정 60주년을 기념하고, 또 내년 3월이면 법학전문대학원이 개원하는 것을 계기로 체제와 내용을 전면적으로 개정한 신판이다. 이 책은 위의 『헌법학개론』을 대본으로 하면서도 그동안의 학설과 판례를 체계적으로 정리하여 일반 국민의 헌법사전으로서, 법률실무가의 판례검색서로서, 또한 로스쿨 학생들의 헌법교과서로서의 중요한 역할을 할 것으로 기대된다.

이 책의 첫 번째 특징은 지금까지의 헌법판례를 총정리한 점이다. 저자는 일찍이 1960년대 말 미국 Harvard대학 로스쿨에서 법학을 수학하고 귀국하면서부터 헌법연구에 case method를 도입한 선구자의 한 사람이다. 당시 이론과 학설만을 가르치던 시대에 그의 미국식 교육방법은 우리 학계에 커다란 충격과 신선한 자극을 주었으며 지금까지 헌법교과서 안에 갇혀 있던 '대한민국헌법'을 처음으로 우리의 실제 생활에 살아있는 헌법으로서 생명력을 부여한 것이다.

저자의 판례연구는 지난해까지 발간된 『헌법학개론』에 그대로 반영되었고 이번 전면개정 신판에서는 더욱 심화되었다. 그것은 단순히 법정의견만을 수록한 것이 아니라 저서의 초입 부분에서는 요지만을 소개하다가 중반 이후부터는 판결문 원문을 싣고 나아가 반대의견이나 소수의견도 전부 게재하는 편집으로, 판례연구의 단계적인 방법론과 학습능률의 극대화란 점까지 세심하게 배려를 한 점이다. 저자가 말하듯이, "소수의견이 항상 잘못된 것이 아니라 다수의견으로 판례변경도 될 수 있기 때문에 왜 의견이 대립되는지 알아보고 자기 나름의 헌법관을 확립"하는 것을 목적으로 하고 있다. 이러한 의미에서 법학전문대학원의 교과서로서, 법조인으로서 자신의 판결문을 작성함에 있어서 이 책은 좋은 안내자인 동시에 나침반과 같은 역할을 할 것이다.

두 번째의 특징은 한국의 헌법이론을 확립한 저자의 업적이다. 현재 우리나라의 일부 헌법 교과서 중에는 외국의 학설과 판례를 무비판적으로 수록하여 마치 외국법연구가 법학연구의 전부인 것처럼 유포시키는 저작물이 여전히 나돌고 있다. 외국의 학설과 판례는 자신의 사고와 정체성을 확립해 가는 하나의 참고자료 내지는 수단에 불과한 것이다. 저자는 일찍부터 독일과 미국에서 수학하였기 때문에 대륙법과 영미법을 두루 섭렵하여 그렇다고 판례연구에만 몰두한 것도 아니며, 또 도그마틱한 연구에만 편중한 것도 아니며 이 양자를 함께 통합하여 한국의 학설과 판례로 정립하고 체계화한 것이다. 이점이야말로 어떤 헌법학자도 모방할 수 없는 이 책의 독자적인 가치이며 브랜드라고 할 수 있다. 그러므로 저자는 암기식 교육이 아니라 사색 위주의 교육을 강조하면서 독자적인 헌법관의 확립을 힘주어 말한다.

이제 새로운 법학전문대학원의 시대를 맞이하여 새로이 헌법을 연구하려는 독자들에게 이 책은 하나의 축복이며 영광을 가져다 줄 것이다. 이 책은 독자 자신의 헌법관과 헌법감각을 확고부동한 반석 위에 올려놓을 뿐만 아니라 우리나라 입헌정치의 수준을 한 단계 업그레이드하는 기폭제가 될 것임을 확신한다.(2008.4.22)

4. 김철수 저, 『학설·판례 헌법학(상·하)』(박영사, 2008), 헌법이론과 판례 집대성*

황적인(서울대 명예교수)

김철수 교수가 지난 4월 『학설·판례 헌법학(상·하)』 두 권을 상재했다. 상하권 합해 2,392면에 이른다. 이 책은 1972년에 초판이 출판됐는데,

---

* 『법률신문』 제3654호, 2008년 6월 2일자.

1974년에는 교재용으로『헌법학개론』이라는 이름으로 요약·출간된 것이 2007년까지 19판이 나왔으며, 이번에『학설·판례 헌법학(상·하)』이라는 서명으로 완전 증보 개판해 출간했다. 이 책은 대학 교재가 아닌 연구서의 성격을 갖는다.

1972년에『헌법학(상·하)』가 출간됐을 때 내용이 너무 방대하기 때문에 1984년부터 요약 교재로서『헌법학신론』이 출간됐다. 이 책은 2008년까지 18판, 1994년에 출간됐다.

새로 나온『학설·판례 헌법학』은 단순한 교재가 아니라 실무자를 위한 '판례색인집'이요, 일반인을 위한 '헌법사전'의 성격을 띠고 있다.

헌법학 상권에는 기본원리와 국민의 권리의무(전문에서 39조까지), 하권은 통치구조(40조~130조까지)를 다루고 있다. 이 두 권의 책은 2008년 3월 15일까지의 신정부 입법과 2008년 2월 28일까지의 헌재 판결을 반영했다. 이 점에서 구정권 하의 법령에 따른 3월 출판 교재와는 다르다.

우리 헌법이 1987년까지 9차에 걸쳐 개정됐고, 1988년에 헌법재판소가 창설된 지도 20년이 지났으며 그동안 헌법판례집만 해도 20권에 이른다. 헌정 60년간의 학설과 판례는 방대해 이를 정리·비판하는 것은 매우 어려운 과제이다.

김철수 교수의 평생에 걸친 꾸준한 탁마의 결과 이 방대한 헌법이론과 판례가 정리되어 집대성된 것은 우리나라 헌법학계의 크나큰 성취라고 생각한다. 본서가 앞으로 우리나라의 헌정·헌법이론 및 판례발전에 크게 도움이 되기를 바란다.

5. 김철수 저, 『헌법 개정, 과거와 미래 제10차—헌법 개정을 생각한다』(진원사, 2008)*

구병삭(丘秉朔, 고려대 명예교수)

이번에 또 새로운 명저 『헌법 개정, 과거와 미래』를 우리나라뿐만 아니라 세계적인 헌법학자 김철수 교수가 출간했다. 특히 이번에 '대한민국 법률대상'까지 수상한 서울대 명예교수이며 학술원회원인 저자가 앞으로 우리나라 백년대계의 헌법 개정을 염두에 두고 그동안 준비한 것 같다. 우리는 이 책이 헌법전공자 뿐만 아니라 국민 모두의 계몽 지침서로서 이론적으로 집대성한 저서라 하겠다. 따라서 작금의 출판은 참으로 시기적절하고 큰 공헌이라 하겠다.

저자는 머리말에서 이 책은 앞으로의 우리 헌법 개정 논의에 참고가 되도록 역대 헌법의 특색과 내용을 살펴보고 앞으로의 헌법 개정에 대한 여러 시사를 주기 위하여 이 책을 출판하였다고 한다. 참으로 요긴한 출간이요 우리의 국가미래 지향과 번영에 중요한 헌법 개정의 전모와 핵심을 여러모로 심도 있고 논리정연하게 잘 정리해 준 귀중한 저서이다.

우선 이 책의 구성을 보면 제1편 헌법 개정의 역사를 다루고 있다. 제1장 대한민국헌법과 임정헌법, 제2장 제1공화국 헌법의 제정과 특색, 제3장 제2공화국 헌법의 제정과 효력상실, 제4장 제3공화국 헌법의 제정과 내용, 제5장 제4공화국헌법의 제정과 내용, 제6장 제5공화국 헌법의 제정과 내용, 제7장 제6공화국 헌법의 제정과 내용 등을 그 특색과 실태론 중심으로 상술하고 있다.

우리나라 헌법은 다 아는 바와 같이, 1948년 7월 12일 제헌국회에서

---

* 『대한민국학술원통신』 제188호, 2009년 3월 1일, 10~11면.

제정·공포되었다. 이후 현행 헌법까지 9차에 걸쳐 개헌했고 이 개헌을 통하여 우리는 그 동안 다양하게 여러 헌정을 경험했다. 그 특색으로 이 승만 박사의 미국식 대통령제, 장면 정권의 의원내각제, 박정희 군사정 권의 최고회의제와 유신독재 대통령제, 전두환 대통령의 이원정부제, 김 영삼, 김대중 대통령의 절충식 대통령제 등을 들고 있다. 본서는 이러한 개헌 경험의 실태와 장·단점 연구를 바탕으로 하고 있다.

제2편은 '제10차 헌법 개정을 생각한다'라는 제하에 제1장 헌정사 회고-과제와 전망, 제2장 참여정부의 개헌논의, 제3장 제10차 헌법 개정 의 방향, 제4장 새로운 헌법에의 기대, 부록 제9차까지의 헌법 개정조문 을 싣고 있다.

이러한 구성의 제1편은 제2편의 배경과 실체가 되는 특색을 정리하고 있다. 즉 새로운 헌법 개정논의에 올바른 인식과 참고가 되기 위해서 역 대 헌법 개정의 역사와 초점, 변천과정 및 실태를 살펴보고 있다. 우리는 이러한 내용을 정확히 심도 있게 파악하고 인식할 필요가 있다.

제2편은 앞으로 제10차 헌법 개정에 진수가 되는 내용들을 하나하나 과학적·비교헌법적으로 분석, 우리에게 그 상세한 내용을 알려 주고 있 다. 모두 귀중한 내용의 금과옥조 같기에 한마디도 소홀히 할 수 없다. 주로 2006년, 2007년, 2008년의 개헌논의와 전망, 과제 등을 심도 있게 다루고 있다. 이중에는 특히 과거 헌법의 파괴와 경험, 직접민주제와 간 접민주제, 기본권행사의 한계, 헌법수호의 보장, 대통령의 임기, 이원정 부제, 직접 전자민주주의 등 다양한 내용을 논술하고 잘 정리되어 있다. 이에는 특히 국회입법권의 강화와 국회중심주의의 정부형태가 가장 바 람직하다고 했다. 즉 의원내각제에 대한 채택이 가장 바람직하다는 뜻이 다. 이는 필자도 같은 생각이다. 여기에는 물론 현행 정당제도, 선거제도, 국회제도의 개혁이 수반되어 국회중심의 정치가 제대로 수행될 수 있어 야 한다고 했다.

이제까지 논의된 개헌의 초점은 대략 대통령제를 유지하는 경우 대통령의 임기와 국회의원의 임기를 같이 하자는 것, 대통령임기를 미국과 같이 4년 더 연임시키자는 것, 국회중심의 의원내각제, 국회양원제, 이원정부제 그리고 좌파에서 주장할 것으로 보이는 영토조항을 삭제하고 대신 휴전선 이남으로 하자는 것, 동시에 북한을 국가로 승인하고 남북연방제로 통합하자는 진보적 개헌안이 나올 수 있다는 것, 또 통일조항을 개정하여 자유민주적 기본질서하의 통일만이 아니라 다른 체제하의 통일도 가능하도록 하자는 것 등을 주장할 수 있다는 것이다. 반면 우파에서는 현재의 경제질서를 보다 자유롭게 하기 위하여 근로자의 단결권, 단체교섭권 등을 규제하자고 주장할지 모른다고 했다. 그러나 이러한 좌·우파의 개헌실현은 국민이 승인하지 않을 것이라 했다.

이상과 같은 헌법 개정 논의를 두고 우리는 그의 배경, 이론, 실제, 장·단점 등을 올바르게 인식하고 국가백년대계를 위하여 그 진면목이 제대로 반영되도록 노력하여야 할 것이다. 이를 위하여 관계 당국은 유능한 학계인사, 특히 김 교수 같은 분을 중심으로 한 입법·행정·사법부에서의 유능한 인사를 추대하여 '헌법 개정준비위원회'를 설치하고, 이 위원회로 하여금 시간을 갖고 차근차근 하나하나 연구·준비하게 하여 새로 만든 헌법 개정초안이 국민 모두의 헌법 개정안이 되도록 하고 개헌이 축제 속에서 이루어지도록 배려하였으면 한다.

또한 이제까지 우리나라 헌법 개정의 이론뿐만 아니라 선진국가의 모든 헌법 개정이론을 총망라하여 진솔하게 저술한 본서를 참조하여 개헌이 이루어졌으면 한다. 헌법 개정 60주년을 맞은 현행 헌법에 이르기까지 '그 놈의 헌법', '누더기헌법', '태어나지 않았어야 할 헌법'이라는 소리를 이제 다시는 나오지 않도록 해야 할 것이다.

그리고 앞으로의 개헌에서는 특히 정부형태 뿐만 아니라 인권 기타 조항까지 헌법 전반에 걸쳐 충분히 연구하고 검토하여 21세기에는 개헌의 필요성이 없도록 만전을 기하여 대비해야 할 것이다. 국회는 과거처럼 속결 처리하지 말고 이제까지 나온 개헌안 논의 모두와 앞으로 나올 개헌안 모두를 공명정대하게 충분히 검토하여 획기적인 국가발전의 헌법 개정이 이루어지도록 조처하기를 기대하고 국민투표로 확정하기 바란다.

3. 하서(賀書)

房山 丘秉朔 박사 정년기념, 『공법이론의 현대적 과제』(박영사, 1991.8)

한국공법학회의 원로의 한 분이신 방산 구병삭 박사님이 정년퇴임하시게 되어 정년기념논문집을 출간하게 된 것을 축하해 마지않는다. 구병삭 박사님께서는 충청도의 양반 집안에서 탄생하여 일찍이 서울대학교 문리과대학 정치학과를 졸업하시고 헌법학을 전공하기 위하여 유진오 박사님이 계시던 고려대학교 정법대학 법학과로 옮겨 졸업하셨다.

그 뒤 서울대학교 대학원을 졸업하시고 고려대학교에서 법학박사학위를 받으시고 일본 도쿄대학에서 연구를 하셨으며, 40여 년간의 교직생활을 정년퇴임하게 되셨다. 박사님의 관심 영역은 헌법학에 그치지 아니하고 행정법, 지방자치법, 한국 법제사까지 광범하여 한 가지 분야에만 골몰하는 후학들에게 넓은 시야를 가지도록 계도하고 있는 귀감이라고 하겠다.

박사님은 그 중에서도 헌법학 분야에 많은 저술을 남기셨다. 『헌법학』
(I), 『헌법학』 (II)는 70년대까지의 우리나라 헌법학계를 총결산한 이정표
로서 중요성을 갖는 것이다. 박사님은 헌법학 연구뿐만 아니라 헌법학의
보급을 위하여도 많은 개설서와 수험서를 발간하기도 하셨다. 근자에는
『의원내각제 연구』, 『주석 지방자치법』 등 역저를 펴내어 우리 헌정의
방향을 제시해 주기도 하셨다.

박사님은 한국공법학회 회장을 하시면서 외국학자들을 초빙하여 공
법의 세계적 교류에 노력하셨고, 한일법학회 회장으로서 일본 법학자와
의 교류를 단행하셨다. 도쿄대학에서 최초로 한국 공법학자들이 세미나
를 개최할 수 있었고, 일본학자들이 한국에서 강연회를 개최하는 계기를
마련하셨다. 최근에는 아세아·태평양 공법학회를 조직하여 회장으로
계시면서 환태평양 지역의 공법교류 역할을 다하고 계신다.

헌법학자의 경우 교직에만 전념하기 어려운 것이 현실이다. 그동안 정
년퇴임한 공법교수님들이 적은 것이 이를 입증하고 있다. 박사님은 많은
유혹을 물리치고 연구와 강의에만 전념하여 이제 명예로운 정년을 맞이하
시어 후학들에게 학문의 도를 수범(垂範)하고 있어 머리가 숙여진다.

박사님은 늘 건강하시고 성실하시어 연구에만 전념하셨다. 언제나 아
침 일찍부터 저녁 늦게까지 연구실을 지키셨고 많은 문헌을 독파하시어
이를 저술에 반영하셨다. 이제 정년을 맞아 학교 연구실은 비우게 되었
으나 사설연구소를 설립하시어 연구와 후진 양성에 전념하실 것이라 하
니 후학들로서는 더욱 마음 든든하다.

모쪼록 타고나신 건강한 체질을 잘 가꾸시어 퇴직 후에도 더 많은 업적을 쌓으
시고 후학들을 지도하시고 학문의 국제교류에 힘써 주시기를 바라마지 않는다.

박사님의 정년기념논문집 출간을 거듭 축하하면서 박사님의 만수무강을 빈다.

1991년 8월
김철수

　화정 서주실 박사님이 화갑을 맞이하게 된 것을 축하해 마지않는다. 서 박사님은 일찍부터 학자로서, 교육행정가로서, 논객으로서 활약하였기에 연세가 훨씬 많은 것으로 생각하는 사람도 많았을 것이다. 그러나 가까이에서 대하는 사람에게는 교육가로서 학자로서의 열정과 건강을 생각할 때, 벌써 환갑을 맞게 되었나 하는 상반된 느낌을 가지게 된다.

　서 박사님은 부산대학교의 교육행정가로서 뿐만 아니라 부산 지역의 교육행정가로서 활동하시어 부산·경남 지역 대학 총학장 협의회 회장, 부산직할시 교원연합회 회장을 맡았을 뿐만 아니라 전국적으로도 전국 국공립대학교 총장협의회 회장, 전국 대학교육협의회 부회장직 등 요직을 맡으셨다. 그리하여 한국 교육의 방향을 잡았고, 대학교육이 내실을 기하는데 큰 공헌을 하였다.

　또 헌법학자로서 후진 양성과 학문 발전에 많은 업적을 남겼다. 그의 「수상정부론」에 관한 연구는 독보적인 것이었으며, 그동안의 영미 헌법학 연구의 결정체라고 하겠다. 영국 헌법정치에 통달한 서 박사님은 우리나라에도 의원내각제를 도입하여야 한다는 지론을 굽힘없이 전개하였다. 공법학자로서 영남의 공법연구회를 창설하였고, 또 한국공법학회 회장으로서 공법학 발전에도 크게 기여하였다.

　소장 시에 이미 부산일보 논설위원으로서 항도 부산과 경남의 발전을 위하여 필봉을 휘둘렀으며, 혼탁한 정국을 정화하기 위한 파사현정(破邪顯正)의 논설을 펴기도 했다. 기상은 그 뒤에도 이어져 한국정치와 교육 문제에 대하여 용기 있는 발언을 하여 우리나라를 타락에서 구할 수 있었다고 하겠다. 현재도 다음 세대의 준재를 양성하기 위한 전국적인 장학재단인 양현원의 이사로서 20여 년 동안 헌신하고 있으면서, 서울대를 비롯하여 부산대 등의 우수한 학생들의 진학에 크게 이바지하였으며, 특히 부산 법대에서 사시에 합격한 자는 이 장학회의 도움을 받지 않은 자가 없을 정도이다.

서 박사님은 환갑을 맞이하여 다시 부산 수대 교단에 서시게 되었다. 법을 전공하는 후학들과 더불어 이제 헌법학자로서 연구의 결과를 제자와 후학들에게 가르치고 그들을 지도하시는데 진력하실 것으로 기대된다.

환갑은 학자의 청춘이요 새 출발이라고 하겠다. 그동안의 사색과 연구를 실천에 옮길 절호의 계기라고 생각된다. 앞으로 왕성한 연구 의욕으로 더 많은 학문적 업적을 남기고, 또한 그 성과의 마무리에 더욱 박차를 가할 것을 기대해 마지않는다. 부디 서 박사님은 백수를 누려 그동안 뜻하신 정치개혁, 헌법 개정 등을 이룩하시기를 바란다.

서 박사님의 환갑을 다시 한 번 축하하면서, 서 박사님과 사모님께서 건강하고 행복하게 새로운 출발을 하시어 우리나라의 앞날에 희망을 더해 주시기를 바란다.

1992.5. 서 박사님의 甲日에

김철수(서울대 법대 교수)

日巖 卞在玉 박사 화갑기념논문집, 『현대공법 논총』(1994.6)

일암 변재옥 교수가 회갑을 맞이하였다. 만년 동안으로 늙을 줄 모르는 그도 세월의 흐름은 막을 수 없었나 보다. 외우(畏友) 변 교수는 경남 진해시에서 출생하여 대구시를 지켜온 별난 경력의 소유자다. 진해 중학 4년을 수료하고 동아대학교 부설 초급대학을 졸업한 뒤 서울대학교 법과대학에 입학하였다. 나와는 서울법대 동기생이다. 단기 4285년에 입학하였다고 하여 85학번을 받은 우리들은 전시 하 부산 가교사에서 판자로 된 긴 의자에 앉아 동문수학하게 되었다. 피난민이 모여들어 혼잡이 극에 달하였던 임시수도 부산에서 여러 가지 어려움을 겪으면서 우리는 우의를 다져 나갔다.

　서울에 환도 한 뒤 우리들은 동숭동에 있는 서울법대와 문리대 사이의 구름다리를 넘나들면서 강의실과 도서관을 이용했다. 대학 본부와 중앙도서관이 있는 동숭동 캠퍼스는 마로니에와 은행나무가 어울린 낭만적인 곳이라 아직도 기억된다.

　졸업 후 일암은 서울대 대학원에 진학하였고 나는 외국에 유학하여 5년간 헤어져 있었으나 60년대에 들어 같이 헌법학을 강의하게 되었다. 일암은 건국대학, 한양대학, 부산대학 등의 강사를 거쳐 대구에 정착하게 되었고, 나는 서울에 정착하여 학회 때나 만나는 신세가 되었다. 70년대와 80년대 들어 서울의 몇몇 대학에서 일암을 초빙하려고 노력하였으며 나도 권유하였으나 그는 제2의 고향인 대구를 뜨기를 원하지 않았다. 내 고향인 대구를 일암이 지켜주어 경북 법학의 발전에 큰 기여를 한 것에 대하여 고맙게 생각하면서도 송구스럽기도 하다.

　일암은 영남대학교를 지키면서 학생지도연구소장, 교양학부부장, 지역개발연구소장, 2부대학장, 법과대학장 등의 보직을 맡아 영남대학교의 발전에 크게 기여하였으며, 한국공법학회 상임이사, 경북법학회 회장을 역임하여 공법학의 발전에도 크게 기여하였다. 저서로는 『행정법강의』, 『행정법학』, 『신헌법학』 등이 있으며, 새로운 이론으로서 행정법학의 발전에 크게 기여했다. 그 동안 두 번의 미국 유학을 거쳐 미국법 연구에 심혈을 기울여 정보화사회에 있어서의 프라이버시의 권리 연구에 선구적 역할을 한 것 등은 길이 남을 업적이라고 하겠다.

　일암은 동서 속담사전을 엮어서, 한·중·일·영·독·불의 속담을 비교해 보려고 시도한 점에서 법학자로서 별난 사람이라 할 수 있다. 그는 이것을 통하여 인생을 관조하려고 노력한 것 같다. 또한 20여 년간 신문·잡지 등에 기고한 글들을 함께 묶어 『민주적 교양』이라는 수상·평론집을 출간했는데, 이 글들을 통하여 우리들은 한 인간으로서의 일암의 심오한 내면과 공법학자로서의 일암의 자유정신과 현실인식의 태도를 짐작할 수 있을 것 같다.

일암은 항상 여유 자적하여 생을 즐기고 있으며, 덕으로 제자 양성에 정진하고 있기에 백수를 누리리라고 믿는다. 그 좋은 건강을 계속 유지하여 보다 많은 지도적 역할을 하게 되기를 빈다. 일암이 평온하고 후덕한 생활을 할 수 있었던 배후에는 인자한 사모님과 따님들의 노력이 컸던 것으로 믿고 있으며, 앞으로도 가정생활이 더욱 행복하고 풍만해지기를 바란다.

동문수학했던 일암 변재옥 교수의 화갑을 축하하기 위하여 동학 및 제자들이 논문집을 출간하는 것을 축하하면서 일암의 건강과 우리들의 우정이 더욱 튼튼하고 돈독해지기를 바라고, 인생의 재출발인 회갑을 맞아 학문의 빛이 더 찬연하기를 빈다. 일암의 만수무강을 빌면서.

1994년 5월 15일
서울대학교 법과대학 김철수 씀

『김영일 재판관 헌법의견집』 출간을 축하하며[*]

헌법재판관으로서 좋은 헌법판례를 많이 남기신 김영일 재판관께서 임기 6년을 다 채우지 못한 채 정년퇴임하신 것은 안타까운 일입니다. 1년이라도 더 재임하셨더라면 좋은 판결들이 더 많이 나왔을 텐데 아쉽습니다. 정년퇴임식에서도 헌재의 중요성을 일깨워 주시고 헌재 비방자에게 일침을 가한 것은 입헌정치의 발전에 크게 기여할 것으로 믿습니다.

---

[*] 『헌법재판의 쟁점』, 재판관 김영일 의견집 간행위원회(박영사, 2005).

김 재판관님께서는 5년 3개월의 재임기간 중 3,100여건을 처리하는 고된 일과를 보냈습니다. 그 중에서도 법령사건만 1,000여건을 심리했습니다. 그 법령사건 중 소수의견을 200건 가까이 발표하셨습니다. 이 밖에 많은 법정의견을 집필하셨으니 그 노고에 감사하지 않을 수 없습니다. 학자들도 그 많은 수의 논문을 집필하기는 어려운데 기록을 정사하시면서 그 많은 소수의견과 법정의견을 발표하셨으니 감탄하지 않을 수 없습니다.

김 재판관님은 800여건의 결정에서 다수의견과 함께 하셨고 200건에 가까운 반대의견과 개별의견을 피력하셨습니다. 이것은 정치적 대세나, 동료적 합의관행에 구애받지 않고 오직 애국·애족하는 심정에서 소신을 피력하신 것이었습니다. 그동안 중요한 소수의견만 해도 200건에 가까운데 그 중 37건만을 엄선하고 다수의견 24건을 수록하여 책으로 출판하게 되어 경하해 마지않습니다.

이 중에는 수도이전특별법이 국민의 국민투표권을 침해한다고 하여 위헌이라고 한 결정과 대통령노무현탄핵심판결정, 호주제결정, 이라크 파병헌법소원사건결정 등 중요결정이 망라되어 있습니다.

행정수도이전법에 대해서는 다수의견이 관습헌법위반이요 헌법 개정 국민투표권 침해라고 본데 대하여 헌법 72조의 국민투표권침해라고 하였습니다. 다수의견이 헌법 개정을 요구했는데 이는 여당으로서는 실현 불가능한 것이었습니다. 국민투표로 수도이전이 가능하다면 아마 정부도 국민투표를 했을 가능성이 있었으며 앞으로의 국민투표 없는 행정수도분할을 막았을 것이 아닌가하는 생각이 듭니다. 또 대통령의 신임투표 제안결정에서 다수의견은 대통령의 발언은 헌법소원의 대상이 되지 않는다고 하였으나 김 재판관님은 그것이 공권력의 행사라고 보고 위헌선언하여야 한다고 했습니다. 이 반대의견은 대통령탄핵소추결정에서는 다수의견이 되었습니다.

김 재판관님은 국회소위원회에서의 방청불허행위와 국감방청불허행위는 알 권리를 침해한다는 반대의견을 피력하셨고, 또 국민의 기본권을 신장하는 많은 반대의견을 내셨습니다. 특히 헌법재판소의 권한 확장을 위하여, 재판의 전제성이 없다는 각하결정에 대하여 본안심리를 해야 한다는 반대의견을 많이 내었고, 보충성원칙을 완화해야 한다는 반대의견을 제시했습니다. 또 입법부작위위헌확인결정도 많이 할 것을 주장하셨습니다.

가능한 한 헌법문제를 적극적으로 해명하는 것이 헌법질서의 수호자로서의 헌법재판소의 책무를 다하는 것이라고 주장하셨습니다. 가능한 한 헌법문제를 적극적으로 해명해야한다는 김 재판관님의 소수의견은 앞으로 다수의견이 될 것으로 믿습니다. 헌법재판의 당사자적격, 보충성원리 등을 좁게 해석하지 않고 본안심리를 하는 방향으로 헌법재판소가 바뀌어 나갈 것이 기대됩니다.

이 책은 헌법재판소의 최근 6년간의 중요판례를 해설하고 다수의견과 소수의견을 부각시키고 참고문헌을 첨가한 면에서 헌법재판연구에 큰 도움이 될 것으로 믿어 의심치 않습니다. 법조인이나 학자뿐만 아니라 일반 국민들도 이 책을 읽어 헌법규범이 어떻게 현실에 적용되고 있는지 알아야 할 것입니다.

앞으로도 김 재판관님께서는 재야에서 한국 입헌정치의 발전을 위하여 향도역할을 해 주시고 감시자 역할을 다해 주시기를 바랍니다.

앞날에 건강과 행운이 함께 하시기를 빕니다.

慧安 趙炳倫 교수 정년기념 논문집, 『세계헌법연구』 제16권 제3호(2010.8)

명지대학교에서 20여 년간 헌법을 강의해 온 조병륜 교수가 2010년 8월 말에 정년을 하게 되어 축하논문집을 봉정 받게 되었다. 그동안 명지대학교 법과대학 학장을 두 번이나 역임하였으며 지방자치대학원장과 사회과학연구소장, 국제인권사회연구센터 원장, 기획관리실장, 부총장으로 근무하면서 오늘의 명지대학교가 있기까지 헌신적이고 정력적으로 일해 온 조 교수가 벌써 정년을 맞게 되었으니 서운하기도 하나 큰 공로를 세우고 퇴직하게 되어 동료·제자들의 축하를 받게 된 것을 치하한다.

조 교수는 서울대학교 법과대학에서 법학사, 법학석사, 법학박사학위를 수여받았다. 조 박사는 이에 만족하지 않고 헌법학의 발상지라고 할 수 있는 프랑스 파리 II대학교에서 6년간 더 연구하여 어려운 프랑스 법학박사학위를 취득한 수재였다. 그동안 영남대학교 법대에서 전임으로 재직한 뒤 상경하여 20여 년간 헌법학 연구와 교육에 전념하였다. 그 외 대표 저서로는 『헌법학원리』가 있는데 타 학자와 달리 헌법원리를 보다 깊이 있게 연구하여 새로운 지평을 열었다고 하겠다. 대한민국헌법의 해석학에 그치지 않고 프랑스의 헌법정치학과 법철학의 성과를 가미하여 독창적인 교과서를 집필함으로써 한국헌법학 연구에 새로운 기풍을 진작시켰다. 이 밖에도 주옥같은 논문을 발표하였는바, 그 근간을 이룬 것은 인간의 존엄성과 인권존중의 강조라고 하겠다.

그는 한국헌법학회의 회장을 역임하였고 다년간 세계헌법학회 한국학회장을 맡아 한국헌법의 세계화에 기여하였다. 그는 세계헌법학회 한국학회의 회장을 맡으면서 학회를 사단법인으로 만드는 등 외연을 넓혔고, 연 1회 발간하던 그 기관지인 『세계헌법연구』를 연간 4회나 발행하도록 하여 헌법학 발전에 크게 기여하였다. 또 세계헌법학회의 세계대회나 중간회의에 출석하여 학문적 교류를 주도하여 세계학회 집행위원회 위원으로 활약하였다. 2009년에는 세계의 유수한 헌법학자와 세계헌법학회 집행위원을 한국으로 초대하여 성대한 세계대회를 개최하여 한국헌법학의 발전을 외국에 과시하였다. 조 회장은 이 밖에도 한불정치학회 회장을 역임하여 프랑스 헌법학회와의 유대를 강화하는데 큰 역할을 했다.

조 박사는 학회활동에만 만족하지 않고 인권의 발전과 사법개혁, 정치개혁을 위한 많은 NGO 활동을 하였다. NGO 직책만 들어보면 경실련시 민입법위원, 국민을 위한 사법개혁추진협의회 사무총장, 소비자보호와 사법개혁을 위한 시민사회소비자단체공동추진협의회 공동대표 등을 역임하였다. 현재에도 법률소비자연맹 공동대표, 대한민국건국회 상임 부회장 등으로 활동하고 있다. 조 박사는 NGO에서 쌓은 연부역강한 경륜을 계속 활용할 수 있도록 국회나 정부기관에서 활동하는 것이 기대된다.

위에서 본 바와 같이 조 박사는 학자로서 뿐만 아니라 교육행정가로서 NGO 활동가로서 큰 업적을 쌓아왔기에 앞으로는 국가와 민족을 위해서 다방면에서 그 역량을 발휘해 주기 바란다. 특히 조 박사는 천성이 낙천적이고 건강하여 장래에 대한 기대가 크다. 학교에서의 정년퇴직은 이제까지의 직장에서의 퇴직에 불과한 것이요 앞으로는 특정 직장에 얽매이지 않고 보다 광범한 정치적·사회적 무대에서 활약하기를 바란다.

정년 때까지 내조에 힘써온 부인과 가족의 노고를 치하하면서 가정에 행복과 건강이 충만하기를 바란다.

2010.9.14.

김철수(서울대 명예교수·학술원회원·세계헌법학회 한국학회 명예회장)

김효전 교수 정년기념논문집, 『헌법학의 과제』(법문사, 2011)

김효전 명예교수의 정년기념 논문집 출판을 축하합니다. 김효전 교수는 서울대학교 법과대학 대학원에서 「신대통령제」 논문으로 석사학위를, 「미국의 위헌법률심사제도가 일본과 한국에 미친 영향」으로 박사학위를 받은 뒤 서울대학교 법학연구소 조교와 서울대학교 교양학부 사회계열 강사를 거쳐 1977년 동아대학교 법과대학 전임으로 취임한 뒤 만

33년 6개월간 재직하여 학생들을 교육하고 2010년 8월 말에 정년을 맞이하였다. 그 동안 동아대학교에서 법대학장, 법학전문대학원원장을 지내며 동아대학교 법과대학의 발전에 큰 기여를 하였다.

그는 그동안 한국공법학회와 공법이론과 판례연구회의 회장을 지냈으며, 2010년에는 대한민국학술원 회원으로 선임되어 평생을 학문연구에 전념하게 되었다. 현직 교수로는 드물게 학술원 회원으로 선출된 것은 남의 추종을 불허하는 그의 학문적 업적 때문이었다. 그는 한국헌법학의 역사를 밝혀내는 데 심혈을 기울였으며, 근대 한국공법학자들을 연구하였고, 독일·프랑스·영국·미국 등의 헌법학이 한국에 어떤 영향을 미쳤는가를 실증적으로 연구하였다. 독일의 수많은 헌법이론서를 한국어로 번역 출판하여 독어 원전 없이도 한국헌법학에 독일헌법학을 수용할 수 있게 하였다. 그는 한국법학사와 법제도를 연구하는 대작을 발표하기도 하였다. 이러한 공로로 그는 한국공법학회의 제1회 학술장려상, 현암학술저작상과 동아학술상, 동아대학교 석당학술상 특별상과 부산시 문화상 등을 수상하였다.

김 교수는 그 동안 독일과 미국, 일본 등에서 연구하여 그 성과를 한국에서 발표했을 뿐만 아니라 독어·영어·일어 등으로 한국헌법을 소개하여 한국법학의 해외 선전에도 크게 기여하였다. 다른 법학자들은 외국에서 유학한 뒤에도 그 나라 법학을 소개하는 것을 소홀히 한데 비하여 김 교수는 외국의 원전을 정확히 번역하고 외국 헌법학의 올바른 이해와 수용에 크게 기여하였다. 사실 세계의 학계와 유리된 헌법관 논쟁이 심했을 때에도 이의 잘못을 비판하고, 독일헌법학의 이론을 정확하게 번역·소개하여 방향을 제시해 주었다.

김 교수는 학문연구에 있어서 성실한 자세를 흐트리지 않고, 외국 원전의 번역과 한국 고전의 소개라는 남이 하기를 꺼리고 남이 하기 힘든 학문의 기초 작업을 완성하였으며, 한국헌법학의 연구사, 개별 헌법학자의 연구에도 노력하여 한국헌법학의 과거를 조명하여 미래를 제시하는 업적을 쌓았다. 이 점에서 김 교수는 독보적인 헌법학자라고 하겠다.

　김 교수는 인간적으로 성실하고 심신이 다 건강하며 가정도 화목하여 타의 모범이 되고 있다. 김 교수가 돈이 되지 않는 헌법학의 기초연구에 몰두할 수 있게 한 것은 부인의 내조와 자녀들의 격려 때문이 아니었던가 생각한다. 김 교수가 명예롭게 정년을 맞이하고, 명예교수로서, 학술원 회원으로서 학문에만 전념할 수 있게 도와준 서울대학교 대학신문기자를 지낸 뒤 학문을 연구한 부인의 공이 컸던 것으로 믿으며 두 분에게 치하해 마지않는다.

　정년퇴직은 학자에게 있어서는 강의와 보직 등 잡무에서의 해방을 의미하는 데 불과한 것이며 이제부터 본격적인 연구를 할 수 있는 기회와 시간이 주어지는 것이다. 김 교수는 건강하고 성실하기에 앞으로 보다 많은 연구를 완성할 수 있을 것으로 믿고 새 출발을 축하하면서 온 가족의 건강과 행운을 기원한다.

2011년 10월 31일
김철수

4. 추천사

1. 송우, 한국헌법사(집문당, 1980)

추천하는 글

우리 헌정사는 한 세대 밖에 되지 않았지만 파란만장의 역경이었기에 다른 나라의 한 세기에 해당할 만하다.

그동안 일곱 차례에 걸친 헌법 개정이 있었는데, 이 모든 개정이 집권자의 뜻에 따라 비정상적인 방법으로 행해진 것이 우리나라의 비극이었다.

한국헌정사의 문헌은 많이 있으나 일반인에게 권장할 수 있는 책은 많지 않다. 국회에서 출간된 『헌법제정심의록』과 『헌법 개정회의록』및 최고회의에서 나온 『헌법 개정심의록』은 일반인은 입수할 수 없는 문서여서 아쉬움이 많았다.

이번에 국회의원 비서관으로 있는 송우 군이 이들 방대한 자료와 문헌 그리고『국회사』전 6권을 간추려 읽기 쉽게 한 권으로 압축하여 출판함으로써 일반 독자들이 쉽게 접근할 수 있게 해 주었다.

송군은 경희대학교에서 신상초(申相楚) 교수의 지도하에 정치외교학을 전공한 소장 정치가로 바쁜 비서관 직무 속에서 틈을 내어 하기 어려운 작업을 끝내 주었다.

이 책 한 권만 읽게 되면 그동안에 있었던 우리의 헌법 개정에 대한 심의·질의·찬성·반대·토론내용과 쟁점 및 그 처리 과정을 일목요연하게 알 수 있을 것이며, 제헌에서부터 7차까지의 개정 헌법의 특색과 개헌에 얽힌 비화를 알 수 있게 될 것이다. 이 책은 학문적인 문서라기보다는 일반 독자들의 궁금증을 풀어주고, 헌법에의 관심을 고취하는 것을 목적으로 한 것으로 보인다.

민주주의의 발전과 제5공화국 헌법제정의 문턱에 있는 이 시점에서 민주헌법에의 관심이 고조되고 있다. 새 헌법제정이 과거의 전철을 밟지 않게 하기 위하여 계몽적인 의미에서 쓰여진 이 책이 많은 독자를 얻게 되어 민주헌법 제정의 시민정신을 일깨워 주기 바라며, 독자들에게 추천하는 바이다.

1980.1.7.

김철수

2. Maurice Duverger, 문광삼 · 김수현 옮김, 프랑스 헌법과 정치사상(해성, 2003)

추천의 글

한국공법학계의 중진인 문광삼 교수가 뒤베르제의 프랑스 헌법책을 번역 출판하게 된 것을 축하합니다. 뒤베르제는 누구나 다 아는 바와 같이, 현대 프랑스 헌법학의 대가입니다. 그의 저서는 프랑스 헌법을 연구하는 학자에게는 필수적인 교과서였습니다. 파리대학교에서 오랫동안 교편을 잡은 그는 여러 저서를 썼습니다만 이번에 문광삼 교수와 김수현 박사가 번역한 이 책은 간명하게 프랑스 헌법을 설명한 입문서로 정평이 있습니다. 유명한 'Que-sais-je? 문고'의 하나로서 출판된 이 책은 그동안 14판이나 중판된 고전적 저서라고 하겠습니다.

뒤베르제는 프랑스 제5공화국 헌법의 제정방향을 제시한 분으로 해석에 있어서 제1인자일 뿐만 아니라 프랑스 제5공화국의 정부형태를 반대통령제(半大統領制)라고 명명한 학자입니다. 1958년의 이 헌법은 뒤베르제의 이론을 반영한 헌법이기에 그의 저서는 프랑스헌법을 알기 위한 필수적인 교과서라고 할 수 있겠습니다.

우리나라의 유신헌법은 프랑스 제5공화국 헌법을 모방한 것이라고 주장되었으나 이것은 왜곡된 정치적 주장에 불과합니다. 오히려 현행 헌법이 프랑스 제5공화국 헌법에 가깝다고도 하겠습니다. 물론 우리의 경우에는 국무총리의 권한이 약하여 여소야대인 경우에는 분리된 정부로 될 공산이 큽니다. 프랑스에서는 여소야대 국회인 경우에는 야당 당수가 국무총리로 선출되어 의원내각제적으로 운용하고 있습니다. 이를 동거정부(同居政府)라고 합니다. 우리나라에서도 국회가 여소야대인 경우에는 동거정부를 구성하는 것이 바람직합니다.

과거 우리나라의 대통령제는 제왕적 대통령제로 운영된 적이 있습니다. 참여정부 하에서는 제왕적 대통령제를 부정하고 권력분점적 대통령제로 개헌할 것을 공약하고 있습니다. 이것은 프랑스 제5공화국 헌법을 모방하겠다는 뜻이라고 생각됩니다. 2004년 국회 총선을 전후하여 프랑스식 대통령제로의 개헌이 공론화 될 것으로 보입니다. 이 때 프랑스식 대통령제가 어떤 것인가를 가장 잘 가르쳐 주는 것이 뒤베르제의 『헌법』이라고 생각됩니다. 이 책은 일반 독자를 위한 책이기에 읽기에도 부담이 적어 좋습니다.

앞으로 우리나라의 헌정운용과 개헌의 방향을 알기 위하여서도 프랑스 제5공화국 헌법을 배우는 것은 필수적인 것이라고 생각합니다. 문광삼 교수가 다년간의 프랑스 유학의 경험을 살려 이 책을 번역 출판한 것은 한국의 헌법학에게 뿐만 아니라 일반 독자를 위하여서도 매우 뜻깊은 일이라고 생각됩니다. 앞으로의 우리 헌정의 방향을 알기 위하여서도 이 책은 꼭 필요한 책이라고 생각하여 감히 일독을 추천하는 바입니다.

2003년 초여름에

김철수(서울대 명예교수·학술원 회원)

5. 연설문(1999~2000)

1. 격려사

우리 탐라대학교에 경찰행정학과가 창설된 지 이제 2년이 되었다. 그동안 우수한 학생과 탁월한 교수들이 합심, 노력하여 경찰행정학과의 명성을 높이고 있어 치하하는 바이다. 새로운 2000년에는 경찰행정학부로 승격되어 경찰행정학 전공뿐만 아니라 사법행정학 전공, 교정학 전공을 두게 되었다. 이로써 명실공히 경찰직, 교정직, 법원서기직, 법무사직, 검찰공무원직 등을 배출하는 기반이 마련되었다고 하겠다.

우리 경찰행정학과는 도내 유일의 학과일 뿐만 아니라 전국에서도 몇 안 되는 경찰양성학과이다. 앞으로 지방자치시대에는 국가경찰과 지방경찰이 공존하게 되는데 우리 학교 졸업생은 지방경찰뿐만 아니라 국가경찰에서도 요직을 차지할 수 있을 것으로 보인다.

경찰행정학과의 재학생들이 열심히 공부한 성과를 모아 학과지를 출판하게 되었다니 반갑고 대견하다. 이제 겨우 전공에 진입한 학생들이 그 동안 갈고 닦은 학습 성과를 세상에 공개하는 것이기에 일면 두렵기도 하다. 그러나 학과 생들이 열심히 활동하고 있기 때문에 좋은 작품이 나올 것으로 기대한다.

공부하기 어려운 여건 하에서 시간을 내어 학과지를 만들어 낸 학생들과 지도교수에게 심심한 감사의 말을 드린다. 이 학과지가 앞으로도 면면히 정기적으로 출판되어 우리나라 경찰행정학과 학생들의 길잡이가 되기를 바란다.

다시 한 번 경찰행정학과 학과지 출판을 축하하면서 앞으로의 영원한 발전이 있기를 바란다.

1999.12.22
총장 김철수

2. 신년사

존경하는 김동권 설립자님과 만장하신 탐라 가족 여러분을 모시고 새 천년 새해의 시무식을 가지게 되었습니다.

희망과 축복을 안고 대망의 새 천년 새해가 밝았습니다. 새로운 역사를 창조하고 무한한 가능성을 실현하기 위해 세계가 힘차게 도약하고 있습니다.

여기 거린 사슴 캠퍼스에도 비상의 기운이 약동하고 있습니다. 우리는 이미 지난 3년간 세계 명문대학으로 발돋움하기 위한 노력을 기울여 왔습니다. 설립자님과 탐라가족 모두의 땀과 노력이 영글어 이제 새 도약의 발판이 마련되고 있습니다. 새해에는 고명한 대학원장님과 훌륭한 전임교수님, 새 직원들을 모시게 되었습니다. 탐라대학교의 새로운 도약을 위한 새로운 피의 수혈로 발전이 더욱 가속화하게 될 것을 믿습니다.

우리 대학은 금년 학생들의 전공선택의 자유를 보장하고자 무전공 입학제를 실시하여 특차모집에서는 작년대비 20%, 정시모집에서는 작년대비 40%의 지원율 상승을 보였고, 수능성적점수가 좋은 학생들이 많이 지원하는 괄목할 만한 성장을 일궈냈습니다. 이것은 교직원 여러분들의 노력의 결과로 치하해 마지않습니다. 앞으로는 신입생들을 잘 지도하여 전공을 선택하게 하여야 하기 때문에 교수님 여러분들은 더욱 열심히 강의하고 학생을 지도하여야 하겠습니다.

새해에는 현역 교사들의 재교육과 지역지도자의 자질향상을 목표로 교육대학원 과 정책개발대학원을 설립하였습니다. 그리고 대학원장으로 서울대 명예교수이신 윤용탁 교수님을 초빙하였습니다. 우리 교육학계의 거목이신 윤용탁 교수님을 대학원장으로 모시게 된 것을 큰 영광으로 생각합니다. 교수님 여러분들이 윤 원장님을 도와 신입생 모집에 적극 협력해 주시고 강의·지도에 정열을 다해 주시기 바랍니다. 정책개발대학원에는 최고정책결정자 과정을 신설하여 제주도와 서귀포시 지도자 여러분과 교수들의 공동연구를 모색하고 있습니다. 또 연구과정을 신설하여 학사학위를 가지지 않는 학생들도 연구에 참여하게 할 것입니다.
앞으로 대학원 대학으로 발전할 계기가 될 중요한 시점이기에 많은 학생과 연구생을 유치하여 내실 있는 강의와 연구를 해 주시기 바랍니다.

지역주민들의 교양함양을 위한 시민대학이 좋게 평가되어 올해도 계속하게 되었습니다. 학생들의 지적 욕구를 충족시키기 위한 외부 저명인사들의 특강도 변함없이 진행될 것입니다. 대외적으로 미국·일본·중국 등 해외 유수의 대학과 자매결연을 추진하고 있습니다. 이들 대학과의 학술교류 및 인적 교류를 활발히 하여 국제자유도시로의 성장을 꿈꾸는 제주도와 서귀포시의 노력에도 일조할 수 있을 것으로 믿습니다.

친애하는 탐라 가족 여러분! 현실에 안주해서는 발전이 있을 수 없습니다. 작은 성공에 자만해서도 진정한 승리자가 될 수 없습니다. 치열한 자기개발의 노력 없이는 새로운 밀레니엄의 주역이 될 수 없습니다.

우리 탐라대학교의 환경적 여건은 재단의 헌신적 노력으로 어느 곳에 내놔도 손색이 없을 만큼 성장했습니다. 넓고 아름다운 캠퍼스와 최신식 첨단시설, 젊고 유능한 교수진을 갖추게 되었습니다. 시대적 유행이나 지역적 한계 등은 더 이상 우리의 변명이 될 수 없습니다.

우리는 의지와 열정으로 무에서 유를 창조하고 새로운 가능성을 발견하도록 노력하여야 하겠습니다. 명문사립대학으로 지역적 위상을 확고히 하고, 우리 스스로의 자신감을 충전할 수 있도록 교육 소프트웨어의 향상에 노력하여야 하겠습니다.

이제 남은 것은 우리 학생들이 자신의 능력과 꿈을 마음껏 실현하고 키워나갈 수 있도록 교육하여 사회에 당당하게 진출할 수 있게 돕는 일일 것입니다. 또 우리 교수님들의 연구 활동을 적극 지원하여 훌륭한 성과물을 얻어낼 수 있도록 하는 일일 것입니다. 이렇게 내실을 다져나갈 때 비로소 지역사회와 국가가 요구하는 진정한 상아탑을 이룰 수 있을 것입니다. 이를 위하여 신학기부터 수업시간은 줄이고 학생지도시간과 연구시간을 늘여 교수님들에게 연구·교육에 인센티브를 주도록 노력하겠습니다.

탐라 가족 여러분! 새천년을 맞아 무한한 도전의 기회를 놓치지 말고 세계로 비상합시다. 21세기를 주도하는 역군이 됩시다.

끝으로 새해를 맞이하여 탐라대학교의 무궁한 발전이 있기를 빌고, 탐라 가족 여러분 모두의 가정에 건강과 행복이 가득하기를 기원합니다.

감사합니다.

2000.1.4.

총장 김철수

3. 입학식사

　만물이 소생하는 생명의 계절에, 존경하는 김동권 설립자님과 학부모님을 모시고 2000학년도 입학식을 거행하게 된 것을 매우 뜻 깊게 생각합니다.

　힘든 수험생활을 마치고 이제 당당히 탐라대학교 새 천년을 맞는 첫 입학생이 된 2000년 신입생 여러분을 전체 교직원과 재학생들을 대표하여 진심으로 축하하며 환영합니다.

　지금까지 정성으로 뒷바라지 해 오신 자녀를 우리 학교에 보내주신 학부모님들에게 무한한 감사의 말씀을 드립니다.

　친애하는 신입생 여러분!

　여러분들은 이제 새로운 역사가 창조되는 새로운 세기의 주인공으로 다시 태어나고 있습니다. 지금 세계는 끊임없이 변화하면서 새로운 인간상을 요구하고 있습니다. 첨단 기술의 발달로 지식과 정보의 동시 공유가 가능해지면서 이제는 평범하지 않은 특별한 개성의 소유자가 앞서나가고 있습니다. 능동적이고 창조적인 자만이 인생의 주인공이 될 수 있는 세상이 된 것입니다.

　여러분들은 지금까지 똑같은 교과서를 가지고 똑같은 규모의 교실에서 똑같은 수업방식으로 공부를 해 왔을 것입니다. 획일적인 규칙에 의해 개개의 개성은 무시당한 채 오로지 대학합격만을 위해 뛰어 왔을 것입니다.

　수능성적과 내신 성적에 얽매였던 중·고등학교 생활은 초보적인 만물박사로 여러분의 능력을 저하시켰습니다. 수능성적은 결코 능력측정의 도구로 되지 못하고 있습니다. 여러분들은 수능성적이 좀 떨어졌다고 하여 결코 낙심해서는 안 됩니다.

　대학은 독창성과 창의성이 요구되고 개성이 강조되는 사회입니다. 여러분들이 가지고 있는 정보검색능력이나 어학능력이나 체육능력 하나만을 잘 가꾸어도 사회의 우등생이 될 수 있습니다.

여러분들이 지금 시작하려 하는 대학생활은 결코 인생의 한 부분으로서 잠시 머무는 시기가 아니라 평생을 좌우할 지식과 교양과 기술을 연마해야 하는 때입니다. 전인적 인격체로 성장할 수 있는 계기가 마련되는 시기입니다.

우리 학교는 신생학교이기 때문에 학업 연마에 장애가 있지 않을까 걱정하는 사람도 있을 것입니다. 그러나 우리 학교 캠퍼스는 세계 어느 곳에 내 놓아도 뒤떨어지지 않을 만큼 아름답기에 여러분들에게 세계로 웅비하는 호기를 양성해 줄 것입니다. 인터넷의 발전으로 지식습득에는 이제 지역이나 국가의 경계가 없어졌습니다. 여러분들은 지방학교 학생이라는 열등감을 떨쳐 버리고 세계적인 대학생이라고 자부하여 보다 넓은 세계를 꿈꾸어야 합니다.

도서관을 찾아 지식의 보고를 탐구하고 정보검색실에서 인터넷으로 세계를 여행하며 정보화라는 명제로 밀어닥치는 역사의 변화를 몸소 느끼고 대처해 나갈 수 있는 능력만 기르면 여러분들은 일등 세계인이 될 수 있는 것입니다.

여러분들은 또한 재학기간 중에 다양한 전공을 접할 수 있을 것입니다. 복수전공과 부전공 등을 통하여 얼마든지 학문의 세계를 넓힐 수 있을 것이며, 학부 졸업 후에는 우리 학교 대학원에 진학하여 좀더 깊이 있는 공부를 할 수도 있을 것입니다.

젊고 패기 있는 유능한 교수님들께서 여러분들을 진정한 학문의 길로 인도하기 위하여 노력을 아끼지 않을 것입니다. 지금 추진 중에 있는 해외 유명 대학과의 자매결연을 맺고 나면 학술 및 학생교류를 통해 국제적 감각을 갖춘 인재로의 양성이 가능할 것입니다. 학교 시설도 새로이 체육관을 건설하고 많은 나무를 심는 등 환경개선에도 노력할 것입니다.

신입생 여러분!

우리 학교는 여러분의 것입니다.

여러분들을 위하여 준비되어있는 많은 시설, 다양한 학사제도, 효과적인 교과과정 등과 함께 대양을 바라보는 이 탐라캠퍼스에서 마음껏 공부하고 포부를 가꾸며 각자의 세계를 만들어 가십시오 대학은 진리탐구의 장인 동시에 동창간의 협동정신을 살린 협동연구의 장입니다. 자기만의 편협한 울타리를 만들어 그 안에 안주하지 말고 동창을 생각하고 배려하며 국가와 인류에 대한 관심도 잃지 않는 세계인이 되시기 바랍니다.

신입생 여러분!

시간은 결코 여러분들을 기다려 주지 않습니다. 젊음과 패기로 미래에 도전하며 세계의 주인공으로 우뚝 서시기 바랍니다. 그리고 언제 어디에서나 탐라인으로서의 긍지와 자부심을 갖고 우리 사회의 훌륭한 구성원으로 성장할 수 있도록 정진하여 주시기 바랍니다.

우리 탐라대학교의 미래는 바로 여러분의 손에 달려 있습니다.

다시 한 번 신입생 여러분의 입학을 진심으로 축하하며 바쁘신 중에도 오늘 참석하시어 자리를 빛내 준 학부모님께 감사의 말씀을 드립니다. 학부모님의 기대에 어긋나지 않는 좋은 대학을 만들 수 있도록 지도와 편달을 해 주시기 바랍니다. 신입생과 신입생 가족 여러분들에게 행운이 가득하기를 바랍니다. 신입생들이 한사람의 낙오도 없이 졸업할 수 있게 하기 위하여 다 같이 노력합시다.

감사합니다.

2000.3.6

탐라대학교 총장 김철수

4. 식사

새 천년 새봄의 기운이 약동하는 오늘 이 탐라 캠퍼스에서 내외귀빈 여러분을 모시고 2000학년도 정책개발대학원의 21세기 지도자 과정생 입학식을 거행하게 됨을 매우 기쁘게 생각합니다. 아울러 지역사회를 선도할 역량 있는 지도자양성을 목표로 설립된 우리 탐라대학교 정책개발대학원 21세기 지도자과정의 첫 입학생이 되신 여러분들을 진심으로 축하하며 환영하는 바입니다.

지금 세계는 지식·정보화사회로 빠르게 변화하며 인터넷을 매개로 한 동시생활권으로 연결되고 있습니다. 하루하루 쏟아지는 새로운 정보에의 습득이 늦어지면 그만큼 시대에 뒤쳐져 버리고 마는 고속 정보시대로 변화하고 있는 것입니다. 낡은 사고와 정보는 발전의 장애물이 될 뿐이며 변화의 속도를 맞추지 못하면 생존 자체가 불가능할지도 모른다는 위기의식이 우리 사회에 팽배해 있습니다. 여러분들께서는 이미 사회의 핵심적 구성원으로서 이러한 변화의 분위기를 일찍 감지하셨을 것입니다.

이처럼 급속도로 변화하는 사회와 복잡하게 얽혀있는 국제관계 속에서 생존과 번영을 위한 우리의 전략은 그 어느 때 보다 치밀하고 고도화되어야 할 것입니다.

특히 정책실무에서 중견으로 활약하고 계시는 우리 지역 지도층 인사들에게 이러한 과제를 체계적으로 연구하고 분석하여 새로운 대안을 제시할 수 있는 능력이 요구되는 것은 자명하다 할 것입니다.

더욱이 우리 제주도는 동아시아의 경제적 교두보가 될 국제자유도시로의 성장을 눈앞에 두고 있어 고도의 능력을 갖춘 국제문제 전문가가 절실히 요구되고 있는 시점입니다.

이러한 시대적 상황과 지역사회의 요구에 부응하고자 우리 대학원에서는 권위 있는 국내외 석학 및 지역의 전문가들을 초빙한 최고의 교수진으로 연구와 교육에 전념함으로써 최첨단의 정책분야 기법을 이용한 정책실무 연구와 이상적인 정책개발에 최선을 다할 것입니다.

또한 강연회, 정기적인 세미나 등을 개최하고 외국 유수대학들과 정책 연구에 대한 학술교류 및 해외 연수도 시행하여 명실공히 정책개발전문가 양성의 장으로서 그 역할에 충실할 것입니다. 또 지방유지들과의 유대를 강화하고 상호친목을 도모하는 원우회 활동도 활발히 전개할 것입니다.

우리 탐라대학교는 신설대학이지만 타 대학에 뒤지지 않는 교육시설과 유능한 교수진을 확보하고 있습니다. 사회에 진정으로 필요한 교육의 틀을 마련하고자 소수정예교육을 실천하고 있으며 교육기반시설확충에 박차를 가하고 있습니다. 또한 새로운 교육환경변화에 능동적으로 대처하며 21세기에 알맞는 새로운 학풍을 만들어 갈 것입니다.

최고정책결정자 과정생 여러분!

이러한 지역대학의 발전에 여러분들의 동참을 호소해 마지않습니다.

새로운 천년은 새로운 사고와 행동방식을 요구합니다. 그동안 갈고 닦으신 지식과 경험을 되살리면서 새로운 천년에 도전하기 위하여 탐라대학교에서 웅대한 꿈을 키우시기 바랍니다.

우리 대학원은 서울대학교 명예교수로 계시는 윤용탁 선생을 모시고 훌륭한 교수들이 활발한 연구를 하고 있습니다. 여러분들은 젊고 유능한 교수들과 토론하고 공동연구하는 장을 마련해 주시기 바랍니다.

다시 한 번 최고정책결정자과정 신입생 여러분의 입학을 축하하오며 본 과정 개설에 노력해 주신 대학원 관계자와 교수님 여러분께 진심으로 감사드립니다.

신입생 여러분들의 앞날에 행운이 가득하기를 바라며 탐라대학교에서의 1년이 여러분의 장래에 큰 보탬이 되기를 바랍니다.

감사합니다.

2000.3.9

탐라대학교 총장 김철수

5. 격려사(통상학부 축제)

　신록이 넘치는 아름다운 계절 5월에 경영인의 한마음 대축제가 열리게 됨을 탐라가족 모두와 함께 기뻐하며, 이 행사를 준비하느라 애쓴 통상학부 현영대 학생회장을 비롯한 간부 여러분과 지도를 해 주신 통상학부 교수님들의 노고를 치하하는 바입니다.

　통상학부 졸업생과 재학생 여러분!

　여러분들은 장래 국제자유무역도시로 발전하게 될 우리 제주도의 전략적 위치를 확인하고 국제무역통상전문가 나아가 국제문제전문가로서의 기량을 지금부터 쌓아가야 할 것입니다. 급변하는 세계정세에 현명하게 대처할 수 있고 국가의 이익을 대변할 수 있는 유능한 전문가로서의 성장을 준비하여야 할 것입니다. 그리하여 우리 탐라대학의 명예를 높이고 사회와 국가에 봉사하는 유능한 인재로서 거듭나길 바랍니다.

　오늘 통상인의 한마당 축제는 선·후배간, 학우간의 우정을 더욱 돈독히 하고 학부 전체의 화합을 다지는 소중한 시간이 되어야 할 것입니다.

　하나의 행사를 공동으로 준비하면서 나보다는 남을 먼저 배려하고, 서로 협동하며, 보람 있는 성과를 올리고자 노력하는 젊은이다운 모습을 보여주기 바랍니다. 더불어 질서가 살아있고 소모적인 행사가 아닌 진정한 문화축제의 한마당 잔치가 될 때 오늘의 행사는 더욱 값진 의미를 지니게 될 것입니다.

　이번 통상인의 한마음 대축제가 여러분의 소중한 추억과 우정을 다지는 뜻 깊은 행사가 되기를 바라며 졸업생과 재학생 여러분의 건강과 가정의 행운을 빕니다.

2000.5.27

탐라대학교 총장 김철수

6. 격려사—세계로 웅비하자

새해는 새천년을 맞는 첫해이다. 탐라대학교도 설립한지 4년이 되어 간다. 우리 학교는 그 동안 학생들과 교수님들의 노력으로 괄목할 만한 발전을 이룩하였으며 전국적인 대학으로 발돋움하고 있다.

그 동안 총대의원회는 학교발전계획수립과 학생회활동방향제시 등에 큰 기여를 했다. 이번에는 처음으로 「탐라총대」 잡지를 발간하여 우리 학생회 발전의 기틀을 마련하였으며, 학우간의 친목을 돈독히 할 수 있는 계기를 마련하였다.

첫 총대의원회가 학생자치활동의 일환으로 이러한 훌륭한 잡지를 발간하게 되어 기쁘기 짝이 없다. 이것은 공부하는 탐라대학교 학생상을 과시하는 것으로 자랑할 만하다. 그 동안 학업에만 열중하던 대의원들이 이러한 훌륭한 잡지를 만들어 학교의 위상을 제고하였기에 경하해 마지 않는다.

탐라대학교는 국제자유도시를 지향하는 제주도의 4년제 대학으로서의 위상을 굳혀왔다. 우리는 학교가 위치한 서귀포시와 긴밀한 협력관계를 가지고 관학연계활동을 강화하면서 지역사회발전에 헌신적 노력을 경주해 왔으며 이 노력은 머지않아 결실을 거둘 것으로 기대된다.

탐라대학교 학생들은 이에 만족하지 않고 한국에서 유수대학으로서의 위상을 제고하는데 기여하여야 할 것이며 세계로 비상하는 대학의 일원이 되어야 하겠다. 세계는 넓으나 탐라인들의 개척정신으로 정복해나갈 때 세계는 탐라인의 것이 될 것이다. 세계적인 범주에서 범우주적인 범주로 기상을 향상하여야 할 것이며 우주권의 탐구·개발에도 진력하여야 할 것이다.

지역에만 얽매이지 않으며 국경을 초월한 세계인, 나아가 우주인이 되는 것이 새 천년을 맞는 탐라인의 목적이어야 하겠다. 탐라인이 세계로 웅비할 수 있는 등대가 되도록 「탐라총대」가 영속적인 발전을 해 줄 것을 믿어 마지않는다. 탐라대 총대의원회의 발전을 기원하면서 다시 한번 「탐라총대」 창간호의 발간을 축하한다.

총장 김철수

7. 인사말

존경하는 남국현 제주지방경찰청장님을 비롯한 양 기관의 관계자분들을 모시고 오늘 제주지방경찰청과 탐라대학교간의 학·경 교류협정식을 갖게 됨을 매우 뜻 깊고 영광스럽게 생각합니다.

새 천년을 맞아 자율, 창의, 책임의 제2의 창경정신으로 민생치안에 여념이 없으신 남국현 청장님을 비롯한 경찰관 여러분들의 노고에 진심으로 경의를 표합니다.

경찰의 세계화, 정치적 중립화, 지방자치화가 논의되는 시기에 제주지방경찰청이 경·학협동과 시민참여를 유도하고 경찰학교를 창설한 것은 매우 시기 적절하다고 생각합니다.

지금 세계는 지식정보화사회를 지향하며 빠르게 발전하고 있으며, 우리 탐라대학교도 이러한 시대적 흐름에 뒤쳐지지 않는 새로운 인재양성을 위하여 최선의 노력을 기울이고 있습니다.

양 기관의 상호 협력과 교육프로그램 공동개발 등을 모색하기 위한 이번 경학교류협정은 이러한 시대적 흐름에 발맞추고 양 기관의 경쟁력 확보를 위한 기반을 구축한다는 점에서 그 의미가 크다고 하겠습니다.

특히 본교의 경찰행정학전공과정과 연계하여 학생실습과 직원교육

등의 교류도 가능할 것이므로 학생들에게는 생생한 현장을 체험하게 하고 경찰청 직원들에게는 재교육의 기회를 제공하게 될 것입니다.

탐라대학교는 현직 경찰관의 재교육을 위하여 경찰행정학부 3학년으로의 편입을 기획하고 있습니다. 또한 본 교류협정을 통하여 양 기관의 우의를 돈독히 하고 내실 있게 프로그램을 운영하여 산·학협동의 모범을 제시할 수 있게 되기를 바랍니다.

끝으로 양 기관의 교류협정체결을 위하여 노력하여 주신 관계자 여러분들께 진심으로 감사드리며 제주지방경찰청의 무궁한 발전을 기원합니다.

2000.7.4
탐라대학교 총장 김철수

8. 환영사

존경하는 가와구치(川口) 사이타마(埼玉)대학 이사장님을 비롯한 양교의 관계자분들을 모시고 오늘 사이타마 여자단기대학과 우리 탐라대학교 간의 학술교류협정식을 갖게 되어 매우 뜻 깊고, 영광스럽게 생각합니다.

지금 세계는 지식정보화사회를 지향하며 빠르게 발전하고 있으며, 세계의 대학들은 이러한 시대적 흐름에 뒤처지지 않는 새로운 인재양성을 위하여 최선의 노력을 기울이고 있습니다.

국제화·정보화로 대변되는 현재의 무한경쟁시대에서 도태되지 않고 성장해 갈 수 있는 유일한 길은 끊임없는 자기개혁과 특성화를 갖추는 것입니다.

이미 훌륭한 여성인력양성을 목표로 설립되어 일본 내 단기대학 명문으로 자리 잡아 가고 있는 사이타마 대학과, 신생 대학의 어려움을 딛고 부상하고 있는 우리 탐라대학교간의 학술교류협정은 교육경쟁력 확보를 위한 새로운 기반을 구축한다는 점에서 그 의미가 크다고 하겠습니다.

또한 본 교류협정을 바탕으로 학생과 교원의 학술교류는 물론 교육기반시설을 공동 활용함으로써 양교의 발전과 더 나아가 한일 양국의 교육인프라 구축에 일조할 수 있다는 점에서 더욱 뜻 깊게 생각합니다.

이번 교류협정을 통하여 양교의 우의를 돈독히 하고 내실 있는 프로그램 운영으로 21세기 새로운 인재양성에 더욱 매진할 수 있기를 바랍니다.

끝으로 양교의 학술교류협정체결을 위하여 노력하여 주신 양교 관계자 여러분께 진심으로 감사드리며 사이타마 대학의 무궁한 발전을 기원합니다.

총장 김철수

9. 환영사

친애하는 예비 탐라인 여러분!

이렇게 추운 날씨에도 불구하고 이 먼 곳까지 방문하여 주신 예비 탐라인 여러분과 학부모님들께 우선 감사의 말씀을 드리며, 여러분들을 만나게 되서 무척 반갑습니다.

천혜의 자연이 빚어내는 아름다운 설경 속에서 새로운 출발을 준비하고 있는 여러분들의 모습이 참으로 대견스럽습니다.

여러분들이 직접 보셔서 아시겠지만 우리 탐라대학교는 한라산과 태평양이 한눈에 들어오는 아름다운 캠퍼스입니다. 한라산이 품어주고 태평양이 떠 받쳐주는 정기 안에서 우리 탐라대학교는 새로운 웅비의 나래를 펴고 있습니다.

이미 우리 학교는 무전공 입학제를 실시하여 여러분들의 전공선택의 자유를 보장하고 있습니다. 여러분들은 입학 후 1년 동안 교양과 기초전공과목을 공부하고 난 뒤에 원하는 전공을 찾아 좀더 심도 있는 전공공부를 하게 될 것입니다. 뿐만 아니라 복수전공, 부전공제도를 실시하여 재학 중에 얼마든지 복수학위 취득이 가능할 것입니다.

여러분!

우리 학교에는 특성화된 전공들이 많습니다. 이 중에도 다른 학교에는 없는 특별한 전공들에 매력을 느껴 지원하신 분들도 많을 것이라 생각됩니다. 단지 여러분들의 흥미를 유발하기 위하여 개설만 한 것이 아니라 새로운 시대에 맞는 새로운 지식과 기술을 습득하여 사회에 나가 유능한 인재가 될 수 있도록 교육할 것임을 말씀드리고 싶습니다.

학부과정 졸업 후에는 우리 학교 대학원에 진학하여 좀 더 넓은 학문의 세계를 접할 수도 있을 것입니다. 현재 교육대학원과 정책개발대학원을 설립하여 저명하신 교수님들을 초빙하였으며 지역사회와 연계한 다양한 커리큘럼을 준비하고 있습니다.

재학 중에는 훌륭한 시설을 갖춘 기숙사에서 불편함이 없이 생활할 수 있을 것이며 첨단의 교육기자재로 마음껏 공부할 수 있을 것입니다

여러분!

여러분들의 시작은 비록 지방 사립대학이라는 작은 출발일지도 모르나 그 결과는 분명 21세기의 주인공으로서 손색이 없는 훌륭한 인재라는 커다란 열매가 될 것입니다.

여러분들은 우리 탐라대학교를 선택함으로써 아름다운 캠퍼스, 젊고 유능한 교수진, 첨단의 교육시설, 아늑한 기숙사 등 대학생활의 보람을

위한 필요조건 모두를 얻게 된 것입니다. 우리 탐라대학교와 함께 멋있는 미래를 설계하시기 바랍니다.

　모쪼록 어려운 걸음을 하셨는데 면접시험이라 생각하지 마시고 학교도 이곳저곳 둘러보고 교수님들과 대화도 하시고 그렇게 즐겁게 지내다 가시기 바랍니다.

　다시 한 번 우리 학교를 방문하여 주신 여러분들을 환영하며 꼭 다시 만날 것을 기대하겠습니다.

　감사합니다.

탐라대학교 총장 김철수

10. 새해의 탐라대학교*

　새해를 맞아 도민 여러분 댁에 건강과 행운이 함께 하시기를 빕니다. 그 동안 도민들의 격려와 후원으로 우리 탐라대학교는 후발 신설학교의 어려움을 딛고 새 천년 웅비의 틀을 마련하고 있습니다. 새해에는 오현고, 제주제일고, 사대부고, 남녕고, 중앙여고, 제주여고 등 명문고등학교 졸업생이 많이 지원해 주셔서 서귀포의 대학만이 아닌 전 도민의 대학으로 발전할 수 있는 계기가 마련되었습니다.

　금년에는 처음으로 무전공·무학과 입시제도를 채택하였습니다. 2003년경부터는 전국적으로 무전공·무학과 입시를 시행하려고 교육부는

---

* 『한라일보』, 2000년 1월 1일.

노력하고 있습니다만 우리 학교는 그 선도적 역할을 하고 있습니다. 사실이지 고등학교 졸업반 학생에게는 세분화된 전공이 무엇인지 몰라 수능성적에 따라 대학과 학과를 지원하는 경향이 많았습니다. 대학 입학 후 그 전공에 적성이 없다는 것을 깨닫고 방황하거나 탈락하는 학생이 많았습니다. 우리 학교는 이 폐단을 막기 위하여 1~2년간 모든 학문분야의 입문·기초 과정을 수강하여 자기 적성에 맞는 전공을 선택하여 공부할 수 있게 하였습니다.

전공도 다양화하여 경찰행정학부에 경찰행정학전공, 사법행정학전공, 교정학전공을 두었고, 국제학부에 국제정치학 전공, 국제법무학 전공, 미국학 전공, 일본학 전공, 중국학 전공을 두었고, 통상학부에 국제경영학 전공, 국제경제학 전공, 유통경영학전공 등을 두어 지방자치시대의 공무원양성과 국제자유도시에서 일할 국제인·세계인을 육성하는데 주력하고 있습니다. 이 밖에도 다양한 전공을 두어 졸업 시에는 전문지식을 갖춘 양심적인 사회인·직장인을 육성하도록 노력하고 있습니다. 학생 10명당 교수 1인을 목적으로 교육뿐만 아니라 사제간의 인간적 접촉과 취업지도에도 전념할 것입니다.

금년에 우리 대학교에는 정책개발대학원과 교육대학원을 신설하였습니다. 또 최고정책결정자과정, 시민지도자과정 등을 통하여 평생교육에도 노력하고 있습니다. 세계 각국의 유명대학과의 자매결연을 추진하고 있습니다. 해외 교포와 외국 학생들의 본교 유학을 장려하고 있으며 교수와 학생들의 해외 교류도 계획하고 있습니다.

이제 4년제 대학교로 출발한지 만 2년밖에 지나지 않았습니다만 우리 대학교는 제주도민 여러분의 성원에 힘입어 세계의 대학으로 웅비할 수 있도록 최선의 노력을 다하겠습니다.

탐라대학교 총장 김철수

11. 새 천년과 교육의 당면과제*

이제 제3밀레니엄을 맞았다. 서기 기원 후 999년까지를 제1 밀레니엄이라 하고 우리가 살았던 1999년까지를 제2밀레니엄이라고 하며 앞으로 다가올 1000년을 제3밀레니엄이라고 한다. 서기 1000년을 회상해 보면 암흑기였었다고 하겠다. 당시의 사람들은 20세기의 발전을 상상도 못했을 것이다. 인류문명이 이렇게 발전한 것은 그 동안의 가정교육, 학교교육, 사회교육의 결과였다고 하겠다.

2000년대의 세계가 어떻게 변화할 지 아무도 예측할 수 없다. 새 밀레니움에서 인간이 인간답게 살고 계속 번영을 누리려면 교육을 보다 진흥시켜야 한다. 정보사회·지식사회에 있어서 교육은 인간성 함양에 역점을 두어야 한다. 사회성을 육성하고 욕망을 자제할 줄 알며 인류의 생존에 공헌해야 하는 도덕적 인간을 양성해야 한다. 이제까지의 지육(知育)은 컴퓨터에 맡기고 덕육(德育)을 하여야 한다. 21세기 이후 과학기술의 발달로 인간이 기계의 노예가 되지 않도록 민족 살상에 따른 인류절멸을 예방하기 위해서는 사회성·윤리성·준법정신 함양을 위한 교육이 요청된다.

현재와 같은 평준화정책은 지양되어야 한다. 같은 고교에 같은 반에는 영재와 둔재가 혼합되어 있어 영재에게는 권태를, 둔재에게는 소외감을 제공해 주고 있다. 평균학생을 위한 수업을 하고 있으니 영재를 둔재로 만드는 결과가 되고 있다. 평준화 정책은 평둔화(平鈍化)정책이라고 할 수 있다. 세계 각국의 고교생은 경쟁적으로 수업에 열중하고 있는데 과외공부를 하면 처벌하는 기이한 발상으로 평준화를 유지하는 경우 세계와의 경쟁에서 실패할 것은 명약관화하다. 대학교육에도 문제는 많다.

---

* 『제주일보』, 2000년 1월 1일.

현재의 여건 하에서는 대학입학은 무전공·무학과제로 해야 한다. 학생이 대학을 선택한 뒤 1~2년 동안 원하는 공부를 해 본 뒤에 적성에 맞는 학부나 학과, 전공을 선택하게 해야 한다. 그래야만 학생의 학구열이 높아지고 전공 적성에 따른 좋은 학습효과를 얻을 수 있을 것이다. 또 현재와 같은 다중교육이 되어서는 안 된다. 한 교실에 수 백 명씩 집어넣고 마이크로 강의하는 대학은 없어져야 한다. 학생과 교수비율은 10대 1 정도가 적정하며 그래야만 질문과 답변을 통한 쌍방향적인 교육연구가 가능한 것이다.

한국의 대학은 2~4만 명의 대학생을 가진 매머드 대학이 많고 백화점식 전공을 가지고 있다. 졸업 후 취업이 잘 안 되는 철학·문학 등을 교육하는 것이 모든 대학에서 보편화 되고 있다. 물론 대학이 취업만을 목적으로 하는 것은 아니지만 고등 룸펜을 양성해서는 안 된다. 학생들이 취미로 순수학문을 하는 것은 바람직하다. 그러나 대학에서 순수학문을 강요해서는 안 된다. 무전공·무학과 입학제도는 기존 교수들의 반발로 도입하기가 지극히 어렵기는 하나 실현되어야 한다.

또 중복투자가 심한 국립대학은 구조조정을 해야 한다. 한 도시에 5~6개의 국립대학이 있어 국세를 낭비하고 있는 것은 문제이다. 국립대학은 장래에는 도립대학으로 전환해야 하며 그 수는 줄이고 사립대학과 경쟁체재를 갖추도록 해야 한다. 현재의 일방적인 국립대학 우대정책은 시민·학생들의 평등권을 침해하는 것이라고 하겠다.

새천년 제3 밀레니엄을 맞는 시점에서 학교교육의 대개혁이 단행되어야 하겠다. 이것만이 우리가 제3밀레니엄에 살아남을 수 있는 길이기 때문이다.

탐라대학교 총장 김철수

12. 축사

만물이 생동하는 계절의 여왕 5월에 '제3회 거린 사슴 대축제'를 열게 됨을 모든 탐라 가족과 더불어 매우 기쁘게 생각합니다.

이 행사를 준비하느라 애쓴 총학생회 이철호 회장을 비롯한 간부여러 분의 노고를 치하하는 바이며, 또한 물심양면으로 지원해 주신 관계자 여러분께 진심으로 감사의 말씀을 올립니다.

학생 여러분! 21세기는 꿈을 가진 사람들의 무대가 될 것입니다. 상상 을 현실화시키려고 끊임없이 노력해온 사람들에 의해 인류의 역사가 발 전해 왔듯이, 여러분들의 젊은 꿈이 우리 대학과 사회, 나아가 우리나라 를 변화시키는 원동력이 될 것입니다.

'축제'라는 하나의 목적을 위해 서로 고민하고 토론하며 각기 개성이 다른 학우들과 협동하는 공생의 터를 만들어 보십시오 소란스럽게 시작 하여 허망하게 끝내버리는 일회성 행사가 아니라 구성원 전체의 마음을 한데 모으고 그 전통이 면면이 계승되는 진정한 문화축제의 장으로 만들 어 주기 바랍니다.

또한 축제의 참 의미를 다시 한 번 되새기며, 지성인답게 모든 규칙을 지켜 새로운 질서를 창조하고, 전통을 이어가는 밝고 건강한 행사로 만 들어 주기 바랍니다.

내일을 준비하는 여러분들이 모두 한자리에 모여 화합과 우정을 다지 는 이 행사는 분명 우리 대학의 활력을 샘솟게 하는 한마당이 될 것이며, 이번 축제가 아름다운 추억과 우정을 남기는 훌륭한 대학문화행사가 되 기를 바라마지 않습니다.

학생 여러분의 건강과 행운을 빕니다.

2000.5

탐라대학교 총장 김철수

제 9 부

김철수 교수 저작 머리말 모음

1. 『헌법개설』 제5판~제12판(박영사)

제12판 머리말

이제 제18대 국회의 활동도 곧 끝나게 되었다. 그 동안 국회는 여야 간의 극한투쟁으로 산적한 민생입법을 외면해 왔다. 그리하여 시급한 정치개혁과 경제개혁·사법개혁을 이루지 못하였다.

그런데도 국회는 기존 입법의 한글화 등을 하여 법률의 이름을 바꾸고 조문수를 순연하는 등 일부 개정이나 전면개정을 해 왔다. 이번 개판에서는 이들 법률개정에 따른 개정을 하였다.

헌법재판소도 이제 제4기 재판소의 종기에 임박해서 많은 판례를 생산하고 있다. 특히 표현의 자유를 지나치게 중시하여 허위사실을 유포하는 SNS에 의한 선거운동을 허용하고, 허위사실을 유포한 미네르바 사건도 무죄 판결하여 헌법수호나 법적 평화보장에 지장을 초래하게 되었다. 개인의 표현의 자유와 국민의 공익간의 균형을 깨고 개인의 방종을 허용해서는 안 될 것이다.

대통령임기가 1년이나 남았는데 측근의 부패행위 때문에 레임덕 현상이 찾아와 국가기강유지나 국가안보에 문제가 발생하고 있다. 5년 단임 대통령제의 문제가 있다고 한다. 그러나 대통령에 의한 권력집중·권력독식 때문에 문제가 되는 것이다. 권력분산적인 정부형태로의 개정이 논의되었으나 이번 정권에도 실패하고 말았다.

대한민국은 안보위기·경제위기에 겹쳐서 사회계층의 양극화로 누란의 위기를 맞고 있다. 정치인들은 표(票)퓰리즘에 빠져 국가이익을 팽개치고 집권전쟁에 몰두하고 있다. 금년의 양대 선거는 대한민국을 부흥으로 이끄느냐 몰락으로 떨어지게 하느냐의 중대 기로이다. 국민들은 민주의식을 가지고 국가재건을 위하여 투표에 의한 심판을 해야 할 것이다.

입헌주의와 법치주의의 위기를 극복하기 위하여는 헌법의 준수가 필수적이다. 이 책이 대학생이나 일반 독자에게 대한민국의 정통성과 국민의 인권인식에 조그마한 기여가 되었으면 한다.

이번 개정판에 있어서는 조문정리를 도와 준 경원대학교의 박진우 교수와 편집을 맡아 준 나경선 과장에게 감사한다.

그 동안 이 책을 이용해 주신 선생님과 독자들에게 깊이 감사하면서 새해에 개인의 행복과 국가의 부흥을 빈다.

2012년 2월 12일
김철수

제11판 머리말

파란만장한 한 해를 보냈다. 국회는 식물 국회 화 했고, 야당은 장외투쟁 등으로 헌정의 난맥상은 계속되었다. 천안함 폭침사건과 연평도 포격사건으로 국민은 불안해하며 정치권의 단합을 바라고 있건만 구태의연한 정치 쇼는 계속되고 있다.

신년 들어서 이명박 대통령은 현재의 헌법으로는 도저히 효율적인 국정을 운영할 수 없다며 연내 개헌이 필요하다고 강조하고 있다. 현행 헌법의 개정논의는 노무현 전 대통령의 one point 개헌론에 따라 여야 정당이 18대 국회 내에 처리하기로 합의하였으나 국회 개원 초부터 여야의 대립이 심하여 3년이 지난 현재까지 여야 합의에 이르지 못하고 있다.

178명에 달하는 국회의원들이 미래헌법연구회를 만들어 토의하였고, 국회의장의 자문기관인 헌법연구자문위원회가 방대한 연구보고서를 제출하였다. 공법학회나 헌법학회 등 학회에서의 연구논의도 활발하였고, 시민단체에서는 완성된 개헌초안을 내기도 하였다. 그러나 개헌에의 국민적 열망은 낮았기에 정치권에서 합의하지 못하고 있다. 그 이유는 당리당략에 따른 것이라고 하겠다.

헌법 개정의 필요성에는 공감대가 형성되어 있으나 개정의 시점에 대해서는 합의가 이루어지지 못하고 있다. 현재의 여야의 격렬한 대립을 막고 국회나 정부의 정상적인 운영을 위해서는 언젠가는 헌법이 개정되어야 한다. 대통령을 낸 정당이 국회에서 다수를 얻지 못하면 분점정부가 되어 여야의 극한대립 때문에 국정이 거의 마비될 상태이다. 여야의 공생을 위한 기틀을 마련할 수 있는 개헌이 시급하다.

헌법 개정이 어려우면 선거법이나 국회법·정당법이라도 개정해야 한다. 국회의원은 본업인 국회입법권과 정부통제권을 포기한 채 개원휴회상태에 있고 개회하면 토론과 타협 없이 격돌만 하고 있어 세계의 웃음거리가 되고 있다. 국회의 정상화를 위하여 의회제도개혁위원회가 안을 마련하였건만 여야는 유불리만 따지며 토론 없이 입안·상정하지 않고 사장되고 있다.

선거법도 소선거구제에 비중을 둘 것이 아니라 비례대표제의 장점을 살리는 방향으로 개정되어야 한다. 독일식으로 시도단위의 정당투표를 하여 득표수에 따라 의석을 배정해야만 정의의 원칙에 합치될 것이다. 정당 득표에 따라 얻은 의석수는 지역구 의원과 대선거구의원이 반반이 되도록 해야 할 것이다. 정당정치의 발전을 위해서는 정당에 대한 투표가 요망되고 정당이 국민의 지지에 따른 의석을 가져야 한다.

국회운영에 있어서의 난투극과 비효율은 시정되어야 한다. 국회의원에게도 무노동 무임금 원칙이 적용되어야 하고 국회의원의 윤리를 확립하기 위하여 국회의원의 징계를 헌법재판소에서 하게 하는 방법도 연구되어야 하겠다.

헌정 62주년을 맞은 2010년 국회는 민생법안이나 시급한 정치법안을 의결하지 않았고, 헌법재판소에서 헌법불합치결정을 받은 법률도 개정하지 않아 무법상태로 방치하고 있었다. 따라서 이번 개판에서는 중요 법률의 개정에 따른 수정은 적었다. 반면에 헌법재판소는 중요한 판례를 많이 내놓았다. 이 판에서는 현재까지 나와 있는 2010년 12월 말까지의 헌법재판소 판례를 많이 추가하였다.

이 책을 바쁜 연말연시에도 불구하고 편집·교정일을 맡아 준 박영사 박규태 편집위원님, 기획 등에 수고한 조성호 부장님과 직원 및 홍익 M&B 직원들에게 감사한다.

이 책은 초학년 학생들의 기본교재로서 시험정리서로서 활용되기를 바라며, 이 책을 애용해 주신 교수님과 독자 여러분들에게 심심한 사의를 표한다.

헌법의 세기를 맞아 일반 국민들도 헌법에 대한 사랑이 애국임을 명심하여 헌법을 이해하고 권리주장을 해 주기 바란다.

2011년 2월 7일
김철수

제10판 머리말

지난 한 해는 국회의정이 마비되어 현재의 정치형태로서 과연 세계화·선진화를 이루어낼지 걱정이 되었다. 국민의 투표혁명으로 평화적 정권교체가 이루어졌으나 정권상실자들은 이를 받아들이지 않고 장외투쟁으로 정부를 전복하여 탈권을 하려는 기운이 역력하였다. 국회의 개원을 늦추는가 하면 국회 일정에도 합의하지 못하고 국회가 공전하였고 심지어 장외국회, 폭력국회까지 연출하여 대의제도에 회의를 느끼게까지 하였다.

의회는 토론과 타협으로 국정을 논하고 다수결로 법안과 정책을 통과시켜야 하는데 여야 간에 토론은 없고 정쟁만 일삼고 있으니 이러다가는 국회무용론과 국회의원소환운동이 일어나지 않을까 두렵다. 국회는 산적한 민생법안을 상임위원회에 상정조차 못하고 있으며, 직권상정을 막으려고 육탄공격을 일삼았는데도 법원은 무죄판결하거나 솜방망이 처벌밖에 하지 않아 법치질서의 수호에도 소홀하였다. 이러한 것은 민주화 22주년의 피로현상 때문이 아닌가 생각된다. 국회는 자정을 위하여 정치개혁입법을 하기로 하였으나 지지부진하다. 이 모든 것이 국회의원과 지도자의 헌법무시·법 파괴 현상에서 나오는 것이다.

국회의장을 비롯하여 국회의원 다수가 민주주의의 선진화를 위하여 헌법 개정을 하여야 한다고 외치고 있으나 야당 쪽이 마치 무슨 음모가 있는 것이 아닌가 받아들이지 않고 있다. 현재의 의정교착상태를 타파하기 위하여서는 대통령의 권한을 더 강화하거나 국회의 권한을 더 강화해야 하며, 현재와 같은 대통령과 국회가 사사건건 대립하는 현상을 막아야 한다는 주장이 있다. 이에 대하여 국회와 정부의 대타협을 가져오는 의원내각제로의 개헌이라든가 2원정부제 내지는 분권형 대통령제의 채택이 논의되고 있다. 여야는 당리당략을 버리고 세계화와 선진화를 위한

100년 대계를 위하여 헌법 개정을 진지하게 논의하여야 할 것이다.

국회는 그동안, 공직선거법을 개정하고, 정부조직법, 법원조직법, 헌법재판소법 등 조직규범을 일부 개정하였고, 행정심판법 등을 새로이 제정하였다. 법률한글화작업도 진행되어 그 동안 많은 법률이 개정되었다. 이번 개판에서는 이들 법률을 보완하였는데 금년 2월말까지 공포된 법률을 반영하였다.

헌법재판소는 부실정치의 뒤치다꺼리로 골치를 앓으면서도 많은 획기적인 판결을 하였다. 국회에서의 미디어 등 법의 통과, 국회의결절차의 하자에 따른 법률통과의 효력문제까지 다루었다. 뿐만 아니라 야간집회금지 규정의 위헌성, 혼인빙자간음죄의 위헌성, 비례대표의원의 후임승계제한 등에 관하여 위헌이라는 결정을 하였다.

지난 2년 동안의 많은 법률개정과 새로운 판례를 정리하기 위하여 신판을 제작하게 되었다. 이 책이 교과서로서 애용되기를 바라며 헌법 개정과 헌법현실에 관심을 가지는 일반인들의 헌법입문교재가 되어 널리 읽혀지기를 바란다.

그 동안 신판제작에 노력해 주신 박영사의 안종만 회장님, 기획 일을 맡아 준 조성호 부장님, 편집·교정일을 맡아 준 박규태 편집위원님께 감사한다.

이 책을 교재로 사용하면서 많은 교시를 주신 여러 교수님들의 노고에 감사하면서 이 책이 독자 여러분의 헌법지식입문에 도움이 되기를 바란다.

2010년 2월 17일
저자 씀

제9판 머리말

작년은 헌법을 만든 지 환갑을 맞는 60주년기념의 해였다. 한국의 헌정은 파란만장의 연속이었으나 그래도 산업화와 민주화를 이룩하여 이제 세계 제13위의 경제대국이 되었으며, 기본권보장에 있어서도 선진국이 되었다. 이 모든 것은 위대한 한국국민의 노력의 덕이라고 하겠다. 지난해에는 제6공화국 헌법제정 20주년이라 헌법 개정의 기운이 높았으나 경제위기의 도래로 헌법 개정은 늦어질 것으로 보인다.

국회는 새 정부 들어 많은 법률을 개폐하였고, 법령의 한글화작업을 위하여 많은 법률을 전부 개정하였고, 새로운 입법을 하여 왔다. 헌법재판소는 나름대로 헌법수호를 위한 좋은 결정을 많이 했었다. 2008년에 들어서만도 이명박 특검법의 합헌판결, 노무현 헌법소원의 기각 등으로 국민의 관심을 끌었다. 또 종합부동산세법, 수입쇠고기 고시, 간통죄, 민법 32조 등 많은 결정을 내렸다. 이 책에서는 2009년 1월까지의 결정을 반영하였다. 2008년 들어 국회는 정부조직법을 개정했고 많은 법률을 개정했다. 또 앞으로 경제생활을 위축시켜 온 규제입법을 폐기할 것이라고 한다. 그러나 국회는 난투극 때문에 중요 개혁 법률을 통과시키지 못하고 있다. 새로운 법률에 따라 개정판을 내려고 하였는데, 국회의 입법태만으로 새 법률을 제정하지 않아 개정판의 출판이 늦어졌다. 이 책은 2009년 2월 초까지의 법률을 반영하였다.

금년에도 이러한 새로운 법률과 헌재 결정들을 반영하기 위하여 개판을 단행하게 되었다. 이 책이 교과서로서 애용되기를 바라며 일반 독자들의 헌법입문 교재가 되어 널리 읽혀지기를 바란다.

출판사업이 어려운 중에도 개판을 하여 주신 박영사의 안종만 회장님에게 감사하며 편집·교정 일을 맡아 준 나경선 과장님, 궂은일을 마다하지 않고 도와 준 조성호 부장님께 감사드린다.

이 책이 기본교재로서, 시험 준비서로서 활용되기를 바라면서 이 책을 애용해 주신 교수님과 독자 여러분에게 행운이 함께 하기를 바란다.

2009년 2월 17일
저자 씀

제8판 머리말

금년은 헌법을 만든 지 환갑을 맞는 60주년 기념의 해이다. 한국의 헌정은 파란만장의 연속이었으나 그래도 산업화와 민주화를 이룩하여 이제 세계 제13위의 경제대국이 되었으며, 기본권보장에 있어서도 선진국이 되었다. 이 모든 것은 위대한 한국국민의 노력의 덕이라고 하겠다. 헌정의 갑년을 맞는 올해는 입헌주의를 정착하여 새로운 도약의 해로 발전해 나가야 하겠다.

지난해는 헌법을 위해서는 수난의 한 해가 아니었던가 한다. 연초에는 노대통령이 4년 연임제 헌법 개정을 들고 나와 국민들을 놀라게 했고, 국민들과 정치권의 반항에 부딪쳐 4월에는 자진 철회하고 말았다. 헌법과 법률을 준수해야 할 대통령이 '그 놈의 헌법' 때문에 말도 못하겠다고 핍박하였는가 하면, 중앙선거관리위원회의 선거중립촉구지시를 반대하여 사상 초유의 대통령헌법소원까지 제소하기도 하였다. 이러한 반헌법적 행태 때문에 지난 12월 19일에 있었던 대통령 선거에서는 야당 후보가 압도적 다수로 승리하였다.

2월 25일에 새로운 정부가 출범하여 잃어버린 10년을 만회하고, 7월 17일에는 자랑스러운 헌법제정 60주년 기념식을 가졌다. 1988년 현행 헌

법이 시행된 지 20주년이 되는 올해는 헌법의 존엄성이 회복되는 해가
되어야 할 것이요 입헌정치의 기본이 다져져야 할 것이다.

국회는 그 동안 법령의 한글화작업을 위하여 많은 법률을 전부 개정하
였고, 새로운 입법을 하여 왔다. 헌법재판소는 나름대로 헌법수호를 위한
좋은 결정을 많이 했었다. 2008년에 들어서만도 이명박 특검법의 합헌판
결, 노무현 헌법소원의 기각 등으로 국민의 관심을 끌었다. 지난해에는
선거법에 대한 여러 판결이 나왔다. 그 중에는 재외국민의 선거권에 관한
획기적인 판결이 나왔다. 2008년 들어 국회는 정부조직법 개정에 착수했
고 그동안 경제생활을 위축시켜 온 규제입법을 폐기할 것으로 보인다.

금년에도 이러한 새로운 법률과 헌재결정들을 반영하기 위하여 개판
을 단행하게 되었다. 새로운 정권교체에 따르는 새로운 법률들의 제정을
앞두고 현행법에 입각한 교과서를 낼 것인가 고민하였으나 신학기 교재
로 부득이 출판하게 되었다. 이 책이 교과서로서 애용되기를 바라며 일
반 독자들의 헌법입문 교재가 되어 널리 읽혀지기를 바란다.

출판 사업이 어려운 중에도 개판을 하여 주신 박영사의 안종만 회장
님에게 감사하며 편집·교정 일을 맡아 준 박규태 편집위원님, 궂은일을
마다하지 않고 도와 준 조성호 차장님께 감사드린다.

이 책이 기본교재로서, 시험준비서로써 활용되기를 바라면서 이 책을
애용해 주신 교수님과 독자 여러분에게 행운이 함께 하기를 바란다.

2008년 1월 23일
저자 씀

제7판 머리말

2007년은 헌법과 함께 출발하였다. 신년 초 노 대통령은 느닷없이 대통령 4년 연임제 개헌안을 제의하였고 3월중에는 국회에 발의할 것이라 한다. 그러나 임기 말 대통령선거의 해에 지리멸렬한 여당으로는 개헌은 불가능할 것으로 보인다. 대통령의 개헌구상은 헌법에 관하여 많은 것을 생각케 한 점에서 의의가 있다.

현행 헌법이 제정된 지 만 20년이 되는 올해에도 5년 단임 대통령제가 정착되지 못하고 표류상태이다. 그 동안 대통령의 독선과 독주, 무능에 식상한 국민들에게 이제 대통령제로는 안 되겠다고 생각하여 의원내각제개헌이 논의되고 있는데 대통령의 임기를 연장하겠다고 하니 당황할 수밖에 없다. 그 동안 대통령연임제가 가져온 독재의 폐단을 깨닫지 못하고 대통령임기가 짧아서 8년은 해야 되겠다고 하니 한심스럽다.

대통령제의 폐단은 장기집권이요, 1인 독재로 되어 국회나 정당, 법원의 견제기능을 말살시켜 민주정치를 말살한 데 있다. 현행법이 대통령단임제를 했기 때문에 정권교체가 가능했었고, 민주주의가 꽃필 수 있었다. 독재정권의 장기집권에 대하여 온몸으로 저항했던 세력이 집권하고 나니 정권의 연장을 꾀하려고 하고 있는 것 같아 한탄스럽다.

대통령제는 대통령무책임제이다. 대통령의 정책에 대하여 국민은 40 : 0 이라는 선거결과로 대통령을 탄핵했지만 대통령은 국민에 대한 책임은 지지 않고 헌법의 잘못만을 탓하고 있다. 정부가 실정하면 즉시 국민의 뜻에 따라 책임을 지는 제도가 필요하다. 의원내각제 국가였다면 벌써 평화적 정권교체가 행해졌을 것이요, 국무총리의 오만이나 독주는 막아졌을 것이요, 민의에 따른 정부가 탄생했을 것이다.

현행 헌법의 잘못으로 대통령의 임기와 국회의원의 임기가 달라 여소야대 국회를 형성하여 대통령의 국정에 발목을 잡는다고 주장한다. 대통령제의 원조격인 미국에서도 대통령임기는 4년인데 하원의원의 임기는 2년으로 상원의원의 임기는 6년으로 임기 차등제를 실현하고 있다. 그 이유는 대통령에의 권력집중을 막아 독재를 못하게 하기 위한 것이었다. 대통령제에 있어 국회와 정부가 분점되는 경우 조정의 수단이 없다는 것은 문제가 된다. 외국에서는 대통령이 정치력을 발휘하여 잘하고 있는데 우리는 정치력은 발휘하지 못하고 헌법 탓만 하고 있다.

국민은 국정의 운영자의 독선과 독주를 막기 위해서라도 헌법을 알아 국민으로서의 권리를 발현하여야 할 것이다. 입헌국가에 있어서의 헌법은 주권자의 총의의 표현이기 때문에 절대적이며 위정자나 공무원이 헌법을 준수하도록 국민은 감시 비판하여야 한다. 국민이 국정에 참여하고 정부를 통제하기 위해서도 헌법지식은 필수불가결한 것이다. 이 책은 그동안 대학생들의 교재로 사용되었으며 일반인의 교양서로서 애독되었었다. 그 동안의 국회법률개정과 헌법재판소판례에 따라 개판을 하게 되었다. 어려운 여건 하에서 개판을 허락해 준 안종만 회장님과 기획부의 조성호 차장님에게 감사한다. 또 이 책을 편집하고 교정해 준 나경선 과장님에게도 감사한다.

이 책이 앞으로도 계속 교과서로서 또 수험서로서, 일반 독자들의 교양서로서 애용되기를 바란다.

2007년 2월 15일
김철수 씀

제6판 머리말

올해는 지방자치단체의 장과 의원선거가 행하여지고 내년이면 대통령선거가 행해질 것이다. 다시 정치의 해가 돌아왔다. 대통령선거후보자는 항상 개헌을 선거 이슈로 삼아왔다. 금년도 예외가 아니어서 다시 헌법 개정논의가 일고 있다. 대권주자(大權走者)들은 대통령권한 강화에 4년 중임제를 들고 나올 것이고 당선이 확실시되지 않는 후보는 의원내각제를 들고 나올지 모르겠다. 금년 내에 헌법 개정의 방향을 잡고 내년 3월에 국민투표에 붙이겠다는 것이 정치권의 뜻이라고 한다.

이번 개헌에 있어서는 대통령제냐 의원내각제냐의 권력구조 개편문제보다는 남북문제·통일문제가 더 큰 폭발력을 가질 것으로 보인다. 진보세력을 결집하기 위해서는 남북연방제 통일헌법제정이라는 카드를 내 놓을 것 같다. 과거 박정희 대통령은 통일헌법을 만든다는 명분으로 유신헌법을 만들었는데 그러한 재판이 되어서는 안 될 것이다. 통일문제는 한반도 주변 4대강국의 동의 없이는 거의 불가능하며, 특히 미·일 양 우방의 협력이 불가피한 것이다. 그런데 민족공조의 허상으로 민족정통성의 우위를 포기해서는 안 될 것이다.

헌법 개정은 여야 간의 국회논의와 국회에서의 3분의 2 이상의 찬성을 얻어야 하고 국민투표에 회부하여 투표자 과반수의 찬성을 얻어야 하는 지난한 과업이다. 여야의 합의도 현재로서는 쉽지 않을 것 같으나, 정치인이 동의하더라도 국민적 합의를 얻지 못하면 통과되기는 어려울 것이다. 국민은 최종적인 헌법의 개정권자로서 막중한 사명을 가지고 있다. 현 헌법은 18여 년간 효력을 발휘한 가장 긴 수명을 가진 헌법이다. 그 동안 약간의 문제점이 있었으나 꼭 개정해야만 하는 것은 아니다.

정치의 해, 헌법 개정논의의 소용돌이 속에서 국민은 헌법을 알고, 헌법의 나아갈 방향을 정해 주어야 한다. 정치인이나 시민단체에게 헌법

개정을 맡겨서는 안 되고 국민이 최종적인 결단을 내려야한다. 이 점에서 헌법을 공부하고 실천하는 것은 국민의 가장 신성한 의무라고 하겠다.

국민이 주권자로서 나라의 방향을 바로잡기 위해서는 헌법을 공부하여야 하며 대통령이나 공무원은 헌법준수의무를 다하기 위해서도 헌법을 알아야 한다. 이 책은 한국헌법을 쉽게 알게 하기 위하여 쓰인 것이며, 이 책이 앞으로 공무원이나 공직에 나갈 사람들의 길잡이가 되기를 바라며 수험준비용으로 이용되기를 바란다. 이번 판에서는 그 동안의 새 개정법률들을 반영하였고 새로운 판례들을 수록하였다.

경제여건이 악화된 중에도 개판작업을 허용해 준 박영사의 안종만 회장님과 편집·교정 등 어려운 일을 맡아 준 송일근 선생님, 궂은 심부름을 해 준 조성호 기획차장에게 감사한다.

이 책이 온 국민의 '헌법입문' 교재가 되기를 바라며 교과서로서 애용해 주신 교수님과 학생들에게 머리 숙여 감사한다. 이 책이 한국 입헌정치의 정착에 조그만 한 기여라도 되기를 빌며 수험생들의 조속한 합격을 바란다.

2006년 1월 23일
김철수 씀

제5판 머리말

참여정부가 호헌적인 대통령제를 운영할 것이란 기대가 무산되었다. 제4판 머리말에서 "새로 취임하는 노무현 대통령은 변호사출신이기 때문에 앞으로는 헌법을 존중할 것이 기대된다"고 하였는데, 그 기대는 역으로 되었다. 대통령이 헌법을 준수하지 않았다 하여 국회에서 탄핵소추를 당하였고, 서울을 천도하려다 위헌결정이 났다. 변호사 노무현 대통령은 헌법을 지키지 않음으로써 헌법에 생명을 불어넣은 반면교사라고 하겠다.

2년 동안 국민은 헌법문제에 직면하여 헌법의 중요성을 알게 되었고, 제왕적 대통령제를 견제할 수 있는 기관은 헌법재판소와 국민이라는 사실을 알게 되었다. 헌법재판소는 탄핵기각결정에서는 많은 국민의 비판을 받았고, 신행정수도이전법률의 위헌결정에서는 대다수 국민의 지지를 얻었다. 헌법보장기관인 헌법재판소가 국정에 절대적인 영향을 미치게 된 것은 헌법의 중요성을 일깨워 준 것이다.

정부·여당은 자기에게 유리한 헌재 결정에 대해서는 박수를 보내더니 정부·여당에게 불리한 결정에 대해서는 입에 담기 어려운 욕설로 모독하고 있다. 이는 공무원이나 정치인이 아직도 헌법을 모르고 있다는 증거이다. 이들이 유신헌법을 공부하여 고시합격한 세대라 민주헌법의 중요성을 모르는 탓이라고 변명할 수는 있다. 그러나 그들이 6.8항쟁으로 쟁취한 현 헌법조차 옳게 읽지 않고 잘못 적용하는 것을 볼 때 실망이 크지 않을 수 없다.

해방 60년을 맞는 올해에는 진정 입헌정치가 개화되어야 하겠다. 국민의 상머슴인 대통령이나 국무위원·국회의원에게 명령·지시하기 위하여서는 국민의 헌법지식이 요청된다. 주인이 헌법을 모르면 머슴은 멋대로 국민의 권리를 짓밟게 된다. 국민이 맡긴 입법권이나 행정권이 국민을 짓밟게 될 때, 이에 항의하고 저항할 수 있는 헌법지식이 요망된다. 선진국에서는 모든 가정에 헌법 책이 비치되어 있고 헌법교육이 성행하고 있는데, 우리나라에서는 학교교육에서조차 헌법교육이 무시되고 있는 실정이다.

국민에게 인권의식을 일깨워 주고, 반입헌정치를 비판하게 하는 헌법지식의 교육이 강화되고, 전국민적으로 확산되어야 한다. 이 적은 책은 '국민의 헌법교과서'로서 기능하게 되기를 바란다. 이 책이 계속 교과서로서 애용되기를 바라며, 또 7급이나 8급·9급 공무원시험을 준비하는 수험생에게 많은 도움이 되기를 바란다.

어려운 경제위기에도 불구하고 문화입국을 위하여 이 책의 개편을 해주신 박영사의 안종만 회장님과 조성호 차장님, 책을 만드는 데 수고하신 이일성 편집위원님에게 감사드린다.

2005년 1월 30일
김철수 씀

2. 『학설·판례 헌법학』(상·중)(박영사, 2008)

1. 전정 신판 머리말

작년에는 제17대 대통령이 취임하고 제18대 국회가 출범하였다. 좌파 정권에서 우파정권으로의 정권교체였기에 헌정회복에 대한 기대는 컸다. 그러나 여대야소 국회에서도 정부정책은 잘 통과되지 않고 있으며, 범정부적인 법과 질서유지에도 소홀한 감이 있어 실망이 크다.

지나친 이념대립과 지역대립을 막기 위하여서는 권력독식을 가져오는 대통령제가 아닌 국회 중심의 정치체제로 통치구조를 개헌해야 한다는 주장이 나오고 있다. 그 동안 국회의원들로 구성된 미래헌법연구회에서 토론을 했고 서울뿐만 아니라 지방순회를 하여 여론을 환기했다. 국회의장 자문기관인 헌법연구자문위원회도 1년 동안 활동하여 연구보고서를 냈다. 한국헌법학회, 한국공법학회, 한국정치학회 등에서도 연구를 한 일이 있었다. 또 대화아카데미를 비롯한 민간단체도 활발한 연구를 진행 중이다.

한국의 정당을 육성하고 이념대결과 지역대결을 어느 정도 완화하기 위하여 의원내각제를 하자든가 그렇지 않으면 분권형 대통령제로 하자는 주장이 나오고 있다. 금년에 국회의원들이 이성을 되찾으면 헌법 개정논의가 활발해지고 내년까지는 헌법 개정을 완성하여야 한다는 주장이 나오고 있다. 87년 체제에 대한 비판과 함께 새로운 체제론의 모색이 시작되고 있는 것이다.

지난 1년 동안 국회는 정쟁만 일삼으며 입법에는 소홀하였다. 이에 반하여 헌법재판소는 많은 사건을 심리하여 적체사건 해소에 노력하였다. 그 중에는 중요 판례도 많아 법조인, 국민, 학생이 꼭 알아야 할 판례가 늘어났다. 이번 신판에서는 그 동안의 헌재 판례를 총정리하여 이론에 접목시키기로 하였다.

이 책에서는 헌법학의 기본서와 헌법판례집을 단권화하기 위하여 많은 판례를 수록하였다. 이론이나 판례의 단순한 암기를 하기 위한 것이 아니고 헌법 사건의 해결을 위한 사색의 도구로 하기 위하여 다수의견뿐만 아니라 반대의견, 소수의견도 거의 망라하였다. 새로운 헌법의 해석과 판례평석뿐만 아니라 사례해결까지 연구하여야 할 Law School 학생을 위하여 필수판례를 거의 모두 수록하도록 노력하였다. 일반 독자들은 이 판례들을 보면 우리나라 헌정사도 알게 될 것이다. 또 필수적인 법률도 일부 전재하였다. 이로써 헌법의 전체상을 알 수 있게 될 것이다.

이번 신판에서는 2009년 7월말까지 나온 법령을 반영하였고 헌법판례도 2009년 7월 30일 선고분까지 인용하였다. 그 결과 분량이 많아서 상중하 3권으로 분책하기로 하였다. 어려운 편집 교정을 맡아 힘써 주신 박규태 편집위원님과 홍익전자출판 여러분에게 감사한다. 원고 typing과 교정, 판례색인 등은 이창한 군이 담당하였다.

Law School 출범으로 법학부 재학생이 줄어들었는데도 신판을 출판해 준, 박영사의 안종만 회장과 조성호 부장에게 감사한다.

이 책이 Law School 학생, 법과대학원생과 법대 고학년생들의 교재가 되었으면 한다. 또 일반인들도 한국헌법의 개정과 해석 등을 위하여 참고해 주었으면 하는 바람이다.

2009년 8월 8일
김철수 씀

2. 개정 초판 머리말

금년은 한국헌법제정 60주년이 되는 해이다. 1948년 5월 10일 국회의원 선거에서 선출된 제헌국회의원들이 심혈을 기울여 만든 대한민국 헌법은 미국 헌법의 인권존중주의와 바이마르 헌법의 2원정부제를 모범으로 한 현대적 헌법이었다. 좌우의 이데올로기 대립을 중화시켜 자본주의경제와 계획주의경제를 조화시킨 사회적 시장경제를 도입한 면에서도 선진적인 헌법이었다고 하겠다.

1950년 5.30 선거에서 당선된 제2대 국회가 개회하자마자 6월 25일에는 북한이 남침하여 헌정은 일시 중단상태에 빠졌으나 피난수도 부산에서 다시 헌정이 부활되었고, 9.28서울 수복 이후 1.4후퇴 등의 곡절을 겪었으나 헌정은 계속되었다. 물론 내부적으로는 4.19혁명, 5.16쿠데타, 10월유신, 5.17계엄확대 등 헌정을 위협하는 사태가 없지는 않았지만 1987년의 6.29명예혁명에 의하여 현행 제6공화국헌법이 성립하였다.

돌이켜 보면 한국헌정 60년은 파란만장하였다. 이 60년간 나는 헌법과 함께 생활하면서 학생들에게 헌법을 강의하면서 국가·사회의 입헌정치확립을 위하여 미력이나마 기여하였다. 개헌 때마다 쓴 글들은 『한국

헌법사』로 묶어졌고 그동안의 업적에 대해서는 김효전 교수가 『헌법정
치 60년과 김철수 헌법학』으로 정리해 주었다. 파란만장했던 한국 헌정
사의 회고는 이 두 책을 읽어봐 주시기 바란다. 그동안 학생들 교재로는
『헌법학개론』, 『헌법학신론』, 『헌법질서론』 등을 출판하였고, 학술논문
집으로는 『현대헌법론』, 『법과 정치』, 『위헌법률심사제도의 연구』, 『독
일통일의 정치와 헌법』 등을 출판하였다. 일반시민을 위한 헌법계몽서
로서는 『헌법이 지배하는 사회를 위하여』, 『정치개혁과 사법개혁』, 『한
국입헌정치의 정착을 위하여』 등을 공간하였다.

　헌정 60주년을 맞아 한국헌법연구를 총정리하는 개설서를 쓰려고 하
여 출판한 것이 이 『학설·판례 헌법학』이다. 이 책은 기존의 헌법학개
론을 대본으로 하면서도, 그동안의 학설과 판례를 정리하여 일반 국민의
헌법사전으로, 법률실무가들의 판례검색서로 하기 위하여 노력하였다.
한국헌법학도 60년간 많이 발전하였다. 학자 수는 많이 늘어났고, 학술
지도 많이 출판되어 정리하기도 힘들었으나 이 책에서는 외국학설의 한
국도입과정을 중심으로 정리해 보았다.

　70년대 초 위헌법률심사제도에 관한 논문을 쓸 때만 해도 헌법판례는
거의 없었고 행정판례나 형사판례, 민사판례에서 검색해야 할 정도였으
나, 1988년 헌법재판소가 성립한 후에는 많은 헌법판례가 나와 있어 헌
법연구전문가들도 40책이나 되는 헌재판례집을 찾아보기는 어려운 것
이 현실이다. 다행히 최근에는 헌법의 현실적인 적용인 판례에 대한 관
심도 높아졌고, 일상생활과 헌정현실에서 중요한 역할을 하고 있기에 이
의 정리도 필수불가결한 것이었다. 특히 국민과 정치인, 변호사, 학생들
이 꼭 알아야 할 중요 판례도 많이 나왔다. 학생들을 위한 판례집이 출판
되기는 하였으나 판결요지 암기를 위한 것이 주된 것이었다.

　이 책은 암기용 책이 아니고 헌법사색을 위한 책이 되도록 노력하였
다. 헌법의 이념과 역사에서 나아가 학설과 판례를 통합적으로 이해하게
하려고 노력하였다. 헌법판결에서는 법정의견만이 중요한 것이 아니고

반대의견도 중요하다. 소수의견이 항상 잘못된 것이 아니며 다수의견으로 판례변경도 될 수 있기 때문에 왜 의견이 대립하는지 알아보고 자기 나름의 헌법관을 확립할 수 있도록 하였다.

이제 헌법 60년이 지났기에 한국의 입헌정치도 정착될 때가 왔다. 제헌 60주년을 기념하여 한국입헌정치발전에 조그마한 기여라도 했으면 하는 마음에서 이 책을 출간하게 되었다. 이 책이 그동안의 연구정리서 역할도 할 것으로 생각된다.

앞으로의 법학교육은 암기 위주 교육에서 탈피하고, 사색 위주의 교육이 되어야 한다. 그러기 위하여 법학전문대학원이 설립되게 되었다. 법학전문대학원의 교수방법은 사례중심의 문제해결방식을 채택하여야 하며 사법시험의 출제도 그러한 방향으로 나아가야 할 것이다. 이 책은 법학생에게는 법학부 교재와 법학전문대학원 교재, 사법연수원 교재로서 연속적으로 사용될 것을 기대하고 있다. 학부 교재와 법학전문대학원 교재를 분리시키는 경우 논리적 사고의 단절 때문에 고생하게 될 것이고, 교수방법의 일관성에도 적응하기 힘들 것이다. 이 책에서는 초입부분에서는 판례요지중심으로 편집하였고 중반 후에는 실제 판결을 쓸 때를 대비하여 판결문원문을 거의 수용하였다. 중요관심판례는 국민 누구나 꼭 읽어보는 것이 바람직할 것이다.

이 책에서는 2008.3.15일까지의 입법을 다 반영하였고, 헌재 판결은 2008.2.28 선고분까지 반영하였다. 2008년 정권교체 후, 정부조직법을 비롯하여 많은 법률이 개정되었기에 이를 반영하기 위하여 출간이 늦어졌다. 부록으로는 새로운 정부조직법, 국회법, 법원조직법, 헌법재판소법을 수록하였다. 또 지난 정부에서 법률의 한글화 작업을 실시하여 많은 법령의 조문이 바뀌었기 때문에 이것도 반영하였다. 2008년 2월에 출간된 책들은 구법에 의한 것이었는데, 이 책은 신법에 의해 기술된 것이 특색이다.

사법시험이나 법학전문대학원 입시에서도 이 책이 유용하게 이용될 것이다. 원래 같으면 면수가 많아 2권으로 분책하여 출판해야 하겠지만 책값이 너무 높아질 것을 염려하여 상·하 양 권으로 나누되, 반양장으로 하고 케이스에 묶기로 하였다. 무거운 책을 들고 다니지 않아도 되도록 실질적으로는 분책으로 하였으니 휴대에도 편리할 것 같다.

이 책이 이렇게 출판될 수 있게 된 데에는 50년 교수생활에서의 제자들의 협력이 컸다. 서울대학 재직 시 20여 명의 박사학위취득자와 70명에 가까운 석사학위취득자들이 수년간에 걸쳐 도와주었다. 대표적인 현역 학자를 꼽는다면, 양건, 박용상, 김효전, 황우려, 안경환, 조병윤, 장명봉, 권형준, 홍정선, 김문현, 성낙인, 문광삼, 이상돈, 정해방, 박홍우, 강구철, 한위수, 백윤기, 허종열, 고승덕, 정재황, 신평, 김영천, 김종서, 김학성, 정영화, 이헌환, 황도수, 송기춘, 서경석, 김수갑, 김대환, 이효원, 이현수, 장용근 교수(무순)들을 들 수 있다. 이들에게 깊이 감사한다. 또 각 대학에서 박사학위논문심사에도 참여하여 많은 논문을 심사하였는데 그들 학위논문도 저술에 많은 도움이 되었다.

이 책을 출판하는 데 있어 박영사의 안종만 회장의 도움이 컸으며 편집, 교정, 사항색인 등 어려운 일을 도맡아 준 박규태 편집위원님과 기획 등에 고생한 조성호 차장님에게 감사한다. 또 어려운 조판은 홍익전자출판 여러분께서 도와주셨다.

원고정리와 교정은 김수진 교수가 도와주었으며 박진우 강사도 판례정리 등을 도와주었다. 원고의 타이핑과 교정, 판례색인 등은 이창한 학사가 도와주었다. 이들 여러분에게도 감사를 드리며 학문적 대성이 있기를 바란다.

이 책이 우리 헌정발전에 도움이 되기를 바라며, 연구자, 학생, 수험생, 독자 여러분에게 행운의 열쇠가 되기를 기원한다.

2008년 3월 26일
김철수 씀

3. 『헌법 개정, 과거와 미래』(진원사, 2008)

머리말

'대한민국헌법'은 제정 60주년을 맞았다. 그동안 수많은 위헌적인 개정으로 만신창이가 되었고 '태어나지 않아야 할 헌법', '누더기 헌법', '그 놈의 헌법'이라고 폄훼되기도 하였다.

돌이켜 보면 대한민국헌법의 제정은 동서냉전의 산물이요 이념투쟁의 결과였다고 하겠다. 만약에 UN의 통한결의가 없었던들 대한민국이 독립될 수 있었을 것인가 의심하게 된다. UN총회의 자유선거에 의한 통일계획이 소련과 북한정권에 의하여 수락되었다면 단선단정(單選單政)은 피할 수 있었을 텐데 소련의 냉전전략의 결과로 단선단정은 불가피한 것이었다. 또 북한의 6.25남침이 없었던들 조국분단의 장기화는 막을 수 있었을 것인데 안타깝다.

대한민국헌법은 5.10선거에 의해서 정당하게 구성된 국회에서 제정된 것으로 정통성이 있으며 이 헌법이 제정됨으로써 정부가 구성되었고 건국과 독립을 만방에 선포할 수 있었던 것이다. 그동안 이승만 박사의 독재, 박정희 장군의 전제, 전두환 장군의 제왕적 대통령제를 경험했으나 1987년 6월의 명예혁명으로 성립한 현행 헌법은 20년간 한 번도 개정되지 않고 국민헌장으로 국가통치와 국민생활을 담보하고 있다. 현행 헌법의 덕택으로 대통령직선에 의한 평화적 정권교체가 행해졌고, 민주화가 완성되었다고 하겠다.

그러나 대통령제, 대통령단임제, 분리된 정부체제에 대해서는 87년 체제라고 하여 비판되고 있다. 3김씨의 집권이 끝났기 때문에 새로운 헌법을 모색하여 21세기에 대비하여야 한다는 것이다.

그 내용을 보면 대통령중임제 등 통치구조개헌론이 주류를 이루고 있다. 새로운 정부형태로 개정하기 위하여 연구가 행해지고 있으나 이제는 연구의 단계가 아니고 선택의 시기에 왔다고 하겠다.

정부형태에 관한 한 한국헌법은 거의 모든 정부형태를 채택해 보았다. 이승만 박사의 미국식 대통령제, 장면 정권의 의원내각제, 군사정권의 최고회의제도, 박정희 장군의 유신독재, 전두환 장군의 이원정부제, 김영삼·김대중 대통령의 절충적 대통령제를 다 경험하였다. 그러기에 우리 헌법은 정부형태에 관한 한 연구의 보고라 하겠다.

우리는 많은 것을 헌정사에서 배워야 한다. 헌법 개정도 마찬가지이다. 새로운 헌법 개정논의에 참고하기 위해서는 이 보고인 역대 헌법 개정의 역사와 변천과정 및 적용실태를 살펴보아야 할 것이다.

앞으로의 헌법 개정논의에 참고가 되도록 역대 헌법의 특색과 내용을 살펴보고 앞으로의 헌법 개정에 대한 시사를 주기 위하여 이 책을 출판하게 되었다.

이 책은 학문적인 것이기 보다 계몽적인 것이 되어 일반 독자의 이해를 돕기 위하여 간단히 논하기로 하였다.

이 책이 우리 헌법의 역사와 미래 헌법에 관심이 많은 분들의 헌법이해에 도움이 되기를 바라며 헌법 개정논의의 참고가 되기를 바란다.

2008.7.17.

60주년 제헌절에 김철수

4. 『기본권의 체계』(관악문화사, 2009)

서언

오늘날 국가는 기본권보장기구로서 인정되고 있다. 우리 헌법도 「국가는 개인이 가지는 불가침의 기본적 인권을 확인하고 보장할 의무를 진다」고 명시하고 있다. 그러나 이러한 기본권관이 처음부터 성문화 된 것은 아니고 오랫동안의 인류의 부단한 투쟁의 결과 쟁취된 것이다.

아직도 일부 국가에서는 기본권을 국가가 국민에게 인정해주는 혜택이요, 법률에 의해서 부여되는 것으로 규정한 헌법이 있다. 우리나라 헌법에서도 일시 기본권은 법률의 유보 하에서 법률로 인정한 것이라는 규정이 있었다. 유신헌법 등의 규정이 그것이었다.

그리하여 학자들 중에도 기본권은 법률에서 보장되는 법익으로 보는 실정권설이 유행하였다. 오늘날에도 현행 헌법 제10조의 국민의 천부인권, 자연권을 국가가 확인하고 보장해야 한다는 의무규정을 무시하고 이를 국가가 국민에게 부여하는 권리로 인정하는 경향이 있다. 특히 입법에 종사하거나 행정에 종사하는 사람은 기본권에 대한 국가우월을 주장하고 법률이나 명령으로 국민의 기본권을 제한하려는 경향이 있다.

이러한 기본권의 실정권론을 반박하고 기본권의 자연권론, 천부인권론을 강조하기 위하여 그동안 연구하고 강의해왔다.

이 책에서는 기본권의 자연권성을 담보하기 위하여 만들어진 헌법을 이해하고 이를 실천하게 하기 위하여 철학자들의 기본권에 관한 사상을 살펴보았고, 헌법발전사의 비교적 고찰을 하였,고 현대 각국 헌법상의 기본권 해석과 실천에 대하여 검토하였다. 한국헌법이 고립된 것이 아니고 세계화 조류 속에 살아있음을 보기 위하여 외국의 기본권이론과 적응을 상론하였다. 다만 각 기본권의 구체적 내용에 대해서는 다른 저서에서 다루고 있기 때문에 여기서는 기본권의 체계이론만을 중점적으로 다루었다.

아직도 국부(國賦)인권설이 지배하고 법률우위적인 실정권론이 불식되지 못하고 있는 우리나라에서 실정권설을 비판하고 자연권성을 주장한 이 책이 입법·행정·사법에 종사하는 독자들에게 기본권의 중요성을 인식시키고 기본권의 국가권력에 대한 우월성을 이해하게 하는데 일조가 될 것으로 기대한다.

이 연구서에도 미비한 점이 없지 않으나 앞으로 수정·보완하기를 약속하고 우선 출판하기로 하였다. 독자들의 많은 질정을 바란다.

2008.7.17.

제헌 60주년을 맞아 김철수 씀

5. 『대한민국 정부형태 어떻게 할 것인가』(예지각, 2010)

대통령제냐 의원내각제냐

머리말

이상적인 정부형태에 관한 논의는 일찍이 그리스나 중국에서 논의되어 왔다. 우리나라에서도 어떤 정부형태가 가장 좋을 것인가에 관한 논쟁이 많았고, 그 동안 많은 정부형태를 실험해봤다. 그 결과 현행의 5년 단임제 직선 대통령제를 채택하게 되었다. 현재는 이 제도에 대해서는 이것이 한국의 현실에 적합하지 않는다고 하여 개정 필요성이 활발히 논의되고 있다.

지난 노무현 정권 때에 이 대통령제의 단점이 극도로 노정되었고 노무현 대통령의 비극적 자살의 충격으로 정부형태 개정 논의가 더욱 활발하게 되었다. 국회의장이 헌법연구 자문위원회를 두었고 국회의원들이 미래헌법연구회를 만들어 정부형태에 관한 논의를 활발히 하고 있다.

대한민국 학술의 본산인 대한민국 학술원에서도 정부형태 개정 논의에 종지부를 찍기 위하여 세계 각국의 석학들과 한국의 학자·정치가 등을 초청하여 토론회를 하기로 하였다. 이 대회에서 논의되었던 것을 중심으로 대한민국의 정부형태에 관한 심층적인 연구 논문을 발표하기로 하였다. 이 책은 그 연구의 결과이다.

우리나라의 정부형태는 외국의 정부형태를 모방한 것이 많고, 또 앞으로도 이를 참고하여야 하기 때문에 Cronin 교수의 미국 대통령제, Starck 교수의 독일 의원내각제, Higuchi 교수의 일본 의원내각제에 관한 논문을 받았고, 비교정부론의 대가인 Ackerman 교수의 새로운 분권론 논문을 전재하였다. 이들은 모두가 세계적인 최고의 헌법학자·정치학자이기 때문에 우리에게 많은 교훈을 줄 것으로 믿는다. 바쁘신 중에도 옥고를 써주신 석학들에게 감사하며 한국어 번역을 허락해 주신 Ackerman 교수에게 감사한다.

한국의 정부형태에 관해서는 정부형태의 일반론과 현행 정부형태를 김철수 교수가 검토하였고, 현재까지의 정부형태의 경험에서 나오는 대안을 계희열 교수가 찾기로 하였다. 여기에 미국식 대통령제를 주장한 김일영 교수와 프랑스식 이원정부제로 해야 한다는 성낙인 교수와 독일식 의원내각제로 개정해야 한다는 김도협 교수의 논문을 함께 싣게 되었다.

이 논문들은 앞으로의 정부형태의 개정 논의에 있어 반드시 참고하여야 할 것이기 때문에 대한민국 학술원의 허락을 받아 출판하기로 하였다. 이 책의 토대가 된 국제학술대회를 성공적으로 마무리할 수 있게 해준 인문·사회 제4분과 회원들과 출판을 허락해 주신 대한민국 학술원 당국에게 심심한 감사를 드린다.

이 논문집이 앞으로의 정부형태의 개정 논의에 참고가 되기를 빌면서 국회의원, 정치가, 변호사, 헌법학자, 정치학자와 대학원생들에게 많은 참고가 될 것을 믿는다. 일반 독자에게는 너무 전문적이라고 생각될지 모르나 정부형태를 이해하는 데에 필수적인 계몽서라고도 할 수 있기 때문에 일독을 권한다.

이 책을 출간하느라 고생하신 황적인 교수, 번역을 해 주신 김효전, 성낙인 교수님과 바쁘신 중에도 옥고를 기고해 주신 계희열, 성낙인, 김일영, 김도협 교수 등 여러 교수님에게 감사한다. 수지타산을 초월하여 양서를 출판해주신 예지각 사장님에게 감사한다.

2010년 정초에
편자 대한민국 학술원 김철수

6. 『한국의 헌법정치를 생각한다』

김철수 시론 모음(2010)

머리말

이번에 일반 독자를 위하여 쓰여진 시평집(時評集)을 출간하기로 했다. 이 논문들은 대부분 2010년도에 쓰여진 것이며 일반 시민들에게 알리기 위하여 쓴 비전문 시론이다.

헌법학자로서의 전문서는 그 동안 많이 써 왔다. 예를 들면 『학설·판례 헌법학(상·중)』, 『학설·판례 헌법학(상·하)』, 『헌법학신론』, 『법과 정치』, 『현대헌법론』, 『비교헌법론』, 『독일통일의 정치와 헌법』이 있으나 이들은 너무 전문적이기에 일반 독자들의 접근이 쉽지 않을 것으로 보여 그 동안 일반 독자들을 위하여 『한국 입헌주의의 정착을 위하여』, 『헌법과 교육』, 『정치개혁과 사법개혁』 등을 출판한 바 있다. 이들 책은 절판된 것이 많아 일반인들이 입수하기 곤란할 것 같다.

한국의 헌정은 전환기에 있다고도 하겠다. 헌법 개정이 논의되고 있으며 앞으로 대통령선거나 국회의원선거의 결과에 따라 대변혁이 예고되고 있다.

이에 잡지사 등의 요청에 따라 써온 최근의 시론을 모아 출판하기로 하였다. 이것이 독자들에게 한국 헌정을 이해하는 실마리가 되었으면 한다.

2010.10.
한국헌법연구소에서 김철수 씀

제10부

기타

1. 장학빌딩 착공과 준공에의 기대[*]

    대망의 장학빌딩이 6월 25일에 착공되었다. 유서 깊은 서울대동창회 관터에 지하 6층 지상 18층의 장대한 건물이 2010년 말이면 준공될 예정이다. 1987년에 지하 1층 지상 5층의 동창회건물을 지었을 때도 동창들의 기대는 컸었는데 이제 그 몇 배 이상의 최신 건물을 착공하게 되어 기쁘기 짝이 없다. 서울대학교와 동창회의 장래에 서광이 비추기 시작했다고 하겠다.

    이제까지의 동창회 건물은 외관이 아름답기는 했으나 임대면적이 좁아 년 5억 원의 임대수입밖에 올리지 못했는데 새 건물이 완공되면 그 8배에 달하는 40억 원의 임대수입이 예상된다고 한다. 그 동안 동창회는 5억의 임대수입으로 모교지원 사업과 동창회 활동을 하여왔다. 장학 사

---

[*]   『관악춘추』, 2007년 7월 15일.

업은 재단법인 관악회에서 주로 해 왔으며 그 규모도 5억 원에 불과하였다. 이제 동창회가 관악회의 장학 사업을 인수하여 2011년부터는 20억 원의 장학 사업을 벌이게 되었다. 또 모교지원사업도 현재의 6배인 18억 원으로 늘이기로 했다.

이 사업계획은 21세기의 모교발전을 위하여 획기적인 것이며 앞으로 모교의 독립법인화에도 대비할 수 있는 최적의 계획이다. 그 동안 장학빌딩건축을 위하여 10만 원 이상을 내 준 회원과 10억 원 이상을 내 준 거액 기부자들이 십시일반(十匙一飯)으로 자금을 마련하여 동창들의 긍지를 드높이게 되었다. 장학빌딩은 서울대인의 단합의 상징으로 건립되는 것이며 앞으로 서울대인의 위상에 맞는 친교와 학문교류의 센터가 될 것이 기대된다.

장학빌딩에는 전시 갤러리, 예식홀, 콘서트홀, 회의실, 연회장이 마련되며, 명예의 전당이 들어서게 된다. 동창회명예의 전당에는 장학빌딩 건립 기증자뿐만 아니라 동창회와 모교를 빛낸 동문들까지 기리는 장소가 될 것이요, 동창들이 긍지를 느끼고 모교 후원, 동창회발전, 사회공헌에 대한 열정을 불러일으킬 장소가 될 것이다.

정치의 중추인 여의도에 근접한 공덕동 비즈니스가의 스카이라인을 빛낼 장학빌딩의 착공을 축하하면서, 무사히 완공되어 동창들의 친교의 공간이 될 뿐만 아니라 모교에 대한 지원과 모교생에 대한 장학사업이 하루 빨리 시작되기를 바란다.

2. 모교의 혁신을 기대한다[*]

10월 15일은 모교의 개교기념일이다. 그 동안 모교는 세계변방의 대학에서 이제 세계의 대학으로 발전하기 위한 노력을 하고 있어 든든하다. 자연과학 논문의 인용회수 등에서 이미 세계 30위권에 들어갔으며, 세계의 석학들을 교수로 모시어 세계화에 발맞추고 있다.

철밥통이라고 불렸던 교수직이 이젠 '발표하지 않으면 멸망한다'는 세계적 추세에 따라 교수승진이 어려워졌고, 정년보장이 힘들어졌다고 한다. 이는 이제까지의 교수들의 안일한 교직생활에 큰 충격을 줄 수 있으며 '연구하지 않으면 자멸한다'는 풍토를 조성하여 연구에 큰 진척이 있을 것으로 기대된다. 또 학생들과 교원들이 강의평가를 함으로써 강의 질도 향상될 것으로 기대된다.

---

* 『관악춘추』, 2008년 10월 15일.

그러나 장애요소가 없는 것도 아니다. 많은 국립대학 중 하나로 취급되어 대학의 자율이 침해되어 왔으며 교육재정은 부족하여 학생들의 등록금과 기성회비 등에 의존하지 않으면 안 되는 결과가 되었다. 그동안 모교의 국고예산은 10여 년 간 동결되어 왔었기에 발전을 기하기는 어려웠다. 대학의 많은 건물조차 동창회원이나 독지가의 기증에 의한 것이 많았다. 연구공원에 들어선 훌륭한 사설들은 기업체에 의하여 운영되는 곳이 많다.

대학의 자율을 확보하고 대학의 재정을 확대하기 위하여 모교본부는 여러 가지 고민을 하고 있는 것 같다. 그 중에도 가장 중요한 것이 대학법인화의 구상이다. 서울대학교법인화 논의는 20년 전으로 거슬러 올라간다. 대학의 자율과 재정확보를 통하여 세계 일류대학이 되기 위한 구상이었다. 그러나 다른 국립대학의 반대로 부속병원만 법인화되고 다른 본부기관의 법인화는 이루어지지 못했다. 새 정부 들어 대학법인화가 추진되고 있고 모교도 연구위원회를 설치하여 연구한다니 동경대학과 같은 성공을 거두기 바란다.

모교발전기금의 모금도 점차 활발해지고 있다. 그러나 국립대학의 발전에 민간인이 기부하는데 대한 반발도 적지 않다. 모교는 하루 빨리 동창회원이나 일반인이 기꺼이 출연할 수 있도록 여건을 마련해야 할 것이다. 모교발전기금모금의 성공여부는 법인화의 성공여부의 시금석이 될 것이다.

18일에는 모교 등산대회가 관악캠퍼스에서 열리게 되었다. 회원들은 관악캠퍼스에 모여 모교의 발전상을 눈으로 익히면서 모교발전을 위한 방안을 논의하여 세계 일류대학이 될 수 있도록 도와주어야 하겠다.

3. 월송 선생님에게[*]

월송(月松) 유기천(劉基天) 총장님이 유명(幽明)을 달리하신지 어언 10년이 지났습니다. 선생님이 생전에 걱정하시고 궁금해 하셨던 일을 직접 말씀 올리지 못하고 서면으로 전해야 하는 슬픔을 억제할 길이 없습니다.

선생님이 학장으로 계시고 사랑하셨던 서울대학교 법과대학은 선생님의 뜻을 받들어 법학교육에 선구적인 역할을 하고 있습니다. 10여 명에 불과했던 전임교수가 60명을 넘어서 교육과 연구에 선도적인 역할을 하고 있습니다. 법학도서관과 모의법정, 연구실, 강의실이 신축되어 이화동 시대와는 달리 괄목할 만한 발전이 있었습니다.

그 동안 선생님이 가르치신 사랑하는 제자들이 학계와 정계, 재계를 선도하여 한국을 재건해서 이제 한국은 세계 13위의 경제대국이 되었습니다.

---

[*] 『월송회보』, 2008년 11월 20일.

선생님이 선도적 역할을 하셨던 미국식 Law School 교육이 이제 곧 개화될 것입니다. 선생님이 만드셨던 서울대학교 사법대학원이 법조계의 몰이해로 폐교되었으나 선생님이 중시하셨던 외국법교육과 판례법교육은 사법연수원에서도 계승되어 그동안 많은 법조인들이 외국연수를 하였고 외국법 전문변호사들이 탄생하였습니다. 또 미국식 Law School 제도가 호응을 얻어 서울대학교 법학전문대학원이 설립되게 되어 금년부터 입학시험이 시행되고 있습니다. 머지않아 우리나라에서도 선생님이 바라셨던 법조의 세계화, 법문화의 세계화가 이루어질 것으로 보입니다.

선생님이 창설하셨던 서울대학교 비교법연구소가 법학연구소로서 이어져 이제 풍부한 예산과 인원으로서 법학연구에 큰 기여를 하고 있습니다. 서울대학교 법학연구소가 모범이 되어 거의 모든 대학에 법학연구소가 설치되어 있습니다. 선생님이 창간하시고 아끼시던 「서울대학교 법학」지가 장족의 발전을 하여 이제 계간지로서 성장하였습니다.

총장시절 기획하셨던 서울대학교 종합화가 이루어져서 이제 세계 유수의 대학교로 성장하였습니다. 총장님이 재직하셨을 때는 재정이 빈곤하고 시설이 낙후되어 있었으나 그 동안 장족의 발전이 있었습니다.

선생님이 그렇게도 염원하셨던 대학의 자유도 만개하고 있습니다. 선생님이 어려운 시절 대학의 자유를 위하여 고군분투하셨는데 그 노력이 결실을 맺은 것 같습니다.

미국과의 우호관계와 일본과의 선린외교를 위하여 동분서주하셨던 선생님의 뜻이 완성되어 갈 것입니다. 그 동안 10년간 좌파정권이 들어서 미국과 일본과의 관계를 악화시켰는데 이제 우파정권이 탄생하여 미국과 일본과의 동맹관계가 확고해지고 있습니다. 선생님이 간절히 바라셨던 좌파정권의 청산도 이제 시작단계에 있습니다.

선생님이 염원하셨던 남화통일은 아직도 요원한 것 같습니다. 선생님이 꿈에도 그리시던 고향은 아직도 해방되지 못하고 인권의 사각지대로 남아 있습니다. 선생님은 '하느님의 사람'이어야만 혁명과 통일을 이룰 것이라고 예언하셨는데 언제 통일을 달성할 사람이 나타날지 궁금합니다.

선생님의 학문적 업적의 계승도 제자들에 의하여 진행 중에 있습니다. 제자들이 선생님이 원하시던 학술재단을 만들어 RS빌딩을 관리하고 선생님의 유저의 복간작업을 하고 있습니다. 선생님이 애용하셨던 서적들도 한국에 가져와 서울대학교에서 후학들의 연구에 활용하게 되었습니다. 서울대학교 법학전문도서관에는 선생님의 아호를 딴 연구도서실이 개실하게 될 것입니다.

선생님이 궁금해 하실 것을 몇 자 적었습니다. 선생님의 유업이 영원히 계승되도록 제자들이 노력하고 있으니 부디 걱정하지 마시고 하늘나라에서 편히 쉬시기 바랍니다.

2008. 선생님 10주기에
김철수 올림

4. 대학평준화는 망국의 길[*]

    대선을 앞두고 대학을 평준화하려는 공약이 난무하고 있다. 민주통합당의 대선주자 중에는 서울대학교 폐교론을 들고 나오는가 하면, 국립대학을 일원화하여 서울대학과 지방국립대학을 공동운영하겠다고 한다. 이들 정책은 이미 노무현정권 때 시도된 것이었는데 또 다시 망령이 되살아난 것 같아 안타깝다.

    민주통합당과 통합진보당의 구상은 국립대학을 평준화하여 서울대학과 지방대학을 균질화하겠다는 것이다. 그들은 미국의 캘리포니아대학과 프랑스의 넘버대학 등의 예를 들고 그를 벤치마킹하겠다고 한다. 그러나 이들은 UC 버클리대학이나 UCLA 등이 다른 캘리포니아대학보다 월등 질이 좋은 것을 모르고 있다. 또 프랑스에도 파리 제1대학에서 제4

---

[*]   『관악춘추』, 2012년 8월 15일.

대학까지는 다른 대학보다 수월하다는 것을 모르는 것 같다.

사실 미국에서는 전통 있는 사립대학들이 최우수대학으로 랭킹되어 있으며 이들 대학은 한국처럼 수도에 몰려 있지 않다. 교육후발국가였던 미국이 세계의 학문을 선도하게 된 것은 사립대학이 풍부한 재원을 조달하여 소수정예 학생을 교육시켰기 때문이다. 미국에는 국립대학은 없고 주립대학이 있다. 주립대학은 주재정의 빈약으로 점차 낙후하는 경향이 있다. 우리가 미국 주립대학을 본받아 평준화하겠다고 생각하는 것은 대학평준화를 가져와 대학의 국제적 랭킹을 하락시키고 학문과 기술을 낙후하게 하여 망국의 길로 가겠다는 망발이다.

정부는 그 동안 대학의 수월화를 위하여 카이스트, 포스텍, 울산과기대 등 새로운 우수대학을 설립했으며 울산과기대는 국립대학 틀 안에서는 발전할 수 없다고 하여 법인화하고 있다. 교육부의 재정으로 국·공·사립대학을 전부 지원할 수 없기 때문에 국립대학의 법인화 작업을 추진해 왔다. 그 첫 시도로 서울대학교를 법인화하여 법인이 재정을 확충하고 자율적으로 대학을 운영하도록 하여 세계의 대학으로 발전하려고 하고 있다. 이 방침에 따라 지방의 몇 국립대학이 법인화를 시도하고 있는 것이다.

앞으로 고교졸업생수가 12만 명이나 감소하여 부실대학이 학생부족으로 폐교될 운명에 처하게 되었다. 지방국립대학이 살아남기 위하여서는 통합과 소수정예화·법인화하여 세계적 대학으로 웅비해야 한다. 그 동안 몇 개의 국립대학이 그래도 세계대학의 100위권에 들어가려고 노력하고 있는데 이를 평둔화(平鈍化)하려는 것은 표는 알고 인재양성과 교육·학문을 모르는 소치라고 하겠다.

우리의 미래는 우수한 인재의 양성에 있다. 국립대학의 평준화가 아니라 정예화로, 유명 사학과의 경쟁뿐만 아니라 세계의 최우수 대학과 경쟁하여 교육입국을 할 수 있도록 정치인들은 노력해야 하겠다.